KB141728

한국어 · 아랍어
아랍어 · 한국어
어휘집

Korean & Arabic Vocabulary Dictionary

홍혜련 엮음

태학사

홍혜련

한국외국어대학교 대학원에서 「태국어권 학습자를 위한 한국어교육」으로 석사학위를 받았고 동 대학원에서 「태국 대학교 한국어 전공 교육과정 내용 연구」로 박사학위를 받았다.

태국 나레수안대학교와 치앙마이 라차팟 대학교, 그리고 이집트 아인샴스대학교에서 한국어를 강의하였으며, 현재 루마니아 바베스 부여이 대학에서 한국어를 강의하고 있다.

한국어·아랍어 / 아랍어·한국어 어휘집

초판 1쇄 인쇄 | 2018년 9월 17일
초판 1쇄 발행 | 2018년 9월 21일

엮은이 | 홍혜련
펴낸이 | 지현구
펴낸곳 | 태학사
등　록 | 제406-2006-00008호
주　소 | 경기도 파주시 광인사길 223
전　화 | (031) 955-7580~2(마케팅부) (031) 955-7585~90(편집부)
전　송 | (031) 955-0910

전자우편 | thaehak4@chol.com
홈페이지 | www.thaehaksa.com

저작권자 (C) 홍혜련, 2018, Printed in Korea.
이 책의 저작권은 저작권자에게 있습니다.
저작권자와 출판사의 허락 없이 내용의 일부를 인용하거나
발췌하는 것을 금합니다.

값은 뒤표지에 있습니다.

ISBN 978-89-5966-137-4 93790

머리말

글을 읽고 의미를 얼마나 이해할 수 있느냐 하는 일차적 열쇠는 그 글을 이루고 있는 어휘의 이해에 달려 있다. 몇 개의 단어가 모여서 문장을 이루고, 다시 이 문장들이 모여 한 편의 글이 되기 때문이다. 어휘가 가진 다양한 의미를 이해하는 능력에 따라 문맥적인 의미를 정확하게 파악할 수 있다. 그러므로 의사소통 능력을 목표로 하는 외국어로서의 한국어 교육에서 가장 필요한 것이 어휘 습득이라고 할 수 있다.

이집트 아인샴스대학교 한국어과에서 강의하면서 학생들의 한국어 이해도를 높이고 문장구성 능력을 기르도록 아랍어권 학습자를 위한 한국어 어휘집의 필요를 느끼고 심사숙고 끝에 그 작업을 시작하였다. 한국어능력시험의 초급과 중급에 해당되는 어휘 중 2,700단어를 기준으로 삼아 아랍어 뜻풀이와 해당 어휘의 뜻과 예문을 들었고 각각 그에 대한 아랍어 번역도 하였다. 어휘 순서는 가나다라 순서대로 하였고 각 단어의 뜻풀이 앞에 해당 어휘의 품사 감탄사, 관형사, 대명사, 동사, 명사, 부사, 수사, 형용사를 (감), (관), (대), (동), (명), (부), (수), (형)과 같은 품사 약호로 넣어주었다. 이와 더불어 아랍어 알파벳 순으로도 한국어 풀이를 하여 아랍어로도 한국어 어휘를 찾아 학습할 수 있도록 하였다. 아랍어는 한국어와 문장의 시작점이 다르고 표현하는 방식이 많이 다르지만 현지에서 실제 사용하는 의미를 담은 어휘란 것과 그 의미 풀이에 중점을 두었다. 아랍어는 문어체로는 푸쓰하를 사용하지만 이집트인의 손을 거침에 따라 이집트 구어체 아랍어(암미야)의 표현이 다소 있음을 알린다.

2018년 2월 복사본으로 한국어-아랍어 어휘집만을 내놓았던 것을 다듬었고 거기에 아랍어-한국어 어휘집까지 더하여 정식으로 출판하게 된 것이 감격스럽기까지 하다. 이 모든 것은 이집트 아인샴스대학교 한국어과의 아흐메드 암마르, 압둘라흐만 알리, 슈룩 아흐메드, 세함 하비의 기초 작업이 바탕이 되었고 역시 아인샴스대학교 한국어과의 교원인 마이 아부바크르 선생님과 이나스 압둘가니 무함메드 선생님의 수고가 매우 큰 도움이 되었다. 특히 마이 아부바크르 선생님은 마지막까지 아랍어 부분을 교정하여 주었다. 이들 모두에게 진심으로 감사의 말씀을 드린다.

끝으로 출판의 처음부터 신경 써 주신 한재영 교수님께 진심으로 감사드리며, 출판하여 주신 태학사 사장님께도 깊은 감사를 드린다. 마지막으로 언제 어디에 있거나 함께 하시고 길을 열어주시는 하나님께 모든 영광과 찬양을 올려드린다.

2018년 9월 홍혜련

한국어·아랍어 어휘집

단어	아랍어	한국어 뜻	아랍어 뜻	한국어 예문	아랍어 예문
가게	محل	(명) 물건을 차려 놓고 파는 집	مكان لعرض الأشياء وبيعها.	어제 옷 가게에 가서 원피스를 샀다.	ذهبت بالأمس إإلى محل الملابس واشتريت فستاناً.
가격	سعر	(명) 물건이 지니고 있는 교환 가치를 화폐의 단위로 나타낸 것.	القيمة التي تساويها السلعة من مال.	물건의 가격이 계속 올라가고 있음.	إن أسعار السلع في زيادة مستمرة.
가구	أثاث	(명) 1_주거 및 생계를 같이하는 사람의 집단. 2_집안 살림에 쓰이는 기구.	1_ أفراد العائلة الذين يعيشون معا في بيت واحد.2_ أدوات داخل المنزل.	집안 가구가 목재로 만들어진다.	يُصنع أثاث المنزل من الخشب.
가까워지다	يُصبح قريباً(يقرب)	(동) 떨어져있던 거리가 점점 줄어들게 되다. / (반)멀어지다	اقتراب المسافة شيئاً فشيء.	기술 발전으로 인해 세상 좀 더 가까워졌다.	أصبح العالم قرية صغيرة نتيجة للتطور التكنولوجي.
가까이	قرب/بالقرب من/عن قرب	1-(명)어떤 지역이나 지점, 대상 따위에서 거리가 짧은 곳. 일정한 수에 거의 비슷한 정도. 2-(부) 어떤 장소나 사물이 다른 것과 거리가 짧게. 시간이 오래지 않은 상태로.	1_ بالقرب/ قرب مكان قريب من منطقة أو موقع أوهدف وغيره. درجة مشابهة تقريبا لعدد محدد. 2- مسافة ليست ببعيدة بين مكان أوشئ وآخر. فترة زمنية قصيرة.	1.한국에 가면 한국 문화를 가까이 파악할 수 있다. 2. 학생들이 봄이 되자 학교 가까이에 있는 공원으로 소풍을 갔다. 3-가까이 살면서 얼굴 보기가 왜 이렇게 힘이 드니?	1_ إن ذهبت إالى كوريا سوف تستطع التعرف على الثقافة الكورية عن قرب. -2 ذهب الطلاب في الربيع إلي الحديقة القريبة من المدرسة للتنزه.3- لماذا يبدو وجهك متعبا هكذا بالرغم أنك تعيش علي مقربة من هنا؟
가깝다	قريب	(형) 거리가 짧다. /(반) 멀다	قرب المسافة.	기숙사가 우리 학교에서 가깝다.	السكن الجامعي قريب من مدرستي.
가끔	أحياناً	(부) 시간적. 공간적 간격이 얼마씩 있게. / (반) 자주	مدة زمنية أو مساحة من المكان موجودة على فترات معينة.	1-할아버지께서 늙으셔도 운동을 가끔 한다. 2-이 길을 따라서 가다 보면 낚시할 만한 곳이 가끔 있다.	رغم تقدم جدي في العمر فإنه أحياناً يمارس الرياضة. إذا سلكت هذا الطريق ستجد بعض الأماكن الصالحة للصيد.
가난하다	فقير	(형) 살림살이가 넉넉하지 못하여 몸과 마음이 괴로운 상태에 있다. / (반) 부유하다	ضيق ذات اليد .	그는 비록 가난했지만 정직하고 바르게 살려고 노력했다.	على الرفم من كونه فقيراً ، اجتهد للعيش بطريقة حسنة.
가늘다	رقيق/ رفيع /صغير/	(형) 길이에 비해너비가 좁거나 둘레의 굵기가 작다.	طويل ولكنه صغير البنية أو العرض.	1-가는 실. 2-가는 목소리로 말하다.	خيط رفيع. 2-يتكلم بصوت خافت.
가능성	إمكانية	(명) 할 수 있는 성질	القدرة على فعل شيء.	올해 말에 물가가 오를 가능성이 있다.	هناك إمكانية لزيادة الأسعار نهاية هذا العام.
가능하다	ممكن	(형) 할 수 있거나 될 수 있다.	استطاعة القيام بالفعل أو حدوث الفعل نفسه.	한 달이면 이 일의 완성이 가능합니다.	من الممكن إتمام هذا العمل خلال شهراً.
가다	يذهب	(동) 이곳에서 다른 곳으로 움직이다.	الإنتقال من مكان لمكان آخر.	매일 학교에 간다.	أذهب إلى المدرسة كل يوم.
가득	ممتليء / زاخر / مزدحم	(부) 빈 데가 없을 만큼 사람이나 물건 따위가 많은 모양.	وجود أشخاص،أو أشياء،أو غيرها بشكل كبير لحد عدم وجود فراغ.	바구니에 포도가 가득 담겨 있다.	السلة ممتلأة بالعنب.
가로	عرض	(명) 왼쪽에서 오른쪽으로 나 있는 방향 .또 그 길이	إتجاه الشيء أو طوله من اليسار لليمين.	이 방은 가로가 5 미터나 된다.	يبلغ عرض هذه الغرفة 5 أمتار.
가루	بودرة / مسحوق	(명) 아주 잘고 부드럽게 부스러진 물건.	شئ مطحون لحبات صغيرة ناعمة.	속담: 가루는 칠수록 고와지고 말은 할수록 거칠어진다.	مثل كوري بمعنى أن الإفراط في الكلام من الممكن أن يؤدي إلى شجار.مثل مقولة

					عمر بن العاص : الكلام كالدواء إن أقللت منه نفع، وإن أكثرت منه صدع.
가르치다	يُدرس	(동) 지식이나 기술 따위를 알려 주다.	نقل المعرفة أو المهارات وغيرها.	나는 지금 초등학교에서 어린아이들을 가르치고 있다.	أدرس حاليا للأطفال في المدرسة الإبتدائية.
가리다	يخفي / يغطي	(동) 보이거나 통하지 못하게 사이에 물건을 놓거나 드리우거나 하여 막다.	وضع الشئ أو إلقاءه في مكان غير مرئي أو يصعب الوصول إليه.	커튼으로 창문을 가렸다.	غطيت الشباك بالستارة.
가리키다	يشير	(동) 어느 것인가, 어느 쪽인가, 무엇인가 따위를 집어서 보이거나 말하거나 알리다.	عرف،أو أظهر،أو تحدث عن شئ،إتجاه أو غيرها .	경제 전문가들이 내년에 높은 경제 성장률의 예상이 있다고 가리킨다.	يشير خبراء الإقتصاد إلى وجود توقعات بزيادة معدل النمو الإقتصادي العام القادم.
가만히	بهدوء / ساكن	(부) 움직이지 않거나 아무 말 없이.	حالة عدم الكلام أو الحركة.	나 그냥 가만히 안 있을 것이다.	لن أبقى ساكناً
가방	حقيبة	(명) 손잡이나 멜빵이 달려있어 물건을 넣어 들거나 메고 다니는 용구	أداة لها حامل تم وضع الأشياء بها وحملها من مكان لأخر.	가방 안에 책과 볼펜이 들어있다.	بداخل الحقيبة كتاب وقلم.
가볍다	خفيف	(형)무게가 적다. / (반) 무겁다.	قليل الحجم.	기름은 물보다 가볍다.	الزيت أخف من الماء.
가수	مغني	(명) 노래를 부르는 것을 직업으로 삼는 사람.	الشخص الذي يتخذ الغناء وظيفة.	나는 따뜻한 목소리를 가지는 가수를 좋아한다.	أحب المغني الذي يمتلك صوت دافئ.
가스	غاز	(명) 기체 물질.	مادة غازية.	오늘 아침에 가스가 누출된 사고가 있었다.	كان هناك صباح اليوم حادث تسرب غاز.
가슴	صدر /(قلب)	(명) 목과 배 사이의 앞 부분.	الجزء الأمامي من الجسم مابين العنق والبطن.	가슴 찔리는 한마디에 모든 것을 다 털어놓았다.	لقد أفصحت بكلمة واحدة عن ما يوغر صدري.
가요	أغنية	(명) 많은 사람들이 즐겨 듣거나 부를 수 있도록 만들어진 노래.	أغنية يقوم مجموعة من الأشخاص بغناءها أو سماعها من أجل الاستمتاع.	대중가요는 우리 사회의 중요한 노래 문화의 자산이다.	تعد الأغاني الشعبية من التراث الثقافي المهم في مجتمعنا.
가운데	منتصف / من بين	(명) 일정한 평면이나 선 따위에서 어느 한쪽으로든지 치우치지 않는 부분.	الجزء الذي لايتحيز أو يميل لإتجاه ما في مستوى،أو خط معين أو غيره.	서울은 거의 한반도의 가운데 자리하고 있다.	تقع سول تقريباً في منتصف شبه الجزيرة الكورية.
가위	مقص	(명) 얇은 종이나 옷감 따위 잘라 베는 연장.	أداة لقص الورق الرقيق أو الملابس وغيرها.	종이 위의 그림을 가위로 오렸다.	لقد قصصت الرسمة من الورقة بالمقص.
가을	خريف	(명) 한 해 네 계절 중세번째 철. 입추부터 입동 전까지 동안이다. 무더위가 가고 찬바람이 돌면서 단풍이 물들고 곡식과 과일이 익는 계절.	الفصل الثالث من بين أربعة فصول في السنة. يبدأ من يوم 8 من شهر أغسطس إلى يوم 9/8 من شهر سبتمبر تقريباً. تهب فيه النسمات الباردة وتنضج فيه ثمار الفاكهة.	가을은 인생에 비유하면 중노인이요, 하루로 치면 석양이라고 할 수 있다.	مثل بمعنى أن كبار السن يعانون من التعب والضعف في فصل الخريف بشبب إرتفاع الحرارة_وهو كناية عن حرارة فصل الخريف.
가장	أكثر	(부) 여럿 가운데에서 으뜸으로. / (=) 제일	الأعلى من بين كذا شئ.	복숭아는 내가 가장 좋아하는 과일이다.	الخوخ هو أكثر فاكهة أحبها.
가정	منزل. افتراض	(명) 1-부부를 중심으로 그 부모나 자녀를 포함한 집단과 그들이 살아가는 물리적 공간인 집을 포함한 생활 공동체를 통틀어	1_ كلمة تطلق علي الأسرة المكونة من الأبوين والأبناء يعيشون سوياً. 2_افتراض.	1-가정은 애정과 신뢰로 이루어져야 한다. 2-이것은 어디까지나 하나의 가정에 불과하다.	1_ لابد أن تُنشأ الأسرة علي الحب والثقة المتبادلة. 2_ هذا مجرد افتراض.

		이르는 말. 2-사실이 아니거나 아직은 사실인지 아닌지 분명하지 아니한 것을 임시로 사실인 것처럼 정함.			
가져가다	يأخذ معه	(동) 무엇을 한 지점에서 다른 지점으로 옮겨 가다.	ينقل شئ معه من مكان لآخر.	1-이 책을 도서관으로 가져가야 한다. 2-경찰서로 끌고 가다.	1_يجب أخذ هذا الكتاب إلى المكتبة. 2_ يُجر إلى قسم الشرطة.
가져다주다	يعطي شخصاً شيئاً	(동) 무엇을 옮겨다가 가지게 하다. / (=) 갖다 주다.	ينقل شيئاً ما ويعطيه إلى أحد ما.	1-형은 항상 필요한 물품들을 내 집으로 가져다 주었다. 2-부지런한 노력만이 내일의 번영을 가져다 줄 것이다.	1_أخي الأكبر دائماً ما كان يجلب معه لوازم المنزل إلى بيتي. 2_ بالعمل الجاد فقط سنحقق الرخاء.
가져오다	يحضر مع	(동) 무엇을 한 지점에서 다른 지점으로 옮겨 오다.	يحضر شئ معه من مكان لآخر.	1-내일 내가 빌려준 책을 가져오세요.. 2-이 대회가 나에게 큰 변화를 가져왔다.	1_من فضلك غداً أحضر معك الكتاب الذي أعرته لك.2_لقد أثرت علي هذه المسابقة/ لقد طرأت علي العديد من التغيرات بسبب هذه المسابقة.
가족	عائلة	(명) 1-부부를 중심으로 그로부터 생겨난 아들, 딸, 손자, 손녀 등으로 구성된 집단. 2-같은 조직체에 속하여 있거나 뜻을 같이하는 사람을 비유적으로 이르는 말.	1_الأب، والأبناء، والأم، وغيرهم ممن يجمعهم دم واحد ويعيشون تحت سقف بيت واحد.2_ تطلق علي أفراد منظمة أو مؤسسة واحدة يعملون معاً.	1-잃어버렸던 아이가 열흘 만에 가족 품으로 돌아왔다.. 2-여기 연구실에 들어온 여러분은 모두 오늘부터 우리 연구실 가족입니다.	1_عاد الطفل المفقود إلى حضن عائلته بعد عشرة أيام. 2_ بدءاً من اليوم كلنا في هذا المكتب أسرة واحدة.
가지	فرع شجرة	(명) 나무나 풀의 원줄기에서 갈라져 벋어 나간 줄기.	هو الغصن الخارج من جزع الشجرة أو الحشائش.	가지에 딸기가 주렁주렁 열다	الفراولة متدلية على أغضان الشجر.
가지	نوع (وحدة عد)	(명) 사물의 성질이나 특징에 따라 따로 따로 구별되는 낱낱을 단위로 일컫는 말.	تُعتبر وحدة عد للأجزاء المقسمة على حدة وفقاً لطبيعة وخصائص الشئ.	내가 언어 대학교에 입학한 이유가 여러가지 있다.	لدي العديد من الأسباب لإلتحاقي بكلية اللغات.
가지다	يملك	(동) 손이나 몸 따위에 있게 하거나 자기 것으로 하다.	يجعل الشئ ملكاً له أو يستحوذ عليه في يده، أو جسده وهكذا.	좋은 성격을 가져야 어디 가든 사람들의 사랑을 받을 수 있다.	يجب أن تمتلك شخصية جيدة حتى تحصل على محبة الناس أينما تذهب.
가짜	تقليد / مزيف	(명) 참 것처럼 꾸민 거짓 것.	شئ مُقلد مثل الأصل.	업주는 서류를 가짜로 꾸며 거액을 탈세하였다.	قام صاحب العمل بتزوير المستندات وتهرب بمبلغ ضخم من الضرائب.
각	كل / كل / واحد / خاص ب	1-(관) 각각의, 낱낱의. 2-(명) 면과 면이 만나 이루어지는 모서리.	علي حدة/ متفرق.	사회 각 분야의 변화가 급속히 진행되었다.	حدث تغير سريع في كل مجالات المجتمع.
각각	كل	(부) 시간의 일각 일각마다, 저마다 다 따로따로 (각각으로) 잘 쓰인다.	كل لحظة من الزمن / كل شخص على حدا. تُستخدم كثيراً بمعنى (كل ساعة/ لحظة بلحظة)	1-몸의 변화 상태를 각각으로 전해 주세요. 2-내가 졸업식에 친구들에게 모두들 평소에 좋아하는 노래 하나씩을 부르자고 제안했다.	1-أخبرني من فضلك بحالة تغير الجسم لحظة بلحظة. 2- أقترحت إلى أصدقائي في حفل التخرج أن يغني كل شخص أغنية واحدة يحبها.
각자	كل واحد	(부) 각각의 사람이 따로따로.	كل شخص على حدا.	그 아버지께서 5 명의 자녀를 두셨고, 자녀 각자에게 약 2 만 달러의 유산을 남겨줬다.	لقد ترك هذا الأب خلفه أبناء، ولكنه ترك لكل واحد منهم حوالي عشرين ألف دولار.
간단하다	بسيط	(형) 간편하고 단출하다. / (반) 복잡하다.	بسيط.	간단한 옷차림.	ملابس بسيطة.

간단히	ببساطة	(부) 1-복잡하지 않고 간단하게. 2-다른 것이 아니라 오로지.	بدون تعقيد.	제 한국어 실력이 아직 서투르니까 간단히 말씀해 주세요.	من فضلك تحدث معي بلغة بسيطة، فمازلت لا أجيد اللغة الكورية.
간식	وجبة خفيفة	(명) 끼니 사니에 음식을 간단히 먹음. 또는그 음식. / (=) 군음식. 샛밥.	وجبة خفيفة/ طعام خفيف (بين الوجبات).	저녁 식사를 하기 전 그들은 간식으로 삶은 고구마를 먹었다.	لقد تناولوا البطاطا المسلوقة كوجبة خفيفة قبل تناول العشاء.
간장	صلصة الصويا	(명) 음식의 간을 맞추는 데 쓰는 검붉고 짠맛이 나는 액체.	صوص مالح الطعم، لونه أحمر غامق يُستخدم لضبط مقدار الملح في الطعام.	한국 음식의 기본이 되는 양념들 중 하나가 간장이다.	صلصة الصويا هي واحدة من التوابل الأساسية في كوريا.
간판	لافتة / لوحة إعلانات	(명) 기업체, 관청, 가게 따위의 이름이나 영업 종목 같은 것을 적어서 여러 사람의 눈에 잘 뜨이는 곳에 걸거니 세우는 물건.	هي عبارة عن شئ يُضع أو يُعلق في مكان يراها الناس جيداً، ومكتوب عليه اسم أو نوع العمل للشركات،والمباني الحكومية،والمحلات وغيرها.	1-간판의 글씨가 온통 영어로 되어 있다. 2-무함마드 살라흐는 이집트의 축구 선수 이다.	1_اللافتات مكتوبة باللغة الإنجليزية في كل مكان.2_ محمد صلاح هو لاعب ممثل لكرة القدم المصرية
간호사	ممرض/ة	(명) 법정 자격을 가지고 의사를 도우며 환자의 간호에 종사하는 사람.	شخص لديه مؤهلات قانونية يساعد الطبيب ويقدم الرعاية للمريض.	간호사에게 주사를 맞다.	تلقيت الحقنة من الممرضة.
갈색	لون بني	(명) 검은 빛을 띤 주황색.	لون برتقالي ممزوج بقليل من الأسود.	그녀는 머리를 갈색으로 염색했다.	لقد صبغت شعرها لوناً بنياً.
갈아입다	يبدل ثيابه	(동) 입고 있는 옷을 벗고 다른 옷으로 바꾸어 입다.	يخلع الثياب التي يرتديها ويغيرها بملابس أخرى.	집으로 돌아와 잠옷으로 갈아입고 침대에 누웠다.	عُت إلى المنزل وأرتديت ملابس النوم ثم استلقيت على السرير.
갈아타다	يبدل (وسيلة مواصلات بأخرى)	(동) 타고 가던 것에서 내려 다른 것으로 바꾸어 타다.	ينزل من الشء الذي كان يركبه ليركب شئ آخر.	기차에서 내려 버스로 갈아타다	نزلت من القطار وركبت بالأتوبيس.
감기	مرض البرد	(명) 추위에 상하여, 흔히 열이 나고 코가 막히며 머리가 아픈 병.	مرض شائع بأعراض ارتفاع درجة الحرارة،وانسداد الأنف،وألام الرأس(الصداع) وذلك نتيجة لبرودة الجو.	밖에 나갔다 들어오면 손발을 깨끗이 씻는 것도 감기 예방의 한 방법이다.	غسيل اليدين عند العودة من الخارج أحد طرق الوقاية من نزلات البرد.
감다	يغسل (شعره)	(동) 몸이나 머리를 물에 잠그고 씻다.	يغرق جسده أو شعره في الماء ويغسله جيداً.	더운물에 머리를 감아 빗었다.	غسلت شعري بماء دافئ ثم صففته.
감다	يغلق (عينيه)	(동) 위아래 눈시울을 맞닿게 붙이다.	بمعنى إلتصاق جفني العين.	그는 눈을 꼭 감고는 무슨 생각에 잠겨 있었다.	لقد أغلق عيناه وأخذ يغرق في التفكير.
감다	يلف (خيط)	(동) 실이나 끈 따위를 다른 물체에 빙 두르다.	أن يبرم خيط أو رباط أو غيره على شئ آخر.	실/줄을 감다	يلف خيط / حبل
감동	تأثُر	(명) 크게 느끼어 마음이 움직임.	شعور عميق يحرك القلب.	서로 많이 사랑하는 모습을 보고 감동받았다	لقد تأثرت كثيراً بعد رؤيتي لمدى حبهم لبعضهم.
감동하다	يتأثر	(동) 크게 느끼어 마음이 움직임.	يشعر بشعور عميق يحرك القلب.	나는 그 소식을 듣고 크게 감동했다.	لقد تأثرت كثيراً بعد سماعي لذلك الخبر.
감사하다	يشكر	(동) (=) 고맙다.	التعبير عن الشكر.	나는 친구에게 도와준 것에 감사했다.	شكرت صديقي على مساعدته لي.
감상하다	يستمتع / يقدر (فن)	(동) 예술 작품 따위의 아름다움을 즐기며 평가함.	يستمتع بعمل فني أو غيره و يقيمه.	1-음식 맛을 감상하다. 2-음악을 감상하다.	1_يستمتع بمذاق الطعام. 2_ يستمتع بالموسيقي.

감자	بطاطس	(명) 땅 속에서 자란 덩이줄기.	نباتات درنية تنمو داخل الأرض.	점심에 감자를 삶아 먹었다.	تناولت البطاطس المسلوقة على الغداء
감정	مشاعر	(명) 어떤 현상이나 일에 대하여 일어나는 마음이나 느끼는 기분.	شعور حول شئ ما.	어머님은 슬픈 감정을 참지 못하고 눈물을 흘리셨다.	لم تستطع الأم تحمل مشاعرها الحزينة وأذرفت الدموع.
감추다	يخفي / يخبي	(동) 드러나지 아니하게 숨기어 두다. / (=) 숨기다.	يجعله غير ظاهر.	나에게는 아무것도 감추지 말고 솔직하게 털어놓아라.	لا تخبأ أي شئ عني وأفصح عما بداخلك بصراحة.
갑자기	فجأة	(부) 생각할 사이가 없이 급히.	بسرعة وبدون مساحة للتفكير.	그는 회사 일로 갑자기 서울에 가게 되었다.	لقد ذهب إلى سول فجأةً في عمل للشركة.
값	سعر	(명) 물건을 팔고 사기 위하여 정한 액수. / (=) 가격	مبلغ من المال للشئ الذي يتم بيعه أو شراؤه.	값이 비싸다	غالي السعر.
강	نهر	(명) 넓고 길게 흐르는 큰 물줄기	غدير متدفق بشكل كبير وطويل.	나일강은 세계에서 제일 긴 강이다	نهر النيل هو أطول نهر في العالم.
강아지	جرو	(명) 갓 태어나거나 덜 자란 어린 개	صغير الكلب.	우리 집 개가 어제 강아지 다섯 마리를 낳았다.	ولدت الكلبة الأم أمس في بيتنا خمسة جراء.
강원도	مقاطعة في كوريا الجنوبية	(명) 한국 남한의 중동부에 있는 도.	هي مقاطعة تابعة لكوريا الجنوبية،تقع في المنطقة الوسطى والشرقية لكوريا.	강원도가 남한과 북한으로 나뉘어 있다.	مقاطعة كانجوون مقسمة مابين كوريا الجنوبية وكوريا الشمالية.
강의	محاضرة	(명) 학문이나 기술의 일정한 내용을 체계적으로 설명하여 가르침.	شرح وتدريس المعارف والمهارات والتقنيات بشكل ممنهج.	강의를 듣다.	يسمع محاضرة.
강제	إكراه و إجبار	(명) 위력이나 권력 따위로 남의 자유의사를 억누름.	كبح الحرية الشخصية للشخص بإستخدام القوة،أو السلطة،أو غيرها.	자기의 생각을 남에게 받아들이라고 강요하지 마라.	لا تجبر أحد على تقبل تفكيرك.
강하다	قوي	(형) 세고 힘이 있다. /(반) 약하다.	لديه قوة.	형사는 범인의 손을 강하게 잡고 수갑을 채웠다.	أمسك المحقق يد المجرم بقوة ووضع في يده الأصفاد.
같다	نفسه	(형) 서로 하나의 모양이나 한 가지 성질로 되어 있다.	أن يكون الشيئين / الأشياء مماثلة في االشكل أو الخصائص.	내 초등학교 친구는 대학교에서 나와 같은 학과 학생이다	صديقي من المدرسة الإبتدائية طالب في نفس قسمي بالكلية.
같이	معاً	(부) 여럿이 서로 더불어. / (=) 함께	معا/ سوياً.	요즘은 온 식구가 다 같이 둘러앉아 저녁을 먹는 일도 힘들다.	هذه الأيام من الصعب أن يجتمع كل أفراد الأسرة على مائدة غداء معاً.
개	كلب	(명) 1-포유류 갯과에 속한 동물. 2-성질이 나쁘고, 행실이 좋지않은 자를 욕하여 이르는 말.	1-حيوان ضمن مجموعة الثدييات. 2-لفظ يطلق علي شخص سئ السلوك والصفات كشتيمة	1-개가 주인을 보더니 꼬리를 흔든다. 2-저 녀석은 술만 먹으면 개가 된다.	هز الكلب ذيله عند أريته لصاحبه.
개	وحدة لعد الأشياء	(명) 낱으로 된 물건의 수효를 세는 단위.	كلمة لعد الأشياء المقسمة لقطع / عناصر / أجزاء.	아침에 사과 다섯 개나 먹었다.	أكلت في الصباح خمس تفاحات.
개월	شهر (وحدة عد)	(명) 달을 세는 단위.	وحدة لعد الشهور.	반년은 육 개월이다.	نصف السنة ستة أشهر.

개인	شخص	(명) 낱낱의 사람.	كل شخص على حدا / بمفرده.	이것은 나 개인의 문제가 아니라 우리 부서 전체의 문제이다.	هذه ليست مشكلة فردية (مشكلتي الخاصة) ،بل مشكلة القسم كله.
걔	هو / هي	(그 애→걔) / '그 아이'가 줄어든 말	هو/هي أو إختصار لكلمة ذلك الطفل.	화가가 되는 게 걔 소원이다.	حلمه أن يصبح رسام. _حلمها أ، تصبح رسامة.
거기	هناك	(명) 1_듣는 이에게 가까운 곳을 가리키는 지시 대명사. 2_앞에서 이미 이야기한 곳을 가리키는 지시 대명사. 3_앞에서 이미 이야기한 대상을 가리키는 지시 대명사. / (=) 그 곳	ذاك المكان. 1_اسم إشارة يشير إلى مكان قريب من المستمع. 1_اسم إشارة يشير إألى مكان تم الحديث عنه مسبقاً. 3_اسم إشارة يشير عن شئ معياً تم الحديث عنه مسبقاً.	1_우리 남산 갈까? 아니야 거긴 시내가 가까워서 싫어. 2_그들은 산 위로 올라가 거기에 진을 쳤다.	ما رأيك أن نذهب إلى نمسان؟ لا أريد الذهاب هناك لأنه قريب من وسط المدينة/ وسط البلد. _لقد صعدوا فوق الجبل وهناك نصبوا الخيمة.
거꾸로	بالعكس / بالمقلوب	(부) 방향이나 차례가 반대로 바뀌어.	تغير كبير في ترتيب أو عكس اتجاه الشئ.	그 여자는 병을 거꾸로 기울여 마지막 방울까지 따라 마셨다.	أمالت الفتاة الزجاجة بالمقلوب وشربت ما بها حتى آخر قطرة.
거리	مسافة	(명) 1-둘 사이가 공간적으로 떨어져 있는 정도. 2-둘 사이에 그 성격이나 본질따위가 서로 일치하지 않는 정도.	1مقدار البعد بين شيئين. 2- مقدار عدم توافق الطبائع و الصفات بين شخصين.	1_여기서 거기까지 거리가 얼마냐? 2_앞으로는 서로 거리를 두지 말고 지냅시다. 3.우리 집에서 회사까지는 지하철로 30 분 거리이다. 4-그 친구와는 왠지 거리가 느껴진다.	1 ماهي مقدار المسافة من هنا لهناك؟ 2_دعنا لا نضع مسافة بيننا في المستقبل. .3 إن المسافة من بيتي حتي الشركة تستغرق 30 دفيقة بالمترو. 4 أشعر ببعد بيني وبين صديقي لسبب لا أعلمه
거실	صالة / غرفة معيشة	(명) 손님을 접대하거나 가족들이 함께 모여 생활하는 넓은 공간.	غرفة المعيشة.(غرفة استقبال الضيوف)	가족 모두 거실에 앉아서 텔레비전을 보고 있다.	العائلة متجمعة في غرفة المعيشة تشاهد التلفاز.
거울	مرآة	(명) 물체의 형상을 비추어 볼 수 있게 유리 따위로 만든 물건.	شيء مصنوع من الزجاج يوضح / يعكس شكل الأشياء حتى يمكن رؤيتها.	거울을 오래 보면 미치고 만다는 이집트 관용어가 있다.	هناك مقولة شعبية مصرية تقول أنك إذا نظرت في المرآة لفترة طويلة ستُصاب بالجنون.
거의	تقريباً	(부) 어느 한도에 매우 가까운 정도로.	درجة قريبة جداً من حد معين.	올 사람은 거의가 다 왔다.	لقد وصل كل الناس تقريباً.
거절	رفض/ يرفض	(명) (남의 제의나 요구, 금품 따위를) 받아들이지 않고 물리침.	لا يقبل به ويصده.	친구의 부탁이라 거절도 못했다.	لم استطع الرفض لأنه طلب من صديقي.
거짓말	كذب/ كذبة	(명) 사실이 아닌 것을 사실처럼 꾸며서 하는 말. / (반) 참말.	تزيين الكلام الغير حقيقي كما لو كان حقيقة.	거짓말은 오래 가지 못하는 법이다.	الكذب لايدوم طويلاً.(الكذب مالوش رجلين)
거치다	يمر عبر	(동) 오거나 가는 길에 스쳐 지나가다. 잠깐 들르다.	يمر عبر مكان ما في طريقه.	대구를 거쳐 부산으로 가다.	يمر عبر ديجو ذاهباً إالى بوسان.
거품	فقاعة	(명) 액체가 공기를 머금어서 생긴, 속이 빈 방울.	رغوة تحدث عن امتلاء السائل بالهواء.	이 비누는 거품이 잘 안 인다.	هذه الصابونة لاتخرج رغوة جيداً.
걱정	قلق	(명) 어떤 일이 잘못될까 불안해하며 속을 태움.	حيرة وإزعاج النفس خوفاً من ألا يتم الشيء كما هو مرجو/بشكل صحيح.	어머니께서는 걱정이 섞인 눈으로 아들을 바라보신다.	تنظر الأم للأبناء بعين ممزوجة بالقلق.

걱정되다	يدعو للقلق	(동)잘못될까 불안해서 속이 타게 되다.	حيرة وتكدير ناتجة عن خوف من ألا يتم الشئ كما هو مرجو.	열심히 공부했는데도 합격 못할까 봐 걱정된다.	يقلقني خوفي من ألا أنجح رغم مزاكرتي بجد.
걱정하다	يقلق	(동)잘못될까 불안해하며 속을 태우다.	يشعر بالحيرة وعدم الاستقرار نتيجة خوف من ألا يتم الشئ كما هو مرجو.	어머니께서는 아들이 위험한 일에 말려들지나 않을 까 항상 걱정하신다.	تقلق الأم دائما على إبنها خوفاً من أن يكون أصابه مكروه ما.
건강	صحة	(명) 몸에 탈이 없이 튼튼함	أن يكون الجسم قوي وصحيح بدون مشاكل.	나는 건강을 위하여 매일 달리기를 한다.	أقوم بممارسة الجري يومياً من أجل صحتي.
건강하다	صحي	(형) 정신적으로나 육체적으로 아무 탈이 없고 튼튼하다.	صحي وبدون مشاكل نفسية أو جسدية.	여러분, 모두 새해 건강하시고 기쁨과 보람이 가득한 한 해가 되시기를 빕니다.	أتمنى لكم جميعاً الصحة والسعادة في هذا العام الجديد وأن سكون عام ملياً بالإنجازات.
건너가다	يذهب عبر	(동) 건너서 저쪽으로 가다. 자리를 옮겨서 가다.	يعبُر ويذهب إلى جانب آخر.	길을 건너가다.	يعبر الطريق ذاهباً إلى مكان.
건너다	يعبر	(동) 무엇을 사이에 두고 한 편에서 맞은편으로 가다	يعبٌر من جانب لجانب آخر.	차도를 함부로 건너서는 안 된다.	لا يمكن أن تعبر طريق السيارات بإستهتار / دون تفكير.
건너오다	يأتي عبر	(동) 건너서 이쪽으로 오다.	يعبُر ويأتي إلى مكان آخر.	길을 건너오다	يعبر الطريق.
건너편	الجانب الآخر	(동) 무엇을 사이에 두고 마주 대하고있는 저쪽 편.	الجانب المقابل .	길 건너편에 있는 정류장으로 건너갔다.	لقد عبرت ذاهباً إلى المحطة الموجودة على الجانب الآخر من الطريقز
건물	مبنى / عمارة	(명) 사람이 살거나 일하거나 물건을 넣어 두기 위해 지은 집을 통틀어 이르는 말.	مبني للسكن أو للعمل أو لتخزين الأشياء.	내 사무실은 바로 우리 집 건너편 건물 2 층에 있었다.	مكتبي في الدور الثاني من العمارة التي تقع على الجانب المقابلللمنزل.
걷다	يمشي	(동) 양쪽 다리를 번갈아 떼어 내딛으며 몸을 옮겨 나아가다.	يحرك رجليه ويتقدم إلي الأمام أو يتراجع إلي الخلف.	매일 학교에 걸어서 간다.	أذهب كل يوم إلى المدرسة سيراً على الأقدام.
걸다	يجري مكالمة	(동) 1-전화를 하다. 2_걸쳐 있게 하거나 드리워지게 하다. 3_얼굴 부분에 달거나 끼우거나 하다. 4_남에게 말이나 행동을 하여 나서다. 5_연애 등의 관계를 맺다.	1_يتصل.2_يعلق أو يظهر . 3_يعلق في الوجه أو يلبس شيئاً. 4_يبدي فعل أو يتحث مع شخص. 5_يقيم علاقة حب.	1-전화를 걸다. 2_벽에 액자를 걸다. 3_귀걸이를 걸다. 4_말을 걸다 / 싸움을 걸다. 5_연애를 걸다.	1_يجري مكالمة.2_يعلق البرواز على الحائط.3_يرتدي حلق. 4_يفتح حديث/ يفتعل شجار مع شخص. 5_يقيم علاقة حب مع شخص.
걸리다	يستغرق	(동) 1-(일에 날짜나 시간이) 필요하거나 소요되다. 2-(어떤 사람이 다른 사람에게) 숨기려던 일이나 물건 따위를 들키게 되다.	1فعل" يحتاج وقت". 2- يكتشف شخص ما أمر أوشئ كان يرغب شخض آخر في إخفائه	1-할아버지 댁까지 기차로 3 시간이나 걸렸다. 2-시험 중에 부정행위를 하다가 선생님에게 걸렸다.	1يستغرق الذهاب إلى بيت الجد حوالي 3 ساعات بالقطار. 2-اكتشف المعلم التصرفات السيئة التي كان يقوم بها أثناء الامتحان.
걸어가다	يذهب سيراً	(동) 차를 타지 않고 발로 걸어서 가다.	يذهب سيراً على الأقدام دون ركوب السيارة.	다리가 아파서 집에까지 도저히 걸어가지 못하겠다.	يبدو أنني لن أستطيع أبداً الذهاب إلى المنزل سيراً لأن قدمي تؤلمني.
걸어오다	يأتي سيراً	(동) 어디로 탈것을 이용하지 않고 발로 걸어서 오다.	يأتي سيراً على الأقدام دون استخدام مواصلات.	저는 학교에 걸어왔어요.	لقد أتيتُ إلى المدرسة سيراً على الأقدام.
걸음	خطوة	(명) 두 다리를 움직여 가는 것.	السير بتحريك كلتا القدمين.	그는 잠시 걸음을 멈추고 주위를 둘러봤다.	توقف قليلاً وتلفت حوله.

검다	أسود	(형) 빛의 색이 아닌 빨강, 노랑, 파랑을 섞었을 때 나오는 진하고 어두운 색과 같다.	اللون الغامق الذي ينتج عند خلط الأحمر والأصفر والأزرق.	검은 양복	بدلة سوداء
검사	فحص	(명) 사람의 몸이나 일의 상태, 사물의 상태가 일정한 기준과 비교하여 어떤 정도인지를 자세히 알아보는 일.	مقارنة حالة جسم الإنسان أو حالة عمل أو شيء ما بمقياس محدد ومعرفة إلى أي حد تصل بالتفصيل.	혈액 검사	فحص دم
검사하다	يفحص	(동) 사람의 몸이나 일의 상태, 사물의 상태가 일정한 기준과 비교하여 어떤 정도인지를 자세히 알아보다.	أن تقارن حالة جسم الإنسان أو حالة أمر أو شيء ما بمقياس محدد وتعرف تفصيلاً إلى أي حد تصل.	검사를 하면 결과는 언제 나옵니까?	اذا قمت بالفحص متى تظهر النتيجة؟
검은색	أسود	(명) 물감 중에 빨강, 노랑, 파랑을 섞었을 때 나오는 짙고 어두운 색깔.	اللون الغامق الذي ينتج عند خلط الأحمر والأصفر والأزرق.	검은색 구두	حذاء أسود
검정색	أسود	(명) 검은 색	اللون الأسود.	반드시 검정 사인펜으로 답을 써야 합니다.	لابد أن تكتب الإجابة بقلم فلوماستر أسود.
겁	خوف	(명)무서워하는 마음	الشعور بالخوف.	아이가 겁이 많아서 혼자 있지 못해요	يخاف الطفل كثيراً لذا لا يستطيع المكوث وحده.
것	شيء	(명)바로 그것, 또는 그것과 같은 종류인 물건.	هذا الشيء, شيء من هذا النوع.	이 옷은 고등학교 때 입던 것입니다.	هذه الملابس التي ارتديتها في المدرسة الثانوية.
겉	وجهة	(명)밖으로 드러난 쪽이나 면.	الجهة أو الجانب الذي يظهر للخارج.	숙모는 상자 겉에 다가가 이름표를 붙였다.	اقترب سوجمو من الصندوق وألصق اسمه عليه من الخارج.
게다가	بالإضافة إلى	(부) 그뿐 아니라. 뒤 내용에서 앞 내용보다 한층 더한 사실을 덧붙일 때 쓰여 앞뒤 어구나 문장을 이어 주는 말.	ليس هذا فقط.	영민이는 실력도 있고, 게다가 성실하니까 무슨 일이든지 잘 할 거야	ستتقن يونج مين أي عمل مهما كان ليس فقط لأنها تمتلك مهارات, بل لأنها مخلصة أيضاً.
게시판	لوحة الإعلانات	(명) 글, 그림, 사진 등을 많은 사람들이 두루 보게 하는 판.	لوحة تعلق على الحائط ليرى الآخرون من خلالها كتابات وصور ورسومات.	게시판에는 영화 포스터가 붙어 있다.	الملصق الإعلاني للفيلم ملصوق على لوحة الإعلانات.
게으르다	كسول	(형) (사람이) 움직이거나 일하기를 싫어하는 성미와 버릇이 있다.	يكره العمل و بطيء.	너처럼 게으른 아이는 처음 봤다.	كانت أول مرة أري فيها طفل كسول مثلك.
게임	لعبة	(명) 여러 사람이 함께 하는 놀이나 운동 경기.	لعبة يمارسها أكثر من شخص أو رياضة أو مباراة.	카드 게임	لعبة البطاقات
겨우	بالكاد	(부) 매우 힘들게. 간신히.	بصعوبة جدا, بالأحرى.	너무 피곤해서 집에 오자마자 겨우 세수만 하고 그냥 잤다.	كنت متعباً كثيراً لذلك بمجرد دخولي المنزل غسلت وجهي ويداي فقط ونمت.
겨울	شتاء	(명) 계절 중에서 가을과 봄 사이에 오는 가장 추운 계절.	أكثر الفصول برودة والذي يأتي بين الخريف والربيع.	겨울은 날씨가 춥고 눈이 자주 내립니다.	في الشتاء يكون الطقس بارد وتتساقط الثلوج غالباً.
겨울철	موسم الشتاء	(명) 네 계절중 겨울인 때.	عندما يحين فصل الشتاء.	곰은 겨울철을 맞아 긴 동면에 들어갔다.	استقبل الدب الشتاء بالدخول في بيات طويل.

견디다	يتحمل	(동)어려움을 참아 내다.	يصبر على المصاعب.	아이들을 위해서 고생을 참고 견뎠다.	تحملت وصبرت على المعاناة من أجل الأطفال.
결과	نتيجة	(명)어떤 원인 때문에 생긴 일.	أمراً يحدث لسبب ما.	조금만 참고 견디면 틀림없이 좋은 결과가 있을 거예요.	اذا صبرت وتحملت قليلاً بالتأكيد ستكون هناك نتيجة جيدة.
결국	أخيرا. النهاية	1-(부) 끝에 이르러, 따지고 보면 결론적으로. 2-(명)일의 마지막 단계.	1المرحلة الأخيرة للعمل. 2- المرحلة الأخيرة لأمر ما.	1-놀기만 하더니 결국 시험에 떨어졌다. 2-그 회사는 결국 망하고 말았다.	في النهاية فشل في الاختبار لأنه كان يلهو فقط. 2-في النهاية انهارت تلك الشركة.
결론	قرار	(명) 어떤 문제에 관해서 마지막으로 내린 판단.	حكم أخير يتعلق بمشكلة ما.	저는 그가 제시한 결론을 받아들일 수 없습니다.	لا يمكنني أن أقبل بالحكم الذي عرضه.
결석	غياب	(명) 학교나 모임에 나오지 않는 것.	عدم الذهاب إلى المدرسة أو التجمعات.	마이클은 결석이 너무 많아서 점수를 줄 수 없습니다.	لا يمكنني أن أمنح مايكل درجات نظراً لكثرة غيابه.
결석하다	يغيب	(동) 학교나 모임에 나오지 않다.	أن لا تذهب إلى المدرسة أو التجمعات.	내일은 중요한 것을 공부하니까 결석하지 마세요.	سندرس غداً شيئاً مهماً فلا تتغيبوا.
결정	قرار	(명) 무슨 일을 어떻게 하기로 정하는 것.	تحديد كيف ستفعل أمر ما.	선생님들의 결정을 기다리겠습니다.	سانتظر قرار المعلمين.
결정되다	يتم تقرير	(동) 무슨 일을 어떻게 하기로 정해지다.	أن يتم تحديد كيفية فعل أمر ما.	그 선수는 진로가 결정되지 않아 고민하고 있다.	يشعر هذا اللاعب بالقلق حيال عدم توظيفه.
결정하다	يقرر	(동) 무엇을 하기로 확실히 정하다.	تحديد أكيد لفعل أمر ما .	참가 여부를 빨리 결정해 주세요.	من فضلك قرر سريعاً المشاركة من عدمها.
결혼	زواج	(명) 남자와 여자가 정식으로 부부가 되는 것.	أن يصبح رجل وامرأة زوجين رسميا.	결혼 생활	حياة الزواج
결혼식	حفل زفاف	(명) 남녀가 정식으로 부부가 되는 의식.	مراسم الاحتفال بزواج رجل وامرأة.	결혼식에 참석하다.	يحضر حفل الزفاف.
결혼하다	يتزوج	(동) 남자와 여자가 정식으로 부부가 되다.	يصبح الرجل والمرأة زوجين رسمياً.	동생은 외국 사람과 결혼했다.	تزوج أخي الصغير من أجنبية.
경기	مباراة	(명) 운동 등에서 규칙을 정해 두고 누가 더 잘하는지 겨루는 일.	منافسة رياضية أو غيرها لها قواعد معينة.	실내 경기는 날씨와 상관없이 할 수 있다.	يمكن أن نقيم المباراة في الداخل بغض النظر عن الطقس.
경기도	كيونجي دو	(명) 서울을 둘러싼 행정구역.	منطقة إدارية تحيط بسوول.	서울과 경기도를 합쳐서 수도권이라고 부른다.	تسمى منطقة سوول وكيونجي دو معاً بالعاصمة.
경기장	استاد المباريات	(명) 경기를 하기 위한 시설을 갖춘 장소.	مكان مجهز بمرافق لقيام المباريات.	이곳에는 서울 올림픽이 열렸던 경기장들이 있다.	يوجد في هذا المكان الملاعب التي أقيمت فيها أولمبياد سوول.
경상도	كيونج سان دو	(명)경상남도와 경상북도를 함께 이르는 말.	تطلق على منطقتي كيونج سان الجنوبية والشمالية.	저는 경상도 출신입니다.	مسقط رأسي هو كيونج سان دو.
경우	حالة	(명) 어떠한 조건이 있는 특별한 형편, 사정, 또는 상황.	وضع أو ظروف أو موقف يخضع لشروط.	옷 사이즈가 맞지 않을 경우에는 교환해 드려요.	في حالة لم يناسبك مقاس الملابس سنبدلها لك.

경쟁	منافسة	(명) 서로 이기거나 앞서려고 다투거나 싸우는 것.	الجدال أو الصراع على الفوز أو التقدم.	경쟁을 벌이다.	يبدأ المنافسة.
경제	اقتصاد	(명) 한 사회나 국의 생산, 소비, 분배, 무역 등에 관련된 사람들의 활동.	أنشطة بشرية لها علاقة بالإنتاج أو نفقات أو توزيع أو تجارة وغيرها في إحدى المجتمعات أو الدول.	서울은 한국의 수도로 정치, 경제, 문화의 중심이다.	تعد عاصمة كوريا الجنوبية سوول مركزاً سياسياً و اقتصادياً و ثقافياً.
경제적	اقتصادي	1-(관) 인간의 생활에 필요한 돈이나 물건, 노동을 생상, 분배, 소비하는 활동에 관한. 2-(명) 인간의 생활에 필요한 돈이나 물건, 노동을 생상, 분배, 소비하는 활동에 관한 것.	1أن يتعلق بأنشطة إنتاج الأموال والسلع والعمل الضروري لحياة الإنسان وتوزيعها واستهلاكها. 2- ما يتعلق بأنشطة إنتاج الأموال والسلع والعمل الضروري لحياة الإنسان وتوزيعها واستهلاكها	1-경제적 부담 2-그녀는 사회적, 경제적으로 성공하였다.	1_عبء اقتصادي. 2_ حققت هذه الفتاة نجاحاً اقتصادياً واجتماعياً..
경찰	شرطة	(명) 사회의 질서를 지키고 국민들의 안전과 재산을 보호하는 임무.	مهمة الحفاظ على نظام المجتمع وحماية أمن الأفراد وممتلكاتهم.	도둑이 들어서 경찰에게 전화를 했다.	دخل لص فاتصلت بالشرطة.
경찰관	ضابط شرطة	(명) 경찰의 일을 하는 공무원.	موظف يقوم بعمل الشرطة.	교통 경찰관	ضابط مرور
경찰서	قسم شرطة	(명) 한 지역의 경찰 일을 보는 곳.	مكان عمل الشرطة في منطقة ما.	이 근처에 경찰서가 어디 있어요?	أين يوجد قسم الشرطة القريب من هنا؟
경치	منظر	(명) 자연의 아름다운 모습.	منظر طبيعي جميل.	경치가 좋다.	المنظر جميل.
경험	خبرة, تجربة	(명) 어떤 일을 직접 해보고 느끼는 것, 또는 그것으로부터 얻은 지식.	تجربة القيام و الشعور بأمر ما مباشرةً أو المعرفة التي تحصلها من ذلك.	재미있는 경험.	تجربة ممتعة.
경험하다	يجرب	(동) 어떤 일을 직접 해 보다.	أن تقوم بأمر ما مباشرة.	외국에서 살면 많은 것을 경험하게 될 것입니다.	ستجرب الكثير من الأشياء إذا أقمت بالخارج.
곁	جانب	(명) 무엇에서 옆쪽으로 아주 가까운 곳.	مكان قريب جدا من جانب شيء ما.	나는 그 사람의 전화를 기다리느라 전화 곁을 떠나지 못하였다.	لم أستطع القيام من جوار الهاتف لأنني كنت أنتظر مكالمة من ذلك الشخص.
계단	سلم	(명) 건물에서 걸어서 위아래로 오르고 내릴 수 있게 만든 시설.	مرفق للصعود والنزول على القدمين في مبنى.	계단을 오르면 왼쪽에 제 사무실이 보일 거예요.	عندما تصعد الدرج يظهر لك مكتبي بجهة اليسار.
계란	بيض	(명) 닭이 낳은 알.	بيض الدجاج.	라면에 계란을 넣으면 더 맛있어요.	يصبح الراميون لذيذ أكثر بإضافة البيض.
계산	حساب	(명) 수를 셈하는 것.	حساب الأرقام.	컴퓨터로 계산도 할 수 있고 게임도 할 수 있습니다.	يمكنك أن تحسب أو تلعب بالحاسب الآلي.
계산하다	يحاسب	(동) 수를 더하고 빼서 셈하다.	الحساب بجمع وطرح الأرقام.	100 달러를 한국 돈으로 계산하면 얼마죠?	كم قيمة 100 دولار بالنقود الكورية؟
계속	استمرار	(부) 끊이지 않고 이어서.	بلا توقف ومتواصل.	전화가 계속 통화 중이야.	الهاتف مشغول باستمرار.
계속하다	يستمر	(동) 무엇을 끊지 않고 이어서 하다.	لا يتوقف عن أمر ما ويواصل فعله.	하던 일을 계속하세요.	استمر فيما كنت تفعله.

계시다	يوجد	(동) 1-(윗사람이 어떤 장소에) 자리를 차지하고 머물다. 2-(주로 계세요의 꼴로 쓰여) (윗 사람이 어떠하게) 그 상태를 계속 유지하다.	1يقيم أويبقي شخص كبير في السن أو المرتبة في مكان ما. 2- استمرار حالة الشخص كبير السن أو المرتبة .	1-아버지와 어머니께서는 부산에 계십니다. 2-아버님, 여기 오분만 앉아계세요. 저 금방 올게요.	1يقيم أبي وأمي في مدينة بوسان. 2- أبي، أجلس هنا خمس دقائق فقط وسآتي إليك في الحال.
계절	فصل	(명) 기후에 따라 일 년을 넷으로 나눈, 봄, 여름, 가을, 겨울의 시기.	فترة زمنية تنقسم إلى 4 فصول في السنة بحسب المناخ. ربيع, صيف, خريف, شتاء.	봄, 여름, 가을, 경울 중에서 어느 계절을 좋아하세요?	ما الفصل الذي تفضله من بين الربيع والصيف والخريف والشتاء؟
계획	خطة	(명) 앞으로 할 일을 미리 자세히 생각하여 정하는 것.	التفكير جيداً فيما ستقوم به مستقبلاً وتحديده.	비가 오든 눈이 오든 이번 행사는 계획대로 합시다.	فلنقيم هذا الحدث كما خططنا له سواء أمطرت السماء أو أثلجت.
고개	قفا, رأس	(명) 목의 뒤쪽. 머리.	الجانب الخلفي للرقبة, الرأس.	고개가 아프다.	يؤلمني قفايا.
고급	مستوى عالي	(명) 값이 비싸고 품질이 좋은 것.	شيء غالي و ذو جودة عالية.	고급 제품	منتج عالي الجودة.
고기	لحم	(명) 음식으로 먹는 짐승의 살.	لحم الحيوانات الذي يؤكل.	고기를 태우다.	يحرق اللحم.
고등학교	مدرسة ثانوية	(명) 만 15-17 세 학생을 교육시키는 학교.	مدرسة لتعليم الطلاب من عمر 15- 17.	고등학교 친구	صديق المدرسة الثانوية.
고등학생	طالب ثانوي	(명) 고등학교에 다니는 학생.	الطالب الذي يرتاد المدرسة الثانوية.	나는 고등학생이고 형은 대학생이다.	أنا طالب ثانوي وأخي الكبير طالب جامعي.
고르다	متساوي	(형) 가지런하다. 한결같다.	متساوي ومتطابق.	이 학생은 모든 과목의 성적이 고르다.	درجات هذا الطالب متساوية في جميع المواد.
고르다	يختار	(동) 여럿 중에서 어떤 것을 가려내다 뽑다.	يختار أو يلتقط شيئاً من بين عدة أشياء.	잘 듣고 맞는 답을 고르세요.	استمع جيداً واختر الإجابة الصحيحة.
고맙다	يشكر	(형) 남이 자기에게 좋은 일을 해주어서 기쁘고 보답하고 싶은 마음이 있다.	الشعور بالسرور والرغبة في مكافأة الآخرين لأنهم أسدوا لك أمراً جيداً.	고마운 마음	شعور بالامتنان
고민	حيرة	(명) 걱정이 있어서 괴롭고 답답한 것.	الإنزعاج و الإحباط لأن أمراً ما يقلقك.	고민이 뭔지 이야기 해봐.	جرب أن تتحدث عما يحيرك.
고민하다	يتحير	(동) 걱정이 있어서 괴로워하고 답답해하다.	ينزعج ويحبط لأن أمراً ما يقلقه.	오빠는 언제 군대에 갈지 고민하고 있다.	أنا قلقة بشأن ميعاد دخول أخي الكبير للجيش.
고생	معاناة	(명) 힘들게 수고하는 것.	أمر يتطلب بذل جهد مرهق.	처음 한국에 왔을 때는 말이 안 통해서 고생이 많았어요.	عندما ذهبت إلى كوريا لأول مرة عانيت بسبب عدم قدرتي على التواصل باللغة.
고생하다	يعاني	(동) 어떤 일로 인하여 애를 쓰거나 괴로움을 겪다.	يبذل جهد ويمر بمشكلات بسبب أمر ما.	겨울에는 감기로 고생하는 사람이 많아요.	يعاني الكثير من الأشخاص من البرد في الشتاء.
고속도로	طريق سريع	(명) 교차로가 없어서 차들이 매우 빠른 속도로 쉬지 않고 달릴 수 있게 법으로 지정된 도로.	طريق يتم تحديده قانونياً لتسير فيه السيارات بسرعة كبيرة وبلا توقف حيث لا توجد تقاطعات.	고속도로 휴게소	استراحة الطريق السريع.
고양이	قطة	(명)' 야옹 야옹' 하고 울고 밤에도 사물을 잘 보고 쥐를 잘 잡으며, 집 안에서 즐겨	حيوان يربى في المنزل يقول "ناو ناو" ويرى الأشياء جيداً في الليل ويصطاد الفئران.	고양이 울음 소리	صوت بكاء القطة.

		기르는 짐승.			
고장	عطل	(명) 기계나 장치가 제대로 작동되지 않는 것.	عدم عمل الآلة أو الجهاز بشكل جيد.	고장을 수리하다.	يصلح العطل.
고집	عناد	(명) 자기의 생각이나 주장을 굽히지 않는 것.	لا يحيد عن رأيه أو تفكيره.	고집대로 밀고 나가다.	يصمم على عناده.
고추	فلفل أحمر	(명) 식용으로 재배하는 식물. 열매가 긴 원뿔 모양이고 익어서 빨갛고 맛이 맵다.	نبات يتحكم بالشهية وثمرته مخروطية الشكل, ذو لون أحمر عند نضوجه وطعمه حار.	고추가 너무 매워서 못 먹겠다.	الفلفل الأحمر حار جداً لذا لا أستطيع تناوله.
고추장	معجون الفلفل الأحمر	(명) 고춧가루로 만든 빨간색의 매운 장.	معجون أحمر اللون مصنوع من مطحون الفلفل الأحمر.	고추장이 너무 매워요.	معجون الفلفل الأحمر حار جداً.
고치다	يصلح	(동) 헐거나 못쓰게 된 것을 손질하여 쓸 수 있게 하다.	تصليح شيء مهترئ أو غير صالح للإستخدام.	컴퓨터가 고장 났는데 좀 고쳐 주시겠어요?	لقد تعطل الحاسب الآلي, هلا أصلحته من فضلك؟
고통	ألم	(명) 몸이나 마음이 괴롭고 아픈 것.	الشعور بألم الجسد أو النفس.	고통 속에서 괴로워하다.	يعاني من الألم.
고프다	جائع	(형) 뱃속이 비어 있다.	المعدة فارغة.	밥 먹은 지 2 시간 밖에 안 됐는데 또 배가 고파요.	لم يمر سوى ساعتين منذ تناولت الطعام ولكني جائع مرة أخرى.
고향	مسقط رأس	(명) 태어난 곳.	محل الميلاد.	고향에 두고 온 가족이 너무 보고 싶다.	أشتاق كثيراً إلى عائلتي التي تركتها في بلدي.
곡선	خط منحني	(명) 모나지 아니하고 부드럽게 굽은 선.	خط غير متوازي ومنحني.	곡선을 그리다.	يرسم خط منحني.
곤란하다	صعب, محرج	(형) 사정, 형편이 난처하다.	ظرف أو وضع صعب ومحرج.	유미는 집안 형편이 곤란해서 대학에 진학할 수 없었다.	لم تستطع يومي الإلتحاق بالجامعة بسبب ظروف المنزل الصعبة.
곧	فوراً	(부) 시간을 더 끌지 않고 바로.	حالا دون تأخير.	연락 받는 대로 곧 출발하세요.	انطلق فوراً عندما تتلقى إتصالاً.
곧바로	إلى الأمام مستقيماً	(부) 옆으로 기울거나 휘지 않고 곧은 방향으로.	السير مستقيماً وعدم التنحي جانباً.	이 길로 곧바로 가면 슈퍼가 있어요.	إذا سلكت هذا الطريق مستقيماً ستجد متجراً.
골고루	بتساوي	(부) 치우침 없이. 고르게. '고루고루'의 준말.	باعتدال من غير ميل.	여러 나라 음식이 다 있으니까 골고루 먹어 보세요.	يوجد طعام لأكثر من بلد فتناول من جميع الأطباق.
골목	زقاق	(명) 건물들 사이로 나 있는 좁은 길.	الطريق الضيق مابين الأبنية.	첫 번째 골목으로 들어가 주세요.	ادخل أول زقاق من فضلك.
곱다	جميل,ناعم	(형) 부드러워서 만지는 느낌이 좋다.	ناعم يعطي شعور جيد عند لمسه.	피부가 참 고우시군요.	ما أجمل بشرتك.
곳	مكان	(명) 장소나 자리.	مكان	제가 서울에서 처음 가본 곳은 남산이었다.	أول مكان ذهبت إليه في سوول هو جبل نام سان.
공	صفر	(명) 숫자 0.	الرقم صفر	제 전화번호는 924-4028 이에요.	رقم هاتفي هو 924-4028

공	كرة	(명) 주로 운동이나 놀이에서 쓰는, 손이나 발로 다루는 둥근 물건.	شيء دائري تتعامل معه باليد أو القدم يستخدم غالباً في الرياضة أو اللعب.	공을 잡다.	يمسك بالكرة.
공간	مساحة	(명) 비어 있는 장소.	مكان فارغ.	방에 침대를 놓을 공간이 없어요.	لا توجد مساحة لوضع سرير بالغرفة.
공격	هجوم	(명) 전쟁에서 적을 치는 것.	مهاجمة العدو في الحرب.	갑작스러운 적의 공격으로 병사 여러 명이 죽었다.	هاجمنا العدو فجأة وتوفى عدد من الجنود.
공격하다	يهاجم	(동) 전쟁에서 적을 치다.	يهاجم العدو في الحرب.	어젯밤에 미국이 이라크를 공격했대요.	يقال أن أمريكا هاجمتالعراق بالأمس.
공기	هواء	(명) 지구를 둘러 싸고 있는 기체.	الغاز الذي يحيط بالأرض.	자동차가 많아지면서 공기도 오염되고 있습니다.	يتلوث الهواء أيضاً مع زيادة عدد السيارات.
공동	مشترك	(명) 어떤 일을 여러 사람이 함께 하거나 함께 관계가 되는 것.	شيء يقوم به عدة أشخاص معاً أو يربط بينهم.	자녀 교육은 부부 공동의 책임이다.	إن تعليم الأبناء مسؤولية مشتركة بين الزوجين.
공무원	موظف	(명) 국가 기관에서 일하는 사람.	الشخص الذي يعمل في مؤسسة حكومية.	아버지께서는 공무원이십니다.	أبي موظف حكومي.
공부	دراسة	(명) 어떤 과목, 학문, 기술을 배우고 익혀 그에 관한 지식을 얻는 것.	تعليم وفهم مادة أو دراسة أو تقنية واكتساب معرفة عنها.	한국어 공부가 재미있어요.	دراسة اللغة الكورية ممتعة.
공부하다	يدرس	(동) 어떤 과목, 학문, 기술을 배우고 익혀 그에 관한 지식을 얻다.	يتعلم ويفهم مادة أو دراسة أو تقنية ويكتسب معرفة عنها.	저는 오늘 하루 종일 공부했는데요.	لقد درست طوال اليوم.
공연	عرض	(명) 연극, 음악, 무용을 관객이 모인 곳에서 해 보이는 것.	عرض مسرحي أو موسيقي أو فني في مكان يتجمع به مشاهدين.	토요일에 연극 공연을 보러 갑시다.	فلنذهب لمشاهدة عرض المسرحية يوم السبت.
공원	حديقة	(명) 사람들이 쉬거나 놀 수 있도록 만든 넓은 장소.	مكان واسع ليستريح فيه الناس و يلهون.	아이들이 공원에 소풍을 왔나 봐요.	يبدو ان الأطفال أتوا إلى الحديقة في نزهة.
공장	مصنع	(명) 원료나 재료를 가공하여 상품을 만들어 내는 곳.	تصنيع المواد الخام أو المواد وإخراج منتج.	공장을 세우다.	يبني (يُشيد) مصنع.
공중	هواء	(명) 하늘과 땅 사이에 빈 곳.	الفراغ بين السماء والأرض.	풍선이 바람에 날려서 공중으로 날아갔다.	طيرت الرياح البالون فطار في الهواء.
공짜	مجاني	(명) 대가 없이 그냥 얻는 것.	شئ يتم الحصول عليه بدون ثمن مقابل.	그 음식점은 생일날 가면 케이크를 공짜로 준다.	يقدم هذا المطعم مجاناً كعكة لعيد الميلاد.
공책	دفتر/ كشكول/ كراسة	(명) 글씨를 쓰거나 그림을 그릴 수 있게끔 비어 있는 책.	كتاب يمكن الرسم أو الكتابة فيه.	문방구에 가서 공책 몇 권만 사 오세요.	أذهب إلي متجر الأدوات وأحضر عدد من الدفاتر.
공항	مطار	(명) 비행기가 내리고 뜨기 위한 시설을 갖춘 장소. / (=) 비행장	مكان مُعد بالمرافق من أجل إقلاع وهبوط الطائرات.	출발 두 시간 전까지 공항에 나가세요.	أذهب إلي المطار قبل ساعتين من إقلاع الطائرة.
공휴일	عطلة رسمية	(명) 국경일이나 일요일같이 국가에서 정해 대부분의 사람이 쉬는 날.	يوم عطلة لأغلبية الناس تحدده الدولة مثل يوم الأحد ويوم العطلة الوطنية .	백화점은 공휴일에도 문을 엽니다.	يفتح المول أبوابه حتي في العطلة الرسمية.

과거	ماضي	(명) /(=) 지난날/지나간 시간.	وقت مضي.	과거에 있었던 일을 떠올려 보세요.	فكر فيما حدث في الماضي.
과목	مادّة مقرّرة	(명) 학교에서 가르칠 내용에 따라 일정하게 나눈 것.	تقسيم محدد وفقا للمحتوي الذي سيتم تدريسه في المدرسة	학교에 다닐 때 수학 과목을 잘했어요.	عندما كنت أذهب للمدرسة كنت جيد في مادة الريضيات.
과연	فعلاً / في الحقيقة.	(부) 1-기대 또는 생각한 대로 정말로. 2- 결과에 있어서도 참으로.	بالضبط كما يُتوقع أو يُنتظر . 2- بدون شك حول نتائج متوقعة	1-사람들의 이야기대로 이곳은 과연 경치가 아름답군요. 2-밥을 안 먹으면 과연 살이 빠질까요?	وفقا لكلام الناس المناظر الطبيعية في هذا المكان رائعة فعلاً. 2- هل فعلا سأفقد وزني إذا لم أتناول أرز؟
과일	فاكهة	(명) 심어서 가꾸는, 맛이 좋은 식물의 열매.	ثمرة ذات مذاق طيب يتم زرعاتها و مراعتها.	과일이 신선하다	الفاكهة طازجة.
과자	حلوي	(명)밀가루 등에 우유, 기름, 설탕 등을 섞어 굽거나 기름에 튀겨서 만든 음식.	طعام من الدقيق المطحون وغيره يُوضع عليه الحليب والسكّر والزيت وغيرهم وتُعجن ثمّ تُخبز أو تُقلي في الزيت.	아이들이 과자를 먹으면서 즐거워했다.	ابتهج الأطفال اثناء تناولهم الحلوي.
과정	مرحلة / عملية	(명) 어떤 일이나 현상이 진행되는 동안 및 사이에 일어난 일들.	مدة يستغرقها أمر أو عمل أو ظاهرة أو مدة يحدث خلالها أمر ما.	저는 결과보다는 일을 하는 과정이 중요하다고 생각합니다.	أعتقد أن سير العمل أهم من النتيجة.
과제	واجب	(명) 교사가 학생들에게 내주는 학습이나 연구의 문제. /(=) 숙제/	مادة الدراسة أو التعلم التي يعطيها المعلم للطلاب.	선생님께서 학생들에게 방학 과제를 주셨다.	أعطي المعلم واجب إلي الطلاب خلال الإجازة.
과학	علم	(명) 자연과 인간 사회의 진리나 법칙을 알아내고자 하는 학문.	معرفة الطبيعة تهدف لكشف قوانين أو حقوق المجتمع الإنساني.	앞으로 과학이 더 발달하면 암 같은 병도 고칠 수 있을 거예요.	مستقبلا إذا تطور العلم سيصبح من الممكن علاج أمراض مثل السرطان.
과학자	عالم	(명)과학의 일정한 분야에서 전문적으로 연구하는 사람	شخص يبحث في مجال علمي معين بشكل مُتخصص.	우리 아이는 과학자가 되는 게 꿈이랍니다.	يأمل طفلنا أن يصبح عالماً.
과학적	علمي	(명)과학의 이치나 체계에 맞는 것	ذو صلة بالعلم.	한글은 아주 과학적으로 만들어졌다.	تم إبتكار الحروف الكورية بشكل علمي للغاية.
관계	علاقة	(명) 1-(무엇과 무엇이) 서로 영향을 주고 받도록 되어 있는 것. 2- 남자와 여자가 성교를 하는 일.	تبادل التأثير بين شيئين أو شخصين. 2- ممارسة الجنس بين الرجل والمرأة.	1-이 문제는 그와 밀접한 관계가 있다. 2-두 사람이 관계를 가졌는지 아무도 알 수 없는 일이었다.	ترتبط هذه المشكلة به ارتباطاً وثيقاً. 2-لم يعلم أحد عن العلاقة الجنسية التي بين هذين الشخصين.
관계없이	بغض النظر	(부) 서로 아무런 관련이 없이.	بشكل غير متصل بالموضوع.	우리 회사는 학력에 관계없이 능력에 따라 신입 사원을 선발했다.	قامت شركتنا بتعين موظفين جدد بناء علي القدرة بغض النظر عن المؤهل العلمي.
관광	سياحة	(명)경차나 문화 등으로 유명한 곳을 찾아가서 구경하는 것.	زيارة مكان مشهور بالثقافة والمناظر الطبيعة وغيره.	한국어도 배우고 관광도 할겸 한국에 왔어요.	جئت إلي كوريا للسياحة و تعلم اللغة الكورية.
관광객	سائح	(명)관광을 하러 다니는 사람	الشخص الذي يتجوّل من أجل السياحة	동생은 외국 관광객을 안내하는 일을 하고 있다.	أخي يقوم بإرشاد السياح الأجانب.
관련되다	يتعلق ب	(동) 서로 어떤 영향을 주고 받을 수 있게 이어져 있다. / (=)연관되다/	يرتبط شخصان أو شيئان في علاقة تأثير وتأثر	그 사람들은 이번 사건에 관련되지 않았습니다.	هؤلاء الأشخاص لم يكن لهم علاقة بهذه الحادثة.

관리	رعاية	(명) 어떤 일이나 물건을 책임지고 보살피며 다루는 것.	تحمل مسئولية عمل أو شئ ما و الاعتناء به.	나무를 심는 것도 중요하지만 관리가 더욱 중요하다.	زراعة الشجر مهمة لكن الاعتناء بها أكثر أهمية.
관리하다	يراعي	(동) 어떤 일이나 물건을 책임지고 보살피며 다루다	يتحمل مسئولية عمل أو شئ ما و يعتني به .	운동 선수는 자기 몸을 잘 관리해야 한다.	يجب علي الرياضين الاعتناء بجسدهم جيداً.
관심	اهتمام	(명) 어떤 것에 대해서 더 알고 싶어하거나 중요하게 보는 생각.	الرغبة في المعرفة أكثر عن شئ معين أو التفكير فيه باهتمام.	이 학생은 작곡에 과심이 있어요.	هذا الطالب لديه اهتمام بالعزف.
관찰하다	يرصد / يراقب	(동) 무엇을 주의하여 살펴보다.	يراقب بشئ بانتباه.	농사를 잘 지으려면 날씨 변화를 관찰해야 합니다.	إذا أردت أن تزرع جيداً يجب عليك رصد تغير الطقس.
관하다	له علاقة ب	(동) 무엇을 대상으로 하다.	يتبع شئ معين .	그 사람에 관해 아무것도 몰라요.	لا نعرف شئ عن هذا الشخص.
광고	إعلان	(명) 사람에게 널리 알리는 것. 또는 그런 글, 그림, 영상.	إعلام الناس علي نطاق واسع.إما بالصور أوالفديو أو الكتابة.	텔레비전에서 담배 광고를 하지 못하게 되어 있다.	تم حظر إعلان السجائر في التلفاز.
광주	كوان جو (مدينة)	(명) 전라남도의 도청이 있는 도시	مدينة تقع في مقاطعة جولا الجنوبية.	지난 여름에 광주에 방문했다.	زرت مدينة كوان جو الصيف الماضي.
괜찮다	جيد	(형) -상태가 꽤 좋다. 2-몸과 마음의 건강 상태가 별로 나쁘지 않다. 정상이다. 3.상대방의 말이나 행동에 별로 신경쓰지 않음을 나타낸다.	1_ الحالة جيدة جداً. 2- الحالة الصحية للقلب أو الجسد ليست سيئة و طبيعية. 3- تشير إلي عدم الاهتمام بكلام أو أفعال المتحدث.	1-맛이 괜찮은지 모르겠어요. 2-건강은 괜찮으세요? 3-.(가): 어제 연락 못 해서 미안해요. (나): 아니에요. 괜찮아요.	لا أعلم إذا كان المذاق جيد أم لا.2-هل صحتك جيدة؟ 3- (أ) أعتذر عن عدم الاتصال بك أمس. (ب) لا بأس.
괜히	بلا جدوي, بلا فائدة	(부) 특별한 이유 없이. 쓸데없이. / (=)공연히	بدون سبب خاص . غير مُجْدٍ	이 책을 괜히 샀어요, 재미도 없는 데.	اشتريت هذا الكتب بلا جدوي , فإنه ممل.
괴롭다	مؤلم / موجِع / محزن	(형) 아프거나 좋지 않은 일이 있어 몸이나 마음이 편하지 않다.	أن يشعر القلب أو الجسد بعدم الارتياح لوجود شئ غير جيد أو مؤلم.	마음이 괴로워서 술이라도 한잔 하고 싶다.	أريد أن أتناول لو حتي كوب واحد من الخمر لأني حزين.
굉장히	جدا	(부) 보통 이상으로 아주 대단하게.	بدرجة كبيرة.	선생님께서 굉장히 화가 나셨어요.	المعلم غاضب للغاية.
교과서	كتاب مدرسي	(명) 학교에서 어떤 과목을 가르치기 위한 책.	كتاب من أجل تدريس المقرر الدراسي في المدرسة	교과서를 편찬하다.	ينشر الكتاب المدرسي.
교문	باب المدرسة.	(명) 학교의 정문	بوابة المدرسة.	내일 교문 앞에서 만납시다.	لنتقابل أمام باب المدرسة.
교사	معلم / مدرس	(명) 유치원, 초등학교, 중학교, 고등학교 등에서 학생을 가르치거나 돌보는 사람. / (=) 선생	شخص يعتني بالطلاب في رياض الأطفال و المدرسة الابتدائية والإعدادية والثانوية وغيرها ويعلمهم.	형은 고등학교 영어 교사입니다.	أخي معلم لغة إنجليزية في مدرسة ثانوية.
교수	أستاذ جامعي/ دكتور	(명) 대학교에서 가르치는 선생	أستاذ يُدرس في الجامعة.	제 꿈은 수학과 교수가 되는 것입니다.	حلمي أن اصبح أستاذ جامعي في علم الريضيات

교실	قاعة محاضرات	(명) 학교나 학원에서 선생님이 학생들을 가르치는 방.	الغرفة التي يقوم فيها المعلم بتعليم الطلاب سواء في المدرسة أو المعهد التعليمي.	교실이 너무 좁아요.	قاعة المحاضرات ضيقة جدا.
교육	تعليم	(명)지식, 교양, 기술, 등을 가르치는 일.	تدريس التكنولوجيا والثقافة والمعرفة وغيرهم.	아이들 교육 때문에 걱정이 많아요.	يقلق الأطفال كثيرا بسبب التعليم.
교재	مواد للتعليم (الكتاب المدرسي)	(명)교육을 하는 데 필요한 내용을 담고 있어 가르치거나 학습하는 데 쓰이는 여러가지 재료.	المادة أو الكتاب المدرسي الضروري للتعليم.	어떤 교재로 공부하고 계세요?	أي كتاب مدرسي تقوم بدراسته ؟
교통	مواصلات/ حركة المرور	(명) 자동차, 배, 비행기 등이 오고 가는 일. 또는 그것을 이용하여 사람이나 짐이 움직이는 일.	ذهاب وإياب الطائرات والسفن والسيارات وغيرهم . أوحركة الناس أو الأمتعة باستخدام تلك الوسائل.	출퇴근 시간에는 교통이 복잡합니다.	خلال ساعة الذروة تكون حركة المرور معقدة.
교통사고	حادثة مرور	(명) 달리던 차가 다른 차에 부딪히거나 사람을 치는 사고.	حادث صدم سيارة مسرعة لسيارة أخري أو شخص.	그는 2 년 전에 교통사고를 당해서 크게 다쳤다.	تعرض منذ عامين لحادث سير وأصيب بشدة.
교환	تبادل	(명) 물건, 정보, 등을 서로 바꾸거나, 주고받는 것.	تبادل أو استبدال أشياء ومعلومات وغيره.	치수가 안 맞으면 교환이 가능합니다.	إذا كان المقاس غير مناسب يمكن تبديله.
교환하다	يتبادل	(동)무엇을 서로 바꾸거나, 주고받다.	يتبادل أو يستبدل أشياء ومعلومات وغيره.	여러 가지 의견을 교환해 봅시다.	لنتبادل العديد من وجهات النظر.
교회	كنيسة	(명) 주로 여호와를 믿는 사람들이 종교적 예배와 모임을 하는 건물.	مبني يتجمع فيه أصحاب الديانة المسيحية ويصلون.	교회를 세우다.	يبني كنيسة.
구	تسعة	(수) 숫자 9.	رقم تسعة 9.	미나는 9 년 전 스페인에 갔다.	ذهب مينا إلي أسبانيا قبل تسع سنوات.
구경	مشاهدة	(명) 어떤 것을 재미로 보는 일.	مشاهدة شئ ما بمتعة.	야구 구경.	مشاهدة البيسبول.
구경하다	يشاهد	(동) 재미로 어떤 것을 보다.	يشاهد شئ ما بمتعة.	우리는 꽃 시장에 가서 여러 가지 꽃을 구경했습니다.	ذهبنا إلي سوق الورود وشاهدنا أنواع عديدة من الزهور.
구두	حذاء	(명) 가죽이나 비닐로 만든 서양식 신발.	حذاء غربي مصنوع من الجلد أو الفينيل.	새 구두를 신어서 발이 좀 아파요.	قدمي تؤلمني قليلا لارتدائي حذاء جديد.
구름	سحاب	(명) 하늘에 떠 있는 흰색 또는 잿빛의 덩어리.	كتلة سابحة في السماء بيضاء أو رمادية اللون.	구름이 잔뜩 낀 것을 보니까 비가 올 모양입니다.	يبدو أن السماء ستمطر لانتشار السحب كثيرا.
구멍	حفرة	(명) 무엇을 뚫거나 파내어 생긴 빈 자리.	مكان فارغ حدث نتيجة الحفر أو ثقب شئ.	땅에 구멍을 파고 돈을 묻었다.	حفر حفرة في الأرض ودفن المال.
구별	تميز	(명) 여럿 사이의 차이. 또는 그 차이에 따라 나누는 것. /(=) 구분/	الاختلاف بين الناس أو التقسيم وفقاً لذلك الاختلاف.	남녀 구별.	التميز بين الرجل والمرأة
구별하다	يميّز	(동) 성질이나 종류에 따라 갈라놓다..	يفرز الأشياء وفقًا لخصائصها وأنواعها.	어떤 사람은 푸른색과 붉은색을 구별하지 못한다.	بعض الناس لا يستطيعون التميز بين الأزرق والأحمر.
구석	ركن/ زاوية	(명) 모퉁이의 안쪽.	جزء داخلي لزاوية	책상은 왼쪽 구석에 놓으세요.	ضع المكتب في الزاوية اليسري.
구하다	يُنقذ	(동) 위험한 상황에서 벗어나게 해 주다.	يجعل شخص ما يخرج من وضع خطر	이분이 저를 구해 준 분이다	هذا هو الشخص الذي انقذني.

구하다	يبحث/ يطلب	(동) 1-(필요한 것을) 얻으려고 하다. 2-(다른 사람의 이해나 도움을) 얻으려고 하다. /=요청하다/	1يحاول الحصول علي شئ مهم. 2-يحاول الحصول علي فهم أو مساعدة من شخص آخر.	1-두통약을 구하려고 했지만 기숙사에는 가지고 있는 사람이 없었다. 2-제 문제에 대해서 선생님께 도움을 구하고 싶습니다.	1_ كنت أبحث عن دواء الصداع لكن لم أجده مع أي شخص في المدينة الجامعية. 2- أرغب في طلب مساعدة معلمي في المشكلة الخاصة بي.
국	شوربة	(명) 물에 고기, 채소 등을 넣어서 끓인 음식.	طعام مغلي بعد وضع الخضار واللحم وغيرهم في الماء.	일본에서는 국을 먹을 때도 숟가락을 쓰지 않습니다.	في اليابان عند تناول الشوربة لا يستخدموا المعلقة.
국가	دولة	(명) 나라	دولة	한국은 남한과 북한으로 나뉜 분단 국가 입니다.	كوريا هي دولة مقسمة إلي كوريا الجنوبية وكوريا الشمالية.
국내	داخل الدولة	(명) 나라의 안.	داخل الدولة.	해외 여행은 그만두고 국내 여행도 하면 좋겠네요.	أرغب في السفر داخل الدولة والتوقف عن السفر خارجيا
국민	مواطن	(명) 국가를 구성한 사람. 또는 그 나라의 국적을 가지고 있는 사람.	شخص ينتمي لدولة أو شخص يمتلك جنسية تلك الدولة.	경제 발전을 위하여 국민 모두가 노력합니다.	يبذل جميع المواطنين جهد من أجل التقدم الاقتصادي.
국수	كوك سو, مكرونة	(명) 가루를 반죽하여 가늘고 길게 뽑은 먹을 거리. 또는 그것으로 만든 음식.	منتج غذائي طويل ورقيق يتم صنعه من خلال عجن دقيق القمح.	국수가 다 불어서 맛이 없어요.	المكرونة مذاقها سئ لأنها تشبعت بالماء .
국어	اللغة الرسمية لدولة	(명) 1-한 국가가 공용어로 정하여 쓰고 있는 말. 2-한국의 공식 언어. 한국어. 3-학교 교육에서 그 나라의 말을 다루는 과목.	اللغة التي تتحدثها دولة ما. 2- اللغة الرسمية لكوريا أي اللغة الكورية. 3- مادة مقررة تتناول لغة الدولة في التعليم المدرسي.	1-한 나라의 국민이라면 그 나라의 국어를 사랑할 줄 알아야 한다. 2-외국어 공부도 중요하지만, 한국 사람은 먼저 국어를 잘 알아야 한다. 3-저는 사회나 수학보다 국어가 재미있습니다.	يجب علي مواطني كل دولة حب لغتهم. 2- دراسة اللغة الأجنبية مهمة لكن يجب علي الكوريين أولاً إتقان اللغة الكورية. 3- اللغة ممتعة بالنسبة لي أكثر من مادة الرياضيات وعلم الاجتماع.
국제	عالمي	(명) 여러 나라에 관련되거나 여러 나라가 참여하는 것.	ذا صلة بدول عديدة أو مشاركة دول عديدة	저는 국제 운전 면허증을 가지고 있습니다.	أمتلك رخصة قيداة دولية
군대	جيش	(명) 군인들의 집단.	مجموعة من الجنود	군대를 입대하기 전에 태권도를 배워야겠어요.	يجب تعلم التايكوندو قبل الالتحاق الجيش
군데	وحدة	(명) 장소의 수를 세는 말.	وحدة لعدّ الأماكن	강원도에는 국립 공원이 여러 군데 있다.	يوجد العديد من الحدائق الوطنية في كانج وون دو.
군인	عسكري	(명) 군대에 근무하는 사람.	شخص يعمل في الجيش.	군인들이 훈련을 받고 있다.	يتدرب الجنود.
굳이	عمداً / بعناد	(부) 1-단단한 마음으로 의지가 강하게. 2-고집스럽게 구태여.	فعل شئ ما عمدا رغما من صعوبته. - بعناد.	1-싫으면 굳어 가지 않아도 좋다. 2-굳이 가겠다면 잡지 않겠다.	من الأفضل عدم الذهاب عمداً إذا كنت كاره ذلك. -- لن أمسكه إذا تمسك بالرغبة في الهروب.
굵다	كبير/ سميك / كثيف.	(형) 1-(긴 물건) 둘레가 크다. (반)가늘다. 2-(동그란 물건이나 알이) 부피가 크다. (반)잘다. 3-(목소리가) 낮고 크다.(반)가늘다. 4-(글자나 선이) 뚜렷하게 크거나 진하다. (반)가늘다. 5-빗방울이 내리고 있다.	1_ عريض / سميك. 2- كبير الحجم لشئ دائري أو بيضة. 3- صوت غليظ ومنخفض. 4- الحرف أو الخط كبير وواضح. 5- تتساقط قطرات المطر. 6- التجاعيد كبيرة وعميقة.	1-나는 다리가 굵어서 고민이다. 2-감자는 알이 굵은 맛이 있다. 3-남자는 여자보다 목소리가 굵다. 4-제목은 굵은 글씨로 되어 있었다. 5-창 밖에는 굵은 빗방울이 내리고 있다. 6- 그의 얼굴에는 굵은 주름살이 패여	أنا قلق لأنني امتلك رجل سميكة. 2- حبة البطاطس الكبيرة لذيذة. 3- صوت الرجل أضخم من صوت المرأة. 4- العنوان مكتوب بخط كبير 5- تتساقط قطرات الماء الكبيرة خارج النافذة. 6 ظهرت تجاعيد كبيرة في وجهه.

		(반) 가늘다. 6-(주름이) 크고 깊다.		있었다.	
굶다	يجوع	(동) 밥을 먹지 못하거나 먹지 않다.	لا يتناول الطعام أو عدم القدرة علي تناول الطعام.	나는 시간이 없어 아침을 굶고 출근했다.	ذهبت إلي العمل بدون تناول وجبة الإفطار بسبب ضيق الوقت.
굽다	يشوي و يحرق	(동) 1-(사람이 고기나 김을) 직접 열을 가해 익히다. 2-(사람이 흙으로 빚은 것을) 열을 가해 굳게 하다.	يطهي علي شئ ساخن أو نار. 2- صنع الطوب أو الفحار بوضعهما في الفرن وحرقهما.	1-겨울 밤에는 밤이나 고구마를 구워 먹었습니다. 2-이곳은 벽돌을 굽는 곳입니다.	شويت في ليالي الشتاء البطاطا و أبو فروة وأكلتهما. 2- هذا الشئ طوب محروق.
궁금하다	فضولي/ يريد أن يعرف	(형) 1-(사람이 답을) 알고 싶어 마음이 안타깝다. 2-(사람이 어찌하는지) 알고 싶어 마음이 안타깝다.	يريد أن يعرف شئ.	1-무슨 일이 일어났는지 궁금해요. 2-이번엔 누가 일등인지 궁금하다.	متلهف لأعرف ماذا حدث.
권	كتاب	(명) 1-책이나 공책을 세는 말. 2-(여러 권으로 된 책들 중에서 책의 순서를 나타낸다.	وحدة لعدّ الكتب أو الدفاتر. 2-كلمة تدلّ على ترتيب الكتب في مجموعة تتكوّن من كتب متعددة	1-공책 한 권에 얼마입니까? 2-어제 읽은 소설이 너무 재미있어서 2 권도 빨리 읽고 싶다.	1_كم ثمن كشكول واحد؟ 2_ الرواية التي قرأتها أمس كانت ممتعة للغاية لذلك أرغب في قراءة الجزء الثاني.
권리	حق	(명)/ (반)의무/ 어떤 일을 할 수 있는 자격.	أهلية أن تفعل عمل ما.	권리를 가지다.	يمتلك حق.
귀	أذن	(명) 사람과 동물의 얼굴 좌우에 있는, 소리를 듣는 기관.	عضو يسمع الأصوات يقع في جانبي وجه الانسان والحيوان.	수영을 하다가 귀에 물이 돌아갔다.	دخلت المياه إلي أذني اثناء السباحة.
귀국	عودة للوطن	(명) 외국에 있던 사람이 자기 나라에 돌아가거나 돌아오는 것.	عودة الشخص الذي كان في الخارج إلي وطنه.	세함은 한국어 연수를 마치고 이집트로 귀국했다.	عادت سهام إلي مصر بعد أن أنهت دراستها في الخارج.
귀국하다	يعود للوطن	(동) 자기 나라에 돌아가거나 돌아오다.	يعود إلي الوطن.	친구가 4 년 만에 미국에서 귀국했습니다.	عاد صديقي من أمريكا منذ 4 سنوات فقط.
귀신	شبح	(명) 주로 사람을 해친다고 하는, 눈에 보이지 않는 두려운 존재.	كائن مخيف لا يظهر للعين ويُقال أنه يضر الإنسان بشكل رئيسي.	귀신이 씌다.	يمتلك شبحاً أو متصل به.
귀엽다	جميل / جذاب	(형) 1-(무엇이) 예쁘고 사랑스럽다. 2- 예쁘고 사랑스럽게 느껴지다.	1_شئ جميل و لطيف. 2_تشعر بالجمال واللّطف.	1-저 아이 정말 귀엽게 생겼어요. 2-tv 에 나오는 아기가 아주 귀여웠다.	1_ذلك الطفل جميل حقاً.2_ الطفل الذي ظهر في التلفاز لطيف جدا.
귀찮다	مزعج.	(형) 어떤 일을 하는 것이 재미없고 싫게 느껴지다.	يشعر بالكراهية و الملل من ممارسة عمل ما.	집안 일 중에서 빨래가 제일 귀찮아요.	غسيل الملابس هو أكثر شئ مزعج من بين الأعمال المنزلية.
규칙	قواعد	(명) 한 조직에 속한 여러 사람이 다같이 지키기로 정한 법칙.	قانون يجب علي الأشخاص المنتمين لمنظمة واحدة الالتزام به.	규칙에 어긋나다.	مخالفة القواعد.
그	ذلك	(관) 1-화자 쪽에서 볼 때 청자에게 가까이 있는 것을 가리키는 말. 2-화자와 청자가 함께 알고 있는 물건이나 사람을 가리키는 말. 3-바로 뒤에 오는 사람이나 물건이나 사실을 강조해서 가리키는 말.	1_كلمة تشير من ناحية المتكلم إلي شئ قريب من المستمع. 2- كلمة تشير إلي شخص أو شئ يعرفه المتكلم و المستمع كلاهما. 3- كلمة تشير وتأكد علي حقيقة أو شئ أو شخص تم ذكره مسبقاً.	1-그 모자를 나에게 주십시오. 2-그 영화가 그렇게 재미있을 줄 몰랐어요. 3-아니, 어떻게 그 어려운 노래를 배웠습니까?	1_أعطني تلك القبعة. 2- لم أكن أعلم أن هذا الفلم ممتع هكذا. 3- كيف تعلمت تلك الأغنية الصعبة؟

그 해	ذاك العام	(명) 말하는 이와 듣는 이가 알고 있거나 말하는 이만 알고 있는 과거의 어느 해.	عام في الماضي يعرفه المتكلم والمستمع أو المتكلم فقط.	그해 시월에 우리는 약혼했다.	ارتبطنا في شهر أكتوبر من ذلك العام
그것	ذلك الشئ	(대) 1-화자 쪽에서 볼 때 청자에게 가까이 있는 물건을 가리키는 말. 2-'그 사람'을 낮추어 가리키는 말. 3-앞에서 말한 물건이나 사실을 다시 가리키는 말.	1_كلمة تشير من ناحية المتكلم إلي شئ قريب من المستمع 2-كلمة تشير إلي التقليل من ذلك الشخص. 3- لفظة تستخدم للإشارة مرة أخري لحقيقة أو شئ تم ذكره مسبقاً.	1-어디에서 그것을 샀어요? 2-아니, 그것들은 매일 싸우기만 한다. 3-새로운 곳에 보고 듣고 느끼는 것, 그것은 가장 좋은 공부다.	1_من أين اشتريت ذلك الشئ؟ 2- هؤلاء الاشخاص يتشاجرون كل يوم. 3- مشاهدة الأشياء الجديدة وسماعها هو أفضل دراسة.
그곳	ذلك المكان	(대) 이미 이야기했거나 청자 알고 있는 장소를 가리키는 말.	لفظة تشير إلي مكان يعرفه المستمع أو تم الحديث عنه من قبل.	설악산에 갔다 왔니? 나도 그곳에 가 봤는데.	هل عودت من جبل سوراك سان ؟ لقد ذهبت أنا أيضاً إلي هناك.
그날	ذلك اليوم.	(명) 앞에서 말한 날.	اليوم الذي ذُكِر مسبقاً.	목요일에 만날 수 없을 것 같다. 그날이 시험 전날이야.	يبدو أنني لن استطيع مقابلتك يوم الخميس . فذلك اليوم هو يوم قبل الامتحان.
그냥	كماهو / دون سبب أو شرط.	(부) 1-있는 그대로. (=) 그대로/ 2-특별한 이유나 생각 없이. 3-아무 것도 하지 않고. 4-아무 조건 없이. 공짜로.	كما هو. 2- بدون نية أو سبب خاص. 3- عدم القيام بأي شئ. 4- مجاناً دون أي شرط .	1-제 방은 제가 정리할 테니까 그냥 두세요. 2-날씨 좋은 날에는 그냥 어디론가 가고 싶어요. 3-하도 피곤해서 집에 오자마자 그냥 잤다. 4-그 책을 정말 저한테 그냥 주시는 거예요?	1_سأرتب غرفتي بنفسي اتركها كما هي. 2- فقط أرغب في الذهاب إلي أي مكان في هذا اليوم ذو الجو الرائع. 3- كُنت متعب جداً لذلك بمجرد الوصول إلي البيت لم أفعل شئ سوي النوم. 4-هل حقاً ستعطني هذا الكتاب مجاناً؟.
그늘	ظل	(명) 빛이 어떤 물체에 가려 어두워진 부분.	منطقة مظلمة تحدث نتيجة حجب الضوء عن أي جسم مادي.	더운데 나무 그늘에서 잠깐 쉽시다.	الجو حار لنستريح قليلا في ظل الشجرة.
그다음	القادم/ التالي.	(명) 어떠한 것에 뒤이어 오는 때나 장소, 순서.	وقت أو مكان أو ترتيب يلحق بشيء ما	선생님, 그 다음 동작은 뭐예요?	يا معلم, ماهي الحركة التالية ؟
그대	في ذلك الوقت / آنذاك.	(대) 이미 이야기했거나 청자가 알고 있는 시간을 가리키는 말.	كلمة تشير إلي وقت يعرفه المستمع أو تم ذكره مسبقاً.	한 시간만 더 기다렸다가 그때까지도 안 나오면 그냥 나갑시다.	لننتظر ساعة آخري وخلالها لنخرج إذا لم يحضر.
그대로	مثله / كما هو.	(부) 1-고치거나 변하지 않고 본래 있던 모양이나 상태와 같이 있는 대로. 2- 상관하지 않고. (=) 그냥.	1_مثل الصورة أو الحالة التي كانت في الأصل بدون تغيير/ كما هي. 2- لاتهتم.	1-제가 하는 말을 그대로 따라서 해 보세요. 2-저는 괜찮으니까 그대로 가세요.	1_أتبع كلامي كما هو. 2- أذهب ولا تهتم فأنا بخير.
그동안	خلال / في غضون.	(부) 그 간. 그사이.	خلال مدة معينة.	식당에 다녀올 테니까 그 동안 자리를 좀 지켜 주세요.	سوف أعود إلي المطعم في غضون ذلك رجاء حافظ علي المقعد.
그래	نعم/ حسنا.	(감)'그렇게 하겠다' '그렇다' '알았다" 등과 같이 상대방의 말에 동의하거나 긍정적인 뜻으로 대답하는 말.	إجابة تحمل معني إيجابي أو موافقة علي كلام الطرف الآخر.	(가): 배고픈데 밥 먹을까? (나): 그래, 밥 먹으러 가자.	أنا جائع ما رأيك أن نأكل ؟ حسنا هيا نذهب لنتناول الطعام.
그래서	لذلك	(부) 1-그렇기 때문에. 그러한 이유에서 (=)따라서, 2-그렇게 해서. 그렇게 한 다음에. 3-다음 이야기를 더 계속해 달라고	1_لهذا السبب. 2- أن تفعل شئ بعد شئ آخر. 3- كلمة تطلب استمرار الحديث التالي أكثر .	1-날씨는 덥고 할 일은 많고, 그래서 자꾸 짜증이 난다. 2-우선 친구에게 전화부터 하세요. 그래서 잘못했다고 먼저 말을	1_الجو حار ولدي الكثير من العمل لذلك أغضب بسرعة . 2- في البداية اتصل بصديقك وبعد ذلك قل أولا أنك اخطائت. 3- حسنا سوف اقابل صديقي و بالتالي.

		하는 말.		하세요. 3-그럼, 오랜만에 친구를 만나겠네. 그래서?	
그램	جرام	(명) 무게의 단위.	وحدة وزن.	감자 한 근은 400 그램입니다.	واحد غون (وحدة وزن) من البطاطس يساوي 600 غرام.
그러나	لكن / بالرغم من ذلك.	(부) (=) 그렇지만/ 1-앞에서 설명하거나 기대한 것과는 다르게. 2-그럼에도 불구하고. 그렇기는 하여도.	1_ عكس مع المتوقع أو الموصوف مسبقاً. 2- بالرغم من ذلك	1-마이클 씨는 택시를 잡으려고 했습니다. 그러나 20 분을 기다려도 빈 택시가 오지 않았습니다. 2-나는 피곤했다. 그러나 더워서 잠을 잘 수가 없었다.	1_كان يريد مايكل أن يركب تاكسي لكنه انتظر 20 دقيقة ولم يأتي تاكسي فارغ . 2- علي الرغم من أني متعب لم أستطع النوم لأن الجو حار.
그러니까	لذلك / أي	(부) 1-그런 까닭에 그러한 이유로. 2-다시 말해서 바꿔 말하자면. 3-말을 시작하면.	1_لذلك السبب. 2- بعبارة أخري 3- عند بدأ الكلام.	1-버스는 복잡할 거예요. 그러니까 택시를 타고 갑시다. 2-아들이 다섯이고 딸이 둘, 그러니까 모두 5 남 2 녀입니다. 3-저, 그러니까, 제가 한 말씀 드리겠습니다	1_ الأتوبيس سيكون مزدحم لذلك لنركب تاكسي. 2- خمسة ابناء و ابنتان أي خمسة ذكور وانثتان. 3- حسنا سأخبركم بشئ.
그러다	هكذا	(동) 1-(앞에서 말한 위의 내용을 가리켜서) 그렇게 한다. 2-(다른 사람이 하는 행동이나 상태를 가리켜서) 이렇게 한다. 3-앞 문장의 뜻을 상대편에게 강조하는 말.	1_يفعل كما أشار في محتوي تم ذكره مسبقا. 2- يفعل كما أشار لحالة أو فعل مارسه شخص آخر. 3- كلمة لتأكيد معني جملة سابقة لشخص آخر.	1-(가): 설렁탕을 먹을까요? (나): 네, 그러죠. 2-(가): 오늘은 제가 시내를 안내해 드리겠습니다. (나): 아이고, 바쁘실 텐데 그러지 않으셔도 됩니다. 3-참 빨리 가라니까 그러네.	1_ما رأيك أن نأكل سوليونج تانج ؟ هيا لنأكله. 2- (أ) اليوم سوف أقوم بإرشادك . (ب) حقاً, يبدو أنك مشغول لا مشكلة أن لم تفعل. 3- لقد قلت لك أن تسرع بالذهاب.
그러면	إذا كان الأمر كذلك / في هذه الحالة	(부) (=) 그렇다면 / 1-그렇게 하면. 2-그렇다고 하면.	1_إذا فعلت كذلك. 2- لو قلنا ذلك.	1-여름에 한국에 오십시오. 그러면 제가 안내해 드리겠습니다. 2-(가) 이 구두는 너무 낮아요. (나) 그러면 이것은 어떠세요?	1_تعال إلي كوريا في الصيف في هذا الحالة سوف أقوم بإرشادك. 2- الحذاء منخفض جدا. اذا كان الأمر كذلك مارأيك في هذا.
그러므로	لذلك	(부) 그렇기 때문에. 그러한 까닭으로. 그러한 이유로.	بسسب ذلك . لهذا السبب.	사람들은 모두 죽는다. 그러므로 죽음을 너무 두려워할 필요는 없다.	الجميع سيموت لذلك لا داعي للخوف من الموت.
그런	ذلك	(관) 그것과 같은..	مثل ذلك.	전화번호는 맞는데 그런 사람은 없습니다.	رقم التليفون صحيح لكن ذلك الشخص غير موجود.
그런데	لكن/بالمناسبة .	(부) 1-(형편이나 상태나 현상이) 그와 같은데. 2-그것에 덧붙여서 말하자면. 3-대화를 이어가는 데에 쓴다.	مثل ظاهرة أو حالة أو موقف ولكن. 2- عند إضافة المزيد من الكلام إلي الحديث. 3- تستخدم للاستمرار في المحادثة.	1-공원에 가서 사진 찍으려고 했어요. 그런데 비가 와서 못 갔어요. 2-어제 식당에 갔어요. 그런데, 그곳에서 민지를 만났습니다. 3-그런데 말이야? 너 언제 한국에 왔다고 했지?	نويت الذهاب للحديقة لالتقاط صور لكن السماء أمطرت ولم أستطع الذهاب. 2- ذهبت أمس إلي مطعم وهناك قابلت مين جي. 3- بالمناسبة متي جئت إلي كوريا؟ .
그럼	نعم	(감) 응, 물론, 아무렴. 앞 내용이 뒤 내용의 조건이 됨을 나타낼 때 쓰여 앞뒤 문장을 이어주는 말.	نعم / بالتأكيد / بالطبع.	1-(가): 전화 좀 써도 돼요? (나): 그럼요. 2-그럼 둘이 서로 아는 사이인가요?	هل يمكن استخدام التليفون ؟_ بالطبع._

그렇다	كذلك / كما هو الحال.	(형)1-(앞에서 말한 내용 전체를 가리켜) }그와 같다. 2- "맞다"의 뜻. 3-그것이 맞다. 그것이 사실이다.	1_مثل محتوي تم ذكره مسبقاً. 2- صحيح. 3- ذلك الشئ صحيح. ذلك الشئ حقيقة.	1-아내도 피곤하고 저도 그렇습니다. 2-(가) 거기 마이클 씨 댁입니까? (나) 네. 그렇습니다. 3-너, 네가 하고 싶어서 그러는 거지, 그렇지?	1_زوجتي متعبة وأنا ايضاً كذلك. 2- أهذا بيت مايكل؟ صحيح هذا منزله. 3 أنت تريد أن تفعل ذلك أليس كذلك؟.
그렇지만	لكن / بالرغم من ذلك.	(부) 1-앞에 말한 것이 사실이지만 그와 다르게. 2-앞에 말한 것이 사실이라고 해도. 그럼에도 불구하다.	1_اختلاف مع ماتم ذكره من حقيقة مسبقا. 2-بالرفم من الحقيقة التي قيلت مسبقا. علي الرغم من.	1-노래를 듣는 것은 좋아해요. 그렇지만 노래하기는 싫어합니다. 2-존댓말을 쓰기는 하지요. 그렇지만 아직 습관이 안 돼서 좀 어색해요.	1_أحب سماع الموسيقي لكن أكره الغناء . 2 اتكلم بصيغة الاحترام فعلاً لكني لم اتعود عليها بعد.
그릇	طبق	(명) 음식을 담는 도구	أداة يوضع بها الطعام	냉면을 좋아해서 두 그릇을 먹었습니다.	أكلت طبقين من النينج ميونج لأني أحبها.
그리	هناك. في هذا الاتجاه	(부) 그 쪽으로	في هذا الاتجاه	제가 그리 갈까요?	هل أسير في هذا الاتجاه؟
그리고	و. ثم	(부) 또한. 이에 더하여	بالاضافة إلي	서울, 경기, 그리고 강원도 지역에 비가 내리겠습니다.	ستتساقط الأمطار في سيول، جيونجي و جزيرة جانج وون
그리다	يرسم.يلون	(동) 선, 색깔 등으로 어떤 모습을 종이 등에 나타내다	نقش شكل معين علي ورقة او غيرها باستخدام الألوان والخطوط	나는 그림 그리는 것을 좋아합니다.	أنا أحب الرسم.
그림	صورة. لوحة	(명) 점, 선, 색깔을 이용하여 종이 등에 그리는 것.	شئ مرسوم في ورقة أو غيرها باستخدام نقطة،خط أو لون	피카소의 그림은 이해하기 어려워요	إن رسومات بيكاسو صعبة الفهم.
그림자	ظل.انعكاس	(명) 물체가 빛을 받을 때 빛의 반대쪽 바닥이나 벽에 검은색으로 나타나는 물체의 모양	شكل انعكاس الجسم علي الارض أو الحائط عند تعرضه للنور	그림자가 비치다.	ظهور الظل
그립다	اشتياق	(형) 무엇이 보고 싶은 생각이 마음에 많다	التفكير كثيرا والرغبة في رؤية الشئ	집을 떠나 있으니까 가족이 더 그립다	اشتاق لأهلي كثيرا حيث أني اغادر المنزل
그만	توقف	(부) 더하지 말고 그 정도까지만.	الاكتفاء بهذا الحد وعدم الاضافة	텔레비전 그만 보고 어서 자라	توقف عن مشاهدة التلفاز وتعال لتنم
그만두다	يوقف / يستقيل	(동) 하고 있는 일을 중간에 그치다	التوقف عن عمل شئ اقوم به	남편이 직장을 그만둔다고 해서 걱정이에요.	اشعر بالقلق حيث يقول زوجي أنه سيستقيل عن العمل .
그만하다	يتوقف	(동) 하던 일을 계속하지 않고 멈추다	عدم الاستمرار والتوقف عن الشئ الذي اقوم به	오늘은 그만하고 내일 해요.	يكفي اليوم وأفعلها غدا.
그분	هذا الشخص	(대) 그 사람을 높여서 가리키는 말	يشار بها الي الشخص المرتفع قدره	그분은 잘 생겼을 뿐만 아니라 성격도 좋습니다	هذا الشخص ليس وسيم فقط بل لديه شخصية رائعة أيضا
그제	أول أمس	(명) 어제의 전날. /=엊그제	يوم ما قبل البارحة	가: 언제부터 배가 아팠어요? 나: 그제 저녁에 아팠어요.	أ:منذ متي تؤلمك معدتك؟ ب: منذ ليلة اول أمس تؤلمني
그중	خلال	(명) 범위가 정해진 여럿 가운데.	الوسط خلال مجموعة معينة.	책을 세 권 샀는데 그중에 한 권이 파본이다.	ضمن الثلاثة كتب التي اشتريتها هناك واحد تالف.

그쪽	هذا الأتجاه	(대) 앞에서 말한 장소나, 청자에게 가까운 쪽이나 화자,청자 모두에게 먼 쪽을 가리키는 말.	تشير الي مكان في الأمام أو قريب من المستمع أو ناحية تبعد عن الأثنين.	동대문이요? 그 쪽으로 가면 길이 많이 막혀요.	دونجديمون؟ اذا سرت في الاتجاه ستجد الطريق متكدس(مزدحم)
그치다	يتوقف	(동) 계속되던 일, 움직임, 현상 등이 멈추다. /=멈추다, 멎다	توقف عمل مستمر أو حركة أو ظاهرة أو غيرها	우산을 사려고 했는데 마침 비가 그쳤습니다.	قررت اشتري مظلة ولكن في النهاية توقف المطر.
극장	مسرح.سينما	(명) 연극이나 무용을 공연하거나 영화를 상영할 수 있는 시설을 갖춘 큰 건물 . /=영화관	مبني كبير يحوي مرافق لعرض افلام أو مسرحيات	극장에 전화해서 표를 예약해 놓으세요.	رجاء اتصل بالمسرح واحجز لنا التذاكر.
근거	أساس.دليل	(명) 어떤 주장이나 의견에 대한 이유	السبب حول رأي أو وجهة نظر	무슨 근거로 네가 그런 말을 하니?	علي أي أساس تقول هذا الكلام؟
근무	واجب.عمل	(명) 직장에서 자기가 맡은 일을 하는 것.	القيام بواجبه في اداء عمله	우리 회사는 근무 조건이 좋다.	ان شروط عمل شركتنا جيدة.
근무하다	يعمل	(동) 일정한 직장에서 일을 하다.	يقوم بأداء عمله في الوظيفة	어느 과에서 근무하십니까?	في أي قسم تعمل؟
근처	بجوار	(명) 어디에서 가까운 곳	مكان قريب.	이 근처에는 가게가 많군요	تيوجد الكثير من المحلات في هذا الحي
글	مقالة	(명) 이야기나 생각을 여러 낱말과 문장을 이어서 나타낸 것.	كتابة كلام أو افكار مكونة من عدة كلمات أو جمل.	무슨 글을 쓰고 계세요?	ما المقالة التي تكتبها؟
글쎄	حسنا.لا أعرف	(감) 어떤 질문이나 부탁에 대한 대답이 확실하지 않아서 대답하기 어려울 때 망설이면서 하는 말.	رد متردد علي طلب أو سؤال غير متأكد من اجابته.	가: 내일 비가 올까요? 나: 글쎄, 잘 모르겠어.	أ: هل ستمطر غدا؟ ب: لا أعرف. غير متأكد.
글쓰기	كتابة.تحرير	(명) 생각이나 사실 따위를 글로 써서 표현하는 일	التعبير عن تفكير أو حقيقة ما وغيرهم عن طريق الكتابة.	그는 지금 학생들에게 글쓰기를 지도하고 있다.	انه يرشد الطلاب الان في الكتابة.
글씨	خط اليد	(명) 쓴 글자의 모양	شكل الحروف المكتوبة	선생님, 글씨가 작아서 안 보여요.	أستاذ، الكلام صغير غير واضح.
글자	حرف.مقطع	(명) 말의 소리나 뜻을 나타내는 데 쓰이는, 눈으로 볼 수 있는 기호.	رمز يمكن رؤيته بالعين ويستخدم للاشارة الي معني أو صوت كلمة	한국 사람 이름은 보통 세 글자입니다.	تتكون اسماء الكوريون عادة من ثلاث مقاطع.
금	ذهب (خاتم)	(명) 반지, 목거리, 돈을 만드는 데 쓰이는 비싼 노란 금속.	معدن أصفر اللون باهظ الثمن يستخدم لصنع العملات و العُقُودّ و الخواتم	결혼 반지는 금으로 만든 반지를 하기로 했다.	لقد قررنا أن خاتم زواجنا سيكون من الذهب.
금방	علي الفور	(부) 조금 뒤에 곧.	بعد فترة وجيزة	사장님께서 금방 돌아온다고 하셨으니까 조금만 기다리세요	لقد قال المدير أنه سيعود علي الفور فرجاء انتظر قليلاً
금연	منع التدخين	(명) 담배를 끊는 것.	التوقف عن التدخين	새해에는 꼭 금연을 하겠다고 결심했다.	لقد عزمت علي ترك التدخين بحلول العام الجديد.
금요일	يوم الجمعة	(명) 달력에서 한 주의 여섯째 날.	اليوم الخامس من ايام الاسبوع.	이번 금요일 오후에 시간이 어떠세요?	هل لديك وقت يوم الجمعة بعد الظهيرة؟
금지	حظر. منع	(명) 법이나 명령으로 하지 못하게 하는 것.	عدم القدرة علي فعل شئ وفقا لقانون أو أمر ما.	여기는 주차 금지 구역이니까 차를 세우시면 안 됩니다.	ممنوع ركن السارة هنا حيث أن هذه منطقة حظر وقوف السيارات

금지하다	يمنع. يحظر	(동) 법이나 명령으로 무엇을 하지 못하게 하다.	منع فعل شئ وفقا لقانون أو أمر ما.	올해부터 정부는 공공 시설에서의 흡연을 금지하고 있다.	تحظر الحكومة التدخين في المرافق العامة بدءاً من هذا العام.
급	مستوي	(명) 계급이나 등급.	درجة أو مرتبة	급이 낮다./ 급이 높다.	مستوي منخفض. مستوي عالي.
급하다	طارئ.عاجل	(형) 사정이나 형편이 빨리 서두를 필요가 있다.	الحاجة الي فعل امر سريعا أو الاندفاع	이 일이 더 급해요.	هذا الأمر طارئ.
급히	بشكل عاجل	(부)몹시 서둘러 빨리. /=바삐	بشكل عاجل جدا	급히 오느라고 우산을 잃어 버렸어요.	لقد دعوتني في عجلة ففقدت مظلتي.
기간	فترة. مدة	(명) 어느 한 때로부터 다른 때까지의 시간.	وقت محدد من نقطة ما الي أخري.	원서 접수 기간은 5 일부터 10 일까지다.	فترة تقديم الاستمارات بدءا من يوم 5 حتي يوم 10.
기계	آلة.ماكينة	(명) 일정한 일을 하도록, 동력으로 움직이는 장치.	جهاز يتحرك ويعمل بالطاقة.	이 기계를 사용할 줄 알아요?	هل تجيد استخدام هذه الماكينة؟
기다리다	ينتظر	(동) 사람, 일 등 때가 오거나 이루어지기를 바라다.	تمني مجئ شخص او حدوث شئ ما.	눈이 빠지게 기다리다.	ينتظر كثيراً.
기대	توقع	(명) 어떤 일이 이루어지기를 바라고 기다리는 것. 또는 이루어질 것이라고 믿는 마음	انتظار أو تمني حدوث شئ ما. أو الايمان بحدوث شئ ما.	이번 경기는 정말 기대가 됩니다.	انتظر هذه المباراة بشدة
기대하다	يتوقع	(동) 어떤 일이 이루어지기를 바라고 기다리다.	تمني وانتظار حدوث شئ ما.	우리 모두 네가 이기기를 기대하고 있어.	جميعنا نتوقع أن تكسب.
기록	وثيقة، تسجيل، تدوين	(명) 주로 기억하거나 남겨둘 목적으로 생각이나 사실을 적는 것.	كتابة حقيقة ما أو أفكار معينة بهدف تذكرها و إبقاءها حاضرة.	제가 경험한 일을 기록으로 남기고 싶습니다.	أرغب في تدوين خبراتي.
기록하다	يسجل، تدوين	(동) 어떤 일이나 사실을 글로 적다.	كتابة حقيقة أو أمر ما.	그는 수첩에 그때그때 떠오르는 생각들을 기록해 두었다.	لقد سجل ذكرياته في المفكرة لحظة بلحظة.
기르다	يربي	(동) 식물, 동물, 아이를 보살펴서 자라게 하다.	الاعتناء ورعاية الأطفال أو الحيوانات أو النباتات.	어릴 때 저는 개 한 마리를 길렀습니다.	لقد ربيت كلب في صغري.
기름	زيت	(명) 물보다 가볍고 미끈미끈하며 불에 잘 타는 액체.	سائل يتحمل النار وأخف من الماء وأملس،جيد الاشتعال.	식물성 기름	زيت نباتي.
기본	أساس	(명) 어떤 일이나 사물의 가장 중심이 되는 중요한 사실이나 기초.	أساس أو حقيقة مهمة تشكل الجانب الأكثر مركزية في مسألة ما.	아무리 가까운 사이라도 기본 예의는 지켜야 합니다.	مهما كانت علاقتكم حميمة يجب الحفاظ علي مبادئ الأخلاق.
기분	شعور، مزاج	(명) 마음속에 생기는 기쁨, 슬픔, 우울함 등의 감정 상태.	حالة الشعور بالفرح أو الحزن أو الاكتئاب نابعة من داخل القلب.	오늘은 꽤 기분이 좋은 것 같군요.	أعتقد أن مزاجي جيد الي حد ما اليوم.
기뻐하다	يسعد. يفرح	(동) 무엇을 보고 신나고 기분 좋은 느낌이	الاحساس بشعور رائع ومذهل عند رؤية شئ ما، ويكون هذا الشعور ظاهريا.	사람들이 모두 그의 성공을 기뻐해 주었다.	لقد فرح كل الناس لنجاحه.

		들거나, 그런 느낌을 겉으로 보여주다. /(반)슬퍼하다			
기쁘다	سعيد. مسرور	(형) 마음에 드는 일이 있어서 신이 나고 기분이 좋다. /(반)슬프다	تحسن المزاج والاحساس بشعور رائع بسبب شئ يروق لك.	나는 선물을 주는 것이 선물을 받는 것보다 기쁘다.	أشعر بالسعادة عند تقديم الهدايا أكثر من استلامها.
기쁨	سرور. السعادة. الفرح	(명) 기쁜 느낌이나 기뻐하는 마음. /(반)슬픔	القلب المسرور أو الشعور بالسعادة.	기쁨의 눈물	دموع الفرح.
기사	سائق	(명) 직업으로 차를 운전하는 사람. /=운전사	شخص وظيفته قيادة السيارات.	이 방송은 택시 기사 아저씨들이 많이 듣는다.	هذه المحطة الإذاعية يستمع اليها سائقو التاكسي كثيرا.
기사	مقالة	(명) 신문이나 잡지에서 어떤 사실에 대하여 알리는 글.	إنشاء يتحدث عن حقيقة معينة في مجلة أو جريدة.	오늘 신문에 어떤 기사가 나왔어요?	ما هي مقالات الجريدة اليوم؟
기숙사	مهجع. منامة.المدين ة الجامعية	(명) 학교, 회사, 공장 같은 기관에 있는 학생이나, 직원들이 함께 자고 먹고 사는 집.	مكان للعيش ينام ويأكل فيه الموظفون أو الطلاب التابعون لمؤسسة ما كالمدرسة أو شركة أو مصنعسويا.	기숙사비로 매달 8 만 원을 내고 있다.	أدفع كل شهر 800,000 وون تكاليف المنامة.
기술	تقنية. مهارة	(명) 무엇을 잘 만들거나 잘 다루는 솜씨나 방법.	مهارة أو طريقة للتعامل مع الأشياء جيدا	기술을 배워서 취직을 하려고 합니다.	سوف أكتسب المهارات لأحصل علي وظيفة.
기억	ذكريات	(명) 마음이나 생각 속에 잊혀지지 않고 남아 있는 것.	شئ موجود في القلب أو الذاكرة وغير منسي.	처음엔 생각이 나지 않았는데 기억을 더듬어 보니 아는 사람인 것 같다.	في بادئ الأمر تعثرت ذاكرتي ولم أتذكره ولكن بعدها أدركت أنه شخص أعرفه.
기억나다	يتذكر	(동) 이전의 인상이나 경험이 의식 속에서 떠오르다.	تذكر انطباعات أو خبرات سابقة.	그 사람의 이름을 기억이 나지 않는다.	لا أستطيع تذكر اسم هذا الشخص.
기억하다	يتذكر	(동) 어떤 일이나 사실, 모습 등을 잊지 않고 있다가 다시 생각을 떠올리다.	استعادة أفكار وعدم نسيان حقائق أو مسألة ما.	그는 오늘이 우리가 처음 만난 날이라는 것을 기억하고 있다.	أنا أتذكر أن اليوم هو أول يوم التقينا به.
기온	درجة الحرارة	(명) 공기의 온도.	درجة حرارة الهواء.	평년 기온/ 최고 기온	درجة الحرارة الطبيبعية/ درجة الحرارة العظمي.
기운	قوة. طاقة. روح	(명) 살아서 활동하게 하는 힘.	قوة العيش والقيام بالأنشطة الحياتية.	기운이 넘치다.	ملئ بالطاقة والحيوية.
기울이다	ينحدر. يميل.ينحني	(동) 무엇을 한 쪽으로 비스듬히 하거나 굽히다.	انحدار شئ ما الي جانب معين.	나는 몸을 기울여 바닥에 떨어진 동전을 주웠다.	لقد انحنيت والتقطت العملة التي سقطت علي الأرض.
기자	صحفي	(명) 신문, 잡지, 방송 등에 실을 기사를 찾아서 쓰거나 편집하는 사람.	شخص يقوم بكتابة أو تعديل المقالات في محطة راديو أو مجلة أو جريدة.	기자들이 이번 사건을 취재하러 왔어요.	لقد وصل الصحفيون لتغطية الحادث.
기준	مقياس / معيار	(명) 종류를 나누거나 비교를 하거나 정도를 구별하기 위하여 따르는 일정한 것.	مقياس يتم اتباعه في تمييز الدرجات، تقسيم ومقارنة الفئات.	심사 기준	معايير الفحص.

기차	قطار	(명) 증기, 전기, 디젤 등의 에너지로 철도 위로 다니는 차.	عربات تسير علي الحديد وتعمل بالدخان، الكهرباء،الديزل وغيرها من عناصر الطاقة.	기차를 타다.	يستقل القطار.
기초	أساس	(명) 사물이 이루어지는 바탕이나 토대.	أساس أو قاعدة تحقيق الشئ	영어를 기초부터 다시 공부하려고 해요.	لقد عزمت علي مذاكرة اللغة الانجليزية مرة أخري بدءاً من الأساسيات.
기침	سعال	(명) 허파에서 목구멍을 통해 공기가 거친 소리를 내며 갑자기 터져 나오는 것.	هواء يندفع فجأة من الرئة أو الحلق مصحوبا بصوت.	감기 때문에 기침이 심한가 봅니다.	يبدو أن لديك سعال حاد بسبب الأنفلونزا.
기회	فرصة	(명) 무슨 일을 하기에 알맞은 시기나 경우.	الحالة أو الوقت المناسب للقيام بشئ ما.	기회가 없어서 인사를 못 했습니다.	لم أجد الفرصة لإلقاء التحية.
기후	مناخ	(명) 한 지역의 평균적인 날씨.	الجو الطبيعي لمنطقة ما.	한국의 기후는 사계절의 구분이 뚜렷하다.	ينقسم مناخ كوريا تقسيماً واضحاً إلي أربعة فصول.
긴장	توتر. شد	(명) 위험해질 것을 미리 알고 몸의 근육이나 신경이 수축하거나 흥분하는 것. /=이완.	الشعور بالأشياء الخطيرة مسبقا فيحدث تقلص أو تهيج للأعصاب أو العضلات.	다리 근육이 긴장이 되다.	أعاني من شد عضلي في ساقي.
긴장하다	يتوتر. يُجهد	(동) 위험해질 것을 미리 알고 몸의 근육이나 신경이 수축하거나 흥분하다.	الشعور بالأشياء الخطيرة مسبقا فتتقلص أو تهيج الأعصاب أو العضلات.	너무 긴장해서 몸이 제대로 움직이지 않았다.	جسدي لا يتحرك طبيعياً بسبب التوتر الحاد.
길	طريق	(명) 사람, 차, 동물 등이 지나다닐 수 있도록 일정한 너비로 길게 이어진 곳.	هو مكان طويل وله وسع ليمر به الناس والسيارات والحيوانات وغيرهم.	좁은 길. 넓은 길	طريق ضيق/ طريق واسع.
길가	جانب الطريق	(명) 길의 양쪽 가장자리.	جانبي الطريق	그는 잠시 길가에 차를 세우고 가게에 들어갔다.	لقد أوقف سيارته بجانب الطريق منذ قليل ودخل المحل.
길다	طويل	(형) 물체의 한쪽 끝에서 다른 쪽 끝까지의 두 끝이 서로 멀리 있다. /(반)짧다	البعد بين أقصي احد الأطراف للشئ وأقصي الطرف الأخر.	긴 머리가 잘 어울리는데요.	الشعر الطويل يليق بك.
길어지다	يطول	(동) 1-(일이나 기간이) 한 시점에서 다른 시점까지의 동안이 늘어나다. 2-(물체가) 이어져 있는 두 끝 사이가 보통보다 멀어지다.	1ازدياد مدة أو فترة عمل ما. 2- تباعد المسافة بين شيئين مادين أكثر من المعتاد.	1-이야기가 길어지다. 2-피노키오는 거짓말을 할 때마다 코가 길어진다.	1يطول الكلام. 2- كلما يكذب بينوكيو تطول أنفه.
길이	طول	(명) 어떤 물건의 한 끝에서 다른 끝까지의 거리.	المسافة بين أقصي طرفي شئ ما.	이 바지 길이를 좀 줄여주세요.	من فضلك قم بتقصير طول هذا البنطال.
김밥	كيمباب (طعام كوري)	(명) 여러 가지 야채, 고기, 계란 등을 길게 자른 것과 함께 밥을 김으로 말아 싼 음식.	طعام مكون من الأرز مع عدة خضراوات مقطعة بشكل طويل،اللحم،البيض وغيرهم ملفوف بشرائح الكيم(العشب البحري).	김밥을 싸다.	يقوم بلف الكيمباب.
김치	كيمتشي (طعام مخلل كوري)	(명) 배추, 무 등의 채소를 소금에 절여 고춧가루, 파, 마늘, 젓갈 등의 양념으로 버무려 발효시켜서 만든 음식.	طعام مكون من الملفوف و الفجل الأبيض وغيره من الخضراوات، ويتم خلطه بالملح،بودرة الفلفل الأحمر،البصل،الثوم والمأكولات البحرية المملحة وغيرها من التوابل ويتم حفظه لفترة.	김치가 맵습니까?	هل الكيمتشي حار؟

깊다	عميق	(형)수면에서 밑바닥까지의 거리가 길다.	بعد المسافة بين السطح والقاع.	그 계곡은 물이 깊다.	إن مياه هذه الجندول عميقة.
깊이	بعمق	(부) 겉에서 속까지의 거리가 멀게.	بعيداً عن السطح.	어머니는 장롱 깊이 돈을 감췄다.	خبأت أمي النقود عميقاً في خزانة الملابس.
깊이	عمق	(명) 표면에서 밑바닥까지 또는 겉에서 속까지의 거리나 길이.	المسافة بين السطح و القاع أو المسافة بين الخارج والقاع.	이 강은 깊이가 얼마나 될까?	كم يبلغ عمق هذا النهر؟
까닭	سبب	(명) 어떤 일이 있게 된 이유. /=원인,이유	السبب لحدوث شئ ما.	두 사람이 갑자기 헤어진 까닭을 잘 모르겠어요.	لا أعرف سبب الانفصال المفاجئ لهذين الشخصين.
까만색	لون أسود قاتم	(명) 매우 검은 색.	لون أسود غامق	까만 색 머리	شعر أسود غامق.
까맣다	أسود	(형) 매우 검다.	أسود غامق.	까만 눈동자	بؤبؤ العين الأسود.
깎다	يقص.يجز. يحد	(동) 무엇의 겉을 얇게 베어내다. /=자르다	تقطيع شئ من الخارج بشكل رفيع.	과일을 깎아 접시에 담았다.	الفاكهة كانت مقطعة و موضوعة في الطبق.
깔다	يضع.يفرش ينشر.	(동) 무엇을 바닥에 펴 놓다.	فرش (وضع) شئ ما علي الأرض.	바닥이 차니까 방석을 깔고 앉으세요.	ضع وسادة واجلس لأن الأرض باردة.
깜빡	شعاع خفيف	(부) 빛이 잠깐 비쳤다가 사라지는 모양.	شكل ظهور الضوء للحظات ثم اختفاؤه.	산 저쪽에서 불빛이 깜빡 비치는 것이 보였다.	ان ضوء الشعاع الخفيف واضح من هذا الجانب من الجبل.
깜짝	فجأة	(부)갑자기 놀라는 모양.	بشكل مفاجئ.	갑자기 큰 소리가 나서 깜짝 놀랐어요.	لقد تفاجأت عندما انطلق صوت عالي فجأة.
깨끗이	بنظافة	(부) 더러운 것이 없게. 깨끗하게.	بدون قذارة. بنظافة.	채소나 과일은 흐르는 물에 깨끗이 씻는 것이 좋다.	إنه من الجيد تنظيف الخضراوات والفاكهة بغسلهم في الماء الجاري.
깨끗하다	نظيف	(형) 때나 먼지가 없어서 더럽지 않다. / (반)더럽다	عدم وجود تراب أو قاذورات.	건물을 새로 지어서 무척 깨끗하군요.	هذا المبني نظيف جدا لأنه بُني حديثاً.
깨끗해지다	أصبح نظيفاً	(동) 때나 먼지가 없이 말끔하게 되다.	أصبح نظيفاً خالٍ من الأتربة.	어머니께서 자취방에 다녀가신 후로 방이 깨끗해졌다.	أصبحت الغرفة نظيفة بعد مجئ أمي .
깨다	يستيقظ	(동) 잠, 술기운에서 벗어나 원래의 정신을 되찾다.	استعادة الوعي أو ازالة أثار الخمر أو النوم.	아기가 깨면 우유를 먹이세요.	إذا استيقظ الطفل اطعميه الحليب
깨다	يكسر	(동)단단한 물체를 쳐서 조각이 나게 하다.	تحطيم جسم صلب إلي أجزاء.	동생이 넘어지면서 안경을 깼다.	انكسرت نظارة أخي الصغير عندما وقع.
깨뜨리다	يكسر.يحطم. يدمر.	(동) 1-(사람이 단단한 물체를) 조각이 나게 부수다. 2-(사람이 기존의 금기나 관습 따위를) 부인하여 그 유효성이나 영향력이 없어지도록 만들다.	1 يكسر شئ مادي صلب ويحوله إلي قطع صغيرة. 2- ينفي الأعراف والحُرُم القائمة من أجل إلفاء تأثيرها وفاعليتها.	1-설거지를 하다가 그릇을 깨뜨리고 말았다. 2-인습은 타파해야 하지만 전통은 깨뜨려서는 안된다.	1كسرت صحن عندما كنت أقوم بغسيل الأطباق. 2- يجب علينا التخلص من المعتقدات القديمة لكن لا يمكن تحطيم التقاليد.
깨우다	يوقظ	동)잠에서 깨어 일어나게 하다.	يوقظ شخص من النوم.	학교에 늦지 않게 내일 아침 일찍 좀 깨워 주세요.	من فضلك أيقظني غدا في الصباح الباكر حتي لا أتأخر عن المدرسة.

깨지다	ينكسر	(동) 단단한 물건이 부딪쳐서 여러 조각이 되거나 금이 가다.	تحطم الشئ الصلب إلي أجزاء أو تشققه.	거울이 바닥에 떨어져서 깨졌어요.	سقطت المرآة علي الأرض وتحطمت.
꺼내다	يُخرج. يسحب	(동) 속에 있던 무엇을 밖으로 나오게 하다.	إخراج الشئ من الداخل إلي الخارج.	할아버지께서는 주머니에서 돈을 꺼내더니 내게 주셨어요.	أخرج جدي النقود من الحافظة ودفع.
꺼지다	ينطفئ	(동) (불이) 더 이상 타거나 비추지 않게 되다. (사람이) 원래 있던 곳에서 사라져 다른 곳으로 가다.	انطفاء الشموع.	바람이 세게 불어서 촛불이 꺼졌다.	لقد هبت الرياح بشدة فانطفأت الشموع.
꺾다	قصم.كسر	(동) 길고 가는 물건을 휘어 부러지게 하다.	كسر أو ثني الأشياء الطويلة والرفيعة.	나뭇가지를 꺾다.	يكسر جزع الشجرة.
껍질	قشرة خارجية	(명) 물체의 겉을 둘러싸고 있는 것. /=껍데기	شئ يغلف الجسم من الخارج.	사과 껍질. 조개 껍데기.	قشرة التفاحة.
꼬리	ذيل	(명) 동물의 몸 뒤쪽에 가늘고 길게 달려 있거나 나와 있는 것.	شئ طويل ورفيع يكون في أخر جسم الحيوان.	강아지가 꼬리를 흔들며 달려왔다.	هز الجرو ذيله وأتي وهو يجري.
꼭	بالتأكيد حتماً	(부) 반드시. 틀림없이. /=반드시	بالتأكيد. بدون شك.	무슨 일이 생기거든 꼭 연락하세요.	إذا حدث أي شئ اتصل بي حتماً
꼭대기	قمة	(명) 산이나 건물의 맨 위 부분.	أقصي و أعلي جزء في جبل أو مبني.	바람이 너무 불어서 산 꼭대기까지 올라갈 수 없었어요.	لم أستطع الصعود إلي قمة الجبل بسبب الرياح الشديدة.
꽃	وردة.زهرة	(명) 한동안 좋은 빛깔과 향기가 있다가 시들어 떨어지는 식물의 부분.	جزء من النبات له لون ورائحة جيدة يتفتح لفترة ثم يذبل ويسقط.	이 꽃 누구한테서 받았어요?	من أعطاك تلك الزهرة؟
꽤	إلي حد ما.جداً	(부) 상당히. 보통 이상으로. 생각보다 더 나은 정도로. (=아주)	جداً. غالباً تكون درجة أكبر مما تتوقع.	아침에는 꽤 추웠어요.	لقد كان الجو قارس البرودة صباحاً.
꾸다	يحلم	(동) 자는 동안에 꿈을 경험하다.	رؤية الحلم اثناء النوم.	요즘은 이상하게 잠만 들면 나쁜 꿈을 꿔요.	تراودني أحلام سيئة هذه الأيام عند نومي.
꾸미다	يُزين. يزخرف	(동) 모양을 보기 좋게 하다.	جعل مظهر الشئ حسن.	방을 좀 예쁘게 꾸몄으면 좋겠다.	سيكون من الجيد تزيين الغرفة بشكل جميل.
꿈	حُلم	(명) 잠이 든 동안 실제의 일인 것처럼 여러 가지를 경험하게 되는 정신적 현상.	ظاهرة فسيولوجية يتم فيها رؤية عدة أشياء كأنها حقيقية أثناء النوم.	어젯밤 꿈이 얼마나 무서웠는지 몰라요.	كم كان الحلم مخيف ليلة أمس!
끄다	يُطفئ	(동)타는 불을 타지 못하게 하다.	إطفاء(النور) النار المشتعلة	이제 그만 촛불을 끄세요.	توقف الآن وأطفئ الشموع.
끄덕이다	يومئ برأسه	(동) 고개를 위 아래로 가볍게 움직이다.	تحريك الرأس بخفة إلي الأعلي والأسفل.	내 말을 이해했다는 듯 소녀가 가만히 머리를 끄덕였다.	أومأت الفتاه برأسها علي أنها فهمت معني كلامي.
끈	حبل. خيط.رباط	(명) 물건을 묶거나 매는 데 쓰는, 가늘고 긴 물건.	شئ طويل ورفيع يستخدم لربط الأشياء ببعضها.	머리를 끈으로 묶다.	ربط الشعر بالربطة. (ربطة الشعر)
끊다	قص.بتر	(동) 길게 이어진 것을 몇 조각으로 자르다. /(반)잇다	قطع الأشياء الطويلة الي أجزاء.	실을 가위로 끊다.	قطع القماش بالمقص.

끊어지다	ينقطع.يتمزق	(동) 실, 줄, 끈이 잘라져 따로 떨어지게 되다.	تمزق حبل،خيط أو قماش و تفككه.	가방에 물건을 너무 많이 넣어서 끈이 끊어졌어요.	لقد وضعت العديد من الأشياء في الحقيبة فانقطعت يد الحقيبة.
끌다	يشد.يجذب. يجر	(동) 무엇을 바닥에 댄 체로 자리를 다른 데로 잡아당기다.	جر شئ علي الأرض إلي مكان آخر.	옆 교실에서 의자를 끄는 소리가 시끄럽다.	إن صوت جر الكرسي في الفصل المجاور مزعجة.
끓다	غَلِيَ	(동)액체가 뜨거워져 소리를 내며 수증기와 거품이 솟아오르다.	تصاعد الفقاعات والبخار مع صدور صوت عند تسخين سائل ما.	라면 다 끓었어요?	هل غَلِيَت الشعرية؟
끓이다	يغلي.يسلق	(동)액체를 뜨겁게 해서 끓게 하다.	غلي وتسخين السوائل.	먼저 냄비에 물을 넣고 끓이세요.	أولاً ضع المياه في الوعاء ثم اغليها.
끝	نهاية	(명) 길고 가느다란 물건의 마지막 부분. /=마지막/ (반)시작	الجزء الأخير من شئ طويل ورفيع.	계단은 복도 끝에 있다	السلم موجود في نهاية الممر.
끝나다	ينتهي	(동) 어떤 일이 마지막에 이르다.	الوصول لنهاية أمر ما.	시험이 끝났다.	انتهي الاختبار.
끝내	أخيراً	(부) (부정어와 주로 함께 쓰여) 끝까지 내내. 드디어. 결국. 마침내.	أخيراً. في النهاية.	나는 슬픔을 참지 못해 끝에 울고 말았다.	لم أستطع تحمل الحزن فبكيت في النهاية.
끝내다	ينهي	(동)어떤 일을 더 이상 하지 않고 마무리하다.	انهاء عمل وعدم إكماله أكثر من ذلك.	자, 이것으로 수업을 모두 끝내겠습니다.	حسناً، سننهي المحاضرة بهذا الموضوع.
끼다	يحشر	(동) 무엇에 걸려 있도록 꿰거나 꽂다	يحشر شئ ما ويجعله معلقاً علي شئ آخر.	아들은 책가방을 옆구리에 끼고 서 있었다.	لقد علق ابني حقيبة الظهر علي كتفه ووقف.
끼다	تتَلَبَّد بِالغُيُوم	(동) 구름, 안개, 연기가 퍼져서 어디에 가득 차게 있다.	انتشار السحب،الغيوم والدخان في كل الأماكن.	안개가 끼어서 앞이 안 보이는구나	الطريق غير واضح أمامي بسبب تلبد الغيوم.
끼어들다	يتدخل	(동) 자기 순서나 자리가 아닌 곳에 억지로 들어가다.	تدخل الشخص قسراً في غير دوره أو مكانه.	대화 중에 불쑥 끼어들다.	لقد قاطعنا فجأة خلال الحديث.
나	أنا	(대) 화자가 존대하지 않아도 될 청자에게 자기 자신을 가리켜서 하는 말. / (존) 저	كلمة يشير بها المتحدث إلي نفسه للمستمع.	나는 컴퓨터 회사에 다닌다.	أنا أعمل في شركة حاسب آلي.
나가다	يخرج	(동) 안을 떠나 밖으로 가다. /(반) 들어오다.	ترك الداخل والسير إلي الخارج.	가: 모두들 어디 갔어요? 나: 밥 먹으러 나갔어요.	أ: أين ذهب الجميع؟ ب: لقد خرجوا لتناول الطعام
나누다	يقسم. يوزع	(동) 무엇을 여러 부분이나 갈래로 가르다. /(반) 합하다	تقسيم شئ إلي عدة أجزاء.	엄마께서 사과를 반으로 나누어 주셨다.	لقد قسمت أمي التفاحة الي نصفين واعطها لنا.
나다	يظهر	(동) 없던 것이 생기다.	ظهور الشئ الذي كان غير موجود.	이 비누는 거품이 많이 난다.	تخرج الكثير من الفقاعات من هذا الصابون.
나라	بلد	(명) 일정한 영토와 거기에 사는 사람들로 구성된, 주권에 의한 통치 조직이 있는 사회 집단. /=국가	مجتمع من الأراضي المنشأة التي يعيش بها مجموعة من الناس ويسيرون علي قاعدة سيادية محددة.	나라마다 인사 방법이 다르다.	تختلف طريقة إلقاء التحية من بلد إلي أخري.

나머지	البقية	(명) 전체에서 한 부분을 빼놓고 남은 부분.	الأجزاء المتبقيه من الكل ماعدا جزء معين.	수박을 잘라 먹고 나머지는 냉장고에 넣어 두었다.	قطع البطيخ وكل ثم ضع الباقي في الثلاجة.
나무	شجرة	(명) 줄기가 단단하고 가지가 달린, 여러 해 동안 사는 식물.	نبات يعيش لعدة سنوات، له جذوع وفروع صلبة.	나무를 베다 / 나무를 심다.	يقتلع شجرة/ يغرس شجرة.
나뭇가지	غُصْن الشجرة	(명) 나무의 줄기에서 뻗어 나는 가지.	فرع ممتد من جذع الشجرة.	바람이 불어 나뭇가지가 흔들린다.	تهب الرياح فتهتز أغصان الشجر.
나뭇잎	ورقة شجر	(명) 나무의 줄기나 가지에 달린 잎.	ورقة تنبت من جذع أو فرع الشجرة.	나뭇잎이 무성하다.	أوراق الشجر ناضجة (كثيفة).
나빠지다	يتدهور	(동) 나쁘게 되다. / (반) 좋아지다	يصبح سيئاً.	이렇게 날마다 술을 마시다가는 건강이 나빠질 것 같아요.	ستتدهور صحتك إذا استمريت علي شرب الخمر كل يوم هكذا.
나쁘다	سئ	(형) 사물, 사정이 좋은 상태가 아니다. 정상이 아니다. / (반) 좋다	حالة الشئ الغير جيدة. غير طبيعي.	요새 날씨가 나빠서 주로 집에만 있었어요.	لقد بقيت في المنزل بسبب حالة الجو السيئة هذه الأيام.
나서다	ينطلق	(동) 일정한 장소를 벗어나거나 떠나다.	يخرج أو يترك مكان محدد.	대문 밖으로 나서는 어머니의 뒷모습이 초라했다.	مظهر أمي الخلفي المنطلقة من البوابة رث.
나오다	يظهر.يخرج	(동)안에서 밖으로, 또는 뒤에 앞으로 오다. /(반) 들어가다	يأتي إلي الخارج من الداخل أو من الخلف إلي الأمام.	친구가 출구로 나왔다.	لقد خرج صديقي من المخرج.
나이	عُمر.سن	(명) 사람, 동물, 식물이 살아온 햇수. /=연령	عدد السنين التي يعيشها الانسان والحيوان والنبات.	스무 살이면 결혼하기에는 아직 좀 이른 나이죠.	إن عمر العشرين هو سن مبكر قليلاً للزواج.
나중	فيما بعد.لاحقاً	(명) 어느 정도의 시간이 지난 뒤. / (반) 먼저	بعد فترة معينة من الوقت.	나중에 제가 다시 전화할게요.	سأعاود الاتصال بك لاحقاً مرة أخري.
나타나다	يظهر	(동) 없던 것이 생기다. / (반) 사라지다	ظهور الشئ الذي كان غير موجود.	열심히 노력하면 곧 좋은 결과가 나타날 것이다.	ستحصل علي (ستظهر) نتيجة جيدة إذا بذلت جهد.
나타내다	يبرز. يُظهر	(동) 무엇을 겉으로 드러내다.	عرض شء ما علي السطح.	속담은 한 민족의 생활 양식이나 사고 방식을 나타낸다.	إن الأمثال تُظهِر طريقة تفكير وشكل حياة الشعوب.
나흘	أربع أيام	(명) 4 (사)일.	مدة أربع أيام.	살을 빼려고 나흘 동안 밥을 굶었습니다.	جعت لم أتناول طعام لمدة أربعة أيام لإنقاص وزني.
낙엽	ورق الشجر الجاف	(명) 주로 가을에 나무에서 잎이 떨어지는 것.	الأوراق المتساقطة من الشجر في فصل الخريف.	나는 낙엽 한 잎을 주워서 책장 사이에 끼웠다.	لقد التقطت ورقة شجر جافة ووضعتها في ثنايا الدفتر.
날	يوم	(명) 지구가 돌면서 밤과 낮을 이루는 24 시간.	الأربع وعشرون ساعة المتكونة من الليل والنهار عن دوران الكرة الأرضية.	어느 날 갑자기 그가 죽었다는 전화가 왔다.	لقد جاءني خبر وفاته في يوم من الأيام فجأة.
날개	جناح	(명) 새나 곤충의 몸통 양쪽에 붙은, 날 때에 쓰는 부분.	جزء في جانبي جسم الطائر أو الحشرة ويستخدم في الطيران.	곤충의 날개는 가슴에 달려 있다.	يتعلق جناح الحشرة في صدرها.

날다	يطير.يرف رف	(동) 새, 곤충, 비행기 등이 공중에 떠서, 또는 공중을 통하여 움직이다.	تحرك أو تحليق الطيور و الحشرات والطائرات وغيرها في الهواء.	저기 높은 하늘을 나는 새들을 봐라.	انظر للسماء هناك لتري الطيور المحلقة.
날씨	جو	(명) 비, 눈, 구름, 바람, 안개, 기온, 등의 상태.	حالة الجو من المطر،الثلوج،السحاب،الرياح،العواصف، درجة الحرارة وغيرها.	날씨가 나쁘다 / 날씨가 좋다	الجو سئ/ الجو معتدل(جيد).
날아가다	يطير(يذهب طائراً)	(동) 공중으로 날아서 움직여 가다.	الذهاب عن طريق والطيران في الهواء.	나비가 몇 마리 날아간다.	تطير العديد من الفراشات.
날아오다	يعود طائراً	(동) 날아서 움직여 오다.	الرجوع عن طريق الطيران في الهواء.	겨울이 가까워지자 철새가 날아왔다.	عادت الطيور المهاجرة مع اقتراب فصل الشتاء.
날짜	يوم	(명) 무엇을 하려고 정한 날.	يوم محدد لفعل شئ ما.	언니가 드디어 결혼 날짜를 잡았어요.	لقد قررت أختي الكبري أخيراً يوم زفافها.
날카롭다	حاد	(형) 베거나 찌를 만큼 날이 서 있거나 뾰족하다.	حاد أو مدبب للطعن أو التقطيع.	고양이가 날카로운 이빨을 드러내고 있었다.	لقد كانت القطة تعرض لنا أسنانها الحادة.
낡다	قديم.بالٍ.رث	(형) 물건이 오래되어 헐거나 고장이 잘 나다.	تلف أو دمار الشئ القديم.	도대체 그 낡은 만년필은 언제 버릴 거니?	يا إلهي متي ستتخلص من ذلك القلم (الحبر) القديم؟
남	اشخاص غير معروفون	(명) 자기가 아닌, 다른 사람.	الأشخاص الاخرون ليس أنا.	나보다 남을 생각하는 사람이 됩시다.	فلنصبح أشخاصاً تفكر في الاخرين بدلاً من أنفسهم.
남기다	يترك.يضع جانباً	(동) 무엇을 다 없애지 않고 두다.	عدم الانتهاء من الشئ وترك جزء منه.	음식을 남기지 맙시다.	عنا لا نترك أية طعام.
남녀	كلا الجنسين	(명) 남자와 여자.	الرجال والنساء (الأولاد والبنات)	강변에는 젊은 남녀들이 거닐고 있었다.	كان الشباب والشابات يسيرون علي ضفاف النهر.
남다	يتبقي	(동) 수량이 필요한 것보다 더 있다.	وجود أكثر من الكمية المطلوبة.	돈을 쓰고 삼천 원 남았다.	لقد استخدمت النقود وتبقي ثلاثة ألاف وون.
남동생	أخ صغير	(명) 남자 동생.	الأخ الصغير الذكر.	나는 남동생이 하나 있어요.	لدي أخ صغير واحد.
남매	أشقاء (اولاد وبنات)	(명) 남자와 여자 형제. /=오누이	الأخوات أولاد وبنات.	어머니께서는 온갖 고생을 하시며 우리 남매를 키우셨다.	لق بذلت أمي جهدها في تربيتي وإخوتي.
남성	ذكر. رجل	(명) 여자가 아닌 성.	النوع المعاكس للأنثي.	기혼 남성	رجل متزوج.
남자	ولد	(명) 남자의 성을 지닌 사람. 여자에게 아이를 배게 할 수 있는 몸의 구조를 가진 사람.	شخص لديه عضو في جسمه وبإمكانه جعل المرأة تنجب أطفالاً.	여자가 남자에 비해서 오래 삽니다.	تعيش البنت طويلاً مقارنة بالولد.
남쪽	الجنوب	(명) 방향이 남인 지역.	منطقة في جهة الجنوب.	제주도는 한국의 남쪽에 있는 제일 큰 섬이에요.	تعتبر جزيرة جيجو هي أكبر جزيرة تقع في جنوب كوريا.
남편	بَعْل / زوج	(명) 부부 중의 남자. /=바깥양반	الذكر من الزوجين.	남편께서는 일찍 들어오세요?	هل يعود زوجك باكراً؟
남학생	طالب	(명) 남자 학생.	طالب ذكر.	우리 학교는 여학생과 남학생이 함께 공부	يدرس الطلاب والطالبات سوياً في مدرستنا.

				한다.	
남한	كوريا الجنوبية	(명) 국토 분단 이후의 한국의 남쪽 부분.	الجزء الجنوبي من كوريا بعد انفسام أراضيها.	북한 인구는 남한 인구의 4 분의 1 이다.	إن عدد سكان كوريا الشمالية يعادل ربع سكان كوريا الجنوبية.
낫다	أفضل	(형) 무엇이 비교의 대상보다 더 좋다.	كون الشئ أفضل عند مقارنته بغيره.	꿈보다 해몽이 낫다.	تفسير الحلم أفضل من الحلم نفسه.
낫다	يتعاف	(동) 몸의 상처나 병이 없어지다.	اختفاء الجرح أو المرض من الجسم.	며칠 쉬었더니 감기가 다 나았다.	لقد تعافيت من البرد تماماً بعد راحة لبضع أيام.
낮	صباح	(명) 해가 떠서 질 때까지 시간.	الفترة من شروق الشمس حتي غروبها.	밤이 낮처럼 밝네요.	أعتقد أن المساء صافٍ كالصباح.
낮다	منخفض	(형) 아래에서 위까지 길이가 짧다. / (반)높다	قصر المسافة بين الأعلي والأسفل.	책상 높이가 너무 낮습니다.	إن المكتب منخفض جداً.
낮아지다	ينخفض. يصبح منخفض	(동) (높이, 지위, 상태가) 일정한 기준이나 다른 것보다 적게 되거나 아래에 있게 되다.	انخفاض وضع او مكانة او ارتفاع.	가을이 되면서 낮 기온이 점점 낮아지고 있다.	تنخفض درجة الحرارة تدريجياً مع دخول الخريف.
낯설다	غريب. غير مألوف	(형) 전에 보든가 만난 적이 없어 친하지 않다. /(반)낯익다	علاقة غير حميمة وعدم اللقاء من قبل.	처음에는 그 친구가 너무 낯설었어.	كان صديقي غريب عني جداً في بادئ الأمر.
낳다	يضع طفل. يولد.	(동) 사람이나 동물이 배었던 아기나 새끼나 알을 때가 되어 몸 밖으로 내보내다.	وضع الطفل أو الفرخ أو البيض الذي كان موجود في جسم الانسان أو الحيوان.	아이를 몇 명쯤 낳고 싶어요?	كم طفل تقريباً ترغبي في وضعه؟
내	ي الملكية	(대) 나의.	ملكي.	이번 일은 내 마음에 들지 않는다.	لا يعجبني هذا الأمر.
내년	العام القادم (المقبل)	(명) 올해의 바로 다음 해.	العام الذي يلي هذا العام.	저는 내년에 결혼하기로 약속했어요.	لقد عزمت الزواج العام المقبل.
내놓다	يُخرج.يُصدر . يعلن	(동) 1-물건을 밖으로 꺼내어 놓다. 2-상품, 작품 등을 발표하다. 3-가지고 있던 것을 다른 사람에게 내주다.	1إخراج أو وضع شئ في الخارج. 2يصدر منتج أو سلعة معينة. 3إعطاء شئ ملكي إلي شخص أخر.	1-아버지께서는 밖에 화분을 내놓으셨다. 2-이 제품은 우리 회사에서 자신 있게 내놓은 신제품입니다. 3-일이 계획대로 되지 않자 남수는 사장 자리를 내놓았다.	1لقد أخرج والدي أصيص الزرع . 2هذا المنتج هو المنتج الذي اصدرته حديثاً . 3 لم يسر هذا الأمر كما شاء وتخلي نام سو عن منصب الرئاسة.
내다	يُخرج.يخترع. يكتسب (طاقة). يظهر	(동) 1-무엇을 안에서 밖으로 나오게 하다. 2-없던 것을 새로 만들다. 3-힘, 속도 등을 더하다. 4- 냄새나 소리 등을 밖으로 느끼게 하다. 5-생각 등을 떠올리다.	1-إخراج شئ إلي الخارج. 2-صنع شئ جديد غير موجود 3-زيادة القوة وغيرها. 4 -ظهور صوت أو رائحة إلي الخارج. 5-يستجمع أفكاره.	1-따뜻한 차를 마시고 땀을 내면 감기에 효과가 있다. 2-내년에 이곳에 큰길을 낸다고 한다. 3-힘을 내세요. 4-아기가 자니까 소리 내지 마세요. 5-모양을 내는 데만 신경을 써서는 안 된다. 6-토끼는 꾀를 내서 도망쳤다.	1إن شرب شاي دافئ والتعرق له تأثير جيد في البرد. 2لقد تم تصريح أن الطريق الجديد سيفتح من العام المقبل. 3 تشجع (تقوي)! 4 لا تصدر أي صوت لأن الطفل نائم. 5 لا يجب عليك تركيز أعصابك علي مظهرك فقط. 6هرب الأرنب بدهاء.

내려가다	ينزل إلي الأسفل	(동) 1-위에서 아래로 옮겨 가다. 2-중앙에서 지방으로, 또는 북쪽에서 남쪽으로 가다. 3-수치로 나타낼 수 있는 것의 수치가 낮아지다. /(반) 올라가다	1الانتقال من الأعلي إلي الأسفل. 2السير من المركز إلي المناطق الجاورة او من الشمال الي الجنوب. 3 هبوط معدل شئ ما.	1-계단을 내려가다가 넘어졌어요. 2-종호씨는 방학인데 고향에 안 내려갔어요? 3-밤에는 기온이 영하 10 도로 내려갔다.	1لقد وقعت عنما كنت أنزل من علي السلم. 2سيد تشونج انها العطلة ألم تذهب إلي مدينتك؟ 3لقد شهد الليل هبوط في درجات الحرارة إلي 10 درجة مئوية.
내려다보다	يلقي نظرة للأسفل	(동)위에서 아래를 향하여 보다. / (반)올려다보다	يوجه نظره إلي الأسفل من الأعلي.	한라산에서 내려다보니 정말 아름다웠다.	لقد نظرت إلي الأسفل من أعلي جبل هانلا وكان المنظر رائعا
내려오다	يأتي إلي الأسفل	(동) 1-위쪽에서 아래쪽으로 옮겨 오다. 2-중앙에서 지방으로, 또는 북쪽에서 남쪽으로 오다. 3-'=이어지다/옛날부터 전해져 이어오다. 4-무엇을 위에서 아래로 옮겨 오다.	1يأتي من الأعلي إلي الأسفل 2يأتي من المركز إلي المناطق المجاورة أو من الشمال إلي الجنوب. 3يستمر علي ما نُقل من الزمن القديم. 4تحرك شئ من الأعلي إلي الأسفل.	1-식사 시간이 되자 아들이 이층에서 내려왔다. 2-방학이 되면 고향에 좀 내려와. 3-추석은 옛날부터 내려오는 명절입니다. 4-차에서 짐을 내려올게.	1نزل ابني من الدور الثاني عند ميعاد الغداء. 2فلتأت إلي مدينتك في العطلة 3إن عيد الشكر (تشو سوك) هو عيد متوارث من قديم الزمان. 4سسأنزل البضاعة من السيارة.
내리다	ينزل	(동) 기차, 지하철, 버스 등에서 땅이나 바닥으로 옮겨 서다.	ينزل من قطار أو مترو أو حافلة وغيرهم.	민수는 지하철에서 내려 약속 장소로 뛰어갔다.	نزل مين سو من المترو و ذهب اللي المكان المتفق عليه.
내밀다	يبرز. ينبسط. يتمدد	(동) 물건이나 몸의 한 부분을 앞쪽으로 나가도록 뻗치다.	إبراز أو مد شئ أو جزء من الجسم إلي الامام	문밖으로 얼굴을 내밀다.	يمد وجهه خارج الباب.
내용	محتوي	(명) 1-겉에 드러난 형식 속에 들어 있는 실질적인 뜻. 2-말, 글, 영화, 연극, 미술, 음악 등에 담겨 있는 줄거리나 사상.	1االمضمون داخل شئ سطحي. 2الفكرة الموجودة في الكلام،التحرير ،فيلم،مسرحية،الفنون أو الموسيقي وغيرها.	1-내용이 좋다/내용이 나쁘다. 2-비디오를 보고 나서 그 내용을 요약하십시오	1المحتوي جيد/المحتوي سئ . 2أرجو منك تلخيص محتوي الفيديو بعد مشاهدته.
내일	الغد	(명)오늘의 바로 다음 날.	اليوم التالي لليوم.	내일이 내 생일이다.	عيد مولدي في الغد.
내지	من و إلي	(부) '얼마에서 얼마까지'의 뜻을 나타내는 말. (=부터)	كلمة للتعبير عن مقدار الكمية من و إلي.	비가 올 확률은 50% 내지 60%이다.	إن احتمالية هطول الامطار تقريبا بين 50% إلي 60%.
냄새	رائحة	(명) 1- 코로 맡을 수 있는 온갖 기운. 2-느낄 수 있는 분위기.	1كل الأشياء التي يتم استيعابها عن طريق الأنف. 2الجو العام المحاط بك .	1-이게 무슨 냄새지? 맛있는 거 했어? 2-지붕이 기와로 되어 있어 한국적인 냄새가 난다.	1ماهذه الرائحة؟ هل أعددت شئ شهي؟ 2السطح له رائحة كوريا لأنه مصنوع من الطين المحروق.
냉면	شعرية باردة	(명) 메밀로 만든 삶은 국수를 찬 국물에 넣고 양념과 오이, 고기, 배, 계란 등을 얹은 음식.	شعرية مسلوقة تقده باردة في طبق مع التوابل، الخيار، اللحم، الكمثري والبيض وغيره.	냉면을 만들다.	يعد الشعرية الباردة.
냉방	تبريد تكييف الهواء	(명) 더위를 막기 위해 실내의 온도를 낮추는 일.	خفض درجة الحرارة لمنع الحر.	1-냉방 기구/냉방 시설. 2-겨울에도 방에 불을 때지 못하고 냉방에서 지냈다.	1-نظام التبريد/مرافق(تقنيات) التبريد. 2-حتي في الشتاء قضيت في الغرفة الباردة ولم استطع اشعال النار.
냉장고	ثلاجة	(명) 과일, 야채 반찬 등을 낮은 온도로	آلة علي شكل صندوق وتحافظ علي درجة حرارة منخفضة لحفظ الفاكهة والخضراوات.	냉장고에서 콜라를 꺼내 마셨어요.	لقد فتحت الصودا التي كانت في الثلاجة وشربتها.

		보관하기 위한 상자 모양의 기계.			
너	أنت	(대) 청자가 친구나 아랫사람일 때, 그 사람을 가리키는 말.	كلمة تستخد عند الإشارة إلي المستمع ويكون عادة صديق أو شخص غير مرتفع قدره.	너는 키가 큰데 동생은 작구나.	أنت طويل ولكن أخوك الصغير قصير.
너무	جدا	(부) 아주, 매우	جداً.	너무 피곤해서 시계 소리를 못 들었어요.	لم أسمع صوت المنبه لأني كنت مرهق جداً.
너희	أنتم	(대) 1-청자가, 화자보다 어리거나 낮거나 동등할 때 그 사람들을 가리키는 말. 2-너희의.	1أداة تستخدم للأشارة إلي المستمع ويكون عادة أصغر من االمتكلم . 2أداة ملكية.	1-엄마는 너희를 제일 사랑한단다. 2-너희 집이 어디냐?	1أمكم تحبكم أنتم أكثر شئ. 2أين يقع منزلكم؟
넓다	واسع	(형) 1-어디의 면적이 크다. 2-마음이 너그럽다. / (반)좁다	1 مساحة كبيرة. 2 قلب متفهم،متسامح	1-대학교 캠퍼스가 넓고 아름답군요. 2-바다같이 넓은 마음으로 용서해 주세요.	1إن حرم الجامعة واسع وجميل. 2أرجو أن تسامحني بقلب كبير كالبحر.
넘기다	يتخطي.يمر. ينتقل. يمرر	(동) 1-무엇을 넘어가게 하다. 2-일정한 시간, 기한을 지나치다. 3-위험한 일에서 벗어나다. 4-사람, 물건을 넘어지게 하다. 5-종이, 책의 면을 한 장씩 젖히다. 6-일, 문제를 중요하지 않게 생각하고 그냥 지나치다. 7-가지고 있던 것을 남에게 주다. 8-음식물이 목구멍을 넘어가게 하다.	1_يتخطي شئ ما. 2_يزيد عن فترة أو توقيت محدد. 3_تخطي أمر خطير. 4_يوقع شخص أو شئ ما. 5_يقلب صفحات كتاب أو ورق. 6_يتغاضي عن عمل شئ غير هام. 7_إعطاء شئ ملكي إلي شخص أخر. 8_ يبلع المأكولات والمشروبات.	1-공을 네트 위로 넘겨라. 2-등록 기한을 이틀 넘겼는데 괜찮아요? 3-한국 경제가 어렵지만, 이번 고비만 잘 넘기면 된다고 생각한다. 4-키작은 남수가 영민이를 한 번에 넘겨 버렸다. 5-나는 사전을 천천히 넘겨 보았다. 6-나를 무시한 일이니까 가볍게 넘길 수가 없어요. 7-다 썼으면 우리에게 넘겨라. 8-아이는 알약을 잘 넘기지 못했다.	1لنحاول جعل الكرة تتخطي الشبكة. 2هل هناك مشكلة إذا جاوزت فترة التسجيل يومين؟ 3إن وضع الاقتصاد الكوري صعب ولكن أظن أننا قادرين علي تخطي هذه الأزمة. 4لقد أوقع نام سو الطويل يونج مين ذات مرة. 5أنا أقلب صفحات القاموس بحرص 6لا أستطيع تخطي هذا الأمر بسهولة لأنه تجاهلني. 7مرره لنا إذا انتهيت من كتاتبته. 8 لم يكن الأطفال قادرين علي بلع أقراص الدواء.
넘다	يتجاوز.يتخطي. يجتاز	(동) 1-무엇이 어디에 가득 차고 그 나머지가 밖으로 나오다. 2-일정한 수준이나 정도보다 많아지다. 3-어떤 시간이 지나다.	1امتلاء مكان ما وخروج الباقي إلي الخارج. 2يزداد عن درجة أو مقياس معين. 3مرور الوقت.	1-이번 장마로 강물이 넘을지도 모르겠다. 2-저분은 나이가 환갑이 넘으셨다. 3-편지를 보낸 지 한 달이 넘었다.	1لا أعلم إذا كان النهر سيفيض أم لا بسبب هذه الأمطار الغزيرة. 2لقد تخطي هذا العجوز عمر ال 60. 3لقد مر علي إرسالي الخطاب شهر.
넘어가다	يعبر. ينتقل من مالك إلي آخر.	(동) 1-높은 부분의 위를 지나서 가다. 2-담 등을 타고 넘다. 3-어떠한 경계를 넘다. 4-어떠한 문제를 처리하고 다음으로 가다. 5-무엇이 다른 곳으로 옮아가다. 6-책임, 재산 등이 다른 사람에게 옮겨가다. 7-음식, 침 등이 목구멍으로 지나가다. 8-해, 달이 지다.	1يمر من فوق جزء عالٍ. 2يقفز أعلي حاجز أو حائط. 3تخطي حافة أو حدود. 4العناية بأي مشكلة وتخطيها. 5تحريك شئ من مكانه إلي مكان آخر. 6يسلم المسئوليات والأملاك إلي الأشخاص. 7بلع الطعام وغيره خلال الحلق. 8اختفاء الشمس و القمر.	1-저 고개를 넘어가면 마을이 보일 거예요. 2-아이들은 울타리를 넘어가기 시작했다. 3-국경을 넘어가다. 4-마이클은 내 말을 못 들은 척 넘어갔다. 5-그 서류는 이미 다른 여행사로 넘어갔어요. 6-회사가 다른 사람 손에 넘어가게 생겼다. 7-야! 문제가 이렇게 심각한데 지금 밥이 넘어가게 생겼냐? 8-어느새 해가 서산으로 넘어가고 있다.	1إذا عبرت تلك التلة ستري القرية. 2لقد تخطي الأولاد السياج. 3عبر الحدود. 4لقد تظاهر مايكل بعدم سماعي. 5لقد ذهبت تلك الوثيقة إلي وكالة السفر بالفعل. 6ستنتقل سلطة الشركة إلي شخص أخر. 7يا أبله! هل لديك شهية للغداء والمشكلة بهذه الخطورة. 8تتجه الشمس تجاه جبل الغربي.
넘어지다	يقع. يسقط	(동) 서 있다가 쓰러지다.	وقوع شخص كان واقفاً.	뛰어가다가 넘어질 뻔했어요.	لقد سقطت عنما كنت أعدو (أجري).

넘치다	يفيض	(동) 1-가득 차서 밖으로 흘러나오다. 2-감정이 매우 거세게 일어나다. 3-어떤 정도에 지나치다.	1يفيض إلي الخارج عند امتلاء المكان. 2تتدفق المشاعر بقوة. 3 يجتاز درجة معينة.	1-계곡의 눈이 다 녹아서 시냇물이 넘치기 시작했다. 2-그는 자신감이 넘치는 목소리로 빠르게 말했다.	1بدأ فيضان في القرية(الوادي) بع ذوبان الثلج. 2لقد تحدث بسرعة وبصوت تملأه الثقة.
넣다	يضع في.	(동) 1-속으로 들여보내거나 들어가 있게 하다. 2-무엇을 어디에 들어가게 하다. 3-은행에 돈을 입금하다. 4-무늬, 글씨, 등을 일정한 공간 속에 그리거나 박다.	1يدخل أو يرسل شئ إلي الداخل. 2يدخل شئ إلي الداخل. 3يودع أموال في البنك. 4رسم أو وضع كلام أو نقوش في مكان محدد.	1-설렁탕에 소금을 넣어 드세요. 2-다음 빈칸 에 알맞은 말은 넣어 보세요. 3-나머지는 은행에 넣기로 했다. 4-손수건에 꽃무늬를 넣어 주세요.	1ضع قليلا من الملح علي السولانج تانج. 2ضع الكلمة المناسبة في المكان الفارغ. 3قررت وضع الباقي في البنك. 4ضع لي نقشة وردة علي المنديل.
네	ملكي	인칭대명사 '너'에 관형격 조사 '의'가 붙어서 준말. 너의	ي الملكية.	민수야, 이거 네 책이니?	يا مين سو هل هذا كتابي؟
네거리	تقاطع الطرق (4 طرق)	(명) 길이 네 갈래로 갈라진 곳. /=사거리	مكان مفترق إلي أربعة طرق.	네거리에서 오른쪽으로 가 주세요.	سِر أتجاه اليمين في تقاطع الطرق من فضلك.
네모	مربع	(명) 네 개의 모. 네 개의 꼭지점이 있고 네 개의 선분으로 둘러싸인 평면 도형	شكل له أربعة أضلاع متساوية في الطول.	옛날 사람들은 하늘은 둥글고 땅은 네모라는 생각을 가지고 있었다.	كان اعتقاد الناس قديماً أن الأرض مربعة والسماء دائرية.
넷	أربعة	(수) 숫자 4.	الرقم أربعة.	우리 가족은 넷입니다.	تتكون أسرتي من أربعة أفراد.
넷째	رابع / مرة رابعة	(수) 순서가 네 번째가 되는 차례.	الترتيب الرابع .	넷째, 스트레스가 원인이다.	يعد الضغط العصبي رابع الأسباب.
녀석	داهية / رَهْط / أضحوكة /	(명) 주로 관형사형 어미 뒤에서 의존적 용법으로 쓰여 남자를 낮추어 이르거나 홀하게 이르는 말. 놈, 자식. 어린아이.	1وغد.داهية. 2طفل صغير.	1-그 녀석이 나를 보고 돼지라고 놀려대잖아. 2-이 녀석 좀 보세요, 아유 귀여워.	1هذا الوغد نظر إلي وسخر مني قائلاً أنني خنزير. 2انظر إلي هذا الطفل. يالهي أنه ظريف.
년	سنة.عام	(명) 12 달이나 365 알을 하나로 뭉쳐서 이르는 기간.	فترة مكونة من 365 يوم أو 12 شهر.	나는 일년 동안 한국에서 한국말을 배웠다.	لقد تعلمت اللغة الكورية في كوريا لمدة عام.
년대	حقبة	(명) 10 년, 100 년, 1000 년 동안의 기간을 나타내는 말.	الأشارة إلي فترة 10 سنين أو 100 سنة أو 1000 سنة.	1900 년대의 서울과 오늘날의 서울을 비교해 봅시다.	لنقارن بين سيول في فترة التسعينات وسيول اليوم.
노동자	عامل	(명) 일을 하고 그 값으로 받은 돈으로 생활을 하는 사람. /=근로자	شخص يعمل ويكسب قوت يومه من عمله.	요즘은 한국에서 일하는 외국인 노동자들이 많아요.	إن عدد الأجانب العاملين القاطنين بكوريا كبير.
노란색	لون أصفر	(명) 개나리꽃이나 바나나의 색깔과 같은 색깔.	لون زهرة الكناري والموز وغيرهم.	노란색 셔츠.	تيشرت أصفر اللون.
노랗다	أصفر	(형) 개나리꽃이나 바나나와 같은 빛깔이다.	لون زهرة الكناري والموز وغيرهم.	노란 셔츠를 입습니다.	أرتدي التيشرت الأصفر.
노래	أغنية. الغناء	(명) 말에 곡조를 붙인 것. 또는 그런 곡조를 소리 내어 부르는 일.	كلمات ملحقة بنغمة معينة ويتم غناؤها أيضا بنغمة ما.	요즈음 무슨 노래가 유행합니까?	ما الأغنية المشهورة هذه الأيام؟
노력	مجهود	(명) 어떤 일을 이루기 위해 힘을 들이고	بذل قوة وجهد للقيام بعمل ما.	노력을 들이다.	يقوم بمجهود.

		애를 쓰는 것.			
노력하다	يكافح. يبذل مجهود	(동) 어떤 일을 이루기 위해 힘을 쓰다.	يبذل قوة للقيام بعمل ما.	사람들은 성공하기 위해 노력한다.	يبذل الناس مجهود لتحقيق النجاح.
노인	عجوز	(명) 늙은 사람. / =늙은이	شخص عجوز.	이 세상에 노인이 되지 않을 젊은이가 어디 있으랴.	أين يوجد شاب لا بصبح عجوزا في عالمنا هذا!
노트	مذكرة. كراس صغير	(명) 무엇을 쓰거나 그릴 수 있도록 매어 놓은 백지묶음.	كراس بها عدة صفحات بيضاء أو فارغة للكتابة فيها.	노트 두 권이랑 연필 한 자루 주세요.	أعطني قلم و مذكرتين من فضلك.
녹다	يذوب.ينصهر	(동) 1-열, 습기 때문에 굳은 물질이 딱딱하지 않게 되거나 액체가 되다. 2-물질이 물이나 다른 액체에 섞여 풀리다.	1تحول الأجسام الصلبة إلي سائل ووتصبح غير صلبة بسبب الحرارة أو الرطوبة. 2إذابة المواد في الماء أو في سائل آخر.	1-햇볕이 따뜻해서 어제 내린 눈이 다 녹아 버렸다. 2-물이 차가워서 커피가 잘 녹지 않아요.	1ذاب الثلج الذي سقط البارحة بسبب أشعة الشمس الدافئة. 2لا يذوب القهوة جيدا لأن الماء بارد.
녹색	أخضر	(명) 파랑과 노랑의 중간 색깔.	لون وسط بين الأصفر والأزرق.	녹색 나뭇잎.	ورقة شجر خضراء اللون.
녹차	الشاي الأخضر	(명) 푸른빛이 그대로 나도록 말린 부드러운 찻잎.	أوراق شجر الشاي ناعمة جافة ولها لون أخضر.	저는 녹차를 좋아합니다.	أنا أحب الشاى الأخضر.
논문	أطروحة.رسالة.بحث	(명) 어떤 주제에 관하여 연구한 결과를 체계적으로 적은 글.	نتائج بحث حول موضوع ما ويتم كتابتها بنظام معين.	박사 학위 논문.	أطرحة الدكتوراه.
놀다	يلعب. يمرح	(동) 1-일을 하지 않고 즐겁게 시간을 보내다. 2-직업 없이 일을 하지 않고 지내다. /(반) 일하다	1لا يعمل ويقضي وقت ممتع. 2يعيش بدون عمل.	1-날씨가 좋아서 그런지 놀러 가는 사람이 많아요. 2-형은 요즘 하는 일 없이 놀고 있다.	1خرج الكثير من الناس للمرح بسبب الجو المعتدل. 2أخي بدون عمل ويمرح فقط .
놀라다	متفاجئ.مندهش	(동) 1-갑자기 뜻밖의 일 때문에 정신이 번쩍 들거나 두려운 마음이 생기다. 2-신기하거나 훌륭한 것을 보고 감동하거나 감탄하다.	1الذعر بسبب أمر مفاجئ و غير متوقع. 2التأثر عند رؤية أمر مدهش أو غريب.	1-민지는 너무 놀라서 얼굴이 하얗게 되었다. 2-아이의 성적이 놀랄 만큼 향상되었다.	1لقد تفاجأ مين جي كثيرا فأصبح وجهه شاحباً. 2تحسنت درجات الصبي لدرجة مدهشة.
놀랍다	مفاجئ / مدهش / مذهل	(형) 1-정신이 번쩍 들만큼 훌륭하거나 감탄할 만하다. 2-어떠한 일이 뜻밖이어서 신기하고 이상하거나 충격적이다.	1مدهش لدرجة تفاجئ العقل. 2أمر مفاجئ غير متوقع يصيب بالدهشة او الاستغراب.	1-어린 나이에 그런 생각을 하다니 참으로 놀라운 일입니다. 2-자연은 놀라운 힘을 가지고 있다.	1 أمر مفاجئ جدا بالنسبة لطفل أن يفكر هذا التفكير. 2لدي الطبيعة قوة مذهلة.
놀리다	يُهمل.يُترك	(동) `기계, 기구, 땅 등을 쓰지 않고 그냥 놓아 두다.	ترك وعدم استخدام أرض،عدة أو آله وإهمالها.	땅을 너무 놀리면 농사를 짓기에 좋지 않았다.	إن الزراعة في هذه الأرض المهملة غير جيدة.
놀이	لعبة.اللعب	(명) 1-즐겁게 노는 일. 2-명절, 특별한 행사에서 여러 사람 함께 즐기려고 일정한 규칙을 따라 하는 오락, 민속 공연.	1اللعب بمرح. 2عرض شعبي وللمتعة يسير حسب قواعد معينة ويتم عمله في الأعياد أو الأحداث الخاصة.	1-아이들이 그 놀이를 좋아하지요? 2-여러분 나라의 민속 놀이와 전통 의상을 소개해 보세요.	1هل تروق هذه اللعبة للطفل؟ 2فلتعرفونا علي لعبة شعبية خاصة ببلدكم.

놀이터	حديقة الألعاب	(명) 아이들이 놀 수 있도록 여러 가지 놀이 기구 가 마련되어 있는 곳.	مكان يحوي عدة ألعاب وأرجوحات ليلعب فيه الأطفال.	아이들이 놀이터에서 노는 모습이 정말 보기 좋다.	أحب مشاهدة الأطفال يلعبون في حديقة الملاهي.
농구	كرة السلة	(명) 다섯 사람이 한편이 되어 상대편의 바스켓에 공을 던져 넣어 점수를 얻어 승부를 가르는 경기.	مباراة يلعب فيها خمسة لاعبين أمام خمسة آخرين ويحرز نقاط من يدخل الكرة بالسلة.	농구 경기.	مبارة كرة السلة.
농담	مزحة	(명) 장난으로 하는 말. / (반)진담	كلام يقال للمرح.	재미있는 농담.	مزحة ممتعة (مسلية).
농사	زراعة	(명) 농작물을 심고 가꾸고 거두는 일.	زرع المحاصيل.	올해 농사는 풍년이에요.	هذا العام هو عام زراعة المحاصيل
농업	صناعة الزراعة	(명) 농작물을 심고 가꾸고 직업이나 산업 .	صنعة أو وظيفة الزراعة.	농업 사회	مجتمع زراعي.
농촌	حقل/ ريف	(명) 농사짓는 사람들이 모여 사는 시골 마을.	قرية يتجمع ويعيش فيها المزارعون.	도시에 비하면 농촌은 공기가 좋아요.	هواء الريف جيد مقارنةً بالمدينة.
높다	عالٍ. مرتفع	(형) 1-아래에서 위까지의 길이가 길다. 2-소리가 가늘고 날카롭다. 3-세상에 널리 알려져 있다. /(반)낮다.	1المسافة طويلة بين الأسفل و الأعلي. 2صوت رفيع وحاد. 3معروف علي مستوي العالم.	1-이 건물의 천장이 참 높다. 2-여자가 남자보다 목소리가 높은 편이다. 3-김 선생님은 이름이 높은 학자입니다.	1سقف هذا المبني عالٍ جداً. 2صوت المرأه أعلي من الرجل. 3إن المعلم كيم عالِم له شهرة كبيرة.
높아지다	يصبح عالياً.يرتفع	(동) 어떤 것의 정도, 수준이 변하여 더 높은 정도나 수준에 이르다.	يغير مقياس أو درجة ويصل إلي درجة أعلي.	노동의 생산성이 높아지면서 소득이 향상되고 있다.	يتحسن الإنتاج عندما ترتفع إنتاجية العمالة.
높이	ارتفاع	(명) 바닥에서부터 꼭대기까지의 거리.	المسافة بين الأرض و القمة.	설악산은 높이가 1708 미터이다.	إن ارتفاع جبل سوراكسان 1708 متر.
높이	بارتفاع	(부) 1-아래에서 위까지의 길이가 길게. 2-수치나 정도가 일정한 기준이나 보통을 넘는 상태로.	1_ ارتفاع المسافة إلي الأعلي. 2_ ارتفاع معدل ما عن الطبيعي.	미선이는 손을 높이 치켜들었다.	رفعت ميسوني يدها عالياً
높이다	يرفع	(동) 1-바닥에서 꼭대기까지의 거리를 길게 하다. 2-가치, 수준, 정도 등을 보통보다 크게 하다. 3-소리를 가늘고 날카롭게 하다.	1يرفع مسافة كبيرة من الأرض حتي القمة. 2يزيد من المعدل أو الدرجة الطبيعية. 3يرفع صوته.	1-바닥을 조금 높여서 집을 지었다. 2-경쟁에 이기기 위해서는 경쟁력을 높여야 한다. 3-그들은 만났다 하면 으레 언성을 높이고 싸워요.	1لقد رفعت الأرض قليلا وبنيت المنزل. 2يجب أن ترفع روح المنافسة لتفوز . 3في كل مرة يلتقوا بها يرفعوا اصواتهم ويتعاركوا.
놓다	يضع علي	(동) 1-물건을 어디에 있게 두다 일정한 자리에 있게 두다. 2-기계 ,도구 등을 설치하다. 3-손으로 잡고 있던 것을 손에서 떨어지게 하다. 4-마음의 긴장을 풀다. 5-잊고 빠뜨리다.	1يضع شئ علي مكان ما. 2يركب آلة أو أداة. 3يترك شئ كان في اليد. 4يزيل توتر القلب. 5ينسي.	1-오른쪽 구석에 놓으세요. 2-이 에어컨을 어디에 놓을까요? 3-언니는 잡고 있던 동생의 손을 놓았다. 4-일이 잘 되고 있으니까 마음을 놓아도 됩니다. 5-오늘 또 차에 우산을 놓고 내렸다.	1ضعه علي الجانب الأيمن. 2أين أركب هذا المبرد (المكيف)؟ 3لقد تركت أختي يد أخي الصغير. 4تسير الأمور علي ما يرام لذلك لا أشعر بالقلق. 5بقد نسيت مظلتي في السيارة ونزلت مرة أخري.
놓치다	يلقي. يفقد.يضيع	(동) 1-가지고 있거나 잡고 있던 것을 잘못 하여 놓아 버리다. 2-타려고 하던 탈 것을	1يلقي شئ كان في يده عن طريق الخطأ. 2يفوت شئ كان سيركبه. 3يفقد فرصة.	1-서류를 놓치는 바람에 종이가 바닥에 다 떨어졌다. 2- 아침에 늦잠을 자는 바람에	1أوقعت الرياح كل المستندات علي الأرض.

		타지 못하게 되다. 3-어떠한 기회를 그냥 보내다.		비행기를 놓쳤습니다. 3-좋은 기회를 놓치다.	2لقد فقدت الطيارة بسبب نومي المتأخر في الصباح. 3 يضيع فرصة جيدة.
놔두다	يضع أرضاً	(동) 1-들었던 것을 내려서 어떤 곳에 두다. 2-제 마음대로 하도록 맡겨두다.	1يضع شيئا علي الأرض. 2يترك شيئا كما يشاء .	1-학생이 지갑을 교실에 놔두고 갔다.	1ترك الطالب محفظته في الفصل.
누구	من	(대) 의문문에서 정체를 알고자 하는 사람을 가리키는 말로 어떤 사람.	كلمة تستخدم عند السؤال أو الرغبة في معرفة شخص ما.	누구를 기다리세요?	من تنتظر؟
누나	أخت كبري	(명) 남동생이 자기보다 나이가 많은 여자 형제나 친척을 부르는 말.	كلمة تطلق علي الأخت الكبري للولد أو عندما تكون العلاقة قريبة.	누나, 물 좀 줘요.	أختي، أحضري بعض الماء من فضلك.
누르다	يضغط.يغلب	(동) 1-무엇을 위에서 아래로, 또는 밖에서 안으로 힘을 주어 밀다. 2-이기다. 3-감정을 조절하다.	1ضغط شئ من الأعلي إلي الأسفل أو من الخارج إلي الداخل. 2ينتصر. 3يتحكم في مشاعره.	1-필요하신 것이 있으시면 이 버튼을 누르세요. 2-일본 축구가 사우디 아라비아를 눌렀어요. 3-예진이는 화를 누르지 못하고 눈물을 흘렸다.	1إذا احتجت أي شئ اضغط علي هذا الزر. 2تغلب فريق اليابان لكرة القدم علي السعودية. 3لم تستطع ياجين التحكم بمشاعرها وبكت.
눈	عين	(명) 사람이나 동물의 얼굴에 있는, 물체를 보는 감각 기관 또는 눈동자.	عضو موجود في وجه الإنسان و الحيوان ويستخدم للرؤية.	눈이 예쁘다.	عيناك جميلة.
눈(날씨)	ثلج	(명) 하늘에 있는 물기가 얼어서 땅 위에 떨어지는 하얗고 작은 얼음 조각.	قطع من الثلج صغيرة ولونها أبيض تقع من السماء علي الأرض.	눈이 날리다.	تتساقط الثلوج.
눈물	دموع	(명) 슬프거나 아주 기쁠 때 눈알 위쪽에 있는 눈물샘에서 나오는 맑은 액체.	سائل صافي يخرج من العين للتعبير عن الشعور بالفرحة الشديدة أو الحزن.	그만 눈물을 닦으세요.	توقف عن البكاء وامسح دموعك.
눈썹	حاجب	(명) 눈 위에 가로로 길게 모여 난 짧은 털.	شعيرات صغيرة متجمعة فوق العين.	그 남자가 하얀 피부와 짙은 눈썹이 매우 인상적이었다	إن بشرة هذا الرجل البيضاء وحواجبه الداكنة مذهلة.
눈앞	الأمام مباشرة	(명) 바로 앞. 눈으로 볼 수 있는 가까운 곳.	الأمام مباشرة. مكان قريب من رؤية العين.	다시는 내 눈앞에 나타나지 마세요.	لا تظهر امامي مرة أخري.
눕다	يستلقي	(동) 1-몸을 바닥에 길게 놓다. 2-누워서 병을 앓다.	1يستلقي علي الأرض. 2يتمدد من المرض.	1-너무 피곤해서 자리에 눕자마자 잠이 들었어요. 2-어머니는 오랫동안 병석에 누워 계셨다.	1بمجرد أن استلقيت نمت من شدة التعب. 2ظلت أمي في فراش المرض لفترة طويلة.
뉴스	أخبار	(명) 신문, 방송에서 알려 주는 새 소식.	الأخبار الجديدة التي تعرضها محطات الراديو والجرائد.	뉴스를 듣다.	يسمع الأخبار.
느껴지다	أصبح يشعر	(동) 느끼게 되다.	أصبح يشعر.	한기가 느껴지다	أصبحت أشعر ببرودة الجو.
느끼다	يشعر	(동) 어떤 감정을 마음속에 갖거나 알게 되다.	امتلاك مشاعر ما داخل القلب.	저는 이 일을 하면서 큰 보람을 느꼈습니다.	وأنا أفعل هذا الأمر شعرت بالندم.
느낌	شعور	(명) 어떤 대상이나 상태, 생각 등에 대한 반응이나 지각으로 마음속에 일어나는	الشئ الذي نشعر به.	월급을 받으니까 부자가 된 느낌인데요.	أشعر أنني ثري عند استلام راتبي.

		기분이나 감정.			
느리다	بطئ	(형) 속도가 빠르지 않다. / (반) 빠르다	غير سريع.	바빠 죽겠는데 일을 그렇게 느리게 하면 어떻게 해!	أنا مشغول حتي الموت وأنت تعمل بهذا البطء. ماذا سأفعل!
늘다	يزيد	(동) 다른 것이 더해져 수나 양 등이 많아지다. / (반) 줄다	زيادة عدد أو كمية علي شئ أخر.	전보다 담배가 좀 늘었어요.	لقد أكثرت من السجائر عن السنة الماضية.
늘리다	يزود	(동) 다른 것이 더해져서 수나 양 등을 더 많거나 크거나 세거나 길어지게 하다.	يكثر أو يزود من عد أو كمية علي شئ ما.	건강을 위해서는 일하는 시간을 줄이고 휴식 시간을 늘려야 한다.	لتحصل علي صحة أفضل يجب أن تقلل ساعات العمل وتزود ساعات الراحة.
늘어나다	يزداد	(동) 다른 것이 더해져서 수나 양 등이 많아지다.	تصبح كمية أو عدد ما كبيرة.	자동차가 매년 늘어난다.	تزداد السيارات كل عام.
늙다	عجوز. هَرِم	(동) 나이를 많이 먹다.	يبلغ الكثير من العمر.	이 세상에 늙지 않는 사람은 없다.	لا يوجد أحد في هذا العالم لا يكبر.
능력	قدرة	(명) 일을 할 수 있는 힘이나 재주.	الموهبة أوالقدرة التي تمكنك من فعل شئ.	한국어 쓰기 능력을 기르려면 어떻게 해야 합니까?	ماذا الذي يجب أن افعل إذا أردت تنمية قدرة الكتابة بالكورية؟
늦다	يتأخر	(동) 일정한 시간 안에 이르지 못하다.	عدم الوصول خلال وقت محدد.	수민은 약속 시간에 10 분씩 늦는 것이 버릇이다.	عادة سومين أن تتأخر عن الموعد عشر دقائق.
늦어지다	تأجل / تأخر	(동) 늦게 되다.	يصبح متأخر.	결혼이 늦어지다	تأجل الزواج.
다	كل/ جميع	(부) 1-모두. 완전히. 2- 있는 것 모두. 전부. 3- "의외로"의 뜻을 나타낸다. 4-쓸데없이. 괜히. 5- 아주. 완전히.	كل. تماما. 2- كل شئ موجود. الكل. 3- تشير إلي معني الاندهاش. 3- غير مُجْدٍ. بلا فائدة.4- جدا. تماما.	1-일을 다 마쳤습니다. 2- 배가 불러서 다 못 먹겠다. 3- 이게 다 뭐야? 4-별 걱정을 다 해요. 5- 내일이 시험이니 잠은 다 잤네.	أنهيت كل العمل. 2- شبعت لا أستطيع أن أكل كل شئ. 3- ما كل هذا؟ 4- لا داعي للقلق بشأن أي شئ. 5- غدا الامتحان لكن نمت طوال الليل.
다가오다	يقترب	(동) 1-(무엇 쪽으로) 가까이 오다. 2-(친해지려고 누구에게) 가까이 오다. 3-(어떠한 일이나 때가) 가까이 오다.	1_يتحرك بالقرب من شئ في اتجاه معين. 2-يقترب من شخص بغرض الصداقة. 3_اقتراب وقت أو حدث.	1-경찰관이 차 옆으로 다가와서 면허증을 보여 달라고 했다. 2-찬 바람과 함께 겨울이 한 걸음 한 걸음 다가오고 있다.	أقترب رجل الشرطة من السيارة وطلب إظهار رخصة القيادة. 2- يقترب الشتاء والرياح الباردة معاً خطوة بخطوة .
다녀오다	يرجع	(동) 1-(어디에) 갔다가 오다. 2-어떤 일을 하려고 갔다가 오다.	1_يذهب ويعود إلي مكان ما. 2- يذهب ويعود لفعل شئ ما.	1-제가 얼른 선생님 댁에 다녀올게요. 2-네,저는 경주로 여행을 다녀왔습니다.	سأعود فورا إلي بيت المعلم. 2- نعم, لقد عدت من رحتلي إلي كيون جو.
다니다	يذهب/ يعمل/	(동) 1-(일을 하거나 공부를 하러 어떤 곳에) 규칙적으로 가다. 2- (일이 있어서 어떤 곳에) 반복하여 가다. 3-여기저기 오고 가고 하다. 4-(어떠한 일을 할 목적으로) 왔다 갔다 하다. 5-(어떠한 곳에) 들르다. 6- 오고 가다.	1_يذهب بانتظام إلي مكان ما لغرض الدراسة أو العمل. 2- يذهب باستمرار إلي مكان ما لوجود عمل ما . 3- يتجول هنا وهناك. 4- الذهاب والإياب بهدف عمل شئ ما. 5- يزور مكان ما لفترة قصيرة. 6- يأتي ويذهب.	1-우리 형은 졸업하고 은행에 다녀요. 2-요즘 몸이 아파서 병원에 다녀요. 3-남수는 늘 영민이랑 같이 다니네. 4-친구와 함께 시내 구경을 다녔어요. 5-민수는 아버지를 따라서 할머니 댁에 다니러 왔다. 6-이 길이 자전거가 다니는 길이다.	1_أخي تخرج ويعمل في بنك. 2- أنا مريض هذه الأيام لذلك أذهب إلي المستشفي. 3- ذهبت أنا وصديقي لزيارة وسط المدينة. 4- ذهبت مين سو برفقة أبيها لزيارة جدتها.5- هذا الطريق مخصص لسير العجل.
다루다	يتعامل	(동) 1-(사람이나 짐승을) 부리거나 다스리거나 상대하다. 2-(무엇을) 알맞은	يتعامل مع أو يسيطر علي أو يهتم بإنسان أو حيوان. 2- يستخدم شئ ما بطريقة مناسبة .	1-요즘 아이들은 다루기가 힘들어요. 2-이 기계는 고장 나기 쉬우니까 조심해서	من الصعب معاملة الأطفال هذه الأيام. 2- تعامل بحذر مع هذه الألة لأنها من السهل أن تتعطل.

		방법으로 다루거나 사용하다.		다루십시오.	
다르다	مختلف	(형) (어떤 것과) 같지 않다. 차이가 있다.	لا يشابه شئ ما. وجود فرق.	그 아이들은 쌍둥이지만 아주 달라요.	هذان الطفلان توأمان لكن مختلفان جدا.
다름없다	بدون اختلاف	(형) 비교해 보면 서로 다르지 않고 꼭 같다.	متشابهان تماماً وغير مختلفان عند المقارنة.	김 선생님께서는 몸이 아픈데도 평소와 다름없는 밝은 미소로 우리를 맞으셨다.	استقبلنا المعلم كيم بابتسامة رائعة كعادته دون تغيير بالرغم من مرضه.
다리	جسر	(명) 1-강, 바다, 큰길, 골짜기 등을 건너갈 수 있도록, 양쪽을 이어서 만들어 놓은 시설. 2-중간에 거치게 되는 단계.	بناء يتم إنشاؤه لربط جانبين حتى يسمح بعبور نهر أو بحر أو طريق أو واد أو غيرها. 2- مرحلة يتم المرور بها في منتصف الطريق	1-새로 생긴 다리로 해서 가면 금방 도착할 거예요. 2-여러 다리를 거치다.	سأصل حالا من خلال الجسر الجديد. 2- يمر بمراحل عديدة.
다리	قدم/ رِجْل	(명) 1-사람과 동물의 몸 아래쪽에 달려서 몸을 받치며 서거나, 뛰거나 걷는 일을 하는 부분. 2-(책상이나 의자의 아래쪽에 달려서) 그 물건을 받치는 부분.	1_عضو في أسفل جسد الإنسان والحيوان يُمكنه من الوقوف أو الجري أو المشي. 2- جزء في أسفل الكرسي أو المكتب.	1-오래 걸었더니 다리가 너무 아파요. 2-책상 다리다 흔들려요.	1_قدمي تؤلمني لانني مشيت لفترة طويلة. 2- رجل المكتب تهتز.
다섯	خمسة	(수) 1- 숫자 5. 2- "다섯(5)"의.	1رقم 5 . 2- خمسة.	1-같이 하숙 하는 사람이 모두 다섯이에요. 2-어찌나 목이 마른 지 물을 다섯 잔이나 마셨다.	كل الأشخاص المقيمين معاً خمسة . 2- شربت خمسة أكواب من الماء لأني كنت عطشان جدا.
다섯째	خامس / خامسا	(수) 1-순서가 다섯(5) 번째가 되는 차례. 2-순서가 다섯(5)번째가 되는 차례의.	1- ترتيبه الخامس. 2- دوره يأتي رقم خمسة.	1-이 애가 우리 집 다섯째예요. 2-다섯째, 교실에서는 음식을 먹으면 안 됩니다.	هذا الطفل هو الخامس في عائلتنا. 2- خامسا, ممنوع تناول الطعام داخل الفصل.
다시	مرة أخري	(부) 1-또 되풀이해서. 반복해서. 2-방법, 방향을 바꿔서 새로. 3-하다가 멈춘 것을 또 이어서. 4-뒤에 또. 나중에 또. 5-새로. 6-이전 상태로 또. 도로.	يتكرر مرة أخري. 2- مجددا بعد تغير الطريقة والاتجاه. 3- يستمر في القيام بأمر قد توقف عنه. 4- مرة أخري مستقبلا. 5- مجددا.6- مرة أخري كالحالة السابقة.	1-다시 한 번 잘 들어 보세요 .2-다른 방법으로 다시 만들어 보자. 3-내일 다시 이야기하도록 하자. 4-나중에 다시 만납시다. 5-먼지가 그대로 있네. 청소를 다시 해라. 6-운동을 그만두자마자 다시 살이 찌기 시작 했다	استمع جيداً مرة أخري. 2- حاول مجددا بطريقة أخري. 3- لنستكمل الحديث مرة أخري غدا. 4- لنتقابل مرة أخري مستقبلا. 5- قم بالتنظيف مجددا فالتراب موجود كما هو. 6- بدأ وزنك في الزيادة مرة أخري بمجرد توقفك عن ممارسة الرياضة.
다양하다	متنوع	(형) 모양, 빛깔, 형태, 양식 따위가 여러 가지로 많다.	متنوّع ومتعدّد في الألوان أو الأشكال أو الأنواع أو المحتويات أو غيرها.	여행은 우리에게 짧은 시간에 다양한 경험을 할 수 있게 해 준다.	منحنا السفر خبرات متنوعة خلال وقت قصيرة
다음	التالي	(명) 1-(어떤 순서에서) 바로 뒤. 2-미래의 어느 때. 3-(=) 아래/(말이나 글에서) 바로 뒤에 오는 것. 4-(=) 이후/ 일정한 사간이 지난 후.	1_التالي مباشرة في ترتيب ما. 2- وقت ما مستقبلا. 3-شئ تالٍ يأتي مباشرة في الكلام أو الكتابة. 4- بعد مرور وقت محدد.	1-그런 다음에 뭘 하면 돼요? 2-넌 다음에 커서 어떤 사람이 되고 싶니? 3-다음 질문에 답하시오. 4-다음부터는 약속 시간을 지키세요.	1- ما الذي يجب أن أفعله بعد ذلك؟ 2- أنت مستقبلا عندما تكبر أي شخص تريد ان تكون؟ 3- أجب عن السؤال التالي. 4- من الأن فصاعد حافظ علي مواعيدك.
다음날	اليوم التالي	(명) (어떤 일정한 날의) 바로 다음에 오는 날.	اليوم الذي يلي يوم ما محدد مباشرة.	내가 다음날 바로 전화했는데 안 받더라.	أتصلت بك اليوم التالي لكنك لم تجب.
다음달	الشهر التالي	(명) (어떤 일정한 달의) 바로 다음 달.	الشهر الذي يلي شهر ما محدد مباشرة.	다음달 한국에 가겠습니다.	سأذهب الشهر القادم لكوريا

다음주	الاسبوع التالي	(명) 어떤 일정한 주의) 바로 다음에 오는 주.	الأسبوع الذي يلي أسبوع ما محدد مباشرة.	다음주 대학교에 가겠습니다.	سأذهب إلي المدرسة الأسبوع القادم
다이어트	حِمية	(명) 건강이나 체중 관리를 위해서 먹는 음식의 양과 종류를 조절하거나 운동을 하는 일.	ممارسة الرياضة و ضبط كمية و نوع الطعام المتناول من أجل الصحة والسيطرة علي الوزن.	다이어트를 시작하다.	سأبدأ حمية غذائية.
다치다	ينجرح/ يُصاب.	(동) 1-맞거나 부딪치거나 하여 몸의 일부 또는 전체에 상처를 입다. 2-(기분이 좋지 않은 일 때문에 마음이) 상하다.	يصاب بجرح في الجسد أو جزء منه نتيجة تصادم أو ضرب. 2- جرح في المشاعر.	1-교통사고로 사람들이 많이 다쳤어요. 2-다른 사람의 자존심을 다치게 해서는 안 된다.	1_أصيب الكثير من الناس نتيجة لحادث المرور. لايجب عليك أن تجرح كرامة الأخرين.2_
다투다	يجادل/ يتشاجر / ينافس	(동)1-(누구와) 잘못을 따지며 싸우다. 2-(무엇을 얻거나 이루기 위해서 다른 사람과) 싸우거나 겨루다.	1_يتشاجر مع شخص ما بشأن خطأ. 2- يتنافس أو يتشاجر مع شخص أخر من أجل تحقيق شئ ما.	1-요즘 우리 아이들은 너무 자주 다퉈서 걱정이에요. 2-우리 고등학교 농구팀이 작년 우승팀과 우승을 다투고 있다.	1_أنا قلق لأن أطفالنا يتشاجرون كثيرا هذه الأيام. 2- يتنافس فريق سلة مدرستنا الثانوية مع الفريق الذي حقق المركز الأول العام السابق علي المركز الأول.
다하다	تنفيذ/ تحقيق	(동) 1-(어떤 것이 없어져서) 더 남아 있지] 않다. 2-(해야 할 일을) 모두 끝내다. 3-(어떤 일을 위하여 마음, 힘 등을) 다 들이다. 4-(일생을) 끝내어 마치다.	1_اختفاء شئ ما. 2- يكمل كل شئ يجب تنفيذه. 3- يبذل كامل جهده من أجل إتمام شئ ما. 4- انتهاء الحياة.	1-기름이 다해 가는지 불은 약해지고 있었다. 2-대한민국 남자로서 국방의 의무를 다하는 건 당연하죠. 3-실패할지라도 최선을 다해야 합니다. 4-내 목숨을 다하는 그 날까지 당신만을 사랑하겠습니다.	1_ضعفت النيران لنفاذ الزيت. 2- وكرجل من كوريا الجنوبية، من الطبيعي أن تفي بواجبات الدفاع الوطني. 3- حتي لو فشلت يجب أن تفعل أفضل ما لديك. 4-سأحبك حتي آخر يوم في عمري.
다행	حسن الحظّ	(명) 뜻밖에 일이 잘되어 운이 좋음.	حظ جيد لأن الأمور سارت علي ما يرام بشكل غير متوقّع	오해를 풀어서 정말 다행이야.	أنا محظوظ حقا لأن سوء الفهم قد زال.
다행히	لحسن الحظ	(부) (걱정이 되었지만) 생각과 다르게 일이 잘 되어. 운이 좋게.	أن يكون محظوظا لأن الأمور سارت علي مايرام بشكل غير متوقّع	다행히 자동차만 부서지고 사람은 다치지 않았습니다.	لحسن الحظ تحطمت السيارة فقط ولم يصاب الناس.
닦다	ينظف/ ينشأ/يتعلّم.	(동) 1-(묻어 있는 것을) 문질러서 없애거나 깨끗하게 만들다. 2-(바닥을 고르고 다져서 길이나 터를) 만들다. 3-(어떠한 일을 할 기초나 바탕을) 만들다.. 4-(학문이나 도를) 배우고 익히다.	يمسح أو يزيل أو ينظف. 2- ينشأ طريق أو يجهز مكان للبناء من خلال تسوية الأرض. 3- ينشأ قاعدة أو أساس من أجل عمل ما. 4- يدرس أو يتعلّم العلوم أوغيره.	1-창문의 먼지는 걸레로 닦으세요. 2-길을 잘 닦아 놓아 고향 가기가 훨씬 편해졌다. 3-무슨 일이든지 기초를 잘 닦는 것이 중요하다. 4-학생이라면 학문을 닦는 데에 신경을 써야 한다.	امسح الغبار عن النافذة باستخدام المِمْسَحَة. 2- أصبح الذهاب إلي البيت أسهل بكثير بعد إنشاء الطريق.3- من المهم تشييد الأساس جيدا لأي عمل. 4- كونك طالب يجب أن تهتم بالدراسة .
단맛	مذاق حلو	(명) 설탕이나 꿀을 먹었을 때 느껴지는 달콤한 맛.	مذاق حلو يمكن الشعور به عند أكل السكر أو العسل	지수는 단맛을 내기 위해 떡볶이에 백설탕을 더 넣었다	وضعت جي سو مزيد من السكر الأبيض من أجل تحلية الطوك بوكي.
단순하다	بسيط	(형) 1-(구성이) 복잡하지 않고 간단하다. 2-복잡하게 꾸미지 않고 순수하다. 3-어떤 조건 또는 별다른 의미가 없다.	1_بسيط وغير معقد 2- صافي وغير معقد. 3- لايوجد معني معين أوشرط ما.	1-광고 포스터는 색상과 구성이 단순한 것이 눈에 잘 띈다. 2-수미는 순진하고 단순해 보였다. 3-어제 난 사고는 단순한 접촉 사고가 아니었어.	1_لون وتصميم البوستر الدعائي بسيط و واضح. 2- بدت سو مي بسيطة وساذجة. 3- الحادث الذي وقع أمس ليس حادث تصادم طفيف.

단순히	بسيطاً	(부) 1-복잡하지 않고 간단하게. 2-(=) 다만, 단, 단지, 단지, 오직/어떤 조건 또는 다른 뜻이 없이.	1_ببساطة و بدون تعقيد. 2- بدون معني معين أو شرط ما.	1-이것은 단순히 처리할 문제가 아니다. 2-그 사람들은 단순히 일을 도와 주려고 온 것이 아니다.	1_هذه ليست قضية تحل ببساطة.2- ببساطة هؤلاء الناس لم يأتوا من أجل المساعدة.
단어	كلمة	(명) 일정한 뜻과 기능을 가지고 있으면서 독립적으로 쓰일 있는 가장 작은 말의 단위. (=) 낱말	أصغر وحدة من الكلام لها وظيفة ومعني محدد ويمكن استخدامها بشكل مسستقل.	단어를 모르면 사전을 찾으세요.	ابحث في القاموس إذا كنت لا تعرف الكلمة.
단점	عيب/ نقطة ضعف	(명) 모자라거나 나쁜 점.	صفة سيئة أو قصور.	누구에게든 단점은 있다.	أي شخص لديه عيوب
단지	فقط	(부) 오직 하나의 조건이나 이유를 말하자면. (=) 다만	شرط أو سبب واحد فقط.	학교는 단지 지식이나 기술만을 가르치는 곳이 아니다.	المدرسة ليست مكان يُدرس المعرفة والتكنولوجيا فقط.
단추	زر	(명) 1-옷을 여미는 데 사용하는 물건. 2-기계를 움직이게 하려고 누르는 작은 것.	1_شئ يتم استخدامه في تثبيت الملابس 2- شئ صغير يتم الضغط عليه من أجل تشغيل الآلة.	1-이 옷은 단추 끼우기가 어렵다. 2-단추만 누르면 목적지까지 저절로 가는 자동차를 만든다고 하던데, 정말 가능할까요?	1_من الصعب تركيب أزرار في هذه الملابس. 2- يقولون أنه سيتم صنع سيارة تذهب أوتوماتيكيا إلي وجهة السفر بمجرد الضغط علي الزر, هل هذا ممكن؟
닫다	يغلق	(동) 열린 문짝, 뚜껑, 서랍 따위를 도로 제자리로 가게 하여 막다.	يُوصد شيء مفتوح مثل الباب، الغطاء، الدُرج من خلال ارجاعه إلى موضعه الأصليّ.	추우니까 창문을 닫자.	الجو بارد أغلق الشباك.
닫히다	يُغلَق.	(동) 1-열린 문이나 뚜껑, 서랍 등이 다시 제자리로 가게 되다. 2-(마음, 시야 등이) 좁아지거나 막히다.	1_ عودة الباب المفتوح أو الغطاء المفتوح أو الدُرج المفتوح إلى موضعه الأصليّ. 2- انسداد أو ضيق القلب و الرؤية وغيرهما.	1-창문이 잘 닫혔어요? 2-그의 닫힌 마음을 열 수 있는 사람은 오직 당산뿐이다.	1_هل تم إغلاق النافذة بإحكام؟ 2- أنت فقط من تستطيع فتح قلبه المغلق.
달	شهر	(명) 일 년을 열둘로 나누었을 때 그 열둘 중 하나.	1_الفترة الواحدة الناتجة عن تقسيم السنة الواحدة إلي اثني عشر جزءا. 2- وحدة عد الفترة الواحدة الناتجة عن تقسيم السنة إلى اثني عشر جزءا.	1-이 달 말에 입학 시험을 봅니다. 2-페레즈씨는 넉 달 전에 멕시코에서 왔어요.	1_سأمتحن في نهاية هذا الشهر. 2_ جاء بيريز قبل أربعة اشهر من المكسيك.
달	قمر	(명) 약 30일에 한 번씩 지구 주위를 도는 위성. 여러 모양으로 바뀌면서 밤하늘에 떠서 빛을 비추는 별.	قمر طبيعي يدور حول الأرض مرة واحدة كل حوالي 30 يوم. يضيئ السماء ليلاً حيث يتغير إلي أشكال عديدة.	오늘 밤 달은 유난히 밝은 편이에요.	قمر الليلة واضح بشكل استثنائي.
달걀	بيض	(명) (=) 계란/닭이 낳은 알.	بيضة تضعها الفرخة.	라면에 달걀을 넣으세요.	ضع بيضة علي الرامبون
달다	حُلو	(형) 1-설탕이나 꿀의 맛과 같다. 2-음식 맛이 좋거나 무엇을 만족스럽게 하다. 3-마땅하거나 당연하다.	1_المذاق حلو يشبه طعم السكر أوالعسل. 2-طعم الأكل جيد أو جعل شيئا مُرضيا. 3- مناسب و طبيعي.	1-식혜가 적당히 달고 맛있네요. 2-오랜만에 잠을 달게 잤다. 3-어떤 벌이라도 달게 받겠습니다.	1_مشروب الأرز الحلو لذيذ وحُلو بشكل مناسب. 2- نمت بشكل كافٍ لأول مرة بعد وقت طويل. 3- سأتقبل أي عقوبة بصدر رحب.
달다	يعلّق / يركب	(동) 1-(무엇을 어디에) 걸거나 꽂거나 매어서 붙어 있게 하다. 2-(글이나 말에) 설명이나 조건 등 다른 말을 더하다. 3-(물건이나 장치를) 시설하거나 설치하다.	1_يعلق الشيء أو يضعه على الحائط أو مستنداً إلى شيء آخر أو مرصوص. 2- إضافة شرح أو شرط آخر إلي كتابة أو كلام. .3- يركّب ماكينة أو آلة.	1-아버지께서는 양복에 단추를 달았다. 2-선생님은 설명하신 다음 분명히 "예외" 라고 토를 달았었다. 3-그들은 강당에 선풍기를 달았다.	1_ثبت أبي الزر في البدلة. 2-علق الأستاذ بوضوح علي ما سيتم شرحه بأنه " استثناء للقاعدة" . 3- قاموا بتركيب المروحة في القاعة

달라지다	يختلف	(자동) 변하여 전과는 다르게 되다.	يصبح مختلف عن الوضع السابق	계약에 따라 약관이 달라지다	تخنلف الشروط بناء علي العقد.
달러	دولار	(명) 1-미국의 화폐. 미국 돈. 2-미국의 돈을 세는 말.	1_العملة الأمريكية. 2- وحدة عد النقود الأمريكية.	1-은행에 가서 달러를 한국 돈으로 바꾸려고 합니다. 2-오늘은 1 달러에 1.250 원입니다.	1_أنوي الذهاب إلي البنك من أجل تغير الدولار بالوون الكوري. 2- اليوم الدولار الواحد يساوي ١٢٥٠ وون.
달려가다	ينطلق	(동)1-(사람이나 동물이) 뛰어서 빠르게 어디로 가다. 2-(차가) 빠르게 나아가다.	1_يذهب بسرعة إلي مكان ما. 2- تنطلق سيارة بسرعة.	1-남수는 일이 끝나자마자 바로 여자 친구한테 달려갔다. 2-버스가 1(일)차선으로 달려간다.	1_ذهب نام سو مسرعا للقاء حبيبته بمجرد انتهاء العمل. 2- ينطلق الأتوبيس في الخط الأول.
달려오다	يُسرع/ ينطلق إلى مسارعاً	(동)1-(사람이나 동물이) 뛰어서 빠르게 이동하다. 2-(차, 버스 등이) 화자가 있는 방향으로 빠르게 움직이다.	1_ينتقل مسرعا. 2-تتحرك سيارة أو غيرها مسرعة باتجاه المستمع.	1-아이가 엄마에게 달려왔다. 2-어떤 차가 갑자기 내 쪽으로 달려왔다.	1_أسرع الطفل تجاه أمه. 2-اسرعت السيارى باتجاهي فجأة
달력	تقويم	(명) 한 해의 달, 날, 요일, 절기, 행사일 등을 날짜에 따라 순서대로 적어 놓은 것..	كتابة الأشهر وأيام الأسبوع والأقسام الموسمية ومواعيد الأحداث وغيرها بالتسلسل حسب التاريخ	올해도 얼마 남지 않았으니까 슬슬 내년 달력을 준비해야겠어요.	لم يتبقي في العام الحالي الكثير لذلك يجب تجهيز تقويم العام القادم.
달리기	سباق الجري/ العدو.	(명) 어떤 거리를 누가 빨리 달리는지 경쟁하는 경기.	منافسة لتقرير من يجري مسافة ما بأكبر سرعة.	우리는 아침 일찍 일어나서 체조나 달리기, 줄넘기 같은 운동을 합니다.	نمارس رياضات مثل الجمباز او العدو او نط الحبل وغيرهم بعد الاستيقاظ مبكراً.
달리다	يجري	(동) 1-(사람이나 동물이) 아주 빨리 움직여 가거나 오다. 2-(차가) 빠르게 움직여서 가거나 오다. 3-(생각이나 마음아) 어떤 대상으로 가다. 4-(경쟁에서 어떤 지위를) 계속 유지하다.	1_يذهب أويأتي سريعا جدا سواء كان إنسان أو حيوان. 2- تحرك سيارة بسرعة جدا. 3- اتجاه الأفكار أو المشاعر نحو هدف ما. 4-يحافظ علي مركز ما في منافسة بشكل مستمر.	1-결승선이 보이자 선수는 전속력으로 달렸다. 2-고속도로에서는 차들이 씽씽 달린다. 3-내 마음은 벌써 엄마가 있는 곳으로 달리고 있었다. 4-그가 일등을 달리고 있습니다.	1_جري اللاعب بكامل سرعته بمجرد رؤيته لخط النهاية. 2- تجري السيارات بسرعة شديدة علي الطريق السريع.3- كان عقلي منشغل بالمكان الذي توجد به والدتي. 4- ينافس علي المركز الأول.
달리다	يعلق / يعتمد	(동) 1-(어디에 무엇이) 붙어 있다. 2-(열매가 어디에) 열려 있다. 3-(무엇에) 따라서 정해지다. 4-(글이나 말에) 설명이나 조건과 같은 말이 붙어 있다. 5- (무엇이 어디에) 있다.	1- شئ متمسك بشئ ما. 2- الثمار متفتحة. 3- يتحدد وفقا لشئ ما. 4-شرح أو شرط موجود في كلام أو كتابة . 5- شئ موجود في مكان.	1-가방에 예쁜 인형이 달려 있다. 2-감나무에 잘 익은 감들이 달려 있었다. 3-성공은 노력에 달려 있다 4-이 교과서 뒤에는 부록이 많이 달려 있어요. 5-우리 집은 큰 방에 화장실이 달려 있어요.	1_الدمية الجميلة معلقة علي الحقيبة. 2- ثمرات الكاكا الناضجة علي شجرة الكاكا. 3- يعتمد النجاح علي المجهود. .4-الكثير من الملحقات موجودة بعد الكتاب المدرسي. 5- يوجد حمام في الغرفة الكبيرة بمنزلنا.
달아나다	يهرب / يفر	(동) 1-(쫓아오는 것으로부터 잡히지 않게) 빨리 멀리 움직이다. 2-(어떤 것으로부터) 벗어나다. 3-(어떠한 의욕이나 생각 등이) 없어지다.	1_يتحرك بعيدا سريعا حتي لا يتم القبض عليه. 2_ يخرج أو يهرب من مكان ما. 3- تختفي فكرة أو نية ما.	1-도둑은 쫓아오는 경찰을 피해 산으로 달아났다. 2-이런 지겨운 생활에서 달아나고 싶어요. 3-물을 한 잔 마시니 어느새 배고픈 생각이 달아났다.	هرب اللص إلي الجبل تجنبا الشرطة التي تطارده. 2- أريد أن أهرب من تلك الحياة المملة. 3-اختفي شعوري بالجوع عندما شربت كوب ماء.
닭	فرخة	(명) 잘 날지 못하며 알을 잘 놓는 큰 새.	طائر كبير يبيض ولا يستطيع الطيران.	닭이 풀벌레를 쪼아 먹으려고 했다.	حاولت الفرخة التقاط حشرة الحشائش.
닭고기	لحم الدجاج	(명) 닭의 고기	لحم الدجاج	저는 소고기보다 닭고기를 더 좋아해요.	أفضل لحم الدجاج أكثر من لحم البقر.

닮다	يشبه.	(동) (둘 이상) 사람 또는 사물의 모양이나 성질이 서로 비슷하다.	يتشابه الشكل او الصفة لشيئين أو شخصين فأكثر.	아들이 할아버지를 닮았어요?	هل يشبه الولد جده؟
담그다	ينقع	(동) 1-(무엇을 액체 속에) 넣어 두다. 2-(김치, 술, 장 등의) 음식을 익히려고 재료들을 뒤섞어 그릇에 담아 두다.	1_يضع شئ في سائل. 2- يخلط مكونات الطعام ثم يضعها في طبق من أجل تخمير الطعام مثل الكيمتشي و الخمر و الغانغ وغيرهم.	1-어머니는 아버지가 사 오신 수박을 통째로 찬물에 담갔다. 2-김치를 담그다	1_نقعت أمي البطيخة التي اشتراها والدي كلها في الماء البارد. 2- يخلل / يجهز الكيمتشي.
담다	يضع	(동) 1-(무엇을 그릇 속에) 넣다. 2-(내용이나 생각을 글이나 그림 등에) 나타내다. 들어 있게 하다.	1_يضع شئ في طبق. 2-يُضمن الرسم أو الكتابة علي مضمون أو فكرة ما.	1-과일을 접시에 담아라. 2-다음에는 좋은 소식을 담아서 편지 올리겠습니다.	1_انقع الفاكهة في الطبق. 2- مستقبلا أرسل جوابا يحتوي علي أخبار جيدة.
담배	سيجارة	(명) 가늘게 썬 마른 풀의 잎을 뭉쳐 종이에 말아 불을 붙여 그 연기를 마시게 되어 있는 것.	شيء يتم إنتاجه من خلال قطع العشب تقطيعا رقيقا ثم لفها بورق بحيث يتم إشعالها بالنار من أجل تدخينها	담배에 불을 붙이다.	يشعل سيجارة.
답	رد / إجابة / حلّ	(명) 1-알고 싶어하거나 묻는 것에 대하여 알려주는 말이나 글. 2-문제를 풀어서 얻어 낸 결과.	1_كتابة أو كلام يُجيب سؤال أو ما ترغب في معرفته. 2- نتيجة تحصل عليها بعد حل سؤال.	1-문의한 일에 대해 빨리 답을 해 주세요. 2-3 번 문제 답이 뭐니?	1- اعطني اجابة للاستفسار سريعا. 2- ماهو حل السؤال الثالث.
답답하다	مخنوق / يشعر بالضيق	(형) 1-(숨이) 막힐 것 같이 숨쉬기가 어렵다. 2-(걱정으로) 마음이 시원하지 못하다. 3-(행동이나 모습이) 시원스럽지 못하다. 4-(공간이) 좁아서 시원한 느낌이 없다.	1_صعوبة التنفس. 2- إحساس بالضيق بسبب القلق. 3- شكل أو تصرفات غير مريحة. 4_عدم الشعور بالراحة بسبب ضيق المكان.	1-어제부터 가슴이 답답하고 기침이 많이 나요. 2-마음이 답답할 때 산에 올라가 보세요. 3- 너 하는 것 보면 답답해 죽겠어. 4-지하철에 사람이 많아서 아주 답답했어요.	1_منذ أمس أشعر بضيق في التنفس و أسْعُل كثيرا.2- عند شعورك بالضيق حاول الصعود إلي الجبل. 3- أشعر بالضيق عند مشاهدة ما تفعله.4- شعرت بالضيق لكثرة الناس بمترو الأنفاق.
답장	رسالة الرد	(명) 받은 편지에 답하여 보내는 편지.	رسالة يتم إرسالها ردا علي رسالة تم إستقبالها.	미국에 있는 친구에게서 답장을 받았다.	تلقيت رداً من صديقي الموجود في أمريكا
닷새	خمسة أيام	(명) 5 일. 다섯 날.	خمسة أيام	병원에 다녀온 지 닷새가 지났다.	مر خمسة أيام علي حضوري إلي المستشفي.
당기다	يجذب/ يشتهي/ يُقدِّم.	(동) 1-(무엇을) 끌어서 가까이 오게 하다. 2-(날짜나 일을) 앞으로 옮기다. 3-(입맛이나 관심 등이 자극을 받아서) 하고 싶어지거나 먹고 싶어지다.	1_يجذب شئ ويقربه منه. 2-يُقدِّم عملا أو موعد.3- يرغب في فعل شئ ما أو تناول شئ ما بسبب رغبة أو شهية	1-손잡이를 당겨서 문을 여세요. 2-약속 시간을 30분만 당길 거예요. 3-고기 굽는 냄새가 내 입맛을 당겼어요.	1- اجذب المقبض ثم افتح الباب. 2- سوف يتم تقديم الميعاد 30 دقيقة فقط. 3- أثارت رائحة شوي اللحم شهيتي.
당분간	فترة مؤقتة	(부) 앞으로 얼마 동안. 임시로.	خلال فترة معينة قادمة. بشكل مؤقت.	교통사고를 당해서 다리를 다친 그는 당분간 병원을 다니면서 치료를 해야 한다.	يجب علي الشخص الذي انجرحت قدمه في الحادث المروري الذهاب بصورة مؤقتة للمستشفي للعلاج.
당신	أنت / حضرتك / سيادتك	(대) 1-부부 사이에서 서로를 높여 이르는 말. 2-글에서 읽는 사람을 높여 나타내는 말. 3-친하지 않은 사이에서 상대 낮추어	1_صيغة احترام تستخدم بين الزوجين. 2- لفظة احترام تستخدم في المقال للإشارة للشخص الذي يقرأ. 3- لفظة تستخدم للتقليل من الطرف الأخر في علاقة ليست جيدة. 4- لفظ احترام يشير إلي شخص تم ذكره مسبقاً.	1-사실, 다른 집 남편에 비하면 당신이 집안 일을 많이 하는 편이죠. 2-당신이 외국 사람을 만났다고 가정해 보십시오. 3-당신 모르면	1_في الحقيقة مقارنة بالأزواج الأخرين فأنت تقوم بالكثير من أعمال المنزل. 2- أفترض أنك قابلت شخص أجنبي. 3- إذا كنت لاتعرف ابق هادئاً. 4- جهزت الجدة الطعام وتنتظر أبنائها.

		부르는 말. 4-앞에서 말한 웃어른을 높여서 다시 가리키는 말. 그 문 자신.		가만히 있어. 4-할머니는 당신께서 직접 음식을 장만하시고 아들을 기다리셨다..	
당연하다	طبيعي/ عادل/ ملائم.	(형) 그렇게 하는 것이 옳고 이치에 마땅하다.	عادل و متلائم مع المنطق.	일을 한 만큼 돈을 받는 것은 당연합니다.	من الطبيعي أن تحصل علي المال بقدر ماتعمل.
당연히	بطبيعة الحال	(부) 어떤 일의 이치를 따져 볼 때 그러는 것이 옳아서, 마땅히.	من العدل أن تقوم بشئ لاته متوافق مع المنطق, طبعا.	내일은 어머니 생신이니 당연히 모두 모여야죠.	بالتأكيد سيجتمع الجميع غدا لأنه عيد ميلاد أمي.
당장	فورا / حالا	(명) 1-이 자리에서 바로. 2-무슨 일이 생기는 바로 그자리 또는 그 때.	في ذلك المكان مباشرة. 2- ذلك المكان أو ذلك الوقت الذي حدث فيه أمر ما.	1-당장 일을 시작합시다. 2-내일 당장 운동을 시작하겠어요.	1أبدا العمل حالا. 2- غدا عالفوز سأبدأ ممارسة الرياضة.
당하다	يعاني/ يواجه	(동) 1-(이롭지 않거나 원하지 않는 일을) 겪게 되다. 2-(누구에게서) 고통을 받거나 해를 입다. 3-맞서서 이기다. 4-(어떤 일이나 책임 등을) 맡아 처리하다.	1_يمر بأمور لا يريديها وليست مفيدة. 2- يتلقي ضرر أويعاني بسبب شخص ما. 3- يتصدي لشئ ويفوز. 4- يتحمل مسئولية.	1-무시를 당하다. 2-민수는 친구들에게 억울하게 당했지만 부모님이나 선생님께 말하지 못했다. 3-아버지의 고집은 당할 장사가 없다. 4-혼자서 이 일을 모두 당해 낼 수는 없다.	1_يتم تجاهله/ يعاني من التجاهل. 2- تعرض مين سو للظلم من اصدقائه لكنه لم يخبر والديه أو المعلم. 3-لا يوجد رجل قوي يتصدي لعناد والدي. 4- لا استطيع تحمل مسئولية هذا العمل كله بمفردي.
당황하다	يرتبك.	(동) (기대하지 않은 일에 놀라서) 어떻게 해야 할 지 모르다.	لا يعرف ماذا يفعل لأنّه مندهش بسبب شئ غير متوقع.	갑자기 비상벨이 울려 당황했어요.	ارتبكت لأن انذار الطوارئ رن فجأة.
닿다	يلمس / يصل	(동) 1-(어떤 것이 다른 것에) 가까이 가서 붙다. 2-(목적지에) 이르다. 도착하다.	1_شئ ما يقترب من شئ آخر ويلتصق به. 2- يصل إلي وُجهة.	1-손이 천장에 닿았다. 2- 버스는 점심 때를 조금 넘기자 서울에 닿았다.	1لمست يدي السقف. 2- وصل الأتوبيس سول بعد الظهر بقليل.
대	مقابل / ضد	(명) 1-두 사람이나 물건이 서로 상대할 때 쓰는 말. 2-두 대상 사이의 어떤 관계의 비율을 나타내는 말.	1_كلمة يتم استخدامها عندما يتقابل شخصين أو شيئين. 2- كلمة تدلّ على مدى علاقة ما بين طرفين.	1-오늘은 한국 대 일본의 농구 시합이 있습니다. 2- 한국은 미국과 축구 경기에서 1 대 1 로 비겼다.	1_اليوم مبارة كرة السلة كوريا ضد اليابان. 2_ تعادلت كوريا وأمريكا في مبارة كرة القدم بهدف لكل منها.
대	وحدة لعدّ الآلات	(명) 차, 자전거 등의 기계를 세는 단위.	وحدة لعدّ السيارات أو العجل أو الآلات وغيرهم.	자동차 스무 대	عشرون سيارة
대개	عادة	(부) 일반적인 경우에./(명)거의 전부.	بشكل عام.	나는 대개 아침 6 시경 일어난다.	استيقظ عادة في السادسة صباحا.
대구	ديجو	(명) 경상북도 도청이 있는 도시. 사과가 많이 난다.	مدية تقع في محافظة كيونغ سانغ الشمالية. وهي مشهورة بالتفاح.	대구에서는 섬유 공업 등 각종 공업이 발달하였고 사과 산지로도 유명하다	ازدهرت في مدينة ديجو الصناعات المتنوّعية مثل صناعة النسيج، وغيرها كما تشهر بإنتاج منتج التفاح
대다	يُقرب/ يضع/يصفّ / يقارن	(동) 1-(어디에 무엇을) 닿게 하거나 가까이 있게 하다. 2-(무엇을) 밑에 놓거나 뒤에 받치다. 3-(어디에 무엇을) 계속 마련해 주어서 없어지지 않게 하다. 4-(어디에 차나 배를) 세우거나 머물게 하다. 5-(무엇을 무엇에) 비교하다. 6-(상대방의 질문에) (대답이	1_يجعل شئ قريب من مكان ما أو يجعله يتلامس. 2-يضع شئ ما في الأسفل أو الخلف. 3- يُجهز شئ باستمرار دون توقف. 4- يركن أويصفّ سيارة أو مركب في مكان ما. 5- يقارن شئ بشئ. 6- يجاوب أو يبرر سؤال الطرف الأخر.	1-그는 술잔을 입에만 대고 마시지는 않았다. 2-종이 뒤에 먹지를 대다. 3-서울로 유학을 온 이후 지금까지 부모님이 생활비를 대 주신다. 4-남수는 차를 길가에 대고 식당으로 들어갔다. 5-나는 그와 키를 대어 보고 싶지 않았다.. 6-사람들은 자신의 잘못에 대해서	1_قرب كأس الخمر من فمه لكنه لو يشرب. 2- يضع ورقة كربون خلف الورقة. 3- يتحمل والدي تكاليف معيشتي منذ قدومي لسول للدراسة حتي الآن. 4- ركن مين سو سيارته و دخل المطعم. 5- لا أريد أنا أقارن طولي معه. 6- يبرر الناس أخطائهم.

		나 변명을) 하다.		핑계를 댄다.	
대단하다	عظيم	(형) 1-매우 중요하다. 2-(정도가) 아주 크다. 3-(정도가) 매우 심하다. 4-매우 뛰어나거나 특별하다.	1_مهم جداً. 2- لدرجة كبير جداً. 3- لدرجة شديدة جداً. 4- عظيم أو خاص جدا.	1-대단한 일. 2-그의 연극은 대단한 성공을 하였다. 3-요즘 감기가 대단해요. 4-실력이 대단해요.	1_أمر مهم. 2-لاقت مسرحيته نجاحا كبيرا.3- البرد شديد هذه الأيام. 4- قدرات عظيمة.
대단히	جدا.	(부) 굉장히, 매우, 몹시, 무척, 아주, (정도가) 심하게.	بشدة	오늘은 날씨가 대단히 춥습니다.	الجو اليوم بارد جدا.
대답	إجابة	(명) 질문이나 요구에 응하는 것. 또는 그러한 말.	الرد علي طلب أو سؤال .	선생님 질문에 왜 대답을 못 했어요?	لماذا لم يجب الأستاذ علي السؤال؟
대답하다	يجيب	(동) 질문이나 요구 등에 대하여 말을 하다.	يرد علي طلب أو سؤال.	질문을 잘 듣고 대답해 보세요.	أسمع السؤال جيدا وجاوب.
대로	مثل	(명) 1-어떤 일을 했던 것과 같이. 2-어떤 일을 하는 것과 같이. 또는 그 상태와 같이. 3-그 모양이나 상태와 같이. 4-상태가 매우 심하게. 5-그 상태에서, 그 정도로. 그만큼.	1_مثل شئ فعلته. 2- مثل شئ تفعله أو مثل حالة معينة. 3- مثل ذلك الشكل أو الحالة. 4- الدرجة القصوي للحالة. 5- في تلك الحالة, بهذا القدر.	1-느낀 때로 말하면 돼요. 2-내가 가는 대로 뒤에서 따라 오세요. 3-편할 대로 하세요. 4-선생님은 화가 날 대로 나셨다. 5-힘닿는 대로 도와드릴게요.	1يمكنك التحدث كما تشعر. 2- اتبعني أينما أذهب. 3- أفعل كما يحلو لك. 4- المعلم غضب جدا. 5- سأسعاعدك بقدر ما أستطيع.
대부분	معظم	(명) 반이 훨씬 너머 전체에 가까운 수]또는 양.	عدد أو كمية تزيد عن النصف بكثير	그는 밖에 나가지 않고 하루의 대부분을 집에서 보낸다.	هو يقضي معظم اليوم في البيت ولا يخرج.
대사관	سفارة	(명) 외국에서 대사와 외교를 맡은 관리들이 일을 하는 기관.	هيئة في الخارج يعمل بها السفير و الدبلومسيون.	프랑스 대사관.	السفارة الفرنسية
대신	بدا. نيابة عن	(명) 1-남의 역할이나 책임을 떠맡아 하는 것. 2-다른 일로 원래 하기로 되어 있는 일을 채우는 것. 3-본디 자기의 것이 아닌 역할이나 책임을 떠맡아서.	تحمل مسئولية أو دور الآخريين. 2- أن تقول بعمل بدلا من الذي ستقوم بيه في الأصل. 3- تتحمل مسئولية ودور ليس لك في الأصل.	1-민지 대신에 제가 회의에 가겠습니다. 2-동생이 대답 대신에 고개를 끄덕였다. 3-김 선생님이 못 오셔서 박 선생님 대신 가르치셨어요.	سأذهب للاجتماع بدلا من مين جي. 2- هز أخي رأسه بدلا من الإجابة. 3- لم يأتي المعلم كيم فدرس لما المعلم بارك بدلا منه.
대신하다	يبادل	(동) 1-남의 구설이나 책임을 맡아서 하다. 2-(무엇을 다른 것과 바꾸어) 그 역할을 하게 하다.	يتولّى مسئولية ودور الآخريين. 2- يلعب ذلك الدور .	1-저를 대신할 사람이 없어요. 2-그는 눈짓으로 인사를 대신하고 사무실로 올라갔다.	لا بديل لي. 2- غمز بدلا من إلقاء التحية وصعد إلي المكتب.
대전	مدينة ديجون	(명) 한국의 중앙부에 있는 광역시. 충청복도와 충청남도 경계에 있으며, 전에는 충청남도의 도청이 있었다.	مدينة كبيرة تقع في وسط كوريا. تقع علي حدود تشونغ تشيونغ الشمالية و تشونغ تشيونغ الجنوبية. في الماضي كانت ولاية في محافظة تشونغ تشيونغ الجنوبية.	우리 삼촌이 대전에서 살아요.	عمي يعيش في مدينة ديحون.
대중교통	نقل عام.	(명) 여러 사람이 이용하는 교통. 버스, 지하철 등의 교통 수단.	وسائل مواصلات يستخدمها العديد من الناس مثل الأتوبيس والمترو وغيرهما.	길이 복잡할 때는 오히려 지하철 같은 대중교통을 이용하는 것이 더 빨라요.	استخدام وسائل النقل العام مثل المترو أسرع عند ازدحام الطريق.

대체로	غالبا. بشكل عام.	(부)1-(자세한 것을 빼고) 전체적으로 보아서. 2-일반적으로. 보통.	1بشكل عام بعيدا عن التفاصيل. 2- في العموم. عادة.	1-내일은 대체로 맑겠습니다. 2-맞벌이 부부 들은 대체로 집 안의 일을 나눠서 한다고 해요.	غدا سيكون مشمس في الغالب.2- يُقال أن الأزواج العاملون عادة مايتقاسمون أعمال المنزل.
대통령	رئيس الجمهورية	(명) (주권이 국민에게 있는 나라에서) 외국에 대하여 국가를 대표하는 역할을 하는 사람. 또는 그 자리.	شخص يمثل الدولة خارجيا في بلد السيادة فيها للشعب. أو المنصب نفسه.	대통령 선거	انتخابات رئاسية.
대표	ممثِّل. نائب	(명)조직이나 집단을 대신하여 일을 하거나 생각을 드러냄. 또는 그 사람.	شخص يدير ويتحمل المسئولية بدلا من جماعة أومنظمة ما و يعرض رأي تلك الجماعة أو المنظمة في الخارج	회사 대표.	ممثل الشركة.
대표적	مثالي/ نموذجي/ رئيس	(명)어떤 분야나 집단의 성질을 전형적으로 드러내는 것.	مميز ونموذجي لتمثيل شئ في جماعة أو مجال ما . أو الشئ نفسه.	그는 한국의 대표적 단편 소설가이다.	هو كاتب رئيس في مجال القصة القصيرة.
대하다	حول / بخصوص.	(동) 1-(무엇을) 대상으로 하다. 2-(무엇을) 기준으로 하다. 3-(무엇에) 관하다.	يتخذ شئ ما كهدف. 2- يتخذ شئ ما كمقياس. 3- يشير إلي شئ ما.	1-중소기업에 대한 직원이 확대되어야 한다. 2-5 학년 학생 수에 대한 남학생 수의 비율은 얼마인가? 3-한국에 대해 잘 아세요?	يجب زيادة موظفي الشركات الصغيرة والمتوسطة. 2- ما نسبة البنين من عدد طلاب الصف الخامس؟ 3- هل تعلم جيدا عن كوريا؟
대학	جامعة / كلية	(명) 1-학교 교육의 마지막 단계인 교육의 최고 기관. 대학교. 2-한 대학교 안에서 같은 계열에 속하는 학부나 학과들로 이루어진 조직. 3-사회 기관에서 성인들의 교양 교육을 위하여 설치한 과정.	1أعلى جهاز تعليم بعد آخر مرحلة من التعليم المدرسي. 2- جهة مكونة من أقسام تنتمي لنفس المجال ضمن جامعة واحدة. 3- مرحلة تم أنشاؤها من أجل تعليم وتثقيف الشباب في مؤسسات اجتماعية	1-저는 대학을 졸업하고 취직을 하려고 합니다. 2-의과 대학. 3- 우리 할아버지께서 이번에 노인 대학에 입학하셨습니다.	أود الحصول على وظيفة بعد التخرج من الكلية. 2- كلية الطب. 3- التحق جدي هذه المرة بجامعة كبار السن.
대학교	جامعة	(명)학교 교육의 마지막 단계인 교육의 최고 기관. 또는 그런 기관이 있는 건물.	أعلى جهاز تعليم بعد آخر مرحلة من التعليم المدرسي أو مباني تحتوى على ذلك الجهاز.	김 선생님은 대학교에서 무엇을 전공했어요?	ما تخصص الأستاذ كيم في الجامعة؟
대학생	طالب جامعي	(명) 대학에 다니는 학생.	طالب يذهب إلي الجامعة.	나는 내년에 대학생이 됩니다.	سأصبح طالب جامعي العالم القادم
대학원	دراسات عليا	(명)대학교의 일부로, 대학을 졸업한 사람이 전문적인 교육을 받고 연구하는 기관.	الجهة التي يتلقى فيها خريج الجامعة تعليما متخصصا, كجزء من الجامعة.	대학을 졸업한 후에 대학원에서 계속 공부하고 싶습니다.	أرغب في باستكمال الدراسة في الدراسات العليا بعد التخرج من الكلية.
대한민국	كوريا الجنوبية	(명) "한국" 의 공식 이름. 아시아 대륙 동쪽에 돌출한 한반도와 그 부속 도서를 영토로 하는 민주 공화국.	الاسم الرسمي لكوريا الجنوبية.	대한민국의 국교는 무엇입니까?	ما الدين الرسمي لكوريا الجنوبية؟
대화	محادثة/ حوار	(명) 서로 말을 주고받는 것, 또는 그런 이야기.	تبادل الكلام بين شخصين أو الحديث ذاته.	그 사람과 좀 더 솔직한 대화를 나눠 보세요.	تبادل حديث أكثر صراحة مع ذلك الشخص.
대화하다	يحاور	(동) 서로 말을 주고받다.	يتبادل أطراف الحديث مع طرف آخر.	두 사람아 대화하는 모습이 보였다.	بدا أنهما يتحاوران.

대회	مؤتمر / مسابقة	(명) 1-많은 사람이 모여서 하는 행사. 2-실력이나 재주 따위를 겨루는 큰 모임.	حدث يجتمع فيه العديد من الناس. 2- تجمع كبير يتنافس الناس فيه علي المهارة أو القدرة.	1-오늘 서울역 앞에서는 전국 여성 노동자 대회가 열렸다. 2- 이번 외국인 글짓기 대회에서 우리 반의 쿠미코 씨가 대상을 받았어요.	تم عقد اليوم مؤتمر العاملات من كل أنحاء الدولة أمام محطة قطار سول. 2-أحرز زميلنا مايكل جائزة في مسابقة الخط للأجانب.
댁	بيت (للإحترام)	(명) 1-집이나 가정의 높임 말. 2-친하지 않은 사이에서 상대를 부르는 말.	1_كلمة أكثر احتراما تشير إلي البيت أو العائلة. 2-كلمة تشير إلي طرف آخر في علاقة ليست جيدة.	1-선생님 댁은 어디십니까? 2-댁은 누구시오?	1_أين بيتك يا أستاذ؟ 2- من أنت؟
더	أكثر.	(부) 1-(=) 더욱. 보다/ (비교의 대사보다) 정도가 크게. 수가 많게. 2- 바로 앞의 상태 보다 많게. 그 이상으로.	1بدرجة أكبر . بعدد أكبر. 2- أكثر من الحالة السابقة. أكثر من ذلك.	1-이 그림보다 저 그림이 더 좋아요. 2-더 필요한 거 없어요?	1_تلك الصورة أفضل من هذه الصورة. 2-هل تحتاج شئ اخر؟
더구나	إضافة إلى ذلك	(부) 1-(=) 게다가/ (그만하면 되었는데) 그 위에 또. 그뿐만 아니라. 더군다나. 2-더더욱.	علاوة علي ذلك. ليس ذلك فقط. 2- بشكل أكثر.	1-감기에 걸려 힘들어요. 더구나 시험이 내일이니 더 죽겠어요. 2-시험 기간엔 밖에 지나다니는 사람도 드물었고 나의 방을 찾아오는 사람은 더구나 없었다.	1مُتعب لإصابتي بالبرد وعلاوة علي ذلك امتحاني غدا. 2- من النادر أن تجد أحد يتجول في الخارج وقت الامتحان و لا يأتي الكثير من الناس لزيارة غرفتي.
더럽다	قذر	(형) 1-(반) 깨끗하다/ 때나 찌꺼기가 묻어 깨끗하지 못하다. 2-정도가 심하다.	1_غير نظيف بسبب القاذورات أو الفضلات. 2- درجة شديدة أو مفرطة.	1-방이 더러워서 오늘은 청소를 좀 해야겠다. 2-오늘 날씨 더럽게 춥네.	1_الغرفة متسخة سوف أقوم بتنظيفها اليوم. 2- الجو بارد جداً.
더욱	أكثر من	(부) (=) 더 / 더 많이.	أكثر	새해에는 더욱 건강하세요.	تمتع بصحة أكثر في العام الجديد
더위	حرارة	(명) (반) 추위/ (여름철의) 더운 기운. 더운 날씨.	جو حار في فصل الصيف. طقس حار.	이번 여름에는 더위가 유난히 심하다.	هذا الصيف شديد الحرارة بشكل استثنائي
더하다	يضيف	(동) (=) 보태다. 합치다/ 1- 더 많게 하다. 합하다. 2-더 많아지게 되다. 3-심하게 되다.	1_ يُزيد. 2- ازداد 3- ازداد حدة.	1-빨간색이 파란색을 더하면 보라색이 돼요. 2-친구의 따뜻한 말 한 마디는 나에게 힘을 더해줬어요. 3-배우들의 화려한 춤과 노래에 극장 안은 점점 열기가 더해 갔다.	عند خلط اللون الاحمر والأزرق ينتج اللون البنفسجي. 2- زادت كلمة صديقي الدافئة من قوتي. 3- ازداد الحماس داخل المسرح تدرجيا بسبب الرقص والغناء الرائغ للممثلين.
덕분	فضل	(명) 1-남의 도움을 받는 것. 2-(어떤 것이나 어떤 일을 하는 것으로부터) 이익이나 도움을 받는 것.	1تلقي مساعدة من الآخريين. 2- تلقي مساعدة أو فائدة من قيامك بعمل ما.	1-저는 덕분에 잘 지내고 있습니다. 2-네, 덕분에 어렵지 않게 숙제를 할 수 있었어.	1الحمدلله بخير. 2-بفضلك أستطعت حل الواجب بدون صعوبة.
던지다	يلقي/ يتبادل/ يضحي	(동) 1-(반) 받다/ (손에 잡아 무엇을 어디에) 멀리 날려 보내다. 2-(누구에게 웃음, 말, 눈길, 질문 등을) 보내거나 주다. 3-(목적을 이루기 위해 어떤 일에 목숨이나 재물을) 아낌없이 바치다.	1يلقي شئ ممسكه بيده إلي مكان بعيد. 2- يتبادل الابتسامة والكلام والنظرات والأسئلة مع شخص آخر. 3- يضحي بحياته وثروته من أجل تحقيق هدف.	1-그는 아무 말 없이 강물에 돈을 던지고 있었다. 2-메나가 사라에게 미소를 던졌다. 3-다른 사람을 위해서 자기 생명을 던지는 사람도 있다.	1القي المال في النهر دون أن يقول أي شئ. 2- تبادلت منه و سارة الابتسامة. 3- يوجد من يضحي بحياته من أجل الآخريين.

덜	بشكل غير مكتمل/ أقل	(부) 1-(어떤 행동이나 상태가) 완전하지 못하게. 2-(반) 더/ 일정한 상태나 정도에 미치지 못하게. 보통보다 낮거나 적게.	1عمل أو حالة ما غير مكتمل. 2- يصل إلي حالة محددة أو درجة. أقل أوأصغر من المعتاد.	1-전 아직 준비가 덜 됐어요. 2-추울 때 뜨거운 걸 먹으면 좀 덜 추워요.	أنا غير مستعد بعد. 2- ستشعر ببرودة أقل إذا قمت بتناول شئ ساخن أثناء البرد.
덜다	يقلل	(동) 1-(전체에서 일부를) 떼어 줄이든가 적게 하다. 2-(아픔이나 어려움을) 줄이다.	1يقلل أو ينزع جزء من كل. 2- يخفف ألم أوصعوبة.	1-형, 네 짐을 좀 덜어봐. 2-부모님 부담을 덜어 주고 싶었다.	أخي خفف من أمتعتك قليلا. 2- أردت أن اخفف الأعباء علي والدي.
덥다	حار	(형) 1-(몸으로 느끼기에) 기온이 높다. 2-온도가 높다. 따뜻하다.	1درجة حرارة مرتفعة يشعر بها الجسم. 2- درجة حرارة مرتفعة. دافئ.	1-저는 더운 여름이 좋아요. 2-지금 더운 물 나와요?	أفضل الصيف الحار. 2- هل سيخرج الماء الساخن الآن؟
덩어리	كتلة	(명) 1-하나로 뭉쳐진 것. 2-여러 사람이 모여 이룬 집단. 3-부피가 큰 것이나 크게 뭉쳐서 이루어진 것을 세는 단위.	تكتل. 2-مجموعة مكونة من العديد من الأشخاص. 3- وحدة عد وحدة تعدّدية لشيء ذي حجم كبير أو شيء يتكوّن من أشياء متراكمة.	1-얼음 덩어리. 2-우리는 한 덩어리가 되어 상대 팀을 공격했다. 3-부엌에는 찬밥 한 덩어리도 남아 있지 않았다.	كتلة ثلج. 2- كونا فريق وهزمنا الفريق المنافس. 3- لم يتبقي حتي طبق واحد من الأرز البارد.
덮다	يُغطي / يطوي / يختار / يُخفي	(동) 1-(무엇을 밖으로 드러나지 않게 가리기 위하여 그 위에 무엇을) 씌우거나 펴 놓다. 2-위가 열려 있는 물건에 뚜껑이나 덮개를 씌우다. 3-골고루 있어서 (무엇을) 가리다. 4-펴 있는 책을 접다. 5-어떤 내용이나 사실이 알려지지 않게 그대로 두거나 숨기다.	1يضع شئ فوق شئ من أجل إخفائه 2- يضع غطاء علي شئ مفتوح. 3- يختار شئ دون تميز. 4- يطوي كتاب مفتوح. 5- يُخفي حقيقة أو محتوي ما.	1-어머니는 아이에게 이불을 덮어 주었다. 2-항아리에 뚜껑을 덮다. 3-먹구름이 하늘을 덮다. 4-여러분, 책을 덮고 이야기를 들어 보세요. 5-학교에서는 그 문제를 그냥 덮어 두려고 하였다.	غطت الأم ابنها بالبطانية. 2- يضع غطاء علي البرطمان. 3- السحابة السوداء تغطي السماء. 4- أغلقوا الكتاب وانصتوا لي. 5- في المدرسة أردوا إخفاء تلك المشكلة.
데	مكان	(명) 1-곳, 부분, 요소를 나타내는 말. 2-어떤 일의 범위, 경우, 상황을 나타내는 말.	1_كلمة تشير إلي مكان أو جزء أو سبب. 2- كلمة تشير إلي وضع وحالة و حدود شئ ما.	1-지금 가는 데가 어디요? 2-광고를 전국 신문에 내는 데 800 만 원이나 들었다.	1_أين المكان الذي ساذهب إليه الآن. 2- تكلف نشر الإعلان في كل الصحف أكثر من 8 مليون وون.
데려가다	يصطحب	(동) (주로 아랫사람이나 동물을 자기와 함께 가게 하다.	يُرافق شخص أقل منزلة أو حيوان.	나는 친구 집에 동생을 데려갔다.	أصطحبت أخي إلي بيت صديقي.
데려오다	يصطحب	(동) (주로 아랫사람이나 동물을 자기와) 함께 오게 하다.	يُحضر شخص أقل منزلة أو حيوان.	민지가 자기 딸을 모임에 데려왔다.	أصطحبت مين جي ابنتها إلي الإجتماع.
데리다	يصطحب	(동) (주로 나이가 더 어리거나 비슷한 사람을) 자기와 함께 있게 하다. 자기를 따라오게 하다.	يرافق شخص في نفس العمر أو أصغر.	비가 와서 아이를 데리러 학교에 갔어요.	أصطحبت طفلي إلي المدرسة لأن السماء كانت تمطر.
도	درجة	(명) 1-(=)각도/ 각도를 나타내는 말. 2-(=)온도/ 온도를 나타내는 말. 3-술에 들어 있는 알코올의 비율을 나타내는 말.	1وحدة قياس درجة الزاوية. 2- وحدة قياس درجة الحرارة. 3- وحدة لقياس نسبة الكحول في الخمر.	1-두 직선이 만나서 이루는 각도는 90 도 이다. 2-오늘 영하 5 도래요. 옷을 따뜻하게 입고 가세요. 3-소주는 25 도 정도 되는 독한 술이다.	تتكون الزاوية 90 درجة من التقاء مسطحان معا في متوازي المستطيلات. 2- درجة الحرارة اليوم 5 تحت الصفر. أخرج مرتدياً الملابس الثقيلة. 3- السوجو هو خمر شديد نسبة الكحول فيه 25 درجة.

도구	أداة/ وسيلة	(명) 1-일을 할 때 쓰는 연장. 2-어떤 목적을 이루기 위한 방법.	آلة مستخدمة لعمل ما. 2- طريقة من أجل إنجاز هدف ما.	1-미술 도구. 2-말은 생각을 표현하는 도구이다	أداة فنية. 2- الكلامة وسيلة تعبير عن الأفكار.
도대체	بالله عليك	(부) 다른 말은 그만두고 요점만 말하자면.	يتحدث عن النقطة الأساسية فقط ويتوقف عن الكلام الأخر.	도대체 무슨 일이야	ماذا حدث لك ... بالله عليك ؟
도둑	لص / سرقة.	(명)1-남의 물건을 훔치는 사람. 2-남의 물건을 훔치는 일.	شخص يسرق أشياء الناس. 2- الاستيلاء علي أشياء الناس.	1-여행 간 사이에 집에 도독이 들었어요. 2-어젯밤에 보석과 돈을 모두 도둑 맞았다.	دحل اللص البيت أثناء السفر. 2- تم سرقة جميع الأموال والمجوهرات ليلة امس.
도로	طريق	(명) 사람과 차가 다닐 수 있는 큰 길.	طريق كبير لمرور الأشخاص والسيارات.	도로를 건너다.	يعبر الطريق.
도로	مرة أخري	(부) 본래의 상태대로.	كالحالة الأصلية.	그는 나를 보자마자 문을 닫고 도로 들어가 버렸다.	أغلق الباب بمجرد رؤيتي و دخل مرة أخري (عاد من حيث أتي).
도망가다	يهرب / يفرّ	(동) (잡히지 않으려고) 달아나거나 숨다.	يختبأ او يفرّ من أجل عدم الإمساك به.	도둑이 경찰 몰래 도망갔어요.	هرب اللص خفية من الشرطة.
도망치다	يهرب / يفرّ	(동) (잡히지 않으려고) 아주 빨리 달아나다.	يفر سريعا من أجل عدم الإمساك به.	그는 서울로 도망쳤다고 합니다.	يقال أنه هرب إلي سول.
도서관	مكتبة	(명) 책과 자료를 모아 두고 사람들이 보거나 빌려 갈 수 있게 시설을 갖춘 곳.	مكان مجهز بمرافق تم جمع كتب ومراجع به يمكن للناس قرأتها أو استعارتها .	대학 도서관.	مكتبة الجامعة
도시	مدينة	(명) 정치, 경제, 문화에 관한 활동의 중심이 되며, 사람들이 많이 살고 여러 가지 시설이 모여 있는 곳.	مكان به الكثير من المرافق ويعيش فيه كثير من الناس ويُعد مركزا سياسيا و إقتصاديا وثقافيا.	도시에 비하면 농촌은 공기가 좋아요.	مقارنة بالمدينة هواء القرية أفضل
도시락	صندوق الوجبات	(명) 편하게 가지고 다닐 수 있도록 만든, 음식을 담는 그릇, 또는 그 음식.	إناء يحتوي علي طعام مصنوع من أجل نقل الطعام بسهولة, أو الطعام نفسه	등산을 가려면 도시락을 준비해야지.	يجب عليك إعداد صندوق الطعام إذا كنت تنوي صعود الجبل.
도와드리다	يساعد	(동) '남을 위하여 애써 주다'를 높여서 하는 말.	صيغة احترام تعني بذل مجهود من أجل الأخريين	도와 드릴까요, 손님?	هل أساعدك يا سيدي؟
도와주다	يساعد	(동) 남을 위하여 애써 주다.	يبذل مجهود من أجل الأخريين.	여러 가지로 도와주셔서 고맙습니다.	شكرا لمساعدتي مرات عدة.
도움	مساعدة	(명) 남을 돕는 것.	مساعدة الأخريين.	다른 사람 도움 없이 혼자 해 보고 싶어요.	أريد أن احاول بمفردي دون مساعدة الأخريين.
도저히	إطلاقا	(부) 아무리 하여도 전혀.	مهما حاول	친구의 부탁을 도저히 거절할 수 없었다.	لا أستطيع رفض طلب صديقي إطلاقا.
도중	خلال/ منتصف الطريق.	(명) 1-어떤 일을 계속하고 있는 동안. 2-목적한 곳에 다다르기 전에 길을 가고 있는 동안.	1خلال القيام بعمل ما. 2- خلال السير في الطريق قبل الوصول إلي المكان المقصود.	1-수업 도중에 전화벨이 울려서 당황했다. 2-집으로 가다가 도중에 빵집에 들렀어요.	1شعرت بالحرج لأن الهاتف رن خلال المحاضرة. 2- في طريق عودتي إلي البيت ذهبت إلي المخبز.
도착	وصول	(명) 목적한 곳에 다다르는 것.	بلوغ المكان المقصود	비행기 도착 시간이 10 분이나 지났는데 왜 소식이 없지요?	مر علي موعد وصول الطائرة 10 دقائق ألا يوجد أخبار.

도착하다	يصل	(동) 1-(사람이나 차가 목적한 곳에) 이르러 닿다. 2-(우편물이) 다른 곳에서 이곳으로 전해지다.	1يبلغ المكان المقصود. 2- انتقال الطرد من مكان لآخر.	1-집에 도착하는 대로 전화를 하겠습니다. 2-어제 보낸 편지가 벌써 집에 도착하였다고 한다.	1- سأتصل بك بمجرد أن أصل إلي المنزل 2-يُقال أن الخطاب الذي أرسلته أمس قد وصل بالفعل إلي البيت.
독서	قراءة	(명) 교양을 위하여 책을 읽는 것.	قراءة الكتب من أجل الثقافة.	가을은 독서의 계절입니다.	الخريف فصل القراءة.
독일	ألمانيا	(명) 유럽 중부에 있는 나라.	دولة تقع في وسط اوروبا.	독일의 수도는 베를린이다.	برلين عاصمة المانيا.
돈	مال.	(명) 1-무엇을 사고 팔 때 그 값으로 주고받는 동전이나 지폐. 2-재산	العملة الورقية أو المعدنية التي يتم تبادلها كثمن شئ عند بيعه أو شرائه. 2- الثروة.	1-엄마, 돈 좀 주세요. 사야 할 게 있어요. 2-건강이 돈보다 중요하다.	1أمي أعطيني مال فهناك شئ أريد شرائه. 2- الصحة أهم من الثروة.
돌	حجر	(명) 흙에 섞여 있거나 땅에 흔하게 있는 단단한 물질.	مادة صلبة منتشرة في الأرض أو مخلوطة بالتراب.	길을 가다가 돌에 걸려 넘어졌어요.	بينما أسير في الشارع تعثرت في حجر ووقعت.
돌다	يدور/ يعمل/ ينتشر	(동) 1-(무엇을 중심으로 하여) 동그라미를 그리며 움직이다. 2-(기계가)제대로 움직이다. 3-(정신이)어지러워지다. 4-(정신이) 이상해지다. 모른다. 5-(마음속의 감정이나 기운이) 겉으로 드러나다. 6-(눈물이나 침이) 생기다.	1يتحرك في شكل دائرة حول مركز ما. 2- تعمل آلة بشكل جيد. 3- يشعر بالدوار. 4- يفقد صوابه.5- تظهر طاقة أومشاعر القلب علي السطح الخارجي. 6- تتكون دموع أو لعاب. ..	1-방 안에는 선풍기가 돌고 있었다. 2-공장 안에서 기계가 힘차게 돌고 있었다. 3-하루 종일 아무것도 못 먹었더니 머리가 핑핑 돈다. 4-저 사람이 돌았나 봐, 행동이 이상해. 5-좋은 일이 생겼는지 남수의 얼굴에는 생기가 돌았다. 6-고기 굽는 냄새에 군침이 돌았다.	1كانت المروحة تدور داخل الغرفة. 2- كانت الآلة تعمل بقوة داخل المصنع. 3- شعرت بالدوار لأنني لم أكل شئ طوال اليوم. 4- هذا الشخص يبدو أنه فقد صوابه, حركاته غريبة. 5- ظهرت الحيوية علي وجه مين سو لان شئ جيد حدث. 6- سال لعابي بسبب رائحة شوي اللحم.
돌려주다	يُعيد	(동) 빌렸거나 받은 것을 원래 주인에게 다시 주다.	يردّ شيئًا إلي مالكه الأصلي قد استعاره أو تلقاه مسبقا	지난 주에 빌린 책을 오늘 친구에게 돌려주기로 했다.	قررت أن أعيد الكتاب الذي استعرته الأسبوع الماضي إلي صديقي اليوم.
돌리다	يُدير/ يُشغل	(동) 1-(무엇을 한 점이나 선을 중심으로 하여) 한 방향으로 계속 움직이게 하다. 2-(무엇을 중심으로 하여 누구에게) 동그라미를 그리며 움직이게 하다. 3-(기계를) 제대로 움직이게 하다. 4-하던 말이나 이야기를 중간에 그만두고 다른 말이나 이야기로 바꾸다. 5-(화난 감정이나 정해진 생각을) 바꾸다. 6-(무엇을 다른 사람에게) 전하거나 나누어주다. 7-(책임이나 권리를 남에게) 넘기다.	1يجعل شئ ما يدور في دائرة في اتجاه واحد متمركزا حول نقطة أو خط. 2- يحعل شئ ما يتحرك في شكل دائرة حول مركز ما بنسبة لشخص ما. 3- يجعل آلة تعمل بشكل جيد. 4- يتوقف عن الكلام في وسطه ويتحول إلي كلام وحديث أخر.5- يغير مشاعر غاضبة أو فكرة ثابتة. 6-ينقل أو يوزع شئ ما علي الآخرين. 7-يلقي بالمسئولية أو الإدارة علي الآخريين.	1-나는 훌라후프를 돌리고 동생은 옆에서 줄넘기를 했다. 2-선생님은 지각한 학생들에게 운동장 세 바퀴를 돌게 했다. 3-빨래가 많아 세탁기를 여러 번 돌려야 해요. 4-그는 자기에게 불리한 이야기가 나오자 화제를 돌렸다. 5-아무도 남수의 마음을 돌릴 수가 없었다. 6-우리 학생들이 직접 만든 잡지를 친구들에게 돌렸다. 7- 미수는 이번 일의 책임을 모두 다른 사람에게 돌렸다.	1لعبت الهولا هوب وأخي لعب نط الحبل. 2-جعل المعلم الطلاب المتاخريين يدورن ثلاث دورات في الملعب. 3- يجب تشغيل الغسالة عدة مرات لأن الغسيل كثير. 4- غيرت موضوع الحديث لأنه يوجه لي كلام غير مفيد. 5- لا يستطيع أحد تغيير رغبة نام سو. 6- وزع طلاب قسمنا علي اصدقائهم المجلة التي كتبوها.7- ألقت مي سو بمسئولية هذا العمل كله عل أشخاص آخريين. 8
돌보다	يرعي/ يعتني ب	(동) 1-(누구를) 관심을 가지고 보살피다. 2-(어떤 일을) 맡아 관리하다.	1يعتني ويهتم بشخص ما. 2- يدير عمل ما.	1-우리를 돌보아 주는 선생님이십니다. 2-대통령이 나랏일을 잘 돌봐야 국민들이 편하게 살 수 있다.	1هذا الشخص هو الأستاذ المسئول عنا. 2- يجب علي رئيس الدولة أن يدير أمور الدولة جيداً حتي يعيش المواطنون بسلام.

돌아가다	يدور/ يعمل/ يعود	(동) 1-(무엇을 중심으로 하여) 원을 그리며 계속 움직이다. 2-(일아나 형편이) 어떤 상태로 되어 가다. 3-(기계가) 제대로 움직이다. 4-차례를 바꾸어 하다. 차례 대로 하다. 5-(어디를) 둘러서 가거나 거쳐서 가다. 6-(처음 있던 자리나 상태로) 다시 가다. 되돌아서 가다. 7-(일이 어떤 결말로) 끝나다. 8-원래의 상태에서 한쪽으로 움직여서 틀어지다.	1يتحرك باستمرا في شكل دائري حول شئ ما. 2- يصل الأمر أو الوضع إلى حالة معينة. 3- تعمل الآلة بشكل طبيعي. 4- يتم التبديل بالدور. 5- يدور حول مكان ما أو يعبر من خلاله. 6- يعود إلي الحالة أو المكان الأول. 7- ينتهي عمل مانهائياً. 8- يتحرك من الحالة الأصلية إلي اتجاه آخر.	1-방 안에는 선풍기가 돌아가고 있었다. 2-이제야 일이 어떻게 돌아가고 있는지 알 것 같아요. 3-교실에는 히터가 돌아가고 있었지만 여전히 추웠다. 4-한 사람씩 돌아가며 자신의 생각을 말했다. 5-이 길을 돌아가면 기숙사가 나옵니다. 6-경찰들은 그 아가씨에게 친절하게 설명까지 해주고 돌아갔다. 7-싸움은 결국 누나의 승리로 돌아갔다. 8-넥타이가 오른쪽으로 살짝 돌아갔다.	1كانت المروحة تدور داخل الغرفة. 2- أعتقد أنني أخيرا أعرف كيف يسير الأمر. 3- كانت المدفئة تعمل داخل الفصل لكن ظل الجو بارد. 4- تحدث الواحد تلو الأخر عن أفكاره .5- أذا رجعت من هذا الشارع ستجد المدينة الجامعية. 6- أعطي رجال الشرطة التعليمات للسيدة ورحلوا. 7- انتهت المباراة في النهاية بفوز أختي. 8- انحرفت رابطة العنق قليلا جهة اليمين.
돌아다니다	يتجوّل	(동) (여러 곳을 어떤 목적을 가지고) 여기저기 살피며 다니다.	يشاهد ويزور العديد من الأماكن هنا وهناك.	나는 동생을 찾으러 온 동네를 돌아다녔다.	تجوّلت في الحي لأبحث عن أخي الصغير.
돌아보다	يلتفت	(동) 1-(고개를 돌려서) 보다. 2-(어디를) 여기저기 다니며 살피다. 3-(지난 일을) 다시 생각하여 보다.	1يدير رأسه وينظر. 2-ينظر ويتجول هنا وهناك. 3- يُعيد التفكير في الماضي.	1-나는 뒤를 돌아보지도 않고 문안으로 돌아갔다. 2-이사 갈 집을 돌아보고 왔다. 3-새해는 지난날을 돌아보며 새로운 결심을 하게 된다.	1 دخلت الباب دون الالتفات خلفي. 2- القي نظرة علي البيت الذي سينتقل إليه وعاد. 3- في العام الجديد أتخدت قرارات بعد إعادة النظر في ما فعلته بالماضي..
돌아서다	يستدير / يقطع علاقة/ يمر من خلال/ يتحسن	(동) 1-몸을 다른 쪽으로 방향을 바꾸어 서다. 2-관계를 끊고 서로 멀리하다. 3-(견해나 태도를) 바꾸다. 4-마음이 바뀌거나 남을 배신하다. 5-(병세나 기세가) 점점 나아가거나 회복되다.	1تغيير اتجاه الجسم لاتجاه آخر عند القيام. 2- يبتعدان عن بعضهما البعض ويقطعان العلاقات بينهما. 3- تغير السلوك أو وجهة نظر. 4- يخون الاخر أو يتغير مزاجه. 5- تتحسن حالة المرض تدريجياً أو يستعيد النشاط والحيوية.	1-잠시만 돌아서 주시겠어요? 2-일번 일로 모든 친구들이 그에게서 돌아섰다. 3-민호는 좀곤 반대하다가 갑자기 찬성으로 돌아섰다. 4-한번 돌아선 마음을 되돌리는 건 어렵다. 5-어제부터 주가가 다시 오름세로 돌아섰다.	1هل يمكنك أن تستدير للحظة؟ 2- قاطعه جميع أصدقائة بسبب هذا العمل. 3- مين هو كان معارض طوال الوقت لكنه فجأة وافق. 4- من الصعب استعادة مزاجه الذي تغير مرة واحدة. 5- ارتفعت أسعار الأسهم تصاعديا مرة أخري منذ الأمس. .
돌아오다	يعود	(동) 1-(떠났다가 본래의 자라로) 다시 오다. 2-(무엇이) 몫으로 주어지다. 3-(잃었던 것이 본래의 상태로) 회복되다. 4-시간이 지나 일정한 때가 되다. 5-(무엇을 할) 차례 되다.	1يعود مرة أخري إلي المكان الأصلي الذي رحل منه. 2- شئ يتم منحه كنصيب أو حصة. 3- يتم إستعادة شئ مفقود كحالته الأصلية. 4- مجئ وقت محدد بعد مرور وقت ما. 5- مجئ دور لتفعل شئ ما.	1-언제 한국에 돌아 오세요? 2-우리 팀에게 텔레비전 한 대가 우승 상품으로 돌아왔다. 3-열심히 운동을 하다 보면 건강이 돌아오게 될 겁니다. 4-다시 시험 기간이 돌아왔다. 5-나는 문 밖에서 차례가 돌아오기를 기다렸다.	1متي ستعود إلي كوريا؟ 2- تم منح فريقنا تلفزيون كهدية المركز الأول. 3- ستستعيد صحتك إذا مارست الرياضة بجدية. 4- عادت فترة الامتحانات مرة آخري. 5- أنتظرت مجي دوري خارج الباب.
돕다	يساعد	(동) 1-(남의 일을) 거들거나, 그 일이 잘 이루어지게 하다. 2-(위험하거나 어려운 상황에 있는 누구를 주로 경제적으로) 보살피다. 3-(어떤 현상이나 작용을) 활발하게 이루어지도록 만들다.	1يُساعد في أعمال الآخريين أو يجعل ذلك العمل يتحقق. 2- يرعي الشخص ذو الأوضاع الصعبة والخطيرة خاصة إقتصاديا. 3- يُحدث ظاهرة أو أثر ما بنشاط.	1-유미야, 놀지마 말고 엄마 좀 도와라. 2-그는 오랜만에 불쌍한 이웃을 도왔다. 3-사과는 소화에 돕는 과일이다.	1يومي, توقفي عن اللعب وساعدي والدتك. 2- ساعد جيرانه الفقراء مدة طويلة. 3-التفاح فاكهة تساعد علي الهضم.

동	وحدة لعدّ المباني والشقق.	(명)1-건물의 수를 세는 말. 2-여러 아파트 건물 하나하나에 차례로 매긴 번호.	وحدة لعدّ المباني. 2- رقم ترتيبي لعدد من الشقق.	1-내가 다니던 고등학교에는 교실이 있는 건물이 세 동 있었다. 2-그 애는 우리 아파트 3 동에 산대요.	1_في مدرستي كان هناك ثلاثة مباني تحتوي علي فصول. 2- يقول الطفل أنه يعيش معنا في المبني في الشقة رقم3.
동그라미	دائرة	(명) 동그란 모양.	شكل دائري	한국의 국기는 가운데에 빨간색과 파란색으로 나뉜 동그라미가 있다	توجد دائرة في وسط العلم الكوري الجنوبي مقسة إلي اللون الأحمر والأزرق.
동그랗다	دائري	(형) 해와 같이 동글다.	دائري مثل قرص الشمس.	동그란 안경	نظارات دائرية
동네	حي	(명) 여러 집이 모여 있는 곳.	مكان يجمع عدد من البيوت	강아지가 없어져서 온 동네를 찾아 다녔다.	اختفى الجرو فذهبت للبحث عنه في الحي كله.
동물	حيوان	(명) 짐승, 새, 벌레, 물고기, 따위의 생물.	مخلوقات مثل الحيوانات والطيور والحشرات والأسماك وغيرها.	무슨 동물을 좋아해요?	ما الحيوان المفضل لديك؟
동생	أخ صغير	(명) 같은 부모에게서 태어난 자식가운데 나이가 적은 사람.	الأخ أو القريب الاصغر منك عمراً.	동생이 어머니를 많이 닮았군요.	أخوك الصغير يشبه والدتك كثيراً.
동시	في نفس الوقت	(명) 무슨 일이 일어나는 바로 그 때.	في نفس وقت حدوث شئ آخر.	영화가 무서워서 나와 동생이 동시에 소리를 질렀다.	صرخت أنا وأخي الصغير في آنٍ معاً لأن الفيلم كان مخيفاً.
동안	خلال	(명) 한 때에서 다른 한 때까지의 사이.	الفترة مابين وقتين.	사흘 동안	لمدة أربعة أيام
동양	شرق آسيا	(명) 한국, 중국, 일본, 인도를 중심으로 한 아시아 지역.	منطقة في آسيأ تتمثل بشكل أساسي في كوريا والصين واليابان والهند.	우리 반에는 동양 사람이 별로 없다.	لا يوجد الكثير من الطلبة الآسيويون في صفنا.
동전	عملة معدنية	(명) 구리 따위의 쇠붙이로 만든, 동그랗게 생긴 돈.	عملة دائرية الشكل تصنع من المعادن مثل النحاس.	지갑에 동전밖에 없어요.	لا يوجد في محفظتي سوى قروش.
동쪽	شرق	(명) 해가 뜨는 쪽.	جهة شروق الشمس.	한국의 동쪽 끝에는 독도가 있다.	تقع جزيرة دوكدو في أقصى شرق كوريا الجنوبية.
돼지	خنزير	(명) 몸이 아주 뚱뚱하고 다리가 짧고 꼬리는 가늘고 짧으며 주둥이가 삐죽하고 '꿀꿀' 하고 소리를 내는, 젖을 먹이는 동물.	حيوان سمين جداً, ذو أرجل صغيرة وذيل نحيف, أنفه بارز, من الثدييات.	돼지가 새끼를 여덟 마리나 낳았습니다.	ولد الخنزير ثمانية خنازير صغار.
돼지고기	لحم الخنزير	(명) 음식으로 먹는 돼지의 살.	لحم الخنزير الذي يؤكل.	슈퍼마켓에서 소고기 한 근과 돼지고기 반 근을 샀다.	اشتريت رطل من لحم البقر ونصف رطل من لحم الخنزير من السوبر ماركت.
되다	يصبح	(동) 무엇이 바라는 대로 이루어지거나 바뀌다.	يصبح أو يتغير كما تريد.	장사가 잘 됩니까?	هل يسير البيع بشكل جيد؟
된장	معجون فول الصويا	(명) 소금물에 메주를 섞어 다시 발효시킨 장.	طعام يخلط فيه فول الصويا المخمر بالماء المالح ثم يخمر مرة أخرى.	된장을 풀어 국을 끓였다.	أذبت معجون فول الصويا ثم غليت الحساء.
두껍다	سميك	(형) (사물이) 두께가 보통의 정도보다 크다.	سمك أكبر من الدرجة الطبيعية.	두꺼운 이불	غطاء سرير سميك.
두께	سمك	(명) 물건의 두꺼운 정도.	درجة سمك الشيء.	두께가 있다.	له سمك.

두다	يترك	(동) 어떤 동작의 결과를 그대로 계속되게 하다.	ترك نتيجة فعل ما مستمرة.	편지를 써 두다.	يكتب خطاب ويتركه.
두드리다	يطرق	(동) 어떠한 것을 소리가 나도록 여러 번 치다.	الطرق عدة مرات على شيء حتى يصدر صوت.	밖에서 문을 두드리는 소리가 들렸다.	سمعت صوت طرق الباب من الخارج.
두부	توفو	(명) 물에 불린 콩을 갈아 찌거나 걸러 내고 익힌 다음 간수를 넣어 부드러운 흰 덩어리로 만든 음식 재료.	مكون طعام يصنع كقطعة كبيرة بيضاء ناعمة حيث يطحن الفول المنقوع بالماء ويطهى ثم يصفى وبعد نضوجه يوضع له الماء المالح.	두부는 몸에 아주 좋다.	التوفو مفيد جداً للجسم.
두셋	اثنين او ثلاثة	(명) 둘이나 셋의.	اثنين أو ثلاثة.	몸이 많이 아파서 두세 달쯤 쉬었으면 해요.	أرجو أن أستريح لشهرين أو ثلاثة, فجسدي يؤلمني كثيراً.
두통	صداع	(명) 머리가 아픈 증세.	ألم الرأس..	두통으로 밤에 잠을 이루지 못했다.	لم أستطع النوم في الليل بسبب الصداع.
둘	اثنان	(수) 숫자 2.	الرقم 2	저는 언니가 둘, 남동생이 하나 있습니다.	لدي أختين كبيرتين و أخ صغير.
둘러보다	ينظر حوله	(동) 주위를 이리저리 두루 보다.	ينظر حوله جيداً بالجوار هنا وهناك.	이상한 소리가 나서 잠시 걸음을 멈추고 주위를 둘러봤습니다.	سمعت صوتاً غريباً فتوقفت عن السير للحظات و نظرت حولي.
둘러싸다	يحيط	(동) 무엇의 둘레를 싸다.	يلف محيط شيء.	유리병을 솜으로 둘러싸다.	يلف الحاوية الزجاجية بخيط قطني.
둘째	ثاني	(수) 순서가 두 번째 되는 차례.	الدور الثاني في الترتيب.	신랑감 조건은 첫째는 좋은 성격, 둘째는 좋은 직업이다.	من شروط العريس المناسب أن يكون ذو شخصية جيدة أولاً ولديه عمل جيد ثانياً.
둥글다	دائري	(형) 모양이 동그라미와 같거나 비슷하다.	شكله مثل الدائرة أو يطابقها.	하늘에 둥근 달이 떴습니다.	يعلو في السماء قمر دائري.
뒤	خلف	(명) 무엇의 앞의 반대쪽.	الجهة المقابلة للجهة الأمامية.	컴퓨터 뒤에 새 디스켓이 있을 거예요.	سيكون هناك مكتب جديد خلف الحاسوب.
뒤집다	يقلب	(동) 무엇의 속을 겉으로 나오게 하고 겉을 속으로 들어가게 하다.	إخراج الداخل وإدخال الخارج.	수지는 아무것도 없다는 것을 보이려고 주머니 속을 뒤집어 보였다.	قلبت سوجي جيوبها لتظهر أنها لا تملك شيئاً.
뒤쪽	الجهة الخلفية	(명) 사물이나 장소의 뒤의 부분이나 뒤에 가까운 곳.	الجزء الخلفي من شيء أو مكان أو مكان قريب من الخلف.	하숙집 뒤쪽에 작은 산이 있다.	هناك جبل صغير في الجهة الخلفية للسكن.
드디어	أخيراً	(부) 계속 기다리거나 기대하다가 마침내.	أخيراً بعد انتظار مستمر او تطلع.	기다리던 봄이 드디어 온 것 같아요.	يبدو أن الربيع الذي كنت أنتظره قد حل أخيراً.
드라마	دراما	(명) 극장이나 방송에서 공연되는 연극이나 방송극.	مسرحية أو مسلسل يعرض في السينما أو الإذاعة.	요즘 유행하는 드라마가 뭐예요?	ما الدراما المشهورة حالياً؟
드리다	يقدم	(동) 윗사람을 위해 어떤 일을 하다.	فعل شيء من أجل شخص كبير السن أو المقام.	무엇을 도와 드릴까요?	كيف أقدم لك المساعدة؟
듣다	يستمع	(동) 소리를 귀로 알아차리다.	التعرف على الصوت من خلال الأذن.	저는 심심할 때는 음악을 듣기도 하고 운동을 하기도 합니다.	عندما أشعر بالملل أستمع للموسيقى و أمارس الرياضة.
들다	يأكل	(동) (먹다) 음식을 먹거나 마시다.	تناول الطعام أو الشراب.	식기 전에 어서 드세요.	أسرع وتناوله قبل أن يبرد.

들다	يحمل	(동) 무엇을 손에 가지다. 손에 잡다.	التقاط او إمساك شيء باليد.	짐을 들고 한 시간이나 서 있었어요.	كنت واقفاً لساعة أو أكثر وأنا أحمل الحقائب.
들다	يكلف	(동) 어떤 일에 힘, 비용, 노력 등이 필요하게 되다. 돈이 들다.	أن يحتاج أمراً إلى طاقة أو مال أو جهد.	요즘은 물가가 비싸서 여행할 때 돈이 많이 들 텐데..	قد يكلف السفر الكثير من المال هذه الايام بسبب ارتفاع أسعار السلع.
들르다	يمر بـ	(동) 지나가면서 어디에 잠시 거치다.	التوقف بمكان ما بينما أنت تمر.	지금 시장에 들러 집으로 가는 중이야.	مررت بالسوق وأنا في طريقي للمنزل الآن.
들리다	مسموع	(동) 소리가 들리다. 청각 기관으로 지각되다.	أن يكون الصوت مسموع.	아침부터 이상한 소리가 들려 잠이 깼습니다.	أسمع صوتاً غريباً منذ الصباح فقلقت من نومي.
들어가다	يذهب للداخل	(동) 밖에서 안으로 움직여 가거나 자리를 옮기다.	يتحرك من مكانه في الخارج ويذهب للداخل أو ينقل مكانه.	잔디밭에 들어가도 돼요?	هل يمكن أن أدخل إلى العشب؟
들어오다	يأتي للداخل	(동) 밖에서 안으로 오다.	يأتي من الخارج إلى الداخل.	선생님께서 교실에 들어오시자 학생들이 모두 자리에 앉았어요.	جلس جميع الطلاب في أماكنهم فور دخول المعلم.
들여다보다	ينظر بالداخل	(동) 밖에서 안에 있는 것을 보다.	ينظر من الخارج على شيء في الداخل.	유리창 안을 들여다보다.	ينظر من النافذة على الداخل.
듯	مثل	(명) '어떤 것 같이', '~것처럼'의 뜻을 나타낸다.	تظهر معنى مثل أو يبدو كأنه.	그는 화가 난 듯 아무 말을 안 했다.	بدا وكأنه غاضباً ولم يلفظ بكلمة.
듯이	مثل	(명) '~것 같이', '~것처럼', '것과 비슷하게'의 뜻을 나타낸다.	تأتي بمعنى مثل أو يبدو كأنه أو يطابق كذا.	아저씨는 소년을 보고는 귀엽다는 듯이 조용히 웃었다.	نظر الرجل إلى الولد و ابتسم ابتسامة هادئة كما لو شعر أنه لطيفاً.
듯하다	يبدو مثل	(형) 추측하기에 '~것 같다', '~것으로 추측된다'의 뜻을 나타낸다.	تأتي بمعنى التخمين "مثل" " يبدو كـ"	어머니께서 주무시는 듯해서 전화를 걸지 않았어요.	يبدو أن أمي نائمة لذا لم تتصل.
등	ظهر	(명) (몸) 사람이나 동물의 몸통에서 뒤나 위로 향한 쪽. 가슴과 배의 반대쪽.	الجهة المقابلة للصدر والبطن.	등을 기대다.	يسند ظهره.
등	مركز	(명) 앞 숫자가 나타내는 높고 낮음의 차례. (1 등, 2 등, 3 등..)	المركز أو المرتبة منخفضة كانت أم مرتفعة.	반에서 3 등까지만 상을 줍니다.	الثلاث مراكز الأولى على الصف يحصلون على جوائز.
등	الخ	(명) (등등) 앞에 늘어놓은 것들과 같은 여러 가지.	عدة أشياء مماثلة لما سبق.	우리가 살아가기 위해서는 옷, 음식, 집 등이 있어야 합니다.	الملبس والمأكل والمأوى من ضرورات العيش.
등록금	رسوم تسجيل	(명) 학생이 수업을 듣기 위해서 학교나] 학원에 등록할 때 내는 돈.	مال يدفعه الطالب للتسجيل في مدرسة أو معهد لتلقي الدروس.	등록금 고지서	فاتورة التسجيل.
등산	تسلق الجبال	(명) 재미나 운동으로 산에 올라가는 것.	صعود الجبل من أجل المتعة أو التريض.	다이어트에는 등산이 최고죠.	تسلق الجبال هو الأفضل للحمية.
디자인	تصميم	(명) 상품이나 옷의 모양, 또는 그 모양을 미리 계획하여 그린 것.	شكل منتج أو ملابس أو التخطيط مسبقاً للشكل ورسمه.	무대 디자인.	تصميم المسرح.
따다	يقطف	(동) 열매나 잎처럼 달려 있거나 붙어 있는 것을 뜯거나 떼다.	قطف أو نزع الأشياء المعلقة مثل الثمار وأوراق الشجر.	민지는 딸기밭에서 딸기를 땄다.	قطفت مينجي الفراولة من الحقل.

따뜻하다	ساخن	(형) 날씨나 온도가 기분이 좋을 만큼 조금 높다.	ارتفاع درجة الحرارة قليلاً بشكل مرضي.	날씨가 따뜻하지요?	الطقس دافئ, أليس كذلك؟
따라가다	يتبع	(동) 앞에 가는 것을 뒤에서 쫓아가다.	أن يذهب تابعاً لمن يسير في الامام.	저 사람을 따라가세요.	سيرشدك هذا الشخص إلى الطريق فاتبعه.
따라오다	يتبع	(동) 앞에 가는 것을 뒤에서 쫓아오다.	أن يأتي من الخلف تابعاً لمن يسير في الأمام.	어젯밤에 이상한 남자가 내 뒤를 따라왔어요.	اقتفى أثري رجل غريب ليلة أمس.
따로	على حدة. بشكل منفصل	(부) 다른 것들과 섞이지 않게. 각각 다르다. 별도로.	بشكل منفصل/ لا يختلط مع شيء.	목욕탕이 방마다 따로 있습니다.	يوجد لكل غرفة حوض استحمام خاص.
따르다	يتبع	(동) 앞에 가는 것을 좇다.	اتباع من يسير في الأمام.	마유미는 어머니를 따라 슈퍼마켓에 갔습니다.	تبعت مايومي أمها إلى السوق.
딱	فجأة	(부) 어떤 행동이나 생각이 갑자기 그치거나 멎는 모양.	شكل انتهاء أو التوقف المفاجي لفعل أو فكرة ما.	계속되던 아이의 울음소리가 갑자기 딱 멎었어요.	توقف صوت بكاء الطفل الذي كان مستمراً فجأة.
딱딱하다	صلب	(형) 매우 굳고 단단하다.	صلب جداً وقوي.	이렇게 딱딱한 것을 씹어 먹다니, 이가 튼튼한 모양이군.	يبدو أن أسنانك قوية بما أنك تمضغ وتأكل شيئاً صلباً كهذا.
딴	مختلف	(관) 다른.	مختلف.	딴 사람들은 몰라도 너까지 내 생일을 잊다니.	حتى ولو نسي الأخرون يوم ميلادي لا يجب أن تنساه انت...
딸	ابنة	(명) 자식 중의 여자.	الأنثى من الأبناء.	민정 씨 딸이 그렇게 예쁘다고요?	هل تقول أن ابنة مينجونغ جميلة كهذا؟
땀	عرق	(명) 덥거나 몸이 아프거나 긴장을 했을 때 피부를 통하여 나오는 짠 맛이 나는 맑은 액체.	سائل نقي ذو طعم مالح يخرج عن طريق الجلد عند الشعور بالحر أو المرض أو التوتر.	운동을 했더니 온몸이 땀에 젖었다.	مارست الرياضة فغرق جسدي في عرقه.
땅	أرض	(명) 강, 호수, 바다와 같이 물로 된 부분이 아닌, 흙이나 돌로 된 부분.	الجزء اليابس من أراضٍ وصخور وليس المغطى بالماء كالبحار والبحيرات والأنهار.	지진이 일어나면 땅이 흔들린다.	تهتز الأرض عندما يقوم زلزال.
때	وقت	(명) 어떤 일이 생기는 시간.	وقت حدوث شيء ما.	장마 때	موسم المطر.
때리다	يضرب	(동) 손이나 물건으로 무엇을 세게 치다.	ضرب شيء ما بقوة بواسطة اليد أو شيء آخر.	누가 영수를 때렸니?	من ضرب يونجسو؟
때문	سبب	(명) 어떤 일의 이유나 원인.	سبب شيء ما.	눈이 많이 오기 때문에 산에 못 가겠다.	يبدو أنني لن أستطيع الذهاب إلى الجبل بسبب كثرة تساقط الثلوج.
떠나다	يغادر	(동) 있던 곳에서 다른 것으로 옮겨가다. 멀어지다.	الإنتقال من مكان لآخر أو الذهاب بعيداً.	브라운 씨 가족이 지난 일요일에 미국으로 떠났어요.	غادرت عائلة براون الاحد الماضي إلى أمريكا.
떠들다	يثرثر	(동) 시끄럽게 큰 소리로 말하다.	التحدث بصوت عالٍ مزعج.	여러분, 교실에서는 떠들지 마세요.	لا تثرثروا في الصف.
떠오르다	يرتفع	(동) 공기 중에서 위를 향해 떠서 올라가다.	يطفو للأعلى في الفراغ.	오래간만에 서울 하늘에 무지개가 떠오른 것을 봤다.	رأيت قوس قزح لأول مرة منذ زمن بعيد يحلق في سماء سوول.

떡	كعكة الأرز	(명) 시루떡, 인절미, 송편처럼, 곡식 가루로 반죽을 해서 찐 음식으로 속을 넣든가 겉에 고물을 묻혀 만든 음식.	طعام مثل السون بيون وكعك الأرز وكعك الأرز المبخر، يصنع من طحين الحبوب حيث تعجن و تبخر وتحشى من الداخل و يصب عليها صلصة الكومول من الخارج.	떡을 찌다.	يطهي كعك الأرز علي البخار.
떨다	يهز	(동) 추위나 어떤 감정 때문에 빠르게 되풀이하여 몸이 흔들리다. .	هز الجسم السريع بسبب البرودة أو شعور ما.	눈 내리는 밤, 밖에서 30분 동안 떨어 본 적이 있어?	هل سبق لك أن ارتجفت لمدة ثلاثين دقيقة في الخارج في ليلة مثلجة؟
떨리다	يهتز	(동) 물체나 몸의 일부가 작은 폭으로 빠르게 되풀이하여 흔들리다.	اهتزاز شيء أو أجزاء الجسم في نطاق صغير وبسرعة.	감기에 걸려서 춥고 몸이 떨려요.	أشعر بالبرودة وجسدي يرتجف لأنني أصبت بالبرد.
떨어뜨리다	يُسقِط	(동) 위에 있던 것을 아래로 떨어지게 하다.	إسقاط شيء من الأعلى إلى الأسفل.	남수는 실수로 그릇을 바닥에 떨어뜨렸다.	أسقط نامسو الأطباق على الأرض بالخطأ.
떨어지다	يَسقُط	(동) (물체가 붙어있던 곳에서) 따로 떼어지게 되다. 높은 곳에서 아래로 내려오게 되다.	النزول من الأعلى للأسفل عبر الفراغ.	바람이 불자 꽃잎이 땅바닥에 우수수 떨어졌습니다.	تساقطت أوراق الزهور على الأرض عندما هبت الرياح.
떼다	ينزع	(동) 붙어 있는 것을 떨어지게 하다.	نزع شيء ملصق.	옷에 묻은 밥을 떼어 냈습니다.	انتزعت الطعام الذي أخفاه في ملابسه.
또	أيضاً	(부) 그뿐이 아니고. 그에 더하여.	ليس هذا فقط بل أكثر من ذلك.	점심은 먹었고, 또 먹을 거 없을까?	لقد تناولت الغداء, هل يوجد شيء آخر لأتناوله؟
또는	أو	(부) 그렇지 않으면. 그것이 아니라면.	لو لم يكن كذلك, لو لم يكن هذا.	전화 또는 전자우편으로 연락해 주시기 바랍니다.	أرجو أن تتواصل معي عبر الهاتف أو البريد الإلكتروني.
또한	أيضاً	(부) 거기에다가 또.	بالإضافة إلى ذلك أيضاً	마이클 씨는 의사이면서 또한 교수입니다.	سيد مايكل طبيب و أستاذ جامعي في الوقت ذاته.
똑같다	متماثلين	(형) 조금도 서로 다른 데가 없다.	لا يوجد اختلاف بينهم ولو قليلاً.	아빠와 딸이 어쩌면 저렇게 똑같을까요?	هل يمكن أن تشبه الفتاة أبيها هكذا؟
똑같이	بالمثل	(부) 서로 조금도 다른 데가 없이.	بلا اختلاف بينهم ولو قليلاً.	모두가 돈을 똑같이 나누어 냅시다.	فلنتشارك جميعاً في دفع المال.
똑똑하다	ذكي	(형) 머리가 좋다.	تفكيره جيد.	아무리 똑똑해도 노력을 안 하면 소용없지요.	مهما كنت ذكياً لا فائدة من دون جهد.
똑바로	مستقيم	(부) 어느 쪽으로도 기울지 않고 곧게.	مستقيم بلا انحناء لأي جهة.	저기 사거리에서 똑바로 가 주세요.	اذهب من فضلك مستقيماً من ذلك التقاطع.
뚜껑	غطاء	(명) 그릇, 상자, 병 등의 윗부분을 덮거나 막는 것.	الشيء الذي يغطي او يسد صحن أو صندوق أو زجاجة.	포도주 병의 뚜껑을 좀 따 주세요.	من فضلك انزع غطاء زجاجة النبيذ.
뚫다	يحفر	(동) 구멍이 나게 하다.	إحداث ثقب.	못으로 벽을 뚫었다.	ثقب الجدار بواسطة مسمار.
뚱뚱하다	سمين	(형) 살이 쪄서 몸집이 옆으로 퍼지고 굵다.	زيادة الوزن بسبب تراكم الشحوم.	저는 좀 뚱뚱한 편이라서 날씬해 보이는 옷이 좋아요.	أحب الملابس التي تظهرني رشيقاً لأنني ممتلئ بعض الشيء.
뛰다	يجري	(동) 빠른 걸음으로 달리다.	الجري بسرعة.	우리 반에서 누가 가장 빨리 뛰지?	من الأسرع جرياً في صفنا؟
뛰어가다	يذهب جرياً	(동) 뛰어서 가다.	الذهاب جرياً.	아이는 엄마에게 뛰어가서 안겼다.	ذهب الطفل جرياً إلى أمه وارتمى في أحضانها.
뛰어나다	ممتاز	(형) 능력이 남보다 아주 좋다.	قدراته أفضل من الآخرين.	그 친구는 문제를 해결하는 능력이 뛰어나요.	هذا الصديق بارع في حل المشاكل.

뛰어다니다	يذهب ويأتي جرياً	(동) 뛰면서 이리저리 왔다 갔다 하다.	الذهاب والإياب جرياً هنا وهناك.	복도에서 뛰어다니지 말아.	لا تجري في الممر.
뛰어오다	يأتي جرياً	(동) 뛰어서 빨리 오다.	يأتي جرياً.	지각할까 봐 학교에 뛰어왔더니 숨이 차다.	خفت أن أتأخر فأتيت إلى المدرسة جرياً لذا ألهث.
뜨겁다	ساخن	(형) 온도가 몹시 높다. 몹시 덥다.	ارتفاع درجة الحرارة كثيراً. حار جداً.	추울 때 뜨거운 걸 먹으면 좀 덜 추워요.	إذا تناولت شيئاً ساخناً في الطقس البارد يقل شعورك بالبرودة.
뜨다	يطفو	(동) 액체의 표면에 머물러 있다. (사물이 물 위에) 솟아오르거나 머무르다.	البقاء على سطح السائل.	기름은 물에 뜬다.	يطفو الزيت على الماء.
뜨다	يفتح عينه	(동) 감은 눈을 열다. 눈을 뜨다.	يفتح عينيه المغمضتين.	잠을 자다가 시계 소리에 눈을 떴다.	غفوت ثم فتحت عيني على صوت المنبه.
뜻	معنى	(명) 말, 글, 행동 등의 속에 있는 본래의 내용.	المحتوى الأصلي لكلام أو كتابة أو فعل ما.	그 단어의 뜻을 가르쳐 주세요.	علمني ماذا تعني هذه الكلمة من فضلك.
라디오	راديو	(명) 전파로 보내지는 방송을 받아서 들려주는 장치.	جهاز يستقبل ويرسل الموجات التي ترسلها الإذاعة.	음악 소리가 시끄러워서 라디오를 껐습니다.	أغلقت الراديو بسبب صوت الموسيقى المزعج.
라면	راميون	(명) 금방 끓여서 먹을 수 있는, 튀겨서 말린 국수.	شعرية مقلية ومجففة يمكن غليها وتناولها مباشرة.	점심에는 라면이나 먹을까요?	ما رأيك أن نتناول الراميون على الأقل في الغداء.
러시아	روسيا	(명) 유럽 동부에서 시베리아에 걸쳐 있는 나라.	بلد تمر بشرق أوروبا إلى سيبيريا.	러시아에 가다.	يذهب إلى روسيا.
마구	بلا تفكير	(부) 잘 생각해 보지 않고 함부로.	بدون تفكير. بعشوائية.	난 너무 배가 고파서 상에 있는 걸 이것저것 마구 먹었다.	تناولت بعشوائية من الطعام الذي على الطاولة لأنني كنت جائع جداً.
마련	بالتأكيد	(형) 당연히 그럴 것이다.	سيكون بالطبع هكذا.	눈이 오면 길이 미끄럽기 마련이지요.	عندما يتساقط الثلج يصبح الطريق زلقاً بالتأكيد.
마련하다	يجهز	(동) 필요한 것을 미리 갖추다.	تحضير الأشياء الضرورية مسبقاً.	학비를 마련하기 위해서 아르바이트를 합니다.	أعمل بدوام جزئي من أجل توفير مصاريف الدراسة.
마르다	يجف	(동) 젖은 것에서 물기가 없어지다.	اختفاء الماء من الشيء المبلل.	땀이 다 말랐다.	جف العرق بالكامل.
마리	وحدة عد الحيوان	(명) 짐승, 물고기, 벌레를 세는 말.	وحدة عد الحيوانات والأسماك والحشرات.	고등어 한 마리에 얼마예요?	كل سعر سمكة الماكريل؟
마시다	يشرب	(동) 물, 음료 같은 액체를 먹다.	تناول السوائل مثل الماء أو المشروبات.	기분이 나빠서 술을 많이 마셨어요.	كان مزاجي سيئاً فشربت الكثير من الخمر.
마을	قرية	(명) 주로 시골에서 여러 집들이 모여서 사는 곳.	مكان يجمع عدد من البيوت غالباً في الريف.	우리 마을은 사방이 산으로 둘러싸여 있다.	قريتنا محاطة بالجبال من جميع الجهات.
마음	عقل	(명) 깨닫거나 생각하거나 느끼는 정신 활동을 하는 사람의 기관. 감정이나 생각, 기억 따위가 생겨나는 곳.	العضو البشري الذي يقوم بالأنشطة العقلية كالإدراك أو التفكير أو الشعور.	몸이 튼튼해야 마음도 튼튼하지요.	لابد أن يقوى جسدك فيقوى عقلك أيضاً.
마음속	أعماق القلب	(명) 마음의 속.	داخل القلب.	마음속 깊이 사무치다.	يلمس أعماق القلب.

마이크	ميكرفون	(명) 소리가 크게 들리게 하는 전기 장치. '마이크로폰'의 준말.	جهاز كهربائي مكبر للصوت.	마이크를 들다.	يحمل المايكروفون.
마주	وجهاً لوجه	(부) 서로 상대방의 얼굴을 향해서 곧바로 정면으로.	يقابل وجه الطرف الآخر مباشرةً.	우리들은 서로 얼굴을 마주 보고 웃었습니다.	تقابلت وجوهنا وابتسمنا.
마지막	أخير	(명) 어떤 일의 순서나 시간의 맨 나중.	الترتيب الأخير أو الوقت الأخير.	마지막으로 만난 게 언제였지요?	متى كانت آخر مرة تقابلنا فيها؟
마찬가지	نفس الشيء	(명) 서로 비교되는 여럿이 별로 차이가 없이 거의 같은 것.	مقارنة عدة أشياء ببعضها وتطابقها تقريباً بلا اختلاف يذكر بينها.	민지 씨도 존슨 씨와 마찬가지로 음식 때문에 고생을 많이 했어요.	لقد عانت مينجي أيضاً مثلما عانى جونسن بسبب الطعام.
마치	مثل	(부) 진짜인 것처럼.	مثل الحقيقة.	그는 발음이 마치 한국 사람처럼 자연스러워요.	نطقه طبيعي تماماً كشخص كوري.
마치다	ينهي	(동) 하던 일이나 과정을 끝내다.	إنهاء أمر كنت تقوم به أو مرحلة ما.	저는 작년에 대학을 마쳤습니다.	أنهيت دراستي الجامعية العام الماضي.
마흔	أربعون	(수) 숫자 40.	العدد 40	교수님은 마흔이 넘으셨지만 아직 생각은 20 대이시다.	تخطى معلمي الأربعين من عمره و لكنه مازال يفكر كشاب في العشرين.
막	الآن	(부) 이제 방금. 지금.	الآن. حالاً.	바다에서 막 잡아 온 생선이라 싱싱하다.	السمك طازج لأنه جاء من البحر حالاً.
막	بلا تفكير	(부) 무슨 일은 잘 생각해 보지 않고 함부로. 마구	عدم التفكير بشيء أمر ما والتصرف بعشوائية.	그 애는 몹시 화가 나서 물건들을 막 던졌다.	لقد غضب كثيراً فألقى بالأشياء دون تفكير.
막다	يسد	(동) 이 쪽과 저 쪽을 통하지 못하게 하다.	سد جهتين بحيث لا يمر عبرهما شيئاً.	고장 난 자동차가 길을 막았다.	سدت السيارة المعطلة الطريق.
막히다	مسدود	(동) 구멍, 문, 길 등이 통할 수 없게 되다. 막아지다.	انسداد ثقب أو باب أو طريق. يصبح مسدوداً.	하수구가 막혀서 물이 내려가지 않는다.	المياه لا تتصرف بسبب إنسداد ماسورة الصرف.
만	عشرة آلاف	(수) 숫자 10,000.	الرقم 10.000	백에 백을 곱하면 만이 된다.	إذا ضربت مئة في مئة تصبح عشرة آلاف.
만	كامل	(관) (나이) 기간을 나타내는 말 앞에 쓰여 온전한. 꽉 채운.	يكتب قبل فترة معينة بمعنى كامل.	내 동생은 만 열 살이다.	اخي الصغير عمره 10 سنوات كاملات.
만	منذ	(명) 시간이 얼마 동안 지난 다음의 뜻을 나타낸다.	بعد مرور بعض الوقت.	10 년 만에 초등학교 때 친구를 만났어요.	قابلت صديق المدرسة الإبتدائية الذي لم أره منذ عشر سنوات.
만나다	يقابل	(동) 마주 대하다.	يقابله وجهاً لوجه.	주말에는 친구를 만나거나 영화를 봅니다.	في عطلة الأسبوع أقابل صديقاً أو أشاهد فيلماً.
만남	مقابلة	(명) 만나는 일.	الإلتقاء.	만남을 주선하다.	يرتب لقاء.
만두	ماندو	(명) 밀가루를 반죽하여 얇게 밀어, 그 속에 고기나 야채를 넣어 만든 음식.	طعام يحضر من عجينة الطحين حيث تفرد العجينة ويوضع بداخلها اللحم أو الخضراوات.	여기 만두 1 인분 주세요.	أريد ماندو لفرد واحد من فضلك.
만들다	يصنع	(동) 없던 것을 힘과 기술을 들여 새로 생기게 하다.	استخدام القوة أو التقنية لصنع شيء ما.	저는 도자기 만드는 것을 배우고 싶습니다.	أريد أن أتعلم صناعة الفخار.

만들어지다	يتم صنع	(동) 재료나 소재 따위에 노력이나 기술이 들여져 이루어지다.	صناعة شيء بادخال التقنية على المواد أو المكونات.	이 신제품은 수많은 시행착오 끝에 만들어졌다.	تم صنع هذا المنتج الجديد بعد عدد من التجارب والأخطاء.
만약	لو	(부) 잘 모르거나 그럴 수도 있는 일을 가정하여 혹시.	تخمين شيء يمكن حدوثه.	만약 내일까지도 일을 다 끝내지 못하면 큰일날 거야.	إذا لم أنتهي من العمل حتى الغد أيضاً فسأكون في ورطة.
만일	لو	1-(명) 혹시 그런 일이 있을지도 모르는 뜻밖의 경우. 2-(부) (어떤 일을 가정하여) 가정하여.	1في حالة حدوث أمر ما. 2افتراض أمر ما..	1-이 돈은 만일에 대비하여 가지고 있어라. 2-만일 선생님이 저라면 어떻게 하시겠어요?	1- خذ هذا المال فى حال أحتجت إليه؟ 2-لو كنت مكاني ماذا كنت لتفعل يا أستاذ؟
만족하다	راضٍ	(동) 마음에 흐뭇하고 좋은 느낌이 들다.	مسرور ويشعر بالرضا.	한국 생활에 만족하세요?	هل أنت راضٍ عن الحياة في كوريا؟
만지다	يلمس	(동) 무엇을 손으로 대어 더듬거나 주무르다.	يلمس شيء بيده.	이 작품 만져 봐도 돼요?	هل يمككني لمس هذا العمل الفني؟
만큼	بقدر	(명) 앞에 말한 것과 같은 정도.	بقدر ما ذكر قبله.	일한 만큼 돈을 줍니다.	يعطي المال على قدر العمل.
만화	رسوم مصورة	(명) 어떤 이야기를 그림으로 나타나는 것, 또는 그런 그림을 모은 책.	تمثيل القصص بالرسوم أو الكتاب الذي يجمع تلك الرسوم.	만화를 그리다.	يرسم قصص مصورة.
많다	كثير	(형) 사물의 수, 양 등이 일정한 기준을 넘어서 아주 여럿이든지 아주 크다. 적지 않다.	عدد أو كمية شيء تتخطى مستوى معين بحيث تكون كثيرة أو كبيرة. ليست قليلة.	주말이라 백화점에 사람이 많네요.	يبدو السوق مزدحماً بسبب العطلة الأسبوعية.
많아지다	يكثر	(동) 많게 되다.	يصبح كثيراً	강에 물고기가 많아졌다.	لقد زادت الأسماك في النهر.
많이	كثيراً	(부) 수, 양, 정도 등이 어떤 기준보다 더.	أكثر من مستوى عدد أو كمية أو قدر معين.	어제 서울에는 비가 많이 왔어요.	انهمر المطر في سوول البارحة.
말	حصان	(명) 목과 다리가 길고, 사람이 타거나 짐을 운반하는 데 쓰이는 큰 짐승.	حيوان كبير له عنق طويل وأرجل طويلة ينتفع به الإنسان في الركوب أو نقل الأحمال.	너는 말을 타 봤니?	هل سبق لك ركوب الخيل؟
말	كلام	(명) 사람의 생각이나 느낌 따위를 표현하고 전달하는 데 쓰는 음성 기호, 또는 음성 기호로 생각이나 느낌을 전달하는 것	رموز صوتية تنقل وتعبر عن أفكار الإنسان أو مشاعره وغيرها. أو النقل ذاته.	왜 말 한 마디 없어요?	لماذا لا تتفوه بكلمة؟
말	نهاية	(명) 어떤 기간의 끝. 끝 무렵.	نهاية فترة معينة, فترة النهاية.	작년 말	نهاية العام الماضي
말다	لا تفعل	(동) 어떤 행동을 하지 않다. 그만두다. 금지의 뜻을 나타낸다.	عدم فعل شيء ما أو التوقف عن فعله. تحمل معنى المنع.	몸도 아프니까 오늘은 회사에 가지 말고 쉬어.	جسدك يؤلمك أيضاً فلا تذهب للشركة اليوم واسترح.
말씀	كلام	(명) 윗사람의 말.	كلام شخص كبير سناً أو قدراً.	부모님 말씀대로 하겠어요.	سأفعل كما يقول والداي.
말씀드리다	يتكلم	(동) 아랫사람이 윗사람에게 어떠하다고 자신의 생각이나 느낌을 말하다.	التحدث إلى شخص كبير في العمر أو القدر.	선생님께 드릴 말씀이 있어요.	لدي ما أقوله لمعلمي.
말씀하다	يتكلم	(동) (어떤 사람이 다른 사람에 어찌하다고)	الكلام الذي توجهه لشخص كبير في العمر أو القدر.	제 말씀은 문제를 다시 한 번 생각해 주십사	ما أقوله هو أنني أرجو أن تفكر مرة أخرى في المشكلة.

		생각이나 느낌을 말로 나타내다.		하는 것입니다.	
말하다	يتكلم	(동) 생각이나 느낌을 말로 나타내다.	إظهار الأفكار او المشاعر بالكلام.	하고 싶은 말이 있으면 나한테 말해라.	إذا كان لديك ما تقوله فأخبرني أنا به.
맑다	نقي	(형) 더러운 것이 섞이지 않아 깨끗하다.	نظيف لا يشوبه شائبة.	맑은 물	ماء صافٍ
맛	طعم. مذاق	(명) 혀로 느낄 수 있는 시거나 달거나 짜거나 쓰거나 매운 여러 가지 느낌.	الإحساس بالحموضة أو الحلاوة أو الملوحة أو المرارة وغيرها من الأطعمة بواسطة اللسان.	김치 맛이 어때요?	ما رأيك في مذاق الكيمتشي؟
맛없다	طعمه سيء	(형) 음식의 맛이 좋지 않다.	طعم الأكل ليس جيداً.	학교 식당은 값은 싼데 음식이 맛 없다.	مطعم المدرسة رخيص ولكنه سيء الطعم.
맛있다	لذيذ	(형) 음식의 맛이 좋다.	طعم الأكل جيد.	사과가 참 맛있군요.	التفاح لذيذ جداً.
망설이다	متردد	(동) 마음이나 태도를 정하지 못하고 머뭇거리다.	لا يمكنه تحديد رغبته أو تقرير تصرفاته, متردد.	마음에 들면 사지 뭘 망설이세요?	إذا كان يعجبك فاشتريه, ما الذي تتردد بشأنه؟
맞다	صحيح	(동) 문제에 대한 답이 틀리지 않다.	الإجابة الخاصة بالسؤال ليست خاطئة.	그 답이 맞는지 더 생각해 보자.	فلنفكر أكثر ما إن كانت تلك الإجابة صحيحة.
맞다	يبلله المطر	(동) 비, 눈, 바람 등을 몸에 그대로 받다.	تلقي المطر أو الثلج أو الرياح بالجسم.	우산을 안 가지고 나가서 비를 맞았다.	خرجت من دون أن أجلب مظلتي فبللني المطر.
맞은편	الجهة المقابلة	(명) 마주 바라보이는 쪽.	الجهة التي تراها مقابلة لك.	은행 맞은편에 세탁소가 있어요.	توجد مغسلة في الجهة المقابلة للبنك.
맞추다	يضبط	(동) 무엇을 어떤 기준에 맞게 하다.	ضبط شيء على مستوى ما.	간을 맞추다.	يضبط ملوحة الطعام.
맞히다	يحزر	(동) 물음에 옳은 답을 하다.	يقول الإجابة الصحيحة للسؤال.	정답을 맞히다.	يحزر الإجابة.
맞히다	يخمن/ يُصيب	(동) 문제에 대한 답이 틀리지 아니하다. 옳게 답을 하다.	لا يُخطئ في الإجابة عن مسألة أو مشكلة معينة.	정답을 맞히다.	يصيب الإجابة الصحيحة.
맡기다	يترك،يكلف مسألة ما لشخص. /ين(شخص لمسألة ما)	(동) 1-물건 같은 것을 남에게 간수하게 하다.2_일을 남에게 하도록 하다.	1- يحفظ شئ عند شخص ما أو يعطيه إليه. 2_يكلف شخص بعمل.	1-새로 온 선생님에게 3 학년 담임을 맡겼다. 2_빨래할 옷을 세탁소에 맡겼다.	تم إسناد مسئولية الصف الثالث إلى المدرس الجديد.2_تركت الملابس التي سوف تُغسل في المغسلة.
맡다	تولى / باشر / أخذ على عاتقه.	(동) 1-어떤 일이나 책임을 넘겨받다. 2_무엇을 받아서 간수하다. 3_주문 따위를 받다. 4_자리 따위를 차지하다. 5_코로 냄새를 느끼다. 6_허가, 인가, 승인 따위를 얻다	1_يتولى مسئولية أو عمل ما. 2_يحصل على شئ ويحتفظ به. 3_يحصل على طلب أو غيره. 4_يستحوذ على مكان . 5_ يشتم الرائحة بأنفه. 6_يحصل على إذن،أو تصريح ،أو موافقة أو غيره.	1-아무리 작은 일이라도 맡은 일에 최선을 다해야 한다. 2_귀중품을 맡아 두었다. 3_주문을 맡다. 4_도서실에 자리를 맡아 주었다. 5_그의 말투와 행동에서 그가 범인이라는 냄새를 맡았다 .6_부모의 허가를 맡았다.	1- يجب أن تبذل أفضل مالديك حتى ولو كان العمل صغير. 2*حصلت على أشياء ثمينة. 3_يحصل على طلب. 4_لقد حصلت على مقعد في المكتبة. 5_شممت من تصرفاته وطريقة كلامه رائحة تدل على أنه المجرم. 6_حصلت على إذن والداي.
매년	كل عام	1-(부) 한 해 한 해의 모든 해마다. 2-(명) 한 해 한 해의 모든 해.	كل عام.	지구의 기온이 매년 조금씩 상승하고 있다.	ترتفع درجة حرارة الأرض كل عام تدريجياً.

매달	كل شهر	1-(부) 각각의 달마다. (=) 매월. 2-(명) 각각의 달.	كل شهر.	1-매달 한 번씩이라도 정기적으로 모임을 갖기로 합시다. 2-우리는 매달마다 날짜를 정해서 외식을 한다.	1_هيا نتفق على أن نواظب على التجمع ولو مرة كل شهر. 2_نحن نتفق على يوم محدد فى كل شهر لنأكل فى الخارج.
매우	جداً	(부) 표준 정도에 적잖아 지나게.	أكثر من المعتاد.	합격해서 매우 기쁘다.	سعيد جداً لأنني نجحت.
매일	كل يوم	1-(부)/(=)날마다/하루하루의 모든 날마다 2-(명) 하루하루 각각의 날.	كل يوم / يوميا.	1-그는 매일 새벽에 조깅을 한다. 2-우리가 결정을 매일 어떻게 바꾸어 나가느냐에 달려 있다.	1_هو يمارس رياضة الركض كل يوم فى الفجر.2_يعتمد المستقبل على كيفية تغييرنا للقرارات اليومية.
매주	كل أسبوع	1-(부) 한 주일마다. 2-(명) 한 주 한 주의 모든 주.	كل أسبوع.	1-우리는 매주마다 등산을 한다. 2-매주 50 파운드를 저금하다.	1_نحن نقوم بتسلق الجبال كل أسبوع. 2_أدخر 50 جنيهاً أسبوعياً
맥주	بيرة	(명) 엿기름가루를 물과 함께 가열하여 당화시킨 후, 홉을´넣어 향기와 쓴맛이 나게 한 뒤 발효시키어 만든 술.	مشروب كحولي،يتم تصنيعه عن طريق غلي مسحوق الشعير مع الماء وتسكيره(إضافة السكر إليه بكميات مركزة)،ثم يُضع نبات الجنجل ويتم تخميره حتى تخرج منه رائحة وطعم مر.	손님이 맥주 두 잔을 시켰다.	طلب الزبون كوبين من البيرة.
맨	أقصى جزء / جانب	(관) 1-더할 수 없을 정도인"가장"의 뜻을 나타내는 말. 2_(접두사) 순전히 그것뿐인. 3_온통 또는 오로지.	كلمة تحمل معنى "أكثر" أي لدرجة لا يمكن الإضافة فيها أكثر. 2_تُضع قبل الاسم وتعني "هذا فقط بشكل صريح/مطلق". 3_تعني "كل مكان أو فقط / حسب / لاغير".	1-맨 끝, 맨 앞에. 2_아이는 맨발로 잔디밭에서 뛰어 놀았다. 3_그들은 맨 놀기만 하고 일은 하지 않는다.	1- آخر / من الأول 2_لعب الطفل على النجيلة حافي القدمين. 3_هؤلاء الأشخاص يقومون باللهو فحسب ولا يعملون.
맵다	حار	(형) 고추,겨자 따위의 맛과 같이 혀가 알알하다.	طعمه مثل الفلفل والخردل ويحرق اللسان.	국이 매워서 많이 먹지 못했다.	لم استطع تناول الكثير من الحساء لأنه كان حاراً.
머리	رأس / شعر	(명) 1-사람의 목 위 부분. 2_생각하는 힘. 3_어떤 물건의 꼭대기. 4_우두머리. 5_어떤 일의 시작이나 처음.	1_الجزء الموجود أعلى عنق الإنسان. 2_ القدرة على التفكير. 3_قمة الشئ. 4_رئيس. 5_بداية عمل ما أو أوله.	1-머리가 터질 것처럼 아프다. 2_그는 머리가 좋아/머리를 쓰다. 3_여러 사람의 우두머리가 되어 앞장서다. 4_머리도 끝도 없는 이야기.	1- رأسى يؤلمني كأنه أوشك على الإنفجار. 2_يعجبنى تفكيره. 3_يصبح قائد لعديد من الناس ويقودهم. 4_حديث بلا بداية ولا نهاية.
머리카락	شعر الرأس.	(명) 머리털 하나하나의 올.	ما ينمو من رأس الإنسان.	나이가 드니 머리카락이 빠진다.	يتساقط الشعر مع تقدم العمر.
머릿속	في عقل / فكر أحد	(명) 상상이나 생각이 이루어지거나 지식 따위가 저장된다 믿는 머리 안의 추상적인 공간.	حيز مجرد / إفتراضي داخل الرأس تُحفظ بداخله المعارف أو تتم فيه التفكير والتخيل.	요즈음 그 사람의 머릿속은 그녀에 대한 생각들로 가득하다.	فكر هذا الشخص مليء بالتفكير فى تلك الفتاة.
머무르다	يبقى أو يمكث (فترة) قصيرة)	(동) (=)머물다/(움직이는 기차나 시선, 목소리 따위가 어디에) 멈추어 더 이상 움직이거나 계속되지 않게 되다.	يتوقف قليلاً عن الحركة أو التقدم/يقضي فترة معينة في مكانٍ ما.	1-정류장에 머물렀던 차가 다시 떠났다.2_시골에 가서 사흘을 머물렀다.	1- السيارة التي توقفت في المحطة غادرت مرة أخرى. 2_ذهبت إلى الريف وأمضيت ثلاثة أيام هناك.
먹다	يأكل	(동) 1-음식 따위를 입을 통하여 배 속에 들여보내다.2_등급이나 점수를 따다.	1- إرسال أو تمرير الطعام أو غيره عبر الفم إلى المعدة. 2_يحصل على درجات أو مركز. 3_يفقد نقاط أهداف في مباراة.	1-밥을 먹다. 2_일등을 먹다. 3_우리 팀은 거푸 두 골이나 먹었다. 4_기름 먹은 종이.	1_يأكل الطعام. 2_يحصل على 100 درجة / المركز الأول. 3_أصابنى هدفين

		3_경기에서 점수를 잃다. 4_액체를 빨아들이다 .5_어떤 생각이나 감정을 품다.	4_يمتص السوائل. 5_يحمل مشاعر أو فكرة ما.	5_이번 학기에는 열심히 공부하기로 마음을 먹었다.	على التوالي. 4_ورقة مبللة بالزيت. 5_عزمت على الأستذكار بجد هذا العام.
먹이다	يُطعم	(동) 먹게 하다. 삼켜 뱃속으로 들여보내게 하다.	يُطعم	엄마가 아기에게 약을 먹였다.	أعطت الأم الدواء لإبنتها.
먼저	أولاً / في البداية / قبل كل شيء	(부) 시간적으로나 순서상으로 다른 것에 앞서서./ (반)나중/	مقدمة أو بداية وقت أو دور.	도착하면 제일 먼저 전화부터 해라	أتصل بي عند وصولك قبل كل شيء
먼지	غبار	(명) 눈에 보이지 않을 정도로 작고 가벼운 티끌.	حبيبات ناعمة ورقيقة.	오랫동안 청소하지 않은 방은 먼지로 가득했다.	كانت الغرفة التي لم تُنظف لفترة طويلة مليئة بالغبار.
멀다	بعيد	(형) 1-거리가 많이 떨어져 있다. 2_사귀는 사이가 서먹하거나 정이 없다.3_어떤 수량, 정도, 기준, 목표 따위에 모자라다. /(반)가깝다	1_(غير) قريب/ على مسافة بعيدة. 2_علاقة غير مألوفة أو لاتجمعهم مودة. 3_غير كافي لهدف،معيار،كمية،درجة ما.	1-우리 집은 백화점과는 매우 먼 위치에 있다. 2_양국 간의 관계가 멀다. 3_한국말을 한국 사람처럼 잘하려면 아직 멀었다.	1- بيتنا في موقع بعيد جداً عن السوق التجاري(المول). 2_العلاقات بعيدة(فاترة) بين البلدين. 3_مازال أمامي الكثير حتى أجيد اللغة الكورية مثل الكوريين.
멀리	بعيداً	(부) 시간이나 공간 사이가 몹시 떨어지게.	1_ غير قريب/ المسافة أو الوقت تقع على فترات بعيدة.	최근에 친구에게 너무 섭섭해서 멀리 가고 싶다.	أشعر بخيبة الأمل كثيراً في الفترة الأخيرة لذلك أريد أن أذهب بعيداً
멀어지다	يصبح أبعد	(동) 1-거리가 많이 떨어지게 되다. 2_어떤 기준점에 모자라게 되다. 3_서로의 사이가 다정하거나 가깝지 않고 서먹서먹하게 되다.	1_أن تُصبح المسافة أبعد. 2_يُصبح غير كافي/ناقص بالنسبة لمعايير معينة. 3_أن تصبح العلاقة بينهم غير مألوفة وبعيدة.	1-그는 유람선의 갑판 위에 서서 멀어져 가는 섬을 바라보았다. 2_오늘 경기에 패하여서 우리 팀은 우승권에서 멀어졌다. 3_사소한 의견 차이로 친구끼리 멀어졌다.	1_لقد وقف على ظهر السفينة وأخذ ينظر إلى الجزيرة التي تتباعد. 2_هُزمنا في مباراة اليوم وأصبحنا بعيدين عن تحقيق البطولة/أصبحنا خارج السباق. 3_بعدت صداقتهما بسبب إختلاف رأي تافه.
멈추다	يتوقف	(동) 1-오던 비가 그치다 .2_하던 일이나 동작이 잠깐 그치게 되다. /(=)멎다/	1- أن يتوقف المطر الذي كان يتساقط. 2_توقف عمل أو حركة كنت أقوم بها.	1-소나기가 멈췄다. 2_지금까지 잘 돌아가던 기계가 갑자기 멈췄다.	1_توقف المطر المفاجيء. 2-الماكينة التى كانت تعمل بشكل جيد توقفت فجأة.
멋	أناقة	(명) 생김새, 행동, 차림새 따위가 세련되고 아름다운 상태.	أن يكون المظهر،التصرفات،الملابس وغيرها رائعة وجميلة.	그는 스카프를 매고 나서 한결 멋이 났다.	بدا أنيقاً بشكل لافت للنظر بعد أن إرتدى الوشاح.
멋있다	أنيق / رائع	(형) (사람이나 사물이) 보기에 세련되거나 잘 어울려서 아름답다.	مظهره يبدو جيداً أو عظيماً.	1-좋은 옷을 입었다고 해서 다 멋있는 것은 아니다. 2-한국의 전통 가옥은 참 멋있다.	1- لا يعني ارتداءك لملابس جميلة أنك أنيق،فهناك فرق مابين الأناقة والجمال. 2- البيت التقليدى فى كوريا جميل
멋지다	رائع	(형) (사람이나 사물이) 잘 만들어지거나 가꾸어져서 아주 멋있다.	أنيق جداً.	1-어제 멋진 경기를 봤다. 2-말솜씨가 멋지다	شاهدت مباراة رائعة بالأمس.
메뉴	قائمة(طعام)	(명) 1-식사의 요리 종류. 2-음식점 등에서, 파는 음식의 이름과 값을 적은 표.	1_نوع طهو الطعام. 2_ القائمة التى يكتب بها أسم الطعام و سعرة فى المطعم.	1-이 가게의 주 메뉴는 된장찌개이다. 2-아주머니, 메뉴 좀 주세요.	قائمة الطعام الرئيسية لهذا المحل هو حساء فول الصويا.
메다	يحمل على ظهره	(형) 1-물건을 어깨에 걸치거나 올려놓다. 2_어떠한 책임을 지거나 임무를 맡다.	1- يرتدي شيئاً أو يضعه على كتفيه. 2_يتولى مهمة أو يتحمل مسئولية ما.	1-어깨에 배낭을 메다. 2_벅찬 일을 메게 되었다.	1_يحمل شنطة ظهر على كتفيه. 2_توليتُ عمل شاق.

메모	مذكرة / ملاحظة	(명) 다른 사람에게 말을 전하거나 자신의 기억을 돕기 위하여 짤막하게 글로 남김	كلام يُكتب بشكل قصير ليساعد الشخص نفسه على التذكر أو لنقل الكلام لشخص آخر.	회의를 끝내고 나오니 전화가 왔었다는 메모가 적혀 있었다.	بعد نهاية الإجتماع والخروج منه كانت هناك مذكرة مكتوبة بأن هناك إتصال قد جاء.
메시지	رسالة	(명) 1-어떤 사실을 알리거나 주장하거나 경고하기 위해 내세우거나 특별히 보내는 말. 2-문예 작품이 담고 있는 의도나 사상.	1_كلام يرسل للتعريف بحقيقة ما أو رأى أو للتحذير. 2_ نوع من الأفكار أو النية المحاطة فى أحد المؤلفات.	1-제가 음성 메시지를 보냈으니까 확인해 주세요. 2-그 소설은 인간성 회복을 위한 메시지를 담고 있다.	من فضلك تحقق من الرسالة الصوتية التي أرسلتها إليك.
며느리	زوجة الابن	(명) 아들의 아내.	زوجة الابن	내일이 우리 집 며느리 맞는 날이랍니다.	غداً هو اليوم الذي سيتسقبل زوجة ابني.
며칠	كم يوم؟ / عدة أيام	(명) 1-얼마 동안의 날. 2-그 달의 몇 번째 날.	كم يوم	며칠 전에도 그런 꿈을 꾸었다. 오늘이 며칠인가?	كم تاريخ اليوم؟/ حلمت بهذا الحلم أيضا قبل عدة أيام.
면	جانب / خارجي / سطح الشيء	(명) 1-입체의 평면이나 표면. 2_겉으로 드러난 쪽의 바닥. 3_어떤 방향. 4_어떤 측면이나 방면.	1_سطح أو الجانب الخارجي للمادة الصلبة. 2_السطح الخارجي /أرض. 3_إتجاه ما. 4_جانب أو إتجاه معين.	1-이 물체는 6개의 면으로 이루어져 있다. 2_면이 고르지 않은 땅. 3_한국은 삼 면이 바다로 둘러 있다. 4_오늘날의 세계 여러 나라는 정치적인 면뿐만 아니라 경제적인 면에서도 서로 협력하고 있다.	1_يتكون هذا الشيء من 6 جوانب. 2_أرض غير مستوية. 3_يحيط البحر كوريا الجنوبية من ثلاثة جوانب. 4_فى هذه الأيام تتعاون دول العالم مع بعضها البعض ليس على الصعيد السياسي فقط ولكن على الصعيد الإجتماعي أيضا.
면접	مقابلة (انترفيو)	(명) 수험자를 직접 대면하여 그 인품, 언행 따위를 시험하는 절차.	مقابلة وجهاً لوجه.	비서실 직원은 사장이 직접 면접을 통해 뽑는다.	يتم اختيار موظفي السكرتارية عن طريق مقابلة مباشرة مع المدير.
명	وحدة لعد الأشخاص(شخص- شخصين..)	(명) 1-윗사람이 아랫사람에게 무엇을 하도록 시킴. 2-숫자 아래에 붙어서 사람의 수효를 나타내는 말.	1طلب شخص أرفع منصب من شخص أدني منصب أن يفعل شيئا ما. 2-تُضع بعد الرقم لتبين عدد الأشخاص.	1-그는 왕의 명으로 겨우 목숨을 건졌다. 2-우리 학과에 학생 30 명이 있다.	-لقد نجا بالكاد بأمر من الملك. 2-يوجد في قسمنا 30 طالب.
명령	أمر	(명) 윗사람이 아랫사람에게 무엇을 하거나 하지 말도록 시킴	طلب شخص كبير (في السن أو في المكانة) من شخص أقل منه بأن يفعل كذا أو بألا يفعل كذا.	상관의 명령을 어기면 벌을 받는다.	إذا خالفت أوامر المسؤول تتلقى العقاب.
명절	عيد	(명) 전통적으로 그 사회의 대부분 사람들이 해마다 일정하게 즐기고 기념하는 날. 설날, 대보름날, 한식, 추석 따위.	يوم يُحافظ فيه على ميعاد محدد بشكل شعبي كل عام ويتم الإستمتاع فيه مثل :السولنال،عيد اكتمال أول بدر في يناير،هانشيك نال،عيد الحصاد(تشوسوك).	명절에는 집안 식구들은 모두 모인다.	تتجمع المنازل القريبة من بعضهافي العيد.
명함	بطاقة عمل	(명) 이름, 주소, 신분 따위를 적은 종이.	ورقة مُدون عليها الاسم،والعنوان،الوضع الإجتماعي وغيره.	엘지 사장님에게서 명함을 받았다.	حصلت على بطاقة عمل من مدير شركة إل جي.
몇	كم؟/عدة	1-(관) 그리 많지 않은 얼마만큼의 수. 2_(수) 얼마나 되는지 모르는 수.	كلمة تُضع أمام الاسم عند الحديث عن عدد غير مؤكد.2_عدد غير معروف.	1-몇 친구들만 남고 모두 돌아갔다. 2_나이가 몇 살이냐?	ذهب جميع الأصدقاء وتبقى البعض فقط. 2_كم عمرك؟
몇몇	عدة/ بعض	(수) 막연한 약간의 수를 강조하여 이르는 말.	تستخدم للتأكيد على ال"كم"	그는 친구 몇몇과 함께 여행을 다녀왔다.	لقد سافر مع عدد/بعض من أصدقائه .
모기	بعوض	(명)/모깃과에 속하는 곤충..	حشرة تنتمي لفصيلة البعوضيات.	어젯밤 모기가 코를 물었다.	قرصت البعوضة أنفي ليلة أمس.

모델	عارض أزياء(موديل /نموذج)	(명)/본보기.또는 모형.	نموذج أو مثال.	1-저 여성은 현재 의류업계에서 모델로 일을 한다. 2-새로 나온 자동차 모델이 참 마음에 들었다.	1- تعمل تلك الفتاة حالياً كعارضة أزياء في مجال/عالم الملابس. 2_لقد أعجبني حقاً نموذج السيارة الجديدة.
모두	كل شيء/كل شخص/كل / جميع	1-(명) (일정한 기준에서) 하나라도 남거나 빠지는 것이 없는 전체. 2-(부) (일정한 기준에서) 하나도 빼지 않고 다.	1كل شئ دون نقصان. -2 كله بلا استثناء	1-식구 모두가 여행을 떠났다. 2-강의 내용이 쉬워서 모두 이해할 수 있다.	1_سافر كل أفراد العائلة. 2_ محتوى المحاضرة سهل لذلك أستطيع فهمه كله.
모든	كل	(관) 빠지거나 남는 것 없이 전부의.	كل،جميع.	모든 국민은 법 앞에 평등하다.	كل المواطنين سواسية أمام القانون.
모래	رمال	(명)/잘게 부스러진 돌 부스러기.	حبيبات حجرية /صخرية صغيرة.	사막에는 모래섞인 바람이 불 때가 많다.	كثيراً ماتهب في الصحراء رياح ممزوجة بالرمال.
모레	بعد غد	(명)/내일의 다음날.	اليوم الذى يلى الغد	모레쯤이면 그 일을 어느 정도 마무리할 수 있을 것이다.	سأستطيع إنهاء هذا العمل إلى حد ما بحلول بعد غد.
모르다	لا يعرف/ يجهل	(동) 알지 못하다.	(عكس) يعرف/ لا يعرف	고향을 떠난 아들의 소식을 아무도 모른다.	لا يعرف أحد أخبار عن الولد الذي غادر بلدته.
모습	مظهر	(명) 1-사람의 생김새. 2_사물의 드러난 모양. (=)용모	1- المظهر الخارجي للإنسان. 2_الشكل الظاهر للشيء.	1-그에게는 아직도 어릴 때 모습이 조금 남아 있었다. 2_우리 나라의 발전된 모습을 보니 참 뿌듯하다.	1- مازال لديه جزءٌ من ملامحه وهو صغير. 2_لقد شعرت بالفخر برؤية صورة/شكل/مظهر تقدم بلدنا.
모시다	يرافق،يخدم (شخص كبير في العمر أو المكانة)	(동) 윗사람을 받들어 어떤 곳으로 함께 가거나 오다.	يبجل شخص كبير (عمر أو مكانة) و يصطحبه ذاهباً أو آتياً معه إلى مكان ما.	아버지께서 할머니를 댁까지 모셔다 드리라고 하셨다.	طلب أبي مني أن الجدة الضيفة إلى منزلها.
모양	شكل/مظهر	(명) 1-겉으로 나타나는 생김새나 됨됨이. 2_비교되는 대상 다음에 쓰이어 '~처럼'의 뜻.	1- الشخصية أو الشكل الخارجي (المظهر الخارجي). 2_يُضع بعد الشيء الذي يُراد به المقارنة.	1-네 모양을 보니 큰 일이 있었던 것 같구나. 2_봄빛은 어머님 품속 모양 따스하다.	1_يبدو من مظهرك حدوث أمر ما. 2_جو الربيع(مظهر الربيع) دافيئ كحضن أمي
모으다	يجمع	(동) 1-(나뉘거나 흩어져 있는 것들을) 한곳에 합치다. 2_사람들을 한곳에 오게 하다. 3_자료나 물건 등을 구하여 들이다. 4_관심이나 흥미를 끌다.	1- دمج الأشياء المقسمة أو المتناثرة في مكان واحد. 2_دعوة الأشخاص لمكان واحد. 3_يجمع البيانات أو المواد أو الأشياء. 4_يستقطب اهتمام.	1-두 손을 모아 빈다.2_회장이 직원들을 모아서 회사의 경제 상황을 서술했다. 3_우표를 모으는 취미가 있다. 4_발표를 할 때 사람의 시선을 모아야 잘할 수 있다.	1- ضم يديه ودعا. 2_جمع رئيس الشركة الموظفين ووصف لهم الوضع الإقتصادي للشركة. 3_لدي هواية جمع طوابع البريد. 4_عندما تقوم بعمل بريزينتيشن يجب عليك أن تجذب انتباه الناس حتى تستطيع أن تقوم به على نحوٍ جيد
모이다	يتجمع/يجتمع	(동) 1-(사람이 장소나 단체에) 다른 곳으로 부터 몰려들어 오거나 가입하다. 2-(흩어져 있는 것들이) 가까이 있게 되거나 합쳐지다. 3_돈이 들어와 쌓이다.	1- يتجمّع/أن يأتي عدة أشخاص لمكان واحد. 2_أن يكثر المال.	1-우리는 내일 약속 장소에 모이기로 했다. 2-단어가 모여 문장이 되고, 문장이 모여 단락이 되며, 단락이 모여서 한 편의 완성된 글이 된다.	1- أتفقنا على أن نتجمع فى المكان المحدد غدا. 2- الكلمات تجتمع لتكون جملة،والجمل تجتمع لتكون فقرة،والفقرات تجتمع فتكون قطعة كاملة.

모임	تجمع / إجتماع	(명) (=)회/어떤 목적을 위하여 여러 사람이 자리를 같이하는 일.	مشاركة العديد من الأشخاص في تجمع ما من أجل هدف معين.	이번 모임에는 꼭 참석해야 한다.	يجب حضور الإجتماع هذه المرة.
모자	قبعة	(명) 1-머리에 쓰는 것. 2-어머니와 아들.	تُضع على الرأس وتُصنّع بشكل رئيسي من القماش.	1-모자가 커서 거의 눈썹까지 덮고 있었다. 2-모자 관계	القبعة كبيرة لدرجة أنها أوشكت أن تغطي الحاجب.
모자라다	غير كافي / ناقص /قليل على شيء ما.	(동) 1-어떤 표준이 되는 정도나 양에 미치지 못하다. 2_지능이 정상적인 수준에 이르지 못하다. (=)부족하다	1- عدم القدرة على الوصول لكمية أو درجة معيارية معينة. 2_عجز القدرات عن بلوغ المستوى الطبيعي.	잠이 모자라서 늘 피곤하다.	نومي غير كافي لذلك دائماً ما أشعر بالتعب.
목	رقبة/عنق/حلق	(명) 머리와 몸의 사이를 잇댄 잘록한 부분.	الجزء الذي يقوم بوصل الرأس بالجسم.	몸이 너무 아파서 병원에 갔다. 목이 긴 여자를 선호한다.	حلقى يؤلمنى لذلك ذهبت للمشفى. تعجبنى الفتاة ذات الرقبة الطويلة.
목걸이	سلسلة/عقد	(명) 목도리,넥타이 따위와 같이 목에 거는 것.	مايعلق على الرقبة مثل رابطة العنق(الكرافت)،والسكارف.	생일 선물로 엄마께 목걸이를 사 드렸다.	أشتريت لأمى عقد بمناسبة عيد ميلادها.
목소리	صوت	(명) 1-목을 통하여 내는 말소리 따위. 2_의견이나 주장.	1- مايصدر عن طريق الحلق مثل صوت الكلام وغيره. 2- رأي أو وجهة نظر.	1-큰 목소리로 노래를 부르다. 2_주민들의 목소리에 귀 기울이다	1- يغني بصوت عالي. 2_ينصت إلى صوت الشعب(أي رأيهم).
목숨	حياة،نفس الحياة(حياة شخص).	(명) 사람이나 동물이 숨을 쉬며 살아 있는 힘. (=)명-생명-수명	القوة التي تمكن الإنسان أو الحيوان من العيش والتنفس.	아들의 목숨을 구하려고 어머니는 죽음을 무릅썼다.	خاطرت الأم بحياتها لإنقاذ حياة طفلها.
목요일	يوم الخميس	(명) 월요일을 기준으로 세었을 때 주의 네 번째 날. 수요일의 다음날이고 금요일의 전날이다. .	يوم من أيام الأسبوع.	목요일은 이집트의 주말 전날이라서 가족이 모이고 밤새워 얘기를 한다.	يوم الخميس هو اليوم السابق لعطلة نهاية الأسبوع في مصر لذلك تتجمع فيه الأسرة فتسهر طوال الليل يتبادلون الحديث.
목욕	استحمام / اغتسال	(명) 머리를 감으며, 온 몸을 씻는 일. (=)목간.	القيام بغسل الشعر والجسم كله.	공중 목욕탕에 목욕 갔다 왔다.	يذهب للإغتسال في الحمام العام.
목욕하다	يغتسل	(동) 온 몸을 씻다.	يغسل شعره وجسمه كله.	우리 어머니께서는 목욕하는 것을 유난히 좋아하신다.	تحب أمنا الأستحمام كثيرا.
목적	غاية	(명) 이루려 하는 일.또는 나아가려고 하는 방향.	شيء تسعى لتحقيقه،أو طريق إتجاه/مسار/هدف تنوي التقدم إليه.	인생의 목적을 가져야 한다.	يجب أن تملك هدف في الحياة.
목표	هدف	(명) 목적을 이루기 위하여 실제적인 대상으로 삼는 것.	كل مايُعتبر حقيقي لتحقيق الغاية.	하나의 목적을 이루기 위하여 여러 개의 목표를 정할 수 있다.	من الممكن اختيار العديد من الأهداف لتحقيق غاية واحدة.
몰다	يدفع/يقود	(동) 1-앞이나 옆에 세우고 일정한 방향으로 나가게 하다.2_탈것을 부리거나 운전하여 어떤 방향으로 나가게 하다.	1- يوقف شيء على الجانب أو أمامه ويجعله يتحرك في إتجاه محدد. 2_يقود عربة ويجعلها تسير في إتجاه محدد.	1-태풍이 비를 몰고 왔다. 2_차를 천천히 몰다.	1_دفع الإعصار المطر وأتى به. 2_يقود السيارة ببطء.

몰래	سراً/خلسةً/دون علم أحد.	(부) 남이 모르도록 가만히.	بهدوء حتى لا يعلم الآخرون.	그는 밤에 몰래 사무실로 들어가서 서류를 빼내 갔다.	لقد دخل هذا الشخص إلى المكتب ليلاً وأخذ المستندات خلسةً(دون علم أحد).
몸	جسم	(명) 사람이나 동물의 머리에서 발까지 모든 것.	كل شيء من الرأس للقدم سواء كان إنساناً،أو حيواناً.	할머니께서는 몸이 약해지셔서 계단을 혼자 못 올라가신다.	أصبح جسد الجدة ضعيفاً فلا تستطع صعود الدرج بمفردها.
몸무게	وزن الجسم	(명)몸의 무게.	وزن الجسم.	운동을 했더니 몸무게가 예전보다 적게 나간다.	نقص وزن جسمي مقارنةً بالسابق؛بسبب ممارسة الرياضة.
몹시	جداً	(부) 더할 수 없이 심하게.	وضع صعب جدا	생활이 몹시 어렵다.	الحياة(المعيشة) صعبة جداً.
못	لا يستطيع	(부) 행동을 할 수 없거나 말리는 따위의 부정하는 뜻을 나타냄.	تُظهر معنى سلبي بعدم القدرة على فعل عمل ما أو إيقاف / منع القيام به.	그는 아무도 못 말린다.	لا يستطيع أحد إيقافه.
못하다	لا يستطيع	(동) 어떤 일을 일정한 수준에 못 미치게 하거나, 그 일을 할 능력이 없다.	عدم القدرة على الوصول لمستوى محدد في عمل ما،أو عدم امتلاك القدرة على القيام بالعمل.	배가 아파 밥을 먹지 못하다.	لا يستطيع تناول الطعام لأن بطنه يُألمه.
무겁다	ثقيل	(형) 1-무게가 많다. (반)가볍다. 2_힘이 들거나 빠져서 느른하다. 3_기분이나 분위기 따위가 답답하거나 어둡다. 4_죄나 벌 따위가 크거나 대담하다.	1- حجمه كبير. 2_بطيء بسبب نقصان القوة. 3_شعور شخص،الجو العام مُظلم أو مُحبط. 4_ذنب،عقاب كبير أو عظيم.	1-가방이 무거워서 들 수가 없다. 2_무거운 다리를 끌고 걸었다. 3_무거운 분위기. 4_그는 무거운 죄를 지었다.	1_لا أستطيع حمل الحقيبة لأنها ثقيلة. 2_سار وهو يسحب ساقيه الثقيلتين(كناية عن التعب). 3_جو عام سيء. 4_لقد إرتكب إثماً عظيماً.
무게	وزن	(명) 1-물건의 무겁고 가벼운 정도. 2-대상이 어떤 분야에서 차지하고 있는 중요성의 정도.	درجة أو نسبة ما إذا كان الشيء ثقيل أو خفيف.	1-장수거북 중에는 무게가 일 톤이나 되는 것도 있다. 2-부모님께서 돌아가시자 장남이라는 책임감이 그 무게를 더해 갔다.	1_يوجد سلحفاة معمرة يصل وزنها الى طن بين السلحفات المعمرة. 2_لقد وضع إحساسه بالمسئولية بصفته الإبن الأكبر حجم أكبر من المسئولية على عاتقه بعد وفاة والديه.
무너지다	ينهار / يتساقط	(동) 높은 데 있는 것이나 쌓여 있는 것이 내려앉거나 떨어져 흩어지다.	سقوط الشيء الموجود في مكان عالي وتفرقه.	하루 종일 걸었더니 몸이 무너질 듯하다.	مشيت طول اليوم فأشعر بأن جسمي سينهار.
무늬	نمط/تصميم/رسم/شكل	(명) 물건의 표면에 어룽져 나타난 모양.	شكل مرسوم(منقوش/مُزخرف)على المظهر الخارجي للشيء.	그 물고기는 둥근 무늬가 있다.	هنالك أسماك بأشكال دائرية.
무대	مسرح (خشبة المسرح) / منصة	(명) 노래,춤,연극 따위를 하기 위하여 마련된 곳.	مكان مُجهز من أجل العروض المسرحية،الرقص،الغناء وغيرها.	가수가 무대에 올라가자마자 사람들이 박수 치기를 시작했다.	بدأ الناس في التصفيق فور صعود المغني على المسرح.
무렵	حول /وقت (عندما)	(명) 어떤 때의 그 즈음. 명사나 관형사 또는 관형사형 어미 '-ㄹ'뒤에 쓰인다.	وقت يتوافق مع وقت آخر تقريبا.	내가 집을 나가려고 할 무렵에 그에게서 전화가 왔다.	جاءتني مكالمة منه في الوقت الذي كنت أنوي الخروج فيه من المنزل.
무료	مجاني	(명) 1-값이나 삯이 필요 없음. 2-급료를 지급하거나 받거나 하지 않음.	بدون مقابل.	경력을 쌓을 수만 있다면 무료로라도 일을 하고 싶다.	أريد أن أعمل ولو مجاناً من أجل فقط أن أكون خبرات عملية.

무릎	ركبة	(명) 정강이와 넓적다리의 사이에 있는 관절의 앞부분.	الجزء الأمامي من المفصل بين القصبة والفخذ.	옷이 너무 커서 소매가 무릎까지 내려온다.	الملابس كبيرة جداً لدرجة ان الكم يصل إلى الركبة.
무섭다	خائف	(형) 위험이나 위협으로 느껴져 마음이 불안하다.	شعور بالخوف أو بالتهديد	나는 뱀이 가장 무섭다.	أنا أخاف من الثعابين أكثر شيء
무슨	أي / ماذا	(관) 1_무엇인지 모르는 일이나 물건을 물을 때 가리키는 말. 2_'왜','어떻게 된'의 뜻으로, 예상 밖의 못마땅한 일을 강조할 때 쓰는 말. 3_반의적인 뜻을 강조하는 말.	1- كلمة تشير إلى عمل غير معروف،أو عند السؤال عن الشيء. 2_كلمة تُستخدم للتأكيد على الإستياء من شيء خارج التوقعات،بمعنى (لماذا) (كيف حدث ذلك). 3_للتأكيد على معنى السخرية والتهكم.	1_그는 무슨 생각을 하고 있는지 모르겠다. 2_무슨 눈이 이렇게 많이 올까? 3_대낮부터 술은 무슨 술이오.	1- لا أدري ما الذي يفكر فيه. 2_كيف يتساقط الثلج بغزارة هكذا؟ 3_كحول في وَضَح النهار(من أول اليوم)!!!!
무시하다	يتجاهل/يستخف/يزدري	(동) 존재나 있는 값어치를 알아주지 아니함. 사람을 깔보거나 업신여김.	لايدرك قيمة وجود الشيء/يحتقر أو يزدري شخص.	돈 좀 있다고 사람 무시하지 마라.	لا تزدري الناس لأنك تملك بعض المال.
무엇	ماذا	(대) 이름을 모르거나,작정하지 못한 일이나 물건 따위를 가리키는 말.	كلمة تشير الى شيء أو عمل لم يُخطط له،أو عدم معرفة اسم.	1-이름이 무엇입니까? 2_그가 무엇 때문에 그렇게 고민을 하는지 궁금하다	1_ ما هو أسمك؟ 2_ اشعر بالفضول حول معرفة السبب في حيرته هكذا.
무조건	قطعاً/ضروري/بدون شروط أو قيود	(부) 이러저러한 조건을 따지지 않고. 아무 조건도 없음.	بدون أي شرط.	아무리 친구라고 해도 무조건 편을 들면 안 돼.	حتى لو صديقك لا يجب أن تأخذ صفه كلياً.
무척	جداً / كثيراً/ حقاً	(부) 다른 것과 견줄 수 없이.	لا يمكن مقارنته بشيء آخر.	이 소식을 듣고 어머니는 무척 기뻐하셨다.	فرحت أمي كثيراً بعد سماعها لهذا الخبر.
묶다	يربط	(동) 1-따로 떨어지거나 흐트러지지 않도록 감아 매다. 2-법령 따위로 금지하거나 제한한다. 3-여럿을 한군데로 모으거나 합하다.	1_جمع مجموعة من الحشائش أو القش معا في مجموعة واحدة. 2_ حظر أو تقييد شئ ما عن طريق مرسوم. 3_ جمع أو توحيد عدة أشياء معا.	진수는 신발끈을 단단히 묶었다.	ربط جينسو رباط حزاءه بإحكام.
문	باب	(명) 드나들거나 통할 수 있도록 만들어 놓은 물건.	شيء يتم صناعته من أجل الخروج والدخول،أو العبور من خلاله.	집을 비울 때는 문을 꼭 잠가야 한다.	يجب أن نغلق باب المنزل جيداً عندما يكون المنزل فارغ.
문법	قواعد اللغة(نحو وصرف)	(명) 말의 구성 및 운용상의 규칙. 또는 그것을 연구하는 학문.	البناء اللغوي للكلمة و القواعد العملية.أو دراسة تبحث ذلك.	문장의 길이가 길어지면 문법적으로 틀린 표현이 되기 쉽다.	إذا زاد طول الجملة أصبح من السهل الوقوع في أخطاء نحوية.
문자	رسالة / كتابة	(명) 말을 눈으로 읽을 수 있게 나타낸 기호.	علامات تُظهر الكلام بحيث يمكن قراءته بالعين.	1-문자 메시지를 받다. 2_그는 말할 때마다 문자를 쓰면서 잘난 체를 한다	تلقيت رسالة نصية.2_يتفاخر هذا الشخص ويظهر نفسه بإستخدام كلمات عظيمة(لغة صعبة قديمة) كلما تحدث.
문장	جملة	(명) 생각이나 느낌을 말로 표현할 때 완결된 내용을 나타내는 언어 행위의 최소 단위.	أصغر وحدة لحركة اللغة تُظهر محتوى مُتصل ببعضه عند التعبير بالكلام عن شعور أو تفكير ما.	여러 문장을 한 문장으로 만들어 보자.	دعنا نجعل مجموعة الجمل هذه جملة واحدة.

문제	مشكلة / مسألة / (سؤال في امتحان أو ماشابه)	(명) 1-대답을 얻으려고 낸 물음. 2_의논의 목적물이 되거나 해결을 요하는 일. 3_귀찮은 일이나 말썽.	1- سؤال تم طرحه للحصول على إجابة أو حل. 2_عمل يتطلب حل،أو أن يصبح موضوع مناقشة ما. 3_مشكلة،أو عمل مزعج.	1-토픽 시험에는 문제를 풀 시간이 모자라 빨리 풀도록 연습을 많이 해야 한다. 2_유럽 지도자를 정상 회담을 가져 대하는 경제 문제에 대해 의논했다.3_문제를 일으키다.	1- يجب التدرب كثيراً على حل الأسئلة بسرعة؛لأن الوقت المخصص لحل الأسئلة في إمتحان التوبيك(إمتحان تحديد مستوى القدرات في اللغة الكورية) غير كافي. 2_عقد القادة الأوروبيون إجتماع قمة وناقشوا فيه المشكلة (المسألة)الإقتصادية التي تواجههم. 3_يتسبب في مشكلة.
문제점	مشكلة / عائق / نقطة خلاف	(명) 어떤 사물이나 현상에서 해결해야 하거나 개설해야 할 점.	نقطة يدور حولها الخلاف أو المشكلة.	문제점을 정확히 파악하여 해결 방안을 찾도록 하시오.	أدرك المشلكة وأعمل على إيجاد طريقة لحلها.
문학	أدب	(명) 자연과학,정치,법률,경제 따위에 관한 학문 이외의 여러 가지 학문.사상이나 감정을 언어로 표현한 예술. 또는 그런 작품. 시, 소설, 희곡, 수필, 평론 따위가 있다.	دراسة حول الإقتصاد،والقانون،والسياسة،وعلوم الطبيعة وغيرها . وبخلاف ذلك عديد من الدراسات مثل: الأدب (بوصف فناً جمالياً)،الفلسفة،التاريخ،علم الإجتماع ،علم اللغة وغيره._فن التعبير عن الفكر و المشاعر بالكلمات.أو هذا العمل من شعر و روايات دراما،مقال،نقد وغيره.	그는 문학에 재능이 있다.	هذا الشخص لديه مواهب أدبية.
문화	ثقافة	(명) 자연 상태에서 벗어나 삶을 풍요롭고 편리하고 아름답게 만들어 가고자 사회 구성원에 의해 습득,공유,전달이 되는 행동 양식. 사람이 본래 가지고 있는 이상을 실현하려는 인간 활동의 과정 또는 성과. 특히 언어,예술,도덕,종교,제도 따위 인간의 내면적,정신적 활동의 소산을 일컫는다.	تقدم العلم الذي يوقظ الإنسان وينيره. نجاح أو مراحل أنشطة الإنسان التي تسعى لتحقيق أكثر مما يمتلكه الشخص في الأصل وخاصةً:الفن،الأخلاق،الديانة،النظام وغيره من نتائج أنشطة الإنسان النفسية والداخلية.	1-자기 나라 문화와 다른 나라에 가면 문화 충격받기는 쉽다. 2-문화는 민족의 거울이다.	إذا ذهبت إلى بلد آخر تختلف ثقافته عن ثقافة بلدك فمن السهل تلقي صدمة حضارية. الثقافة هي مرآة الشعوب.
묻다	يُلطخ ب /يبقع ب/	(동) 가루,액체,끈끈한 것 따위가 그보다 큰 물체에 들러 붙다.	التصاق مسحوق،سائل،مادة لزجة أو غيرها على شيء أكبر منها.	흙이 묻은 바지.	بنطلون ملطخ بالطين.
묻다	يسأل	(동) 남에게 대답이나 설명을 구하다.	يبحث عن إجابة أو شرح من شخص.	모르는 게 있으면 저에게 언제든지 물어보세요.	اسألني في أي وقت عما لا تعرفه.
물	ماء	(명) 비로 내려 강,호수,바다,따위를 이루며 땅에서 솟기도 하여 생물이 살아가는 데에 꼭 있어야 하는 액체.	سائل يجب وجوده لإستمرار الحياة،يخرج من الأرض أو يهطل على شكل أمطار ويكون الأنهار،والبحار، والبحيرات	물 없이는 아무도 살 수 없다.	لا يستطيع أحد العيش بلا مياه.
물건	شيء/مادة/ سلعة	(명) 일정한 형체를 갖춘 모든 물질적 대상.	كل مادة تمتلك شكل محدد.	적당한 장소에 물건을 두다.	يضع الأشياء في مكان مناسب.
물고기	أسماك	(명) 물에서 사는,아가미와 지느러미가 있는 척추동물.	حيوانات تعيش في الماء ولديها خياشيم و زعانف.	고래는 물고기가 아니다. 물고기들이 물에서 헤엄친다.	الحيتان ليست من الأسماك. الأسمالك تعوم في الماء

물다	يعض/يلدغ	(동) 윗니와 아랫니 사이에 끼운 상태로 상처가 날 만큼 세게 누르다. 빈대, 모기 따위 벌레가 주둥이 끝으로 살을 찌르다	يضغط بقوة عبر الأسنان العلوية والسفلية لدرجة حدوث جرح. قيام حشرات مثل الناموس وبق الفراش بوخز الجلد بفمهم.	그는 밥을 먹다 혀를 잘못 물었다.	قمت بعض لساني أثناء تناول الطعام.
물론	بالتأكيد	(부) 말할 것도 없이.	دون كلام.	물론 월급은 현금으로 지급될 것이다.	بالتأكيد سيتم دفع الراتب الشهري نقدا.
물어보다	يسأل	(동) 무엇을 밝히거나 알아내기 위하여 상대편에게 묻다.	يستفسر من الطرف الآخر حتى يعرف أو يوضح شيء ما.	동생은 나에게 어디 가느냐고 물어보았다.	سألني أخي الصغير أين أذهب
물음	سؤال	(명) 무엇을 밝히거나 내용을 알고 싶어서 대답이나 설명을 요구함. 또는 그런 말.	سؤال / (عكس) الإجابة.	다음 물음에 답하시오.	أجب عن الاسئلة التالية.
뭐	ماذا (رد) أو (سؤال)	(감) '무어 (친구나 아랫사람이 불러 대답하거나 맞서 대응해야 할 때, 왜 그...)'의 준말.	ماذا!(عند الرد على صديق أو شخص أصغر مني سناً،أو عند ضرورة الرد عليه وجهاً لوجه، لما ذاك ...) تصغير للكلمة.	뭐, 누구한테서 편지가 왔다고? 내가 할 수 있는 일이면 뭐든 할 생각이다.	ماذا! من من جاءت الرسالة؟ سأفعل أي شيء مهما كان طالما بإستطاعتي فعله.
미국	الولايات المتحدة الأمريكية	(명) 연방 정부와 북아메리카 대륙의 4 개주와 알래스카, 하와이의 2 개주를 합한 50 개의 주정부로 구성된 연방 공화국.	حكومة ديمقراطية فيدرالية تتكون من 50 ولاية، هم 48 ولاية فيدرالية وولايتى هاواى وألاسكا.	미국에 진출한 추신수 선수는 야구를 통해서 한국인의 위상을 높여 주었다.	فى الولايات المتحدة لافع شو جينسو من شأن الكوريين هناك عن طريق البيسبول.
미국인	أمريكي	(명) 미국 국적을 가진 사람.	شخص يحمل الجنسية الأمريكية	미국인 중에는 비만인 사람이 제법 많다.	هنالك الكثير من الأشخاص أصحاب الوزن الزائد فى أمريكا.
미끄러지다	ينزلق	(동) 비탈지거나 미끄러운 곳에서 한쪽으로 밀리어 나가거나 넘어지다.도로나 철길, 뱃길을 따라 자동차, 기차, 배 따위가 거침없이 나아가다.	سقوط الشيء أو إندفاعه في إتجاه واحد من مكان منحدر أو مكان زلق.أن تسير السيارات،والقطارات،والمراكب بدون قيود أو توقف وفقاً لطرق السيارات والسكة الحديد،والطرق البحرية.	호랑이가 나무에서 미끄러져 떨어졌다	انزلق النمر من فوق الشجرة وسقط.
미끄럽다	زلق/زالج	(형) (사물이) 어떤 표면에 닿았을 때, 저절로 밀리어 나갈 만큼 반들반들하다.	متغير أو متقلب لدرجة تجعله يندفع للأمام تلقائياً.	눈이 와서 길이 미끄럽다.	الطريق زلق بسبب تساقط الجليد.
미래	مستقبل	(명) 앞으로 올 날이나 때.	الوقت القادم.	청소년의 미래가 곧 나라의 미래이다.	مستقبل الشباب هو مستقبل وطنهم.
미루다	يأجل	(동) 일을 나중으로 넘기다.	ترك العمل لوقت لاحق.	일이 아직 많이 남았으니 약속 시간을 두 시간 뒤로 미루자.	دعنا نُأجل موعدنا ساعتين لأنه مازال متبقي الكثير من العمل.
미리	مسبقاً/ مقدماً	(부) 어떠한 일이 아직 생기기 전에 앞서서.	مسبقاً قبل حدوث شيءٍ ما.	산에 오를 때는 지형과 기상 정보를 미리 알아두어야 한다.	عند صعود الجبال يجب جمع معلومات عن طبيعة الأرض و الجو.
미만	أقل من	(명) 정한 수효나 정도에 차지 못하다.	عدم الوصول إلى نقطة أو رقم معين.	6 세 미만의 어린이에게는 입장료를 받지 않습니다.	لا نحصل على رسوم دخول من الأطفال أقل من 6 سنوات.
미소	إبتسامة	(명) 남에게 사랑을 받을 만하게 곱게 웃는 웃음.	ضحكة جميلة بشكل يستحق الحصول على محبة الآخرين.	그대의 미소 햇살처럼 내 길을 밝게 비춰 준다.	ضحكتها كشعاع الشمس يُضيء طريقي.

미술	رسم / فن راقي وجميل	(명) 공간 및 시각의 아름다움을 표현하는 예술. 회화, 조각, 건축, 공예 따위.	فن/حوار/قطعة فنية/فن معماري/حرفة تُعبر عن جمال الزمان والمكان .	미술 작품을 감상하다.	يستمتع بمشاهدة الأعمال الفنية الراقية.
미안하다	آسف / يشعر بالأسف	(형) 남에게 대하여 마음이 편치 못하고 부끄럽다. 겸손히 양해를 구하는 뜻을 나타내는 말.	يشعر بعدم الراحة والإحراج إتجاه شخص ما. كلمة تُظهر معنى طلب العُذر بشكل متواضع.	오래 기다리게 해서 미안해.	آسف لجعلك تنتظر كثيراً.
미용실	صالون تجميل (كوافير)	(명) 파마, 커트, 화장, 그 밖의 미용술을 실시하여 주로 여성의 용모, 두발, 외모 따위를 단정하고 아름답게 해 주는 것을 전문으로 하는 집.	محل متخصص في تجميل المظهر الخارجي للمرأة وشعرها بشكل لائق،ويقوم بعمل موجة الشعر ،وقص الشعر ،ومساحيق التجميل(المكياج)، وغيرها من تقنيات التجميل.	우리 동네 미용실의 미용사는 나에게는 짧은 생머리가 잘 어울린다며 머리를 자르라고 권했다.	نصحني مصفف الشعر الذي يعمل في صالون التجميل بحينا بأن أقص شعري لأن الشعر القصير الطبيعي (الخالي من التمويج) يُلائمني.
미워하다	يكره	(동) 미워하는 마음을 가지다. 밉게 여기다.	يمتلك قلب كاره/بغيض.	그 사람은 성격이 좋아 미워하려야 미워할 수 없다.	هذا الشخص شخصيته جيدة فلا تستطيع أن تكرهه مهما حاولت ذلك.
미인	إمرأة جميلة /حسناء	(명) 얼굴이 썩 고운 여자. 용모.가 아름다운 여자	إمرأة وجهها جميل جداً.	그녀는 미인대회에서 미스 유니버스로 뽑혔다.	تم إختيارها ملكة جمال الكون في مسابقة الجمال.
미장원	صالون تجميل	(명)/(=)미용원/미용실. 주로 머리와 얼굴을 아름답게 꾸며주는 곳	صالون تجميل. فى العادة مكان لتجميل الوجه والشعر.	요샌 미장원에서 남자들이 머리를 자르기도 한다.	هذه الأيام،يقص الرجال أيضاً شعرهم في صالونات التجميل (الكوافير).
미치다	يفقد عقله	(동) 1-정신에 탈이 나서 말과 행동이 이상하게 되다. 2-하는 것이 정상적인 상태에서 벗어나다. 3-어떤일에 지나칠 정도로 골몰하다.	1- يُصبح مريضاً عقلياً ويصبح كلامه وتصرفاته غريبة.ألا تكون تصرفاته في حالة طبيعية. 2- أن يكون مغمور بشيء بشكل مفرط (زائد عن الحد).	두 아이를 교통사고로 잃은 그녀는 결국 미쳐서 정신 병원에 입원했다	بعدما فقدت الأم ولديها في حادثة سير ،فقدت عقلها هو الآخر ودخلت المستشفى.
미터	متر	(명) 미터법에 따른 길이의 기본 단위. 기호는 m 이다.	وحدة قياس فى النظام المترى ويرمز لها ب م.	미터보다 작은 단위는 무엇이니?	ماهي الوحدة الأقل من المتر؟
민족	شعب/مواط نين	(명) 일정한 지역에서 오랜 세월 동안 공동 생활을 하면서 같은 언어와 문화 등을 가지고 역사적으로 운명을 같이해 오는 사회 집단.	مجتمع(مجموعة)شاركت مصير واحد من الناحية التاريخية،وتمتلك ثقافة ولغة واحدة ويقومون بعيش حياة مشتركة في مكان محدد لفترة طويلة.	민족을 위하여 목숨을 바치다.	يقدم حياته من أجل الشعب.
믿다	يصدق	(동) 생각하는 것을 꼭 그렇다고 여기다.	يؤمن بأن الذي يُفكر فيه سيحدث بالتأكيد.	사람들은 우주에 생물체가 살 것이라고 믿고 있다.	يؤمن/يعتقد الناس أن الكائنات الحية سوف تعيش في الفضاء.
믿음	تصديق	(명) 어떤 사실이나 사람을 믿는 마음.	الثقة في شخص أو حقيقة ما.	그녀는 믿음이 가는 친구이다.	هي صديقة جديرة بالثقة
밀가루	دقيق القمح	(명) 밀을 빻아 만든 가루.	دقيق يُصنع من القمح المطحون.	밀가루 반죽을 주무르다	يشكل عجينة بدقيق القمح.
밀다	يدفع	(동) 일정한 방향으로 움직이도록 반대쪽에서 힘을 가하다.	استخدام القوة من الطرف الآخر لتحريك شيء في إتجاه معين.	선수가 다른 팀의 선수를 밀었다.	دفع اللاعب لاعب الفريق الخصم.

밀리미터	كيلو متر	(명) 1000 미터의 길이를 나타내는 단위.	وحدة لقياس المسافة تساوي 1000 متر.	수미는 40 킬로미터나 쉬지 않고 달렸다.	جرت سومي 40 كيلو متر دون أن تستريح.
밀리미터	ملليمتر	(명) 미터법에서 길이의 단위. 1 미터의 1,000 분의 1 에 해당하는 길이. 기호는 mm 이다.	وحدة فى النظام المترى. واحدة من 1000 جزء فى المتر . ويشار إليه ب مم.	오늘 오후에는 시간당 30 밀리미터의 비가 내린다고 한다.	يقال أن بعد ظهر اليوم يتساقط 30 مم من الأمطار فى الساعة.
밉다	مكروه	(형) 생김새나 언동 따위가 마음에 들지 않고 비위에 거슬려 싫다.	عدم الإعجاب بشكل أو طريقة كلام وتصرفات شخص،و التملك والإهانة.	나는 세상에서 거짓말하는 사람이 가장 밉다.	أكثر ما أكرهه في (العالم/حياتي)الشخص الكذاب.
밑	تحت / أسفل / قاع	(명) 물체의 아래나 아래쪽.	أسفل الشيء أو الناحية السفلية.	잃어버렸던 책을 책상 밑에서 찾았다.	وجدت الكتاب الذي فقدته تحت المكتب.
바깥	في الخارج	(명) 밖이 되는 곳.	مكان بالخارج.	아이들이 바깥에서 뛰어 논다.	يلعب الأولاد ويركضون في الخارج.
바꾸다	يغير	(동) 어떤 물건을 주고 그 대신 딴 물건을 받다.	يُعطي شئ ما ويأخذ بدلا منه شيء آخر.	은행에 가서 헌 돈을 새 돈으로 바꾸었다.	ذهبت إالى البنك وغيرت الأموال القديمة(البالية) بأموال جديدة.
바뀌다	يتم تغييره (يتبدل)	(동) 내용이나 성격, 상태 따위가 달라지게 되다.	يتغير	내 공책이 친구의 공책과 바뀌었다.	تبدل كشكولي مع كشكول صديقي.
바나나	موز	(명)'바나나'에서 나는 열매. 초승달 모양의 긴 타원형으로 노란색.	ثمرة الموز. على شكل هلال لونها أصفر.	바나나는 내가 가장 좋아하는 과일이다.	الموز هي أكثر فاكهة أحبها.
바늘	إبرة خياطة	(명) 옷 따위를 짓거나 기울 때 쓰는, 가늘고 끝이 뾰족하며 대가리에 있는 구멍에 실이나 노를 꿰어서 쓰는 물건.	شيء رقيق وله رأس مدبب يمر/يُضع بداخله الخيط ويُستخدم في خياطة أو تفصيل الملابس أو غيرها.	어머니께서 바늘에 실을 꿰어 단추를 달아주셨다.	أمى أصلحتلى الزر بالإبرة والخيط.
바다	بحر	(명) 지구의 거죽에 큰 넓이로 짠물이 많이 괴어 있는 곳.	هو مكان مليء بالماء المالح بمساحات شاسعة على سطح الأرض.	파도가 심해서 바다에 나갈 수가 없다.	لم استطع الخروج من البحر بسبب شدة الأمواج.
바닥	أرض	(명) 평평하게 넓이를 이룬 면. 물체의 평평한 밑면. 일정한 지역이나 장소.	المكان المسطح (المتساوي)على سطح الشيء. أسفل أو الجزء السفلي.	너무 피곤해서 바닥에 앉아 버렸다.	جلست على الأرض لأنني كنت مُتعب كثيراً.
바닷가	شاطيء/كورنيش	(명) 바다와 땅이 서로 잇닿은 곳이나 그 근처.	المكان الذي يصل البحر بالأرض(اليابسة)،أو المنطقة المحيطة.	수영을 하러 바닷가로 나갔다.	ذهبت إلى الشاطيء للسباحة.
바라다	يتمنى	(동) 어떻게 되었으면 하고 생각하다.	يأمل حدوث شيء.	시험에 합격하기를 바란다.	يتمنى النجاح في الإمتحان.
바라보다	ينظر	(동) 바로 향하여 보다.	الإتجاه إلى شيء والنظر إليه مباشرة.	경험은 세상을 바라보는 눈을 넓혀 준다.	الخبرة تفتح العين التي ترى العالم.
바람	رياح(هواء)	(명) 기압의 변화로 일어나는 공기의 흐름.	الهواء الناتج عن تغير الضغط الجوي.	밖에서 바람이 심하게 부니까 오늘은 나가지 말자.	دعنا لا نخرج اليوم لأن الرياح تهُب بشدة في الخارج.
바람	نتيجة/أثر/تأثير(سبب)	(명) '~는 바람에'의 구성으로 쓰여 뒷말의 원인이나 근거를 나타내는 말.	تأتي بعد التصريفات التالية للأفعال وتُعبر عن سبب،أو أساس و غيرها.	버스에서 사람들이 나를 밀치는 바람에 거의 넘어질 뻔 했다.	كنت على وشك السقوط بسبب دفع الآخرين لي في الأتوبيس.

바로	فوراً/حالاً/م باشرةً	(부) 무엇을 하자마자 곧.	فوراً بعد عمل شيء.	도착하면 바로 전화해라.	أتصل بي فوراً عند وصولك.
바르다	صحيح	(형) 사실과 어긋남이 없다.	عدم البعد عن الحقيقة.	역사를 바르게 이해하다.	يفهم التاريخ بشكل صحيح.
바르다	يضع/يدهن(دواء)	(동) (사람이 어디에 풀이나 물, 화장품 따위를) 표면에 고루 묻히다.	شئ يدهن على السطح (كنوع من السوائل أو الاعشاب أو مواد التجميل)	그 애는 상처에 소독약을 발랐다.	لقد وضع المُطهر على جرحه.
바보	غبي	(명) 어리석고 멍청하거나 못난 사람.	شخص سخيف وأحمق أو مغفل.	그는 열 살이 넘어도 말 한마디 똑똑히 못하는 바보였다.	تخطى العشر سنوات ولكنه كان أحمقاً لا يستطيع التفوه بكلمة واحدة بوضوح.
바쁘다	مشغول	(형) 많거나 서둘러서 해야 할 일 때문에 딴 겨를이 없다.	لا يمتلك وقت فراغ بسبب كثرة الأشياء التي يجب عليه فعلها أو عجلته منها.	요즘은 공부하느라고 바쁘다.	مشغول هذه الأيام بسبب المذاكرة.
바위	صخرة	(명) 매우 부피가 큰 돌.	حجر كبير.	산을 오르다가 바위에 기대어 잠시 쉬었다.	بينما هو يتسلق الجبل،استند إلى الصخرة وإرتاح قليلاً.
바지	بنطلون	(명) 가랑이가 져 두 다리를 꿰 입도록한 아래 옷.	ملابس يغطى بها الجزء السفلى من الجسم كالرجلين.	나는 청바지를 즐겨 입는다.	أحب إرتداء البنطلون الجينز.
바퀴	عجلة	(명) 돌리거나 굴리려고 테 모양으로 둥글게 만든 물건.	هو إطار مصنوع بشكل دائري ليستطيع الدوران.	자동차 바퀴가 도로의 기름 위를 헛돌면서 미끄러졌다.	دارت إطارات السيارة وانزلقت بسبب الزيت الموجود على الطريق .
박물관	متحف	(명) 유물을 수집, 보관, 전시하여, 사람들이 보거나 연구할 수 있게 하는 시설.	مرفق لجمع وحفظ وعرض الآثار حتى يقوم الناس بمشاهدتها أو بحثها.	민속 박물관	متحف فولكلوري
박사	دكتوراة	(명) 대학에서 주는 가장 높은 학위. 또는 그 학위를 받은 사람.	أعلى درجة علمية من الدراسات العليا, أو الشخص الحاصل على هذه الدرجة.	문학 박사	دكتوراة في الأدب
박수	تصفيق	(명) 환영이나 축하의 뜻으로 손뼉을 계속해서 치는 것.	ضرب راحتي اليدين باستمرار بمعنى الترحيب أو التهنئة.	박수를 받다.	يتلقى التصفيق
밖	خارج	(명) 어디를 벗어나거나 경계를 넘어서 있는 쪽.	خارج مكان معين أو الجهة التي تتعدى حد معين.	창문 밖을 내다보니 첫눈이 내리고 있었다.	نظرت إلى الخارج من النافذة فإذا الثلج الأول يتساقط.
반	صف	(명) 학교에서 한 학년의 학생들을 나누어 놓은 무리.	مجموعة تضم طلاب تم تقسيمهم من نفس السنة الدراسية في المدرسة.	3 학년 2 반	الفرقة الثالثة الصف الثاني.
반	نصف	(명) 전체를 똑같이 둘로 나눈 것 중의 하나.	واحد من نصفين متماثلين لشيء كامل.	사과를 반으로 갈랐다.	قطعت التفاحة إلى نصفين.
반갑다	مسرور	(형) 보고 싶던 사람을 만나거나 바라던 일이 이루어져서 마음이 즐겁고 기쁘다.	الشعور بالسرور والسعادة لمقابلة شخص ما أو تحقيق أمنية.	반가운 소식	أخبار سارة.
반대	ضد	(명) 의견이나 생각을 같이 하지 않거나 따르지 않는 것.	عدم تطابق الرأي أو الفكر.	반대 의견	رأي معارض.
반대하다	يعارض	(동) 의견, 생각, 제안 등에 찬성하거나	عدم الموافقة أو اتباع رأي أو فكر أو اقتراح والإعتراض.	지금은 이 방법에 찬성하는 사람도 있고	هناك الآن من يوافق على هذه الطريقة وهناك أيضاً من يعترض.

		따르지 않고 맞서다.		반대하는 사람도 있습니다.	
반드시	بالتأكيد	(부) 틀림없이. 꼭.	بالتأكيد, دون شك, لابد	이번에는 열심히 공부해서 반드시 시험에 합격하고야 말겠어요.	لابد أن ادرس بجد هذه المرة وأنجح في الإمتحان.
반복하다	يكرر	(동) 같은 말을 여러 번 하다.	يكرر الكلام.	이해를 못하는 것 같아 반복해서 설명을 해 주었어요.	بدى كأنه لم يفهم فأعدت له الشرح.
반성하다	يراجع نفسه	(동) 자기 말, 행동, 생각에 잘못이 없는 가를 깊이 생각하다.	التفكير بعمق فيما إن كان الكلام والتصرفات والأفكار الشخصية بها خطأ ما.	저는 밤마다 하루 생활을 반성하는 시간을 갖습니다.	أستقطع وقتاً لمراجعة ما فعلته خلال اليوم في الليل.
반장	ممثل الصف	(명) 반을 대표하는 사람.	الشخص الذي يمثل الصف.	이번에 누구를 반장으로 뽑을까요?	من علينا أن نختار هذه المرة ليكون ممثل الصف؟
반지	خاتم	(명) 보석을 박거나 멋을 내어 만든 손가락에 끼는 동그란 것.	شيء دائري يزين أو يطعم بالجواهر ويلبس في الإصبع.	결혼 반지	خاتم زواج
반찬	أطباق جانبية	(명) 밥을 먹을 때 밥과 함께 먹는 음식.	طعام جانبي يؤكل مع الوجبة الرئيسية.	오늘 저녁 반찬은 뭘 할까?	ماذا أحضر كأطباق جانبية على العشاء؟
받다	يأخذ	(동) (주거나 보내온 물건을) 자기의 것으로 가지다.	أخذ شيء معطى أو مرسل إليه.	생일날 장미 꽃다발을 받았어요.	تلقيت باقة ورد يوم ميلادي.
받아들이다	يتقبل	(동) 1_밖에서 오는 것을 들여와서 자기 것으로 하다. 2_(어떤 사람이 다른 사람의 말이나 의견을 어떠한 뜻으로)여기거나 이해하다.	1_أخذ شيء آتٍ من الخارج واعتباره لك. 2_ تفهم اراء أو كلام الاخرين.	1_우리는 외국 문화의 좋은 점을 받아들여야 한다. 2_그녀는 자신이 꾼 꿈을 하나의 계시로 받아들였다.	لابد أن نتقبل الجوانب الجيدة في الثقافات الأجنبية.
받침	نهاية المقطع	(명) 한글에서 한 음절의 끝소리가 되는 자음.	الحرف الساكن في نهاية المقطع.	낮'과 '낯'의 받침 'ㅈ,ㅊ'은 발음이 같다.	نهاية كلمتي '낮' و '낯' تنطق مثل 'ㅈ,ㅊ'
발	قدم	(명) 사람이나 동물의 다리 아래에 있는, 걸을 때 땅에 닿는 몸의 부분.	جزء من الجسم يلمس الأرض حين المشي, في أسفل قدم الإنسان أو الحيوان.	공을 발로 치다.	يركل الكرة بقدمه.
발가락	إصبع قدم	(명) 발에 앞쪽에 다섯 갈래로 갈라져 있는 부분.	الخمس أجزاء الموجودة في الجزء الأمامي من القدم.	엄지 발가락.	إبهام القدم.
발견	اكتشاف	(명) 이제까지 찾아내지 못했거나 알지 못했던 것을 처음으로 찾아내거나 알아내는 것.	معرفة أو إكتشاف شيءلم يكن مكتشف أو معروف من قبللأول مرة.	아메리카 대륙의 발견으로 세상이 크게 변했다.	تغير العالم كثيراً باكتشاف قارة أمريكا.
발견하다	يكتشف	(동) 이제까지 찾아내지 못했거나 알지 못했던 것을 처음으로 찾아내거나 알아내다.	يعرف أو يكتشف شيء لم يكن مكتشف أو معروف من قبللأول مرة.	이 연구를 통해 새로운 사실을 발견했습니다.	اكتشفت حقيقة جديدة من خلال هذا البحث.

발달하다	يطور	(동) 무엇이 이전보다 더 좋게, 크게 또는 복잡하게 변하다.	يتغير أمر ما ليصبح أفضل أو أكبر أو أكثر تعقيداًمن قبل.	선진국이란 정치와 경제가 발달한 나라입니다.	الدولة المتقدمة هي الدولة التي تملك سياسة و إقتصاد متقدمين.
발등	ظهر القدم	(명) 발의 위쪽 부분.	الجزء العلوي من القدم.	버스 안에서 옆 사람의 발등을 밟았다.	دست قدم الشخص الذي كان بجانبي في الحافلة.
발목	كاحل	(명) 다리와 발을 이어주는 부분.	جزء من الرجل يربط بين القدم و عضلة السمانة.	발목이 부러지다.	انكسر كاحله.
발바닥	بطن القدم	(명) 발 아래쪽의, 땅을 밟는 평평한 부분.	الجزء المستوى السفلي من القدم الذي يدوس الأرض.	발바닥을 마사지해 주면 시원합니다.	عندما تدلك باطن قدمي أشعر بالإنتعاش.
발음	نطق	(명) 입으로 말의 소리를 내는 일. 또는 그 소리.	إخراج صوت الكلام بالفم أو ذلك الصوت.	발음이 정확하다.	نطقه صحيح.
발음하다	ينطق	(동) 입으로 말의 소리를 내다.	يخرج صوت الكلام من الفم.	이 단어를 발음해 보세요.	جرب أن تنطق هذه الكلمة.
발자국	أثر قدم	(명) 발로 밟아서 남은 발 모양의 자국.	شكل القدم الذي يبقى بعد الخطو.	도로 여기저기에 사람들이 앞서 지나간 발자국이 보였다.	ظهرت آثار أقدام أشخاص مروا بهذا الطريق مسبقا
발전	تقدم	(명) 1_더 좋은 상태로 변하는 것. 2_전기를 일으킴.	تغير لحالة أفضل.	1_경제 발전. 2_수력발전	التقدم الإقتصادي.
발전하다	يتقدم	(동) 더 좋은 상태로 변하여 나아가다.	يتغير لحالة أفضل و يتقدم.	아무리 경제가 발전한다 해도 자유가 없으면 무슨 의미가 있겠어요?	مهما كان الإقتصاد متقدما فما فائدته بلا حرية؟
발톱	ظفر إصبع القدم	(명) 발가락의 끝을 덮고 있는, 뿔같이 단단한 물질.	المادة الصلبة التي تغطي أطراف الأصابع.	발톱이 많이 자랐다.	طالت أظافر قدمك كثيراً.
발표	إعلان	(명) 사실, 생각, 일의 결과 등을 공식적으로 여러 사람에게 널리 알리는 것.	إخبار عدد من الأشخاص بحقيقة أو فكرة أو نتيجة شيء ما على نطاق واسع وبشكل رسمي.	합격자 발표	إعلان الناجحين.
발표하다	يعلن	(동) 사실, 생각, 일의 결과 등을 공식적으로 널리 알리다.	يخبر عدد من الأشخاص بحقيقة أو فكرة أو نتيجة شيء ما على نطاق واسع وبشكل رسمي.	다음 주에 심사 결과를 발표한다고 합니다.	يقال أن نتيجة مناقشة البحث الأسبوع القادم.
밝다	مشرق	(형) (무엇이 내는 빛이) 환하다.	مشرق / منير.	오늘 밤 달은 유난히 밝네요.	قمر الليلة ساطع بشكل استثنائي.
밝히다	يُنير	(동) 어두운 곳을 밝게 하다.	إنارة مكان مظلم.	형광등 하나가 지하실을 밝히고 있었다.	كانت هناك لمبة تضيء القبو.
밟다	يدوس قدم	(동) 발로 디디고 누르다.	يخطو أو يضغط بقدمه.	만원 버스 안에서는 잘못해서 다른 사람의 발을 밟는 수가 있어요.	في حافلة مزدحمة يمكن أن تدوس قدم غيرك بالخطأ.
밤	ليل	(명) 해가 져서 어두워진 때부터 다음 날 해가 뜨기 전까지의 캄캄한 동안. 밤중.	الفترة المظلمة من بعد غروب الشمس إلى ما قبل الشروق.	밤 10 시	العاشرة مساءاً.
밤낮	ليل ونهار	(명) 밤과 낮.	الليل والنهار	아기가 밤낮이 바뀌어서 요즘 통 잠을 못 자요.	تغيرت ساعة الطفل البيولوجية فلا يتسطيع النوم أبداً هذه الأيام.
밥	أرز	(명) 쌀에 물을 넣고 끓여서 익힌 음식.	طعام يعد بغلي حبيبات الأرز في الماء.	밥을 푸다.	يغرف الأرز.

밥맛	مذاق الطعام	(명) 밥에서 나는 맛.	طعم الأكل.	햅쌀로 밥을 하니 밥맛이 좋다.	أعددت الطعام بأرز طازج لذا مذاقه شهي.
방	غرفة	(명) 사람이 생활을 하거나 일을 하는 건물 안의 막힌 공간.	مساحة محدودة داخل مبنى للعيش أو العمل.	방을 깨끗이 치우라.	نظف الغرفة جيداً.
방금	قبل قليل	(부) 바로 조금 전.	قبل لحظات قليلة.	엄마와 언니는 방금 집안 청소를 끝냈어요.	منذ قليل انتهت أمي وأختي الكبيرة من تنظيف المنزل.
방문	باب الغرفة	(명) 방으로 들어가고 나오는 문.	باب الدخول والخروج من الغرفة.	방문을 두드리는 소리.	صوت طرق باب الغرفة.
방문	زيارة	(명) 사람을 찾아가 만남.	الذهاب لمقابلة شخص.	모교 방문	زيارة لمدرستي القديمة.
방문하다	يزور	(동) 누구 또는 어디를 찾아가다.	يذهب لشخص أو مكان ما.	지난 여름에 나는 부산에 있는 송 선생 댁을 방문했다.	زرت منزل المعلم سونج في بوسان الصيف الماضي.
방법	طريقة	(명) 무엇을 하기 위한 방식이나 수단.	طريقة أو وسيلة لفعل شيء ما.	사용 방법	طريقة إستخدام.
방송	إذاعة	(명) 라디오나 텔레비전처럼 전파를 통해 소리나 그림을 전달하는 것.	إرسال الصوت أو الصورة عبر الموجات مثل الراديو والتلفاز.	라디오 방송	إذاعة الراديو.
방울	قطرة	(명) 둥글게 맺힌 작은 액체 덩어리.	كتلة سائلة صغيرة دائرية.	눈물 방울	قطرات الدموع.
방학	إجازة	(명) 학교에서 한 학기가 끝나고 일정한 기간 동안 수업을 쉬는 것.	التوقف الدروس في المدرسة لفترة معينة بعد إنتهاء فصل دراسي.	여름 방학	إجازة الصيف.
방향	إتجاه	(명) 무엇이 나아가거나 향하는 쪽.	جهة خروج أو إتجاه شئ ما.	남쪽 방향	جهة الجنوب.
배	بطن	(명) 가슴과 다리 사이에 있는, 몸의 앞 부분.	الجزء الأمامي من الجسم بين الصدر والرجل.	배가 아프다.	بطني يؤلمني.
배	ضعف	(명) 같은 수량을 여러 번 합한 만큼의 분량을 나타내는 말.	جمع الكمية ذاتها عدة مرات.	그분 월급은 제 월급의 두 배쯤 돼요.	مرتبه يساوي حوالي ضعف مرتبي.
배	قارب	(명) 물 위에 떠서 사람이나 짐을 실어 나르는 교통 수단.	وسيلة مواصلات تطفو على الماء لنقل الأشخاص أو الحمولات.	부산에서 제주도까지 배로 가면 얼마나 걸립니까?	كم يستغرق الذهب من بوسان إلى جزيرة جيجو بالمركب؟
배	كمثرى	(명) 껍질이 갈색 빛 또는 노란색이며, 동근 모양의 시원한 단맛이 나는, 가을에 나는 과일.	فاكهة خريفية دائرية الشكلقشرتها بنية أو صفراء وذات مذاق حلو ومنعش.	저는 과일 중에서 배를 제일 좋아해요.	الكمثرى هي فاكهتي المفضلة.
배경	خلفية	(명) 뒤에 있는 경치나 환경.	البيئة أو المشهد الخلفي.	배경을 삼다.	يصنع خلفية.
배고프다	جائع	(형) 먹은 지가 오래 되어 음식이 먹고 싶다. 뱃속이 비어서 음식이 먹고 싶다.	الرغبة بتناول الطعام بعد مرور وقت طويل منذ تناولته آخر مرة. الرغبة بتناول الطعام بسبب المعدة.	배고프니까 우선 식사부터 합시다.	فلنتناول الطعام أولاً لأنني جائع.
배달	توصيل	(명) 우편물이나 물건 등을 가져다 전해 주는 것.	توصيل بريد أو أشياء و غيرها.	신문 배달	توصيل الجرائد.

배달하다	يوصل	(동) 우편물이나 물건 등을 가져다 전해 주다.	يوصل بريد أو أشياء وغيرها.	오늘처럼 비가 오면 빨리 배달을 하기가 어렵습니다.	يكون التوصيل صعباً في الأيام الممطرة كاليوم.
배부르다	شبعان	(형) 음식을 많이 먹어 더 먹고 싶은 생각이 없다.	عدم الرغبة بتناول الطعام نتيجة تناول الكثير منه.	점심을 너무 많이 먹었더니 아직도 배부른데요.	أكلت الكثير على الغداء لذا مازلت شبعان.
배우	ممثل	(명) 영화, 연극에서 역할을 맡아 연기하는 사람.	الشخص الذي يمثل دور في فيلم أو مسرحية.	영화 배우	ممثل أفلام.
배우다	يتعلم	(동) 지식, 기술을 얻거나 익히다.	إكتساب معرفة أو مهارة أو إتقانها.	저는 한국어를 배우고 싶어요.	أريد أن أتعلم اللغة الكورية.
배추	خس	(명) 김치를 만드는 데 주된 재료로 쓰이는 채소.	نوع من الخضروات يستعمل كمكون رئيسي لعمل الكيمتشي.	겨울철이어서 배추가 여간 비싸지 않다.	الخس ليس غالياً لأننا في فصل الخريف.
백	مئة	(수) 숫자 100.	الرقم 100.	오십에 오십을 더하면 백이 된다.	عند إضافة خمسين إلى خمسين تصبح مئة.
백인	أبيض البشرة	(명) 피부가 흰 인종에 속하는 사람.	الشخص الذي ينتمي إلى أصحاب البشرة البيضاء.	백인이든 흑인이든 차별하지 말아야 한다.	يجب ألا نفرق بين أبيض أو أسمر البشرة.
백화점	متجر	(명) 한 건물 안에 온갖 상품을 종류 별로 나누어 파는 큰 상점.	متجر كبير في مبنى واحد فيه تقسم البضائع حسب نوعها وتباع.	어머니 생신에 드릴 선물을 사러 백화점에 갔습니다.	ذهبت لشراء هدية عيد ميلاد أمي من المتجر.
뱀	ثعبان	(명) 몸은 가늘고 길며 다리가 없는 동물.	حيوان ذو جسد رفيع وطويل وليس له أرجل.	산에 갔다가 뱀에 물렸다.	ذهبت إلى الجبل فلدغني ثعبان.
버릇	عادة	(명) 익숙해져서 자주 반복하는 행동.	فعل معتاد عليه وتكرره أغلب الوقت.	나쁜 버릇	عادة سيئة.
버리다	يرمي	(동) 필요가 없어진 것을 내던지거나 쏟다.	التخلص من الشيء غير الضروري.	휴지를 아무데나 버리지 맙시다.	لا ترمي المناديل في أي مكان.
버스	حافلة	(명) 많은 사람이 한꺼번에 탈 수 있도록 만든 큰 자동차.	سيارة كبيرة مصنوعة لنقل عدد كبير من الركاب.	버스 정류장에서 만납시다.	فلنتقابل في محطة الحافلة.
버튼	زر	(명) 옷 등의 두 폭이나 두 짝을 한데 붙였다 떼었다 하는, 옷고름이나 끈 대신으로 쓰는 물건.	قطعة تستخدم بدلاً من الربطة أو الخيط لربط قطعتين في الملابس وغيرها أو نزعهما.	버튼을 누르다.	يضغط الزر.
번	مرة	(명) 일의 차례를 나타내는 말. 또는 횟수를 세는 단위.	الترتيب أو عدد المرات.	친구가 오늘 우리 집에 세 번이나 전화를 했어요.	اتصل صديق بالمنزل اليوم ثلاث مرات أو اكثر.
번째	مرة	(명) 차례나 횟수의 나타내는 말.	يعبر عن الترتيب أو عدد المرات.	앞에서 세 번째 사람이 제 친구입니다.	ثالث شخص من الأمام هو صديقي.
번호	رقم	(명) 차례를 나타내는 숫자.	رقم يعبر عن الترتيب.	이야기를 듣고 순서대로 번호를 쓰세요.	استمع إلى القصة واكتب الأرقام بالترتيب.
벌다	يجني المال	(동) 일을 하여 돈, 재물을 자기의 것으로 만들다.	الحصول على مال أو ممتلكات نظير عمل.	돈을 벌려거든 열심히 일하세요.	اعمل بجد لتجني المال.
벌레	حشرة	(명) 사람, 짐승, 새, 물고기, 조개 등을 제외한 꿈틀거리며 기어 다니는 작은	حشرات تزحف وتتحرك باستمرار ليست من فصيلةالإنسان أوالحيوان أو الطير أو الأسماك أوال أصداف وغيرها.	밤이 되자 사방에서 벌레들이 불빛을 향해 몰려들었다.	تجمعت الحشرات من جميع الجهات حول الضوء عندما أتى الليل.

		동물과 곤충 따위.			
벌리다	يوسع	(동) 서로 가까이 있는 둘 사이를 떼어서 넓히다.	توسيع المسافة بين شيئين قريبين.	책상 사이를 조금만 더 벌려 주세요.	من فضلك وسع المسافة بين المكاتب أكثر قليلاً.
벌써	بالفعل	(부) 이미 오래전에. 예상보다 빠르게.	بالفعل في الماضي.	극장으로 달려갔지만 영화가 시작된 지 벌써 30 분이 지났다.	ذهبت جرياً إلى السينما ولكن كان قد قمر 30 دقيقة على بداية الفيلم.
벌어지다	يقام	(동) 1-일어나거나 진행되다. 2_갈라져서 틈이 생기다. 3_(사이가) 서먹서먹하거나 나빠지게 되다. 4_(몸이나 가슴이) 가로퍼진 상태가 되다.	1_يحدث. 2_ينقسم وتظهر فجوة. 3_ تسوء العلاقة بين شخصين. 4_ يكتسب وزنا زائدا.	1_학교 운동장에서는 입학식이 벌어졌다. 2_방바닥이 벌어져 연탄가스가 샌다. 3_나는 친구와 사이가 벌어져 서로 말도 안 한다. 4_그 남자는 어깨가 딱 벌어졌다.	أقيم حفل استقبال للطلبة الجدد في ملعب المدرسة.
법	قانون	(명) 온 국민이 의무적으로 지키도록 되어 있는 나라의 온갖 규칙.	جميع قواعد الدولة التي يجب أن يلتزم بها المواطنين.	모든 사람은 법 앞에 평등하다.	جميع الأشخاص متساوون امام القانون.
벗기다	يخلّع	(동) 옷을 몸에서 떨어지게 하다.	نزع الملابس من علي الجسم.	아이가 열이 나면 옷을 벗기고 몸을 찬물로 씻겨 주세요.	إذا ارتفعت حراة الطفل انزع ملابسه و اغسل جسمه بالماء البارد.
벗다	يخلع	(동) 입거나 쓰거나 걸치거나 신은 것 등을 몸에서 떼어 내다.	نزع ما يلبس على الجسم أو الرأس أو في القدم.	집에 돌아오면 먼저 옷부터 벗습니다.	عندما أعود للمنزل أقوم بنزع ملابسي أولاً.
베개	مخدة	(명) 잠잘 때 머리 밑에 놓아 머리를 받치는 물건.	توضع تحت الرأس أثناء النوم وتحمله.	베개가 좀 높아요.	الوسادة عالية شيء ما.
벤치	تندة	(명) 여러 사람이 함께 앉을 수 있는 긴 의자.	مقعد طويل ليجلس عليه عدة أشخاص.	공원 벤치에 앉아서 이야기합시다.	فلنجلس على دكة الحديقة ونتحدث.
벽	حائط	(명) 집이나 방의 둘레를 막고 있는 부분.	ما يحيط بالغرفة أو البيت.	그림을 벽에 걸어 놓았어요.	علقت اللوحة على الحائط.
변하다	يتغير	(동) 무엇이 어떤 상태, 모양으로 바뀌다. 달라지다.	تغير الشيء إلى حالة معينة أو شكل معين.	설악산은 계절마다 경치가 변한다.	يتغير مشهد جبل سوراك كل فصل.
변화	تغيير	(명) 무엇이 성질이나 모양이 달라지는 것.	التغير في شكل أو صفة الشيء.	내 생각에도 변화가 생겼다.	تغير تفكيري أيضاً.
변화하다	يتغير	(동) 무엇이 성질이나 모양이 달라지다.	تغير شكل أو صفة الشيء.	사회가 점점 빠르게 변화하고 있다.	يتغير المجتمع بسرعة.
별	مميز	(관) 보통과 달라 특별한.	مميز عن المعتاد/ الطبيعي.	감기가 들어서 약을 먹어 보았지만 별 효과가 없었다.	أصبت بالبرد وتناولت الدواء ولكن ليس له تأثير يذكر.
별	نجمة	(명) 밤하늘에 반짝거리는 천체.	أجرام سماوية لامعة في سماء الليل.	별이 반짝이다.	تلمع النجوم.
별로	إلى هذه الدرجة	(부) 그다지. 보통과는 다르게.	إلى هذا الحد. باختلاف عن المعتاد/ الطبيعي.	극장에 사람들이 별로 없어요.	لا يوجد أشخاص كثيرون إلي هذا الحد في السينما.
병	زجاجة	(명) 주로 액체, 가루를 담는 데 쓰는, 목이 길고 좁은 그릇.	حاوية ضيقة عنقها طويل تستخدم غالباً في حفظ السوائل أو البودرة.	주스 병	زجاجة عصير.

병	مرض	(명) 사람, 동물, 식물의 건강이 나빠진 상태.	حالة تراجع في صحة الإنسان أو الحيوان أو النبات.	병을 고치다.	يعالج المرض.
병들다	يمرض	(동) 병이 생기다.	الإصابة بمرض.	어머니께서는 병들어 누워 계셨다.	مرضت أمي و رقدت في سريرها.
병원	مستشفى	(명) 아픈 사람을 진찰하고 치료하는 곳.	مكان فحص وعلاج المرضي.	김 선생님께서 병원에 입원하셨다.	دخل المعلم كيم المستشفى.
보고서	تقرير	(명) 보고하는 내용을 적은 글이나 문서.	ورقة تحوي ما تم ملاحظته.	오늘까지 보고서를 제출해야 합니다.	لابد أن تسلم التقرير اليوم.
보관	حفظ	(명) 남의 물건을 맡아서 간직하고 관리함.	الاحتفاظ والاعتناء بأغراض الآخرين.	보관이 편리하다.	التخزين سهل.
보관하다	يحفظ	(동) 남의 물건을 맡아 관리하다.	يعتني بأغراض الآخرين.	나는 일기장을 책상 속의 보관하고 있다.	أحفظ دفتر مذكراتي في مكتبي.
보내다	يرسل	(동) 무엇을 어디에 가게 하다.	جعل شيء يذهب إلى مكان ما.	나는 친구한테 편지를 보냈다.	أرسلت خطاباً إلى صديقي.
보다	يطالع	(동) 잡지나 신문 따위를 정기적으로 받아서 읽다.	تلقي وقراءة المجلات او الصحف بشكل دوري.	요즘 무슨 신문 봐요?	أي جريدة تقرأ هذه الأيام؟
보도	رصيف المشاة	(명) 도로의 양쪽 편으로 사람이 다니게 만드는 길.	طريق لسير المشاه على جانبي طريق السيارات.	보도 공사 때문에 다니기가 불편해요.	بسبب أعمال بناء الرصيف السير غير مريح.
보라색	لون بنفسجي	(명) 빨강과 파랑을 섞은 색깔.	لون ينتج عن مزج الأحمر والأزرق.	보라색 제비꽃이 활짝 피었다.	تفتحت أزهار البنفسج ذات اللون البنفسجي.
보람	فائدة, قيمة	(명) 정성들인 일에 대한 좋은 결과나 느낌.	نتيجة أو شعور جيد حيال أمر تطلب جهداً.	외국인과 교포들에게 한국어를 가르치면서 보람을 많이 느껴요.	أشعر بقيمة ما أقوم به كثيراً عندما أدرس اللغة الكورية للأجانب أو المغتربين الكوريين.
보이다	ظاهر	(동) 무엇이 눈에 뜨이다. '보다'의 피동사	يظهر بشكل واضح.	눈이 나빠서 칠판 글씨가 안 보여요.	لا أرى الكتابة على السبورة بسبب ضعف نظري.
보이다	يُري	(동) 보게 하다.	يجعله يرى.	좋은 우산 하나 보여주십시오.	أرني مظلة جيدة من فضلك.
보통	عادي	(명) 가장 흔한 것. 평균 수준인 것. 일반적인 것.	الشئ الأكثر شيوعا,الشئ ذو المستوى المتوسط, الشئ العادي.	그 음식점은 보통 음식점하고 분위기가 달라요.	هذا المطعم له جو مختلف عن المطاعم المعتادة.
보호	حماية	(명) 위험, 파괴, 곤란을 당하지 않게 지키고 보살펴 주는 것.	الحماية والإنتباه لعدم وقوع خطر أو دمار أو مشاكل.	자연 보호	حماية الطبيعة.
보호하다	يحمي	(동) 위험, 파괴, 곤란을 당하지 않게 지키고 보살피다.	الحماية والإنتباه لعدم وقوع خطر أو دمار أو مشاكل.	환경을 보호하기 위해서는 쓰레기를 줄여야 합니다.	لابد أن نقلل النفايات لحماية البيئة.
복도	ممر	(명) 건물 안의 긴 통로.	ممر طويل داخل مبنى.	복도에서 뛰면 안 돼요.	لا يمكنك أن تجري في الممرات.
복사	نسخ	(명) 사진이나 문서 등을 똑같게 베끼거나 인쇄하는 것.	نسخ أوطباعة صورة أو مستند أوغيرها.	중요한 서류니까 복사를 따로 해 두는 것이 좋겠어요.	من الأفضل أن تحتفظ بنسخ منفصلة لهذا المستند لأهميته.
복사하다	ينسخ	(동) 사진이나 문서 등을 똑같게 베끼거나 인쇄하다.	نسخ أو طباعة صورة أو مستند أوغيرها.	이 서류는 한 장밖에 없으니까 복사해 두어야 할겁니다.	لا أملك سوى نسخة واحدة من هذا المستند لذا سأقوم بتصويره.

복습	مراجعة	(명) 배운 것을 다시 공부하여 익히는 것.	دراسة ما تم تعلمه مرة أخري.	예습, 복습 모두 중요하지만 복습을 하면 더 기억에 오래 남아요.	التحضير والمراجعة كلاهما مهمان ولكن المراجعة تبقي المعلومات في ذاكرتك لوقت أطول.
복습하다	يراجع	(동) 배운 것을 다시 공부하여 익히다.	أن يدرس مرة أخرى ما تعلمه.	나는 방과 후 집에 와서 오늘 배운 내용을 복습했다.	ذهبت بعد الصف إلى البيت وراجعت ما تعلمته اليوم.
복잡하다	معقد, مزدحم	(형) 여럿이 겹치고 뒤섞여 있다.	تداخل واختلاط عدة أشياء.	복잡하게 얽히다.	الأمر معقد.
본래	في الأصل	(부) 처음에. 날 때부터.	في البداية, منذ حدوثه.	지금은 남한과 북한으로 갈라져 있지만, 본래 같은 조상으로부터 태어난 한 민족입니다.	الآن الكوريتين منفصلتين ولكن في الأصل هما شعب واحد له نفس الأسلاف.
볼일	أمر, عمل	(명) 해야 할 일.	شيء يجب عمله.	오후에는 볼일을 보러 잠시 외출해야 해요.	لابد أن أخرج بعد الظهيرة لأمر هام.
볼펜	قلم	(명) 끝에 쇠구슬이 들어 있어 거기에서 잉크가 나와 글을 쓸 수 있도록 만든 도구.	أداة مكتبية صنعت للكتابة بها كرة معدنية في حافتها يخرج منها الحبر.	볼펜이든지 연필이든지 하나만 빌려 주세요.	أعرني قلماً جافاً كان أم رصاص.
봄	فصل الربيع	(명) 계절 중에서 겨울과 여름 사이에 오는 따뜻한 계절.	الفصل الدافيء الذين يأتي بين الشتاء والصيف.	봄에는 날씨가 따뜻하고 꽃이 많이 핍니다.	الطقس دافئ في الربيع وتتفتح الأزهار بكثرة.
봉지	كيس	(명) 종이나 비닐로 만든 주머니나 작은 자루.	كيس مصنوع من الورق أو البلاستيك أو حافظة ورقية.	쓰레기는 봉지에 담아 버려 주세요.	ضع النفايات في كيس وارمها من فضلك.
봉투	ظرف	(명) 편지나 서류 등을 넣을 수 있게 만든 종이 주머니.	كيس ورقي يوضع فيه الخطابات أو المستندات.	봉투는 있지만, 우표는 없어요.	لدي ظرف ولكن لا أملك طابع بريدي.
뵙다	يقابل, يرى	(동) 웃어른을 만나다.	مقابلة شخص كبير.	교수님을 뵈러 연구실에 가는 길이에요.	أنا في طريقي لغرفة البحث لأقابل الأستاذ.
부	وحدة عد المستندات	(명) 서류, 신문, 잡지 등의 수를 세는 단위.	وحدة عد الصحف والمجلات والمستندات.	잡지 한 부	مجلة واحدة.
부근	بالجوار	(명) 어떤 곳에서 가까운 곳.	مكان قريب من مكان ما.	광화문 부근에는 미국 대사관이 있다.	توجد السفارة الأمريكية بجوار بوابة كوانج هوا.
부끄럽다	خجول	(형) 무엇을 잘못해서 떳떳하지 못하다.	تخطيء فتشعر بالخزي.	나는 내 실수가 매우 부끄러웠다.	كنت خجلاً جداً من خطأي.
부담	عبء	(명) 어떤 일, 의무, 책임 등을 맡는 것.	تحمل مسؤولية أو واجب أو عمل.	부담을 가지다.	يشعر بالعبء.
부드럽다	ناعم	(형) 피부에 닿는 느낌이 거칠거나 딱딱하지 않고 푹신푹신하거나 무르고 매끈매끈하다.	يكون ملمس الجلد ناعم وأملس و رطب وليس جاف أو جامد.	아기의 피부는 아주 부드러워요.	بشرة الأطفال ناعمة جداً.
부딪치다	يصطدم	(동) 무엇이 어디에 세게 마주 닿다.	اصطدام شيء بمكان ما بقوة.	복도를 지나가다가 뛰어오는 남학생과 부딪쳐서 다친 일이 있었다.	اصطدمت بطالب يجري في الممر فتأذيت.
부러워하다	يحسد, يغبط	(동) 무엇을 보고 샘이 나서 가지고 싶거나 그렇게 되고 싶은 마음이 생기다.	الشعور بالغيرة عند رؤية شيء فترغب في الحصول عليه.	부러워하지 말고 너도 열심히 해 봐.	لا تحسد بل اجتهد أنت أيضاً.

부럽다	يحسد, يغبط	(형) 남이 가진 것이 좋아보여서 샘도 나고 가지고 싶다.	الإعجاببما لدى الآخرين والشعور بالغيرة والرغبة في امتلاكه.	운동을 잘하는 남수가 부러워요.	أحسد نامسو الذي يجيد الرياضة.
부르다	شبعان	(형) 음식을 먹어서 뱃속이 가득한 느낌이 있다.	الشعور بالإمتلاء بعد تناول الطعام.	이제는 배가 불러 더는 못 먹겠습니다.	أشعر بالشبع لا أستطيع أن آكل المزيد.
부르다	ينادي	(동) 누구에게 오라고 말하거나 큰 소리로 외치다.	تتحدث إلى شخص ما أو تصيح بصوت عالي.	나는 아버지가 부르는 소리를 들었으면서도 못 들은 척 가만히 있었다.	سمعت صوت نداء أبي ولكن تظاهرت بأنني لم أسمع وبقيت في مكاني.
부리다	يفعل	(동) (바람직하지 못한 행동을) 멈추지 않고 계속하다. 일부러 자꾸 나타내다.	يستمر في الفعل الغير جيد.	언니는 괜히 나한테 신경질을 부린다.	أختي الكبيرة تتعصب علي كثيراً.
부모	والدين	(명) 아버지와 어머니.	الأب والأم.	좋은 부모가 되기란 무척 어려운 일이다.	أن تكونا والدين جيدين هو أمر صعب جداً.
부모님	والدين	(명) 부모를 높여 이르는 말.	كلمة أكثر إحتراماً للوالدين.	어버이날에는 부모님께 감사의 편지를 씁니다.	أكتب رسالة شكر إلى والدي في يوم الآباء.
부부	زوجين	(명) 결혼해서 같이 한 가정을 이루며 사는 남자와 여자. 남편과 아내.	رجل وامرأة يتزوجون فيكونون أسرة معاً. زوج وزوجة.	아무리 가까운 부부 사이라도 예의를 지켜야 해요.	مهما كانت علاقة الزوجين قريبة لابد أن يراعى الأدب.
부분	جزء	(명) 전체를 이루는 여러 작은 범위나 요소들의 하나.	واحد من الاجزاء المكونة للكل.	남수의 이야기 중에 재미있는 부분은 무엇입니까?	ما الجزء الأمتع في قصة نامسو؟
부산	بوسان	(명) 서울에 다음가는 대도시이며 한국 최대의 무역항이 있는 도시.	أكبر مدينة بعد سول وأكبر ميناء تجاري في كوريا.	부산에 가 본 적이 있어요?	هل سبق وأن ذهبت إلى بوسان.
부서지다	ينكسر	(동) 단단한 것이 깨어져 조그만 조각들이 되다.	ينكسر شيء صلب فيتحول إلى قطع صغيرة.	날아온 돌에 유리창이 부서졌어요.	طار الحجر وكسر النافذة الزجاجية.
부엌	مطبخ	(명) 집에서 음식을 만드는 곳.	مكان إعداد الطعام في المنزل.	어머니께서는 부엌에서 찌개를 끓이고 계셨습니다.	كانت أمي تطهي الحساء في المطبخ.
부인	زوجة	(명) 남의 아내를 높여 이르는 말.	كلمة أكثر إحتراماً لزوجة شخص آخر.	김 부장 부인의 음식 솜씨는 이미 소문이 나 있었다.	كانت الحديث عن مهارات طبخ زوجة المدير كيم مسموعاً بالفعل.
부자	ثري, غني	(명) 재산이 많은 사람.	شخص لديه الكثير من الممتلكات.	부자라고 해서 누구나 돈을 잘 쓰는 것은 아니다.	ليس كل غني يجيد التصرف في المال.
부족하다	ناقص, غير كاف	(형) 무엇의 양이나 기준이 모자라거나 충분하지 않다.	كمية ناقصة أو غير كافية.	우리 몸은 수분이 부족하게 되면 갈증이 납니다.	عندما تقل المياه في أجسادنا نشعر بالعطش.
부탁	طلب	(명) 어떤 일을 해 달라고 청하고 맡기는 것. 또는 그 일.	طلب القيام بأمر ما من شخص آخر.	윗사람의 부탁을 거절하기란 힘들다.	رفض طلب شخص كبير سناً أو مقاماً هو أمر صعب.
부탁하다	يطلب	(동) 누구에게 어떤 일을 해 달라고 청하고 맡기다.	يطلب من شخص آخر القيام بأمر ما.	시내에 나가려고 하는데 뭐 부탁할 일 없으세요?	سأذهب إلى وسط المدينة هل لديك طلب ما؟

부피	حجم	(명) 물건이 차지하는 공간의 크기.	حجم المساحة التي يشغلها شيء ما.	부피가 작다.	حجم صغير.
북쪽	جهة الشمال	(명) 북의 지역. 또는 그 방향.	منطقة الشمال أو جهة الشمال.	한반도의 북쪽에는 북한이 있고 남쪽에는 한국이 있습니다.	تقع كوريا الشمالية في شمال شبه الجزيرة الكورية بينما تقع كوريا الجنوبية في جنوبها.
북한	كوريا الشمالية	(명) 한국의 국토가 분단된 이후 북쪽 지역.	المنطقة الشمالية من كوريا بعد الإنقسام.	북한의 인구는 남한의 인구의 4 분의 1 이다.	سكان كوريا الشمالية ربع سكان كوريا الجنوبية.
분	دقيقة	(명) 시간을 60 으로 나누었을 때의 시간.	وقت يقسم الساعة الواحدة إلى 60.	10 분만 기다려라.	انتظر 10 دقايق فقط.
분	شخص	(명) 어떤 사람을 높여 이르는 말.	كلمة أكثر إحتراماً للشخص.	세종 대왕은 한글을 만드신 분이다.	الملك سيجون هو مخترع الحروف الكورية.
분명하다	واضح	(형) 모습이나 소리가 흐르지 않고 또렷하다.	الصوت أو الشكل واضح وليس مشوشاً.	한국은 사계절이 분명하다.	الفصول الأربعة تكون واضحة في كوريا.
분명히	بوضوح	(부) 흐릿하지 않고 또렷하고 확실히.	بشكل واضح ومؤكد وليس مشوش.	선생님께서는 분명히 내일 가라고 하셨는데요.	أنا متأكد أن الأستاذ قال لي أن أذهب في الغد.
분위기	مزاج عام	(명) 어떤 곳에서 느껴지는 독특한 기운이나 기분.	الطاقة المميزة أو المزاج العام المحسوس في مكان ما.	분위기가 좋다.	الجو العام جيد.
분홍색	لون وردي	(명) 진달래꽃의 빛깔과 같이 엷게 붉은 색깔.	لون أحمر خفيف مثل لون زهور الأزاليا.	분홍색 치마	تنورة وردية.
불	نار	(명) 물질이 높은 온도에서 열과 빛을 내며 타는 현상.	ظاهرة الاحتراق التي تنتج ضوء وحرارة والتي تنشأ عن مواد ذات حرارة مرتفعة.	불을 때다.	إشعال النار.
불가능하다	مستحيل	(형) 가능하지 않다.	غير ممكن.	길이 밀려서 약속 시간에 도착하는 것이 불가능할 것 같다.	يبدو الوصول في الميعاد مستحيلاً بسبب ازدحام الطريق.
불고기	بولجوجي	(명) 쇠고기의 살코기를 얇게 저미고 양념을 하여 불에 구운 음식.	طعام الذي يعدبتقطيع اللحم البقري الطري بسمك رفيع و تتبيله ثم شويه على النار.	나는 한국 음식 중에서 불고기를 제일 좋아해요.	البولجوجي هو طعامي المفضل من بين الطعام الكوري.
불다	تهب	(동) 바람이 움직이다.	تحرك الرياح.	찬바람이 불기 시작하는 가을이 되었습니다.	بدأ فصل الخريف حيث تهب الرياح الباردة.
불만	شكوى	(명) 마음에 들지 않아 언짢은 느낌. 만족스럽지 않은 상태.	شعور بالإنزعاج لأنك لم تحب شيئاً. حالة من عدم الرضا.	불만이 많다.	الشكاوى كثيرة.
불빛	ضوء	(명) 타는 불이나 켜 놓은 전등에서 나오는 빛.	الضوء المنبعث من النيران المشتعلة أو المصابيح.	밤이 되자 사방에서 벌레들이 불빛을 향해 몰려들었다.	تجمعت الحشرات من جميع الجهات حول الضوء عندما أتى الليل.
불쌍하다	مسكين	(형) 보기에 가엾고 딱하다.	يبدو مثير للشفقة.	나는 자라서 고아원 선생님이 되어, 불쌍한 아이들을 돌볼 거야.	سأكبر وأصبح معلم في دار الأيتام وأرعى الأطفال المساكين.
불안하다	متوتر, مضطرب	(형) 마음이 놓이지 않고 걱정스럽다. 초조하여 편안하지 않다.	قلق غير مطمئن.	시험 날짜가 다가와서 불안하다. 요즘 나라 분위기가 불안하다.	أقترب موعد الأمتحان لذلك أنا متوتر. الأجواء فى البلاد متوترة هذه الأيام.

불편하다	غير مريح	(형) 어떤 일에 쓰기가 편하지 않다.	عدم تارتحة في القيام بعمل ما.	하숙생들이 많아서 욕실 사용이 불편합니다.	طلبة السكن كثيرون لذا يكون استخدام الحمام غير مريح.
불행하다	غير سعيد	(형) 행복하지 못하다.	لا يستطيع أن يكون سعيداً.	추억이 없는 사람은 불행하다.	الشخص الذي لا يملك ذكريات لا يكون سعيداً.
붉다	أحمر	(형) 아주 진하게 빨갛다.	أحمر غامق جداً.	붉은 장미	وردة حمراء.
붓다	يصب	(동) 액체나 가루를 그릇에 쏟아 넣다.	سكب سائل أو بودرة في صحن.	그는 종이컵에다 커피를 넣고는 뜨거운 물을 부었다.	وضع القهوة في كوب من الورق ثم سكب الماء الساخن.
붙다	يلتصق	(동) 무엇에 닿아서 떨어지지 않다.	يلتصقبشيء ولا يسقط عنه.	벽에 붙어 있는 사진이 가족 사진이에요.	الصورة المعلقة على الحائط هي صورة العائلة.
붙이다	يلصق	(동) 무엇을 어디에 닿아서 떨어지지 않게 대다.	يلصق شئ ما بحيث لا يسقط.	편지 봉투에 우표를 붙였어요?	هل لصقت طابع بريدي على الظرف؟
비	مطر	(명) 높은 하늘에 구름이 되어 떠돌던 수증기가 뭉쳐서 물방울들이 되어 땅으로 떨어지는 것.	قطرات المياه التي تتكون من تجمع بخار المياه في السحب ثم تتساقط علي الأرض.	비가 내리다.	ينزل المطر.
비교	مقارنة	(명) 차이를 알아내려고 여럿을 서로 견주어 보는 것.	مقارنة عدة أشياء ببعضها لمعرفة الفرق.	비교 대상	هدف المقارنة.
비교적	نسبياً	(부) 다른 것보다 꽤. 상당히.	أكثر بنسبة معقولة من شيء آخر.	올해는 예년에 비해서 비교적 단풍이 일찍 들었군요.	ظهرت أوراق الشجر البرتقالية والصفراء مبكراً نسبياً هذا العالم مقارنة بالعام الماضي.
비교하다	يقارن	(동) 차이를 알아내려고 여럿을 서로 견주어 보다.	يقارن عدة أشياء ببعضها لمعرفة الفرق.	두 기름을 서로 비교하여 이야기하시오.	تحدث مقارناً الزيتين.
비누	صابونة	(명) 물을 묻혀서 거품을 내어 몸이나 옷에 묻은 때를 없애는 물질.	مادة تخرج فقاقيع عندما تغطى بالماء, تزيل الأوساخ من الجسم أو الملابس.	세수 비누	صابون استحمام.
비닐	بلاستيك	(명) 봉지. 비옷, 노끈 등을 만드는데 쓰이는, 공기가 통하지 않는 얇은 합성 물질.	مادة مركبة رقيقة لا تسمح بمرور الهواء تستخدم في صنع الأكياس و معطف المطر والخيوط وغيرها.	비닐 봉지	كيس بلاستيكي.
비닐봉지	كيس بلاستيكي	(명) 비닐로 만든 봉지.	كيس مصنوع من البلاستيك.	나수는 매점에서 소주 한 병과 땅콩을 비닐 봉지에 넣어 들고 나왔다.	وضع ناسو زجاجة سوجو من الكافيتريا وفول سوداني في كيس بلاستيكي وحمله وخرج.
비다	فارغ	(동) 무엇의 속에 들어 있는 것이 없다.	لا يوجد شيء بداخله.	재성이는 빈 컵에 우유를 따랐다.	سكب جيسونغ الحليب في كوب فارغ.
비디오	جهاز الفيديو	(명) 비디오 테이프를 재생시켜 보여 주는 장치.	آلة تشغيل شرائط الفيديو.	전자 상가에서 비디오를 한 대 샀다.	اشتريت جهاز فيديو من متجر الإلكترونيات.
비밀	سر	(명) 남이 모르는 일.	أمر لا يعرفه الآخرين.	너, 내가 모르는 무슨 비밀이라도 있니?	هل لديك سر تخفيه عني؟
비비다	يفرك	(동) 두 물체를 맞대고 문지르다.	ملامسة شيئين وفركهما ببعض.	민지는 엄마에 얼굴에 볼을 비비기 시작했다.	أخذت مينجي تفرك خد أمها.

비슷하다	يماثل	(형) 무엇과 거의 같다. 별로 차이가 없다.	يشبه شيء ما أو لا يوجد فرق كبير.	제가 사는 곳의 날씨는 한국 날씨와 비슷합니다.	يتشابه الطقس في المكان الذي أعيش فيه مع الطقس في كوريا.
비싸다	غالي	(형) 값이 높다. 비용이 많이 든다.	مرتفع الثمن, يكلف الكثير.	이 지갑은 마음에 들지만 너무 비싸요.	تعجبني هذه المحفظة ولكنها غالية جداً.
비판	نقد	(명) 행동, 생각, 사물을 자세히 따져서 그 옳고 그름, 좋고 나쁨에 대하여 자기의 생각을 밝히는 것. 주로 남의 잘못된 점을 지적하는 것.	تحليل تصرفات أو أفكار أو أمور بدقة و تحديد صحتها أو خطأها أو ما إن كانت جيدة أم سيئة. غالباً الإشارة إلى أخطاء الآخرين.	신랄한 비판	نقد حاد.
비판하다	ينقد	(동) 잘못된 것과 잘된 것을 따져 자신의 견해를 밝히다.	أن تبدي رأيك بشأن الصحيح والخاطيء.	사회가 잘되기 위해서는, 신문이 항상 사회의 잘잘못을 비판하고 감시해야 한다.	ليصبح المجتمع جيداً لابد أن تنتقد الصحف دائماً الأخطاء المجتمعية وتراقبها.
비행기	طائرة	(명) 하늘을 날아다니는 운송 수단.	وسيلة نقل تطير في السماء.	뉴욕에서 서울까지 비행기로 몇 시간 걸려요?	كم يستغرق السفر بالطائرة من نيويورك إلى سوول؟
빌다	يشحذ	(동) 남의 것을 공짜로 달라고 청하여 얻다.	أن تطلب أشياء الآخرين وتحصل عليها بدون مقابل.	거지가 어디서 밥을 빌어 왔다(구걸하다).	توسل الشحاذ للحصول على الطعام وأتى.
빌딩	مبنى	(명) 여러 층으로 되어 있는 서양식의 높은 건물.	مبنى مرتفع به عدة طوابق على الطريقة الغربية.	우리 사무실을 여의도 63 빌딩 25 층에 있습니다.	يوجد مكتبنا في منطقة يوييدو في الطابق 25 من المبنى 63.
빌려주다	يُعير	(동) 나중에 돌려 받기로 하고 남에게 자기 것을 주어 쓰게 하다.	أن تعطي أشيائك للآخرين بحيث يستعملونها ثم يعيدونها إليك فيما بعد.	죄송하지만 컵을 좀 빌려주시겠습니까?	عذراً هلا أعرتني كوباً من فضلك؟
빌리다	يستعير	(동) 남의 것을 돌려 주기로 하고 얻어 쓰다.	أن تأخذ أشياء الآخرين لتستعملها لوقت قصير ثم تعيدها إليهم.	학교 도서관에서 책 2 권을 빌렸다.	استعرت كتابين من مكتبة المدرسة.
빛	ضوء	(명) 해, 달, 전등, 불 등에서 나와 사물을 밝게 비추어 주는 것.	ما يخرج من الشمس والقمر والمصباح والنار وغيرها ويضيء الأشياء.	빛이 없으니까 방이 너무 어두워요.	الغرفة مظلمة جداً بسبب عدم وجود ضوء.
빠르다	سريع	(형) 한 곳에서 다른 곳으로 움직이는 데 걸리는 시간이 보통보다 짧다.	الوقت الذي يستغرقه الإنتقال من مكان إلى مكان آخر أقصر من المعتاد.	빠른 등기	تسجيل سريع.
빠지다	يسقط	(동) 1-물 속에 잠기거나 어떤 깊은 곳에 떨어진다. 2- 박혀 있거나 속에 들어 있던 것이 밖으로 나오다.	يغمر ف يخرج من داخل شيء.ي الماء أو يسقط في مكان عميق.	민수의 자동차가 사고가 나서 강물에 빠졌다. 텔레비전 플러그가 빠져 있군요.	اصطدمت سيارة مينسو في حادث وسقطت في مياه النهر. فيشة التلفاز غير موصلة بالكهرباء.
빨간색	أحمر	(명) 잘 익은 사과나 흐르는 피와 같은 색깔.	لون التفاح الناضج أو الدم.	빨간색 옷	ثياب حمراء اللون.
빨갛다	أحمر	(형) 색깔이 흐르는 피나 잘 익은 사과처럼 붉다.	أحمر مثل لون التفاح الناضج أو الدم.	동산에 빨간 해가 떠올랐습니다.	اشرقت شمس حمراء على التل.
빨다	يغسل	(동) 옷이나 양말 등을 물에 넣고 주물러서 더러운 것을 없애다.	وضع الملابس أو الجوارب وغيرها في الماء ودعكها لإزالة الأوساخ.	이 옷은 세탁기에 넣지 말고 손으로 빠세요.	لا تضع هذه الثياب في الغسالة بل اغسلها يدوياً.

빨래	غسيل	(명) 때가 묻은 옷이나 천을 물에 빠는 일.	غسل الملابس أو القماش الغير نظيف بالمياه.	혼자 살다 보니 빨래와 설거지가 귀찮을 때가 있어요.	يصبح الغسيل والجلي أمراً مزعجاً أحياناً من واقع تجربتي في العيش بمفردي.
빨리	بسرعة	(부) 어떤 일에 걸리는 시간이 짧게.	استغراق وقت أقصر لأداء أمر.	시간이 정말 빨리 흐르죠?	يمضي الوقت سريعاً حقاً, أليس كذلك؟
빵	خبز	(명) 밀, 보리의 가루를 반죽하여 누룩으로 부풀려 찌거나 구운 음식.	طعام يصنع من عجين دقيق القمح أو الشعير, يترك ليختمر ثم يطهى.	배가 고프니까 우선 빵이라도 먹읍시다.	فلنأكل أولاً ولو بعض الخبز لأنني جائع.
빼다	يطرح, يستبعد	(동) 여럿 가운데서 얼마를 덜어내다.	تنقيص عدد ما من مجموعة.	10 에서 2 를 빼면 8 이다.	عند طرح 2 من 10 تصبح 8.
빼앗기다	يُخطف/ يؤخذ	(동) 제 것을 남이 빼앗아서 잃어버리다.	أن يستولي الآخرين على أشيائك فتفقدها.	내 짝은 나쁜 선배들에게 돈을 빼앗겼다.	استولى الطلبة الكبار السيئين على نقود صديقي.
빼앗다	يخطف, يأخذ	(동) 남이 가진 것을 강제로 자기 것으로 하다.	أن تستولي على أشياء الآخرين.	엄마, 오빠가 내 과자 다 빼앗아 먹었어.	أمي, أخذ أخي الكبير الحلوى خاصتي وأكلها كلها.
뺨	خد /وجنة	(명) 얼굴의 양 옆에 있는, 살이 통통한 부분. (=볼)	الجزء السمين الموجود في كلا جانبي الوجه.	내가 서울을 떠나던 날 아침, 마유미는 내 목을 안고 내 뺨에 입을 맞추었다.	صباح يوم مغادرتي لسيول أمسك ميومي برقبتي وقبل وجنتي.
뻔하다	جَلِيّ، واضح	(형) 자세히 생각해 보지 않아도 될 만큼 상황이나 사정이 확실하다.	وضوح الحالة أو الوضع دون الحاجة إلي التفكيرفيها بدقة.	지금 출발하면 지각할 것이 뻔해요.	من المؤكد أنك ستتأخر إذا غادرت الآن.
뻗다	يبسط؛ يفرد؛ يمد	(동) 1-나뭇가지, 덩굴, 뿌리가 길게 자라다. 2-길, 흐름이 어떤 방향으로 길게 이어지다. 3-힘이 어디에 미치다. 4-지치거나 힘이 없어 길게 눕다. 5-구부리고 있던 몸의 일부를 곧게 펴다. 6-무엇을 잡으려고 팔을 펴고 손을 내밀다.	1_نمو الأغصان و الأوراقوجذور الشجر. 2_امتداد طريق في اتجاه معين . 3_بسط القوة في كل مكان. 4_الاستلقاء من التعب وفقدان القوة. 5_فرد أو تمديد جزء من الجسم. 6- يمد يده ليمسك بشئ معين.	1-나뭇가지가 모두 하늘을 찌를 듯이 뻗어 있다. 2-한강을 따라서 넓은 도로가 동서로 길게 뻗어 있다. 3-여러분의 사랑이 세계로 뻗어 나가길 바랍니다. 4-깡패들에게 얻어맞은 그는 길에 길게 뻗어 버렸다. 5-편하게 다리를 뻗고 앉으세요. 6-팔을 최대한 위로 뻗어 보세요.	1_تمتد فروع الشجرة عبر السماء. 2_ يمتد طريق طويل من الشرق إلي الغرب عبر نهر الهان. 3_أتمني أن تنشروا حبكم للعالم. 4_لقد تعرض للضرب من قبل عصابة وتركوه مستلقي في الطريق. 5_افرد رجلك بكل راحة واجلس. 6_حاول أن تمد ذراعيك بأعلي قدر ممكن.
뼈	عظام	(명) 동물의 살 속에 있어 몸을 지탱해 주는 단단한 조직.	جزء صلب يدعم الجسم ويوجد في ثنايا لحم جسم الانسان والحيوان.	뼈가 튼튼하다	العظام صلبة.
뽑다	ينتزع. يقتلع. يسحب	(동) 1-안에 있는 것을 잡아당겨서 나오게 하다. 2-여럿 가운데서 누구를 가려서 정하다. 3-노래를 부르다. 4-필요하지 않거나 나쁜 것을 없애다. 5-안에 있는 것을 누르거나 짜서 길게 생긴 물건은 나오게 하다. 6-안에 있는 음식물을 밖으로 나오게 하다	1_الإمساك بشئ وإخراجه من الداخل. 2_اختيار شخص من ضمن عدة أشخاص. 3_يغني أغنية. 4_التخلص من شئ غير مهم أو سئ. 6/5_ الضغط علي الأشياء لاستخراج ما بداخلها.	1-정원에 난 풀을 같이 좀 뽑자. 2-민지는 비서를 뽑는다는 광고를 보고 회사에 인터뷰를 하러 갔습니다. 3-분위기도 좋은데 노래 한 곡 뽑아 보세요. 4-뿌리를 뽑다. 5-옛날에는 집에서 실을 직접 뽑아 천을 짜서 옷을 지어 입었었다. 6-그는 자판기에서 커피를 뽑으려고 동전을 찾고 있었다.	1_هيا نقتلع الحشائش من الحديقة. 2_لقد ذهبت مين جي إلي الشركة لإجراء مقابلة عمل كسكرتيرة وجدته في الإعلان. 3_الجو العام حميل فحاول اختيار أغنية. 4_يقتلع الجذر. 5_في الماضي كنا نختار القماش من المنزل ونفصل الملابس ونرتديها. 6_لقد وضع العملات المعدنية ليختار القهوة من آلة البيع..

뿌리	جذر. الأصل	(명) 1-땅 속으로 뻗어 줄기를 떠받치고, 물과 양분을 빨아올리는 식물의 한 부분. 2-오래도록 깊고 튼튼히 정신 속에 자리잡고 있는 것.	1_جزء في النبات يمتد داخل الأرض ويمد النبات بالمياه والمواد الغذائية. 2_شئ مزروع في عمق الروح أو العقل لفترة طويلة.	1- 나무 뿌리. 2- 뿌리를 찾다.	1_جذورالشجر. 2_يجد أصوله.
뿌리다	يرش. يصب. يبذر	(동) 1-눈이나 빗방울이 날려 떨어지다. 2-무엇을 골고루 흩어지도록 끼얹거나 던지다. 3-씨앗을 흩어지도록 던져서 심다. 4-돈이나 물건을 마구 쓰다.	1_تساقط أو تناثر قطرات المياه أو المطر. 2_توزيع أو رمي شئ بالتساوي. 3_رمي البذور وغرزها. 4_التبذير أو استخدام النقود بشكل عشوائي.	1-비가 뿌리기 시작하니 어서 집으로 돌아가자. 2-한여름에는 길에 물을 뿌리면 조금 시원하지요. 3-아이들은 학교 화단에 봉숭아 씨앗을 뿌렸다. 4-돈을 뿌리는 선거 풍토는 반드시 고쳐져야 된다.	1_لقد بدأ تناثر المطر دعونا نعود إلي المنزل. 2_يكون الجو منعشا عندما نرش المياه في الشارع في فصل الصيف. 3_قام الأطفال برش بذور زهرة البلسم في مشتل أزهار المدرسة. 4_يجب إصلاح المناخ الانتخابي الذي يصرف الأموال ببزخ.
뿐	فقط	(명) 어떤 일만 하고 다른 일을 하지 않음을 나타낸다.	القيام بأمر واحد فقط دون غيره.	애인이 있냐고 묻자 내 친구는 웃을 뿐 대답을 안 했다	عندما سألت صديقي إذا كان يملك حبيبة ابتسم فقط ولم يرد.
사	أربعة	(명) 숫자 4.	رقم أربعة.	이(2)에다 사(4)를 곱하면 팔(8)이 된다	إذا ضربنا اثنين في أربعة يكون الناتج ثمانية.
사거리	تقاطع طرق. مفترق طرق	(명) 길이 네 갈래로 갈라진 곳.	مكان مقسم إلي إربعة طرق.	사거리에서 왼쪽 길로 가십시오.	اتجه يمينا من تقاطع الطرق.
사건	حادث. واقعة	(명) 큰 관심이나 주의를 끌 만한 일.	أمر يجذب الانتباه أو الاهتمام الكبير.	이 사건을 일으킨 범인을 잡아라.	لنقبض علي مفتعل هذا الحادث.
사고	حادث. مشكلة	(명) 1-뜻밖에 일어난 좋지 않은 일. 2-다른 사람에게 피해를 주거나 말썽을 부리는 것.	1_حدوث أمر سئ فجأة. 2_التسبب في مشكلة أو ضرر لشخص آخر.	1-자동차 사고. 2-또 무슨 사고를 쳤나?	1_حادث سيارة. 2_ماذا حدث مجددا؟
사과	تفاح	(명) 모양이 둥글고 새콤하고 단맛이 나는 향기가 좋은 과일.	فاكهة علي شكل دائرى حلوي وحامضة ولها رائحة جيدة.	나는 과일 중에서 사과를 가장 좋아해요.	من ضمن الفاكهة التفاح هو أكثر شئ أحبه.
사과하다	يعتذر	(동) 자기의 잘못을 인정하고 용서를 빌다.	الاعتراف بالخطأ وطلب المسامحة.	네 잘못에 대해 누나에게 사과해.	لقد اعتذرت عن خطأي لاختي.
사귀다	يتعرف. يتقابل	(동) 서로 알게 되어 사이 좋게 지내다.	التعرف علي بعضنا البعض ونصبح أصدقاء.	민지가 마이클과 사귄대.	لقد تعرف مين جي علي مايكل.
사다	يشتري	(동) 어떤 물건을 돈을 주고 자기 것으로 만들다. / =구매하다.	دفع النقود لأخذ شئ ما ويصبح ملكنا.	어머니는 과일 가게에서 딸기를 샀다.	لقد ابتاعت أمي فراولة من محل الفاكهة.
사라지다	يختفي	(동) 모양, 자취, 감정 등이 없어지다.	اختفاء شكل أو عنصر أو مشاعر وغيرها.	음식을 보자 먹고 싶은 마음이 싹 사라져 버렸다.	عندما رأيت التفاح اختفت رغبتي في الأكل فجأة.
사람	شخص. انسان	(명) 1-말을 할 줄 알고 도구를 만들고 쓸 줄 아는 동물. 2-어떤 지역이나 시기에 태어나거나 사는 이. 3-예의 바르고	1_حيوان قادر علي التكلم وصنع الالآت واستخدامها. 2_انسان يولد في منطقة أو حي معين. 3_مخلوق يطور قواه ليصبح ذكيا ومتحضر.	1-거리는 많은 사람들로 붐볐습니다. 2-한국 사람. 3-할아버지는 우리에게 먼저 사람이 되라고 가르치셨다.	1_الشارع كان متكدس بالعديد من الناس. 2_شخصكوري. 3_لقد علمنا جدي أن نكون الأول دائما.

		똑똑하도록 힘써서 배운 이.			
사랑	الحب. الغرام	(명) 1-서로가 서로를 매우 좋아하고 그리워하는 마음. 2-아끼고 소중히 여기며 정성을 다하는 마음씨.	1_شعور شخصين بالإعجاب والاشتياق لبعضهما البعض. 2_الاعتزاز بشئ ما والشعور بقيمته.	1-사랑을 고백하다. 2-아이들은 부모의 사랑이 필요하다.	1_يعترفبحبه. 2_حب الوالدين ضروري للأطفال.
사랑스럽다	جدير بالحب	(형) 생김새나 행동이 사랑을 느낄 만큼 귀여운 데가 있다.	الشعور أن التصرفات والشخصية محبوبة و جديره بالحب.	곱게 차려 입은 그녀가 무척 사랑스러워 보였다.	أنها تبدو محبوبة (جميلة) بارتدائها مثل هذا الزي الجميل.
사랑하다	يحب. يغرم ب	(동) 1-서로가 서로를 매우 좋아하고 그리워하다. 2-무엇을 귀중히 여기고 정성을 다하다.	1_شخصان يعجبان ببعضهما البعض و ويشتاقا لبعضهم. 2_الاعتزاز بشئ ما في القلب.	1-저는 아내를 진심으로 사랑합니다. 2-나라를 사랑한다.	1_أنا أحب زوجتي من كل قلبي. 2_يحب بلده.
사망	الموت. الوفاة	(명) 사람이 죽는 것.	وفاة الشخص.	우리는 김 선생님의 사망 소식을 듣고 급히 병원으로 달려갔다.	لقد جرينا إلي المشفي عندما سمعنا بخبر وفاة المعلم كيم.
사망하다	يموت	(동) 사람이 죽다.	يموت الشخص.	이번 상가의 화재로 13 명이 사망했다고 경찰이 밝혔다.	لقد صرحت الشرطة أن عدد ضحايا الحريق 13 شخص.
사모님	سيدة. زوجة المعلم	(명) 스승이나 윗사람의 부인을 높여 부르는 말.	كلمة لنداء زوجة المعلم أو الشخص الكبير.	선생님의 성공에는 사모님의 도움이 컸습니다.	إن زوجة المعلم لها فضل كبير في نجاحه.
사무실	مكتب العمل	(명) 직장에서 서류를 처리하거나 일을 하는 방	غرفة العمل وترتيب المستندات.	사장님께서는 사무실에 언제나 일찍 나오십니다.	يخرج رئيس الشركة دائما مبكرا من المكتب.
사실	حقيقة. حقيقةً	1-(명) 실제로 일어난 일. 2-'=정말 /(부)실제로.	1_أمرحقيقي. 2_حقيقةً. صراحة	1-너도 그 사실을 알고 있었니? 2-사실 요즘 일이 많아서 늦게 자거나 밤을 새운 적이 많았어요.	1_أنت أيضا كنت تعلم بتلك الحقيقة؟ 2_بصراحة هذا الأيام أنام متاخرا أو أسهر الليل بسبب العمل الكثير.
사용	استخدام	(명) 물건을 필요한 일에 쓰는 것.	استعمال الشئ في مكانه.	사용 방법.	طريقة الاستخدام.
사용되다	يُستخدَم	(동) 물건이나 방법 등이 필요한 일에 쓰여지다.	استخدام شئ أو طريقة معينة.	행사 이익금 전부가 불우이웃 돕기 사업에 사용되었다.	لقد أستخدمت جميع أرباح الحدث في مساعدة المحتاجين.
사용자	مستخدم	물건을 쓰는 사람	الشخص مستخدم الأشياء.	신용 카드 사용자	مستخدمو بطاقات الائتمان.
사용하다	يستخدم	(동) 물건 등을 필요한 데에 쓰다.	يستخدم شئ في مكانه الضروري.	땀이 많이 나면 이 손수건을 사용하세요.	رجاء استخدام المناديل عند التعرق الكثير.
사위	زوج الابنة	(명) 딸의 남편.	زوج الابنة.	우리 사위는 딸한테 잘해 줘서 참 좋아.	من الجيد جدا أن زوج ابنتي يحسن التصرف معها.
사이	بين. خلال	(명) 1-한 물체에서 다른 물체까지, 혹은 한 곳에서 다른 곳까지의 공간. 2-여럿이 많이 모여 있는 가운데. 3-어떤 때에서 다른 때까지의 시간.	1_المسافة بين شئ ما وغيره. 2_الوسط بين عدة أشياء. 3_الفترة بين وقت ما وغيره.	1-사이를 넓히다. 2-사람들 사이에서 엄마를 찾기가 어려웠다. 3-조카가 일년 사이에 많이 자랐다.	1_المسافةواسعة. 2_كان من الصعب إيجاد أمي وسط الناس. 3_كبر ابن أخي كثيرا خلال سنة.

사이좋다	العلاقة جيدة	(형) 서로 정답다. 또는 서로 친하다.	العلاقة جيدة بين شخصين.	나는 동생과 사이가 좋다.	إن علاقتي جيدة مع أخي الصغير.
사자	أسد	(명) 수컷은 머리에 긴 갈기가 있고, 몸집이 크며 기운이 세어 짐승의 왕으로 불리는 동물.	حيوان ذكر له جسم قوى وهالة حول رأسه ويطلق عليه ملك الوحوش.	아프리카 초원에 사는 사자의 수가 줄어들고 있다.	تقل أعداد الأسود التي تعيش في الطبيعة الأفريقية.
사장	رئيس	(명) 회사의 대표자.	رئيس الشركة.	그는 한 광고 회사의 사장이었다	كان رئيس شركة إعلانات.
사전	معجم. قاموس	(명) 어휘를 모아 일정한 순서에 따라 늘어놓고, 그 발음, 맞춤법, 뜻, 어원, 용법 등을 설명한 책.	كتاب يجمع الكلمات حسب ترتيب معين ويشرح النطق وطريقة الهجاء والمعني والاستخدام وغيره.	영어 사전.	قاموس الانجليزية.
사진	صورة	(명) 사진기로 물체의 모양을 찍어 종이에 나타낸 그림.	صورة لشكل شئ ما علي شكل ورقة تلتقط عن طريق آلة التصوير.	사진을 현상하다.	يطور (يحمض) الصورة.
사진기	الكاميرا. آلة التصوير	(명)사진을 찍는 장치.	آلة التقاط الصور.	여행을 갈 때는 사진기를 준비하세요.	خذ معك الكاميرا عندما تسافر كل مرة.
사촌	ابن العم	(명)아버지의 친형제의 아들 딸.	ابن أو ابنة العم.	사촌들과 함께 윷놀이도 하면서 즐거운 하루를 보냈습니다.	لقد أمضيت يوما رائعا بلعبي اليوت مع أولاد عمي.
사탕	حلوي. بونبون	(명) 엿이나 설탕을 졸여서 만든 단단하고 단 과자.	حلوي صلبة تصنع من السكر.	아이는 사탕 하나를 꺼내어 입에 넣었다.	لقد أخذ الطفل قطعة حلوي ووضعها في فمه.
사회	مجتمع	(명) 1-여러 사람이 어울려서 조직적으로 공동 생활을 하는 사람들의 집간이나 세계 2-일정한 계층, 직업, 신분, 자격에 따라 이룬 사람들의 집단.	1_المحيط الذي ينظمه مجموعه من الناس ويعيشون فيه. 2_تجمع مجموعة من الناس يعيشون وفقا للطبقات الاجتماعية والوظائف والمؤهلات.	1-사회 문제. 2-최근 한국 사회의 결혼 문화가 지나치게 사치스럽다는 비판이 일고 있다.	1_مشكلة اجتماعية. 2_يقول النقاد أن ثقافة الزواج انتشرت مؤخرا في المجتمع الكوري.
사흘	ثلاث أيام	(명) 세 번의 낮과 세 번의 밤이 지나가는 동안. 3 일.	ثلاث أيام.	시험까지 아직 사흘 정도 시간이 있으니까 충분히 공부할 수 있어요.	لقد تبقي ثلاثة أيام حتي الأمتحان فلدي الوقت الكافي للمذاكرة.
산	جبل	(명) 평평한 땅보다 높이 솟아 있고 대개 나무와 풀로 덮여 있으면 큰 바위들이 있는 땅.	أرض ترتفع عن الأرض المسطحة ومغطاة بالأشجار و الحشائش وبها العديد من الصخور.	산에 올라가다.	يتسلق الجبل.
산책	التسكع. التمشية. السير	(명) 휴식이나 건강을 위하여 멀지 않은 거리를 천천히 걷는 것	السير ببطء مسافة قريبة بغرض تحسين الصحة أو الاسترخاء.	어제는 저녁 먹기 전에 언니와 같이 산책을 나갔다.	ليلة أمس لقد تمشيت مع أختي قبل العشاء.
산책하다	يتمشي. يتسكع	(동) 휴식을 취하거나 건강을 위해서 천천히 걷다.	يتمشي ببطء من أجل تحسين الصحة أو الاسترخاء.	아내는 유모차에 아기를 태우고 공원을 산책하였다	لقد تمشت زوجتي في الحديقة بالطفل في العربة.
살	العمر. السن	(명) 나이의 햇수를 나타내는 말.	عدد سنين العمر.	얼른 스무 살이 되었으면 좋겠다.	أتمني أن ابلغ سن العشرين بسرعة.

살	لحم	(명) 1-사람이나 동물의 몸에서 뼈를 둘러싸고 있는 부분. 2-동물의 고기에서 기름이나 힘줄이 아닌 부분.	1_الجزء الذي يحيط بالعظام في جسم الانسان أو الحيوان. 2_لحم الحيوان وليس الدهون أو الأوتار.	1-살을 빼려고 매일 조깅을 합니다. 2-어제 먹은 고기는 살도 연하고 참 맛있었다.	1_اقوم بالركض يوميا لأفقد وزن. 2_اللحم الذي أكلته أمس كان مليئ بالدهون وكان لذيذا.
살다	يعيش. يحيي	(동) 1-생물이 목숨을 이어가다. 2-사람이 생활하다. 3-누가 어디에 거주하다. 4-어떤 느낌이나 기운이 생생하게 남아 있다.	1استمرار حياة الكائن الحي. 2يعيش الإنسان حياته. 3 يقيم شخص في مكان ما. 4ابقاء روح أو شعور معين علي قيد الحياة.	1-요즘은 여자가 남자보다 오래 산다. 2-나는 커피 없이는 하루도 못 산다. 3-어렸을 때 제가 살던 곳에 지금은 빌딩이 들어섰습니다 4-이 마을에는 아직도 옛 전통이 살아 있구나.	1تعيش البنت فترة أطول من الولد هذه الأيام. 2لا استطيع العيش بدون القهوة. 3المكان الذي كنت أعيش فيه عندما كنت صغيرا أصبح مبني عال. 4لا تزال التقاليد القديمة حية في هذه القرية.
살리다	ينقذ. يحيي. ينعش	(동) 1-목숨을 구하다. 2-제 구실을 하게 하다.	1_ينقذ حياة شخص. 2_يجعل شخص يقوم بواجبه أو دوره.	1-의사가 죽어 가는 사람을 살렸다. 2-여러분의 경험을 살려 글을 써 보세요.	1_لقد أنقذ الطبيب حياة الشخص الذي كان يحتضر. 2_اكتبوا مقالات عن الخبرات التي استفدتم منها.
살짝	قليلا. نوعا ما	(부) 1-남이 모르게 조용히. 2-심하지 않게 조금. 3-힘들이지 않고 가볍게.	1_بهدوء. 2_قليلا ليس بقوة. 3_بخفة ليس بصعوبة.	1-내가 살짝 가서 엿듣고 올까? 2-시금치는 끓는 물에 살짝 데치세요. 3-민영이는 무거운 아령도 살짝 들어올립니다.	1_هل أصعد بهدوء واسترق السمع؟ 2_اسلق السبانخ قليلا في الماء المغلي. 3_يحمل مين يونغ الدمبل (الوزن) الثقيل بخفة ويصعد.
살펴보다	يفحص. ينظر بتأني	(동) 1-자세히 조심하여 보다. 2-자세히 따져서 생각하다.	1_ينظر بدقة وتأني. 2_يفكر بعناية.	1-그는 방 안의 여기저기를 살펴보기 시작했습니다. 2-동양 역사를 좀 살펴보고자 한다.	1_لقد بدأ يفحص الغرفة هنا وهناك. 2_دعني أفكر قليلا في التاريخ الشرقي.
삶다	يسلق	(동) 무엇을 물에 넣고 끓이다. 물에 끓여 익히다.	يضع شئ في الماء ويغليه. يطهي في الماء المغلي.	엄마, 계란 좀 삶아 주세요.	أمي، هل من الممكن أن تسلقي لي بعض البيض.
삼	ثلاثة	(수) 숫자 3.	الرقم ثلاثة.	1-문의하신 번호는 2313 에 3186 입니다. 2-한국에 온 지 삼 개월 되었어요.	1_رقم الاستفسار هو 23133186. 2_لقد مر ثلاث شهور علي مجيئي كوريا.
삼거리	تقاطع طرق. مفترق طرق	(명) 세 갈래로 나누어진 길.	ثلاث طرق متفرعة من طريق واحد.	천안 삼거리	تقاطع طرق تشونان.
삼촌	العم	(명) 아버지의 남자 동생.	أخو الوالد.	할아버지 회갑 때 삼촌과 고모들이 모두 집에 모였다.	لقد تجمع أعمامي و عماتي في منزل جدي يوم مولده الستين.
상	جائزة	(명) 잘한 일을 칭찬하는 표시로 주는 물건. /(반) 벌/	شئ يعطي مكافأة علي حسن العمل.	졸업할 땐 3 등을 해서 손목 시계를 상으로 받았지요.	لقد كنت في المركز الثالث عند تخرجي فحصلت علي ساعة معصم جائزة.
상관없다	غير مهتم	(형) 서로 관련이 없다.	لا علاقة ببعضهما البعض.	이 일은 너와는 상관없는 일이다.	هذا العمل ليس له علاقة بك.
상관없이	بدون اهتمام	(부) 서로 아무런 관련이 없이	بدون أي علاقة ببعضهما البعض.	그는 몹시 피곤한 것 같았고 옷차림하곤 상관없이 초라하고 헐벗은 것처럼 보였다.	اعتقد أنه مجهد وملابسه رثه لا علاقة ببعضها البعض.
상당히	جدا	(부) 아주 많이. (=무척, 아주)	كثيراً.	한국어 실력이 상당히 늘었는데요.	لقد ارتفعت مهارتك في الكورية جدا.

상대	طرف أخر	(명) 1-'= 상대방 / 어떤 일로 자기가 마주 대하는 사람. 2-어떠한 일로 남을 마주 대하는 것. 3-자기편이나 자기에게 경쟁 관계에 있어 맞서는 사람이나 편. 4-누구를 대상으로 하여.	1_شخص يواجه الآخر في شئ ما. 2_مواجهة شخصين لشئ ما. 3_جانب أو شخص ينافسني في علاقة أو منافسة. 4_يستهدف شخص ما.	1-결혼 상대/ 이야기 상대. 2-그 사람은 아예 상대를 안 하는 것이 편해. 3-그는 나와 실력이 비슷해서 언제나 내 경쟁 상대였다. 4-학생을 상대로 그런 장사를 하면 어떻게 압니까?	1_زوج/ نظير الكلام. 2_ أنه من السهل عنده عدم التعامل مع الطرف الآخر. 3_أن قدراته تتساوي معي فدائما ما ينافسني. 4_ كيف تعلم وانت تتعامل كنظير للطالب؟
상대방	الطرف الآخر.نظير	서로 맞서거나 마주하고 있는 맞은 편의 사람. 상대편.	الشخص الذي يقابلك في العمل أو الكلام أو أي نشاط.	지역 번호를 누를 다음에 상대방 전화번호를 누르세요.	بعدما تضغط رقم المنطقة اضغط رقم الذي تتصل به.
상상	التخيل	(명) 실제로는 없거나 보이지 않는 것을 생각 속에 꾸미는 것. 또는 그런 형상.	شئ يصنع داخل التفكير غير واضح أو غير موجود في الحقيقة.	컴퓨터 없는 세상은 상상이 안 돼요.	لا يمكنني تخيل العالم بدون الحاسب الآلي.
상상하다	يتخيل	(동) 실제로는 없거나 보이지 않는 것을 마음 속에 꾸며서 생각하다.	يفكر في شئ غير واضح أو غير موجود في الحقيقة.	유학 생활은 내가 상상했던 것과는 너무 달랐다.	إن الدراسة بالخارج تختلف كثيرا عما تخيلتها.
상자	صندوق	(명) 1-'=박스 / 나무나 두꺼운 종이 따위로 주로 네모나게 만든 통. 2-물건이 담긴 상자의 수를 세는 말.	1_إناء يصنع علي شكل مربع من الخشب أو الورق المقوي. 2_وحدة عد الصناديق.	1-상자를 열다. 2-라면 한 상자에 얼마예요?	1_يفتح الصندوق. 2_كم تكلفة صندوق الشعيرية؟
상점	متجر صغير	=가게 / (명) 물건을 파는 가게.	محل بيع الأشياء.	학교 앞에는 작은 상점들이 줄지어 늘어서 있었다	أمام المدرسة كانت تصطف المتاجر الصغيرة.
상처	جرح. ندبة. إصابة	(명)1-몸을 다쳐서 상한 자리. 2-마음을 괴롭히는 사실. 3-피해를 입은 흔적.	1_مكان مجروح في الجسم. 2_الحقيقة التي تزعج القلب. 3_علامة مكان الضرر.	1-상처 자국/ 상처를 치료하다. 2-네가 상처를 받을까 봐 말을 못 했어. 3-이번 화재의 상처가 사고 현장에 그대로 남아 있었다.	1_علامة الجرح/ يعالج الجرح. 2_لم أستطع إخبارك لأن هذا سيؤلمك. 3_لا زالت ندبات هذا الحريق موجودة.
상태	حالة.موقف. ظرف	(명) 사물의 모양이나 놓여 있는 형편.	حالة أو شكل الشئ.	환자의 상태. / 상태를 점검하다.	حالة المريض/ يتفحص الموقف.
상하다	يسوء. يفسد. يُجرح	(동) 1-온전하지 못하다. 음식이 썩다. 나쁘게 변질되다. 2-몸에 상처가 생기거나 기능을 제대로 하지 못하게 되다. 3-걱정으로 얼굴이나 몸이 야위다.	1_غير طبيعي. يفسد الطعام. تسوء حالته. 2_تعرض الجسم لإصابة ما أو عدم قدرته علي التحرك بشكل عادي. 3_يصبح الوجه أو الجسم شاحبا بسبب القلق.	1-음식이 상하지 않게 냉장고에 넣어 두었습니다. 2-그는 오랫동안 힘든 일을 해서 몸이 많이 상했다. 3-얼굴이 많이 상했네요 무슨 걱정이라도 있었어요?	1_وضعت الطعام في الثلاجة حتي لا يفسد. 2_لقد ضعف بدنه لانه قام بالعمل الشاق لفترة طويلة. 3_مالذي يقلقك؟ وجهك شاحب جدا.
상황	موقف	(명) 어떤 일이 되어 가는 형편이나 모양.	شكل أو حالة أمر ما.	불이 나거나 위급한 상황일 때는 119 로 전화하십시오.	اتصل ب 119 في حالة اندلاع حريق أو الطوارئ.
새	جديد	(관) 1-새로 생기거나 만든 지 얼마 되지 않은. 새롭게 생긴. 2- 지금까지의 것이 아닌 다른. 3-막 시작된.	1_لم يمر علي صنعه كثيرا أو ظهر حديثا. 2_مختلف عن الأشياء الموجودة حتي الآن. 3_يبدأ حالا.	1-새 운동화. 2-새 학교/새 선생님. 3-오늘부터 새 학기가 시작이다.	1_حذاء رياضي جديد. 2_مدرسة جديدة/ معلم جديد. 3_سيبدأ الفصل الدراسي الجديد بدءا من اليوم.

새	طائر. عصفور	(명) 몸에 날개가 있어서 날 수 있고 다리가 두 개인 동물.	حيوان له أجنحة ورجلين ويستطيع الطيران.	새가 날다.	يطير العصفور.
새끼	صغير الحيوان أو الطائر. وغد. وقح	(명) 1-태어난 지 얼마 안 되는 어린 짐승. 2-'=자식/(반)어미/사람의 자식. 3-놈, 녀석.	1_صغير الحيوان الذي لم يمر علي ولادته كثيرا. 2_صبي. 3_وغد.	1-오리 새끼. 2-아이고 귀여운 내 새끼, 이리 오렴. 3-쟤는 거짓말만 하는 나쁜 새끼야.	1_فرخالبط. 2_يا ألهي صغيري اللطيف، تعال إلي هنا. 3_هذا الوغد لا يقول إلا الكذب.
새로	حديثا	(부) 전에 없었던 것이 처음으로.	لأول مرة .	너 이 동네에 새로 이사 왔구나.	لقد أتيت حديثا إلي هذه المدينة.
새롭다	جديد. حديث. طازج	(형) 1-지금까지 있은 적이 없다. 2-지금까지의 것과 다르다.	1_لم يكن موجود حتي الآن. 2_مختلف عن الأشياء الموجودة حتي الآن.	1-아시아는 이제 새로운 관광의 중심지가 되었다. 2-새로운 환경.	1_أصبحت أسيا الآن مركز السياحة الجديد. 2_بيئة جديدة.
새벽	الفجر	(명) 밤 한시 정도부터 날이 밝을 무렵까지의 시간.	الوقت من حوالي الواحدة ليلاً إلي بزوغ الشمس.	아버지께서는 회사 일이 많아서 새벽에 일찍 나가십니다.	إن والدي لديه عمل كثير فيذهب فجراً إلي الشركة.
새해	عام جديد	(명) 새로 시작되는 해.	عام يبدأ جديدا.	한국 사람들은 새해 첫날에 떡국을 먹어요.	يأكل الكوريون التوككوك في أول يوم من العام الجديد.
색	لون	(명) 물체가 나타내는 빛깔.	لون الشئ.	색이 연하다/ 색이 진하다.	لون فاتح/ لون قاتم (غامق).
색깔	لون	(명) 빛깔.	لون.	민지 씨는 무슨 색깔을 좋아해요?	ماهو لونك المفضل يا أستاذ مين جي؟
샌드위치	ساندوتش	(명) 두 조각의 빵 사이에 야채와 고기, 달걀, 치즈 등을 넣은 간편한 서양 음식.	طعام غربي عبارة عن خضراوات و لحم و بيض و جبن بين قطعتين من الخبز.	오늘 점심은 샌드위치로 할까?	هل أعد لك ساندوتش علي الغداء؟
생각	فكر. تفكير.	(명) 1-머릿속으로 판단하거나 인식하는 것. 2-머릿속으로 무엇에 대하여 따지고 판단하여 얻은 이정한 의견. 3-머릿속에 떠오르는 어떤 사실. 4-무엇이 어떠할 것이라고 상상하는 것.	1_الشئ الذي يتم ادراكه أو الحكم عليه داخل الرأس. 2_وجهة النظر حول شئ ما يتم ادراكها داخل الرأس. 3_حقيقة موجودة في الرأس. 4_شئ يتم تخيله في الرأس.	1-버스에서 다룬 생각을 하다가 한 정거장 더 갈 뻔했어요. 2-올바른 생각. 3-고향 생각. 4-집을 보러 다니는 일은 생각보다 훨씬 힘들다.	1_لقد تجاوزت محطة في الحافلة عندما كنت مستغرق في التفكير. 2_الفكرةالصحيحة. 3_التفكير في الوطن. 4_إن البحث عن منزل كانت أصعب مما كنت أعتقد.
생각나다	يتذكر	(동) 1-머릿속에 생각이 떠오른다. 2-'=기억나다/ 지난 일이 기억되다. 3-무엇이 그리워지거나 하고 싶어지다.	1_تتراود الأفكار إلي الذهن. 2_يتذكر شئ ماضي. 3_يشتاق إلي شئ.	1-좋은 방법이 생각났다. 2-공항으로 가는 도중에 호텔에 가방을 놓고 온 것이 생각났다. 3-내가 보고 싶거나 생각나면 언제든지 연락해.	1_راودتني طريقة رائعة. 2_لقد تذكرت أني تركت حقائبي في الفندق عند ذهابي إلي المطار. 3_اتصل بي عند اشتياقك لي.
생각하다	يفكر	(동) 1-어떤 사실이나 이치를 헤아리고 따지다. 2-어떤 사실, 대상을 떠올리다. 3-무엇을 머리에 떠올려 상상하거나 어떤 것이 그러할 것이라고 예상하다. 4-어떤 대상을 일정한 방식으로 판단하거나 여기다.	1_يحسب و يقيم حقيقة ما أو سبب ما. 2_يتذكر شئ أو حقيقة ما. 3_يتخيل أو يتصور شئ في رأسه. 4_يحكم علي أمر ما بطريقة معينة.	1-인간은 생각하는 능력을 가졌다. 2-친구들을 생각할 때마다 고향이 그립습니다. 3-새 집으로 이사 갈 것을 생각 하니 무척 기뻤다. 4-선생님의 말씀을 듣고 보니 제가 잘못 생각했던 것 같습니다.	1_الأشخاص لديهم القدرة علي التفكير. 2_أشتاق إلي مسقط رأسي عندما أفكر في أصدقائي. 3_أشعر بفرحة عارمة عندما أفكر أنني سأنتقل إلي منزل جديد. 4_أعتقد أن تفكيري كان خاطئا بعدما سمعت كلام المعلم.

생기다	يظهر. يتشكل	(동) 1-없던 것이 새로 있게 되다. 2-(반) 사라지다/ 어떠한 마음이 들다. 3-어떤 것이 자기 것이 되다. 4-사고, 일, 문제 등이 일어나다. 5-병이 발생하다. 6-아이가 태어나다. 7-생김새가 어떤 모양이다.	1_ظهور شئ جديد كان غير موجود من قبل. 2_الشعور بالرغبة في شئ ما. 3_يصبح شئ ما ملكي. 4_حدوث حادث أو أمر ما أو مشكله. 5_يصاب بالمرض. 6_يولد الطفل.	1-넘어져서 무릎에 상처가 생겼다. 2-돈을 벌면 벌수록 욕심이 생겨요. 3-아르바이트 자리가 생기면 한턱 낼게요. 4-급한 일이 생겨서 대사관에 가려고 합니다. 5-위에 염증이 생겨 매운 음식은 못 먹는다. 6-결혼하자마자 아이가 생겼다.	1_لقد أصبت ركبتي عندما وقعت. 2_كلما حصلت علي الأموال زادت رغبتي في الحصول علي المزيد. 3_سأشتري لك طعاماً إذا حصلت علي وظيفة العمل الجزئي. 4_ لقد حدث أمر طارئ لذا سأذهب إلي المكتبة. 5_ لا أستطيع تناول الطعام الحار حيث أعاني تلوث في المعدة.
생명	حياة	(명) 1-생물이 살 수 있도록 하는 힘의 바탕. 2-사물의 핵심.	1_أساس القوة التي تعيش بها الكائنات الحية. 2_نواة الشئ.	1-세상에서 생명보다 소중한 것은 없다. 2-신문은 정확성이 생명이다.	1_لا يوجد شئ مهم في هذا العالم سوى الحياة. 2_ إن دقة وصحة الجريدة تعد حياة.
생선	سمك	(명) 말리거나 절이지 않은, 잡은 그대로의 물고기.	كائن بحري يتم اصطياده وبيعه وشراؤه للأكل.	생선 가게.	محل الأسماك.
생신	يوم ميلاد شخص كبير	(명) 생일'을 높여 이르는 말.	يوم ميلاد شخص كبير.	생신 선물.	هدية عيد ميلاد.
생일	يوم ميلاد	(명) 사람이 태어난 날.	يوم ميلاد أي شخص.	생일 파티.	حفل عيد الميلاد.
생활	المعيشة. الحياة	(명) 1-매일 매일 살아가는 것. 2-살면서 겪는 모든 경험과 행동. 3-사회 또는 단체의 한 사람으로 사는 것.	1_العيش يوميا. 2_كل التصرفات والخبرات التي نكتسبها خلال العيش. 3_العيش كجزء من تنظيم أو مجتمع.	1-주말은 우리 생활에 새 힘을 준다. 2-마이클 씨는 한국 생활을 아주 재미있게 하고 있어요. 3-기숙사 생활을 해 보니까 재미있어요.	1_نحن نكتسب قوة جديدة للعيش كل عطلة أسبوع. 2_إن معيشة مايكل في كوريا ممتعة جدا. 3_إن معيشة المدينة الجامعية ممتعة و مسلية.
생활하다	يعيش. يحيي	(동) 1-삶을 영위하다. 2-생계를 꾸리어 살아나가다. 3-활동하며 지내다.	يعيش ويقوم بنشاط ما.	요즘은 물가가 너무 올라서 생활하기 힘들어요.	أصبحت المعيشة صعبة هذه الأيام مع ارتفاع أسعار السلع.
샤워	استحمام	(명) 물을 비처럼 쏟아지게 하여 간단히 하는 목욕.	الاغتسال البسيط بماء ينزل كماء المطر.	샤워 시설.	مرافق الاستحمام.
샤워하다	يستحم	(동) 물을 비처럼 쏟아지게 하여 간단히 하는 목욕하다.	يغتسل بماء ينزل كمياه المطر.	따뜻한 물로 샤워했다.	لقد استحممت بالماء الدافئ.
서너	ثلاثة أو أربعة	(관) 셋이나 넷의.	ثلاثة أو أربعة.	사과 서너 개만 사 와라.	أشتري ثلاث أو أربع تفاحات وأنت قادم.
서다	يقف. يستقيم.	(동) 1-(반) 눕다, 앉다/ 다리를 펴고 몸을 위로 곧게 하여 있다. 2-=멈추다/ 움직이다가 멈추다. 3-=열리다/ 장, 행사 등이 벌어지다. 4-결심이나 계획 등의 마음이 생기다. 5-어떤 역할을 맡아서 하다.	1_يفرد رجله ويقيم جسمه علي نحو مستقيم. 2_ يوقف حركة. 3_ يفتتح معرض أو حدث. 4_ يعزم علي خطة أو قرار. 5_ يتولي دورا ما ليقوم به	1-버스에 사람이 많아서 한 시간 동안 서서 갔어요. 2-잠깐, 거기 서세요. 3-우리 마을에는 닷새마다 한 번씩 장이 선다. 4-아무래도 확신이 서지 않는지 머뭇거리며 물었다. 5-내가 주렐 서겠네.	1_ الحافلة كانت مليئة بالناس لذلك وقفت لمدة ساعة. 2_ لحظة اقف هناك من فضلك. 3_ تقيم قريتنا معرض كل خمسة أيام. 4_سألته بتردد عما إذا كان غير متأكد. 5 سأكون بجانبك.
서두르다	تعجل. هرول	(동) 1-급하게 행동하다. 2-일을 빨리 처리하려고 부지런히 움직이다.	1_يتصرف علي عجلة من أمره. 2_يتحرك بنشاط لينجز أمر مستعجل.	1-너무 서두르지 마세요, 위험해요. 2-오늘은 왜 이렇게 퇴근을 서두르세요?	1_لا تتعجل أنه خطر. 2_لماذا خرجت من العمل علي عجلة من أمرك اليوم؟

서랍	درج	(명) 책상이나 옷장에 여러 가지 물건을 둘 수 있는 상자.	صندوق في المكتب أو خزنة الملابس يمكن وضع به عدة أشياء.	편지를 책상 서랍 속에 넣었습니다.	لقد وضعت الخطاب في درج المكتب.
서로	بعضهم البعض	(부) 1-둘 또는 그 이상이 함께 같이. 2-앞을 다투어. 경쟁적으로.	1_اثنان أو أكثر سويا. 2_المقابلة أو التنافس بين شيئين.	1-영미는 지혜와 서로 한 반에서 공부했다. 2-아이들이 서로 먼저 먹겠다고 소리를 질렀다.	1_لقد ذاكر يونغ مي مع جي هي مرة. 2_لقد صاح الأطفال علي بعضهم البعض لتناول الطعام أولا.
서류	مستندات	(명) 사무에 관련된 문서.	تقارير لها علاقة بالعمل.	여권을 신청하자면 여러 가지 서류를 갖춰야 해요.	يجب أن يكون لديك عدة مستندات إذا أردت استخراج جواز سفر.
서른	ثلاثون	(수) 숫자 30.	ثلاثون.	그는 서른이 되어서도 대학을 졸업하지 못했다.	لقد أتممت الثلاثين وما زلت غير قادر علي التخرج.
서명	توقيع. إمضاء	(명) 자기의 동일성을 표시하고 책임을 분명하게 하기 위하여 문서 따위에 자기의 이름을 써넣음.	كتابة اسمي بطريقتي.	서명 운동.	حركة توقيع.
서비스	خدمة	(명) 1-가게 등에서 손님을 접대하는 것. 2-생활에 직접 도움이 되는 여러 가지를 제공하는 일. 3-상점에서 고객의 마음을 끌기 위해 공짜로 또는 싸게 주는 상품 이나 봉사.	1_خدمة الزبائن في محل ما. 2_تقديم العديد من الأشياء التي تساعد علي العيش. 3_بضائع أو خدمة تقدم بدون تكلفة أو تكلفة قليلة لجذب الزبائن إلي المتجر.	1-우리 가게에서 가장 중요하게 생각하는 것은 바로 서비스 정신입니다. 2-배달 서비스. 3-주유소에서는 서비스로 휴지나 장갑을 줍니다.	1_إن أهم شئ في متجرنا هو الخدمة. 2_خدمة التوصيل. 3_في محطة الوقود يقدمون مناديل أو قفازات.
서양	الغرب. الاتجاه الغربي	(명) 유럽과 아메리카 지역 전부./=서구/ (반) 동양/	منطقة أمريكا و أوروبا.	서양 문화/ 서양 음식.	الطعام الغربي/ الثقافة الغربية.
서울	عاصمة. عاصمة كوريا الجنوبية	(명) 1-한국의 수도. 2-'=수도/ 한 나라의 중앙 정부가 있는 곳.	1_عاصمة كوريا الجنوبية. 2_مركز حكومة بلد ما.	1-서울 가면 꼭 편지 해. 2-미국의 서울은 워싱턴이다.	1_أرسل لي خطابا عندما تذهب إلي كوريا. 2_عاصمة أمريكا هي واشنطن.
서점	محل بيع الكتب	(명) 책을 파는 가게. /=책방/	محل بيع الكتب.	서점에 들러 소설책 한 권을 샀다.	لقد اشتريت رواية من متجر الكتب.
서쪽	الاتجاه الغربي	(명) 해가 지는 쪽.	المنطقة التي تغرب منها الشمس.	저녁이 되자 서쪽 하늘이 빨갛게 물들었다.	تتحول السماء الغربية إلي اللون الأحمر في المساء.
서투르다	غير بارع. غير متقن	(형) 무엇에 익숙하지 못하거나 잘 하지 못하다. /(반)능숙하다/	عدم اتقان الشئ أو عدم التعود عليه.	한국말을 배운 지 육(6)개월 되었는데 아직 서툴러요.	لقد مر 6 سنوات علي تعلمي اللغة الكورية ومازلت لا اتقنها.
섞다	يخلط. يمزج	(동) 1- '=혼합하다/ 무엇에 무엇을 끼우거나 넣다. 2- 말하거나 행동할 때 다른 말이나 행동을 함께 하여 나타내다.	1_يضع شئ في شئ. 2_يمزج كلام أو حركات.	1-커피와 우유를 섞으면 맛있는 커피 우유가 돼요.2- 그는 농담을 섞어 가며 재미있게 이야기했다.	1_عندما تخلط القهوة مع الحليب تصبح قهوة بالحليب. 2_لقد تحدث بطريقة ممتعة حيث كان يمزجه بالنكات.

선 (줄)	خط. صف. حبل	(명) 1-'= 금, 줄/ 가로나 세로로 곧게 그은 금이나 줄. 2-'=줄/ 무엇을 연결하는 데 쓰는 긴 줄.	1_خط أو حبل تم رسمه عرضا أو طولا. 2_حبل طويل يتم استخدامه للربط.	1-선을 똑바로 그었다. 2-선이 없는 무선 전화기가 사용하기가 더 편리하지	1_لقد رسمت خط مستقيم. 2_الهواتف اللاسلكيه التي بدون أسلاك هي ملائمة أكثر للاستخدام.
선물	هدية	(명) 고마운 뜻을 표현하거나 축하하기 위해서 주는 물건.	شئ يعطي للاحتفال أو التعبير عن الشكر.	생일 선물/ 선물을 주다.	هدية عيد ميلاد/ يعطي هدية.
선물하다	يهدي. يهادي	(동) 고마운 뜻을 표현하거나 축하하기 위해서 물건을 주다.	يعطي شئ للاحتفال أو التعبير عن الشكر.	나는 제임스에게 한국에 대한 책을 선물했다.	لقد هاديت جيمس كتاب عن كوريا.
선배	الأكبر سنا	(명) 1-한 분야에 속한 사람들 중에서 자기보다 먼저 일을 시작한 사람. 2-(반) 후배/ 같은 학교를 자기보다 먼저 졸업한 사람.	1_الشخص الذي يبدأ العمل قبل باقي الأشخاص. 2_الشخص الذي يتخرج من نفس المدرسة قبلي.	1-선배인 줄 알고 존댓말을 썼는데 알고 보니 같은 입사 동기였다. 2-대학 선배.	1_لقد كنت أعتقد أنك أكبر مني واستخدم صيغة الاحترام ولكن أكتشفت اننا نفس العمر. 2_الاكبر في المرحلة الدراسية.
선생	أستاذ. معلم. مرشد	(명) 1-가르치는 일을 직업으로 하는 사람. 2-남을 높여 부르는 말. 3-사회적으로 존경받는 사람을 일컫는 말.	1_الشخص الذي يعمل في مهنة التدريس. 2_لمناداة شخص قدره عالي. 3_لمناداة شخص يحترم في المجتمع.	1-저분은 고등학교 영어 선생님이십니다. 2-담당 의사 선생이 누구입니까? 3-김구 선생.	1_هذا الشخص معلم لغة انجليزية في المدرسة الثانوية. 2_من هو الأستاذ الدكتور المسئول؟ 3_الأستاذ كيم جو.
선생님	مدرس. معلم	(명) 선생을 높여서 부르는 말.	كلمة لمناداة المعلم باحترام.	저희 선생님께서는 어디 계십니까?	أين معلمكم؟
선수	لاعب. محترف	(명) 1-운동을 직업으로 하는 사람이나 대회에 나가기 위해 여럿 중에서 뽑힌 사람. 2-어떤 일을 능숙하게 잘 하는 사람.	1_الشخص الذي يمارس الرياضة كوظيفة أو الشخص المختار من عدة أشخاص في مسابقة. 2_الشخص الذي يتقن شئ ما.	1-축구 선수. 2-민지는 주차하는 건 선수야.	1_لاعب كرة قدم. 2_مين جي محترف في ركن السيارات.
선택	اختيار	(명) 여럿 가운데서 필요한 것을 골라서 정하는 것.	أختيار شئ مهم من ضمن عدة أشياء.	여러 나라의 말을 잘하면 직업 선택의 폭도 넓어진다고 해요.	إن قدرتك علي الحصول علي الوظيفة تزداد إذا كنت تعرف أكثر من لغة.
선택하다	يختار	(동) 여럿 가운데에서 어떤 기준 이나 필요에 따라 골라서 정하다. /=고르다/	يختار أو يقرر من ضمن عدة أشياء وفقا لأساس معين أو لأهمية الشئ.	배우자는 선택하는 데 가장 중요한 점은 무엇이라고 생각합니까?	ما هو أهم شئ في رأيك لاختيار شريك؟
선풍기	مروحة	(명) 전기의 힘으로 바람을 일으켜 더위를 쫓는 기구.	آلة للتخلص من الحرارة تحرك الهواء وتعمل بالكهرباء.	선풍기가 돌아가고 있었지만 뜨거운 바람만 나오고 있었다.	بالرغم من أن المروحة كانت تعمل لكن كان الهواء الساخن يهب.
설날	السنة القمرية الجديدة	(명) 명절인 새해의 첫날. 음력 1 월 1 일. /=설/	عيد الاحتفال بأول يوم في السنة القمرية الجديدة.	설날 아침에 차례를 지낸다.	تحدث الاحتفالات صباح أول يوم في السنة القمرية.
설명	شرح. وصف	(명) 어떤 사실에 대하여 남이 잘 이해할 수 있도록 말하는 것.	التحدث عن حقيقة ما ليتم فهمها جيدا.	선생님의 설명을 잘 들으세요.	استمع جيدا لشرح المعلم.
설명하다	يشرح. يوصف	(동) 어떤 사실을 남이 잘 이해할 수 있도록 말하다.	شخص يتحدث عن حقيقة ما ليتم فهمها جيدا.	학교에서 여러분의 집까지 가는 길을 친구에게 설명하여 봅시다.	لتشرحوا لزميلكم طريق الذهاب من المدرسة حتي المنزل.

설탕	سكر	(명) 맛이 달고 물에 잘 녹아 음식의 양념이나 단맛을 내는 재료로 쓰는 하얀 가루.	بودرة بيضاء طعمها حلو وجيدة الذوبان في الماء وتستخدم لجعل الطعام حلو المذاق.	저는 설탕이 많이 들어간 음료수를 안 좋아해요.	لا أحب المشروبات التي بها سكر كثير.
섬	جزيرة	(명) 육지와 떨어져 바다나 강 등의 물에 둘러 싸여 있는 땅.	مساحة من الأرض الخضراء محاطة بالمياه.	제주도는 한국에서 가장 큰 섬이다.	أكبر جزيرة في كوريا هي جزيرة جيجو.
성	لقب	(명) 조상으로부터 물려 받은 이름.	الاسم الموروث من الأجداد.	우리 반에 나와 성이 같은 사람이 열 명이나 된다.	لقد أصبحنا 10 أشخاص من نفس اللقب في الفصل.
성격	شخصية	(명) 개인이 가지고 있는 남다른 성질.	الشخصية المميزة للفرد.	좋은 성격/ 나쁜 성격.	شخصية جيدة/ شخصية سيئة
성공	نجاح	(명) 목적하던 것을 이루는 것.	تحقيق الهدف.	성공을 빌다.	يطلب النجاح.
성공하다	ينجح	(동) 1-목적하던 것을 이루다. 2-부나 명예, 사회적 지위를 얻다.	1_يحقق شئ يهدف إليه. 2_يحصل علي مكانة اجتماعية أو ثروة أو شهرة.	1-실패를 극복하고 성공한 사람들의 이야기는 정말 감동적이다. 2-친구 중에는 사업가로 성공한 사람도 많았다.	1_لقد تأثرت بقصص الأشخاص الناجحين الذين تغلبوا علي الفشل. 2_لدي أصدقاء رجال أعمال كثيرون من ضمن أصدقائي.
성명	الاسم بالكامل	(명) 성과 이름.	اسم شخص بالكامل.	통장을 만들려면 우선 이 용지에 성명, 주소, 여권 번호를 쓰세요.	إذا أردت فتح حساب بنكي رجاء اكتب أسمك بالكامل والعنوان ورقم جواز السفر.
성별	النوع. الجنس	(명) 남자와 여자의 구별.	الفرق بين البنت والولد.	여기에 성별을 표시하세요.	علم علي نوعك هنا.
성인	بالغشخص	(명) 어른이 된 사람. /=어른/	الشخص البالغ.	그 영화는 성인이라야 볼 수 있대요.	من المفترض أن هذا الفيلم للبالغين فقط.
성적	تقدير	(명) 공부, 일, 경기 따위를 한 뒤에 나타난 결과.	النتيجة بعد مسابقة أو عمل أو دراسة.	시험 성적이 좋지 않아요.	تقديرات الامتحان غير جيدة.
성질	خُلُق. سَجِيّة. طَبْع	(명) 1-사람이나 동물의 행동이나 생각에 영향을 미치는, 타고난 정신의 바탕. 2-한 사물이나 현상이 가지고 있는 다른 것과 구별되는 특징.	1_ الأساس العقلي الذي يؤثر في فكر أو سلوك الحيوان أو الإنسان. 2_الصفة التي تميز الشئ عن غيره.	1-내 동생은 사소한 일에도 곧잘 성질을 내곤 한다. 2-습관은 쉽게 바꿀 수 있는 성질의 것이 아니다.	1_ أخي عادة يغضب سريعا من الأعمال التافهة. 2_ العادات هي فطرة لا يمكن تغييرها بسهولة.
성함	اسم	(명) 성명, 이름의 높임말.	صيغة الاحترام لكلمة اسم أو الاسم بالكامل.	아버지의 성함이 무엇이냐?	ما هو اسم والدك؟
세	عمر. سن	(명) 나이를 세는 단위.	وحدة عد العمر.	우리 할아버지께서는 90 세까지 장수하셨다.	عاش جدي حتي عمر التسعين عاما.
세계	العالم	(명) 1-지구에 있는 모든 국가. 2-사람이 살아가는 세상. 3-어떤 분야나 영역.	1_ كل دول الكرة الأرضية. 2_ العالم الذي يعيش فيه الناس. 3_ مجال أو منطقة معينة.	1-세계 여행을 하다. 2-옛날 사람들은 자신들이 살고 있는 땅이 세계의 전부라고 생각했다. 3-물질세계.	1_ يسافر العالم. 2_ كان يعتقد الناس قديما أن الأرض التي يعيشون عليها هي كل العالم. 3_العالم المادي.
세금	ضرائب. جمارك	(명) 국민이나 단체들이 소득의 일부를 의무적으로 나라에 내는 돈.	الأموال التي يدفعها العامة أو المنظمات إلزاميا من الأرباح للدولة.	작은 차는 기름도 적게 들고 세금도 아주 싸다.	السيارات الصغيرة تستهلك بنزين قليل وضرائبها أيضا رخيصة جدا.
세기	قرن	(명) 100 년을 단위로 하는 기간.	فترة مئة عام.	2001 년이 21 세기의 시작이다.	إن عام 2001 هو بداية القرن ال 21.

세다	عنيف. عنيد. قوي	(형) 1-(힘이 보통보다) 강하다. 2-성질, 고집, 기세 등이 보통 사람보다 강하거나 더하다. 3-물, 불, 바람 등이 보통보다 강하거나 빠르다. 4-능력이나 수준이 정도 이상이다. / =강하다 (반)약하다	1_أقوي. 2_ يكون الطبع أو الإصرار أو الروح أقوي و أكثر من الناس الطبيعية. 3_تكون قوة الماء، قوة النار، قوة الريح أسرع أو أقوى من العادة. 4_ تكون القدرة أو المستوي أعلي.	1-운동 선수들은 보통 팔과 다리가 굵고 힘이 셉니다. 2-동생은 고집이 너무 세다. 3-바다에서는 센 물결이 일고 있었다. 4-아버지 닮았으면 너도 술이 셀 거야.	1_لاعبو القوي البدنية عادة لديهم أرجل وأذرع كبيرة و أقوياء. 2_إن أخي الصغير عنيد جدا. 3_ كانت أمواج البحر القوية تتلاطم. 4_ إذا كنت تشبه والدك فلن تتأثر كثيراً بالخمر.
세다	يعد	(동) 개수를 헤아리다.	يعد الأرقام.	돈을 세다.	يعد النقود.
세로	الطول	(명) 위 아래로 이어지는 방향.	الاتجاه من الأعلي إلي الأسفل.	그 상자는 크기가 가로, 세로 80 센티미터쯤 돼요.	إن ارتفاع هذا الصندوق حوالي 80 سنتيميتر طول وعرض.
세모	مثلث	(명) 세 개의 선분으로 둘러싸인 평면 도형	شكل هندسي مكون (محاط) بثلاثة أضلاع.	종이를 세모로 접어 고깔모자를 만들었다	لقد ثنست الورقة علي شكل مثلث وصنعت قبعة مخروطية.
세상	العالم	(명) 1-사람들이 살고 있는 모든 사회 전체. 2-자기 마음대로 할 수 있는 때나 장소나 환경.	1_ كل المجتمعات التي يعيش فيها الناس. 2_ بيئة أو مكان أو وقت يتصرف بها حسب إرادته.	1-이 세상에는 돈만으로는 해결하기 어려운 것이 많아요. 2-오늘은 어린이 날, 우리들 세상.	1_ توجد الكثير من الأشياء التي يمكن حلها بالمال في هذا العالم. 2_ اليوم هو يوم الطفل، إنه عالمنا.
세수	غسل الوجه	(명) 물로 손과 얼굴을 씻는 것.	غسيل الوجه و الأيدي بالماء.	나는 딸아이를 욕실로 데려가 세수를 씻겼다.	لقد أخذت ابنتي الصغيرة إلي الحمام وغسلت وجهها.
세우다	يبني. ينشئ. يؤسس. يوّقف. يضع (خطة)	(동) 1-누워 있거나 쓰러져 있는 것을 곧게 일으키다. 2-건물, 법, 나라 등을 만들다. 3-가거나 움직이는 것을 멈추게 하다. 4-체면, 위신 따위를 지키다. 5-기록 따위를 더 좋게 만들다. 6-생각이나 계획을 분명하게 정하다.	1_يعدل شيئاً مائلاً 2_ ينشئ مبني أو قانون أو دولة وغيرها. 3_يوقف شئ متحرك أو يسير. 4_ يحافظ علي السمعة و الشرف. 5_ يحقق تسجيلات جيدة. 6_ يقرر ويفكر ويخطط بوضوح.	1-유미는 키가 커보이게 하려고 몸을 꼿꼿이 세웠다. 2-우리가 세운 규칙이니 잘 지킵시다. 3-그가 기계를 세우자 조용해졌다. 4-아버지는 늘 가장으로서의 위엄을 세우고자 하셨다. 5-그는 수영에서 세계 기록을 여러 번 세웠다. 6-이번 휴가 계획을 세웠어요?	1_ يقف يومي ويشد جسمه ليظهر طويلا. 2_نحن نحتفظ علي التعلميات التي وضعناها. 3_ بمجرد ما أطفأ الماكينة أصبح الجو هادئا. 4_حافظ أبي علي مكانته كمعيل للأسرة دائما. 5_لقد حقق تسجيلات عالمية في السباحة. 6_هل وضعت خطة لهذة العطلة؟
세탁기	غسّالة ملابس	(명) 빨래하는 기계.	آلة لغسل الملابس.	며칠 전에 세탁기가 고장이 나서 빨래가 많이 밀렸다.	منذ أيام تعطلت غسّالة الملابس فقمت بغسل الكثير من الملابس يدوياً.
센티	سنتيميتر (سم)	(명) '센티미터'의 준말.	اختصار كلمة سنتيميتر.	이 바지 1 센티만 줄여 주세요.	من فضلك قص لي هذا البنطلون 1 سم فقط.
센티미터	سنتيميتر (سم)	(명) 길이를 나타내는 단위.	وحدة أطوال.	제 키는 170 센티미터입니다.	إن طولي 170 سنتيميتر.
셋	ثلاثة	(수) 숫자 3.	الرقم(3) ثلاثة.	올해 쉰 살인 그는 아들 셋과 딸 둘을 두었다.	في عمر الخمسين أصبح لديه ثلاثة أبناء وبنتين هذا العام.
셋째	الثالث	(수) 순서가 세 번째가 되는 차례.	الدور الثالث في الترتيب.	제 인생의 세 가지 목표는 첫째도 건강, 둘째도 건강, 셋째도 건강이지요.	إن أهدافي في هذه الحياة أولا الصحة، ثانيا الصحة، وثالثا الصحة.
셔츠	قميص	(명) 앞쪽에 작은 단추가 달려 있고, 긴 팔이나 반팔로 된 얇은 윗옷.	ملابس خفيفة للجزء العلوي من الجسموله كم كامل أو نص كم وبه أزرار صغيرة من الأمام.	이 바지에는 검은색보다 밝은 색 셔츠가 더 질 어울립니다.	سيكون ملائما اكثر إذا ارتديت قميص أحمر بدلا من الأسود علي هذا البنطال.

소	بقرة	(명) 주로 고기를 먹거나 우유를 만들고, 농사일을 돕게 하기 위해 농가에서 기르는 동물.	حيوان عادة ناكل لحمه و يصنع الحليب ويتم تربيته في الحقل حيث أنه يساعد في أعمال الفلاحة	할아버지 댁에는 소가 열 마리나 있어요.	في منزل جدي توجد أكثر من 10 بقرات.
소개	تقديم. تعريف	(명) 1 서로 모르는 사람들에게 알고 지낼 수 있도록 인사를 시키는 것. 2-남이 잘 모르는 지식이나 내용을 대강 알게 해 주는 것.	1_ إلقاء التحية بين أشخاص لا يعرفون بعضهم للتعرف. 2_ تعريف محتوي أو معلومة لا يعرفها الناس.	1-자기 소개. 2-회사에 대한 소개.	1_ التعريف بالنفس. 2_ تعريف عن الشركة.
소개하다	يقدم. يعرف	(동) 1-서로 알지 못하는 두 사람을 인사 시켜 서로 알게 해 주다. 2-누구에게 모르던 사실이나 내용을 알게 해 주다.	1_ يتعرف شخصان علي بعضهما ويلقيان التحية. 2_ تعريف محتوي أو حقيقة لشخص لا يعرفها.	1-그러면 저희 가족을 소개하겠습니다. 2-외국인 관광객에게 우리의 문화를 소개하려면 어떻게 해야 할까?	1_ سوف أعرفكم علي عائلتي. 2_ ماذا نفعل إذا اردنا تقديم ثقافتنا للسياح الأجانب؟
소고기	لحم البقر	(명) 음식의 재료로 쓰는 소의 고기.	لحم البقر يستخدم من ضمن مقادير الطعام.	소고기 두 근만 사 오세요.	اشتري واحضر معك 2 (كين) من لحم البقر.
소금	ملح	(명) 음식에 짠 맛을 내는 하얀 가루.	طحين أبيض طعمه مالح ويتم وضعه في الطعام.	소금을 뿌리다.	يرش ملح.
소녀	طفلة. صبية	(명) 어린 여자 아이.	طفلة بنت صغيرة.	어머니께서는 소녀 때 사진을 보여 주셨습니다.	أطلعتني أمي علي صورتها عندما كانت صبية.
소년	طفل. صبي	(명) 어린 남자 아이.	طفل ولد صغير.	소년은 소녀의 손을 잡아 끌었다.	لقد أمسك الصبي بيد الصبية وشدها.
소리	صوت	(명) 1-귀에 들리는 것. 2-사람의 목소리나 말소리. 3-어떤 뜻을 나타내는 말.	1_ الشئ الذي تسمعه الأذن. 2_ صوت كلام الأشخاص. 3 كلام يظهر معني ما.	1-한국말에는 소리를 표현하는 단어가 많습니다. 2-어머니께서 큰 소리로 나를 부르셨습니다. 3-그건 말도 안 되는 소리 입니다.	1_ هناك الكثير من الكلمات التي تعبر عن الأصوات في اللغة الكورية. 2_ لقد نادت أمي علي بصوت مرتفع. 3_ هذا هراء (كلام لا يعقل).
소문	شائعة	(명) 사람들 사이에 널리 퍼진 말이나 소식.	أخبار أو حديث ينتشر بتوسع بين الناس.	소문이 자자하다.	روجت الشائعات.
소설	رواية	(명) 1-지어내어 쓴 긴 이야기. 2-소설책.	1_كلام طويل مكتوب و مزيف. 2_ كتاب روايات.	1-어떤 소설을 좋아하세요? 2-새로운 소설이 나왔대.	1_ ماهي الرواية المفضلة لديك؟ 2 _لقد تم إصدار رواية جديدة.
소식	أخبار	(명) 멀리 떨어져 있는 사람의 사정을 알리는 말이나 글.	مقال أو كلام يقوم بإخبار عن الحالة الأشخاص الموجودين في مكان بعيد.	친구가 며칠째 소식이 없어서 하숙집에 가 볼까 한다.	لا أعرف أخبار عن صديقي لمدة أيام فقررت الذهاب لمكان عيشه.
소용	نَفْع	(명) 이익이나 쓸모가 있는 것.	فوائد أو أشياء نافعة.	이 문서는 이제 소용 가치가 없어졌다.	لقد فقد هذا التقرير فائدته الآن.
소용없다	غير نافع	(형) 아무런 이익이나 쓸모가 없다	ليس له أيّة فوائد أو منفعة.	이런 병에는 어떤 약도 소용없다.	هذا المرض غير نافع معه أية دواء.
소원	أمنية	(명) 이루어지기를 간절히 바라는 것.	شئ نأمل تحقيقة بشكل جدي.	제 소원 하나 들어주실래요?	هل أقول لك واحدة من أمنياتي؟
소주	سوجو (خمر كوري)	(명) 곡식을 발효시켜 만든, 맑은 한국 술.	خمر كوري مقطر من الحبوب.	소주를 드신 다음날 아버지는 꼭 해장국을 드십니다.	يتناول أي شوربة هيه جانج في اليوم التتالي لتناوله الخمر.

소중하다	مهم. غالٍ. نفيس	(형) 매우 귀중하다.	نفيس (عزيز) جدا.	우리 부모님은 나에게 정말 소중한 분들이다.	إن والداي هم أعز أشخاص عندي.
소파	أريكة. كنبه	(명) 거실이나 사무실에 놓는 긴 의자.	كرسي طويل يوضع في المكتب أو الصالة.	이 소파가 편안하고 푹신해서 좋아요.	تعجبني هذه الأريكه لأنها مريحة وناعمة.
소풍	نزهة	(명) 멀지 않은 곳으로 경치나 놀이를 즐기기 위하여 가는 것.	الخروج إلي مكان غير بعيد للاستمتاع بالمنظر واللعب .	날씨 때문에 소풍을 망쳤어요.	لقد فقدت النزهة بسبب حالة الجو.
속	داخل	(명) 1-'=안/ (반) 겉, 밖/ 물건의 안. 2-마음이나 느낌, 생각. 3-배 안의 소화 기관.	1_ داخل الشئ. 2_ فكر أو شعور أو احساس. 3 _الجهاز الهضمي داخل المعدة.	1-필통 속에는 연필이 가득 들어 있다. 2-민수가 말을 안 해서 그렇지 속으로는 무척 섭섭할 거야. 3-밤이 되니 속이 출출한데.	1_ إن المقلمة مليئة بالأقلام الرصاص. 2_أعتقد أن مين سو محبط كثيرا لأنه لا يستطيع الكلام. 3 _يأتي الليل وأشعر بالجوع.
속도	سرعة	(명) 어떤 물체나 현상이 움직이거나 변하는 빠르기의 정도.	درجة سرعة تحرك الشئ أو ظاهرة ما.	과학의 발달 속도가 점점 더 빨라 빠릅니다.	إن سرعة تطور العلوم تزداد شيئا فشيئا.
속옷	ملابس داخلية	(명) 겉옷 속에 입는 옷. /=내의/ (반) 겉옷/	ملابس يتم ارتدائها تحت الملابس الخارجية.	목욕을 하고 속옷을 갈아입었다.	لقد استحممت وبدلت ملابسي الداخلية.
속이다	يخدع. يغش	(동) 1-거짓말이나 거짓 행동을 진짜라고 믿게 하다. 2-남에게 어떤 사실을 거짓으로 말하다.	1_ يجعل الناس تصدق الكلام أو الأفعال الكاذبة علي أنها حقيقية. 2 _يزيف الحقائق للناس.	1-남을 잘 속이는 사람은 남을 잘 믿지도 않는다. 2-아무래도 네가 나한테 무엇을 속이고 있는 것 같다.	1_ إن الشخص الذي يخدع الناس لا يستطيع تصديق أي أحد. 2_ أعتقد أنك تحاول خداعي في شئ ما.
속하다	يتبع ل . يتضمن	(동) 1-'=포함되다/ 어떠한 범위 안에 들다. 2-어떤 집단의 구성원이 되다.	1_ ينتمي إلي شئ. 2 _يصبح عضو في مجموعة.	1-한국의 기후는 사계절의 구분이 뚜렷한 온대에 속한다. 2-미국에 사는 동포도 우리 민족에 속합니다.	1_ يتضمن انقسام فصول السنة لمناخ كوريا بدرجة حرارة المنطقة. 2 _إن الكوريين الذين يعيشون في أمريكا ينتمون إلي شعبنا.
손	يد. قدرة. يد المساعدة	(명) 1-몸의 일부분으로 팔 끝에 있으며 무엇을 만지거나 잡을 때 쓰는 몸의 일부분. 2-힘이나 능력이 닿는 범위. 3-어떤 일을 하기 위한 사람의 능력. 4-소유권 상태.	1_جزء من الجسم يوجد في آخر المعصم ويتم استخدامه للمس شيء ما أو الإمساك به. 2_مقدار القوة أو النفوذ. 3_ قدرة الشخص للقيام بشئ ما. 4 _حالة الامتلاك (الحيازة).	1-식사 전에는 반드시 손을 씻자. 2-어떻게 해야 그 남자의 손에서 벗어날 수 있을까? 3-우리가 나서서 우리의 손으로 해결할 수 있다.	1_ يجب أن نغسل أيدينا جيدا قبل الأكل. 2_ ماذا سأفعل بدون مساعدة هذا الولد؟ 3_ نحن نستطيع التقدم ونحل الأمر بأنفسنا.
손가락	الأصابع	(명) 손 끝에 다섯 개로 갈라진 부분.	جزء منفصل من بين خمسة أجزاء في طرف يد الإنسان.	손가락을 다쳐 글씨를 쓸 수 없다.	لا أستطيع الكتابة لأن أصابعي جُرحت.
손녀	حفيدة	(명) 자식의 딸.	ابنة الابن أو الابنة.	손녀가 생겼으니 이제 두 분께서는 할머니, 할아버지가 되셨네요.	ظهرت حفيدة فأصبحا جداً وجدةً.
손님	عميل	(명) 1-(반) 주인/ 높임말로 다른 사람 집에 찾아온 사람. 2-'= 고객/ (반) 주인/ 물건을 사러 가게에 들른 사람.	1_ (صيغة تبجيل) شخص يحضر إلي منزل شخص آخر. 2_شخص يذهب إلي المحل ليشتري أشياء.	1-이제 집에 손님이 많이 다녀 갔다. 2-그 식당은 갈 때마다 손님들이 많아요.	1_ أصبح يتردد إلي منزلنا الكثير من الزوار. 2 _كلما أذهب إلي هذا المطعم أجده ملئ بالزوار.
손목	رسغ. معصم	'= 팔목/ (명) 손과 팔이 이어지는 몸의 부분.	الجزء الذي يربط اليد والذراع.	민지는 내 손목을 잡아 끌었다	لقد أمسك مين جي برسغي وشدني.

손바닥	راحة اليد. الكف	(명) 손의 안쪽 부분	داخل الكف.	손바닥을 비비다.	يحك كفيه.
손발	يد وقدم	(명) 손과 발을 아울러 이르는 말.	كلمة تستخدم لتعني اليد والقدم معا.	날씨가 추워 손발이 시리다.	تجمدت يداي ورجلي بسبب برودة الجو.
손뼉	راحة اليد	(명) 마주 쳐서 소리를 내는 손바닥.	راحة اليدين يتم التقائهم وتصدر صوت.	그가 노래를 부르자 사람들은 손뼉으로 박자를 맞추어 주었다.	عندما غني قام الجميع بالتصفيق له.
손자	حفيد	(명) 자녀의 아들.	ابن الابن أو الابنة	손자를 몇 명 두다.	لديه العديد من الأحفاد.
손잡이	مقبض	(명) 어떤 물건을 손으로 잡기 쉽게 만들어 붙인 부분.	الجزء الذي يمكن إمساكه باليد.	손잡이를 당겨서 여세요.	اسحب المقبض وافتح.
손톱	ظفر	(명) 손가락 끝의 위쪽을 덮은, 단단한 얇은 부분.	جزء رفيع وثابت يلصق بطرف الإصبع	손톱을 다듬다.	يقص أظافره.
손해	ضرر. خسارة	(명) 경제 활동에서 돈이나 재산을 잃거나 해를 입는 것. (반)이익/	فقد مال أو أملاك في نشاط اقتصادي.	손해가 가지 않게 처리하겠습니다.	سوف أتعامل مع الامر بدون أية خسائر.
솔직하다	صريح	(형) 마음과 태도가 거짓이나 꾸밈이 없이 바르다.	يتصرف بدون مبالغة أو كذب في سلوكه أو مشاعره.	나는 그의 솔직한 성격이 마음에 들었다.	أنا أحب شخصته لأنه صريح.
솔직히	بصراحة	=진실로. 진짜로/(부)거짓으로 꾸미거나 숨기는 것이 없이 바르게.	بدون خداع أو مبالغة أو كذب.	솔직히 말하면 좀 불안해요.	إذا تحدثت بصراحة أنا غير مرتاح قليلا.
쇼	عرض	(명) 보는 이를 즐겁게 하기 위해, 춤, 노래, 이야기 등 구경할 만한 것을 무대에서 보여준 행위 혹은 방송 프로그램.	عرض أو برنامج ترفيهي يعرض على أشخاص عديدين من خلال خشبة المسرح أو وسائل الإعلام كالرقص والغناء و الحديث وغيره.	쇼를 구경하다.	يشاهد العرض.
쇼핑	تسوّق	(명) 구경하고 돌아다니면서 물건을 사는 것.	التجول وشراء الأشياء.	이 물건은 인터넷 쇼핑 사이트에서 샀어요.	لقد اشتريت هذا الشئ من علي موقع تسوق علي الإنترنت.
수	عدد	(명) 사람이나 물건을 하나하나 모두 세어서 얻는 값.	قيمة الناتجه من عد الأشخاص أو الأشياء.	나는 사과의 수를 세어 보았다.	لقد عددت التفاح.
수	وسيلة	(명) 어떤 일을 하는 방법.	طريقة عمل شئ معين.	어떻게든 좋은 수가 생기겠지?	كيف عثرت علي هذه الوسيلة الجيدة؟
수건	منشفة قماش	(명) 몸, 얼굴, 손의 물기를 닦는 데 쓰는 네모난 헝겊 조각.	قطعة قماش خاصة لتنظيف الجسم أو الوجه أو اليد	수건으로 닦다.	ينظف بالقطعة القماش.
수고하다	يتعب. يبذل مجهود	(동) 어떤 일에 하는 데 힘을 들이고 애를 쓰다.	يسعي إلي شئ ويبذل مجهودا لتحقيقه.	예진 씨, 음식 준비하느라 수고하셨어요.	يي جين، لقد بذلت مجهودا في تحضير الطعام.
수년	عدة سنوات	(명) 여러 해.	سنوات عديدة.	그 일이 있은 후 수년의 세월이 흘렀다.	لقد جرت السنين منذ هذا اليوم.
수많다	عديد. كثير	(형) 수가 매우 많다.	العدد كبير جدا.	매일 매일 신문과 방송, 잡지 등을 통해서 수많은 말들이 쏟아지고 있다.	تحتوي المجلات و محطات الراديو و الجرائد علي كلام كثير كل يوم.

수면	النوم	(명) 잠을 자는 것.	النوم.	수면 시간.	وقت النوم.
수박	بطيخ	(명) 공처럼 둥글고 크며 초록색 겁질에 검푸른 줄기 무늬가 있으며 수분이 많고 맛이 단 과일.	فاكهة مستديرة وكبيرة لونها أخضر وعليها خطوط غامقة، ولون أحمر من الداخل وتتميز باحتوائها علي كمية كبيرة من السوائل.	날씨가 더운데 우리 시원한 수박이나 먹읍시다.	هيا نأكل البطيخ المنعش في هذا الجو الحار.
수술	عملية جراحية	(명)병을 고치기 위하여 몸의 어떤 부분을 가르고 잘라내거나 붙이고 꿰매는 일.	عمل يتمثل في شقّ وقصّ ولصق وتخييط جزء واحد من الجسم من أجل معالجة داء ما.	성형 수술.	جراحة تجميل.
수술하다	يقوم بعملية جراحية	(동) 의사가 수술을 시행하다.	يقوم بعملية جراحية.	선생님, 수술을 할 시간입니다.	أيها الطبيب، إنه وقت العملية الجراحية.
수십	عشرات	(관) 십의 여러 배.	أضعاف متعدّدة من العشرة	자원 봉사자들의 노력 덕분에 수십 명의 목숨을 구할 수 있었다.	بفضل جهود المتطوعين تم إنقاذ حياة العشرات.
수억	مئات الملايين	(관)억의 여러 배 혹은 아주 많은.	أضعاف متعدّدة من مائة مليون.	수억 명.	مئات ملايين الأشخاص.
수업	حصّة، درس	(명) 주로 학교에서 지식이나 기술의 가르침을 받는 것.	وقت تدريس العلوم والمعارف في المدرسة.	수업 시간.	وقت المحاضرة.
수염	لحية	(명) 입가나 턱, 또는 뺨에 나는 털.	الشعر الذي ينمو على الخد ،أو الذقن أو حول الفم.	결혼식이 있으니 수염을 깎아야겠다.	يجب أن أحلق ذقني لأن عندي عُرس.
수영	سباحة	(명) 스포츠나 놀이로서 물속을 헤엄치는 일.	العوم في الماء بصفته رياضة أو تسلية.	친구에게 수영을 배우다.	تعلمت السباحة من صديقي.
수영장	حمام سباحة	(명)/헤엄을 치려고 만들어 놓은 곳.	مكان مصنوع من أجل السباحة فيه.	수영장 물이 목까지 온다.	تصل الماء في حمام السباحة إلى عنقي.
수요일	يوم الأربعاء	(명)월요일을 기준으로 한 주의 셋째 날.	اليوم الثالث من أيام الإسبوع.	우리 수업은 토요일부터 수요일까지 있다.	جدول مواعيد حصصنا من يوم السبت إلى الأربعاء.
수천	آلاف	(수)/천의 두서너 배 되는 수.	رقم يشير إلى عشرات الألاف.	밤하늘엔 별 수천 개가 반짝인다.	تلمع /تتلألأ آلاف النجمات في سماء الليل.
수표	شيك	(명)/발행인이 은행을 지불인으로 하여, 가진 이에게 일정한 금액을 지급할 것을 비지불인에게 위탁하는 유가증권.	يقوم الساحب(المصدر) بإيداع قيمة محددة من أمواله التي يمتلكها عبرالبنك المسحوب عليه وذلك عن طريق السندات،الشيك المصدق،الشيك المسطر وغيرها. وصل يتم تبادله عند القيام بصرف منحة أو دفع دين أو غيره من الأموال والسلع.	수표를 현금으로 바꾸다.	يغير الشيك بكاش.(يصرف الشيك)
숙이다	يحني/ يخفض رأسه	(동)/1-(사람이 고개나 머리, 허리를) 아래로 내리게 하다. 2-(사람이나 자연 현상 따위가 기운이나 기세를) 줄어들게 하다.	يحني/ يخفض رأسه	1-고개를 숙이지 말고 일어나!! 2-더위가 기세를 숙였다.	ارفع رأسك ولا تحنيها.
숙제	واجب	(명)/1. 복습이나 예습을 위하여 집에서 풀어 오게 하는 문제. 2. 두고 생각해 보거나 해결해야 할 문제.	1_مسألة يتم حلها في المنزل بهدف المراجعة أو التحضير. 2_ القضايا التي يجب النظر فيها وحلها.	운동에 관심이 아주 없어서가 아니라, 학교의 숙제 때문에 스포츠를 즐길 시간적 여유를 갖지 못하였던 것이다.	لم يكن لدي فراغ من الوقت للإستمتاع بممارسة الرياضة بسبب واجبات المدرسة/الفروض المدرسية وليس لأنني ليس لدي إهتمام بالرياضة.

순간	لحظة	(명 아주 짧은 동안.	مدة قصيرة جداً.	잠을 자는 순간조차 그대가 그립다.	أفتقدها حتى في لحظات النوم.
순서	ترتيب	(명) (=)차례. 정해진 기준에 따라 여럿을 선후로 구분하여 나열한 것. 또는 그러한 구분에 따라 어떤 일을 이루거나 행하는 차례.	ترتيب	1-키 순서대로 줄을 서다. 2-순서를 지키다.	يقف صف(طابور) حسب ترتيب الأطوال
순수하다	ناقي/صافي	(형) 1-전혀 다른 것의 섞임이 없음. 2-사사로운 욕심이나 못된 생각이 없음.	ليس مختلط بشيء آخر على الإطلاق. لا أفكار شريرة أو رغبات شخصية._	1-그 화가는 돈이나 출세를 목적으로 하지 않는 순수한 예술가이다. 2-이 개는 순수한 혈통을 이어받은 진짜 진돗개입니다.	هذا الرسام فنان نقي ليست غايته المال ولا الرفعة.
숟가락	معلقة	(명) 밥이나 국물 따위를 떠먹는 기구. 우묵하고 타원형으로 된 바닥에 자루가 달려 있다. 흔히 은, 놋쇠 따위로 만든다.	أداة تُستخدم لتناول الطعام أو الحساء.مصنوعة على شكل أجوف وبيضاوي بنهايتها مقبض.تُصنع عادةً من الفضة أو النحاس.	그는 밥숟가락을 내려놓고 자리에서 일어났다.	لقد وضع معلقة الطعام ونهض من مكانه.
술	كحول/خمر	(명)/알코올 성분이 들어 있어 마시면 취하게 하는 음료. 곡주와 화학주 등이 있다.	مشروب يُسكر عند شربه بسبب احتواءه عناصر كحولية.يوجد به مواد كيميائية ونبيذ الأرز وغيره.	평소에 얌전한 그는 술만 먹으면 난폭해지는 술망나니이다.	هذا الشخص الوديع والساكن في العادة إذا قام فقط بشرب الخمر تحول إلى سكير عدواني.
술잔	كوب للشرب (الكحول)	(명)술을 따라 마시는 그릇.	وعاء لشرب الخمر.	두 사람은 술잔을 주고 받으며 이야기했다.	أخذ يتحدث الاثنان وهما يتبادلا كوب الخمر.
술집	حانة	(명)술을 파는 집.	مكان يُباع فيه الخمر.	퇴근하다가 가끔 그 술집에 들른다.	أمر أحياناً وأنا في طريق عودتي من العمل على تلك الحانة.
숨	نفس	(명) (=)호흡/사람이나 동물이 코 또는 입으로 공기를 들여 마시고 내쉬는 기운. 또는 그렇게 하는 일.	الطاقة/القوة التي تجعل الإنسان أو الحيوان يستنشق الهواء أو يزفره عبر الأنف. أو هذه العملية.	숨을 들여 마시다.	يشهق.س
숨기다	يخفي	(동) 남이 모르게 보이지 아니하는 곳에두다. 남이 알지 못하게 하다.	يضع (الشيء) في مكان لا يراه الناس.أو يخفي عن أحد شيئاً.	이미 다 알고 있는 일을 그에게 숨기고 싶지 않다.	لا أريد أن أخفي عنه شيئاً أعرفه بالفعل.
숨다	يخفي نفسه/ يختبئ	(동) (남에게) 보이지 않게 몸을 감추다.	يضع نفسه في مكان لايراه الناس.	그는 산속으로 숨어 버렸다.	لقد اختبأ داخل الجبل.
숫자	أرقام	(명) 수를 나타내는 글자.	الحروف التي تبين العدد.	일(1)에서 십(10)까지 숫자 하나를 골라라.	اختر رقم من واحد إلى عشرة.
숲	غابة	(명) 나무들이 무성하게 우거지거나 꽉 들어찬 곳.	مكان مليء بالأشجار الكثيفة.	나무 숲 속에서 길을 잃다.	يفقد الطريق في غابة من الأشجار.
쉬다	يتنفس	(동) (사람이나 동물이 숨을) 입이나 코로 공기를 들여 마셨다 내보냈다 하다.	يقوم باستنشاق الهواء وزفيره.	가쁜 숨을 쉬다. 한숨을 쉬다.	يلهث (يتنفس بصعوبة).

쉬다	يرتاح	(동) (사람이) 하던 일이나 움직임을 잠시 그치거나 멈추고 몸을 편안한 상태가 되게 하다.	يتوقف عن عمل كان يقوم به أو حركة للحظات.	1-결승전이 끝나고 다음 대회까지 훈련을 쉬었다. 2-농부들이 나무 그늘에서 쉬고 있었다.	أخذت راحة من التمرين حتى البطولة القادمة بعد انتهاء النهائيات.
쉰	خمسون	(수)/(=)오십.	العدد خمسون	선생님께서는 쉰(50)도 못 되어 세상을 떠나셨다.	فارقت المُعلمة الحياة عن عمر لا يتعدى الخمسين عاماً.
쉽다	سهل	(형) 1-하기가 까다롭거나 힘들지 않다. 2-예사롭거나 흔하다. 3-가능성이 많다.	ليس صعباً،ولا يحتاج لجهد.	이 책은 전문 용어가 많아 일반인들이 이해하기에 쉽지 않다.	يحتوي هذا الكتاب على ألفاظ متخصصة لذلك يصعُب على الأشخاص العاديين فهمه.
슈퍼마켓	سوبر ماركت	(명) 식료품을 비롯한, 일용 잡화를 판매하는 큰 잡화점.	متجر كبير.	나는 집에 가는 길에 슈퍼마켓에 들러 한 달 동안 쓸 휴지를 샀다.	ذهبت إلى السوبر ماركت في طريق عودتي إلى المنزل واشتريت مناديل تكفي للاستخدام شهراً.
스님	راهب بوذي	(명) 출가하여 석가모니의 가르침에 따라 수련하는 사람. '중'이나 '승려'를 높여 이르는 말.	صيغة تبجيل للراهب	스님의 처소는 소문대로 깨끗하고 검소하였다.	مكان معيشة الراهب نظيف ومتواضع كما تقول الشائعات.
스물	عشرون	(수) (=)이십(20)	العدد عشرون	우리 가족이 모두 모이면 무려 스물이나 된다.	إذا اجتمعت عائلتي يُصبح عددها لا يقل عن 20 شخص.
스스로	بنفسه/لنفسه	(부) 1(=)저절로. 2_제 힘으로. 3_자기 자신.	1- تلقائياً.2_من تلقاء نفسه (بقوته). 3_نفسه.	1_ 스스로 할 수 있다. 2_스스로에게 물어봐라.	1_استطيع القيام به بمفردي. 2- يسأل نفسه.
스케이트	مزلاج	(명) 구두 바닥에 대어 붙이고 얼음 위를 지치는 쇠로 만든 기구.	أداة مصنوعة من الحديد توضع على الأرض للتزلج فوق الجليد .	스케이트를 처음 타 보는 아이가 얼음판 위에서 넘어지고 말았다.	الطفل الذي يمتطي المزلاج لأول مرة انزلج (سقط) على الأرضية الجليدية.
스케줄	جدول مواعيد	(명) 시간표. 또는 일정표.	جدول مواعيد	그는 늘 스케줄이 빽빽해서 친구를 만날 여유가 없다	جدول أعماله دائماً مايكون مزدحم لذلك لايملك وقت فراغ لمقابلة أصدقائه.
스키	مزلاج	(명) 눈 위에 지치는데 쓰는, 좁고 긴 판상 기구.	أداة مصنوعة من الخشب للتزلج فوق الثلج.	그는 스키를 타다 다리가 크게 다쳤다.	لقد أصيبت رجله بشدة أثناء ركوبه المزلاج.
스타	نجم/نجمة (ممثل / فنان ..)	(명) 대중들로부터 높은 인기를 얻는 연예인이나 운동선수를 이르는 말.	شخص مشهور.	인기 스타에게 사인을 받다.	أخذت توقيع من نجم مشهور.
스트레스	ضغط عصبي	(명) 적응하기 어려운 환경에 처할 때 느끼는 심리적, 신체적 긴장 상태.	حالة من التوتر النفسي والبدني يشعر بها الانسان بها عند مواجهة بيئة يصعُب التأقلم فيها.	스트레스 해소에 도움이 될 만한 것이 없겠습니까?	ألا يوجد شيء قادر على المساعدة في التخلص من الضغط العصبي؟.
스포츠	رياضة	(명) 운동. 운동 경기.	رياضة. مباراة رياضية.	스포츠 채널/최고의 스포츠 스타	قناة رياضية/أفضل نجوم الرياضة.
슬퍼하다	يحزن	(동) (어떤 일, 사실 따위를) 슬프게 여기다.	يشعر بالحزن.	너무 슬퍼하지 마. 내가 옆에 있잖아.	لا تحزن،فأنا بجانبك.
슬프다	حزين	(형) 원통하거나 불쌍한 일을 겪거나 보고 마음이 괴롭고 아프다.	الألم أوالأسى المصاحب لرؤية أوالتعرض لموقف (عمل) مثير للشفقة أو مزعج .	그의 간절한 그 마음을 아무도 알아주지 않았던 것이 더 안타깝고 슬펐다.	أنه لأمر محزن ومخيب للأمل عدم تفهم أحد لمشاعره الصادقة.

슬픔	حزن	(명) 1. 슬픈 마음이나 느낌. 2. 정신적 고통이 지속되는 일.	1_ الشعور بالحزن.2_ استمرار الألم النفسي.	그는 슬픔에 젖어 말을 하지 못하였다.	لم يستطع التفوه بكلمة بسبب غرقه في الحزن(سيطرة الحزن عليه).
습관	عادة	(명) 어떤 행위를 오랫동안 되풀이하는 과정에서 저절로 익혀진 행동 방식.	طريقة تصرف تلقائية تحدث نتيجة لظروف تتكرر لفترة طويلة.	일찍 일어나는 습관을 가지다.	لدي عادة الإستيقاظ مبكراً.
승용차	سيارة	(명) 사람이 타고 다니는 만든 차. 비영업용 자동차.	كلمة تُطلق على السيارة التي يمتطيها الإنسان ،والشاحنات وغيرها.	버스와 승용차가 충돌하여 많은 부상자가 생겼다.	اصطدم الأتوبيس بالسيارة ونتج عن ذلك الكثير من المصابين.
시	الساعة (الساعةالثانية..)	(명)차례가 정하여진 시각을 이르는 말.시간 단위.	الساعة (الساعةالثانية..)	오늘 몇 시에 일어났어요?	في أي ساعة اسيقظت اليوم؟
시	مدينة	(명) 도시를 중심으로 하는 지방 행정구역 단위. 중앙 정부에 딸린 특별시,직할시 및 도에 딸린 일반시가 있다.	هي وحدة إدارية محلية تقوم اعتماداً على المدينة. كما يوجد المدن التي تخضع للحكم المباشر للحكومة والحاضرة(مدينة كبيرة)التي تتبع الحكومة المركزية، بالإضافة إلى المدن العادية.	우리 시에 자전거 전용 도로가 더 많이 필요합니다.	نحتاج في مدينتنا إلى المزيد من الطرق المخصصة للدراجات
시간	وقت	(명) 어떤 시점에서 다른 시점까지의 사이.	المدى / المساحة الزمنية من ساعة لساعة أخرى.	영화를 보면서 시간을 보낸다.	اقضي الوقت أثناء مشاهدتي للفيلم.
시간표	جدول مواعيد	(명) 일정한 시간의 배당을 적은 표.	جدول مكتوب لتخصيص مواعيد محددة.	기차 시간표가 벽에 걸려 있다.	جدول مواعيد القطارات مُعلق على الحائط.
시계	ساعة	(명) 1. 시간을 재거나 시각을 가리키는 기계. 2. 시력이 미치어 볼 수 있는 범위, 시야.	آلة لقياس أو الإشارة للوقت،عادة مايتم تحريك دورة الساعة بقوة الزنبرك و يتم إستغلال حركة بندول الساعة أو الرمال وتتحكم درجة الدوران في السرعة.	1-시계가 두 시를 가리키다. 2-짙은 안개가 우리의 시계를 가렸다.	تُشير الساعة إلى الثانية.
시골	قرية/ريف	(명)/(=)촌/도시에서 떨어져 있는 곳이나 마을.	قرية أو مكان بعيد عن المدينة.	그는 시골 출신이라 답답한 아파트 생활을 싫어한다.	هذا الشخص وُلد في الريف (القرية) لذلك فهو يكره المعيشة المُقيدة (المحكومة) بداخل الشقة.
시끄럽다	مزعج	(형) 1-듣기 싫게 떠들썩하다. 2_마음에 들지 아니하거나 귀찮고 성가시다.	صاخب لدرجة كره سماعه. 2_مزعج ومرهق أو لا يعجبني.	텔레비전이 너무 시끄러우니 좀 소리를 낮추어 주시오.	من فضلك قم بخفض صوت التلفاز قليلاً لأن صوته مزعج.
시내	وسط المدينة/داخل المدينة	(명) 1. 도시의 안. 또는 시의 구역 안. 2-골짜기나 평지에서 흐르는 조그만 내..	داخل المدينة/مركز المدينة.	그의 사무실은 시내에 있으면서도 참 조용했다.	مكتبه هادىء على الرغم من أنه في وسط المدينة.
시내버스	أتوبيس داخلي (داخل المدينة)	(명) 어떤 시내의 일정한 구간에서만 다니는 버스. /(반)시외버스/	أتوبيس يسير فقط في إطار مُعين داخل مدينة ما.	시에서는 시내버스 노선을 확대하기로 결정했다.	تم إتخاذ قراراً بتوسيع خطوط الأتوبيس داخل المدينة.
시대	عصر	(명) 역사적으로 구분한 어떤 기간.	فترة زمنية ما مُقسمة تاريخياً.	비전이 있는 사람만이 시대를 앞서간다.	فقط الأشخاص التي تمتلك رؤية هي التي تقود العصر.
시도하다	يحاول	(타) 어떤 것을 이루어 보려고 계획하거나 행동하다.	يتحرك أو يُخطط محاولاً تحقيق شيئاً ما.	우리는 문제를 해결하기 위해 여러 가지 방법을 시도해 보았으나 모두 헛일이었다.	لقد حاولنا العديد من الطرق لحل المشكلة ولكن بلا فائدة.

시부모	والدي الزوج	(명) 시아버지와 시어머니.	والدي الزوج	그녀는 시부모와 같이 살게 될 것이다.	سوف تعيش الفتاة مع والدي زوجها .
시설	مرافق	(명) 도구, 기계, 장치 따위를 베풀어 설비함. 또한 그런 구조물.	منشآت،مرافق مُنشأة لخدمة الغير.	그곳은 국내 최고의 시설을 갖추었다.	يمتلك هذا المكان أفضل المرافق داخل المدينة.
시아버지	والد الزوج	(명) 남편의 아버지를 이르는 말.	كلمة تطلق علي والد الزوج.	시아버지는 모시기가 어렵다.	التعامل مع والد الزوج صعب
시어머니	والدة الزوج	(명 남편의 어머니를 이르는 말.	كلمة تطلق علي والدة الزوج.	출산한 며느리의 몸이 약해서 시어머니는 그것이 늘 걱정이었다.	دائماً مايسبب ضعف جسد زوجة ابنها الحامل القلق إليها.
시원하다	منعش	(형) 1-알맞게 선선하다. 2_음식의 국물이 차고 산뜻하다. 3_답답한 마음이 풀리어 흐뭇하고 가뿐하다.	1- بارداً بما فيه الكفاية. 2_أن يكون حساء الطعام منعش وبارد. 3_أن يشعر بالرضا و الارتياح بعد التخلص من الضيق والإحباط.	1-시원한 바람. 2_김치 국물이 시원하다. 3_그소식을 들으니 마음이 시원하다.	1- هواء منعش. 2_حساء الكيمتشي بارد(منعش). 3_أشعر بالإرتياح بعد سماعي لهذا الخبر.
시월	أكتوبر (شهر 10)	(명) 한 해 열두 달 가운데 열째 달.	الشهر العاشر من السنة.	우리는 시월에 결혼할 것이다.	سوف نتزوج في شهر أكتوبر.
시작	بداية	(명) 어떤 일이나 행동의 처음 단계를 이루거나 그렇게 하게 함. 또는 그 단계.	القيام بالشيء لأول مرة أو العمل مرة أخرى بعد توقف. 2_بداية الشيء.	내 일과의 시작은 신문을 읽는 것이다.	بداية روتنيني اليومي هي قراءة الجريدة.
시작되다	يبدأ (العمل أو الشيء يبدأ)	(자동) 1-어떤 일이나 행동의 처음 단계가 이루어지다. 2-어떤 일이나 행동이 어떤 사건이나 장소에서 처음으로 발생되다.	1- تُحقق أول مرحلة من عمل ما. 2_ أمر يحدث لأول مرة.	휴가철이 시작되면서 산과 바다를 찾는 사람들이 많아졌다.	مع بدأ موسم الأجازات ذادت أعداد الناس الذين يقصدون البحر والجبل.
시작하다	يبدأ (يبدأ عملاً ما)	(타동) 어떤 일이나 행동의 처음 단계를 이루거나 그렇게 하게 하다.	يُحقق أول مرحلة من عمل ما.	첫 수업은 9 시에 시작한다.	تبدأ أول محاضرة الساعة 9.
시장	سوق	(명) 1-여러 가지 상품을 사고 파는 일정한 장소. 2-시의 행정을 맡고 있는 우두머리.	1- مكان معين لبيع وشراء العديد من السلع. 2_رئيس وحدة محلية.	1-어머니는 시장에 가셨다. 2-지금 서울 시장은 박원순이다.	ذهبت الأم للسوق محافظ سوول الآن هو باك وون سو.
시절	أيام / وقت / فصل / لحظات	(명) 일정한 시기나 때/사람의 인생을 구분한 한 동안.	وقت أو عصر معين/فترة معينة تقسم حياة الإنسان.	좋은 시절은 다 지나갔다.	مرت كل الأيام الجميلة.
시청자	مُشاهد	(명) 텔레비전의 방송 프로그램을 보고 듣는 사람.	الشخص الذي يُشاهد العرض/البث التلفزيوني.	시청자가 직접 참여할 수 있는 프로그램이 좋은 반응을 점차 얻고 있다.	تجد/تلقى البرامج التي يستطيع فيها المشاهد أن يشارك بنفسه ردة فعل جيدة تدريجيا.
시키다	يطلب/يجعل شخص يفعل شيئاً ما.	(동) 1-어떤 일이나 행동을 하게 하다. 2_음식 따위를 주문하다.	1- يجعل شيء ما يحدث. 2_يطلب طعام أو غيره. 3_توضع بعد الفعل وتعني "أن يأمر شخص بفعل شيء/أو يجعل هذا الشيء يحدث"	1-한식에 가서 떡볶이를 시켰다. 2-선생님은 지각한 학생에게 청소를 시켰다.	ذهبت إلى مطعم كوري وطلبت التكبوكي. طلبت(أمرت) المُدرسة من الطلاب المتأخرين أن يقوموا بالتنظيف.
시험	إمتحان	(명) 재능이나 실력 따위를 검사하고 평가하는 일.	عمل يقوم بإختبار القدرات والمواهب وغيرها.	시험에 합격하다. 시험에서 떨어지다.	1- ينجح في الإمتحان. 2- يسقط في الإمتحان.

식	طريقة	(명) 1-어떤 행사를 치르는 격식. 2-일부 명사에 붙어 '법식' 또는 '방식'의 뜻. 3-숫자나 문자를 계산 기호로 연결하여 수학적으로 뜻을 가지게 한 것.	مقطع يوضع بعد بعض الاسماء بمعنى طريقة / شكل أو قواعد.	1-식이 거행되다. 2-그렇게 농담하는 식으로 말하면 믿음이 가지 않는다. 3-식을 풀다.	لن تحصل على الثقة إذا استمريت في الهزار بهذه الطريقة.
식구	العائلة/أفراد العائلة	(명) 1-한 집안에서 함께 살면서 끼니를 같이 하는 사람/2-한 조직에 속하여 함께 일하는 사람을 비유적으로 이르는 말.	أشخاص يعيشون ويأكلون معاً في بيت واحد. وتطلق أيضا علي الأشخاص الذين ينتمون لمؤسسة واحدة ويعملون معاً.	1-그는 딸린 식구가 많다. 2-한 식구가 되다.	إن أفراد عائلته كثيرون. يصبح فرد من العائلة...
식당	مطعم	(명) 1-관청, 회사, 학교, 가정 따위에서 식사를 위하여 특별히 설비한 방. 2-음식을 만들어 파는 상점.	مكان(غرفة) يتم إعدادها مخصوص لتناول الوجبات في المنزل،والمدرسة،والشركة والمكتب. أو هو محل لطهي الطعام وبيعه.	1-학생들의 요구에 부응하여 학교 식당을 크게 개선했다. 2-내 친구는 저녁에 식당에서 아르바이트를 한다.	تم تطوير مطعم المدرسة بشكل كبير إستجابة لطلبات الطلاب. يعمل صديقي بدوام جزئي في المطعم.
식물	نبات	(명) 생물계의 두 갈래 가운데 동물과 구분하는 한 부문.	هي مجموعة مُصنفة كواحدة من ممالك الكائنات الحية بجانب مملكة الحيوانات. بشكلٍ عامٍ، لا تمتللك تقريباً شعور وإحساس ولا ردة فعل،ولا تقدر على الحركة بحُرية ولكن لديها غشاء خلوي.تقوم بامتصاص المياه ويعمل الكلوروفيل هو الأخر بامتصاص ثاني أكسيد الكربون ويمد النبات بالعناصر الغذائية، ويُخرج الأكسجين.كما أن النباتات تحتوي على أعضاء تناسلية مثل الكيس البوغي (عضو تكاثر في النبات)،و الزهرة. ومن المتعارف عليه أنها تمتلك جذر وساق وورق.	이 식물은 추위를 잘 견딘다.	يستطيع هذا النبات تحمل البرودة.
식빵	خبز	(명) 주식으로 먹게 만든 빵.	خُبز يُصنع لتناوله كوجبة.	그는 아침으로 식빵에 잼을 발라 먹었다.	وضع المربى على الخبز وتناوله على الفطار.
식사	وجبة	(명) 아침이나 점심, 저녁과 같이 일정한 시간에 음식을 먹음.	وجبة الطعام.	식구들이 모여 아침 식사를 했다.	اجتمع أفراد العائلة وتناولوا وجبة الإفطار.
식사하다	يتناول وجبة	(동) (사람이) 아침이나 점심, 저녁과 같이 일정한 시간에 음식을 먹다.	يأكل وجبة الطعام.	나는 집에 들어가자마자 곧장 저녁 식사를 했다	لقد تناولت وجبة العشاء فور دخولي المنزل.
식탁	طاولة طعام	(명) 음식을 차려 놓고 둘러앉아 먹게 만든 탁자.	طاولة مصنوعة لوضع الطعام عليها،والجلوس حولها لتناول الطعام.	뜨거운 냄비를 식탁 위에 놓는 순간 식탁 유리가 깨어졌다.	انكسر زجاج الطاولة لحظة وضع الحلة السخنة فوقها.
식품	طعام / مواد غذائية	(명) 식료품. 음식의 재료가 되는 물품.	طعام / مواد غذائية	상한 식품을 먹었을 때는 식중독에 걸리기 쉽다.	من السهل أن تصاب بالتسمم إذا تناولت طعام فاسد.
신	حذاء	(명) 땅에 딛고 서거나 걷기 위하여 발에 신는 물건. 가죽, 고무, 헝겊, 삼, 짚, 나무	شيء يتم إرتداءه في الرجلين من أجل المشي أو الوقوف والخطي على الأرض. ويوجد العديد منه وفقاً للشكل فهو يتم تصنيعه من الشجر ،قش،الكتان،القماش،المطاط،الجلد وغيره.	1-신을 신다. 2-신을 벗다.	1- يرتدي الحذاء 2- يخلع الحذاء

		등으로 만드는 데 그 모양에 따라 여러 가지 있다.			
신경	أعصاب / إهتمام	(명)생물이 자신의 몸과 주위에서 일어나는 여러 변화를 감지하고 종합하여 적절한 반응을 일으키도록 하는 기관.	نظام يعمل على تجميع التغيرات العديدة التي يحدثها الكائن الحي على جسده وماحوله والشعور بها ثم القيام بإصدار ردة فعل مناسبة.	나 정말 괜찮으니까 그 일에 신경 쓰지 마.	لا تُعير إهتمام لهذا الأمر فأنا حقاً بخير.
신고하다	يُبلغ(الشرطة ....)	(동) 국민이 법령의 규정에 따라 행정 관청에 일정한 사실을 진술하여 보고하다.	قيام المواطن بإبداء شهادة ،أوذكر حقيقة معينة للمكاتب الإدارية(السلطات) وفقاً للوائح القانون.	화재 신고를 하려면 119 에 전화해라.	إذا اردت الإبلاغ عن حريق،قم بالإتصال على 119.
신기하다	رائع/مدهش	(형) 낯선 것이어서 새롭고 이상하다.	عجيب وجديد.	동물들은 신기하게도 다가올 위험을 감지할 수 있다.	أنه لأمر مدهش قدرة الحيوانات على استشعار قدوم الخطر.
신다	يرتدي(حذاء)	(동) 신이나 버선 따위를 발에 꿰다.	يرتدي في قدمه حذاء،أو البوسون(جوارب كورية تقليدية) وغيره..	1-양말을 신다. 2-구두를 신다.	1- يرتدى الجوارب. 2- يرتدى الحذاء.
신문	جريدة	(명)/세상의 물정과 새로운 소식을 알려 주는 정기 간행물의 하나,	منشور يخبرنا عن العالم والأخبار الجديدة.وتُصدر يومياً، اسبوعياً أو لحظة بلحظة.	그는 요즘 신문 한 장 읽을 시간이 없다.	ليس لديه وقت هذه الأيام لقراءة صفحة واحدة من الجريدة.
신발	حذاء	(명) 신. 걸어 다닐 때 발을 보호하고 장식 할 목적으로 신고 다니는 물건.	شئ يتم ارتداءه أثناء المشي لحماية القدمين	신발 끈을 묶다.	يعقد رباط الحذاء.
신선하다	طازج / منعش / جديد	(형) 새롭고 깨끗하다. 생생하고 산뜻하다.	جديد ونظيف.زاه ومشرق/منعش.	신선한 공기. 신선한 채소.	هواء منعش. خضروات طازجة.
신입생	طالب مستجد	(명) 새로 입학한 학생.	طالب مُلتحق بالمدرسة حديثاً.	우리 대학에 온 신입생 여러분을 환영합니다	مرحباً بجميع الطلاب الجدد في جامعتنا.
신청	طلب تقديم	(명) 단체나 기관에 대하여 어떠한 일이나 물품 따위를 요청함.	طلب سلعة أو شيء ما من مؤسسة أو منظمة.	석유 두 통을 보내 달라는 요청을 받았다.	لقد استقبلت طلب بارسال برميلين من النفط.
신청하다	يقدم/يطلب	(동) (어떤 사람이나 단체가 다른 단체나 기관에 일이나 물건을) 신고하여 청구하다.	يقدم/يطلب	학교에 장학금을 신청했다.	قدمت على منحة في المدرسة.
신체	جسد	(명) 사람의 몸.	جسم الإنسان.	어린아이들의 신체 장애는 조기 발견하면 치료만으로 쉽게 해결되기도 한다.	يتم أيضاً حل مشاكل الإعاقات الجسدية عند الأطفال عن طريق العلاج الذي يتم وصفه في حالة الإكتشاف المبكر للمرض.
신호	إشارة	(명) 일정한 부호나 표지 또는 소리나 몸짓 따위로 의사를 통하거나 지시하는 일.	القيام بإعطاء تعليمات ما،أو إتصال عن طريق حركات الجسد،أو الصوت،أو إشارات وعلامات معينة.	누군가가 박수를 쳤다. 그것이 신호가 되어 한동안 교실 안은 박수의 소용돌이가 되었다.	لقد قام أحد بالتصفيق،وكان هذا بمثابة إشارة فقد تحول الفصل إلى دوامة من التصفيق لفترة وجيزة.
신호등	إشارة مرور	(명) 도로에 설치해 교통신호를 알리기 위하여 켜는 등. 건널목, 네거리 따위에 설치되어 있다.	ضوء يتم إشعاله ليخبرنا بالإشارات والعلامات المرورية.يتم تركيبه عند عبور المشاة،وعند التقاطعاتأو غيرها.	신호등이 횡단보도에 설치되다.	تم تركيب إشارات مرور عند عبور المشاة.

싣다	يضع / يشحن / ينشرفي صحيفة	(동) 1-글, 그림, 사진 따위를 책이나 신문 따위의 출판물에 내다. 2-(다른 사람이나 물건을) 옮겨 놓다.	1- نشر الكتابات،والرسومات،والصور في الكتب أو الصحف أو غيرها من وسائل النشر. 2_ تحميل ونقل الأشياء والأشخاص.	1-우리는 그 기사를 신문 사회면에 싣기로 결정했다. 2-트럭에 이삿짐을 싣다.	لقد قررنا نشر هذا المقال في صفحة(قسم) الأخبار العامة بالجريدة.
실내	داخلي/داخل المنزل	(명) 방이나 건물 따위의 안.	داخل الغرفة أو المبنى...	나는 추운 겨울에도 할 수 있는 실내 경기를 좋아한다.	أحب الألعاب الداخلية التي يمكن ممارستها في فصل الشتاء البارد.
실력	قدرة	(명) 1-사람이 어떤 일을 해낼 수 있는 실제의 능력. 2-물리적인 위력이나 강제적인 힘.	1قدرة الانسان الحقيقية علي القيام بعمل ما. 2- قوة السلاح أوقوة إجبار شحص ما علي فعل أمر ما.	1-이번 시합은 너의 실력을 발휘할 좋은 기회이다. 2-실력을 행사하다.	1هذا الإمتحان فرصة جيدة لإظهار قدراتك. 2- يستخدم قدرته.
실례	خرق آداب السلوك	(명) 예절에 벗어남.	خارج عن الآداب.	실례지만 다시 한번 말씀해 주세요.	استأذنك،أعد حديثك من فضلك مرة أخرى.
실례하다	يتصرف بوقاحة	(동) 말이나 행동이 예의에 벗어나다. 상대의 양해를 구하는 인사로 쓰는 경우가 많다	أن تخرق التصرفات أو الكلمات أو الآداب. _تُستخدم في حالات كثير كتحية لإلتماس العذر من الشخص الأخر.	저, 말씀 중에 잠시 실례하겠습니다.	لاتؤاخذني سأقاطعك للحظة.
실수	خطأ	(명) 부주의하여 잘못함. 또는 그러한 행위.	خطأ ناتج عن عدم الحذر،أو تصرف خاطئ.	사소한 실수.	خطأ ساذج/تافه.
실수하다	يُخطأ	(동) 조심하지 아니하여 잘못하다.	يرتكب خطأ بسبب عدم الحذر.	어른들을 길에서 만나면 반드시 인사 드리고 말할 때도 실수하지 않도록 해라.	ألق التحية على كبار السن إذا قابلتهم في الطريق وأحرص على ألا ترتكب أخطاء عند الحديث إليهم.
실제	حقيقة/واقع	(명) 사실의 경우나 형편.	الظروف أو الحالات الحقيقية.	그는 실제 나이보다 젊게 보인다.	يبدو أصغر من سنه الحقيقي.
실제로	حقاً/في الواقع	(부) 거짓이나 상상이 아니고 현실적으로.	ليس كذباً أو خيالاً لكن واقعياً.	이 글은 실제로 일어난 사실에 바탕을 두고 있다.	إن هذه الكتابة قائمة على أحداث واقعية.
실패	فشل	(명) 일이 잘못되어 헛일이 됨. /(반)/성공/	لا يتم العمل كما ينبغي فيصبح بلا معنى.	실패를 경험하는 것이 가장 좋은 레슨이다.	التعرض لحالات من الفشل أفضل درس ممكن.
실패하다	يفشل	(동) 어떤 일에 원하던 결과를 얻지 못하거나 완성하지 못하다.	لا يستطيع أن يحصل على النتيجة التي كان يريدها أو يكملها.	그는 실패했지만 실망하지 않았다.	لقد فشل ولكنه لم ييأس.
실험	تجربة	(명) 1-과학에서 이론이나 가설 따위가 실제로 가능한지를 알아보기 위해 시험함. 2-예술에서 새로운 형식이나 방법을 시도하는 일. 3-실제로 해 봄.	اختبار لمعرفة ما إذا كانت النظريات أوالافتراضات ممكنة في العلوم محاولة طرق وأساليب جديدة في الفنون.	1-우리는 흰쥐를 가지고 직접 실험을 했다. 2-그 자동차 엔진은 실험 결과 안전하다는 통보를 받았다.	أجرينا التجربة مباشرة علي الفأر الأبيض. لقد قيل أن محرك السيارة آمن عن تجربة.
싫어하다	يكره	(동) 1-(무엇을) 마음에 안 들어 하다. 2-(어떤 일을) 하고 싶지 않아 하다.	لا يعجبه شئ ما. 2- لا يريد فعل شئ ما.	1-선생님은 약속을 지키지 않는 사람을 제일 싫어해. 2-아이들은 양치질을 싫어해요.	يكره المعلم الشخص الذي لا يحافظ علي موعده جدا. 2- لايريد الأطفال تنظيف أسنانهم.
심각하다	خطير	(형) 1-(정도가) 매우 심하다. 2-(깊이 생각해야 할 만큼) 매우 중대하고 절실하다.	درجة شديدة جدا. 2- هام وعاجل جدا	1-요즘 환경오염이 아주 심각해요. 2-이 문제는 심각하게 생각해서 결정해야 한다.	التلوث البيئي خطير جدا هذه الأيام. 2- يجب أن تقرر بعد التفكير بعمق في هذه المشكلة.

심다	يزرع / يغرس	(동) 1-(가꾸고 키우려고 식물의 뿌리나 씨를) 땅 속에 묻다. 2-(어떤 생각을 마음 속에) 자리잡게 하다.	يضع جذر أو بذرة نبات في الأرض من أجل تربيتها ورعايتها. 2- يجعل فكرة ما تستقر في القلب.	1-아버지께서 정원에 나무를 심으셨다. 2-그는 어린이들에게 희망과 용기를 심어 주었다.	زرع أبي شجرة في الحديقة. 2- غرست الأمل والشجاعة في نفوس الأطفال.
심판	حُكم- حَكم	(명) 1-(사회적으로 중요한 일에 대한) 잘잘못을 따져서 밝히는 것. 2-(=) 심판관 / 운동 경기에서 선수들이 규칙을 어기거나 지키는지를 감시하고 이기고 진 것에 대한 결정을 하는 사람. 또는 그런 일.	توضيح حق أو باطل حول أمر ما مهم اجتماعيا. 2- في المباريات الرياضية, شخص يقرر الفوز أو الهزيمة ويراقب احترام اللاعبين للقواعد أو التعدي عليها, أو مثل ذلك.	1-심판을 내리다. 2-상대 선수가 반칙을 하자 심판이 호루라기를 불었다.	صدور حُكم. 2- ارتكب اللاعب مخالفة فصفر الحَكم.
심하다	شديد	(형) 보통의 정도보다 훨씬 더하다.	أكثر بكثير من الدرجة المعتادة	할머니는 잔소리가 너무 심해요.	توبيخ الجدة كان شديد جدا
십	رقم عشرة	(수) 1- 숫자 10/ 2- '십(10)'의.	عدد عشرة. 2- عشرة.	1-4 에 6 을 더하면 십이 된다. 2-기차는 십 분 후에 도착할 거에요.	إذا أضفنا 4 علي 6 تصبح 10. سوف يصل القطار بعد عشر دقائق.
싱겁다	عادب/ غير مالح /سخيف/	(형) 1-(=) 심심하다/ (반) 짜다/ (음식이) 짠맛이 적다. 2-(=) 실없다/ (반) 야무지다/ (말이나 행동이) 어울리지 않고 별다른 뜻이 없다. 3-(=)평범하다/ 기대했던 것보다 재미없다.	1 مذاق الملح قليل في الطعام. 2- الكلام أو التصرفات لا تحمل معني خاص و غير مناسب. 3- ممل مقارنة بالمنتظر.	1-국물이 싱겁다. 2-남수 씨는 싱거운 농담을 잘 합니다. 3-경기가 우리 팀의 일방적인 승리로 싱겁게 끝나 버렸다.	1 الشوربة عادبة. 2-نام سو تجيد النكات السخيفة. 3- انتهت المباراة بملل بفوز عادي لفريقنا.
싶다	يرغب أن	(형) 1-(무엇을) 하려고 하는 마음이 있다. 2-(무슨) 생각이 들다. 3-(무엇을) 바라는 마음 이 있다.	1 لديه نية لفعل شئ ما. 2- لديه فكرة ما. 3- لديه رغبة لشئ ما.	1-주말에 시내를 구경하고 싶습니다. 2-길이 막히겠다 싶어서 전철을 타고 왔습니다. 3-첫눈이 왔으면 싶다	1 أرغب في زيارة وسط المدينة في عطلة نهاية الأسبوع. 2- كنت أظن أن الطريق مزدحم فجئت عن طريق المترو. 3- اتمني سقوط أول ثلج.
싸다	رخيص	(형) (반) 비싸다/값이 보통보다 적다.	الثمن أقل من المعتاد.	시장에는 물건이 아주 많고 값도 쌉니다.	الأشياء كثيرة في السوق والأسعار أيضا رخيصة.
싸다	يلف / يحيط / يجهز	(동) 1-(넓고 얇은 천, 종이로 무엇을) 말거나 두르다. 2-(무엇이 어떤 물체의 주위를) 둘러서 가리거나 막다. 3-(어디에 가지고 가거나 옮기기 위하여) 물건을 가방, 상자 등에 넣어서 정리하다. 4-(어디에 가지고 가기 위하여) 음식을 만들어서 준비하다.	1 يلف شئ باستخدام ورقة أو نسيج رقيق وواسع. 2- شئ ما يخفي أويحجب شئ ما من خلال الإحاطة به. 3- تضع شئ في صندوق اوحقيبة من أجل نقله إلي مكان ما. 4- تجهز طعام من أجل نقله إلي مكان ما	1-나는 선물을 예쁜 포장지로 쌌다. 2-사람들이 분수를 싸고 둘러서 있다. 3-짐을 싸다. 4-도시락을 싸다.	1 قمت بتغليف الهدية بغلاف جميل. 2- يحيط الناس بالنافورة. 3- يجهز الأمتعة. 4- يجهز صندوف الطعام.
싸우다	يكافح- يتنافس- يواجه- يتشاجر	(동) 1-(말, 힘으로 이기려고) 다투다. 2-(운동 경기 등에서) 이기려고 경기를 하다.	1 يكافح من أجل الفوز باستخدام الكلام أوالقوة. 2- يتسابق في مبارة رياضية من أجل الفوز.	1-어렸을 때 동생하고 많이 싸웠다. 2-한국 축구 대표팀이 브라질팀을 맞아 잘 싸웠다.	1 تشاجرت كثيرا مع أخي عندما كنت صغير. 2- واجه المنتخب الكوري الجنوبي لكرة القدم المنتخب البرازيلي.
싸움	مشاجرة-	(명) 싸우는 일.	المشاجرة.	부부 싸움.	المشاجرة بين الزوجين.

쌀	أرز	(명) 벼의 껍질을 벗긴 알맹이. 밥, 죽, 떡을 만든 데에 쓰는 곡식.	حبوب منزوعة القشرة تُستخدم في تحضير كعكة الأرز, العصيدة والأرز المسلوق.	쌀을 씻다.	يغسل الأرز
쌓다	يكوّم/يكدّس/ يبني/ يكسب	(동) 1-(여럿을) 함께 겹치거나 올려놓다. 2-(돌을 겹치게 해서 어떤 높은 물건을) 만들다. 3-(오랜 기간 동안 기술, 경험, 지식을) 많이 얻어 가지다. 4-(기초를) 튼튼하게 마련하다.	1 يكدس أو يضع كثيرا من الأشياء معا. 2- يصنع شئ ما مرتفع من خلال تكويم الحجارة. 3- يكسب كثير من التقنية أو الخبرة أوالمعرفة لمدة طويلة. 4- يشيد قاعد بشكل قوي.	1-선생님은 언제나 책을 책상 위에 잔뜩 쌓아두고 계신다. 2-옛날에는 적을 막기 위하여 마을 주위에 성을 쌓았다. 3-아르바이트를 하면 여러 가지 경험을 쌓을 수 있어요. 4-남북이 서로 신뢰를 쌓아야 할 것 같아.	1 كوّم المعلم الكثير من الكتب علي المكتب. 2- قديما كان يتم بناء قلعة حول القرية من أجل صد الأعداء. 3-من الممكن أن اكتسب الكثير من الخبرة إذا عملت بدوام جزئي. 4- اعتقد أنه يجب بناء ثقة متبادلة بين الكوريتين.
쌓이다	يتكوّم/ يتكدّس/ يتجمّع	(동) 1-(여럿이) 겹쳐서 놓이다. 2-(기술, 경험, 지식이) 모이다. 3-(감정, 느낌이) 계속되어 모이다.	1 يتم تكديس أشياء كثيرة. 2- يتم اكتساب التقنية أو الخبرة أوالمعرفة. 3- يتجمّع المشاعر أو الإحساس.	1-눈이 지붕 위에 쌓였다. 2-이제 컴퓨터에 대한 기초가 어느 정도 쌓였어요. 3-요즘 회사 일로 스트레스가 쌓여요.	1 تكدس الثلج علي السطح. 2- اكتسبت قليلا من أساسيات الحاسب الآلي. 3- تعرضت للضغط العصبي نتيجة للعمل هذه الأيام.
썩다	يتعفّن / يفسد	(동) 1-상하거나 나쁘게 변하다. 2-(물건, 사람의 재능 등이) 오랫동안 제대로 이용되지 못하다. 3-(사상, 사회, 제도, 사람의 생각이) 도덕적으로 나쁜 상태가 되다.	1 يصبح فاسد أوسئ. 2- لا يتم استخدام شئ أو موهبة إنسان لفترة طويلة. تفسد أيدلوجية أو مجتمع أو نظام أو فكر إنسان أخلاقياً.	1-어렸을 때 사탕을 많이 먹어 이가 다 썩었어요. 2-몸에 맞지 않는 옷이 옷장에서 썩고 있다. 3-사회 지도층이 썩으면 그 사회는 더 이상 발전할 수 없다.	1 تسوست كل أسناني لأنني كنت أكل الكثير من الحلوي عندما كنت صغير. 2- تظل الملابس التي لا تناسب جسمي في الدولاب دون استخدام. 3- لا يستطيع المجتمع التقدم أكثر إذا فسدت الطبقة الحاكمة للمجتمع.
쏘다	يطلق / يجرح مشاعر/يوبخ / يثير	(동) 1-(=)발사하다/ (총,활로) 총알이나 화살이 세게 날아가게 하다. 2-감정이 상하도록 (듣는 사람에게) 날카롭게 말하다. 3-(맛, 냄새가) 찌르는 것처럼 사람의 입 안이나 코를 자극하다.	يجعل رصاصة أو سهم يطير بقوة باستخدام المسدس أوالقوس. 2- يتحدث بحدة إلي المستمع من أجل جرح مشاعره. 3- الطعم والرائحة تثير أنف وفم الإنسان.	1-총을 쏘다. 2-화가 난 아내는 따끔한 말로 남편을 톡 쏘아 주었다. 3-양파의 매운 냄새가 코를 쏘았다.	يطلق رصاصة. 2- وبخت الزوجة الغاضبة زوجها بكلام حاد. 3-رائحة البصل الحار أثارت أنفي
쓰다	مُرّ	(형) 1-(어떤 것의 맛이) 약의 맛과 같다. 2- 몸이 좋지 않아서 입맛이 없다.	مذاق شئ ما يشبه مذاق الدواء. 2- فقدان الشهية لان الجسد في حالة سيئة.	1-약이 써서 아이가 먹으려고 하지 않았다. 2-감기에 걸려서 그런지 입맛이 쓰네요.	1 لا يرغب الطفل في تناول الدواء لأنه مر. 2- أشعر بفقدان الشهية لأنني مصاب بالبرد.
쓰다	يرتدي	(동) (반)벗다/ 1-(모자를)머리에 올리다. 2-(=)받다/(우산을) 머리 위에 펴서 들다. 3-(반)벗다/(무엇을)이용하여 얼굴을 보이지 않게 가리거나 덮다. 4-(안경을) 얼굴에 붙어 있게 걸다.	1 يضع قبعة علي الرأس. 2- يفتح شمسية فوق الرأس. 3- يستر أو يغطي الوجه باستخدام شئ ما. 4- يضع النظارة علي الوجه.	1-이 코트에 까만 모자를 쓰면 어울리겠어요. 2-두 사람은 우산을 같이 썼다. 3-사람들은 모두 가면을 쓰고 있었다. 4-저는 책을 읽을 때만 안경을 써요.	1 سيكون مناسب إذا ارتديت القبعة السوداء مع هذا المعطف. 2- استخدم شخصان الشمسية معا. 3- ارتدي جميع الأشخاص أقنعة. 4- ارتدي النظارة فقط عند قراءة الكتب.
쓰다	يستخدم/ ينفق	(동) 1-(무엇을) 사용하다. 2-(어떤 일을 하는 데에 돈, 물자를) 들이다. 3-(어떤 말을) 사용하다. 4-(누구에게) 어떤 일을 하게	1 تستخدم شئ ما. 2- ينفق شئ أو مال في فعل شئ ما. 3- يستخدم كلام ما. 4- يفعل عمل ما لشخص ما. 5- يستخدم أو يحرك جزء من الجسم. 6- يستثمر قوة في شئ ما.	1-죄송합니다만, 전화 좀 써도 될까요? 2-아이가 대학에 가면 돈을 많이 쓰게 됩니다. 3-선배인 줄 알고 존댓말을 썼는데 알고 보니 같은 나이였어요. 4-일하는 사람을 몇	1 معذرة, هل يمكن استخدام التليفون؟ 2- ينفق الابن الكثير من المال عند الذهاب إلي الجامعة. 3- كنت أظن أنه أكبر مني في السن لكن بعد استخدام صيغة الحترام في الكلام عرفت أنه في نفس سني . 4-أحتاج

		하다. 5-(몸의 일부를) 움직이거나 사용하다. 6-(어떤 일에 마음, 힘을) 들이다.		명 더 써야겠어요. 5-그는 교통사고로 다리 한 쪽을 못 쓰게 되었다. 6-발음에 신경 쓰는데도 잘 안 고쳐지네요.	أن استأجر المزيد من العمال. 5- لا يسنطيع تحريك قدمه في جهة ما بسبب الحادث المروري. 6- بالرغم من إنشغالي بالنطق لكن لم أحسنه.
쓰다	يكتب.	(동) 1-(=) 적다/ (펜, 연필로 글자를) 적다. 2-(=) 짓다/ (글, 소설을) 짓다.	1 يدوّن الحروف باستخدام القلم الحبر أو القلم الرصاص. 2- يكتب مقال أو رواية.	1-선생님은 먼저 칠판에 이름을 쓰셨다. 2-저는 소설을 써 보고 싶어요.	كتب المعلم أولا اسمه علي الصبورة. 2- أرغب في كتابة رواية.
쓰러지다	يسقط	(동) 1-(누가) 몹시 지치거나 부상을 입거나 병으로 중심을 잃고 넘어지다. 2-(서 있거나 쌓여 있던 것이) 한 쪽으로 쏠리어 넘어지다. 3-(집안이나 회사가) 제 구실을 하지 못하게 되다.	يسقط ويفقد توازنه بسبب مرض أو جرح أو الإجهاد الشديد. 2- يسقط شيءُ ما واقف بسبب ميله إلى اتجاه واحد. 3- عدم قدرة الشركة أو الدولة علي أداء دورها.	1-아버지가 쓰러져서 병원에 입원하셨다. 2-바람이 많이 불어서 집 앞에 있는 나무가 쓰러졌어요. 3-회사가 부도로 쓰러지면서 저도 직장을 잃었습니다.	1 دخل أبي المستشفي لأنه سقط. 2- سقطت الشجرة الموجودة أمام المنزل بسبب كثرة هبوب الرياح. 3- سقطت الشركة نتيجة للإفلاس وفقدت أنا وظيفتي.
쓰레기	قمامة / نفايات.	(명) 빗자루로 쓸어낸 먼지나 버린 물건. 또는 못쓰게 되어 내버릴 물건.	الأشياء التي تم التخلص منها او التراب الذي تم كنسه بالمكنسة أو أشياء سيتم التخلص منها لأنها لم تعد تُستخدم.	쓰레기 분리 수거	جمع النفايات بشكل منفصل
쓰레기통	صندوق قمامة	(명) 쓰레기를 모아 두는 통.	صندوق يتم وضع القمامة فيه.	음식이 상한 것 같아서 쓰레기통에 버렸어요.	يبدو أن الطعام قد تعفن القي به في صندوق القمامة.
씨	بذر	(명) 열매 속에 있는 단단한 부분으로, 심으면 싹이 나는 것.	جزء صلب داخل الثمرة يتم زراعته و يخرج منه برعم.	씨를 심다.	يزرع بذرة.
씹다	يمضغ	(동) (음식을) 입에 넣고 이를 사용하여 작게 자르거나 부드럽게 갈다.	يطحن الطعام في الفم بنعومة أو يقطعه بشكل صغير باستخدام الأسنان.	껌을 씹다.	يمضغ العلكة.
씻다	يغسل	(동) 1-(때나 더러운 것을) 물로 닦아 깨끗하게 하다. 2-(누명, 죄 같은 나쁜 것을) 완전히 없애다.	يجعل الشئ المتسخ نظيفا باستخدام المياه. 2- يزيل شئ سئ مثل ذنب أو تهمة كاذبة تماما.	1-과일은 흐르는 물에 씻으세요. 2-그는 억울한 누명을 씻고 자유의 몸이 되었다.	اغسل الفاكهة بماء جاري. 2- أزال التهمة الغير عادلة و أصبح حر.
아	آه.	(감) 1-놀라거나, 아주 좋거나 슬픈 느낌을 나타내는 소리. 2-모르는 것을 깨달았을 때 내는 소리. 3-말을 처음 시작할 때 약간 말을 끌면서 내는 말.	1 صوت يشير إلي الشعور الحزين أو الشعور الجيد أو الدهشة. 2- صوت يصدر عند فهم شئ كنت تجهله. 3- كلمة تُقال عند بداية الحديث.	1-아, 미안합니다. 2-아, 이제 알겠습니다. 3-아 참, 관광 안내서가 있으면 하나 주세요.	1 آه, أنا آسف. 2- آه, فهمت الأن. 3- آه, أعطني كتيب سياحي في حالة وجوده.
아가씨	آنسة	(명) 1-처녀나 젊은 여자. 2-술집. 다방. 음식점 등에서 일하는 젊은 여자. 3-남편의 여동생을 이르는 말.	1 فتاة صغيرة أو عذراء. 2- فتاة صغيرة تعمل في حانة أو مقهي أو مطعم وغيره. 3- كلمة تطلق علي أخت الزوج الصغيرة.	1-이십 대의 아가씨들이 대학 교정을 거닐고 있었다. 2-아가씨, 여기 주문 좀 받아주세요. 3-우리 아가씨는 얼마나 멋쟁인지 몰라요.	1 عشرون فتاة كن يتسكعن في حديقة الكلية. 2- يا آنسة , من فضلك تسلمي الطلب. 3- لم أكن أعرف أن أخت زوجي جميلة لهذه الدرجة.
아기	رضيع/ ابنة / زوجة الابن.	(명) 1-태어난 지 얼마 안 되는 어린아이. 2-나이가 어린 딸, 며느리.	طفل تم ولادته منذ فترة قصيرة. 2- كلمة تطلق علي الابنة وزوجة الابن صغيرة السن.	1-아기를 돌보다. 2-가: 어머니 저 왔어요. 나: 우리 아기, 오는 데 힘들지는 않았니?	يعتني بالطفل الرضيع. 2- (أ): لقد جئت يا أمي. (ب): ابنتي جائت ألست متعبة؟

아까	قبل قليل	(부) 조금 전에. 이미.	قبل قليل.	아까 하려고 했던 이야기가 뭐예요?	ما الكلام الذي كنت ترغب في قوله قبل قليل؟
아깝다	مؤسف	(형) 1-(무엇이 아주 좋거나 값이 높아서) 가볍게 쓰거나 남에게 주기 싫다. 2-(소중한 것을 잃거나 제대로 쓰지 못해) 아쉽고 섭섭하다.	1 يكره إعطاء شئ للآخريين أو استخدامه بسهولة لأنه غالي الثمن وجيد للغاية. 2- يشعر بالأسف لعدم قدرته علي اشتخدام شئ مهم بشكل طبيعه أو لفقدانه ذلك الشئ.	1-이 새 옷은 아까워서 동생에게도 빌려 주지 않는다. 2-아들이 대학을 그만둔다고 하자 나는 그 동안 낸 등록금이 너무 아까웠다.	1 هذه الملابس غالية ولن أعيرها لأخي الصغير. 2- من المؤسف المصروفات التي تم دفعها خلال تلك الفترة فلقد غادر ابني الجامعة.
아끼다	يوفّر	(동)1-(=)절약하다/ (반) 낭비하다/ (무엇을) 아깝게 여겨서 함부로 다루거나 쓰지 않다. 2-(=) 위하다- 보호하다/ (사람이나 물건을) 소중하게 여기다.	1يتناول شئ بكل عناية ويستخدمه باعتدال دون إفراط. 2- يهتم بشخص أو شئ ويعتني به عناية كاملة	1-시간을 아끼다. 2-재능을 아끼다.	1يوفر الوفت. 2- يقدر الموهبة
아나운서	مذيع	(명) 1-(텔레비전, 라디오에서) 사회, 보도 등을 전문적으로 맡아 하는 사람. 2-(경기장, 극장, 역 등에서) 시간, 기록 등을 방송으로 알리는 사람.	1 في الراديو و التلفزيون, شخص يقوم بالنقل والتقديم بشكل محترف. 2- في الاستاد والمسرح والمحطة وغيره, شخص يعلن النتائج علي الهواء.	1-처음 한국에 왔을 때 아나운서 말이 빨라서 하나도 못 알아들었어요. 2-역의 아나운서가 기차 도착을 알리는 방송을 하였다.	1 عندما جئت لكوريا لأول مرة لم أفهم كلمة واحدة من كلام المذيعين لأنهم يتحدثون بسرعة. 2- أعلن مذيع المحطة عن وصول القطار.
아내	زوجة	(명) 부부 가운데서 여자인 사람.	الأنثي بين الزوجين.	제가 아내를 처음 만난 것은 대학교 다닐 때 였어요.	قابلت زوجتي لأول مرة عندما كنت أذهب للجامعة.
아니	لا	(감)1-'그렇지 않다'는 뜻 으로 대답하는 말. 2-놀라움, 의문, 감동을 나타낼 때 쓴다. (반) 그래- 응/	1 كلمة تستخدم للجواب بالنفي. 2- كلمة تستخدم عند الإشارة إلي الدهشة أو الشك أو التأثر العاطفي.	1-(가): 이번 주 토요일이 시험이니? (나): 아니, 금요일이야. 2-아니, 무엇이 잘못 되었습니까?	1 هل الأمتحان يوم السبت من هذاذ الأسبوع. لا. يوم الجمعة. 2- ما الخطأ ؟
아니다	لا	(형) '(무엇이) 그렇지 않다'의 뜻을 나타낸다.	كلمة تدل نفي شئ ما.	제 생일은 3 월이 아니고 4 월이에요.	عيد ميلادي في شهر 4 ليس في شهر3 .
아니요	لا	(감) 묻는 말에 ' 그렇지 않다'는 뜻으로 대답하는 말.	كلمة تسخدم للإجابة علي السؤال بالنفي.	(가): 부모님 편지에 답장을 썼어요? (나): 아니요, 아직 못 썼어요.	هل قمت بالرد علي رسالة والديك؟ لا ليس بعد.
아들	ابن	(명) (반) 딸 / 자식 중의 남자.	الذكر بين الأبناء.	집사람이 지난 달에 아들을 낳았어요.	أنجبت الزوجة ولد الشهر الماضي.
아래	أسفل.	(명) 1-무엇보다 낮은 곳. 2-나이, 지위, 능력 등의 정도가 낮거나 못한 쪽. 3-'다음', 또는 '다음에 적은 것'. 4-무엇의 밑. (반) 위	1 مكان منخفض مقارنة بشئ ما. 2- درجة القدرة أو المنصب أو العمر منخفضة. 3- التالي. 4- أسفل الشئ.	1-책상 아래에는 뭐가 있습니까? 2-나는 김영민 씨보다 2 살 아래입니다. 3-아래의 글을 읽고 이야기해 보십시오. 4-책이 책상 아래에 있어요.	1 ماذا يوجد تحت المكتب؟ 2- أنا أسبق كيم يونج مين بعامين 3- أقرأ المقال التالي ثم نتحدث 4- الكتاب تحت المكتب.
아래쪽	القاع	(명) 1-아래에 있는 부분. 아래의 자리. 2-아래 방향. (반) 위쪽	جزء في الأسفل. مكان سفلي . 2- الاتجاه السلفي.	1-포스터의 아래쪽에 이러한 글이 있었다. 2-소년은 갈림길에서 아래쪽으로 갔다.	1 كان يوجد مثل هذا الكلام أسفل البوستر الدعائي. 2- ذهبت الفتاة إلي الاتجاه السفلي من مفترق الطرق.
아래층	الطابق السفلي	(명)여러 층으로 된 것의 아래에 있는 층.	الطابق الموجود أسفل أدوار عدة.	아래층에 사는 사람.	الشخص الذي يعيش في الدور السفلي

아름답다	جميل	(형) 1-(모양, 소리, 빛깔 등이) 마음에 즐겁고 기쁜 느낌을 가지게 할 만큼 예쁘고 곱다. 2-(행동, 마음씨가) 마음에 들 만큼 훌륭하고 착하다.	1! لشكل أو الصوت أو اللون جميل بقدر ما يشعرك بالسعادة و المتعة. 2- السلوك و الخُلق طيب ورائع بقدر ما يعجبك.	1-빨간 단풍이 아름답습니다. 2-지수는 얼굴만 예쁜 게 아니라 마음도 아름다운 여자였다.	1 أوراق الأشجار الخريفية الحمراء جميلة. 2- جي سو ليست فتاة جميلة فحسب بل أخلاقها رائعة أيضا.
아마	ربما.	(부) 확실하게 말하기는 어렵지만.	من الصعب أن يحسم القول.	나무 씨는 아마 집에 있을 거예요.	ربما ستكون نامو في البيت.
아마도	ربما.	(부) 확실하게 말하기는 어렵지만. '아마' 를 강조하는 말.	من الصعب أن يحسم القول. صيغة تاكيدية لربما.	아마도 내일 친구를 만날 겁니다.	ربما ألتقي صديقي غدا.
아무	أحد ما.	(대) 누구라고 꼭 정하지 않은 사람을 가리키는 말. 어떤 사람.	كلمة تشير إلي شخص لم يتم تحديده بالضبط. شخص ما.	내가 왔을 때 아무도 없었어요.	لم يكن هناك أي شخص عندما جئت.
아무것	أي شئ.	(대) 1-무엇이라고 꼭 정하지 않고 사물을 가리키는 말. 어떤 것. 2-하나도. 전혀.	1 كلمة تشير إلي شئ لم يتم تحديده بالضبط. شئ ما. 2- أي شئ . أبدا.	1-너무 배가 고파서 아무것이나 먹어도 맛있을 것 같아요. 2-피곤해서 아무것도 못 해요.	1 جعان للغاية حتي لو تناولت أي شئ أعتقد أنه سيكون لذيذ. 2- لم استطع أن أفعل أي شئ لأنني متعب.
아무래도	مهما .	(부) 아무리 생각해 보아도. 또는 아무리 이리저리 해 보아도.	مهما يفكّر في شيء ما، أو مهما يحاول فيه بعدّة طرق	미안합니다만 아무래도 오늘 축구 시합 구경은 못 가겠어요.	معذرة لكن اليوم مهما حاولت لن أستطيع مشاهدة مبارة كرة القدم.
아무런	على الإطلاق، أبدا	(관) 전혀 어떠한.	أيّ، لا شيء	나는 속이 좋지 않아서 아무런 것도 먹고 싶지 않다.	لا أريد تناول أي شئ لأن معدتي حالتها سيئة.
아무리	على الرغم من	(부) 1-정도가 매우 심하게. 2-비록 그렇다 하더라도.	درجة شديدة جدًا. 2- بالرغم من أن.	1-나는 일이 아무리 바빠도 저녁 식사는 가족과 함께 하는 편이다. 2-아무리 내가 노래를 잘한다고 하더라도 가수가 되는 게 쉽지는 않았다.	1 علي الرغم من إنشغالي لكن أفضل تناول وجبة العشاء مع أسرتي. 2- بالرغم من كوني أجيد الغناء لكن ليس من السهل أن أصبح مغني.
아무튼	علي أي حال.	(부) 어쨌든. 하여튼.	علي أي حال.	아무튼 합격했으니 다행이에요.	علي أي حال أنا سعيد لأنني نجحت.
아버님	والد	(명)1-'아버지'를 높여 이르는 말. 2-(반) 어머님/'시아버지'나 '장인' 을 부르는 말.	كلمة أكثر احتراما تطلق علي الأب. 2- كلمة تطلق علي والد الزوج أو والد الزوجة.	1-아버님은 건강하게 잘 계시지요? 2-아버님, 점심 드세요.	هل والدك بخير؟ 2- تناول الغداء يا والدي.
아버지	أب	(명) 자기를 낳아 준 부모 중 남자. 2- 자식이 있는 남자.	الرجل بين الزوجين الذي أنجبني. 2- رجل لديه أبناء.	1-아버지께서 나에게 신문 좀 가지고 오라고 하셨다. 2-아버지들은 운동장으로 모이세요.	قال أبي لي أحضر الجريدة. 2- يتجمع الآباء في الملعب.
아빠	أب	(명)'아버지'를 정답게 이르는 말.	كلمة تطلق علي الأب بشكل ودي.	아빠와 엄마는 여행을 가셨어요.	سافر أبي و أمي.
아시아	قارة آسيا	(명) 세계 6 대륙의 하나. 한국, 중국, 인도, 인도네시아, 아라비아 등이 속해 있으며 세계에서 가장 큰 대륙이다.	واحدة من قارات العالم الست.وهي أكبر قارات العالم وتضم كوريا والصين والهند وأندونسيا و الجزيرة العربية وغيره.	한국은 아시아 동쪽 한반도에 있는 나라입니다.	كوريا هي دولة تقع في شبه الجزيرة الكورية في شرق آسيا

아이	طفل	(명) 1-나이가 어린 사람. 2-아들, 딸.	شخص صغير السن. 2- ابن وابنة.	1-백화점에서는 어른 옷과 아이 옷을 같이 팝니다. 2-우리 아이가 반에서 일등을 했다.	1 يتم بيع ملابس الكبار والأطفال معا في المول. 2- حقق طفلنا المركز الأول في الفصل.
아이고	آه / ياإلهي	(감) 1-몹시 좋거나 반갑거나 상쾌할 때 내는 소리. 2-몹시 놀라거나 기가 막힐 때 내는 소리. 3-몹시 아프거나 지겹거나 싫거나 못마땅할 때 내는 소리. 4-몹시 분하거나 안타까울 때 내는 소리. 5-우는 소리를 나타낸다.	1 صوت يصدر بسبب السرور أو البهجة أو الانتعاش. 2- صوت يصدر عند الشعور بالدهشة أو الذهول. 3- صوت يصدر عن الشعور بالألم أو الملل أو أن شئ كريه أو غير مناسب. 4- صوت يصدر عند الشعور بالاستياء أو الأسف الشديد. 5- يشير إلي صوت البكاء.	1-아이고, 고소한 냄새가 집 밖까지 나네. 2-아이고, 무서워라!. 3-아이고, 배야, 아이고 배야. 4-아이고, 답답하군요. 5-아이고, 아이고, 그분이 돌아가시다니요.	1 يا إلهي , الرائحة الطيبة خرجت خارج البيت. 2- ياإلهي. أنه مخيف. 3- آه معدتي، آه معدتي. 4- ياإلهي أشعر بالضيق. 5- آه آه ذلك الرجل مات.
아이스크림	آيس كريم.	(명) 설탕, 우유, 달걀, 향료 등을 섞어 얼려서 만든 부드러운 과자.	حلوي ناعمة مصنوعة من اللبن والسكر و النكهة وغيره	냉장고에 있던 아이스크림 네가 다 먹었지?	هل أكلت كل الأيس كريم الموجود في الثلاجة.
아저씨	عمّ	(명) 1-(친척 관계에서) 아버지나 어머니와 항렬이 같은 남자. 2-친척은 아니지만 늙지 않은 남자 어른을 친하게 이르는 말.	رجل يُعدّ من الأقارب من نفس جيل الوالدين. 2- كلمة تستخدم للإشارة لرجل ليس كبير في السن وليس من أقاربك.	1-나는 얼마 전 큰아버지의 장례식에서 오촌 아저씨를 처음 뵈었다. 2-아저씨, 이거 얼마예요?	قابلت عمي لأول مرة في جنازة جدي قبل قليل. 2- عمي, ما ثمن هذا الشئ؟
아주	جدا	(부) 1-정도나 수준이 보통보다 훨씬. 2-완전히. 3-전혀. 4-영원히. 영영.	1 درجة أكبر بكثير من المعتاد. 2- تماماً. 3- أبدا. 4- باستمرار. دائما.	1-이 서점에는 전문서와 잡지가 아 많습니다. 2-고향을 떠난 뒤 그 친구와는 소식이 아주 끊겼다. 3-그는 술이라고는 아주 못한다. 4-히로코 씨는 아주 한국에서 살고 싶어한다.	1 الكتب المتخصصة والمجلات كثير جدا في هذه المكتبة. 2- انقطعت أخبار صديقي تماما بعد مغادرته مسقط رأسه. 2- هو لا يستطيع شرب الخمر أبداً. 4- يرغب هي روكو بالعيش في كوريا باستمرار.
아주머니	عمة / سيدة	(명) 1-(친척 관계에서) 부모와 같은 항렬의 여자. 2-친척이 아닌 여자 어른을 친하게 이르는 말.	سيدة تُعدّ من الأقارب من نفس جيل الوالدين. 2- كلمة تستخدم للإشارة لسيدة كبيرة ليست من أقاربك.	1-이분은 네 아주머니 되시니 인사해라. 2-아주머니, 여기 앉으세요.	هذه عمتي قم بتحيتها. 2- سيدتي اجلسي هنا.
아줌마	عمة / سيدة	(명) '아주머니'를 친근하게, 또는 낮추어 이르는 말.	كلمة تطلق علي العمة بشكل ودي.	우리 하숙집이 시설은 좀 나쁘지만 아줌마는 무척 친절하십니다.	مرافق البنسيون ليست جيدة ولكن سيدة البنسيون طيبة للغاية.
아직	مازال، بَعْدُ	(부) 1-어떤 일이 이루어지거나, 어떤 때가 될 때까지 시간이 더 지나야 하는 것을 나타내는 말. 2-어떤 일, 상태가 끝나지 않고 계속 지금까지.	كلمة تشير إلي الحاجة إلي وقت أكثر لإتمام عمل ما أو الوصول إلي حالة معينة. 2- عدم انتهاء عمل أو ظاهرة ما واستمراره حتي الآن.	1-영화가 시작하려면 아직 20 분이나 남았어요. 2-아직도 그 사람과 계속 만나요?	مازال متبقي 20 دقيقة علي بداية الفلم. 2- أمازلت تقابل ذلك الشخص؟
아침	الصباح- الفطور.	(명) 1-날이 새는 대부터 하루의 일이 시작되는 무렵까지의 시간. 2-'아침밥'의 준말.	1 الوقت من بزوغ الفجر حتي حلول بداية عمل اليوم. 2- وجبة الفطور.	1-아침에는 지하철이 아주 복잡합니다. 2-아침을 먹다.	1 المترو مزدحم في الصباح. 2- يتناول الفطور
아파트	شقة	(명) 한 채의 높고 큰 건물 안에 여러	نموذج سكني مبني لإقامة أسر كثيرة بصورة مستقلة داخل مبنى ضخم.	아파트가 단독주택에 비해서 편합니다.	الشقة مريحة مقارنة بالمنزل المستقل.

		기구가 독립하여 살 수 있게 지은 건물.			
아프다	مريض	(형) (몸, 마음이) 아주 편하지 않다.	الجسد والبال بحالة غير جيدة.	머리가 아파서 잠이 안 와요.	لا أستطيع النوم لأن رأسي تؤلمني.
아프리카	قارة أفريقيا	(명) 세계 6 대륙의 하나. 서쪽으로는 대서양과, 북쪽으로 지중해, 동쪽으로 홍해와 인도양, 남쪽으로는 대서양 및 인도양과 접해 있다.	واحدة من قارات العالم الست. ويحدها من الغرب المحيط الأطلنطي ومن الشمال البحر المتوسط ومن الشرق االبحر الأحمر والمحيط الهندي ومن الجنوب المحيط الأطلنطي والمحيط الهندي	저는 아프리카 같은 열대 지방에서 살아 보고 싶어요.	أرغب في العيش في منطقة أستوائية مثل قارة أفريقيا.
아픔	ألم	(명) 1-육체적인 통증, 괴로운 느낌. 2-정신적인 괴로움, 고통.	شعور بالألم جسدياً. 2- شعور بالألم عقلياً.	1-아픔을 참다. 2-아픔을 씻다.	يتحمل الألم. 2- يزيل الألم.
아홉	تسعة	(수) 1- 숫자 9. 2- '아홉(9)'의.	عدد تسعة. 2- تسعة.	1-이 문제는 너무 어려워서 열에 아홉은 풀지 못한다. 2-오전 9 시부터 시작합니다.	1 هذا السؤال صعب جدا لذلك لم يستطع تسعة من عشر أشخاص حله. 2- نبدأ في الساعة التاسعة صباحاً.
아홉째	التاسع	(수) 순서가 아홉 번째인 차례.	الترتيب التاسع في التسلسل	열 명이 달리기 시합을 했는데 내가 아홉째로 들어왔다.	شارك عشرة أشخاص في سباق الجري فحصدت أنا المركز التاسع.
아흔	تسعون	(수) 1- 숫자 90. 2 ' 아흔(90)'의.	1 العدد تسعون. 2- تسعون	1-우리 할머니께서는 아흔이 넘은 나이에도 건강하시다. 2-저희 할아버지는 아흔 살에 돌아가셨어요.	1 جدتي بصحة جيدة بالرغم من تخطيها سن التسعين 2-مات جدي في سن التسعين.
악기	آلة موسيقية.	(명) 음악을 연주하는 데 쓰는, 아름다운 소리를 내는 기구.	ألة تُصدر صوت رائع يتم استخدامها في عزف الموسيقي.	악기를 다루다	يعزف بآلة موسيقية.
악수	مصافحة	(명) 인사하는 뜻으로 서로 손을 내밀어 마주잡는 것.	ما مدّ يدَه مواجهًا شخصًا آخر ويمسك على يده في تعبير على التحية.	악수를 나누다	يتصافح
안	داخل/ في	(명) 1-(=) 내, 내부, 속/(반) 겉, 바깥, 밖, 외부/ 테두리에서 가운데를 향하는 쪽의 공간. 2-(=)내/(반) 뒤, 이후/ 어떤 범위에 들어 있는 것.	مكان في وسط إطار ما. 2- داخل نطاق ما.	1-가방 안에 무엇이 있습니까? 2-한 시간 안에 사무실에 돌아가야 합니다.	1 ماذا يوجد داخل الحقيبة؟ 2- يجب أن تذهب إلي المكتب خلال ساعة.
안	حرف نَفْي	(부) 어떤 일이나 상태를 부정하는 뜻을 나타낸다.	تشير إلي نفي حالة أو أمر ما.	저는 아침을 안 먹고 다닙니다.	ذهبت ولم أتناول الفطور.
안경	نظارة	(명) 실력을 알맞게 높여 주거나 눈을 보호하기 위해, 유리나 플라스틱 알을 놓아서, 눈에 대고 보는 기구.	أداة لحماية العين أو رفع قدرة الإبصار يتم صناعة عدستها من الزجاج أو البلاستك.	남자는 손수건으로 안경을 닦았다.	نظف الرجل النظارة باستخدام منديل.
안내	إعلان- إرشاد.	(명) 어떤 장소나 행사에 대하여 남에게 알려 주는 것.	شئ يُخبر الآخرين بمكان أو حدث ما.	안내 방송	إرشاد صوتي.

안내하다	يرشد	(동) 1-(어떤 장소나 행사 등에 대하여) 알려 주다. 2-어떤 장소에 데려다 주다.	يُعلم عن مكان أوحدث ما. 2- يقود شخص ما إلي مكان ما.	1-제가 여러분에게 호텔, 버스 예약에 관한 모든 것을 친절하게 안내해 드리겠습니다. 2-예진이가 인사동으로 친구들을 안내했다.	1 سوف أعلمكم بكل شئ حول حجز الفندق والباص. 2- أرشدت يجين صديقتها إلي انسادونغ.
안녕	السلام عليكم ، مع السلامة ، إلى اللقاء	(감) 만나거나 헤어질 때 하는 반말의 인사말.	كلمة للتحية يتم استخدامها عند اللقاء والوداع بطريقة غير مهذبة.	안녕!	السلام عليكم ، مع السلامة ، إلى اللقاء
안녕하다	بخير، بعافية	(형) 아무 걱정, 문제가 없이 편안하다.	مستريح دونَ أية مشكلة أو قلق	부친께서는 안녕하십니까?	والديك بخير؟
안녕히	بخير	(부) 아무 걱정이나 문제가 없이 편안하게.	بشكل مريح دونَ أي مشكلة أو قلق	안녕히 가십시오.	اذهب مع السلامة.
안다	يعانق/ يتعرّض/ يمتلك	(동) 1-두 팔로 끌어 당겨 가슴에 품다. 2-(배나 가슴을) 팔로 감싸 잡다. 3-(바람, 비, 빛 등이) 정면으로 다가오는 것을 몸으로 마주 받다. 4-(생각, 감정을) 품다. 5-(특성, 문제점 등을) 지니다.	1 يفتح ذراعيه ويضمه إلي صدره. 2- يمسك صدره أو بطنه بالذراعين. 3- يتعرض إلي الرياح أو المطر أو أشعة الشمس. 4- يمتلك فكرة أومشاعر. 5- لديه خاصية أو مشكلة.	1-소녀가 가을꽃을 안고 있었다. 2-나는 통증이 심해서 배를 안고 뒹굴었다. 3-바람을 안고 달리면 더 힘들다. 4-우리는 통일이라는 소망을 안고 살아간다. 5-지금 대학 입학 시험 제도는 문제를 안고 있다.	ع1 انقت الفتاة أزهار الخريف. 2- كنت أتقلب ممسكنا بطني لأن الألم كان شديد. 3- الجري أثناء الرياح متعب أكثر. 4- نعيش علي أمل التوحيد. 5- توجد الآن مشكلة في نظام امتحان القبول بالجامعة.
안방	غرفة صاحب المنزل- غرفة داخلية.	(명) 집주인이 거처하는 방.	غرفة يقيم فيها صاحب البيت.	안방은 부모님께서 쓰신다.	يستخدم والدي الغرفة الداخلية.
안심	راحة نفسية، إطمئنان	(명)(=) 안도/ 아무리 걱정이 없이 마음을 편안히 가지는 것.	حالة الراحة النفسية بدون قلق	안심은 금물이다	الإطمئنان محظور.
안심하다	يطمئن	(동) 걱정이 없이 마음을 편안하게 가지다.	يشعر أن باله مستريح دون قلق.	안심하세요. 여기는 안전합니다.	اطمئن فالمكان هنا آمن.
안전	أمان	(명) 아무 탈이 없고 위험이 없는 것.	عدم وجود أي مصيبة أو خطر	안전 벨트	حزام الأمان
안전하다	آمِن	(형) 아무 위험이 없다.	لا يوجد أي خطر.	안전한 장소	مكان آمن.
안주	مزّة الخمر	(명) 술을 마실 때 함께 먹는 음식.	طعام يتم تناوله عند شرب الخمر.	다른 안주는 더 안 시키세요?	ألا تريد أي مزّة آخري؟
안쪽	داخل	(명) 안에 있는 부분, 안으로 향한 방향.	جزء داخلي لشيء ما أو الاتجاه للداخل.	나는 버스 안쪽으로 들어갔다.	ركبت الباص.
안타깝다	مُؤْسِف / مثير للشفقة.	(형) (무엇이 마음대로 되지 않거나 보기에 불쌍해 보여서) 마음이 답답하고 아프다.	يشعر شخص ما بالألم والضيق لعدم إنجاز شئ ما حسب رغبته فيبدو عليه البؤس.	이야기를 듣고 보니 노인의 처지가 너무 안타까웠다.	بعد الاستماع لحكايتهم فإن ظروف كبار السن مثيرة جدا للشفقة.
앉다	يجلس / يتراكم	(동) 1-(반)서다/ 엉덩이를 바닥에 붙이고 윗몸을 세우다. 2-(어떤 지위를) 차지하다. 3-(=)쌓이다/ (일정한 자리에) 생기거나 내려 쌓이다.	يضع مؤخرته علي الأرض و يقيم الجزء العلوي من الجسم. 2- يحتل منصب ما. 3- شئ ما يتراكم في مكان ما.	1-여기 앉아서 잠깐 기다리세요. 2-그는 교사가 된 지 40 년 만에 교장의 자리에 앉게 되었다. 3-먼지가 창틀에 내려 앉았다.	اجلس هنا و أنتظر قليلا. 2- لقد كان مدرس لمدة 40 عام وأصبح مدير المدرسة. 3-التراب متراكم علي إطار النافذة.

않다	لا	(보) (어떤 행동을) 아니하다	لا يفعل تصرف ما	먹지 않다	لم يأكل.
알	بيض/ حبَّة/ عضلة/ عدسة.	(명) 1-(새, 물고기, 벌레의) 암컷이 배고 낳는, 장차 새끼가 될 작고 둥근 것. 2-작고 둥근 열매의 낱개. 3-속에 들거나 박힌 작고 둥근 것. 4-근육이 딴딴하게 뭉친 덩이. 5- 알의 수를 세는 말.	1 شئ دائري صغير تحمله أنثي الطير أو السمك أو الحشرات وتضعه يصبح في المستقبل حيوان صغير . 2- جزء من ثمرة دائري صفير. 3- شيء دائري صغير موجود أو منغرز في الداخل. 4- عضلة مشدودة صلبة. 4- وحدة عد البيض.	1-타조 알은 1kg 이나 되는 것도 있어요. 2-포도 알이 참 크네. 3-눈이 나빠져서 안경 알을 바꿔야겠다. 4-알을 풀어 주다. 5-이 약을 자기 전에 세 알씩 드세요.	1 بيضة النعامة تزن 1 كيلوجرام فأكثر. 2- حبّة العنب كبيرة حقاً. 3- يجب أن أغير عدسة النظارة لأن قدرتي علي الرؤية تدهورت. 4- يُرخي العضلة. 5- تناول 3 حبوب من هذا الدواء قبل النوم.
알다	يعرف / يعلم/ يعتقد	(동) 1-교육이나 경험 등을 통해서 사물이나 상황에 대한 정보나 지식을 갖추다. 2-(누구를) 보거나 만난 적이 있다. 3-(무엇을) 아주 소중히 여기다. 4-(어떤 일에) 상관하다. 5-(스스로) 판단하다. 6-(무엇을 어떻게) 여기거나 이해하다.	1 يمتلك معرفة أو معلومات حول موقف أو شئ من خلال الخبرة أو التعليم. 2- قابلت شخص ما مسبقاً أو رأيته. 3- يعتبر شئ ما مهما جدا. 4- ذا صلة بعمل ما. 5- يقرّر بنفسه. 6- كيف يفهم أو يعتبر شئ ما.	1-한국 문화를 아세요? 2-저도 그분을 알아요. 3-그는 자기만 알고 남을 배려하는 마음이 조금도 없어요. 4-그건 내가 알 바 아니에요. 5-모든 일은 네가 알아서 해. 6-아이는 술을 물로 알고 마셔 버렸다.	1 هل تعرف الثقافة الكورية؟ 2- أنا أيضاً أعرف ذلك الشخص.3- يهتم فقط بنفسه ولا يعتني بالأخريين. 4- 5- أفعل كل شئ بنفسك. 6- أعتبر الطفل الخمر ماء وشربه.
알려지다	يُعرف	(동) 어떤 일이나 사실 등이 드러나다.	يظهر أمرٌ ما أو حقيقة ما... إلخ	사실이 알려지다.	تُعرف الحقيقة.
알리다	يبلغ /يقدّم إلى/ يعلن	(동) 1-모르던 것, 잊었던 것을 깨닫거나 알게 하다. 2-(다른 사람에게 어떤 것에 대한 지식 등을) 소개하여 알게 하다. 3-어떠한 사실을 알게 하다.	يجعله يعرف أو يدرك شيئا نسيه أو لم يكن يعرفه. 2- يقدّم معرفة حول شئ ما إلي شخص آخر. 3- يجعل حقيقة ما معروفة.	1-그는 나에게 합격 소식을 알렸다. 2-그는 외국인에게 한국 문화를 알리는 일에 관심이 많다. 3-열차의 출발을 알리는 안내 방송이 나왔다	أبلغني بخبر نجاحي. 2- هو مهتم كثيرا بتقديم الثقافة الكورية للأجانب. 3- أعلن الإرشاد الصوتي عن إقلاع القطار.
알맞다	مناسب	(형) 1-어떤 조건, 기준에 잘 맞아 넘치거나 모자라지 않은 상태에 있다. 2-(어떤 일을 하기에) 적합하다. 3-지나치거나 모자라는 것이 없이 적당하다.	1 لا يتجاوز ولا ينقص عمّا يطابق معيارًا ما أو شرطًا ما. 2- مناسب مع فعل عمل ما. 3-مناسب دون نقص أو إفراط.	1-학생은 학생 신분에 알맞은 옷을 입어야 합니다. 2-나들이하기에 알맞은 날씨로군요. 3-바람이 알맞게 부네요.	1 يجب علي الطالب ارتداء ملابس مناسبة لمقام الطالب. 2- أنه جو مناسلب للتجول. 3- تهب الرياح بشكل مناسب.
알아듣다	يفهم	(동) 1-다른 사람의 말을 듣고 그 뜻을 알거나 깨닫다. 2-(어떤 소리를 듣고 그것이) 누구의 또는 무엇의 소리인가를 분간하거나 가려 듣다.	1 يسمع كلام الآخرين ويدرك ويفهم هذا الكلام. 2- يسمع صوت ما فيميزه إذا كان صوت شخص أو صوت شئ.	1-나는 선생님의 말씀을 잘 알아듣지 못했다. 2-민지가 친구 목소리를 알아듣고 급히 밖으로 나갔다.	1 لم أفهم كلام المعلم . 2- خرجت مين جي للخارج مسرعة بعدما عرفت صوت صديقتها.
앓다	يمرض	(동) 1-(병으로) 괴로워하거나 아파하다. 2-(어떤 일, 걱정 때문에) 괴로워하거나 답답해하다.	1 يشعر بالألم من مرض ما ويعاني منه. 2- يعاني ويشعر بالضيق بسبب أمر أو قلق ما.	1-그는 지난주 내내 감기를 앓았다. 2-그는 짝사랑의 열병을 앓고 있다.	1 كان لديه برد طوال الأسبوع الماضي. 2- يعاني من حمي الحب من طرف واحد.
암	السرطان	(명) 생물의 조직 안에서 세포가 자라나서 점점 주위의 조직이나 장기로 번져 가며 악성 종양을 일으키는 병.	مرض بسبب الأورام الخبيثة من خلال نمو الخلايا في أنسجة الكائن الحيّ، وانتشارها تدريجيًّا حول الأنسجة أو الأجهزة بالجسم	언제쯤 모든 암을 치료할 수 있을까요?	متي تقريباً يمكن علاج جميع أنواع السرطان؟

앞	أمام	(명) 향하고 있는 쪽이나 곳.	الجهة أو المكان الذي تتجه إليه.	우리는 학교 앞 네거리에서 만나기로 약속했다.	تواعدنا أن نتقابل عند التقاطع الذي أمام المدرسة.
앞쪽	جهة الأمام	(명) 앞을 향한 쪽.	الاتجاه إلى الأمام.	앞쪽으로 가다.	يذهب إلى الأمام
애	طفل	(명) 아이의 준말.	اختصار كلمة طفل.	애가 엄마를 보고 활짝 웃었다.	نظر الطفل إلى أمه وابتسم ابتسامة واسعة.
애인	حبيب	(명) 서로 애정을 나누며 마음속 깊이 사랑하는 사람. 또는 몹시 그리며 사랑하는 사람.	شخص تحبه من أعماق قلبك وتتبادلا العواطف. أو شخص تفتقده للغاية وتحبه.	애인을 구하다	يبحث عن حبيب.
야	أوه!	(조) 매우 놀라거나 반가울 때 내는 소리.	صوت تصدره عن المفاجأة أو السرور.	야, 위험해!	أوه, خطر!
야구	بيسبول	(명) 9 명씩으로 이루어진 두 팀이 9 회씩 공격과 수비를 번갈아 하며 승패를 겨루는 구기 경기.	لعبة كروية يتنافس فيها فريقين مكونين من 9 أشخاص على البطولة ويتبادلا الهجوم والدفاع كل 9 مرات.	국가 대표 야구 선수	لاعب البيسبول الممثل للوطن.
야외	في الخارج	(명) 집 밖이나 노천을 이르는 말.	خارج المنزل في الهواء الطلق.	야외로 나가는 행락객이 많아졌다.	ازداد عدد الذين يقضون إجازاتهم في الخارج.
야채	خضار	(명) 들에서 자라나는 나물.	النباتات التي تنمو في الحقل.	신선한 야채	خضار طازج
약	حوالي	(관) 그 수량에 가까운 정도임을 나타내는 말.	في الحدود القريبة من هذه الكمية.	두 사람은 약 두 시간 동안 이야기를 나누었다.	تبادلا الحديث حوالي ساعتين.
약	دواء	(명) 병이나 상처 따위를 고치거나 예방하기 위하여 먹거나 바르거나 주사하는 물질.	مادة يتم تناولها أو دهنها أو حقنها لمعالجة الأمراض أو الجروح أو منع الإصابة بها.	약을 먹다	يتناول الدواء.
약간	قليلاً	(명) 아주 적은 양, 가벼운 정도.	كمية صغيرة جداً.	그는 약간의 돈이 필요한 모양이었다.	بدى وكأنه يحتاج القليل من المال.
약국	صيدلية	(명) 약사가 약을 조제하거나 파는 곳.	المكان الذي يركب فيه الصيدلي الدواء أو يبيعه.	약국에 가서 진통제 두 알만 사 오너라.	اذهب إلى الصيدلية واشتري حبتين مسكن.
약방	صيدلية	(명) 약국.	صيدلية.	약방에서 붕대를 사다가 상처 난 곳에 감았다.	اشتريت رباط ضاغط من الصيدلية وغطيت مكان الجرح.
약속	وعد	(명) 다른 사람과 앞으로의 일을 어떻게 할 것인가를 미리 정하여 둠. 또는 그렇게 정한 내용.	أن تحدد مع شخص آخر كيف ستفعل أمراً ما في المستقبل. أو الشيء الذي تحدده.	약속 시간	وقت الموعد
약속하다	يعد	(동) 다른 사람과 앞으로의 일을 어떻게 할 것인가를 미리 정하여 두다.	أن تحدد مع شخص آخر كيف ستفعل أمراً ما في المستقبل.	삼촌은 어린 조카와 대공원에 놀러 갈 것을 약속하였다.	وعد العم ابن أخاه أن يذهبا للعب في الحديقة.
약점	نقطة ضعف	(명) 모자라서 남에게 뒤떨어지거나 떳떳하지 못한 점.	شيء ينقصك فتتخلف عن الآخرين أو شيء لا تعتز به.	약점을 드러내다	يظهر نقاط الضعف.

약하다	ضعيف	(형) 힘의 정도가 작다.	قلة القوة.	힘이 약하다	قوته ضئيلة
얇다	رقيق	(형) 두께가 두껍지 아니하다.	السمك غير سميك.	옷이 얇다	الملابس رقيقة
양(많다)	كمية	(명) 세거나 잴 수 있는 분량이나 수량.	كمية يمكن عدها أو قياسها.	양이 많다	الكمية كبيرة
양념	بهارات	(명) 음식의 맛을 돋우기 위하여 쓰는 재료를 통틀어 이르는 말.	كلمة جامعة للمكونات التي تستخدم لتحسين مذاق الطعام.	양념을 뿌리다	يرش البهارات
양말	جوارب	(명) 맨발에 신도록 실이나 섬유로 짠 것.	شيء مغزول من الخيوط أو الألياف ليتم ارتدائه على قدم عارية.	양말을 벗다	ينزع الجوارب
양보하다	يتنازل عن, يفسح	(동) 길이나 자리, 물건 따위를 사양하여 남에게 미루어 주다.	يفسح للآخرين مكان أو طريق أو يتنازل عن شيء ليعطيه لهم.	노약자에게 자리를 양보하다	أفسح مكانه لشخص من ذوي الإحتياجات الخاصة.
양복	بدلة	(명) 서양식의 의복.	ملابس الغرب.	양복을 갖추어 입다	يرتدي بدلة
양쪽	الجهتين	(명) 두 쪽.	الجهتين.	그녀가 웃을 때면 양쪽 뺨에 보조개가 보였다.	ظهرت غمازتين على وجنتيها عندما ابتسمت.
얘	هذا الطفل	(명) '이 아이'가 줄어든 말.	اختصار كلمة هذا الطفل.	얘가 어디 갔지?	أين ذهب هذا الطفل؟
어깨	كتف	(명) 사람의 몸에서, 목의 아래 끝에서 팔의 위 끝에 이르는 부분.	جزء في جسم الإنسان في نهاية الرقبة و أعلى الذراع.	어깨가 쑤시다	كتفي يؤلمني
어느	أي	(관) 둘 이상의 것 가운데 대상이 되는 것이 무엇인지 물을 때 쓰는 말.	تستخدم للسؤال عن شيء ما بين شيئين أو أكثر.	어느 것이 맞는 답입니까?	أي منهم الإجابة الصحيحة؟
어느 것	أيهم	(관) 어느 것.	أي شي.	어느 것이나 네 마음대로 가져도 좋다.	لا بأس بأن تأخذ أي شيء أو كما تريد.
어느새	بالفعل	(부) 어느 틈에 벌써.	حدث فعلاً في وقت ما.	입학한 지가 어제 같은데 어느새 졸업이다.	فجأة أتى التخرج بينما يبدو وكأنني ألتحقت بالمدرسة في الأمس.
어둠	ظلام	(명) 어두운 상태. 또는 그런 때.	حالة الظلام أو وقت الظلام.	짙은 어둠 속	وسط الظلام الدامس
어둡다	مظلم	(형) 빛이 없어 밝지 아니하다.	ليس مشرقاً لعدم وجود ضوء.	어두운 밤길	طريق ليل مظلم
어디	أين	(대) 잘 모르는 어느 곳을 가리키는 지시 대명사.	ضمير توضيحي للإشارة إلى مكان لا تعرفه جيداً.	학교가 어디냐?	أين المدرسة؟
어떡하다	كيف أتصرف	'어떠하게 하다'가 줄어든 말.	اختصار كلمة كيف أتصرف	아저씨, 저는 어떡하면 좋겠어요?	أيها العم, ما الذي يجب عليّ فعله؟
어떤	أي	(관) 사람이나 사물의 특성, 내용, 상태, 성격이 무엇인지 물을 때 쓰는 말.	تستخدم للسؤال عن ميزة شخص أو شيء, وعن المحتوى أو الحالة أو الشخصية.	그는 어떤 사람이니?	كيف هي شخصيته؟
어떻다	كيف	(형) 의견, 성질, 형편, 상태 따위가 어찌 되어 있다.	يصبح رأياً أو خاصية أو ظرف أو حالة ما.	요즈음 어떻게 지내십니까?	كيف حالك هذه الأيام؟
어려움	صعوبة	(명) 어려운 것.	شيء صعب.	어려움이 많다	الصعوبات كثيرة

어렵다	صعب	(형) 하기가 까다로워 힘에 겹다.	صعب عمله وليس بالمقدور.	어려운 수술	عملية جراحية صعبة
어른	راشد	(명) 다 자란 사람. 또는 다 자라서 자기 일에 책임을 질 수 있는 사람.	الشخص المكتمل النمو. أو الشخص المكتمل النمو والقادرة على تحمل مسؤولية أعماله.	아이가 자라 어른이 되다	كبر الصبي وأصبح راشداً.
어리다	صغير	(형) 나이가 적다. 10 대 전반을 넘지 않은 나이를 이른다.	صغير العمر. أقل من 15 عاما.	나는 어린 시절을 시골에서 보냈다.	قضيت فترة طفولتي في الريف.
어린아이	طفل صغير	(명) 나이가 적은 아이.	الطفل صغير السن.	어린아이처럼 단순하다	بسيط كالطفل.
어린이	طفل صغير	(명) '어린아이'를 대접하거나 격식을 갖추어 이르는 말. 대개 4, 5 세부터 초등학생까지의 아이를 이른다.	كلمة رسمية بمعنى طفل صغير. غالباً للأطفال من سن 4,5 سنوات إلى طلاب المرحلة الإبتدائية.	어린이는 나라의 보배	الأطفال هم كنز البلاد.
어머	يا إلهي	(감) 주로 여자들이 예상하지 못한 일로 깜짝 놀라거나 끔찍한 느낌이 들었을 때 내는 소리.	صوت تصدره النساء غالباً عندما يتفاجئن بأمر لم يتوقعنه أو يشعرن بالشفقة.	어머, 눈이 오네!	يا إلهي, يهطل الثلج!
어머니	أمي	(명) 자기를 낳아 준 여자를 이르거나 부르는 말.	كلمة تنادي بها المرأة التي ولدتك.	우리 어머니께서 주무신다.	أمي نائمة.
어머님	والدتي	(명) '어머니'의 높임말. 주로 돌아가신 어머니를 이르거나 편지 글 따위에서 쓴다.	كلمة اكثر احتراماً لـ"أمي". تستخدم عادة للحديث عن الأم المتوفية أو عند كتابة الرسائل.	이걸 어머님께 갖다 드려라.	أعطي هذا لوالدتي.
어서	بسرعة	(부) 일이나 행동을 지체 없이 빨리 하기를 재촉하는 말.	تستخدم للحث على السرعة في العمل دون تأخير.	어서 대답해라.	أجب بسرعة.
어울리다	يتوافق	(형) 함께 사귀어 잘 지내거나 일정한 분위기에 끼어 들어 같이 휩싸이다.	ندخل في جو ما معاً أو نتواعد ونقضي وقتاً جيداً معاً.	친구들과 어울려 담배를 피우고 술도 마셨다.	دخنت السجائر وشربت الخمر لأتماشى مع أصدقائي.
어제	أمس	(명) 오늘의 바로 하루 전날.	اليوم الذي يسبق هذا اليوم.	어제는 공휴일이었다.	كان الأمس إجازة رسمية.
어젯밤	ليلة البارحة.	(명) 어제의 밤.	ليلة الأمس.	어젯밤에는 잠이 안 와서 꼬박 밤을 새웠다.	سهرت ليلة أمس لأنني لم أشعر بالنعاس.
어쩌다	يتصرف	(동) '어찌하다 (어떠한 방법으로 하다)'의 준말.	اختصار لكلمة أن يفعل شيئاً بطريقة ما.	어쩔 줄을 모르다.	لا أعرف كيف أتصرف.
억	مليون	(수) 만의 만 배가 되는 수.	أن تضاعف العشرة آلاف عشرة آلاف مرة.	이 공사 몇 억 들었어요?	كم كلف هذا البناء من ملايين؟
언니	أخت الفتاة الكبيرة	(명) 같은 부모에게서 태어난 사이이거나 일가친척 가운데 항렬이 같은 동성의 손위 형제를 이르거나 부르는 말.	كلمة تنادى بها الفتاة أختها الكبرى وتكون من بين أقرباء الدم والقانون أو لهما نفس الوالدين.	그 집의 두 딸 가운데 언니가 동생보다 착하다.	من بين الإبنتين في هذا المنزل, الأخت الكبرى ألطف من الصغرى.
언제	متى	(부) 잘 모르는 때를 물을 때 쓰는 말.	تستخدم للسؤال عن وقت غير معروف.	보고서를 언제까지 제출해야 합니까?	ماهو آخر ميعاد لتسليم التقرير؟
언제나	دائماً	(부) 모든 시간 범위에 걸쳐서. 또는 때에	مروراً بجميع الأوقات. أو دائماً بدون تغير بحسب الوقت.	그는 언제나 같은 자리에 앉는다.	دائماً ما يجلس في نفس المكان.

		따라 달라짐이 없이 항상.			
언젠가	يوماً ما	(부) 미래의 어느 때에 가서는.	عندما يأتي وقتاً ما في المستقبل.	언젠가 통일이 되는 그 날이 오겠지.	لابد وأن يحصل التوحيد يوماً ما.
얻다	يحصل على	(동) 거저 주는 것을 받아 가지다.	أن يأخذ ما أعطي له مجاناً.	거실에 놓을 의자를 이웃집에서 하나 얻었다.	واحد من الكراسي التي سأضعها في غرفة المعيشة حصلت عليه من بيت الجيران.
얼굴	وجه	(명) 눈, 코, 입이 있는 머리의 앞면.	الجهة الأمامية من الرأس والتي توجد بها العينين و الأنف والفم.	그녀는 얼굴에 로션을 발랐다.	دهنت الفتاة اللوشن على وجهها.
얼다	يتجمد	(동) 액체나 물기가 있는 물체가 찬 기운 때문에 고체 상태로 굳어지다.	تحول المادة السائلة أو الرطبة إلى الحالة الصلبة بسبب البرودة.	강물이 얼어서 썰매를 탔다.	مياه النهر متجمدة لذا ركبت الزلاجة.
얼른	بسرعة	(부) 시간을 끌지 아니하고 바로.	فوراً بدون تأجيل.	식기 전에 얼른 먹어라.	اسرع وتناوله قبل أن يبرد.
얼마	كم	(명) 잘 모르는 수량이나 정도.	كمية أو حد غير معروف.	이 구두의 값이 얼마요?	كم ثمن هذا الحذاء؟
얼마나	كم هو...	(부) 동작의 강도나 상태의 정도가 대단함을 나타내는 말.	أن يكون مقدار قوة فعل أو مستوى حالة ما مذهلاً.	새 집으로 이사 가면 얼마나 좋을까?	كم سيكون رائعاً أن ننتقل إلى منزل جديد؟
얼음	ثلج	(명) 물이 얼어서 굳어진 물질.	مادة صلبة تنتج عن تجمد الماء.	얼음이 녹다	يذوب الثلج.
엄마	أمي	(명) 격식을 갖추지 않아도 되는 상황에서, '어머니'를 이르거나 부르는 말.	تستعمل في المواقف الغير رسمية وتنادى بها الأم.	우리 엄마는 선생님이야.	أمي معلمة.
엄청나다	هائل	(형) 짐작이나 생각보다 정도가 아주 심하다.	مستوى أعلى من التوقعات أو الأفكار بكثير.	사업의 규모가 엄청나다.	حجم العمل ضخم.
없다	غير موجود	(형) 사람, 동물, 물체 따위가 실제로 존재하지 않는 상태이다.	حالة عدم وجود شخص أو حيوان أو مادة وغيرها في الحقيقة.	그는 귀신이 없다고 믿었다.	كان يؤمن بعدم وجود الأشباح.
없애다	يقضي على	(동) '지우다. 없다'의 사동사.	يزيل. تعدية لفعل "غير موجود"	범죄를 없애기 위해서는 모든 국민이 노력해야 한다.	لابد أن يجتهد جميع المواطنين من أجل القضاء على الجريمة.
없어지다	يختفي	(동) 어떤 일이나 현상이나 증상 따위가 나타나지 않게 되다.	أن لا يظهر شيء ما أو ظاهرة او عرض.	내가 읽으려던 책이 없어졌다.	اختفى الكتاب الذي كنت اقرأه.
없이	بدون	(부) 어떤 일이나 현상이나 증상 따위가 생겨 나타나지 않게.	بعدم ظهور شيء ما أو ظاهرة أو عرض.	사고 없이 공사를 끝내게 되어 다행이다.	حمداً لله أن البناء انتهى بدون حوادث.
엉덩이	مؤخرة	(명) 뒤쪽 허리 아래 허벅다리 위 좌우쪽으로 살이 두두룩한 부분	أعلى الأرداف.	간호사가 엉덩이에 주사를 놓았다.	حقنت الممرضة الإبرة في المؤخرة.
엉망	فوضى	(명) 일이나 사물이 헝클어져서 갈피를 잡을 수 없을 만큼 결딴이 나거나 어수선한 상태.	حالة من الفوضى أو أمر معقد جداً إلى حد عدم القدرة على الإستيعاب.	시스템은 엉망이었다.	كان النظام في فوضى.

엊그제	قبل بضعة أيام	(명) 엊그저께(바로 며칠 전)'의 준말.	اختصار لكلمة منذ بضعة أيام.	엊그제가 제 생일이었습니다.	كان عيد ميلادي قبل بضعة أيام.
엎드리다	يستلقي على بطنه	(동) 배를 바닥에 붙이거나 팔다리를 짚고 몸 전체를 길게 뻗다.	أن يستلقي ببطنه على الأرض و يمد ذراعيه ورجليه.	그는 방바닥에 엎드려 책을 읽고 있었다.	كان مستلقياً على بطنه على أرضية الغرفة يقرأ كتاباً.
에너지	طاقة	(명) 인간이 활동하는 근원이 되는 힘.	الطاقة التي تحرك الإنسان.	쓸데없이 움직여서 에너지를 소모하기가 싫다.	أكره أن أتحرك دون نفع واستهلك طاقتي.
에어컨	مكيف الهواء	(명) 여름에 실내 공기의 온도, 습도를 조절하는 장치.	جهاز يتحكم بدرجة حرارة الغرفة و الرطوبة في فصل الصيف.	에어컨을 켜니 금세 방 안이 시원해졌다.	فتحت مكيف الهواء فأصبحت الغرفة باردة.
엔	ين	(명) 일본의 화폐 단위. 기호는 ¥.	عملة اليابان. ورمزها ¥.	엔으로 혜택을 보다.	يرسل الفوائد بالين الياباني.
엘리베이터	مصعد	(명) 동력을 사용하여 사람이나 화물을 아래위로 나르는 장치.	جهاز يحمل شخص أو شيء من أسفل لأعلى باستخدام الطاقة الكهربائية.	갑자기 엘리베이터가 멎었다.	توقف المصعد فجأة.
여권	جواز سفر	(명) 외국을 여행하는 사람의 신분이나 국적을 증명하고 상대국에 그 보호를 의뢰하는 문서.	بطاقة هوية خاصة بالمسافر للخارج أو وثيقة تثبت جنسيته وتطلب في الدولة الأخرى.	여권을 발급하다	يصدر جواز سفر.
여기	هنا	(대) 말하는 이에게 가까운 곳을 가리키는 지시 대명사.	ضمير توضيحي للإشارة إلى مكان قريب من المتكلم.	여기가 바로 내 고향이다.	هنا مسقط رأسي.
여기저기	هنا وهناك	(명) 여러 장소를 통틀어 이르는 말.	كلمة جامعة لعدة أماكن.	책상 위에 서류들이 여기저기에 흩어져 있었다.	كانت المستندات مبعثرة هنا وهناك فوق المكتب.
여덟	ثمانية	(수) 일곱에 하나를 더한 수.	الرقم الناتج عن زيادة رقم واحد فوق السبعة.	여덟 명	ثمانية أشخاص
여덟째	الثامن	(관) 순서가 여덟 번째가 되는 차례.	الدور الثامن.	여덟째의 문은 푸른색이었다.	كان الباب الثامن أخضر اللون.
여동생	أخت صغيرة	(명) 여자 동생.	الأخت الصغرى.	그는 밑으로 여동생이 둘 있다.	يوجد من بعده أختين.
여든	ثمانون	(수) 열의 여덟 배가 되는 수.	ثمانية أضعاف العشرة.	여든 명	ثمانون شخصاً.
여러분	أيها الناس	(대) 듣는 이가 여러 사람일 때 그 사람들을 높여 이르는 이인칭 대명사.	ضمير توضيحي يستخدم عند التحدث لعدد من الأشخاص بطريقة مهذبة.	여러분! 이걸 보십시오.	أيها الناس! انظروا لهذا من فضلكم.
여럿	عدة	(명) 많은 수의 사람이나 물건.	أشخاص أو أشياء كثيرة من حيث الحدد.	여럿 가운데 제일 좋아하다.	المفضل لدي من بين العديد.
여름	صيف	(명) 한 해 네 계절 가운데 둘째 계절.	الفصل الثاني بين فصول السنة الأربعة.	무더운 여름	صيف حار
여름철	فصل الصيف	(명) 계절이 여름인 때.	وقت فصل الصيف.	여름철에는 음식물이 상하기 쉽다.	تفسد الأطعمة بسهولة في فصل الصيف.
여보	عزيزي, عزيزتي	(감) 부부 사이에 서로 상대편을 부르는 말.	نداء بين الزوجين بعضهما لبعض.	여보, 앞 좀 잘 보고 다니시오.	عزيزي, انظر للأمام وأنت تسير.
여보세요	الو	(감) 전화를 할 때 상대편을 부르는 말.	نداء للطرف الأخر في المكالمة الهاتفية.	여보세요, 거기 누구 없나요?	الو, لا أحد؟

여섯	ستة	(수) 다섯에 하나를 더한 수.	زيادة رقم واحد فوق الخمسة.	여섯 명	ستة أشخاص
여섯째	السادس	(관) 순서가 여섯 번째가 되는 차례.	الدور السادس.	나는 여섯째로 태어나 부모 사랑을 많이 못 받았다.	ولدت كالإبن السادس لذا لم أحصل على الكثير من الحب من والدي.
여성	أنثى	(명) 성의 측면에서 여자를 이르는 말.	الكلمة التي تدل على المرأة من ناحية الجنس.	여성 잡지	مجلة نسائية
여자	امرأة	(명) 여성으로 태어난 사람.	الشخص الذي ولد أنثى.	여자를 사귀다.	يواعد امرأة.
여전히	مازال	(부) 전과 같이.	كما في السابق.	그는 여전히 성실하다.	مازال مخلصاً.
여쭙다	يستشير	(동) 여쭈다(웃어른에게 말씀을 올리다).	يتحدث إلى شخص كبير سناً أو مقاماً.	부모님께 여쭈워 보고 결정하겠습니다.	سأستشير والدي ثم أقرر.
여학생	طالبة	(명) 여자 학생.	الطالبة الفتاة.	주말에 남학생을 빼고 여학생들끼리 여행을 다녀왔다.	ذهبت الطالبات في رحلة من دون الطلاب في عطلة نهاية الأسبوع.
여행	رحلة	(명) 일이나 유람을 목적으로 다른 고장이나 외국에 가는 일.	الذهاب إلى منطقة أخرى أو دولة أجنبية بغرض العمل أو السياحة.	세계 일주 여행	رحلة حول العالم
여행하다	يسافر	(동) 일이나 유람을 목적으로 다른 고장이나 외국에 가다.	أن يذهب إلى منطقة أخرى أو دولة أجنبية بغرض العمل أو السياحة.	기차를 타고 유럽을 여행하다	يركب القطار ويسافر حول أوروبا.
역	محطة	(명) 열차가 발착하는 곳.	مكان إنطلاق ووصول القطار.	역에 가다.	يذهب إلى المحطة.
역사	تاريخ	(명) 인류 사회의 변천과 흥망의 과정. 또는 그 기록.	مرحلة التغيرات في المجتمع الإنساني أو تسجيل ذلك.	역사를 기록하다.	يسجل التاريخ.
역시	بالطبع, من البديهي	(부) 생각하였던 대로.	كما كنت تفكر.	나 역시 마찬가지다.	أنا مثلك بالطبع.
역할	دور	(명) (여럿 속에서) 하기로 되어 있는 일. 또는 맡아서 하는 일. /(=)구실/	عمل يجب أن يقوم به.	서울은 정치, 경제, 문화 등 모든 분야에서 중심 역할을 하고 있습니다.	تلعب سول دور رئيسي في كل المجالات كالسياسة والاقتصاد والثقافة.
연결	ربط	(명) 둘 이상의 사물이나 현상 등이 서로 이어지거나 관계를 맺음.	وصْل أو إنشاء علاقة بين شيئين أو ظاهرتين أو أكثر	영화에서는 각 장면들의 자연스러운 연결이 중요하다.	في الأفلام من المهم ربط طبيعي بين كل المشاهد.
연결되다	يُتصل	(자) 둘 이상의 사물이나 현상 등이 서로 이어지거나 관계가 맺어지다.	اتصال شيئان أو ظاهرتان ببعضهما وإنشاء علاقة ما بينهما	이 컴퓨터는 인터넷에 연결되지 않아서 이메일을 확인할 수 없다.	لم أستطع التأكد من البريد الإلكتروني لأن الحاسوب غير متصل بالانترنت
연결하다	يصل	(타) 둘 이상의 사물이나 현상 등이 서로 이어지거나 관계를 맺다.	إنشاء علاقة ما بين ظاهرتين أو شيئين ووصلهما ببعضهما البعض	이 다리는 서울을 부산으로 연결하는 다리이다.	هذه الكوبري يصل بين سيول وبوسان
연구	بحث- دراسة	(명) 어떤 것을 자세하게 깊이 살피고 조사하는 일.	بحث ودراسة شئ ما بعمق وبالتفصيل.	남수는 씨는 밤낮을 가리지 않고 연구에 몰두하고 있다.	نركز مين سو علي البحث ولا تنام.
연구하다	يبحث.	(동) 자세하고 깊이 살피고 조사하다.	يبحث ويدرس شئ ما بعمق وبالتفصي.	한국 문화를 연구하려면 한국말을 배워야 해요.	يجب عليك تعلم اللغة الكورية إذا كنت ترغب في البحث عن الثقافى الكورية.

연극	مسرحية	(명) 1-배우가 무대 위에서 말과 행동을 관객에게 보여 주는 예술. 2- 거짓을 사실인 것처럼 꾸며내는 것.	فن يقوم فيه الممثل بعرض كلامه وتصرفاته أمام الجمهور علي المسرح. 2- جعل الكذب مثل الحقيقة.	1-연극을 관람하다. 2-그의 어설픈 연극에 사람들은 이제 더 이상 속지 않는다.	مشاهدة مسرحية. 2- لم يعد الناس ينخدعون بمسرحياته غير البارعة.
연기	دخان	(명) 물질이 불에 탈 때 나는 검은 기체.	غاز ناتج عن احتراق الأشياء	연기가 나다.	ينبعث الدخان.
연기하다	يؤجل	(동) 정해진 시기를 뒤로 미루다.	يؤجل الموعد المحدد	약속을 연기하다.	يؤجل موعد.
연락	اتصال	(명) 어떤 소식을 알려 주는 것.	نقل خبر ما.	시간이 없어서 연락을 못했어요.	كنت مشغول لذلك لم أستطع الاتصال بك.
연락처	رقم الاتصال	(명) 연락을 하기 위하여 정해 둔 것.	شئ محدد من أجل الاتصال.	우리는 헤어지기 전에 연락처를 주고받았다.	تبادلنا أرقام الاتصال قبل الوداع.
연락하다	يتصل ب	(동)1-어떤 일의 정황을 알리다. 2-소식 따위가 오가도록 관계하다. 3-(어떤 사실을) 전하여 알게 하다.	يعطي صورة عن حالة شئ ما.	1_인터넷을 통하여 한국에 있는 친구와도 연락할 수 있다. 2_네가 연락하면 나도 곧 갈게.	1- استطيع أن أتواصل مع صديقي في كوريا عبر الإنترنت. 2- سأتحرك عندما تتصل بى.
연말	نهاية السنة	(명)한 해의 끝 무렵.	في نهاية السنة.	연말이 되니까 거리에 사람들이 정말 많군요.	يوجد الكثير من الأشخاص في الشارع لأننا في نهاية العام.
연세	سنّ، عمر	(명)나이의 높임말.	صيغة تبجيليّة لعُمر الإنسان.	할머니 연세는 61 세입니다.	عُمر جدتي 61 عام.
연습	تمرين، تدرّب	(명) (학문, 기술 등을) 잘 하려고 반복하여 익히는 것.	أن يتدرّب ويقوم بالعمل مرارا ليكون متقنا علم أو تكنولوجيا ما.	지수는 글씨를 잘 쓰고 싶어서 매일 쓰기 연습을 한다.	تتدرب جي سو كل يوم علي الكتابة لأنها تريد تحسين خطها.
연습하다	يتدرب	(동) (학문, 기술 등을) 잘 하려고 반복하여 익히다	يتدرّب ويقوم بالعمل مرارا ليكون متقنا علم أو تكنولوجيا ما.	영어 회화를 같이 연습할 친구가 없어요.	لايوجد صديف أتدرب معه علي المحادثة باللغة الانجليزية.
연필	قلم رصاص	(명) 가늘고 긴 나무 막대 속에 흑연을 넣어서 종이에 글씨를 쓸 수 있게 만든 도구.	أداة تستخدم لكتابة عن طريق وضْع رصاص في عصا خشبية طويلة ورفيعة.	학생들은 연필을 두 자루씩 가지고 있습니다.	يمتلك الطلاب 2 قلم رصاص.
연휴	أيام العطلة المتتاليّة	(명) 이틀 이상 계속되는 휴일	العطلة التي تستمر أكثر من يومين.	연휴를 즐기다.	يتسمتع بأيام العطلة المتتاليّة
열	حرارة - حمّى	(명) 1- 덥거나 뜨거운 기운. 2- (병으로 몸에 생기는) 정상적인 체온을 넘은 더운 기운.	درجة حرارة مرتفعة. 2- درجة حرارة مرتفعة عن درجة الجسم العادية تحدث نتيجة مرض.	1-우리 집은 태양의 열로 난방을 합니다. 2-감기에 걸렸는지 열이 많이 나요.	1 يتدفأ منزلنا بواسطة حرارة الشمس 2- حرارتي مرتفعة لأنني مصاب بالبرد
열	عشرة.	(수)1- 숫자 10. 2- 십의.	عدد 10. 2- عشرة.	1-그는 눈을 꼭 감고 속으로 열까지 셌다. 2-어제 밤 열 시까지 친구하고 술을 마셨어요.	1 أغمض عينيه و عد حتي عشرة في نفسه. 2-شربت الخمر مع صديقي أمس حتي الساعة العاشرة مساء.
열다	يفتح	(동) 1-(반) 닫다- 잠그다/ (닫히거나 잠겨있던 것을) 틈이 벌어지게 하다. 2-(잠겨 있던 자물쇠 등을) 벗기거나 풀다. 3-(닫혀 있거나 덮여 있던 것을) 속이 보이도록 벌리다. 4-(마음을) 서로 통하게	1- يفتح شئ مغلق أو يخلع شئ مغطي. 2- يفتح قفل كان مغلق. 3- يفتح شئ مغلق أو مغطي من أجل إظهار ما في داخله. 4-يفتح وجدانه أو قلبه للآخرين ويفهمهم بالقلب. 5- يَعقِد أو يبدأ عمل ما.	1-창문을 여니까 시원합니다. 2- 비밀 금고를 여는 순간 돈이 쏟아져 나왔다. 3-그가 가방을 열자 책이 쏟아졌다. 4-상대방에게 마음을 여는 것이 성공적인 대화의 시작이다. 5-김	1 الجو منعش لأنني فتحت الشباك. 2- تدفق المال بمجرد فتح الخزانة السرية. 3- بمجرد فتح الحقيبة خرج الكتاب. 4- أن تفتح قلبك لمن تتحدث معه هو بداية حوار ناجح. 5- فتح المعلم كيم

		하다. 자기 마음을 다른 사람에게 터놓거나 다른 사람 마음을 받아들이다. 5- (어떤 일을) 개최하다. 시작하거나 진행하다. 6-(가게를) 운영하기 시작하다.	6- يبدأ إدارة محل علي سبيل المثال.	선생님께서 전시회를 여신다니 한번 가 보자. 6-영수는 의대를 졸업하고 병원을 열었다.	المعرض لنذهب لنراه. 6- فتحت يونج سو مستشفي بعد تخرجها من كلية الطب.
열리다	يُفتح / يبدأ	(동) 1-(닫히거나 덮인 것이) 열어지다. 2-(어떤 일이) 개최되다. 시작되다. 3-새롭게 시작되다.	يتم فتح شئ مُغلق أو مُغطي. 2- يتم بدأ أو افتتاح عما ما. 3- شئ ما يبدأ حديثاً.	1-우리 집 문은 항상 열려 있었다. 2-지난 토요일 우리 학교에서 외국인 글짓기 대회가 열렸다. 3-인터넷에 의해 모든 분야에서 새로운 시대가 열렸다.	كان باب منزلنا مفتوح دائما. 2- بدأت مسابقة كتابة المقال للأجانب في الجامعة السبت الماضي. 3- بدأ عصر جديد في كل المجالات بسبب الانترنت.
열쇠	مفتاح	(명) 1-자물쇠에 넣고 돌려서 잠그거나 열 수 있게 하는 도구. 2-어떤 문제나 사건을 해결하는 데에 도움을 주는 중요한 정보나 사물.	أداة تغلق أو تفتح بعد وضعها في القفل وتدويرها. 2- معلومة أو شئ هام تساعد علي حل مشكلة أو حادثة ما.	1-열쇠가 없어서 집에 못 들어가고 있어요. 2-문제를 해결하는 열쇠는 바로 대화이다.	لا أستطيع دخول المنزل لعدم وجود المفتاح. 2- مفتاح حل المشكلة هو الحوار.
열심히	بجد	(부) 정성껏. 하는 일에 마음을 다해 힘써서.	بإخلاص.	공부를 열심히 하면 언젠가는 1 등을 하는 날도 있을 겁니다.	يوم ما سوف تحصل علي المركز الأول إذا ذاكرت بجد.
열차	قطار	(명)여러 대의 차를 길게 이어 놓은 기차.	هو سلسلة من العربات على شكل طويل	열차 시간표.	جدول مواعيد القطارات
열흘	عشرة أيام	(명) 10 일.	عشرة أيام	열흘 내내.	طوال عشرة أيام.
염려	قلق	(명) 어떤 생길 일에 대하여 걱정하는 것.	الشعور بالقلق حول شئ ما سيحدث	쓸데없는 염려.	قلق لافائدة منه.
염려하다	يقلق	(타) 어떤 일에 대하여 걱정하다.	يقلق بسبب أمر ما.	제가 도와 드릴 테니까 그 일은 염려하지 마세요.	سوف أساعدك لا تقلق بخصوص هذا الأمر.
영	صفر	(명) (=) / 숫자 0.	العدد صفر	오늘 아침 기온이 0 도는 넘지 않는대요.	يُقال أن درجة الحرارة صباح اليوم لم تتخطي صفر.
영국	بريطانيا	(명) 유럽 서북쪽에 있는 나라. 수도는 런던이다.	دولة تقع في شمال غرب أوربا وعاصمتها لندن.	영국 의회는 상원과 하원으로 구성됩니다	يتكون البرلمان البريطاني من مجلس الشيوخ ومجلس النواب.
영상	فوق الصفر	(명) 섭씨 0 도 이상.	الدرجة المئوية فوق الصفر.	아침 최저 기온은 영상 9 도, 낮 최고 기온은 영상 19 고예요.	درجة الحرارة الصغير في الصباح 9 درجات فوق الصفر ودرجة الحرارة العظمي 19 درجة فوق الصفر.
영어	اللغة الإنجليزية	(명) 영국, 미국, 캐나다, 호주 등에서 쓰는, 영국에서 생긴 언어.	لغة نشأت في إنجلترا وتستخدم في إنجلترا والولايات المتحدة الأمريكية و كندا وأستراليا وغيره.	영어를 배우다.	أتعلم الإنجليزية
영원히	دائما	(부) 끝없이 오래. 언제까지나.	لفترة طويلة دون نهاية.	나는 아내만을 영원히 사랑하겠다.	دائما سأحب زوجتي فقط.
영하	تحت الصفر	(명) 섭씨 0 도 아래. /(반) 영상/	الدرجة المئوية تحت الصفر.	오늘 아침도 전국이 영하의 날씨이다.	الطقس اليوم في الصباح تحت الصفر في جميع أنحاء البلاد.
영향	أثر / تأثير	(명) 어떤 사물의 효과나 작용이 다른 것에	تأثير فعّاليّة ما أو أفعال ما على شيء آخر	부정적 영향.	تأثير سلبي

		미치는 일.			
영화	فيلم	(명) 일정한 의미를 갖고 움직이는 대상을 촬영하여 영사기로 영사막에 비추어서 보게 하는 종합 예술.	فنيّة مركبة تصوّر موضوعا ذا معنى معيّن وتعرضه على الشاشة باستخدام الأضواء المسلّطة عليها	영화 관람.	مشاهدة فيلم
영화관	سينما	많은 사람들이 함께 영화를 볼 수 있는 시설을 갖춰 놓은 곳.	مكان مجهز بمرافق يمكن لكثير من الناس مشاهدة فيلم معاً.	나는 심심할 때 혼자 영화과에 가곤 했어요.	أعتدت أن أذهب إلي السينما عندما أشعر بالملل.
옆	جانب	(명) (무엇의) 왼쪽 또는 오른쪽. (무엇과) 가까운 위치.	الجانب الأيسر أو الأيمن لشئ ما. الموقع القريب من شئ ما.	친구 옆에 앉다.	أجلس بجانب صديقي
옆방	غرفة مجاورة	방이 붙어 있을 때 바로 옆에 있는 방.	عند وجود غرف بشكل متصل، غرفة موجودة إلى جانب غرفة	옆방으로 건너가다.	ينتقل إلي الغرفة المجاورة.
옆집	البيت المجاور	(명) 바로 옆에 있는 집.	البيت المجاور لنا مباشرة.	옆집 아주머니께서 오늘이 제 생일이라고 케이크를 만들어 주셨어요.	السيدة في المنزل المجاورة أعطتني كيكة لأن اليوم عيد ميلادي.
예(대답)	نعم / عفواً	(감) 1- (=) 네/ (반) 아니요/ (어른이) 묻는 말에 대하여. 공손하게 그렇다고 하는 뜻으로 하는 말. 2-(=) 네/ (어른에게, 또는 공손하게) 놀라서 다시 묻거나 상대의 말을 못 알아들었을 대 다시 말해 달라는 뜻으로 하는 말. 3-(=)네/ 무엇을 요구 하거나 확인하는 존대의 말.	1 كلمة تستخدم للرد بشكل مهذب علي سؤال شخص كبير. 2- كلمة تستخدم بشكل مهذب لطلب إعادة الكلام أو السؤال لأنه لم يتم فهم كلام الطرف الأخر. 3- كلمة مهذبة لطلب أو تأكيد شئ.	1-(가): 여름 방학 때 미국에 갈 거예요? (나): 예, 잠깐 다녀올거에요. 2-예? 뭐라고요? 3- 좀 도와 주세요, 예?	1 هل ستذهب إلي الولايات المتحدة الأمريكية في إجازة الصيف؟ نعم سأعود بعد فترة قليلة. 2- عفواً, ماذا قلت. 3- من فضلك ساعدني.
예(들다)	مثل	(명) (=) 보기 / 어떤 사실을 설명하거나 증명하기 위해 보여 주는 것.	مثال يشرح أو يثبت حقيقة ما.	우리 주위에는 이런 예가 많이 있다.	يوجد كثير من تلك الأمثلة حولنا.
예금	وديعة	(명) 은행에 돈을 맡기는 일. 또는 그 돈.	إيداع مال في البنك، أو المال نفسه	은행 예금.	وديعة بنكية
예쁘다	جميل.	(형) (반) 밉다. 1- (생긴 모양이) 아름답고 고와서 보기에 좋다. 2-누가 어떠한 대상에 대하여 귀엽고 사랑스럽다고 느끼다.	يكون شكله جميل وحسن عند رؤيته. 2- يشعر شخص بشعور جميل ولطيف تجاه شئ ما.	1-가을에는 단풍이 예뻐서 사진 찍기 좋습니다. 2- 난 요즘 조카들이 너무 예뻐.	1 من الجيد التقاط صورة لأن أوراق الشجر الخريفية جميلة. 2- أشعر هذه الأيام بأن ابناء أخي لطفاء جدا.
예상	توقع/ تكهن	(명) 어떤 일이 있기 전에 미리 추측해서 생각하는 것. 또는 그 생각의 내용.	توقع حدوث شئ ما مسبقا. أو التوقع نفسه.	예상보다 빨리 왔어요..	جاء أسرع مما توقعت.
예상하다	يتوقع	(동) (앞으로 있을 어떤 일, 상황을) 여러 가지 점으로 미루어 짐작하다.	يخمن شئ ما سيحدث في المستقبل.	민준이는 이번 국어 시험에서 예상하지 못한 점수를 받았다.	حصل مين حون لي علي درجات غير متوقعة في هذا الامتحان للغة الكورية.
예순	ستون.	(명) 숫자 60.	العدد 60	1-그는 나이 예순을 남겨 머리카락이 희끗희끗했다. 2-그곳에 모인 사람들은 예순 명도 더 넘는 것 같았다.	1 تجاوزت سن 60 لذلك شعرها أبيض جزئياً. 2- أعتقدت أن عدد الناس الذين تجمعوا في ذلك المكان قد تخطي 60 شخص.

예술	فن	(명) 특별한 재료, 기교, 양식 따위로 감상의 대상이 되는 아름다움을 표현하려는 인간의 활동.	نشاط إنساني يهدف إلي التعبير عن جمال العاطفة من خلال المحتوي الخاص و التقنية والشكل وغيره.	석굴암은 신라 예술의 아름다움을 대표한다.	يعبر السوكغرام عن فن عصر شيلا.
예약	حجز	(명) 호텔, 식당, 비행기를 이용하기 위해서 준비해줄 것을 미리 약속하는 것, 또는 그 약속.	موعد مسبق لاستعمال فندق أو مطعم أو طائرة ، أو الموعد نفسه	예약은 확인하셨어요?	هل أكدت الحجز؟
예약하다	يحجز	(명) (호텔, 식당, 비행기를 이용하기 위해서) 준비해줄 것을 미리 약속하다.	حجز فندق أومطعم أو طائرة مسبقاً من أجل استخدامه.	호텔은 지난주에 예약해 두었습니다.	حجزت الفندق الأسبوع الماضي.
예외	استثناء	(명) 일반적인 원칙을 따르지 않는 특별한 사례.	نموذج خاص لا يتبع المبادئ العامة	예외 없는 규칙은 없다.	لايوجد قاعدة بدون استثناء.
예의	أخلاق	(명) (=) 예절- 에티켓/ 사회 생활과 다른 사람과의 관계에서 지켜야 하는, 바르고 공손한 말씨와 태도.	طريقة الكلام المهذبة وحسن السلوك الذي يجب الحفاظ علي الانسان الحفاظ عليها في علاقته مع البشر والمجتمع.	다른 사람이 말할 때 끼어드는 것은 예의에 어긋나는 행동입니다.	مقاطعة الأشخاص الأخرين أثناء تحدثهم هو تصرف مخالف للأداب
예전	زمن قديم	(명) (=) 옛날/ 과거. 지난날.	في الماضي.	그 음식점은 맛있다고 소문이 나 예전보다 손님이 늘었다.	شهرة المطعم كونه لذيذ تتزايد مقارنة بالماضي.
예절	اخلاق	(명) (=) 예의- 에티켓/ 일상 생활에서 지켜야 하는 바르고 공손한 말씨와 몸가짐.	طريقة الكلام المهذبة وحسن السلوك الذي يجب الحفاظ علي الانسان الحفاظ عليها في حياته.	예절에 어긋나다.	يخالف الأداب.
예정	جدول	(명) (앞으로 할 일을) 미리 정해 놓은 것.	تحديد أمر ما سيُفعل في المستقبل مسبقا	도착 예정 시각.	موعد محدد للوصول.
옛날	الماضي	(명) (=) 예전- 지난날 / 오래된 지나간 날. 이미 지나간 날.	الزمان القديم جدًا	비원은 옛날 왕의 정원이었다	كانت البي وون حديقة الملك في الماضي.
오(숫자)	خمسة	(수) 1- 숫자 5. 2- '5'의	1 عدد خمسة. 2- خمسة	1-10 을 2 로 나누면 오입니다. 2-지금 3 시 오 분이에요.	العدد خمسة هو ناتج قسمة 10 علي 2. 2- الأن الثالثة وخمس دقائق.
오늘	اليوم	(명) 1-(=) 금일/ 지금 지나가고 있는 이 날. 2- (=) 오늘날/ 지금 살고 있는 이 시대.	اليوم الذي يمر الأن. 2- هذا العصر الذي نعيش فيه الأن.	1-오늘 아침. 2-조선 시대와 달리 오늘의 시대는 사회에 진출하는 적극적인 여성들이 늘어나고 있다.	1 صباح اليوم. 2- يزداد مشاركة المرأة الفعالة في المجتمع في عصرنا هذا عكس عصر جوسون.
오늘날	هذه الأيام	(명) 지금 현재. 요즘.	الحاضر. هذه الأيام.	오늘날, 지구촌의 환경 문제는 심각하다.	هذه الأيام مشاكل البيئة في الكرة الأرضية خطيرة.
오다	يأتي	(자) 1-(다른 것에서 이 곳으로) 움직이다. 2-(기관, 단체에서) 어떤 자리를 가지게 되다. 3-(차례, 기회, 때, 계절이) 되다. 4-(졸음, 잠이) 몸에 들거나 들기 시작하다. 5-(어떠한 느낌이) 생기다. 6-어떤 일을	1 يتحرك من مكان إلي آخر. 2- ينتمي إلي جماعة أو منظمة. 3- يأتي دور أو فرصة أو وقت أو فصل. 4- بدء النوم أو النعاس. 5- الإحساس بشعور ما. 6- مغادرة المكان الذي توجد به إلي مكان آخر من أجل فعل شئ ما.	1-식사가 끝나는 대로 3 층 회의실로 오십시오. 2-새로 오신 부장님은 어떤 분이에요? 3-내 차례가 오려면 아직 한참 더	1 يرجى الحضور إلى قاعة المؤتمرات في الطابق الثالث بمجرد الانتهاء من تناول الطعام. 2- ما شخصية المدير الجديد؟ 3- يجب أن أنتظر مدة طويلة لأني دوري لم يحن. 5- لا أستطيع أن أنام ليلا لأني شربت قهوة بعد الظهر. 6- متي غادرن إلي هذا الحي؟

		하려고 있던 곳을 떠나 이곳으로 움직이다. 7- (눈, 비 등이) 하늘에서 내리다.	7- سقوط المطر أو الثلج من السماء.	기다려야 한다. 4-오후에 커피를 마시면 밤에 잠이 안 온다. 5- 그를 처음 봤는데도 친숙한 느낌이 왔다. 6-언제 이 동네로 이사를 오셨어요? 7-오늘 오후부터 눈이 오겠습니다.	7- سيسقط المطر من ظهر اليوم.
오래	فترة طويلة	(부) 지나가는 시가니 길게. 긴 시간 동안.	خلال فترة طويلة.	이 소파는 가격이 좀 비싼 대신에 오래 쓸 수 있습니다.	هذه الكنبة غالية قليلا لكن يمكن استخدامها لفترة طويلة.
오래 전	زمان قديم	(명) 상당한 시간이 지나간 과거	الماضي بعد مرور أوقات طويلة	그 나라는 오래 전에 노예 제도를 폐지했다.	ألعت تلك الدولة نظام العبودية منذ وقت طويل.
오래되다	منذ فترة طويلة	(형) 1- (어떤 일) 시작되거나 일어나 많은 시간이 지난 상태이다. 2- (어떤 사물이) 오랜 시간 전에 만들어져 낡아 있다.	1- عندما يمر زمنا طويلا على بدء شيء ما أو حصوله. 2- عند مرور فترة طويلة على صنع شيء ما فيصبح قديما.	1- 한국 오신 지 오래되셨지요? 2- 간판이 오래되어서 글씨다 다 지워졌어요.	1- هل مر على قدومك إلى كوريا فترة طويلة؟ 2- مر فترة طويلة على اللوحة الإرشادية فانمحت الحروف.
오랜	طويلا	(관) 지나간 시간이 아주 긴.	الوقت الذي قد مضى طويل	민수는 초등학교 때부터 알고 지낸 오랜 친구다.	مين سو هي صديقتي التي أعرفها من وقت طويل منذ المدرسة الإبتدائية.
오랜만	أمد بعيد	(명) 오래 지난 뒤.	بعد مرور وقت طويل	민준이는 동창회에서 오랜만에 고등학교 친구들을 만났다.	قابل مين جون لي أصدقاء المدرسة الثانوية في اجتماع خريجي المدرسة بعد مرور وقت طويل.
오랫동안	مدّة طويلة	(명) 매우 긴 시간 동안 계속.	باستمرار خلال مدة طويلة جدا.	아주 오랫동안 사귀어서 우리는 친형제나 다름없어요.	نحن متشابهون مثل الأخوة لأننا مقربون خلال مدة طويلة
오렌지	برتقال	(명) 감귤 종류의 과일 중 하나.	فاكهة من الحمضيات.	오렌지 주스.	عصير برتقال
오르다	يصعد يركب /تزداد /ينتشر يوضع	(동) 1-(낮은 데에서 높은 곳으로) 움직여 가다. 2-(탈것에) 타다. 3- 지위나 정도나 수량이 이전보다 높아지거나 많아지다. 4-(어떤 내용이 어디에) 포함된다. 또 기록 되다. 5-몸에 어떤 기운이 퍼지다. 6-(음식이 상에) 차려지다.	1 يتحرك من مكان منخفض إلي مكان مرتفع. 2- يركب مركبة.3- تزداد كمية او ترتفع مكانة أو درجة أكثر مما سبق. 4- يتضمن مكان ما محتوي ما أو يتم تسجيله. 5- ينتشر أثر ما في الجسد. 6- يتم وضع الطعام علي المائدة.	1-우리는 일출을 보려고 아침 일찍 산에 올랐다. 2-아저씨는 인사를 하면서 버스에 오르셨다. 3-아이가 열이 올라서 얼마나 걱정을 했다고요. 4-뇌물 혐의로 명단에 오르는 정치인들을 보면 한심합니다. 5-그는 취기가 올라 기분이 좋아졌다. 6-어떤 음식들 상에 올리나요?	1 صعدنا الجبل مبكراً لمشاهدة شروق الشمس. 2- ركب عمي الأتوبيس بينما يلقي التحية. 3- كنت قلقاً كثيراً لإرتفاع درجة حرارة الطفل. 4- أنه شئ مثير للشفقة عندما رأيت سياسين في قائمة الاتهام بتلقي رشاوي. 5- تحسن مزاجه عندما أصبح في حالة سكْر. 6- ما الطعام الموجود علي المائدة؟
오른발	القدم اليمني	(명) 오른쪽에 있는 발.	قدم في الجهة اليمني.	먼저 오른발을 앞으로 내밀어 보세요.	أولا قم بدفع قدمك اليمني إلي الأمام.
오른손	اليد اليمني	(명) 오른쪽에 있는 손.	يد في الجهة اليمني	자유의 여신상은 오른손에 횃불을 들고 있다.	يمسك تمثال الحرية بشعلة في يده اليمني.
오른쪽	الاتجاه الأيمن	(명) 사람이 북쪽을 보고 있을 때 동쪽과 같은 쪽.	نفس جهة الشرق عندما ينظر شخصّ إلى الشمال	오른쪽 길.	الطريق الأيمن.
오른팔	الزراع اليمنى	(명) 오른쪽에 달린 팔.	زراع في الجهة اليمني.	그 사람은 사장의 오른팔이라고 말할 수 있다.	يمكننا أن نقول أن ذلك الشخص هو الذراع اليمني للمدير.

오리	بطة	(명) 발가락 사이에는 물갈퀴가 있으며, 부리는 길고 넓적하고 '꽥꽥' 하고 큰 소리를 내며, 헤엄을 잘 치는 큰 새.	طائر كبير يسبح ويصدر صوت ' بطبطة' ومنقاره طويل ورفيع ويوجد غشاء جلدي بين أصابع قدمه.	오리를 기르다.	يربي بطة
오빠	أخ أكبر للبنت.	(명) 1-여자 동생이 자기보다 나이가 많은 남자 형제를 이르는 말. 2-여자가 자기보다 나이 많은 남자를 친근하게 부르는 말.	1 كلمة تُستعمل من الأخت الصغيرة عند الإشارة إلى أو نداء شقيق أكبر منها بين الإخوان. -2 كلمة تُستعمل من المرأة عند الإشارة إلى أو نداء رجل أكبر منها في السنّ بشكل ودّي.	1-우리 오빠가 다음 달에 결혼하기로 했다. 2-오빠, 내일 세 시에 학교에서 만나요.	1 قرر أخي الكبير أن يتزوج الشهر القادم. -2 أخي, سنلتقي غدا في الكلية الساعة الثالثة.
오이	خيار	(명) 길고 푸른 열매 채소.	خضار أخضر وطويل.	시장에 가서 오이 일곱 개를 샀다.	ذهبت إلي السوق واشتريت سبع خيارات.
오전	قبل الظهر	(명) 아침부터 점심 전까지 동안.	الفترة من الصباح حتي الغداء.	한국어 수업은 오전 9 시부터 오후 1 시까지 입니다.	محاضرة اللغة الكورية من الساعة التاسعة قبل الظهر حتي الساعة الواحدة بعد الظهر.
오직	فقط	(부) 여러 가지 중에서 다른 것은 있을 수 없고 다만.	لا يمكن أن يوجد أي شئ آخر بين العديد من الأشياء.	나는 오직 내 아내만을 사랑한다.	أنا أحب زوجتي فقط.
오토바이	درّاجة ناريّة، دراجة بخاريّة	(명) 동력을 일으키는 기계의 힘으로 달리는 두 바퀴의 탈것.	مركبة ذات عجلتين تتحرّك باستعمال قوة المحرّك.	오토바이를 타다.	يركب دراجة نارية
오후	بعد الظهر	(명) 점심 때부터 저녁이 될 때까지의 동안.	خلال الفترة من الغداء حتي المساء.	오후에 저하고 같이 산책할까요?	ما رأيك أن نتمشي معا بعض الظهر.
오히려	لكن	(부)1-(=) 도리어/기대하는 것과는 반대로.	عكس ماكان مُنتظر.	택시비가 모자랄까 봐 걱정했는데 오히려 500 원이 남았다.	كنت قلقاً أن تكون أجرة التاكسي غير كافية لكن تبقي 500 وون.
온	كافة	(관) 전부를 다 합친.	الجميع.	밤새 눈이 내려서 온 세상이 하얗다.	أصبح العالم كله أبيض بسبب سقوط الثلج طوال الليل.
온도	درجة الحرارة	(명) 덥거나 찬 정도 또는 그 정도를 나타내는 숫자.	درجة الحر أو البرد أو الرقم الذي يشير إلي تلك الدرجة	실내 온도	الحرارة داخل الغرفة.
온몸	كلّ الجسم	(명) (=)전신/ 몸의 전체.	كافة أنحاء الجسم	추워서 온몸이 떨려요.	جسدي كله يرتعش لأن الجو بارد.
올라가다	يصعد	(동) 1-(높은 쪽으로) 움직여 가다. 2-(지방에서 서울 등의 중앙으로) 가다. 3- (내용, 이름, 사실 등이 어디에) 적히거나 실리다. 4- (=) 인상되다/ (값이) 비싸지다.	يذهب إلي مكان مرتفع. -2 يذهب من منطقة مجاورة إلي منطقة مركزية مثل سيول. -3 يُكتب أو يُنشر محتوي أو اسم أو حقيقة في مكان ما. -4 ارتفاع الأسعار. .5	1-산에 올라갈 때는 등산화를 신으세요. 2-이제 방학이 끝나가니 서울에 올라가야겠네. 3-내 이름이 합격자 명단에 올라갔어. 4-물가가 올라가다.	1 أرتدي حذاء تسلق الجبال عند صعود الجبل. -2 انتهت الإجازة الآن يجب علينا الذهب لسيول. -3 نُشر اسمي في قائمة الناجحين. -4 ترتفع أسعار السلع. .5
올라오다	.يصعد	(동) 1-(반) 내려오다/ (위쪽에) 이르다. 2-(반) 내려오다/ (높은 수준, 정도에) 이르게 되다. 3- (반) 내려오다/ (지방에서 서울로) 오다. 4-(어떤 기운이) 생기다. 5-(반) 내려오다/	1 يصل إلي أعلي. -2 يصل إلي مكانة أو مستوي مرتفع. -3 يأتي إلي سيول من منطقة مجاورة. -4 حدوث تأثير ما. -5 ينتقل إلي مدرسة أو مؤسسة أعلي. -6 شئ	1-이층으로 올라오세요. 2-4 급에 올라오니까 외워야 할 단어가 많아졌어요. 3-오늘 시골에서 부모님이 올라오십니다. 4-감기약을 먹었더니 약 기운이 올라와서 졸려요.	اصعد إلي الطابق الثاني. -2 ازدادت الكلمات التي يجب حفظها عندما انتقلت إلي الصف الرابع. -3 اليوم جاء والدي من القرية. -4 شعرت بالنعاس بعد تناولي دواء البرد بسبب تأثيره. -5 أنتقلت هذه

		(상급 기관, 학교로) 옮겨오다. 6-(무엇이) 아래에서 위쪽을 향하여 움직여 오다.	ما يتحرك من أسفل لأعلي. 7- شئ ما يتحرك لأعلي	5-이번에 본사로 올라오게 되었어요. 6-제주도로부터 태풍이 올라오고 있대요.	المرة إلي مقر الشركة الرئيسي. 6- قِيل أن الإعصار سيبدأ من جزيرة جيجو.
올리다	يرفع/ يضع / يضع	(동) 1-(반) 내리다/ (무엇을 위쪽으로) 올라 있게 하다. 2-(=) 차리다/(음식을 상에) 차려 놓다. 3-(이름, 내용, 사건을 어디에) 써 넣다. 등록하다. 4-(무엇을 윗사람에게) 주거나 제시하다. 5-(수치나 결과가) 높아지거나 많아지게 하다.	1 يجعل شئ يرتفع لأعلي. 2-يجعل طعاما يوضع على مائدة. 3- يكتب اسم أو محتوي أو حادثة في مكان ما. 4- يقدم شئ لشخص أكبر منه. 5- يجعل عدد أو نتيجة مرتفعة أو متزايدة.	1-이 가방 좀 짐칸에 올려 주세요. 2-상큼한 봄나물을 상에 올려 보세요. 3-선생님은 남수와 민지를 반장 후보에 올리셨다. 4-다음에는 좋은 소식을 담아서 편지를 올리겠어요. 5-아주머니가 하숙비를 올렸다.	1 من فضلك أرفع هذه الحقيبة إلي مقصورة الشحن. 2- ضع خضروات الربيع الطازجة علي المائدة. 3- وضع المعلم نام سو ومين جي في قائمة مرشحي رئاسة الفصل. 4- مستقبلاً سأقدم رسائل تحتوي علي أخبار سعيدة. 5- رفعت السيدة من تكاليف البنسيون.
올해	السنة الحالية.	(명) 지금 지나고 있는 이 해. 금년.	السنة التي تمرّ بهذه اللحظة	올해도 작년에 비해서 비가 많이 왔습니다.	سقطت امطار كثيرة هذه العام مقارنة بالعام الماضي.
옮기다	ينقل / يترجم / يحول	(동) 1-(물건을) 다른 곳으로 가져다 놓다. 2-다른 것이나 다른 곳으로 바꾸다. 3-어떤 언어를 다른 언어로 번역하다. 4-(하려고 생각하는 것을 정말 행동으로) 나타나게 하다.	1 ينقل شئ إلي مكان آخر 2- يغير إلي مكان آخر أو شئ 'خر. 3- يترجم لغة إلي لغة آخري. 4- يحول فكرة أو شئ يرغب في فعله إلي نصرف.	1-짐을 옮기려고 하는데 도와 주시겠습니까? 2-약속 시간을 내일로 옮겨도 돼요? 3-한국 문학 작품을 외국어로 옮기는 작업은 매우 중요하다. 4-너무 많은 생각을 하면, 생각을 행동으로 옮기가 힘들어요.	1 هل يمكن أن تساعدني في نقل الحقائب؟ 2-هل من الممكن أن نأجل الموعد للغد؟ 3- نرجمة الأعمال الأدبية الكورية للغات أجنبية أمر هام. 4- إذا كنت تفكر كثيرا فمن الصعب تحويل الأفكار إلي أفعال.
옳다	مضبوط / عادل.	(형)1-틀리지 않다. 사리에 맞다. 2-차라리 더 낫다.	1 ليس خطأ. يتوافق مع المنطق. 2- يكون أحسن منه.	1-네 말이 옳았어. 2-그런 남자랑 결혼할 바에는 차라리 혼자 사는 게 옳다.	1 كلامي كان صحيح. 2- العيش وحيدا أفضل من تزوج ذلك الرجل.
옷	ملابس رياضية	(명) 사람의 몸을 가리고 추위를 막거나 멋을 내기 위하여 입는 것.	ما يُلبس ليغطي جسم الإنسان ويحميه من البرد ويزيّنه	나는 집에 오면 편한 옷으로 갈아입는다.	عندما أذهب إلي البيت أبدل ملابسي إلي ملابس مريحة.
와	واه	(감) 1-놀랍거나 기쁜 일이 생겼을 때 내는 소리. 2-여럿이 함께 내는 소리.	1 صوت يصدر عن حدوث أمر سعيد أو مفاجئ. 2- صوت يصدره أشخاص كثيرون.	1-와, 신난다. 2-갑자기 응원석에서 '오' '와' 하는 함성이 들렸다.	1 واه, أنا سعيد. 2- فجأة سمعت صيحة 'واه' من المدرجات.
완벽하다	مثالي	(형) 모자라는 것이 없이 모든 것이 다 훌륭히 갖추어져 있다.	كل شئ مجهز بشكل ممتاز دون نقصان أي شئ.	이 세상에 단점 하나 없이 완벽한 사람은 없을 것이다.	بدون عيب واحد في هذا العالم لن يصبح هناك انسان مثالي.
완전히	تماماً	(부)1-조금 예외도 없이 철저하게. 2- 전혀.	بإكتمال دون حتي استتثناء أي شئ قليل. 2- تماما.	1-나는 드디어 그 일을 완전히 끝냈다. 2-그는 교회에 나가기 시작하면서 완전히 다른 사람으로 변했다	اخيرا انهيت ذلك العمل تماماً. 2- لقد تغير إلي شخص أخر تماما عندما بدأ في الذهاب إلي الكنيسة.
왕	ملك	(명) 1-(=) 임금. 군주/국가에서 가장 높은 지위와 가장 큰 권력을 가진 사람. 2-(=) 대장/비슷한 여럿 가운데에서 힘, 가치가 가장 뛰어난 것.	1 شخص يملك السلطة و أعلي منصب في الدولة. 2- الشخص الأكثر قوة وقيمة بين كثير من البشر المتشابهين.	1-슬기로운 왕. 2-우리 집에서는 어린 조카가 왕이에요.	1 ملك عاقل. 2- في بيتنا ابن أخي الصغير هو الملك.
왜	لماذا	(부) 어째서, 무슨 이유로.	بأيّ سببّ.	겨울을 왜 좋아하세요?	لماذا تحب الشتاء؟

왜냐하면	بسبب	(부) (앞에 말한 사실의 이유를 대면서) 그 이유를 말하면.	عند قول سبب حقيقة ذُكرت مسبقاً.	나는 어제 학교에 지각을 했다. 왜냐하면 아침에 늦게 일어났기 때문이다.	تأخرت أمس عن المدرسة بسبب أنني أستيقظت متأخراً
왠지	بطريقة ما	(부) 왜 그런지 모르게. 또는 분명한 이유 없이.	لا يعرف أسبابا أو دون سبب واضح.	오늘은 왠지 그녀가 달라 보인다	بطريقة أو بأخري تبدو تلك الفتاة اليوم مختلفة.
~외	ماعدا / سوي	(명) 일정한 범위나 한계를 벗어남을 나타내는 말.	كلمة تستعمل عند تجاوز حدود أو نطاق معين	그 외에는 다른 방법이 없었다.	لم يكن هناك طريقة أخري سوي تلك.
외국	دولة أجنبية	(명) 자기 나라가 아닌 다른 나라.	دولة ليست وطنه	외국 여행	السفر لدولة أجنبية.
외국어	لغة أجنبية	(명) 다른 나라의 말.	لغة دولة آخري.	외국어를 쉽게 배울 수 있는 방법이 뭘까요?	ماهي الطريقة التي يمكن أن أتعلم بها لغة أجنبية بسهولة.
외국인	أجنبيّ	(반) 내국인/(명) 다른 나라 사람.	شخص من دولة أخري.	스티븐은 외국인이지만 한국말을 참 잘 하는군요	إن ستيفن أجنبي ولكنه يتقن اللغة الكورية.
외롭다	وحيد	(형) 1-혼자가 되거나 의지할 데가 없어 쓸쓸하다. 2-따로 떨어져 쓸쓸하다.	1يصبح وحيدا أو يشعر بالوحدة لعدم وجود من يعتمد عليه. 2يشعر بالوحدة والتشتت.	1-고향을 떠나 있으면 외롭지요? 2-하늘에는 외로운 별 하나가 떠 있었다.	1هل تشعر بالوحدة عند تركك موطنك؟ 2 كان هناك نجمة وحيدة تطفو في السماء.
외우다	يستذكر. يحفظ	(동)1-'=암기하다/ 말, 글을 머릿속에 기억하다. 2-머리에 기억하고 있는 것을 틀리지 않게 그대로 말하다.	1 يتذكر كلام أو مقالة داخل الدماغ. 2 يتذكّر كلاما أو مقالا ويقولهما دون أي خطأ.	1-저는 하루에 두세 개씩 단어를 외우고 있어요. 2-나는 그 시를 외우고 있다.	1أنا أستذكر كلمتين أو ثلاثة يوميا. 2 أنا أحفظ تلك القصيدة.
외출	خروج	(명) 볼일이 있어서 집 밖으로 나가는 것.	الخروج من المنزل لعمل شئ ما.	일주일 동안 외출을 안 했습니다.	لم أخرج لمدة أسبوع.
외출하다	يخرج	(동) 볼일이 있어서 집 밖으로 나가다.	يخرج من المنزل ليفعل شئ ما.	외출하기에는 날씨가 너무 춥죠?	هل الجو قارس البرودة عند الخروج؟
외할머니	جدة (من ناحية الأم)	(명) 어머니의 어머니.	والدة الأم.	외할머니께서 편찮으시다는 전화를 받고 어머니는 외갓집으로 가셨다.	ذهبت أمي إلي منزل أجدادي عندما تلقت خبر مرض جدتي.
외할아버지	جد (من ناحية الأم)	(명) 어머니의 아버지.	والد الأب.	저희 외할아버지께서는 낚시를 좋아하세요.	أن جدنا يحب الصيد.
왼발	قدم يسري	(명) 왼쪽 발	القدم اليسري.	왼쪽 구두만 작은 걸 보니, 왼발이 더 작은가 봐요.	كنت أعتقد أن الحذاء الأيسر سيكون صغيرا ولكن أكتشفت أن قدمي اليسري أصغر.
왼손	اليد اليسري	(반) 오른손/(명) 왼쪽에 있는 손.	اليد اليسري.	한국 부모들은 아이가 왼손을 쓰면 좋아하지 않습니다.	أن الأباء الكوريين لا يحبون استخدام أبنائهم لليد اليسري.
왼쪽	جهة يسري	(명) 북쪽을 향했을 때 서쪽과 같은 쪽.	جهة الشمال منالبحر عند النظر إلي الشرق.	왼쪽으로 조금만 더 가세요.	انعطف ناحية اليسار قليلا.
왼팔	الذراع اليسري	(명) 왼쪽 팔.	الذراع اليسري.	왼팔을 다치다.	يجرح ذراعه الأيسر.
요구	طلب	(명) 1-필요하거나 받아야 할 것을 달라고 하는 것. 2-어떤 행동을 하라고 하는 것, 또는 그렇게 해 달라고 하는 것.	1 طلب شئ يحتاجه أو شئ يجب أخذه. 2الأمر بفعل شئ ما أو حدث معين.	1-네 요구가 뭐냐? 2-요구를 들어주다. / 요구에 응하다.	1 ماهو طلبك؟ 2يستمع للطلب/ يوافق علي الطلب.

요구하다	يطلب	(동) 1-무엇을 달라고 하다. 2-어떤 행동을 하라고 또는 해 달라고 하다. 3-어떤 특성을 필요로 하다.	1 -يطلب شئ ما. 2 يطلب بفعل أمر ما أو حدث ما. 3 يتطلب خصائص معينة.	1-그 사람은 내게 치료 비로 백만 원을 요구하였다. 2-제게만 희생을 요구하지 미십시오. 3-마라톤은 인내심을 요구하는 운동입니다.	1 لقد طلب هذا الرجل مليون وون للعلاج. 2 لا تطلب تضحيتي. 3 الماراثون هي رياضة تتطلب الصبر.
요금	أجرة. سعر. رسوم	(명) 어떤 교통수단, 전화, 전기 등을 이용하는 값으로 내는 일정한 돈.	مبلغ يُدفع مقابل استهلاك كهرباء أو هاتف أو مياه أو مواصلات.	가스 요금.	رسوم الغاز.
요리	طبخ. طبق. أكلة	(명) 1-특별한 솜씨로 음식을 만드는 일. 2-특별한 재료, 기술, 솜씨로 만든 음식.	1 إعداد الطعام بمهارة مميزة. 2 طعام تم إعداده بمهارة و تقنية و مكونات معينة.	1-박 선생님은 요리 솜씨가 좋아요? 2-한국 요리.	1 هل مهارات المعلم باك في الطبخ جيدة؟ 2 أكلة كورية.
요리하다	يطبخ	(동) 1-요리를 만들다. 2-어떤 일, 사람을 솜씨 있게 다루어 처리하다.	1 يعد الطعام. 2 يتعامل مع أمر ما أو شخص معين بطريقة معينة.	1-갈비 요리할 줄 알아요? 2-사장은 부하 직원들을 마음대로 요리했다.	1 هل تستطيع طبخ الضلع (كالبي)؟ 2 لقد طبخ الرئيس للعمال كما يشاء.
요일	يوم (من الأسبوع)	(명) 일주일을 이루는 7 일의 하나.	يوم من أيام الأسبوع السبعة.	무슨 요일을 좋아해요?	ماهو يومك المفضل؟
요즘	هذه الأيام	(명) 아주 가까운 과거에서 지금까지 이른 사이.	الفترة بين الماضي القريب والحاضر.	요즘 왜 통 연락이 없어요?	لماذا لا تتصل بي هذه الأيام؟
욕실	غرفة الاستحمام	(명) 목욕을 하는 방.	غرفة الاستحمام.	2 층에는 침실과 욕실이 있습니다.	توجد غرفة النوم والاستحمام في الطابق الثاني.
욕심	طمع. جشع	(명) 지나치게 가지고 싶어하는 마음.	الرغبة في امتلاك شئ بشدة.	음식 욕심.	شره (جشع) الطعام.
용기	شجاعة. قوة	(명) 1-겁이 없는 씩씩하고 굳센 기운. 2-어떤 일을 하는 데 필요한 힘.	1 قوة معنوية عالية وجرأة. 2 القوة المطلوبة لفعل شئ معين.	1-어려운 때일수록 용기를 잃지 마세요. 2-용기를 잃다.	1 لا تفقد قوتك في المواقف الصعبة. 2 يفقد قوته.
용돈	مصروف يد. مصروف جيب	(명) 개인이 여러 가지에 적게 사용하는 돈.	مبلغ مالي ينفق بشكل حرّ لقضاء أغراض متعددة خاصة بالشخص.	민지 씨는 한 달 용돈이 얼마나 돼요?	كم يبلغ مصروف مين جي في الشهر؟
우리	نحن. نا	(대) 1-화자가 자기와 자기편의 사람들을 함께 가리키는 말. 2-화자가 청자를 제외한 자기편 사람들을 함께 가리키는 말.	1 كلمة تستخدم في إشارة المتحدّث إلى نفسه والمستمع معا. 2كلمة تشير إلي المتحدث وأشخاص اخرون معادا المستمع.	1-왜 우리를 모른 척하고 그냥 가죠? 2-우리 먼저 간다. 내일 보자.	1 لماذا نتظاهر بعدم معرفة بعضنا البعض ونمضي؟ 2 هيا نمشي أولا ونتقابل غدا.
우리나라	بلدي	(명) 1-자기 나라. 2-화자의 자기 나라의.	1 كوريا الجنوبية. 2 بلد المتحدث.	1-옛날에는 우리나라에 글자가 없었습니다. 2-우리나라 사람은 주로 밥을 먹고 산다.	1 لم يكن للحروف وجود قديما في كوريا. 2 عادة في بلدي يعيش الناس علي أكل الأرز.
우리말	لغة البلد (اللغة الكورية)	(명) 우리나라 사람의 말.	لغة بلدي. اللغة الكورية.	우리말로 번역하다.	يترجم إلي اللغة الكورية.
우산	مظلة	(명) 비가 올 때 펴서 머리 위를 가려 몸이 비를 맞지 않게 하는 기구.	أداة تحمل فوق الرأس عند نزول المطر لحماية الجسم من المطر.	버스에 우산을 놓고 내렸어요.	لقد تركت مظلتي في الحافلة ونزلت.

우선	.الأوّلية الأسبقية	(명) 다른 것보다 먼저 다루어지는 것.	تفضيل شئ عن شئ آخر.	건강이 다른 무엇보다도 우선이다.	إن الصحة أهم من أي شئ آخر.
우수하다	ممتاز	(형) 여럿 가운데서 아주 뛰어나다.	امتياز شئ عن غيره من الأشياء.	그 학생은 성적이 우수합니다.	إن تقديرات هذا الطالب ممتازة.
우습다	تافه/ مضحك	(형) 1-웃을 만큼 재미있다. 2-어렵지 않고 가벼워서 무시할 만하다.	1 ممتع لدرجة إثارة الضحك. 2سهل وخفيف لدرجة التجاهل.	1-저는 당황하는 남수 표정이 우스워서 혼자 웃었어요. 2-우습게 여길 일이 아니다.	1 لقد ضحكت وحدي علي تعبير نام سو المحرج. 2 إنه ليس بأمر تافه.
우연히	بالصدفة	(부) 예상을 하거나 기대하지 않았는데 뜻밖에.	بشكل مفاجئ غير متوقع أو منتظر.	길에서 우연히 친구를 만났습니다.	لقد التقيت بصديقي بالصدفة في الطريق.
우유	حليب	(명) 소의 젖이나 그것을 살균하여 만든 음료.	لبن البقرة الذي يشربه الناس.	나는 아침마다 우유를 한 잔 마신다.	كل يوم صباحا أشرب كوب من الحليب.
우체국	مكتب البريد	(명) 편지, 소포, 전보 등을 보내는 일을 맡는 공공 기관.	هيئة عامة تعمل في إرسال الرسائل أو الطرد أو إدارة المدخرات وغيرها.	소포를 부치려면 우체국에 가야 합니다.	يجب أن أذهب إلي مكتب البريد لإرسال الطرد.
운	القدر. الحظ	(명) 운수나 재수.	الحظ أو القدر.	오늘 우리 팀에게는 운이 따르지 않았다.	لم يحالف الحظ فريقنا اليوم.
운동	رياضة. حركة	(명) 1-건강을 위해 몸을 움직이는 활동. 2-어떤 목적을 이루기 위해 조직적으로 벌이는 활동.	1 تحريك الجسم من أجل الصحة. 2 نشاط يتم تنظيمه لتحقيق هدف معين.	1-살을 빼려면 어떤 운동이 좋을까요? 2-독립 운동.	1 ما الرياضة الأفضل لخسارة الوزن؟ 2 حركة الاستقلال.
운동복	ملابس رياضية	(명) 운동할 때 입는 옷.	الملابس التي يتم ارتداؤها عند القيام بالرياضة.	운동복 바지를 좀 보여주시겠습니까?	هل من الممكن أن تريني البناطيل الرياضية؟
운동장	ملعب. استاد	명) 주로 체육, 운동 경기를 하기 위해 만든 큰 마당.	ساحة واسعة للقيام بممارسة الرياضة أو الألعاب البدنية.	학교 운동장.	ملعب المدرسة.
운동하다	يتمرن علي. ينشط. يقوم بالرياضة.	(동) 1-몸을 단련하거나 건강을 지키기 위하여 몸을 움직이다. 2-어떤 목적을 이루려고 조직적이고 적극적으로 활동을 벌이다.	1 يمرّن جسده أو يحرّك جسمه من أجل صحّته. 2 البدء بنشاط يتم تنظيمه لتحقيق هدف معين.	1-비가 내리는데도 밖에서 운동하는 사람이 많군요. 2-우리는 만주에서 조국의 독립을 위하여 운동하다가 희생당한 분들을 영원히 잊지 말아야 한다.	1 بالرغم من هطول الأمطار بالخارج إلا أن عديد من الناس يقومون بالرياضة. 2 يجب ألا ننسي أبدا ضحايا منشوريا خلال حركة استقلال البلاد.
운동화	حذاء رياضي	(명) 운동을 할 때 신도록 만든 신발.	حذاء يتم ارتدائه اثناء القيام بالرياضة.	내일은 운동화를 신고 오세요.	يرجي ارتداء الأحذية الرياضية غدا.
운전	القيادة	(명) 주로 자동차나 오토바이 등을 움직이고 조정하는 일.	تحريك والتحكم في سيارة أو موتوسيكل.	운전 실력이 대단하시네요.	إن مهارات القيادة عندك عظيمة.
운전기사	سائق	(명) 직업적으로 차나 기계를 운전하는 사람.	الشخص الذي يقوم بقيادة السيارة أو الآلة مباشرة.	그는 10년 경력의 유능한 운전기사이다.	إنه سائق محترف خبرته دامت 10 سنوات.
운전사	سائق	(명) 직업으로 차나 기계를 운전하는 사람.	الشخص الذي يقوم بقيادة السيارة أو الآلة مباشرة.	저는 어렸을 때부터 택시 운전사가 되고 싶었어요.	أريد أن أصبح سائق تاكسي منذ صغري.
운전하다	يقود	(동) 주로 자동차나 오토바이 등의 기계를	تحريك أو التحكم في السيارة أو الموتوسيكل وغيرها من الماكينات.	술 마시고 운전하면 안 됩니다.	ممنوع القيادة عند شرب الخمر.

		움직이고 조정하다.			
울다	يبكي	(동) 1- (반) 웃다/ 기쁘거나 슬프거나 아파서 눈물을 흘리거나 소리를 내다. 2-짐승이 소리를 내다.	1 يصدر صوت أو يسيل الدمع عند الفرح أو الحزن أو التعب. 2 يصدر الحيوان صوتا.	1-영화가 너무 슬퍼서 울고 말았어요. 2-병아리가 삐약삐약 웁니다.	1 لقد كان الفيلم محزن جدا فبكيت. 2 يقوم الكتكوت (الفرخ الصغير) بالصراخ.
울리다	يبكّى. يهتز. يرن	(동) 1-소리가 나거나 들리다. 2-소리때문에 어디가 흔들리다. 3-소리를 내다. 4-누구를 울게 하다. 5-감동을 일으키다.	1 يهتز أو صدور صوت. 2 يهتز شئ بسبب الصوت. 3 يصدر الصوت. 4 يجعل شخص يبكي. 5يثير المشاعر.	1-방에 들어가자마자 전화가 울렸어요. 2-그가 소리를 지르자 방안이 쩌렁쩌렁 울렸다. 3-밤중에 이렇게 초인종을 울려대는 사람이 누구야? 4-남수가 민지를 울려요. 5-남을 위해 열심히 봉사하는 사람들의 이야기가 나의 가슴을 울린다.	1 لقد رن هاتفي بمجرد دخولي الغرفة. 2 لقد اهتزت الغرفة عندما صرخ عاليا. 3 من الذي كان يرن جرس الباب هكذا في منتصف الليل؟ 4 لقد جعل نام سو مين جي تبكي. 5 إن قصص اللذين يتبرعون بجد من أجل الآخرين تثيؤ مشاعري.
울산	مدينة ألسان (أولسان)	(명) 경상남도 동쪽에 있는 도시. 자동차 산업 등의 중공업으로 유명하다.	مدينة كبيرة تقع شرق كيونغسانغ الجنوبيّة. وتشتهر بصناعة السيارات وغيرها من الصناعات الثقيلة.	울산의 자동차 공장에 가 봤어요.	لقد ذهبت إلي مصنع سيارات أولسان.
울음	بكاء	(명) 우는 소리나 우는 행동./(반) 웃음	البكاء مع إصدار صوت.	울음 소리.	صوت البكاء.
움직이다	يتحرّك. يغير. يتحول	(동) 1-가만히 있지 않다. 또는 무엇을 옮기거나 흔들다. 2-마음이 바뀌다. 3-남의 마음을 바꾸게 하다.	1 غير ثابت. أو يحرك أو يرج شئ. 2 يغير رأيه. 3 يجعل الآخرين يغيروا رأيهم.	1-차가 서서히 움직이기 시작했다. 2-아들의 말을 듣고 아버지는 마음이 움직였다. 3-그는 다른 사람의 마음을 움직이는 재주가 있다.	1 بدأت السيارة بالتحرك تدريجيا. 2غير الوالد رأيه عندما استمع إلي كلام ابنه. 3 عنده مهارة جعل الآخرين يغيروا رأيهم.
웃기다	يُضحِّك	(동) 1-(반) 울리다/ 다른 사람을 웃음이 나오도록 하다. 2-'=우습다/ 어떤 일이나 행동이 웃음이 나올 만큼 못나거나 어이가 없다.	1يجعل الآخرين يضحكون. 2 ينصدم لدرجة الضحك من أمر أو فعل معين.	1-남수만큼 사람들을 잘 웃기는 아이는 없어요. 2-이 추운 겨울에 반팔을 입고 나오다니 그 애 정말 웃긴다.	1 لا يوجد أحد يُضحِّك الناس مثل نام سو. 2 لقد كان هذا الطفل مضحك جدا عندما خرج مرتديا نص كم في هذا الشتاء البارد.
웃다	يضحك	(동) 기쁘거나 재미있어 하는 마음을 얼굴에 나타내거나 목소리로 나타내다.	تظهر بهجة علي الوجه أو صوت عند الاستمتاع أو السرور.	어머니는 우리를 보고 빙긋 웃으셨다.	لقد ضحكن أمي بمجرد أن رأتنا.
웃음	ضحك	(명) 웃는 모양, 웃은 행동. /(반) 울음	نشاط الضحك أو شكل الضحكة.	아이는 웃음을 참지 못해 얼굴이 빨개졌다.	أحمر وجه الطفل لعدم تحمله الضحك.
원	دائرة	(명) 한 점에서 꼭 같은 거리에 있는 점들을 이어서 이루는 모양. /(=동그라미)	شكل يبدأ من نقطة ويتتبع باقي النقاط علي نفس المسافة.	아이들이 동그랗게 원을 그렸다.	رسم الأطفال دائرة.
원	وون (العملة الكورية)	(명) 현재 쓰고 있는 한국의 돈의 단위.	العملة المستخدمة في كوريا الجنوبية حاليا.	10 원짜리 동전 있어요?	هل لديك 10 وون عملات معدينة؟
원래	في الأصل. أصلا	(부) 처음부터. /=본디. 본래	من البداية.	그는 원래. 친절해요	إنه في الأصل (من البداية) لطيف.
원숭이	قرد	(명) 사람과 비슷하게 생겼고 온몸에 털이 있고 꼬리가 있는 동물.	حيوان له ذيل وجسمه مغطي بالشعر ويشبه الانسان.	이제 원숭이 우리 쪽으로 가 볼까?	هل نذهب الآن إلي طريق القرد؟

원인	عامل. سبب	(명) 어떤 현상을 일으키거나 변화시키는 근본 현상, 사건. 결과를 생기게 하는 요소. /=까닭, 이유	أمر أو حادث أصلي لتغيير أو حدوث ظاهرة ما.	원인과 결과.	سبب ونتيجة.
원하다	يحتاج. يريد	(동) 무엇을 바라거나 청하다.	يأمل أو يلتمس شئ ما.	지금 살고 있는 집이 적당한데 더 큰 집을 원하세요.	أن المنزل الذي أعيش فيه مناسب ولكني أريد منزل أكبر.
월	شهر	(명) 1-한 달. 2-달을 세는 단위.	1 شهر. 2 وحدة عد الشهر.	1-우리 아파트는 월 1 회씩 관리비를 냅니다. 2-생일이 몇 월이에요?	1 إن شقتنا تدفع تكاليف إداريه مرة واحدة في الشهر. 2 عيدمولدك في أي شهر؟
월급	راتب. أجر شهري	(명) 일터에서 일한 대가로 한 달마다 주는 일정한 돈. /=봉급	الأموال يتم تسلميها كل شهر في العمل.	오늘 월급 받았으니까 저녁 값은 내가 낼게.	سادفع الليلة لأني استلمت راتبي اليوم.
월요일	يوم الأثنين	(명) 달력에서 한 주의 둘째 날. 일요일의 다음날.	اليوم الثاني في أيام الأسبوع في التقويم القمري. اليوم التالي ليوم الأحد.	월요일이든지 화요일이든지 저는 아무 때나 괜찮아요.	سواء يوم الأثنين أو الثلاثاء أنا بخير في أي وقت.
웬일	ماهية	(대) 어찌 된 일. 무슨 까닭.	سبب ما.	오늘은 웬일로 길이 한산하죠?	مالذي يجعل الشوارع هادئة اليوم؟
위	فوق. قمة. سطح	(명) 1-어떤 기준보다 높은 데. 2- 무엇의 겉. 표면. 3- 수준, 질, 정도, 등급, 나이가 더 높은 것. 4- 공간적인 순서에서, 글에서 앞.	1 جهة أعلي من نقطة أساسية. 2 سطح الشئ. 3 الارتفاع في المستوي، النوعية، الدرجة، المستوي أو العمر. 4 مقدمة كتابة ما أو ترتيب مكاني.	1- 강 위에 다리가 있어요. 2-바지는 침대 위에 있습니다. 3-두 사람 중에서 누가 나이가 위입니까? 4-자기가 가지고 있는 사진을 보고 위와 같이 이야기를 만들어 보세요.	1 يوجد أعلي النهر جسر. 2 البنطال موجود علي السرير. 3 من الأكبر من بين هذين الشخصين؟ 4 جربوا أن تصنعوا قصة حول الصورة التي لديكم سويا.
위안	يوان	(명) 중국의 화폐 단위	عملة الصين.	10 위안 주세요.	أعطني عشرة يوان.
위쪽	اتجاه علوي	(명) 어떤 기준보다 위가 되는 쪽.	اتجاه أعلي من نقطة أساسية معينة.	위쪽 부분이 아래 부분보다 크다.	إن الجزء العلوي أكبر من الجزء السفلي.
위층	طابق علوي	(명) 여러 층이 있는 건물에서 위쪽에 있는 층.	الطابق الأعلي من بين عدة طوابق.	우리 집 위층에는 신혼 부부가 살고 있다.	يعيش زوجان حديثان في الطابق العلوي من منزلنا.
위치	موضع. مكان. مكانة	(명) 1-사물이 차지하거나 놓여진 일정한 자리. 2-다른 사람들과의 관계에서 차지하고 있는 지위나 주어진 역할.	1 المكان الذي يشغله الشئ أو مكان وضعه. 2 الدور أو المكانة الذي يحتلها في العلاقة مع الأشخاص الأخرين.	1-이 식당은 위치가 좋아서 손님이 많을 것 같아요. 2-그는 회사에서 중요한 위치에 있다.	1 يقبل الكثير من الناس علي هذا المطعم بسبب موقعه الجيد. 2 هذا الشخص له مكانة مهمة في الشركة.
위하다	يخدم. يعتزّ ب	(동) 소중히 여겨 돌보거나 받들다.	احترام أو العناية باعتزاز.	자녀들을 위하는 부모의 마음이 참 대단하군요.	إنه من الجيد أن تكون قلوب الأباء من أجل (معتزّة) بالأبناء.
위험	الخطر	(명) 실패하거나 다칠 가능성./(반) 안전	إمكانية التعرض للضرر أو الأذي.	교통 신호를 지키지 않는다면 사고의 위험이 높아지는 것은 당연하다.	إنه من الطبيعي ازدياد خطر الحوادث إذا لم نلتزم بإشارات المرور.
위험하다	خطر	(형) 실패하거나 다칠 가능성이 있다 안전하지 못하다.	وجود إمكانية التعرض للضرر أو الأذي. عدم الأمان.	차가 다니는 길에서 장난을 하면 위험합니다.	انه من الخطر اللعب بالسيارة علي الطريق.
유럽	أوروبا	(명) 지구의 육지를 구성하는 주된 대륙 여섯 개 중의 하나로 우랄 산맥을 경계로	واحدة من ضمن الست قارات علي الكرة الأرضية وتحد قارة أسيا من جبال أورال أما عن باقي الثلاث جهات فيحدها البحر	축구는 유럽에서 가장 인기 있는 스포츠이다.	إن كرة القدم من أشهر الرياضات الموجودة في قارة أوروبا.

		아시아와 인접하고 있으며 나머지 삼면이 지중해, 대서양, 북극해와 면하고 있는 대륙.	المتوسط والمحيط الأطلنطي و المحيط المتجمد الشمالي.		
유리	زجاج	(명) 창, 유리, 병 등을 만드는 데 쓰는, 단단하나 깨지기 쉬운 투명한 물질.	مادة شفافة وصلبه سهلة الكسر وتستخدم في صنع الشبابيك و الزجاجات.	깨진 유리에 발을 베였어요.	لقد انجرحت قدمي من الزجاج المنكسر.
유리창	شباك زجاجي	명) 유리를 끼운 창문, 또는 창문에 끼운 유리.	شباك مصنوع من الزجاج أو الزجاج المصنوع منه الشباك.	바람이 들어오게 유리창을 열었어요.	لقد فتحت الشباك الزجاج حتي يدخل الهواء.
유명하다	مشهور	(형) 널리 알려져 있다.	معروف بشكل واسع.	제주도는 신혼 여행지로 유명하다.	تشتهر جزيرة جيجو بإنها موقع شهر عسل.
유월	شهر ستة (يونيو)	(명) 한 해의 여섯 번째 달. 6 월.	الشهر السادس من العام. شهر يونيو.	유월 이십오일.	شهر يونيو يوم خمسة وعشرون.
유치원	رَوضَة أطفال	(명) 초등학교에 들어가기 전의 어린이를 교육하는 기관.	مؤسسة يدرس بها الأطفال قبل الالتحاق بالمدرسة الابتدائية.	유치원에 다니는 딸이 있습니다.	لدي ابنه في الروضة.
유학	الدراسة في الخارج	(명) 외국에서 공부하는 것.	الدراسة في بلد أجنبي.	유학 생활이 힘들거든 곧 돌아와.	سأعود قريبا لأن حياة الدراسة بالخارج صعبة.
유학생	طالب في الخارج (طالب مغترب)	(명) 외국에서 공부하는 학생.	طالب يدرس في بلد أجنبي.	저는 미국에서 온 유학생입니다.	أنا طالب مغترب من أمريكا.
유행	انتشار. موضة. شعبية. عدوي. وباء	(명) 1-어떤 시기에 사회의 일부나 전체에 두루 퍼지는 몸차림, 옷차림, 문화에 대한 취미. 2-전염병이 널리 퍼지는 것.	1 اهتمام حول ثقافة أو مظهر ملابس أو شكل جسم ينتشر بتوسع في المجتمع كله أو جزء منه في فترة معينة. 2 انتشار وباء بشكل واسع.	1-유행을 따르다. 2-독감이 유행이니까 조심하세요.	1 موضة مختلفة. 2 احذر إنه وباء الإنفلونزا.
유행하다	ينتشر. يَروج	(동) 1-어떤 새로운 방식이 한동안 사회에 널리 퍼지다. 2-전염병 등이 널리 퍼지다.	1 تنتشر طريقة جديدة بتوسع في المجتمع في فترة معينه. 2 ينتشر الوباء أو غيره بشكل واسع.	1-요즘은 짧은 치마가 유행하고 있다. 2-요즘 유행하는 감기에 걸린 것 같습니다.	1 تنتشر موضة التنورة القصيرة هذه الأيام. 2 اعتقد أنني التقطت عدوي البرد هذه الأيام.
육	ستة	(수) 1-숫자 6. 2-육(6)의.	1 الرقم ستة. 2 ستة.	1-육(6)에 이(2)를 더하면 팔(8)이지요. 2-육 년 동안 미국에 계셨으니 영어를 잘 하시겠네요.	1 إذا جمعنا ستة مع أثنين يكون الناتج ثمانية. 2 إنني أجيد الإنجليزية لأنني مكثت في أمريكا لستة أشهر.
은행	بنك	(명) 사람들의 돈을 맡아 관리하고, 필요한 사람에게 돈을 빌려주고 이자를 받는 일을 하는 기관.	مؤسسة لإدارة أموال الناس وتقرض أيضا المال للمحتاجين من الناس وتعمل علي تلقي الفوائد.	그는 돈을 벌어서 거의 모두 은행에 저금했다.	لقد جمع أموالها كلها تقريبا و أودعها في البنك.
음료수	مشروب	(명) 물, 차, 주스 등의 마실 것을 구체적으로 이르는 말.	كلمة تقال علي المياه، الشاى أو العصائر أو أي شئ يشرب.	극장 안에서는 음료수를 마시지 마세요.	من فضلك لا تشرب أي مشروب داخل السينما.

음식	طعام. مأكولات	(명) 사람이 영양과 맛을 위해 먹고 마시는 것.	شئ يأكله أو يشربه الناس من أجل التغذية و الطعم.	그 식당 음식이 맛있는 것 같아요.	أعتقد أن الطعام في هذا المطعم لذيذ.
음식점	مطعم	(명) 음식을 만들어 파는 가게.	محل يبيع و يقدم الطعام للزبائن بعد إعداده.	음식점에 예약을 할까요?	هل نحجز في مطعم ما؟
음악	موسيقي	(명) 목소리나 악기의 소리로 듣기 좋은 소리를 만드는 예술.	فن يصنع من صوت البشر أو الاألات وجيد للسمع.	음악을 연주하다.	يعزف الموسيقي.
응	نعم. نعم؟	(감) 1-나이가 비슷한 사람이나 아랫사람에게 대답하는 말. 2-잘 알아듣지 못하거나 몰라서 묻는 소리. 3-뭔가가 마음에 들지 않아 불만을 나타내는 말	1 كلمة تستخدم لتلبية نداء شخص في نفس العمر أو أصغر مني. 2 صوت للسؤال عند عن المعرفة أو عدم السمع جيدا. 3 كلمة تستخدم للشكوي أو عندما لا يعجبه شئ ما.	1-가: 점심, 먹었어? 나: 응, 먹었어. 2-가: 어제 뭐 했어! 나: 응? 뭐라고 했어? 3-도대체 그게 무슨 소리니? 응?	1 أ: هل تناولت غداءك؟ ب: نعم تناولته. 2 أ: ماذا فعلت البارحة؟ ب: نعم؟ ماذا فعلت؟! 3 ماهذا بحق الجحيم؟ ها؟
의견	رأي. رؤية	(명) 어떤 사물, 현상에 대하여 판단하여 가지게 된 일정한 생각.	فكر شخصي يحكم علي ظاهرة أو شئ ما.	의견을 모으다.	يجمع الآراء.
의논하다	يتناقش. يتشاور	(동) 어떤 일, 문제를 해결하려고 말하고 듣다.	يسمع ويتكلم لحل مشكلة أو أمر ما.	어려운 일이 생기면 여러분은 누구와 논의 합니까?	إذا حدث شئ صعب أتشاور مع من فيكم؟
의미	مضمون. أهمية. معني	(명) 1-말, 글, 기호가 나타내는 뜻. 2-어떤 일, 행동 또는 사물의 가치나 중요성. 3-말, 행동, 현상 등에 담겨 있는 속뜻.	1معني يدلّ عليه كلامٌ أو كتابة أو علامة أو غيرها. 2 أهمية أو فائدة شئ أو تصرف أو أمر ما. 3 المعني الداخلي الموجود في كلام أو تصرف أو ظاهرة.	1-같은 한자를 쓰더라도 한국 한자와 일본 한자의 의미가 다를 때가 있다. 2-의미가 있다. 3-백일을 기념하는 것은 아기가 백일까지 무사히 자란 것을 감사히 여기는 의미가 담겨 있다.	1 هناك حالات يختلف فيها معني الرموز الصينية في اللغة الكورية عن اليابانية حتي إذا استخدمت نفس الرمز. 2 يوجد فائدة. 3 إن المغزي من الاحتفال بالمائة يوم هو الشكر هلي كبر الأطفال مائة يوم بأمان.
의사	طبيب	(명) 일정한 자격을 가지고서 환자를 진찰하고 치료하는 일을 직업으로 하는 사람.	شخص مهنته فحص وعلاج المرضي ولديه مؤهلات معينة.	저는 의사가 되고 싶습니다.	أريد أن أصبح طبيب.
의심	شكّ	(명) 무엇을 이상하게 여겨 믿을 수 없는 마음.	الشعور بعدم التصديق أو بشئ غريب.	의심은 또 다른 의심을 낳는다.	الشك يخلق شك آخر.
의심하다	يرتاب. يشك	(명) 무엇을 믿지 못하거나 이상하게 생각하다.	التفكير في شئ إنه غريب ولا يصدق.	나는 그의 말을 의심하자 않았다.	أنا لم أشك في كلامه.
의자	مقعد. كرسي	(명) 엉덩이를 대고 앉는 데 쓰는 가구.	أداة تستخدم في جلوس الشخص ويضع عليها الردف.	의자에 앉다.	يجلس علي المقعد.
의하다	يقوم علي أساس . وفقا	(동) 주로 '~에 의해, ~에 의한, ~에 의하면' 으로 쓴다.	عادة تأتي في الأشكال تلك. ←	뉴스에 의하면 오늘밤에 태풍이 온대요.	وفقا للأخبار فهناك إعصار قادم الليلة.
이	سن	(명) 1-'=치아/입안의 아래와 위에 나란히 나 있으면서 음식을 으깨고 자르는, 희고 단단한 기관 .2-칼, 톱의 날카롭거나	1 أعضاء صلبة وبيضاء توجد مرصوصة داخل الفم في الأعلي و الأسفل لقطع ومضغ الطعام. 2 الجزء الحاد أو المدبب في المنشار أو السكينة.	1-마이클은 하얀 이를 드러내며 웃었다. 2-톱의 이가 빠져서 나무를 자르기가 힘들군.	1 ضحك مايكل وهو يرينا أسنانه البيضاء. 2 إن سن المنشار مكسور فقطع الشجرة صعب.

		뾰족뾰족한 부분.			
이	اثنين	(수) 숫자 2.	1 الرقم اثنين. 2 اثنين.	1-이에 사를 더하면 육이다. 2-이 주일 만에 집에 돌아왔어요.	1 إذا اضفنا أثنين مع أربعه يصبح الناتج ستة. 2 أعود للمنزل كل أسبوعين فقط.
이	هذا. هذه	(대) 1-화자에게 가까이 있거나 화자와 청자가 함께 알고 있는 것을 가리키는 말. 2-바로 앞에서 말한 것을 다시 가리키는 말.	1 كلمة تشير إلي شئ قريب من المتحدث و المستمع أو شئ يعرفه الاثنان. 2 كلمة تشير إلى شيء ذكره في السابق قبل قليل.	1-우리 아들이 이처럼 똑똑한지 몰랐는데. 2-이 책은 내 것이다.	1 لم أكن أعرف أن ابننا سيصبح ذكي مثله. 2 هذا الكتاب ملكي.
이것	هذا	(대) 1- 화자가 자기 가까이에 있는 물건을 가리키는 말. 2-방금 앞에서 말한 것, 서로 알고 있는 사실이나 물건을 가리키는 말.	1 كلمة تشير إلي شئ قريب من المتحدث. 2 كلمة تشير إلي حقيقة أو شئ تم ذكره قبل قليل أو يعرفه الأثنان.	1-이것은 홍차가 아니고, 녹차입니다. 2-자, 오늘 수업은 이것으로 마치겠어요.	1 إنه شاي أخضر ليس شاي أسود. 2 حسناء، سأنهي المحاضرة عند هذا الجزء.
이것저것	ذلك وتلك. عدة أشياء	(명) 여러 가지.	عدة أشياء.	음식 좀 만들려고 이것저것 샀어요.	لقد اشتريت عدة أشياء لأعد بعض الطعام.
이곳	هنا. هذا المكان	(대) 말하고 있는 바로 그 장소.	المكان الموجود أمام المتحدث مباشرة.	이곳은 금연 장소니까 담배를 피우지 마세요.	من فضلك لا تدخن السجائر هنا حيث أنه مكان يمنع به التدخين.
이기다	ينتصر. يكسب. يتغلب	(동) 1-싸움, 경기에서 서로 싸우거나 겨루어서 상대를 누르다. 2-어려움을 잘 견뎌 내다. /(반) 지다/'=승리하다/	1 يكسب نظيره في مباراة أو عراك أو منافسة. 2يتغلب علي الصعوبات.	1-한국이 이탈리아에 이겼다. 2-그 어머니는 수많은 고통을 이기고 자식들을 훌륭히 워냈다.	1 لقد انتصرت كوريا علي ايطاليا. 2 لقد تغلب هذه الأم علي الكثير من الألم وربت أبناءها جيدا.
잎	ورق النبات	(명) 줄기의 끝이나 둘레에 붙어 호흡 작용과 탄소 동화 작용을 하는 식물의 부분.	يكون في آخر الجذع أو حول محيط الشجرة ويقوم بوظيفة التنفس واستنشاق الكربون.	잎이 나다.	يظهر الورق
자	للتنبيه	(감) 말이나 행동을 할 때 남의 주의를 불러일으키기 위하여 하는 말	تستخدم لجذب انتباه الأخرين عند التحدث أو القيام بفعل ما.	자, 자전거가 나갑니다.	انتبهوا العجلة تخرج.
자격	مؤهل	(명) 일정한 신분이나 지위.	مرتبة أو مكانة معينة.	교원 자격	مؤهل معلم.
자기	نفس	(명) 당사자 자신을 이르는 말. / (유)자신, 본인	النفس.	자기 집, 자기 위주	منزلي
자꾸	مستمراً	(부) 여러 번 반복하거나 끊임없이 계속 하여.	يكرر عدة مرات بلا توقف وباستمرار.	자꾸 실수하다	يستمر بالخطأ
자녀	أبناء	(명) 아들과 딸을 아울러 이르는 말.	الإبن والإبنة.	자녀의 교육비	مصاريف تعليم الأبناء.
자다	ينام	(동) 생리적인 요구에 따라 눈이 감기면서 한동안 의식 활동이 쉬는 상태가 되다. 몸과 정신이 활동을 멈추고 한동안 쉬다.	إغلاق العين ودخول العقل في حالة من الراحة تبعاً لطلب فسيولوجي.	푹 자다.	ينام بعمق.
자동	تلقائي	(명) 기계나 설비 따위가 자체 내에 있는 일정한 장치의 작용에 의하여 스스로	أن تعمل الماكينة أو الجهاز وغيرها ذاتياً من خلال حركة جهاز معين بالداخل.	신문 자동 판매기에서는 신문 한 부 얼마죠?	كم ثمن الجريدة في آلة بيع الجرائد؟

		작동함.			
자동차	سيارة	(명) 차체에 설비된 원동기로 바퀴를 굴려서 땅 위를 움직이도록 만든 기계. .	عربة مصنوعة للتحرك فوق الأرض حيث يدور المحرك فتدور العجلات.	자동차 보험	تأمين السيارة
자라다	ينمو	(동) 생물체가 세포의 증식으로 부분적으로 또는 전체적으로 점점 커지다.	نمو الكائنات الحية شيئاً فشيئاً بشكل جزئي أو كلي من خلال زيادة الخلايا.	키가 자라다.	ينمو طوله
자랑	تباهي	(명) 자기 자신 또는 자기와 관계 있는 사람이나 물건, 일 따위가 썩 훌륭하거나 남에게 칭찬을 받을 만한 것임을 드러내어 말함.	أن تظهر وتتحدث عن نفسك أو شخص أو شيء يخصك أو أعمالك الرائعة التي تستحق الثناء من الأخرين.	네가 얼마나 자랑스러운지 말한 적이 있니?	هل أخبرتك كم أنت متباهٍ من قبل؟
자랑스럽다	يدعو للفخر	(형) (마음에 느끼어) 남에게 드러내어 뽐낼 만하다.	يتسحق إظهاره إلى الأخرين.	나는 네가 참 자랑스럽다.	أنا أفتخر بك جداً.
자랑하다	يتباهى	(동) 업적을 자랑하다. 남에게 뽐내다.	يتفاخر بإنجازاته.	업적을 자랑하다.	يفتخر بإنجازاته.
자료	بيانات	(명) 연구나 조사 따위의 바탕이 되는 재료.	البيانات الأساسية لبحث أو فحص.	통계 자료	بيانات إحصائية
자르다	يقص	(동) (물체를) 베어 동강을 내거나 끊다.	أن يجعله قطعاً أو يقطعه.	머리를 짧게 자르다.	يقص شعره
자리	مكان	(명) 사람이나 물체가 차지하고 있는, 일정한 넓이의 공간이나 장소.	الحيز من مكان الذى يشغله شخص أو شيء ما	자리가 남다. 그 건물은 교통이 편한 자리를 차지하고 있다.	مكان عام
자매	أخوات	(명) 여자끼리의 동기.	صلة قرابة بين النساء.	그들은 자매지간이다.	هن أخوات
자살	انتحار	(명) 스스로 자기의 목숨을 끊음.	أن ينهي حياته بنفسه.	그는 총으로 자살을 함으로써 인생을 마감했다.	أنهى حياته بالإنتحار بالمسدس.
자살하다	ينتحر	(동) 스스로 자기의 목숨을 끊다.	أن ينهي حياته بنفسه.	독약을 마시고 자살하다.	تناول السم وانتحر.
자세	وضع	(명) 1_몸을 움직이거나 가누는 모양. 2_사물이나 현상에 대해 가지는 마음가짐이나 태도.	شكل حركة أو توازن الجسم.	바른 자세. 정신 자세	الوضعية الصحيحة.
자세하다	دقيق	(동) 사소한 부분까지 아주 구체적이고 분명하다.	واضح ودقيق حتى في أصغر الأجزاء.	저도 자세한 것은 모릅니다.	أنا أيضاً أجهل التفاصيل.
자세히	بدقة	(부) 사소한 부분까지 아주 구체적이고 분명히.	بوضوح وبدقة حتى في أصغر الأجزاء.	자세히 이야기하다.	يتحدث بالتفصيل.
자식	أبناء	(명) 부모가 낳은 아이를, 그 부모에 상대하여 이르는 말.	ما يقوله الوالدين لأبنائهم.	귀한 자식	الأبناء الأعزاء
자신	نفس	(명) 1_자기 또는 자기의 몸. 일부 대명사나 사람 명사의 뒤에서 '~자신'의 구성으로	1الشخص نفسه أو جسدالشخص. وهو لفظ يستخدم بعد أسم الشخص أو بعض الضمائر للتأكيد علي الشخص المشار إليه مسبقا. -2	1.자신을 돌보다. 2. 그녀 자신. 3. 자신감을 잃다.	1-يعتني بنفسه 2 تلك الفتاة نفسها. 3- يفقد الثقة بالنفس

		쓰여, 바로 앞에 가리킨 그 사람임을 강조하여 이르는 말. 2_어떤 일을 해낼 수 있거나 꼭 이루리라고 스스로 굳게 믿음.	أن يثق بنفسه جدا بأنه يستطيع إنجاز أمر ما.		
자신감	ثقة بالنفس	(명) 어떤 일을 스스로의 능력으로 충분히 감당할 수 있다고 믿는 마음.	إيمان قوي بالنفس من أجل فعل شيء ما.	자신 있게 말하다.	يتحدث بثقة
자연	طبيعة	(명) 사람의 힘을 더하지 않은, 저절로 된 그대로의 현상.	جميع الحالات أو المخلوقات التي وجدت بدون تدخل إنساني في العالم أو الفضاء.	자연 보호	مصدر طبيعي
자연스럽다	طبيعي	(형) 억지로 꾸미지 아니하여 이상함이 없다.	ليس مفتعلاً أو به شيء غريب.	자연스럽게 보이는 행동	فعل يبدو طبيعيًا
자유	حرية	(명) 외부적인 구속이나 무엇에 얽매이지 아니하고 자기 마음대로 할 수 있는 상태.	حالة من الحرية في التصرف دون الخضوع إلى أمر ما أو قيد خارجي.	자유를 누리다.	يستمتع بالحرية
자유롭다	حر	(형) 구속이나 속박 따위가 없이 제 마음대로 할 수 있다.	أن يكون قادراً على فعل ما يريد بدون قيود.	생각이 자유롭다.	فكره متحرر
자장면	جاجانغميون	(명) 중국요리의 하나. 고기와 채소를 넣어 볶은 중국 된장에 국수를 비벼 먹는다.	واحدة من الأكلات الصينية. يوضع اللحم والخضار وتقلى وتوضع المعكرونة في صوص صيني وتقلب وتؤكل.	자장면 한 그릇	طبق جاجانغميون
자전거	دراجة	(명) 사람이 타고 앉아 두 다리의 힘으로 바퀴를 돌려서 가게 된 탈 것.	يركبها شخص ويقوم بتدوير عجلاتها بقوة رجليه.	자전거를 타다.	يركب الدراجة
자주	غالباً	(부) 1_짧은 동안에 같은 일을 여러 번 되풀이하여. 2_남의 도움이나 간섭을 받지 않고 스스로 자기 일을 처리하는 것. 3_짙은 남빛에 붉은 빛을 띤 빛.	1تكرار نفس الأمر مرات في فترة زمنية قصيرة. 2- قيام الشخص بأعماله دون تدخل أو مساعدة الآخرين. 3- أحمر مزرق داكن.	1. 자주 일어나는 일 2. 나는 산에 자주 간다. 3. 자주적인 정책. 4. 자주색 원피스.	1أمر يحدث غالبًا 2أذهب دائما إلي الجبل. 3-سياسة مستقلة .4- فستان أرجواني.
자판기	آلة البيع	(명) 자동판매기. 돈을 넣고 지정된 단추를 누르면 사려는 물건이나 차표 따위가 자동적으로 나오는 기계.	آلة بيع أوتوماتيكي. جهاز يُخرج اتوماتيكيا الشئ أو التذكرة المراد شرائه عند الضغط علي الزر ووضع النقود فيه.	음료수 자판기	آلة بيع المشروبات
작가	كاتب	(명) 문학 작품, 사진, 그림, 조각 따위의 예술품을 창작하는 사람.	الشخص الذي يصنع عمل أدبي أو صورة أو رسمة وغيرها من الأعمال الفنية.	젊은 작가들을 모아 전시회를 열다.	يجتمع الكتاب الشباب ويفتتحون معرضًا.
작년	العام الماضي	(명) 지난 해. 올해의 바로 앞의 해.	العام السابق.	올 여름은 작년 여름보다 덥다.	هذا الصيف أحر من صيف العام الماضي.
작다	صغير	(형) 길이, 넓이, 부피 따위가 정한 기준이나 보통보다 덜한 상태에 있다.	أن يكون الطول أو العرض أو الحجم وغيرها صغيرة مقارنة بالمعتاد أو بشيء ما.	작고 조용한 마을	قرية صغيرة وهادئة.
작아지다	يصغر	(동) 작은 상태로 되다.	يصبح أصغر.	작년에 입던 작아진 옷을 기부하다.	يتبرع بالملابس التي كان يرتديها العام الماضي وصغرت عليه.

작업	عمل	(명) 일정한 목적과 계획 아래 육체적이거나 정신적인 일을 함.	يقوم بعمل. أو هذا العمل.	그 회사는 해외 현지화 작업을 추진하고 있다.	هذه الشركة تشجع العمالة المحلية.
작품	عمل فني	(명) 예술 창작 활동으로 얻어지는 제작물.	ما نحصل عليه من خلاص صناعة فن.	문학 작품	عمل أدبي
잔	كوب	(명) 차나 커피 따위의 음료를 따라 마시는 데 쓰는 작은 그릇. 손잡이와 받침이 있다.	صحن صغير له يد وقاعدة يستخدم لشرب الشاي أو القهوة أو غيرها من المشروبات.	잔을 깨뜨리다.	يكسر الكوب
잘	جيداً	(부) 옳고 바르게.	أن يكون صحيحاً.	잘했다.	أحسنت صنعاً.
잘되다	يسير جيداً	(동) 일, 현상, 물건 따위가 썩 좋게 루어지다.	أن يتحقق عمل أو ظاهرة أو شيء جيداً.	공부가 잘되다.	المذاكرة تسير جيداً.
잘못	خطأ	(명) 옳지 못하게 한 일.	عمل ليس صحيح.	잘못을 고치다.	يصحح الخطأ.
잘못되다	يسير بشكل خاطيء	(동) 어떤 일이 그릇되거나 실패로 돌아가다.	أن يصبح أمر ما خطأ أو يبوء بالفشل.	수술이 잘못되다.	تفشل العملية الجراحية.
잘못하다	يخطيء	(동) 틀리거나 그릇되게 하다.	يخطيء أو يقوم بأمر ما بشكل خاطيء.	셈을 잘못하여 손해를 보다.	يخطيء في الحساب فيتضرر
잘생기다	وسيم	(형) 사람의 얼굴이나 풍채가 훤하여 훌륭하다.	أن يكون وجه شخص أو مظهره مشرقاً ورائعاً.	잘생긴 청년	شاب وسيم
잘하다	يُجيد	(동) 옳고 바르게 하다.	أن يقوم بأمر ما بطريقة صحيحة.	공부를 잘하다.	يذاكر جيداً
잠	نوم	(명) 눈이 감긴 채 의식 활동이 쉬는 상태.	دخول العقل في حالة راحة و العينين مغمضتين.	잠이 많다.	كثير النوم
잠그다	يقفل	(동) 여닫는 물건을 열지 못하도록 자물쇠를 채우거나 빗장을 걸거나 하다.	وضع قفل أو غلق مزلاج حتى لا ينفتح شيء مغلق.	문을 잠그다.	يقفل الباب
잠기다	يُقفل	(동) 1-문 등이 자물쇠나 고리로 남이 열 수 없게 채워지다. 2-물, 가스 등이 나오지 않도록 되다. 3-옷에 단추가 채워지다. 4-목이 쉬거나 부어서 소리가 제대로 나지 않다	1يتم قفل الباب أو غيره باستخدام قفل أو عقدة لكي لا يمكن فتحه. 2- أصبح يمنع سير الماء والغاز وغيره. 3- يتم تزرير الملابس. 4-يصبح أجش الصوت أو لايمكن أن يصدر صوتا..	1-창문이 잠기다. 2-가스가 잠기다. 3-셔츠의 단추가 너무 꽉 잠겨서 풀기가 쉽지 않았다. 4-한 시간 동안 계속 노래를 불렀더니 목이 잠겼다	1أغلقت النافذة. 2-مُنع سريان الغاز. 3- زرَر القميص بإحكام لذلك كان من الصعب خلعه. 4- صوته أصبح أجش لأنه كان يغني لمدة ساعة بشكل متواص
잠기다	يغوص	(동) 1_물체가 물속에 가라앉다. 2_열중하거나 깊이 파묻히다.	1يدخل إلي الماء ويكون فيه. 2- يستغرق في التفكير.	1.-(홍수로) 많은 집과 차가 물에 잠겼다. 2.이번 사고 소식이 전해지자 온 나라가 슬픔에 잠겼다.	1انغمرت كثير من البيوت والسيارت بالمياه بسبب الفيضان. 2انغمست البلاد في الحزن بعد انتشار خبر هذا الحادث.
잠깐	لحظة	(명) 얼마 되지 않는 매우 짧은 동안.	في وقت قصير جداً.	잠깐 있다가	بعد قليل
잠들다	ينام	(동) 잠을 자는 상태가 되다.	أن يدخل في حالة النوم.	깊이 잠들다.	ينام بعمق.
잠시	قليلاً	(명) 짧은 시간.	وقت قصير.	잠시 후에	بعد لحظات
잠옷	ملابس النوم	(명) 잠잘 때 입는 옷.	الملابس التي يتم ارتدائها أثناء النوم.	잠옷으로 갈아입다.	يرتدي ملابس النوم.

잠자다	ينام	(동) 자는 상태에 있다.	أن يكون في حالة النوم.	늦도록 잠자다.	ينام متأخراً.
잡다	يمسك	(동) 손으로 움키고 놓지 않다.	أن يلتقط شيء بيده ولا يفلته.	공을 잡다.	يمسك بالكرة.
잡수시다	يأكل	(동) '먹다'의 높임말.	اللفظة الأكثر احتراماً لفعل يأكل.	음식을 잡수시다.	يتناول الطعام.
잡지	مجلة	(명) 특정한 이름을 가지고 여러 내용의 글을 모아 정기적으로 간행하는 출판물.	يتم إصدارها بشكل دوري ويكون لها اسماً.	여성 잡지	مجلة نساء.
잡히다	يُمسك به	(동) '잡다'의 피동사.	الفعل المبني للمجهول من يمسك.	도둑이 잡혔다.	أمسك بالحرامي.
장	مكان	(명) 많은 사람이 모여 물건을 팔고 사는 곳. 어떤 일이 행해지는 곳.	مكان للقيام بأمر ما.	문제의 해결을 위하여 대화의 장이 마련되었다 .	تم تجهيز مكان المحادثات من أجل حل المشكلة.
장	ورقة	(명) 종이나 유리 따위의 얇고 넓적한 물건을 세는 단위.	وحدة عد الورق أو الزجاج وغيرها من الأشياء الرفيعة الواسعة والمسطحة.	A4 용지 5 장	5 صفحات من ورق A4
장갑	قفازات	(명) 손을 보호하거나 추위를 막거나 장식하기 위하여 손에 끼는 물건.	شيء يلبس في اليد لحمايتها أو لمنع الشعور بالبرد أو للزينة.	장갑을 벗다.	ينزع القفاز
장군	لواء	(명) 군의 우두머리로 군을 지휘하고 통솔하는 무관.	قائد الجيش.	장군은 군사들을 이끌고 싸움터로 나아갔다.	قاد اللواء الجنود متوجهاً إلى أرض المعركة.
장난	مرح,دعابة	(명) 주로 어린아이들이 재미로 하는 짓. 또는 심심풀이 삼아 하는 짓.	غالباً يكون فعل يقوم به الأطفال بهدف المتعة أو للتخلص من الملل.	장난을 치다.	يمزح.
장난감	لعبة	(명) 아이들이 가지고 노는 여러 가지 물건.	عدة أشياء يلعب بها الأطفال.	장난감 기차	قطار لعبة
장래	المستقبل	(명) 1-앞으로 닥쳐올 나날. 2-앞으로의 가능성이나 전망.	الأيام القادمة. المستقبل فيما بعد.	장래 계획. 농촌의 장래가 밝다.	خطة مستقبلية. مستقبل المدن الزراعية مشرق.
장마	موسم المطر	(명) 여름철에 여러 날을 계속해서 비가 내리는 현상이나 날씨. 또는 그 비.	ظاهرة نزول المطر عدة مرات متتابعة في الصيف أو هذا المطر نفسه.	장마가 들다.	يبدأ موسم المطر.
장모	الأم في القانون	(명) 아내의 어머니.	أم الزوجة.	장모가 안 계시다.	أمي في القانون ليست موجودة.
장모님	الأم في القانون	(명) 장모의 높임말.	اللفظة الأكثر احتراماً لكلمة الأم في القانون.	장모님께서 주무십니다.	أمي في القانون نائمة.
장사	التجارة	(명) 이익을 얻으려고 물건을 사서 팖.	بيع وشراء الأشياء للحصول على ربح.	장사가 잘되다.	يسير البيع جيداً
장소	مكان	(명) 어떤 일이 이루어지거나 일어나는 곳.	مكان لفعل شيء ما.	장소를 변경하다.	يغير المكان
장애인	ذوي الإحتياجات الخاصة	(명) 신체의 일부에 장애가 있거나 정신 능력이 원활하지 못해 일상생활이나 사회생활에서 어려움이 있는 사람.	الشخص الذي لديه إعاقة ما في جزء من جسده أو مشكلة في قدراته العقلية فيجد صعوبات في الحياة اليومية أو المجتمعية.	정부는 장애인을 위한 여러 가지 정책을 내놓고 있다.	تضع الحكومات عدة سياسات من أجل ذوي الإحتياجات الخاصة.
장인	الأب في القانون	(명) 아내의 아버지.	أبو الزوجة.	우리 장인은 냉정한 사람이다.	أبي في القانون شخص رزين.

장점	ميزة	(명) 좋거나 잘하거나 긍정적인 점.	نقطة إيجابية أو جيدة.	장점이 많다.	المميزات كثيرة
장학금	منحة	(명) 주로 성적은 우수하지만 경제적인 이유로 학업에 어려움을 겪는 학생에게 보조해 주는 돈.	عادة تكون أموالاً يتم تأمنيها للطالب الذي تكون درجاته ممتازة ولكنه يواجه صعوبات مادية في الدراسة.	어머니는 큰형이 장학금으로만 대학을 다녔다고 자랑하신다.	تتفاخر أمي بدخول أخي الكبير الجامعة بمنحة.
재다	يقيس	(동) 자, 저울 따위의 계기를 이용하여 길이, 너비, 높이, 깊이, 무게, 온도, 속도 따위의 정도를 알아보다.	أن يعرف حدود الطول أو العرض أو العمق أو الوزن أو درجة الحرارة او السرعة وغيرها باستخدام المتر أو الميزان وغيرها من الآلات.	너비를 재다.	يقيس العرض.
재료	مكونات	(명) 물건을 만드는 데 들어가는 것.	الأشياء التي تدخل في صنع شيء ما.	음식 재료	مكونات الطعام
재미	مرح	(명) 아기자기하게 즐거운 기분이나 느낌.	شعور الإستمتاع.	취미 생활의 재미	متعة ممارسة الهوايات
재미없다	غير ممتع	(형) 아기자기하게 즐겁고 유쾌한 기분이나 느낌이 없다.	لا يوجد شعور بالإستمتاع أو السعادة.	재미없는 이야기	قصة غير ممتعة
재미있다	ممتع	(형) 아기자기하게 즐겁고 유쾌한 기분이나 느낌이 있다.	يوجد شعور بالإستمتاع أو السعادة.	그 영화는 참 재미있다.	هذا الفيلم ممتع جداً.
재산	أملاك	(명) 재화와 자산을 통틀어 이르는 말.	الأموال أو الممتلكات.	재산을 모으다.	يجمع الأملاك.
재작년	العام قبل الماضي	(명) 작년의 바로 전 해.	العام الذي يسبق العام الماضي مباشرة.	재작년 시월	أكتوبر العام قبل الماضي.
걔	هو,هي	(명) '저 아이'가 줄어든 말.	اختصار لفظة ذلك الطفل.	걔가 누구더라?	من هذا الطفل؟
저	أنا	(명)(말하는 이가 윗사람이나 그다지 가깝지 아니한 사람을 상대하여) 자기를 낮추어 가리키는 일인칭 대명사	يستخدمها الشخص عندما يتحدث مع شخص أكبر منه في السن أو المقام أو ليس مقرباً منه.	저 가 볼게요.	سأذهب أنا.
저	ذلك`	(명) 말하는 이와 듣는 이로부터 멀리 있는 일이나 사람을 가리키는 지시 대명사.	اسم اشارة للبعيد.	이도 저도 다 싫다.	أكره هذا وذاك أيضاً.
저것	ذلك الشيء	(명) 말하는 이나 듣는 이로부터 멀리 있는 사물을 가리키는 지시 대명사.	اسم اشارة للشيء البعيد.	저것을 좀 보십시오.	أنظر لذلك من فضلك.
저기	هناك	(명) 말하는 이나 듣는 이로부터 멀리 있는 곳을 가리키는 지시 대명사.	اسم اشارة للمكان البعيدة.	저기 보세요.	أنظر هناك.
저녁	المساء	(명) 해가 질 무렵부터 밤이 되기까지의 사이.	بين غروب الشمس وبداية الليل.	저녁에 약속이 있다.	لدي موعد في المساء.
저녁때	المساء	(명) 1_저녁인 때 2_저녁밥을 먹는 때.	وقت المساء. وقت تناول العشاء.	1_저녁때부터 가늘고 부드러운 눈이 내리기 시작했다. 2_저녁때가 다 되었는데 며느리는 밥 안 짓고	بدأ تساقط الثلج الرفيع والأملس منذ المساء. أتى موعد العشاء ولم تعد زوجة ابني الطعام فترى أين ذهبت.

				어디 갔나.	
저러다	يفعل أو يقول هكذا	(동) 1_저리하다 (저렇게 하다)의 준말. 2_저렇게 말하다.	اختصار للفظة يفعل هكذا. يقول هكذا.	저 사람은 왜 자꾸 저러느냐.지금은 안 가겠다고 저러지만 나중엔 말이 바뀔걸.	لماذا يستمر في فعل ذلك؟ يقول الأن أنه لن يذهب ولكن قد يتغير كلامه فيما بعد.
저런	هذا النوع	(관) 상태, 모양, 성질 따위가 저러한.	يكون من ذلك النوع أو الشكل أو الحالة.	난 저런 사람이 좋아.	أحب ذلك النوع من الأشخاص.
저렇다	هكذا	(형) 성질, 모양, 상태 따위가 저와 같다.	الخصائص أو الشكل أو الحالة وغيرها مثل ذلك.	저렇게 많은 사람들 중에 나와 이야기를 나눌 사람이 없다니.	من بين كل هؤلاء الأشخاص لا يوجد من أتشارك معه الحديث.
저리	هناك	(부) 저곳으로. 또는 저쪽으로.	إلى ذلك المكان أو ذلك الإتجاه.	저리 가 있어라.	اذهب وابقى هناك.
저번	المرة الماضية	(명) 지난번	المرة الماضية.	저번의 기회.	الفرصة الماضية
저분	ذلك الشخص	(명) '저 사람'을 높여 이르는 삼인칭 대명사.	اسم اشارة لشخص بلفظة أكثر احتراماً.	저분이 누구시냐?	من ذلك الشخص؟
저절로	تلقائياً	(부) 다른 힘을 빌리지 아니하고 제 스스로. 또는 인공의 힘을 더하지 아니하고 자연적으로.	بنفسه وليس بقوة أخرى. أو طبيعي بدون تدخل إنساني.	웃음이 저절로 나오다.	ترتسم الإبتسامة تلقائياً.
저쪽	تلك الجهة	(대) 말하는 이와 듣는 이로부터 멀리 있는 곳이나 방향을 가리키는 지시 대명사.	اسم اشارة للمكان أو الجهة البعيدة.	흡연실은 저쪽에 있습니다.	توجد غرفة التدخين في تلك الجهة.
저희	نحن	(대) 우리의 낮춤말.	اللفظة الأقل في المستوى لكلمة نحن.	저희 선생님은 참 자상하세요.	معلمنا مهتم جداً.
적	تجربة, خبرة	(접미) 동작이 진행되거나 상태가 나타나 있을 때, 또는 지나간 과거의 어떤 때.	وقت حدوث فعل أو ظهور حالة ما, أو وقت مر.	나는 집을 나온 다음 편한 잠을 자 본 적이 없다.	لم أنم نوماً مريحاً منذ خرجت من البيت.
적	عدو	(명) (싸움) 서로 싸우거나 해치고자 하는 상대.	نظير يريد أن يتعارك معك أو يؤذيك.	적과 싸우다.	يتعارك مع العدو
적다	قليل	(형) 수효나 분량, 정도가 일정한 기준에 미치지 못하다.	لا يصل إلى حد أو رقم أو كمية معينة.	수입이 적다.	الإستيراد قليل
적다	يكتب	(동) 어떤 내용을 글로 쓰다.	كتابة محتوى ما.	답안지에 답을 적다.	يكتب الإجابة في ورقة الإجابة.
적당하다	ملائم	(형) 정도에 알맞다.	مناسب للحد.	주차에 적당한 공간	مساحة مناسبة للركن.
적당히	بطريقة ملائمة	(부) 정도에 알맞게.	بشكل مناسب للحد.	적당히 운동을 하는 것이 건강에 좋다.	ممارسة الرياضة باعتدال مفيدة للصحة.
적어도	على الأقل	(부) 1_아무리 적게 잡아도. 2_아무리 낮게 평가하여도.	مهما كان قليلاً. على أدنى تقدير.	1_그는 적어도 사십 세는 되었을 것이다. 2_나는 적어도 너처럼 거짓말하지는 않는다.	هذا الرجل على الأقل سيكون قد تجاوز الأربعين. على الأقل أنا لا أكذب مثلك.
적어지다	يقل	(동) 적게 되다.	يصبح قليلاً.	수입이 적어지다.	يقل الإستيراد.
전	قبل	(명) 막연한 과거의 어느 때를 가리키는 말.	تدل على وقت غير محدد في الماضي.	1_2 시간전.	1- قبل ساعتين. 2- سبق لي أن قابلت ذلك الشخص من قبل.

				2_그 사람을전에한 번 본 적이 있다.	
전국	كافة أنحاء البلاد	(명) 온 나라 전체.	البلد كلها.	우리는 이번 여행에서 전국을 다 돌아볼 예정이다.	من المقرر أن نقوم برحلة في أنحاء البلاد هذه المرة.
전기	الكهرباء	(명) 물질 안에 있는 전자 또는 공간에있는 자유 전자나 이온들의 움직임 때문에 생기는 에너지의 한 형태.	شكل الطاقة الناتج عن حركة الأيونات أو الكهرباء التي في المواد أو الكهرباء الحرة في مساحة ما.	전기가 통하다.	يوصل الكهرباء.
전날	قبل الأمس	(명) 일정한 날을 기준으로 한 바로 앞 날.	اليوم السابق ليوم ما.	두 사람이 만난 것은 바로 크리스마스 전날이었다.	كان لقائهم في اليوم الذي قبل عيد الميلاد.
전달하다	يوصل	(동) 지시, 명령, 물품 따위를 다른 사람이나 기관에 전하여 이르게 하다.	أن يوصل تعليمات أو أوامر أو شيء ما وغيرها إلى شخص أو مؤسسة.	물건을 주인에게 전달하였다.	وصل الشيء إلى صاحبه.
전라도	جولادو	(명) 전라남도와 전라북도를 아울러 이르는 말.	اسم جامع لمنطقتي الشمال والجنوب لمحافظة جولادو.	전라도로 가서 농사나 하고 있어 보자.	فلنذهب إلى جولادو ونقوم بالزراعة.
전문가	خبير	(명) 어떤 분야를 연구하거나 그 일에 종사하여 그 분야에 상당한 지식과 경험을 가진 사람.	شخص لدية خبرة ومعرفة هائلة في مجال ما قد عمل به أو بحث فيه.	경제 전문가	خبير اقتصادي
전부	كل	1-(명) 어떤 대상을 이루는 낱낱을 모두 합친 것. 2-(부) 어느 한 부분이 아니라 전체가 다.	أجزاء شيء ما مجتمعة. ليس جزء بل كل.	재산 전부. 나는 그 작가의 소설을 전부 읽었다.	جميع الأملاك. قرأت رواية هذا الكاتب كاملة.
전쟁	حرب	(명) 국가와 국가, 또는 교전 단체 사이에 무력을 사용하여 싸움.	العراك بين دولة ودولة أو الهيئات الحربية بقوة السلاح.	전쟁 영화	فيلم حرب
전철	المترو	(명) 전기 철도 위를 달리는 전동차.	عربة كهربائية تسير فوق السكك الحديدية الكهربائية.	고속 전철	قطار سريع
전체	كل	(명) 개개 또는 부분의 집합으로 구성된 것을 몰아서 하나의 대상으로 삼는 경우에 바로 그 대상.	جمع كل الأجزاء معاً لتصبح واحد.	국가 전체	جميع أنحاء البلاد
전통	تقاليد	(명) 어떤 집단이나 공동체에서, 지난 시대에 이미 이루어져 계통을 이루며 전하여 내려오는 사상,관습,행동 따위의 양식.	الأفكار أو العادات أو التصرفات وغيرها من الأشكال الخاصة بمجموعة أو مجتمع, تكون نظاماً وتصل إلينا من العصور السابقة.	전통 놀이	ألعاب تقليدية
전하다	يخبر	(동) 어떤 것을 상대에게 옮기어 주다.	نقل شيء للطرف الآخر.	편지를 친구에게 전하다	يسلم الرسالة إلى صديق
전혀	تماماً	(부) '도무지', '아주', '완전히'의 뜻을 나타낸다.	بمعنى تماماً أو جداً.	전혀 다른 사람	شخص مختلف تماماً

전화	مكالمة	(명) 전화기를 이용하여 말을 주고받음.	تبادل الحديث باستخدام الهاتف.	전화를 걸다	يهاتف
전화기	هاتف	(명) 말소리를 전파나 전류로 바꾸었다가 다시 말소리로 환원시켜 공간적으로 떨어져 있는 사람이 서로 이야기할 수 있게 만든 기계.	آلة تقوم بتحويل الكلام إلى موجات أو تيار كهربائي ثم تعيدها مرة أخرى إلى كلام بحيث تستطيع من خلالها أن تتحدث إلى شخص بعيد عنك.	그녀는 신혼부부에게 전화기 한 대를 선물했다.	أهدت الفتاة هاتفاً إلى الزوجين الحديثين.
전화번호	رقم هاتف	(명) 가입된 전화마다 매겨져 있는 일정한 번호.	رقم محدد مسجل لكل هاتف.	수첩에서 친구 집 전화번호를 찾았다.	وجدت رقم هاتف منزل صديقي في المفكرة.
전화하다	يهاتف	(동) 전화기를 이용하여 말을 주고받다.	أن يتبادل الحديث باستخدام الهاتف.	회사에 전화하다	يتصل بالشركة
절	انحناءة	(명) 남에게 공경하는 뜻으로 몸을 굽혀 하는 인사.	تحية يقوم فيها الشخص بالإنحناء وتحمل معنى الإحترام للأخرين.	절을 하다	ينحني
절	معبد	(명) (불교) 승려가 불상을 모시고 불도를 수행하며 교법을 펴는 장소.	مكان به تمثال بوذا لتطوير البوذية ونشر شرائعها.	절을 세우다	يبني معبد.
절대	مطلقاً	(명) 1_ 아무런 조건이나 제약이 붙지 않은 상태. 2-대립되거나 비교될만한 것이 없을 만큼 뛰어남.	1عدم وجود شرط اوتحديد. 2-وجوده وحده فقط دون مقارنته مع شئ أخر, أو عدم وجود نظير له أومثيل له.	1. 절대 자유 2. 절대 권력	1-حرية مطلقة. 2- سلطة مطلقة
절대로	أبداً	(부) 어떠한 경우에도 반드시.	حتماً في أي حال من الأحوال.	나는 절대로 네 말에 동의할 수 없어.	لا يمكنني أن أوافق على كلامك أبداً
절반	نصف	(명) 하나를 반으로 가름. 또는 그렇게 가른 반.	تقسيم شيء إلى نصفين أو ذلك النصف.	절반으로 나누다	يقسمه إلى نصفين
젊다	شباب	(명) 나이가 상대적으로 적거나 한창 때에 있다.	ريعان الشباب.	젊은 시절	الشباب
젊은이	شاب	(명) 나이가 젊은 사람.	الشخص الصغير في السن.	한 젊은이가 버스에서 노인에게 자리를 양보했다.	ترك شاب مكانه في الحافلة إلى العجوز.
점	نقطة	(명) 작고 둥글게 찍은 표.	علامة صغيرة ودائرية.	점으로 표시하다	يعلم بنقطة
점수	درجة	(명) 성적을 나타내는 숫자.	رقم يدل على الدرجات.	좋은 점수	درجة جيدة
점심	غداء	(명) 하루 중에 해가 가장 높이 떠 있는, 정오부터 반나절쯤까지의 동안에 끼니로 먹는 음식.	وجبة تؤكل في وقت من الظهيرة حتى ربع اليوم تقريباً حيث تكون الشمس في أشد علوها خلال اليوم.	점심을 먹었다.	تناول الغداء
점심때	وقت الغداء	(명) 점심밥을 먹는 때.	وقت تناول الغداء.	점심때가 다 지났다.	انتهى وقت الغداء
점심시간	وقت الغداء	(명) 점심을 먹기로 정하여 둔 시간. 보통 낮 열두 시부터 한 시 사이이다.	وقت محدد لتناول الغداء. غالباً من الثانية عشر ظهراً حتى الساعة الواحدة.	그는 점심시간을 이용하여 친구를 만났다.	استغل وقت الغداء لمقابلة أصدقائها.
점점	شيئاً فشيئاً	(부) 조금씩 더하거나 덜하여지는 모양	شكل الزيادة أو النقصان تدريجياً.	약속 시간이 점점 가까워진다.	يقترب وقت الموعد شيئاً فشيئاً.

점차	تدريجياً	(부) 차례를 따라 조금씩.	قليلاً تبعاً للدور.	점차 감소하다.	يقل تدريجياً
접다	يطوي	(동) 천이나 종이 따위를 꺾어서 겹치다.	تطبيق قماش أو ورق وغيرها.	색종이를 접다.	يطوي الورق الملون.
접시	صحن	(명) 과일이나 반찬 등 음식을 담는 얇고 납작한 그릇.	طبق مسطح وقصير.	반찬 접시	طبق مقبلات
젓가락	عيدان الطعام	(명) 음식을 집어 먹거나, 물건을 집는 데 쓰는 기구.	أداة تستخدم للإمساك بالطعام وتناوله أو الإمساك بالأشياء.	젓가락으로 반찬을 집어 먹다.	يتناول المقبلات بعيدان الطعام.
젓다	يقلب	(동) 액체나 가루 따위가 고르게 섞이도록 손이나 기구 따위를 내용물에 넣고 이리저리 돌리다.	استخدام اليد أو أداة لتقليب دقيق أو سوائل وغيرها.	설탕을 넣고 커피를 저어 마시다.	يضع السكر ثم يقلب القهوة ويشربها.
정	شعور	(명) (마음) 느끼어 일어나는 마음. 오랫동안 지내오면서 생기는 사랑하는 마음이나 친근한 마음.	إحساس تشعر به.	신뢰의 정. 정이 들다.	شعور الثقة
정거장	محطة	(명) 버스나 열차가 일정하게 머무르도록 정하여진 장소. 승객이 타고 내리거나 화물을 싣거나 내리는 곳이다.	مكان محدد لوقوف الحافلة أو السيارة. مكان ركوب و نزول الركاب أو تحميل وتفريغ البضائع.	이제 두 정거장 남았다.	الآن باقي محطتين.
정답	إجابة صحيحة	(명) 옳은 답	الإجابة الصحيحة.	정답을 알려 주다.	يخبره بالإجابة الصحيحة.
정도	درجة	(명) 사물의 성질이나 가치를 양부, 우열 따위에서 본 분량이나 수준.	الكمية أو المستوى الذي يظهر في قيمة أو خصائص شيء ما أو مزاياه وعيوبه.	정도의 차이	فرق الدرجات
정류장	محطة	(명) 버스나 택시 따위가 사람을 태우거나 내려 주기 위하여 머무르는 일정한 장소.	مكان محدد لوقوف حافلة أو سيارة أجرة لنقل الركاب أو إنزالهم.	버스 정류장	محطة الحافلة
정리	ترتيب	(명) 흐트러지거나 혼란스러운 상태에 있는 것을 한데 모으거나 치워서 질서 있는 상태가 되게 함.	جمع وترتيب الأشياء التي في حالة فوضى لتصبح منظمة.	책상 정리	ترتيب المكتب
정리하다	يرتب	(동) 흐트러지거나 혼란스러운 상태에 있는 것을 한데 모으거나 치워서 질서 있는 상태가 되게 하다.	أن يجمع ويرتب الأشياء التي في حالة فوضى لتصبح منظمة.	집안을 정리하다.	يرتب المنزل
정말	حقيقة	(명) 거짓이 없이 말 그대로임. 또는 그런 말.	أن يكون الكلام كما هو دون كذب. أو ذلك الكلام.	지금까지 한 말은 정말이다.	ما قلته حتى الآن هو الحقيقة
정말로	في الحقيقة	(부) 거짓이 없이 말 그대로.	بدون كذب.	지구가 정말로 둥글까?	هل الأرض حقاً دائرية؟
정면	الأمام	(명) 똑바로 마주 보이는 면.	الجهة المقابلة للوجه.	정면에 보이는 건물이 도서관이다.	المبنى الذي يظهر في الأمام هو مكتبة.

정문	البوابة الرئيسية	(명) 건물의 정면에 있는 주가 되는 출입문.	باب الدخول الرئيسي الذي في واجهة المبنى.	정문으로 들어가다.	يدخل من البوابة الرئيسية
정보	معلومات	(명) 관찰이나 측정을 통하여 수집한 자료를 실제 문제에 도움이 될 수 있도록 정리한 지식. 또는 그 자료.	معلومات يتم جمعها من خلال المراقبة أو القياس وتنظيمها لتساعد في حل مشكلة حقيقية.	개인 정보	معلومات شخصية
정부	حكومة	(명) 입법, 사법, 행정의 삼권을 포함하는 통치 기구를 통틀어 이르는 말.	مؤسسة نظامية تضم السلطات الثلاث التشريعية والقضائية والإدارية.	정부 각 부처	كل وزارة في الحكومة
정성	إخلاص	(명) 온갖 힘을 다하려는 참되고 성실한 마음.	شعور التفاني في بذل أقصى ما في الوسع.	정성을 다하다.	يبذل إخلاصه
정신	روح, عقل	(명) 1_육체나 물질에 대립되는 영혼이나 마음. 2_사물을 느끼고 생각하며 판단하는 능력. 또는 그런 작용. 3_마음의 자세나 태도.	الروح أو القلب وهو عكس الجسد أو الماديات. القدرة على الشعور والتفكير والتمييز. أو تلك الوظيفة. وضع أو سلوك.	1_물질과 정신. 2_정신 집중	1العقل السليم في الجسم السليم. يفقد 2صوابه.
정지	توقف	(명) 움직이고 있던 것이 멎거나 그침. 또는 중도에서 멎거나 그치게 함.	توقف شيء كان يتحرك. أو أن توقف شيء ما في المنتصف.	운행 정지	توقف السير
정하다	يحدد	(동) 여럿 가운데 선택하거나 판단하여 결정하다.	الإختيار من متعدد.	도읍을 서울로 정하다.	يحدد سول كعاصمة
정확하다	صحيح	(형) 바르고 확실하다.	صحيح ومؤكد.	정확한 표현	التعبير الصحيح
정확히	بدقة	(부) 바르고 확실하게.	بشكل صحيح ومؤكد.	정확히 분석하다.	يحلل بدقة
젖다	مبلول	(동) 1_액체가 스며들어 축축하게 되다. 2_어떤 감정이나 생각에 깊이 빠지다. 3-어떤 영향을 받아 익숙해지다.	1يتسرب السائل فيصبح مبللا. -2ينغمر في مشاعر ما أوفكرة ما بشكل عميق. -3يتأثر بشئ بشكل كبير فيصبح متعودا.	1. 갑자기 소나기가 오는 바람에 옷이 다 젖었다. 2. 사람들은 모두 축제 분위기에 젖어 있다. 3. 아버지는 낡은 사고에 젖어 새로운 문화를 받아들이지 못하신다.	1ابتلت الملابس تماما بسبب هطول المطر الغزير فجأة. 2- كان الناس منغمسين في أجواء الحفل. 3- لا يتقبل أبي الثقافة الجديدة لأنه متأثر بتفكير مختلف.
제	خاصتي	(대) 저의, '저'에 주격 조사 가 붙을 때의 형태.	شكل كلمة أنا عندما تضاف لها أداة الفاعل.	제가 그 일을 하겠습니다.	سأقوم بهذا العمل
제대로	كما ينبغي	(부) 제 격식이나 규격대로.	بالشكل الرسمي أو الأساسي.	일을 제대로 해라.	قم بعملك كما ينبغي
제목	عنوان	(명) 작품이나 강연, 보고 따위에서, 그것을 대표하거나 내용을 보이기 위하여 붙이는 이름.	الاسم الذي يمثل أو يظهر محتوى عمل أو محاضرة أو تقرير وغيره.	논문 제목	عنوان البحث
제발	رجاءاً	(부) 간절히 바라건대.	يتمنى شيء بشدة.	제발 살려 주세요.	أرجوك انقذني
제법	إلى حد ما	(부) 수준이나 솜씨가 어느 정도에	وصول المستوى أو المهارة إلى حد معين.	날씨가 제법 춥다.	الجو بارد إلى حد ما.

		이르렀음을 나타내는 말.			
제외하다	يستثني	(동) 따로 떼어 한데 놓지 않다.	أن يستبعد ولا يحتسب.	일부 상품은 세일 대상에서 제외된다.	تستثنى بعض المنتجات من التخفيضات.
제일	أفضل, أكثر	(부) 여럿 가운데 으뜸. (명) 여럿 가운데서 첫째가는 것.	الأكثر من بين عدة أشياء. الأول من بين عدة أشياء.	세상에서 제일 무서운 이야기 / 제일의 목표	أكثر قصة مخيفة بالعالم. الهدف ذو الأولوية
제주도	جزيرة جيجو	(명) 우리나라 서남해 쪽에 있는 가장 큰 화산섬.	أكبر جزيرة بركانية في جهة البحر الغربي الجنوبي في كوريا الجنوبية.	제주도로 바다낚시를 나왔다.	خرجت إلى جزيرة جيجو بهدف الصيد.
제출하다	يسلم	(동) 문안이나 의견, 법안 따위를 내다.	يقدم طلب أو رأي أو وثيقة وغيرها.	보고서를 교수에게 제출하다.	يسلم التقرير إلى المعلم.
조	مليار	(명) (숫자) 억의 만 배가 되는 수. 또는 그런 수.	عشرة آلاف ضعف المليون.	매출은 1 조에 달했다.	بلغت المبيعات 1 مليار.
조각	قطعة	(명) 한 물건에서 따로 떼어 내거나 떨어져 나온 작은 부분.	جزء صغير منفصل من شيء.	과일 조각	قطعة فاكهة.
조건	شرط	(명) 어떤 일을 이루게 하거나 이루지 못하게 하기 위하여 갖추어야 할 상태나 요소.	حالة أو عامل يتم اتخاذه لتحقيق أو عدم تحقيق أمر ما.	조건을 갖추다.	يتخذ شروطاً
조그맣다	صغير	(형) 크기가 작거나 수량이 적다. '조그마하다'의 준말.	اختصار لفظة قليل.	글씨가 너무 조그매서 읽을 수가 없다.	لا أستطيع أن أقرأ الخط لأنه صغير جداً.
조금	قليل	(부) 정도나 분량이 적게.	بكمية قليلة.	남아 있는 음식이 조금밖에 없다.	لم يتبقى من الطعام سوى القليل.
조사	فحص	(명) 사물의 내용을 명확히 알기 위하여 자세히 살펴보거나 찾아봄.	المراقبة والبحث بدقة من أجل معرفة محتوى شيء ما.	방사선 조사	فحص إشعاعي
조사하다	يفحص	(동) 사물의 내용을 명확히 알기 위하여 자세히 살펴보거나 찾아보다.	أن يراقب ويبحث بدقة من أجل معرفة محتوى شيء ما.	사고 원인을 조사하다.	يحقق في سبب الحادث.
조상	جد	(명) 돌아간 어버이 위로 대대의 어른.	الأجداد المتوفيين.	우리 집은 조상 대대로 이 동네에서 살아왔다.	عاش أجدادي في منزلنا على مدار الأجيال.
조선	مملكة جوسون	(명) (시대) 1392 년 이성계가 고려를 무너뜨리고 세운 나라.	الدولة التي أسسها لي سونجيه عام 1932 على إثر إسقاطه لمملكة كوريو.	조선 시대	عصر مملكة جوسون.
조심하다	يحذر	(동) 잘못이나 실수가 없도록 말이나 행동에 마음을 쓰다.	يبذل جهداً ليكون كلامه أو تصرفاته بلا أخطاء.	건강에 조심하다.	ينتبه لصحته.
조용하다	هادئ	(형) 아무런 소리도 들리지 않고 고요하다.	هادئ لا يسمع صوته.	아무도 없는 듯 집이 조용하다.	البيت هادئ كما لو كان فارغاً من البشر.
조용히	بهدوء	(부) 아무런 소리도 들리지 아니하고 고요히.	بهدوء وبلا صوت مسموع.	조용히 하세요.	كن هادئاً.

조카	ابن الأخ أو الأخت	(명) 형제자매의 자식을 이르는 말.	أبناء الأخ أو الأخت.	내 조카아이는 전기 회사 사원이었다.	توظف ابن أخي في شركة كهرباء.
존경하다	يحترم	(동) 남의 인격, 사상, 행위 따위를 받들어 공경하다.	تقبل واحترام شخصة وأفكار وتصرفات الآخرين.	아버지를 존경하다.	يحترم أباه.
존댓말	الصيغة الرسمية	(명) 높임말.	صيغة الكلام الأكثر احتراماً.	존댓말을 쓰다.	يستخدم اللهجة الرسمية.
졸다	يشعر بالنعاس	(동) 잠을 자려고 하지 않으나 저절로 잠이 드는 상태로 자꾸 접어들다.	الدخول في حالة النوم بدون رغبة في ذلك.	수업 시간에 조는 사람이 있다.	يوجد شخص يشعر بالنعاس وقت الدرس.
졸리다	يشعر بالنعاس	(동) 자고 싶은 느낌이 들다.	الشعور بالرغبة في النوم.	졸리고 피곤하다.	نعسان وتعبان.
졸업	تخرج	(명) 학생이 규정에 따라 소정의 교과 과정을 마침.	إنهاء الطالب لمرحلة دراسة مواد تبعاً للنظام.	졸업 시험	اختبار التخرج.
졸업생	خريج	(명) 규정에 따라 소정의 교과 과정을 마친 학생.	الطاب الذي ينهي مرحلة دراسة مواد تبعاً للنظام.	졸업생이 되다.	يصبح خريج.
졸업하다	يتخرج	(동) 학생이 규정에 따라 소정의 교과 과정을 마치다.	أن ينهي الطالب مرحلة دراسة مواد تبعاً للنظام.	그는 이 학교에서 졸업했다.	تخرج من هذه المدرسة.
졸음	النعاس	(명) 잠이 오는 느낌이나 상태.	حالة النعاس أو الشعور بذلك.	졸음이 오다.	يأتي النعاس.
좀	من فضلك	(부) 부탁이나 동의를 구할 때 말을 부드럽게 하기 위하여 삽입하는 말.	تقال عن الطلب بلطف.	연필 좀 빌려주세요.	أعرني القلم من فضلك.
좁다	ضيق	(형) (너비나 폭이) 작고 짧다.	عرضه صغير.	길이 좁다.	الطريق ضيق.
종교	دين	(명) 신이나 초자연적인 절대자 또는 힘에 대한 믿음을 통하여 인간 생활의 고뇌를 해결하고 삶의 궁극적인 의미를 추구하는 문화 체계.	نظام ثقافي يسعى لمعنى مطلق يتمثل في تخليص حياة البشر من المعاناة من خلال الإيمان بإله أو بخارق للعادة.	종교를 믿다.	يؤمن بالأديان.
종류	نوع	(명) 사물의 부문을 나누는 갈래	جزء يقسم شيء.	여러 종류의 책	كتب بأنواع متعددة.
종업원	موظف	(명) 어떤 업무에 종사하는 사람.	شخص يعمل.	우리 회사의 종업원은 모두 합치면 천 명이 넘지요.	إذا جمعنا كل موظفي شركتنا يتخطون الألف.
종이	ورقة	(명) 식물성 섬유를 원료로 하여 만든 얇은 물건. 주로 글을 쓰거나 그림을 그리거나 인쇄를 하는 데 쓴다.	شيء رفيع مصنوع من الألياف النباتية يتم تحويله إلى مادة خام. يستخدم عادة في الكتابة أو الرسم أو الطباعة.	종이 한 장	ورقة واحدة.
종일	على مدار اليوم	(명) 아침부터 저녁까지의 동안.	الفترة من الصباح وحتى المساء.	하루 종일	كل اليوم.

좋다	حسن. جيد. مُرضٍ.	(형) 1-(반) 나쁘다/ 무엇이 마음에 들게 훌륭하다. 2-어떤 일에 알맞다. 3-(반) 싫다/ 누구 혹은 무엇이 마음에 쏙 들다. 4-(반) 나쁘다/ 기분이 즐겁고 기쁘다. 5-능력이 남보다 뛰어나다. 6-(반)나쁘다/ 값이나 평가가 높다. 7-(반)나쁘다/성격이 바르고 착하다. 8-(반)나쁘다/잘 사귀어 정답다. 9-(반)나쁘다/일이 뜻대로 잘 되게 순조롭거나 상서롭다. 10-날씨가 맑고 기온이 적당해서 활동하기에 알맞다.	1شئ جيد ورائع. 2مناسب لشئ ما. 3شخص أو شئ جيد يدخل القلب. 4 مزاج جيد أو سعيد. 5 قدراته أعظم من الآخرين. 6 سعر أو تقييم مرتفع. 7شخصية لطيفة ومستقيمة. 8يتعرف وتصبح مقرب لشخص ما. 9 يسير أمر ما علي رغبتك جيدا وبسكل سلس . 10 الجو صافقي ودرجة الحرارة مناسبة للقيام بالأنشطة.	1-백화점에는 좋은 물건이 많다. 2-생일 선물로 뭐가 좋아요? 3-나는 우리 방에서 영미가 제일 좋아. 4-오늘은 기분이 좋으신 거 같아요. 5- 넌 참 기억력도 좋구나. 6-수경이는 남학생들에게 인기가 좋다. 7-다나까씨는 성격이 참 좋은 사람이에요. 8-이웃과 사이 좋게 지내야죠. 9-오늘따라 운이 좋았던 것 같다. 10- 가을은 날씨가 좋고 먹을 것도 많아요.	1يوجد الكثير من الأشياء الجيدة في المتجر. 2ما أحسن شئ كهدية عيدميلاد؟ 3 من أفضل الشخصيات في فصلنا هو يونغ مي. 4 أعتقد أن مزاجك جيد اليوم. 5 إن قدرتك علي التذكر جيدة. 6 إن شهرة سو جيونغ اي مرتفعة بين الطلاب الأولاد. 7 إن تاناكا لديه شخصية جيدة. 8يجب أن تكون علاقتنا جيدة مع جيراننا. 9أعتقد أن حظك جيدا لما حدث اليوم. 10إن الجو جيد في فصل الخريف ويوجد الكثير من الأشياء لنأكلها
좋아지다	يصبح جيدا	(동)1-좋게 되다. 2- 좋아하게 되다	1 يصبح جيدا. 2 أصبح يحب.	1-남주의 건강은 많이 좋아져 있었다. 2-나도 한국 음식이 좋아졌어요.	1 تحسنت صحة نام جو كثيرا. 2 أنا أيضا أصبحت أحب الطعام الكوري.
좋아하다	يحبّ. يفضّل	(동) (반) 싫어하다/ 1-무엇을 좋게 여기거나 사랑하다. 2-즐기어 먹고 싶어하다. 3- 누구를 사랑하거나 친하게 여기다. 4- 기뻐하다. 즐거워하다.	1يحب أو يعجب بشئ ما. 2- يحب ويريد أكل شئ ما. 3 يحب شخص أو يتقرب منه. 4يسعد. يفرح.	1-나는 야구를 좋아한다. 2-매운 음식만 빼고 다 좋아하는 편이야. 3-그 여자가 너를 좋아하게 될까? 4-아이는 바다를 보자 너무 좋아했다.	1 أنا أحب البيسبول. 2 أحب كل شئ ماعدا الطعام الحار. 3 هل أصبحت تلك البنت تحبني؟ 4 أحب الأطفال البحر كثيرا عندما رأوه.
좌석	مقعد	(명) 미리 정하여 있는, 앉는 자리. /자리	مكان محدد مسبقا للجلوس عليه.	주말이라 열차에 빈 좌석이 없었다.	لم أجد أي مقعد شاغر في العربة لأنها كانت نهاية الأسبوع.
죄송하다	آسف	(형) 1-죄를 지은 것처럼 미안하다. 2-말을 듣는 상대방에게 요청이나 부탁을 할 때, 습관적으로 꺼내는 말.	1 يشعر بالأسف بعد ارتكابه ذنب أو خطأ. 2 كلمة تقال عادة عند طلب شئ من الشخص المستمع.	1-어른들과의 약속을 미룬 것이 매우 죄송했다. 2-죄송하지만 잠깐 비켜 주세요.	1 أنا آسف جدا عن تأجيل الموعد مع الأشخاص البالغين. 2 أنا آسف ولكن هل من الممكن أن تتنحي جانبا قليلا.
주	أسبوع (الأسبوع القادم)	(명)1-일요일부터 월요일까지의 7 일 동안. 2-7 일을 한 묶음으로 하여 세는 말.	1 فترة سبعة أيام من يوم الأحد حتي يوم الاثنين. 2 وحدة عد لسبعة أيام كمجموعة واحدة.	1-휴일이 많은 주는 금방 지나가요. 2-저는 삼 주 전부터 운전을 배우고 있어요.	1الأسبوع الذي بها أجازات كثيرة يمر سريعا. 2 كنت أتعلم القيادة قبل ثلاثة أسابيع.
주다	يعطي. يسبب	(동) 1-(반) 받다/ 남에게 어떤 것을 가지게 하다. 2- 어디에 힘, 충격을 받게 하다. 3-(반) 받다/ 남에게 돈을 지불하다. 4-남에게 먹을 것을 공급하다. 5-식물에 영양을 공급하다. 6-권리나 지위를 가지게 하다. 7-남에게 고통, 피해, 창피를 겪거나 당하게 하다. 8-(반) 입다/남에게 이익이 되는 어떠한 것을 건네다. 9-(반) 받다/ 남에게 어떠한 감정을 느끼게 하다. 10-(반) 받다/	1 يجعل الآخرين يمتلكوا شئ معين. 2 يجعله يكتسب قوة أو صدمة في مكان ما. 3يدفع النقود للآخرين. 4يمد الآخرين بشئ يؤكل. 5 يمد النبات بالمواد الغذائية. 6 يعطي لأحد حقوق أو منصب. 7يجعل الآخرين يتألمون أو يسبب لهم الألم أو الضرر أو الاحراج. 8 يعطي شئ مفيد للآخرين 9 يجل الآخرين يشعرون بشعور معين. 10 يترك تأثير معين..	1-너한테 주려고 꽃을 샀어. 2-그는 악수를 하는 손에 힘을 주었다. 3-그 회사 월급 많이 주니? 4-물 한 잔 주세요. 5-화분에 물을 너무 많이 주었더니 잎이 썩었어요. 6-저에게 이야기를 할 기회를 주세요. 7-이번 일은 수미에게 깊은 상처를 주었을 거야. 8-그분은 내게 많은 도움을 주었어요. 9-아이는 저에게 무한한 기쁨을 줍니다. 10-담배는 뇌의 활동에 지장을 준다. 11-형이 동생에게	1لقد اشتريت الزهور لأعطيها لك. 2 لقد أمدني بالقوة بيده التي صافحتني. 3 هل تعطي هذه الشركة الكثير من المرتبات؟ 4 أعطني كوب ماء. 5 وضعت في إناء الزرع الكثير من المياه ففسدت الأوراق. 6 أعطني فرصة لأتحدث. 7 هذا الأمر سيسبب لسومي جرح عميق. 8 لقد ساعدني كثيرا هذا الشخص.

		어떠한 영향을 가하다. 11-(반) 받다/ 남에게 소식이나 인사를 보내다. 12-(반) 받다/ 남에게 어떠한 말 등을 하다. 13-남에게 상이나 벌을 받게 하다. 14-남에게 행동할 수 있는 조건을 마련하다. 15-눈길 등을 일정한 방향으로 돌리다. 16-남에게 빌려주다.	11 يرسل التحية أو الأخبار للآخرين. 12 يتحدث أو يتكلم مع الآخرين. 13 يعطي مكافأة أو عقاب للآخرين. 14يجهز الشروط للقيام بالأنشطة للآخرين. 15 يركز انتباهه علي اتجاه معين. 16 يعير الآخرين شئ ما.	주의를 주었다. 12-10 분 후에 다시 전화 주세요. 13-시험을 잘 본 학생에게 사전을 상을 주었다. 14-시간을 주시면 저희도 이 문제를 해결한 방법을 한번 찾아보도록 하겠습니다. 15-선생님이 문제 학생에게 눈길을 주었다. 16-그는 살고 있던 아파트를 세를 주고 이사 갔다.	9 لقد أسعدني هذا الطفل سعادة غير محدودة. 10 إن السجائر تسبب عرقلة في نشاط المخ. 11 لقد أعطي الأخ الكبير نصيحة لأخيه الصغير. 12 اتصل بي بعد حوالي 10 دقائق. 13أعطيت للطلاب الناجحين في الأمتحان جائزة قاموس. 14 أعطوني الوقت لأستطيع العثور علي طريقة لحل هذه المشكلة. 15 لقد لفت المعلم انتباه الطلاب للمشكلة. 16 لقد عرض الشقة اللتي كان يعيش فيها للإيجار وانتقل.
주로	رئيسيا. عادة	(부) 가장 흔하게. 무엇을 중심으로 하여.	أكثر شيوعا. مركز شئ ما.	주말에는 주로 무엇을 하세요?	ماذا تفعل عادة في نهاية الأسبوع؟
주말	عطلة الأسبوع. نهاية الأسبوع	(명) 한 주일의 끝이나 끝 부분.	الجزء الأخير من الأسبوع.	주말에 뭐 할 거예요?	ماذا ستفعل نهاية الأسبوع؟
주머니	جراب. جيب	(명) 돈, 작은 물건 등을 넣고 다닐 수 있는 옷의 한 부분. 또는 작은 자루.	جزء في الملابس ليوضع به الأشياء الصغيرة أو النقود. أو جراب صغير.	주머니에 뭐가 들었어요?	ماذا في جيبك؟
주먹	قبضة اليد	(명) 1-다섯 손가락 모두를 모아 오므려 쥔 손. 2-물리적 힘이나 완력. 권력이나 세력.	1يد مغلقة وتجمع كل الأصابع. 2 قوة جسدية أو قوة عضلية. قوة أو نفوذ.	1-아이는 주먹으로 친구를 때렸다. 2-이제는 주먹이 통하는 시대는 지났어.	1 لقد ضرب الطفل صديقه بقبضه يده. 2 لقد مر عصر الملاكمة الآن.
주무시다	ينام	(동) '자다'의 높임말.	صيغة الاحترام من الفعل ينام.	할아버지께서 주무십니다.	إن جدي نائم.
주문	طلب	(명) 1-물건을 만들거나 파는 사람에게 종류, 수량, 모양, 크기 따위를 일러 주고 그렇게 만들거나 보내어 달라고 신청하는 일. 2- 어떤 일에 대해 일정한 방식으로 해 줄 것을 요구함. 3-식당에서 음식이나 음료 따위를 시킴..	1مطالبة أو مضمون الطلب مِن الشخص الذي يصنع شيئا أو يبيعه، وهو يبلغه نوع الشيء، كميته، شكله، حجمه ويطلب منه صنع مثل ذلك أو ارسال شيئا مثل ذلك. 2 مطالبة أو مضمون الطلب يطلب من شخص آخر القيامَ بأمر ما.	1-주문 생산. 2-어머니는 내게 공부만 하라고 주문을 하신다. 3_식당에 들어가자마자 주문을 했다.	1 إنتاج حسب الطلب. 2 طلبت أمي مني أن أذاكر فقط.
주문하다	يطلب	(동) 1-가게, 식당 등에서 사거나 먹을 것을 달라고 주인에게 말하다. 2-무엇을 해 달라고 요구하여 말하다.	1 يطلب من مالك المحل أو المطعم شئ للشراء أو الأكل.2 يطلب شئ ما .	1-음식을 주문하다. 2-아파트에서 방을 거실로 바꾸겠다고 주문하는 사람이 많다.	1 يطلب الطعام. 2 إن كثير من الأشخاص طلبوا تحويل الغرفة إلي الصالة في الشقة.
주변	جوار	(명) 어떤 대상의 둘레. /=주위	الجهات المحيطة بهدف معين.	1-우리 아파트 주변에 백화점이 생겼어요. 2-주변 사람들	لقد تم بناء مركز تجاري بجوار منزلنا.

주부	ربّة المنزل	(명) 한 가정의 살림을 하는 여자.	سيدة تدبّر معيشة عائلة ما.	젊은 주부들은 아파트를 선호하는 것 같다.	أعتقد أن ربات المنزل الشابات تفضلن الشقق.
주소	عنوان	(명) 어떤 곳의 위치를 행정 구역으로 나타낸 이름.	اسم موقع أو منطقة مكان معين.	성함하고 주소를 말씀해 주세요.	قل لي اسمك و عنوانك من فضلك.
주스	عصير	(명) 과일이나 채소에서 짜낸 즙이나 그것을 원료로 하여 만든 음료.	سائل يستخرج من الفواكهة أو الخضراوات أو مشروب يصنع من مادة خام.	감기에는 오렌지 주스를 마시는 게 좋다고 들었습니다.	لقد سمعت أن شرب عصير البرتقال عند التقاط البرد جيد.
주위	محيط. بيئة. حي	(명) 1-사물이나 장소의 둘레. 2-어떤 사람의 가까이에 있는 사람들.	1 البيئة المحيطة بمكان ما أو شئ ما. 2الأشخاص القريبين من شخص ما.	1-갑자기 주위가 조용해졌다. 2-우리 주위에는 따뜻한 이웃이 많아요.	1أصبح الحي هادئا فجأة. 2 يوجد في المحيط الذي نعيش فيه العديد من الجيران الطيبين.
주의(조심)	انتباه. حذر	(명) 1-(반) 부주의/ 정신을 차리고 조심하는 것. 2-경고나 충고하기 위하여 일깨워 주는 것. 또는 그러한 말이나 행동. 3-무엇에 마음을 돌리거나 관심을 기울이는 것. 또는 그러한 말이나 행동.	1 الحذر أو إعارة الانتباه. 2 فعل أو كلام لتقديم نصيحة أو التحذير. 3 يركز انتباهه أو يحول تركيزه حول شئ ما	1-위험한 기계를 만질 때 주의를 안 하면 실수를 하기 쉽습니다. 2-선생님께서 떠드는 학생들에게 주의를 줬다. 3-마이클은 수업 중 주의가 산만하다.	1 إذا لم تأخذ حذرك عند لمس الآلات الخطيرة من السهل الوقوع في الخطأ. 2 لقد حذر المعلم الطلاب المثرثرين. 3 فقد مايكل تركيزه في المحاضرة.
주의하다	ينتبه. يحذر	(동) 무엇을 특별히 신경 써서 조심하다.	يحذر أو يقلق خصيصا من شئ ما.	날씨가 추워졌으니 감기에 걸리지 않도록 주의하세요.	لقد أصبح الجو باردا فاحذر أن تلتقط برد.
주인	صاحب. مالك	(명) 1-어떤 물건을 자기 것으로 가진 사람. 2-가게를 경영하는 사람. /(반) 종업원	1 الشخص الذي يمتلك شئ ما. 2 الشخص الذي يدير محل.	1-이 차 주인이 누구지? 2-손님들은 주인이 친절한 가게를 좋아합니다.	1 من هو مالك هذه السيارة؟ 2 إن الزبائن يحبون مالك المحل الطيب.
주인공	بطل	(명) 1-소설, 연극, 영화 등에서 이야기의 중심 인물. 2-어떤 시대나 분야, 단체에서 중심이 되어 주도적인 역할을 하는 사람.	1شخصية رئيسية في قصة في المسرح، الفيلم، الرواية أو غيرها. 2 الشخص الذي يلعب دورا محوريا في منظمة أو في مجال أو عصر معين.	1-민지는 주인공 역할을 한 배우로부터 사인을 받았다. 2-오늘은 네 생일이니까 이 파티의 주인공은 너야.	1 لقد حصل مين جي علي توقيع من ممثل بدور بطل. 2 أنت بطل هذا الحفل فاليوم عيدميلادك.
주일	أيام الأسبوع. أسبوع	(명) 1-월요일부터 일요일까지 7 일 동안. 2-날짜를 셀 때 7 일을 나타내는 말.	1 فترة سبعة أيام من يوم الأثنين حتي يوم الأحد. 2 وحدة عد فترة سبعة أيام .	1-지난 주일에 이사를 했다던데 힘들었지요? 2-삼 주일 전에 수영장에 갔어요.	1 هل كان الأمر شاق عندما انتقلت الأسبوع الماضي؟ 2 لقد ذهب إلي حمام السباحة قبل ثلاثة أسابيع.
주장	رأي. إصرار. مناقشة	(명) 자기의 이론이나 의견.	رأي أو نظرية شخصية.	그는 자기 주장을 여러 번 반복했다.	لقد كرر رأيه عدة مرات.
주장하다	**يصرّ**	(동) 의견, 생각, 권리를 강하게 내세우다.	يتمسك بحقه أو فكره أو رأيه بشدة.	그들은 선거법 개정을 주장했다.	أصر هؤلاء علي إعادة قانون الانتخابات.
주제	موضوع	(명) 생각이나 활동의 중심이 되는 문제나 내용.	محتوي أو قضية رئيسية في نشاط أو فكر ما.	이번 토론의 주제가 뭐예요?	ما هو موضوع تلك المناقشة.
주차	ركن السيارة	(명) 자동차를 일정한 장소에 세워 두는 것.	وقوع السيارة في المكان المخصص لها.	이 영화관은 주차가 공짜래요.	إن ركن السيارة لهذه السينيما مجانا.
주차장	موقف السيارات	(명) 차를 세워 두도록 마련해 놓은 장소.	مكان مخصص ومعين لركن السيارة.	주차장이 좁아서 불편합니다.	إن موقف السيارات ضيق وغير مريح.

주차하다	يوقف السيارة	(동) 차를 일정한 곳에 세워 두다.	يوقف السيارة في المكان المحدد.	이곳에 차를 주차해서는 안 된다.	لا يسمح بوقوف السيارات في هذا المكان.
주택	بيت. منزل. مسكن	(명) 1-살림할 수 있도록 지은 집. '=집/ 2- 한 채씩 따로 지은 주택.	1مبنى بُني لإقامة الإنسان فيه. 2 منزل يتم بناؤه كل مبني منفرد.	1-대도시의 주택 문제는 빨리 해결 되어야 해요. 2-1 월에 주택이 가장 많이 팔린 지역은 어디인가?	1يجب حل مشكلة المنازل في المدن الكبيرة في أسرع وقت. 2 ماهي المنطقة الأكثر مبيعا للمنازل في شهر يناير؟
죽다	يموت. يفقد. يختفي.يطفئ	(동) 1-(반) 살다 / 생물이 생명을 잃다. 목숨이 끊어지다. 2-(반) 살다/ 정신이나 기운이 없어지거나 누그러지다. 3-매우 힘이 들거나 어려운 상황을 나타낸다. 4-기계나 컴퓨터 프로그램이 작동을 멈추다.	1يفقد كائن ما حيّ حياته. تنتهي حياته. 2 تختفي قوة أو روح ما. 3 يظهر وضع صعب أو يتطلب قوة كبيرة. 4 توقف آلة أو برنامج في الحاسب الآلي تلقائيا.	1-민지는 죽은 강아지를 뒷산에 묻어 주었다. 2-지금은 형편이 안 좋지만 야망이 죽은 것은 아니다. 3-아이구 나 죽겠다. 4-라디오가 죽다.	1 لقد دفن مين جي الكلب الميت في الجبل الخلفي. 2 إن الظروف ليست جيدة حاليا ولكن لم يضعف شغفي. 3 يا إلهي سأموت. 4 ينطفئ الراديو (المذياع).
죽음	الموت. الوفاة	(명) 죽는 것. 죽은 상태. /(반) 삶	الموت. حالة الوفاة.	자유가 아니면 죽음을 달라.	اعطني الحرية أو الموت.
죽이다	يقتل. يطفأ. يوقف	(타동) 1-(사람이 생물의) 목숨을 끊어지게 하다. 2-(사람이 숨소리나 하품 따위를) 누그러지게 하거나 없애다. 3-(사람이 기운이나 생기 따위를) 누그러지게 하거나 없애다.	1 ينهي حياة كائن حي. 2 يضعف شئ ما لدرجة معينة. 3- يجعل القوة أوالحيوية تختفي أو يجعلها تضعف.	1-고양이가 쥐를 죽였어요. 2-어머니가 소리를 죽이고 울고 계셨다. 3-성질을 죽이다.	1- لقد قتلت القطة الفأر. 2- لقد بكت أمي بعد أن ضعف صوتها. 3-يُضعف الخصائص
준비	إعداد	(명) 어떤 일을 하는 데에 있어 필요한 것을 미리 마련하는 것.	تجهيز الإعدادت المهمة مسبقا لشئ ما.	물에 들어가기 전에 준비 운동을 하세요.	قبل أن تنزل المياه افعل رياضة الإعداد (الإحماء) أولا.
준비하다	يعد. يجهز	(동) 어떤 일을 하는 데에 있어 필요한 것을 미리 마련하다.	يجهز لشئ ما مهم مسبقا.	선물을 준비하다.	يجهز الهدية.
줄	حبل. خط. صف. سطر	(명) 1-새끼, 노끈과 같이 무엇을 묶거나 매는 데 쓰는, 길고 잘 구부러지는 물건. 2-사람이나 물건이 차례를 지어 길게 잇달아 있는 것. 3-'=선/ 길게 바로 그어진 선. 4-'=행/ 글의 한 행.	1شئ كالحبل أو الخيط يستخدم لربط الأشياء، وهو طويل ومرن. 2 وقوف و رص الأشخاص أو الأشياء بالدور في خط طويل. 3 خط مستقيم طويل. 4 سطر في مقالة.	1-이 줄은 무엇을 묶는 줄이니? 2-정류장에 학생들이 줄을 지어 서 있었습니다. 3-아이는 중요한 부분에 줄을 그으며 열심히 책을 읽었다. 4-첫째 줄에 제목이 쓰여 있어요.	1مالذي تم ربطه بهذا الحبل؟ 2 وقف الطلاب في صف في محطة الحافلات. 3 إن الطفل يضع خطوطا تحت الجزء المهم ويقرأ الكتاب بتمعن. 4 إن العنوان مكتوب في أول سطر.
줄	كيفيّة ، طريقة	(명) 1-어떤 일을 하는 방법. 2-어떤 현상 또는 사실	1 طريقة عمل شئ ما. 2 حقيقة أو ظاهرة ما.	1-컴퓨터를 사용할 줄 아십니까? 2-동생은 아직 어려서 자기 이름 정도만 쓸 줄 안다.	1 هل تجيد استحدام الحاسوب؟ 2 أخي الصغير يعرف كيفيه كتابة اسمه فقط لأنه مازال صغيرا.
줄다	ينكمش. يتقلص. ينخفض	(동) 수나 양이 원래보다 작아지거나 적어지다.	تقل أو تصغر كمية أو عدد عما كان في الأصل.	바지를 물에 빨았더니 줄었나 봐요.	أعتقد أن البنطال انكمش عندما وضع في الماء.
줄어들다	ينكمش	(동) (수효나 분량이) 더 낮은 수치로 되다.	يصبح الحجم أو العدد أو الدرجة أصغر من الأصل بشكل تدريجي.	김치 소비량이 전보다 훨씬 줄어들었다.	انخفض استهلاك الكيمتشي عن ما قبل.

줄이다	يقلّل، يصغّر.يقصر	(동) 무엇의 양이나 크기, 길이를 줄게 하다. / (반) 늘이다	يجعل كمية أو حجم أو طول شئ ما أصغر.	이 바지 길이를 좀 줄여 주세요.	قصر لي طول هذا السروال من فضلك.
줍다	يلتقط	(동) 1-바닥에 있는 것을 집에 들다. 2-남이 잃은 물건을 집어 가지다.	1 يأخذ شيئا متروكا علي الأرض. 2 يأخذ شيئا فقده شخص آخر.	1-바닥에 떨어진 연필 좀 주워 주실래요? 2-교실 문 앞에서 수첩을 주웠습니다.	1 هل من الممكن أن تحضر لي القلم الذي وقع علي الأرض؟ 2 لقد التقطت (وجدت) مذكرتي أمام الفصل.
중	خلال. وسط. بين	(명) 1-어떤 범위의 가운데.(=도중) 2-무엇의 안이나 속. 3-무엇을 하는 중간. 어떤 일이 진행되는 동안. 4-어떤 상태에 있는 동안. 5-'=안 또는 내/ 어떤 시간의 범위 안 또는 어떤 시간의 범위 내	1 من بين عدة نطاقات. 2 داخل أو محتوي الشئ. 3 أثناء القيام بعمل ما. فترة تنفيذ شئ ما. 4 مدة حدوث حالة معينة. 5 خلال نطاق زمني معين.	1-여자들 중에서 한나 씨가 제일 커요. 2-대기 오염 물질은 공기 중에 존재한다. 3-수업 중이니 조용히 하시기 바랍니다. 4-영화 상영 중. 5-이번 달 중으로 대전에 다녀와야 해요.	1 هانا هي الأطول من بين البنات. 2 إن ملوثات الهواء موجودة داخل الهواء نفسه. 3 نتمني الهدوء خلال وقت المحاضرة. 4 خلال عرض الفيلم. 5 يجب أن أذهب إلي ديجون منتصف هذا الشهر.
중간	متوسّط. وسط	(명) 1-'=가운데/ 두 사물의 사이. 어떤 사물의 가운데 부분. 2-'=도중/ 어떤 일이 아직 끝나지 않은 때. 3-크기나 양, 시간에 있어 가운데.	1 بين شيئين. الجزء الوسط في شئ ما. 2 عند عدم الانتهاء من شئ ما. 3 الدرجة المتوسطة من حجم أو كمية أو وقت.	1-중간에 앉다. 2-영화가 하도 재미없어서 중간에 그냥 나왔어요. 3-바지를 중간 치수로 보여 주세요.	1 يجلس في المنتصف. 2 كان فيلم غير مسلي فخرجت في منتصفه. 3 أريني بنطال بحجم متوسط.
중국	الصين	(명) 아시아 동부에 있는 나라. 수도는 베이징이다.	دولة تقع في شرق آسيا. عاصمتها بيكين.	그녀는 중국 전통 의상을 입고 있었다	لقد كانت مرتدية الزي التقليدي للصين.
중국어	اللغة الصينية	(명) 중국의 한족이 사용하는 언어.	اللغة التي يستخدمها الصينيون.	중국어는 잘 못하지만 한자는 쓸 수 있어요.	لا أتقن اللغة الصينية ولكني أستطيع كتابة الرموز.
중국인	صيني	(명) 중국 사람.	شخص صيني.	중국인들이 서울로 한국어 연수를 왔다	لقد جاء الصينيون إلي سيول للتدريب.
중순	منتصف الشهر.(الأيام العشرة الثانية من الشهر)	(명) 한 달 가운데 11 일부터 20 일 사이의 10 일 동안..	الفترة من يوم 11 حتي يوم 20 كل شهر.	보통 봄방학은 2 월 중순에서 말 사이에요.	عادة تكون عطلة الربيع في أواخر منتصف شهر فبراير.
중심	وسط. مركز. قلب	(명) 1-'= 가운데. 중앙/ 한가운데나 복판. 2-가장 중요하고 기본이 되는 부분.	1 قلب أو مركز الشئ. 2 الجزء الأكثر أهميه أو الأساس.	1-백화점은 보통 시내 중심에 있다. 2-중심에 서다	1 عادة يكون المركز التجاري في وسط المدينة. 2 يقف في المركز.
중요하다	هام	(형) (무엇이) 소중하고 가치가 있다.	يكون ضروري و له فائدة (قيمة).	건강이 돈보다 중요해요.	الصحة أهم من الأموال.
중학교	مدرسة إعدادية	(명) 초등학교를 졸업하고 고등학교에 들어가기 전에 다니는 학교.	مدرسة يلتحق بها الطالب بعد التخرج من الابتدائية وقبل الالتحاق بالثانوية.	제 동생은 중학교에 다닙니다.	يلتحق أخي الصغير بالمدرسة بالمدرسة الإعدادية.
중학생	طالب إعدادي	(명) 중학교에 다니는 학생.	طالب يدرس في مدرسة إعدادية.	나는 그때 중학생이었다.	كنت حينها طالب إعدادي.

쥐다	يقبض.يمسك	(동) 1-손가락을 힘껏 구부려 주먹을 만들다. 2-손가락과 손바닥으로 무엇을 잡다. 3-재물이나 권력을 가지다.	1 يجمع أصابع يده ويضمها ليصنع قبضة. 2 يمسك شئ بالأصابع وكف اليد. 3 يمتلك ممتلكات أو قوة.	1-그는 주먹을 꽉 쥐었다. 2-그는 화가 나서 상대방의 멱살을 쥐고 흔들었다. 3-우리 집의 경제권은 아버지가 쥐고 계신다.	1 لقد قبض قبضته بإحكام. 2 عندما غضب أمسك عنق نظيره وأصبح يهزه. 3 يمتلك أبي الحق الاقتصادي في منزلنا.
즉	أيّ. أي أنه	(부)'=곧/ 다시 말하면. 다름이 아니라. 바꾸어 말하자면.	أقوله مرّة ثانية. نفسه وليس شيئا آخر.	한가위는 음력 팔월 십오일, 즉 추석을 말한다.	إن هان كاوي يوم خمسة وعسرون من شهر أغسطس في السنة القمرية، أي عيد الشكر (تشوسوك).
즉시	فورا.حالا	(명) 바로 그때. 일이 일어나는 그 순간 바로.	في الحال.	지금 좀 도와주면 월급을 받는 즉시 갚겠습니다.	لو ساعدتني الآن سأعيد لك مالك فورا بمجرد أن أستلم مرتبي.
즐거움	سرور. فرح. بهجة	(명) 무엇이 마음에 들 때 생기는, 기쁘고 좋은 느낌이나 마음. /(반) 괴로움	الشعور بإحساس جيد وبسعادة عند الإعجاب بشئ ما.	외국에서 살면 새로운 문화를 접하는 즐거움이 있습니다.	هناك سعادة في اكتساب ثقافات جديدة عندما تعيش بالخارج.
즐겁다	مسرور	(형) (반) 괴롭다/ 무엇이 마음에 들어서 흐뭇하고 기쁘다. 기분이 좋다.	يشعر بالرضا عند الإعجاب بشئ ما. مزاجه جيد.	저희들은 즐겁게 노래를 불렀습니다.	لقد غنيتم الأغنية بكل سرور.
즐기다	يتمتع ب.يتولع ب	(동) 1-(사람이 어떤 대상이) 마음에 들어 흐뭇하고 기쁘다. 2-어떤 일을 좋아하여 자주 하거나, 그 일에서 재미를 느끼다. 3-먹을 것을 좋아하여 자주 먹거나 마시다.	1 يفرح ويستمتع عندما يقضي وقت ما. 2 يحب شئ ما فيفعله أحيانا أو يستمتع بهذا الشئ. 3 يأكل أو يشرب شئ يحب أكله.	1-휴가를 즐기러 사람들은 바다를 찾아갑니다. 2-겨울에는 스키를 즐길 수 있어요. 3-저는 커피를 그리 즐기는 편은 아니에요.	1 يبحث الناس عن البحر للاستمتاع بالعطلة. 2 يمكنك التمتع بالتزلج في فصل الشتاء. 3 لست من الذين يتمتعون بشرب القهوة.
지	منذ	(명) '어떤 때로부터'의 뜻.	معناها " منذ زمن معين"	영어를 공부한 지 얼마나 되었어요?	منذ متي وأنت تدرس الانجليزية؟
지각	تأخّر	(명) 학교나 회사 등에 가야 하는 시간보다 늦게 도착하는 것.	أن يحضر إلى العمل أو المدرسة متأخرا عن الوقت المحدّد	첫날부터 지각이군요.	تأخر من أول يوم.
지각하다	يتأخر	(동) 정해진 시간보다 늦게 도착하다.	يصل متأخرا عن الوقت المحدد.	그는 회사에 지각하는 일이 없었다.	إنه لا يتأخر مطلقا عن العمل في الشركة.
지갑	محفظة	(명) 돈, 명함, 카드 등을 넣어 주머니에 넣고 다닐 수 있게, 가죽이나 헝겊으로 만든 것.	شيء مصنوع من الجلد أو القماش تُحفظ فيه النقود، البطاقات، بطاقة الاسم وغيره.	제 지갑 속에는 동전밖에 없어요.	لا يوجد في محفظني غير العملات المعدنية.
지구	حي. مقاطعة	(명) 어떤 목적과 기준에 따라 나누어 구별한 지역	مناطق يتم تقسيمها حسب هدف أو أساس معين.	우리 동네가 재개발 지구로 지정되었다.	لقد تم اختيار حيّنا كمنطقة تم تطويرها.
지금	الآن	(명) 1-말하고 있는 바로 이 시간. 2-우리가 살고 있는 오늘날의 시대.	1 الوقت الذي نتكلم فيه. 2 العصر الذي نعيش فيه اليوم.	1-지금은 바쁘니까 내일 만납시다. 2-500 년 전의 그의 작품은 지금까지도 우리에게 감동을 준다.	1 أنا مشغول الآن دعنا نتقابل غدا. 2 مازالت أعماله من 500 عام تؤثر فينا حتي الآن.
지나가다	يمرّ ب. يمر علي. يجتاز	(동) 1-'= 지나다/ (어떤 사람이나 탈 것 따위가 다른 사람이나 장소 주위로) 지나쳐 가다. 2-(일정한 시간이) 흘러서 경과하다. 3-(어떠한 일이) 일어났다가 사라져 과거의	1 يمر من خلال مكان دون الوقوع في أي أخطاء أو التوقف. 2 يمر زمن معين. يصبح ماضي. 3 يحدث أمر ما ثم يختفي. 4 عدم الأهتمام بأمر ما وتركه والانتقال لغيره.	1-그 차는 좁은 곳을 쉽게 지나간다. 2-10 년이 하루처럼 빨리 지나갔어요. 3-다 지나간 일을 가지고 우리가 왜 이러지? 4-그는 피곤하다고 일기 쓰기를 빠뜨리고	1 هذه السيارة تستطيع المرور من الأماكن الضيقة بسهولة. 2 لقد مرت 10 سنوات بسرعة كاليوم. 3 لماذا نحن هكذا نحمل الأمور التي مضت؟ 4 لا يوجد طريقه تمنعه من كتابه

		일이 되다. 4-무슨 일을 하지 않았지만 상관하지 않고 다른 일로 옮겨가다. 5-어떤 곳을 통과하는 길이 나 있다. 6-어떤 말이 별로 중요하지 않다. 7-'= 스쳐가다/ 무엇이 잠시 생겼다가 사라지다.	5 يعبر من خلال طريق ما. 6 عدم الاكترات لكلام معين. 7 يظهر شئ لفترة ثم يختفي.	지나가는 법이 없다. 5-우리 집 앞으로 도로가 지나간다. 6-지나가는 말이니 너무 신경 쓰지 말아라. 7-선생님의 얼굴에 싸늘한 미소가 지나갔다.	مذكراته حتي وهو مجهد. 5 الطريق يمر من أمام منزلنا. 6 لا تأخذ الكلام التافه علي أعصابك. 7 ظهرت ابتسامه مزيفة علي وجه المعلم.
지나다	يمر. يخرج. يتجاوز	(동) 1-(어떤 때가) 넘다. 흐르다. 2-(어떤 곳을) 거쳐서 가거나 오거나 하다. 3-어떤 상태나 정도를 넘어서다.	1 يتجاوز الزمن. 2 يقوم بالذهاب والإياب مرورًا بمكان ما. 3- يتجاوز حالة ما أو درجة معينة.	1-벌써 12 시가 지났다. 2-횡단 보도를 지나면 바로 주유소가 있어요. 3-그건 변명에 지나지 않는다.	1 لقد تجاوزت الساعة 12 بالفعل. 2 ستجد محطة بنزين عندما تعبر طريق المشاه مباشرةً. 3- أنه لا يجاوز الاحتجاج.
지나치다	يمرّ ب	(동) 1-어디를 머무르거나 들르지 않고 그냥 지나다. 2-어떤 일에 관심을 가지지 않고 그냥 넘기거나 가볍게 생각하다.	1 يمرّ بمكان وهو لا يدخل إليه أو يقيم فيه. 2 لا يضع الأهمية في أمر معين ويتجاوزه أو يفكر فيه ببساطة.	1-이 곳을 지나치면 기름 넣을 곳이 없어. 2-그녀가 내 변명을 듣지도 않고 지나쳐 버려 화가 났다.	لا يوجد مكان لتضع البنزين إذا مررت بهذا المكان.
지난달	الشهر الماضي	(명) 이번 달 바로 앞의 달.	الشهر الذي يسبق هذا الشهر مباشرة.	저는 지난달에 한국에 왔습니다.	لقد جئت كوريا الشهر الماضي.
지난번	مرّة سابقة	(명) '= 저번/ 지금보다 앞선 시간이나 차례.	دورة أو وقت قبل الوقت الذي نتكلم فيه.	지난번에 만난 사람을 기억하십니까?	هل تتذكر الشخص الذي قابلته المرة السابقة؟
지난주	أسبوع ماض	(명) 이번 주 바로 앞의 주.	الأسبوع الذي يسبق هذا الأسبوع.	지난주에 미술 시간에 뭐 했어요?	ماذا فعلتم الأسبوع الماضي وقت الفنون؟
지난해	العام الماضي	(명) 이 해의 바로 앞의 해.	السنة التي تسبق هذه السنة.	지난해부터 한국말을 배우고 있습니다.	لقد بدأت تعلم اللغة الكورية منذ العام الماضي.
지내다	يقضي. يتولي.يمضي	(동) 1-어떤 정도나 상태로 생활하거나 살아가다. 2-누구와 어떤 관계를 유지하면서 살아가다. 3-일정한 기간을 보내다. 4-어떤 중요한 지위를 맡아 일하다. 5-제사 등의 행사나 의식을 치르다.	1 يمضي حياته في مستوي وظروف معينة. 2 يعيش حياته محافظا علي علاقته مع شخص . 3 يقضي فترة ما. 4 يتقلد منصبا هاما. 5 يقيم مناسبة خاصة أو مراسيم.	1-매일매일 즐겁게 지내세요. 2-나는 어제 가깝게 지내는 한국 친구를 만났다. 3-휴가 잘 지내고 오세요. 4-그 집은 대대로 장관을 지냈던 집안이다. 5-제사 지내는 법을 아세요?	1 اقض حياتك كل يوم بسعادة . 2 لقد قابلت صديقي الكوري المقرب البارحة. 3 اقض عطلة سعيدة. 4 هذا المنزل الذي يعيش فيه أسرة الوزير. 5 هل تعرف طريقه قضاء المراسيم (الطقوس)؟
지다	يحمل. يتحمل	(동) 1-'=짊어지다/ 나르기 위해 물건을 등에 얹다. 2-빚을 얻거나 은혜를 입다. 3-'=짊어지다/ 책임을 맡다.	1 يحمل شئ ما لنقله. 2 يحمل دين أو فضل لأحد. 3 يتحمل المسئولية.	1-그는 짐을 등에 지고 나왔다. 2-이번 일로 김 사장님께 빚을 진 셈이지요. 3-자기가 맡은 일은 책임을 져야 하는 법이다.	1 لقد حمل الأمتعة وخرج. 2 أنا مدين للمدير كيم في هذا الأمر. 3 إن الاعتماد علي النفس هي طريقة تحمل المسئولية.
지다	يخسر	(동) 경기나 싸움에서, 다른 사람이나 팀에게 이기지 못하다.	لا يستطيع أن يهزم خصمَه في مباراة أو مشاجرة.	한국 축구가 브라질에 2 대 1 로 졌다.	خسر نادي كوريا لكرة القدم أمام نظيره النادي البرازيلي 1:2.
지다	يغرب	(동) 해, 달이) 서쪽으로 넘어가다. /(반)뜨다	تختفي الشمس أو القمر في مغربه.	해가 지기 전에 집에 돌아왔다.	لقد عدت المنزل قبل غروب الشمس.

지도	خريطة	(명) 어떤 범위 내의 지구 표면의 모양을 일정한 비율로 줄여 평면에 그려 놓은 그림.	رسم حول كل أو جزء لسطح الأرض على السطح عن طريق تصغيره بنسبة معيّنة باستخدام العلامات التي تم الاتفاق عليها	세계 지도.	خريطة العالم.
지르다	يصيح. يصرخ	(동) 목청을 높이어 소리를 크게 내다.	يعلي من أحباله الصوتية ويصرخ بقوة.	너무 무서워서 나도 모르게 소리를 질렀어요.	لقد صرخت أنا أيضا من الخوف الشديد.
지방	منطقة	(명) 1-자연적 특징이나 행정적 기준에 따라 나눈 지역. 2-한 나라의 수도권을 제외한 지역.	1 منطقة يتم تقسيمها حسب التقسيم الإداري أو خاصية معيّنة. 2 جميع مناطق دولة إلاّ عاصمتها.	1-남부 지방은 가뭄 피해가 심하다고 합니다. 2-이 학생 집은 지방입니다.	1 لقد قيل أن المنطقة الجنوبية تعرضت لأضرار الجفاف الحادة. 2 إن منزل هذا الطالب في الحي.
지붕	سقف	(명) 비, 햇볕을 가리고 추위를 막기 위하여 건축물의 위쪽을 덮는 부분.	جزء يوضع أعلي المباني لمنع البرودة و أشعة الشمس والمطر.	집이 낡아서 지붕이 샙니다.	لقد بنينا السقف لأن المنزل كان بالٍ.
지식	معرفة، علم	(명) 연구하거나 교육 받고 경험해서 알게 된 내용.	مضمون يعرفه من خلال الخبرة أو يتلقاه خلال التعليم أو البحث.	건강에 대한 지식을 쌓고 싶다.	أريد أن اكتسب معرفة حول الصحة.
지역	منطقة	(명) 어떤 목적을 위하여 범위를 정한 공간.	مساحة محددة النطاق حسب هدف معين.	지역에 따라 날씨가 다릅니다.	يختلف الجو باختلاف المنطقة.
지우개	ممحاة. ممسحة	(명) 1-연필로 쓴 글씨나 그림을 지울 때 쓰는 고무로 된 작은 물건. 2-분필 등으로 쓴 글자나 그림을 지울 때 쓰는 도구.	1 شئ صغير مصنوع من المطاط يستخدم لمسح خط أو رسم بالرصاص. 2 أداة لمسح الرسم أو الكلام المتكوب بالطباشير وغيرة.	1-잘못 쓴 부분만 지우개로 지우고 고쳐 쓰세요. 2-분필 가루가 너무 많이 묻어 있으니까 지우개 좀 털어다 주시겠어요?	1 امسح الجزء الخاطئ فقط بالممحته وصححه. 2 لقد التصق بي الكثير من رماد الطباشير هل من الممكن أن تزيله عني بالممسحه؟
지우다	يمحو. يزيل	(동) 1-쓰거나 그린 것을 문지르거나 물질을 발라 안 보이게 없애다. 2-생각이나 기억을 의식적으로 없애거나 잊다.	1 يزيل مكتوبا أو مرسوما أو أثره لكي لا يظهر. 2 يزيل فكرة أو ذاكرة أو ينساها.	1-학생, 칠판 좀 지워 주세요. 2-남수는 마음 속에서 어머니에 대한 생각을 지워 버릴 수 없었다.	1 أيها الطالب، امسح السبورة من فضلك. 2 لم يستطع نام سو أن يزيل ذكريات عن أمه من قلبه.
지치다	يتعب. ينزلق	(동) 1-힘든 일을 하거나 무엇에 시달려 힘이 빠지다. 2-어떤 일에 시달려 싫증이 나다.	1 يفقد قوته أو يُنهك من أمر ما. 2 يكره شئ غير مرغوب فيه.	1-누구나 일에 지쳤을 때는 쉬었으면 하고 생각해요. 2-영민이는 복잡한 도시 생활에 지쳤다.	1 أعتقد أن أي أحد يتعب من العمل يجب عليه عليه الاستراحة. 2 لقد كره يونج مين اي المدينة المعقدة عيشتها.
지키다	يحمي. يحرس. يبقي. يحافظ. يلتزم ب. يتمسك ب	(동) 1-무엇을 잃어버리거나 상하지 않게 조심하며 보호하다. 2-상하지 않게 있는 그대로 보호하다. 3-어디를 떠나지 않고 있다. 4-무엇을 잊거나 바꾸지 않고 있는 그대로 하다.	1 يحافظ أو يحرص علي الشئ من أن يتلف أو يضيع. 2 يحافظ علي الشئ كما هو ولا يتلف. 3 يبقي في المكان ولا يتركه. 4 يحافظ علي شئ ولا يغيره أو ينساه.	1-예전에는 집을 지키게 하기 위해 개를 키웠다. 2-각국 정부가 지구 환경을 지키기 위한 노력을 시작하였다. 3-각자 자기 위치를 지키면서 대기하시기 바랍니다. 4-아무리 친하더라도 예의는 지켜야 해요.	1 لقد كنا نربي كلب ليحمي المنزل في الماضي. 2 بدأت حكومات كل دولة ببذل جهودات للحفاظ علي البيئة. 3 أرجو من كل فرد البقاء في مكانه والانتظار. 4 حتي وان كنت لطيف يجب أن تحافظ علي الآداب.
지폐	عملة ورقية	(명) 종이에 인쇄를 하여 만든 화폐.	النقود المصنوعة من الورق.	그는 지폐를 꺼내서 물건값을 치렀다.	لقد سحب النقود ودفع سعر الأشياء.
지하	تحت الأرض. بدروم	(명) 땅의 속. /(반) 지상	داخل الأرض.	주차장은 지하에 있으니 내려가세요.	أنزل في الأسفل حيث جراج (موقف) السيارات.

지하철	مترو	(명) 도시에서 땅속에 굴을 파서 놓은 철도, 또는 거기로 다니는 기차.	سكة حديد تم بناؤها بالحفر داخل الأرض وتسير عربات القطار هناك.	요즘은 버스 요금이 지하철 요금보다 조금 쌉니다.	هذه الأيام تكلفة الحافلات أرخص من المترو.
직선	خط مستقيم	(명) (반)곡선/ 꺾이거나 구부러지지 않은 곧은 선.	خط ليس بمنكسر أو منحني.	자 없이 직선 긋기는 힘들다	إن رسم خط مستقيم بدون مسطرة صعب.
직업	مهنة	(명) 보수를 받으면서 하는 고정적인 일.	وظيفة ثابتة ويؤخذ فيها أجر.	졸업 후에 어떤 직업을 택해야 할 지 르겠어요.	لا أعرف إذا كنت سأحصل علي وظيفة بعد التخرج أم لا.
직원	موظف. عامل	(명) 직장에 다니며 일을 하는 사람.	شخص يعمل في مكان عمل معين.	영수는 학교를 졸업하고 작은 회사의 직원으로 들어갔다.	تخرج يونج سو والتحق بشركة صغيرة كموظف.
직장	مكان العمل	(명) 돈을 받으며 고정적으로 일을 하는 곳. /'=일자리, 일터	مكان ثابت للعمل مقابل المال.	남편이 직장을 잃어서 경제적으로 힘들다.	حالتنا الاقتصادية صعبة بعد أن فقد زوجي وظيفته.
직접	مباشرة	(부) 사이에 남이나 다른 사물이 끼어 들지 않게 바로.	علاقة تُنجز حالا بدون تدل إنسان أو شئ آخر.	119 를 누르면 소방서로 직접 연결이 됩니다.	إذا ضغطت 119 ستكون علي اتصال مباشر بمركز الإطفاء.
진심	مخلص. صادق. حقيقي	(명) 거짓이 없는 참된 마음.	قلب مخلص غير كاذب.	너 나랑 헤어지자는 말이 진심이야?	هل كلامك بإنك ستنفصل عني حقيقي؟
진짜	حقيقة	(부) 참으로. 정말로. /=정말	حقاً. حقيقةً.	운동장에 학생들이 진짜 많이 모였어요.	يجمع عدد كبير جدا من الطلاب في الاستاد.
진하다	كثيف. غامق. قوي	(형) 1-액체가 묽지 않다. 2-(반) 옅다/ 빛깔, 냄새 따위가 짙다. 3-보통 정도보다 더 세거나 강하다.	1 سائل غير مخفف. 2 ضوء أو لون غامق (قاتم). 3 أقوي من الدرجة العادية.	1-나는 진한 커피를 한 잔 마시고 싶었다. 2-그는 진한 색 옷을 입고 나갔다. 3-두 사람의 인상은 아주 진하게 나의 머릿속에 남았다.	1 كنت أريد شرب كوب قهوة كثيف. 2 لقد ارتدي ملابس غامقة وخرج. 3 بقيت ملامح الشخصين في عقلي بدرجة قوية.
진행하다	يتجه. يتقدم. يواصل. ينفذ	(동) 1-어떤 일을 치러 나가다. 2-앞으로 나아가다.	1 يكمل فعل شئ. 2 يتقدم إلي الأمام.	1-밖에서 떠드는데도 선생님은 계속 수업을 진행했어요. 2-철로 위를 진행하는 기차일지라도 갈림길을 만나게 된다.	1 أكمل المعلم المحاضرة بالرغم من الضجيج في الخارج. 2 القطار المتجه علي القضيب الحديدي سيقابل مفترق طرق.
질	جودة	(명) 사물이 가진 가치의 바탕이 되는 성질.	صفة أساسية للشئ كقيمته.	이 집 옷은 값이 싸고 질도 좋아요.	إن ملابس هذا المحل رخيصة وجودتها جيدة.
질문	سؤال	(명) (반) 대답/ 모르는 것에 대해 묻는 것. 또는 모르는 것에 대해 묻는 내용의 말.	السؤال عن شئ غير معروف أو عن محتواه.	혹시 질문이 있으면 손을 드세요.	ارفعوا أيديكم إذا كان هناك اي سؤال.
질문하다	يسأل.يستفسر	(동) 모르는 것이나 알고 싶은 것을 묻다. /=묻다	يسأل عن شئ لا يعرفه أو يود معرفته.	나는 선생님에게 그 나무의 이름이 무엇이냐고 질문했다.	لقد سألت المعلم عن اسم هذه الشجرة.
질서	نظام	(명) 사물이나 사회가 혼란 스럽지 않도록 차례를 지키게 하는 규칙. /(반)무질서/	قواعد يتم الحفاظ عليها حتي لا تزدحم الأشياء أو المجتمع.	규칙을 잘 지킬 때 질서 있는 사회가 이루어진다.	سيكون لدينا مجتمع منظم إذا اتبعنا القوانين جيدا.

짐	حِمل.مُثْقِل. عبء. أمتعة	(명) 1-옮기기 위해 싸 놓은 물건. 2-해야 할 일. 부담스러운 일.3- 한 번에 나를 수 있도록 싼 짐이 양을 세는 말.	1 الأشياء يتم إعدادها للانتقال. 2 عمل يجب فعله. عبء. 3 وحدة تعداد مقدار ما يستطيع حمله الشخص الواحد.	1-제가 짐을 들어 드릴까요? 2-치료비를 좀 모아서 건네주면 남수의 짐이 훨씬 덜어질 거야. 3-나무 한 짐.	1 هل أحضر لك أمتعتك؟ 2 سيشعر مين سو بالعبء الثقيل إذا جمعت تكاليف العلاج وسلمتها. 3 شجرة واحدة.
집	منزل. بيت. عائلة	(명) 1-사람이 살기 위하여 지은 건물. 2-한 집에 모여 사는 부모와 자손들이 이루는 집단.	1 مبني يتم بناؤه ليعيش فيه الناس. 2 تجمع الآباء والأبناء في منزل واحد.	1-내일은 집에서 쉽니다. 2-집에 무슨 일이 있어요?	1 سأرتاح غدا في المنزل. 2 ماذا يحدث في بيت العائلة.
집다	يمسك. يلتقط	(동) 손이나 도구를 이용해서 물건을 잡아서 들다.	يمسك ويرفع الأشياء بيده أو باستخدام أداة.	영민이는 돌멩이 하나를 집어서 들었다.	لقد أمسك يونج مين اي بحصاة واحدة في المنزل.
집단	جماعة	(명) 동물이나 사람이 많이 모여서 이룬 무리.	مجموعة من الناس أو الحيوانات.	지구상에는 수많은 민족들이 다양한 집단을 이루고 살고 있다.	هناك العديد من الناس علي الكرة الأرضية يعيشون في تجمعات.
집안	أسرة. عائلة	(명) 1-한 장소에 모여 사는 부모와 자식들이 이루는 집단. 2-한 조상 후손들로 이루어진 집단.	1 تجمع الآباء والأبناء والعيش معا في مكان واحد. 2 تجمع الأجداد والأحفاد معا.	1-대학 다닐 때 집안 형편 때문에 참 힘들었어요. 2-차례가 끝나면, 집안 어른과 동네 어른들께 세배를 한다.	1 كان وضع الأسرة صعب جدا عندما كنت في الجامعة. 2 بعد طقوس ذكري الأجداد نقوم بإلقاء التحية علي أجداد أسرتنا و الأجداد في حيّنا.
짓	تصرف. فعل	(명) 사람이나 동물의 이상하거나 바람직하지 않은 행동.	تصرف غريب أو غير مرغوب فيه من الإنسان أو الحيوان.	민지는 혼날 짓을 하고도 반성을 안 합니다.	مين جي لا يدرك أنه يفعل تصرفات خاطئة.
짓다	يجعل. ينشئ. يزرع.يكذب . يسمي. يستنتج	(동) 1-무엇을 재료로 써서 만들다. 2-어떤 내용의 글이나 노래를 꾸며 만들다. 3-여러 가지 재료를 섞어 약을 만들다. 4-어떠한 표정이나 모양을 겉으로 드러내다. 5-죄를 저지르다. 6-농사를 하다. 7-관계, 구분, 결정 따위를 이루다. 8-줄이나 무리를 이루다. 9-매듭이나 고리 등을 돌려서 만들다. 10-거짓으로 꾸미다. 11-결말이나 결정 따위를 내다. 12-이름 등을 정하다.	1 يصنع أو يعد شئ بمكوناته. 2 يعد أغنية من كلمات أو محتوي معين. 3 يصنع دواء بواسطة خلط العديد من المكونات. 4 يعبر عن موقف معين بالمظهر الخارجي. 5 يرتكب جريمة. 6 يقوم بالزراعة. 7 يحقق قرار أو علاقة أو انفصال. 8 يعد صف أو تجمع. 9 يلف ويصنع عقدة أو حلقة. 10 يقوم بالكذب. 11 يقرر قرار أو نهاية. 12 يحدد الاسم.	1-할머니께서 한복을 손수 지어 주셨다. 2-그는 애인에게 줄 시를 짓고 있었다. 3-의사의 처방이 없으면 약을 지을 수 없어요. 4-친구 어머니께서는 미소를 지으시면서 많이 먹으라고 하셨다. 5-그놈들은 죄를 짓고도 부끄러운 줄 몰라. 6-우리 조상들은 농사를 지으며 살아 왔다. 7-경찰은 이번 사건을 이전의 사건과 연관을 짓고 있었다. 8-벌들이 떼를 지어 주셨다. 9-그는 구두 끈의 매듭을 단단히 지었다. 10-아이들은 용돈을 받으려고 거짓말을 지어 내기도 합니다. 11-빨리 회의를 마무리를 짓도록 합시다. 12-친구들이 내 별명을 지어 주었다.	1 لقد صنعت جدتي الهانبوك بنفسها و أعطته لي. 2 لقد كتب شعر للأحباء. 3 لا يستطيع الطبيب صنع الدواء إذا لم تكن الوصفة الطبية موجودة. 4 ابتسمت والدة صديقي وأمرتني بإن آكل كثيرا. 5 إنهم لا يشعرون بالحرج بعد أن فعلوا تلك الجريمة. 6 لقد عاش أجدادنا علي القيام بالزراعة. 7 قامت الشرطة بالتحقيق والربط بين هذا الحادث وحادث المرة السابقة. 8 لقد كون النحل قطيعا. 9 لقد ربط رباط الحذاء بإحكام. 10 يكذب الأطفال أحيانا ليحصلوا علي المصروف. 11هيا ننهي هذا الاجتماع سريعا. 12 لقد وضع لي أصدقائي لقب.
짙다	غامق. غزير. مظلم	(형) 1-'=진하다/ (반) 옅다, 연하다/ 빛깔이 흐리지 않고 아주 뚜렷하다. 2-(반) 옅다/ 안개, 연기, 구름 등이 끼어 있는 상태가	1 اللون شديد وواضح أكثر من المعتاد. 2 يَكثُف الضباب أو الدخان أو الغيوم بشدة. 3 غزارة الحواجب أو الظل. 4 درجة قوية أو تركيز عالي.	1-새로 산 색연필은 색이 짙게 나와요. 2-하늘에는 비구름 짙게 끼어 있다. 3-이미 계절은 녹음이 짙은 여름이 되었다. 4-	1 تم إصدار أقلام رصاص بألوان غامقة. 2 تغطي سحب الأمطار السماء. 3 أصبح الفصل صيفا مع ظلال الأشجار.

		매우 심하고 자욱하다. 3-녹음, 눈썹 등이 빽빽하다. 4-농도나 정도가 세거나 진하다. 5-인상이나 성격이 매우 강하거나 심하다. 6-어두운 정도가 심하다.	5 شخصية أو طباع قوية. 6 تكون درجة الظلام قوية.	무궁화는 향기가 짙지 않다. 5-우리 모임은 학회의 성격이 짙다. 6-땅거미가 짙게 깔렸다.	4 إن زهرة الخطمي السوري ليس لها رائحة قوية. 5إن تجمعنا لدية خلفية علمية قوية. 6 تراكم التراب كثيرا.
짜다	مالح	(형) (반) 싱겁다/ 1-무엇의 맛이 소금이나 간장의 맛과 같다. 2-(어떤 일을) 구상하여 세우다. 3-실이나 끈 따위를 씨와 날로 얽어서 만들다.	يكون طعم شئ ما مالح أو كطعم صوص الصويا.	1-보통 한국 음식은 맵고 짭니다. 2-예산을 짜다. 3-옷감을 짜다.	عادة يكون الطعام الكوري مالح و حار.
짜증	ضيق. تهيُّج	(명) 마음에 들지 않아 싫어하거나 귀찮아하는 감정.	الشعور بالغضب من شئ مزعج أو يكرهه.	너무 더워서 짜증이 나요.	أنا منزعج بسبب الحر الشديد.
짝	زوج. قرين. فردة	(명) 1-두 개가 함께 어울려 한 쌍을 이룬 것 중 하나. 2-학교에서 같은 책상을 쓰는 친구.	1 شئ واحد من شيئان متلائمان معا ويكونان علاقة زوجية. 2 صديق المدرسة الذي يشاركني نفس المكتب.	1-양말 한 짝. 2-제 짝은 참 좋은 친구예요.	1 فردة شراب. 2 إن صديقي شخص جيد جدا.
짧다	قصير. غير بعيد. قليل	(형) (반) 길다/ 1-(사물이) 한쪽 끝에서 다른 쪽까지의 길이가 가깝다. 2-한 때부터 다음의 한 때까지의 시간이 길지 않다. 3-글이나 이야기의 양이 적다. 4-지식, 생각이 모자라다.	1 قصر الطول بين طرف ما حتي الطرف الأخر. 2 قصر الفترة من وقت ما حتي وقت آخر. 3 كمية الكلام أو النص قليلة. 4 نقص في التفكير أو المعرفة.	1-제시카는 짧은 머리가 잘 어울립니다. 2-설날 연휴가 너무 짧아요. 3-짧고 재미있는 책을 읽어보세요. 4-내 생각이 너무 짧았던 것 같다.	1 يليق الشعر القصير ب جيسيكا. 2 إن عطلة رأس السنة قصيرة جدا. 3 قم بقراءة كتاب قصير ومسلي. 4 أعتقد أن تفكيري محدود.
짧아지다	يتقصر	(동) (물건이나 시간 따위의 길이가) 짧게 되다.	يصبح قصيرا.	해가 점점 짧아지고 있다	تصبح الأيام أقصر بالتدريج.
쪽	جهة. اتجاه	(명) 무엇이 나아가거나 향하는 방향.	اتجاه تقدم الشئ أو وجهة الشئ.	우체국은 어느 쪽입니까?	ماهو اتجاه الطريق لمكتب البريد؟
쪽	صفحة	(명) 책이나 공책 따위의 낱장 중 어느 한면. 수 관형사 뒤에서 의존적 용법으로 쓰여 '쪽'을 세는 단위를 나타내는 말.	جانب من كتاب أو جريدة أو مجلة مطبوعين.	교과서 5 쪽을 보세요.	انظروا صفحة رقم خمسة في الكتاب المدرسي.
찌개	نوع من الحساء	(명) 국보다 국물을 약간 적게 하여 김치, 해물, 채소 등을 넣고 된장이나 고추장, 소금 등으로 간을 맞추어 끓인 반찬.	طبق جانبي أصغر من الحساء بقليل ومكون من الكيمتشي و المأكولات البحرية و الخضراوات ويوضع به ملح و معجون الفلفل الأحمر.	가스레인지 위에서 찌개가 맛있게 끓고 있었다.	لقد أعددت حساء التشي جيه اللذيذ علي البوتجاز.
찌다	يسمن	(동) 1-몸에 살이 올라 뚱뚱해지다. 2-(사람이 음식을) 뜨거운 김으로 익히거나 데우다.	يزيد في الوزن من خلال زيادة اللحم في الجسم.	1-민지가 요즘 너무 살이 쪘다. 2-어머니께서는 만두를 찌셨다.	زاد وزن مين جي حيث أنه يأكل كثيرا هذه الأيام.
찍다	يلتقط	(동) 카메라로 사물의 모양을 필름 등에 그대로 옮기다.	ينعكس شكل شئ ما في الفيلم بواسطة الكاميرا.	우리 가족은 어제 공원에 가서 사진을 찍었다.	ذهبت عائلتنا البارحة إلي الحديقة والتقطنا الصور.

차	سيارة	(명) 1-'=자동차/ 바퀴가 달려서 사람이나 짐을 실어 나르는 기계 또는 수단. 2-버스나 트럭 등에 한 번에 태우거나 실은, 짐이나 사람의 수를 세는 말.	1 الآلة التي تحمل الناس أو الأحمال لكونه مزود بالعجلات. 2 وحدة تعداد عدد الأشخاص أو الأحمال عند شحنهم في حافلة أو شاحنة.	1-오늘은 제 차를 타고 가세요. 2-여기 올 사람들이 아직 한 차 더 있습니다.	1 أركب سيارتي اليوم واذهب. 2 بلغ عدد الأشخاص القادمة اليوم حتي الآن سيارة واحدة.
차	شاي	(명) 향기나 맛이 있는 나무의 잎을 따서 만든, 마실 것.	شئ يصنع من أوراق الشجر وله رائحة وطعم. شئ يُشرب.	시간이 있으면 커피숍에 가서 차나 한 잔 할까요?	إذا لديك وقت هل نذهب إلي الكافيه ونحتسي كوب من الشاي؟
차갑다	بارد. قارس	(형) 1-'=차다/ (반) 뜨겁다/느껴지는 온도가 낮다. 2-'=냉정하다/ 상대방을 대하는 태도에 인정이 없다	1 الشعور بانخفاض درجة الحرارة. 2 الشعور بعدم الود من الطرف الآخر.	1-그의 손은 항상 차갑다. 2-새로 온 과장님께서는 첫 인상이 너무 차가워 보였다.	1 إن يديه دائما باردة. 2 إن الطابع الأول عن المدير الجديد يبدو أنه بارد.
차다	يركل. يضرب بالقدم. يفرق	(동) 1-무엇을 발로 힘껏 치다. 2-사귀던 남녀 중의 하나가 상대를 거절하여 관계를 끊다.	1 يركل شيئا بقدمه بكامل قوته. 2 يقطع طرفٌ واحد بين رجل وامرأة علاقةً عاطفيةً بشكل أحادي.	1-민지는 공원에서 공을 차고 놀았다. 2-네가 날 차면 행복할 줄 알아?	1 لعب مين جي في الحديقة وركل الكرة. 2 هل ستكوني سعيدة إذا افترقت عني؟
차다	يمتلئ	(동) 1-물건이 가득하게 되다. 2-물기, 습기 등이 가득하게 되다. 3-감정이나 기운 등이 가득하게 되다. 4-정해진 한계에 이르다.	1 يمتلئ بشئ معين. 2 يُنقع بالماء أو الرطوبة. 3 يمتلئ بالشعور أو الأحساس. 4 يصل إلي حد معين.	1-백화점이 사람들로 꽉 차 있습니다. 2-방안에 습기가 차서 냄새가 납니다. 3-남수는 자신감에 차 있었다. 4-예약이 다 찼으니 내일 다시 연락해 주세요.	1 إن المركز تجاري مكتظ بالناس جدا. 2 ظهرت رائحة داخل الغرفة حيث الرطوبة. 3 لقد امتلأ نام سو بالثقة بالنفس. 4 رجاء اتصل بنا غدا لأن الحجز اليوم انتهي.
차다	بارد. قارس	(형) '=차갑다/ (반) 뜨겁다 / 느끼기에 온도가 낮다. 따뜻한 느낌이 없다.	الشعور بانخفاض درجة الحرارة. عدم الشعور بالدفء.	방이 찬데 방석을 깔고 앉으세요.	الغرفة باردة فافرش وسادة واجلس.
차도	طريق السيارات	(명) 자동차가 다니는 길.	الطريق التي تمر به السيارات.	차도를 건너다.	يعبر الطريق.
차례	دور. مرّة. فهرس	(명) 1-'= 순서/ 원칙에 따른 순서. 2-'= 목차/ 책의 목차. 3-'=번/ 일의 횟수를 세는 말.	1 دور حسب مبدأ أو أساس. 2 فهرس كتاب. 3 وحدة لحساب عدد حدوث الأمر.	1-차례대로 차를 타다. 2-차례만 봐서는 내용을 잘 모르겠어. 3-한 달에 세 차례나 지진이 일어났다.	1 نقوم بركوب السيارات بالدور. 2 إذا نظرت في الفهرس فقط لن تعرف المحتوي جيدا. 3 لقد حدث زلزال ثلاث مرات هذا الشهر.
차리다	يمدّ المائدة. يهيئ. يعد.يحس. يدرك. يستعد	(동) 1-음식이나 음식상을 잘 벌려 놓다. 2-무엇을 새로 갖추어 시작하다. 3-기운이나 정신을 제대로 잘 가다듬다. 4-옷을 잘 갖추다. 5-해야 할 방식을 갖추어 지키다.	1 يضع الطعام بشكل جيد ومنظم. 2 ينشئ ويبدأ شئ جديد. 3 يستعيد الطاقة أو الوعي. 4 يرتدي جيدا. 5 يلتزم بطريقة القيام بأمر ما.	1-차린 건 없지만 많이 드세요. 2-가게를 차리다. 3-운전할 때는 정신을 바짝 차려야 됩니다. 4-남수는 면접을 보려고 양복을 차려 입었다. 5-나는 체면을 차리느라 많이 먹지 못했다.	1 لا يوجد شئ أقدمه لك ولكن تناول الكثير. 2 يبني محل. 3 يجب أن تستعيد وعيك عند القيادة. 4 لقد ارتدي مين سو البدلة وذهب إلي مقابلة العمل. 5 لا أتناول الطعام كثيرا لأني أحافظ علي لياقتي البدنية.
차이	اختلاف. فرق	(명) 서로 같지 않고 다른 것. 또는 그 간격.	انعدام الاتفاق بينهم والأختلاف.	성격 차이. 차이가 크다.	اختلاف الشخصية. فرق كبير.

착하다	.لطيف متواضع	(형) 마음씨나 행동이 바르고 곱고 좋다.	القلب والسلوك مستقيم ولطيف وجيد.	영민이는 착하고 공부도 잘 해요.	إن يونغ مين جيد ويدرس جيدا.
찬성	موافقة	(명) '= 동의/ (반) 반대/ 다른 사람의 생각이 좋다고 판단하고 뜻을 같이하는 것.	اعتراف برأي أو فكرة شخص آخر والموافقة عليه.	청중들은 큰 박수로 찬성의 뜻을 표현했다.	لقد عبر المستمعون عن موافقتهم بالتصفيق الحار.
찬성하다	يوافق	(동) (반) 반대하다/ 다른 사람의 생각이 옳거나 좋다고 판단하여 뜻을 같이하다.	يعترف برأي أو فكرة شخص آخر ويوافق عليه.	이번 회의 결과에 찬성할 수 없어요.	لا أستطيع الموافقة علي نتائج هذا الاجتماع.
참	حقًا، بصراحة	(부) 정말로. 매우.	حقًا.	세월이 참 빠른 것 같아요.	لقد مر ثلاث شهور بسرعة كبيرة حقا.
참가하다	يشارك	(동) 어떤 단체, 경기, 행사 등에 나가서 함께 하다.	يحضر اجتماعا أو مباراة أو مناسبة، أو غير ذلك.	민지는 마라톤 대회에 처음 참가합니다.	إنها المرة الأولي لمين جي ليشارك في مسابقة الماراثون.
참고하다	يُراجع	(동) 어떤 일을 하는 데에 도움이 될 만한 자료로 삼다.	يراجع محتويات أمر ما بالحصول علي المساعدة.	이 분야에 대해서 더 알고 싶으면 어떤 책을 참고하면 좋을까요?	ما هو الكتاب المناسب لأراجع و أعرف أكثر عن هذا المجال؟
참다	يتحمّل	(동) 1-아픔이나 감정을 잘 누르고 이기다. 2-힘들고 어려운 일을 잘 이겨 내다.	1 يكبح مشاعر أو وجع ما ويتغلب عليه. 2 يتغلب جيدا علي الصعاب.	1-배가 너무 아파서 참을 수 없어요. 2-조금만 참고 견디면 틀림없이 좋은 결과가 있을 거예요.	1 لا أستطيع التعمل فبطني تؤلمني كثيرا. 2 إذا تحملت و صبرت قليلا ستحصل علي نتائج مرضية بدون أخطاء.
창고	مخزن	(명) 물건을 저장하거나 보관하는 건물.	مبني يتم فيه حفظ وتجميع الأشياء.	남은 물건들을 창고에 보관해 둡시다.	لنضع ونحتفظ بالأشياء المتبقية في المخزن.
창문	نافذة. شباك	(명) 공기나 빛이 통하도록 벽이나 지붕에 만들어 놓은 작은 문.	باب في الحائط أو السقف ليمر من خلاله الهواء أو النور.	열린 창문으로 시원한 바람이 들어왔다.	دخل الهواء المنعش من النافذة المفتوحة.
창밖	خارج النافذة	(명)창문의 바깥.	خارج النافذة.	창 밖이 어둡다.	الجو مظلم خارج النافذة.
찾다	.يبحث عن .يجد .يسترجع .ينادي .يدعو .يسترد .يطلب يزور	(동) 1-무엇을 얻으려고 여기저기 살피다. 2-무엇을 살펴서 얻다. 3-어떤 장소나 사람에게 가서 만나다. 4-다른 사람과 만나거나 이야기하려고 부르다. 5-무엇을 구하거나 즐기다. 6-처음의 상태를 다시 가지다. 7-맡긴 것을 다시 받다.	1 ينظر هنا وهناك من أجل الحصول علي شئ. 2 يحصل علي شئ بعد البحث عنه. 3 يذهب إلي مكان أو شخص ليلتقي به. 4 يدعو شخص ليقابله ويتحدث معه. 5 يبحث عن شئ ما. 6 يستعيد الحالة الأصلية مرة أخري. 7 يستلم الشئ الذي أودعه من جديد.	1-방을 샅샅이 찾았으나 지갑은 없었다. 2-약속 장소를 금방 찾았습니까? 3-사람들은 주말에 산이나 바다를 찾는다. 4-김 선생님이 널 찾으시던데. 5-그는 외국에 가서도 된장찌개를 찾았다. 6-하루 빨리 마음의 안정을 찾으시길 바랍니다. 7-은행 문이 닫혀서 돈을 못 찾았어요.	1 لقد بحثت في كل أرجاء الغرفة ولم أجد المحفظة. 2 هل وجدت مكان المعياد؟ 3 يذهب الناس في عطلة نهاية الأسبوع إلي الجبل أو البحر. 4 إن المعلم كيم ينادي عليك. 5 بالرغم من سفره إلي الخارج فإنه وجد أيضا حساء الدينجانج. 6 آمل أن يستقر قلبك في أسرع وقت ممكن. 7 لم أستطع سحب النقود لأن باب البنك كان مغلق.
찾아가다	.يزور يذهب بحثا	(동) 1-누구를 만나기 위해 가다. 2-어떤 목적을 가지고 어떤 곳에 가다. 3-잃어버리거나 맡긴 것을 받아 가지고 가다.	1 يذهب للقاء شخص ما. 2 يذهب إلي مكان ليحصل علي هدف معين. 3 يذهب ليسترد شيئا مفقودا أو تم إيداعه.	1-언제쯤 찾아가면 됩니까? 2-수미는 어릴 때 살던 동네를 한번 찾아가 보기로 했다. 3-이미 부인께서 돈을 찾아가셨습니다.	1 متي أستطيع زيارتك تقريبا؟ 2 ذهب سو مي مرة إلي الحي الذي كان يسكن به في الطفولة. 3 لقد ذهبت زوجتي بالفعل لتسحب النقود.
찾아보다	.يبحث. يلتقي. يزور	(동) 1-원하는 것을 구하거나 알기 위하여 살피다. 2-보게 되다. 3-가서 만나다.	1 يبحث عن شئ يريده أو يدرس للمعرفة. 2 يعثر. 3 يذهي ويلتقي.	1-저는 직장을 그만두고 다른 일을 찾아보려고 합니다. 2-이제는 외국의	1 لقد تركت وظيفتي و سأبحث عن عمل آخر.

				슈퍼마켓에서도 김치를 찾아보기가 그리 어렵지 않다. 3-남수는 지방에 살고 있는 친척을 찾아보고, 오늘 아침 일찍 다시 서울로 왔다.	2 إن العثور علي الكيمتشي في متاجر في البلاد الأجنبية أصبح غير صعب. 3 زار نام سو أقاربه الذين يعيشون في المنطقة وعاد إلي سيول اليوم في الصباح الباكر.
찾아오다	يأتي. يسترد	(동) 1-누구를 만나기 위해 오다. 2-어떤 목적을 가지고 어떤 곳에 오다. 3-일, 감정 등이 일어나다.	1 يأتي للقاء شخص ما. 2 يأتي من مكان لعثوره علي هدف ما. 3 حدوث أمر أو شعور معين.	1-도움이 필요하면 언제든지 나를 찾아와. 2-이 식당은 음식도 싸고 맛있어서 손님들이 많이 찾아와요. 3-드디어 봄이 찾아왔다.	1 إذا احتجت أي شئ تعال في أي وقت. 2 يأتي العديد من الناس إلي هذا المطعم بسبب طعامة الجيد والرخيص. 3 لقد أتي الربيع أخيرا.
채소	خُضرة. خضراوات	(명) 먹기 위해 밭에서 기르는 것으로, 그 줄기, 열매, 뿌리를 먹는 것.	الأشياء التي تزرع في الحقل من أجل الأكل وتؤكل أوراقها و ثمارها و جذورها.	그는 마당 구석에 채소를 심었다.	لقد زرع الخضروات في أركان الفناء.
채우다	يغلق. يزرّر. يملأ. يُرضِي. يقيّد	(동) 1-무엇을 안에 넣어 차게 하다. 2- 어떠한 수에 모자라는 양을 더하다. 3-일정한 수량이나 시간이 되게 하다. 4-바라는 것을 이루게 하다. 5-몸의 한 부분에 매거나 끼워서 지니게 하다. 6-단추 등을 풀어지지 않게 하다.	1 يملأ المكان بوضع شئ ما. 2 يزود من كمية أو حجم عدد ما. 3 يكمل كمية معينة أو وقت معين. 4 يحقق شئ يتمناه. 5 يسحب ويقيد جزء من الجزء أو يشده. 6 يجعله لا يُفَكّ من خلال إدخال الزر في الثقب ونحوه.	1-아내는 냉장고에 과일을 가득 채워 놓는다. 2-그는 모자라는 돈을 채워 은행에 입금시켰다. 3-그는 임기를 다 못 채우고 쫓겨났다. 4-당신은 언제나 자기 욕심만 채우는군요. 5-경찰이 와서 그의 팔목에 수갑을 채웠다. 6-단추를 다 채우니까 목이 좀 답답하네요.	1 لقد ملأت الثلاجة بالفاكهة. 2 لقد أكملت النقود الناقصة ووضعتها بالبنك. 3 لقد أكمل مدته وتم طرده. 4 أنت دائما ما تحقق رغبتك. 5 لقد جاءت الشرطة ووضعت الأصفاد في معصمه. 6 لقد زررت كل الزراير فأشعر أن رقبتي مخنوقة.
책	كتاب. مجلد	(명) '=도서. 서적/ 글이 쓰여 있는 종이를 여러 장 합쳐서 하나로 만든 것.	عدة أوراق مكتوب فيها و يتم تجمعيها في شئ واحد.	책을 빌리러 도서관에 갔었습니다.	لقد ذهبت إلي المكتبة لأستعير كتاب.
책가방	حقيبة الكتب	(명) 책이나 공책, 필통 등을 넣어 가지고 다니는 가방.	حقيبة يتم حملها ويوضع بها كتب و دفاتر ومقلمة.	책가방을 메다.	يحمل حقيبة الكتب.
책방	محلّ كتب	(명) 책을 파는 가게.	محل لبيع الكتب.	학교에서 오는 길에 책방에 갔어요.	لقد ذهب إلي محل الكتب في طريق عودتي من المدرسة.
책상	مكتب. طاولة.	(명) 공부를 하거나 사무를 볼 때 필요한 물건들을 올려놓고 쓰는 가구.	أثاث يستخدم للمذاكرة أو القيام بالأعمال المكتبية أو وضع الأشياء المهمة عليه.	민수는 책상 앞에 앉아 친구에게 편지를 썼다.	لقد جلس مين سو أمام المكتب وكتب طاب لصديقه.
책임	مسؤولية	(명) 1-꼭 하기로 하고 맡은 일. 2-자기가 관계된 일에서 어떤 바람직하지 않은 결과에 대한 의무.	1 أمر يجب فعله أو توليه. 2 إلزام أو واجب بتحمل النتيجة الغير مرغوب فيها بأمر متعلق بالذات.	1-사회적 책임. 2-이번 사태에 대한 책임.	1 مسؤولية المجتمع. 2 مسؤولية حول هذه الحالة.
처음	أوّل	(명) (반) 끝. 마지막/ 차례나 시간으로 맨 앞.	ما يأتي قبل غيره في الترتيب أو الوقت.	서울은 처음이어서 지리를 잘 모르겠어요.	إنها أول مرة لي في سيول فلا أعرف الطرق جيدا.
척하다	يتظاهر	(동) 겉으로 보이는 태도를 거짓으로 꾸미다.	تداعي السلوك الواضح من الكظهر الخارجي.	그는 민지를 못 본 척했다	لقد تظاهر بإنه لم يرّ مين جي.
천	ألف	(수) 숫자 1000.	الرقم ألف 1000	잠이 안 오면 일에서 천까지 숫자를 세봐.	إذا لم تشعر بالنعاس جرب أن تعد من واحد إلي ألف.

천천히	ببطء	(부)(반) 빨리/ 움직임이나 상태의 변화가 급하지 않고 느리게.	عدم تغير الحالة بسرعة أو الحركة ببطء.	음식을 천천히 먹어야 소화가 잘 돼요.	يجب أن تأكل ببطء لتتم عملة الهضم جيدا.
첫	أول	(관) 차례나 시간에서 제일 앞의.	أول شئ في الترتيب أو الوقت.	오늘 첫 월급을 탔습니다.	لقد استلمت أول راتب لي اليوم.
첫날	أوّل يوم	(명) 어떤 일이 시작되는 날. 어떤 곳에서 있게 되는 첫째 날.	يوم بداية أمر ما. أول يوم في مكان ما.	영민이는 첫날부터 지각을 했다.	لقد تأخر يونغ مين اي منذ أول يوم.
첫째	الأول. أولا	(수) 1-순서가 첫 번째가 되는 차례. 2-순서가 첫 번째가 되는 차례의.	1 الأول في الترتيب. 2 أول شئ في الترتيب.	1-첫째, 밥을 먹은 후에 반드시 이를 닦을 것! 2-첫째 아들.	1 أولا بعد الأكل يجب أن نغسل أسناننا. 2 الابن الأول.
청년	شابّ	(명) '=젊은이/ 나이가 20 대에서 30 대 초반에 있는 젊은 남자.	شاب ذكر.	노인은 옆자리의 청년에게 술을 권했다.	عرض العجوز علي الشاب الذي بجانبه الخمر.
청바지	سروال أزرق (جينز)	(명) 두껍고 튼튼한 면으로 된 파란색 바지.	بنطال أزرق مصنوع من قطن متين وثقيل.	주말에는 청바지를 자주 입습니다.	أرتدي البنطال الأزرق أحيانا في عطلة نهاية الأسبوع.
청소	تنظيف	(명) 빗자루, 청소기, 걸레 등을 이용하여 어떤 곳을 깨끗하게 정리하는 것	ترتيب وجعل المكان نظيفا باستخدام المكنسة أو آلة التنظيف أو مِمْسَحَة.	청소 도구.	أدوات التنظيف.
청소기	آلة منظّفة. مكنسة	(명) 전동기의 힘으로 바닥의 먼지를 빨아들이는 청소 기계.	آلة تنظيف تمتص الغبار من علي الأرض بقوة الكهرباء.	먼지가 많으니까 청소기를 한번 돌리는 게 좋겠다.	سيكون من الأفضل أن تدير المكنسة لأن هناك الكثير من الغبار.
청소년	صبي. شابّ	(명) 나이가 12 세에서 20 세에 이르는 미성년의 젊은이들을 통틀어서 이르는 말 흔히 십 대 후반의 젊은이를 말한다.	صبي أو شاب لم يبلغ بعد.	요즘 청소년들의 말이 많이 거칠어져서 걱정스러워요.	أنا قلق لأن كلام الصبيان هذه الأيام حاد جدا.
청소하다	ينظّف	(동) 빗자루, 청소기, 걸레를 이용하여 어떤 곳을 깨끗하게 정리하다.	يرتب ويجعل المكان نظيفا باستخدام المكنسة أو آلة التنظيف أو المِمْسَحَة.	지난 일요일에 집 마당을 청소했어요.	لقد نظفت فناء المنزل الأحد السابق.
체육	رياضة. تربية بدنية	(명) 체력을 기르게 위한 교육, 또는 학교 과목.	تمرين من أجل القوة البدنية. أو مادة دراسية في المدرسة.	다음 시간은 체육 시간이에요.	التالي هو وقت التربية البدنية.
체중	وزن الجسم	(명) '=몸무게/ 몸 무게.	وزن الجسم.	체중 조절을 위해 운동을 하고 있습니다.	أنا أقوم بالرياضة لتنظيم وزن جسمي.
쳐다보다	يحدّق بصره في	(동) 얼굴을 들고 올려다보다.	يرفع وجهه وينظر إلي الأعلي.	김 선생은 나를 쳐다보지도 않았다.	لم ينظر إلي المعلم كيم حتي.
초	بداية	(명) (반) 말/ 처음. 어떤 시기가 시작되는 때를 나타내는 말.	كلمة تعبر عن بداية وقت ما.	다음 주 초에 결과를 발표하겠습니다.	سأعلن عن النتائج مع بداية الأسبوع القادم.
초	ثانية	(명) 1 분을 60 으로 나눈 시간.	الوقت الذي يمثل 60 وحدة في الدقيقة.	민지는 몇 초 만에 답을 생각해 냈다.	لقد فكر مين جي في الإجابة في ثانية واحدة.
초대	دعوة	(명) 어떤 모임이나 행사에 사람들을 부르는 것.	دعوة الأشخاص لحضور حدث أو تجمع معين.	나는 선생님 댁에 초대를 받았다.	لقد تلقيت دعو من منزل المعلم.

초대장	بطاقة دعوة.	(명) 어떤 자리, 모임, 행사 등에 초대하는 뜻을 적어서 보내는 편지	رسالة تنصّ على دعوة إلى جلسة أو اجتماع أو مناسبة أو غيرها.	생일 초대장.	بطاقة دعوة عيدميلاد.
초대하다	يدعو	(동) 손님을 어떤 모임, 행사, 파티 등에 오라고 부르다.	يدعو الزوار ويطلب منك القدوم في تجمع أو حدث أو حفلة وغيرها.	나는 생일날 친구들을 초대했다.	لقد دعوت أصدقائي ليوم عيد مولدي.
초등학교	مدرسة ابتدائية	(명) 만 6 세~ 11 세의 어린이들이 다니는 학교.	مدرسة يلتحق بها الأطفال من 6 سنوات إلي 11 سنة.	막내아이는 초등학교에 다니고 있어요.	إن أصغر أطفالي يذهب إلي المدرسة الابتدائية.
초등학생	طالب ابتدائي	(명) 초등학교에 다니는 학생.	طالب ملتحق بمدرسة ابتدائية	우리 집 막내 동생은 초등학생입니다.	إن أصغر أخواتي في منزلنا طالب ابتدائي.
초록색	أخضر	(명)'=초록. 녹색/ 풀의 빛깔과 같이 푸른색을 약간 띤 색깔.	لون يشبه لون العشب و أفتح قليلا من الأزرق.	길 양쪽으로 초록색 논들이 뻗어 있었다.	إن الحقول الخضراء ممتدة علي جانبي الطريق.
초보	مبتدئ	(명) 학문이나 기술 따위를 익힐 때의 그 처음 단계나 수준.	المستوي أو المرحلة الأولي في تعلم أو مهارة.	초보 단계.	مرحلة المبتدئين.
초콜릿	شوكولاتة	(명) 코코아 가루와 기름과 설탕으로 만든 단 서양식 과자.	حلويات غربية يتم صنعها من مسحوق الكاكاو والزيت والسكر.	아이들은 사탕과 초콜릿을 좋아한다.	يحب الأطفال الحلوي و الشوكولاتة.
총	مِدْفَع. بندقية. مسدس	(명) 화약의 힘으로 총알을 발사하는 비교적 작은 무기.	سلاح صغير يقوم بإطلاق الرصاص.	미국에는 총을 가진 사람들이 많다.	هناك الكثير من الأشخاص الذين يحملون مسدس في أمريكا.
최고	الأعلي. الأحسن	(명) 1-'=제일/ 가장 좋은 것. 가장 으뜸 되는 것. 2-(반) 최저. 최하/ 가장 높은.	1 أفضل شيء. أحسن شئ. 2 الأعلي.	1-한국 최고의 배우. 2-최고 점수.	1 أفضل ممثل كوري. 2 أعلي درجة.
최근	أخير. مؤخرا	(명) 지금을 기준으로 하여 바로 얼마 전. 얼마 전부터 지금까지의 기간. /'= 요새. 요즈음. 요즘	قبل فترة صغيرة. فترة من لحظة حتي الآن.	최근에 나온 영화 중에 어떤 것이 재미있어요?	ما الشئ الممتع في الفيلم الذي ظهر مؤخرا؟
최대	الأكبر	(명) (반) 최소/ 가장 큰 것.	أكبر شئ.	이 운동장은 최대 삼만 명을 수용할 수 있다.	إن أكبر عدد يمكنه اتسخدام هذا الأستاد هو ثلاثون ألف شخص.
최선	الأفضل. الأحسن	(명)(반) 최악/가장 좋은 것.	أفضل شئ.	여러 가지 중에 최선의 것을 선택하도록 하세요.	يجب أن تختار الأفضل من عدة أشياء.
최소한	حد أدني	(명) (반) 최대한/ 더 이상 줄이기 어려운 가장 작은 한도.	أقل أو أدني حد ممكن من الشئ.	비용을 최소한으로 줄였다.	لقد قللت التكلفة لأدني حد ممكن.
최초	الأول	(명) (반) 최후/ 맨 처음.	الأول.	세계 최초의 비행기.	الطائرة الأولي في العالم.
추다	يرقص	(동) 음악에 맞추거나 흥이 나서 몸을 움직이다.	يحرك جسمه ويوفق حركاته مع الموسيقي أو عند ظهور صوت.	우리는 어제 즐겁게 노래도 부르고 춤도 추었습니다.	لقد غنينا بسعادة ورقصننا البارحة.

추석	تشوسوك	(명) 송편과 새로 나온 과일 등을 준비하여 조상에게 차례를 지내는 날. 한국의 민속 명절로 음력 8 월 15 일./= 한가위.	يوم يتم فيه إعداد السونغ بيون والفاكهة الجديدة وإقامة الطقوس مع الأجداد. عيد شعبي شهر أغسطس يوم 15 حسب السنة القمرية.	추석을 맞이해서 고향에 내려가는 사람들이 많군요.	يذهب العديد من الناس إلي بلدهم في عيد التشوسوك.
추위	برد. برودة	(명) 겨울의 추운 기운, 또는 추운 날씨.	درجة الحرارة البارده في الشتاء. أو طقس بارد.	열심히 운동하면 추위를 이길수 있어요.	تستطيع التغلب علي البرودة عند القيام بالرياضة.
추측	تخمين	(명) 어떤 사실이나 보이는 것을 통해서 다른 것을 미루어 생각하는 것. /'= 짐작	تخمين شيء آخر من خلال حقيقة ما أو ما يُرى.	추측이 틀리다.	تخمين خاطئ.
추측하다	يخمن	(동)어떤 사실이나 보이는 것을 통해서 다른 무엇을 미루어 짐작하다	يخمن شئ من خلال حقيقة ما أو شئ يراه.	나는 그가 교장선생님일 것이라고 추측했다.	لقد خمنت أنه مدير المدرسة.
축구	كرة القدم	(명) 발로 공을 차서 상대방의 골에 공을넣어 승부를 겨루는 구기 경기. 11 명이 한 팀을 이루며, 골키퍼 이외에는 손을 쓰면 안 된다.	رياضة يتألف فريقها الواحد من أحد عشر لاعبا، ويفوز فيها الفريق الذي يتمكن من وضع الكرة أكثر في مرمى الفريق الآخر باستخدام القدمين أو الرأس ولا يمكن استخدام اليد.	어제는 텔레비전으로 축구 경기를 봤다.	قد شاهدت مباراة كرة القدم علي التلفاز البارحة.
축제	مهرجان, احتفال	(명) 어떤 대상이나 분야를 주제로 하여 벌이는 대대적인 행사. 정해진 날이나 기간을 축하하기 위해 흥겹게 벌이는 의식이나 행사.	حدث يتم فيه دعوة العديد من الزوار لتقديم التهاني.	이번 토요일부터 일주일 동안 우리 학교에서 축제를 합니다.	هناك مهرجان في مدرستنا بدءا من السبت لمدة أسبوع.
축하	تهنئة	(명) 남의 좋은 일에 대해 기쁜 마음으로 인사하는 것.	تقديم تحية بكلّ سرور على أمر طيب لشخص آخر.	다같이 생일 축하 노래를 부릅시다.	هيا نغني سويا أغنية تهنئة عيد الميلاد.
축하하다	يُهنئ. يبارك	(동) 남의 좋은 일에 대해 기쁜 마음으로 인사하다.	يقدّم تهنئة بكلّ سرور على أمر طيب لشخص آخر.	여러분의 합격을 축하합니다.	مبراك لكم النجاح.
출구	نخرج. فرار. تصدير	(명) 어떤 장소의 안에서 밖으로 나가는 곳 ./(반) 입구	نقطة خروج من داخل مكان ما.	사람들이 출구를 찾기 못해 헤맸다.	كان الناس غير قادرين علي إيجاد المخرج.
출근	الذهاب إلي العمل	(명) 일을 하러 직장에 가는 것./(반) 퇴근	الذهاب إلي مكان العمل.	존슨 씨는 아침에 눈을 뜨자마자 출근을 서둘렀습니다.	السيد جونسون بمجرد أن يفتح عينيه في الصباح يذهب إلي العمل مسرعا.
출근하다	يذهب إلي العمل	(동) 직장에 일하러 나가다.	يخرج إلي مكان العمل ليعمل.	오늘은 회사에 처음 출근한 날이다.	إنه أول يوم لذهابي إلي الشركة.
출발	انطلاق. بدء	(명) 목적지를 향해 길을 떠나는 것. /(반) 도착	مغادرة ليتجه لهدف معين.	기차 출발시간이 몇 시입니까?	ما هو موعد انطلاق القطار؟
출발하다	ينطلق	(동) 어떤 목적지를 향하여 길을 떠나다.	يغادر ذاهبا إلي مهدف معين.	학교를 출발하기 전에 전화해 주세요.	اعطني رقم هاتفك قبل مغادرتك للمدرسة.
춤	رقص	(명) 음악에 맞추거나 흥이 나서 몸을 움직이는 것.	تحريك الجسم وتنظيم حركاته علي الموسيقي أو الإيقاع.	수미는 노래를 잘하고 춤도 잘 춘다.	إن سومي يجيد الغناء والرقص أيضا.

춥다	بارد	(형) 몸으로 느끼기에 기온이 낮거나 날씨가 차다.	شعور الجسم بإنخفاض في درجة الحرارة أو الطقس بارد.	방이 좀 추운 것 같아요.	إن الغرفة باردة.
충격	صدمة. تأثير	(명) 뜻밖의 일이나 슬픈 일 등으로 마음에 받은 심한 자극.	تحفيز أو تأثير قوي يصيب القلب عند حدوث أمر غير متوقع أو محزن.	나는 강 선생님께서 돌아가셨다는 소식에 큰 충격을 받았다.	لقد تلقيت صدمة كبيرة عنددما سمعت بخبر وفاة المعلم كانغ.
충분하다	كافٍ	(형) (모자라지 않고 넉넉하다.	ما فيه الكفاية بلا نقص	수영을 하기 전에는 충분한 준비 운동을 해야 한다.	يجب الإحماء الكافي قبل السباحة.
충분히	بشكل كاف	(부) 모자라지 않고 넉넉하게.	بشكل كافٍ دون نقص.	아침에 일어나면 물을 충분히 마셔야 해요.	أشرب المياه بشكل عندما تستيقظ في الصباح.
충청도	محافظة تشونغ تشنغ	(명) 충청남도와 충청북도	مقاطعتان من تشونغ تشنغ ، واحدة شمالية والأخرى جنوبية	충청도에서 살고 있어요	أعيش في محافظة تشونغ تشنغ.
취미	هواية.	(명) 1-좋아하여 재미로 즐겁게 하는 일. 2-직업이나 의무에 관계 없이 마음이 끌리고 재미가 있는 것.	1- شيء يحبه ويستمتع به من أجل المتعة. 2- شئ ما ممتع ويجذبه ليس له علاقة بالوظيفة أو الواجبات.	1-제 취미는 우표 수집입니다. 2-그는 그림에 취미가 있다.	1- هوايتي جمع طوابع البريد. 2- يهوي الرسم.
취소하다	يلغي	(동) 이미 발표한 것을 거두어들이거나 약속한 것 또는 예정된 일을 없애다.	يسحب ما كان قد أعلن، أو يُلغِي ما كان قد وعد أو الأمر المخطَّط	일이 많아서 오늘 약속을 취소하겠습니다.	سألغي مواعيد اليوم لأنني مشغول.
취직	توظّف	(명) 직장이나 일자리를 얻는 것. /(=) 취업	الحصول علي عمل.	취직 시험	اختبار التوظّف
취직하다	يتوظّف	(자동)(직장에) 일자리를 얻다.	يحصل علي عمل.	남수가 회사에 취직하더니 멋있어졌네.	أصبحت نام سو أنيقة بعد أن حصلت علي عمل في شركة.
취하다	سكران / مخمور / مسحور/ مفتن ب	(동) 1-(술, 약 때문에 몸을 제대로 움직일 수 없게) 정신이 흐려지다. 2-무엇에 매우 깊이 빠져서 열중하다.	1- يكون غير قادر على التفكير أو الحركة بشكل صحيح بسبب تأثير مشروبات كحولية أو أدوية وغيرها. 2- يُفتتن بشيء أكثر من اللازم.	1-남자는 술에 취해 비틀거리며 걸었다. 2-병사들은 전쟁이 끝난 뒤 한동안 승리감에 취해 있었다.	1- مشي الرجل وهو يترنح لأنه مخمور. 2- ظل الجنود مفتونين بالنصر لفترة طويلة بعد انتهاء الحرب.
층	طابَق، طَبَقَة	(명) 1-서로 다른 물질이나 물체가 옆으로 넓게 퍼져 쌓여 있는 것 중의 하나. 또는 그렇게 쌓여 있는 상태. 2-위로 높이 포개어 지은 건물에서 같은 높이를 이루는 부분. 3-사회적 신분, 재산, 수준이나 관심 분야 등이 서로 비슷한 사람들. 4-건물의 높이를 세는 단위.	إ1- حدى الطبقات من مواد مختلفة أو أشياء مكدسّة أفقيا. أو حالة الأشياء المكدسة على هذا النحو. 2-منطقة من نفس الارتفاع داخل مبنى تم بناؤه من طبقات متعدّدة أفقيا. 3-ناس متشابهون في المكانة الاجتماعية والثروة، والمستوى، والمجال وغيره. 4- وحدة لعدّ الأدوار المرقمه من أسفل إلى أعلى في مبنى.	1-기름과 물은 서로 섞이지 않고 물 위에 기름이 떠 층을 형성하고 있었다. 2-아파트는 높은 층으로 갈수록 집값이 더 비싸다. 3-고위 공무원 층. 4-이 건물은 지상 십 층, 지하 삼 층으로 총 십삼 층짜리 건물이다.	1- كون الزيت طبقة فوق الماء دون أن يختلط بالماء. 2- يرتفع سعر العقار كلما كان في دور عالي. 3-طبقة الموظفين العليا. 4- تتكون هذه العمارة من ثلاثة عشر طابق منهم عشرة طوابق علوي و ثلاث طوابق تحت الأرض.
치과	طبّ الأسنان	(명) 치아와 더불어 잇몸 등의 지지 조직, 구강 등의 질병을 치료하는 의학 분야. 또는 그 분야의 병원.	مجال طبّيّ يعالج أمراض الأسنان، ودعم الأنسجة مثل اللثة والفم، وما إلى ذلك. أو عيادة متخصّصة في هذا المجال.	치과 의사.	طبيب أسنان
치다	يضرب / يصدم	(동) 1-(무엇을) 세게 두드리다. 2-(누구를) 때리다. 3-(누구를) 차로 부딪치다.	1- يضرب شئ بقوة. 2- يضرب شخص.	1-김 과장은 화가 나서 주먹으로 책상을 쳤다. 2-민수는 화가 나서 친구의 뺨을 세게	1- ضرب رئيس القسم المكتب بقبضة يده لأنه غاضب. 2- صفعت مينسو صديقتها

		4-(악기를) 연주해서 소리를 내다. 5-(공을) 때리면서 놀이나 경기를 하다. 6-(타자로) 글자로 찍다. 7-(카드 등으로) 게임을 하면서 놀다. 8-(무엇을)베거나 자르다. 9-(시험을) 보다. 10-전기를 이용한 통신으로 신호를 보내다. 11-세게 흔들다. 12-(좋지 못한 행동을) 벌이거나 저지르다.	3- يصدم شخص بالسيارة. 4- يصدر صوت بالعزف علي الآلات الموسيقية. 5- يتسابق أويلعب من خلال ضرب الكرة. 6- يطبع حروف باستخدام آلة كاتبة. 7- يلعب بالأوراق. 8- يقطع شئ. 9- يمتحن. 10- يرسل إشارة بواسطة اتصالات تستخدم الكهرباء. 11- يهزّ بقوة. 12- يقوم بتصرف غير جيد.	쳤다. 3-오토바이가 할머니를 치고 달아났습니다. 4-혜정이 피아노를 잘 쳤다. 5-사람들이 공원에서 배드민턴을 치고 있었다. 6-비서는 자판을 치는 속도가 상당히 빠르다. 7-지금 컴퓨터로 고스톱을 치고 있어요. 8-그는 생선을 만들 때 토막 쳐서 냉동실에 넣었다. 9-입학시험을 잘 쳤어요? 10-그는 아들에게 할아버지가 위독하다고 전보를 했다. 11-주인을 본 강아지는 반갑게 꼬리 쳤다. 12-수업 시간에 장난을 치면 안 됩니다.	لأنها غاضبة.3- صدمت السيارة السيدة الكبيرة وفرت. 4- تجيد هي جونج العزف علي البيانو. 5- لعب الناس لعبة كرة الريشة في الحديقة. 6- السكرتير سريع جدا في الكتابة علي الكيبورد. 7- الأن ألعب لعبة جو ستوب علي الكومبيوتر. 8- عند طهي السمك أقوم بتقطيعه لقطع ثم وضعه في الفريزر. 9- هل أديت بشكل جيد في امتحان القبول؟ 10- أرسل إلي ابنه ان جده في حالة خطرة. 11- هز الكلب الذي رأي صاحبه ذيله بسرور. 12- غير مسموح باللعب أثناء المحاضرة.
치료	علاج	(명) 병을 낫게 하는 일.	شفاء من مرض ما.	응급 치료.	الإسعافات الأولية / علاج الطوارئ.
치료하다	يعالج	(동) (병이나 상처 등을) 낫게 하다.	يشفي من مرض أو جرح وغيره.	병을 치료하는 것보다 예방하는 것이 중요하다.	الوقاية خير من العلاج.
치마	تنورة	(명) 여자가 몸의 아래쪽에 입는 하나의 통으로 된 옷.	ثوب قطعة واحدة سفلي ترتديه المرأة.	민지는 바지보다 치마가 더 잘 어울려요.	تناسب التنورة مين جي أكثر من البنطلون.
치약	معجون أسنان	(명) 이를 닦을 때 칫솔에 묻혀 쓰는 약.	دواء يوضع علي فرشان الأسنان عند غسيل الأسنان.	내가 쓰는 치약에는 잇몸 질환을 예방하는 성분이 함유되어 있다.	يحتوي معجون الأسنان الذي استخدمه علي عنصر واقي ضد أمراض اللثة.
치우다	ينظف / ينقل	(동) 1-(지저분한 것을) 버리거나 깨끗하게 하다. 2-(물건을 다른 곳으로) 옮기다.	1- يجعل شئ ما نظيف أو يتخلص من قاذورات. 2- ينقل شئ إلي مكان آخر.	1-엄마는 바닥에 흩어져 있는 쓰레기를 치웠다. 2-여기 두었던 약 어디다 치웠어?	تخلصت أمي من القمامة التي كانت متناثرة علي الأرض.
친구	صديق	(명) 1-(=) 벗/ 서로 친하게 지내는 사람. 2-말하는 이보다 나이가 어리거나 비슷한 사람을 낮추거나 친근하게 이르는 말.	شخص يصاحب بشكل ودّي. 2- كلمة تطلق بشكل ودي أو للاستهانه من شخص أصغر منك عمراً أوفي نفس العمر.	1-친구가 어려운 일이 생기면 도와줄 거예요. 2-이 친구 많이 피곤한 모양이군.	1- سأساعد صديقي إذا حدثت ضائقة له. 2- يبدو أن هذه الصديق متعب.
친절하다	لطيف	(형) (반) 불친절하다/ (남을 대하는 태도가) 다정하고 좋다.	السلوك مع الأخرين جيد وودّي.	주인 아저씨가 친절해서 가게에 손님이 많아요.	زبائن المحل كثيرون لأنه صاحبه لطيف.
친척	قريب	(명) 어머니, 아버지, 그리고 배우자와 혈연 관계에 있는 사람.	شخص ذو صلة الدم مع الوالدين والزوجة أو الزوج	우리는 결혼식에 오셨던 친척 한 분 한 분께 감사의 인사를 드렸다.	ألقينا التحية علي أقاربنا الذي حضروا حفل الزفاف
친하다	قريب	(형) 가까이 사귀어 서로 잘 알고 정이 두텁다.	يشعر بالقرب بعد التعرّف عليهم	친한 사람.	شخص مقرب
칠	رقم سبعة	(명) 1-숫자 7. 2- 7 의.	رقم 7. 2- سبع	1-6 에 1 을 더하면 7 이지요. 2-아내는 지금 임신 칠 개월입니다.	إذا أضفنا 1 علي 6 يصبح الناتج 7. 2- زوجتي حامل في الشهر السابع.
칠판	سبورة	(명) 분필로 글씨를 쓸 수 있도록 검은 칠 등을 하여 만든 푸른 색 판. 주로 교실에	لوحة ذات لون أسود داكن يكتب عليها بالطباشير. توجد بشكل رئيسي في الفصل.	선생님! 칠판에 써 주세요.	يا معلم أكتب علي السبورة.

		있다.			
침대	سرير	(명) 사람이 누워 잘 수 있게 만든 가구.	قطعة أثاث غربية تستخدم عند النوم.	지수는 너무 피곤해서 집에 돌아오자마자 침대 위에 쓰러져 잠들었다.	سقطت جي سو نائمة بمجرد دخولها البيت لأنها كانت متعبة للغاية.
침실	غرفة النوم	(명) 잠을 자도록 마련된 방.	غرفة النوم	2층에는 침실과 욕실이 있습니다.	يوجد الحمام وغرفة النوم في الطابق الثاني.
칫솔	فرشة الأسنان	(명) 이를 닦는 솔.	أداة لغسل الأسنان.	전동 칫솔.	فرشاة أسنان كهربائية
칭찬	مدح	(명) (반) 꾸중. 벌 / 좋은 점이나 잘한 일 등을 매우 훌륭하게 여기는 마음을 말로 나타냄. 또는 그런 말.	تعبير بالكلام عن قلبٍ يعترف بأن ميزة شيء أو عمل حسن أو غيرهما رائع جدا	에세이를 잘 써서 선생님께 칭찬을 받았다	أثني المعلم علي لأنني كتبت مقال بشكل جيد.
칭찬하다	يمدح	(동) 좋은 점이나 잘한 일 등을 매우 훌륭하게 여기는 마음을 말로 나타내다.	يعبّر بالكلام عن قلبٍ يعترف بأن ميزة شيء أو عمل حسن أو غيرهما رائعه جدا	아버지께서는 어머니를 도와 드린 누나를 칭찬하셨습니다.	مدح أبي أختي التي ساعدت أمي.
카드	بطاقة / كارت	(명) 1-무엇을 기록하는 종이. 2-(특별한 날에) 축하의 말을 적어서 다른 사람에게 보내거나 주는 작은 종이. 3-(주로 은행이나 백화점 등에서 만들어 주는 플라스틱) 기계에 넣고 돈을 찾거나 물건을 살 때 돈 대신 쓰는 것. 4-트럼프의 패.	1- ورقة تسجيل شئ. 2- ورقة صغير تُرسل إلي شخص آخر يكتب فيها تهنئة في يوم خاص. 3- شئ مصنوع من البلاستك يستخدم بدلا من المال عند شراء أشياء في المول أو سحب الأموال في البنك. 4- ورقة لعب.	1-내일까지 인사 카드를 내 주십시오. 2-생일 카드. 3-교통 카드. 4-사람들이 카드 놀이를 하고 있다.	1- حتي الغد أرسل لي بطاقة التحية. 2- بطاقة معايدة بعيد الميلاد. 3- بطاقة المواصلات. 4- يلعب الناس لعبة الأوراق(الكوتشينه).
카메라	كاميرا.	(명) 1-사진을 찍는 기계. 사진기. 2-비디오나 영화를 찍는 기계.	آلة لإلتقاط الصور. 2- آلة لتصوير الفيديو أو الأفلام.	1-여행 갈 때 카메라를 꼭 가지고 가자. 2-이 영화의 카메라 감독이 누구입니까?	أحضر الكاميرا عند السفر. 2- من هو مخرج الفلم؟
칸	رف، طابق، مقصورة، حجرة	(명) 1-건물, 기차 안, 책장 등을 용도에 따라 일정한 크기나 모양으로 나누어 둘러 막은 공간. 2-몇 개로 나누어진 공간이나 계단의 수를 세는 말.	1- فضاء مُحيط ومسدود من خلال تقسيم المبنى، القطار، خِزانة الكتب، وما إلى ذلك إلى حجم أو شكل محدّد حسب الاستخدام لغرض معين. 2- وحدة عد السلالم أو المساحات المقسمة.	1-우리는 좁은 기차 칸에서 점심을 김밥으로 해결했다. 2-신문에 있는 네 칸짜리 만화가 재미있다.	1- تناولنا الكيم باب كعشاء في عربة القطار الضيقة. 2- مساحات الكاريكاتير الأربعة في الجريدة مسلية.
칼	سكين	(명) 물건을 베거나 깎거나 써는 데 쓰는, 날이 날카로운 도구.	أداة حادة الطرف تستخدم في لقطع أو تقشير شيء ما.	칼로 베다	يقطع باسنخدام السكين.
캐나다	كندا	북아메리카 대륙의 북부에 있는 나라.	بلد يقع في الجزء الشمالي من أمريكا الشمالية.	캐나다의 수도는 오타와이다.	أوتاوا هي عاصمة كندا.
캠퍼스	حرم الجامعة أو الكلّيّة	(명) 학교의 건물들이 모여 있는 곳.	منطقة تضم مباني الجامعة.	지방 캠퍼스	جامعة المقاطعة
커다랗다	ضخم / شديد	(형) 1-상당히 크다. 2-(어떤 감정의 정도가) 심하다	1- كبير جدا 2- درجة شعور ما شديدة.	1-나무에 커다란 사과가 많이 열렸습니다. 2-사고 소식을 듣는 순간 우리는 모두	تفتح بشكل كثير تفاح ضخم علي الشجرة. تلقينا صدمة شديدة لحظة سماع خبر الحدث.

				커다란 충격을 받았다.	
커지다	يكبر	(동) 크게 되다.	يصبح كبيرا	학생들이 집중하지 않자 선생님의 목소리가 커졌다.	ارتفع صوت المعلم لأن الطلاب ليسوا منتبهين.
커튼	ستار	(명) 햇볕을 가리거나 안이 들여다보이지 않도록 하기 위해 창이나 문에 치는 천.	قماش يُسدل علي النافذة أو الباب من أجل لحجب أشعة الشمس ومنع دخولها.	그는 베란다 쪽 커튼을 걷고 창문을 열었다.	فتح الشباك و أسدل الستار ناحية الشرفة.
커피	حبّ شجرة البُنّ/ قهوة	(명) 1-볶은 후 갈아서 물에 끓여 차로 마시는 커피나무의 열매. 또는 그 가루. 2-독특한 향기가 나고 카페인이 들어 있으며 약간 쓴, 커피나무의 열매로 만든 진한 갈색의 차.	1- حبّ شجرة البُنّ يُشرب كالشاي بعد سحقه وتحميصه وغليه في الماء. أو مسحوقه. 2- شراب ذو رائحة مميزة ومذاق مُرّ قليلا ويحتوي على الكافيين، وهو مصنوع من حبوب شجرة البُنّ.	1-한국에서는 커피가 나지 않기 때문에 외국에서 수입한다. 2-오늘은 너무 바빠서 커피 한 잔도 못 마셨다.	1- تستورد كوريا البن من الخارج لأنه لا ينمو في كوريا. 2- لم أستطع اليوم شرب كوب واحد من القهوة لأنني كنت مشغول.
컴퓨터	كومبيوتر	(명) 트랜지스터, 진공관 따위의 전자 회로를 이용하여 자동적으로 계산이나 데이터 처리를 실행하는 기계.	حاسب آلي.	데스크톱 컴퓨터. 요즘 대학생들은 컴퓨터를 이용하여 과제를 한다.	حاسوب مكتبي
컵	كوب	(명) 1-음료를 담아 마실 수 있도록 만든 유리. 2-술이나 음료가 든 그릇의 수를 세는 단위.	1- شئ مصنوع من الزجاج وغيره يوضع فيه المشروبات. 2- وحدة عد الوعاء الذي يحتوي علي ماء أو خمر.	1-컵이 깨졌다. 2-맥주 한 컵.	1- كُسر الكوب. 2- كوب من الميك جو.
켜다	يشعل / يشغل.	(동) (반) 끄다/ 1-(사람이 불을) 등이나 초 따위에 붙게 하다. 2-(전기 등을 이용하여) 환하게 밝히다. 3-(전기 기구를) 작동하게 하다.	1- يشعل النار باستخدام عود ثقاب. 2- يضئ باستخدام الكهرباء. 3- يشغل الأجهزة الكهربائية.	1-그는 생일 케이크에 촛불을 켰다. 2-방이 어두우니까 불 좀 켜 주십시오. 3-라디오를 켜다.	أ1- شعل الشمع علي كيكة عيد الميلاد. 2- أشعل النور من فضلك لأن الغرفة مظلمة. 3- يشغل الراديو.
코	أنف/ مخاط	(명) 1-(동물이) 냄새를 맡고 숨을 쉬는 기관. 2-콧구멍에서 나오는 끈끈한 액체	عضو يساعد علي التنفس وشم الروائح. 2- سائل لزج يخرج من فتحة الأنف.	1-나는 축구를 하다가 코뼈가 부러졌다. 2-코가 나오다.	انكسرت عضمة أنفي أثناء لعب كرة القدم. 2- خرج المخاط.
콜라	الكوكا كولا	(명) 독특한 향과 탄산을 넣은 짙은 갈색의 단 음료.	المشروب الغازي الأسود الذي يحتوي على طعم حلو ورائحة فريدة	날씨가 더워서 시원한 콜라를 마셨다.	شرب كوكاكولا بادرة لأن الجو كام حر.
콩	فول	(명) 두부나 된장 등의 재료로 쓰이며 노란색 또는 검은색의 얇은 껍질에 싸인 동그란 곡식.	حبوب مستديرة بقشرة رقيقة صفراء أو سوداء ومُستخدَمه في مادة توفو أو "دوان جانغ"	콩에는 단백질이 많이 들어 있습니다.	يوجد البروتين بكثرة في الفول.
크기	حجم	(명) 사물의 부피, 넓이, 양 등이 큰 정도.	درجة أو مدى حجم كائن أو منطقته أو كميته، أو غيرها	사과는 크기에 따라 가격이 달라요.	يختلف سعر التفاح وفقا لحجمه.
크다	كبير	(형) 1-(넓이, 길이, 양, 규모가) 보통의 정도를 넘다. 2-(정도, 범위, 영향 따위가) 대단하다. 3-(박수, 목소리 등의 소리가)	الطول والعرض والارتفاع والحجم وغيره زائد عن المعتاد. 2- الدرجة أو الحد أو التأثير وغيره كبير. 3-قوة الصوت أوصوت التصفيق. تقريباً.	1-민지는 큰 인형을 안고 잔다. 2-태풍의 피해가 아주 컸다. 3-선생님은 목소리가 아주 크다. 4-세계는 크게 동양과 서양으로	تنام مين جي وهي محتضنة دبدوب كبير. 2- كانت خسائر الإعصار كبيرة جداً. 3- صوت المعلم قوي للغاية. 4- ينقسم العالم تقريباً إلي شرق وغرب.

		세다. 4-대략적으로.		나뉩니다.	
크리스마스	الكريسماس	(명) 예수의 탄생을 기념하는 날, 매년 12 월 25 일.	يوم إحياء ذكري ميلاد المسيح. يوم 12 ديسمبر من كل عا.	크리스마스 캐럴	أنشودة عيد الميلاد.
큰일	حدث مهم/ مراسم.	(명) 1-규모가 크고, 하는 데 힘이 많이 들며, 그 미치는 범위가 넓고 중요한 일. 2-(=)대사/결혼 예식이나 환갑 잔치 등 집안의 중요한 일.	أمر هام وغير جيد. 2- أمر عائلي هام مثل مراسم الزواج أو حفل عيد الميلاد الستين لشخص ما.	1-예전에는 누가 큰일을 당하면 마을 사람들이 모두 도와주었어요. 2-결혼과 같은 큰일이 있을 때 친척들이 모두 모입니다.	قديما عندما يواجه شخصا ما مشكلة كان أهل القرية جميعهم يساعدونه. يجتمع جميع الأقارب عند المراسم مثل الزواج.
키	طول	(명) (=) 신장/ 사람이나 동물이 똑바로서 있을 때, 발바닥에서 머리끝까지의 몸길이.	ارتفاع شئ أوشخص.	키가 크다.	طويل
키스	قُبلة.	(명) (=) 입맞춤/ 입을 맞추는 것.	تلامس الشفتين.	신혼일 때는 출근할 때마다 아내와 키스를 나누곤 했어요.	اعدت تقبيل زوجتي عند الذهاب إلي العمل عندما كنا حديثي الزواج
키우다	يربّي / يكبر	(동) 1-자라게 하다. 2-(사람을 특별한 일을 할 수 있도록) 가르치다. 3-(어떤 기운이나 힘을) 커지게 하다. 4-크게 하다.	1- يجعله ينمو. 2- يعلم الإنسان من أجل أن يقوم بعمل خاص. 3- يجعل طاقة ما أو قوة ما أكبر. 2- يجعل شئ ما كبيراً.	1-아이가 강아지를 키우고 싶어한다. 2-아버지께서는 나를 기술자로 키우셨다. 3-어릴 적 꿈을 계속 키워 주는 게 좋다. 4-잘 안 보이는데 글씨를 좀 키워 주세요.	1- يريد الطفل تربية كلب صغير. 2- رباني والدي كفني. 3- كبر خطك لأنه غير واضح.
킬로	كيلو	(명) 1-1000 그램의 무게를 나타내는 단위. 2-1000 미터의 길이를 나타내는 단위.	وحدة لقياس الحجم تساوي 1000 جرام. 2- وحدة لقياس المسافة تساوي 1000 متر.	1-여기 소고기 1 킬로 주세요. 2-서울에서 수원까지 약 40 킬로야.	أعطني كيلو من لحم البقر. 2- المسافة بين سيول و سو وون حوالي 40 كيلو
킬로그램	كيلو جرام	(명) 1000 그램의 무게를 나타내는 단위.	وحدة لقياس الحجم تساوي 1000جرام.	수미는 체중이 45 킬로그램이다.	وزن سومي 45 كيلو جرام.
타다	يركب	(동) 1-(어디에) 올라서 자리를 잡다. 2-(교통수단을) 이용하여 이동하다. 3-(기구를 이용해서) 움직여 가다. 4-(어디를 지나서) 옮겨가다. 5-(파도나 바람을) 이용하여 움직이다. 6-신문이나 방송 등을 통해 사람들의 입에 오르내리다. 7-(어떤 때나 기회를) 이용하다.	1- يصعد ثم يحتل مكان ما. 2- ينتقل باستخدام وسيلة مواصلات. 3- يتحرك باستخدام أداة. 4- ينتقل مروا بمكان ما. 5- يتحرك مستخدما الرياح اوالموج. 6- شئ ما يصبح حديث العامة من خلال الجرائد أو البث التلفزيوني 7- يستغل فرصة ما.	1-그는 차 문을 열더니 내 옆자리에 탔다. 2-차를 타다. 3-그네를 타다. 4-그 사람은 산을 잘 탑니다. 5-낙엽을 태우는 냄새가 바람을 타고 집안까지 들어왔다. 6-우리 가게도 방송을 탔으니까 손님이 늘겠지요. 7-그 회사는 아파트 건축 붐을 타서 성공할 수 있었다.	1- فتح شباك السيارة ثم صعد وجلس في المقعد المجاور لي. 2- يركب سيارة. 3- يركب الأرجوحة. 4- رائحة حرق أوراق الشجرة المتساقطة دخلت إلي البيت بواسطة الرياح. 6- سيزداد زبائننا لأن محلنا قد ظهر عبر البث التلفزيوني. 7- تلك الشركة ممكن ان تنجح إذا استغلت طفرة العمارات السكنية.
타다	يشتعل/ يحترق	(동) 1-(불길이) 일어나다. 2-불이 붙어서 재와 숯이 되다. 3-(피부가) 햇볕을 많이 받아 검게 되다. 4-음식이 지나치게 열을 받아서 까맣게 되다. 5-(목이나 입술이) 바짝 마르다.	1- يشعل النار. 2- يصبح متفحم بسبب إشعال النار. 3- تسود البشرة بسبب تعرضها للشمس كثيرا. 4- يحترق الطعام حتى يصبح مسودا نتيجة لتسخينه لدرجة حرارة عالية. 5- يجف الحلق أو الشفة.	1-마당 앞에서 나뭇가지들이 타고 있었다. 2-머리카락이 촛불에 탔어요. 3-바닷가에 갔다 왔더니 팔다리가 새까맣게 탔어요. 4-전화를 받는 사이에 생선이 다 탔어요. 5-목이 타는데 시원한 음료수라도 한 잔 마십시다.	1- كانت الأشجار أمام الساحة تحترق. 2- احترق شعري في الشمعة. 3- أسودت أطرافي بسبب الذهاب للبحر. 4- احترق السمك بينما أتلقي هاتف. 5- شربت كوب من العصير البارد لأن حلقي كان جاف.

태권도	التايكوندو	(명) 손과 발로 공격하거나 방어하는 한국 무술.	فنون قتالية كورية تستخدم اليد و القدم للدفاع والهجوك.	저는 요즘 태권도를 배워요.	أتعلم التايكوندو هذه الأيام.
태도	سلوك	(명) 마음이 나타난 행동과 자세.	موقف أو تصرف يعبر عن المشاعر.	학습 태도	السلوك الدراسي
태어나다	يولد	(동) (사람이나 동물이) 어머니의 뱃속으로부터 세상에 나오다 /(=) 탄생하다/	خروج الإنسان أو الحيوان إلي العالم من بطنه أمه.	저는 1960 년에 서울에서 태어났습니다.	ولدت في سيول عام 1960م.
태우다	يشعل/ يحرق	(동) 1-(불을 붙여 무엇을) 타게 하다. 2- 음식을 검게 변할 정도로 지나치게 익히다. 3- (몸을 햇볕에) 타게 하다.	1- يشعل شيئا بالنار. 2- يترك الطعام على النار حتى يصبح مسودا بشكل مفرط. 3- يجعل الجسم يتعرض لأشعة الشمس	1-뒷마당에서 쓰레기를 불에 태웠다. 2-고기를 구울 때는 너무 태우지 않는 것이 좋다. 3-피부를 너무 오래 태우면 화상을 입을 수도 있다.	1- أحرقت القمامة في الساحة الخلفية.] 2- من الجيد عند شوي اللحم ألا تتركها علي النار طويلا. 3 -إذا عرضت بشرتك للشمس لفترة طويلة يمكن أن يحدث حرق لسحط الجلد.
태우다	ينقل شخص بسيارة	(동) 1-(사람을 차나 동물 등에) 타게 하다. 2-(놀이 기구 등을) 타게 하다.	يجعل شخص يركب سيارة أو حيوان. 2- يجعل شخص يركب ملاهي.	1-술에 취한 친구를 택시에 태워 보냈다. 2-아빠는 공원에서 아이에게 시소를 태워 주었다.	أركبت صديقي الثمل تاكسي. 2- أركب الأب ابنه الأرجوحة.
태풍	إعصار	(명) 보통 7-9 월경 북태평양에서 발생하여 아시아 대륙으로 부는 매우 센 바람.	رياح قوية للغاية تهب علي آسيا قادمة من المحيط الهادي في الفترة بين الصيف والخريف.	태풍이 불다	يهب الإعصار.
택시	تاكسي	(명) 돈을 받고 손님을 원하는 곳까지 태워 주는 승용차.	سيارة تقوم بتوصيل الزبون إلي المكان الذي يريده مقابل مبلغ من المال.	늦었으니까 택시로 가요.	سأركب تاكسي لأنني تأخرت.
탤런트	ممثل تلفزيون	(명) 텔레비전 드라마에 나와서 연기를 하는 직업을 가진 사람.	ممثل ظهر في دراما تليفزيونية.	그 탤런트는 드라마 3 개에 출연하고 있대요.	يُقال أن الممثل يصور ثلاثة مسلسلات.
터	ظروف أو حالة.	(명) 처지나 상황.	ظروف أو حالة.	그들은 막 떠나려던 터였다	كانوا على وشك المغادرة.
터널	نفق	(명) 산, 바다, 강의 밑을 뚫어서 만든 사람이나 차가 다닐 수 있게 만든 길.	طريق يسمح بعبور السيارات والأشخاص أسفل الجبل أو البحر أو النهر.	저 터널을 지나면 더 빨리 갈 수 있어요.	لو سلكت هذا النفق ستصل أسرع.
터미널	محطة	(명) (열차, 버스 등이) 출발하거나 도착하는 역, 또는 그 건물.	محطة وصول أو إقلاع القطار أو الأتوبيس وغيره أو البناء نفسه.	고속 버스 터미널은 사람이 많고 복잡했어요.	يوجد الكثير من الناس في محطة الأتوبيس السريع.
터지다	ينهدّ/ يتدمّر/ ينفجر / يحدث	(동) 1-(막혀 있던 것이) 찢어지거나 뚫어지다. 2-(화산 등이) 갑자기 폭발하다. 3-갑자기 쏟아지다. 4-(크거나 중요한 일이) 갑자기 일어나다.	1- يُفتح طريق مسدود. 2- ينفجر البركان فجأة. 3- يتدفق فجأة. 4- يحدث أمر هام وكبير فجأة.	1-둑이 터지다. 2-화산이 터지다. 3-분노가 터지다. 4-시간이 터지다.	1- ينهدّ السد 2- ينفجر البركان. 3- انفجر الغضب. 4- تحدث حادثة.
턱	الفك	(명) 동물의 입의 위아래에 있어 입을 벌리고 닫는 일을 하는 몸의 부분.	جزء في الجسم يوجد أسفل الفم مسئول عن فتحه و إغلاقه.	껌을 오래 씹었더니 턱이 아프다.	فكي يؤلمني بسبب مضغ العلكة
털	شعر، ريشة، فرو	(명) 사람이나 동물의 피부에 나는 가느다란 실 모양의 것.	شيء رقيق كالخيط ينمو على جلد الشخص أو الحيوان	말이나 토끼는 털이 짧은 편이다.	فرو الحصان و الأرنب قصير.

털다	يَنفَض/ ينفق/ يسرق	(동) 1-(무엇을) 치거나 흔들어서 붙어 있는 것을 떨어지게 하다. 2-(가지고 있는 돈을) 무도 쓰다. 3-돈이나 물건을 몽땅 빼앗거나 훔치다.	1- يجعل شيء ملصق يسقط لأنه قام بهزه بشدة. 2- ينفقق كل الأموال التي يمتلكها. 3- يسرق كل المال أو الشئ.	1-먼지를 털다. 2-동생은 저금통을 털어서 언니 선물을 샀다. 3-명절이면 빈 집을 터는 도둑이 많다.	1- نَفَض الغبار. 2- أنفق الأخ كل أموال ليشتري هدية لأخته الكبرى. 3- لصوص البيوت كثر في الأعياد.
테스트	اختبار	(명) 사람의 학력이나 재능, 능력이나 제품의 성능을 알아보기 위해서 하는 시험이나 검사.	اختبار أو فحص من أجل معرفة فعالية المنتج أوالقدرات العلمية أو الموهبة أو القدرة لدي شخص منا.	안전 진단 테스트	اختبار فحص الأمان.
테이블	منضدة	(명) (=) 탁자/ 1-위가 평평하여 여러 가지 물건을 올려놓을 수 있게 만든 가구. 2-(식당 등에서) 손님들이 앉을 수 있게 만들어 놓은 자리.	أثاث سطحه مسطح مصنوع حتي يتم وضع عليه العديد من الأشياء. 2- مكان مصنوع يمكن أن يجلس عليه الضيوف.	1-테이블 위에 무엇이 있습니까? 2-자리가 어서 한 아저씨가 민지 씨 테이블에 같이 앉았습니다.	ماذا يوجد فوق المنضدة؟ 2- جلس العم و السيد مين جي علي نفس المقعد لأنه لايوجد مقاعد.
테이프	شريط/ شريط لاصق/ شريط	(명) 1-종이나 헝겊 등으로 만든 얇고 가늘고 긴 띠 모양으로 생긴 물건. 2-물건을 붙이는 데에 쓰는 끈적끈적한 띠 3-소리, 영상 따위를 보존하는 데 쓰는 얇고 긴 띠.	رباط رقيق طويل مصنوع من الورق أو القماش وغيره. 2- رباط لزج يستخدم في لصق الأشياء. 3- شريط رقيق طويل يستخدم لتسجيل الصوت والصورة.	1-남수는 친구의 결혼식을 위해서 테이프로 차를 장식했다. 2-포스터를 붙이는 데에는 양면 테이프가 좋다. 3- 카세트 테이프.	زخرف نام سو السيارة باستخدام الشرائط من أجل حفل زفاف صديقه. 2- الشريط المزدوج جيد في لصق البوستر. 2- شريط كاست.
텔레비전	تلفزيون	(명) 방송국에서 전파로 보내오는 영상과 소리를 받아서 보여 주는 기계.	جهاز يستقبل إشارات الصوت والصور المرسلة عبر موجات لاسلكية من محطة الإذاعة ويظهرها	텔레비전 뉴스.	أخبا التلفزيون.
토끼	أرنب	(명) 귀가 길고 꼬리는 짧으며, 빨리 뛰고 털이 많은 짐승.	حيوان سريع لديه فرو كثير وذو ذيل قصير و أذن طويل.	아이가 토끼에게 풀을 먹이고 있다.	الطفل يطعم الأرنب عشباً.
토론	مناقشة	(명) (=) 토의 / 어떤 문제에 대하여 여러 사람이 모여서 자신의 의견을 서로 이야기 하는 것.	تبادل وجهات النظر حول قضية ما لأشخاص مجتمعين.	우리는 자유로운 토론을 통해 의견을 나누고 입장 차이를 좁혔다.	تبادينا وجهات النظر من خلال مناقشة حرة وضيقنا الخلاف في وجهات النظر.
토마토	طماطم	(명) 주스나 케첩의 재료가 되는 열매, 또는 그 열매가 열리는 식물.	ثمرة تدخل في صناعة الكاتشب والعصير أو النبات الذي تتفتح عليه تلك الثمرة.	토마토 주스	عصير طماطم
토요일	يوم السبت	(명) (달력에서) 한 주의 일곱째 날. 금요일의 다음날.	اليوم السابع في الأسبوع. اليوم الذي يلي يوم الجمعة	월요일부터 토요일까지 쉴 틈이 없었다.	لم يكن وقت فراغ من يوم الأثنين وحتي يوم السبت
통	طبق	(명) 1-물건을 담을 수 있도록 만든 그릇. 2-담는 그릇 가득 채울 수 있는 물건의 양을 세는 말.	1- طبق صُنع من أجل وضع الطعام فيه. 2- وحدة عد كمية الشئ الموجودة في الطبق.	1-통에 넣다. 2-막걸리 한 통.	1- يضع في طبق. 2- طبق مك جولي واحد .

통과	مرور / نجاح / قبول	(명) 1-어떤 장소나 때를 거쳐서 지나감. 2-검사, 시험, 심의 등에서 해당 기준이나 조건에 맞아 인정되거나 합격함. 3-신청서나 안건 등이 심사를 거쳐 승인됨.	1- فعل المرور عبر مكان أو وقت معين. 2- اعتراف أو نجاح في فحص، امتحان،تفتيش إلخ بسبب مطابق لمعيار أو شرط. 3- موافقة على الطلب أو المشروع وغيره من خلال التقييم.	1-민준이와 친구들은 기차를 타고 유럽 여러 나라의 국경 통과를 하며 여행을 했다. 2-민준이의 대학 입학 시험 통과를 축하해 주기 위해 친척들이 모였다. 3-예산안의 통과.	1- سافر مين جون لي وأصدقائه بالقطار وعبروا من خلال حدود دول كثيرة. 2- اجتمع أقارب مين جون لي من أجل تهنئته بنجاحه في امتحان دخول الجامعة. 3- الموافقة علي مشروع الموازنة.
통과하다	يعبر / يسمح / ينجح	(동) 1- 일정한 장소를 통하여 지나가다. 2-어떤 안건이 회의나 심사를 통해 인정을 받다. 3-검사나 시험 등에서 합격하다.	1- يمر عبر مكان محدد. 2- مشروع ما يتلقي الموافقة من خلال لجنة أو تقييم. 3- تنجح في فحص أو امتحان.	1-터널을 통과하다. 2-예산안이 국회를 통과했다. 3-그는 졸업 시험을 어렵게 통과했다.	1- يعبر من خلال النفق. 2- وافق مجلس النواب علي مشروع الموازنة. 3- نجح بصعوبة في امتحان التخرج.
통하다	يمر / يتحرك / يؤدي إلي	(동) 1-(무엇이) 자유롭게 움직이거나 지나다닐 수 있다. 2-장소가 어디로 이어지다. 3-같은 생각이나 마음을 가지다.	1- شئ ما يمكنه التحرك بحرية. 2- مكان ما يؤدي إلي مكان ما. 3- يمتلك نفس الأفكار والمشاعر.	1-바람이 통하도록 문을 열어 주세요. 2-그 친구와 마음이 통합니다.	1- افتح الشباك من أجل دخول الرياح. 2- أمتلك نفس مشاعر صديقي.
퇴근	مغادرة العمل	(명) (하루의 일을 마치고) 일하는 곳에서 나가는 것. /(반) 출근	الخروج من مكان العمل بعد انتهاء يوم العمل	퇴근 시간	وقت مغادرة العمل
퇴근하다	يغادر العمل	(동) (하루 일을 마치고) 일하는 곳에서 돌아가다.	يخرج من مكان العمل بعد انتهاء يوم العمل.	피곤해 보이는데 일찍 퇴근하세요	غادر مبكراً تبدو متعب
퇴원	الخروج من المستشفي	(명) 병원에 입원 지나다가 병원에서 나오는 것	الخروج من المستشفي بعد دخولها	퇴원 후에도 한동안 약을 드셔야 합니다	يجب تناول الدواء فترة ما حتي بعد الخروج من المستشفي.
퇴원하다	يخرج من المستشفي.	(동) 병원에 입원해 지내다가 병원에서 나오다	يخرج من المستشفي بعد دخولها.	어머니께서는 언제 퇴원하세요?	متي ستغادر أمي المستشفي؟
투표	تصويت	(명) 어떤 일을 결정하거나 어떤 사람을 뽑기 위해서 자신의 의견을 내는 것	الإدلاء بالرأي الشخصي من أجل اختيار شخص ما أو تحديد أمر ما.	투표 결과	نتيجة التصويت
트럭	شاحنة	(명) 짐을 나르는 데 쓰는 큰 자동차.	سيارة كبيرة تستخدم في حمل البضائع.	트럭 운전사	سائق شاحنة
특별하다	خاصّ	(형) 보통과 아주 다르다. 늘 있는 일이 아니다.	مختلف جدا عن المعتاد.	주말에 무슨 특별한 계획이 있어요?	أي خطة خاصة في عطلة نهاية الأسبوع؟
특별히	خاصة	(부) 보통과 아주 다르게. 특히.	بشكل مختلف جدا عن المعتاد.	날씨가 추울 때 특별히 건강에 조심해야 해요.	يجب أن تحرص علي صحتك خاصة عند برودة الجو
특징	ميزة	(명) 다른 것과 비교하여 눈에 띄거나 두드러진 점.	نقطة بارزة مقارنة بشئ آخر	특징 인물.	شخصية مميزة
특히	خاصة	(부) 두드러지게.	بشكل بارز	나는 과일 중에서도 **특히** 사과를 좋아한다.	أحب التفاح خاصة من الفواكه.
튼튼하다	قوي	(명) 1-(물건이) 단단하고 약하지 않다. 2-(몸이) 아프지 않고 건강하다.	1- شئ ما صلب وليس ضعيف. 2- الجسم صحيح وليس مريض.	1-이 구두는 아주 튼튼해요. 2-뼈를 튼튼하게 하는 음식. 3-우리 사회는 재정이 튼튼한 편이죠.	هذا الحذاء صلب جدا. 2- طعام مقوي للعظام.

틀다	يشغل /يُدِير / يغير	(동) 1-(=) 켜다/ (반) 끄다/ (기계를) 움직이게 하다. 2-(무엇을) 한 방향으로 돌리다. 3-갑자기 방향을 바꾸다.	يشغل آلة. 2- يُدِير شئ لاتجاه ما. 3- يغير الاتجاه فجأة.	1-저는 날씨가 아주 덥지 않으면 선풍기를 안 틀어요. 2-설거지를 할 때에 수도꼭지를 계속 틀어 놓지 마세요. 3-앞에 가던 차가 갑자기 방향을 틀어요.	لم أشغل المروحة لأن الجو ليس حار. 2- لا تدير الصنبور باستمرار أثناء غسل الأطباق. 3-غيرت السيارة التي تسير في الأمام اتجاهها فجأة.
틀리다	يُخطئ	(동) 1-(반) 맞다/ (무엇이) 정확하게 맞지 않다. 2-(반) 맞다. (무엇을) 제대로 맞게 하지 못하다.	شئ ما غير صحيح. 2- يجعل شئ ما غير صحيح.	1-답이 틀리다. 2-아이가 국어에서 세 문제를 틀렸다.	الإجابة خاطئة. أخطأ الولد في ثلاثة أسئلة في اللغة الكورية
틀림없다	بلاشك	(형) 의심할 것 없이 확실하다.	أكيد دون ريبة.	틀림없는 사실	حقيقة مؤكدة
틀림없이	من غير ريب، من غير شكّ، بالتأكيد	(부) 분명히. 반드시.	بوضوح. بالتأكيد	조금만 참고 견디면 틀림없이 좋은 결과가 있을 거예요.	بالتأكيد ستكون النتائج جيدة إذا صبرت وتحملت.
틈	صدع / فراغ / فجوة / فرصة	(명) 1-벌어져서 사이가 생긴 자리. 2-모여 있는 사람들의 속. 3-시간적 여유./(=) 겨를	1- فجوة ناتجة عن متّسع. 2- فراغ داخل الناس المتجمّعين. 3- متسع زمني.	1-틈이 생기다. 2-나는 사람들 틈에서 어렵게 어머니를 찾았다. 3-너무 바빠서 잠시 쉴 틈도 없다.	1- يحدث صدع. 2- عثرت علي أمي بصعوبة وسط الناس. 3- لا يوجد وقت راحة لأنني مشغول جدا.
티브이	تلفزيون	(명) 텔레비전의 준말.	اختصار كلمة تلفزيون.	저녁을 먹고 보통 티브이를 봅니다.	عادة أشاهد التلفاز و أتناول العشاء.
티셔츠	تيشرت	(명) 'T'자 모양으로 생긴 반팔 셔츠.	قميص قصير الأكمام يشبه حرف "T"	나는 집에 돌아온 후 셔츠를 벗고 편한 티셔츠로 갈아입었다.	بعد دخولي البيت خلعت القميص و ارتديت تيشرت مريح.
팀	فريق	(명) 1-같은 목적을 가지고 일을 함께 하는 모임. 2-같은 편이 되어 함께 운동 경기를 하는 사람들의 모임.	تجمع يفعل عمل ما معاً ويمتلكون نفس الهدف. 2- مجموعة من الأشخاص يمارسون الرياضة معا ويكونون في نفس الجانب.	1-팀을 이루다. 2-국가 대표팀.	يُشكل فريق. 2- المتخب الوطني
파다	يحفر / ينحت	(동) 1 (흙이나 돌을 치우고) 구덩이나 굴을 만들다. 2-(평평한 면 위에) 그림이나 글씨를 새기다.	1- يحفر الثقب أو الحفرة. 2- يرسم أو يكتب علي سطح صلب.	1-민수는 삽으로 땅을 팠다. 2-나무 도장을 하나 파 주세요.	1- حفرت مين سو باسنخدام المجرفة. 2- أنحتي لي ختم شجرة واحد.
파도	موج	(명) 바다에서 생기는 큰 물결.	موج كبير يتشكّل في البحر	파도가 세다	موجة قوية
파란색	أزرق	(명) 맑은 하늘이나 바다와 같은 색깔.	لون مثل السماء الصافية أو البحر	파란색 치마	تنورة زرقاء
파랗다	أزرق	(형) 맑은 하늘이나 바다와 색깔이 같다.	يشبه لون السماء الصافية أو البحر.	비가 온 뒤의 하늘은 너무도 파랬다.	كانت السماء زرقاء بعد سقوط المطر.
파리	باريس	(명) 프랑스의 수도.	عاصمة فرنسا	파리는 아름다운 도시이다.	باريس مدينة جميلة.
파일	ملف	(명) 1-여러 가지 서류를 묶기 위한 플라스틱이나 비닐, 종이로 된 도구, 또는 그런 묶음. 2-컴퓨터의 자료를 저장한 단위.	1- أداة من ورق أو فينيل أو البلاستيك من أجل ربط مستندات كثيرة. أو مجموعة المستندات نفسها. 2- وحدة تخزين بيانات الحاسب الآلي.	1-파일을 정리하다. 2-전자 우편에 파일이 첨부되어 있네요.	1- يرتب الملفات. 2- الملف مرفق علي البريد الإلكتروني.

파티	حفل	(명) 사람들끼리 사귀기 위해서, 또는 특별한 날이나 일을 기념하기 위해서 여러 사람이 모이는 자리.	تجمع العديد من البشر من أجل إحياء يوم خاص أو التقارب فيما بينهم.	생일 파티.	حفلة عيد الميلاد
판단	حكم، قرار	(명) 어떤 일이나 상황에 대해서 자기 생각을 분명하게 정하는 것, 또는 그렇게 정한 내용.	تحديد رأيه بوضوح حول أمر أو وضع ما. أو	전국에 인터넷이 보급될 것이라는 그의 판단은 아주 정확했다.	كان قراره بأن الإنترت سوف يكون متاح في جميع أنحاء البلاد صائب للغاية.
판단하다	يحكم، يقرر	(동) 1-어떤 일이나 상황에 대해서 자기 생각을 정하다. 2-어떤 것의 가치를 정하다.	1- يحدد رأيه حول وضع أو أمر ما. 2- يحدد قيمة شئ ما.	1-저는 그 사람을 믿을 만한 사람으로 판단했다. 2-사람을 겉모습으로 판단하면 안 된다.	1- حكمت علي ذلك الشخص بأنه محل ثقة. 2- لا يمكن الحكم علي الناس من مظهرهم الخارجي.
팔	ثمانية	(수) 1- 숫자 8. 2- 8 의.	رقم 8 . 2- ثمان.	1-10 에서 2 를 빼면 팔이다. 2-팔 년.	إذا طرحنا 2 من 10 يصبح الناتج 8. 2- ثمان سنوات.
팔	ذراع	(명) 사람 몸 중에서 어깨에서 손목까지의 부분.	الجزء بين الكتف وراحة اليد في جسم الإنسان.	눈길에 넘어져서 팔을 다쳤다.	سقطت في الطريق الثلجي وانجرح ذراعي.
팔다	يبيع	(동) (=) 판매하다/ (반) 사다/돈을 받고 물건을 다른 사람에게 주다.	يعطي شئ ما إلي شخص آخر مقابل المال.	나는 사람들에게 내가 만든 빵을 팔았다.	بعت للناس الخبز الذي صنعته.
팔리다	يباع	(동) 값을 받고 물건이나 권리가 다른 사람에게 넘겨지거나 노력 등이 제공되다.	يتمّ تسليم شيء أو حقّ أو يتم تقديم جهد وغيره لشخص آخر بعد تلقي ثمنه	오늘은 배추가 다 팔렸어요.	تم بيع كل الكرنب.
팬티	سروال	(명) 몸의 아래에 입는 짧은 속옷.	ملابس داخلية قصيرة تلبس علي الجزء السفلي من الجسم.	팬티를 입다	يرتدي سروال
퍼센트	في المئة، بالمئة	(명) (=) 프로/ 전체 수량을 100 으로 하여 그것에 대해 가지는 비율을 나타내는 단위.	وحدة لقياس نسبة عن المائة حينما يحدّد كلّ الكمية لشيء بالمائة	물가가 작년에 비해 5 프센트가 올랐다.	ارتفعت الأسعار 5% مقارنة بالعام الماضي.
퍼지다	ينتشر	(동) 1-한쪽에서 이곳 저곳으로 전해지다. 2-(=) 전염되다/ (병이) 몸의 다른 부분이나 다른 사람에게 옮겨지다. 3-골고루 흩어져 있다.	1- ما يتم تناقله هنا وهناك. 2- انتقالي مرض ما إلي شخص آخر أو جزء آخر في الجسم. 3- يتشتت بالتساوي.	1-소문이 온 동네에 다 퍼졌다. 2-요즘 어린이들 사이에 눈병이 퍼지고 있다. 3-우리 친척들은 여러 곳에 퍼져 살고 있다.	1- انتشرت الإشاعة في كل الحي. 2- تنتشر أمراض العيون بين الشباب هذه الأيام. 3- تشتت أقاربنا في أماكن متعددة.
펴다	يحلّ / يفكّ/ يسطّح/ يبسّط/ يمتدّ/ يعبّر / ينتشر /ينفّذ.	(동) 1-접히거나 말려 있는 것을 젖혀서 벌리다. 2-구김이나 주름 등을 없애서 반듯하게 하다. 3-굽은 것을 곧게 하다. 또는 움츠리거나 오므라든 것을 벌리다. 4-생각이나 의견, 감정 등을 자유롭게 표현하거나 주장하다. 5-무엇을 넓게 깔거나 골고루 늘어놓다. 6-세력이나 작전, 정책 등을 벌이다.	1- ينشر شيئا مطويا أو ملفوفا عن طريق انعطف إلى الظهر. 2- يبسّط بالمساواة عن طريق إزالة جعدة أو تجاعيد أو غيره. 3- يجعل شيئا منحنيا يصبح على نحو مستقيم. أو يوسع شيئا منسحبا أو متقلّصا. 4- يعبّر بحرية أو يجادل عن الفكرة أو الرأي أو الشعور وغيره. 5- ينشر شيئا على نطاق واسع، أو يضع مجموعة متنوعة من الأشياء جنبا إلى جنب. 6- ينفّذ القوات أو خطّة أو السياسة وغيرها.	1-책을 펴다. 2-어머니는 다리미로 셔츠의 주름을 펴고 계셨다. 3-다리를 펴다. 4-꿈을 펴다. 5-아이들은 바닥에 신문지를 펴고 앉아서 도시락을 먹었다. 6-전략을 펴다.	1- يفتح كتاب. 2- بسطت أمي طيات القميص. 3- يمدد قدمه. 4- يفصح عن حلمه. 5- وضع الأطفال أوراق الجرائد علي الأرض ثم جلسوا وتناولوا صناديق الطعام. 6- ينفّذ استراتيجية.

표현	تعبير	(명) (생각이나 느낌을) 겉으로 나타내는 것.	إظهار الأفكار أو المشاعر خارجياً.	그 학생은 선생님에 대한 감사의 표현으로 자그마한 선물을 드렸다	قدم الطالب إلي المعلم هدية صغيرة كتعبير عن الامتنان.
편	جهة	(명) 무엇이 나아가거나 향하는 방향.	اتّجاه يتقدّم الشيء أو يتّجه إليه	소리 나는 편.	الجهة التي يصدر منها الصوت
편리하다	ملائم، مريح	(형) (어떤 일을 하는 데에) 편하고 이로우며 이용하기 쉽다.	سهل الاستخدام.	이 노트북은 가벼워서 들고 다니기에 편리하다.	من السهل حمل هذا اللاب توب لأنه خفيف
편안하다	مريح	(형) 몸이나 마음이 편하고 좋다.	يكون الجسم أو البال مريحا وحسنا	일을 끝내고 집에 돌아가면 마음이 편안하다.	أشعر بالراحة عندما أنهي العمل وأعود إلي البيت.
편의점	محل بقالة	(명) 식료품, 잡화, 술, 담배, 인스턴트 식품 등을 파는 가게로 24 시간 문을 여는 곳.	مكان مفتوح 24 ساعة يبيع أطعمة فورية وسجائر وخمر و مواد غذائية.	우리 동네 편의점에는 안 파는 물건이 없다.	محل البقالة في حينا يوجد به كل شئ.
편지	رسالة	(명) 누구에게 전하고 싶은 말 적어서 보내는 글.	كلمة تنصّ على ما يودّ شخص أن يقوله لشخص آخر	안부 편지	رسالة تحية
편하다	مريح/ سهل	(형) 1-(=) 편안하다 / (반) 불편하다. / 몸이나 마음이 괴롭지 않고 좋다. 2-쉽고 간편하다.	يكون الجسم أو البال غير مؤلم وحسنا. 2- سهل وبسيط.	1-이 구두를 신으면 발이 편해요. 2-이 휴대 전화는 작아서 가지고 다니기가 편합니다.	1- إذا ارتديت هذا الحذاء لا يؤلمني قدمي. 2- من السهل حمل الهاتف المحمول لأنه صغير.
편히	بشكل مريح	(부) 몸이나 마음이 편안하게.	الجسم أوالبال علي نحو مريح	나는 새 침대가 너무 딱딱해서 편히 잘 수가 없었다.	لا أستطيع أن أنام بشكل مريح لأن السرير الجديد صلب.
평가	تقدير، تقييم	(명) 일사물의 값이나 가치, 수준 등을 헤아려 정함. 또는 그 값이나 가치, 수준.	فعل تحديد سعر أو قيمة أو مستوى الشيء وغيره بعد حسابه. أو سعر أو قيمة، أو مستوى غلى نحو ذلك	심사 위원들의 객관적인 평가를 기대합니다.	أنتظر تقييم موضوعي من لجنة التقييم.
평균	معدّل	(명) 1-여러 사물의 각각 다른 질이나 양을 고르게 한 것. 2-수나 양의 중간 값을 갖는 수.	عدد ذو قيمة متوسطة في عدد أو كمية أو درجة	1-월 평균. 2-우리 반의 총 평균 점수는 90 점 이상이다.	معدل شهري
평범하다	عادي/ معتاد	(형) 특별한 것이 없이 보통의 수준이다.	عادي بلا خصوصية.	실력이 평범하다.	قدرات عادية.
평생	طوال الحياة	(명)1-태어난 때부터 죽을 때까지의 동안. 2-태어나서부터 지금까지의 기간. 3-죽을 때까지 효력이 있음. 4-일생 동안.	1- الفترة من الولادة حتي الموت. 2- الفترة من الولادة وحتي الآن. 3- تأثير أوفاعلية حتي الموت. 4- خلال الحياة.	1-평생을 바치다. 2-어머니는 70 평생을 자식들을 위해서 살아 오셨다. 3-김 선생님은 우리 학회의 평생 회원입니다. 4-그는 평생 가난하게 살았다.	1- أضحي بحياتي. 2- عشات الأم 70 عام من أجل ابنائها. 3- المعلم كيم عضو فعال في المجمع العلمي. 4- عاش فقيرا طوال حياته.
평소	أوقات عادية	(부) (=)평상시/ 특별한 일이 없는 보통 때.	أوقات عادية لا يوجد فيها عمل خاصّ	나는 중요한 행사가 있어 평소와는 다르게 정장 차림을 했다.	أرتديت الملابس الرسمية علي غير العادة لأن الحدث كان مهم.
평일	يوم عادي	(명) (반) 휴일. / 휴일이 아닌 보통의 날.	يوم عادي وليس يوم عطلة.	요즘은 평일이나 주말이나 늘 길이 막힌다.	الطريق مزدحم هذه الأيام سواء يوم عطلة أو يوم عادي.

평화	سلام	(명) 1-(반) 전쟁/ 나라나 사람들의 사이에 싸움이 없어서 조용하고 안정된 상태. 2-몸과 마음이 안정되고 편안한 상태.	حالة استقرار وهدوء بين الأشخاص أو الدول بلا صراع. 2- القلب و الجسم في حالة راحة و استقرار.	1-한반도의 평화는 아시아의 평화를 위해서 아주 중요하다. 2-마음의 평화를 찾고 싶으면 기도하세요.	السلام في شبه الجزيرة الكورية مهم للغاية من أجل السلام في قارة آسيا. 2- صلِ إذا كنت ترغب في سلام القلب.
포기하다	يستسلم	(동) (어떤 일을) 끝까지 다 하지 못하고 중간에 그만두다.	لا يكمل عمل ما حتي النهاية ويتخلي عنه في	높은 환율로 인해 나는 해외여행 계획을 포기할 수밖에 없었다.	بسبب أسعار الصرف المرتفعة ليس لدي خيار سوي التخلي عن فكرة السفر للخارج.
포도	عنب	(명) 송이로 열리고, 맛이 달면서도 약간 신맛이 나는 보라색 과일.	فاكهة أجوانية ذات طعم حلو وحامض قليلا تنمو كعناقيد.	집에서 포도로 잼을 만들었어요.	صنعت في البيت مربة من العنب.
포장	تغليف	(명) 물건을 싸거나 꾸림. 또는 싸거나 꾸리는 데 사용하는 재료.	تغليف أو تعبئة شيء. أو المادّة المستخدمة للتغليف أو التعبئة	상품 포장.	تغليف المنتج
포장하다	يغلّف	(동)물건을 싸거나 꾸리다.	يغلّف أو يعبّئ شيئا	선물을 포장하다.	يغلف الهدية.
포크	شوكة	(명) 음식을 찍어 먹기 위한, 끝이 뾰족한 도구.	أداة حادة الطرف تستخدم في تناول الطعام.	서양 음식을 먹을 때에는 포크와 나이프를 주로 씁니다.	تستخدم الشوكة والسكينة بشكل رئيسي عند تناول طعام غربي.
포함되다	يتضمّن، يشتمل	(자) 어떤 무리나 범위에 함께 들어가거나 함께 넣어지다.	يتم إدراج أو تضمُّن مجموعة ما أو نطاق ما معا.	합격자 명단에 그의 이름은 포함되어 있지 않았다.	لم تتصمن قائمة الناجحين علي اسمه.
포함하다	يتضمّن، يحتوي	(동) 어떤 무리나 범위에 함께 들어가게 하거나 함께 넣다.	يُدخل أو يتضمّن مجموعة ما أو نطاق ما معا	교재비를 포함해서 한 달 수강료는 십만 원입니다.	تكلفة الدرس لشهر 100 ألف وون متضمنة مصاريف الكتب.
표	تذكرة	(명) 1-어떤 시설을 이용하기 위해서 돈을 내고 받는 쪽지. 2-선거나 회의에서 각자다 자기 생각을 표시한 종이.	ورقة تستلمها مقابل مبلغ من المال من أجل استخدام مرفق ما. 2- ورقة تعبر عن رأي كل شخص في الانتخابات أو الاجتماع	1- 비행기 표. 2-각 후보는 주민들의 표를 얻기 위해 애쓰고 있다.	تذكرة طيران. 2- يبذل كل مرشح أقصي جهده من أجل الحصول علي أصوات الشعب.
표시	تعبير	(명) 생각이나 느낌을 겉으로 나타내는 일.	ظهور الرأي أو العاطفة، وما إلى ذلك خارجيًا	나는 감사의 표시로 지수를 저녁 식사에 초대했다.	دعوت جي سو إلي تناول العشاء كتعبير عن الإمتنان.
표시하다	يعبّر	(동) 생각이나 느낌을 겉으로 나타내다.	يظهر الرأي أو العاطفة، وما إلى ذلك خارجيًا	제 마음을 표시하고 싶어서 선물을 준비했다.	جهزت هدية لأني أريد أن أعبر عن مشاعري.
표정	تعبير الوجه	(명) 감정이나 생각이 얼굴에 드러난 모습.	إظهار المشاعر أو الأفكار علي الوجه.	그 사람은 항상 화난 표정이다.	هذه الشخص تعبيرات وجهه غاضبة دائما.
표현하다	يعبر	(동) (생각이나 느낌이) 겉으로 나타내다.	يُظهر الأفكار والمشاعر خارجياً.	지금의 행복한 심정을 말로 다 표현할 수가 없다.	لا أستطيع التعبير عن شعوري بالسعادة الآن بالكلمات.
푸르다	أزرق، أخضر	(형) 나뭇잎이나 풀, 맑은 하늘의 색과 같다.	نفس لون ورق الشجر أو العشب أو السماء الصافية.	하늘이 푸르다.	السماء زرقاء
풀	عشب	(명) 가꾸지 않아도 저절로 자라고 주위에서 쉽게 볼 수 있는, 키가 작은 식물.	نبات قصير يمكن رؤيته بسهولة حولك ينمو من تلقاء نفسه ولا يتم رعايته.	풀을 뜯다	يقتلع العشب
풀	غراء	(명) 주로 종이를 붙이는 데 쓰는 끈끈한	سائل لزج يستخدم في لصق الورق بشكل رئيسي.	옛날에는 밀가루로 풀을 만들어 썼어요.	قديما كان يستخدم الغراء المصنوع من الدقيق.

		액체.			
풀다	يحلّ/ يفكّ/ يحرر/ يمزج	(동) 1- (=) 해결하다/ (문제의 답을) 알아내다. 2-(반) 쌓이다/(불편했던 마음이나 기분을) 편안하게 만들다. 3-(반) 감다. 매다. 묶다. 싸다/ (매이거나 묶이거나 잠긴 것을) 다시 원래의 상태로 만들다. 4-(붙잡아 놓았던 것을) 자유롭게 하다. /(반)가두다./ 5-(무엇을 물 들에) 섞어서 녹이거나 잘 섞다.	1- يعرف إجابة سؤال ما. 2- يغير المزاج السئ إلي مزاج جيد. 3-يُرجِع شيئا مربوطا أو محزوما إلى حالته الأولي. 4- يحرر شئ ممسوك. 5- يمزج شيء بالماء أو شيء ما يذوب بسسب المزج.	1-그는 문제를 금방 풀었다. 2-목욕을 하면서 피로를 풉니다. 3-그는 호텔에 도착해서 짐을 풀었다. 4-그들은 강아지를 풀어 주기로 하였다. 5-국에 된장을 약간 풀면 다 맛있습니다.	1- حل السؤال فورا. 2- يزيل الإعياء أثناء الاستحمام. 3- حل الأمتعة بعدما وصل إلي الفندق. 4- قرروا أن يطلقوا سراح الكلب الصغير. 5- تكون الشوربة لذيذة أكثر إذا مزجت بها قليلا من الدينجانج.
풀리다	ينحلّ/ يتحسّن / ينحل/ يدفأ	(동) 1-(문제의 답이) 생각나다. 2-(피로나 독기 등이 없어져 몸이 정상적인 상태가 되다. 3-(일이) 잘 되다. 좋아지다. 4-(날씨가) 따뜻해지다. 5-(반) 조이다/ (매이거나 묶이거나 잠긴 것이) 처음의 상태로 돌아가다.	1- يتذكر حل سؤال ما. 2- يتلاشى تعب أو غاز سامّ ويصبح جسمه في حالة سويّة 3- أمر ما يسير جيدا. 4- الطقس يصبح دافئ. 5- يعود شئ مربوط أو ملفوف إلي حالته الأولي.	1-3 번 문제가 잘 풀리지 않아요. 2-스트레스가 풀리다. 3-요즘 경기가 나빠서 사업이 잘 안 풀립니다. 4-날씨가 풀리다. 5-허리띠가 풀려서 바지가 흘러내렸다	1- لا أتذكر . 2-يتلاشي الضغط العصبي. 3- أعمالي التجارية راكدة لأني صحتي ليست علي مايرام هذه الأيام. 4- يدفأ الجو. 5- انحل الحزام وسقط البنطلون.
풍경	منظر	(명) (=) 경치/ 1-자연이나 사물의 경치. 2-어떤 상황의 모습.	صورة الطبيعة أو شئ. 2- شكل موقف ما	1-시골 풍경이 아름답습니다. 2-지금은예전에 시장에서 보던 풍경들이 많이 사라졌습니다.	منظر القرية رائع. 2- الآن أختفي كثيرا المشهد الذي كنا نراه في السوق قديما.
프랑스	فرنسا	(명) 유럽 대륙 서부의. 지중해와 대서양 사이에 있는 나라. 수도는 파리입니다.	دولة تقع في غرب قارة أوربا بين البحر المتوسط و المحيط الأطلنطي. وعاصمتها باريس.	작년에 프랑스를 방문했다.	زرت فرنسا العام الماضي.
프로그램	برنامج	(명) 1-어떤 행사의 진행 계획이나 순서를 적은 목록. 또는 그 행사의 세부 항목. 2-라디오나 텔레비전 등에서 시간별로 나누어 방송하는 내용. 또는 그 차례나 목록. 3-컴퓨터에 어떤 명령을 하기 위하여 그 작업의 차례나 방법을 컴퓨터 언어로 기술한 것.	1- قائمة بخطّة السير لأيّ مناسبة أو قائمة مكتوب فيها خطوات مُرَتَّبة. أو جزء فرعيّ للمناسبة. 2- محتوى يُذاع في أوقات معينة على الراديو أو التلفزيون. أو دوْره أو قائمته. 3- شيء مكتوب بلغة الكمبيوتر لإعطاء الأوامر إلى الكمبيوتر التي من شأنها ترتيب خطوات العمل أو طريقته.	1-내일 프로그램에서 제가 맡은 부분이 어디지요? 2-프로그램을 만들다. 3-프로그램을 개발하다.	1- ماهو دوري في برنامج الغد؟ 2-ينتج برنامج. 3- يطور برنامج.
프린터	طابعة	(명) 인쇄기. 컴퓨터에서 작업한 결과를 종이 등에 인쇄하는 장치.	آلة طبع النتائج من الحاسب الآلي علي الورق.	요즘은 각 가정에 프린터가 많이 보급되어 있어요.	هذه الأيام الطابعة منتشرة في كل بيت.
플라스틱	بلاستك	(명) 열이나 압력을 가해 쉽게 모양을 만들 수 있는 물질.	مادّة يمكن أن يُصنع بها أيّ شكل بسهولة بعد أن تتعرض لضغط أو حرارة	플라스틱 컵	كوب بلاستيك
피	دم	(명) 사람이나 동물 몸 안에서 돌고 있는	سائل أحمر يدور داخل جسم الحيوان والإنسان	피가 그치다	توقف انهمار الدماء

		붉은 액체.			
피곤하다	متعب / مجهد	(형) (몸이나 마음이) 지쳐서 기운이 없다.	لايوجد طاقة لأن الجسم أوالعقل مجهد	김 선생님이 무척 피곤해 보여요.	يبدو أن المعلم كيم مجهدا للغاية
피다	يتفتح / يتحسن/ يظهر	(동) 1-(반) 지다/ (꽃잎이나 잎 등이) 벌어지다. 2-(무엇이) 그 전보다 좋아지다. 3-(곰팡이 등이) 생기다.	1- تتفتّح الزهر أو الورق إلخ. 2- شئ ما يتحسن عن السابق. 3- يحدث عفن.	1-가을에는 무슨 꽃이 핍니까? 2-살림이 피다. 3-검버섯이 피다.	1- أي ورد يتفتح في الخريف؟ 2-تتحسن الحالة المعيشية. 3- تظهر بقعة سوداء
피로	إعياء	(명) (=) 피곤 / (몸이나 마음이) 지쳐서 기운이 없는 느낌.	الشعور بعدم وجود طاقة بسبب تعب الجسم او العقل.	푹 자고 나면 피로가 풀릴 거예요.	سيزول الإعياء إذا نمت بعمق.
피부	جلد/بشرة	(명) (=) 사람이나 동물의 몸을 싸고 있는 살의 겉 부분.	جزء خارجي من جسم انسان أو حيوان	겨울에는 피부가 건조해지기 쉽다.	من السهل جفاف الجسم في فصل الخريف
피아노	بيانو	(명) 건반을 손가락으로 누르거나 두드려서 소리를 내는 서양식의 큰 악기.	آلة موسيقيّة غربية كبيرة تصدر الأصوات بالنقر أو الضغط بالأصابع على المفاتيح.	피아노를 연주하다	يعزف بيانو
피우다	يفتّح /يشعل	(동) 1-(꽃이) 피게 하다. 꽃이 나다. 2-(불이) 일어나게 하다.	تتفتّح الزهرة أو الورق إلخ. 2- يشعل نارا	1-개나리가 노란 꽃을 피웠다. 2-우리는 모닥불을 피우고 밤새 이야기를 나눴다.	1- فتّحت الفرسيتيّة ورد أصفر. 2- أشعلنا المشعل وتحدثنا طوال الليل.
피자	بيتزا	(명) 동글고 납작한 밀가루 반죽 위에 토마토, 고기, 치즈, 야채 등을 올려서 구운 이탈리아 음식.	طعام إيطالي مشوي يُوضع طماطم، لحم، جبنة إلخ على العجين الدائريّ المسطح من الدقيق.	피자를 굽다	يشوي البيتزا
피하다	يتجنب	(동) 1-(무엇에 부딪치거나 맞지 않도록 몸을) 옮겨 비키다. 2-(어떤 일을) 멀리하거나 싫어하다. 3-(잡히거나 만나지 않으려고 몸을) 숨기다. 4-(어떤 것을) 선택하지 않다.	1- يحرك الجسم لكي لا يصدم بشئ ما. 2- يكره أويتجنب شئ ما. 3- يخفي الجسم لكي لا يقابل أحد أو يتم الإمساك به. 4- لا يختار شئ ماا.	1-우리는 나무 밑에서 비를 피하고 있었다. 2-그는 항상 힘든 일을 피하려고 한다. 3-그는 계속 나를 피해 다녔다. 4-저를 만나러 올 때 월요일은 피해 주세요.	1- تجنبا المطر تحت الشجرة. 2-يرغب دائما في تجنب الأمور الصعبة. 3- يتجنبني باستمرار. 4- تجنب يوم الأثنين عند مجئيك لمقابلتي.
피해	ضرر	(명) (재산, 명예, 건강 등에) 나쁜 영향이나 손해를 입는 것.	حدوث خسارة أو تأثير سلبي علي الثروة أو الشرف أو الصحة وغيره	우리 마을은 폭설로 큰 피해를 입었다.	تضررت قريتنا كثيرا من الثلج الكثيف.
필요	ضرورة	(명) (반) 불필요 / 꼭 있어야 하거나 소용되는 바가 있음.	وجوب أن يكون الشيء موجودا أو وجب فعل شئ ما.	물질적 필요. 이제 와서 그렇게 서두를 필요가 있니?	احتياجات مادية
필요하다	ضروري	(형) (무엇이) 꼭 있어야 하다.	وجوب وجود شئ ما.	성공에는 노력이 필요하다.	النجاح يحتاج إلي مجهود
하나	واحد	(수) 1-숫자 1. 물건을 셀 때 가장 작은 수. 2-여러 가지 중의 한 예.	1- العدد 2- أصغر عدد عند عد شئ ما. 3]شئ واحد من بين عدة أشياء.	1-어제 책을 하나 샀어요. 2-불고기는 외국인이 좋아하는 음식 중 하나이다.	1- أشتريت أمس كتاب واحد. 2- اللحم المشوي هو واحد من الأطعمة التي يحبها الأجانب.
하늘	سماء	(명) 1-해, 달, 별 따위가 떠 있는 공중. 2-신이나 죽은 사람의 영혼이 살고 있다고도 생각되는 곳. 3-신, 하나님.	1- المساحة التي يوجد بها الشمس والقمر والنجوم وغيره. 2- المكان الذي يوجد فيه الآله أو روح الإنسان المتوفي. 3- الآله.	1-오늘은 하늘이 참 맑다. 2-어머니가 하늘로 가신 뒤로 우리는 자주 모여 어머니 생각을 했다. 3-하늘이 노하다.	1- اليوم السماء صافية جداً. 2- بعد وفاة أمي عادة نتجمع ونتذكرها. 3- يغضب الآله.

하다	يفعل	(동) 1-(어떤 동작, 행동을) 행하다. 2-(어떤 동작이나 행동을) 다른 사람에게 행하다. 3-(말, 소리로) 생각을 나타내다. 4-무엇으로 정하다. 5-어떤 직업을 가지거나 어떤 분야에서 일하다. 6-(음식, 옷 등을) 만들다. 7-(어떤 표정, 모습을) 가지다. 8-(다른 사람에게) 전화나 편지 등으로 이야기하다. 9-(모임, 회의 등을) 열다. 10-무엇을 몸에 걸다. 11-(시험, 경쟁을 해서) 어떤 순서를 가지게 되다. 12-(몸의 일부를) 어느 쪽으로 향하다. 13-값이 나가다. 14-(무엇을) 배워서 다루다.	1- يقوم بسلوك أو حركة ما. 2- يقوم بسلوك أو حركة ما لشخص آخر. 3- يعبر عن الأفكار بالكلام أوالصوت. 4- يحدد شئ ما. 5- يعمل في مجال ما أو يمتلك وظيفة. 6- يصنع ملابس أوطعام. 7- يمتلك تعبيرات وجه أوشكل. 8- يتحدث إلي شخص آخر عن طريق تليفون أورسالة. 9- يعقد اجتماع أوتجمع. 10- يضع شئ علي الجسم. 11- تاخذ ترتيب ما في امتحان أومنافسة. 12- يتجه في اتجاه ما بجزء من الجسم. 13- يرتفع السعر. 14- يتعلم شئ ما ويمارسه ..	1-저는 주말에 빨래를 해요. 2-동생에게 선물을 하고 싶어요. 3-외국 회사에서 일을 하려면 영어를 할 줄 알아야 한다. 4-여기를 회의 장소로 하자. 5-그는 대학교에서 강사를 하고 있다. 6-우리 엄마는 생선찌개를 맛있게 해요. 7-이런 모습을 하고 어떻게 파티에 갈 수 있겠어요. 8-나는 그에게 편지를 하였다. 9-그는 아이를 위해 잔치를 했다. 10-아이는 마스크를 하고 나갔다. 11-내 짝이 학교에서 1 등을 했다. 12-그는 얼굴을 이쪽으로 하고 앉았다. 13-요즘은 과자가 한 봉지에 천원이나 한다. 14-어려서부터 바이올린을 했다.	1- أغسل الملابس في عطلة نهاية الأسبوع. 2- أريد أن أعطي هدية لأخي الصغير. 3- يجب ان تجيد اللغة الإنجليزية إذا كنت ترغب في العمل بشركة أجنبية. 4- لنتخذ من هذا المكان مكان للاجتماع. 5-هو محاضر في الجامعة 6- تعد امي يخنة السمك بشكل لذيذ. 7- هل يمكن ان أذهب للحفل بهذا الشكل؟ 8- أرسلت له جوابا. 9- أقام حفلة من أجل الطفل. 10-خرج الولد وهو يرتدي قناع. 11- حصل/ حصلت زوجي/ زوجتي علي المركز الأول في المدرسة. 12- جلس و أدار وجهه إلي هذه الناحية. 13- هذه الأيام وصل سعر كيس الفاكهة لأكثر من ألف وون. 14- أعزف الكمان منذ الصغر. ؟
하루	يوم	(명) 밤 12 시부터 다음날 밤 12 시까지의 시간 동안. 1 일. 24 시간.	الفترة من الساعة 12 مساء حتي 12 مساء اليوم التالي.	하루에 몇 시간쯤 공부해요?	كم ساعة تذاكر في اليوم؟
하얀색	لون أبيض	(명) (=) 하양, 흰색/ 내리는 눈, 우유와 같은 색깔.	لون اللبن والثلج الساقط.	하얀색 드레스	فستان أبيض
하얗다	أبيض/ شاحب / بدون نوم	(형)(=) 희다/ 1-(색깔이) 내리는 눈, 우유의 색과 같다. 2-(=) 희다/ 창백하다/ 얼굴에 핏기가 없다. 3-희다/ 잠을 자지 않고.	1- مثل لون اللبن أو الثلج المتساقط. 2- الوجه شاحب. 3- لا ينام .	1-나는 하얀 원피스를 입었다. 2-지수는 겁에 질려서 얼굴이 하얗게 변했다. 3. 친구와 하얗게 밤을 새우면서 이야기를 했다.	1- أرتديت فستان أبيض. 2- أصبح وجه جي سو شاحب بسبب خوفها. 3- سهرت طوال الليل أتحدث مع صديقي.
하여튼	على كلّ حال، على أيّ حال	(부) (=) 아무튼/ 무엇이 어떻게 되어 있든.	على كلّ حال، على أيّ حال	나는 수학이든 국어든 하여튼 공부는 다 싫다.	أكره الدراسة علي أيَ حال سواء رياضية أو لغة كورية.
하지만	لكن	(부) 내용이 서로 반대인 두 개의 문장을 이어줄 때 쓰는 말.	كلام يُستخدم في ربط جملتين موضوعهما مختلف	웅태는 여자 친구가 있다. 하지만 결혼할 생각은 없다.	أون تيه لدي صديقة لكنه لايفكر في الزواج.
학교	مدرسة	(명) 1-학생을 가르치는 공식적인 교육 기관. 2-주제를 정해 놓고 짧은 기간 동안 가르치는 기관.	1- مؤسسة تعليمية رسمية تُعلِّم الطلاب. 2- مؤسسة تُعلِّم خلال فترة قصيرة وتحدد المنهج.	1-민수는 학교에 가고 집에 없는데요. 2-주일 학교	1- مينسو ذهبت للمدرسة. 2- مدارس الأحد
학기	فصل دراسي	(명) 1-한 학년 동안을 학업의 필요에 따라 구분한 기간. 2-학교에 다니는 기간을 세는 단위.	1- مدّة تقسّم سنة واحدة حسب ضرورة الدروس. 2- وحدة عد فترات الذهاب للمدرسة.	1-여름 학기. 2-한 학기를 더 다니면 졸업입니다.	ا1- لفصل الصيفي. 2- سأتخرج بعد ترم واحد.

학년	عام دراسي	(명) 1-학습 수준에 따라 일 년 단위로 구분한 학교 교육의 단계. 2-학교 교육에서 일 년 동안의 학습 과정의 단위.	مرحلة من سنة واحدة لتمييز التعليم المدرسي لسنوات وفقاً للمستوى الدراسي. 2- وحدة حساب المراحل الدراسية لمدّة سنة واحدة في التعليم المدرسي.	1-가: 몇 학년이야? 나: 사 학년이요. 2-새 학년을 맞이하다.	1- أ- في أي سنة دراسية أنت؟ ب- في السنة الرابعة. 2- يستقبل عام دراسي جديد.
학생	طالب	(명) 1-학교에 다니면서 공부를 하는 사람 2-짧은 사람을 부를 때 쓰는 말.	شخص يدرس في المدرسة. 2- كلمة تُطلق علي شخص قصير.	1-남수는 대학 4 학년 학생입니다. 2-학생은 어디 사니?	1- نام سو طالب في العام الرابع بالجامعة. 2- أين تعيش يا طالب؟
학습	تعلم	(명) 지식, 기술 따위를 배우고 익히는 일.	اكتساب و تعلم معرفة أو تقنية.	나이가 많은 사람들에게 외국어 학습을 쉬운 일이 아닙니다.	إن تعلم اللغات الاجنبية أمر صعب بالنسبة لكبار السن.
학원	معهد	(명) 학교 공부, 직업 교육, 미술, 음악 등을 배우기 위해 다니는 교육 기관.	مؤسسة تعليمية يتم الذهاب إليها من أجل تعلم الموسيقي أوالفنون أو التعليم المهني أو أعمال مدرسية و غيره.	외국어 학원.	معهد اللغات الأجنبية.
한	واحد	(관) 1-하나의. 2- 같은. 3-대략. 4-어떤. 어느	1- واحد. 2- نفس. 3- حوالي. 4- أحد.	1-자동차 한 대. 2-우리는 한 곳에 모여 출발하기로 했다. 3-어제 집에 손님이 한 스물 명쯤 왔다. 4-아저씨, 한 손님께서 뵙기를 원하십니다.	1- سيارة واحدة. 2- تجمعنا في نفس المكان ثم انطلقنا. 3- جاء إلي بيتنا أمس حوالي 20 ضيف. 4- ياعمي أحد الضيوف يريد رؤيتك.
한강	نهر الهان	(명) 서울의 한 가운데를 흐르는 강. 서울을 중심으로 대한민국의 중부를 지나 황해로 흐르는 강.	نهر يجري وسط سيول	한강에는 다리가 많이 있다.	يوجد الكثير من الكباري علي نهر الهان
한국	كوريا	(명) 동아시아의 한반도에 위치한 나라. 수도는 서울이다. 대한민국.	دولة تقع في شبه الجزيرة الكورية الموجودة في شرق آسيا. وعاصمتها سيول	작년에 한국을 방문했다	زرت كوريا العام الماضي.
한국말	لغة كورية	(명) 한국에서 쓰는 말.	اللغة المستخدمة في كوريا.	한국말을 배운 지 얼마나 되셨어요?	منذ متي وأنت تتعلم اللغة الكورية؟
한국어	لغة كورية	(명) 한민족이 쓰는 언어 대한민국 국민이 사용하는 언어. .	اللغة المستخدمة في كوريا.	저는 한국어를 배우고 싶어요	أريد أن أدرس اللغة الكورية
한국인	كوري	(명) (명) 대한민국 국적을 가졌거나 한민족의 혈통과 정신을 이어받은 사람.	شخص له جنسيّة كوريّة أو يرث نسبا أو نفسا كوريّة	한국인으로 귀화하다.	يُجنس ككوري.
한글	الحروف الكورية	(명) 세종 대왕 때 만든, 한국의 글자.	الحروف الكورية التي تم ابتكارها في فترة الملك سيه جونج.	세종 대왕이 한글을 만드셨다.	اخترع الملك سيه جونج الهانجل
한꺼번에	في وقت واحد	(부) 몰아서 한 번에. 또는 전부 다 동시에.	في وقت واحد جميعا. أو في نفس الوقت معا	청구서들이 한꺼번에 날아왔다	جاءت الفواتير كلها في وقت واحد.
한둘	واحد أواثنان.	(수) 하나나 둘. 아주 적은 수.	واحد أواثنان. عدد قليل جدا.	학생들은 수업이 끝나자 교실에 한둘만 남고 모두 밖으로 나갔다.	خرج جميع الطلاب من الفصل بعد إنتهاء المحاضرة وتبقي واحد أو اثنان فقط.
한반도	شبه الجزيرة الكورية	(명) 아시아 대륙의 동북쪽 끝에 있는 반도. 제주도를 포함한 한국 국토의 전역을 포함한다.	شبه جزيرة التي تقع في نهاية الجزء الشمالي الشرقي من قارة آسيا. وتشمل جميعَ الأراضي الكورية بما فيها جزيرة جيجو	한반도는 삼면이 바다로 둘러싸여 있다.	شبه الجزيرة الكورية محاطة بثلاثة بحار.

한번	مرّة واحدة	(부) 1-어떤 행동이나 상태 등을 강조함을 나타내는 말. 2-어떤 일을 시험삼아 시도함을 나타내는 말. 3-기회가 있는 어떤 때.	1- كلمة تدلّ على تأكيد حركة أو حال ما أو غيره. 2- ظرف يستخدم للإشارة إلى أن المتكلم يحاول أمرا ما. 3- وقت معين فيه فرصة.	1-성격 한번 호탕하다. 2-한번 물어보다. 3-한번 만나 보다.	1- هو شهم حقاً. 2- أسال مرة واحدة حتي. 3- لنلتفي ولومرة واحدة.
한복	هانبوك	(명) 한국의 전통적인 옷.	الملابس التقليدية الكورية	옛날에는 한국 사람들이 모두 한복을 입었습니다.	قديما كان يرتدي الكوريون الهانبوك.
한숨	نفس /تنهيدة	(명) (걱정이 있거나 답답할 때) 길고 크게 쉬는 숨.	نفس طويل عند الشعور بالقلق أوالضيق.	한숨을 쉬다.	يتنهد
한자	الحروف الصينية	(명) 중국에서 만든 문자.	حروف تم ابتكارها في الصين.	중국, 일본, 한국 모두 한자를 쓰지만 조금씩 달라요.	يستخدم كل من الصين واليابان وكوريا الحروف الصينية لكن بشكل مختلف قليلا
한쪽	جزء واحد أو اتّجاه واحد	(명) (어떤 장소나 물건에서) 일정하게 차지하는 한 부분.	جزء محدد من مكان ما أو شئ.	아이들은 운동장 한쪽에 모여 앉았다.	كان الأطفال جالسين في جزء من صالة الألعاب.
한참	الأعمار	(부) 시간이 많이 흘러가는 동안에 . 오랫동안.	خلال مرور وقت طويل. مدة طويلة.	친구에게 전화를 걸었는데 한참을 받지 않았어요.	اتصلت بيوشيدا لكن لم يجب لفترة طويلة.
한편	بينما ، ومن الناحية الأخرى ، ومن الجهة الأخرى	(부) 어떤 일에 대해, 앞에서 말한 측면과는 다른 측면을 말할 때 쓰는 말.	كلام يُستخدم عند التحدُّث في شأن ما عن وجهة نظر مختلفة عن وجهة النظر السابق التحدث عنها	범행이 일어난 시각에 그는 회사에 있었다고 했다. 한편 다른 용의자는 명확한 알리바이가 없었다.	قال أنه كان في الشركة وقت حدوث الجريمة. بينما لا يوجد دليل براءة واضحة للمشتبه فيه الآخر.
할머니	جدة	(명) 1-아버지나 어머니의 어머니. 2-나이가 많이 들어서 늙은 여자. /(반) 할아버지/	1- والدة الأب أوالأم. 2- سيدة كبيرة في السن.	1-저분이 우리 할머니이십니다. 2-모르는 할머니 한 분이 내 옆으로 오셨다.	1- تلك السيدة جدتي. 2- (أ): مينسو لماذا تأخرت؟ (ب): تأخرت لأنني كنت أساعد سيدة كبيرة تحمل حقائب ثقيلة.
할아버지	جدة	(명) (반) 할머니/ 1-아버지나 어머니의 아버지. 2-나이가 많이 들어서 늙은 남자.	1- والد الأب أوالأم. 2- رجل كبير في السن	1-저희 할아버지께서는 1 년 전에 돌아가셨습니다. 2-할아버지, 이 자리에 앉으세요.	توفي جدي منذ عام. 2- ياجدي, أجلس هنا.
함께	معاً	(부) 서로 더불어/(=) 같이.	مع بعضنا البعض.	다음 달에 가족과 함께 여행을 떠나려고 합니다.	أنوى السفر مع عائلتي سوياً الشهر القادم.
함부로	بإهمال/بإس تهتار/دون وعي	(부) 1-생각함이 없이 마구. 2_어른 앞에서 버릇없이.	1بتهور وبلا تفكير. 2_التصرف بقلة أدب أمام الكبار.	다른 사람을 생각하지 않고 말을 함부로 하지 마세요.	لا تتحدث باستهتار دون التفكير في الأخرين.
합격	نجاح	(명) 1-뽑아 취하는 데 자격을 얻음. 2_격식에 맞음.	1- الحصول على المؤهلات في شيء (إختبار) يتم اختياره وخوضه. 2_رسمي.	합격을 축하합니다.	مبارك النجاح.

합격하다	ينجح /يمر	(동) 시험, 검사, 심사 따위에서 일정한 조건을 갖추어 어떠한 자격이나 지위 따위를 얻다.	يحصل على منصب أو مؤهل ما أو غيره وذلك لحصوله على شروط معينة خاصة بمناقشة،أو امتحان،أو فحص ما.	원하는 대학교에 입학하려면 열심히 공부해야 해요.	يجب عليك أن تذاكر بجد لو أردت الالتحاق بالكلية التي تتمناها.
합치다	يُجمع/يضم	(동) '합하다'를 강조하여 이르는 말. 여럿이 한데 모이다. 또는 여럿을 한데 모으다.	تجمع عدد من الأشخاص في مكان واحد،أو جمعهم في مكان واحد.	그는 자신의 재산을 형의 재산과 합치기로 했다.	لقد قرر أن يضم ممتلكاته مع ممتلكات أخيه الأكبر.
항상	دائماً	(부) 언제나 변함없이. /(=)늘/	دائماً،بدون تغيير	운전할 때 항상 정신을 차려야 한다.	يجب عليك أثناء القيادة أن تكن في وعيك دائماً.
해	الشمس	(명) 1-하늘에 솟아 스스로 빛을 내며 낮과 밤, 사철을 있게 하는 태양계의 중심이 되는 별.(=)태양. 2_낮 동안. 날이 밝아서 어두워질 때까지의 동안. 3_ 이롭지 못하거나 나빠지게 하는 것.	1- هي النجمة التي تُعتبر هي مركز النظام الشمسي والتي تقوم بمفردها في السماء باشعاع الضوء،وخلق الفصول والنهار والليل. 2_ الفترة التي تدور فيها الأرض حول الشمس دورة واحدة،وهي اثنا عشر شهراً من بداية السنة وحتى نهاية الشهر الثاني عشر للسنة القمرية. 3_فترة الصباح.	해가 바다 위에 떠올랐다. 봄이 되니까 제법 해가 길군요.	سطعت الشمس فوق البحر. لقد طال النهار إلى حد ما بمجيء الربيع.
해	عام	(명) 지구가 태양을 한 바퀴 도는 동안. 정월부터 섣달까지의 열두 달로 친다.	عام واحد.	올해도 열심히 하자. / 작년은 몹시 힘든 한 해였다.	هيا نعمل بجد هذا العام أيضاً/كان العام الماضي عام عصيب جداً.
해결	حل	(명) 어떤 문제나 사건 따위를 풀거나 잘 처리함.	القيام بمعالجة وحل شيء ما معقد.	환경 문제 해결을 위해서는 여러 나라의 협력이 필요하다.	نحن في حاجة لتعاون العديد من الدول لحل مشكلة البيئة.
해결하다	يحل	(동) 제기된 문제를 해명하거나 얽힌 일을 잘 처리하다.	القيام بشرح أو توضيح مسألة مطروحة،أو يعالج شيء ما معقد جيداً.	이 문제를 어떻게 해결해야 할 지 잘 모르겠어요.	لا أدرك كيف يمكنني حل هذه المشكلة.
해롭다	ضار	(형) (무엇이 몸이나 건강에) 나쁜 영향을 미치는 점이 있다.	يحتوي على شيء ما ضار.	담배는 우리 몸에 해로워요.	التدخين ضار لأجسامنا.
해외	خارجي(خارج البلاد)	(명) 바다 밖이라는 뜻으로 다른 나라를 이르는 말.	كلمة تعنى (الخارج) بمعنى (بلد أخرى خارج البحر).	방학이 되면 해외로 여행을 떠난다는 학생들의 수가 많아진다.	ازداد أعداد الطلاب الذين يذهبون إلى الخارج بحلول الأجازة.
핸드폰	موبايل محمول	(명) 손에 들거나 몸에 지니고 다니면서 걸고 받을 수 있는 소형 무선 전화기	هو تليفون لاسلكي،صغير الحجم يتم حمله في اليد أو الجسم ،يمكن اجراء أو استقبال مكالمات منه.	공연이 시작하기 전에 핸드폰을 꺼 놓으세요.	من فضلك اغلق هاتفك قبل بدأ العرض.
햄버거	همبرجر	(명) 햄버그스테이크와 야채 따위를 둥근 빵에 끼운 음식.	طعام عبارة عن شريحة لحم همبرجر موضوعة داخل خبز مدور (كيذر) مع الخضار وغيرها.	햄버거로는 버거킹이 제일이다.	برجر كينج هو أفضل نوع همبرجر.
햇볕	ضوء الشمس	(명) 해의 내리쬐는 뜨거운 기운.	حرارة الشمس التي تتوهج وتسطع لأسفل.	어머니께서는 빨래를 햇볕에 너셨다.	نشرت أمي الغسيل في الشمس(وضعته بمواجهة أشعة الشمس).
햇빛	أشعة الشمس	(명) 해가 비추는 빛.	الضوء الساطع الذي يخرج من الشمس.	이 방은 햇빛도 잘 들어오고 아주 조용합니다.	هذه الغرفة هادئة كما أنه يدخل إليها ضوء الشمس.

행동	تصرف/أسلوب/فعل	(명) 1-몸을 움직여서 어떤 일을 하는 것. 2_행동으로 보이다.	القيام بشيء عن طريق تحريك الجسم.	1-민지는 나에 비해 말과 행동이 어른스러웠다. 2_당신 말은 더 이상 믿지 못하겠으니 달라졌다는 것을 행동으로 보여줘요.	إن تصرفات منجي أكثر نضجاً مني. أريني بالأفعال فلن أستطع تصديق كلامك بعد الآن.
행동하다	يفعل	(동) 몸을 움직여서 어떤 일을 하다.	القيام بشء عن طريق تحريك الجسم.	위험이 있을 때는 재빨리 행동해야 한다.	يجب أن نتصرف بسرعة عند الخطر.
행복	سعادة	(명) 자기의 상태에 만족하여 즐거울 때 느끼는 감정.	المشاعر التي يحسها الإنسان عندما يكون راضياً على حالته ومستمتع.	어머니의 사랑이 우리 가족의 행복을 만든다.	إن حب والدتى يصنع الفرحة في العائلة.
행복하다	سعيد	(형) 자기의 상태에 만족하여 즐겁다.	مستمتع وراضي عن حالته.	저는 맛있는 음식을 먹을 때 가장 행복해요.	أكون في غاية السعادة عندما اتناول طعام لذيذ.
행사	حدث/حفل	(명) 여러 사람들이 같은 목적을 가지고 자리를 함께 하여 가지는 모임.	إجتماع عدد من الأشخاص الذين يحملون نفس الهدف في مكان واحد.	여러분들을 환영하기 위한 여러 가지 행사를 열려고 합니다.	ننوي عقد العديد من الحفلات (الفعليات) ترحيباً بكم.
향기	رائحة/برفان	(명) (꽃, 향 등에서 나는) 좋은 냄새.	رائحة جميلة خارجة من (الورد أو العطر وغيره).	장미꽃 향기가 참 좋군요.	رائحة الورد جميل جداً.
향하다	يتوجه إلى	(동) 어떤 곳으로 방향을 잡다.	الإتجاه إلى مكان ما.	두 사람은 일을 마치고 술집으로 향했다.	لقد أنهيا العمل وذهبا للحانة.
허락	إذن	(명) 청하는 일을 하도록 들어줌.	قبول شخص ذو مكانة عالية طلب شخص أقل منه.	드디어 아버지께서 우리에게 결혼 허락을 내리셨어요.	أذن لنا أخيراً والدي بالزواج.
허리	وسط	(명) 사람이나 짐승의 갈비뼈 아래에서 엉덩이 뼈까지의 부분.	الجزء من تحت الضلع حتى عظمة المؤخرة للإنسان أو الحيوان.	허리를 굽히다. 허리가 잘록하다.	يحنى ظهره. وسط صغير
허용하다	يوافق/يسمح	(동) 어떤 행동을 하도록 허락하여 받아들이다.	الإذن بالقيام بفعل ما.	이번 시험에서 선생님께서는 사전 사용을 허용하셨다.	سمحت لنا المدرسة باستخدام القاموس في هذا الإمتحان.
헌	قديم	(관) 오래된, 낡은.	قديم.	새 신발보다 헌 신발이 더 편해요.	الحذاء القديم أكثر راحة من القديم.
헤어지다	ينفصل	(자) 1-같이 있던 사람과 떨어져 다른 곳으로 움직이다. 2_친하게 지냈던 사람과 맺고 있던 관계를 끊다.	الإنتقال لمكان ما بعد مفارقة شخص كنت معه. قطع العلاقة التي كانت تجمعني مع شخص مقرب لي.	1-선생님하고 점심 식사를 함께 하고 조금 전에 헤어졌어요. 2-애인과 헤어져 지금 너무 힘들어요.	تناولت وجبة الغداء مع الأستاذ ذهب كلنا منا إلى طريقه منذ قليل(ومن ثم انفصلنا منذ قليل). يشعر بالتعب حالياً بسبب انفصاله عن حبيبه/حبيبته.
혀	لسان	(명) 맛을 느끼거나 말할 때 움직이는 입 안의 한 부분.	جزء موجود داخل الفم يتحرك عند الكلام أو تذوق الأطعمة.	의사 환자에게 혀를 내밀어 보라고 했다. 오늘 혀가 꼬부라질 때까지 실컷 마십시다.	قال الطبيب للمريض "أخرج لسانك". لنشرب اليوم كثيراً. هناك فتيات تقوم عمداً بالحديث بكلام قصير (يشبه الأطفال).
현관	رواق/مدخل (بيت، شقة)	(명) 건물의 출입구나 문간. 또는 그곳에 있는 문.	بوابة/مدخل موجود أمام مدخل أو مخرج المبنى.	화장실은 현관 바로 옆에 있습니다.	الحمام موجود بجانب (المدخل/الرواق) مباشرةً
현금	فوري / كاش	(명) (신용카드, 수표 따위가 아닌) 평소에 쓰는 돈. 정부나 중앙은행에서 발행하는 지폐나 주화.	المال الذي نستخدمه في العادة (ليس بطاقة الإئتمان ولا الشيكات)	현금으로 지불하겠습니다.	سأدفع كاشاً.

현재	الحاضر/المضارع / الوقت الحالي	(부) 지금 이 시간/지금 이 시간에.	الوقت الحالي/في الوقت الحالي.	서울의 지하철은 현재 8 호선까지 만들어졌다.	بلغ عدد خطوط مترو سيوول في الوقت الحالي 8 خطوط.
형	أخ أكبر	(명) 1-남자 동생이 자기보다 나이가 많은 남자 형제를 가리키거나 부르는 말. 2_남자가 자기보다 나이가 많은 사람을 친근하게 이르는 말.	1- لقب ينادي به الأخ أخيه الأكبر أو قريبه الأكبر منه في العمر. 2_لقب ينادي به الرجل رجل أكبر منه في السن ولكنه مقرب إليه.	1-나는 형과는 달리 고집이 세다. 2-사실은 문제가 있어서 형을 찾아왔어요.	لقد أتيت إليك (أخي الأكبر/زميليل الأكبر في العمل/أحد أقاربي الأكبر مني سناً) لأن لدي مشكلة ما.
형님	أخ أكبر(احترام أكثر)	(명) 형을 높여 이르는 말.	لقب ينادي به الأخ أخيه الأكبر أو قريبه الأكبر منه في العمر بشكل أكثر احتراماً ورسمية.	저는 요새 형님과 사이가 좋지 않습니다. 우리 형님은 나보다 다섯 살 많다.	إن علاقتي ليست على مايرام مع أخي الأكبر/زميلي الأكبر في العمل/جاري الأكبر.
형제	إخوة	(명) 1-한 부모 밑에서 난 형과 아우. 2_같은 민족의 구성원.	1- إخوة تربو على يد نفس الوالدين. 2_أشخاص تنتمي لنفس السلالة / النسل.	1-저는 형제가 없어서 좀 외롭게 자랐어요. 2_지금은 남과 북으로 갈라져 있지만, 원래 한 민족, 한 형제입니다.	1- كبرت وأنا أشعر بالوحدة لأنني ليس لدي إخوة. 2_ننقسم الآن إلى جنوب وشمال ولكننا في الأصل شعب واحد وإخوة.
호	رقم	(명) 1-본명이외에 허물없이 부르기 위해 본명 대신 쓰는 이름. 2-건물이나 방의 차례를 나타내는 말.	رقم غرفة أو مكتب.	1-이이의 호는 율곡이다. 2-내 방은 205 호이다.	غرفتي .رقم 205
호랑이	نمر	(명) 누런 바탕에 검은 줄무늬가 있는 사나운 큰 짐승.	حيوان كبير متوحش جلده أصفر عليه خطوط سوداء.	호랑이도 제 말 하면 온다.	مثل كوري يشابه (جبنا في سيرة القط جيه ينُط).
호선	رقم الخط	(명) 1.만들어진 순서에 따라 가리키는 지하철의 노선 2.호수가 달린 낱낱의 노선이나 줄..	إتجاه / خط المترو حسب الترتيب الموضوع.	시청역에서 2 호선으로 갈아타세요.	حول من محطة شيتشونج للخط(الإتجاه) الثاني.
호수	بحيرة	(명) 육지에 넓고 깊게 물이 고여 있는 곳.	مكان على اليابسة يتجمع فيه الماء بعمق وبشكل واسع.	바이칼 호수는 세계에서 가장 깊은 것으로 유명합니다.	إن بحيرة البايكل مشهور بأنها الأعمق في العالم.
호주	استراليا	(명) 1-한 집안의 주장이 되는 사람. /(유) 가장/. 2-오스트레일리아	الشخص الذي يدعي أنه عائلة.	1-우리 집의 호주는 아버지이시다. 2-형은 호주로 어학연수를 갈 예정이다.	أستراليا هي والد منزلنا.
호텔	فندق	(명) 규모가 크고 고급스러운 서양식 여관.	أوتيل على الطراز الغربي راقي و ذا مساحة واسعة.	호텔 예약은 했어요?	هل قمت بحجز الفندق؟
혹시	تُري/تحسباً	(부) 1-확실한 것은 아니지만. 강조할 때는 '혹시나','혹시라도' 로도 쓴다. 주로 의문을 나타내는 문장에 쓴다. 2_어쩌다가 그런 일이 있는 경우에.	1- ليس بشيء موثوق منه. يُستخدم 혹시나 ,혹시라도 للتأكيد خاصة في الاستفهام. 2_تحسب في حالة حدوث شيء ما.	1-혹시 모르니까 우산을 가지고 가세요. 2-혹시 질문이 있으면 하세요.	خذ الشمسية معك تحسباً(لسقوط الأمطار). تٌرى هل من سؤال؟

혼자	مفرده/بمفرده	(명) 1-다른 사람 없이 한 사람. 2_다른 사람의 도움이 없이 스스로.	1- شخص واحد بمفرده دون أشخاص آخرين. 2_بنفسه دون مساعدة من أحد.	한국에 오기 전에 저 혼자서 한국말을 조금 공부했어요.	لقد درست اللغة الكورية قليلاً بمفردي قبل المجيء لكوريا.
홈페이지	الصفحة الرسمية	(명) 인터넷에 마련된 개인, 단체의 공간.	مكان(صفحة) مُجهزة على الإنترنت خاص أو عام.	저희 회사는 홈페이지를 개설하고 있는 중입니다.	تقوم شركتنا بتطوير صفحتها الرسمية.
화	غضب/كرب	(명) 1- 못마땅하거나 언짢아서 생기는 노엽고 답답한 감정. 마음에 매우 안 드는 일이 생겼을 때의 느낌. 2_갑자기 일어나는 큰 손해나 불행.	1- الشعور عند حدوث شيء لا يعجبه على الإطلاق. 2_(ضرر/مرض / حزن / حظ سيء) كبير يحدث فجأة.	1-버스를 너무 오래 기다려서 화가 났어요. 2_김 선생님 가족이 교통사고로 화를 당했다.	1- لقد غضبت كثيراً بسبب انتظارب الأتوبيس لمدة طويلة. 2_لقد حل على مدرسي كيم كرب(مصيبة) فعائلته تعرضت لحادث سيارة.
화가	رسام	(명) 그림을 그리는 직업을 가진 사람.	الشخص الذي يتخذ من الرسم وظيفة.	저는 커서 화가가 되고 싶어요.	أريد أن أصبح رسام عندما أكبر.
화나다	يغضب	(동) (사람이) 못마땅하거나 언짢아서 노엽고 답답한 감정이 생기다.	يتعقر صفوه لاستياءه الشديد من شيء ما.	선생님께서 화난 표정으로 교실에 들어오셨다.	دخل المُعلم الفصل وعلى وجهه ملامح الغضب.
화내다	يظهر غضبه	(동) (사람이) 못마땅하거나 언짢아서 노엽고 답답한 감정을 드러내다.	اظهار غضبه الشديد لاستياءه.	화내지 마시고 제 얘기를 들어 보세요.	لا تفرغ غضبك واستمع من فضلك إلى كلامي.
화려하다	رائع/متألق/ ناصع وملون	(형) 1-눈이 부시게 아름답고 곱다. 2_남들이 부러워할 만큼 뛰어나게 좋고 다양하다.	1- جميل وحسن ،ساطع العين. 2_جيد ومتنوع بشكل كبير لدرجة أن يحقد عليه الناس.	파티에 화려한 옷을 입은 사람들이 많이 왔다.	أتى إلى الحفل العديد من الناس مرتدين الملابس الزاهية.
화요일	يوم الثلاثاء.	(명) 월요일을 기준으로 하여 세었을 때 주의 두 번째 날. 월요일의 다음날이고 수요일의 전날.	اليوم الثالث في الأسبوع.	나는 화요일에 수업이 많아서 빨리 지났으면 좋겠다는 날이다.	يوم الثلاثاء هو يوم أتمنى أن يمر سريعاً لأن لدى الكثير من الدروس فيه.
화장	ماكياج / حرق الجثة	(명) 1-화장품을 얼굴에 바르고 곱게 꾸밈. 2_죽은 사람에 살라 장사를 지냄. 3_소매의 길이	1- طول المعطف (جوجوري) من اللياقة وحتى الكم. 2_وضع المكياج أو فركه لتزيين الوجه. 3_الشخص المسؤول عن إعداد الطعام على المركب.	1-그녀의 주름살은 화장으로도 감출 수 없었다. 2-시신을 화장하다. 3-새로 맞춘 한복의 화장이 너무 길었다.	إن صدر الهانبوك الذي فصلته طويل للغاية. لا تستطع الفتاة أن تُخفي تجاعيد وجهها حتى بالماكياج. يحرق الجثة.
화장실	حمام	(명) 변소를 달리 이르는 말.	حمام.	배가 아프니 잠시 화장실에 다녀오겠습니다.	سأذهب إلى الحمام لأن بطني يؤلمني.
화장지	ورق تواليت	(명) 화장할 때 쓰는 부드러운 종이.	الورق الذي يُستخدم عند وضع الماكياج أو عند استخدام الحمام.	화장지로 코를 풀다.	ينظف أنفه بورق التواليت.
화장품	مستحضرات/مساحيق تجميل	(명) 화장하는 데 쓰는 물건.	المستحضرات التي تُستخدم في وضع الماكياج.	이 화장품은 수분 함유량이 낮다.	يحتوى هذا المُستحضر على نسبة ترطيب منخفضة.
화장하다	يضع الماكياج / يحرق الجثة	(동) 1-화장품을 바르거나 문질러 얼굴을 곱게 꾸미다. 2_시체를 불에 살라 장사 지내다.	1- تزيين الوجه بوضع مساحيق التجميل. 2_حرق الجثة في النار وعقد طقوس الجنازة.	1-그녀가 곱게 화장하여 얼굴을 꾸몄다. 2-시신을 화장하다.	1- قامت الفتاة بتجميل وجهها. 2- يحرق الجثة.
확실하다	متأكد.	(형) 틀림 없이 그러하다.	هكذا بالفعل،بدون أخطاء.	그는 확실하지도 않은 말을 하고 다닌다.	إنه يتفوه بكلام ليس متأكد منه.

확실히	بالتأكيد	(부) 확실하게, 틀림없이 그러하게.	هكذا بالفعل،بدون أخطاء.	중국은 확실히 매력적인 시장이다.	إن الصين بالتأكيد هي سوق جذاب .
확인	تأكد/تأكيد/ تحقُق.	(명) 1-확실한 원인. 2_확실히 인정함.	1- سبب أكيد. 2_اقرار أكيد،أو هذا الاقرار/الاعتراف.	그가 뇌물을 받았는지 아직 구체적으로 확인이 안 되었다.	ليس هناك شيء مؤكد حتى الآن بشأن ما إذ قام بتقاضي الرشوة.
확인하다	يتأكد	(동) 틀림없이 그러한가를 알아보거나 인정하다.	معرفة أو الاعتراف بشيء ما .	포장재를 열어서 먹기 전에는 유통 기간을 확인해야 한다.	يجب التأكد من فترة الصلاحية قبل فتح المعلبات وتناولها.
환경	بيئة	(명) 1-생물에게 직접적이나 간접적으로 영향을 주는 자연적 조건이나 사회적 상황. 2. 생활하는 주위의 상태.	1- الظروف الاجتماعية أو الشروط الطبيعية التي تؤثر بشكل مباشر أو غير مباشر على الكائنات الحية. 2_ هي الظروف أو الحالة للمحيط الذي نعيش فيه.	부모님께서는 내가 공부할 수 있는 환경을 만들어 주시기 위해 많은 신경을 쓰셨다.	لقد شغل والداي بالهما ليوفرا لي بيئة صالحة للمزاكرة.
환영	ترحيب	(명) 1-오는 사람을 기쁜 마음으로 반갑게 맞음. 2_눈앞에 없는 것이 있는 것처럼 보이는 것.	استقبال الشخص القادم بسرور وبقلب فرح.	시민들의 열렬한 환영에 우리는 눈시울이 뜨거워졌다.	لقد صعدت الدموع إلى أعيُننا بسبب الترحيب الحار للمواطنين.
환영하다	يرحب	(동) 오는 사람을 기쁜 마음으로 반갑게 맞다.	يستقبل الشخص القادم بسرور وبقلب فرح.	이 곳에 오신 여러분을 환영합니다.	مرحباً بالحضور.(نرحب بالحضور الذين جاؤوا لهذا المكان).
환자	مريض	(동) 다치거나 병이 들어 앓는 사람 (=)병인,병자.	الشخص الذي يعاني من مرض أو إصابة.	환자를 치료하다.	يعالج المرضى.
활동	نشاط/عمل	(명) 1-기운차게 움직임. 2_무슨 일의 성과를 거두려고 운동함.	1- يتحرك بنشاط. 2_يتحرك من أجل حصد نجاح ما.	휴화산이 활동을 다시 시작하였다.	بدأ البركان الخامد/النائم نشاطه مرة أخرى.
활동하다	يقوم بنشاط ما / يعمل	(동) 1-몸을 움직여 행동하다. 2.어떤 일의 성과를 거두기 위하여 힘쓰다. 3-동물이나 식물이 생명 현상을 유지하기 위하여 행동이나 작용을 활발히 하다.	1- ييقوم بنشاط ما بتحريك جسده. 2_يستخدم قواه لحصد نجاح ما. 3_نشاط الحيوانات أو النباتات من أجل الحفاظ على الظواهر الحيوية.	1-그 가수는 앞으로 일본과 중국에서 활동할 예정이다. 2-그는 지금 미국에서 변호사로 활동하고 있다.	1- سيعمل هذا المطرب في المستقبل في اليابان والصين. 2_يعمل في أمريكا كمحامي.
활용하다	يستخدم/ينتفع	(동) 이리저리 잘 이용하거나 응용함.	يُطبق أو يستخدم جسدا هذا وذالك.	여가를 자기 계발에 잘 활용하는 사람만이 성공할 수 있다.	الشخص الذى يستطيع أستخدام وقت فراغه فى تطوير نفسه هو فقط يستطيع النجاح
회사	شركة	(명) 상행위를 목적으로 두 사람 이상이 설립한 사단법인.	هيئة عامة أنشأها شخصان أو أكثر بهدف النشاط التجاري	미래가 유망된 회사에서 취직하고 싶다.	أريد أن أعمل في شركة ذات مستقبل واعد.
회색	لون رمادي	(명) 1-재의 빛깔과 같이 흰빛을 띤 검정. 2-정치적・사상적 경향이 뚜렷하지 아니한 상태를 비유적으로 이르는 말.	1- لون غامق ناتج من اللون الرمادي المصبوغ بالأبيض. 2_لها معنى مجازي ألا وهو وصف إتجاه أيديولوجي أو سياسي غير واضح .	문은 어두운 회색으로 칠해졌다	لُون الباب باللون الرمادي الغامق.
회원	عضو	(명) 어떤 회나 모임을 구성하고 있는 사람.	مجموعة من الأشخاص تكون مجلس ما.	신입 회원에게 회원증을 발급하였다	يتم إصدار بطاقة عضوية للأعضاء الجدد.

회의	اجتماع	(명) 1-주관자가 기안하여 관계자들에게 순차적으로 돌려서 의견을 묻거나 동의를 구하는 일. 2-여럿이 모이어 의논하는 모임.	قيام المسئول عن الجلسة (مشرف الجلسة) بطرح المسألة (المسودة) ويمررها على المسئولين بالترتيب ليأخذ بآرائهم أو يصل لإتفاق ما. اجتماع يقوم به الكثير من الناس بالمناقشات.	책임자들은 이 이슈를 토론하기 위한 회의를 가졌다.	لقد عقد المسؤولون اجتماع لمناقشة هذه القضية.
회장	رئيس شركة / رئيس جلسة / قاعة مؤتمرات	(명) 1-회사에서 사장 위의 지위. 또는 그 지위에 있는 사람. 2-모임이 열리는 장소. 3-여러 사람이 차례로 돌려보도록 쓴 글.	1- كتابة يتناقلها مجموعة من الأشخاص بالأدوار. 2_جزء من الأمعاء الدقيقة يصل للصائم من الأعلى،والأمعاء الغليظة من الأسفل. 3_يحتفظ بأفكار في باله (بمشاعر في قلبه)دون علم الناس. 4_مكان الإجتماع أو القاعة التي تُعقد بها الجلسة. 5_الشخص الذي يمثل الجلسة/الاجتماع.	1-대기업 회장. 그는 무투표로 회장이 되었다 2-각국 대표들이 회장에 입장했다.	1- دخل ممثلون كل دولة لقاعة المؤتمرات. 2-لقد أصبح رئيس للشركة بدون تصويت.
횡단보도	عبور المشاة	(명) 사람이 찻길을 건너 다닐 수 있도록 흰색 줄무늬를 그려 놓고 신호등을 설치해 놓은 길	طريق يُرسم فوقه خطوط حتى تستطع المارة أن تعبُر طريق السيارات..	신호등이 없더라도 횡단보도 앞에서는 일단 멈추세요	قف من فضلك أمام عبور المشاة حتى وإن لم يكن هناك إشارة مرور.
효과	تأثير	(명) 어떤 일을 함으로써 생기는 긍정적인 결과	نتيجة إيجابية تحدُث من خلال عمل ما..	달리기 운동은 심장을 튼튼히 하는 데에 효과가 있다.	إن رياضة الجري لديها تأثير في جعل القلب قوي.
후	بعد	(명) 일정한 기간이나 어떤 일 다음에 이어지는 시간적 범위를 막연하게 이르는 말.	بعد مرور الوقت إلى حد ما (من الآن،وفقاً لحادث ما).	30분 후에 전화해 주세요. 그가 떠난 이틀 후에 편지를 받았다	اتصل بي بعد 30 دقيقة من فضلك. استقبلت رسالة منه بعد رحيله بيومين.
후배	شخص أصغر سناً/أقل مرتبة.	(명) 1-같은 학교를 자기보다 나중에 들어오거나 졸업한 사람. 2-같은 일이나 분야에 종사하면서 경력이나 지위, 경험 따위가 자신보다 아래인 사람.	شخص أقل في الخبرة العملية،السن.	1-영주는 제 고등학교 후배입니다. 2-오늘 저녁에 우리 회사 후배들을 만나기로 했어요	1- يونج جوو هي طالبة أصغر سناً من المدرسة الثانوية. 2- لقد قررنا اليوم على العشاء أن نقابل زملاء الشركة الأقل في المرتبة.
후회	ندم	(명) 자기가 한 것과 다르게 했으면 더 좋았을 것이라는 생각.	التفكير حول أنه كان من الأفضل أن يفعل شيء مختلف عما فعله.	최선을 다 했으므로 후회는 없어요	ليس هناك ندم لأني قُمت بأفضل ماعندي..
후회하다	يندم	(동) 자기가 한 일에 대하여 잘못했다고 생각하다.	إعتقاد الشخص بأنه مُخطيء بسبب فعل ما قد قام به.	제가 그때 거짓말을 한 것을 후회하고 있습니다.	أندم على كذبي آنذاك.
훌륭하다	عظيم	(형) 좋다고 칭찬할 만하다. 매우 뛰어나고 멋지다.	رائع وماهر جداً،أو جيد ويستحق المدح.	세종대왕은 훌륭한 왕이었다.	لقد كان الملك سيه جونج ملكاً عظيماً.
훔치다	يسرق	(동) 주인이 모르게 남의 것을 가지고 가다. 도둑질하다.	يقوم بأخذ حاجة الغير دون علم صاحبها.	집에 도둑이 들어서 돈을 훔쳐 갔다.	دخل لص المنزل وسرق المال.
훨씬	جداً/كثيراً(مقارنة)	(부) 다른 것과 비교해 정도가 심하다.	نسبته قوية مقارنة بشيء أخر.	중간 시험이 기말 시험보다 훨씬 어려웠어요.	كان إمتحان منتصف العام أصعب بكثير من إمتحان نهاية العام.

휴가	أجازة الصيف (الخاصة بالموظفين)	(명) 직장에 다니는 사람이 일정한 기간 일하지 않고 쉬는 것.	راحة الموظفين لفترة محددة.	휴가를 어디서 보내렵니까?	أين تنوي أن تقضي أجازتك؟
휴대전화	موبايل	(명) 몸에 지니고 다니면서 사용할 수 있는 소형 무선 전화기. 핸드폰.	تليفون محمول، لا سلكي،صغير الحجم من الممكن إستخدامه أثناء التجول حاملين إياه.	수업 시간에 휴대전화를 쓰면 안됩니다.	ممنوع إستخدام الموبايل وقت المحاضرة.
휴일	يوم أجازة	(명) 직장, 학교에 나가지 않고 쉬는 날. /(반) 평일/	يوم أجازة من المدرسة أو العمل.	휴일에는 극장에 가는 사람이 많다.	كان هناك كثير من الناس في السينما لأنه يوم أجازة.
휴지	مناديل /قمامة (ورق)	(명) 1-못 쓰게 되어 버리는 종이. 2_코를 풀거나 더러운 곳을 닦을 때 쓰고서 버릴 종이.	1- ورق يُرمى لعدم صلاحيته للإستخدام. 2_ورق يُستخدم عند تنظيف الأنف،أو مسح الأماكن القذرة ويُرمى بعد ذلك.	1-휴지를 아무 데나 버리지 마시오. 2-손수건이나 휴지를 항상 가지고 다닙니다.	1- من فضلك لا ترمي الورق في أي مكان. 2-أحمل معي دائماً المناديل أو فوطة اليد.
휴지통	سلة المهملات	(명) 못 쓰게 된 종이나 쓰레기를 버리는 통.	سلة يُرمى فيها الورق الغير صالح للإستخدام.	오랫동안 청소를 하지 않고 지내다 보니 휴지통이 꽉 찼다.	سلة المهملات مليأة على آخرها لأني لم أنظف منذ فترة طويلة.
흐르다	يتدفق/يمر/ يسيل	(동) (액체가) 1-한 방향으로 이어서 움직이다. 2-(강,시냇물이) 지나가다. 3_(시간이) 지나가다. 4_작은 구멍을 통해 밖으로 새다. 5_어떤 분위기가 계속되다.	1- تحرك السوائل لإتجاه ما. 2_مرور نهر أو نُهير. 3_مرور الوقت. 4_يُسرِب للخارج عبر فتحة صغيرة.	1-나도 모르게 눈물이 흘렀습니다. 2_서울에는 한강 흐릅니다. 3_정말 세월이 빠르게 흐르는군요. 4_수도꼭지에서 물이 계속 흐릅니다. 5_방 안에는 한참 동안 어색한 분위기가 흘렀다.	1- سالت دموعي من حيث لا أدري. 2_نهر الهان يمر في سيوول. 3_الوقت فعلاً يمر سريعاً. 4_المياه تتسرب بإسامرار من الصنبور. 5_ساد شعور غريب داخل الغرفة للحظات.
흐리다	مغيم	(형) 1`-(구름, 안개 때문에 해가 나오지 않아서 날씨가)좀 어둡다. 2_(색,빛이) 진하지 않고 희미하다.	1- أن يكون الجو مٌظلم قليلاً لعدم ظهور الشمس بسبب السحاب أو الضباب. 2_لون أو ضوء شاحب ليس داكن.	1-오전에는 구름이 조금 끼고 흐리겠습니다. 2-색이 너무 흐린 것 같군요.	سيكون هناك سحب وغيام قبل الظهر. اللون باهت جداً.
흑인	أصحاب البشرة السوداء (السلالة الزنجية)	(명) 흑색 인종의 사람.	أصحاب البشرة السوداء. السلالة السوداء (الزنجية).	미국에는 흑인들이 많다.	يوجد الكثير من أصحاب البشرة السوداء في أمريكا.
흔들다	يهز	(동) 1-무엇을 위아래나 옆으로 계속 움직이게 하다. 2_몸의 일부를 위아래나 옆으로 계속 움직이다.	1- جعل الشيء يتحرك باستمرار للجانب أو للأعلى والأسفل. 2_حركة جزء من الجسم للجانب أو للأعلى والأسفل.	1-한국 팀이 이기자 사람들이 모두 태극기를 흔들었다. 2_문을 열고 들어서자 강아지가 꼬리를 흔들며 나왔다.	1- لقد لوح الجميع بأعلامهم بعد فوز الفريق الكوري. 2_فتحت الباب ودخلت فقام الجرو بهز ذيلي بعد رؤيتي.
흔들리다	.يهتز	(동) 1-위아래나 옆으로 계속 움직이다. 2_마음, 결심이 약해지다. 3_기존의 질서 등이 흐트러져 불안하고 혼란스럽게 되다.	1- يحرك الشيء بإستمرار للجانب أو للأعلى والأسفل. 2_ضعف القلب أو العزم. 3_يُصيبه القلق والتوتر....	1-나뭇가지가 바람에 흔들렸다. 2_담배 광고를 보고 금연하기로 한 결심이 흔들렸다. 3_집안의 어른으로 존경받던 노인들의 위치가 크게 흔들리고 있다.	1- اهتز فرع الشجر مع الرياح. 2_لقد ضعف عزمه على الإقلاع عن التدخين بعد رؤيته لإعلان السجائر. 3_تهتز مكانة كبار السن الذين طالما ما تم إحترامهم داخل العائلة.

흔하다	شائع	(형) 매우 많이 있어 구하기도 쉽고 보기도 쉽다.	سهل رؤيته أو الحصول عليه لأنه موجود كثيراً.	외국 여행을 하는 것은 이제 흔한 일이 되었습니다.	لقد أصبح السفر للخارج أمراً شائعاً الآن.
흔히	بشكل شائع	(부) 일상적으로 자주, 보통.	فى المعتاد بطريقة متكررة.	요즘은 외국인과 결혼하는 사람을 우리 주위에서 흔히 볼 수 있다.	من الممكن أن ترى بكثرة حولنا أشخاص يتزوجون بالأجانب.
흘리다	ينزف/يفقد	(타) 1-눈물, 땀, 피 등을 나오게 하다. 2_잘못해서 무엇을 떨어뜨리거나 옷에 묻게 하다. 3_물건을 잘 가지고 있지 않고 잃어버리다.	1- يُخرج،يزرف دموع،عرق،دم. 2_يُسقط شيء أو يترك أثر في الملابس بالخطأ. 3_لا يعني بالشيء جيداً ويفقده.	1-땀을 많이 흘려서 샤워를 해야겠다. 2_커피를 흘려서 옷이 더러워졌다. 3_지갑을 어디서 흘렸는지 생각이 안 나요.	1- لقد عرقت كثيراً لذلك يجب أن استحم. 2_سُكِبَت القهوة على الملابس فاتسخت. 3_لا أتذكر أين فقدت محفظتي.
흙	طين	(명) 지구나 달의 표면에 퇴적되어 있는 물질. 곧 땅거죽의 바위가 부서져서 이루어진 것과 동식물의 썩은 것이 섞여서 된 물질.	المادة المودعة على سطح الأرض أو القمر.	화분에 꽃나무를 심을 때는 흙과 모래를 잘 섞어 주세요.	قم بخلط الرمل مع الطين جيداً عند زراعة شجرة مُزهرة في الأصِيص.
흥미	تشويق/إهتمام	(명) 1-흥을 느끼는 재미. 2-어떠한 사물에 대해 느끼는 특별한 관심. 재미가 있어서 마음이 쏠리는 것.	1- الشعور بالتشويق لوجود متعة. 2- يضفي الإثارة على:يجعل هناك تشويق في شيء ما.	1-우리 아이는 새로운 언어에 대한 흥미가 대단하다. 2-그는 갑자기 요리에 흥미를 느끼더니 요리 학원을 다니기 시작했다.	طفلنا لديه إهتمام كبير بدراسة لغات جديدة.
희다	أبيض(لون)	(형) 색이 눈이나 우유의 빛깔과 같이 하얗다.	لون الثلج المتساقط و الحليب.	옛날에는 흰 옷을 많이 입었어요.	لقد ارتديت كثيراً الملابس البيضاء في صغري.
희망	الأمل	(명) 어떤 일을 이루려고 하는 마음.	الشعور الذي يدفعني لتحقيق شيء ما.	네가 우리의 유일한 희망이다.	أنت أملنا الوحيد.
흰색	أبيض(لون)	(명) 내리는 눈이나 우유처럼 순수하고 선명한 색깔.	لون الثلج المتساقط و الحليب.	흰색 옷은 금방 더러워져요.	الملابس السوداء تتسخ سريعاً/في الحال.
힘	قوة	(명)1-사람, 동물의 근육을 통해 발생하는, 스스로 움직이거나 다른 사물을 움직이게 하는 작용. 2_재력이나 학식, 재능 따위의 능력. 3_남을 복종시키고 어떤 일에 영향을 미치는 권력.	1- القدرة على تحريك (للإنسان,الحيوان)أو التي تجعل الأشياء تتحرك. 2_القدرة على القيام بالأنشطة،الأعمال،الوظائف. 3_السلطة التي تؤثر في عمل ما،وتُخضع الناس.	1-밥을 먹으니까 힘이 나요. 2-삼촌이 힘을 써 주셔서 취직이 되었습니다. 3-지식과 정보가 나라의 힘이 되는 시대가 되었다.	1- أشعر بالقوة بعد تناولي للطعام. 2-لقد حصلت على وظيفة بسبب استخدام عمي قوته(بسبب معارفه).
힘들다	مُتعَب/مُتعِب.	(형) 1-(일이) 힘이 많이 쓰이는 데가 있다. 2-(일이) 마음이 많이 쓰이거나 수고스럽다. 3-(형편이나 상황이) 어렵거나 곤란하다. 4-(어떤 일이) 이루어질 가능성이 적다.	عدم وجود قوة كبيرة سواء كانت نفسية أو جسدية بسبب صعوبة عمل شيء ما.	1-혼자서 집안 대청소를 했더니 너무 힘들어. 2-기다린다는 게 이렇게 힘든 줄 몰랐다. 3-요즘 나라 경제가 힘들고 어려워졌다. 4-카이로 거리가 어찌나 깨끗한지 먼지 하나 찾기 힘들었다.	لم أعلم أن الانتظار صعب هكذا.

아랍어·한국어 어휘집

한국어 예문	아랍어 예문	한국어 뜻	아랍어 뜻	한국어	단어
집사람이 지난 달에 아들을 낳았어요.	أنجبت الزوجة ولد الشهر الماضي.	(명) 자식 중의 남자./ (반) 딸	الذكر بين الأبناء.	아들	ابن
내 조카아이는 전기 회사 사원이었다.	توظف ابن أخي في شركة كهرباء.	(명) 형제자매의 자식을 이르는 말.	أبناء الأخ أو الأخت.	조카	ابن الأخ أو الأخت
사촌들과 함께 윷놀이도 하면서 즐거운 하루를 보냈습니다.	لقد أمضيت يوما رائعا بلعبي اليوت مع أولاد عمي.	(명) 아버지의 친형제의 아들 딸.	ابن أو ابنة العم.	사촌	ابن العم
민정 씨 딸이 그렇게 예쁘다고요?	هل تقول أن ابنة مينجونغ جميلة كهذا؟	(명) 자식 중의 여자.	الأنثى من الأبناء.	딸	ابنة
위쪽 부분이 아래 부분보다 크다.	إن الجزء العلوي أكبر من الجزء السفلي.	(명) 어떤 기준보다 위가 되는 쪽.	اتجاه أعلي من نقطة أساسية معينة.	위쪽	اتجاه علوي
시간이 없어서 연락을 못했어요.	كنت مشغول لذلك لم أستطع الاتصال بك.	(명) 어떤 소식을 알려 주는 것.	نقل خبر ما.	연락	اتصال
저는 언니가 둘, 남동생이 하나 있습니다.	لدي أختين كبيرتين و أخ صغير.	(수) 숫자 2.	الرقم 2	둘	اثنان
1-이에 사를 더하면 육이다. 2-이 주일 만에 집에 돌아왔어요.	1 إذا اضفنا أثنين مع أربعه يصبح الناتج ستة. 2 أعود للمنزل كل أسبوعين فقط.	(수) 1- 숫자 2. 2- 이의.	1 الرقم اثنين. 2 اثنين.	이	اثنين
몸이 많이 아파서 두세 달쯤 쉬었으면 해요.	أرجو أن أستريح لشهرين أو ثلاثة, فجسدي يؤلمني كثيراً.	(명) 둘이나 셋의.	اثنين أو ثلاثة.	두셋	اثنين او ثلاثة
책임자들은 이 이슈를 토론하기 위한 회의를 가졌다.	لقد عقد المسؤولون اجتماع لمناقشة هذه القضية.	(명) 1-주관자가 기안하여 관계자들에게 순차적으로 돌려서 의견을 묻거나 동의를 구하는 일. 2-여럿이 모이어 의논하는 모임.	قيام المسئول عن الجلسة (مشرف الجلسة) بطرح المسألة (المسودة) ويمررها على المسئولين بالترتيب ليأخذ بآرائهم أو يصل لإتفاق ما. اجتماع يقوم به الكثير من الناس بالمناقشات.	회의	اجتماع
안전 진단 테스트	اختبار فحص الأمان.	(명) 사람의 학력이나 재능, 능력이나 제품의 성능을 알아보기 위해서 하는 시험이나 검사.	اختبار أو فحص من أجل معرفة فعالية المنتج أوالقدرات العلمية أو الموهبة أو القدرة لدي شخص منا.	테스트	اختبار
성격 차이. 차이가 크다.	اختلاف الشخصية. فرق كبير.	(명) 서로 같지 않고 다른 것. 또는 그 간격.	انعدام الاتفاق بينهم والأختلاف.	차이	اختلاف. فرق
여러 나라의 말을 잘하면 직업 선택의 폭도 넓어진다고 해요.	إن قدرتك علي الحصول علي الوظيفة تزداد إذا كنت تعرف أكثر من لغة.	(명) 여럿 가운데서 필요한 것을 골라서 정하는 것.	أختيار شئ مهم من ضمن عدة أشياء.	선택	اختيار
예절에 어긋나다.	يخالف الأداب.	(명) 일상 생활에서 지켜야 하는 바르고 공손한 말씨와 몸가짐./ (=) 예의- 에티켓	طريقة الكلام المهذبة وحسن السلوك الذي يجب الحفاظ علي الانسان الحفاظ عليها في حياته.	예절	اخلاق
설악산은 높이가 1708 미터이다.	إن ارتفاع جبل سوراكسان 1708 متر.	(명) 바닥에서부터 꼭대기까지 거리.	المسافة بين الأرض و القمة.	높이	ارتفاع
이곳에는 서울 올림픽이 열렸던 경기장들이 있다.	يوجد في هذا المكان الملاعب التي أقيمت فيها أولمبياد سوول.	(명)경기를 하기 위한 시설을 갖춘 장소.	مكان مجهز بمرافق لقيام المباريات.	경기장	استاد المباريات

예외 없는 규칙은 없다.	لايوجد قاعدة بدون استثناء.	(명) 일반적인 원칙을 따르지 않는 특별한 사례.	نموذج خاص لا يتبع المبادئ العامة	예외	استثناء
샤워 시설.	مرافق الاستحمام.	(명) 물을 비처럼 쏟아지게 하여 간단히 하는 목욕.	الاغتسال البسيط بماء ينزل كماء المطر.	샤워	استحمام
공중목욕탕에 목욕 갔다 오다.	يذهب للإغتسال في الحمام العام.	(명) 머리를 감으며, 온몸을 씻는 일. (=)목간.	القيام بغسل الشعر والجسم كله.	목욕	استحمام / اغتسال
사용 방법.	طريقة الاستخدام.	(명) 물건을 필요한 일에 쓰는 것.	استعمال الشئ في مكانه.	사용	استخدام
우리 집의 호주는 아버지이시다.	أستراليا هي والد منزلنا.	(명) 1-한 집안의 주장이 되는 사람. (유) 가장. 2-오스트레일리아	الشخص الذي يدعي أنه عائلة.	호주	استراليا
전화가 계속 통화 중이야.	الهاتف مشغول باستمرار.	(부) 끊이지 않고 이어서.	بلا توقف ومتواصل.	계속	استمرار
아버지의 성함이 무엇이냐?	ما هو اسم والدك؟	(명) 성명, 이름의 높임말.	صيغة الاحترام لكلمة اسم أو الاسم بالكامل.	성함	اسم
집을 떠나 있으니까 가족이 더 그립다	اشتاق لأهلي كثيرا حيث أني اغادر المنزل	(형) 무엇이 보고 싶은 생각이 마음에 많다	التفكير كثيرا والرغبة في رؤية الشئ	그립다	اشتياق
나보다 남을 생각하는 사람이 됩시다.	فلنصبح أشخاصاً تفكر في الاخرين بدلاً من أنفسهم.	(명) 자기가 아닌, 다른 사람.	الأشخاص الاخرون ليس أنا.	남	اشخاص غير معروفون
서울은 한국의 수도로 정치, 경제, 문화의 중심이다.	تعد عاصمة كوريا الجنوبية سوول مركزاً سياسياً و اقتصادياً و ثقافياً.	(명) 한 사회나 국의 생산, 소비, 분배, 무역 등에 관련된 사람들의 활동.	أنشطة بشرية لها علاقة بالإنتاج أو نفقات أو توزيع أو تجارة وغيرها في إحدى المجتمعات أو الدول.	경제	اقتصاد
1-경제적 부담 2-그녀는 사회적, 경제적으로 성공하였다.	1_عبء اقتصادي. 2_ حققت هذه الفتاة نجاحاً اقتصادياً واجتماعياً..	1-(관) 사람이 생활을 함에 있어서 필요로 하는 재화나 용역을 생산하고 분배하고 소비하는 모든 활동에 관한. 2-(명)사람이 생활을 함에 있어서 필요로 하는 재화나 용역을 생산, 분배, 소비하는 모든 활동에 관한 것.	1أن يتعلق بأنشطة إنتاج الأموال والسلع والعمل الضروري لحياة الإنسان وتوزيعها واستهلاكها. 2- ما يتعلق بأنشطة إنتاج الأموال والسلع والعمل الضروري لحياة الإنسان وتوزيعها واستهلاكها	경제적	اقتصادي
아메리카 대륙의 발견으로 세상이 크게 변했다.	تغير العالم كثيراً باكتشاف قارة أمريكا.	(명) 이제까지 찾아내지 못했거나 알지 못했던 것을 처음으로 찾아내거나 알아내는 것.	معرفة أو إكتشاف شيءلم يكن مكتشف أو معروف من قبللأول مرة.	발견	اكتشاف
오른쪽 길.	الطريق الأيمن.	(명) 사람이 북쪽을 보고 있을 때 동쪽과 같은 쪽.	نفس جهة الشرق عندما ينظر شخصّ إلى الشمال	오른쪽	الاتجاه الأيمن
저녁이 되자 서쪽 하늘이 빨갛게 물들었다.	تتحول السماء الغربية إلي اللون الأحمر في المساء.	(명) 해가 지는 쪽.	المنطقة التي تغرب منها الشمس.	서쪽	الاتجاه الغربي
다음주 대학교에 가겠습니다.	سأذهب إلي المدرسة الأسبوع القادم	(명) 어떤 일정한 주의) 바로 다음에 오는 주.	الأسبوع الذي يلي أسبوع ما محدد مباشرة.	다음주	الاسبوع التالي

통장을 만들려면 우선 이 용지에 성명, 주소, 여권 번호를 쓰세요.	إذا أردت فتح حساب بنكي رجاء اكتب أسمك بالكامل والعنوان ورقم جواز السفر.	(명) 성과 이름.	اسم شخص بالكامل.	성명	الاسم بالكامل
우리 장인은 냉정한 사람이다.	أبي في القانون شخص رزين.	(명) 아내의 아버지.	أبو الزوجة.	장인	الأب في القانون
손가락을 다쳐 글씨를 쓸 수 없다.	لا أستطيع الكتابة لأن أصابعي جُرحت.	(명) 손 끝에 다섯 개로 갈라진 부분.	جزء منفصل من بين خمسة أجزاء في طرف يد الإنسان.	손가락	الأصابع
1-한국 최고의 배우. 2-최고 점수.	1 أفضل ممثل كوري. 2 أعلي درجة.	(명) 1-'=제일/ 가장 좋은 것. 가장 으뜸 되는 것. 2-(반) 최저. 최하/ 가장 높은.	1 أفضل شيء. أحسن شئ. 2 الأعلي.	최고	الأعلي. الأحسن
친구에게 전화를 걸었는데 한참을 받지 않았어요.	اتصلت بيوشيدا لكن لم يجب لفترة طويلة.	(부) 시간이 많이 흘러가는 동안에. 오랫동안.	خلال مرور وقت طويل. مدة طويلة.	한참	الأعمار
여러 가지 중에 최선의 것을 선택하도록 하세요.	يجب أن تختار الأفضل من عدة أشياء.	(명) 가장 좋은 것. / (반) 최악/	أفضل شئ.	최선	الأفضل. الأحسن
이 운동장은 최대 삼만 명을 수용할 수 있다.	إن أكبر عدد يمكنه اتسخدام هذا الأستاد هو ثلاثونن ألف شخص.	(명) 가장 큰 것. / (반) 최소/	أكبر شئ.	최대	الأكبر
1-선배인 줄 알고 존댓말을 썼는데 알고 보니 같은 입사 동기였다. 2-대학 선배.	1_لقد كنت أعتقد أنك أكبر مني واستخدم صيغة الاحترام ولكن أكتشفت اننا نفس العمر. 2_الاكبر في المرحلة الدراسية.	(명) 1-한 분야에 속한 사람들 중에서 자기보다 먼저 일을 시작한 사람. 2 같은 학교를 자기보다 먼저 졸업한 사람. /-(반) 후배/	1_الشخص الذي يبدأ العمل قبل باقي الأشخاص. 2_الشخص الذي يتخرج من نفس المدرسة قبلي.	선배	الأكبر سنا
장모가 안 계시다.	أمي في القانون ليست موجودة.	(명) 아내의 어머니.	أم الزوجة.	장모	الأم في القانون
장모님께서 주무십니다.	أمي في القانون نائمة.	(명) 장모의 높임말.	اللفظة الأكثر احتراماً لكلمة الأم في القانون.	장모님	الأم في القانون
정면에 보이는 건물이 도서관이다.	المبنى الذي يظهر في الأمام هو مكتبة.	(명) 똑바로 마주 보이는 면.	الجهة المقابلة للوجه.	정면	الأمام
다시는 내 눈앞에 나타나지 마세요.	لا تظهر امامي مرة أخري.	(명) 바로 앞. 눈으로 볼 수 있는 가까운 곳.	الأمام مباشرة. مكان قريب من رؤية العين.	눈앞	الأمام مباشرة
네가 우리의 유일한 희망이다.	أنت أملنا الوحيد.	(명) 어떤 일을 이루려고 하는 마음. / (반) 절망.	الشعور الذي يدفعني لتحقيق شيء ما.	희망	الأمل
건강이 다른 무엇보다도 우선이다.	إن الصحة أهم من أي شئ آخر.	(명) 다른 것보다 먼저 다루어지는 것.	تفضيل شئ عن شئ آخر.	우선	الأوّلية. الأسبقية
세계 최초의 비행기.	الطائرة الأولي في العالم.	(명) 맨 처음. /(반) 최후/	الأول.	최초	الأول
1-첫째, 밥을 먹은 후 반드시 이를 닦을 것! 2-첫째 아들.	1 أولا بعد الأكل يجب أن نغسل أسناننا. 2 الابن الأول.	(수) 1-순서가 첫 번째가 되는 차례. 2-순서가 첫 번째 되는 차례의.	1 الأول في الترتيب. 2 أول شئ في الترتيب.	첫째	الأول. أولا
바다에서 막 잡아 온 생선이라 싱싱하다.	السمك طازج لأنه جاء من البحر حالاً.	(부) 이제 방금. 지금.	الآن. حالاً	막	الآن

1-지금은 바쁘니까 내일 만납시다. 2-500 년 전의 그의 작품은 지금까지도 우리에게 감동을 준다.	1 أنا مشغول الآن دعنا نتقابل غدا. 2 مازالت أعماله من 500 عام تؤثر فينا حتي الآن.	(명) 1-말하고 있는 바로 이 시간. 2-우리가 살고 있는 오늘날의 시대.	1 الوقت الذي نتكلم فيه. 2 العصر الذي نعيش فيه اليوم.	지금	الآن
수박을 잘라 먹고 나머지는 냉장고에 넣어 두었다.	قطع البطيخ وكل ثم ضع الباقي في الثلاجة.	(명) 전체에서 한 부분을 빼놓고 남은 부분.	الأجزاء المتبقيه من الكل ماعدا جزء معين.	나머지	البقية
정문으로 들어가다.	يدخل من البوابة الرئيسية	(명) 건물의 정면에 있는 주가 되는 출입문.	باب الدخول الرئيسي الذي في واجهة المبنى.	정문	البوابة الرئيسية
옆집 아주머니께서는 오늘이 제 생일이라고 케이크를 만들어 주셨어요.	السيدة في المنزل المجاورة أعطتني كيكة لأن اليوم عيد ميلادي.	(명) 바로 옆에 있는 집.	البيت المجاور لنا مباشرة.	옆집	البيت المجاور
열 명이 달리기 시합을 했는데 내가 아홉째로 들어왔다.	شارك عشرة أشخاص في سباق الجري فحصدت أنا المركز التاسع.	(수) 순서가 아홉 번째인 차례.	الترتيب التاسع في التسلسل	아홉째	التاسع
1-그런 다음 뭘 하면 돼요? 2-넌 다음에 커서 어떤 사람이 되고 싶니? 3-다음 질문에 답하시오. 4-다음부터는 약속 시간을 지키세요.	1- ما الذي يجب أن أفعله بعد ذلك؟ 2- أنت مستقبلا عندما تكبر أي شخص تريد ان تكون؟ 3- أجب عن السؤال التالي. 4- من الأن فصاعدا حافظ علي مواعيدك.	(명) 1-(어떤 순서에서) 바로 뒤. 2-미래의 어느 때. 3-(=) 아래/(말이나 글에서) 바로 뒤에 오는 것. 4-(=) 이후/ 일정한 사간이 지난 후.	1_التالي مباشرة في ترتيب ما. 2- وقت ما مستقبلا. 3-شئ تالٍ يأتي مباشرة في الكلام أو الكتابة. 4- بعد مرور وقت محدد.	다음	التالي
저는 요즘 태권도를 배워요.	أتعلم التايكوندو هذه الأيام.	(명) 손과 발로 공격하거나 방어하는 한국 무술.	فنون قتالية كورية تسخدم اليد و القدم للدفاع والهجوك.	태권도	التايكوندو
장사가 잘되다.	يسير البيع جيداً	(명) 이익을 얻으려고 물건을 사서 팖.	بيع وشراء الأشياء للحصول على ربح.	장사	التجارة
컴퓨터 없는 세상은 상상이 안 돼요.	لا يمكنني تخيل العالم بدون الحاسب الآلي.	(명) 실제로는 없거나 보이지 않는 것을 생각 속에 꾸미는 것. 또는 그런 형상.	شئ يصنع داخل التفكير غير واضح أو غير موجود في الحقيقة.	상상	التخيل
어제는 저녁 먹기 전에 언니와 같이 산책을 나갔다.	ليلة أمس لقد تمشيت مع أختي قبل العشاء.	(명) 휴식이나 건강을 위하여 멀지 않은 거리를 천천히 걷는 것	السير ببطء مسافة قريبة بغرض تحسين الصحة أو الاسترخاء.	산책	التسكع. التمشية. السير
제 인생의 세 가지 목표는 첫째도 건강, 둘째도 건강, 셋째도 건강이지요.	إن أهدافي في هذه الحياة أولا الصحة، ثانيا الصحة، وثالثا الصحة.	(수) 순서가 세 번째가 되는 차례.	الدور الثالث في الترتيب.	셋째	الثالث
여덟째 문은 푸른색이었다.	كان الباب الثامن أخضر اللون.	(관) 순서가 여덟 번째가 되는 차례.	الدور الثامن.	여덟째	الثامن
길 건너편에 있는 정류장으로 건너갔다.	لقد عبرت ذاهباً إلى المحطة الموجودة على الجانب الآخر من الطريق	(동) 무엇을 사이에 두고 마주 대하고있는 저쪽 편.	الجانب المقابل .	건너편	الجانب الآخر
제주도는 한국의 남쪽에 있는 제일 큰 섬이에요.	تعتبر جزيرة جيجو هي أكبر جزيرة تقع في جنوب كوريا.	(명) 방향이 남인 지역.	منطقة في جهة الجنوب.	남쪽	الجنوب

하숙집 뒤쪽에 작은 산이 있다.	هناك جبل صغير في الجهة الخلفية للسكن.	(명) 사물이나 장소의 뒤의 부분이나 뒤에 가까운 곳.	الجزء الخلفي من شيء أو مكان أو مكان قريب من الخلف.	뒤쪽	الجهة الخلفية
은행 맞은편에 세탁소가 있어요.	توجد مغسلة في الجهة المقابلة للبنك.	(명) 마주 바라보이는 쪽.	الجهة التي تراها مقابلة لك.	맞은편	الجهة المقابلة
그녀가 웃을 때면 양쪽 뺨에 보조개가 보였다.	ظهرت غمازتين على وجنتيها عندما ابتسمت.	(명) 두 쪽.	الجهتين.	양쪽	الجهتين
서울의 지하철은 현재 8 호선까지 만들어졌다.	بلغ عدد خطوط مترو سيوول في الوقت الحالي 8 خطوط.	(부)/지금 이 시간/지금 이 시간에.	الوقت الحالي/في الوقت الحالي.	현재	الحاضر/المضارع / الوقت الحالي
1-사랑을 고백하다. 2-아이들은 부모의 사랑이 필요하다.	1_يعترفبحبه. 2_حب الوالدين ضروري للأطفال.	(명) 1-서로가 서로를 매우 좋아하고 그리워하는 마음. 2-아끼고 소중히 여기며 정성을 다하는 마음씨.	1_شعور شخصين بالإعجاب والاشتياق لبعضهما البعض. 2_الاعتزاز بشئ ما والشعور بقيمته.	사랑	الحب. الغرام
중국, 일본, 한국 모두 한자를 쓰지만 조금씩 달라요.	يستخدم كل من الصين واليابان وكوريا الحروف الصينية لكن بشكل مختلف قليلا	(명) 중국에서 만든 문자.	حروف تم ابتكارها في الصين.	한자	الحروف الصينية
세종 대왕이 한글을 만드셨다.	اخترع الملك سيه جونج الهانجل	(명) 세종 대왕 때 만든, 한국의 글자.	الحروف الكورية التي تم ابتكارها في فترة الملك سيه جونج.	한글	الحروف الكورية
우리가 살아가기 위해서는 옷, 음식, 집 등이 있어야 합니다.	الملبس والمأكل والمأوى من ضرورات العيش.	(명) (등등) 앞에 늘어놓은 것들과 같은 여러 가지.	عدة أشياء مماثلة لما سبق.	등	الخ
퇴원 후에도 한동안 약을 드셔야 합니다	يجب تناول الدواء فترة ما حتي بعد الخروج من المستشفي.	(명) 병원에 입원 지나다가 병원에서 나오는 것	الخروج من المستشفي بعد دخولها	퇴원	الخروج من المستشفي
교통 신호를 지키지 않는다면 사고의 위험이 높아지는 것은 당연하다.	إنه من الطبيعي ازيداد خطر الحوادث إذا لم نلتزم بإشارات المرور.	(반) 안전/ (명) 실패하거나 다칠 가능성.	إمكانية التعرض للضرر أو الأذي.	위험	الخطر
유학 생활이 힘들거든 곧 돌아와.	سأعود قريبا لأن حياة الدراسة بالخارج صعبة.	(명) 외국에서 공부하는 것.	الدراسة في بلد أجنبي.	유학	الدراسة في الخارج
왼팔을 다치다.	يجرح ذراعه الأيسر.	(명) 왼쪽 팔.	الذراع اليسري.	왼팔	الذراع اليسري
존슨 씨는 아침에 눈을 뜨자마자 출근을 서둘렀습니다.	السيد جونسون بمجرد أن يفتح عينيه في الصباح يذهب إلي العمل مسرعا.	(명) (반)결근. 퇴근/ 일을 하러 직장에 가는 것.	الذهاب إلي مكان العمل.	출근	الذهاب إلي العمل
그 사람은 사장의 오른팔이라고 말할 수 있다.	يمكننا أن نقول أن ذلك الشخص هو الذراع اليمني للمدير.	(명) 오른쪽에 달린 팔.	زراع في الجهة اليمني.	오른팔	الزراع اليمنى
나는 여섯째로 태어나 부모 사랑을 많이 못 받았다.	ولدت كالإبن السادس لذا لم أحصل على الكثير من الحب من والدي.	(관) 순서가 여섯 번째가 되는 차례.	الدور السادس.	여섯째	السادس
오늘 몇 시에 일어났어요?	في أي ساعة اسيقظت اليوم؟	(명)차례가 정하여진 시각을 이르는 말. 시간 단위.	الساعة (الساعةالثانية..)	시	الساعة (الساعةالثانية..)

언제쯤 모든 암을 치료할 수 있을까요?	متي تقريباً يمكن علاج جميع أنواع السرطان؟	(명) 생물의 조직 안에서 세포가 자라나서 점점 주위의 조직이나 장기로 번져 가며 악성 종양을 일으키는 병.	مرض يسبب الأورام الخبيثة من خلال نمو الخلايا في أنسجة الكائن الحيّ، وانتشارها تدريجيًّا حول الأنسجة أو الأجهزة بالجسم	암	السرطان
안녕!	السلام عليكم ، مع السلامة ، إلى اللقاء	(감) 만나거나 헤어질 때 하는 반말의 인사말.	كلمة للتحية يتم استخدامها عند اللقاء والوداع بطريقة غير مهذبة.	안녕	السلام عليكم ، مع السلامة ، إلى اللقاء
올해도 작년에 비해서 비가 많이 왔습니다.	سقطت امطار كثيرة هذه العام مقارنة بالعام الماضي.	(명) 지금 지나고 있는 이 해. 금년.	السنة التي تمرّ بهذه اللحظة	올해	السنة الحالية.
설날 아침에 차례를 지낸다.	تحدث الاحتفالات صباح أول يوم في السنة القمرية.	(명) 명절인 새해의 첫날. 음력 1 월 1 일. /'=설	عيد الاحتفال بأول يوم في السنة القمرية الجديدة.	설날	السنة القمرية الجديدة
저는 녹차를 좋아합니다.	أنا أحب الشاى الأخضر.	(명) 푸른빛이 그대로 나도록 말린 부드러운 찻잎.	أوراق شجر الشاي ناعمة جافة ولها لون أخضر.	녹차	الشاي الأخضر
해가 바다 위에 떠올랐다. 봄이 되니까 제법 해가 길군요.	سطعت الشمس فوق البحر. لقد طال النهار إلى حد ما بمجيء الربيع.	(명)/1-하늘에 솟아 스스로 빛을 내며 낮과 밤, 사철을 있게 하는 태양계의 중심이 되는 별.(=)태양. 2_낮 동안. 날이 밝아서 어두워질 때까지의 동안. 3_ 이롭지 못하거나 나빠지게 하는 것.	1- هي النجمة التي تُعتبر هي مركز النظام الشمسي والتي تقوم بمفردها في السماء باشعاع الضوء،وخلق الفصول والنهار والليل. 2_الفترة التي تدور فيها الأرض حول الشمس دورة واحدة،وهي اثنا عشر شهراً من بداية السنة وحتى نهاية الشهر الثاني عشر للسنة القمرية. 3_فترة الصباح.	해	الشمس
다음달 한국에 가겠습니다.	سأذهب الشهر القادم لكوريا	(명) 어떤 일정한 달의) 바로 다음에 오는 달.	الشهر الذي يلي شهر ما محدد مباشرة.	다음달	الشهر التالي
저는 지난달에 한국에 왔습니다.	لقد جئت كوريا الشهر الماضي.	(명) 이번 달 바로 앞의 달.	الشهر الذي يسبق هذا الشهر مباشرة.	지난달	الشهر الماضي
1-아침에는 지하철이 아주 복잡합니다 . 2-아침을 먹다.	المترو مزدحم في الصباح. 2- يتناول الفطور	(명)1-날새는 때부터 하루가 시작되는 무렵까지의 시간. 2-'아침밥'의 준말.	الوقت من بزوغ الفجر حتي حلول بداية عمل اليوم. 2- وجبة الفطور.	아침	الصباح- الفطور.
저희 회사는 홈페이지를 개설하고 있는 중입니다.	تقوم شركتنا بتطوير صفحتها الرسمية.	(명) 인터넷에 마련된 개인, 단체의 공간.	مكان(صفحة) مُجهزة على الإنترنت خاص أو عام.	홈페이지	الصفحة الرسمية
존댓말을 쓰다.	يستخدم اللهجة الرسمية.	(명) 높임말.	صيغة الكلام الأكثر احتراماً.	존댓말	الصيغة الرسمية
그녀는 중국 전통 의상을 입고 있었다	لقد كانت مرتدية الزي التقليدي للصين.	(명) 아시아 동부에 있는 나라. 수도는 베이징이다.	دولة تقع في شرق آسيا. عاصمتها بيكين.	중국	الصين
아래층에 사는 사람.	الشخص الذي يعيش في الدور السفلي	(명) 여러 층으로 된 것의 아래에 있는 층.	الطابق الموجود أسفل أدوار عدة.	아래층	الطابق السفلي
지역 번호를 누른 다음에 상대방 전화번호를 누르세요.	بعدما تضغط رقم المنطقة اضغط رقم الذي تتصل به.	=상대, 상대자, 상대편 (명) 말, 일, 활동 등에서 상대가 되는 쪽이나 사람.	الشخص الذي يقابلك في العمل أو الكلام أو أي نشاط.	상대방	الطرف الآخر.نظير

그 상자는 크기가 가로, 세로 80 센티미터쯤 돼요.	إن ارتفاع هذا الصندوق حوالي 80 سنتيميتر طول وعرض.	(명) 위 아래로 이어지는 방향.	الاتجاه من الأعلي إلي الأسفل.	세로	الطول
1-세계 여행을 하다. 2-옛날 사람들은 자신들이 살고 있는 땅이 세계의 전부라고 생각했다. 3-물질세계.	1_ يسافر العالم. 2_ كان يعتقد الناس قديما أن الأرض التي يعيشون عليها هي كل العالم. 3_ العالم المادي.	(명) 1-지구에 있는 모든 국가. 2-사람이 살아가는 세상. 3-어떤 분야나 영역.	1_ كل دول الكرة الأرضية. 2_ العالم الذي يعيش فيه الناس. 3_ مجال أو منطقة معينة.	세계	العالم
1-이 세상에는 돈만으로는 해결하기 어려운 것이 많아요. 2-오늘은 어린이 날, 우리들 세상.	1_ توجد الكثير من الأشياء التي يمكن حلها بالمال في هذا العالم. 2_ اليوم هو يوم الطفل، إنه عالمنا.	(명) 1-사람들이 살고 있는 모든 사회 전체. 2-자기 마음대로 할 수 있는 때나 장소나 환경.	1_ كل المجتمعات التي يعيش فيها الناس. 2_ بيئة أو مكان أو وقت يتصرف بها حسب إرادته.	세상	العالم
저는 내년에 결혼하기로 약속했어요.	لقد عزمت الزواج العام المقبل.	(명) 올해의 바로 다음 해.	العام الذي يلي هذا العام.	내년	العام القادم
올 여름은 작년 여름보다 덥다.	هذا الصيف أحر من صيف العام الماضي.	(명) 지난 해. 올해의 바로 앞의 해.	العام السابق.	작년	العام الماضي
지난해부터 한국말을 배우고 있습니다.	لقد بدأت تعلم اللغة الكورية منذ العام الماضي.	(명) 이 해의 바로 앞의 해.	السنة التي تسبق هذه السنة.	지난해	العام الماضي
재작년 시월	أكتوبر العام قبل الماضي.	(명) 작년의 바로 전 해.	العام الذي يسبق العام الماضي مباشرة.	재작년	العام قبل الماضي
1-그는 딸린 식구가 많다. 2-한 식구가 되다.	إن أفراد عائلته كثيرون. يصبح فرد من العائلة...	(명) 1-한 집안에서 함께 살면서 끼니를 같이 하는 사람/ 2-한 조직에 속하여 함께 일하는 사람을 비유적으로 이르는 말.	أشخاص يعيشون ويأكلون معاً في بيت واحد. وتطلق أيضا علي الأشخاص الذين ينتمون لمؤسسة واحدة ويعملون معاً.	식구	العائلة/أفراد العائلة
나는 동생과 사이가 좋다.	إن علاقتي جيدة مع أخي الصغير.	(형) 서로 정답다. 또는 서로 친하다.	العلاقة جيدة بين شخصين.	사이좋다	العلاقة جيدة
할아버지 회갑 때 삼촌과 고모들이 모두 집에 모였다.	لقد تجمع أعمامي و عماتي في منزل جدي يوم مولده الستين.	(명) 아버지의 남자 동생.	أخو الوالد.	삼촌	العم
얼른 스무 살이 되었으면 좋겠다.	أتمني أن ابلغ سن العشرين بسرعة.	(명) 나이의 햇수를 나타내는 말.	عدد سنين العمر.	살	العمر. السن
내일이 내 생일이다.	عيد مولدي في الغد.	(명)오늘의 바로 다음 날.	اليوم التالي لليوم.	내일	الغد
서양 문화/ 서양 음식.	الطعام الغربي/ الثقافة الغربية.	=서구/ (명) 유럽과 아메리카 지역 전부. / (반) 동양/	منطقة أمريكا و أوروبا.	서양	الغرب. الاتجاه الغربي
아버지께서는 회사 일이 많아서 새벽에 일찍 나가십니다.	إن والدي لديه عمل كثير فيذهب فجراً إلي الشركة.	(명) 밤 한시 정도부터 날이 밝을 무렵까지의 시간.	الوقت من حوالي الواحدة ليلاً إلي بزوغ الشمس.	새벽	الفجر
껌을 오래 씹었더니 턱이 아프다.	فكي يؤلمني بسبب مضغ العلكة	(명) 동물의 입의 위아래에 있어 입을 벌리고 닫는 일을 하는 몸의 부분.	جزء في الجسم يوجد أسفل الفم مسئول عن فتحه و إغلاقه.	턱	الفك
선생님, 그 다음 동작은 뭐예요?	يا معلم, ماهي الحركة التالية ؟	(명) 어떠한 것에 뒤이어 오는 때나 장소, 순서.	وقت أو مكان أو ترتيب يلحق بشيء ما	그 다음	القادم/ التالي.

1-포스터의 아래쪽에 이러한 글이 있었다. 2-소년은 갈림길에서 아래쪽으로 갔다.	كان يوجد مثل هذا الكلام أسفل البوستر الدعائي. 2- ذهبت الفتاة إلي الاتجاه السفلي من مفترق الطرق.	(명) 1-아래에 있는 부분. 아래의 자리. 2-아래 방향. (반) 위쪽	جزء في الأسفل. مكان سفلي . 2- الاتجاه السفلي.	아래쪽	القاع
오늘 우리 팀에게는 운이 따르지 않았다.	لم يحالف الحظ فريقنا اليوم.	=운수/ (명) 운수나 재수.	الحظ أو القدر.	운	القدر. الحظ
먼저 오른발을 앞으로 내밀어 보세요.	أولا قم بدفع قدمك اليمني إلي الأمام.	(명) 오른쪽에 있는 발.	قدم في الجهة اليمني.	오른발	القدم اليمني
운전 실력이 대단하시네요.	إن مهارات القيادة عندك عظيمة.	(명) 주로 자동차나 오토바이 등을 움직이고 조정하는 일.	تحريك والتحكم في سيارة أو موتوسيكل.	운전	القيادة
여행을 갈 때는 사진기를 준비하세요.	خذ معك الكاميرا عندما تسافر كل مرة.	(명) 사진을 찍는 장치.	آلة التقاط الصور.	사진기	الكاميرا. آلة التصوير
크리스마스 캐럴	أنشودة عيد الميلاد.	(명) 예수의 탄생을 기념하는 날, 매년 12 월 25 일.	يوم إحياء ذكري ميلاد المسيح. يوم 12 ديسمبر من كل عا.	크리스마스	الكريسماس
전기가 통하다.	يوصل الكهرباء.	(명) (전등) 물질 안에 있는 전자 또는 공간에 있는 자유 전자나 이온들의 움직임 때문에 생기는 에너지의 한 형태.	شكل الطاقة الناتج عن حركة الأيونات أو الكهرباء التي في المواد أو الكهرباء الحرة في مساحة ما.	전기	الكهرباء
날씨가 더워서 시원한 콜라를 마셨다.	شرب كوكاكولا بادرة لأن الجو كام حر.	(명) 독특한 향과 탄산을 넣은 짙은 갈색의 단 음료.	المشروب الغازي الأسود الذي يحتوي على طعم حلو ورائحة فريدة	콜라	الكوكا كولا
영어를 배우다.	أتعلم الإنجليزية	(명) 영국, 미국, 캐나다, 호주 등에서 쓰는, 영국에서 생긴 언어.	لغة نشأت في إنجلترا وتستخدم في إنجلترا والولايات المتحدة الأمريكية و كندا وأستراليا وغيره.	영어	اللغة الإنجليزية
1-한 나라의 국민이라면 그 나라의 국어를 사랑할 줄 알아야 한다. 2-외국어 공부도 중요하지만 한국 사람은 먼저 국어를 잘 알아야 한다. 3- 사회나 수학보다 국어가 재미있다.	يجب علي مواطني كل دولة حب لغتهم. 2- دراسة اللغة الأجنبية مهمة لكن يجب علي الكوريين أولاً إتقان اللغة الكورية. 3- اللغة ممتعة بالنسبة لي أكثر من مادة الرياضيات وعلم الاجتماع.	(명) 1-한 국가가 공용어로 정하여 쓰고 있는 말. 2-한국의 공식 언어. 한국어. 3-학교 교육에서 그 나라의 말을 다루는 과목.	اللغة التي تتحدثها دولة ما. 2- اللغة الرسمية لكوريا أي اللغة الكورية. 3- مادة مقررة تتناول لغة الدولة في التعليم المدرسي.	국어	اللغة الرسمية لدولة
중국어는 잘 못하지만 한자는 쓸 수 있어요.	لا أتقن اللغة الصينية ولكني أستطيع كتابة الرموز.	(명) 중국의 한족이 사용하는 언어.	اللغة التي يستخدمها الصينيون.	중국어	اللغة الصينية
비원은 옛날 왕의 정원이었다	كانت البي وون حديقة الملك في الماضي.	(명) (=) 예전- 지난날 / 오래된 지나간 날. 이미 지나간 날.	الزمان القديم جدًا	옛날	الماضي
저번의 기회.	الفرصة الماضية	(명) 지난번	المرة الماضية.	저번	المرة الماضية
저녁에 약속이 있다.	لدي موعد في المساء.	(명) 해가 질 무렵부터 밤이 되기까지의 사이.	بين غروب الشمس وبداية الليل.	저녁	المساء

1 저녁때부터 가늘고 부드러운 눈이 내리기 시작했다.2_저녁때가 다 되었는데 며느리는 밥 안 짓고 어디 갔나.	بدأ تساقط الثلج الرفيع والأملس منذ المساء. أتى موعد العشاء ولم تعد زوجة ابني الطعام فترى أين ذهبت.	(명) 1_저녁인 때 2_저녁밥을 먹는 때.	وقت المساء. وقت تناول العشاء.	저녁때	المساء
장래 계획. 농촌의 장래가 밝다.	خطة مستقبلية. مستقبل المدن الزراعية مشرق.	(명) 1_다가올 앞날. 2_앞으로의 가능성이나 전망.	الأيام القادمة. المستقبل فيما بعد.	장래	المستقبل
1-주말은 우리 생활에 새 힘을 준다. 2-마이클 씨는 한국 생활을 아주 재미있게 하고 있어요. 3-기숙사 생활을 해 보니까 재미있어요.	1_نحن نكتسب قوة جديدة للعيش كل عطلة أسبوع. 2_إن معيشة مايكل في كوريا ممتعة جدا. 3_إن معيشة المدينة الجامعية ممتعة و مسلية.	(명) 1-매일 매일 살아가는 것. 2-살면서 겪는 모든 경험과 행동. 3-사회 또는 단체의 한 사람으로 사는 것.	1_العيش يوميا. 2_كل التصرفات والخبرات التي نكتسبها خلال العيش. 3_العيش كجزء من تنظيم أو مجتمع.	생활	المعيشة. الحياة
우리는 김 선생님의 사망 소식을 듣고 급히 병원으로 달려갔다.	لقد جرينا إلي المشفي عندما سمعنا بخبر وفاة المعلم كيم.	(명) 사람이 죽는 것.	وفاة الشخص.	사망	الموت. الوفاة
자유가 아니면 죽음을 달라.	اعطني الحرية أو الموت.	(명) 죽는 것. 죽은 상태./(반) 삶/	الموت. حالة الوفاة.	죽음	الموت. الوفاة
졸음이 오다.	يأتي النعاس.	(명) 잠이 오는 느낌이나 상태.	حالة النعاس أو الشعور بذلك.	졸음	النعاس
여기에 성별을 표시하세요.	علم علي نوعك هنا.	(명) 남자와 여자의 구별.	الفرق بين البنت والولد.	성별	النوع. الجنس
수면 시간.	وقت النوم.	(명) 잠을 자는 것.	النوم.	수면	النوم
여보세요, 거기 누구 없나요?	الو, لا أحد؟	(감) 전화를 할 때 상대편을 부르는 말.	نداء للطرف الآخر في المكالمة الهاتفية.	여보세요	الو
미국에 진출한 추신수 선수는 야구를 통해서 한국인의 위상을 높여 주었다.	في الولايات المتحدة لافع شو جينسو من شأن الكوريين هناك عن طريق البيسبول.	(명)/연방 정부와 북아메리카 대륙의 48 개주와 알래스카, 하와이의 2 개 주를 합한 50 개의 주정부로 구성된 연방 공화국.	حكومة ديمقراطية فيدرالية تتكون من 50 ولاية، هم 48 ولاية فيدرالية وولايتى هاواى وألاسكا.	미국	الولايات المتحدة الأمريكية
한국 부모들은 아이가 왼손을 쓰면 좋아하지 않습니다.	أن الآباء الكوريين لا يحبون استخدام أبنائهم لليد اليسري.	(반) 오른손/(명) 왼쪽에 있는 손.	اليد اليسري.	왼손	اليد اليسري
자유의 여신상은 오른손에 횃불을 들고 있다.	يمسك تمثال الحرية بشعلة في يده اليمني.	(명) 오른쪽에 있는 손.	يد في الجهة اليمني	오른손	اليد اليمني
1-오늘 아침. 2-조선 시대와 달리 오늘의 시대는 사회에 진출하는 적극적인 여성들이 늘어나고 있다.	صباح اليوم. 2- يزداد مشاركة المرأة الفعالة في المجتمع في عصرنا هذا عكس عصر جوسون.	(명) 1-(=) 금일/ 지금 지나가고 있는 이 날. 2- (=) 오늘날/ 지금 살고 있는 이 시대.	اليوم الذي يمر الآن. 2- هذا العصر الذي نعيش فيه الآن.	오늘	اليوم
내가 다음날 바로 전화했는데 안 받더라.	أتصلت بك اليوم التالي لكنك لم تجب.	(명) (어떤 일정한 날) 바로 다음에 오는 날.	اليوم الذي يلي يوم ما محدد مباشرة.	다음날	اليوم التالي
여자를 사귀다.	يواعد امرأة.	(명) 여성으로 태어난 사람.	الشخص الذي ولد أنثى.	여자	امرأة

1-위험한 기계를 만질 때 주의를 안 하면 실수를 하기 쉽습니다. 2-선생님께서 떠드는 학생들에게 주의를 줬다. 3-마이클은 수업 중 주의가 산만하다.	1 إذا لم تأخذ حذرك عند لمس الآلات الخطيرة من السهل الوقوع في الخطأ. 2 لقد حذر المعلم الطلاب المثرثرين. 3 فقد مايكل تركيزه في المحاضرة.	(명) 1-정신을 차리고 조심하는 것. 2-경고나 충고하기 위하여 일깨워 주는 것. 또는 그러한 말이나 행동. 3-무엇에 마음을 돌리거나 관심을 기울이는 것. 또는 그러한 말이나 행동.	1 الحذر أو إعارة الانتباه. 2 فعل أو كلام لتقديم نصيحة أو التحذير. 3 يركز انتباهه أو يحول تركيزه حول شئ ما	주의 (조심)	انتباه. حذر
그는 총으로 자살을 함으로써 인생을 마감했다.	أنهى حياته بالإنتحار بالمسدس.	(명) 스스로 자기의 목숨을 끊음.	أن ينهي حياته بنفسه.	자살	انتحار
1-유행을 따르다. 2-독감이 유행이래요. 조심하세요.	1 موضة مختلفة. 2 احذر إنه وباء الإنفلونزا.	(명) 1-어떤 시기에 사회의 일부나 전체에 두루 퍼지는 몸차림, 옷차림, 문화에 대한 취미. 2- 전염병이 널리 퍼지는 것.	1 اهتمام حول ثقافة أو مظهر ملابس أو شكل جسم ينتشر بتوسع في المجتمع كله أو جزء منه في فترة معينة. 2 انتشار وباء بشكل واسع.	유행	انتشار. موضة. شعبية. عدوي. وباء
절을 하다	ينحني	(명) (=인사) 남에게 공경하는 뜻으로 몸을 굽혀 하는 인사.	تحية يقوم فيها الشخص بالإنحناء وتحمل معنى الإحترام للآخرين.	절	انحناءة
기차 출발시간이 몇 시입니까?	ما هو موعد انطلاق القطار؟	(명) 목적지를 향해 길을 떠나는 것. /(반) 도착/	مغادرة ليتجه لهدف معين.	출발	انطلاق. بدء
이 학생은 작곡에 과심이 있어요.	هذا الطالب لديه اهتمام بالعزف.	(명) 어떤 것에 대해서 더 알고 싶어하거나 중요하게 보는 생각.	الرغبة في المعرفة أكثر عن شئ معين أو التفكير فيه باهتمام.	관심	اهتمام
야, 위험해!	أوه, خطر!	(조) 매우 놀라거나 반가울 때 내는 소리.	صوت تصدره عن المفاجأة أو السرور.	야	اوه!
그대의 미소 햇살처럼 내 길을 밝게 비춰 준다.	ضحكتها كشعاع الشمس يُضيء طريقي.	(명)남에게 사랑을 받을 만하게 곱게 웃는 웃음.	ضحكة جميلة بشكل يستحق الحصول على محبة الأخرين.	미소	إبتسامة
어머니께서 바늘에 실을 꿰어 단추를 달아주셨다.	أمى أصلحتلى الزر بالإبرة والخيط.	(명)옷이나 따위를 짓거나 깁는 데 쓰이는, 가늘고 끝이 뾰족하며 대가리에 있는 구멍에 실이나 노를 꿰어서 쓰는 물건.	شيء رقيق وله رأس مدبب يمر/يُضع بداخله الخيط ويُستخدم في خياطة أو تفصيل الملابس أو غيرها.	바늘	إبرة خياطة
남쪽 방향	جهة الجنوب.	(명) 무엇이 나아가거나 향하는 쪽.	جهة خروج أو إتجاه شئ ما.	방향	إتجاه
선생님 질문에 왜 대답을 못 했어요?	لماذا لم يجب الأستاذ علي السؤال؟	(명) 질문이나 요구에 응하는 것. 또는 그러한 말.	الرد علي طلب أو سؤال .	대답	إجابة
정답을 알려 주다.	يخبره بالإجابة الصحيحة.	(명) 옳은 답	الإجابة الصحيحة.	정답	إجابة صحيحة
여름 방학	إجازة الصيف.	(명) 학교에서 한 학기가 끝나고 일정한 기간 동안 수업을 쉬는 것.	التوقف الدروس في المدرسة لفترة معينة بعد إنتهاء فصل دراسي.	방학	إجازة
정성을 다하다.	يبذل إخلاصه	(명) 온갖 힘을 다하려는 참되고 성실한 마음.	شعور التفاني في بذل أقصى ما في الوسع.	정성	إخلاص

1-저는 형제가 없어서 좀 외롭게 자랐어요. 2_지금은 남과 북으로 갈라져 있지만, 원래 한 민족, 한 형제 입니다.	1- كبرت وأنا أشعر بالوحدة لأنني ليس لدي إخوة. 2_ننقسم الآن إلى جنوب وشمال ولكننا في الأصل شعب واحد وإخوة.	(명) 1-한 부모 밑에서 난 형과 아우. 2_같은 민족의 구성원.	1- إخوة تربو على يد نفس الوالدين. 2_أشخاص تنتمي لنفس السلالة / النسل.	형제	إخوة
1-여름에 한국에 오십시오. 그러면 제가 안내해 드리겠습니다. 2-(가) 이 구두는 너무 낮아요. (나) 그러면 이것은 어떠세요?	1_تعال إلي كوريا في الصيف في هذا الحالة سوف أقوم بإرشادك. 2- الحذاء منخفض جدا. اذا كان الأمر كذلك ما رأيك في هذا.	(부) (=) 그렇다면 / 1-그렇게 하면. 2-그렇다고 하면.	1_إذا فعلت كذلك. 2- لو قلنا ذلك.	그러면	إذا كان الأمر كذلك / في هذه الحالة
라디오 방송	إذاعة الراديو.	(명) 라디오나 텔레비전처럼 전파를 통해 소리나 그림을 전달하는 것.	إرسال الصوت أو الصورة عبر الموجات مثل الراديو والتلفاز.	방송	إذاعة
드디어 아버지께서 우리에게 결혼 허락을 내리셨어요.	أذن لنا أخيراً والدي بالزواج.	(명) 청하는 일을 하도록 들어줌.	قبول شخص ذو مكانة عالية طلب شخص أقل منه.	허락	إذن
누군가가 박수를 쳤다. 그것이 신호가 되어 한동안 교실 안은 박수의 소용돌이가 되었다.	لقد قام أحد بالتصفيق،وكان هذا بمثابة إشارة فقد تحول الفصل إلى دوامة من التصفيق لفترة وجيزة.	(명)일정한 부호나 표지 또는 소리나 몸짓 따위로 의사를 통하거나 지시하는 일.	القيام بإعطاء تعليمات ما،أو إتصال عن طريق حركات الجسد،أو الصوت،أو إشارات وعلامات معينة.	신호	إشارة
신호등이 횡단보도에 설치되다.	تم تركيب إشارات مرور عند عبور المشاة.	(명) 교통신호를 알리기 위하여 도로에 설치해 켜는 등. 건널목, 네거리 따위에 치되어 있다.	ضوء يتم إشعاله ليخبرنا بالإشارات والعلامات المرورية.يتم تركيبه عند عبور المشاة،وعند التقاطعات،أو غيرها.	신호등	إشارة مرور
엄지 발가락.	إبهام القدم.	(명) 발 앞쪽에 다섯 갈래로 갈라져 있는 부분.	الخمس أجزاء الموجودة في الجزء الأمامي من القدم.	발가락	إصبع قدم
1-감기에 걸려 힘들어요. 시험이 내일이라 더 죽겠어요. 2-시험 기간엔 밖에 지나다니는 사람도 드물고 나의 방을 찾아오는 사람은 더구나 없었다.	مُتعب لإصابتي بالبرد وعلاوة علي ذلك امتحاني غدا. 2- من النادر أن تجد أحد يتجول في الخارج وقت الامتحان و لا يأتي الكثير من الناس لزيارة غرفتي.	(부) 1-(=) 게다가/ (그만하면 되었는데) 그 위에 또. 그뿐만 아니라. 더군다나. 2-더더욱.	علاوة علي ذلك. ليس ذلك فقط. 2- بشكل أكثر.	더구나	إضافة إلى ذلك
친구의 부탁을 도저히 거절할 수 없었다.	لا أستطيع رفض طلب صديقي إطلاقا.	(부) 아무리 하여도 전혀.	مهما حاول	도저히	إطلاقا
물에 들어가기 전에 준비 운동을 하세요.	قبل أن تنزل المياه افعل رياضة الإعداد (الإحماء) أولا.	(명) 어떤 일을 하는 데에 있어 필요한 것을 미리 마련하는 것.	تجهيز الإعدادت المهمة مسبقا لشئ ما.	준비	إعداد
태풍이 불다	يهب الإعصار.	(명)보통 7-9 월경. 북태평양에서 발생하여 아시아 대륙으로 부는 매우 센 바람.	رياح قوية للغاية تهب علي آسيا قادمة من المحيط الهادي في الفترة بين الصيف والخريف.	태풍	إعصار
텔레비전에서 담배 광고를 하지 못하게 되어 있다.	تم حظر إعلان السجائر في التلفاز.	(명) 사람에게 널리 알리는 것. 또는 그런 글, 그림, 영상.	إعلام الناس علي نطاق واسع.إما بالصور أوالفديو أو الكتابة.	광고	إعلان

합격자 발표	إعلان الناجحين.	(명) 사실, 생각, 일의 결과 등을 공식적으로 여러 사람에게 널리 알림.	إخبار عدد من الأشخاص بحقيقة أو فكرة أو نتيجة شيء ما على نطاق واسع وبشكل رسمي.	발표	إعلان
안내 방송	إرشاد صوتي.	(명) 어떤 장소나 행사에 대하여 남에게 알려 주는 것.	شئ يُخبر الآخرين بمكان أو حدث ما.	안내	إعلان- إرشاد.
푹 자고 나면 피로가 풀릴 거예요.	سيزول الإعياء إذا نمت بعمق.	(명) (=) 피곤 / (몸이나 마음이) 지쳐서 기운이 없는 느낌.	الشعور بعدم وجود طاقة بسبب تعب الجسم او العقل.	피로	إعياء
자기의 생각을 남에게 받아들이라고 강제하지 마라.	لا تجبر أحد على تقبل تفكيرك.	(명) 위력이나 권력 따위로 남의 자유의 사를 억누름.	كبح الحرية الشخصية للشخص بإستخدام القوة،أو السلطة،أو غيرها.	강제	إكراه و إجبار
이 길로 곧바로 가면 슈퍼가 있어요.	إذا سلكت هذا الطريق مستقيماً ستجد متجراً.	(부)옆으로 기울거나 휘지 않고 곧은 방향으로.	السير مستقيماً وعدم التنحي جانباً.	곧바로	إلى الأمام مستقيماً
날씨가 제법 춥다.	الجو بارد إلى حد ما.	(부) 수준이나 솜씨가 어느 정도에 이르렀음을 나타내는 말.	وصول المستوى أو المهارة إلى حد معين.	제법	إلى حد ما
극장에 사람들이 별로 없어요.	لا يوجد أشخاص كثيرون إلي هذا الحد في السينما.	(부) 그다지. 보통과는 다르게.	إلى هذا الحد. باختلاف عن المعتاد/ الطبيعي.	별로	إلى هذه الدرجة
아침에는 꽤 추웠어요.	لقد كان الجو قارس البرودة صباحاً.	(부) 상당히. 보통 이상으로. 생각보다 더 나은 정도로. (=아주)	جداً. غالباً تكون درجة أكبر مما تتوقع.	꽤	إلي حد ما.جداً
시험에 합격하다. 시험에서 떨어지다.	1- ينجح في الإمتحان. 2- يسقط في الإمتحان.	(명)/재능이나 실력 따위를 검사하고 평가하는 일.	عمل يقوم بإختبار القدرات والمواهب وغيرها.	시험	إمتحان
그녀는 미인대회에서 미스 유니버스로 뽑혔다.	تم إختيارها ملكة جمال الكون في مسابقة الجمال.	(명)얼굴이 썩 고운 여자. 용모.가 아름다운 여자	إمرأة وجهها جميل جداً.	미인	إمرأة جميلة /حسناء
올해 말에 물가가 오를 가능성이 있다.	هناك إمكانية لزيادة الأسعار نهاية هذا العام.	(명) 할 수 있는 성질	القدرة على فعل شيء.	가능성	إمكانية
1-아버지께서 나에게 신문 좀 가지고 오라고 하셨다. 2-아버지들은 운동장으로 모이세요.	قال أبي لي أحضر الجريدة. 2- يتجمع الأباء في الملعب.	(명) 자기를 낳아 준 부모 중 남자. 2- 자식이 있는 남자.	الرجل بين الزوجين الذي أنجبني. 2- رجل لديه أبناء.	아버지	أب
아빠와 엄마는 여행을 가셨어요.	سافر أبي و أمي.	(명)'아버지'를 친근하게 이르는 말.	كلمة تطلق علي الأب بشكل ودي.	아빠	أب
나는 절대로 네 말에 동의할 수 없어.	لا يمكنني أن أوافق على كلامك أبداً	(부) 어떠한 경우에도 반드시.	حتماً في أي حال من الأحوال.	절대로	أبداً
자녀의 교육비	مصاريف تعليم الأبناء.	(명) 아들과 딸을 아울러 이르는 말.	الإبن والإبنة.	자녀	أبناء
귀한 자식	الأبناء الأعزاء	(명) 부모가 낳은 아이를, 그 부모에 상대하여 이르는 말.	ما يقوله الوالدين لأبنائهم.	자식	أبناء
백인이든 흑인이든 차별하지 말아야 한다.	يجب ألا نفرق بين أبيض أو أسمر البشرة.	(명) 피부가 흰 인종에 속하는 사람.	الشخص الذي ينتمي إلى أصحاب البشرة البيضاء.	백인	أبيض البشرة

옛날에는 흰 옷을 많이 입었어요.	لقد ارتديت كثيراً الملابس البيضاء في صغري.	(형) 색이 눈이나 우유의 빛깔과 같이 하얗다.	لون الثلج المتساقط و الحليب.	희다	أبيض(لون)
흰색 옷은 금방 더러워져요.	الملابس السوداء تتسخ سريعاً/في الحال.	(명) 내리는 눈이나 우유처럼 순수하고 선명한 색깔.	لون الثلج المتساقط و الحليب.	흰색	أبيض(لون)
1-나는 하얀 원피스를 입었다. 2-지수는 겁에 질려서 얼굴이 하얗게 변했다. 3 친구하고 하얗게 밤을 새우면서 이야기를 했다.	أرتديت فستان أبيض. 2- أصبح وجه جي سو شاحب بسبب خوفها. 3- سهرت طوال الليل أتحدث مع صديقي.	(형)(=) 희다/ 1-(색깔이) 내리는 눈, 우유의 색과 같다. 2-(=) 희다/ 창백하다/ 얼굴에 핏기가 없다. 3-희다/ 잠을 자지 않고.	مثل لون اللبن أو الثلج المتساقط. 2- الوجه شاحب. 2- لا ينام .	하얗다	أبيض/ شاحب / بدون نوم
시에서는 시내버스 노선을 확대하기로 결정했다.	تم إتخاذ قراراً بتوسيع خطوط الأتوبيس داخل المدينة.	(명)/(반)시외버스/어떤 시내의 일정한 구간에서만 다니는 버스.	أتوبيس يسير فقط في إطار مُعين داخل مدينة ما.	시내버스	أتوبيس داخلي (داخل المدينة)
집안 가구가 목재로 만들어진다.	يُصنع أثاث المنزل من الخشب.	(명) 1_주거 및 생계를 같이하는 사람의 집단. 2_집안 살림에 쓰이는 기구.	1_ أفراد العائلة الذين يعيشون معا في بيت واحد.2_أدوات داخل المنزل.	가구	أثاث
부정적 영향.	تأثير سلبي	(명) 어떤 사물의 효과나 작용이 다른 것에 미치는 일.	تأثير فعّاليّة ما أو أفعال ما على شيء آخر	영향	أثر / تأثير
도로 여기저기에 사람들이 앞서 지나간 발자국이 보였다.	ظهرت آثار أقدام أشخاص مروا بهذا الطريق مسبقا	(명) 발로 밟아서 남은 발 모양의 자국.	شكل القدم الذي يبقى بعد الخطو.	발자국	أثر قدم
휴가를 어디서 보내렵니까?	أين تنوي أن تقضي أجازتك؟	(명)/직장에 다니는 사람이 일정한 기간 일하지 않고 쉬는 것.	راحة الموظفين لفترة محددة.	휴가 (직장인)	أجازة الصيف (الخاصة بالموظفين)
가스 요금.	رسوم الغاز.	(명) 어떤 교통수단, 전화, 전기 등을 이용하는 값으로 내는 일정한 돈.	مبلغ يُدفع مقابل استهلاك كهرباء أو هاتف أو مياه أو مواصلات.	요금	أجرة. سعر. رسوم
스티븐은 외국인이지만 한국말을 참 잘 하는군요	إن ستيفن أجنبي ولكنه يتقن اللغة الكورية.	(명) 다른 나라 사람. /(반) 내국인/	شخص من دولة أخري.	외국인	أجنبيّ
내가 왔을 때 아무도 없었어요.	لم يكن هناك أي شخص عندما جئت.	(대) 누구라고 꼭 정하지 않은 사람을 가리키는 말. 어떤 사람.	كلمة تشير إلي شخص لم يتم تحديده بالضبط. شخص ما.	아무	أحد ما.
붉은 장미	وردة حمراء.	(형) 아주 진하게 빨갛다.	أحمر غامق جداً.	붉다	أحمر
빨간색 옷	ثياب حمراء اللون.	(명) 잘익은 사과나 흐르는 피와 같은 색깔.	لون التفاح الناضج أو الدم.	빨간색	أحمر
동산에 빨간 해가 떠올랐습니다.	اشرقت شمس حمراء على التل.	(형) 색깔이 흐르는 피나 잘 익은 사과처럼 붉다.	أحمر مثل لون التفاح الناضج أو الدم.	빨갛다	أحمر
1-할아버지께서는 늙으셔도 운동을 가끔 한다. 2-이 길을 따라서 가다 보면 낚시할 만 한 곳이 가끔 있다.	رغم تقدم جدي في العمر فإنه أحياناً يمارس الرياضة. إذا سلكت هذا الطريق ستجد بعض الأماكن الصالحة للصيد.	(부) 시간적. 공간적 간격이 얼마씩 있게. / (반) 자주	مدة زمنية أو مساحة من المكان موجودة على فترات معينة.	가끔	أحياناً

1-나는 형과는 달리 고집이 세다. 2-사실은 문제가 있어서 형을 찾아 왔어요.	لقد أتيت إليك (أخي الأكبر/زميليل الأكبر في العمل/أحد أقاربي الأكبر مني سناً) لأن لدي مشكلة ما.	(명) 1-남자 동생이 자기보다 나이가 많은 남자 형제를 가리키거나 부르는 말. 2_남자가 자기보다 나이가 많은 사람을 친근하게 이르는 말.	1- لقب ينادي به الأخ أخيه الأكبر أو قريبه الأكبر منه في العمر. 2_لقب ينادي به الرجل رجل أكبر منه في السن ولكنه مقرب إليه.	형	أخ أكبر
1-우리 오빠가 다음 달에 결혼하기로 했다. 2- 오빠, 내일 세 시에 학교에서 만나요.	قرر أخي الكبير أن يتزوج الشهر القادم. 2- أخي, سنلتقي غدا في الكلية الساعة الثالثة.	(명) 1- 여자 동생이 자기보다 나이가 많은 남자 형제를 이르는 말. 2-여자가 자기보다 나이 많은 남자를 친근하게 부르는 말.	كلمة تُستعمل من الأخت الصغيرة عند الإشارة إلى أو نداء شقيق أكبر منها بين الإخوان. 2- كلمة تُستعمل من المرأة عند الإشارة إلى أو نداء رجل أكبر منها في السنّ بشكل ودّي.	오빠	أخ أكبر للبنت.
저는 요새 형님과 사이가 좋지 않습니다. 우리 형님은 나보다 다섯 살 많다.	إن علاقتي ليست على مايرام مع أخي الأكبر/زميلي الأكبر في العمل/جاري الأكبر.	(명) 형을 높여 이르는 말.	لقب ينادي به الأخ أخيه الأكبر أو قريبه الأكبر منه في العمر بشكل أكثر احتراماً ورسمية.	형님	أخ أكبر(احترام أكثر)
나는 남동생이 하나 있어요.	لدي أخ صغير واحد.	(명) 남자 동생.	الأخ الصغير الذكر.	남동생	أخ صغير
동생이 어머니를 많이 닮았군요.	أخوك الصغير يشبه والدتك كثيراً.	(명) 같은 부모에게서 태어난 자식가운데 나이가 적은 사람.	الأخ أو القريب الاصغر منك عمراً.	동생	أخ صغير
뉴스를 듣다.	يسمع الأخبار.	(명) 신문, 방송에서 알려 주는 새 소식.	الأخبار الجديدة التي تعرضها محطات الراديو والجرائد.	뉴스	أخبار
친구가 며칠째 소식이 없어서 하숙집에 가 볼까 한다.	لا أعرف أخبار عن صديقي لمدة أيام فقررت الذهاب لمكان عيشه.	(명) 멀리 떨어져 있는 사람의 사정을 알리는 말이나 글.	مقال أو كلام يقوم بإخبار عن الحالة الأشخاص الموجودين في مكان بعيد.	소식	أخبار
그 집의 두 딸 가운데 언니가 동생보다 착하다.	من بين الإبنتين في هذا المنزل, الأخت الكبرى ألطف من الصغرى.	(명) 같은 부모에게서 태어난 사이이거나 일가친척 가운데 항렬이 같은 동성의 손위 형제를 이르거나 부르는 말.	كلمة تنادى بها الفتاة أختها الكبرى وتكون من بين أقرباء الدم والقانون أو لهما نفس الوالدين.	언니	أخت الفتاة الكبيرة
그는 밑으로 여동생이 둘 있다.	يوجد من بعده أختين.	(명) 여자 동생.	الأخت الصغرى.	여동생	أخت صغيرة
누나, 물 좀 줘요.	أختي، أحضري بعض الماء من فضلك.	(명)남동생이 자기보다 나이가 많은 여자 형제나 친척을 부르는 말.	كلمة تطلق علي الأخت الكبري للولد أو عندما تكون العلاقة قريبة.	누나	أخت كبري
녹색 나뭇잎.	ورقة شجر خضراء اللون.	(명) 파랑과 노랑의 중간 색깔.	لون وسط بين الأصفر والأزرق.	녹색	أخضر
길 양쪽으로 초록색 논들이 뻗어 있었다.	إن الحقول الخضراء ممتدة علي جانبي الطريق.	(명)'=초록. 녹색/ 풀의 빛깔과 같이 푸른색을 약간 띤 색깔.	لون يشبه لون العشب و أفتح قليلا من الأزرق.	초록색	أخضر
다른 사람이 말할 때 끼어드는 것은 예의에 어긋나는 행동입니다.	مقاطعة الأشخاص الآخرين أثناء تحدثهم هو تصرف مخالف للآداب	(명) (=) 예절- 에티켓/ 사회 생활과 다른 사람과의 관계에서 지켜야 하는, 바르고 공손한 말씨와 태도.	طريقة الكلام المهذبة وحسن السلوك الذي يجب الحفاظ علي الانسان الحفاظ عليها في علاقته مع البشر والمجتمع.	예의	أخلاق
그들은 자매지간이다.	هن أخوات	(명) 여자끼리의 동기.	صلة قرابة بين النساء.	자매	أخوات

마지막으로 만난 게 언제였지요?	متى كانت آخر مرة تقابلنا فيها؟	(명) 어떤 일의 순서나 시간의 맨 나중.	الترتيب الأخير أو الوقت الأخير.	마지막	أخير
최근에 나온 영화 중에 어떤 것이 재미있어요?	ما الشئ الممتع في الفيلم الذي ظهر مؤخرا؟	(명) '= 요새. 요즈음. 요즘/ 지금을 기준으로 하여 바로 얼마 전. 얼마 전부터 지금까지의 기간.	قبل فترة صغيرة. فترة من لحظة حتي الأن.	최근	أخير. مؤخرا
나는 슬픔을 참지 못해 끝에 울고 말았다.	لم أستطع تحمل الحزن فبكيت في النهاية.	(부) (부정어와 주로 함께 쓰여) 끝까지 내내. 드디어. 결국. 마침내.	أخيراً. في النهاية.	끝내	أخيراً
기다리던 봄이 드디어 온 것 같아요.	يبدو أن الربيع الذي كنت أنتظره قد حل أخيراً.	(부) 계속 기다리거나 기대하다가 마침내.	أخيراً بعد انتظار مستمر او تطلع.	드디어	أخيراً
1-그 회사는 결국 망하고 말았다. 2-이렇게 하나 저렇게 하나 결국에 가서는 마찬가지다.	في النهاية انهارت تلك الشركة.	1-(부) 끝에 이르러, 따지고 보면 결론적으로. 2-(명)일의 마지막 단계.	المرحلة الأخيرة للعمل.	결국	أخيرا. النهاية
1-미술 도구. 2-말은 생각을 표현하는 도구이다	أداة فنية. 2- الكلامة وسيلة تعبير عن الأفكار.	(명) 1-일을 할 때 쓰는 연장. 2-어떤 목적을 이루기 위한 방법.	آلة مستخدمة لعمل ما. 2- طريقة من أجل إنجاز هدف ما.	도구	أداة/ وسيلة
그는 문학에 재능이 있다.	هذا الشخص لديه مواهب أدبية.	(명) 자연과학, 정치, 법률, 경제 따위에 관한 학문 이외의 여러 가지 학문, 사상이나 감정을 언어로 표현한 예술. 또는 그런 작품. 시, 소설, 희곡, 수필, 평론 따위가 있다.	دراسة حول الإقتصاد،والقانون،والسياسة،وعلوم الطبيعة وغيرها . وبخلاف ذلك عديد من الدراسات مثل: الأدب (بوصف فناً جمالياً)،الفلسفة،التاريخ،علم الإجتماع ،علم اللغة وغيره._فن التعبير عن الفكر و المشاعر بالكلمات.أو هذا العمل من شعر و روايات دراما،مقال،نقد وغيره.	문학	أدب
수영을 하다가 귀에 물이 돌아갔다.	دخلت المياه إلي أذني اثناء السباحة.	(명) 사람과 동물의 얼굴 좌우에 있는, 소리를 듣는 기관.	عضو يسمع الأصوات يقع في جانبي وجه الانسان والحيوان.	귀	أذن
살을 빼려고 나흘 동안 밥을 굶었습니다.	جعت لم أتناول طعام لمدة أربعة أيام لإنقاص وزني.	(명) 4 (사)일.	مدة أربع أيام.	나흘	أربع أيام
우리 가족은 넷입니다.	تتكون أسرتي من أربعة أفراد.	(수) 숫자 4.	الرقم أربعة.	넷	أربعة
이(2)에다 사(4)를 곱하면 팔(8)이 된다	إذا ضربنا اثنين في أربعة يكون الناتج ثمانية.	(명) 숫자 4.. 삼(3)에 하나를 더한 수.	رقم أربعة.	사	أربعة
교수님은 마흔이 넘으셨지만 아직 생각은 20 대이시다.	تخطى معلمي الأربعين من عمره و لكنه مازال يفكر كشاب في العشرين.	(수) 숫자 40.	العدد 40	마흔	أربعون
밥을 푸다.	يغرف الأرز.	(명) 쌀에 물을 넣고 끓여서 익힌 음식.	طعام يعد بغلي حبيبات الأرز في الماء.	밥	أرز
쌀을 씻다.	يغسل الأرز	(명) 벼의 껍질을 벗긴 알맹이. 밥, 죽, 떡을 만든 데에 쓰는 곡식.	حبوب منزوعة القشرة تُستخدم في تحضير كعكة الأرز, العصيدة والأرز المسلوق.	쌀	أرز

지진이 일어나면 땅이 흔들린다.	تهتز الأرض عندما يقوم زلزال.	(명) 강, 호수, 바다와 같이 물로 된 부분이 아닌, 흙이나 돌로 된 부분.	الجزء اليابس من أراض وصخور وليس المغطى بالماء كالبحار والبحيرات والأنهار.	땅	أرض
너무 피곤해서 바닥에 앉아 버렸다.	جلست على الأرض لأنني كنت مُتعب كثيراً.	(명) 물체의 겉이 되는 평평한 데. 밑이나 밑이 되는 부분.	المكان المسطح (المتساوي)على سطح الشيء. أسفل أو الجزء السفلي.	바닥	أرض
일(1)에서 십(10)까지 숫자 하나를 골라라.	اختر رقم من واحد إلى عشرة.	(명) 수를 나타내는 글자.	الحروف التي تبين العدد.	숫자	أرقام
아이가 토끼에게 풀을 먹이고 있다.	الطفل يطعم الأرنب عشباً.	(명) 귀가 길고 꼬리는 짧으며, 빨리 뛰고 털이 많은 짐승.	حيوان سريع لديه فرو كثير وذو ذيل قصير و أذن طويل.	토끼	أرنب
이 소파가 편안하고 푹신해서 좋아요.	تعجبني هذه الأريكه لأنها مريحة وناعمة.	(동) (명) 거실이나 사무실에 놓는 긴 의자.	كرسي طويل يوضع في المكتب أو الصالة.	소파	أريكة. كنبه
파란색 치마	تنورة زرقاء	(명) 맑은 하늘이나 바다와 같은 색깔.	لون مثل السماء الصافية أو البحر	파란색	أزرق
비가 온 뒤의 하늘은 너무도 파랬다.	كانت السماء زرقاء بعد سقوط المطر.	(형) 맑은 하늘이나 바다와 색깔이 같다.	يشبه لون السماء الصافية أو البحر.	파랗다	أزرق
하늘이 푸르다.	السماء زرقاء	(형) 나뭇잎이나 풀, 맑은 하늘의 색과 같다.	نفس لون ورق الشجر أو العشب أو السماء الصافية.	푸르다	أزرق، أخضر
아무리 가까운 사이라도 기본 예의는 지켜야 합니다.	مهما كانت علاقتكم حميمة يجب الحفاظ علي مبادئ الأخلاق.	(명) 어떤 일이나 사물의 가장 중심이 되는 중요한 사실이나 기초.	أساس أو حقيقة مهمة تشكل الجانب الأكثر مركزية في مسألة ما.	기본	أساس
영어를 기초부터 다시 공부하려고 해요.	لقد عزمت علي مذاكرة اللغة الانجليزية مرة أخري بدءاً من الأساسيات.	(명)사물이 이루어지는 바탕이나 토대.	أساس أو قاعدة تحقيق الشئ	기초	أساس
무슨 근거로 네가 그런 말을 하니?	علي أي أساس تقول هذا الكلام؟	(명) 어떤 주장이나 의견에 대한 이유	السبب حول رأي أو وجهة نظر	근거	أساس.دليل
1-휴일이 많은 주는 금방 지나가요. 2-저는 삼 주 전부터 운전을 배우고 있어요.	1الأسبوع الذي بها أجازات كثيرة يمر سريعا. 2 كنت أتعلم القيادة قبل ثلاثة أسابيع.	(명)1-일요일부터 월요일까지 7 일 동안. 2-7 일을 한 묶음으로 하여 세는 말.	1 فترة سبعة أيام من يوم الأحد حتي يوم الاثنين. 2 وحدة عد لسبعة أيام كمجموعة واحدة.	주	أسبوع (الأسبوع القادم)
지난주에 미술 시간에 뭐 했어요?	ماذا فعلتم الأسبوع الماضي وقت الفنون؟	(명) 이번 주 바로 앞의 주.	الأسبوع الذي يسبق هذا الأسبوع.	지난주	أسبوع ماض
제 꿈은 수학과 교수가 되는 것이다.	حلمي أن اصبح أستاذ جامعي في علم الرياضيات	(명) 대학교에서 가르치는 선생	أستاذ يُدرس في الجامعة.	교수	أستاذ جامعي/ دكتور
1-저분은 고등학교 영어 선생님 이십니다. 2-담당 의사 선생이 누구입니까? 3-김구 선생.	1_هذا الشخص معلم لغة انجليزية في المدرسة الثانوية. 2_من هو الأستاذ الدكتور المسئول؟ 3_الأستاذ كيم جو.	(명) 1-가르치는 일을 직업으로 하는 사람. 2-남을 높여 부르는 말. 3-사회적으로 존경 받는 사람을 일컫는 말.	1_الشخص الذي يعمل في مهنة التدريس. 2_لمناداة شخص قدره عالي. 3_لمناداة شخص يحترم في المجتمع.	선생	أستاذ. معلم. مرشد
아프리카 초원에 사는 사자의 수가 줄어들고 있다.	تقل أعداد الأسود التي تعيش في الطبيعة الأفريقية.	(명) 수컷은 머리에 긴 갈기가 있고, 몸집이 크며 기운이 세어 짐승의 왕으로 불리는 동물.	حيوان ذكر له جسم قوى و هالة حول رأسه ويطلق عليه ملك الوحوش.	사자	أسد

1-대학 다닐 때 집안 형편 때문에 참 힘들었어요. 2-차례가 끝나면, 집안 어른과 동네 어른들께 세배를 한다.	1 كان وضع الأسرة صعب جدا عندما كنت في الجامعة. 2 بعد طقوس ذكري الأجداد نقوم بإلقاء التحية علي أجداد أسرتنا و الأجداد في حيّنا.	(명) 1-한 장소에 모여 사는 부모와 자식들이 이루는 집단. 2-한 조상 후손들로 이루어진 집단.	1 تجمع الآباء والأبناء والعيش معا في مكان واحد. 2 تجمع الأجداد والأحفاد معا.	집안	أسرة. عائلة
1-책상 아래에는 뭐가 있습니까? 2-나는 김영민 씨보다 2 살 아래입니다. 3-아래의 글을 읽고 이야기해 보십시오. 4-책이 책상 아래 있어요.	ماذا يوجد تحت المكتب؟ 2- أنا أسبق كيم يونج مين بعامين. 3- أقرأ المقال التالي ثم نتحدث. 4- الكتاب تحت المكتب.	(명) 1-무엇보다 낮은 곳. 2-나이, 지위, 능력 등의 정도가 낮거나 못한 쪽. 3-'다음', 또는 '다음에 적은 것'. 4-무엇의 밑. (반) 위	مكان منخفض مقارنة بشئ ما. 2- درجة القدرة أو المنصب أو العمر منخفضة. 3- التالي. 4- أسفل الشئ.	아래	أسفل.
고래는 물고기가 아니다. 물고기들이 물에서 헤엄친다.	الحيتان ليست من الأسماك. الأسمالك تعوم في الماء	(명) 물에서 사는, 아가미와 지느러미가 있는 척추동물.	حيوانات تعيش في الماء ولديها خياشيم و زعانف.	물고기	أسماك
검은 양복	بدلة سوداء	(형) 빛의 색이 아닌 빨강, 노랑, 파랑을 섞었을 때 나오는 진하고 어두운 색.	اللون الغامق الذي ينتج عند خلط الأحمر والأصفر والأزرق.	검다	أسود
검은색 구두	حذاء أسود	(명) 물감 중에 빨강, 노랑, 파랑을 섞었을 때 나오는 짙고 어두운 색깔.	اللون الغامق الذي ينتج عند خلط الأحمر والأصفر والأزرق.	검은색	أسود
반드시 검정 사인펜으로 답을 써야 합니다.	لابد أن تكتب الإجابة بقلم فلوماستر أسود.	(명)검은 색	اللون الأسود.	검정색	أسود
까만 눈동자	بؤبؤ العين الأسود.	(형) 매우 검다.	أسود غامق.	까맣다	أسود
이 방은 햇빛도 잘 들어오고 아주 조용합니다.	هذه الغرفة هادئة كما أنه يدخل إليها ضوء الشمس.	(명) 해가 비추는 빛.	الضوء الساطع الذي يخرج من الشمس.	햇빛	أشعة الشمس
어머니께서는 온갖 고생을 하시며 우리 남매를 키우셨다.	لق بذلت أمي جهدها في تربيتي وإخوتي.	(명) 남자와 여자 형제. /=오누이	الأخوات أولاد وبنات.	남매	أشقاء (اولاد وبنات)
어머니께서 자취방에 다녀가신 후로 방이 깨끗해졌다.	أصبحت الغرفة نظيفة بعد مجئ أمي .	(동) 때나 먼지가 없이 말끔하게 되다.	أصبح نظيفاً خالٍ من الأتربة.	깨끗해지다	أصبح نظيفاً
한기가 느껴지다	أصبحت أشعر ببرودة الجو.	(동) 느끼게 되다.	أصبح يشعر.	느껴지다	أصبح يشعر
미국에는 흑인들이 많다.	يوجد الكثير من أصحاب البشرة السوداء في أمريكا.	(명) 흑색 인종의 사람.	أصحاب البشرة السوداء. السلالة السوداء (الزنجية).	흑인	أصحاب البشرة السوداء (السلالة الزنجية)
노란 셔츠를 입습니다.	أرتدي التيشرت الأصفر.	(형) 개나리꽃이나 바나나와 같은 빛깔을 말한다.	لون زهرة الكناري والموز وغيرهم.	노랗다	أصفر
오늘 저녁 반찬은 뭘 할까?	ماذا أحضر كأطباق جانبية على العشاء؟	(명) 밥을 먹을 때 밥과 함께 먹는 음식.	طعام جانبي يؤكل مع الوجبة الرئيسية.	반찬	أطباق جانبية
박사 학위 논문.	أطرحة الدكتوراه.	(명) 어떤 주제에 관하여 연구한 결과를 체계적으로 적은 글.	نتائج بحث حول موضوع ما ويتم كتابتها بنظام معين.	논문	أطروحة.رسالة. بحث

나 정말 괜찮으니까 그 일에 신경 쓰지 마.	لا تُعير إهتمام لهذا الأمر فأنا حقاً بخير.	(명) 생물이 자신의 몸과 주위에서 일어나는 여러 변화를 감지하고 종합하여 적절한 반응을 일으키도록 하는 기관.	نظام يعمل على تجميع التغيرات العديدة التي يحدثها الكائن الحي على جسده وماحوله والشعور بها ثم القيام بإصدار ردة فعل مناسبة.	신경	أعصاب / إهتمام
마음속 깊이 사무치다.	يلمس أعماق القلب.	(명) 마음의 속.	داخل القلب.	마음속	أعماق القلب
대중가요는 우리 사회의 중요한 노래 문화의 자산이다.	تعد الأغاني الشعبية من التراث الثقافي المهم في مجتمعنا.	(명) 많은 사람들이 즐겨 듣거나 부를 수 있도록 만들어진 노래.	أغنية يقوم مجموعة من الأشخاص بغناءها أو سماعها من أجل الاستمتاع.	가요	أغنية
요즈음 무슨 노래가 유행합니까?	ما الأغنية المشهورة هذه الأيام؟	(명) 말에 곡조를 붙인 것. 또는 그런 곡조를 소리 내어 부르는 일.	كلمات ملحقة بنغمة معينة ويتم غناؤها أيضا بنغمة ما.	노래	أغنية. الغناء
꿈보다 해몽이 낫다.	تفسير الحلم أفضل من الحلم نفسه.	(형) 무엇이 비교의 대상보다 더 좋다.	كون الشئ أفضل عند مقارنته بغيره.	낫다	أفضل
세상에서 제일 무서운 이야기 / 제일의 목표	أكثر قصة مخيفة بالعالم. الهدف ذو الأولوية	(부) 여럿 가운데 으뜸. (명) 여럿 가운데서 첫째가는 것.	الأكثر من بين عدة أشياء. الأول من بين عدة أشياء.	제일	أفضل, أكثر
1-맨 끝, 맨 앞에. 2_아이는 맨발로 잔디밭에서 뛰어 놀았다. 3_그들은 맨 놀기만 하고 일은 하지 않는다.	1- آخر / من الأول 2_لعب الطفل على النجيلة حافي القدمين. 3_هؤلاء الأشخاص يقومون باللهو فحسب ولا يعملون.	(관) 1-더할 수 없을 정도인 "가장"의 뜻을 나타내는 말. 2_(접두사)순전히 그것뿐인. 3_온통 또는 오로지.	كلمة تحمل معنى "أكثر" أي لدرجة لا يمكن الإضافة فيها أكثر. 2_تُضع قبل الاسم وتعني "هذا فقط بشكل صريح/مطلق". 3_تعني "كل مكان أو فقط / حسب / لاغير".	맨	أقصى جزء / جانب
6 세 미만의 어린이에게는 입장료를 받지 않습니다.	لا نحصل على رسوم دخول من الأطفال أقل من 6 سنوات.	(명) 정한 수효나 정도에 차지 못하다.	عدم الوصول إلى نقطة أو رقم معين.	미만	أقل من
우리는 시월에 결혼할 것이다.	سوف نتزوج في شهر أكتوبر.	(명) 한 해 열두 달 가운데 열째 달.	الشهر العاشر من السنة.	시월	أكتوبر
복숭아는 내가 가장 좋아하는 과일이다.	الخوخ هو أكثر فاكهة أحبها.	(부) 여럿 가운데에서 으뜸으로. / (=) 제일	الأعلى من بين كذا شئ.	가장	أكثر
새해에는 더욱 건강하세요.	تمتع بصحة أكثر في العام الجديد	(부) (=) 더 / 더 많이.	أكثر	더욱	أكثر من
1-이 그림보다 저 그림이 더 좋아요. 2-더 필요한 거 없어요?	1_تلك الصورة أفضل من هذه الصورة. 2- هل تحتاج شئ اخر؟	(부) 1- (=) 더욱. 보다/ (비교의 대사보다) 정도가 크게. 수가 많게. 2- 바로 앞의 상태보다 많게. 그 이상으로.	بدرجة أكبر . بعدد أكبر. 2- أكثر من الحالة السابقة. أكثر من ذلك.	더	أكثر.
잠이 안 오면 일에서 천까지 숫자를 세어 봐.	إذا لم تشعر بالنعاس جرب أن تعد من واحد إلي ألف.	(수) 숫자 1000.	الرقم ألف 1000	천	ألف
고통 속에서 괴로워하다.	يعاني من الألم.	(명) 몸이나 마음이 괴롭고 아픈 것.	الشعور بألم الجسد أو النفس.	고통	ألم
1-아픔을 참다. 2-아픔을 씻다.	يتحمل الألم. 2- يزيل الألم.	(명) 1-육체적인 통증, 괴로운 느낌. 2-정신적인 괴로움, 고통.	شعور بالألم جسدياً. 2- شعور بالألم عقلياً.	아픔	ألم
독일의 수도는 베를린이다.	برلين عاصمة المانيا.	(명) 유럽 중부에 있는 나라.	دولة تقع في وسط اوروبا.	독일	ألمانيا

우리는 학교 앞 네거리에서 만나기로 약속했다.	تواعدنا أن نتقابل عند التقاطع الذي أمام المدرسة.	(명) 향하고 있는 쪽이나 곳.	الجهة أو المكان الذي تتجه إليه.	앞	أمام
안전 벨트	حزام الأمان	(명) 아무 탈이 없고 위험이 없는 것.	عدم وجود أي مصيبة أو خطر	안전	أمان
민준이는 동창회에서 오랜만에 고등학교 친구들을 만났다.	قابل مين جون لي أصدقاء المدرسة الثانوية في اجتماع خريجي المدرسة بعد مرور وقت طويل.	(명) 오래 지난 뒤.	بعد مرور وقت طويل	오랜만	أمد بعيد
상관의 명령을 어기면 벌을 받는다.	إذا خالفت أوامر المسؤول تتلقى العقاب.	(명)윗사람이 아랫사람에게 무엇을 하거나 하지 말도록 시킴	طلب شخص كبير (في السن أو في المكانة) من شخص أقل منه بأن يفعل كذا أو بألا يفعل كذا.	명령	أمر
오후에는 볼일을 보러 잠시 외출해야 해요.	لابد أن أخرج بعد الظهيرة لأمر هام.	(명) 해야 할 일.	شيء يجب عمله.	볼일	أمر , عمل
미국인 중에는 비만인 사람이 제법 많다.	هنالك الكثير من الأشخاص أصحاب الوزن الزائد فى أمريكا.	(명)미국 국적을 가진 사람.	شخص يحمل الجنسية الأمريكية	미국인	أمريكي
어제는 공휴일이었다.	كان الأمس إجازة رسمية.	(명) 오늘의 바로 하루 전날.	اليوم الذي يسبق هذا اليوم.	어제	أمس
재산을 모으다.	يجمع الأملاك.	(명) 재화와 자산을 통틀어 이르는 말.	الأموال أو الممتلكات.	재산	أملاك
제 소원 하나 들어주실래요?	هل أقول لك واحدة من أمنياتي؟	(명) 이루어지기를 간절히 바라는 것.	شئ نأمل تحقيقة بشكل جدي.	소원	أمنية
우리 어머니께서 주무신다.	أمي نائمة.	(명) 자기를 낳아 준 여자를 이르거나 부르는 말.	كلمة تنادي بها المرأة التي ولدتك.	어머니	أمي
우리 엄마는 선생님이야.	أمي معلمة.	(명) 격식을 갖추지 않아도 되는 상황에서, '어머니'를 이르거나 부르는 말.	تستعمل في المواقف الغير رسمية وتنادى بها الأم.	엄마	أمي
나는 컴퓨터 회사에 다닌다.	أنا أعمل في شركة حاسب آلي.	(대) 화자가 존대하지 않아도 될 청자에게 자기 자신을 가리켜서 하는 말. / (존) 저	كلمة يشير بها المتحدث إلي نفسه للمستمع.	나	أنا
저 가 볼게요.	سأذهب أنا.	(명) (나) (말하는 이가 윗사람이나 그다지 가깝지 아니한 사람을 상대하여) 자기를 낮추어 가리키는 일인칭 대명사	يستخدمها الشخص عندما يتحدث مع شخص أكبر منه في السن أو المقام أو ليس مقرباً منه.	저	أنا
그는 스카프를 매고 나서 한결 멋이 났다.	بدا أنيقاً بشكل لافت للنظر بعد أن إرتدى الوشاح.	(명)생김새, 행동, 차림새 따위가 세련되고 아름다운 상태.	أن يكون المظهر،التصرفات،الملابس وغيرها رائعة وجميلة.	멋	أناقة
너는 키가 큰데 동생은 작구나.	أنت طويل ولكن أخوك الصغير قصير.	(대) 청자가 친구나 아랫사람일 때, 그 사람을 가리키는 말.	كلمة تستخد عند الإشارة إلي المستمع ويكون عادة صديق أو شخص غير مرتفع قدره.	너	أنت
1-사실, 다른 집 남편에 비하면 당신이 집안일을 많이 하는 편이죠. 2-당신이 외국 사람을 만났다고	1_في الحقيقة مقارنة بالأزواج الآخرين فأنت تقوم بالكثير من أعمال المنزل. 2- أفترض أنك قابلت شخص أجنبي. 3- إذا كنت لاتعرف ابق هادئاً. 4- جهزت الجدة الطعام وتنتظر أبنائها.	(대) 1-부부 사이에서 서로를 높여 이르는 말. 2-글에서 읽는 사람을 높여 나타내는 말. 3-친하지 않은 사이에서 상대 낮추어	1_صيغة احترام تستخدم بين الزوجين. 2- لفظة احترام تستخدم في المقال للإشارة للشخص الذي يقرأ. 3- لفظة تستخدم للتقليل من الطرف الآخر في علاقة ليست	당신	أنت / حضرتك / سيادتك

가정해 보십시오. 3-당신 모르면 가만히 있어. 4-할머니는 당신께서 직접 음식을 장만하시고 아들을 기다리셨다..		부르는 말. 4-앞에서 말한 웃어른을 높여서 다시 가리키는 말.	جيدة. 4- لفظ احترام يشير إلي شخص تم ذكره مسبقاً.		
1-엄마는 너희를 제일 사랑한단다. 2-너희 집이 어디냐?	1أمكم تحبكم أنتم أكثر شئ. 2أين يقع منزلكم؟	(대) 1-청자가, 화자보다 어리거나 낮거나 동등할 때 그 사람들을 가리키는 말. 2-너희의.	1أداة تستخدم للأشارة إلي المستمع ويكون عادة أصغر من االمتكلم . 2أداة ملكية.	너희	أنتم
여성 잡지	مجلة نسائية	(명) 성의 측면에서 여자를 이르는 말.	الكلمة التي تدل على المرأة من ناحية الجنس.	여성	أنثى
1-나는 축구를 하다가 코뼈가 부러졌다. 2-코가 나오다.	انكسرت عضمة أنفي أثناء لعب كرة القدم. 2- خرج المخاط.	(명) 1-(동물이) 냄새를 맡고 숨을 쉬는 기관. 2-콧구멍에서 나오는 끈끈한 액체	عضو يساعد علي التنفس وشم الروائح. 2- سائل لزج يخرج من فتحة الأنف.	코	أنف/ مخاط
1-좋은 옷을 입었다고 해서 다 멋있는 것은 아니다. 2-한국의 전통 가옥은 참 멋있다.	1- لا يعني ارتداءك لملابس جميلة أنك أنيق،فهناك فرق مابين الأناقة والجمال. 2- البيت التقليدى فى كوريا جميل	(형) (사람이나 사물이) 보기에 세련되거나 잘 어울려서 아름답다.	مظهره يبدو جيداً أو عظيماً.	멋있다	أنيق / رائع
전화 또는 전자우편으로 연락해 주시기 바랍니다.	أرجو أن تتواصل معي عبر الهاتف أو البريد الإلكتروني.	(부) 그렇지 않으면. 그것이 아니라면.	لو لم يكن كذلك, لو لم يكن هذا.	또는	أو
서울은 처음이어서 지리를 잘 모르겠어요.	إنها أول مرة لي في سيول فلا أعرف الطرق جيدا.	(명) 차례나 시간으로 맨 앞 / (반) 끝. 마지막/	ما يأتي قبل غيره في الترتيب أو الوقت.	처음	أوّل
영민이는 첫날부터 지각을 했다.	لقد تأخر يونغ مين اي منذ أول يوم.	(명) 어떤 일이 시작되는 날. 어떤 곳에서 있게 되는 첫째 날.	يوم بداية أمر ما. أول يوم في مكان ما.	첫날	أوّل يوم
축구는 유럽에서 가장 인기 있는 스포츠이다.	إن كرة القدم من أشهر الرياضات الموجودة في قارة أوروبا.	(명) 지구의 육지를 구성하는 주된 대륙 여섯 개 중의 하나로 우랄 산맥을 경계로 아시아와 인접하고 있으며 나머지 삼면이 지중해, 대서양, 북극해와 면하고 있는 대륙.	واحدة من ضمن الست قارات علي الكرة الأرضية وتحد قارة أسيا من جبال أورال أما عن باقي الثلاث جهات فيحدها البحر المتوسط والمحيط الأطلنطي و المحيط المتجمد الشمالي.	유럽	أوروبا
나는 중요한 행사가 있어 평소와는 다르게 정장 차림을 했다.	أرتديت الملابس الرسمية علي غير العادة لأن الحدث كان مهم.	(부) (=)평상시/ 특별한 일이 없는 보통 때.	أوقات عادية لا يوجد فيها عمل خاصّ	평소	أوقات عادية
오늘 첫 월급을 탔습니다.	لقد استلمت أول راتب لي اليوم.	(관) 차례나 시간에서 제일 앞의.	أول شئ في الترتيب أو الوقت.	첫	أول
가: 언제부터 배가 아팠어요? 나: 그제 저녁에 아팠어요.	أ:منذ متي تؤلمك معدتك؟ ب: منذ ليلة اول أمس تؤلمني	(명) 어제의 전날. /=엊그제	يوم ما قبل البارحة	그제	أول أمس
도착하면 제일 먼저 전화부터 해라	أتصل بي عند وصولك قبل كل شيء	(부)/(반)나중/시간적으로나 순서상으로 다른 것에 앞서서.	مقدمة أو بداية وقت أو دور.	먼저	أولاً / في البداية / قبل كل شيء

어느 것이 맞는 답입니까?	أي منهم الإجابة الصحيحة؟	(관) 둘 이상의 것 가운데 대상이 되는 것이 무엇인지 물을 때 쓰는 말.	تستخدم للسؤال عن شيء ما بين شيئين أو أكثر.	어느	أي
그는 어떤 사람이니?	كيف هي شخصيته؟	(관) 사람이나 사물의 특성, 내용, 상태, 성격이 무엇인지 물을 때 쓰는 말.	تستخدم للسؤال عن ميزة شخص أو شيء, وعن المحتوى أو الحالة أو الشخصية.	어떤	أي
한가위는 음력 팔월 십오일, 즉 추석을 말한다.	إن هان كاوي يوم خمسة وعسرون من شهر أغسطس في السنة القمرية، أي عيد الشكر (تشوسوك).	(부)'=곧/ 다시 말하면. 다름이 아니라. 바꾸어 말하자면.	أقوله مرّة ثانية. نفسه وليس شيئا آخر.	즉	أيّ. أي أنه
1_그는 무슨 생각을 하고 있는 지 모르겠다. 2_무슨 눈이 이렇게 많이 올까? 3_대낮부터 술은 무슨 솔이오.	1- لا أدري ما الذي يفكر فيه. 2_كيف يتساقط الثلج بغزارة هكذا؟ 3_كحول في وَضَح النهار(من أول اليوم)!!!!	(관) 1_무엇인지 모르는 일이나 물건을 물을 때 가리키는 말. 2_'왜','어떻게 된'의 뜻으로, 예상 밖의 못마땅한 일을 강조할 때 쓰는 말. 3_반의적인 뜻을 강조하는 말.	1- كلمة تشير إلى عمل غير معروف،أو عند السؤال عن الشيء. 2_كلمة تُستخدم للتأكيد على الإستياء من شيء خارج التوقعات،بمعنى (لماذا) (كيف حدث ذلك). 3_للتأكيد على معنى السخرية والتهكم.	무슨	أي / ماذا
1-너무 배가 고파서 아무거나 먹어도 맛있을 것 같아요. 2-피곤해서 아무것도 못 해요.	1جعان للغاية حتي لو تناولت أي شئ أعتقد أنه سيكون لذيذ. 2- لم استطع أن أفعل أي شئ لأنني متعب.	(대) 1-무엇이라고 꼭 정하지 않고 사물을 가리키는 말. 어떤 것. 2-하나도. 전혀.	كلمة تشير إلي شئ لم يم تحديده بالضبط. شئ ما. 2- أي شئ . أبدا.	아무것	أي شئ.
좋은 시절은 다 지나갔다.	مرت كل الأيام الجميلة.	(명)/일정한 시기나 때/사람의 인생을 구분한 한 동안.	وقت أو عصر معين/فترة معينة تقسم حياة الإنسان.	시절	أيام / وقت / فصل / لحظات
1-지난 주일 이사했다던데 힘들었지요? 2-삼 주일 전 수영장에 갔어요.	1 هل كان الأمر شاق عندما انتقلت الأسبوع الماضي؟ 2 لقد ذهب إلي حمام السباحة قبل ثلاثة أسابيع.	= 주/(명) 1-월요일부터 일요일까지 7 일 동안. 2-날짜를 셀 때 7 일을 나타내는 말.	1 فترة سبعة أيام من يوم الأثنين حتي يوم الأحد. 2 وحدة عد فترة سبعة أيام .	주일	أيام الأسبوع. أسبوع
연휴를 즐기다.	يتسمتع بأيام العطلة المتتاليّة	(명) 이틀 이상 계속되는 휴일	العطلة التي تستمر أكثر من يومين.	연휴	أيام العطلة المتتاليّة
점심은 먹었고, 또 먹을 거 없을까?	لقد تناولت الغداء, هل يوجد شيء آخر لأتناوله؟	(부) 그뿐이 아니고. 그에 더하여.	ليس هذا فقط بل أكثر من ذلك.	또	أيضاً
마이클 씨는 의사이면서 또한 교수입니다.	سيد مايكل طبيب و أستاذ جامعي في الوقت ذاته.	(부) 거기에다가 또.	بالإضافة إلى ذلك أيضاً	또한	أيضاً
학교가 어디냐?	أين المدرسة؟	(대명사) 잘 모르는 어느 곳을 가리키는 지시 대명사.	ضمير توضيحي للإشارة إلى مكان لا تعرفه جيداً.	어디	أين
여러분! 이걸 보십시오.	أيها الناس! انظروا لهذا من فضلكم.	(대명사) 듣는 이가 여러 사람일 때 그 사람들을 높여 이르는 이인칭 대명사.	ضمير توضيحي يستخدم عند التحدث لعدد من الأشخاص بطريقة مهذبة.	여러분	أيها الناس
어느 것이나 네 마음대로 가져도 좋다.	لا بأس بأن تأخذ أي شيء أو كما تريد.	(관) 어느 것.	أي شي.	어느 것	أيهم
1-어른들과의 약속을 미룬 것이 매우 죄송했다. 2-죄송합니다만 잠깐 비켜 주세요.	1 أنا آسف جدا عن تأجيل الموعد مع الأشخاص البالغين. 2 أنا آسف ولكن هل من الممكن أن تتنحي جانبا قليلا.	(형) 1-죄를 지은 것처럼 미안하다. 2-말을 듣는 상대방에게 요청이나 부탁을 할 때, 습관적으로 꺼내는 말.	1 يشعر بالأسف بعد ارتكابه ذنب أو خطأ. 2 كلمة تقال عادة عند طلب شئ من الشخص المستمع.	죄송하다	آسف

오래 기다리게 해서 미안해.	آسف لجعلك تنتظر كثيراً.	(형)남에게 대하여 마음이 편치 못하고 부끄럽다. 겸손히 양해를 구하는 뜻을 나타내는 말.	يشعر بعدم الراحة والإحراج إتجاه شخص ما. كلمة تُظهر معنى طلب العُذر بشكل متواضع.	미안하다	آسف / يشعر بالأسف
밤하늘엔 별 수천 개가 반짝인다.	تلمع /تتلألأ آلاف النجمات في سماء الليل.	(수)/천의 두서너 배 되는 수.	رقم يشير إلى عشرات الألاف.	수천	آلاف
음료수 자판기	آلة بيع المشروبات	(명) 자동판매기. 돈을 넣고 지정된 단추를 누르면 사려는 물건이나 차표 따위가 자동적으로 나오는 기계.	آلة البيع التلقائي.	자판기	آلة البيع
먼지가 많으니까 청소기를 한번 돌리는 게 좋겠다.	سيكون من الأفضل أن تدير المكنسة لأن هناك الكثير من الغبار.	(명) 전동기의 힘으로 바닥의 먼지를 빨아들이는 청소 기계.	آلة تنظيف تمتص الغبار من علي الأرض بقوة الكهرباء.	청소기	آلة منظّفة. مكنسة
악기를 다루다	يعزف بآلة موسيقية.	(명) 음악을 연주하는 데 쓰는, 아름다운 소리를 내는 기구.	آلة تُصدر صوت رائع يتم استخدامها في عزف الموسيقي.	악기	آلة موسيقية.
이 기계를 사용할 줄 알아요?	هل تجيد استخدام هذه الماكينة؟	(명)일정한 일을 하도록, 동력으로 움직이는 장치.	جهاز يتحرك ويعمل بالطاقة.	기계	آلة.ماكينة
안전한 장소	مكان آمن.	(형) 아무 위험이 없다.	لا يوجد أي خطر.	안전하다	آمِن
1-이십 대의 아가씨들이 대학 교정을 거닐고 있었다. 2-아가씨, 여기 주문 좀 받아주세요. 3-우리 아가씨는 얼마나 멋쟁인지 몰라요.	عشرون فتاة كن يتسكعن في حديقة الكلية. 2- يا آنسة , من فضلك تسلمي الطلب. 3- لم أكن أعرف أن أخت زوجي جميلة لهذه الدرجة.	(명) 1- 처녀나 젊은 여자. 2-술집. 다방. 음식점 등에서 일하는 젊은 여자. 3-남편의 여동생을 이르는 말.	فتاة صغيرة أو عذراء. 2- فتاة صغيرة تعمل في حانة أو مقهي أو مطعم وغيره. 3- كلمة تطلق علي أخت الزوج الصغيرة.	아가씨	آنسة
1-아, 미안합니다. 2-아, 이제 알겠습니다. 3-아 참, 관광 안내서가 있으면 하나 주세요.	آه, أنا آسف. 2- آه, فهمت الأن. 3- آه, أعطني كتيب سياحي في حالة وجوده.	(감) 1-놀라거나, 아주 좋거나 슬픈 느낌을 나타내는 소리. 2-모르는 것을 깨달았을 때 내는 소리. 3-말을 처음 시작할 때 약간 말을 끌면서 내는 말.	صوت يشير إلي الشعور الحزين أو الشعور الجيد أو الدهشة. 2- صوت يصدر عند فهم شئ كنت تجهله. 3- كلمة تُقال عند بداية الحديث.	아	آه
1-아이고, 고소한 냄새가 집 밖까지 나네. 2-아이고, 무서워라!. 3-아이고, 배야, 아이고 배야. 4-아이고, 답답하군요. 5-아이고, 아이고, 그분이 돌아가시다니요.	يا إلهي , الرائحة الطيبة خرجت خارج البيت. 2- ياإلهي. أنه مخيف. 3- آه معدتي, آه معدتي. 4- ياإلهي أشعر بالضيق. 5- آه آه ذلك الرجل مات.	(감) 1-몹시 좋거나 반갑거나 상쾌할 때 내는 소리. 2-몹시 놀라거나 기가 막힐 때 내는 소리. 3-몹시 아프거나 지겹거나 싫거나 못마땅할 때 내는 소리. 4-몹시 분하거나 안타까울 때 내는 소리. 5-우는 소리를 나타낸다.	صوت يصدر بسبب السرور أو البهجة أو الانتعاش. 2- صوت يصدر عند الشعور بالدهشة أو الذهول. 3- صوت يصدر عن الشعور بالألم أو الملل أو أن شئ كريه أو غير مناسب. 4- صوت يصدر عند الشعور بالاستياء أو الأسف الشديد. 5- يشير إلي صوت البكاء.	아이고	آه / ياإلهي
냉장고에 있던 아이스크림 네가 다 먹었지?	هل أكلت كل الأيس كريم الموجود في الثلاجة.	(명) 설탕, 우유, 달걀, 향료 등을 섞어 얼려서 만든 부드러운 과자.	حلوي ناعمة مصنوعة من اللبن والسكر و النكهة وغيره	아이스크림	آيس كريم.
남편께서는 일찍 들어오세요?	هل يعود زوجك باكراً؟	(명) 부부 중의 남자. /=바깥양반	الذكر من الزوجين.	남편	بَعْل / زوج

집을 비울 때는 문을 꼭 잠가야 한다.	يجب أن نغلق باب المنزل جيداً عندما يكون المنزل فارغ.	(명) 드나들거나 통할 수 있도록 만들어 놓은 물건.	شيء يتم صناعته من أجل الخروج والدخول،أو العبور من خلاله.	문	باب
방문을 두드리는 소리.	صوت طرق باب الغرفة.	(명) 방으로 들어가고 나오는 문.	باب الدخول والخروج من الغرفة.	방문	باب الغرفة
내일 교문 앞에서 만납시다.	لنتقابل أمام باب المدرسة.	(명) 학교의 정문	بوابة المدرسة.	교문	باب المدرسة.
미선이는 손을 높이 치켜들었다.	رفعت ميسوني يدها عالياً	(부) 1-아래에서 위까지의 길이가 길게. 2-수치나 정도가 일정한 기준이나 보통을 넘는 상태로.	1_ارتفاع المسافة إلي الأعلي. 2_ ارتفاع معدل ما عن الطبيعي.	높이	بارتفاع
방이 좀 추운 것 같아요.	إن الغرفة باردة.	(형) 몸으로 느끼기에 기온이 낮거나 날씨가 차다.	شعور الجسم بإنخفاض في درجة الحرارة أو الطقس بارد.	춥다	بارد
1-그의 손은 항상 차갑다. 2-새로 온 과장님께서는 첫 인상이 너무 차가워 보였다.	1 إن يديه دائما باردة. 2 إن الطابع الأول عن المدير الجديد يبدو أنه بارد.	(형) 1-'=차다/ (반) 뜨겁다/느껴지는 온도가 낮다. 2-'=냉정하다/ 상대방을 대하는 태도에 인정이 없다	1 الشعور بانخفاض درجة الحرارة. 2 الشعور بعدم الود من الطرف الآخر.	차갑다	بارد. قارس
방이 찬데 방석을 깔고 앉으세요.	الغرفة باردة فافرش وسادة واجلس.	(형) '=차갑다/ (반) 뜨겁다 / 느끼기에 온도가 낮다. 따뜻한 느낌이 없다.	الشعور بانخفاض درجة الحرارة. عدم الشعور بالدفء.	차다	بارد. قارس
파리는 아름다운 도시이다.	باريس مدينة جميلة.	(명) 프랑스의 수도.	عاصمة فرنسا	파리	باريس
영민이는 실력도 있고, 게다가 성실하니까 무슨 일이든지 잘 할 거야	ستتقن يونج مين أي عمل مهما كان ليس فقط لأنها تمتلك مهارات, بل لأنها مخلصة أيضاً.	(부)그뿐 아니라. 뒤 내용에서 앞 내용보다 한층 더한 사실을 덧붙일 때 쓰여 앞뒤 어구나 문장을 이어 주는 말.	ليس هذا فقط.	게다가	بالإضافة إلى
눈이 오면 길이 미끄럽기 마련이지요.	عندما يتساقط الثلج يصبح الطريق زلقاً بالتأكيد.	(형) 당연히 그럴 것이다.	سيكون بالطبع هكذا.	마련	بالتأكيد
물론 월급은 현금으로 지급될 것이다.	بالتأكيد سيتم دفع الراتب الشهري نقدا.	(부)말할 것도 없이.	دون كلام.	물론	بالتأكيد
이번에는 열심히 공부해서 반드시 시험에 합격하고야 말겠어요.	لابد أن ادرس بجد هذه المرة وأنجح في الإمتحان.	(부) 틀림없이. 꼭.	بالتأكيد, دون شك, لابد	반드시	بالتأكيد
중국은 확실히 매력적인 시장이다.	إن الصين بالتأكيد هي سوق جذاب .	(부)/확실하게, 틀림없이 그러하게.	هكذا بالفعل،بدون أخطاء.	확실히	بالتأكيد
무슨 일이 생기거든 꼭 연락하세요.	إذا حدث أي شئ اتصل بي حتماً	(부) 반드시. 틀림없이. /=반드시	بالتأكيد. بدون شك.	꼭	بالتأكيد / حتماً
광화문 부근에는 미국 대사관이 있다.	توجد السفارة الأمريكية بجوار بوابة كوانج هوا.	(명) 어떤 곳에서 가까운 곳.	مكان قريب من مكان ما.	부근	بالجوار
길에서 우연히 친구를 만났습니다.	لقد التقيت بصديقي بالصدفة في الطريق.	(부) 예상을 하거나 기대하지 않았는데 뜻밖에.	بشكل مفاجئ غير متوقع أو منتظر.	우연히	بالصدفة
나 역시 마찬가지다.	أنا مثلك بالطبع.	(부) 생각하였던 대로.	كما كنت تفكر.	역시	بالطبع, من البديهي

그 여자는 병을 거꾸로 기울여 마지막 방울까지 따라 마셨다.	أمالت الفتاة الزجاجة بالمقلوب وشربت ما بها حتى آخر قطرة.	(부) 방향이나 차례가 반대로 바뀌어.	تغير كبير في ترتيب أو عكس اتجاه الشئ.	거꾸로	بالعكس / بالمقلوب
그 영화는 성인이라야 볼 수 있대요.	من المفترض أن هذا الفيلم للبالغين فقط.	(명) 어른이 된 사람 ./ = 어른	الشخص البالغ.	성인	بالغشخص
극장으로 달려갔지만 영화가 시작된 지 벌써 30 분이 지났다.	ذهبت جرياً إلى السينما ولكن كان قد فمر 30 دقيقة على بداية الفيلم.	(부) 이미 과거에.	بالفعل في الماضي.	벌써	بالفعل
입학한 것이 어제 같은데 어느새 졸업이다.	فجأة أتى التخرج بينما يبدو وكأنني ألتحقت بالمدرسة في الأمس.	(부) 어느 틈에 벌써.	حدث فعلاً في وقت ما.	어느새	بالفعل
너무 피곤해서 집에 오자마자 겨우 세수만 하고 그냥 잤다.	كنت متعباً كثيراً لذلك بمجرد دخولي المنزل غسلت وجهي ويداي فقط ونمت.	(부) 매우 힘들게. 간신히.	بصعوبة جدا, بالأحرى.	겨우	بالكاد
도대체 무슨 일이야	ماذا حدث لك ... بالله عليك ؟	(부) 다른 말은 그만두고 요점만 말하자면.	يتحدث عن النقطة الأساسية فقط ويتوقف عن الكلام الأخر.	도대체	بالله عليك
모두가 돈을 똑같이 나누어 냅시다.	فلنتشارك جميعاً في دفع المال.	(부) 서로 조금도 다른 데가 없이.	بلا اختلاف بينهم ولو قليلاً.	똑같이	بالمثل
다른 사람을 생각하지 않고 말을 함부로 하지 마세요.	لا تتحدث باستهتار دون التفكير في الأخرين.	(부) 1-생각함이 없이 마구. 2_어른 앞에서 버릇없이.	بتهور وبلا تفكير. 2_التصرف بقلة أدب أمام الكبار.	함부로	بإهمال/بإستهتار / دون وعي
제 한국어 실력이 아직 서투르니까 간단히 말씀해 주세요.	من فضلك تحدث معي بلغة بسيطة، فمازالت لا أجيد اللغة الكورية.	(부) 1-복잡하지 않고 간단하게. 2-다른 것이 아니라 오로지.	بدون تعقيد.	간단히	ببساطة
음식을 천천히 먹어야 소화가 잘 돼요 .	يجب أن تأكل ببطء لتتم عملة الهضم جيدا.	(부) 움직임이나 상태의 변화가 급하지 않고 느리게. / (반) 빨리	عدم تغير الحالة بسرعة أو الحركة ببطء.	천천히	ببطء
여러 나라 음식이 다 있으니까 골고루 먹어 보세요.	يوجد طعام لأكثر من بلد فتناول من جميع الأطباق.	(부) 치우침 없이. 고르게. '고루고루'의 준말.	باعتدال من غير ميل.	골고루	بتساوي
공부를 열심히 하면 언젠가는 1 등 하는 날도 있을 겁니다.	يوم ما سوف تحصل علي المركز الأول إذا ذاكرت بجد.	(부) 정성껏.	بإخلاص.	열심히	بجد
이 근처에는 가게가 많군요	تيوجد الكثير من المحلات في هذا الحي	(명)어디에서 가까운 곳	مكان قريب.	근처	بجوار
남수는 씨는 밤낮을 가리지 않고 연구에 몰두하고 있다.	نركز مين سو علي البحث ولا تنام.	(명) 어떤 것을 자세하게 깊이 살피고 조사하는 일.	بحث ودراسة شئ ما بعمق وبالتفصيل.	연구	بحث- دراسة
파도가 심해서 바다에 나갈 수가 없다.	لم استطع الخروج من البحر بسبب شدة الأمواج.	(명) 지구의 거죽에 큰 넓이로 짠물이 많이 괴어 있는 곳.	هو مكان مليء بالماء المالح بمساحات شاسعة على سطح الأرض.	바다	بحر
바이칼 호수는 세계에서 가장 깊은 것으로 유명합니다.	إن بحيرة البايكل مشهور بأنها الأعمق في العالم.	(명) 육지에 넓고 깊게 물이 고여 있는 곳.	مكان على اليابسة يتجمع فيه الماء بعمق وبشكل واسع.	호수	بحيرة
안녕히 가십시오.	اذهب مع السلامة.	(부) 아무 걱정이나 문제가 없이 편안하게.	بشكل مريح دونَ أي مشكلة أو قلق	안녕히	بخير
부친께서는 안녕하십니까?	والديك بخير؟	(형) 아무 걱정, 문제가 없이 편안하다.	مستريح دونَ أية مشكلة أو قلق	안녕하다	بخير ، بعافية

1-민지대신 제가 회의에 가겠습니다. 2-동생이 대답 대신에 고개를 끄덕였다. 3-김 선생님이 못 오셔서 박 선생님이 대신 가르치셨어요.	سأذهب للاجتماع بدلا من مين جي. 2- هز أخي رأسه بدلا من الإجابة. 3- لم يأتي المعلم كيم فدرس لما المعلم بارك بدلا منه.	(명) 1-남의 역할이나 책임을 떠맡아 하는 것. 2-다른 일로 원래 하기로 되어 있는 일을 채우는 것. 3-본디 자기의 것이 아닌 역할이나 책임을 떠맡아서.	تحمل مسئولية أو دور الآخريين. 2- أن تقول بعمل بدلا من الذي ستقوم بيه في الأصل. 3- تتحمل مسئولية ودور ليس لك في الأصل.	대신	بدا. نيابة عن
다음 주 초에 결과를 발표하겠습니다.	سأعلن عن النتائج مع بداية الأسبوع القادم.	(명) 처음. 어떤 시기가 시작되는 때를 나타내는 말. / (반) 말	كلمة تعبر عن بداية وقت ما.	초	بداية
내 일과의 시작은 신문을 읽는 것이다.	بداية روتنيني اليومي هي قراءة الجريدة.	(명) 어떤 일이나 행동의 처음 단계를 이루거나 그렇게 하게 함. 또는 그 단계.	القيام بالشيء لأول مرة أو العمل مرة أخرى بعد توقف. 2_بداية الشيء.	시작	بداية
자세히 이야기하다.	يتحدث بالتفصيل.	(부) 사소한 부분까지 아주 구체적이고 분명히.	بوضوح وبدقة حتى في أصغر الأجزاء.	자세히	بدقة
정확히 분석하다.	يحلل بدقة	(부) 바르고 확실하게.	بشكل صحيح ومؤكد.	정확히	بدقة
양복을 갖추어 입다	يرتدي بدلة	(명) 서양식의 의복.	ملابس الغرب.	양복	بدلة
사고 없이 공사를 끝내게 되어 다행이다.	حمداً لله أن البناء انتهى بدون حوادث.	(부) 어떤 일이나 현상이나 증상 따위가 생겨 나타나지 않게.	بعدم ظهور شيء ما أو ظاهرة أو عرض.	없이	بدون
김 선생님께서는 몸이 아픈데도 평소와 다름없는 밝은 미소로 우리를 맞으셨다.	استقبلنا المعلم كيم بابتسامة رائعة كعادته دون تغيير بالرغم من مرضه.	(형) 비교해 보면 서로 다르지 않고 꼭 같다.	متشابهان تماماً وغير مختلفان عند المقارنة.	다름없다	بدون اختلاف
그는 몹시 피곤한 것 같았고 옷차림 하곤 상관없이 초라하고 헐벗은 것처럼 보였다.	اعتقد أنه مجهد وملابسه رثه لا علاقة ببعضها البعض.	(부) 서로 아무런 관련이 없이	بدون أي علاقة ببعضهما البعض.	상관없이	بدون اهتمام
씨를 심다.	يزرع بذرة.	(명) 열매 속에 있는 단단한 부분으로, 심으면 싹이 나는 것.	جزء صلب داخل الثمرة يتم زراعته و يخرج منه برعم.	씨	بذر
오렌지 주스.	عصير برتقال	(명) 감귤 종류의 과일 중 하나.	فاكهة من الحمضيات.	오렌지	برتقال
열심히 운동하면 추위를 이길수 있어요.	تستطيع التغلب علي البرودة عند القيام بالرياضة.	(명) 겨울의 추운 기운, 또는 추운 날씨.	درجة الحرارة البارده في الشتاء. أو طقس بارد.	추위	برد. برودة
1-내일 프로그램에서 제가 맡은 부분이 어디지요? 2-프로그램을 만들다. 3-프로그램을 개발하다.	1ماهو دوري في برنامج الغد؟ 2-ينتج برنامج. 3- يطور برنامج.	(명) 1-어떤 행사의 진행 계획이나 순서를 적은 목록. 또는 그 행사의 세부 항목. 2-라디오나 텔레비전 등에서 시간 별로 나뉘어 방송되는 내용 또는 그 차례나 목록. 3-컴퓨터에 어떤 명령을 하기 위하여 그 작업의 차례나 방법을 컴퓨터 언어로 기술한 것.	1قائمة بخطّة السير لأيّ مناسبة أو قائمة مكتوب فيها خطوات مُرَتَّبة. أو جزء فرعيّ للمناسبة. 2- محتوى يُذاع في أوقات معينة على الراديو أو التلفزيون. أو دوْره أو قائمته. 3- شيء مكتوب بلغة الكمبيوتر لإعطاء الأوامر إلى الكمبيوتر التي من شأنها ترتيب خطوات العمل أو طريقته.	프로그램	برنامج

영국 의회는 상원과 하원으로 구성됩니다	يتكون البرلمان البريطاني من مجلس الشيوخ ومجلس النواب.	(명) 유럽 서북쪽에 있는 나라. 수도는 런던이다.	دولة تقع في شمال غرب أوربا وعاصمتها لندن.	영국	بريطانيا
나는 어제 학교에 지각을 했다. 왜냐하면 아침에 늦게 일어났기 때문이다.	تأخرت أمس عن المدرسة بسبب أنني أستيقظت متأخراً	(부) (앞에 말한 사실의 이유를 대면서) 그 이유를 말하면.	عند قول سبب حقيقة ذُكرت مسبقاً.	왜냐하면	بسبب
시간이 정말 빨리 흐르죠?	يمضي الوقت سريعاً حقاً, أليس كذلك؟	(부) 어떤 일에 걸리는 시간이 짧게.	استغراق وقت أقصر لأداء أمر.	빨리	بسرعة
어서 대답해라.	أجب بسرعة.	(부) 일이나 행동을 지체 없이 빨리 하기를 재촉하는 말.	تستخدم للحث على السرعة في العمل دون تأخير.	어서	بسرعة
식기 전에 얼른 먹어라.	اسرع وتناوله قبل أن يبرد.	(부) 시간을 끌지 아니하고 바로.	فوراً بدون تأجيل.	얼른	بسرعة
간단한 옷차림.	ملابس بسيطة.	(형) 간편하고 단출하다. / (반) 복잡하다.	بسيط.	간단하다	بسيط
1-광고 포스터는 색상과 구성이 단순한 것이 눈에 잘 띈다. 2-수미는 순진하고 단순해 보였다. 3-어제 난 사고는 단순한 접촉 사고가 아니었어.	1_لون وتصميم البوستر الدعائي بسيط و واضح. 2- بدت سو مي بسيطة وساذجة. 3- الحادث الذي وقع أمس ليس حادث تصادم طفيف.	(형) 1-(구성이) 복잡하지 않고 간단하다. 2-복잡하게 꾸미지 않고 순수하다. 3-어떤 조건 또는 별다른 의미가 없다.	1_بسيط وغير معقد. -2 صافي وغير معقد. -3 لايوجد معني معين أوشرط ما.	단순하다	بسيط
1-이것은 단순히 처리할 문제가 아니다. 2-그 사람들은 단순히 일을 도와 주려고 온 것이 아니다.	1_هذه ليست قضية تحل ببساطة.2- ببساطة هؤلاء الناس لم يأتوا من أجل المساعدة.	(부) 1-복잡하지 않고 간단하게. 2-(=) 다만, 단, 단지, 단지, 오직/어떤 조건 또는 다른 뜻이 없이.	1_ببساطة و بدون تعقيد. -2 بدون معني معين أو شرط ما.	단순히	بسيطاً
요즘은 외국인과 결혼하는 사람을 우리 주위에서 흔히 볼 수 있다.	من الممكن أن ترى بكثرة حولنا أشخاص يتزوجون بالأجانب.	(부)/일상적으로 자주, 보통.	فى المعتاد بطريقة متكررة.	흔히	بشكل شائع
급히 오느라고 우산을 잃어 버렸어요.	لقد دعوتني في عجلة ففقدت مظلتي.	(부) 몹시 서둘러 빨리. /=바삐	بشكل عاجل جدا	급히	بشكل عاجل
1-전 아직 준비가 덜 됐어요. 2-추울 때 뜨거운 걸 먹으면 좀 덜 추워요.	أنا غير مستعد بعد. 2- ستشعر ببرودة أقل إذا قمت بتناول شئ ساخن أثناء البرد.	(부) 1-(어떤 행동이나 상태가) 완전하지 못하게. 2-(반) 더/ 일정한 상태나 정도에 마치지 못하게. 보통보다 낮거나 적게.	1_عمل أو حالة ما غير مكتمل. -2 يصل إلي حالة محددة أو درجة. أقل أو أصغر من المعتاد.	덜	بشكل غير مكتمل/ أقل
아침에 일어나면 물을 충분히 마셔야 해요.	أشرب المياه بشكل عندما تستيقظ في الصباح.	(부) 모자라지 않고 넉넉하게.	بشكل كافٍ دون نقص.	충분히	بشكل كاف
나는 새 침대가 너무 딱딱해서 편히 잘 수가 없었다.	لا أستطيع أن أنام بشكل مريح لأن السرير الجديد صلب.	(부) 몸이나 마음이 편안하게.	الجسم أوالبال علي نحو مريح	편히	بشكل مريح
솔직히 말하면 좀 불안해요.	إذا تحدثت بصراحة أنا غير مرتاح قليلا.	=진실로. 진짜로/(부)거짓으로 꾸미거나 숨기는 것이 없이 바르게.	بدون خداع أو مبالغة أو كذب.	솔직히	بصراحة
점심에 감자를 삶아 먹었다.	تناولت البطاطس المسلوقة على الغداء	(명) 땅 속에서 자란 덩이줄기.	نباتات درنية تنمو داخل الأرض.	감자	بطاطس

1-내일까지 인사 카드를 내 주십시오. 2-생일 카드. 3-교통 카드. 4-사람들이 카드 놀이를 하고 있다.	حتي الغد أرسل لي بطاقة التحية. 2- بطاقة معايدة بعيد الميلاد. 3- بطاقة المواصلات. 4- يلعب الناس لعبة الأوراق(الكوتشينه).	(명) 1-무엇을 기록하는 종이. 2-(특별한 날에) 축하의 말을 적어서 다른 사람에게 보내거나 주는 작은 종이. 3-(은행이나 백화점에서 만들어 주는 플라스틱) 기계에 넣고 돈을 찾거나 물건을 살 때 돈 대신 쓰는 것. 4-트럼프의 패.	1_ورقة تسجيل شئ. 2- ورقة صغير تُرسل إلي شخص آخر يكتب فيها تهنئة في يوم خاص. 3- شئ مصنوع من البلاستك يستخدم بدلا من المال عند شراء أشياء في المول أو سحب الأموال في البنك. 4- ورقة لعب.	카드	بطاقة / كارت
생일 초대장.	بطاقة دعوة عيدميلاد.	(명) 어떤 자리, 모임, 행사 등에 초대하는 뜻을 적어서 보내는 편지	رسالة تنصّ على دعوة إلى جلسة أو اجتماع أو مناسبة أو غيرها.	초대장	بطاقة دعوة.
엘지 사장님에게서 명함을 받았다.	حصلت على بطاقة عمل من مدير شركة إل جي.	(명) 이름,주소,신분 따위를 적은 종이.	ورقة مُدون عليها الاسم،والعنوان،الوضع الإجتماعي وغيره.	명함	بطاقة عمل
내일은 어머니 생신이니 당연히 모두 모여야죠.	بالتأكيد سيجتمع الجميع غدا لأنه عيد ميلاد أمي.	(부) 어떤 일의 이치를 따져 볼 때 그러는 것이 옳아서, 마땅히.	من العدل أن تقوم بشئ لاته متوافق مع المنطق, طبعا.	당연히	بطبيعة الحال
오리를 기르다.	يربي بطة	(명) 발가락 사이에는 물갈퀴가 있으며, 부리는 길고 넓적하고 '꽥꽥' 하고 큰 소리를 내며, 헤엄을 잘 치는 큰 새.	طائر كبير يسبح ويصدر صوت ' بطبطة' ومنقاره طويل ورفيع ويوجد غشاء جلدي بين أصابع قدمه.	오리	بطة
오늘은 왠지 그녀가 달라 보인다	بطريقة أو بآخري تبدو تلك الفتاة اليوم مختلفة.	(부) 왜 그런지 모르게. 또는 분명한 이유 없이.	لا يعرف أسبابا أو دون سبب واضح.	왠지	بطريقة ما
적당히 운동을 하는 것이 건강에 좋다.	ممارسة الرياضة باعتدال مفيدة للصحة.	(부) 정도에 알맞게.	بشكل مناسب للحد.	적당히	بطريقة ملائمة
1-민지는 주인공 역할을 한 배우로 부터 사인을 받았다. 2-오늘은 네 생일이니까 이 파티의 주인공은 너야.	1 لقد حصل مين جي علي توقيع من ممثل بدور بطل. 2 أنت بطل هذا الحفل فاليوم عيدميلادك.	(명) 1-소설, 연극, 영화 등에서 이야기의 중심 인물. 2-어떤 시대나 분야, 단체에서 중심이 되어 주도적인 역할을 하는 사람.	1شخصية رئيسية في قصة في المسرح، الفيلم، الرواية أو غيرها. 2 الشخص الذي يلعب دورا محوريا في منظمة أو في مجال أو عصر معين.	주인공	بطل
배가 아프다.	بطني يؤلمني.	(명) 가슴과 다리 사이에 있는, 몸의 앞 부분.	الجزء الأمامي من الجسم بين الصدر والرجل.	배	بطن
발바닥을 마사지해 주면 시원합니다.	عندما تدلك باطن قدمي أشعر بالإنتعاش.	(명) 발 아래쪽의, 땅을 밟는 평평한 부분.	الجزء المستوى السفلي من القدم الذي يدوس الأرض.	발바닥	بطن القدم
날씨가 더운데 우리 시원한 수박이나 먹읍시다.	هيا نأكل البطيخ المنعش في هذا الجو الحار.	(명) 공처럼 둥글고 크며 초록색 껍질에 검푸른 줄기 무늬가 있으며 수분이 많고 맛이 단 과일.	فاكهة مستديرة وكبيرة لونها أخضر وعليها خطوط غامقة، ولون أحمر من الداخل وتتميز باحتوائها علي كمية كبيرة من السوائل.	수박	بطيخ
바빠 죽겠는데 일을 그렇게 느리게 하면 어떻게 해!	أنا مشغول حتي الموت وأنت تعمل بهذا البطء. ماذا سأفعل!	(형) 속도가 빠르지 않다. / (반) 빠르다	غير سريع.	느리다	بطئ
30 분 후에 전화해 주세요. 그가 떠난 이틀 후에 편지를 받았다	اتصل بي بعد 30 دقيقة من فضلك. استقبلت رسالة منه بعد رحيله بيومين.	(명) 일정한 기간이나 어떤 일 다음 이어지는 시간적 범위를 막연하게 이르는 말.	بعد مرور الوقت إلى حد ما (من الآن،وفقاً لحادث ما).	후	بعد

오후에 저하고 같이 산책할까요?	ما رأيك أن نتمشي معا بعض الظهر.	(명) 점심 때부터 저녁이 될 때까지의 동안.	خلال الفترة من الغداء حتي المساء.	오후	بعد الظهر
모레쯤이면 그 일을 어느 정도 마무리할 수 있을 것이다.	سأستطيع إنهاء هذا العمل إلى حد ما بحلول بعد غد.	(명) 내일의 다음날.	اليوم الذى يلى الغد	모레	بعد غد
1-영미는 지혜와 서로 한 반에서 공부했다. 2-아이들이 서로 먼저 먹겠다고 소리를 질렀다.	1_لقد ذاكر يونغ مي مع جي هي مرة. 2_لقد صاح الأطفال علي بعضهم البعض لتناول الطعام أولا.	(부) 1-둘 또는 그 이상이 함께 같이. 2-앞을 다투어. 경쟁적으로.	1_اثنان أو أكثر سويا. 2_المقابلة أو التنافس بين شيئين.	서로	بعضهم البعض
어머니는 장롱 깊이 돈을 감췄다.	خبأت أمي النقود عميقاً في خزانة الملابس.	(부) 겉에서 속까지의 거리가 멀게.	بعيداً عن السطح.	깊이	بعمق
어젯밤 모기가 코를 물었다.	قرصت البعوضة أنفي ليلة أمس.	(명) 모깃과에 속하는 곤충..	حشرة تنتمي لفصيلة البعوضيات.	모기	بعوض
1-우리 집은 백화점과는 매우 먼 위치에 있다. 2_양국 간의 관계가 멀다. 3_한국말을 한국 사람처럼 잘하려면 아직 멀었다.	1- بيتنا في موقع بعيد جداً عن السوق التجاري(المول). 2_العلاقات بعيدة(فاترة) بين البلدين. 3_مازال أمامي الكثير حتى أجيد اللغة الكورية مثل الكوريين.	(형) 1-거리가 많이 떨어져 있다. 2_사귀는 사이가 서먹하거나 정이 없다. 3_어떤 수량,정도,기준,목표 따위에 모자라다. /(반)가깝다	1_(غير) قريب/ على مسافة بعيدة. 2_علاقة غير مألوفة أو لاتجمعهم مودة. 3_غير كافي لهدف،معيار،كمية،درجة ما.	멀다	بعيد
최근에 친구에게 너무 섭섭해서 멀리 가고 싶다.	أشعر بخيبة الأمل كثيراً في الفترة الأخيرة لذلك أريد أن أذهب بعيداً	(부) 시간이나 공간의 사이가 몹시 떨어지게.	1_ غير قريب/ المسافة أو الوقت تقع على فترات بعيدة.	멀리	بعيداً
우리 회사는 학력에 관계없이 능력에 따라 신입 사원을 선발했다.	قامت شركتنا بتعين موظفين جدد بناء علي القدرة بغض النظر عن المؤهل العلمي.	(부) 서로 아무런 관련이 없이.	بشكل غير متصل بالموضوع.	관계없이	بغض النظر
일한 만큼 돈을 줍니다.	يعطي المال على قدر العمل.	(명) 앞에 말한 것과 같은 정도.	بقدر ما ذكر قبله.	만큼	بقدر
할아버지 댁에는 소가 열 마리나 있어요.	في منزل جدي توجد أكثر من 10 بقرات.	(명) 주로 고기를 먹거나 우유를 만들고, 농사일을 돕게 하기 위해 농가에서 기르는 동물.	حيوان عادة ناكل لحمه و يصنع الحليب ويتم تربيته في الحقل حيث أنه يساعد في أعمال الفلاحة.	소	بقرة
울음 소리.	صوت البكاء.	(명) 우는 소리나 우는 행동. /(반) 웃음/	البكاء مع إصدار صوت.	울음	بكاء
난 너무 배가 고파서 상에 있는 걸 이것저것 마구 먹었다.	تناولت بعشوائية من الطعام الذي على الطاولة لأنني كنت جائع جداً.	(부) 잘 생각해 보지 않고 함부로.	بدون تفكير . بعشوائية.	마구	بلا تفكير
그 애는 몹시 화가 나서 물건들을 막 던졌다.	لقد غضب كثيراً فألقى بالأشياء دون تفكير.	(부) 무슨 일은 잘 생각해 보지 않고 함부로. 마구	عدم التفكير بشيء أمر ما والتصرف بعشوائية.	막	بلا تفكير
이 책을 괜히 샀어요, 재미도 없는 데.	اشتريت هذا الكتب بلا جدوي , فإنه ممل.	(부) 특별한 이유 없이. 쓸데없이.	بدون سبب خاص . غير مُجْدٍ	괜히	بلا جدوي, بلا فائدة
플라스틱 컵	كوب بلاستيك	(명) 열이나 압력을 가해 쉽게 모양을 만들 수 있는 물질.	مادّة يمكن أن يُصنع بها أيّ شكل بسهولة بعد أن تتعرض لضغط أو حرارة	플라스틱	بلاستك
비닐 봉지	كيس بلاستيكي.	(명) 봉지.비옷,노끈 등을 만드는데 쓰이는, 공기가 통하지 않는, 얇은 합성 물질.	مادة مركبة رقيقة لا تسمح بمرور الهواء تستخدم في صنع الأكياس و معطف المطر والخيوط وغيرها.	비닐	بلاستيك

틀림없는 사실	حقيقة مؤكدة	(형) 의심할 것 없이 확실하다.	أكيد دون ريبة.	틀림없다	بلاشك
나라마다 인사 방법이 다르다.	تختلف طريقة إلقاء التحية من بلد إلي أخري.	(명) 일정한 영토와 거기에 사는 사람들로 구성된, 주권에 의한 통치 조직이 있는 사회 집단. /=국가	مجتمع من الأراضي المنشأة التي يعيش بها مجموعة من الناس ويسيرون علي قاعدة سيادية محددة.	나라	بلد
1-옛날에는 우리나라에 글자가 없었다. 2-우리나라 사람은 주로 밥을 먹고 산다.	1 لم يكن للحروف وجود قديما في كوريا. 2 عادة في بلدي يعيش الناس علي أكل الأرز.	(명) 1- 자기 나라. 2- 화자의 자기 나라의.	1 كوريا الجنوبية. 2 بلد المتحدث.	우리나라	بلدي
나는 청바지를 즐겨 입는다.	أحب إرتداء البنطلون الجينز.	(명) 가랑이가 져 두 다리를 꿰 입도록 한 아래 옷.	ملابس يغطى بها الجزء السفلى من الجسم كالرجلين.	바지	بنطلون
채소나 과일은 흐르는 물에 깨끗이 씻는 것이 좋다.	إنه من الجيد تنظيف الخضراوات والفاكهة بغسلهم في الماء الجاري.	(부) 더러운 것이 없게. 깨끗하게.	بدون قذارة. بنظافة.	깨끗이	بنظافة
1_ 스스로 할 수 있다. 2_스스로에게 물어봐라.	1_استطيع القيام به بمفردي. 2- يسأل نفسه.	(부) 1(=)저절로. 2_자기 힘으로. 3_자기 자신.	1- تلقائياً.2_من تلقاء نفسه (بقوته). 3_نفسه.	스스로	بنفسه/لنفسه
그는 돈을 벌어서 거의 모두 은행에 저금했다.	لقد جمع أموالها كلها تقريبا و أودعها في البنك.	(명) 람들의 돈을 맡아 관리하고, 필요한 사람에게 돈을 빌려주고 이자를 받는 일을 하는 기관.	مؤسسة لإدارة أموال الناس وتقرض أيضا المال للمحتاجين من الناس وتعمل علي تلقي الفوائد.	은행	بنك
양념을 뿌리다	يرش البهارات	(명) 음식의 맛을 돋우기 위하여 쓰는 재료를 통틀어 이르는 말.	كلمة جامعة للمكونات التي تستخدم لتحسين مذاق الطعام.	양념	بهارات
조용히 하세요.	كن هادئاً.	(부) 아무런 소리도 들리지 아니하고 고요히.	بهدوء وبلا صوت مسموع.	조용히	بهدوء
나 그냥 가만히 안 있을 것이다.	لن أبقى ساكناً	(부) 움직이지 않거나 아무 말 없이.	حالة عدم الكلام أو الحركة.	가만히	بهدوء / ساكن
속담: 가루는 칠수록 고와지고 말은 할수록 거칠어진다.	مثل كوري بمعنى أن الإفراط في الكلام من الممكن أن يؤدي إلى شجار.مثل مقولة عمر بن العاص : الكلام كالدواء إن أقللت منه نفع، وإن أكثرت منه صدع.	(명) 아주 잘고 부드럽게 부스러진 물건.	شئ مطحون لحبات صغيرة ناعمة.	가루	بودرة / مسحوق
부산에 가 본 적이 있어요?	هل سبق وأن ذهبت إلى بوسان.	(명) 서울에 다음가는 대도시이며 한국 최대의 무역항이 있는 도시.	أكبر مدينة بعد سول وأكبر ميناء تجاري في كوريا.	부산	بوسان
선생님께서는 분명히 내일 가라고 하셨는데요.	أنا متأكد أن الأستاذ قال لي أن أذهب في الغد.	(부) 흐릿하지 않고 또렷하고 확실히.	بشكل واضح ومؤكد وليس مشوش.	분명히	بوضوح
나는 한국 음식 중에서 불고기를 제일 좋아해요.	البولجوجي هو طعامي المفضل من بين الطعام الكوري.	(명) 쇠고기의 살코기를 얇게 저며서 양념을 하여 불에 구운 음식.	طعام الذي يعدبتقطيع اللحم البقري الطري بسمك رفيع و تتبيله ثم شويه على النار.	불고기	بولجوجي
통계 자료	بيانات إحصائية	(명) 연구나 조사 따위의 바탕이 되는 재료.	البيانات الأساسية لبحث أو فحص.	자료	بيانات

피아노를 연주하다	يعزف بيانو	(명) 건반을 손가락으로 누르거나 두드려서 소리를 내는 서양식의 큰 악기.	آلة موسيقيّة غربية كبيرة تصدر الأصوات بالنقر أو الضغط بالأصابع على المفاتيح.	피아노	بيانو
1-선생님 댁은 어디십니까? 2-댁은 누구시오?	1_أين بيتك يا أستاذ؟ 2- من أنت؟	(명) 1-집이나 가정의 높임 말. 2-친하지 않은 사이에서 상대를 부르는 말.	1_كلمة أكثر احتراما تشير إلي البيت أو العائلة. 2-كلمة تشير إلي طرف آخر في علاقة ليست جيدة.	댁	بيت (للإحترام)
1- 대도시의 주택 문제는 빨리 해결 되어야 해요.2- 1 월에 주택이 가장 많이 팔린 지역은 어디인가?	1يجب حل مشكلة المنازل في المدن الكبيرة في أسرع وقت. 2 ماهي المنطقة الأكثر مبيعا للمنازل في شهر يناير؟	(명) 1- '=집/ 살림할 수 있도록 지은 집. 2- 한 채씩 따로 지은 주택.	1مبنى بُني لإقامة الإنسان فيه. 2 منزل يتم بناؤه كل مبني منفرد.	주택	بيت. منزل. مسكن
피자를 굽다	يشوي البيتزا	(명) 동글고 납작한 밀가루 반죽 위에 토마토, 고기, 치즈, 야채 등을 올려서 구운 이탈리아 음식.	طعام إيطالي مشوي يُوضع طماطم، لحم، جبنة إلخ على العجين الدائريّ المسطح من الدقيق.	피자	بيتزا
손님이 맥주 두 잔을 시켰다.	طلب الزبون كوبين من البيرة.	(명)엿기름가루를 물과 함께 가열하여 당화시킨 후, 홉을 넣어 향기와 쓴맛이 나게 한 뒤 발효시키어 만든 술.	مشروب كحولي،يتم تصنيعه عن طريق غلي مسحوق الشعير مع الماء وتسكيره(إضافة السكر إليه بكميات مركزة)،ثم يُضع نبات الجنجل ويتم تخميره حتى تخرج منه رائحة وطعم مر.	맥주	بيرة
국가 대표 야구 선수	لاعب البيسبول الممثل للوطن.	(명) 9 명씩으로 이루어진 두 팀이 9 회씩 공격과 수비를 번갈아 하며 승패를 겨루는 구기 경기.	لعبة كروية يتنافس فيها فريقين مكونين من 9 أشخاص على البطولة ويتبادلا الهجوم والدفاع كل 9 مرات.	야구	بيسبول
라면에 계란을 넣으면 더 맛있어요.	يصبح الراميون لذيذ أكثر بإضافة البيض.	(명)닭이 낳은 알.	بيض الدجاج.	계란	بيض
라면에 달걀을 넣으세요.	ضع بيضة علي الرامبون	(명) (=) 계란/닭이 낳은 알.	بيضة تضعها الفرخة.	달걀	بيض
1-타조 알은 1kg 이나 되는 것도 있어요. 2-포도 알이 참 크네. 3-눈이 나빠져서 안경 알을 바꿔야겠다. 4-알을 풀어 주다. 5-이 약을 자기 전에 세 알씩 드세요.	بيضة النعامة تزن 1 كيلوجرام فأكثر. 2- حبّة العنب كبيرة حقاً. 3- يجب أن أغير عدسة النظارة لأن قدرتي علي الرؤية تدهورت. 4- يُرخي العضلة. 5- تناول 3 حبوب من هذا الدواء قبل النوم.	(명) 1- (새, 물고기, 벌레의) 암컷이 배고 낳는, 장차 새끼다 될 작고 둥근 것. 2-작고 둥근 열매의 낱개. 3-속에 들거나 박힌 작고 둥근 것. 4-근육이 딴딴하게 뭉친 덩이. 5- 알의 수를 세는 말.	شئ دائري صغير تحمله أنثي الطير أو السمك أو الحشرات وتضعه يصبح في المستقبل حيوان صغير . 2- جزء من ثمرة دائري صفير. 3- شيء دائري صغير موجود أو منغرز في الداخل. 4- عضلة مشدودة صلبة. 4- وحدة عد البيض.	알	بيض/ حبّة/ عضلة/ عدسة.
1-사이를 넓히다. 2-사람들 사이에서 엄마를 찾기가 어려웠다. 3-조카가 일년 사이에 많이 자랐다.	1_المسافةواسعة. 2_كان من الصعب إيجاد أمي وسط الناس. 3_كبر ابن أخي كثيرا خلال سنة.	(명) 1-한 물체에서 다른 물체까지, 혹은 한 곳에서 다른 곳까지의 공간. 2-여럿이 많이 모여 있는 가운데. 3-어떤 때에서 다른 때까지의 시간.	1_المسافة بين شئ ما وغيره. 2_الوسط بين عدة أشياء. 3_الفترة بين وقت ما وغيره.	사이	بين. خلال
범행이 일어난 시각에 그는 회사에 있었다고 했다. 한편 다른 용의자는 명확한 알리바이가 없었다.	قال أنه كان في الشركة وقت حدوث الجريمة. بينما لا يوجد دليل براءة واضحة للمشتبه فيه الآخر.	(부) 어떤 일에 대해, 앞에서 말한 측면과는 다른 측면을 말할 때 쓰는 말.	كلام يُستخدم عند التحدُّث في شأن ما عن وجهة نظر مختلفة عن وجهة النظر السابق التحدث عنها	한편	بينما ، ومن الناحية الأخرى ، ومن الجهة الأخرى

부모님께서는 내가 공부할 수 있는 환경을 만들어 주시기 위해 많은 신경을 쓰셨다.	لقد شغل والداي بالهما ليوفرا لي بيئة صالحة للمزاكرة.	(명) 1-생물에게 직접적이나 간접적으로 영향을 주는 자연적 조건이나 사회적 상황. 2. 생활하는 주위의 상태.	1- الظروف الاجتماعية أو الشروط الطبيعية التي تؤثر بشكل مباشر أو غير مباشر على الكائنات الحية. 2_ هي الظروف أو الحالة للمحيط الذي نعيش فيه.	환경	بيئة
1-혹시 모르니까 우산을 가지고 가세요. 2-혹시 질문이 있으면 하세요.	1خذ الشمسية معك تحسباً(لسقوط الأمطار). 2تُرى هل من سؤال؟	(부) 1-확실한 것은 아니지만. 강조할 때는 '혹시나',"혹시라도' 로도 쓴다. 주로 의문을 나타내는 문장에 쓴다. 2_어쩌다가 그런 일이 있는 경우에.	ليس بشيء موثوق منه. يُستخدم 혹시나 ,혹시라도 للتأكيد خاصة في الاستفهام. 2_تحسب في حالة حدوث شيء ما.	혹시	تُري/تحسباً
역사를 기록하다.	يسجل التاريخ.	(명) 인류 사회의 변천과 흥망의 과정. 또는 그 기록.	مرحلة التغيرات في المجتمع الإنساني أو تسجيل ذلك.	역사	تاريخ
1- 저는 당황하는 남수 표정이 우스워서 혼자 웃었어요. 2- 우습게 여길 일이 아니다.	1 لقد ضحكت وحدي علي تعبير نام سو المحرج. 2 إنه ليس بأمر تافه.	(형) 1- 웃을 만큼 재미있다. 2-어렵지 않고 가벼워서 무시할 만하다.	1 ممتع لدرجة إثارة الضحك. 2سهل وخفيف لدرجة التجاهل.	우습다	تافه/ مضحك
늦었으니까 택시로 가요.	سأركب تاكسي لأنني تأخرت.	(명) 돈을 받고 손님을 원하는 곳까지 태워 주는 승용차.	سيارة تقوم بتوصيل الزبون إلي المكان الذي يريده مقابل مبلغ من المال.	택시	تاكسي
서로 많이 사랑하는 모습을 보고 감동받았다	لقد تأثرت كثيراً بعد رؤيتي لمدى حبهم لبعضهم.	(명) 크게 느끼어 마음이 움직임.	شعور عميق يحرك القلب.	감동	تأثُر
달리기 운동은 심장을 튼튼히 하는 데에 효과가 있다.	إن رياضة الجري لديها تأثير في جعل القلب قوي.	(명)/어떤 일을 함으로써 생기는 긍정적인 결과	نتيجة إيجابية تحدث من خلال عمل ما..	효과	تأثير
결혼이 늦어지다	تأجل الزواج.	(동) 늦게 되다.	يصبح متأخر.	늦어지다	تأجل / تأخر
첫날부터 지각이군요.	تأخر من أول يوم.	(명) 학교나 회사 등에 가야 하는 시간보다 늦게 도착하는 것.	أن يحضر إلى العمل أو المدرسة متأخرا عن الوقت المحدّد	지각	تأخُر
그가 뇌물을 받았는지 아직 구체적으로 확인이 안 되었다.	ليس هناك شيء مؤكد حتى الآن بشأن ما إذ قام بتقاضي الرشوة.	(명)/1-확실한 원인. 2_확실히 인정함.	1- سبب أكيد. 2_اقرار أكيد،أو هذا الاقرار/الاعتراف.	확인	تأكد/تأكيد/تحقُق.
치수가 안 맞으면 교환이 가능합니다.	إذا كان المقاس غير مناسب يمكن تبديله.	(명) 물건, 정보, 등을 서로 바꾸거나, 주고받는 것.	تبادل أو استبدال أشياء ومعلومات وغيره.	교환	تبادل
네가 얼마나 자랑스러운지 말한 적이 있니?	هل أخبرتك كم أنت متباهٍ من قبل؟	(명) 자기 자신 또는 자기와 관계 있는 사람이나 물건, 일 따위가 썩 훌륭하거나 남에게 칭찬을 받을 만한 것임을 드러내어 말함.	أن تظهر وتتحدث عن نفسك أو شخص أو شيء يخصك أو أعمالك الرائعة التي تستحق الثناء من الآخرين.	자랑	تباهي
1-냉방 기구/냉방 시설. 2-겨울에도 방에 불을 때지 못해 냉방에서 지냈다.	1-نظام التبريد/مرافق(تقنيات) التبريد. 2-حتي في الشتاء قضيت في الغرفة الباردة ولم استطع اشعال النار.	(명) 더위를 막기 위해 실내의 온도를 낮추는 일.	خفض درجة الحرارة لمنع الحر.	냉방	تبريد / تكييف الهواء

안개가 끼어서 앞이 안 보이는구나	الطريق غير واضح أمامي بسبب تلبد الغيوم.	(동) 구름, 안개, 연기가 퍼져서 어디에 가득 차게 있다.	انتشار السحب،الغيوم والدخان في كل الأماكن.	끼다	تَلَبَّد بِالغُيُوم
1-우리는 흰쥐를 가지고 직접 실험을 했다. 2-그 자동차 엔진은 실험 결과 안전하다는 통보를 받았다.	أجرينا التجربة مباشرة علي الفأر الأبيض. لقد قيل أن محرك السيارة آمن عن تجربة.	(명) 1-과학에서 이론이나 가설 따위가 실제로 가능한지를 알아보기 위해 시험함. 2-예술에서 새로운 형식이나 방법을 시도하는 일. 3-실제로 해 봄.	اختبار لمعرفة ما إذا كانت النظريات أوالافتراضات ممكنة في العلوم محاولة طرق وأساليب جديدة في الفنون.	실험	تجربة
나는 집을 나온 다음 편한 잠을 자 본 적이 없다.	لم أنم نوماً مريحاً منذ خرجت من البيت.	(의존) (경험) 그 동작이 진행되거나 그 상태가 나타나 있는 때, 또는 지나간 어떤 때.	وقت حدوث فعل أو ظهور حالة ما, أو وقت مر.	-적	تجربة, خبرة
이번 모임에는 꼭 참석해야 한다.	يجب حضور الإجتماع هذه المرة.	(명)(=)회/어떤 목적을 위하여 여러 사람이 자리를 같이하는 일.	مشاركة العديد من الأشخاص في تجمع ما من أجل هدف معين.	모임	تجمع / إجتماع
잃어버렸던 책을 책상 밑에서 찾았다.	وجدت الكتاب الذي فقدته تحت المكتب.	(명)물체의 아래나 아래쪽.	أسفل الشيء أو الناحية السفلية.	밑	تحت / أسفل / قاع
주차장은 지하에 있으니 내려가세요.	أنزل في الأسفل حيث جراج (موقف السيارات.	(명) 땅의 속. /(반) 지상/	داخل الأرض.	지하	تحت الأرض. بدروم
오늘 아침도 전국이 영하의 날씨이다.	الطقس اليوم في الصباح تحت الصفر في جميع أنحاء البلاد.	(명) 섭씨 0 도 아래. /(반) 영상 /	الدرجة المئوية تحت الصفر.	영하	تحت الصفر
졸업 시험	اختبار التخرج.	(명) 학생이 규정에 따라 소정의 교과 과정을 마침.	إنهاء الطالب لمرحلة دراسة مواد تبعاً للنظام.	졸업	تخرج
추측이 틀리다.	تخمين خاطئ.	(명) '= 짐작/ 어떤 사실이나 보이는 것을 통해서 다른 것을 미루어 생각하는 것.	تخمين شيء آخر من خلال حقيقة ما أو ما يُرى.	추측	تخمين
점차 감소하다.	يقل تدريجياً	(부) 차례를 따라 조금씩.	قليلاً تبعاً للدور.	점차	تدريجياً
1- 비행기 표. 2-각 후보는 주민들의 표를 얻기 위해 애쓰고 있다.	تذكرة طيران. 2- يبذل كل مرشح أقصي جهده من أجل الحصول علي أصوات الشعب.	(명) 1-어떤 시설을 이용하기 위해서 돈을 내고 받는 쪽지. 2-선거나 회의에서 각자다 자기 생각을 표시한 종이.	ورقة تستلمها مقابل مبلغ من المال من أجل استخدام مرفق ما. 2- ورقة تعبر عن رأي كل شخص في الانتخابات أو الاجتماع	표	تذكرة
1-키 순서대로 줄을 서다. 2-순서를 지키다.	يقف صف(طابور) حسب ترتيب الأطوال	(명)/(=)차례. 정해진 기준에 따라 여럿을 선후로 구분하여 나열한 것. 또는 그러한 구분에 따라 어떤 일을 이루거나 행하는 차례.	ترتيب	순서	ترتيب
책상 정리	ترتيب المكتب	(명) 흐트러지거나 혼란스러운 상태에 있는 것을 한데 모으거나 치워서 질서 있는 상태가 되게 함.	جمع وترتيب الأشياء التي في حالة فوضى لتصبح منظمة.	정리	ترتيب

시민들의 열렬한 환영에 우리는 눈시울이 뜨거워졌다.	لقد صعدت الدموع إلى أعيُننا بسبب الترحيب الحار للمواطنين.	(명)1-오는 사람을 기쁜 마음으로 반갑게 맞음. 2_눈앞에 없는 것이 있는 것처럼 보이는 것.	استقبال الشخص القادم بسرور وبقلب فرح.	환영	ترحيب
미나는 9 년 전 스페인에 갔다.	ذهب مينا إلي أسبانيا قبل تسع سنوات.	(수) 숫자 9.	رقم تسعة 9.	구	تسعة
1-이 문제는 너무 어려워서 열에 아홉은 풀지 못한다. 2-오전 9 시부터 시작합니다.	هذا السؤال صعب جدا لذلك لم يستطع تسعة من عشر أشخاص حله. 2- نبدأ في الساعة التاسعة صباحاً.	(수) 1- 숫자 9. 2- '아홉(9)'의.	عدد تسعة. 2- تسعة.	아홉	تسعة
1-우리 할머니는 아흔이 넘은 나이에도 건강하시다. 2-저희 할아버지는 아흔 살에 돌아가셨어요.	جدتي بصحة جيدة بالرغم من تخطيها سن التسعين.2-مات جدي في سن التسعين.	(수) 1- 숫자 90. 2 ' 아흔(90)'의.	1_العدد تسعون. 2- تسعون	아흔	تسعون
다이어트에는 등산이 최고죠.	تسلق الجبال هو الأفضل للحمية.	(명) 재미나 운동으로 산에 올라가는 것.	صعود الجبل من أجل المتعة أو التريض.	등산	تسلق الجبال
이 물건은 인터넷 쇼핑 사이트에서 샀어요.	لقد اشتريت هذا الشئ من علي موقع تسوق علي الإنترنت.	(명) 구경하고 돌아다니면서 물건을 사는 것.	التجول وشراء الأشياء.	쇼핑	تسوّق
추석을 맞이해서 고향에 내려가는 사람들이 많군요.	يذهب العديد من الناس إلي بلدهم في عيد التشوسوك.	(명) '= 한가위/ 송편과 새로 나온 과일 등을 준비하여 조상에게 차례를 지내는 날. 한국의 민속 명절로 음력 8 월 15 일.	يوم يتم فيه إعداد السونغ بيون والفاكهة الجديدة وإقامة الطقوس مع الأجداد. عيد شعبي شهر أغسطس يوم 15 حسب السنة القمرية.	추석	تشوسوك
1-우리 아이는 새로운 언어에 대한 흥미가 대단하다. 2-그는 요리에 흥미를 느끼더니 갑자기 요리 학원을 다니기 시작했다.	طفلنا لديه إهتمام كبير بدراسة لغات جديدة.	(명) 1-흥을 느끼는 재미. 2-어떠한 사물에 대해 느끼는 특별한 관심. 재미가 있어서 마음이 쏠리는 것.	1- الشعور بالتشويق لوجود متعة. 2- يضفي الإثارة على:يجعل هناك تشويق في شيء ما.	흥미	تشويق/إهتمام
그녀는 믿음이 가는 친구이다.	هي صديقة جديرة بالثقة	(명) 어떤 사실이나 사람을 믿는 마음.	الثقة في شخص أو حقيقة ما.	믿음	تصديق
민지는 혼날 짓을 하고도 반성을 안 합니다.	مين جي لا يدرك أنه يفعل تصرفات خاطئة.	(명) 사람이나 동물의 이상하거나 바람직하지 않은 행동.	تصرف غريب أو غير مرغوب فيه من الإنسان أو الحيوان.	짓	تصرف. فعل
1-민지는 나에 비해 말과 행동이 어른스러웠다. 2_당신 말은 더 이상 믿지 못하겠으니 달라졌다는 것을 행동으로 보여 줘요.	إن تصرفات منجي أكثر نضجاً مني. أريني بالأفعال فلن أستطع تصديق كلامك بعد الآن.	(명) 1-몸을 움직여서 어떤 일을 하는 것. 2_행동으로 보이다.	القيام بشيء عن طريق تحريك الجسم.	행동	تصرف/أسلوب/ فعل
박수를 받다.	يتلقى التصفيق	(명) 환영이나 축하의 뜻으로 손뼉을 계속해서 치는 것.	ضرب راحتي اليدين باستمرار بمعنى الترحيب أو التهنئة.	박수	تصفيق
무대 디자인.	تصميم المسرح.	(명) 상품이나 옷의 모양, 또는 그 모양을 미리 계획하여 그린 것.	شكل منتج أو ملابس أو التخطيط مسبقاً للشكل ورسمه.	디자인	تصميم

투표 결과	نتيجة التصويت	(명) 어떤 일을 결정하거나 어떤 사람을 뽑기 위해서 자신의 의견을 내는 것	الإدلاء بالرأي الشخصي من أجل اختيار شخص ما أو تحديد أمر ما.	투표	تصويت
나는 감사의 표시로 지수를 저녁 식사에 초대했다.	دعوت جي سو إلي تناول العشاء كتعبير عن الإمتنان.	(명) 생각이나 느낌을 겉으로 나타내는 일.	ظهور الرأي أو العاطفة، وما إلى ذلك خارجيًا	표시	تعبير
그 학생은 선생님에 대한 감사의 표현으로 자그마한 선물을 드렸다	قدم الطالب إلي المعلم هدية صغيرة كتعبير عن الامتنان.	(명) (생각이나 느낌이) 겉으로 나타내는 것.	إظهار الأفكار أو المشاعر خارجياً.	표현	تعبير
그 사람은 항상 화난 표정이다.	هذه الشخص تعبيرات وجهه غاضبة دائما.	(명) 감정이나 생각이 얼굴에 드러난 모습.	إظهار المشاعر أو الأفكار علي الوجه.	표정	تعبير الوجه
1-너무 서두르지 마세요, 위험해요. 2-오늘은 왜 이렇게 퇴근을 서두르세요?	1_لا تتعجل أنه خطر. 2_لماذا خرجت من العمل علي عجلة من أمرك اليوم؟	(동) 1-급하게 행동하다. 2-일을 빨리 처리하려고 부지런히 움직이다.	1_يتصرف علي عجلة من أمره. 2_يتحرك بنشاط لينجز أمر مستعجل.	서두르다	تعجل. هرول
나이가 많은 사람들에게 외국어 학습은 쉬운 일이 아닙니다.	إن تعلم اللغات الاجنبية أمر صعب بالنسبة لكبار السن.	(명) 지식, 기술 따위를 배우고 익히는 일.	اكتساب و تعلم معرفة أو تقنية.	학습	تعلم
아이들 교육 때문에 걱정이 많아요.	يقلق الأطفال كثيرا بسبب التعليم.	(명) 지식, 교양, 기술, 등을 가르치는 일.	تدريس التكنولوجيا والثقافة والمعرفة وغيرهم.	교육	تعليم
상품 포장.	تغليف المنتج	(명) 물건을 싸거나 꾸림. 또는 싸거나 꾸리는 데 사용하는 재료.	تغليف أو تعبئة شيء. أو المادّة المستخدمة للتغليف أو التعبئة	포장	تغليف
내 생각에도 변화가 생겼다.	تغير تفكيري أيضاً.	(명) 무엇이 성질이나 모양이 달라지는 것.	التغير في شكل أو صفة الشيء.	변화	تغيير
나는 과일 중에서 사과를 가장 좋아해요.	من ضمن الفاكهة التفاح هو أكثر شئ أحبه.	(명) 모양이 둥글고 새콤하고 단맛이 나는 향기가 좋은 과일.	فاكهة علي شكل دائرى حلوي وحامضة ولها رائحة جيدة.	사과	تفاح
네거리에서 오른쪽으로 가 주세요.	سر أتجاه اليمين في تقاطع الطرق من فضلك.	(명) 길이 네 갈래로 갈라진 곳. /=사거리	مكان مفترق إلي أربعة طرق.	네거리	تقاطع الطرق (4 طرق)
사거리에서 왼쪽 길로 가십시오.	اتجه يمينا من تقاطع الطرق.	(명) 길이 네 갈래로 갈라진 곳.	مكان مقسم إلي إربعة طرق.	사거리	تقاطع طرق. مفترق طرق
천안 삼거리	تقاطع طرق تشونان.	(명) 세 갈래로 나누어진 길.	ثلاث طرق متفرعة من طريق واحد.	삼거리	تقاطع طرق. مفترق طرق
전통 놀이	ألعاب تقليدية	(명) 어떤 집단이나 공동체에서 과거부터 이어 내려오는 바람직한 사상이나 관습, 행동 따위가 계통을 이루어 현재까지 전해진 것.	الأفكار أو العادات أو التصرفات وغيرها من الأشكال الخاصة بمجموعة أو مجتمع، تكون نظاماً وتصل إلينا من العصور السابقة.	전통	تقاليد
1_경제 발전. 2_수력발전	التقدم الإقتصادي.	(명) 1_더 좋은 상태로 변하는 것. 2_전기를 일으킴.	تغير لحالة أفضل.	발전	تقدم
시험 성적이 좋지 않아요.	تقديرات الامتحان غير جيدة.	(명) 공부, 일, 경기 따위를 한 뒤에 나타난 결과.	النتيجة بعد مسابقة أو عمل أو دراسة.	성적	تقدير

심사 위원들의 객관적인 평가를 기대합니다.	أنتظر تقييم موضوعي من لجنة التقييم.	(명) 일, 사물의 값이나 가치, 수준 등을 헤아려 정함. 또는 그 값이나 가치, 수준.	فعل تحديد سعر أو قيمة أو مستوى الشيء وغيره بعد حسابه. أو سعر أو قيمة، أو مستوى غلى نحو ذلك	평가	تقدير، تقييم
1-자기 소개. 2-회사에 대한 소개.	1_ التعريف بالنفس. 2_ تعريف عن الشركة.	(명) 1 서로 모르는 사람들에게 알고 지낼 수 있도록 인사를 시키는 것. 2-남이 잘 모르는 지식이나 내용을 대강 알게 해 주는 것.	1_ إلقاء التحية بين أشخاص لا يعرفون بعضهم للتعرف. 2_ تعريف محتوي أو معلومة لا يعرفها الناس.	소개	تقديم. تعريف
올 사람은 거의가 다 왔다.	لقد وصل كل الناس تقريباً.	(부) 어느 한도에 매우 가까운 정도로.	درجة قريبة جداً من حد معين.	거의	تقريباً
오늘까지 보고서를 제출해야 합니다.	لابد أن تسلم التقرير اليوم.	(명) 보고하는 내용을 적은 글이나 문서.	ورقة تحوي ما تم ملاحظته.	보고서	تقرير
업주는 서류를 가짜로 꾸며 거액을 탈세하였다.	قام صاحب العمل بتزوير المستندات وتهرب بمبلغ ضخم من الضرائب.	(명) 참인 것처럼 꾸민 거짓 것.	شئ مُقلد مثل الأصل.	가짜	تقليد / مزيف
기술을 배워서 취직을 하려고 합니다.	سوف أكتسب المهارات لأحصل علي وظيفة.	(명)무엇을 잘 만들거나 잘 다루는 솜씨나 방법.	مهارة أو طريقة للتعامل مع الأشياء جيدا	기술	تقنية. مهارة
올해도 얼마 남지 않았으니까 슬슬 내년 달력을 준비해야겠어요.	لم يتبقي في العام الحالي الكثير لذلك يجب تجهيز تقويم العام القادم.	(명) 한 해의 달, 날, 요일, 절기, 행사일 등을 날짜에 따라 순서대로 적어 놓은 것..	كتابة الأشهر وأيام الأسبوع والأقسام الموسمية ومواعيد الأحداث وغيرها بالتسلسل حسب التاريخ	달력	تقويم
텔레비전 뉴스.	أخبا التلفزيون.	(명) 방송국에서 전파로 보내오는 영상과 소리를 받아서 보여 주는 기계.	جهاز يستقبل إشارات الصوت والصور المرسلة عبر موجات لاسلكية من محطة الإذاعة ويظهرها	텔레비전	تلفزيون
저녁을 먹고 보통 티브이를 봅니다.	عادة أشاهد التلفاز و أتناول العشاء.	(명) 텔레비전의 준말.	اختصار كلمة تلفزيون.	티브이	تلفزيون
신문 자동 판매기에서는 신문 한 부에 얼마죠?	كم ثمن الجريدة في آلة بيع الجرائد؟	(명) 기계나 설비 따위가 자체 내에 있는 일정한 장치의 작용에 의하여 스스로 작동함.	أن تعمل الماكينة أو الجهاز وغيرها ذاتياً من خلال حركة جهاز معين بالداخل.	자동	تلقائي
웃음이 저절로 나오다.	ترتسم الإبتسامة تلقائياً.	(부) 다른 힘을 빌리지 않고 제 스스로. 또는 인공적이지 않은 자연적으로.	بنفسه وليس بقوة أخرى. أو طبيعي بدون تدخل إنساني.	저절로	تلقائياً
흡연실은 저쪽에 있습니다.	توجد غرفة التدخين في تلك الجهة.	(대) 말하는 이와 듣는 이로부터 멀리 있는 곳이나 방향을 가리키는 지시 대명사.	اسم اشارة للمكان أو الجهة البعيدة.	저쪽	تلك الجهة
1-나는 드디어 그 일을 완전히 끝냈다. 2-그는 교회에 나가면서 완전히 다른 사람으로 변했다	اخيرا انهيت ذلك العمل تماماً. 2- لقد تغير إلي شخص أخر تماما عندما بدأ في الذهاب إلي الكنيسة.	(부) 1-조금 예외도 없이 철저하게. 2- 전혀.	بإكتمال دون حتي استتثناء أي شئ قليل. 2- تماما.	완전히	تماماً
전혀 다른 사람	شخص مختلف تماماً	(부) '도무지', '아주', '완전히'의 뜻을 나타낸다.	بمعنى تماماً أو جداً.	전혀	تماماً
지수는 글씨를 잘 쓰고 싶어서 매일 쓰기 연습을 한다.	تتدرب جي سو كل يوم علي الكتابة لأنها تريد تحسين خطها.	(명) (학문, 기술 등을) 잘 하려고 반복하여 익히는 것.	أن يتدرّب ويقوم بالعمل مرارا ليكون متقنا علم أو تكنولوجيا ما.	연습	تمرين، تدرّب

남녀 구별.	التميز بين الرجل والمرأة	(명) /(=) 구분/ 여럿 사이의 차이. 또는 그 차이에 따라 나누는 것.	الاختلاف بين الناس أو التقسيم وفقاً لذلك الاختلاف.	구별	تميز
공원 벤치에 앉아서 이야기합시다.	فلنجلس على دكة الحديقة ونتحدث.	(명) 여러 사람이 함께 앉을 수 있는 긴 의자.	مقعد طويل ليجلس عليه عدة أشخاص.	벤치	تندة
청소 도구.	أدوات التنظيف.	(명) 빗자루, 청소기, 걸레 등을 이용하여 어떤 곳을 깨끗하게 정리하는 것	ترتيب وجعل المكان نظيفا باستخدام المكنسة أو آلة التنظيف أو مِمْسَحَة.	청소	تنظيف
1-기름이 다해 가는지 불은 약해지고 있었다. 2-대한민국 남자로서 국방의 의무를 다하는 건 당연하죠. 3-실패할지라도 최선을 다해야 합니다. 4-내 목숨을 다하는 그 날까지 당신만을 사랑하겠습니다.	1_ضعفت النيران لنفاذ الزيت. 2- وكرجل من كوريا الجنوبية، من الطبيعي أن تفي بواجبات الدفاع الوطني. 3- حتي لو فشلت يجب أن تفعل أفضل ما لديك. 4-سأحبك حتي آخر يوم في عمري.	(동) 1-(어떤 것이 없어져서) 더 남아 있지 않다. 2-(해야 할 일을) 모두 끝내다. 3-(어떤 일을 위하여 마음, 힘 등을) 다 들이다. 4-(일생을) 끝내어 마치다.	1_اختفاء شئ ما. 2- يكمل كل شئ يجب تنفيذه. 3- يبذل كامل جهده من أجل إتمام شئ ما. 4- انتهاء الحياة.	다하다	تنفيذ/ تحقيق
민지는 바지보다 치마가 더 잘 어울려요.	تناسب التنورة مين جي أكثر من البنطلون.	(명) 여자가 몸의 아래쪽에 입는 하나의 통으로 된 옷.	ثوب قطعة واحدة سفلي ترتديه المرأة.	치마	تنورة
찬바람이 불기 시작하는 가을이 되었습니다.	بدأ فصل الخريف حيث تهب الرياح الباردة.	(동) 바람이 움직이다.	تحرك الرياح.	불다	تهب
다같이 생일 축하 노래를 부릅시다.	هيا نغني سويا أغنية تهنئة عيد الميلاد.	(명) 남의 좋은 일에 대해 기쁜 마음으로 인사하는 것.	تقديم تحية بكلّ سرور على أمر طيب لشخص آخر.	축하	تهنئة
다리 근육이 긴장이 되다.	أعاني من شد عضلي في ساقي.	(명) 위험해질 것을 미리 알고 몸의 근육이나 신경이 수축하거나 흥분하는 것. / =이완.	الشعور بالأشياء الخطيرة مسبقا فيحدث تقلص أو تهيج للأعصاب أو العضلات.	긴장	توتر. شد
신문 배달	توصيل الجرائد.	(명) 우편물이나 물건 등을 가져다 전해 주는 것.	توصيل بريد أو أشياء و غيرها.	배달	توصيل
취직 시험	اختبار التوظّف	(명) (=) 취업/ 직장이나 일자리를 얻는 것.	الحصول علي عمل.	취직	توظّف
두부는 몸에 아주 좋다.	التوفو مفيد جداً للجسم.	(명) 물에 불린 콩을 갈아 찌거나 걸러 내고 익힌 다음 간수를 넣어 부드러운 흰 덩어리로 만든 음식 재료.	مكون طعام يصنع كقطعة كبيرة بيضاء ناعمة حيث يطحن الفول المنقوع بالماء ويطهى ثم يصفى وبعد نضوجه يوضع له الماء المالح.	두부	توفو
이번 경기는 정말 기대가 됩니다.	انتظر هذه المباراة بشدة	(명)어떤 일이 이루어지기를 바라고 기다리는 것. 또는 이루어질 것이라고 믿는 마음	انتظار أو تمني حدوث شئ ما. أو الايمان بحدوث شئ ما.	기대	توقع
예상보다 빨리 왔어요..	جاء أسرع مما توقعت.	(명) 어떤 일이 있기 전에 미리 추측해서 생각하는 것. 또는 그 생각의 내용.	توقع حدوث شئ ما مسبقا. أو التوقع نفسه.	예상	توقع/ تكهن

텔레비전 그만 보고 어서 자라	توقف عن مشاهدة التلفاز وتعال لتنم	(부) 더하지 말고 그 정도까지만.	الاكتفاء بهذا الحد وعدم الاضافة	그만	توقف
운행 정지	توقف السير	(명) 움직이고 있던 것이 멎거나 그침. 또는 중도에서 멎거나 그치게 함.	توقف شيء كان يتحرك. أو أن توقف شيء ما في المنتصف.	정지	توقف
서명 운동.	حركة توقيع.	자기의 동일성을 표시하고 책임을 분명하게 하기 위하여 문서 따위에 자기의 이름을 써넣음.	كتابة اسمي بطريقتي.	서명	توقيع. إمضاء
1-아무리 작은 일이라도 맡은 일에 최선을 다해야 한다. 2_귀중품을 맡아 두었다. 3_주문을 맡다. 4_도서실에 자리를 맡아 주었다. 5_그의 말투와 행동에서 그가 범인이라는 냄새를 맡았다. 6_부모의 허가를 맡았다.	1- يجب أن تبذل أفضل مالديك حتى ولو كان العمل صغير. 2*حصلت على أشياء ثمينة. 3_يحصل على طلب. 4_لقد حصلت على مقعد في المكتبة. 5_شممت من تصرفاته وطريقة كلامه رائحة تدل على أنه المجرم. 6_حصلت على إذن والداي.	(동) 1-어떤 일이나 책임을 넘겨받다. 2_무엇을 받아서 간수하다. 3_주문 따위를 받다. 4_자리 따위를 차지하다. 5_코로 냄새를 느끼다. 6_허가, 인가, 승인 따위를 얻다.	1_يتولى مسئولية أو عمل ما. 2_يحصل على شئ ويحتفظ به. 3_يحصل على طلب أو غيره. 4_يستحوذ على مكان . 5_ يشتم الرائحة بأنفه. 6_يحصل على إذن،أو تصريح ،أو موافقة أو غيره.	맡다	تولى / باشر / أخذ على عاتقه.
나는 집에 돌아온 후 셔츠를 벗고 편한 티셔츠로 갈아입었다.	بعد دخولي البيت خلعت القميص و ارتديت تيشرت مريح.	(명) 'T'자 모양으로 생긴 반팔 셔츠.	قميص قصير الأكمام يشبه حرف "T"	티셔츠	تيشرت
신랑감 조건은 첫째는 좋은 성격, 둘째는 좋은 직업이다.	من شروط العريس المناسب أن يكون ذو شخصية جيدة أولاً ولديه عمل جيد ثانياً.	(수) 순서가 두 번째 되는 차례.	الدور الثاني في الترتيب.	둘째	ثاني
민지는 몇 초 만에 답을 생각해 냈다.	لقد فكر مين جي في الإجابة في ثانية واحدة.	(명) 1 분을 60 으로 나눈 시간.	الوقت الذي يمثل 60 وحدة في الدقيقة.	초	ثانية
부자라고 해서 누구나 돈을 잘 쓰는 것은 아니다.	ليس كل غني يجيد التصرف في المال.	(명) 재산이 많은 사람.	شخص لديه الكثير من الممتلكات.	부자	ثري, غني
산에 갔다가 뱀에 물렸다.	ذهبت إلى الجبل فلدغني ثعبان.	(명) 몸은 가늘고 길며 다리가 없는 동물.	حيوان ذو جسد رفيع وطويل وليس له أرجل.	뱀	ثعبان
1-자기 나라 문화와 다른 나라에 가면 문화 충격 받기는 쉽다. 2-문화는 민족의 거울이다.	إذا ذهبت إلى بلد آخر تختلف ثقافته عن ثقافة بلدك فمن السهل تلقي صدمة حضارية. الثقافة هي مرآة الشعوب.	(명)자연 상태에서 벗어나 삶을 풍요롭고 편리하고 아름답게 만들어 가고자 사회 구성원에 의해 습득, 공유, 전달이 되는 행동양식. 사람이 본래 가지고 있는 이상을 실현하려는 인간 활동의 과정 또는 성과. 특히 언어, 예술, 도덕, 종교, 제도 따위 인간의 내면적,정신적 활동의 소산을 일컫는다.	تقدم العلم الذي يوقظ الإنسان وينيره. نجاح أو مراحل أنشطة الإنسان التي تسعى لتحقيق أكثر مما يمتلكه الشخص في الأصل وخاصةً:الفن،الأخلاق،الديانة،النظام وغيره من نتائج أنشطة الإنسان النفسية والداخلية.	문화	ثقافة
자신 있게 말하다.	يتحدث بثقة	(명) 어떤 일을 스스로의 능력으로 충분히 감당할 수 있다고 믿는 마음.	إيمان قوي بالنفس من أجل فعل شيء ما.	자신감	ثقة بالنفس

1-가방이 무거워서 들 수가 없다. 2_무거운 다리를 끌고 걸었다. 3_무거운 분위기. 4_그는 무거운 죄를 지었다.	1_لا أستطيع حمل الحقيبة لأنها ثقيلة. 2_سار وهو يسحب ساقيه الثقيلتين(كناية عن التعب). 3_جو عام سيء. 4_لقد إرتكب إثماً عظيماً.	(형) 1-무게가 많다. (반)가볍다. 2_힘이 들거나 빠져서 느른하다. 3_기분이나 분위기 따위가 답답하거나 어둡다. 4_죄나 벌 따위가 크거나 대담하다.	1- حجمه كبير. 2_بطيء بسبب نقصان القوة. 3_شعور شخص،الجو العام مُظلم أو مٌحبط. 4_ذنب،عقاب كبير أو عظيم.	무겁다	ثقيل
시험까지 아직 사흘 정도 시간이 있으니까 충분히 공부할 수 있어요.	لقد تبقي ثلاثة أيام حتي الأمتحان فلدي الوقت الكافي للمذاكرة.	(명) 세 번의 낮과 세 번의 밤이 지나가는 동안. 3 일.	ثلاث أيام.	사흘	ثلاث أيام
1-문의하신 번호는 2313 에 3186 입니다. 2-한국에 온 지 삼 개월 되었어요.	1_رقم الاستفسار هو 23133186. 2_لقد مر ثلاث شهور علي مجيئي كوريا.	(수) 숫자 3.	الرقم ثلاثة.	삼	ثلاثة
올해 쉰 살인 그는 아들 셋과 딸 둘을 두었다.	في عمر الخمسين أصبح لديه ثلاثة أبناء وبنتين هذا العام.	(수) 숫자 3. 순수 한국어 3	الرقم(3) ثلاثة.	셋	ثلاثة
그는 서른이 되어서도 대학을 졸업하지 못했다.	لقد أتممت الثلاثين وما زلت غير قادر علي التخرج.	(수) 숫자 30.	ثلاثون.	서른	ثلاثون
냉장고에서 콜라를 꺼내 마셨어요.	لقد فتحت الصودا التي كانت في الثلاجة وشربتها.	(명)과일, 야채 반찬 등을 낮은 온도로 보관하기 위한 상자 모양의 기계.	آلة علي شكل صندوق وتحافظ علي درجة حرارة منخفضة لحفظ الفاكهة والخضراوات.	냉장고	ثلاجة
사과 서너 개만 사 와라.	أشتري ثلاث أو أربع تفاحات وأنت قادم.	(관) 셋이나 넷의.	ثلاثة أو أربعة.	서너	ثلاثة أو أربعة
눈이 날리다.	تتساقط الثلوج.	(명)하늘에 있는 물기가 얼어서 땅 위에 떨어지는 하얗고 작은 얼음 조각.	قطع من الثلج صغيرة ولونها أبيض تقع من السماء علي الأرض.	눈(날씨)	ثلج
얼음이 녹다	يذوب الثلج.	(명) 물이 얼어서 굳어진 물질.	مادة صلبة تنتج عن تجمد الماء.	얼음	ثلج
여든 명	ثمانون شخصاً.	(수) 열의 여덟 배가 되는 수.	ثمانية أضعاف العشرة.	여든	ثمانون
여덟 명	ثمانية أشخاص	(수) 일곱에 하나를 더한 수.	الرقم الناتج عن زيادة رقم واحد فوق السبعة.	여덟	ثمانية
1-10 에서 2 를 빼면 팔이다. 2-팔 년.	إذا طرحنا 2 من 10 يصبح الناتج 8. 2- ثمان سنوات.	(수) 1- 숫자 8. 2- 8 의.	1_رقم 8 2- ثمان.	팔	ثمانية
지금 출발하면 지각할 것이 뻔해요.	من المؤكد أنك ستتأخر إذا غادرت الآن.	(형) 자세히 생각해 보지 않아도 될 만큼 상황이나 사정이 확실하다.	وضوح الحالة أو الوضع دون الحاجة إلي التفكير فيها بدقة.	뻔하다	جَلِيّ، واضح
자장면 한 그릇	طبق جاجانغميون	(명) 중국요리의 하나. 고기와 채소를 넣어 볶은 중국 된장에 국수를 비벼 먹는다.	واحدة من الأكلات الصينية. يوضع اللحم والخضار وتقلى وتوضع المعكرونة في صوص صيني وتقلب وتؤكل.	자장면	جاجانغميون
김 선생님은 대학교에서 무엇을 전공했어요?	ما تخصص الأستاذ كيم في الجامعة؟	(명)학교 교육의 마지막 단계인 교육의 최고 기관. 또는 그런 기관이 있는 건물.	أعلى جهاز تعليم بعد آخر مرحلة من التعليم المدرسي أو مباني تحتوى على ذلك الجهاز.	대학교	جامعة

1-저는 대학을 졸업하고 취직을 하려고 합니다. 2-의과 대학. 3- 우리 할아버지가 이번에 노인 대학에 입학하셨습니다.	أود الحصول على وظيفة بعد التخرج من الكلية. 2- كلية الطب. 3- التحق جدي هذه المرة بجامعة كبار السن.	(명) 1-학교 교육의 마지막 단계인 교육의 최고 기관. 대학교. 2-한 대학교 안에서 같은 계열에 속하는 학부나 학과들로 이루어진 조직. 3-사회 기관에서 성인들의 교양 교육을 위하여 설치한 과정.	أعلى جهاز تعليم بعد آخر مرحلة من التعليم المدرسي. 2- جهة مكونة من أقسام تنتمي لنفس المجال ضمن جامعة واحدة. 3- مرحلة تم أنشاؤها من أجل تعليم وتثقيف الشباب في مؤسسات اجتماعية	대학	جامعة / كلية
나는 그 사람의 전화를 기다리느라 전화 곁을 떠나지 못하였다.	لم أستطع القيام من جوار الهاتف لأنني كنت أنتظر مكالمة من ذلك الشخص.	(명)무엇에서 옆쪽으로 아주 가까운 곳.	مكان قريب جدا من جانب شيء ما.	곁	جانب
친구 옆에 앉다.	أجلس بجانب صديقي	(명) (무엇의) 왼쪽 또는 오른쪽. (무엇과) 가까운 위치.	الجانب الأيسر أو الأيمن لشئ ما. الموقع القريب من شئ ما.	옆	جانب
그는 잠시 길가에 차를 세우고 가게에 들어갔다.	لقد أوقف سيارته بجانب الطريق منذ قليل ودخل المحل.	(명) 길의 양쪽 가장자리.	جانبي الطريق	길가	جانب الطريق
1-이 물체는 6 개의 면으로 이루어져 있다. 2_면이 고르지 않은 땅 .3_한국은 삼 면이 바다로 둘려 있다.4_오늘날의 세계 여러 나라는 정치적인 면뿐만 아니라 경제적인 면에서도 서로 협력하고 있다.	1_يتكون هذا الشيء من 6 جوانب. 2_أرض غير مستوية. 3_يحيط البحر كوريا الجنوبية من ثلاثة جوانب. 4_في هذه الأيام تتعاون دول العالم مع بعضها البعض ليس على الصعيد السياسي فقط ولكن على الصعيد الإجتماعي أيضا.	(명)/1-입체의 평면이나 표면 .2_겉으로 드러난 쪽의 바닥.3_어떤 방향.4_어떤 측면이나 방면.	1_سطح أو الجانب الخارجي للمادة الصلبة. 2_السطح الخارجي /أرض. 3_إتجاه ما 4_جانب أو إتجاه معين.	면	جانب خارجي / سطح الشيء
졸업할 땐 3 등을 해서 손목 시계를 상으로 받았지요.	لقد كنت في المركز الثالث عند تخرجي فحصلت علي ساعة معصم جائزة.	(명) 잘한 일을 칭찬하는 표시로 주는 물건. / (반) 벌	شئ يعطي مكافأة علي حسن العمل.	상	جائزة
배고프니까 우선 식사부터 합시다.	فلنتناول الطعام أولاً لأنني جائع.	(형) 먹은 지가 오래 되어 음식이 먹고 싶다. 뱃속이 비어서 음식이 먹고 싶다.	الرغبة بتناول الطعام بعد مرور وقت طويل منذ تناولته آخر مرة. الرغبة بتناول الطعام بسبب المعدة.	배고프다	جائع
밥 먹은 지 2 시간 밖에 안 됐는데 또 배가 고파요.	لم يمر سوى ساعتين منذ تناولت الطعام ولكني جائع مرة أخرى.	(형)뱃속이 비어 있다.	المعدة فارغة.	고프다	جائع
산에 올라가다.	يتسلق الجبل.	(명) 평평한 땅보다 높이 솟아 있고 대개 나무와 풀로 덮여 있으면 큰 바위들이 있는 땅.	أرض ترتفع عن الأرض المسطحة ومغطاة بالأشجار و الحشائش وبها العديد من الصخور.	산	جبل
우리 집은 조상 대대로 이 동네에서 살아왔다.	عاش أجدادي في منزلنا على مدار الأجيال.	(명) 돌아간 어버이 위로 대대의 어른.	الأجداد المتوفيين.	조상	جد
저희 외할아버지께서는 낚시를 좋아하세요.	أن جدنا يحب الصيد.	(명) 어머니의 아버지.	والد الأب.	외할아버지	جد (من ناحية الأم)
선생님께서 굉장히 화가 나셨어요.	المعلم غاضب للغاية.	(부) 보통 이상으로 아주 대단하게.	بدرجة كبيرة.	굉장히	جدا

너무 피곤해서 시계 소리를 못 들었어요.	لم أسمع صوت المنبه لأني كنت مرهق جداً.	(부) 아주, 매우	جداً.	너무	جدا
한국어 실력이 상당히 늘었는데요.	لقد ارتفعت مهارتك في الكورية جدا.	(부) 아주 많이. (=무척, 아주)	كثيراً.	상당히	جدا
1-이 서점에는 전문서와 잡지가 아주 많습니다. 2-고향을 떠난 뒤 그 친구와는 소식이 아주 끊겼다. 3-그는 술이라고는 아주 못한다. 4-히로코씨는 아주 한국에서 살고 싶어한다.	الكتب المتخصصة والمجلات كثير جدا في هذه المكتبة. 2- انقطعت أخبار صديقي تماما بعد مغادرته مسقط رأسه. 2- هو لا يستطيع شرب الخمر أبداً. 4- يرغب هي روكو بالعيش في كوريا باستمرار.	(부) 1-정도나 수준이 보통보다 훨씬. 2-완전히. 3-전혀. 4-영원히. 영영.	1_ درجة أكبر بكثير من المعتاد. 2- تماماً. 3- أبدا. 4- باستمرار. دائما.	아주	جدا
합격해서 매우 기쁘다.	سعيد جداً لأنني نجحت.	(부) 표준 정도에 적잖아 지나게.	أكثر من المعتاد.	매우	جداً
생활이 몹시 어렵다.	الحياة(المعيشة) صعبة جداً.	(부) 더할 수 없이 심하게.	وضع صعب جدا	몹시	جداً
이 소식을 듣고 어머니는 무척 기뻐하셨다.	فرحت أمي كثيراً بعد سماعها لهذا الخبر.	(부) 다른 것과 견줄 수 없이.	لا يمكن مقارنته بشيء آخر.	무척	جداً / كثيرا ً/ حقاً
중간 시험이 기말 시험보다 훨씬 어려웠어요.	كان إمتحان منتصف العام أصعب بكثير من إمتحان نهاية العام.	(부) 다른 것과 비교해 정도가 심하다.	نسبته قوية مقارنة بشيء أخر.	훨씬	جداً/كثيراً(مقارنة)
오늘은 날씨가 대단히 춥습니다.	الجو اليوم بارد جدا.	(부) 굉장히, 매우, 몹시, 무척, 아주, (정도가) 심하게.	بشدة	대단히	جدا.
1-저분이 우리 할머니이십니다. 2- 모르는 할머니 한 분이 내 옆으로 오셨다.	تلك السيدة جدتي. 2- (أ): مينسو لماذا تأخرت؟ (ب): تأخرت لأنني كنت أساعد سيدة كبيرة تحمل حقائب ثقيلة.	(명) 1-아버지나 어머니의 어머니. 2-나이가 많이 들어서 늙은 여자. / (반) 할아버지	والدة الأب أوالأم. 2- سيدة كبيرة في السن.	할머니	جدة
1-저희 할아버지께서는 1 년 전에 돌아가셨습니다. 2-할아버지, 이 자리에 앉으세요.	توفي جدي منذ عام. 2- ياجدي, أجلس هنا.	(명) 1-아버지나 어머니의 아버지. 2-나이가 많이 들어서 늙은 남자.	والد الأب أوالأم. 2- رجل كبير في السن	할아버지	جدة
외할머니께서 편찮으시다는 전화를 받고 어머니는 외갓집으로 가셨다.	ذهبت أمي إلي منزل أجدادي عندما تلقت خبر مرض جدتي.	(명) 어머니의 어머니.	والدة الأم.	외할머니	جدة (من ناحية الأم)
도착 예정 시각.	موعد محدد للوصول.	(명) (앞으로 할 일을) 미리 정해 놓은 것.	تحديد أمر ما سيُفعل في المستقبل مسبقا	예정	جدول
그는 늘 스케줄이 빡빡해서 친구를 만날 여유가 없다	جدول أعماله دائماً مايكون مزدحم لذلك لايملك وقت فراغ لمقابلة أصدقائه.	(명)/시간표. 또는 일정표.	جدول مواعيد	스케줄	جدول مواعيد
기차 시간표가 벽에 걸려 있다.	جدول مواعيد القطارات مُعلق على الحائط.	(명)/일정한 시간의 배당을 적은 표.	جدول مكتوب لتخصيص مواعيد محددة.	시간표	جدول مواعيد

1-새 운동화. 2-새 학교/새 선생님. 3-오늘부터 새 학기가 시작이다.	1_حذاء رياضي جديد. 2_مدرسة جديدة/ معلم جديد. 3_سيبدأ الفصل الدراسي الجديد بدءا من اليوم.	(관) 1-새로 생기거나 만든 지 얼마 되지 않은. 새롭게 생긴. 2- 지금까지의 것이 아닌 다른. 3-막 시작된.	1_لم يمر علي صنعه كثيرا أو ظهر حديثا. 2_مختلف عن الأشياء الموجودة حتي الآن. 3_يبدأ حالا.	새	جديد
1-아시아는 이제 새로운 관광의 중심지가 되었다. 2-새로운 환경.	1_أصبحت أسيا الآن مركز السياحة الجديد. 2_بيئة جديدة.	(형) 1-지금까지 있은 적이 없다. 2-지금까지의 것과 다르다.	1_لم يكن موجود حتي الآن. 2_مختلف عن الأشياء الموجودة حتي الآن.	새롭다	جديد. حديث. طازج
곱게 차려 입은 그녀가 무척 사랑스러워 보였다.	أنها تبدو محبوبة (جميلة) بارتدائها مثل هذا الزي الجميل.	(형) 생김새나 행동이 사랑을 느낄 만큼 귀여운 데가 있다.	الشعور أن التصرفات والشخصية محبوبة و جديره بالحب.	사랑스럽다	جدير بالحب
1- 나무 뿌리. 2- 뿌리를 찾다.	1_جذورالشجر. 2_يجد أصوله.	(명) 1-땅 속으로 뻗어 줄기를 떠받치고, 물과 양분을 빨아올리는 식물의 한 부분. 2-오래도록 깊고 튼튼히 정신 속에 자리잡고 있는 것.	1_جزء في النبات يمتد داخل الأرض ويمد النبات بالمياه والمواد الغذائية. 2_شئ مزروع في عمق الروح أو العقل لفترة طويلة.	뿌리	جذر. الأصل
주머니에 뭐가 들었어요?	ماذا في جيبك؟	(명) 돈, 작은 물건 등을 넣고 다닐 수 있는 옷의 한 부분. 또는 작은 자루.	جزء في الملابس ليوضع به الأشياء الصغيرة أو النقود. أو جراب صغير.	주머니	جراب. جيب
감자 한 근은 400 그램입니다.	واحد غون (وحدة وزن) من البطاطس يساوي 600 غرام.	(명) 무게의 단위.	وحدة وزن.	그램	جرام
1-상처 자국/ 상처를 치료하다. 2-네가 상처를 받을까 봐 말을 못 했어. 3-이번 화재의 상처가 사고 현장에 그대로 남아 있었다.	1_علامة الجرح/ يعالج الجرح. 2_لم أستطع إخبارك لأن هذا سيؤلمك. 3_لا زالت ندبات هذا الحريق موجودة.	(명)1-몸을 다쳐서 상한 자리. 2-마음을 괴롭히는 사실. 3-피해를 입은 흔적.	1_مكان مجروح في الجسم. 2_الحقيقة التي تزعج القلب. 3_علامة مكان الضرر.	상처	جرح. ندبة. إصابة
우리 집 개가 어제 강아지 다섯 마리를 낳았다.	ولدت الكلبة الأم أمس في بيتنا خمسة جراء.	(명) 갓 태어나거나 덜 자란 어린 개	صغير الكلب.	강아지	جرو
그는 요즘 신문 한 장 읽을 시간이 없다.	ليس لديه وقت هذه الأيام لقراءة صفحة واحدة من الجريدة.	(명)/세상의 물정과 새로운 소식을 알려 주는 정기 간행물의 하나,	منشور يخبرنا عن العالم والأخبار الجديدة.وتُصدر يومياً، اسبوعياً أو لحظة بلحظة.	신문	جريدة
남수의 이야기 중에 재미있는 부분은 무엇입니까?	ما الجزء الأمتع في قصة نامسو؟	(명) 전체를 이루는 여러 작은 범위나 요소들의 하나.	واحد من الاجزاء المكونة للكل.	부분	جزء
아이들은 운동장 한쪽에 모여 앉았다.	كان الأطفال جالسين في جزء من صالة الألعاب.	(명) (어떤 장소나 물건에서) 일정하게 차지하는 한 부분.	جزء محدد من مكان ما أو شئ.	한쪽	جزء واحد أو اتّجاه واحد
제주도는 한국에서 가장 큰 섬이다.	أكبر جزيرة في كوريا هي جزيرة جيجو.	(명) 육지와 떨어져 바다나 강 등의 물에 둘러 싸여 있는 땅.	مساحة من الأرض الخضراء محاطة بالمياه.	섬	جزيرة
제주도로 바다낚시를 나왔다.	خرجت إلى جزيرة جيجو بهدف الصيد.	(명) 우리나라 서남해 쪽에 있는 가장 큰 화산섬.	أكبر جزيرة بركانية في جهة البحر الغربي الجنوبي في كوريا الجنوبية.	제주도	جزيرة جيجو

어린아이들의 신체 장애는 조기 발견하면 치료만으로 쉽게 해결이 되기도 한다.	يتم أيضاً حل مشاكل الإعاقات الجسدية عند الأطفال عن طريق العلاج الذي يتم وصفه في حالة الإكتشاف المبكر للمرض.	(명) 사람의 몸.	جسم الإنسان.	신체	جسد
1-새로 생긴 다리로 해서 가면 금방 도착할 거예요. 2-여러 다리를 거치다.	سأصل حالا من خلال الجسر الجديد. 2-يمر بمراحل عديدة.	(명) 1-강, 바다, 큰길, 골짜기 등을 건너갈 수 있도록, 양쪽을 이어서 만들어 놓은 시설. 2-중간에 거치게 되는 단계.	1_بناء يتم إنشاؤه لربط جانبين حتى يسمح بعبور نهر أو بحر أو طريق أو واد أو غيرها. 2-مرحلة يتم المرور بها في منتصف الطريق	다리	جسر
할머니께서는 몸이 약해지셔서 계단을 혼자 못 올라가신다.	أصبح جسد الجدة ضعيفاً فلا تستطع صعود الدرج بمفردها.	(명)사람이나 동물의 머리에서 발까지 모든 것.	كل شيء من الرأس للقدم سواء كان إنساناً،أو حيواناً.	몸	جسم
겨울에는 피부가 건조해지기 쉽다.	من السهل جفاف الجسم في فصل الخريف	(명) 사람이나 동물의 몸을 싸고 있는 살의 겉 부분.	جزء خارجي من جسم انسان أو حيوان	피부	جلد/بشرة
지구상에는 수많은 민족들이 다양한 집단을 이루고 살고 있다.	هناك العديد من الناس علي الكرة الأرضية يعيشون في تجمعات.	(명) 동물이나 사람이 많이 모여서 이룬 무리.	مجموعة من الناس أو الحيوانات.	집단	جماعة
여러 문장을 한 문장으로 만들어 보자.	دعنا نجعل مجموعة الجمل هذه جملة واحدة.	(명)생각이나 느낌을 말로 표현할 때 완결된 내용을 나타내는 언어 행위의 최소 단위.	أصغر وحدة لحركة اللغة تُظهر محتوى مُتصل ببعضه عند التعبير بالكلام عن شعور أو تفكير ما.	문장	جملة
1-빨간 단풍이 아름답습니다. 2-지수는 얼굴만 예쁜 게 아니라 마음도 아름다운 여자였다.	أوراق الأشجار الخريفية الحمراء جميلة. 2- جي سو ليست فتاة جميلة فحسب بل أخلاقها رائعة أيضا.	(형) 1-(모양, 소리, 빛깔 등이) 마음에 즐겁고 기쁜 느낌을 가지게 할 만큼 예쁘고 곱다. 2-(행동, 마음씨가) 마음에 들 만큼 훌륭하고 착하다.	الشكل أو الصوت أو اللون جميل بقدر ما يشعرك بالسعادة و المتعة. 2- السلوك و الخُلق طيب ورائع بقدر ما يعجبك.	아름답다	جميل
1-저 아이 정말 귀엽게 생겼어요. 2-tv 에 나오는 아기가 아주 귀여웠다.	1_ذلك الطفل جميل حقاً.2_ الطفل الذي ظهر في التلفاز لطيف جدا.	(형) 1-(무엇이) 예쁘고 사랑스럽다. 2-예쁘고 사랑스럽게 느껴지다.	1_شئ جميل و لطيف. 2_تشعر بالجمال واللطف.	귀엽다	جميل / جذاب
피부가 참 고우시군요.	ما أجمل بشرتك.	(형)부드러워서 만지는 느낌이 좋다.	ناعم يعطي شعور جيد عند لمسه.	곱다	جميل,ناعم
1- 가을에는 단풍이 예뻐서 사진 찍기 좋습니다. 2- 난 요즘 조카들이 너무 예뻐.	من الجيد التقاط صورة لأن أوراق الشجر الخريفية جميلة. 2- أشعر هذه الأيام بأن ابناء أخي لطفاء جدا.	(형) (반) 밉다. 1- (생긴 모양이) 아름답고 고와서 보기에 좋다. 2- 누가 어떠한 대상에 대하여 귀엽고 사랑스럽다고 느끼다.	1_يكون شكله جميل وحسن عند رؤيته. 2- يشعر شخص بشعور جميل ولطيف تجاه شئ ما.	예쁘다	جميل.
곤충의 날개는 가슴에 달려 있다.	يتعلق جناح الحشرة في صدرها.	(명) 새나 곤충의 몸통 양쪽에 붙은, 날 때에 쓰는 부분.	جزء في جانبي جسم الطائر أو الحشرة ويستخدم في الطيران.	날개	جناح
전자 상가에서 비디오를 한 대 샀다.	اشتريت جهاز فيديو من متجر الإلكترونيات.	(명) 비디오 테이프를 재생시켜 보여 주는 장치.	آلة تشغيل شرائط الفيديو.	비디오	جهاز الفيديو
소리 나는 편.	الجهة التي يصدر منها الصوت	(명) 무엇이 나아가거나 향하는 방향.	اتّجاه يتقدّم الشيء أو يتّجه إليه	편	جهة
앞쪽으로 가다.	يذهب إلى الأمام	(명) 앞을 향한 쪽.	الاتجاه إلى الأمام.	앞쪽	جهة الأمام

한반도의 북쪽에는 북한이 있고 남쪽에는 한국이 있습니다.	تقع كوريا الشمالية في شمال شبه الجزيرة الكورية بينما تقع كوريا الجنوبية في جنوبها.	(명) 북의 지역. 또는 그 방향.	منطقة الشمال أو جهة الشمال.	북쪽	جهة الشمال
왼쪽으로 조금만 더 가세요.	انعطف ناحية اليسار قليلا.	(명) 북쪽을 향했을 때 서쪽과 같은 쪽.	جهة الشمال منالبحر عند النظر إلي الشرق.	왼쪽	جهة يسري
우체국은 어느 쪽입니까?	ماهو اتجاه الطريق لمكتب البريد؟	(명) 무엇이 나아가거나 향하는 방향.	اتجاه تقدم الشئ أو وجهة الشئ.	쪽	جهة. اتجاه
날씨가 나쁘다 / 날씨가 좋다	الجو سئ/ الجو معتدل(جيد).	(명) 비, 눈, 구름, 바람, 안개, 기온, 등의 상태.	حالة الجو من المطر،الثلوج،السحاب،الرياح،العواصف، درجة الحرارة وغيرها.	날씨	جو
1-우리 아파트 주변에 백화점이 생겼어요. 2-주변 사람들	لقد تم بناء مركز تجاري بجوار منزلنا.	주위/ (명) 어떤 대상의 둘레.	الجهات المحيطة بهدف معين.	주변	جوار
양말을 벗다	ينزع الجوارب	(명) 맨발에 신도록 실이나 섬유로 짠 것.	شيء مغزول من الخيوط أو الألياف ليتم ارتدائه على قدم عارية.	양말	جوارب
여권을 발급하다	يصدر جواز سفر.	(명) 외국을 여행하는 사람의 신분이나 국적을 증명하고 상대국에 그 보호를 의뢰하는 문서.	بطاقة هوية خاصة بالمسافر للخارج أو وثيقة تثبت جنسيته وتطلب في الدولة الأخرى.	여권	جواز سفر
이 집 옷은 값이 싸고 질도 좋아요.	إن ملابس هذا المحل رخيصة وجودتها جيدة.	(명) 사물이 가진 가치의 바탕이 되는 성질.	صفة أساسية للشئ كقيمته.	질	جودة
전라도로 가서 농사나 하고 있어 보자.	فلنذهب إلى جولادو ونقوم بالزراعة.	(명) 전라남도와 전라북도를 아울러 이르는 말.	اسم جامع لمنطقتي الشمال والجنوب لمحافظة جولادو.	전라도	جولادو
1-맛이 괜찮은지 모르겠어요. 2-건강은 괜찮으세요? 3-.(가): 어제 연락 못 해서 미안해요. (나): 아니에요. 괜찮아요.	لا أعلم إذا كان المذاق جيد أم لا.2-هل صحتك جيدة؟ 3- (أ) أعتذر عن عدم الاتصال بك أمس. (ب) لا بأس.	(형) -상태가 꽤 좋다. 2-몸과 마음의 건강 상태가 별로 나쁘지 않다. 정상이다. 3. 상대방의 말이나 행동을 정신을 쓰지 않음을 나타낸다.	1_ الحالة جيدة جداً. 2- الحالة الصحية للقلب أو الجسد ليست سيئة و طبيعية. 3- تشير إلي عدم الاهتمام بكلام أو أفعال المتحدث.	괜찮다	جيد
잘했다.	أحسنت صنعاً.	(부) 옳고 바르게.	أن يكون صحيحاً.	잘	جيداً
군대를 입대하기 전에 태권도를 배워야겠어요.	يجب تعلم التايكوندو قبل الالتحاق الجيش	(명) 군인들의 집단.	مجموعة من الجنود	군대	جيش
1-심판을 내리다. 2- 상대 선수가 반칙을 하자 심판이 호루라기를 불었다.	1دور حُكم. 2- ارتكب اللاعب مخالفة فصفر الحَكم.	(명) 1-(사회적으로 중요한 일에 대한) 잘잘못을 따져서 밝히는 것. 2-(=) 심판관. 운동 경기에서 선수들이 규칙을 어기거나 지키는지를 감시하고 이기고 진 것에 대한 결정을 하는 사람. 또는 그런 일.	1_توضيح حق أو باطل حول أمر ما مهم اجتماعيا. 2-في المباريات الرياضية, شخص يقرر الفوز أو الهزيمة ويراقب احترام اللاعبين للقواعد أو التعدي عليها, أو مثل ذلك.	심판	حُكم- حَكم
1-식혜가 적당히 달고 맛있네요. 2-오랜만에 잠을 달게 잤다. 3-어떤 벌이라도 달게 받겠습니다.	1_مشروب الأرز الحلو لذيذ وحُلو بشكل مناسب. 2- نمت بشكل كافٍ لأول مرة بعد وقت طويل. 3- سأتقبل أي عقوبة بصدر رحب.	(형) 1-설탕이나 꿀의 맛과 같다. 2-음식 맛이 좋거나 무엇을 만족스럽게 하다. 3-마땅하거나 당연하다.	1_المذاق حلو يشبه طعم السكر أوالعسل. 2-طعم الأكل جيد أو جعل شيئا مُرضيا. 3- مناسب و طبيعي.	달다	حُلو

어젯밤 꿈이 얼마나 무서웠는지 몰라요.	كم كان الحلم مخيف ليلة أمس!	(명) 잠이 든 동안 실제의 일인 것처럼 여러 가지를 경험하게 되는 정신적 현상.	ظاهرة فسيولوجية يتم فيها رؤية عدة أشياء كأنها حقيقية أثناء النوم.	꿈	حُلم
1-제가 짐을 들어 드릴까요? 2-치료비를 좀 모아서 건네주면 남수의 짐이 훨씬 덜어질 거야. 3-나무 한 짐.	1 هل أحضر لك أمتعتك؟ 2 سيشعر مين سو بالعبء الثقيل إذا جمعت تكاليف العلاج وسلمتها. 3 شجرة واحدة.	(명) 1-옮기기 위해 싸 놓은 물건. 2-해야 할 일. 부담스러운 일.3- 한 번에 나를 수 있도록 싼 짐이 양을 세는 말.	1 الأشياء يتم إعدادها للانتقال. 2 عمل يجب فعله. عبء. 3 وحدة تعداد مقدار ما يستطيع حمله الشخص الواحد.	짐	حِمل.مُثْقِل. عبء. أمتعة
다이어트를 시작하다.	سأبدأ حمية غذائية.	(명) 건강이나 체중 관리를 위해서 먹는 음식의 양과 종류를 조절하거나 운동을 하는 일.	ممارسة الرياضة و ضبط كمية و نوع الطعام المتناول من أجل الصحة والسيطرة علي الوزن.	다이어트	حِمية
그 남자가 하얀 피부와 짙은 눈썹이 매우 인상적이었다	إن بشرة هذا الرجل البيضاء وحواجبه الداكنة مذهلة.	(명) 눈 위에 가로로 길게 모여 난 짧은 털.	شعيرات صغيرة متجمعة فوق العين.	눈썹	حاجب
고양이가 날카로운 이빨을 드러내고 있었다.	لقد كانت القطة تعرض لنا أسنانها الحادة.	(형) 베거나 찌를 만큼 날이 서 있거나 뾰족하다.	حاد أو مدبب للطعن أو التقطيع.	날카롭다	حاد
1-자동차 사고. 2-또 무슨 사고를 쳤나?	1_حادث سيارة. 2_ماذا حدث مجددا؟	(명) 1-뜻밖에 일어난 좋지 않은 일. 2-다른 사람에게 피해를 주거나 말썽을 부리는 것.	1_حدوث أمر سئ فجأة. 2_التسبب في مشكلة أو ضرر لشخص آخر.	사고	حادث. مشكلة
이 사건을 일으킨 범인을 잡아라.	لنقبض علي مفتعل هذا الحادث.	(명) 큰 관심이나 주의를 끌 만한 일.	أمر يجذب الانتباه أو الاهتمام الكبير.	사건	حادث. واقعة
그는 2 년 전에 교통사고를 당해서 크게 다쳤다.	تعرض منذ عامين لحادث سير وأصيب بشدة.	(명) 달리던 차가 다른 차에 부딪히거나 사람을 치는 사고.	حادث صدم سيارة مسرعة لسيارة أخري أو شخص.	교통사고	حادثة مرور
1-저는 더운 여름이 좋아요. 2- 지금 더운 물 나와요?	أفضل الصيف الحار. 2- هل سيخرج الماء الساخن الآن؟	(형) 1-(몸으로 느끼기에) 기온이 높다. 2-온도가 높다. 따뜻하다.	1_درجة حرارة مرتفعة يشعر بها الجسم. 2- درجة حرارة مرتفعة. دافئ.	덥다	حار
국이 매워서 많이 먹지 못했다.	لم استطع تناول الكثير من الحساء لأنه كان حاراً.	(형)/고추, 겨자 따위의 맛과 같이 혀가 알알하다.	طعمه مثل الفلفل والخردل ويحرق اللسان.	맵다	حار
버스 정류장에서 만납시다.	فلنتقابل في محطة الحافلة.	(명) 많은 사람이 한꺼번에 탈 수 있도록 만든 큰 자동차.	سيارة كبيرة مصنوعة لتقل عدد كبير من الركاب.	버스	حافلة
옷 사이즈가 맞지 않을 경우에는 교환해 드려요.	في حالة لم يناسبك مقاس الملابس سنبدلها لك.	(명)어떠한 조건이 있는 특별한 형편, 사정, 또는 상황.	وضع أو ظروف أو موقف يخضع لشروط.	경우	حالة
환자의 상태. / 상태를 점검하다.	حالة المريض/ يتفحص الموقف.	(명)사물의 모양이나 놓여 있는 형편.	حالة أو شكل الشئ.	상태	حالة.موقف.ظر ف
퇴근하다가 가끔 그 술집에 들른다.	أمر أحياناً وأنا في طريق عودتي من العمل على تلك الحانة.	(명)술을 파는 집.	مكان يُباع فيه الخمر.	술집	حانة
그림을 벽에 걸어 놓았어요.	علقت اللوحة على الحائط.	(명) 집이나 방의 둘레를 막고 있는 부분.	ما يحيط بالغرفة أو البيت.	벽	حائط

1-한국에서는 커피가 나지 않기 때문에 외국에서 수입한다. 2-오늘은 너무 바빠서 커피 한 잔도 못 마셨다.	تستورد كوريا البن من الخارج لأنه لا ينمو في كوريا. 2- لم أستطع اليوم شرب كوب واحد من القهوة لأنني كنت مشغول.	(명) 1-볶은 후 갈아서 물에 끓여 차로 마시는 커피나무의 열매. 또는 그 가루. 2-독특한 향기가 나고 카페인이 들어 있으며 약간 쓴, 커피나무의 열매로 만든 진한 갈색의 차.	حبّ شجرة البُنّ يُشرب كالشاي بعد سحقه وتحميصه وغليه في الماء. أو مسحوقه. 2- شراب ذو رائحة مميزة ومذاق مُرّ قليلا ويحتوي على الكافيين، وهو مصنوع من حبوب شجرة البُنّ.	커피	حبّ شجرة البُنّ/ قهوة
1-이 줄은 무엇을 묶는 줄이니? 2-정류장에 학생들이 줄을 지어 서 있었습니다. 3-아이는 중요한 부분에 줄을 그으며 열심히 책을 읽었다. 4-첫째 줄에 제목이 쓰여 있어요.	1مالذي تم ربطه بهذا الحبل؟ 2 وقف الطلاب في صف في محطة الحافلات. 3 إن الطفل يضع خطوطا تحت الجزء المهم ويقرأ الكتاب بتمعن. 4 إن العنوان مكتوب في أول سطر.	(명) 1-새끼, 노끈과 같이 무엇을 묶거나 매는 데 쓰는, 길고 잘 구부러지는 물건. 2-사람이나 물건이 차례를 지어 길게 잇달아 있는 것. 3-'=선/ 길게 바로 그어진 선. 4-'=행/ 글의 한 행.	1شئ كالحبل أو الخيط يستخدم لربط الأشياء، وهو طويل ومرن. 2 وقوف و رص الأشخاص أو الأشياء بالدور في خط طويل. 3 خط مستقيم طويل. 4 سطر في مقالة.	줄	حبل. خط. صف. سطر
머리를 끈으로 묶다.	ربط الشعر بالربطة. (ربطة الشعر)	(명) 물건을 묶거나 매는 데 쓰는, 가늘고 긴 물건.	شئ طويل ورفيع يستخدم لربط الأشياء ببعضها.	끈	حبل. خيط.رباط
애인을 구하다	يبحث عن حبيب.	(명) 서로 애정을 나누며 마음속 깊이 사랑하는 사람. 또는 몹시 그리며 사랑하는 사람.	شخص تحبه من أعماق قلبك وتتبادلا العواطف. أو شخص تفتقده للغاية وتحبه.	애인	حبيب
길을 가다가 돌에 걸려 넘어졌어요.	بينما أسير في الشارع تعثرت في حجر ووقعت.	(명) 흙에 섞여 있거나 땅에 흔하게 있는 단단한 물질.	مادة صلبة منتشرة في الأرض أو مخلوطة بالتراب.	돌	حجر
예약은 확인하셨어요?	هل أكدت الحجز؟	(명) 호텔, 식당, 비행기를 이용하기 위해서 준비해줄 것을 미리 약속하는 것, 또는 그 약속.	موعد مسبق لاستعمال فندق أو مطعم أو طائرة ، أو الموعد نفسه	예약	حجز
부피가 작다.	حجم صغير.	(명) 물건이 차지하는 공간의 크기.	حجم المساحة التي يشغلها شيء ما.	부피	حجم
사과는 크기에 따라 가격이 달라요.	يختلف سعر التفاح وفقا لحجمه.	(명) 사물의 부피, 넓이, 양 등이 큰 정도.	درجة أو مدى حجم كائن أو منطقته أو كميته، أو غيرها	크기	حجم
비용을 최소한으로 줄였다.	لقد قللت التكلفة لأدني حد ممكن.	(명) (반) 최대한/ 더 이상 줄이기 어려운 가장 작은 한도.	أقل أو أدني حد ممكن من الشئ.	최소한	حد أدني
1-예전에는 누가 큰일을 당하면 마을 사람들이 모두 도와주었어요. 2-결혼과 같은 큰일이 있을 때 친척들이 모두 모입니다.	قديما عندما يواجه شخصا ما مشكلة كان أهل القرية جميعهم يساعدونه. يجتمع جميع الأقارب عند المراسم مثل الزواج.	(명) 1-규모가 크고, 하는 데 힘이 많이 들며, 그 미치는 범위가 넓고 중요한 일. 2-(=) 대사/결혼 예식이나 환갑 잔치 등 집안의 중요한 일.	أمر هام وغير جيد. 2- أمر عائلي هام مثل مراسم الزواج أو حفل عيد الميلاد الستين لشخص ما.	큰일	حدث مهم/ مراسم.
여러분들을 환영하기 위한 여러 가지 행사를 열려고 합니다.	ننوي عقد العديد من الحفلات (الفعليات) ترحيباً بكم.	(명)/여러 사람들이 같은 목적을 가지고 자리를 함께 하여 가지는 모임.	إجتماع عدد من الأشخاص الذين يحملون نفس الهدف في مكان واحد.	행사	حدث/حفل
너 이 동네에 새로 이사 왔구나.	لقد أتيت حديثا إلي هذه المدينة.	(부) 전에 없었던 것이 처음으로.	لأول مرة .	새로	حديثا

아이들이 공원에 소풍을 왔나 봐요.	يبدو ان الأطفال أتوا إلى الحديقة في نزهة.	(명) 사람들이 쉬거나 놀 수 있도록 만든 넓은 장소.	مكان واسع ليستريح فيه الناس و يلهون.	공원	حديقة
아이들이 놀이터에서 노는 모습이 정말 보기 좋다.	أحب مشاهدة الأطفال يلعبون في حديقة الملاهي.	(명) 아이들이 놀 수 있도록 여러 가지 놀이 기구 가 마련되어 있는 곳.	مكان يحوي عدة ألعاب وأرجوحات ليلعب فيه الأطفال.	놀이터	حديقة الألعاب
새 구두를 신어서 발이 좀 아파요.	قدمي تؤلمني قليلا لارتدائي حذاء جديد.	(명) 가죽이나 비닐로 만든 서양식 신발.	حذاء غربي مصنوع من الجلد أو الفينيل.	구두	حذاء
1-신을 신다. 2-신을 벗다.	1- يرتدي الحذاء 2- يخلع الحذاء	(명) 땅에 딛고 서거나 걷기 위하여 발에 신는 물건. 가죽, 고무, 헝겊, 삼, 짚, 나무 등으로 만드는 데 그 모양에 따라 여러 가지 있다.	شيء يتم إرتداءه في الرجلين من أجل المشي أو الوقوف والخطي على الأرض. ويوجد العديد منه وفقاً للشكل فهو يتم تصنيعه من الشجر،قش،الكتان ،القماش،المطاط،الجلد وغيره.	신	حذاء
신발 끈을 묶다.	يعقد رباط الحذاء.	(명) 신. 걸어 다닐 때 발을 보호하고 장식할 목적으로 신고 다니는 물건.	شئ يتم ارتداءه أثناء المشي لحماية القدمين.	신발	حذاء
내일 운동화를 신고 오세요.	يرجي ارتداء الأحذية الرياضية غدا.	(명) 운동을 할 때 신도록 만든 신발.	حذاء يتم ارتدائه اثناء القيام بالرياضة.	운동화	حذاء رياضي
생각이 자유롭다.	فكره متحرر	(형) 구속이나 속박 따위가 없이 제 마음대로 할 수 있다.	أن يكون قادراً على فعل ما يريد بدون قيود.	자유롭다	حر
이번 여름에는 더위가 유난히 심하다.	هذا الصيف شديد الحرارة بشكل استثنائي	(명) (여름철의) 더운 기운. 더운 날씨./ (반) 추위/	جو حار في فصل الصيف. طقس حار.	더위	حرارة
1- 우리 집은 태양의 열로 난방을 합니다. 2- 감기에 걸렸는지 열이 많이 나요.	يتدفأ منزلنا بواسطة حرارة الشمس. 2- حرارتي مرتفعة لأنني مصاب بالبرد	(명) 1- 덥거나 뜨거운 기운. 2- (병으로 몸에 생기는) 정상적인 체온을 넘은 더운 기운.	درجة حرارة مرتفعة. 2- درجة حرارة مرتفعة عن درجة الجسم العادية تحدث نتيجة مرض.	열	حرارة -حمّى
전쟁 영화	فيلم حرب	(명) 국가와 국가, 또는 교전 단체 사이에 무력을 사용하여 싸움.	العراك بين دولة ودولة أو الهيئات الحربية بقوة السلاح.	전쟁	حرب
저는 아침을 안 먹고 다닙니다.	ذهبت ولم أتناول الفطور.	(부) 어떤 일이나 상태를 부정하는 뜻을 나타낸다.	تشير إلي نفي حالة أو أمر ما.	안	حرفُ نَفْيٍ
한국 사람 이름은 보통 세 글자입니다.	تتكون اسماء الكوريون عادة من ثلاث مقاطع.	(명)말의 소리나 뜻을 나타내는 데 쓰이는, 눈으로 볼 수 있는 기호.	رمز يمكن رؤيته بالعين ويستخدم للاشارة الي معني أو صوت كلمة	글자	حرف.مقطع
지방 캠퍼스	جامعة المقاطعة	(명) 학교의 건물들이 모여 있는 곳.	منطقة تضم مباني الجامعة.	캠퍼스	حرم الجامعة أو الكلّيّة
자유를 누리다.	يستمتع بالحرية	(명) 외부적인 구속이나 무엇에 얽매이지 아니하고 자기 마음대로 할 수 있는 상태.	حالة من الحرية في التصرف دون الخضوع إلى أمر ما أو قيد خارجي.	자유	حرية
그는 슬픔에 젖어 말을 하지 못하였다.	لم يستطع التفوه بكلمة بسبب غرقه في الحزن(سيطرة الحزن عليه).	(명) 1. 슬픈 마음이나 느낌. 2. 정신적 고통이 지속되는 일.	1_ الشعور بالحزن 2_ استمرار الألم النفسي.	슬픔	حزن

그의 간절한 그 마음을 아무도 알아 주지 않았던 것이 더 안타깝고 슬펐다.	أنه لأمر محزن ومخيب للأمل عدم تفهم أحد لمشاعره الصادقة.	(형) 원통하거나 불쌍한 일을 겪거나 보고 마음이 괴롭고 아프다.	الألم أوالأسى المصاحب لرؤية أوالتعرض لموقف (عمل) مثير للشفقة أو مزعج .	슬프다	حزين
컴퓨터로 계산도 할 수 있고 게임도 할 수 있습니다.	يمكنك أن تحسب أو تلعب بالحاسب الآلي.	(명) 수를 셈하는 것.	حساب الأرقام.	계산	حساب
오해를 풀어서 정말 다행이야.	أنا محظوظ حقا لأن سوء الفهم قد زال.	(명) 뜻밖에 일이 잘되어 운이 좋음.	حظ جيد لأن الأمور سارت علي ما يرام بشكل غير متوقّع	다행	حسن الحظّ
1-백화점에는 좋은 물건이 많다. 2-생일 선물로 뭐가 좋아요? 3-나는 우리 방에서 영미가 제일 좋아. 4-오늘은 기분이 좋으신 거 같아요. 5- 넌 참 기억력도 좋구나. 6-수경이는 남학생들에게 인기가 좋다. 7- 다나까씨는 성격이 참 좋은 사람이에요. 8- 이웃과 사이 좋게 지내야죠. 9- 오늘따라 운이 좋았던 것 같다. 10- 가을은 날씨가 좋고 먹을 것도 많아요.	1يوجد الكثير من الأشياء الجيدة في المتجر. 2ما أحسن شئ كهدية عيدميلاد؟ 3 من أفضل الشخصيات في فصلنا هو يونغ مي. 4 أعتقد أن مزاجك جيد اليوم. 5 إن قدرتك علي التذكر جيدة. 6 إن شهرة سو جيونغ اي مرتفعة بين الطلاب الأولاد. 7 إن تاناكا لديه شخصية جيدة. 8يجب أن تكون علاقتنا جيدة مع جيراننا. 9أعتقد أن حظك جيدا لما حدث اليوم. 10إن الجو جيد في فصل الخريف ويوجد الكثير من الأشياء لنأكلها	(형) 1-(반) 나쁘다/ 무엇이 마음에 들게 훌륭하다. 2-어떤 일에 알맞다. 3- (반) 싫다/ 누구 혹은 무엇이 마음에 쏙 들다. 4-(반) 나쁘다/ 기분이 즐겁고 기쁘다. 5- 능력 등이 남보다 뛰어나다. 6-(반) 나쁘다/ 값이나 평가가 높다. 7-(반)나쁘다/ 성격이 바르고 착하다. 8-(반)나쁘다/ 잘 사귀어 정답다. 9-(반)나쁘다/일이 뜻대로 잘 되게 순조롭거나 상서롭다. 10-날씨가 맑고 기온이 적당해서 활동하기에 알맞다.	1شئ جيد ورائع. 2مناسب لشئ ما. 3شخص أو شئ جيد يدخل القلب. 4 مزاج جيد أو سعيد. 5 قدراته أعظم من الآخرين. 6 سعر أو تقييم مرتفع. 7شخصية لطيفة ومستقيمة. 8يتعرف وتصبح مقرب لشخص ما. 9 يسير أمر ما علي رغبتك جيدا وبسكل سلس . 10 الجو صافقي ودرجة الحرارة مناسبة للقيام بالأنشطة.	좋다	حسن. جيد. مُرضٍ.
가: 내일 비가 올까요? 나: 글쎄, 잘 모르겠어.	أ: هل ستمطر غدا؟ ب: لا أعرف. غير متأكد.	(감)어떤 질문이나 부탁에 대한 대답이 확실하지 않아서 대답하기 어려울 때 망설이면서 하는 말.	رد متردد علي طلب أو سؤال غير متأكد من اجابته.	글쎄	حسنا.لا أعرف
밤이 되자 사방에서 벌레들이 불빛을 향해 몰려들었다.	تجمعت الحشرات من جميع الجهات حول الضوء عندما أتى الليل.	(명) 사람, 짐승, 새, 물고기, 조개 등을 제외한 꿈틀거리며 기어 다니는 작은 동물과 곤충 따위.	حشرات تزحف وتتحرك باستمرار ليست من فصيلةالإنسان أواالحيوان أو الطير أو الأسماك أوال أصداف وغيرها.	벌레	حشرة
수업 시간.	وقت المحاضرة.	(명) 주로 학교에서 지식이나 기술의 가르침을 받는 것.	وقت تدريس العلوم والمعارف في المدرسة.	수업	حصّة، درس
너는 말을 타 봤니?	هل سبق لك ركوب الخيل؟	(명) 목과 다리가 길고, 사람이 타거나 짐을 운반하는 데 쓰이는 큰 짐승.	حيوان كبير له عنق طويل وأرجل طويلة ينتفع به الإنسان في الركوب أو نقل الأحمال.	말	حصان
여기는 주차 금지 구역이니까 차를 세우시면 안 됩니다.	ممنوع ركن السارة هنا حيث أن هذه منطقة حظر وقوف السيارات	(명)법이나 명령으로 하지 못하게 하는 것.	عدم القدرة علي فعل شئ وفقا لقانون أو أمر ما.	금지	حظر. منع
땅에 구멍을 파고 돈을 묻었다.	حفر حفرة في الأرض ودفن المال.	(명) 무엇을 뚫거나 파내어 생긴 빈 자리.	مكان فارغ حدث نتيجة الحفر أو ثقب شئ.	구멍	حفرة
보관이 편리하다.	التخزين سهل.	(명) 남의 물건을 맡아서 간직하고 관리함.	الاحتفاظ والاعتناء بأغراض الآخرين.	보관	حفظ

생일 파티.	حفلة عيد الميلاد	(명) 사람들끼리 사귀기 위해서, 또는 특별한 날이나 일을 기념하기 위해서 여러 사람이 모이는 자리.	تجمع العديد من البشر من أجل إحياء يوم خاص أو التقارب فيما بينهم.	파티	حفل
결혼식에 참석하다.	يحضر حفل الزفاف.	(명) 남녀가 정식으로 부부가 되는 의식.	مراسم الاحتفال بزواج رجل وامرأة.	결혼식	حفل زفاف
손자를 몇 명 두다.	لديه العديد من الأحفاد.	(명) 자녀의 아들.	ابن الابن أو الابنة	손자	حفيد
손녀가 생겼으니 이제 두 분께서는 할머니, 할아버지가 되셨네요.	ظهرت حفيدة فأصبحا جداً وجدةً.	(명) 자식의 딸.	ابنة الابن أو الابنة.	손녀	حفيدة
권리를 가지다.	يمتلك حق.	(명) 어떤 일을 할 수 있는 자격. /(반)의무/	أهلية أن تفعل عمل ما.	권리	حق
세월이 참 빠른 것 같아요.	لقد مر ثلاث شهور بسرعة كبيرة حقا.	(부) 정말로. 매우.	حقًا.	참	حقًا، بصراحة
이 글은 실제로 일어난 사실에 바탕을 두고 있다.	إن هذه الكتابة قائمة على أحداث واقعية.	(부) 거짓이나 상상이 아니고 현실적으로.	ليس كذباً أو خيالاً لكن واقعياً.	실제로	حقاً/في الواقع
1900 년대의 서울과 오늘날의 서울을 비교해 봅시다.	لنقارن بين سيول في فترة التسعينات وسيول اليوم.	(명) 10 년, 100 년, 1000 년 동안의 기간을 나타내는 말.	الأشارة إلي فترة 10 سنين أو 100 سنة أو 1000 سنة.	년대	حقبة
도시에 비하면 농촌은 공기가 좋아요.	هواء الريف جيد مقارنةً بالمدينة.	(명) 농사짓는 사람들이 모여 사는 시골 마을.	قرية يتجمع ويعيش فيها المزارعون.	농촌	حقل/ ريف
가방 안에 책과 볼펜이 들어있다.	بداخل الحقيبة كتاب وقلم.	(명) 손잡이나 멜빵이 달려있어 물건을 넣어 들거나 메고 다니는 용구	أداة لها حامل تم وضع الأشياء بها وحملها من مكان لأخر.	가방	حقيبة
책가방을 메다.	يحمل حقيبة الكتب.	(명) 책이나 공책, 필통 등을 넣어 가지고 다니는 가방.	حقيبة يتم حملها ويوضع بها كتب و دفاتر ومقلمة.	책가방	حقيبة الكتب
지금까지 한 말은 정말이다.	ما قلته حتى الآن هو الحقيقة	(명) 거짓이 없이 말 그대로임. 또는 그런 말.	أن يكون الكلام كما هو دون كذب. أو ذلك الكلام.	정말	حقيقة
운동장에 학생들이 진짜 많이 모였어요.	يجمع عدد كبير جدا من الطلاب في الاستاد.	(부) '=정말/ 참으로. 정말로.	حقاً. حقيقةً.	진짜	حقيقةً
1-너도 그 사실을 알고 있었니? 2-사실 요즘 일이 많아서 늦게 자거나 밤을 새운 적이 많았어요.	1_أنت أيضا كنت تعلم بتلك الحقيقة؟ 2_بصراحة هذا الأيام أنام متاخرا أو أسهر الليل بسبب العمل الكثير.	1-(명) 실제로 일어난 일. 2-'=정말/ (부) 실제로.	1_أمرحقيقي. 2_حقيقةً. صراحةً	사실	حقيقة. حقيقةً
그는 실제 나이보다 젊게 보인다.	يبدو أصغر من سنه الحقيقي.	(명) 사실의 경우나 형편.	الظروف أو الحالات الحقيقية.	실제	حقيقة/واقع
전국에 인터넷이 보급될 것이라는 그의 판단은 아주 정확했다.	كان قراره بأن الإنترنت سوف يكون متاح في جميع أنحاء البلاد صائب للغاية.	(명) 어떤 일이나 상황에 대해서 자기 생각을 분명하게 정하는 것, 또는 그렇게 정한 내용.	تحديد رأيه بوضوح حول أمر أو وضع ما. أو	판단	حكم، قرار

정부 각 부처	كل وزارة في الحكومة	(명) 입법, 사법, 행정의 삼권을 포함하는 통치 기구를 통틀어 이르는 말.	مؤسسة نظامية تضم السلطات الثلاث التشريعية والقضائية والإدارية.	정부	حكومة
환경 문제 해결을 위해서는 여러 나라의 협력이 필요하다.	نحن في حاجة لتعاون العديد من الدول لحل مشكلة البيئة.	(명) 어떤 문제나 사건 따위를 풀거나 잘 처리함.	القيام بمعالجة وحل شيء ما معقد.	해결	حل
아이들이 과자를 먹으면서 즐거워했다.	ابتهج الأطفال اثناء تناولهم الحلوي.	(명) 밀가루 등에 우유, 기름, 설탕 등을 섞어 굽거나 기름에 튀겨서 만든 음식.	طعام من الدقيق المطحون وغيره يُوضع عليه الحليب والسكّر والزيت وغيرهم وتُعجن ثمّ تُخبز أو تُقلي في الزيت.	과자	حلوي
아이는 사탕 하나를 꺼내어 입에 넣었다.	لقد أخذ الطفل قطعة حلوي ووضعها في فمه.	(명) 엿이나 설탕을 졸여서 만든 단단하고 단 과자.	حلوي صلبة تصنع من السكر.	사탕	حلوي. بونبون
나는 아침마다 우유를 한 잔 마신다.	كل يوم صباحا أشرب كوب من الحليب.	(명) 사람이 먹을 거리로 쓰는, 젖소의 젖.	لبن البقرة الذي يشربه الناس.	우유	حليب
배가 아프니 잠시 화장실에 다녀오겠습니다.	سأذهب إلى الحمام لأن بطني يؤلمني.	(명)/(=) 욕실/변소를 달리 이르는 말.	حمام.	화장실	حمام
수영장 물이 목까지 찬다.	تصل الماء في حمام السباحة إلى عنقي.	(명) 헤엄을 치려고 만들어 놓은 곳.	مكان مصنوع من أجل السباحة فيه.	수영장	حمام سباحة
자연 보호	حماية الطبيعة.	(명) 위험, 파괴, 곤란을 당하지 않게 지키고 보살펴 주는 것.	الحماية والإنتباه لعدم وقوع خطر أو دمار أو مشاكل.	보호	حماية
두 사람은 약 두 시간 동안 이야기를 나누었다.	تبادلا الحديث حوالي ساعتين.	(관) 그 수량에 가까운 정도임을 나타내는 말.	في الحدود القريبة من هذه الكمية.	약	حوالي
1-중소기업 직원이 확대되어야 한다. 2- 5 학년 학생 수에 대한 남학생 수의 비율은 얼마인가? 3-한국에 대해 잘 아세요?	يجب زيادة موظفي الشركات الصغيرة والمتوسطة. 2- ما نسبة البنين من عدد طلاب الصف الخامس؟ 3- هل تعلم جيدا عن كوريا؟	(동) 1-(무엇을) 대상으로 하다. 2-(무엇을) 기준으로 하다. 3-(무엇에) 관하다.	يتخذ شئ ما كهدف. 2- يتخذ شئ ما كمقياس. 3- يشير إلي شئ ما.	대하다	حول / بخصوص.
내가 집을 나가려고 할 무렵에 그에게서 전화가 왔다.	جاءتني مكالمة منه في الوقت الذي كنت أنوي الخروج فيه من المنزل.	(명) 어떤 때의 그 즈음. 명사나 관형사 또는 관형사형 어미 '-ㄹ'뒤에 쓰인다.	قرب فترة ما.	무렵	حول /وقت (عندما)
강아지가 없어져서 온 동네를 찾아 다녔다.	اختفى الجرو فذهبت للبحث عنه في الحي كله.	(명) 여러 집이 모여 있는 곳.	مكان يجمع عدد من البيوت	동네	حي
우리 동네가 재개발 지구로 지정되었다.	لقد تم اختيار حيّنا كمنطقة تم تطويرها.	(명) 어떤 목적과 기준에 따라 나누어 구별한 지역	مناطق يتم تقسيمها حسب هدف أو أساس معين.	지구	حي. مقاطعة
1-세상에서 생명보다 소중한 것은 없다. 2-신문은 정확성이 생명이다.	ا1_لا يوجد شئ مهم في هذا العالم سوى الحياة. 2_ إن دقة وصحة الجريدة تعد حياة.	(명) 1-생물이 살 수 있도록 하는 힘의 바탕. 2-사물의 핵심.	1_أساس القوة التي تعيش بها الكائنات الحية. 2_نواة الشئ.	생명	حياة
아들의 목숨을 구하려고 어머니는 죽음을 무릅썼다.	خاطرت الأم بحياتها لإنقاذ حياة طفلها.	(명) 사람이나 동물이 숨을 쉬며 살아 있는 힘. (=)명-생명-수명	القوة التي تمكن الإنسان أو الحيوان من العيش والتنفس.	목숨	حياة،نفس الحياة (حياة شخص).
고민이 뭔지 이야기 해봐.	جرب أن تتحدث عما يحيرك.	(명)걱정이 있어서 괴롭고 답답한 것.	الإنزعاج و الإحباط لأن أمراً ما يقلقك.	고민	حيرة

무슨 동물을 좋아해요?	ما الحيوان المفضل لديك؟	(명) 짐승, 새, 벌레, 물고기, 따위의 생물.	مخلوقات مثل الحيوانات والطيور والحشرات والأسماك وغيرها.	동물	حيوان
그는 마당 구석에 채소를 심었다.	لقد زرع الخضروات في أركان الفناء.	(명) 먹기 위해 밭에서 기르는 것으로, 그 줄기, 열매, 뿌리를 먹는 것.	الأشياء التي تزرع في الحقل من أجل الأكل وتؤكل أوراقها و ثمارها و جذورها.	채소	خُضرة. خضراوات
1-내 동생은 사소한 일에도 곧잘 성질을 내곤 한다. 2-습관은 쉽게 바꿀 수 있는 성질의 것이 아니다.	1_ أخي عادة يغضب سريعا من الأعمال التافهة. 2_ العادات هي فطرة لا يمكن تغييرها بسهولة.	(명) 1-사람이나 동물의 행동이나 생각에 영향을 미치는, 타고난 정신의 바탕. 2-한 사물이나 현상이 가지고 있는 다른 것과 구별되는 특징.	1_ الأساس العقلي الذي يؤثر في فكر أو سلوك الحيوان أو الإنسان. 2_الصفة التي تميز الشئ عن غيره.	성질	خُلُق. سَجِيّة. طَبْع
결혼 반지	خاتم زواج	(명) 보석을 박거나 멋을 내어 만든 손가락에 끼는 동그란 것.	شيء دائري يزين أو يطعم بالجواهر ويلبس في الإصبع.	반지	خاتم
창문 밖을 내다보니 첫눈이 내리고 있었다.	نظرت إلى الخارج من النافذة فإذا الثلج الأول يتساقط.	(명) 어디를 벗어나거나 경계를 넘어서 있는 쪽.	خارج مكان معين أو الجهة التي تتعدى حد معين.	밖	خارج
창 밖이 어둡다.	الجو مظلم خارج النافذة.	(명) 창문의 바깥.	خارج النافذة.	창밖	خارج النافذة
방학이 되면 해외로 여행을 떠난다는 학생들의 수가 많아진다.	ازداد أعداد الطلاب الذين يذهبون إلى الخارج بحلول الأجازة.	(명) 바다 밖이라는 뜻으로 다른 나라를 이르는 말.	كلمة تعنى (الخارج) بمعنى (بلد أخرى خارج البحر).	해외	خارجي(خارج البلاد)
주말에 무슨 특별한 계획이 있어요?	أي خطة خاصة في عطلة نهاية الأسبوع؟	(형) 보통과 아주 다르다. 늘 있는 일이 아니다.	مختلف جدا عن المعتاد.	특별하다	خاصّ
날씨가 추울 때 특별히 건강에 조심해야 해요.	يجب أن تحرص علي صحتك خاصة عند برودة الجو	(부) 보통과 아주 다르게. 특히.	بشكل مختلف جدا عن المعتاد.	특별히	خاصة
나는 과일 중에서도 **특히** 사과를 좋아한다.	أحب التفاح خاصة من الفواكه.	(부) 두드러지게.	بشكل بارز	특히	خاصة
제가 그 일을 하겠습니다.	سأقوم بهذا العمل	(대) 저의, '저'에 주격 조사 가 붙을 때의 형태.	شكل كلمة أنا عندما تضاف لها أداة الفاعل.	제	خاصتي
1-이 애가 우리 집 다섯째예요. 2-다섯째, 교실에서는 음식을 먹으면 안 됩니다.	هذا الطفل هو الخامس في عائلتنا. 2- خامسا, ممنوع تناول الطعام داخل الفصل.	(수) 1- 순서가 다섯(5) 번째가 되는 차례. 2- 순서가 다섯(5)번째가 되는 차례의.	1- ترتيبه الخامس. 2- دوره يأتي رقم خمسة.	다섯째	خامس / خامسا
나는 뱀이 가장 무섭다.	أنا أخاف من الثعابين أكثر شيء	(형)위험이나 위협으로 느껴져 마음이 불안하다.	شعور بالخوف أو بالتهديد	무섭다	خائف
재미있는 경험.	تجربة ممتعة.	(명) 어떤 일을 직접 해보고 느끼는 것, 또는 그것으로부터 얻은 지식.	تجربة القيام و الشعور بأمر ما مباشرةً أو المعرفة التي تحصلها من ذلك.	경험	خبرة, تجربة
배가 고프니까 우선 빵이라도 먹읍시다.	فلنأكل أولاً ولو بعض الخبز لأنني جائع.	(명) 밀, 보리의 가를 반죽하여 누룩으로 부풀려 찌거나 구운 음식.	طعام يصنع من عجين دقيق القمح أو الشعير, يترك ليختمر ثم يطهى.	빵	خبز

그는 아침으로 식빵에 잼을 발라 먹었다.	وضع المربى على الخبز وتناوله على الفطار.	(명) 주식으로 먹게 만든 빵.	خُبز يُصنع لتناوله كوجبة.	식빵	خبز
경제 전문가	خبير اقتصادي	(명) 어떤 분야를 연구하거나 그 일에 종사하여 그 분야에 상당한 지식과 경험을 가진 사람.	شخص لدية خبرة ومعرفة هائلة في مجال ما قد عمل به أو بحث فيه.	전문가	خبير
나는 내 실수가 매우 부끄러웠다.	كنت خجلاً جداً من خطأي.	(형) 무엇을 잘못해서 떳떳하지 못하다.	تخطيء فتشعر بالخزي.	부끄럽다	خجول
내가 서울을 떠나던 날 아침, 마유미는 내 목을 안고 내 뺨에 입을 맞추었다.	صباح يوم مغادرتي لسيول أمسك ميومي برقبتي وقبل وجنتي.	(명) 얼굴의 양 옆에 있는, 살이 통통한 부분. (=볼)	الجزء السمين الموجود في كلا جانبي الوجه.	뺨	خد /وجنة
1-우리 가게에서 가장 중요하게 생각하는 것은 바로 서비스 정신입니다. 2-배달 서비스. 3-주유소에서는 서비스로 휴지나 장갑을 줍니다.	1_إن أهم شئ في متجرنا هو الخدمة. 2_خدمة التوصيل. 3_في محطة الوقود يقدمون مناديل أو قفازات.	(명) 1-가게 등에서 손님을 접대하는 것. 2-생활에 직접 도움이 되는 여러 가지를 제공하는 일. 3-상점에서 고객의 마음을 끌기 위해 공짜로 또는 싸게 주는 상품이나 봉사.	1_خدمة الزبائن في محل ما. 2_تقديم العديد من الأشياء التي تساعد علي العيش. 3_بضائع أو خدمة تقدم بدون تكلفة أو تكلفة قليلة لجذب الزبائن إلي المتجر.	서비스	خدمة
실례지만 다시 한번 말씀해 주세요.	استأذنك،أعد حديثك من فضلك مرة أخرى.	(명)/예절에 벗어남.	خارج عن الآداب.	실례	خرق آداب السلوك
일주일 동안 외출을 안 했습니다.	لم أخرج لمدة أسبوع.	(명) 볼일이 있어서 집 밖으로 나가는 것.	الخروج من المنزل لعمل شئ ما.	외출	خروج
졸업생이 되다.	يصبح خريج.	(명) 규정에 따라 소정의 교과 과정을 마친 학생.	الطاب الذي ينهي مرحلة دراسة مواد تبعاً للنظام.	졸업생	خريج
세계 지도.	خريطة العالم.	(명) 어떤 범위 내의 지구 표면의 모양을 일정한 비율로 줄여 평면에 그려 놓은 그림.	رسم حول كل أو جزء لسطح الأرض على السطح عن طريق تصغيره بنسبة معيّنة باستخدام العلامات التي تم الاتفاق عليها	지도	خريطة
가을은 인생에 비유하면 중노인이요, 하루로 치면 석양이라고 할 수 있다.	مثل بمعنى أن كبار السن يعانون من التعب والضعف في فصل الخريف بشبب إرتفاع الحرارة_وهو كناية عن حرارة فصل الخريف.	(명) 한 해 네 계절 중세번째 철. 입추부터 입동 전까지 동안이다. 무더위가 가고 찬바람이 돌면서 단풍이 물들고 곡식과 과일이 익는 계절.	الفصل الثالث من بين أربعة فصول في السنة. يبدأ من يوم 8 من شهر أغسطس إلى يوم 9/8 من شهر سبتمبر تقريباً. تهب فيه النسمات الباردة وتنضج فيه ثمار الفاكهة.	가을	خريف
겨울철이어서 배추가 여간 비싸지 않다.	الخس ليس غالياً لأننا في فصل الخريف.	(명) 김치를 만드는 데 주된 재료로 쓰이는 채소.	نوع من الخضروات يستعمل كمكون رئيسي لعمل الكيمتشي.	배추	خس
신선한 야채	خضار طازج	(명) 들에서 자라나는 나물.	النباتات التي تنمو في الحقل.	야채	خضار
선생님, 글씨가 작아서 안 보여요.	أستاذ، الكلام صغير غير واضح.	(명) 쓴 글자의 모양	شكل الحروف المكتوبة	글씨	خط اليد
자 없이 직선 긋기는 힘들다	إن رسم خط مستقيم بدون مسطرة صعب.	(명) 꺾이거나 구부러지지 않은 곧은 선. /(반)곡선/	خط ليس بمنكسر أو منحني.	직선	خط مستقيم

곡선을 그리다.	يرسم خط منحني.	(명)모나지 아니하고 부드럽게 굽은 선.	خط غير متوازي ومنحني.	곡선	خط منحني
1-선을 똑바로 그었다. 2-선이 없는 무선 전화기가 사용하기가 더 편리하지요..	1_لقد رسمت خط مستقيم. 2_الهواتف اللاسلكيه التي بدون أسلاك هي ملائمة أكثر للاستخدام.	(명) 1-'= 금, 줄/ 가로나 세로로 곧게 그은 금이나 줄. 2-'=줄/ 무엇을 연결하는 데 쓰는 긴 줄.	1_خط أو حبل تم رسمه عرضا أو طولا. 2_حبل طويل يتم استخدامه للربط.	선 (줄)	خط. صف. حبل
사소한 실수.	خطأ ساذج/تافه.	(명) 부주의하여 잘못함. 또는 그러한 행위.	خطأ ناتج عن عدم الحذر،أو تصرف خاطئ.	실수	خطأ
잘못을 고치다.	يصحح الخطأ.	(명) 옳지 못하게 한 일.	عمل ليس صحيح.	잘못	خطأ
비가 오든 눈이 오든 이번 행사는 계획대로 합시다.	فلنقيم هذا الحدث كما خططنا له سواء أمطرت السماء أو أثلجت.	(명)앞으로 할 일을 미리 자세히 생각하여 정하는 것.	التفكير جيداً فيما ستقوم به مستقبلاً وتحديده.	계획	خطة
차가 다니는 길에서 장난을 하면 위험합니다.	انه من الخطر اللعب بالسيارة علي الطريق.	(형) 실패하거나 다칠 가능성이 있다. 안전하지 못하다.	وجود إمكانية التعرض للضرر أو الأذي. عدم الأمان.	위험하다	خطر
그는 잠시 걸음을 멈추고 주위를 둘러봤다.	توقف قليلاً وتلفت حوله.	(명) 두 다리를 움직여 가는 것.	السير بتحريك كلتا القدمين.	걸음	خطوة
1-요즘 환경오염이 아주 심각해요. 2-이 문제는 심각하게 생각해서 결정해야 한다.	التلوث البيئي خطير جدا هذه الأيام. 2- يجب أن تقرر بعد التفكير بعمق في هذه المشكلة.	(형) 1-(정도가) 매우 심하다. 2-(깊이 생각해야 할 만큼) 매우 중대하고 절실하다.	1_درجة شديدة جدا. 2- هام وعاجل جدا	심각하다	خطير
기름은 물보다 가볍다.	الزيت أخف من الماء.	(형) 무게가 적다. / (반) 무겁다.	قليل الحجم.	가볍다	خفيف
책을 세 권 샀는데 그중에 한 권이 파본이다.	ضمن الثلاثة كتب التي اشتريتها هناك واحد تالف.	(명) 범위가 정해진 여럿 가운데.	الوسط خلال مجموعة معينة.	그중	خلال
사흘 동안	لمدة أربعة أيام	(명) 한 때에서 다른 한 때까지의 사이.	الفترة مابين وقتين.	동안	خلال
식당에 다녀올 테니까 그 동안 자리를 좀 지켜 주세요.	سوف أعود إلي المطعم في غضون ذلك رجاء حافظ علي المقعد.	(부) 그 간. 그사이.	خلال مدة معينة.	그동안	خلال / في غضون.
1-여자들중 한나가 제일 커요. 2-대기 오염 물질은 공기 중에 존재한다. 3-수업 중이니 조용히 하시기 바랍니다. 4-영화 상영 중. 5-이번 달 중으로 대전에 다녀와야 해요.	1 هانا هي الأطول من بين البنات. 2 إن ملوثات الهواء موجودة داخل الهواء نفسه. 3 نتمني الهدوء خلال وقت المحاضرة. 4 خلال عرض الفيلم. 5 يجب أن أذهب إلي ديجون منتصف هذا الشهر.	(명) (도중) 1-어떤 범위의 가운데. 2-'=속/ 무엇의 안이나 속. 3-무엇을 하는 중간. 어떤 일이 진행되는 동안. 4-어떤 상태에 있는 동안. 5-'=안 또는 내/ 어떤 시간의 범위 안 또는 어떤 시간의 범위 내	1 من بين عدة نطاقات. 2 داخل أو محتوي الشئ. 3 أثناء القيام بعمل ما. فترة تنفيذ شئ ما. 4 مدة حدوث حالة معينة. 5 خلال نطاق زمني معين.	중	خلال. وسط. بين
1-수업 도중에 전화벨이 울려서 당황했다. 2-집으로 가다가 도중에 빵집에 들렀어요.	شعرت بالحرج لأن الهاتف رن خلال المحاضرة. 2- في طريق عودتي إلي البيت ذهبت إلي المخبز.	(명) 1-어떤 일을 계속하고 있는 동안. 2-목적한 곳에 다다르기 전에 길을 가고 있는 동안.	1_خلال القيام بعمل ما. 2- خلال السير في الطريق قبل الوصول إلي المكان المقصود.	도중	خلال/ منتصف الطريق.
컴퓨터 뒤에 새 디스켓이 있을 거예요.	سيكون هناك مكتب جديد خلف الحاسوب.	(명) 무엇의 앞의 반대쪽.	الجهة المقابلة للجهة الأمامية.	뒤	خلف

배경을 삼다.	يصنع خلفية.	(명) 뒤에 있는 경치나 환경.	البيئة أو المشهد الخلفي.	배경	خلفية
1- 10을 2로 나누면 오입니다. 2- 지금 3 시 오 분이에요.	العدد خمسة هو ناتج قسمة 10 علي 2. 2- الأن الثالثة وخمس دقائق.	(수) 1- 숫자 5. 2- '5'의	عدد خمسة. 2- خمسة	오(숫자)	خمسة
1- 같이 하숙 하는 사람이 모두 다섯이에요. 2-어찌나 목이 마른 지 물을 다섯 잔이나 마셨다.	كل الأشخاص المقيمين معاً خمسة . 2- شربت خمسة أكواب من الماء لأني كنت عطشان جدا.	(수) 1- 숫자 5. 2- "다섯(5)"의.	1_رقم 5 . 2- خمسة.	다섯	خمسة
병원에 다녀온 지 닷새가 지났다.	مر خمسة أيام علي حضوري إلي للمستشفي.	(명) 5 일. 다섯 날.	خمسة أيام	닷새	خمسة أيام
선생님께서는 쉰(50)도 못 되어 세상을 떠나셨다.	فارقت المُعلمة الحياة عن عمر لا يتعدى الخمسين عاماً.	(수) (=)오십.50	العدد خمسون	쉰	خمسون
돼지가 새끼를 여덟 마리나 낳았습니다.	ولد الخنزير ثمانية خنازير صغار.	(명) 몸이 뚱뚱하고 다리가 짧고 꼬리는 가늘고 짧으며 주둥이가 삐죽하고 '꿀꿀' 하고 소리를 내는, 젖을 먹이는 동물.	حيوان سمين جداً, ذو أرجل صغيرة وذيل نحيف, أنفه بارز, من الثدييات.	돼지	خنزير
아이가 겁이 많아서 혼자 있지 못해요	يخاف الطفل كثيراً لذا لا يستطيع المكوث وحده.	(명)무서워하는 마음	الشعور بالخوف.	겁	خوف
시장에 가서 오이 일곱 개를 샀다.	ذهبت إلي السوق واشتريت سبع خيارات.	(명) 길고 푸른 열매 채소.	خضار أخضر وطويل.	오이	خيار
1-필통 속에는 연필이 가득 들어 있다. 2-민수가 말을 안 해서 그렇지 속으로는 무척 섭섭할 거야. 3-밤이 되니 속이 출출한데.	1 _ إن المقلمة مليئة بالأقلام الرصاص. 2_أعتقد أن مين سو محبط كثيرا لأنه لا يستطيع الكلام. 3 _يأتي الليل وأشعر بالجوع.	(명) 1-'=안/ (반) 겉, 밖/ 물건의 안. 2- 마음이나 느낌, 생각. 3-배 안의 소화 기관.	1 _ داخل الشئ. 2 _ فكر أو شعور أو احساس. 3 _ الجهاز الهضمي داخل المعدة.	속	داخل
나는 버스 안쪽으로 들어갔다.	ركبت الباص.	(명) 안에 있는 부분, 안으로 향한 방향.	جزء داخلي لشيء ما أو الاتجاه للداخل.	안쪽	داخل
해외 여행은 그만두고 국내 여행도 하면 좋겠네요.	أرغب في السفر داخل الدولة والتوقف عن السفر خارجيا	(명) 나라의 안.	داخل الدولة.	국내	داخل الدولة
1-가방 안에 무엇이 있습니까? 2-한 시간 안에 사무실에 돌아가야 합니다.	ماذا يوجد داخل الحقيبة؟ 2- يجب أن تذهب إلي المكتب خلال ساعة.	(명) 1-(=) 내, 내부, 속/(반) 겉, 바깥, 밖, 외부/ 테두리에서 가운데를 향하는 쪽의 공간. 2-(=)내/(반) 뒤, 이후/ 어떤 범위에 들어 있는 것.	مكان في وسط إطار ما. 2- داخل نطاق ما.	안	داخل/ في
나는 추운 겨울에도 할 수 있는 실내 경기를 좋아한다.	أحب الألعاب الداخلية التي يمكن ممارستها في فصل الشتاء البارد.	(명)/방이나 건물 따위의 안.	داخل الغرفة أو المبنى...	실내	داخلي/داخل المنزل
1-그 녀석이 나를 보고 돼지라고 놀려대잖아. 2-이 녀석 좀 보세요, 아유 귀여워.	1هذا الوغد نظر إلي وسخر مني قائلاً أنني خنزير. 2انظر إلي هذا الطفل. يالهي أنه ظريف.	(명) 주로 관형사형 어미 뒤에서 의존적 용법으로 쓰여 남자를 낮추어 이르거나 홀하게 이르는 말. 놈, 자식. 어린아이.	1وغد.داهية. 2طفل صغير.	녀석	داهية / رَهْط / أضحوكة

아이들이 동그랗게 원을 그렸다.	رسم الأطفال دائرة.	=동그라미/ (명) 한 점에서 꼭 같은 거리에 있는 점들을 이어서 이루는 모양.	شكل يبدأ من نقطة ويتتبع باقي النقاط علي نفس المسافة.	원	دائرة
한국의 국기는 가운데에 빨간색과 파란색으로 나뉜 동그라미가 있다	توجد دائرة في وسط العلم الكوري الجنوبي مقسة إلي اللون الأحمر والأزرق.	(명) 동그란 모양.	شكل دائري	동그라미	دائرة
동그란 안경	نظارات دائرية	(형) 해와 같이 동글다.	دائري مثل قرص الشمس.	동그랗다	دائري
하늘에 둥근 달이 떴습니다.	يعلو في السماء قمر دائري.	(형) 모양이 동그라미와 같거나 비슷하다.	شكله مثل الدائرة أو يطابقها.	둥글다	دائري
나는 아내만을 영원히 사랑하겠다.	دائما سأحب زوجتي فقط.	(부) 끝없이 오래. 언제까지나.	لفترة طويلة دون نهاية.	영원히	دائما
그는 언제나 같은 자리에 앉는다.	دائماً ما يجلس في نفس المكان.	(부) 모든 시간 범위에 걸쳐서. 또는 때에 따라 달라짐이 없이 항상.	مروراً بجميع الأوقات. أو دائماً بدون تغير بحسب الوقت.	언제나	دائماً
운전할 때 항상 정신을 차려야 한다.	يجب عليك أثناء القيادة أن تكن في وعيك دائماً.	(부)/(=)늘/언제나 변함없이.	دائماً،بدون تغيير	항상	دائماً
연기가 나다.	ينبعث الدخان.	(명) 물질이 불에 탈 때 나는 검은 기체.	غاز ناتج عن احتراق الأشياء	연기	دخان
오토바이를 타다.	يركب دراجة نارية	(명) 동력을 일으키는 기계의 힘으로 달리는 두 바퀴의 탈것.	مركبة ذات عجلتين تتحرّك باستعمال قوة المحرّك.	오토바이	درّاجة ناريّة، دراجة بخاريّة
자전거를 타다.	يركب الدراجة	(명) 사람이 타고 앉아 두 다리의 힘으로 바퀴를 돌려서 가게 된 탈 것.	يركبها شخص ويقوم بتدوير عجلاتها بقوة رجليه.	자전거	دراجة
대학을 졸업한 후에 대학원에서 계속 공부하고 싶습니다.	أرغب في باستكمال الدراسة في الدراسات العليا بعد التخرج من الكلية.	(명) 대학을 졸업한 사람이 전문적인 교육을 받고 연구하는 기관.	الجهة التي يتلقى فيها خريج الجامعة تعليما متخصصا, كجزء من الجامعة.	대학원	دراسات عليا
한국어 공부가 재미있어요.	دراسة اللغة الكورية ممتعة.	(명)어떤 과목, 학문, 기술을 배우고 익혀 그에 관한 지식을 얻는 것.	تعليم وفهم مادة أو دراسة أو تقنية واكتساب معرفة عنها.	공부	دراسة
요즘 유행하는 드라마가 뭐예요?	ما الدراما المشهورة حالياً؟	(명) 극장이나 방송에서 공연되는 연극, 또는 방송극.	مسرحية أو مسلسل يعرض في السينما أو الإذاعة.	드라마	دراما
편지를 책상 서랍 속에 넣었습니다.	لقد وضعت الخطاب في درج المكتب.	(명) 책상이나 옷장에 여러 가지 물건을 둘 수 있는 상자.	صندوق في المكتب أو خزنة الملابس يمكن وضع به عدة أشياء.	서랍	درج
1-두 직선이 만나서 이루는 각도는 90 도이다. 2-오늘 영하 5 도래요. 옷을 따뜻하게 입고 가세요. 3-소주는 25 도 정도 되는 독한 술이다.	تتكون الزاوية 90 درجة من التقاء مسطحان معا في متوازي المستطيلات. 2- درجة الحرارة اليوم 5 تحت الصفر. أخرج مرتدياً الملابس الثقيلة. 3- السوجو هو خمر شديد نسبة الكحول فيه 25 درجة.	(명) 1-(=)각도/ 각도를 나타내는 말. 2-(=)온도/ 온도를 나타내는 말. 3-술에 들어 있는 알코올의 비율을 나타내는 말.	وحدة قياس درجة الزاوية. 2- وحدة قياس درجة الحرارة. 3- وحدة لقياس نسبة الكحول في الخمر.	도	درجة
좋은 점수	درجة جيدة	(명) 성적을 나타내는 숫자.	رقم يدل على الدرجات.	점수	درجة
정도의 차이	فرق الدرجات	(명) 사물의 성질이나 가치를 양부, 우열 따위에서 본 분량이나 수준.	الكمية أو المستوى الذي يظهر في قيمة أو خصائص شيء ما أو مزاياه وعيوبه.	정도	درجة

평년 기온/ 최고 기온	درجة الحرارة الطبيعية/ درجة الحرارة العظمي.	(명)공기의 온도.	درجة حرارة الهواء.	기온	درجة الحرارة
실내 온도	الحرارة داخل الغرفة.	(명)덥거나 찬 정도 또는 그 정도를 나타내는 숫자.	درجة الحر أو البرد أو الرقم الذي يشير إلي تلك الدرجة	온도	درجة الحرارة
나는 선생님 댁에 초대를 받았다.	لقد تلقيت دعو من منزل المعلم.	(명) 어떤 모임이나 행사에 사람들을 부르는 것.	دعوة الأشخاص لحضور حدث أو تجمع معين.	초대	دعوة
문방구에 가서 공책 몇 권만 사 오세요.	أذهب إلي متجر الأدوات وأحضر عدد من الدفاتر.	(명) 글씨를 쓰거나 그림을 그릴 수 있게끔 비어 있는 책.	كتاب يمكن الرسم أو الكتابة فيه.	공책	دفتر / كشكول / كراسة
저도 자세한 것은 모릅니다.	أنا أيضاً أجهل التفاصيل.	(동) 사소한 부분까지 아주 구체적이고 분명하다.	واضح ودقيق حتى في أصغر الأجزاء.	자세하다	دقيق
밀가루 반죽을 주무르다	يشكل عجينة بدقيق القمح.	(명)밀을 빻아 만든 가루.	دقيق يُصنع من القمح المطحون.	밀가루	دقيق القمح
10 분만 기다려라.	انتظر 10 دقايق فقط.	(명)시간을 60 으로 나누었을 때의 시간.	وقت يقسم الساعة الواحدة إلى 60.	분	دقيقة
문학 박사	دكتوراة في الأدب	(명) 대학에서 주는 가장 높은 학위. 또는 그 학위를 받은 사람.	أعلى درجة علمية من الدراسات العليا, أو الشخص الحاصل على هذه الدرجة.	박사	دكتوراة
피가 그치다	توقف انهمار الدماء	(명) 사람이나 동물 몸 안에서 돌고 있는 붉은 액체.	سائل أحمر يدور داخل جسم الحيوان والإنسان	피	دم
그만 눈물을 닦으세요.	توقف عن البكاء وامسح دموعك.	(명) 슬프거나 아주 기쁠 때 눈알 위쪽에 있는 눈물샘에서 나오는 맑은 액체.	سائل صافي يخرج من العين للتعبير عن الشعور بالفرحة الشديدة أو الحزن.	눈물	دموع
약을 먹다	يتناول الدواء.	(명) 병이나 상처 따위를 고치거나 예방하기 위하여 먹거나 바르거나 주사하는 물질.	مادة يتم تناولها أو دهنها أو حقنها لمعالجة الأمراض أو الجروح أو منع الإصابة بها.	약	دواء
서울은 정치, 경제, 문화 등 모든 분야에서 중심 역할을 하고 있습니다.	تلعب سول دور رئيسي في كل المجالات كالسياسة والاقتصاد والثقافة.	(명) (=) 구실/ (여럿 속에서) 하기로 되어 있는 일. 또는 맡아서 하는 일.	عمل يجب أن يقوم به.	역할	دور
1-차례대로 차를 타다. 2-차례만 봐서는 내용을 잘 모르겠어. 3-한 달에 세 차례나 지진이 일어났다.	1 نقوم بركوب السيارات بالدور. 2 إذا نظرت في الفهرس فقط لن تعرف المحتوي جيدا. 3 لقد حدث زلزال ثلاث مرات هذا الشهر.	(명) 1-'= 순서/ 원칙에 따른 순서. 2-'= 목차/ 책의 목차. 3-'=번/ 일의 횟수를 세는 말.	1 دور حسب مبدأ أو أساس. 2 فهرس كتاب. 3 وحدة لحساب عدد حدوث الأمر.	차례	دور. مرّة. فهرس
1-은행에 가서 달러를 한국 돈으로 바꾸려고 합니다. 2-오늘은 1 달러에 1.250 원입니다.	1_أنوي الذهاب إلي البنك من أجل تغير الدولار بالوون الكوري. 2- اليوم الدولار الواحد يساوي ١٢٥٠ وون.	(명) 1-미국의 화폐. 미국 돈. 2-미국의 돈을 세는 말.	1_العملة الأمريكية. -2 وحدة عد النقود الأمريكية.	달러	دولار
한국은 남한과 북한으로 나뉜 분단 국가입니다.	كوريا هي دولة مقسمة إلي كوريا الجنوبية وكوريا الشمالية.	(명) 나라	دولة	국가	دولة
외국 여행	السفر لدولة أجنبية.	(명) 자기 나라가 아닌 다른 나라.	دولة ليست وطنه	외국	دولة أجنبية

대구에서는 섬유 공업 등 각종 공업이 발달하였고 사과 산지로도 유명하다	ازدهرت في مدينة ديجو الصناعات المتنوّعية مثل صناعة النسيج، وغيرها كما تشهر بإنتاج منتج التفاح	(명) 경상북도 도청이 있는 도시. 사과가 많이 난다.	مدية تقع في محافظة كيونغ سانغ الشمالية. وهي مشهورة بالتفاح.	대구	ديجو
종교를 믿다.	يؤمن بالأديان.	(명) 신이나 초자연적인 절대자 또는 힘에 대한 믿음을 통하여 인간 생활의 고뇌를 해결하고 삶의 궁극적인 의미를 추구하는 문화 체계.	نظام ثقافي يسعى لمعنى مطلق يتمثل في تخليص حياة البشر من المعاناة من خلال الإيمان بإله أو بخارق للعادة.	종교	دين
그해 시월에 우리는 약혼했다.	ارتبطنا في شهر أكتوبر من ذلك العام	(명) 말하는 이와 듣는 이가 알고 있거나 말하는 이만 알고 있는 과거의 어느 해.	عام في الماضي يعرفه المتكلم والمستمع أو المتكلم فقط.	그 해	ذاك العام
눈길에 넘어져서 팔을 다쳤다.	سقطت في الطريق الثلجي وانجرح ذراعي.	(명) 사람 몸 중에서 어깨에서 손목까지의 부분.	الجزء بين الكتف وراحة اليد في جسم الإنسان.	팔	ذراع
기혼 남성	رجل متزوج.	(명) 여자가 아닌 성. 남자.	النوع المعاكس للأنثي.	남성	ذكر . رجل
처음엔 생각이 나지 않았는데 기억을 더듬어 보니 아는 사람인 것 같다.	في بادئ الأمر تعثرت ذاكرتي ولم أتذكره ولكن بعدها أدركت أنه شخص أعرفه.	(명)마음이나 생각 속에 잊혀지지 않고 남아 있는 것.	شئ موجود في القلب أو الذاكرة وغير منسي.	기억	ذكريات
아무리 똑똑해도 노력을 안 하면 소용없지요.	مهما كنت ذكياً لا فائدة من دون جهد.	(형) 머리가 좋다.	تفكيره جيد.	똑똑하다	ذكي
1-그 모자를 나에게 주십시오. 2-그 영화가 그렇게 재미있을 줄 몰랐어요. 3-아니, 어떻게 그 어려운 노래를 배웠습니까?	1_أعطني تلك القبعة. 2- لم أكن أعلم أن هذا الفلم ممتع هكذا. 3- كيف تعلمت تلك الأغنية الصعبة؟.	(관) 1-화자 쪽에서 볼 때 청자에게 가까이 있는 것을 가리키는 말. 2-화자와 청자 함께 알고 있는 물건이나 사람을 가리키는 말. 3-바로 뒤에 오는 사람이나 물건이나 사실을 강조해서 가리키는 말.	1_كلمة تشير من ناحية المتكلم إلي شئ قريب من المستمع. 2- كلمة تشير إلي شخص أو شئ يعرفه المتكلم و المستمع كلاهما. 3- كلمة تشير وتأكد علي حقيقة أو شئ أو شخص تم ذكره مسبقاً.	그	ذلك
전화번호는 맞는데 그런 사람은 없습니다.	رقم التليفون صحيح لكن ذلك الشخص غير موجود.	(관) 그것과 같은..	مثل ذلك.	그런	ذلك
이도 저도 다 싫다.	أكره هذا وذاك أيضاً.	(명) 말하는 이와 듣는 이로부터 멀리 있는 일이나 사람을 가리키는 지시 대명사.	اسم اشارة للبعيد.	저	ذلك
저분이 누구시냐?	من ذلك الشخص؟	(명) '저 사람'을 높여 이르는 삼인칭 대명사.	اسم اشارة لشخص بلفظة أكثر احتراماً.	저분	ذلك الشخص
저것을 좀 보십시오.	أنظر لذلك من فضلك.	(명) 말하는 이나 듣는 이로부터 멀리 있는 사물을 가리키는 지시 대명사.	اسم اشارة للشيء البعيد.	저것	ذلك الشيء
1-어디에서 그것을 샀어요? 2-아니, 그것들은 매일 싸우기만 한다. 3-새로운 곳에 보고 듣고 느끼는 것, 그것은 가장 좋은 공부다.	1_من أين اشتريت ذلك الشئ؟ 2- هؤلاء الاشخاص يتشاجرون كل يوم. 3- مشاهدة الأشياء الجديدة وسماعها هو أفضل دراسة.	(대) 1-화자 쪽에서 볼 때 청자에게 가까이 있는 물건을 가리키는 말. 2-'그 사람'을 낮추어 가리키는 말. 3-앞에서 말한 물건이나 사실을 다시 가리키는 말.	1_كلمة تشير من ناحية المتكلم إلي شئ قريب من المستمع 2-كلمة تشير إلي التقليل من ذلك الشخص. 3- لفظة تستخدم للإشارة مرة أخري لحقيقة أو شئ تم ذكره مسبقاً.	그것	ذلك الشئ

설악산에 갔다 왔니? 나도 그곳에 가 봤는데.	هل عودت من جبل سوراك سان ؟ لقد ذهبت أنا أيضاً إلي هناك.	(대) 이미 이야기했거나 청자 알고 있는 장소를 가리키는 말.	لفظة تشير إلي مكان يعرفه المستمع أو تم الحديث عنه من قبل.	그곳	ذلك المكان
목요일에 만날 수 없을 것 같다. 그날이 시험 전날이야.	يبدو أنني لن استطيع مقابلتك يوم الخميس . فذلك اليوم هو يوم قبل الامتحان.	(명) 앞에서 말한 날.	اليوم الذي ذُكِر مسبقاً.	그날	ذلك اليوم.
음식 좀 만들려고 이것저것 샀어요.	لقد اشتريت عدة أشياء لأعد بعض الطعام.	(명) 여러 가지.	عدة أشياء.	이것저것	ذلك وتلك. عدة أشياء
결혼 반지는 금으로 만든 반지를 하기로 했다.	لقد قررنا أن خاتم زواجنا سيكون من الذهب.	(명)반지, 목거리, 돈을 만드는 데 쓰이는 비싼 노란 금속.	معدن أصفر اللون باهظ الثمن يستخدم لصنع العملات و العُقُودٌ و الخواتم	금(반지)	ذهب (خاتم)
정부는 장애인을 위한 여러 가지 정책을 내놓고 있다.	تضع الحكومات عدة سياسات من أجل ذوي الإحتياجات الخاصة.	(명) 신체의 일부에 장애가 있거나 정신 능력이 원활하지 못해 일상생활이나 사회생활에서 어려움이 있는 사람.	الشخص الذي لديه إعاقة ما في جزء من جسده أو مشكلة في قدراته العقلية فيجد صعوبات في الحياة اليومية أو المجتمعية.	장애인	ذوي الإحتياجات الخاصة
강아지가 꼬리를 흔들며 달려왔다.	هز الجرو ذيله وأتي وهو يجري.	(명) 동물의 몸 뒤쪽에 가늘고 길게 달려 있거나 나와 있는 것.	شئ طويل ورفيع يكون في أخر جسم الحيوان.	꼬리	ذيل
유치원에 다니는 딸이 있습니다.	لدي ابنه في الروضة.	(명) 초등학교에 들어가기 전의 어린이를 교육하는 기관.	مؤسسة يدرس بها الأطفال قبل الالتحاق بالمدرسة الابتدائية.	유치원	رَوضَة أطفال
넷째, 스트레스가 원인이다.	يعد الضغط العصبي رابع الأسباب.	(수) 순서가 네 번째가 되는 차례.	الترتيب الرابع .	넷째	رابع / مرة رابعة
오늘 월급 받았으니까 저녁 값은 내가 낼게.	سادفع الليلة لأني استلمت راتبي اليوم.	(명) 일터에서 일한 대가로 한 달마다 주는 일정한 돈. /=봉급/	الأموال يتم تسلميها كل شهر في العمل.	월급	راتب. أجر شهري
그가 노래를 부르자 사람들은 손뼉으로 박자를 맞추어 주었다.	عندما غني قام الجميع بالتصفيق له.	(명) 마주 쳐서 소리를 내는 손바닥.	راحة اليدين يتم التقائهم وتصدر صوت.	손뼉	راحة اليد
손바닥을 비비다.	يحك كفيه.	(명) 손의 안쪽 부분	داخل الكف.	손바닥	راحة اليد. الكف
안심은 금물이다	الإطمئنان محظور.	(명) (=) 안도/ 아무리 걱정이 없이 마음을 편안히 가지는 것.	حالة الراحة النفسية بدون قلق	안심	راحة نفسية، إطمئنان
음악 소리가 시끄러워서 라디오를 껐습니다.	أغلقت الراديو بسبب صوت الموسيقى المزعج.	(명) 전파로 보내지는 방송을 받아서 들려주는 장치.	جهاز يستقبل ويرسل الموجات التي ترسلها الإذاعة.	라디오	راديو
아이가 자라 어른이 되다	كبر الصبي وأصبح راشداً.	(명) 다 자란 사람. 또는 다 자라서 자기 일에 책임을 질 수 있는 사람.	الشخص المكتمل النمو. أو الشخص المكتمل النمو والقادرة على تحمل مسؤولية أعماله.	어른	راشد
한국 생활에 만족하세요?	هل أنت راضٍ عن الحياة في كوريا؟	(동) 마음에 흐뭇하고 좋은 느낌이 들다.	مسرور ويشعر بالرضا.	만족하다	راضٍ
점심에는 라면이나 먹을까요?	ما رأيك أن نتناول الراميون على الأقل في الغداء.	(명) 금방 끓여서 먹을 수 있는, 튀겨서 말린 국수.	شعرية مقلية ومجففة يمكن غليها وتناولها مباشرة.	라면	راميون

스님의 처소는 소문대로 깨끗하고 검소하였다.	مكان معيشة الراهب نظيف ومتواضع كما تقول الشائعات.	(명) 출가하여 석가모니의 가르침에 따라 수련하는 사람. '중'이나 '승려' 높인 말.	صيغة تبجيل للراهب	스님	راهب بوذي
1-이게 무무슨 냄새지? 맛있는 거 했어? 2-지붕이 기와로 되어 있어 한국적인 냄새가 난다.	1ماهذه الرائحة؟ هل أعددت شئ شهي؟ 2السطح له رائحة كوريا لأنه مصنوع من الطين المحروق.	(명) 1- 코로 맡을 수 있는 온갖 기운. 2-느낄 수 있는 분위기.	1كل الأشياء التي يتم استيعابها عن طريق الأنف. 2الجو العام المحاط بك .	냄새	رائحة
장미꽃 향기가 참 좋군요.	رائحة الورد جميل جداً.	(명) (꽃, 향 등에서 나는) 좋은 냄새.	رائحة جميلة خارجة من (الورد أو العطر وغيره).	향기	رائحة/برفان
1-어제 멋진 경기를 봤다. 2-말솜씨가 멋지다	شاهدت مباراة رائعة بالأمس.	(형) (사람이나 사물이) 잘 만들어지거나 가꾸어져서 아주 멋있다.	أنيق جداً.	멋지다	رائع
파티에 화려한 옷을 입은 사람들이 많이 왔다.	أتى إلى الحفل العديد من الناس مرتدين الملابس الزاهية.	(형)1-눈이 부시게 아름답고 곱다. 2_남들이 부러워할 만큼 뛰어나게 좋고 다양하다.	1- جميل وحسن ،ساطع العين. 2_جيد ومتنوع بشكل كبير لدرجة أن يحقد عليه الناس.	화려하다	رائع/متألق/ناصع وملون
동물들은 신기하게도 다가올 위험을 감지할 수 있다.	أنه لأمر مدهش قدرة الحيوانات على استشعار قدوم الخطر.	(형)/낯선 것이어서 새롭고 이상하다.	عجيب وجديد.	신기하다	رائع/مدهش
1-머리가 너무 아프다. 2_그는 머리가 좋아/머리를 쓰다. 3_우두머리이 되어 앞장서다. 4_머리도 끝도 없는 이야기.	1- رأسى يؤلمني كأنه أوشك على الإنفجار. 2_يعجبنى تفكيره. 3_يصبح قائد لعديد من الناس ويقودهم. 4_حديث بلا بداية ولا نهاية.	(명) 1-사람의 목 위 부분. 2_생각하는 힘. 3_어떤 물건의 꼭대기. 4_우두머리. 5_어떤 일의 시작이나 처음.	1_الجزء الموجود أعلى عنق الإنسان. 2_ القدرة على التفكير. 3_قمة الشئ. 4_رئيس. 5_بداية عمل ما أو أوله.	머리	رأس / شعر
그는 자기 주장을 여러 번 반복했다.	لقد كرر رأيه عدة مرات.	(명) 자기의 이론이나 의견.	رأي أو نظرية شخصية.	주장	رأي. إصرار. مناقشة
의견을 모으다.	يجمع الآراء.	(명) 어떤 사물, 현상에 대하여 판단하여 가지게 된 일정한 생각.	فكر شخصي يحكم علي ظاهرة أو شئ ما.	의견	رأي. رؤية
젊은 주부들은 아파트를 선호하는 것 같다.	أعتقد أن ربات المنزل الشابات تفضلن الشقق.	(명) 한 가정의 살림을 하는 여자.	سيدة تدبّر معيشة عائلة ما.	주부	ربّة المنزل
영화에서는 각 장면들의 자연스러운 연결이 중요하다.	في الأفلام من المهم ربط طبيعي بين كل المشاهد.	(명) 둘 이상의 사물이나 현상 등이 서로 이어지거나 관계를 맺음.	وصْل أو إنشاء علاقة بين شيئين أو ظاهرتين أو أكثر	연결	ربط
나무 씨는 아마 집에 있을 거예요.	ربما ستكون نامو في البيت.	(부) 확실하게 말하기는 어렵지만.	من الصعب أن يحسم القول.	아마	ربما.
아마도 내일 친구를 만날 겁니다.	ربما ألتقي صديقي غدا.	(부) 확실하게 말하기는 어렵지만. '아마'를 강조하는 말.	من الصعب أن يحسم القول. صيغة تاكيدية لربما.	아마도	ربما.
제발 살려 주세요.	أرجوك انقذني	(부) 간절히 바라건대.	يتمنى شيء بشدة.	제발	رجاءاً
세계 일주 여행	رحلة حول العالم	(명) 일이나 유람을 목적으로 다른 고장이나 외국에 가는 일.	الذهاب إلى منطقة أخرى أو دولة أجنبية بغرض العمل أو السياحة.	여행	رحلة

시장에는 물건이 아주 많고 값도 쌉니다.	الأشياء كثيرة في السوق والأسعار أيضا رخيصة.	(형) 값이 보통보다 적다. /(반) 비싸다/	الثمن أقل من المعتاد.	싸다	رخيص
1-문의한 일에 대해 빨리 답을 해 주세요. 2-3 번 문제 답이 뭐니?	1- اعطني اجابة للاستفسار سريعا. 2- ماهو حل السؤال الثالث.	(명) 1-알고 싶어하거나 묻는 것에 대하여 알려주는 말이나 글. 2-문제를 풀어서 얻어 낸 결과.	1_كتابة أو كلام يُجيب سؤال أو ما ترغب في معرفته. -2 نتيجة تحصل عليها بعد حل سؤال.	답	رد / إجابة / حلّ
1-제가 음성 메시지를 보냈으니까 확인해 주세요. 2-그 소설은 인간성 회복을 위한 메시지를 담고 있다.	من فضلك تحقق من الرسالة الصوتية التي أرسلتها إليك.	(명) 1-어떤 사실을 알리거나 주장하거나 경고하기 위해 내세우거나 특별히 보내는 말. 2-문예 작품이 담고 있는 의도나 사상.	1_كلام يرسل للتعريف بحقيقة ما أو رأى أو للتحذير. 2_ نوع من الأفكار أو النية المحاطة فى أحد المؤلفات.	메시지	رسالة
안부 편지	رسالة تحية	(명) 누구에게 전하고 싶은 말 적어서 보내는 글.	كلمة تنصّ على ما يودّ شخص أن يقوله لشخص آخر	편지	رسالة
1-문자 메시지를 받다. 2_그는 말할 때 마다 문자를 쓰면서 잘난 체를 한다	تلقيت رسالة نصية.2_يتفاخر هذا الشخص ويظهر نفسه بإستخدام كلمات عظيمة(لغة صعبة قديمة) كلما تحدث.	(명)말을 눈으로 읽을 수 있게 나타낸 기호.	علامات تُظهر الكلام بحيث يمكن قراءته بالعين.	문자	رسالة / كتابة
미국에 있는 친구에게서 답장을 받았다.	تلقيت رداً من صديقي الموجود في أمريكا	(명) 받은 편지에 답하여 보내는 편지.	رسالة يتم إرسالها ردا علي رسالة تم إستقبالها.	답장	رسالة الرد
저는 커서 화가가 되고 싶어요.	أريد أن أصبح رسام عندما أكبر.	(명) 그림을 그리는 직업을 가진 사람.	الشخص الذي يتخذ من الرسم وظيفة.	화가	رسام
민지는 내 손목을 잡아 끌었다	لقد أمْسك مين جي برسغي وشدني.	(명) 손과 팔이 이어지는 몸의 부분.	الجزء الذي يربط اليد والذراع.	손목	رسغ. معصم
미술 작품을 감상하다.	يستمتع بمشاهدة الأعمال الفنية الراقية.	(명)공간 및 시각의 아름다움을 표현하는 예술.회화,조각,건축,공예 따위.	فن/حوار/قطعة فنية/فن معماري/حرفة تُعبر عن جمال الزمان والمكان .	미술	رسم / فن راقي وجميل
등록금 고지서	فاتورة التسجيل.	(명) 학생이 수업을 듣기 위해서 학교나 학원에 등록할 때 내는 돈.	مال يدفعه الطالب للتسجيل في مدرسة أو معهد لتلقي الدروس.	등록금	رسوم تسجيل
만화를 그리다.	يرسم قصص مصورة.	(명) 어떤 이야기를 그림으로 나타내는 것, 또는 그런 그림을 모은 책.	تمثيل القصص بالرسوم أو الكتاب الذي يجمع تلك الرسوم.	만화	رسوم مصورة
보도 공사 때문에 다니기가 불편해요.	بسبب أعمال بناء الرصيف السير غير مريح.	(명) 도로의 양쪽 편으로 사람이 다니게 만드는 길.	طريق لسير المشاه على جانبي طريق السيارات.	보도	رصيف المشاة
1-아기를 돌보다. 2-가: 어머니 저 왔어요. 나: 우리 아기, 오는 데 힘들지는 않았니?	يعتني بالطفل الرضيع. 2- (أ): لقد جئت يا أمي. (ب): ابنتي جائت ألست متعبة؟	(명) 1-태어난 지 얼마 안 되는 어린아이. 2-나이가 어린 딸, 며느리.	طفل تم ولادته منذ فترة قصيرة. 2- كلمة تطلق علي الابنة وزوجة الابن صغيرة السن.	아기	رضيع/ ابنة / زوجة الابن.
나무를 심는 것도 중요하지만 관리가 더욱 중요하다.	زراعة الشجر مهمة لكن الاعتناء بها أكثر أهمية.	(명) 어떤 일이나 물건을 책임지고 보살피며 다루는 것.	تحمل مسئولية عمل أو شئ ما و الاعتناء به.	관리	رعاية

1-우리는 좁은 기차 칸에서 점심을 김밥으로 해결했다. 2-신문에 있는 네 칸짜리 만화가 재미있다.	تناولنا الكيم باب كعشاء في عربة القطار الضيقة. 2- مساحات الكاريكاتير الأربعة في الجريدة مسلية.	(명) 1-건물, 기차 안, 책장 등을 용도에 따라 일정한 크기나 모양으로 나누어 둘러 막은 공간. 2-몇 개로 나누어진 공간이나 계단의 수를 세는 말.	1_فضاء مُحيط ومسدود من خلال تقسيم المبنى، القطار، خِزانة الكتب، وما إلى ذلك إلى حجم أو شكل محدّد حسب الاستخدام لغرض معين. 2- وحدة عد السلالم أو المساحات المقسمة.	칸	رف، طابق، مقصورة، حجرة
친구의 부탁이라 거절도 못했다.	لم استطع الرفض لأنه طلب من صديقي.	(명) (남의 제의나 요구, 금품 따위를) 받아들이지 않고 물리침.	لا يقبل به ويصده.	거절	رفض/ يرفض
몸이 너무 아파서 병원에 갔다. 목이 긴 여자를 선호한다.	حلقى يؤلمنى لذلك ذهبت للمشفى. تعجبنى الفتاة ذات الرقبة الطويلة.	(명) 머리와 몸의 사이를 잇댄 잘록한 부분.	الجزء الذي يقوم بوصل الرأس بالجسم.	목	رقبة/عنق/حلق
수미는 노래를 잘하고 춤도 잘 춘다.	إن سومي يجيد الغناء والرقص أيضا.	(명) 음악에 맞추거나 흥이 나서 몸을 움직이는 것.	تحريك الجسم وتنظيم حركاته علي الموسيقي أو الإيقاع.	춤	رقص
이야기를 듣고 순서대로 번호를 쓰세요.	استمع إلى القصة واكتب الأرقام بالترتيب.	(명) 차례를 나타내는 숫자.	رقم يعبر عن الترتيب.	번호	رقم
1-이이의 호는 율곡이다. 2-내 방은 205 호이다.	غرفتي .رقم 205	(명) 1-본명이외에 허물없이 부르기 위해 본명 대신 쓰는 이름. 2-건물이나 방의 차례를 나타내는 말.	رقم غرفة أو مكتب.	호	رقم
우리는 헤어지기 전에 연락처를 주고받았다.	تبادلنا أرقام الاتصال قبل الوداع.	(명) 연락을 하기 위하여 정해 둔 것.	شئ محدد من أجل الاتصال.	연락처	رقم الاتصال
시청역에서 2 호선으로 갈아타세요.	حول من محطة شيتشونج للخط(الإتجاه) الثاني.	(명) 만들어진 순서에 따라 가리키는 지하철의 노선.	إتجاه / خط المترو حسب الترتيب الموضوع.	호선	رقم الخط
1-6 에 1 을 더하면 7 이지요. 2-아내는 지금 임신 칠 개월입니다.	إذا أضفنا 1 علي 6 يصبح الناتج 7. 2- زوجتي حامل في الشهر السابع.	(명) 1-숫자 7. 2- 7 의.	1_رقم 7. 2- سبع	칠	رقم سبعة
1-4 에 6 을 더하면 십이 된다. 2-기차는 십 분 후에 도착할 거에요.	إذا أضفنا 4 علي 6 تصبح 10. سوف يصل القطار بعد عشر دقائق.	(수) 1- 숫자 10/ 2- '십(10)'의.	1_عدد عشرة. 2- عشرة.	십	رقم عشرة
수첩에서 친구 집 전화번호를 찾았다.	وجدت رقم هاتف منزل صديقي في المفكرة.	(명) 가입된 전화마다 매겨져 있는 일정한 번호.	رقم محدد مسجل لكل هاتف.	전화번호	رقم هاتف
옷이 얇다	الملابس رقيقة	(형) 두께가 두껍지 아니하다.	السمك غير سميك.	얇다	رقيق
1-가는 실. 2-가는 목소리로 말하다.	خيط رفيع. 2-يتكلم بصوت خافت.	(형)길이에 비해너비가 좁거나 둘레의 굵기가 작다.	طويل ولكنه صغير البنية أو العرض.	가늘다	رقيق/ رفيع /صغير
옷이 너무 커서 소매가 무릎까지 내려온다.	الملابس كبيرة جداً لدرجة ان الكم يصل إلى الركبة.	(명)정강이와 넓적다리의 사이에 있는 관절의 앞부분.	الجزء الأمامي من المفصل بين القصبة والفخذ.	무릎	ركبة
이 영화관은 주차가 공짜래요.	إن ركن السيارة لهذه السينيما مجانا.	(명) 자동차를 일정한 장소에 세워 두는 것.	وقوغ السيارة في المكان المخصص لها.	주차	ركن السيارة

책상은 왼쪽 구석에 놓으세요.	ضع المكتب في الزاوية اليسري.	(명) 모퉁이의 안쪽.	جزء داخلي لزاوية	구석	ركن/ زاوية
사막에는 모래섞인 바람이 불 때가 많다.	كثيراً ماتهب في الصحراء رياح ممزوجة بالرمال.	(명)/잘게 부스러진 돌 부스러기.	حبيبات حجرية /صخرية صغيرة.	모래	رمال
화장실은 현관 바로 옆에 있습니다.	الحمام موجود بجانب (المدخل/الرواق) مباشرةً	(명)/건물의 출입구나 문간. 또는 그곳에 있는 문.	بوابة/مدخل موجود أمام مدخل أو مخرج المبنى.	현관	رواق/مدخل(بي ت، شقة)
1-어떤 소설을 좋아하세요? 2-새로운 소설이 나왔대.	1_ ماهي الرواية المفضلة لديك؟ 2_ لقد تم إصدار رواية جديدة.	(명) 1-지어내어 쓴 긴 이야기. 2-소설책.	1_كلام طويل مكتوب و مزيف. 2_ كتاب روايات.	소설	رواية
1_물질과 정신. 2_정신 집중.	1العقل السليم في الجسم السليم. 2 يفقد صوابه.	(명) 1_육체나 물질에 대립되는 영혼이나 마음. 2_ 사물을 느끼고 생각하며 판단하는 능력. 또는 그런 작용. 3_(명) 마음의 자세나 태도.	الروح أو القلب وهو عكس الجسد أو الماديات. القدرة على الشعور والتفكير والتمييز. أو تلك الوظيفة. وضع أو سلوك.	정신	روح, عقل
러시아에 가다.	يذهب إلى روسيا.	(명) 유럽 동부에서 시베리아에 걸쳐 있는 나라.	بلد تمر بشرق أوروبا إلى سيبيريا.	러시아	روسيا
밖에서 바람이 심하게 부니까 오늘은 나가지 말자.	دعنا لا نخرج اليوم لأن الرياح تهب بشدة في الخارج.	(명)기압의 변화로 일어나는 공기의 흐름.	الهواء الناتج عن تغير الضغط الجوي.	바람	رياح(هواء)
스포츠 채널/최고의 스포츠 스타	قناة رياضية/أفضل نجوم الرياضة.	(명) 운동. 운동 경기.	رياضة. مباراة رياضية.	스포츠	رياضة
다음 시간은 체육 시간이에요.	التالي هو وقت التربية البدنية.	(명) 체력을 기르게 위한 교육, 또는 학교 과목.	تمرين من أجل القوة البدنية. أو مادة دراسية في المدرسة.	체육	رياضة. تربية بدنية
1- 살을 빼려면 어떤 운동이 좋을까요? 2- 독립 운동.	1 ما الرياضة الأفضل لخسارة الوزن؟ 2 حركة الاستقلال.	(명) 1- 건강을 위해 몸을 움직이는 활동 . 2-어떤 목적을 이루기 위해 조직적으로 벌이는 활동.	1 تحريك الجسم من أجل الصحة. 2 نشاط يتم تنظيمه لتحقيق هدف معين.	운동	رياضة. حركة
그는 한 광고 회사의 사장이었다	كان رئيس شركة إعلانات.	(명) 회사의 대표자.	رئيس الشركة.	사장	رئيس
대통령 선거	انتخابات رئاسية.	(명) (주권이 국민에게 있는 나라에서) 외국에 대하여 국가를 대표하는 역할을 하는 사람. 또는 그 자리.	شخص يمثل الدولة خارجيا في بلد السيادة فيها للشعب. أو المنصب نفسه.	대통령	رئيس الجمهورية
1-대기업 회장. 그는 무투표로 회장이 되었다 2-각국 대표들이 회장에 입장했다.	1- دخل ممثلون كل دولة لقاعة المؤتمرات. 2-لقد أصبح رئيس للشركة بدون تصويت.	(명)/1-회사에서 사장 위의 지위. 또는 그 지위에 있는 사람. 2-모임이 열리는 장소. 3-여러 사람이 차례로 돌려보도록 쓴 글.	1- كتابة يتناقلها مجموعة من الأشخاص بالأدوار. 2_ جزء من الأمعاء الدقيقة يصل للصائم من الأعلى،والأمعاء الغليظة من الأسفل. 3_ يحتفظ بأفكار في باله (بمشاعر في قلبه)دون علم الناس. 4_ مكان الإجتماع أو القاعة التي تُعقد بها الجلسة. 5_ الشخص الذي يمثل الجلسة/الاجتماع.	회장	رئيس شركة / رئيس جلسة / قاعة مؤتمرات

주말에는 주로 무엇을 하세요?	ماذا تفعل عادة في نهاية الأسبوع؟	(부) 가장 흔하게. 무엇을 중심으로 하여.	أكثر شيوعا. مركز شئ ما.	주로	رئيسيا. عادة
깨진 유리에 발을 베였어요.	لقد انجرحت قدمي من الزجاج المنكسر.	(명) 창, 유리, 병 등을 만드는 데 쓰는, 단단하나 깨지기 쉬운 투명한 물질.	مادة شفافة وصلبه سهلة الكسر وتستخدم في صنع الشبابيك و الزجاجات.	유리	زجاج
주스 병	زجاجة عصير.	(명) 주로 액체, 가루를 담는 데 쓰는, 목이 길고 좁은 그릇.	حاوية ضيقة عنقها طويل تستخدم غالباً في حفظ السوائل أو البودرة.	병	زجاجة
1-이 옷은 단추 끼우기가 어렵다. 2-단추만 누르면 목적지까지 저절로 가는 자동차를 만든다고 하던데, 정말 가능할까요?	1_من الصعب تركيب أزرار في هذه الملابس. 2- يقولون أنه سيتم صنع سيارة تذهب أوتوماتيكيا إلي وجهة السفر بمجرد الضغط علي الزر, هل هذا ممكن؟	(명) 1-옷을 여미는 데 사용하는 물건. 2-기계를 움직이게 하려고 누르는 작은 것.	1_شئ يتم استخدامه في تثبيت الملابس. 2- شئ صغير يتم الضغط عليه من أجل تشغيل الآلة.	단추	زر
버튼을 누르다.	يضغط الزر.	(명) 옷 등의 두 폭이나 두 짝을 한데 붙였다 떼었다 하는, 옷고름이나 끈 대신으로 쓰는 물건.	قطعة تستخدم بدلاً من الربطة أو الخيط لربط قطعتين في الملابس وغيرها أو نزعهما.	버튼	زر
올해 농사는 풍년이에요.	هذا العام هو عام زراعة المحاصيل	(명)농작물을 심고 가꾸고 거두는 일.	زرع المحاصيل.	농사	زراعة
첫 번째 골목으로 들어가 주세요.	ادخل أول زقاق من فضلك.	(명)건물들 사이로 나 있는 좁은 길.	الطريق الضيق مابين الأبنية.	골목	زقاق
눈이 와서 길이 미끄럽다.	الطريق زلق بسبب تساقط الجليد.	(형) (사물이) 어떤 표면에 닿았을 때, 저절로 밀리어 나갈 만큼 반들반들하다.	متغير أو متقلب لدرجة تجعله يندفع للأمام تلقائياً.	미끄럽다	زلق/زالج
그 나라는 오래 전에 노예 제도를 폐지했다.	ألغت تلك الدولة نظام العبودية منذ وقت طويل.	(명) 상당한 시간이 지나간 과거	الماضي بعد مرور أوقات طويلة	오래 전	زمان قديم
그 음식점은 맛있다고 소문이 나 예전보다 손님이 늘었다.	شهرة المطعم كونه لذيذ تتزايد مقارنة بالماضي.	(명) (=) 옛날/ 과거. 지난날.	في الماضي.	예전	زمن قديم
결혼 생활	حياة الزواج	(명)남자와 여자가 정식으로 부부가 되는 것.	أن يصبح رجل وامرأة زوجين رسميا.	결혼	زواج
우리 사위는 딸한테 잘해줘서 참 좋아.	من الجيد جدا أن زوج ابنتي يحسن التصرف معها.	(명) 딸의 남편.	زوج الابنة.	사위	زوج الابنة
1-양말 한 짝. 2-제 짝은 참 좋은 친구예요.	1 فردة شراب. 2 إن صديقي شخص جيد جدا.	(명) 1-두 개가 함께 어울려 한 쌍을 이룬 것 중 하나. 2-학교에서 같은 책상을 쓰는 친구.	1 شئ واحد من شيئان متلائمان معا ويكونان علاقة زوجية. 2 صديق المدرسة الذي يشاركني نفس المكتب.	짝	زوج. قرين. فردة
김 부장 부인의 음식 솜씨는 이미 소문이 나 있었다.	كانت الحديث عن مهارات طبخ زوجة المدير كيم مسموعاً بالفعل.	(명) 남의 아내를 높여 이르는 말.	كلمة أكثر إحتراماً لزوجة شخص آخر.	부인	زوجة
제가 아내를 처음 만난 것은 대학교 다닐 때였어요.	قابلت زوجتي لأول مرة عندما كنت أذهب للجامعة.	(명) 부부 가운데서 여자인 사람.	الأنثي بين الزوجين.	아내	زوجة

내일은 우리집 며느리 맞는 날이랍니다.	غداً هو اليوم الذي سيتسقبل زوجة ابني.	(명)/아들의 아내.	زوجة الابن	며느리	زوجة الابن
아무리 가까운 부부 사이라도 예의를 지켜야 해요.	مهما كانت علاقة الزوجين قريبة لابد أن يراعى الأدب	(명) 결혼해서 같이 한 가정을 이루며 사는 남자와 여자. 남편과 아내.	رجل وامرأة يتزوجون فيكونون أسرة معاً. زوج وزوجة.	부부	زوجين
모교 방문	زيارة لمدرستي القديمة.	(명) 사람을 찾아가 만남.	الذهاب لمقابلة شخص.	방문	زيارة
식물성 기름	زيت نباتي.	(명)물보다 가볍고 미끈미끈하며 불에 잘 타는 액체.	سائل يتحمل النار وأخف من الماء وأملس،جيد الاشتعال.	기름	زيت
날씨가 따뜻하지요?	الطقس دافئ, أليس كذلك؟	(형) 날씨나 온도가 기분이 좋을 만큼 조금 높다.	ارتفاع درجة الحرارة قليلاً بشكل مرضي.	따뜻하다	ساخن
추울 때 뜨거운 걸 먹으면 좀 덜 추워요.	إذا تناولت شيئاً ساخناً في الطقس البارد يقل شعورك بالبرودة.	(형) 온도가 몹시 높다. 몹시 덥다.	ارتفاع درجة الحرارة كثيراً. حار جداً.	뜨겁다	ساخن
1-시계가 두 시를 가리키다. 2-짙은 안개가 우리의 시계를 가렸다.	تشير الساعة إلى الثانية.	(명)/1. 시간을 재거나 시각을 가리키는 기계. 2. 시력이 미치어 볼 수 있는 범위, 시야.	آلة لقياس أو الإشارة للوقت،عادة مايتم تحريك دورة الساعة بقوة الزنبرك و يتم إستغلال حركة بندول الساعة أو الرمال وتتحكم درجة الدوران في السرعة.	시계	ساعة
오늘 점심은 샌드위치로 할까?	هل أعد لك ساندوتش علي الغداء؟	(명) 두 조각의 빵 사이에 야채와 고기, 달걀, 치즈 등을 넣은 간편한 서양 음식.	طعام غربي عبارة عن خضراوات و لحم و بيض و جبن بين قطعتين من الخبز.	샌드위치	ساندوتش
동생은 외국 관광객을 안내하는 일을 하고 있다.	أخي يقوم بإرشاد السياح الأجانب.	(명) 관광을 하러 다니는 사람	الشخص الذي يتجوّل من أجل السياحة	관광객	سائح
이 방송은 택시 기사 아저씨들이 많이 듣는다.	هذه المحطة الإذاعية يستمع اليها سائقو التاكسي كثيرا.	(명) 직업으로 차를 운전하는 사람. /=운전사	شخص وظيفته قيادة السيارات.	기사	سائق
그는 10 년 경력의 유능한 운전기사이다.	إنه سائق محترف خبرته دامت 10 سنوات.	(명) 직업적으로 차나 기계를 운전하는 사람.	الشخص الذي يقوم بقيادة السيارة أو الآلة مباشرة.	운전기사	سائق
저는 어릴 때 택시 운전사가 되고 싶었어요.	أريد أن أصبح سائق تاكسي منذ صغري.	(명) 직업적으로 차나 기계를 운전하는 사람.	الشخص الذي يقوم بقيادة السيارة أو الآلة مباشرة.	운전사	سائق
친구에게 수영을 배우다.	تعلمت السباحة من صديقي.	(명)/스포츠나 놀이로서 물속을 헤엄치는 일.	العوم في الماء بصفته رياضة أو تسلية.	수영	سباحة
우리는 아침 일찍 일어나서 체조나 달리기, 줄넘기 같은 운동을 합니다.	نمارس رياضات مثل الجمباز او العدو او نط الحبل وغيرهم بعد الاستيقاظ مبكراً.	(명) 어떤 거리를 누가 빨리 달리는지 경쟁하는 경기.	منافسة لتقرير من يجري مسافة ما بأكبر سرعة.	달리기	سباق الجري/ العدو.
두 사람이 갑자기 헤어진 까닭을 잘 모르겠어요.	لا أعرف سبب الانفصال المفاجئ لهذين الشخصين.	(명) 어떤 일이 있게 된 이유. /=원인,이유	السبب لحدوث شئ ما.	까닭	سبب
눈이 많이 오기 때문에 산에 못 가겠다.	يبدو أنني لن أستطيع الذهاب إلى الجبل بسبب كثرة تساقط الثلوج.	(명) 어떤 일의 이유나 원인.	سبب شيء ما.	때문	سبب

선생님! 칠판에 써 주세요.	يا معلم أكتب علي السبورة.	(명) 분필로 글씨를 쓸 수 있도록 검은칠 등을 하여 만든 푸른 색 판. 주로 교실에 있다.	لوحة ذات لون أسود داكن يكتب عليها بالطباشير. توجد بشكل رئيسي في الفصل.	칠판	سبورة
그는 베란다 쪽 커튼을 걷고 창문을 열었다.	فتح الشباك و أسدل الستار ناحية الشرفة.	(명) 햇볕을 가리거나 안이 들여다보이지 않도록 하기 위해 창이나 문에 치는 천.	قماش يُسدل علي النافذة أو الباب من أجل لحجب أشعة الشمس ومنع دخولها.	커튼	ستار
여섯 명	ستة أشخاص	(수) 다섯에 하나를 더한 수.	زيادة رقم واحد فوق الخمسة.	여섯	ستة
1- 육(6)에 이(2)를 더하면 팔(8)이지요. 2- 육 년 동안 미국에 계셨으니까 영어를 잘 하시겠네요.	1 إذا جمعنا ستة مع أثنين يكون الناتج ثمانية. 2 إنني أجيد الإنجليزية لأنني مكثت في أمريكا لستة أشهر.	(수) 1- 숫자 6. 2- 육(6)의.	1 الرقم ستة. 2 ستة.	육	ستة
1-그는 나이 예순을 남겨 머리카락이 희끗희끗했다. 2-그곳에 모인 사람이 예순 명도 더 넘는 것 같았다.	تجاوزت سن 60 لذلك شعرها أبيض جزئياً. 2- أعتقدت أن عدد الناس الذين تجمعوا في ذلك المكان قد تخطي 60 شخص.	(명) 1- 숫자 60. 2- 60 의.	1_العدد 60 . 2- 60	예순	ستون.
구름이 잔뜩 낀 것을 보니까 비가 올 모양입니다.	يبدو أن السماء ستمطر لانتشار السحب كثيرا.	(명) 하늘에 떠 있는 흰색 또는 잿빛의 덩어리.	كتلة سابحة في السماء بيضاء أو رمادية اللون.	구름	سحاب
너,내가 모르는 무슨 비밀이라도 있니?	هل لديك سر تخفيه عني؟	(명) 남이 모르는 일.	أمر لا يعرفه الأخرين.	비밀	سر
그는 밤에 몰래 사무실로 들어가서 서류를 빼내 갔다.	لقد دخل هذا الشخص إلى المكتب ليلاً وأخذ المستندات خلسةً(دون علم أحد).	(부) 남이 모르도록 가만히.	بهدوء حتى لا يعلم الآخرون.	몰래	سرا/خلسة/دون علم أحد.
과학의 발달 속도가 점점 더 빨라 빠릅니다.	إن سرعة تطور العلوم تزداد شيئا فشيئا.	(명) 어떤 물체나 현상이 움직이거나 변하는 빠르기의 정도.	درجة سرعة تحرك الشئ أو ظاهرة ما.	속도	سرعة
팬티를 입다	يرتدي سروال	(명) 몸의 아래에 입는 짧은 속옷.	ملابس داخلية قصيرة تلبس علي الجزء السفلي من الجسم.	팬티	سروال
주말에는 청바지를 자주 입습니다.	أرتدي البنطال الأزرق أحيانا في عطلة نهاية الأسبوع.	(명) 두껍고 튼튼한 면으로 된 파란색 바지.	بنطال أزرق مصنوع من قطن متين وثقيل.	청바지	سروال أزرق (جينز)
기쁨의 눈물	دموع الفرح.	(명)기쁜 느낌이나 기뻐하는 마음. /(반)슬픔	القلب المسرور أو الشعور بالسعادة.	기쁨	سرور. السعادة. الفرح
외국에서 살면 새로운 문화를 접하는 즐거움이 있습니다.	هناك سعادة في اكتساب ثقافات جديدة عندما تعيش بالخارج.	(명) (반) 괴로움/ 무엇이 마음에 들 때 생기는, 기쁘고 좋은 느낌이나 마음.	الشعور بإحساس جيد وبسعادة عند الإعجاب بشئ ما.	즐거움	سرور. فرح. بهجة
지수는 피곤해서 집에 돌아오자마자 침대 위에 쓰러져 잠들었다.	سقطت جي سو نائمة بمجرد دخولها البيت لأنها كانت متعبة للغاية.	(명) 사람이 누워 잘 수 있게 만든 가구.	قطعة أثاث غربية تستخدم عند النوم.	침대	سرير
빠른 등기	تسجيل سريع.	(형) 한 곳에서 다른 곳으로 움직이는 데 걸리는 시간이 보통보다 짧다.	الوقت الذي يستغرقه الإنتقال من مكان إلى مكان آخر أقصر من المعتاد.	빠르다	سريع

어머니의 사랑이 우리 가족의 행복을 만든다.	إن حب والدتى يصنع الفرحة في العائلة.	(명) 자기의 상태에 만족하여 즐거울 때 느끼는 감정.	المشاعر التي يحسها الإنسان عندما يكون راضياً على حالته ومستمتع.	행복	سعادة
감기 때문에 기침이 심한가 봅니다.	يبدو أن لديك سعال حاد بسبب الأنفلونزا.	(명)허파에서 목구멍을 통해 공기가 거친 소리를 내며 갑자기 터져 나오는 것.	هواء يندفع فجأة من الرئة أو الحلق مصحوبا بصوت.	기침	سعال
물건의 가격이 계속 올라가고 있음.	إن أسعار السلع في زيادة مستمرة.	(명) 물건이 지니고 있는 교환 가치를 화폐의 단위로 나타낸 것.	القيمة التي تساويها السلعة من مال.	가격	سعر
값이 비싸다	غالي السعر.	(명) 물건을 팔고 사기 위하여 정한 액수 / (=) 가격	مبلغ من المال للشئ الذي يتم بيعه أو شراؤه.	값	سعر
저는 맛있는 음식을 먹을 때 가장 행복해요.	أكون في غاية السعادة عندما اتناول طعام لذيذ.	(형)/자기의 상태에 만족하여 즐겁다.	مستمتع وراضي عن حالته.	행복하다	سعيد
나는 선물을 주는 것이 선물을 받는 것보다 기쁘다.	أشعر بالسعادة عند تقديم الهدايا أكثر من استلامها.	(형) 마음에 드는 일이 있어서 신이 나고 기분이 좋다. /(반)슬프다	تحسن المزاج والاحساس بشعور رائع بسبب شئ يروق لك.	기쁘다	سعيد. مسرور
프랑스 대사관.	السفارة الفرنسية	(명) 외국에서 대사와 외교를 맡은 관리들이 일을 하는 기관.	هيئة في الخارج يعمل بها السفير و الدبلومسيون.	대사관	سفارة
집이 낡아서 지붕이 샙니다.	لقد بنينا السقف لأن المنزل كان بالٍ.	(명) 비, 햇볕을 가리고 추위를 막기 위하여 건축물의 위쪽을 덮는 부분.	جزء يوضع أعلي المباني لمنع البرودة و أشعة الشمس والمطر.	지붕	سقف
저는 설탕이 많이 들어간 음료수를 안 좋아해요.	لا أحب المشروبات التي بها سكر كثير.	(명) 맛이 달고 물에 잘 녹아 음식의 양념이나 단맛을 내는 재료로 쓰는 하얀 가루.	بودرة بيضاء طعمها حلو وجيدة الذوبان في الماء وتستخدم لجعل الطعام حلو المذاق.	설탕	سكر
1-남자는 술에 취해 비틀거리며 걸었다. 2-병사들은 전쟁이 끝난 뒤 한동안 승리감에 취해 있었다.	مشي الرجل وهو يترنح لأنه مخمور. 2- ظل الجنود مفتونين بالنصر لفترة طويلة بعد انتهاء الحرب.	(자동) 1-(술, 약 때문에 몸을 제대로 움직일 수 없게) 정신이 흐려지다. 2-무엇에 매우 깊이 빠져서 열중하다.	يكون غير قادر على التفكير أو الحركة بشكل صحيح بسبب تأثير مشروبات كحولية أو أدوية وغيرها. 2- يُفتتن بشيء أكثر من اللازم.	취하다	سكران/ مخمور / مسحور / مفتن ب
칼로 베다	يقطع باسنخدام السكين.	(명) 물건을 베거나 깎거나 써는 데 쓰는, 날이 날카로운 도구.	أداة حادة الطرف تستخدم في لقطع أو تقشير شيء ما.	칼	سكين
1-한반도의 평화는 아시아의 평화를 위해서 아주 중요하다. 2-마음의 평화를 찾고 싶으면 기도하세요.	السلام في شبه الجزيرة الكورية مهم للغاية من أجل السلام في قارة آسيا. 2- صلٍ إذا كنت ترغب في سلام القلب.	(명) 1-(반) 전쟁/ 나라나 사람들의 사이에 싸움이 없어서 조용하고 안정된 상태. 2-몸과 마음이 안정되고 편안한 상태.	حالة استقرار وهدوء بين الأشخاص أو الدول بلا صراع. 2- القلب و الجسم في حالة راحة و استقرار.	평화	سلام
오랫동안 청소를 하지 않고 지내다 보니 휴지통이 꽉 찼다.	سلة المهملات مليأة على آخرها لأني لم أنظف منذ فترة طويلة.	(명) 못 쓰게 된 종이나 쓰레기를 버리는 통.	سلة يُرمى فيها الورق الغير صالح للإستخدام.	휴지통	سلة المهملات
생일 선물로 엄마께 목걸이를 사 드렸다.	أشتريت لأمى عقد بمناسبة عيد ميلادها.	(명)목도리,넥타이 따위와 같이 목에 거는 것.	مايعلق على الرقبة مثل رابطة العنق(الكرافت)،والسكارف.	목걸이	سلسلة/عقد

계단을 오르면 왼쪽에 제 사무실이 보일 거예요.	عندما تصعد الدرج يظهر لك مكتبي بجهة اليسار.	(명) 건물에서 걸어서 위아래로 오르고 내릴 수 있게 만든 시설.	مرفق للصعود والنزول على القدمين في مبنى.	계단	سلم
학습 태도	السلوك الدراسي	(명) 마음이 나타난 행동과 자세.	موقف أو تصرف يعبر عن المشاعر.	태도	سلوك
1-오늘은 하늘이 참 맑다. 2-어머니가 하늘로 가신 뒤로 우리는 자주 모여 어머니 생각을 했다. 3-하늘이 노하다.	اليوم السماء صافية جداً. 2- بعد وفاة أمي عادة نتجمع ونتذكرها. 3- يغضب الأله.	(명) 1-해, 달, 별 따위가 떠 있는 공중. 2-신이나 죽은 사람의 영혼이 살고 있다고도 생각되는 곳. 3-신, 하나님.	1_ المساحة التي يوجد بها الشمس والقمر والنجوم وغيره. 2- المكان الذي يوجد فيه الأله أو روح الإنسان المتوفي. 3- الأله.	하늘	سماء
두께가 있다.	له سمك.	(명) 물건의 두꺼운 정도.	درجة سمك الشيء.	두께	سمك
생선 가게.	محل الأسماك.	(명) 말리거나 절이지 않은, 잡은 그대로의 물고기.	كائن بحري يتم اصطياده وبيعه وشراؤه للأكل.	생선	سمك
두꺼운 이불	غطاء سرير سميك.	(형) (사물이) 두께가 보통의 정도보다 크다.	سمك أكبر من الدرجة الطبيعية.	두껍다	سميك
저는 좀 뚱뚱한 편이라서 날씬해 보이는 옷이 좋아요.	أحب الملابس التي تظهرني رشيقاً لأنني ممتلئ بعض الشيء.	(형) 살이 쪄서 몸집이 옆으로 퍼지고 굵다.	زيادة الوزن بسبب تراكم الشحوم.	뚱뚱하다	سمين
1- 마이클은 하얀 이를 드러내며 웃었다. 2- 톱의 이가 빠져서 나무를 자르기가 힘들군.	1 ضحك مايكل وهو يرينا أسنانه البيضاء. 2 إن سن المنشار مكسور فقطع الشجرة صعب.	(명) 1- '=치아/ 입안의 아래와 위에 나란히 나 있으면서 음식을 으깨고 자르는, 희고 단단한 기관. 2- 칼, 톱의 날카롭거나 뾰족뾰족한 부분.	1 أعضاء صلبة وبيضاء توجد مرصوصة داخل الفم في الأعلي و الأسفل لقطع ومضغ الطعام. 2 الجزء الحاد أو المدبب في المنشار أو السكينة.	이	سن
할머니 연세는 61 세입니다.	عُمر جدتي 61 عام.	(명)나이의 높임말.	صيغة تبجيلية لعُمر الإنسان.	연세	سنّ، عمر
나는 일년 동안 한국에서 한국말을 배웠다.	لقد تعلمت اللغة الكورية في كوريا لمدة عام.	(명) 12 달이나 365 알을 하나로 뭉쳐서 이르는 기간.	فترة مكونة من 365 يوم أو 12 شهر.	년	سنة.عام
이 바지 1 센티만 줄여 주세요.	من فضلك قص لي هذا البنطلون 1 سم فقط.	(명) '센티미터'의 준말.	اختصار كلمة سنتيميتر.	센티	سنتيميتر (سم)
제 키는 170 센티미터 입니다.	إن طولي 170 سنتيميتر.	(E)(명) 길이를 나타내는 단위.	وحدة أطوال.	센티미터	سنتيميتر (سم)
이 책은 전문 용어가 많아 일반인들이 이해하기에 쉽지 않다.	يحتوي هذا الكتاب على ألفاظ متخصصة لذلك يصعُب على الأشخاص العاديين فهمه.	(형) 1-하기가 까다롭거나 힘들지 않다. 2-예사롭거나 흔하다. 3-가능성이 많다.	ليس صعباً،ولا يحتاج لجهد.	쉽다	سهل
나는 집에 가는 길에 슈퍼마켓에 들러 한 달 동안 쓸 휴지를 샀다.	ذهبت إلى السوبر ماركت في طريق عودتي إلى المنزل واشتريت مناديل تكفي للاستخدام شهراً.	(명)식료품을 비롯한, 일용 잡화를 판매하는 큰 잡화점.	متجر كبير.	슈퍼마켓	سوبر ماركت
소주를 드신 다음날 아버지는 꼭 해장국을 드십니다.	يتناول أبي شوربة هيه جانج في اليوم التنالي لتناوله الخمر.	(명) 곡식을 발효시켜 만든, 맑은 한국 술.	خمر كوري مقطر من الحبوب.	소주	سوجو (خمر كوري)
1-어머니는 시장에 가셨다. 2-지금 서울 시장은 박원순이다.	ذهبت الأم للسوق محافظ سوول الأن هو باك وون سو.	(명)1-여러 가지 상품을 사고 파는 일정한 장소. 2-지방 자치 단체인 시의 책임자. 집행 기관으로서 시를 맡아서 다스린다.	1- مكان معين لبيع وشراء العديد من السلع. 2_ رئيس وحدة محلية.	시장	سوق

다음 물음에 답하시오.	أجب عن الاسئلة التالية.	(명) 무엇을 밝히거나 내용을 알고 싶어서 대답이나 설명을 요구함. 또는 그런 말.	سؤال / (عكس) الإجابة.	물음	سؤال
혹시 질문이 있으면 손을 드세요.	ارفعوا أيديكم إذا كان هناك اي سؤال.	(명) (반) 대답/ 모르는 것에 대해 묻는 것. 또는 모르는 것에 대해 묻는 내용의 말.	السؤال عن شئ غير معروف أو عن محتواه.	질문	سؤال
한국어도 배우고 관광도 할겸 한국에 왔어요.	جئت إلي كوريا للسياحة و تعلم اللغة الكورية.	(명)경차나 문화 등으로 유명한 곳을 찾아가서 구경하는 것.	زيارة مكان مشهور بالثقافة والمناظر الطبيعة وغيره.	관광	سياحة
버스와 승용차가 충돌하여 많은 부상자가 생겼다.	اصطدم الأتوبيس بالسيارة ونتج عن ذلك الكثير من المصابين.	(명)/사람이 타고 다니는 만든 차. 비영업용 자동차.	كلمة تُطلق على السيارة التي يمتطيها الإنسان ،والشاحنات وغيرها.	승용차	سيارة
자동차 보험	تأمين السيارة	(명) 차체에 설비된 원동기로 바퀴를 굴려서 땅 위를 움직이도록 만든 기계. .	عربة مصنوعة للتحرك فوق الأرض حيث يدور المحرك فتدور العجلات.	자동차	سيارة
1-오늘은 제 차를 타고 가세요. 2-여기 올 사람들이 아직 한 차 더 있습니다.	1 أركب سيارتي اليوم واذهب. 2 بلغ عدد الأشخاص القادمة اليوم حتي الآن سيارة واحدة.	(명) 1-'=자동차/ 바퀴가 달려서 사람이나 짐을 실어 나르는 기계 또는 수단. 2-버스나 트럭 등에 한 번에 태우거나 실은, 짐이나 사람의 수를 세는 말.	1 الآلة التي تحمل الناس أو الأحمال لكونه مزود بالعجلات. 2 وحدة تعداد عدد الأشخاص أو الأحمال عند شحنهم في حافلة أو شاحنة.	차	سيارة
담배에 불을 붙이다.	يشعل سيجارة.	(명) 가늘게 썬 마른 풀의 잎을 뭉쳐 종이에 말아 불을 붙여 그 연기를 마시게 되어 있는 것.	شيء يتم إنتاجه من خلال قطع العشب تقطيعا رقيقا ثم لفها بورق بحيث يتم إشعالها بالنار من أجل تدخينها	담배	سيجارة
선생님의 성공에는 사모님의 도움이 컸습니다.	إن زوجة المعلم لها فضل كبير في نجاحه.	(명) 스승이나 윗사람의 부인을 높여 부르는 말.	كلمة لنداء زوجة المعلم أو الشخص الكبير.	사모님	سيدة. زوجة المعلم
나는 심심할 때 혼자 영화과에 가곤 했어요.	أعتدت أن أذهب إلي السينما عندما أشعر بالملل.	많은 사람들이 함께 영화를 볼 수 있는 시설을 갖춰 놓은 곳.	مكان مجهز بمرافق يمكن لكثير من الناس مشاهدة فيلم معاً.	영화관	سينما
요새 날씨가 나빠서 주로 집에만 있었어요.	لقد بقيت في المنزل بسبب حالة الجو السيئة هذه الأيام.	(형) 사물, 사정이 좋은 상태가 아니다. 정상이 아니다. / (반) 좋다	حالة الشئ الغير جيدة. غير طبيعي.	나쁘다	سئ
한 젊은이가 버스에서 노인에게 자리를 양보했다.	ترك شاب مكانه في الحافلة إلى العجوز.	(명) 나이가 젊은 사람.	الشخص الصغير في السن.	젊은이	شاب
노인은 옆자리의 청년에게 술을 권했다.	عرض العجوز علي الشاب الذي بجانبه الخمر.	(명) '=젊은이/ 나이가 20 대에서 30 대 초반에 있는 젊은 남자.	شاب ذكر.	청년	شابّ
트럭 운전사	سائق شاحنة	(명) 짐을 나르는 데 쓰는 큰 자동차.	سيارة كبيرة تستخدم في حمل البضائع.	트럭	شاحنة
수영을 하러 바닷가로 나갔다.	ذهبت إلى الشاطيء للسباحة.	(명)바다와 땅이 서로 잇닿은 곳이나 그 근처.	المكان الذي يصل البحر بالأرض(اليابسة)،أو المنطقة المحيطة.	바닷가	شاطيء/كورنيش
시간이 있으면 커피숍에 가서 차나 한 잔 할까요?	إذا لديك وقت هل نذهب إلي الكافيه ونحتسي كوب من الشاي؟	(명) 향기나 맛이 있는 나무의 잎을 따서 만든, 마실 것.	شئ يصنع من أوراق الشجر وله رائحة وطعم. شئ يُشرب.	차	شاي

외국 여행을 하는 것은 이제 흔한 일이 되었습니다.	لقد أصبح السفر للخارج أمراً شائعاً الآن.	(형)/매우 많이 있어 구하기도 쉽고 보기도 쉽다.	سهل رؤيته أو الحصول عليه لأنه موجود كثيراً.	흔하다	شائع
소문이 자자하다.	روجت الشائعات.	(명) 사람들 사이에 널리 퍼진 말이나 소식.	أخبار أو حديث ينتشر بتوسع بين الناس.	소문	شائعة
젊은 시절	الشباب	(명) 나이가 상대적으로 적거나 한창 때에 있다.	ريعان الشباب.	젊다	شباب
바람이 들어오게 유리창을 열었어요.	لقد فتحت الشباك الزجاج حتي يدخل الهواء.	명) 유리를 끼운 창문, 또는 창문에 끼운 유리.	شباك مصنوع من الزجاج أو الزجاج المصنوع منه الشباك.	유리창	شباك زجاجي
귀신이 씌다.	يمتلك شبحاً أو متصل به.	(명) 주로 사람을 해친다고 하는, 눈에 보이지 않는 두려운 존재.	كائن مخيف لا يظهر للعين ويُقال أنه يضر الإنسان بشكل رئيسي.	귀신	شبح
점심을 너무 많이 먹었더니 아직도 배부른데요.	أكلت الكثير على الغداء لذا مازلت شبعان.	(형) 음식을 많이 먹어 더 먹고 싶은 생각이 없다.	عدم الرغبة بتناول الطعام نتيجة تناول الكثير منه.	배부르다	شبعان
이제는 배가 불러 더는 못 먹겠습니다.	أشعر بالشبع لا أستطيع أن آكل المزيد.	(형) 음식을 먹어서 뱃속이 가득한 느낌이 있다.	الشعور بالإمتلاء بعد تناول الطعام.	부르다	شبعان
한반도는 삼면이 바다로 둘러싸여 있다.	شبه الجزيرة الكورية محاطة بثلاثة بحار.	(명) 아시아 대륙의 동북쪽 끝에 있는 반도. 제주도를 포함한 한국 국토의 전역을 포함한다.	شبه جزيرة التي تقع في نهاية الجزء الشمالي الشرقي من قارة آسيا. وتشمل جميعَ الأراضي الكورية بما فيها جزيرة جيجو	한반도	شبه الجزيرة الكورية
겨울은 날씨가 춥고 눈이 자주 내립니다.	في الشتاء يكون الطقس بارد وتتساقط الثلوج غالباً.	(명)계절 중에서 가을과 봄 사이에 오는 가장 추운 계절.	أكثر الفصول برودة والذي يأتي بين الخريف والربيع.	겨울	شتاء
1- 어려운 때일수록 용기를 잃지 마세요. 2- 용기를 잃다.	1 لا تفقد قوتك في المواقف الصعبة. 2 يفقد قوته.	(명) 1- 겁이 없는 씩씩하고 굳센 기운. 2- 어떤 일을 하는 데 필요한 힘.	1 قوة معنوية عالية وجرأة. 2 القوة المطلوبة لفعل شئ معين.	용기	شجاعة. قوة
나무를 베다 / 나무를 심다.	يقتلع شجرة/ يغرس شجرة.	(명) 줄기가 단단하고 가지가 달린, 여러 해 동안 사는 식물.	نبات يعيش لعدة سنوات، له جذوع وفروع صلبة.	나무	شجرة
이것은 나 개인의 문제가 아니라 우리 부서 전체의 문제이다.	هذه ليست مشكلة فردية (مشكلتي الخاصة) ،بل مشكلة القسم كله.	(명) 낱낱의 사람.	كل شخص على حدا / بمفرده.	개인	شخص
세종 대왕은 한글을 만드신 분이다.	الملك سيجون هو مخترع الحروف الكورية.	(명)어떤 사람을 높여 이르는 말.	كلمة أكثر إحتراماً للشخص.	분	شخص
1-영주는 제 고등학교 후배입니다. 2-오늘 저녁에 우리 회사 후배들을 만나기로 했어요	1- يونج جوو هي طالبة أصغر سناً من المدرسة الثانوية. 2- لقد قررنا اليوم على العشاء أن نقابل زملاء الشركة الأقل في المرتبة.	(명)/1-같은 학교를 자기보다 나중에 들어오거나 졸업한 사람. 2=같은 일이나 분야에 종사하면서 경력이나 지위, 경험 따위가 자신보다 아래인 사람.	شخص أقل في الخبرة العملية،السن.	후배	شخص أصغر سناً/أقل مرتبة.

1-거리는 많은 사람들로 붐볐습니다. 2-한국 사람. 3-할아버지는 우리에게 먼저 사람이 되라고 가르치셨다.	1_الشارع كان متكدس بالعديد من الناس. 2_شخصكوري. 3_لقد علمنا جدي أن نكون الأول دائما.	(명) 1-말을 할 줄 알고 도구를 만들고 쓸 줄 아는 동물. 2-어떤 지역이나 시기에 태어나 사는 이. 3-예의바르고 똑똑하도록 힘써서 배운 이.	1_حيوان قادر علي التكلم وصنع الالآت واستخدامها. 2_انسان يولد في منطقة أو حي معين. 3_مخلوق يطور قواه ليصبح ذكيا ومتحضر.	사람	شخص. انسان
좋은 성격/ 나쁜 성격.	شخصية جيدة/ شخصية سيئة	(명) 개인이 가지고 있는 남다른 성질.	الشخصية المميزة للفرد.	성격	شخصية
할머니는 잔소리가 너무 심해요.	توبيخ الجدة كان شديد جدا	(형) 보통의 정도보다 훨씬 더하다.	أكثر بكثير من الدرجة المعتادة	심하다	شديد
선생님의 설명을 잘 들으세요.	استمع جيدا لشرح المعلم.	(명) 어떤 사실에 대하여 남이 잘 이해할 수 있도록 말하는 것.	التحدث عن حقيقة ما ليتم فهمها جيدا.	설명	شرح. وصف
조건을 갖추다.	يتخذ شروطاً	(명) 어떤 일을 이루게 하거나 이루지 못하게 하기 위하여 갖추어야 할 상태나 요소.	حالة أو عامل يتم اتخاذه لتحقيق أو عدم تحقيق أمر ما.	조건	شرط
도둑이 들어서 경찰에게 전화를 했다.	دخل لص فاتصلت بالشرطة.	(명)사회의 질서를 지키고 국민들의 안전과 재산을 보호하는 임무.	مهمة الحفاظ على نظام المجتمع وحماية أمن الأفراد وممتلكاتهم.	경찰	شرطة
한국의 동쪽 끝에는 독도가 있다.	تقع جزيرة دوكدو في أقصى شرق كوريا الجنوبية.	(명) 해가 뜨는 쪽.	جهة شروق الشمس.	동쪽	شرق
우리 반에는 동양 사람이 별로 없다.	لا يوجد الكثير من الطلبة الآسيويون في صفنا.	(명) 한국, 중국, 일본, 인도를 중심으로 한 아시아 지역.	منطقة في آسيا تتمثل بشكل أساسي في كوريا والصين واليابان والهند.	동양	شرق آسيا
미래가 유망된 회사에서 취직하고 싶다.	أريد أن أعمل في شركة ذات مستقبل واعد.	(명) 상행위를 목적으로 두 사람 이상이 설립한 사단법인.	هيئة عامة أنشأها شخصان أو أكثر بهدف النشاط التجاري.	회사	شركة
1.남수는 친구의 결혼식을 위해서 테이프로 차를 장식했다. 2-포스터를 붙이는 데에는 양면 테이프가 좋다. 3-카세트 테이프.	زخرف نام سو السيارة باستخدام الشرائط من أجل حفل زفاف صديقه. 2- الشريط المزدوج جيد في لصق البوستر. 2- شريط كاست.	(명) 1-종이나 헝겊 등으로 만든 얇고 가늘고 긴 띠 모양으로 생긴 물건. 2-물건을 붙이는 데에 쓰는 끈적끈적한 띠. 3-소리, 영상 따위를 보존하는 데 쓰는 얇고 긴 띠.	رباط رقيق طويل مصنوع من الورق أو القماش وغيره. 2- رباط لزج يستخدم في لصق الأشياء. 3- شريط رقيق طويل يستخدم لتسجيل الصوت والصورة.	테이프	شريط/ شريط لاصق/ شريط
산 저쪽에서 불빛이 깜빡 비치는 것이 보였다.	ان ضوء الشعاع الخفيف واضح من هذا الجانب من الجبل.	(부) 빛이 잠깐 비쳤다가 사라지는 모양.	شكل ظهور الضوء للحظات ثم اختفاؤه.	깜빡	شعاع خفيف
민족을 위하여 목숨을 바치다.	يقدم حياته من أجل الشعب.	(명)일정한 지역에서 오랜 세월 공동 생활을 하면서 같은 언어와 문화 등을 가지고 역사적으로 운명을 같이해 오는 사회 집단.	مجتمع(مجموعة)شاركت مصير واحد من الناحية التاريخية،وتمتلك ثقافة ولغة واحدة ويقومون بعيش حياة مشتركة في مكان محدد لفترة طويلة.	민족	شعب/مواطنين
나이가 드니 머리카락이 빠진다.	يتساقط الشعر مع تقدم العمر.	(명) 머리털 하나하나의 올.	ما ينمو من رأس الإنسان.	머리카락	شعر الرأس.

말이나 토끼는 털이 짧은 편이다.	فرو الحصان و الأرنب قصير.	(명) 사람이나 동물의 피부에 나는 가느다란 실 모양의 것.	شيء رقيق كالخيط ينمو على جلد الشخص أو الحيوان	털	شعر، ريشة، فرو
냉면을 만들다.	يعد الشعرية الباردة.	(명) 메밀로 만든 삶은 국수를 찬 국물에 넣고 양념과 오이, 고기, 배, 계란 등을 얹은 음식.	شعرية مسلوقة تقده باردة في طبق مع التوابل، الخيار، اللحم، الكمثري والبيض وغيره.	냉면	شعرية باردة
월급을 받으니까 부자가 된 느낌인데요.	أشعر أنني ثري عند استلام راتبي.	(명) 어떤 대상이나 상태, 생각 등에 대한 반응이나 지각으로 마음속에 일어나는 기분이나 감정.	الشئ الذي نشعر به.	느낌	شعور
신뢰의 정. 정이 들다.	شعور الثقة	(명) 느끼어 일어나는 마음. 오랫동안 지내오면서 생기는 사랑하는 마음이나 친근한 마음.	إحساس تشعر به.	정	شعور
오늘은 꽤 기분이 좋은 것 같군요.	أعتقد أن مزاجي جيد الي حد ما اليوم.	(명)마음속에 생기는 기쁨, 슬픔, 우울함 등의 감정 상태.	حالة الشعور بالفرح أو الحزن أو الاكتئاب نابعة من داخل القلب.	기분	شعور، مزاج
아파트가 단독주택에 비해서 편합니다.	الشقة مريحة مقارنة بالمنزل المستقل.	(명) 한 채의 높고 큰 건물 안에 여러 기구가 독립하여 살 수 있게 지은 건물.	نموذج سكني مبني لإقامة أسر كثيرة بصورة مستقلة داخل مبنى ضخم.	아파트	شقة
의심은 또 다른 의심을 낳는다.	الشك يخلق شك آخر.	(명) 무엇을 이상하게 여겨 믿을 수 없는 마음.	الشعور بعدم التصديق أو بشئ غريب.	의심	شكّ
1-네 모양을 보니 큰 일이 있었던 것 같구나. 2_봄빛은 어머님 품속 모양 따스하다.	1_يبدو من مظهرك حدوث أمر ما. 2_جو الربيع(مظهر الربيع) دافيئ كحضن أمي	(명)1-겉으로 나타나는 생김새나 됨됨이. 2_비교되는 대상 다음에 쓰이어 '~처럼'의 뜻.	1- الشخصية أو الشكل الخارجي (المظهر الخارجي). 2_يُضع بعد الشيء الذي يرُاد به المقارنة.	모양	شكل/مظهر
불만이 많다.	الشكاوى كثيرة.	(명) 마음에 들지 않아 언짢은 느낌. 만족스럽지 않은 상태.	شعور بالإنزعاج لأنك لم تحب شيئاً. حالة من عدم الرضا.	불만	شكوى
1-우리 아파트는 월 1 회씩 관리비를 냅니다. 2- 생일이 몇 월이에요?	1 إن شقتنا تدفع تكاليف إداريه مرة واحدة في الشهر. 2 عيدمولدك في أي شهر؟	(명) 1- 한 달 .2- 달을 세는 단위..	1 شهر. 2 وحدة عد الشهر.	월	شهر
1-이 달 말에 입학 시험을 봅니다. 2-페레즈씨는 넉 달 전에 멕시코에서 왔어요.	1_سأمتحن في نهاية هذا الشهر. 2_ جاء بيريز قبل أربعة اشهر من المكسيك.	(명) 일 년을 열둘로 나누었을 때 그 열둘 중 하나.	1_الفترة الواحدة الناتجة عن تقسيم السنة الواحدة إلي اثني عشر جزءا. 2- وحدة عد الفترة الواحدة الناتجة عن تقسيم السنة إلى اثني عشر جزءا.	달	شهر
반년은 육 개월이다.	نصف السنة ستة أشهر.	(명) 달을 세는 단위.	وحدة لعد الشهور.	개월	شهر (وحدة عد)
유월 이십오일.	شهر يونيو يوم خمسة وعشرون.	(명) 한 해의 여섯 번째 달. 6 월.	الشهر السادس من العام. شهر يونيو.	유월	شهر ستة (يونيو)
일본에서는 국을 먹을 때도 숟가락을 쓰지 않습니다.	في اليابان عند تناول الشوربة لا يستخدموا المعلقة.	(명) 물에 고기, 채소 등을 넣어서 끓인 음식.	طعام مغلي بعد وضع الخضار واللحم وغيرهم في الماء.	국	شوربة

서양 음식을 먹을 때에는 포크와 나이프를 주로 씁니다.	تستخدم الشوكة والسكينة بشكل رئيسي عند تناول طعام غربي.	(명) 음식을 찍어 먹기 위한, 끝이 뾰족한 도구.	أداة حادة الطرف تستخدم في تناول الطعام.	포크	شوكة
아이들은 사탕과 초콜릿을 좋아한다.	يحب الأطفال الحلوي و الشوكولاتة.	(명)(E) 코코아 가루와 기름과 설탕으로 만든 단 서양식 과자.	حلويات غربية يتم صنعها من مسحوق الكاكاو والزيت والسكر.	초콜릿	شوكولاتة
이 옷은 고등학교 때 입던 것입니다.	هذه الملابس التي ارتديتها في المدرسة الثانوية.	(명)바로 그것, 또는 그것과 같은 종류인 물건.	هذا الشيء, شيء من هذا النوع.	것	شيء
적당한 장소에 물건을 두다.	يضع الأشياء في مكان مناسب.	(명)일정한 형체를 갖춘 모든 물질적 대상.	كل مادة تمتلك شكل محدد.	물건	شيء/مادة/سلعة
수표를 현금으로 바꾸다.	يغير الشيك بكاش.(يصرف الشيك)	(명) 발행인이 은행을 지불인으로 하여, 가진 이에게 일정한 금액을 지급할 것을 비지불인에게 위탁하는 유가증권.	يقوم الساحب(المصدر) بإيداع قيمة محددة من أمواله التي يمتلكها عبر البنك المسحوب عليه وذلك عن طريق السندات،الشيك المصدق،الشيك المسطر وغيرها. وصل يتم تبادله عند القيام بصرف منحة أو دفع دين أو غيره من الأموال والسلع.	수표	شيك
약속 시간이 점점 가까워진다.	يقترب وقت الموعد شيئاً فشيئاً.	(부) 조금씩 더하거나 덜하여지는 모양	شكل الزيادة أو النقصان تدريجياً.	점점	شيئاً فشيئاً
세수 비누	صابون استحمام.	(명) 물을 묻혀서 거품을 내어 몸이나 옷에 묻은 때를 없애는 물질.	مادة تخرج فقاقيع عندما تغطى بالماء, تزيل الأوساخ من الجسم أو الملابس.	비누	صابونة
1-이 차 주인이 누구지? 2-손님들은 주인이 친절한 가게를 좋아합니다.	1 من هو مالك هذه السيارة؟ 2 إن الزبائن يحبون مالك المحل الطيب.	(명) 1-어떤 물건을 자기 것으로 가진 사람. 2-(반) 종업원/ 가게를 경영하는 사람.	1 الشخص الذي يمتلك شئ ما. 2 الشخص الذي يدير محل.	주인	صاحب. مالك
가족 모두 거실에 앉아서 텔레비전을 보고 있다.	العائلة متجمعة في غرفة المعيشة تشاهد التلفاز.	(명) 손님을 접대하거나 가족들이 함께 모여 생활하는 넓은 공간.	غرفة المعيشة.(غرفة استقبال الضيوف)	거실	صالة / غرفة معيشة
요샌 미장원에서 남자들이 머리를 자르기도 한다.	هذه الأيام،يقص الرجال أيضاً شعرهم في صالونات التجميل (الكوافير).	(명) 머리와 얼굴을 아름답게 꾸며주는 곳 / (=)미용원, 미용실	صالون تجميل. فى العادة مكان لتجميل الوجه والشعر.	미장원	صالون تجميل
우리 동네 미용실의 미용사는 나에게는 짧은 생머리가 잘 어울린다며 머리를 자르라고 권했다.	نصحني مصفف الشعر الذي يعمل في صالون التجميل بحينا بأن أقص شعري لأن الشعر القصير الطبيعي (الخالي من التمويج) يُلائمني.	(명)파마, 커트, 화장, 그 밖의 미용술을 실시하여 주로 여성의 용모, 두발, 외모 따위를 단정하고 아름답게 해 주는 것을 전문으로 하는 집.	محل متخصص في تجميل المظهر الخارجي للمرأة وشعرها بشكل لائق،ويقوم بعمل موجة الشعر،وقص الشعر،ومساحيق التجميل(المكياج)، وغيرها من تقنيات التجميل.	미용실	صالون تجميل (كوافير)
밤이 낮처럼 밝네요.	أعتقد أن المساء صافٍ كالصباح.	(명) 해가 떠서 질 때까지 시간.	الفترة من شروق الشمس حتي غروبها.	낮	صباح
1-요즘 청소년들의 말이 많이 거칠어져서 걱정스러워요. 2-청소년은 미래의 주인공이다.	أنا قلق لأن كلام الصبيان هذه الأيام حاد جدا.	(명) 나이가 12 세에서 20 세에 이르는 미성년의 젊은이들을 통틀어서 이르는 말. 흔히 십 대 후반의 젊은이를 말한다.	صبي أو شاب لم يبلغ بعد.	청소년	صبي. شابّ

나는 건강을 위하여 매일 달리기를 한다.	أقوم بممارسة الجري يومياً من أجل صحتي.	(명) 몸에 탈이 없이 튼튼함	أن يكون الجسم قوي وصحيح بدون مشاكل.	건강	صحة
기자들이 이번 사건을 취재하러 왔어요.	لقد وصل الصحفيون لتغطية الحادث.	(명)신문, 잡지, 방송 등에 실을 기사를 찾아서 쓰거나 편집하는 사람.	شخص يقوم بكتابة أو تعديل المقالات في محطة راديو أو مجلة أو جريدة.	기자	صحفي
반찬 접시	طبق مقبلات	(명) 과일이나 반찬 등 음식을 담는 얇고 납작한 그릇.	طبق مسطح وقصير.	접시	صحن
여러분, 모두 새해 건강하시고 기쁨과 보람이 가득한 한 해가 되시기를 빕니다.	أتمنى لكم جميعاً الصحة والسعادة في هذا العام الجديد وأن سكون عام مليأ بالإنجازات.	(형) 정신적으로나 육체적으로 아무 탈이 없고 튼튼하다.	صحي وبدون مشاكل نفسية أو جسدية.	건강하다	صحي
그 답이 맞는지 더 생각해 보자.	فلنفكر أكثر ما إن كانت تلك الإجابة صحيحة.	(동) 문제에 대한 답이 틀리지 않다.	الإجابة الخاصة بالسؤال ليست خاطئة.	맞다	صحيح
역사를 바르게 이해하다.	يفهم التاريخ بشكل صحيح.	(형)사실과 어긋남이 없다.	عدم البعد عن الحقيقة.	바르다	صحيح
정확한 표현	التعبير الصحيح	(형) 바르고 확실하다.	صحيح ومؤكد.	정확하다	صحيح
산을 오르다가 바위에 기대어 잠시 쉬었다.	بينما هو يتسلق الجبل،استند إلى الصخرة وإرتاح قليلاً.	(명) 매우 부피가 큰 돌.	حجر كبير.	바위	صخرة
두통으로 밤에 잠을 이루지 못했다.	لم أستطع النوم في الليل بسبب الصداع.	(명) 머리가 아픈 증세.	ألم الرأس..	두통	صداع
가슴 찔리는 한마디에 모든 것을 다 털어놓았다.	لقد أفصحت بكلمة واحدة عن ما يوغر صدري.	(명) 목과 배 사이의 앞 부분.	الجزء الأمامي من الجسم مابين العنق والبطن.	가슴	صدر /(قلب)
1-틈이 생기다. 2-나는 사람들 틈에서 어렵게 어머니를 찾았다. 3-너무 바빠서 잠시 쉴 틈도 없다.	يحدث صدع. 2- عثرت علي أمي بصعوبة وسط الناس. 3- لا يوجد وقت راحة لأنني مشغول جدا.	(명) 1-벌어져서 사이가 생긴 자리. 2-모여 있는 사람들의 속. 3-(=)겨를/ 사간적 여유.	فجوة ناتجة عن متّسع. 2- فراغ داخل الناس المتجمّعين. 3- متسع زمني.	틈	صدع / فراغ / فجوة / فرصة
나는 강 선생님께서 돌아가셨다는 소식에 큰 충격을 받았다.	لقد تلقيت صدمة كبيرة عنددما سمعت بخبر وفاة المعلم كانغ.	(명) 뜻밖의 일이나 슬픈 일 등으로 마음에 받은 심한 자극.	تحفيز أو تأثير قوي يصيب القلب عند حدوث أمر غير متوقع أو محزن.	충격	صدمة. تأثير
1-친구가 어려운 일이 생기면 도와줄 거예요. 2-이 친구 많이 피곤한 모양이군.	1سأساعد صديقي إذا حدثت ضائقة له. 2- يبدو أن هذه الصديق متعب.	(명) 1-(=) 벗/ 서로 친하게 지내는 사람. 2-말하는 이보다 나이가 어리거나 비슷한 사람을 낮추거나 친근하게 이르는 말.	1_شخص يصاحب بشكل ودّي. 2- كلمة تطلق بشكل ودي أو للاستهانه من شخص أصغر منك عمرا أوفي نفس العمر.	친구	صديق
나는 그의 솔직한 성격이 마음에 들었다.	أنا أحب شخصته لأنه صريح.	(형) 마음과 태도가 거짓이나 꾸밈이 없이 바르다.	يتصرف بدون مبالغة أو كذب في سلوكه أو مشاعره.	솔직하다	صريح
어려운 수술	عملية جراحية صعبة	(형) 하기가 까다로워 힘에 겹다.	صعب عمله وليس بالمقدور.	어렵다	صعب
유미는 집안 형편이 곤란해서 대학에 진학할 수 없었다.	لم تستطع يومي الإلتحاق بالجامعة بسبب ظروف المنزل الصعبة.	(형)사정, 형편이 난처하다.	ظرف أو وضع صعب ومحرج.	곤란하다	صعب, محرج
어려움이 많다	الصعوبات كثيرة	(명) 어려운 것.	شيء صعب.	어려움	صعوبة

나는 어린 시절을 시골에서 보냈다.	قضيت فترة طفولتي في الريف.	(형) 나이가 적다. 10 대 전반을 넘지 않은 나이를 이른다.	صغير العمر. أقل من 15 عاما.	어리다	صغير
작고 조용한 마을	قرية صغيرة و هادئة.	(형) 길이, 넓이, 부피 따위가 정한 기준이나 보통보다 덜한 상태에 있다.	أن يكون الطول أو العرض أو الحجم وغيرها صغيرة مقارنة بالمعتاد أو بشيء ما.	작다	صغير
글씨가 너무 조그매서 읽을 수가 없다.	لا أستطيع أن أقرأ الخط لأنه صغير جداً.	(형) 크기가 작거나 수량이 적다. '조그마하다'의 준말.	اختصار لفظة قليل.	조그맣다	صغير
1-오리 새끼. 2-아이고 귀여운 내 새끼, 이리 오렴. 3-쟤는 거짓말만 하는 나쁜 새끼야.	1_فرخالبط. 2_يا ألهي صغيري اللطيف، تعال إلي هنا. 3_هذا الوغد لا يقول إلا الكذب.	(명) 1-태어난 지 얼마 안 되는 어린 짐승. 2-'(반)어미/사람의 자식. 3-놈, 녀석.	1_صغير الحيوان الذي لم يمر علي ولادته كثيرا. 2_صبي. 3_وغد.	새끼	صغير الحيوان أو الطائر. وغد. وقح
3 학년 2 반	الفرقة الثالثة الصف الثاني.	(명) 학교에서 한 학년의 학생들을 나누어 놓은 무리.	مجموعة تضم طلاب تم تقسيمهم من نفس السنة الدراسية في المدرسة.	반	صف
교과서 5 쪽을 보세요.	انظروا صفحة رقم خمسة في الكتاب المدرسي.	(명) 책이나 공책 따위의 낱장 중 어느 한면. 수 관형사 뒤에서 의존적 용법으로 쓰여 '쪽'을 세는 단위를 나타내는 말.	جانب من كتاب أو جريدة أو مجلة مطبوعين.	쪽	صفحة
제 전화번호는 924-4028 이에요.	رقم هاتفي هو 924-4028	(명)숫자 0.	الرقم صفر	공	صفر
오늘 아침은 기온이 0 도는 넘지 않는대요.	يُقال أن درجة الحرارة صباح اليوم لم تتخطي صفر.	(명) 숫자 0.	العدد صفر	영	صفر
이렇게 딱딱한 것을 씹어 먹다니, 이가 튼튼한 모양이군.	يبدو أن أسنانك قوية بما أنك تمضغ وتأكل شيئاً صلباً كهذا.	(형) 매우 굳고 단단하다.	صلب جداً وقوي.	딱딱하다	صلب
한국 음식의 기본이 되는 양념들 중 하나가 간장이다.	صلصة الصويا هي واحدة من التوابل الأساسية في كوريا.	(명) 음식의 간을 맞추는 데 쓰는 검붉고 짠맛이 나는 액체.	صوص مالح الطعم، لونه أحمرغامق يُستخدم لضبط مقدار الملح في الطعام.	간장	صلصة الصويا
농업 사회	مجتمع زراعي.	(명)농작물을 심고 가꾸고 직업이나 산업 .	صنعة أو وظيفة الزراعة.	농업	صناعة الزراعة
1-상자를 열다. 2-라면 한 상자에 얼마예요?	1_يفتح الصندوق. 2_كم تكلفة صندوق الشعيرية؟	(명) 1-'=박스 / 나무나 두꺼운 종이 따위로 주로 네모나게 만든 통. 2-물건이 담긴 상자의 수를 세는 말.	1_إناء يصنع علي شكل مربع من الخشب أو الورق المقوي. 2_وحدة عد الصناديق.	상자	صندوق
등산을 가려면 도시락을 준비해야지.	يجب عليك إعداد صندوق الطعام إذا كنت تنوي صعود الجبل.	(명) 편하게 가지고 다닐 수 있도록 만든, 음식을 담는 그릇, 또는 그 음식.	إناء يحتوي علي طعام مصنوع من أجل نقل الطعام بسهولة, أو الطعام نفسه	도시락	صندوق الوجبات
음식이 상한 것 같아서 쓰레기통에 버렸어요.	يبدو أن الطعام قد تعفن القي به في صندوق القمامة.	(명) 쓰레기를 모아 두는 통.	صندوق يتم وضع القمامة فيه.	쓰레기통	صندوق قمامة
1-큰 목소리로 노래를 부르다. _주민들의 목소리에 귀 기울이다	1- يغني بصوت عالي. 2_ينصت إلى صوت الشعب(أي رأيهم).	(명)1-목을 통하여 내는 말소리 따위. 2-의견이나 주장.	1- مايصدر عن طريق الحلق مثل صوت الكلام وغيره. 2- رأي أو وجهة نظر.	목소리	صوت

1-한국말에는 소리를 표현하는 단어가 많습니다. 2-어머니께서 큰 소리로 나를 부르셨습니다. 3-그건 말도 안 되는 소리입니다.	1_ هناك الكثير من الكلمات التي تعبر عن الأصوات في اللغة الكورية. 2_ لقد نادت أمي علي بصوت مرتفع. 3_ هذا هراء (كلام لا يعقل).	(명) 1-귀에 들리는 것. 2-사람의 목소리나 말소리. 3-어떤 뜻을 나타내는 말.	1_ الشئ الذي تسمعه الأذن. 2_ صوت كلام الأشخاص. 3 كلام يظهر معني ما.	소리	صوت
사진을 현상하다.	يطور (يحمض) الصورة.	(명) 사진기로 물체의 모양을 찍어 종이에 나타낸 그림.	صورة لشكل شئ ما علي شكل ورقة تلتقط عن طريق آلة التصوير.	사진	صورة
피카소의 그림은 이해하기 어려워요	إن رسومات بيكاسو صعبة الفهم.	(명) 점, 선, 색깔을 이용하여 종이 등에 그리는 것.	شئ مرسوم في ورقة أو غيرها باستخدام نقطة،خط أو لون	그림	صورة. لوحة
약국에 가서 진통제 두 알만 사 오너라.	اذهب إلى الصيدلية واشتري حبتين مسكن.	(명) 약사가 약을 조제하거나 파는 곳.	المكان الذي يركب فيه الصيدلي الدواء أو يبيعه.	약국	صيدلية
약방에서 붕대를 사다가 상처 난 곳에 감았다.	اشتريت رباط ضاغط من الصيدلية وغطيت مكان الجرح.	(명) 약국.	صيدلية.	약방	صيدلية
무더운 여름	صيف حار	(명) 한 해 네 계절 가운데 둘째 계절.	الفصل الثاني بين فصول السنة الأربعة.	여름	صيف
중국인들이 서울로 한국어 연수를 왔다	لقد جاء الصينيون إلي سيول للتدريب.	(명) 중국 사람.	شخص صيني.	중국인	صيني
교통 경찰관	ضابط مرور	(명) 경찰의 일을 하는 공무원.	موظف يقوم بعمل الشرطة.	경찰관	ضابط شرطة
담배는 우리 몸에 해로워요.	التدخين ضار لأجسامنا.	(형) (무엇이 몸이나 건강에) 나쁜 영향을 미치는 점이 있다.	يحتوي على شيء ما ضار.	해롭다	ضار
아이는 웃음을 참지 못해 얼굴이 빨개졌다.	أحمر وجه الطفل لعدم تحمله الضحك.	(반) 울음/ (명) 웃는 모양, 웃은 행동.	نشاط الضحك أو شكل الضحكة.	웃음	ضحك
1-나무에 커다란 사과가 많이 열렸습니다. 2-사고 소식을 듣는 순간 우리는 모두 커다란 충격을 받았다.	تفتح بشكل كثير تفاح ضخم علي الشجرة. تلقينا صدمة شديدة لحظة سماع خبر الحدث.	(형) 1-상당히 크다. 2-(어떤 감정의 정도가) 심하다	1_كبير جدا. 2- درجة شعور ما شديدة.	커다랗다	ضخم / شديد
반대 의견	رأي معارض.	(명) 의견이나 생각을 같이 하지 않거나 따르지 않는 것.	عدم تطابق الرأي أو الفكر.	반대	ضد
작은 차는 기름도 적게 들고 세금도 아주 싸다.	السيارات الصغيرة تستهلك بنزين قليل وضرائبها أيضا رخيصة جدا.	(명) 국민이나 단체들이 소득의 일부를 의무적으로 나라에 내는 돈.	الأموال التي يدفعها العامة أو المنظمات إلزاميا من الأرباح للدولة.	세금	ضرائب. جمارك
우리 마을은 폭설로 큰 피해를 입었다.	تضررت قريتنا كثيرا من الثلج الكثيف.	(명) (재산, 명예, 건강 등에) 나쁜 영향이나 손해를 입는 것.	حدوث خسارة أو تأثير سلبي علي الثروة أو الشرف أو الصحة وغيره	피해	ضرر
손해가 가지 않게 처리하겠습니다.	سوف أتعامل مع الامر بدون أية خسائر.	(반)이익/(명) 경제 활동에서 돈이나 재산을 잃거나 해를 입는 것.	فقد مال أو أملاك في نشاط اقتصادي.	손해	ضرر. خسارة

물질적 필요. 이제 와서 그렇게 서두를 필요가 있니?	احتياجات مادية	(명) (반) 불필요 / 꼭 있어야 하거나 소용되는 바가 있음.	وجوب أن يكون الشيء موجودا أو وجب فعل شئ ما.	필요	ضرورة
성공에는 노력이 필요하다.	النجاح يحتاج إلي مجهود	(형) (무엇이) 꼭 있어야 하다.	وجوب وجود شئ ما.	필요하다	ضروري
그분 월급은 제 월급의 두 배쯤 돼요.	مرتبه يساوي حوالي ضعف مرتبي.	(명) 같은 수량을 여러 번 합한 만큼의 분량을 나타내는 말.	جمع الكمية ذاتها عدة مرات.	배	ضعف
힘이 약하다	قوته ضئيلة	(형) 힘의 정도가 작다.	قلة القوة.	약하다	ضعيف
스트레스 해소에 도움이 될 만한 것이 없겠습니까?	ألا يوجد شيء قادر على المساعدة في التخلص من الضغط العصبي؟	(명)/적응하기 어려운 환경에 처할 때 느끼는 심리적, 신체적 긴장 상태.	حالة من التوتر النفسي والبدني يشعر بها الانسان بها عند مواجهة بيئة يصعُب التأقلم فيها.	스트레스	ضغط عصبي
밤이 되자 사방에서 벌레들이 불빛을 향해 몰려들었다.	تجمعت الحشرات من جميع الجهات حول الضوء عندما أتى الليل.	(명)타는 불이나 켜 놓은 전등에서 나오는 빛.	الضوء المنبعث من النيران المشتعلة أو المصابيح.	불빛	ضوء
빛이 없으니까 방이 너무 어두워요.	الغرفة مظلمة جداً بسبب عدم وجود ضوء.	(명) 해, 달, 전등, 불 등에서 나와 사물을 밝게 비추어 주는 것.	ما يخرج من الشمس والقمر والمصباح والنار وغيرها ويضيء الأشياء.	빛	ضوء
어머니께서는 빨래를 햇볕에 너셨다.	نشرت أمي الغسيل في الشمس(وضعته بمواجهة أشعة الشمس)	(명)/해의 내리쬐는 뜨거운 기운.	حرارة الشمس التي تتوهج وتسطع لأسفل.	햇볕	ضوء الشمس
길이 좁다.	الطريق ضيق.	(형) (너비나 폭이) 작고 짧다.	عرضه صغير.	좁다	ضيق
너무 더워서 짜증이 나요.	أنا منزعج بسبب الحر الشديد.	(명) 마음에 들지 않아 싫어하거나 귀찮아하는 감정.	الشعور بالغضب من شئ مزعج أو يكرهه.	짜증	ضيق. تهيُّج
1-기름과 물은 서로 섞이지 않고 물 위에 기름이 떠 층을 형성하고 있었다. 2-아파트는 높은 층으로 갈수록 집값이 더 비싸다. 3-고위 공무원 층. 4-이 건물은 지상 십 층, 지하 삼 층으로 총 십삼 층짜리 건물이다.	كون الزيت طبقة فوق الماء دون أن يختلط بالماء. 2- يرتفع سعر العقار كلما كان في دور عالي. 3-طبقة الموظفين العليا. 4- تتكون هذه العمارة من ثلاثة عشر طابق منهم عشرة طوابق علوي و ثلاث طوابق تحت الأرض.	(명) 1-서로 다른 물질이나 물체가 옆으로 넓게 퍼져 쌓여 있는 것 중의 하나. 또는 그렇게 쌓여 있는 상태. 2-위로 높이 포개어 지은 건물에서 같은 높이를 이루는 부분. 3-사회적 신분, 재산, 수준이나 관심 분야 등이 서로 비슷한 사람들. 4-건물의 높이를 세는 단위.	1_إحدى الطبقات من مواد مختلفة أو أشياء مكدسّة أفقيا. أو حالة الأشياء المكدسة على هذا النحو. 2-منطقة من نفس الارتفاع داخل مبنى تم بناؤه من طبقات متعدّدة أفقيا. 3-ناس متشابهون في المكانة الاجتماعية والثروة، والمستوى، والمجال وغيره. 4- وحدة لعدّ الأدوار المرقمه من أسفل إلى أعلى في مبنى.	층	طابَق، طَبَقَة
요즘은 각 가정에 프린터가 많이 보급되어 있어요.	هذه الأيام الطابعة منتشرة في كل بيت.	(명) 인쇄기. 컴퓨터에서 작업한 결과를 종이 등에 인쇄하는 장치.	آلة طبع النتائج من الحاسب الآلي علي الورق.	프린터	طابعة
우리 집 위층에는 신혼 부부가 살고 있다.	يعيش زوجان حديثان في الطابق العلوي من منزلنا.	(명) 이층 또는 여러 층 가운데 위쪽의 층.	الطابق الأعلي من بين عدة طوابق.	위층	طابق علوي
이 일이 더 급해요.	هذا الأمر طارئ.	(형)사정이나 형편이 빨리 서두를 필요가 있다.	الحاجة الي فعل امر سريعا أو الاندفاع	급하다	طارئ.عاجل

신선한 공기. 신선한 채소.	هواء منعش. خضروات طازجة.	(형)새롭고 깨끗하다. 생생하고 산뜻하다.	جديد ونظيف.زاه ومشرق/منعش.	신선하다	طازج / منعش / جديد
쓸데없이 움직여 에너지를 소모하기가 싫다.	أكره أن أتحرك دون نفع واستهلك طاقتي.	(명) 인간이 활동하는 근원이 되는 힘.	الطاقة التي تحرك الإنسان.	에너지	طاقة
우리 학교는 여학생과 남학생이 함께 공부한다.	يدرس الطلاب والطالبات سوياً في مدرستنا.	(명) 남자 학생.	طالب ذكر.	남학생	طالب
1-남수는 대학 4 학년 학생입니다. 2-학생은 어디 사니?	نام سو طالب في العام الرابع بالجامعة. 2- أين تعيش يا طالب؟	(명) 1-학교에 다니면서 공부를 하는 사람. 2-짧은 사람을 부를 때 쓰는 말.	شخص يدرس في المدرسة. 2- كلمة تُطلق علي شخص قصير.	학생	طالب
우리 집 막내 동생은 초등학생입니다.	إن أصغر أخواتي في منزلنا طالب ابتدائي.	(명) 초등학교에 다니는 학생.	طالب ملتحق بمدرسة ابتدائية	초등학생	طالب ابتدائي
나는 그때 중학생이었다.	كنت حينها طالب إعدادي.	(명) 중학교에 다니는 학생.	طالب يدرس في مدرسة إعدادية.	중학생	طالب إعدادي
나는 고등학생이고 형은 대학생이다.	أنا طالب ثانوي وأخي الكبير طالب جامعي.	(명)고등학교에 다니는 학생.	الطالب الذي يرتاد المدرسة الثانوية.	고등학생	طالب ثانوي
나는 내년에 대학생이 됩니다.	سأصبح طالب جامعي العالم القادم	(명) 대학에 다니는 학생.	طالب يذهب إلي الجامعة.	대학생	طالب جامعي
저는 미국에서 온 유학생입니다.	أنا طالب مغترب من أمريكا.	(명) 외국에서 공부하는 학생.	طالب يدرس في بلد أجنبي.	유학생	طالب في الخارج (طالب مغترب)
우리 대학에 온 신입생 여러분을 환영합니다	مرحباً بجميع الطلاب الجدد في جامعتنا.	(명) 새로 입학한 학생.	طالب مُلتحق بالمدرسة حديثاً.	신입생	طالب مستجد
주말에 남학생을 빼고 여학생들끼리 여행을 다녀왔다.	ذهبت الطالبات في رحلة من دون الطلاب في عطلة نهاية الأسبوع.	(명) 여자 학생.	الطالبة الفتاة.	여학생	طالبة
뜨거운 냄비를 식탁 위에 놓는 순간 식탁 유리가 깨어졌다.	انكسر زجاج الطاولة لحظة وضع الحلة السخنة فوقها.	(명) 음식을 차려 놓고 둘러앉아 먹게 만든 탁자.	طاولة مصنوعة لوضع الطعام عليها،والجلوس حولها لتناول الطعام.	식탁	طاولة طعام
새가 날다.	يطير العصفور.	(명) 몸에 날개가 있어서 날 수 있고 다리가 두 개인 동물.	حيوان له أجنحة ورجلين ويستطيع الطيران.	새	طائر. عصفور
뉴욕에서 서울까지 비행기로 몇 시간 걸려요?	كم يستغرق السفر بالطائرة من نيويورك إلى سوول؟	(명) 하늘을 날아다니는 운송 수단.	وسيلة نقل تطير في السماء.	비행기	طائرة
치과 의사.	طبيب أسنان	(명) 치아와 더불어 잇몸 등의 지지 조직, 구강 등의 질병을 치료하는 의학 분야. 또는 그 분야의 병원.	مجال طبّيّ يعالج أمراض الأسنان، ودعم الأنسجة مثل اللثة والفم، وما إلى ذلك. أو عيادة متخصّصة في هذا المجال.	치과	طبّ الأسنان
1-박 선생님은 요리 솜씨가 좋아요? 2-한국 요리.	1 هل مهارات المعلم باك في الطبخ جيدة؟ 2 أكلة كورية.	(명) 1- 특별한 솜씨로 음식을 만드는 일. 2- 특별한 재료, 기술, 솜씨로 만든 음식.	1 إعداد الطعام بمهارة مميزة. 2 طعام تم إعداده بمهارة و تقنية و مكونات معينة.	요리	طبخ. طبق. أكلة

냉면을 좋아해서 두 그릇을 먹었습니다.	أكلت طبقين من النينج ميونج لأني أحبها.	(명) 음식을 담는 도구	أداة يوضع بها الطعام	그릇	طبق
1-통에 넣다. 2-막걸리 한 통.	يضع في طبق. 2- طبق مك جولي واحد .	(명) 1-물건을 담을 수 있도록 만든 그릇. 2-담는 그릇 가득 채울 수 있는 물건의 양을 세는 말.	1_طبق صُنع من أجل وضع الطعام فيه. 2- وحدة عد كمية الشئ الموجودة في الطبق.	통	طبق
저는 의사가 되고 싶습니다.	أريد أن أصبح طبيب.	(명) 일정한 자격을 가지고서 환자를 진찰하고 치료하는 일을 직업으로 하는 사람.	شخص مهنته فحص وعلاج المرضي ولديه مؤهلات معينة.	의사	طبيب
자연 보호	مصدر طبيعي	(명) 사람의 힘을 더하지 않은, 저절로 된 그대로의 현상.	جميع الحالات أو المخلوقات التي وجدت بدون تدخل إنساني في العالم أو الفضاء.	자연	طبيعة
자연스럽게 보이는 행동	فعل يبدو طبيعيًا	(형) 억지로 꾸미지 아니하여 이상함이 없다.	ليس مفتعلاً أو به شيء غريب.	자연스럽다	طبيعي
일을 한 만큼 돈을 받는 것은 당연합니다.	من الطبيعي أن تحصل علي المال بقدر ماتعمل.	(형) 그렇게 하는 것이 옳고 이치에 마땅하다.	عادل و متلائم مع المنطق.	당연하다	طبيعي/ عادل/ ملائم.
1-결혼 상대/ 이야기 상대. 2-그 사람은 아예 상대를 안 하는 것이 편해. 3-그는 나와 실력이 비슷해서 언제나 내 경쟁 상대였다. 4-학생을 상대로 그런 장사를 하면 어떻게 압니까?	1_زوج/ نظير الكلام. 2_ أنه من السهل عنده عدم التعامل مع الطرف الآخر. 3_أن قدراته تتساوي معي فدائما ما ينافسني. 4_ كيف تعلم وانت تتعامل كنظير للطالب؟	(명) 1-'= 상대방 / 어떤 일로 자기가 마주 대하는 사람. 2-어떠한 일로 남을 마주 대하는 것. 3-자기편이나 자기에게 경쟁 관계에 있어 맞서는 사람이나 편. 4-누구를 대상으로 하여.	1_شخص يواجه الآخر في شئ ما. 2_مواجهة شخصين لشئ ما. 3_جانب أو شخص ينافسني في علاقة أو منافسة. 4_يستهدف شخص ما.	상대	طرف أخر
좁은 길. 넓은 길	طريق ضيق/ طريق واسع.	(명) 사람, 차, 동물 등이 지나다닐 수 있도록 일정한 너비로 길게 이어진 곳.	هو مكان طويل وله وسع ليمر به الناس والسيارات والحيوانات وغيرهم.	길	طريق
도로를 건너다.	يعبر الطريق.	(명) 사람과 차가 다닐 수 있는 큰 길.	طريق كبير لمرور الأشخاص والسيارات.	도로	طريق
차도를 건너다.	يعبر الطريق.	(명) 자동차가 다니는 길.	الطريق التي تمر به السيارات.	차도	طريق السيارات
고속도로 휴게소	استراحة الطريق السريع.	(명)교차로가 없어서 차들이 매우 빠른 속도로 쉬지 않고 달릴 수 있게 법으로 지정된 도로.	طريق يتم تحديده قانونياً لتسير فيه السيارات بسرعة كبيرة وبلا توقف حيث لا توجد تقاطعات.	고속도로	طريق سريع
사용 방법	طريقة إستخدام.	(명)무엇을 하기 위한 방식이나 수단.	طريقة أو وسيلة لفعل شيء ما.	방법	طريقة

1-식이 거행되다. 2-그렇게 농담하는 식으로 말하면 믿음이 가지 않는다. 3-식을 풀다.	لن تحصل على الثقة إذا استمريت في الهزار بهذه الطريقة.	(명) 1-어떤 행사를 치르는 격식. 2-일부 명사에 붙어 '법식' 또는 '방식'의 뜻. 3-숫자나 문자를 계산 기호로 연결하여 수학적으로 뜻을 가지게 한 것.	مقطع يوضع بعد بعض الاسماء بمعنى طريقة / شكل أو قواعد.	식	طريقة
상한 식품을 먹었을 때는 식중독에 걸리기 쉽다.	من السهل أن تصاب بالتسمم إذا تناولت طعام فاسد.	(명)/식료품. 음식의 재료가 되는 물품.	طعام / مواد غذائية	식품	طعام / مواد غذائية
그 식당 음식이 맛있는 것 같아요.	أعتقد أن الطعام في هذا المطعم لذيذ.	(명) 사람이 영양과 맛을 위해 먹고 마시는 것.	شئ يأكله أو يشربه الناس من أجل التغذية و الطعم.	음식	طعام. مأكولات
김치 맛이 어때요?	ما رأيك في مذاق الكيمتشي؟	(명) 혀로 느낄 수 있는 시거나 달거나 짜거나 쓰거나 매운 여러 가지 느낌.	الإحساس بالحموضة أو الحلاوة أو الملوحة أو المرارة وغيرها من الأطعمة بواسطة اللسان.	맛	طعم. مذاق
학교 식당은 값은 싼데 음식이 맛없다.	مطعم المدرسة رخيص ولكنه سيء الطعم.	(형) 음식의 맛이 좋지 않다.	طعم الأكل ليس جيداً.	맛없다	طعمه سيء
1-백화점에서는 어른 옷과 아이 옷을 같이 팝니다. 2-우리 아이가 반에서 일등을 했다.	يتم بيع ملابس الكبار والأطفال معا في المول. 2- حقق طفلنا المركز الأول في الفصل.	(명) 1-나이가 어린 사람. 2-아들, 딸.	شخص صغير السن. 2- ابن وابنة.	아이	طفل
애가 엄마를 보고 활짝 웃었다.	نظر الطفل إلى أمه وابتسم ابتسامة واسعة.	(명) 아이의 준말.	اختصار كلمة طفل.	애	طفل
어린아이처럼 단순하다	بسيط كالطفل.	(명) 나이가 적은 아이.	الطفل صغير السن.	어린아이	طفل صغير
어린이는 나라의 보배	الأطفال هم كنز البلاد.	(명) '어린아이'를 대접하거나 격식을 갖추어 이르는 말. 대개 4, 5 세부터 초등학생까지 아이를 이른다.	كلمة رسمية بمعنى طفل صغير. غالباً للأطفال من سن 4,5 سنوات إلى طلاب المرحلة الإبتدائية.	어린이	طفل صغير
소년은 소녀의 손을 잡아 끌었다.	لقد أمسك الصبي بيد الصبية وشدها.	(명) 어린 남자 아이.	طفل ولد صغر.	소년	طفل. صبي
어머니께서는 소녀 때 사진을 보여 주셨습니다.	أطلعتني أمي علي صورتها عندما كانت صبية.	(명) 어린 여자 아이.	طفلة بنت صغيرة.	소녀	طفلة. صبية
윗사람의 부탁을 거절하기란 힘들다.	رفض طلب شخص كبير سناً أو مقاماً هو أمر صعب.	(명) 어떤 일을 해 달라고 청하고 맡기는 것. 또는 그 일.	طلب القيام بأمر ما من شخص آخر.	부탁	طلب
1-네 요구가 뭐냐? 2- 요구를 들어주다. / 요구에 응하다.	1 ماهو طلبك؟ 2يستمع للطلب/ يوافق علي الطلب.	(명) 1-필요하거나 받아야 할 것을 달라고 하는 것. 2-어떤 행동을 하라고 하는 것, 또는 그렇게 해 달라고 하는 것.	1 طلب شئ يحتاجه أو شئ يجب أخذه. 2الأمر بفعل شئ ما أو حدث معين.	요구	طلب
1-주문 생산. 2-어머니는 내게 공부만 하라고 주문을 하신다. 3_식당에 들어가자마자 주문을 했다.	1 إنتاج حسب الطلب. 2 طلبت أمي مني أن أذاكر فقط.	(명) 1-물건을 만들거나 파는 사람에게 종류, 수량, 모양, 크기 따위를 일러 주고 그렇게 만들거나 보내어 달라고 신청하는	1مطالبة أو مضمون الطلب مِن الشخص الذي يصنع شيئا أو يبيعه، وهو يبلغه نوع الشيء، كميته، شكله، حجمه ويطلب منه صنع مثل ذلك أو ارسال شيئا مثل ذلك.	주문	طلب

		일. 2- 어떤 일에 대해 일정한 방식으로 해 줄 것을 요구함. 3-식당에서 음식이나 음료 따위를 시킴..	2 مطالبة أو مضمون الطلب يطلب من شخص آخر القيامَ بأمر ما.		
석유 두 통을 보내 달라는 요청을 받았다.	لقد استقبلت طلب بارسال برميلين من النفط.	(명) 단체나 기관에 대하여 어떠한 일이나 물품 따위를 요청함.	طلب سلعة أو شيء ما من مؤسسة أو منظمة.	신청	طلب تقديم
토마토 주스	عصير طماطم	(명) 주스나 케첩의 재료가 되는 열매, 또는 그 열매가 열리는 식물.	ثمرة تدخل في صناعة الكاتشب والعصير أو النبات الذي تتفتح عليه تلك الثمرة.	토마토	طماطم
음식 욕심.	شره (جشع) الطعام.	(명) 지나치게 가지고 싶어하는 마음.	الرغبة في امتلاك شئ بشدة.	욕심	طمع. جشع
1-평생을 바치다. 2-어머니는 70 평생을 자식들을 위해서 살아 오셨다. 3-김선생님은 우리 학회의 평생 회원입니다. 4-그는 평생 가난하게 살았다.	1أضحي بحياتي. 2- عشات الأم 70 عام من أجل ابنائها. 3- المعلم كيم عضو فعال في المجمع العلمي. 4- عاش فقيرا طوال حياته.	(명)1-태어난 때부터 죽을 때까지의 동안. 2-태어나서부터 지금까지의 기간. 3-죽을 때까지 효력이 있음. 4-일생 동안.	1_ الفترة من الولادة حتي الموت. 2- الفترة من الولادة وحتي الأن. 3- تأثير أوفاعلية حتي الموت. 4- خلال الحياة.	평생	طوال الحياة
이 바지 길이를 좀 줄여주세요.	من فضلك قم بتقصير طول هذا البنطال.	(명)어떤 물건의 한 끝에서 다른 끝까지의 거리.	المسافة بين أقصي طرفي شئ ما.	길이	طول
키가 크다.	طويل	(명) 사람이나 동물이 똑바로서 있을 때, 발바닥에서 머리끝까지의 몸길이./ (=) 신장	ارتفاع شئ أوشخص.	키	طول
긴 머리가 질 어울리는데요.	الشعر الطويل يليق بك.	(형) 물체의 한쪽 끝에서 다른 쪽 끝까지의 두 끝이 서로 멀리 있다. /(반)짧다	البعد بين أقصي احد الأطراف للشئ وأقصي الطرف الأخر.	길다	طويل
민수는 초등학교 때부터 알고 지낸 오랜 친구다.	مين سو هي صديقتي التي أعرفها من وقت طويل منذ المدرسة الإبتدائية.	(관) 지나간 시간이 아주 긴.	الوقت الذي قد مضى طويل	오랜	طويلا
화분에 꽃나무를 심을 때는 흙과 모래를 잘 섞어 주세요.	قم بخلط الرمل مع الطين جيداً عند زراعة شجرة مُزهرة في الأصِيص.	(명) 지구나 달의 표면에 퇴적되어 있는 물질. 곧 땅거죽의 바위가 부서져서 이루어진 것과 동식물의 썩은 것이 섞여서 된 물질.	المادة المودعة على سطح الأرض أو القمر.	흙	طين
눈이 나빠서 칠판 글씨가 안 보여요.	لا أرى الكتابة على السبورة بسبب ضعف نظري.	(동) 무엇이 눈에 뜨이다. 눈으로 인식되다.	يظهر بشكل واضح.	보이다	ظاهر
봉투는 있지만, 우표는 없어요.	لدي ظرف ولكن لا أملك طابع بريدي.	(명) 편지나 서류 등을 넣을 수 있게 만든 종이 주머니.	كيس ورقي يوضع فيه الخطابات أو المستندات.	봉투	ظرف
그들은 막 떠나려던 터였다	كانوا على وشك المغادرة.	(명) 처지나 상황.	ظروف أو حالة.	터	ظروف أو حالة.

손톱을 다듬다.	يقص أظافره.	(명) 손가락 끝의 위쪽을 덮은, 단단한 얇은 부분.	جزء رفيع وثابت يلصق بطرف الإصبع	손톱	ظفر
발톱이 많이 자랐다.	طالت أظافر قدمك كثيراً.	(명) 발가락의 끝을 덮고 있는, 뿔같이 단단한 물질.	المادة الصلبة التي تغطي أطراف الأصابع.	발톱	ظفر إصبع القدم
더운데 나무 그늘에서 잠깐 쉽시다.	الجو حار لنستريح قليلا في ظل الشجرة.	(명) 빛이 어떤 물체에 가려 어두워진 부분.	منطقة مظلمة تحدث نتيجة حجب الضوء عن أي جسم مادي.	그늘	ظل
그림자가 비치다.	ظهور الظل	(명) 물체가 빛을 받을 때 빛의 반대쪽 바닥이나 벽에 검은색으로 나타나는 물체의 모양	شكل انعكاس الجسم علي الارض أو الحائط عند تعرضه للنور	그림자	ظل.انعكاس
짙은 어둠 속	وسط الظلام الدامس	(명) 어두운 상태. 또는 그런 때.	حالة الظلام أو وقت الظلام.	어둠	ظلام
등을 기대다.	يسند ظهره.	(명) (몸) 사람이나 동물의 몸통에서 뒤나 위로 향한 쪽. 가슴과 배의 반대쪽.	الجهة المقابلة للصدر والبطن.	등	ظهر
버스 안에서 옆 사람의 발등을 밟았다.	دست قدم الشخص الذي كان بجانبي في الحافلة.	(명) 발의 위쪽 부분.	الجزء العلوي من القدم.	발등	ظهر القدم
스무 살이면 결혼하기에는 아직 좀 이른 나이죠.	إن عمر العشرين هو سن مبكر قليلاً للزواج.	(명) 사람, 동물, 식물이 살아온 햇수. /=연령	عدد السنين التي يعيشها الانسان والحيوان والنبات.	나이	عُمر.سن
1- 국물이 싱겁다. 2-남수 씨는 싱거운 농담을 잘 합니다. 3-경기가 우리 팀의 일방적인 승리로 싱겁게 끝나 버렸다.	الشوربة عادية. 2-نام سو تجيد النكات السخيفة. 3- انتهت المباراة بملل بفوز عادي لفريقنا.	(형) 1-(=) 심심하다/ (반) 짜다/ (음식이) 짠맛이 적다. 2-(=) 실없다/ (반) 야무지다/ (말이나 행동이) 어울리지 않고 별다른 뜻이 없다. 3-(=) 평범하다/ 기대했던 것보다 재미없다.	1_مذاق الملح قليل في الطعام. 2- الكلام أو التصرفات لا تحمل معني خاص و غير مناسب. 3- ممل مقارنة بالمنتظر.	싱겁다	عادب/ غير مالح /سخيف.
나는대개 아침 6 시경 일어난다.	استيقظ عادة في السادسة صباحا.	(부) 일반적인 경우에./(명)거의 전부.	بشكل عام.	대개	عادة
나쁜 버릇	عادة سيئة.	(명) 익숙해져서 자주 반복하는 행동.	فعل معتاد عليه وتكرره أغلب الوقت.	버릇	عادة
일찍 일어나는 습관을 가지다.	لدي عادة الإستيقاظ مبكراً.	(명) 어떤 행위를 오랫동안 되풀이하는 과정에서 저절로 익혀진 행동 방식.	طريقة تصرف تلقائية تحدث نتيجة لظروف تتكرر لفترة طويلة.	습관	عادة
그 음식점은 보통 음식점하고 분위기가 달라요.	هذا المطعم له جو مختلف عن المطاعم المعتادة.	(명) 가장 흔한 것. 평균 수준인 것. 일반적인 것.	الشئ الأكثر شيوعا,الشئ ذو المستوى المتوسط,الشئ العادي.	보통	عادي
실력이 평범하다.	قدرات عادية.	(형) 특별한 것이 없이 보통의 수준이다.	عادي بلا خصوصية.	평범하다	عادي/ معتاد
1-저 여성은 현재 의류업계에서 모델 일을 한다. 2-새로 나온 자동차 모델이 참 마음에 들었다.	1- تعمل تلك الفتاة حالياً كعارضة أزياء في مجال/عالم الملابس. 2_ لقد أعجبني حقاً نموذج السيارة الجديدة.	(명) 본보기.또는 모형.	نموذج أو مثال.	모델	عارض أزياء(موديل)/نم وذج

1-서울 가면 꼭 편지 해. 2-미국의 서울은 워싱턴이다.	1_أرسل لي خطابا عندما تذهب إلي كوريا. 2_عاصمة أمريكا هي واشنطن.	(명) 1-한국의 수도. 2-'=수도/ 한 나라의 중앙 정부가 있는 곳.	1_عاصمة كوريا الجنوبية. 2_مركز حكومة بلد ما.	서울	عاصمة. عاصمة كوريا الجنوبية
1-이 건물의 천장이 참 높다. 2-여자가 남자보다 목소리가 높은 편이다. 3-김 선생님은 이름이 높은 학자입니다.	1سقف هذا المبني عالٍ جداً. 2صوت المرأه أعلي من الرجل. 3إن المعلم كيم عالِم له شهرة كبيرة.	(형) 1-아래에서 위까지의 길이가 길다. 2-소리가 가늘고 날카롭다. 3-세상에 널리 알려져 있다. /(반)낮다.	1المسافة طويلة بين الأسفل و الأعلي. 2صوت رفيع وحاد. 3معروف علي مستوي العالم.	높다	عالٍ. مرتفع
우리 아이는 과학자가 되는 게 꿈이랍니다.	يأمل طفلنا أن يصبح عالماً.	(명)과학의 일정한 분야에서 전문적으로 연구하는 사람	شخص يبحث في مجال علمي معين بشكل مُتخصص.	과학자	عالم
저는 국제 운전 면허증을 가지고 있습니다.	أمتلك رخصة قيداة دولية	(명) 여러 나라에 관련되거나 여러 나라가 참여하는 것.	ذا صلة بدول عديدة أو مشاركة دول عديدة	국제	عالمي
올해도 열심히 하자. / 작년은 몹시 힘든 한 해였다.	هيا نعمل بجد هذا العام أيضاً/كان العام الماضي عام عصيب جداً.	(명)지구가 태양을 한 바퀴 도는 동안. 정월부터 섣달까지의 열두 달../(=) 1 년.	عام واحد.	해	عام
한국 사람들은 새해 첫날에 떡국을 먹어요.	يأكل الكوريون التوككوك في أول يوم من العام الجديد.	(명) 새로 시작되는 해.	عام يبدأ جديدا.	새해	عام جديد
1-가: 몇 학년이야? 나: 사 학년이요. 2-새 학년을 맞이하다.	1أ- في أي سنة دراسية أنت؟ ب- في السنة الرابعة. 2- يستقبل عام دراسي جديد.	(명) 1-학습 수준에 따라 일 년 단위로 구분한 학교 교육의 단계. 2-학교 교육에서 일 년 동안의 학습 과정의 단위.	مرحلة من سنة واحدة لتمييز التعليم المدرسي لسنوات وفقاً للمستوى الدراسي. 2- وحدة حساب المراحل الدراسية لمدّة سنة واحدة في التعليم المدرسي.	학년	عام دراسي
요즘은 한국에서 일하는 외국인 노동자들이 많아요.	إن عدد الأجانب العاملين القاطنين بكوريا كبير.	(명) 일을 하고 그 값으로 받은 돈으로 생활을 하는 사람. /=근로자	شخص يعمل ويكسب قوت يومه من عمله.	노동자	عامل
원인과 결과.	سبب ونتيجة.	까닭, 이유 (명) 어떤 현상을 일으키거나 변화시키는 근본 현상, 사건. 결과를 생기게 하는 요소.	أمر أو حادث أصلي لتغيير أو حدوث ظاهرة ما.	원인	عامل. سبب
1-잃어버렸던 아이가 열흘 만에 가족 품으로 돌아왔다.. 2-여기 연구실에 들어온 여러분들은 모두 오늘부터 우리 연구실 가족입니다.	1_عاد الطفل المفقود إلى حضن عائلته بعد عشرة أيام. 2_ بدءاً من اليوم كلنا في هذا المكتب أسرة واحدة.	(명) 1-부부를 중심으로 그로부터 생겨난 아들, 딸, 손자, 손녀 등으로 구성된 집단. 2-같은 조직체에 속하여 있거나 뜻을 같이하는 사람을 비유적으로 이르는 말.	1_الأب، والأبناء، والأم، وغيرهم ممن يجمعهم دم واحد ويعيشون تحت سقف بيت واحد 2_ تطلق علي أفراد منظمة أو مؤسسة واحدة يعملون معاً.	가족	عائلة
부담을 가지다.	يشعر بالعبء.	(명) 어떤 일, 의무, 책임 등을 맡는 것.	تحمل مسؤولية أو واجب أو عمل.	부담	عبء
신호등이 없더라도 횡단보도 앞에서는 일단 멈추세요	قف من فضلك أمام عبور المشاة حتى وإن لم يكن هناك إشارة مرور.	(명)/사람이 찻길을 건너 다닐 수 있도록 흰색 줄무늬를 그려 놓고 신호등을 설치해 놓은 길	طريق يُرسم فوقه خطوط حتى تستطع المارة أن تعبُر طريق السيارات..	횡단보도	عبور المشاة
자동차 바퀴가 도로의 기름 위를 헛돌면서 미끄러졌다.	دارت إطارات السيارة وانزلقت بسبب الزيت الموجود على الطريق .	(명)돌리거나 굴리려고 테 모양으로 둥글게 만든 물건.	هو إطار مصنوع بشكل دائري ليستطيع الدوران.	바퀴	عجلة

이 세상에 노인이 되지 않을 젊은이가 어디 있으랴.	أين يوجد شاب لا بصبح عجوزا في عالمنا هذا!	(명)늙은 사람. / =늙은이	شخص عجوز.	노인	عجوز
이 세상에 늙지 않는 사람은 없다.	لا يوجد أحد في هذا العالم لا يكبر.	(동) 나이를 많이 먹다.	يبلغ الكثير من العمر.	늙다	عجوز. هَرِم
여럿 가운데 제일 좋아하다.	المفضل لدي من بين العديد.	(명) 많은 수의 사람이나 물건.	أشخاص أو أشياء كثيرة من حيث الحدد.	여럿	عدة
그 일이 있은 후 수년의 세월이 흘렀다.	لقد جرت السنين منذ هذا اليوم.	(명) 여러 해.	سنوات عديدة.	수년	عدة سنوات
그는 친구 몇몇과 함께 여행을 다녀왔다.	لقد سافر مع عدد/بعض من أصدقائه .	(수) 막연한 약간의 수를 강조하여 이르는 말.	تستخدم للتأكيد على ال"كم"	몇몇	عدة/ بعض
나는 사과의 수를 세어 보았다.	لقد عددت التفاح.	(명) 사람이나 물건을 하나하나 모두 세어서 얻는 값.	قيمة الناتجه من عد الأشخاص أو الأشياء.	수	عدد
적과 싸우다.	يتعارك مع العدو	(명) (싸움) 서로 싸우거나 해치고자 하는 상대.	نظير يريد أن يتعارك معك أو يؤذيك.	적	عدو
매일 매일 신문과 방송, 잡지 등을 통해서 수많은 말들이 쏟아지고 있다.	تحتوي المجلات و محطات الراديو و الجرائد علي كلام كثير كل يوم.	(형) 수가 매우 많다.	العدد كبير جدا.	수많다	عديد. كثير
고속 전철	قطار سريع	(명) 전기 철도 위를 달리는 전동차.	عربة كهربائية تسير فوق السكك الحديدية الكهربائية.	전철	عربة كهربائيه/ المترو
토요일에 연극 공연을 보러 갑시다.	فلنذهب لمشاهدة عرض المسرحية يوم السبت.	(명)연극, 음악, 무용을 관객이 모인 곳에서 해 보이는 것.	عرض مسرحي أو موسيقي أو فني في مكان يتجمع به مشاهدين.	공연	عرض
쇼를 구경하다.	يشاهد العرض.	(명) 보는 이를 즐겁게 하기 위해, 춤, 노래, 이야기 등 구경할 만한 것을 무대에서 보여준 행위 혹은 방송 프로그램.	عرض أو برنامج ترفيهي يعرض على أشخاص عديدين من خلال خشبة المسرح أو وسائل الإعلام كالرقص والغناء و الحديث وغيره.	쇼	عرض
이 방은 가로가 5 미터나 된다.	يبلغ عرض هذه الغرفة 5 أمتار.	(명) 왼쪽에서 오른쪽으로 나 있는 방향.또 그 길이	إتجاه الشيء أو طوله من اليسار لليمين.	가로	عرض
운동을 했더니 온몸이 땀에 젖었다.	مارست الرياضة فغرق جسدي في عرقه.	(명) 덥거나 몸이 아프거나 긴장을 했을 때 피부를 통하여 나오는 짠 맛이 나는 맑은 액체.	سائل نقي ذو طعم مالح يخرج عن طريق الجلد عند الشعور بالحر أو المرض أو التوتر.	땀	عرق
여보, 앞 좀 잘 보고 다니시오.	عزيزي, انظر للأمام وأنت تسير.	(감탄사) 부부 사이에 서로 상대편을 부르는 말.	نداء بين الزوجين بعضهما لبعض.	여보	عزيزي, عزيزتي
군인들이 훈련을 받고 있다.	يتدرب الجنود.	(명) 군대에 근무하는 사람.	شخص يعمل في الجيش.	군인	عسكري

풀을 뜯다	يقتلع العشب	(명) 가꾸지 않아도 저절로 자라고 주위에서 쉽게 볼 수 있는, 키가 작은 식물.	نبات قصير يمكن رؤيته بسهولة حولك ينمو من تلقاء نفسه ولا يتم رعايته.	풀	عشب
자원 봉사자들의 노력 덕분에 수십 명의 목숨을 구할 수 있었다.	بفضل جهود المتطوعين تم إنقاذ حياة العشرات.	(관) 십의 여러 배.	أضعاف متعدّدة من العشرة	수십	عشرات
열흘 내내.	طوال عشرة أيام.	(명) 10 일.	عشرة أيام	열흘	عشرة أيام
백에 백을 곱하면 만이 된다.	إذا ضربت مئة في مئة تصبح عشرة آلاف.	(수) 숫자 10,000.	الرقم 10.000	만	عشرة آلاف
1- 그는 눈을 꼭 감고 속으로 열까지 셌다. 2- 어제 밤 열 시까지 친구하고 술을 마셨어요.	أغمض عينيه و عد حتي عشرة في نفسه. 2-شربت الخمر مع صديقي أمس حتي الساعة العاشرة مساء.	(수) 1- 숫자 10. 2- 십.	1_عدد 10. -2 عشرة.	열	عشرة.
우리 가족이 모두 모이면 무려 스물이나 된다.	إذا اجتمعت عائلتي يُصبح عددها لا يقل عن 20 شخص.	(수)/(=)이십(20)	العدد عشرون	스물	عشرون
비전이 있는 사람만이 시대를 앞서간다.	فقط الأشخاص التي تمتلك رؤية هي التي تقود العصر.	(명)/역사적으로 구분한 어떤 기간.	فترة زمنية ما مُقسمة تاريخياً.	시대	عصر
감기에는 오렌지 주스를 마시는 게 좋다고 들었습니다.	لقد سمعت أن شرب عصير البرتقال عند التقاط البرد جيد.	(명)(E) 과일이나 채소에서 짜낸 즙이나 그것을 원료로 하여 만든 음료.	سائل يستخرج من الفواكهة أو الخضراوات أو مشروب يصنع من مادة خام.	주스	عصير
신입 회원에게 회원증을 발급하였다	يتم إصدار بطاقة عضوية للأعضاء الجدد.	(명) 어떤 회나 모임을 구성하고 있는 사람.	مجموعة من الأشخاص تكون مجلس ما.	회원	عضو
고장을 수리하다.	يصلح العطل.	(명)기계나 장치가 제대로 작동되지 않는 것.	عدم عمل الآلة أو الجهاز بشكل جيد.	고장	عطل
주말에 뭐 할 거예요?	ماذا ستفعل نهاية الأسبوع؟	(명) 한 주일의 끝이나 끝 부분.	الجزء الأخير من الأسبوع.	주말	عطلة الأسبوع. نهاية الأسبوع
백화점은 공휴일에도 문을 엽니다.	يفتح المول أبوابه حتي في العطلة الرسمية.	(명) 국경일이나 일요일같이 국가에서 정해 대부분의 사람이 쉬는 날.	يوم عطلة لأغلبية الناس تحدده الدولة مثل يوم الأحد ويوم العطلة الوطنية .	공휴일	عطلة رسمية
뼈가 튼튼하다	العظام صلبة.	(명) 동물의 살 속에 있어 몸을 지탱해 주는 단단한 조직.	جزء صلب يدعم الجسم ويوجد في ثنايا لحم جسم الانسان والحيوان.	뼈	عظام
1-대단한 일. 2-그의 연극은 대단한 성공을 하였다. 3-요즘 감기가 대단해요. 4-실력이 대단해요.	1_أمر مهم. 2-لاقت مسرحيته نجاحا كبيرا.3- البرد شديد هذه الأيام. 4- قدرات عظيمة.	(형) 1-매우 중요하다. 2-(정도가) 아주 크다. 3-(정도가) 매우 심하다. 4-매우 뛰어나거나 특별하다.	1_مهم جداً. -2 لدرجة كبير جداً. -3 لدرجة شديدة جداً. -4 عظيم أو خاص جدا.	대단하다	عظيم

세종대왕은 훌륭한 왕이었다.	لقد كان الملك سيه جونج ملكاً عظيماً.	(형)/좋다고 칭찬할 만하다. 매우 뛰어나고 멋지다.	رائع وماهر جداً،أو جيد ويستحق المدح.	훌륭하다	عظيم
몸이 튼튼해야 마음도 튼튼하지요.	لابد أن يقوى جسدك فيقوى عقلك أيضاً.	(명) 깨닫거나 생각하거나 느끼는 정신 활동을 하는 사람의 기관.	العضو البشري الذي يقوم بالأنشطة العقلية كالإدراك أو التفكير أو الشعور.	마음	عقل
응급 치료.	الإسعافات الأولية / علاج الطوارئ.	(명) 병을 낫게 하는 일.	شفاء من مرض ما.	치료	علاج
1-이 문제는 그와 밀접한 관계가 있다. 2-두 사람이 관계를 가졌는지 아무도 알 수 없는 일이었다.	1- ترتبط هذه المشكلة به ارتباطاً وثيقاً. 2- لم يعلم أحد عن العلاقة الجنسية التي بين هذين الشخصين.	(명) 1-(무엇과 무엇이) 서로 영향을 주고받도록 되어 있는 것. 2-남자와 여자가 성교를 하는 일.	تبادل التأثير بين شيئين أو شخصين. 2- ممارسة الجنس بين الرجل والمرأة.	관계	علاقة
앞으로 과학이 더 발달하면 암 같은 병도 고칠 수 있을 거예요.	مستقبلا إذا تطور العلم سيصبح من الممكن علاج أمراض مثل السرطان.	(명) 자연과 인간 사회의 진리나 법칙을 알아내고자 하는 학문.	معرفة الطبيعة تهدف لكشف قوانين أو حقوق المجتمع الإنساني.	과학	علم
한글은 아주 과학적으로 만들어졌다.	تم إبتكار الحروف الكورية بشكل علمي للغاية.	(명)과학의 이치나 체계에 맞는 것	ذو صلة بالعلم.	과학적	علمي
나는 속이 좋지 않아서 아무런 것도 먹고 싶지 않다.	لا أريد تناول أي شئ لأن معدتي حالتها سيئة.	(관) 전혀 어떠한.	أيّ، لا شيء	아무런	على الإطلاق، أبدا
1_그는 적어도 사십 세는 되었을 것이다.2_나는 적어도 너처럼 거짓말하지는 않는다.	هذا الرجل على الأقل سيكون قد تجاوز الأربعين. على الأقل أنا لا أكذب مثلك.	(부) 1_아무리 적게 잡아도. 2_아무리 낮게 평가하여도.	مهما كان قليلاً. على أدنى تقدير.	적어도	على الأقل
1-나는 일이 아무리 바빠도 저녁 식사는 가족과 함께 하는 편이다. 2-아무리 내가 노래를 잘한다고 해도 가수가 되는 게 쉽지는 않았다.	1- علي الرغم من إنشغالي لكن أفضل تناول وجبة العشاء مع أسرتي. 2- بالرغم من كوني أجيد الغناء لكن ليس من السهل أن أصبح مغني.	(부) 1-정도가 매우 심하게. 2-비록 그렇다 하더라도.	1درجة شديدة جدًا. 2- بالرغم من أن.	아무리	على الرغم من
목욕탕이 방마다 따로 있습니다.	يوجد لكل غرفة حوض استحمام خاص.	(부) 다른 것들과 섞이지 않게. 각각 다르다. 별도로.	بشكل منفصل/ لا يختلط مع شيء.	따로	على حدة. بشكل منفصل
나는 수학이든 국어든 하여튼 공부는 다 싫다.	أكره الدراسة علي أي حال سواء رياضية أو لغة كورية.	(부) (=) 아무튼/ 무엇이 어떻게 되어 있든.	على كلّ حال، على أيّ حال	하여튼	على كلّ حال، على أيّ حال
하루 종일	كل اليوم.	(명) 아침부터 저녁까지의 동안.	الفترة من الصباح وحتى المساء.	종일	على مدار اليوم
사장님께서 금방 돌아온다고 하셨으니까 조금만 기다리세요	لقد قال المدير أنه سيعود علي الفور فرجاء انتظر قليلاً	(부) 조금 뒤에 곧.	بعد فترة وجيزة	금방	علي الفور
아무튼 합격했으니 다행이에요.	علي أي حال أنا سعيد لأنني نجحت.	(부) 어쨌든. 하여튼.	علي أي حال.	아무튼	علي أي حال.

1-나는 얼마 전 큰아버지의 장례식에서 오촌 아저씨를 처음 뵈었다. 2-아저씨, 이거 얼마예요?	1- قابلت عمي لأول مرة في جنازة جدي قبل قليل. 2- عمي, ما ثمن هذا الشئ؟	(명) 1-(친척 관계에서) 아버지나 어머니와 항렬이 같은 남자. 2-친척은 아니지만 늙지 않은 남자 어른을 친하게 이르는 말.	رجل يُعدّ من الأقارب من نفس جيل الوالدين. 2- كلمة تستخدم للإشارة لرجل ليس كبير في السن وليس من أقاربك.	아저씨	عمّ
1-이 분은 네 아주머니 되시니 인사해라. 2-아주머니, 여기 앉으세요.	1- هذه عمتي قم بتحيتها. 2- سيدتي اجلسي هنا.	(명) 1-(친척 관계에서) 부모와 같은 항렬의 여자. 2-친척이 아닌 여자 어른을 친하게 이르는 말.	سيدة تُعدّ من الأقارب من نفس جيل الوالدين. 2- كلمة تستخدم للإشارة لسيدة كبيرة ليست من أقاربك.	아주머니	عمة / سيدة
우리 하숙집은 시설은 좀 나쁘지만 아줌마는 무척 친절하십니다.	مرافق البنسيون ليست جيدة ولكن سيدة البنسيون طيبة للغاية.	(명) '아주머니'를 친근하게, 또는 낮추어 이르는 말.	كلمة تطلق علي العمة بشكل ودي.	아줌마	عمة / سيدة
1-싫으면 굳어 가지 않아도 좋다. 2-굳이 가겠다면 잡지 않겠다.	من الأفضل عدم الذهاب عمداً إذا كنت كاره ذلك. -- لن أمسكه إذا تمسك بالرغبة في الهروب.	(부) 1-단단한 마음으로 의지가 강하게. 2-고집스럽게 구태여.	فعل شئ ما عمدا رغما من صعوبته. - بعناد.	굳이	عمداً / بعناد
우리 할아버지께서는 90 세까지 장수하셨다.	عاش جدي حتي عمر التسعين عاما.	(명) 나이를 세는 단위	وحدة عد العمر.	세	عمر. سن
이 강은 깊이가 얼마나 될까?	كم يبلغ عمق هذا النهر؟	(명) 표면에서 밑바닥까지 또는 겉에서 속까지의 거리나 길이.	المسافة بين السطح و القاع أو المسافة بين الخارج والقاع.	깊이	عمق
그 회사는 해외 현지화 작업을 추진하고 있다.	هذه الشركة تشجع العمالة المحلية.	(명) 일정한 목적과 계획아래 육체적이나 정신적인 일을 함.	يقوم بعمل. أو هذا العمل.	작업	عمل
문학 작품	عمل أدبي	(명) 예술 창작 활동으로 얻어지는 제작물.	ما نحصل عليه من خلاص صناعة فن.	작품	عمل فني
지갑에 동전밖에 없어요.	لا يوجد في محفظتي سوى قروش.	(명) 구리 따위의 쇠붙이로 만든, 동그랗게 생긴 돈.	عملة دائرية الشكل تصنع من المعادن مثل النحاس.	동전	عملة معدنية
그는 지폐를 꺼내서 물건값을 치렀다.	لقد سحب النقود ودفع سعر الأشياء.	(명) 종이에 인쇄를 하여 만든 화폐.	النقود المصنوعة من الورق.	지폐	عملة ورقية
성형 수술.	جراحة تجميل.	(명)병을 고치기 위하여 몸의 어떤 부분을 가르고 잘라내거나 붙이고 꿰매는 일.	عمل يتمثل في شقّ وقصّ ولصق وتخييط جزء واحد من الجسم من أجل معالجة داء ما.	수술	عملية جراحية
그 계곡은 물이 깊다.	إن مياه هذه الجندول عميقة.	(형)수면에서 밑바닥까지의 거리가 길다.	بعد المسافة بين السطح والقاع.	깊다	عميق
1-이제 집에 손님이 많이 다녀 갔다. 2-그 식당은 갈 때마다 손님들이 많아요.	1_ أصبح يتردد إلي منزلنا الكثير من الزوار. 2 _كلما أذهب إلي هذا المطعم أجده ملئ بالزوار.	(명) 1-(반) 주인/ 높임말로 다른 사람 집에 찾아온 사람. 2-'= 고객/ (반) 주인/ 물건을 사러 가게에 들른 사람.	1_ (صيغة تبجيل) شخص يحضر إلي منزل شخص آخر. 2_شخص يذهب إلي المحل ليشتري أشياء.	손님	عميل
고집대로 밀고 나가다.	يصمم على عناده.	(명) 자기의 생각이나 주장을 굽히지 않는 것.	لا يحيد عن رأيه أو تفكيره.	고집	عناد
집에서 포도로 잼을 만들었어요.	صنعت في البيت مربة من العنب.	(명) 송이로 열리고, 맛이 달면서도 약간 신맛이 나는 보라색 과일.	فاكهة أجوانية ذات طعم حلو وحامض قليلا تنمو كعناقيد.	포도	عنب

논문 제목	عنوان البحث	(명) 작품이나 강연, 보고 따위에서, 그것을 대표하거나 내용을 보이기 위하여 붙이는 이름.	الاسم الذي يمثل أو يظهر محتوى عمل أو محاضرة أو تقرير وغيره.	제목	عنوان
성함하고 주소를 말씀해 주세요.	قل لي اسمك و عنوانك من فضلك.	(명) 어떤 곳의 위치를 행정 구역으로 나타낸 이름.	اسم موقع أو منطقة مكان معين.	주소	عنوان
1-운동 선수들은 보통 팔과 다리가 굵고 힘이 셉니다. 2-동생은 고집이 너무 세다. 3-바다에서는 센 물결이 일고 있었다. 4-아버지 닮았으면 너도 술이 셀 거야.	1_لاعبو القوي البدنية عادة لديهم أرجل وأذرع كبيرة و أقوياء. 2_إن أخي الصغير عنيد جدا. 3_ كانت أمواج البحر القوية تتلاطم. 4_ إذا كنت تشبه والدك فلن تتأثر كثيراً بالخمر.	(형) 1-(반) 약하다/ (힘이 보통보다) 강하다. 2-(반) 약하다/ 성질, 고집, 기세 등이 보통 사람보다 강하거나 더하다. 3-'=강하다/ (반) 약하다/ 물, 불, 바람 등이 보통보다 강하거나 빠르다. 4-'= 강하다/ (반) 약하다/ 능력이나 수준이 정도 이상이다.	1_أقوي. 2_ يكون الطبع أو الإصرار أو الروح أقوي و أكثر من الناس الطبيعية. 3_تكون قوة الماء، قوة النار، قوة الريح أسرع أو أقوى من العادة. 4_ تكون القدرة أو المستوي أعلي.	세다	عنيف. عنيد. قوي
세함은 한국어 연수를 마치고 이집트로 귀국했다.	عادت سهام إلي مصر بعد أن أنهت دراستها في الخارج.	(명) 외국에 있던 사람이 자기 나라에 돌아가거나 돌아오는 것.	عودة الشخص الذي كان في الخارج إلي وطنه.	귀국	عودة للوطن
누구에게든 단점은 있다.	أي شخص لديه عيوب	(명) 모자라거나 나쁜 점.	صفة سيئة أو قصور.	단점	عيبَ/ نقطة ضعف
명절에는 집안 식구들은 모두 모인다.	تتجمع المنازل القريبة من بعضهافي العيد.	(명)전통적으로 그 사회의 대부분 사람들이 해마다 일정하게 즐기고 기념하는 날. 설날, 대보름날, 한식, 추석 따위.	يوم يُحافظ فيه على ميعاد محدد بشكل شعبي كل عام ويتم الإستمتاع فيه مثل :السولنال،عيد اكتمال أول بدر في يناير ،هانشيك نال،عيد الحصاد(تشوسوك).	명절	عيد
젓가락으로 반찬을 집어 먹다.	يتناول المقبلات بعيدان الطعام.	(명) 음식을 집어 먹거나, 물건을 집는 데 쓰는 기구.	أداة تستخدم للإمساك بالطعام وتناوله أو الإمساك بالأشياء.	젓가락	عيدان الطعام
눈이 예쁘다.	عيناك جميلة.	(명)사람이나 동물의 얼굴에 있는, 물체를 보는 감각 기관 또는 눈동자.	عضو موجود في وجه الإنسان و الحيوان ويستخدم للرؤية.	눈	عين
바람이 불어 나뭇가지가 흔들린다.	تهب الرياح فتهتز أغصان الشجر.	(명) 나무의 줄기에서 뻗어 나는 가지.	فرع ممتد من جذع الشجرة.	나뭇가지	غُصْن الشجرة
라면 다 끓었어요?	هل غُلِيَت الشعرية؟	(동)액체가 뜨거워져 소리를 내며 수증기와 거품이 솟아오르다.	تصاعد الفقاعات والبخار مع صدور صوت عند تسخين سائل ما.	끓다	غَلِيَ
나무 숲 속에서 길을 잃다.	يفقد الطريق في غابة من الأشجار.	(명)/ 나무들이 무성하게 우거지거나 꽉 들어찬 곳.	مكان مليء بالأشجار الكثيفة.	숲	غابة
오늘 아침에 가스가 누출된 사고가 있었다.	كان هناك صباح اليوم حادث تسرب غاز.	(명) 기체 물질.	مادة غازية.	가스	غاز

1. 자주 일어나는 일 2. 나는 산에 자주 간다. 3. 자주적인 정책. 4. 자주색 원피스.	1أمر يحدث غالبًا 2أذهب دائما إلي الجبل. 3-سياسة مستقلة. 4- فستان أرجواني.	(부) 1_짧은 동안에 같은 일을 여러 번 되풀이하여. 2_남의 도움이나 간섭을 받지 않고 스스로 자기 일을 처리하는 것. 3_짙은 남빛에 붉은 빛을 띤 빛.	1تكرار نفس الأمر مرات في فترة زمنية قصيرة. 2- قيام الشخص بأعماله دون تدخل أو مساعدة الأخريين. 3- أحمر مزرق داكن.	자주	غالباً
1-내일은 대체로 맑겠습니다. 2-맞벌이 부부들은 대체로 집 안의 일을 나눠서 한다고 해요.	1- غدا سيكون مشمس في الغالب.2- يُقال أن الأزواج العاملون عادة مايتقاسمون أعمال المنزل.	(부) 1-(자세한 것을 빼고) 전체적으로 보아서. 2-일반적으로. 보통.	1_بشكل عام بعيدا عن التفاصيل. 2- في العموم. عادة.	대체로	غالبا. بشكل عام.
이 지갑은 마음에 들지만 너무 비싸요.	تعجبني هذه المحفظة ولكنها غالية جداً.	(형) 값이 높다. 비용이 많이 든다.	مرتفع الثمن, يكلف الكثير.	비싸다	غالي
1-새로 산 색연필은 색이 짙게 나와요. 2-하늘에는 비구름 짙게 끼어 있다. 3-이미 계절은 녹음이 짙은 여름이 되었다. 4-무궁화는 향기가 짙지 않다. 5-우리 모임은 학회의 성격이 짙다. 6-땅거미가 짙게 깔렸다.	1 تم إصدار أقلام رصاص بألوان غامقة. 2 تغطي سحب الأمطار السماء. 3 أصبح الفصل صيفا مع ظلال الأشجار. 4 إن زهرة الخطمي السوري ليس لها رائحة قوية. 5إن تجمعنا لدية خلفية علمية قوية. 6 تراكم التراب كثيرا.	(형) 1-'=진하다/ (반) 옅다, 연하다/ 빛깔이 흐리지 않고 아주 뚜렷하다. 2-(반) 옅다/ 안개, 연기, 구름 등이 끼어 있는 상태가 매우 심하고 자욱하다. 3-녹음, 눈썹 등이 빽빽하다. 4-농도나 정도가 세거나 진하다. 5-인상이나 성격이 매우 강하거나 심하다. 6-어두운 정도가 심하다.	1 اللون شديد وواضح أكثر من المعتاد. 2 يكثُف الضباب أو الدخان أو الغيوم بشدة. 3 غزارة الحواجب أو الظل. 4 درجة قوية أو تركيز عالي. 5 شخصية أو طباع قوية. 6 تكون درجة الظلام قوية.	짙다	غامق. غزير. مظلم
인생의 목적을 가져야 한다.	يجب أن تملك هدف في الحياة.	(명)이루려 하는 일.또는 나아가려고 하는 방향.	شيء تسعى لتحقيقه،أو طريق إتجاه/مسار/هدف تنوي التقدم إليه.	목적	غاية
오랫동안 청소하지 않은 방은 먼지로 가득했다.	كانت الغرفة التي لم تُنظف لفترة طويلة مليئة بالغبار.	(명)/ 눈에 보이지 않을 정도로 작고 가벼운 티끌.	حبيبات ناعمة ورقيقة.	먼지	غبار
그는 열 살이 넘어도 말 한마디 똑똑히 못하는 바보였다.	تخطى العشر سنوات ولكنه كان أحمقاً لا يستطيع التفوه بكلمة واحدة بوضوح.	(명)어리석고 멍청하거나 못난 사람.	شخص سخيف وأحمق أو مغفل.	바보	غبي
점심을 먹었다.	تناول الغداء	(명) 하루 중에 해가 가장 높이 떠 있는, 정오부터 반나절쯤까지의 동안에 끼니로 먹는 음식.	وجبة تؤكل في وقت من الظهيرة حتى ربع اليوم تقريباً حيث تكون الشمس في أشد علوها خلال اليوم.	점심	غداء
옛날에는 밀가루로 풀을 만들어 썼어요.	قديما كان يستخدم الغراء المصنوع من الدقيق.	(명) 주로 종이를 붙이는 데 쓰는 끈끈한 액체.	سائل لزج يستخدم في لصق الورق بشكل رئيسي.	풀	غراء
방을 깨끗이 치우라.	نظف الغرفة جيداً.	(명) 사람이 생활을 하거나 일을 하는 건물 안의 막힌 공간.	مساحة محدودة داخل مبنى للعيش أو العمل.	방	غرفة
2 층에는 침실과 욕실이 있습니다.	توجد غرفة النوم والاستحمام في الطابق الثاني.	(명) 목욕을 하는 방.	غرفة الاستحمام.	욕실	غرفة الاستحمام

2 층에는 침실과 욕실이 있습니다.	يوجد الحمام وغرفة النوم في الطابق الثاني.	(명) 잠을 자도록 마련된 방.	غرفة النوم	침실	غرفة النوم
안방은 부모님께서 쓰신다.	يستخدم والدي الغرفة الداخلية.	(명) 집주인이 거처하는 방.	غرفة يقيم فيها صاحب البيت.	안방	غرفة صاحب المنزل- غرفة داخلية.
옆방으로 건너가다.	ينتقل إلي الغرفة المجاورة.	방이 붙어 있을 때 바로 옆에 있는 방.	عند وجود غرف بشكل متصل، غرفة موجودة إلى جانب غرفة	옆방	غرفة مجاورة
처음에는 그 친구가 너무 낯설었어.	كان صديقي غريب عني جداً في بادئ الأمر.	(형) 전에 보든가 만난 적이 없어 친하지 않다. /(반)낯익다	علاقة غير حميمة وعدم اللقاء من قبل.	낯설다	غريب. غير مألوف
며칠 전에 세탁기가 고장이 나서 빨래가 많이 밀렸다.	منذ أيام تعطلت غسّالة الملابس فقمت بغسل الكثير من الملابس يدوياً.	(명) 빨래하는 기계.	آلة لغسل الملابس.	세탁기	غسّالة ملابس
나는 딸아이를 욕실로 데려가 세수를 씻겼다.	لقد أخذت ابنتي الصغيرة إلي الحمام وغسلت وجهها.	(명) 물로 손과 얼굴을 씻는 것.	غسيل الوجه و الأيدي بالماء.	세수	غسل الوجه
혼자 살다 보니 빨래와 설거지가 귀찮을 때가 있어요.	يصبح الغسيل والجلي أمراً مزعجاً أحياناً من واقع تجربتي في العيش بمفردي.	(명) 때가 묻은 옷이나 천을 물에 빠는 일.	غسل الملابس أو القماش الغير نظيف بالمياه.	빨래	غسيل
1-버스를 너무 오래 기다려서 화가 났어요. 2_김 선생님 가족이 교통사고로 화를 당했다.	1- لقد غضبت كثيراً بسبب انتظار الأتوبيس لمدة طويلة. 2_لقد حل على مدرسي كيم كرب(مصيبة) فعائلته تعرضت لحادث سيارة.	(명)/1- 못마땅하거나 언짢아서 생기는 노엽고 답답한 감정. 마음에 매우 안 드는 일이 생겼을 때의 느낌. 2_갑자기 일어나는 큰 손해나 불행.	1- الشعور عند حدوث شيء لا يعجبه على الإطلاق. 2_(ضرر/مرض / حزن / حظ سيء) كبير يحدث فجأة.	화	غضب/كرب
포도주 병의 뚜껑을 좀 따 주세요.	من فضلك انزع غطاء زجاجة النبيذ.	(명) 그릇, 상자, 병 등의 윗부분을 덮거나 막는 것.	الشيء الذي يغطي او يسد صحن أو صندوق أو زجاجة.	뚜껑	غطاء
마이클은 결석이 너무 많아서 점수를 줄 수 없습니다.	لا يمكنني أن أمنح مايكل درجات نظراً لكثرة غيابه.	(명)학교나 모임에 나오지 않는 것.	عدم الذهاب إلى المدرسة أو التجمعات.	결석	غياب
한국말을 배운 지 육(6)개월 되었는데 아직 서툴러요.	لقد مر 6 سنوات علي تعلمي اللغة الكورية ومازلت لا اتقنها.	(형) 무엇에 익숙하지 못하거나 잘 하지 못하다. /(반) 능숙하다/	عدم اتقان الشئ أو عدم التعود عليه.	서투르다	غير بارع. غير متقن
추억이 없는 사람은 불행하다.	الشخص الذي لا يملك ذكريات لا يكون سعيداً.	(형) 행복하지 못하다.	لا يستطيع أن يكون سعيداً.	불행하다	غير سعيد
잠이 모자라서 늘 피곤하다.	نومي غير كافي لذلك دائماً ما أشعر بالتعب.	(동) 1-어떤 표준이 되는 정도나 양에 미치지 못하다.2_지능이 정상적인 수준에 이르지 못하다. (=)부족하다	1- عدم القدرة على الوصول لكمية أو درجة معيارية معينة. 2_عجز القدرات عن بلوغ المستوى الطبيعي.	모자라다	غير كافي / ناقص /قليل على شيء ما.
하숙생들이 많아서 욕실 사용이 불편합니다.	طلبة السكن كثيرون لذا يكون استخدام الحمام غير مريح.	(형) 어떤 일에 쓰기가 편하지 않다.	عدم تارتحة في القيام بعمل ما.	불편하다	غير مريح

재미없는 이야기	قصة غير ممتعة	(형) 아기자기하게 즐겁고 유쾌한 기분이나 느낌이 없다.	لا يوجد شعور بالإستمتاع أو السعادة.	재미없다	غير ممتع
이 일은 너와는 상관없는 일이다.	هذا العمل ليس له علاقة بك.	(형) 서로 관련이 없다.	لا علاقة ببعضهما البعض.	상관없다	غير مهتم
그는 귀신이 없다고 믿었다.	كان يؤمن بعدم وجود الأشباح.	(형) 사람, 동물, 물체 따위가 실제로 존재하지 않는 상태이다.	حالة عدم وجود شخص أو حيوان أو مادة وغيرها في الحقيقة.	없다	غير موجود
이런 병에는 어떤 약도 소용없다.	هذا المرض غير نافع معه أية دواء.	(형) 아무런 이익이나 쓸모가 없다	ليس له أيّة فوائد أو منفعة.	소용없다	غير نافع
재성이는 빈 컵에 우유를 따랐다.	سكب جيسونغ الحليب في كوب فارغ.	(동) 무엇의 속에 들어 있는 것이 없다.	لا يوجد شيء بداخله.	비다	فارغ
과일이 신선하다	الفاكهة طازجة.	(명) 심어서 가꾸는, 맛 좋은 식물의 열매.	ثمرة ذات مذاق طيب يتم زرعاتها و مراعتها.	과일	فاكهة
외국인과 교포들에게 한국어를 가르치면서 보람을 많이 느껴요.	أشعر بقيمة ما أقوم به كثيراً عندما أدرس اللغة الكورية للأجانب أو المغتربين الكوريين.	(명) 정성들인 일에 대한 좋은 결과나 느낌.	نتيجة أو شعور جيد حيال أمر تطلب جهداً.	보람	فائدة, قيمة
이 소파는 가격이 좀 비싼 대신에 오래 쓸 수 있습니다.	هذه الكنبة غالية قليلا لكن يمكن استخدامها لفترة طويلة.	(부) 지나가는 시가니 길게. 긴 시간 동안.	خلال فترة طويلة.	오래	فترة طويلة
교통 사고를 당해서 다리를 다친 그는 **당분간** 병원을 다니면서 치료를 해야 한다.	يجب علي الشخص الذي انجرحت قدمه في الحادث المروري الذهاب بصورة مؤقتة للمستشفي للعلاج.	(부) 앞으로 얼마 동안. 임시로.	خلال فترة معينة قادمة. بشكل مؤقت.	당분간	فترة مؤقتة
원서 접수 기간은 5 일부터 10 일까지다.	فترة تقديم الاستمارات بدءا من يوم 5 حتي يوم 10.	(명) 어느 한 때로부터 다른 때까지의 시간.	وقت محدد من نقطة ما الي أخري.	기간	فترة. مدة
그는 회사 일로 갑자기 서울에 가게 되었다.	لقد ذهب إلى سول فجأةً في عمل للشركة.	(부) 생각할 사이가 없이 급히.	بسرعة وبدون مساحة للتفكير.	갑자기	فجأة
갑자기 큰 소리가 나서 깜짝 놀랐어요.	لقد تفاجأت عندما انطلق صوت عالي فجأة.	(부)갑자기 놀라는 모양.	بشكل مفاجئ.	깜짝	فجأة
계속되던 아이의 울음소리가 갑자기 딱 멎었어요.	توقف صوت بكاء الطفل الذي كان مستمراً فجأة.	(부) 어떤 행동이나 생각이 갑자기 그치거나 멎는 모양.	شكل انتهاء أو التوقف المفاجئ لفعل أو فكرة ما.	딱	فجأة
혈액 검사	فحص دم	(명)사람의 몸이나 일의 상태, 사물의 상태가 일정한 기준과 비교하여 어떤 정도인지를 자세히 알아보는 일.	مقارنة حالة جسم الإنسان أو حالة عمل أو شيء ما بمقياس محدد ومعرفة إلى أي حد تصل بالتفصيل.	검사	فحص
방사선 조사	فحص إشعاعي	(명) 사물의 내용을 명확히 알기 위하여 자세히 살펴보거나 찾아봄.	المراقبة والبحث بدقة من أجل معرفة محتوى شيء ما.	조사	فحص
닭이 풀벌레를 쪼아 먹으려고 했다.	حاولت الفرخة التقاط حشرة الحشائش.	(명) 잘 날지 못하며 알을 잘 놓는 큰 새.	طائر كبير يبيض ولا يستطيع الطيران.	닭	فرخة

전동 칫솔.	فرشاة أسنان كهربائية	(명) 이를 닦는 솔.	أداة لغسل الأسنان.	칫솔	فرشة الأسنان
기회가 없어서 인사를 못 했습니다.	لم أجد الفرصة لإلقاء التحية.	(명)무슨 일을 하기에 알맞은 시기나 경우.	الحالة أو الوقت المناسب للقيام بشئ ما.	기회	فرصة
가지에 딸기가 주렁주렁 열다	الفراولة متدلية على أغضان الشجر.	(명) 나무나 풀의 원줄기에서 갈라져 벋어 나간 줄기.	هو الغصن الخارج من جزع الشجرة أو الحشائش.	가지	فرع شجرة
작년에 프랑스를 방문했다.	زرت فرنسا العام الماضي.	(명) 유럽 대륙 서부의. 지중해와 대서양 사이에 있는 나라. 수도는 파리입니다.	دولة تقع في غرب قارة أوربا بين البحر المتوسط و المحيط الأطلنطي. وعاصمتها باريس.	프랑스	فرنسا
1-팀을 이루다. 2-국가 대표팀.	1- يُشكل فريق. 2- المتخب الوطني	(명) 1-같은 목적을 가지고 일을 함께 하는 모임. 2-같은 편이 되어 함께 운동 경기를 하는 사람들의 모임.	تجمع يفعل عمل ما معاً ويمتلكون نفس الهدف. 2- مجموعة من الأشخاص يمارسون الرياضة معا ويكونون في نفس الجانب.	팀	فريق
실패를 경험하는 것이 가장 좋은 레슨이다.	التعرض لحالات من الفشل أفضل درس ممكن.	(명)/(반)/성공/일이 잘못되어 헛일이 됨.	لا يتم العمل كما ينبغي فيصبح بلا معنى.	실패	فشل
봄, 여름, 가을, 경울 중에서 어느 계절을 좋아하세요?	ما الفصل الذي تفضله من بين الربيع والصيف والخريف والشتاء؟	(명)기후에 따라 일 년을 넷으로 나눈, 봄, 여름, 가을, 겨울의 시기.	فترة زمنية تنقسم إلى 4 فصول في السنة بحسب المناخ. ربيع, صيف, خريف, شتاء.	계절	فصل
봄에는 날씨가 따뜻하고 꽃이 많이 핍니다.	الطقس دافئ في الربيع وتتفتح الأزهار بكثرة.	(명) 계절 중에서 겨울과 여름 사이에 오는 따뜻한 계절.	الفصل الدافيء الذين يأتي بين الشتاء والصيف.	봄	فصل الربيع
여름철에는 음식물이 상하기 쉽다.	تفسد الأطعمة بسهولة في فصل الصيف.	(명) 계절이 여름인 때.	وقت فصل الصيف.	여름철	فصل الصيف
1-여름 학기. 2-한 학기를 더 다니면 졸업입니다.	الفصل الصيفي. 2- سأتخرج بعد ترم واحد.	(명) 1-한 학년 동안을 학업의 필요에 따라 구분한 기간. 2-학교에 다니는 기간을 세는 말.	مدّة تقسّم سنة واحدة حسب ضرورة الدروس. 2- وحدة عد فترات الذهاب للمدرسة.	학기	فصل دراسي
1-저는 덕분에 잘 지내고 있습니다. 2-네, 덕분에 어렵지 않게 숙제를 할 수 있었어.	1- الحمدلله بخير. 2-بفضلك أستطعت حل الواجب بدون صعوبة.	(명) 1-남의 도움을 받는 것. 2-(어떤 것이나 어떤 일을 하는 것으로 부터) 이익이나 도움에 받는 것.	تلقي مساعدة من الأخريين. 2- تلقي مساعدة أو فائدة من قيامك بعمل ما.	덕분	فضل
1-무슨 일이 일어났는지 궁금해요. 2-이번엔 누가 일등인지 궁금하다.	متلهف لأعرف ماذا حدث.	(형) 1-(사람이 답을) 알고 싶어 마음이 안타깝다. 2-(사람이 어찌하는지) 알고 싶어 마음이 안타깝다.	يريد أن يعرف شئ.	궁금하다	فضولي/ يريد أن يعرف
1-사람들의 이야기대로 이곳은 과연 경치가 아름답군요. 2- 밥을 안 먹으면 과연 살이 빠질까요?	1- وفقا لكلام الناس المناظر الطبيعية في هذا المكان رائعة فعلاً. 2- هل فعلا سأفقد وزني إذا لم أتناول أرز؟	(부) 1-기대 또는 생각한 대로 정말로. 2- 결과에 있어서도 참으로.	1_ بالضبط كما يُتوقع أو يُنتظر. 2- بدون شك حول نتائج متوقعة	과연	فعلاً / في الحقيقة.
이 비누는 거품이 잘 안 인다.	هذه الصابونة لاتخرج رغوة جيداً.	(명)액체가 공기를 머금어서 생긴, 속이 빈 방울.	رغوة تحدث عن امتلاء السائل بالهواء.	거품	فقاعة

학교는 단지 지식이나 기술만을 가르치는 곳이 아니다.	المدرسة ليست مكان يُدرس المعرفة والتكنولوجيا فقط.	(부) 오직 하나의 조건이나 이유를 말하자면. (=) 다만	شرط أو سبب واحد فقط.	단지	فقط
애인이 있냐고 묻자 내 친구는 웃을 뿐 대답을 안 했다	عندما سألت صديقي إذا كان يملك حبيبة ابتسم فقط ولم يرد.	(명) 어떤 일만 하고 다른 일을 하지 않음을 나타낸다.	القيام بأمر واحد فقط دون غيره.	뿐	فقط
나는 오직 내 아내만을 사랑한다.	أنا أحب زوجتي فقط.	(부) 여러 가지 중에서 다른 것은 있을 수 없고 다만.	لا يمكن أن يوجد أي شئ آخر بين العديد من الأشياء.	오직	فقط
그는 비록 가난했지만 정직하고 바르게 살려고 노력했다.	على الرغم من كونه فقيراً ، اجتهد للعيش بطريقة حسنة.	(형) 살림살이가 넉넉하지 못하여 몸과 마음이괴로운 상태에 있다. /(반) 부유하다	ضيق ذات اليد .	가난하다	فقير
1-버스에서 다룬 생각을 하다가 한 정거장 더 갈 뻔했어요. 2-올바른 생각. 3-고향 생각. 4-집을 보러 다니는 일은 생각보다 훨씬 힘들다.	1_لقد تجاوزت محطة في الحافلة عندما كنت مستغرق في التفكير. 2_الفكرةالصحيحة. 3_التفكير في الوطن. 4_إن البحث عن منزل كانت أصعب مما كنت أعتقد.	(명)1-머릿속으로 판단하거나 인식하는 것. 2-머릿속으로 무엇에 대하여 따지고 판단하여 얻은 이정한 의견. 3-머릿속에 떠오르는 어떤 사실. 4-무엇이 어떠할 것이라고 상상하는 것.	1_الشئ الذي يتم ادراكه أو الحكم عليه داخل الرأس. 2_وجهة النظر حول شئ ما يتم ادراكها داخل الرأس. 3_حقيقة موجودة في الرأس. 4_شئ يتم تخيله في الرأس.	생각	فكر. تفكير.
고추가 너무 매워서 못 먹겠다.	الفلفل الأحمر حار جداً لذا لا أستطيع تناوله.	(명)식용으로 재배하는 식물. 열매가 긴 원뿔 모양이고 익어서 빨갛고 맛이 맵다.	نبات يتحكم بالشهية وثمرته مخروطية الشكل, ذو لون أحمر عند نضوجه وطعمه حار.	고추	فلفل أحمر
석굴암은 신라 예술의 아름다움을 대표한다.	يعبر السوكغرام عن فن عصر شيلا.	(명) 특별한 재료, 기교, 양식 따위로 감상의 대상이 되는 아름다움을 표현하려는 인간의 활동.	نشاط إنساني يهدف إلي التعبير عن جمال العاطفة من خلال المحتوي الخاص و التقنية والشكل وغيره.	예술	فن
호텔 예약은 했어요?	هل قمت بحجز الفندق؟	(명)/규모가 크고 고급스러운 서양식 여관.	أوتيل على الطراز الغربي راقي و ذا مساحة واسعة.	호텔	فندق
연락 받는 대로 곧 출발하세요.	انطلق فوراً عندما تتلقى إتصالاً.	(부)시간을 더 끌지 않고 바로.	حالا دون تأخير.	곧	فوراً
도착하면 바로 전화해라.	أتصل بي فوراً عند وصولك.	(부) 무엇을 하자마자 곧.	فوراً بعد عمل شيء.	바로	فوراً/حالاً/مباشرةً
1-당장 일을 시작합시다. 2-내일 당장 운동을 시작하겠어요.	1- أبدا العمل حالا. 2- غدا عالفوز سأبدأ ممارسة الرياضة.	(명) 1-이 자리에서 바로. 2-무슨 일이 생기는 바로 그자리 또는 그 때.	في ذلك المكان مباشرة. 2- ذلك المكان أو ذلك الوقت الذي حدث فيه أمر ما.	당장	فورا / حالا
지금 좀 도와주면 월급을 받는 즉시 갚겠습니다.	لو ساعدتني الأن سأعيد لك مالك فورا بمجرد أن أستلم مرتبي.	(명) 바로 그때. 일이 일어나는 그 순간 바로.	في الحال.	즉시	فورا.حالا
현금으로 지불하겠습니다.	سأدفع كاشاً.	(명)/(신용카드, 수표 따위가 아닌) 평소에 쓰는 돈. 정부나 중앙은행에서 발행하는 지폐나 주화.	المال الذي نستخدمه في العادة (ليس بطاقة الإئتمان ولا الشيكات)	현금	فوري / كاش
시스템은 엉망이었다.	كان النظام في فوضى.	(명) 일이나 사물이 헝클어져서 갈피를 잡을 수 없을 만큼 결딴이 나거나	حالة من الفوضى أو أمر معقد جداً إلى حد عدم القدرة على الإستيعاب.	엉망	فوضى

		어수선한 상태.			
아침 최저 기온은 영상 9 도, 낮 최고 기온은 영상 19 고예요.	درجة الحرارة الصغير في الصباح 9 درجات فوق الصفر ودرجة الحرارة العظمي 19 درجة فوق الصفر.	(명) 섭씨 0 도 이상.	الدرجة المئوية فوق الصفر.	영상	فوق الصفر
1- 강 위에 다리가 있어요. 2-바지는 침대 위에 있습니다. 3- 두 사람 중에서 누가 나이가 위입니까? 4- 자기가 가지고 있는 사진을 보고 위와 같이 이야기를 만들어 보세요.	1 يوجد أعلي النهر جسر. 2 البنطال موجود علي السرير. 3 من الأكبر من بين هذين الشخصين؟ 4 جربوا أن تصنعوا قصة حول الصورة التي لديكم سويا.	(반) 밑. 아래/ (명) 1- 어떤 기준보다 높은 데. 2- 무엇의 겉. 표면. 3- 수준, 질, 정도, 등급, 나이가 더 높은 것. 4- 공간적인 순서에서, 글에서 앞.	1 جهة أعلي من نقطة أساسية. 2 سطح الشئ. 3 الارتفاع في المستوي، النوعية، الدرجة، المستوي أو العمر. 4 مقدمة كتابة ما أو ترتيب مكاني.	위(위쪽)	فوق. قمة. سطح
콩에는 단백질이 많이 들어 있습니다.	يوجد البروتين بكثرة في الفول.	(명) 두부나 된장 등의 재료로 쓰이며 노란색 또는 검은색의 얇은 껍질에 싸인 동그란 곡식.	حبوب مستديرة بقشرة رقيقة صفراء أو سوداء ومُستخدَمه في مادة توفو أو "دوان جانغ"	콩	فول
지금은 남한과 북한으로 갈라져 있지만, 본래 같은 조상으로부터 태어난 한 민족입니다.	الأن الكوريتين منفصلتين ولكن في الأصل هما شعب واحد له نفس الأسلاف.	(부) 처음에. 날 때부터.	في البداية, منذ حدوثه.	본래	في الأصل
그는 원래가. 친절해요	إنه في الأصل (من البداية) لطيف.	본디. 본래/ (부) 처음부터.	من البداية.	원래	في الأصل. أصلا
지구가 정말로 둥글까?	هل الأرض حقاً دائرية؟	(부) 거짓이 없이 말 그대로.	بدون كذب.	정말로	في الحقيقة
아이들이 바깥에서 뛰어 논다.	يلعب الأولاد ويركضون في الخارج.	(명)밖이 되는 곳.	مكان بالخارج.	바깥	في الخارج
야외로 나가는 행락객이 많아졌다.	ازداد عدد الذين يقضون إجازاتهم في الخارج.	(명) 집 밖이나 노천을 이르는 말.	خارج المنزل في الهواء الطلق.	야외	في الخارج
물가가 작년에 비해 5 프센트가 올랐다.	ارتفعت الأسعار 5% مقارنة بالعام الماضي.	(명) (=) 프로/ 전체 수량을 100 으로 하여 그것에 대해 가지는 비율을 나타내는 단위.	وحدة لقياس نسبة عن المائة حينما يحدّد كلّ الكمية لشيء بالمائة	퍼센트	في المئة، بالمئة
한 시간만 더 기다렸다가 그때까지도 안 나오면 그냥 나갑시다.	لننتظر ساعة آخري وخلالها لنخرج إذا لم يحضر.	(대) 이미 이야기했거나 청자가 알고 있는 시간을 가리키는 말.	كلمة تشير إلي وقت يعرفه المستمع أو تم ذكره مسبقاً.	그대	في ذلك الوقت / آنذاك.
요즈음 그 사람의 머릿속은 그녀에 대한 생각들로 가득하다.	فكر هذا الشخص مليء بالتفكير فى تلك الفتاة.	(명)/상상이나 생각이 이루어지거나 지식 따위가 저장된다 믿는 머리 안의 추상적인 공간.	حيز مجرد / إفتراضي داخل الرأس تُحفظ بداخله المعارف أو تتم فيه التفكير والتخيل.	머릿속	في عقل / فكر أحد
영화가 무서워서 나와 동생이 동시에 소리를 질렀다.	صرخت أنا وأخي الصغير في آنٍ معاً لأن الفيلم كان مخيفاً.	(명) 무슨 일이 일어나는 바로 그 때.	في نفس وقت حدوث شئ أخر.	동시	في نفس الوقت

청구서들이 한꺼번에 날아왔다	جاءت الفواتير كلها في وقت واحد.	(부) 몰아서 한 번에. 또는 전부 다 동시에.	في وقت واحد جميعا. أو في نفس الوقت معا	한꺼번에	في وقت واحد
영화 관람.	مشاهدة فيلم	(명) 일정한 의미를 갖고 움직이는 대상을 촬영하여 영사기로 영사막에 비추어서 보게 하는 종합 예술.	فنيَّة مركبة تصوّر موضوعا ذا معنى معيّن وتعرضه على الشاشة باستخدام الأضواء المسلّطة عليها	영화	فيلم
나중에 제가 다시 전화할게요.	سأعاود الاتصال بك لاحقاً مرة أخري.	(명) 어느 정도의 시간이 지난 뒤	بعد فترة معينة من الوقت.	나중	فيما بعد.لاحقاً
신혼일 때는 출근할 때마다 아내와 키스를 나누곤 했어요.	اعدت تقبيل زوجتي عند الذهاب إلي العمل عندما كنا حديثي الزواج	(명) (=) 입맞춤/ 입을 맞추는 것.	تلامس الشفتين.	키스	قُبلة.
부산에서 제주도까지 배로 가면 얼마나 걸립니까?	كم يستغرق الذهب من بوسان إلى جزيرة جيجو بالمركب؟	(명) 물 위에 떠서 사람이나 짐을 실어 나르는 교통 수단.	وسيلة مواصلات تطفو على الماء لنقل الأشخاص أو الحمولات.	배	قارب
저는 아프리카 같은 열대 지방에서는 살아 보고 싶어요.	أرغب في العيش في منطقة أستوائية مثل قارة أفريقيا.	(명) 세계 6 대륙의 하나. 서쪽으로는 대서양과, 북쪽으로 지중해, 동쪽으로 홍해와 인도양, 남쪽으로는 대서양 및 인도양과 접해 있다.	واحدة من قارات العالم الست.	아프리카	قارة أفريقيا
한국은 아시아 동쪽 한반도에 있는 나라입니다.	كوريا هي دولة تقع في شبه الجزيرة الكورية في شرق آسيا	(명) 세계 6 대륙의 하나. 한국, 중국, 인도, 인도네시아, 아라비아 등이 속해 있으며 세계에서 가장 큰 대륙이다.	واحدة من قارات العالم الست.وهي أكبر قارات العالم وتضم كوريا والصين والهند وأندونسيا و الجزيرة العربية وغيره.	아시아	قارة آسيا
교실이 너무 좁아요.	قاعة المحاضرات ضيقة جدا.	(명) 학교나 학원에서 선생님이 학생들을 가르치는 방.	الغرفة التي يقوم فيها المعلم بتعليم الطلاب سواء في المدرسة أو المعهد التعليمي.	교실	قاعة محاضرات
모든 사람은 법 앞에 평등하다.	جميع الأشخاص متساوون امام القانون.	(명) 온 국민이 의무적으로 지키도록 되어 있는 나라의 온갖 규칙.	جميع قواعد الدولة التي يجب أن يلتزم بها المواطنين	법	قانون
1-이 가게의 주 메뉴는 된장찌개이다. 2-아주머니, 메뉴 좀 주세요.	قائمة الطعام الرئيسية لهذا المحل هو حساء فول الصويا.	(명) 1-식사의 요리 종류. 2-음식점 등에서 파는 음식의 이름과 값을 적은 표.	1_نوع طهو الطعام. 2_ القائمة التى يكتب بها أسم الطعام و سعرة فى المطعم.	메뉴	قائمة(طعام)
1-아이는 주먹으로 친구를 때렸다. 2-이제는 주먹이 통하는 시대는 지났어.	1 لقد ضرب الطفل صديقه بقبضه يده. 2 لقد مر عصر الملاكمة الآن.	(명) 1-다섯 손가락 모두를 모아 오므려 쥔 손. 2-물리적 힘이나 완력. 권력이나 세력.	1يد مغلقة وتجمع كل الأصابع. 2 قوة جسدية أو قوة عضلية. قوة أو نفوذ.	주먹	قبضة اليد
1-모자가 커서 거의 눈썹까지 덮고 있었다. 2-모자 관계	القبعة كبيرة لدرجة أنها أوشكت أن تغطي الحاجب.	(명)1-머리에 쓰는 것. 2-어머니와 아들.	تُضع على الرأس وتُصنَع بشكل رئيسي من القماش.	모자	قبعة
1_2 시간전. 2_그 사람을전에한 번 본 적이 있다.	1- قبل ساعتين. 2- سبق لي أن قابلت ذلك الشخص من قبل.	(명) 막연한 과거의 어느 때를 가리키는 말.	تدل على وقت غير محدد في الماضي.	전	قبل
두 사람이 만난 것은 바로 크리스마스 전날이었다.	كان لقائهم في اليوم الذي قبل عيد الميلاد.	(명) 일정한 날을 기준으로 한 바로 앞 날.	اليوم السابق ليوم ما.	전날	قبل الأمس

한국어 수업은 오전 9 시부터 오후 1 시까지입니다.	محاضرة اللغة الكورية من الساعة التاسعة قبل الظهر حتي الساعة الواحدة بعد الظهر.	(명) 아침부터 점심 전까지 동안.	الفترة من الصباح حتي الغداء.	오전	قبل الظهر
엊그제가 제 생일이었습니다.	كان عيد ميلادي قبل بضعة أيام.	(명) 엊그저께 (바로 며칠 전)'의 준말.	اختصار لكلمة منذ بضعة أيام.	엊그제	قبل بضعة أيام
엄마와 언니는 방금 집안 청소를 끝냈어요.	منذ قليل انتهت أمي وأختي الكبيرة من تنظيف المنزل.	(부) 바로 조금 전.	قبل لحظات قليلة.	방금	قبل قليل
아까 하려고 했던 이야기가 뭐예요?	ما الكلام الذي كنت ترغب في قوله قبل قليل؟	(부) 조금 전에. 이미.	قبل قليل.	아까	قبل قليل
한국어 쓰기 능력을 기르려면 어떻게 해야 합니까?	ماذا الذي يجب أن افعل إذا أردت تنمية قدرة الكتابة بالكورية؟	(명) 일을 할 수 있는 힘이나 재주.	الموهبة أوالقدرة التي تمكنك من فعل شئ.	능력	قدرة
1-이번 시합은 너의 실력을 발휘할 좋은 기회이다. 2-실력을 행사하다.	هذا الإمتحان فرصة جيدة لإظهار قدراتك.	(명) 1-사람이 어떤 일을 해낼 수 있는 실제의 능력. 2-물리적인 위력이나 강제적인 힘.	قدرة فعلية.	실력	قدرة
공을 발로 치다.	يركل الكرة بقدمه.	(명) 사람이나 동물의 다리 아래에 있는, 걸을 때 땅에 닿는 몸의 부분.	جزء من الجسم يلمس الأرض حين المشي, في أسفل قدم الإنسان أو الحيوان.	발	قدم
왼쪽 구두만 작은 걸 보니, 왼발이 더 작은가 봐요.	كنت أعتقد أن الحذاء الأيسر سيكون صغيرا ولكن أكتشفت أن قدمي اليسري أصغر.	(명) 왼쪽 발	القدم اليسري.	왼발	قدم يسري
1-오래 걸었더니 다리가 너무 아파요. 2- 책상 다리다 흔들려요.	1_قدمي تؤلمني لانني مشيت لفترة طويلة. 2- رجل المكتب تهتز.	(명) 1-사람과 동물의 몸 아래쪽에 달려서 몸을 받치며 서거나, 뛰거나 걷는 일을 하는 부분. 2-(책상이나 의자의 아래쪽에 달려서) 그 물건을 받치는 부분.	1_عضو في أسفل جسد الإنسان والحيوان يُمكنه من الوقوف أو الجري أو المشي. 2- جزء في أسفل الكرسي أو المكتب.	다리	قدم/ رِجْل
새 신발보다 헌 신발이 더 편해요.	الحذاء القديم أكثر راحة من القديم.	(관)/오래된, 낡은.	قديم.	헌	قديم
도대체 그 낡은 만년필은 언제 버릴 거니?	يا إلهي متي ستتخلص من ذلك القلم (الحبر) القديم؟	(형) 물건이 오래되어 헐거나 고장이 잘 나다.	تلف أو دمار الشئ القديم.	낡다	قديم.بالٍ.رث
1-방이 더러워서 오늘은 청소를 좀 해야겠다. 2-오늘 날씨 더럽게 춥네.	1_الغرفة متسخة سوف أقوم بتنظيفها اليوم. 2- الجو بارد جداً.	(형) 1-(반) 깨끗하다/ 때나 찌꺼기가 묻어 깨끗하지 못하다. 2-정도가 심하다.	1_غير نظيف بسبب القاذورات أو الفضلات. 2- درجة شديدة أو مفرطة.	더럽다	قذر
가을은 독서의 계절입니다.	الخريف فصل القراءة.	(명) 교양을 위하여 책을 읽는 것.	قراءة الكتب من أجل الثقافة.	독서	قراءة
저는 그가 제시한 결론을 받아들일 수 없습니다.	لا يمكنني أن أقبل بالحكم الذي عرضه.	(명)어떤 문제에 관해서 마지막으로 내린 판단.	حكم أخير يتعلق بمشكلة ما.	결론	قرار
선생님들의 결정을 기다리겠습니다.	سانتظر قرار المعلمين.	(명)무슨 일을 어떻게 하기로 정하는 것.	تحديد كيف ستفعل أمر ما.	결정	قرار

한국에 가면 한국 문화를 가까이 파악할 수 있다.	إن ذهبت إلى كوريا سوف تستطع التعرف على الثقافة الكورية عن قرب.	1-(명)어떤 지역이나 지점, 대상 따위에서 거리가 짧은 곳. 일정한 수에 거의 비슷한 정도. 2-(부) 어떤 장소나 사물이 다른 것과 거리가 짧게. 시간이 오래지 않은 상태로.	بالقرب/ قرب	가까이	قرب/بالقرب من/عن قرب
이제 원숭이 우리 쪽으로 가 볼까?	هل نذهب الآن إلي طريق القرد؟	(명) 사람과 비슷하게 생겼고 온몸에 털이 있고 꼬리가 있는 동물.	حيوان له ذيل وجسمه مغطي بالشعر ويشبه الانسان.	원숭이	قرد
2001 년이 21 세기의 시작이다.	إن عام 2001 هو بداية القرن ال 21.	(명) 100 년을 단위로 하는 기간.	فترة مئة عام.	세기	قرن
기숙사가 우리 학교에서 가깝다.	السكن الجامعي قريب من مدرستي.	(형) 거리가 짧다. /(반) 멀다	قرب المسافة.	가깝다	قريب
우리는 결혼식에 오셨던 친척 한 분 한 분께 감사의 인사를 드렸다.	ألقينا التحية علي أقاربنا الذي حضروا حفل الزفاف	(명) 어머니, 아버지, 그리고 배우자와 혈연 관계에 있는 사람.	شخص ذو صلة الدم مع الوالدين والزوجة أو الزوج	친척	قريب
친한 사람.	شخص مقرب	(형) 가까이 사귀어 서로 잘 알고 정이 두텁다.	يشعر بالقرب بعد التعرّف عليهم	친하다	قريب
우리 마을은 사방이 산으로 둘러싸여 있다.	قريتنا محاطة بالجبال من جميع الجهات.	(명) 주로 시골에서 여러 집들이 모여서 사는 곳.	مكان يجمع عدد من البيوت غالباً في الريف.	마을	قرية
그는 시골 출신이라 답답한 아파트 생활을 싫어한다.	هذا الشخص وُلِد في الريف (القرية) لذلك فهو يكره المعيشة المُقيدة (المحكومة) بداخل الشقة.	(명)/(=)촌/도시에서 떨어져 있는 곳이나 마을.	قرية أو مكان بعيد عن المدينة.	시골	قرية/ريف
이 근처에 경찰서가 어디 있어요?	أين يوجد قسم الشرطة القريب من هنا؟	(명)한 지역의 경찰 일을 보는 곳.	مكان عمل الشرطة في منطقة ما.	경찰서	قسم شرطة
사과 껍질. 조개 껍데기.	قشرة التفاحة.	(명) 물체의 겉을 둘러싸고 있는 것. /=껍데기	شئ يغلف الجسم من الخارج.	껍질	قشرة خارجية
실을 가위로 끊다.	قطع القماش بالمقص.	(동) 길게 이어진 것을 몇 조각으로 자르다. /(반)잇다	قطع الأشياء الطويلة الي أجزاء.	끊다	قص.بتر
나뭇가지를 꺾다.	يكسر جزع الشجرة.	(동) 길고 가는 물건을 휘어 부러지게 하다.	كسر أو ثني الأشياء الطويلة والرفيعة.	꺾다	قصم.كسر
1- 제시카는 짧은 머리가 잘 어울립니다. 2-설날 연휴가 너무 짧아요. 3-짧고 재미있는 책을 읽어보세요. 4-내 생각이 너무 짧았던 것 같다.	1 يليق الشعر القصير ب جيسيكا. 2 إن عطلة رأس السنة قصيرة جدا. 3 قم بقراءة كتاب قصير ومسلي. 4 أعتقد أن تفكيري محدود.	(형) (반) 길다/ 1-(사물이) 한쪽 끝에서 다른 쪽까지의 길이가 가깝다. 2-한 때부터 다음의 한 때까지의 시간이 길지 않다. 3-글이나 이야기의 양이 적다. 4-지식, 생각이 모자라다.	1 قصر الطول بين طرف ما حتي الطرف الأخر. 2 قصر الفترة من وقت ما حتي وقت آخر. 3 كمية الكلام أو النص قليلة. 4 نقص في التفكير أو المعرفة.	짧다	قصير. غير بعيد. قليل
기차를 타다.	يستقل القطار.	(명)증기, 전기, 디젤 등의 에너지로 철도 위로 다니는 차.	عربات تسير علي الحديد وتعمل بالدخان، الكهرباء،الديزل وغيرها من عناصر الطاقة.	기차	قطار
열차 시간표.	جدول مواعيد القطارات	(명)여러 대의 차를 길게 이어 놓은 기차.	هو سلسلة من العربات على شكل طويل	열차	قطار

고양이 울음 소리	صوت بكاء القطة.	(명)'야옹 야옹' 하고 울고 밤에도 사물을 잘 보고 쥐를 잘 잡으며, 집 안에서 즐겨 기르는 짐승.	حيوان يربى في المنزل يقول "ناو ناو" ويرى الأشياء جيداً في الليل ويصطاد الفئران.	고양이	قطة
눈물 방울	قطرات الدموع.	(명) 둥글게 맺힌 작은 액체 덩어리.	كتلة سائلة صغيرة دائرية.	방울	قطرة
아무리 친구라고 해도 무조건 편을 들면 안 돼.	حتى لو صديقك لا يجب أن تأخذ صفه كلياً.	(부)이러저러한 조건을 따지지 않고. 아무 조건도 없음.	بدون أي شرط.	무조건	قطعاً/ضروري/ب دون شروط أو قيود
과일 조각	قطعة فاكهة.	(명) 한 물건에서 따로 떼어 내거나 떨어져 나온 작은 부분.	جزء صغير منفصل من شيء.	조각	قطعة
고개가 아프다.	يؤلمني قفايا.	(명)목의 뒤쪽. 머리.	الجانب الخلفي للرقبة, الرأس.	고개	قفا, رأس
장갑을 벗다.	ينزع القفاز	(명) 손을 보호하거나 추위를 막거나 장식하기 위하여 손에 끼는 물건.	شيء يلبس في اليد لحمايتها أو لمنع الشعور بالبرد أو للزينة.	장갑	قفازات
어머니께서는 걱정이 섞인 눈으로 아들을 바라보신다.	تنظر الأم للأبناء بعين ممزوجة بالقلق.	(명)어떤 일이 잘못될까 불안해하며 속을 태움.	حيرة وإزعاج النفس خوفاً من ألا يتم الشيء كما هو مرجو/بشكل صحيح.	걱정	قلق
쓸데없는 염려.	قلق لافائدة منه.	(명) 어떤 생길 일에 대하여 걱정하는 것.	الشعور بالقلق حول شئ ما سيحدث	염려	قلق
볼펜이든지 연필이든지 하나만 빌려 주세요.	أعرني قلماً جافاً كان أم رصاص.	(명) 끝에 쇠구슬이 들어 있어 거기에서 잉크가 나와 글을 쓸 수 있도록 만든 도구.	أداة مكتبية صنعت للكتابة بها كرة معدنية في حافتها يخرج منها الحبر.	볼펜	قلم
학생들은 연필을 두 자루씩 가지고 있습니다.	يمتلك الطلاب 2 قلم رصاص.	(명) 가늘고 긴 나무 막대 속에 흑연을 넣어서 종이에 글씨를 쓸 수 있게 만든 도구.	أداة تستخدم لكتابة عن طريق وضع رصاص في عصا خشبية طويلة ورفيعة.	연필	قلم رصاص
수입이 적다.	الإستيراد قليل	(형) 수효나 분량, 정도가 일정한 기준에 미치지 못하다.	لا يصل إلى حد أو رقم أو كمية معينة.	적다	قليل
남아 있는 음식이 조금밖에 없다.	لم يتبقى من الطعام سوى القليل.	(부) 정도나 분량이 적게.	بكمية قليلة.	조금	قليل
그는 약간의 돈이 필요한 모양이었다.	بدى وكأنه يحتاج القليل من المال.	(명) 아주 적은 양, 가벼운 정도.	كمية صغيرة جداً.	약간	قليلاً
잠시 후에	بعد لحظات	(명) 짧은 시간.	وقت قصير.	잠시	قليلاً
1-내가 살짝 가서 엿듣고 올까? 2-시금치는 끓는 물에 살짝 데치세요. 3-민영이는 무거운 아령도 살짝 들어 올립니다.	1_هل أصعد بهدوء واسترق السمع؟ 2_اسلق السبانخ قليلا في الماء المغلي. 3_يحمل مين يونغ الدمبل (الوزن) الثقيل بخفة ويصعد.	(부) 1-남이 모르게 조용히. 2-심하지 않게 조금. 3-힘들이지 않고 가볍게.	1_بهدوء. 2_قليلا ليس بقوة. 3_بخفة ليس بصعوبة.	살짝	قليلا. نوعا ما

쓰레기 분리 수거	جمع النفايات بشكل منفصل	(명) 빗자루로 쓸어낸 먼지나 버린 물건. 또는 못쓰게 되어 내버릴 물건.	الأشياء التي تم التخلص منها او التراب الذي تم كنسه بالمكنسة أو أشياء سيتم التخلص منها لأنها لم تعد تُستخدم.	쓰레기	قمامة / نفايات.
바람이 너무 불어서 산 꼭대기까지 올라갈 수 없었어요.	لم أستطع الصعود إلي قمة الجبل بسبب الرياح الشديدة.	(명) 산이나 건물의 맨 위 부분.	أقصي و أعلي جزء في جبل أو مبني.	꼭대기	قمة
오늘 밤 달은 유난히 밝은 편이에요.	قمر الليلة واضح بشكل استثنائي.	(명) 약 30 일에 한 번씩 지구 주위를 도는 위성. 여러 모양으로 바뀌면서 밤하늘에 떠서 빛을 비추는 별.	قمر طبيعي يدور حول الأرض مرة واحدة كل حوالي 30 يوم. يضيئ السماء ليلاً حيث يتغير إلي أشكال عديدة.	달	قمر
이 바지에는 검은색보다 밝은 색 셔츠가 더 질 어울립니다.	سيكون ملائما اكثر إذا ارتديت قميص أحمر بدلا من الأسود علي هذا البنطال.	(명) 앞쪽에 작은 단추가 달려 있고, 긴 팔이나 반팔로 된 얇은 윗옷.	ملابس خفيفة للجزء العلوي من الجسموله كم كامل أو نص كم وبه أزرار صغيرة من الأمام.	셔츠	قميص
규칙에 어긋나다.	مخالفة القواعد.	(명) 한 조직에 속한 여러 사람이 다같이 지키기로 정한 법칙.	قانون يجب علي الأشخاص المنتمين لمنظمة واحدة الالتزام به.	규칙	قواعد
문장의 길이가 길어지면 문법적으로 틀린 표현이 되기 쉽다.	إذا زاد طول الجملة أصبح من السهل الوقوع في أخطاء نحوية.	(명)말의 구성 및 운용상의 규칙.또는 그것을 연구하는 학문.	البناء اللغوي للكلمة و القواعد العملية.أو دراسة تبحث ذلك.	문법	قواعد اللغة(نحو وصرف)
1-밥을 먹으니까 힘이 나요. 2-힘이 세다. 3-삼촌이 힘을 써 주셔서 취직이 되었습니다. 4-지식과 정보가 나라의 힘이 되는 시대가 되었다.	1- أشعر بالقوة بعد تناولي للطعام. 2-لقد حصلت على وظيفة بسبب استخدام عمي قوته(بسبب معارفه).	(명)1-사람, 동물의 근육을 통해 발생하는, 스스로 움직이거나 다른 사물을 움직이게 하는 작용. 2_재력이나 학식, 재능 따위의 능력. 3_남을 복종시키고 어떤 일에 영향을 미치는 권력.	1- القدرة على تحريك (للإنسان,الحيوان)أو التي تجعل الأشياء تتحرك. 2_القدرة على القيام بالأنشطة،الأعمال،الوظائف. 3_السلطة التي تؤثر في عمل ما،وتُخضع الناس.	힘	قوة
기운이 넘치다.	ملئ بالطاقة والحيوية.	(명)살아서 활동하게 하는 힘.	قوة العيش والقيام بالأنشطة الحياتية.	기운	قوة. طاقة. روح
형사는 범인의 손을 강하게 잡고 수갑을 채웠다.	أمسك المحقق يد المجرم بقوة ووضع في يده الأصفاد.	(형) 세고 힘이 있다. / (반) 약하다.	لديه قوة.	강하다	قوي
1-이 구두는 아주 튼튼해요. 2-뼈를 튼튼하게 하는 음식.	1- هذا الحذاء صلب جدا. 2- طعام مقوي للعظام.	(명) 1-(물건이) 단단하고 약하지 않다. 2-(몸이) 아프지 않고 건강하다.	1_شئ ما صلب وليس ضعيف. 2- الجسم صحيح وليس مريض.	튼튼하다	قوي
젊은 작가들을 모아 전시회를 열다.	يجتمع الكتاب الشباب ويفتتحون معرضًا.	(명) 문학 작품, 사진, 그림, 조각 따위의 예술품을 창작하는 사람.	الشخص الذي يصنع عمل أدبي أو صورة أو رسمة وغيرها من الأعمال الفنية.	작가	كاتب
발목이 부러지다.	انكسر كاحله.	(명) 종아리와 발을 이어 주는 다리의 부분.	جزء من الرجل يربط بين القدم و عضلة السمانة.	발목	كاحل
수영을 하기 전에는 충분한 준비 운동을 해야 한다.	يجب الإحماء الكافي قبل السباحة.	(형) (모자라지 않고 넉넉하다.	ما فيه الكفاية بلا نقص	충분하다	كافٍ
밤새 눈이 내려서 온 세상이 하얗다.	أصبح العالم كله أبيض بسبب سقوط الثلج طوال الليل.	(관) 전부를 다 합친.	الجميع.	온	كافة

우리는 이번 여행에서 전국을 다 돌아볼 예정이다.	من المقرر أن نقوم برحلة في أنحاء البلاد هذه المرة.	(명) 온 나라.	البلد كلها.	전국	كافة أنحاء البلاد
내 동생은 만 열 살이다.	اخي الصغير عمره 10 سنوات كاملات.	(관) (나이) 기간을 나타내는 말 앞에 쓰여 온전한. 꽉 채운.	يكتب قبل فترة معينة بمعنى كامل.	만	كامل
1-여행 갈 때 카메라를 꼭 가지고 가자. 2-이 영화의 카메라 감독이 누구입니까?	1- أحضر الكاميرا عند السفر. 2- من هو مخرج الفلم؟	(명) 1-사진을 찍는 기계. 사진기. 2-비디오나 영화를 찍는 기계.	آلة لإلتقاط الصور. 2- آلة لتصوير الفيديو أو الأفلام.	카메라	كاميرا.
1-민지는 큰 인형을 안고 잔다. 2-태풍의 피해가 아주 컸다. 3-선생님은 목소리가 아주 크다. 4-세계는 크게 동양과 서양으로 나뉩니다.	1- تنام مين جي وهي محتضنة دبدوب كبير. 2- كانت خسائر الإعصار كبيرة جداً. 3-صوت المعلم قوي للغاية. 4- ينقسم العالم تقريباً إلي شرق وغرب.	(형) 1-(넓이, 길이, 양, 규모가) 보통의 정도를 넘다. 2-(정도, 범위, 영향 따위가) 대단하다. 3-(박수, 목소리 등의 소리가) 세다. 4-대략적으로.	1- الطول والعرض والارتفاع والحجم وغيره زائد عن المعتاد. 2- الدرجة أو الحد أو التأثير وغيره كبير. 3-قوة الصوت أوصوت التصفيق. تقريباً.	크다	كبير
1-나는 다리가 굵어서 고민이다. 2-감자는 알이 굵은 맛이 있다. 3-남자는 여자보다 목소리가 굵다. 4-제목은 굵은 글씨로 되어 있었다. 5-창 밖에는 굵은 빗방울이 내리고 있다. 6- 그의 얼굴에는 굵은 주름살이 패여 있었다.	أ1- نا قلق لأنني امتلك رجل سميكة. 2- حبة البطاطس الكبيرة لذيذة. 3- صوت الرجل أضخم من صوت المرأة. 4- العنوان مكتوب بخط كبير 5- تتساقط قطرات الماء الكبيرة خارج النافذة. 6 ظهرت تجاعيد كبيرة في وجهه.	(형) 1-(긴 물건) 둘레가 크다. (반) 가늘다. 2-(동그란 물건, 알이) 부피가 크다./(반) 잘다. 3-(목소리가) 낮고 크다. (반) 가늘다. 4-(글자나 선이) 뚜렷하게 크거나 진하다./(반)가늘다. 5-빗방울이 내리고 있다. /(반) 가늘다. 6-(주름이) 크고 깊다.	1_ عريض / سميك. 2- كبير الحجم لشئ دائري أو بيضة. 3- صوت غليظ ومنخفض. 4- الحرف أو الخط كبير وواضح. 5- تتساقط قطرات المطر. 6- التجاعيد كبيرة وعميقة.	굵다	كبير/ سميك / كثيف.
1-공책 한 권에 얼마입니다? 2-어제 읽은 소설이 너무 재미있어서 빨리 2 권을 읽고 싶다.	1_كم ثمن كشكول واحد؟ 2_ الرواية التي قرأتها أمس كانت ممتعة للغاية لذلك أرغب في قراءة الجزء الثاني.	(명) 1-책이나 공책을 세는 말. 2-(여러 권으로 된 책들 중에서 책의 순서를 나타낸다.	1_وحدة لعدّ الكتب أو الدفاتر. 2-كلمة تدلّ على ترتيب الكتب في مجموعة تتكوّن من كتب متعددة	권	كتاب
교과서를 편찬하다.	ينشر الكتاب المدرسي.	(명) 학교에서 어떤 과목을 가르치기 위한 책.	كتاب من أجل تدريس المقرر الدراسي في المدرسة	교과서	كتاب مدرسي
책을 빌리러 도서관에 갔었습니다.	لقد ذهبت إلي المكتبة لأستعير كتاب.	(명) '=도서. 서적/ 글이 쓰여 있는 종이를 여러 장 합쳐서 하나로 만든 것.	عدة أوراق مكتوب فيها و يتم تجمعيها في شئ واحد.	책	كتاب. مجلد
지금 그는 학생들에게 글쓰기를 지도하고 있다.	انه يرشد الطلاب الان في الكتابة.	(명)생각이나 사실 따위를 글로 써서 표현하는 일	التعبير عن تفكير أو حقيقة ما وغيرهم عن طريق الكتابة.	글쓰기	كتابة.تحرير
어깨가 쑤시다	كتفي يؤلمني	(명) 사람의 몸에서, 목의 아래 끝에서 팔의 위 끝에 이르는 부분.	جزء في جسم الإنسان في نهاية الرقبة و أعلى الذراع.	어깨	كتف
1-얼음 덩어리. 2-우리는 한 덩어리가 되어 상대 팀을 공격했다. 3-부엌에는 찬밥 한 덩어리도 남아 있지 않았다.	1- كتلة ثلج. 2- كونا فريق وهزمنا الفريق المنافس. 3- لم يتبقي حتي طبق واحد من الأرز البارد.	(명) 1-하나로 뭉쳐진 것. 2-여러 사람이 모여 이룬 집단. 3-부피가 큰 것이나 크게 뭉쳐서 이루어진 것을 세는 단위.	1_تكتل. 2-مجموعة مكونة من العديد من الأشخاص.3- وحدة عد وحدة تعدّدية لشيء ذي حجم كبير أو شيء يتكوّن من أشياء متراكمة.	덩어리	كتلة

주말이라 백화점에 사람이 많네요.	يبدو السوق مزدحماً بسبب العطلة الأسبوعية.	(형) 사물의 수, 양 등이 일정한 기준을 넘어서 아주 여럿이든지 아주 크다. 적지 않다.	عدد أو كمية شيء تتخطى مستوى معين بحيث تكون كثيرة أو كبيرة. ليست قليلة.	많다	كثير
어제 서울에는 비가 많이 왔어요.	انهمر المطر في سوول البارحة.	(부) 수, 양, 정도 등이 어떤 기준보다 더.	أكثر من مستوى عدد أو كمية أو قدر معين.	많이	كثيراً
1-나는 진한 커피를 한 잔 마시고 싶었다. 2-그는 진한 색 옷을 입고 나갔다. 3-두 사람의 인상은 아주 진하게 나의 머릿속에 남았다.	1 كنت أريد شرب كوب قهوة كثيف. 2 لقد ارتدي ملابس غامقة وخرج. 3 بقيت ملامح الشخصين في عقلي بدرجة قوية.	(형) 1-액체가 묽지 않다. 2-(반) 옅다/ 빛깔, 냄새 따위가 짙다. 3-보통 정도보다 더 세거나 강하다.	1 سائل غير مخفف. 2 ضوء أو لون غامق (قاتم). 3 أقوي من الدرجة العادية.	진하다	كثيف. غامق. قوي
평소에 얌전한 그는 술만 먹으면 난폭해지는 술망나니이다.	هذا الشخص الوديع والساكن في العادة إذا قام فقط بشرب الخمر تحول إلى سكير عدواني.	(명) 알코올 성분이 있어 마시면 취하게 하는 음료. 곡주와 화학주 등이 있다.	مشروب يُسكر عند شربه بسبب احتواءه عناصر كحولية.يوجد به مواد كيميائية ونبيذ الأرز وغيره.	술	كحول/خمر
거짓말은 오래 가지 못하는 법이다.	الكذب لايدوم طويلاً.(الكذب مالوش رجلين)	(명) 사실이 아닌 것을 사실처럼 꾸며서 하는 말. / (반) 참말.	تزيين الكلام الغير حقيقي كما لو كان حقيقة.	거짓말	كذب/ كذبة
1-아내도 피곤하고 저도 그렇습니다. 2-(가) 거기 마이클 씨 댁입니까? (나) 네. 그렇습니다. 3-너, 네가 하고 싶어서 그러는 거지, 그렇지?	1_زوجتي متعبة وأنا ايضاً كذلك. 2- أهذا بيت مايكل؟ صحيح هذا منزله. 3 أنت تريد أن تفعل ذلك أليس كذلك؟	(형)1-(앞에서 말한 내용 전체를 가리켜) 그와 같다. 2- "맞다"의 뜻. 3- 그것이 맞다. 그것이 사실이다.	1_مثل محتوي تم ذكره مسبقاً. 2- صحيح 3- ذلك الشئ صحيح. ذلك الشئ حقيقة.	그렇다	كذلك / كما هو الحال.
공을 잡다.	يمسك بالكرة.	(명)주로 운동이나 놀이에서 쓰는, 손이나 발로 다루는 둥근 물건.	شيء دائري تتعامل معه باليد أو القدم يستخدم غالباً في الرياضة أو اللعب.	공	كرة
농구 경기.	مباراة كرة السلة.	(명)다섯 사람이 한편이 되어 상대편의 바스켓에 공을 던져 넣어 점수를 얻어 승부를 가르는 경기.	مباراة يلعب فيها خمسة لاعبين أمام خمسة آخرين ويحرز نقاط من يدخل الكرة بالسلة.	농구	كرة السلة
어제는 텔레비전으로 축구 경기를 봤다.	قد شاهدت مباراة كرة القدم علي التلفاز البارحة.	(명) 발로 공을 차서 상대방의 골에 공을 넣어 승부를 겨루는 구기 경기. 11 명이 한 팀을 이루며, 골키퍼 이외에는 손을 쓰면 안 된다.	رياضة يتألف فريقها الواحد من أحد عشر لاعبا، ويفوز فيها الفريق الذي يتمكن من وضع الكرة أكثر في مرمى الفريق الآخر باستخدام القدمين أو الرأس ولا يمكن استخدام اليد.	축구	كرة القدم
너처럼 게으른 아이는 처음 봤다.	كانت أول مرة أري فيها طفل كسول مثلك.	(형) (사람이) 움직이거나 일하기를 싫어하는 성미와 버릇이 있다.	يكره العمل و بطيء.	게으르다	كسول
떡을 찌다.	يطهي كعك الأرز علي البخار.	(명) 시루떡, 인절미, 송편처럼, 곡식 가루로 반죽을 해서 찐 음식으로 속을 넣든가 겉에 고물을 묻혀 만든 음식.	طعام مثل السون بيون وكعك الأرز وكعك الأرز المبخر، يصنع من طحين الحبوب حيث تعجن و تبخر وتحشى من الداخل و يصب عليها صلصة الكومول من الخارج.	떡	كعكة الأرز
모든 국민은 법 앞에 평등하다.	كل المواطنين سواسية أمام القانون.	(관) 빠지거나 남는 것 없이 전부의.	كل،جميع.	모든	كل

재산 전부. 나는 그 작가의 소설을 전부 읽었다.	جميع الأملاك. قرأت رواية هذا الكاتب كاملة.	1-(명) 어떤 대상을 이루는 낱낱을 모두 합친 것. 2-(부) 어느 한 부분이 아니라 전체가 다.	أجزاء شيء ما مجتمعة. ليس جزء بل كل.	전부	كل
국가 전체	جميع أنحاء البلاد	(명) 개개 또는 부분의 집합으로 구성된 것을 몰아서 하나의 대상으로 삼는 경우에 바로 그 대상.	جمع كل الأجزاء معاً لتصبح واحد.	전체	كل
추워서 온몸이 떨려요.	جسدي كله يرتعش لأن الجو بارد.	(명) (=)전신/ 몸의 전체.	كافة أنحاء الجسم	온몸	كلّ الجسم
1-몸의 변화 상태를 각각으로 전해 주세요. 2-내가 졸업식에 친구들에게 모두들 평소에 좋아하는 노래 하나씩 을 부르자고 제안했다.	1-أخبرني من فضلك بحالة تغير الجسم لحظة بلحظة. 2- أقترحت إلى أصدقائي في حفل التخرج أن يغني كل شخص أغنية واحدة يحبها.	(부) 시간의 일각 일각마다, 저마다 다 따로. (각각으로)로 잘 쓰인다.	كل لحظة من الزمن / كل شخص على حدا. تُستخدم كثيراً بمعنى (كل ساعة/ لحظة بلحظة)	각각	كل
사회 각 분야의 변화가 급속히 진행되었다.	حدث تغير سريع في كل مجالات المجتمع.	1-(관) 각각의, 낱낱의. 2-(명) 면과 면이 만나 이루어지는 모서리.	علي حدة/ متفرق.	각	كل / كل واحد / خاص ب
1-우리는 매주마다 등산을 한다. 2-매주 50 파운드를 저금하다.	1_نحن نقوم بتسلق الجبال كل أسبوع. 2_أدخر 50 جنيهاً أسبوعياً	1-(부)/한 주일마다. 2-(명) 한 주 한 주의 모든 주.	كل أسبوع.	매주	كل أسبوع
1-매달 한 번씩이라도 정기적으로 모임을 갖기로 합시다. 2-우리는 매달마다 날짜를 정해서 외식을 한다.	1_هيا نتفق على أن نواظب على التجمع ولو مرة كل شهر. 2_نحن نتفق على يوم محدد فى كل شهر لنأكل فى الخارج.	1-(부) 각각의 달마다. (=) 매월. 2-(명) 각각의 달.	كل شهر.	매달	كل شهر
1-식구 모두가 여행을 떠났다. 2-강의 내용이 쉬워서 모두 이해할 수 있다.	1_سافر كل أفراد العائلة. 2_ محتوى المحاضرة سهل لذلك أستطيع فهمه كله.	1-(명) 일정한 기준에서 하나도 남거나 빠지는 것이 없는 전체. 2-(부) 일정한 기준에서 하나도 빠지 않고 다.	كله/ متجمع/ مدمج مع بعضه.	모두	كل شيء/كل شخص/كل / جميع
지구의 기온이 매년 조금씩 상승하고 있다.	ترتفع درجة حرارة الأرض كل عام تدريجياً.	1-(부) 한 해 한 해의 모든 해마다. 2-(명) 한 해 한 해의 모든 해.	كل عام.	매년	كل عام
그 아버지께서 5 명의 자녀를 두셨고, 자녀 각자에게 약 2 만 달러의 유산을 남겨줬다.	لقد ترك هذا الأب خلفه أبناء، ولكنه ترك لكل واحد منهم حوالي عشرين ألف دولار.	(부) 각각의 사람이 따로따로.	كل شخص على حدا.	각자	كل واحد
1-그는 매일 새벽에 조깅을 한다. 2-우리가 결정을 매일 어떻게 바꾸어 나가느냐에 달려 있다.	1_هو يمارس رياضة الركض كل يوم فى الفجر.2_يعتمد المستقبل على كيفية تغييرنا للقرارات اليومية.	1-(부)/(=)날마다/하루하루의 모든 날마다. 2-(명) 하루하루 각각의 날.	كل يوم / يوميا.	매일	كل يوم
1-일을 다 마쳤습니다. 2- 배가 불러서 다 못 먹겠다. 3- 이게 다 뭐야? 4-별 걱정을 다 해요. 5-내일이 시험이니	1_أنهيت كل العمل. 2- شبعت لا أستطيع أن أكل كل شئ. 3- ما كل هذا؟ 4- لا داعي للقلق بشأن أي شئ. 5- غدا الامتحان لكن نمت طوال الليل.	(부) 1-모두. 완전히. 2- 있는 것 모두. 전부. 3- "의외로"의 뜻을 나타낸다. 4-쓸데없이. 괜히. 5- 아주. 완전히.	1_كل. تماما. 2- كل شئ موجود. الكل. 3- تشير إلي معني الاندهاش. 3- غير مُجْدٍ. بلا فائدة.4- جدا. تماما.	다	كل/ جميع

잠은 다 잤네.					
강변에는 젊은 남녀들이 거닐고 있었다.	كان الشباب والشابات يسيرون علي ضفاف النهر.	(명) 남자와 여자.	الرجال والنساء (الأولاد والبنات)	남녀	كلا الجنسين
왜 말 한 마디 없어요?	لماذا لا تتفوه بكلمة؟	(명) 사람의 생각이나 느낌 따위를 표현하고 전달하는 데 쓰는 음성 기호, 또는 음성 기호로 생각이나 느낌을 전달하는 것. 말하다.	رموز صوتية تنقل وتعبر عن أفكار الإنسان أو مشاعره وغيرها. أو النقل ذاته.	말	كلام
부모님 말씀대로 하겠어요.	سأفعل كما يقول والداي.	(명) 윗사람의 말.	كلام شخص كبير سناً أو قدراً.	말씀	كلام
1-개가 주인을 보더니 꼬리를 흔든다. 2-저 녀석은 술만 먹으면 개가 된다.	هز الكلب ذيله عند أريته لصاحبه.	(명) 1-포유류 갯과에 속한 동물. 2-성질이 나쁘고, 행실이 좋지않은 자를 욕하여 이르는 말.	حيوان ضمن مجموعة الثدييات.	개	كلب
단어를 모르면 사전을 찾으세요.	ابحث في القاموس إذا كنت لا تعرف الكلمة.	(명) 일정한 뜻과 기능을 가지고 있으면서 독립적으로 쓰일 있는 가장 작은 말의 단위. (=) 낱말	أصغر وحدة من الكلام لها وظيفة ومعني محدد ويمكن استخدامها بشكل مسستقل.	단어	كلمة
이 구두의 값이 얼마요?	كم ثمن هذا الحذاء؟	(명) 잘 모르는 수량이나 정도.	كمية أو حد غير معروف.	얼마	كم
새 집으로 이사 가면 얼마나 좋을까?	كم سيكون رائعاً أن ننتقل إلى منزل جديد؟	(부) 동작의 강도나 상태의 정도가 대단함을 나타내는 말.	أن يكون مقدار قوة فعل أو مستوى حالة ما مذهلاً.	얼마나	كم هو...
며칠 전에도 그런 꿈을 꾸었다. /오늘이 며칠인가?	كم تاريخ اليوم؟/ حلمت بهذا الحلم أيضا قبل عدة أيام.	(명)1-얼마 동안의 날. 2-그 달의 몇 번째 날.	كم يوم	며칠	كم يوم؟ / عدة أيام
1-몇 친구들만 남고 모두 돌아갔다.2_나이가 몇 살이냐?	1_ذهب جميع الأصدقاء وتبقى البعض فقط. 2_كم عمرك؟	1-(관) 그리 많지 않은 얼마만큼의 수. 2_(수) 얼마나 되는지 모르는 수.	1_كلمة تُضع أمام الاسم عند الحديث عن عدد غير مؤكد.2_عدد غير معروف.	몇	كم؟/عدة
일을 제대로 해라.	قم بعملك كما ينبغي	(부) 제 격식이나 규격대로.	بالشكل الرسمي أو الأساسي.	제대로	كما ينبغي
1-제 방은 제가 정리할 테니까 그냥 두세요. 2-날씨 좋은 날에는 그냥 어디론가 가고 싶어요. 3-하도 피곤해서 집에 오자마자 그냥 잤다. 4-그 책을 정말 저한테 그냥 주시는 거예요?	1_سأرتب غرفتي بنفسي اتركها كما هي. 2- فقط أرغب في الذهاب إلي أي مكان في هذا اليوم ذو الجو الرائع. 3- كُنت متعب جداً لذلك بمجرد الوصول إلي البيت لم أفعل شئ سوي النوم. 4-هل حقاً ستعطني هذا الكتاب مجاناً؟	(부) 1-있는 그대로. (=) 그대로/ 2-특별한 이유나 생각 없이. 3- 아무 것도 하지 않고. 4- 아무 조건 없이. 공짜로.	1_ كما هو -2 بدون نية أو سبب خاص. -3 عدم القيام بأي شئ. -4 مجاناً دون أي شرط .	그냥	كماهو / دون سبب أو شرط.

저는 과일 중에서 배를 제일 좋아해요.	الكمثرى هي فاكهتي المفضلة.	(명) 껍질이 갈색 빛 또는 노란색이며, 동근 모양의 시원한 단맛이 나는, 가을에 나는 과일.	فاكهة خريفية دائرية الشكلقشرتها بنية أو صفراء وذات مذاق حلو ومنعش.	배	كمثرى
양이 많다	الكمية كبيرة	(명) 세거나 잴 수 있는 분량이나 수량.	كمية يمكن عدها أو قياسها.	양(많다)	كمية
캐나다의 수도는 오타와이다.	أوتاوا هي عاصمة كندا.	북아메리카 대륙의 북부에 있는 나라.	بلد يقع في الجزء الشمالي من أمريكا الشمالية.	캐나다	كندا
교회를 세우다.	يبني كنيسة.	(명) 주로 여호와를 믿는 사람들이 종교적 예배와 모임을 하는 건물.	مبني يتجمع فيه أصحاب الديانة المسيحية ويصلون.	교회	كنيسة
지난 여름에 광주에 방문했다.	زرت مدينة كوان جو الصيف الماضي.	(명) 전라남도의 도청이 있는 도시	مدينة تقع في مقاطعة جولا الجنوبية.	광주	كوان جو (مدينة)
잔을 깨뜨리다.	يكسر الكوب	(명) (컵) 차나 커피 따위의 음료를 따라 마시는 데 쓰는 작은 그릇. 손잡이와 받침이 있다.	صحن صغير له يد وقاعدة يستخدم لشرب الشاي أو القهوة أو غيرها من المشروبات.	잔	كوب
1-컵이 깨졌다. 2-맥주 한 컵.	كُسر الكوب. 2- كوب من الميك جو.	(명) 1-음료를 담아 마실 수 있도록 만든 유리. 2-술이나 음료가 든 그릇의 수를 세는 단위.	شئ مصنوع من الزجاج وغيره يوضع فيه المشروبات. 2- وحدة عد الوعاء الذي يحتوي علي ماء أو خمر.	컵	كوب
두 사람은 술잔을 주고 받으며 이야기했다.	أخذ يتحدث الاثنان وهما يتبادلا كوب الخمر.	(명)술을 따라 마시는 그릇.	وعاء لشرب الخمر.	술잔	كوب للشرب (الكحول)
한국인으로 귀화하다.	يُجنس ككوري.	(명) (명) 대한민국 국적을 가졌거나 한민족의 혈통과 정신을 이어받은 사람.	شخص له جنسيّة كوريّة أو يرث نسبا أو نفسا كوريّة	한국인	كوري
작년 한국을 방문했다	زرت كوريا العام الماضي.	(명) 동아시아의 한반도에 위치한 나라. 수도는 서울이다. 대한민국.	دولة تقع في شبه الجزيرة الكورية الموجودة في شرق آسيا. وعاصمتها سيول	한국	كوريا
북한 인구는 남한 인구의 4 분의 1 이다.	إن عدد سكان كوريا الشمالية يعادل ربع سكان كوريا الجنوبية.	(명) 국토 분단 이후의 한국의 남쪽 부분.	الجزء الجنوبي من كوريا بعد انفسام أراضيها.	남한	كوريا الجنوبية
대한민국의 국교는 무엇입니까?	ما الدين الرسمي لكوريا الجنوبية؟	(명) "한국" 의 공식 이름. 아시아 대륙 동쪽에 돌출한 한반도와 그 부속 도서를 영토로 하는 민주 공화국.	الاسم الرسمي لكوريا الجنوبية.	대한민국	كوريا الجنوبية
북한의 인구는 남한의 인구의 4 분의 1 이다.	سكان كوريا الشمالية ربع سكان كوريا الجنوبية.	(명)한국의 국토가 분단된 이후 북쪽 지역.	المنطقة الشمالية من كوريا بعد الإنقسام.	북한	كوريا الشمالية
국수가 다 불어서 맛이 없어요.	المكرونة مذاقها سئ لأنها تشبعت بالماء .	(명) 가루를 반죽하여 가늘고 길게 뽑은 먹을 거리. 또는 그것으로 만든 음식.	منتج غذائي طويل ورقيق يتم صنعه من خلال عجن دقيق القمح.	국수	كوك سو, مكرونة
데스크톱 컴퓨터. 요즘 대학생들은 컴퓨터를 이용하여 과제를 한다.	حاسوب مكتبي	(명) 트랜지스터, 진공관 따위의 전자 회로를 이용하여 자동적으로 계산이나	حاسب آلي.	컴퓨터	كومبيوتر

		데이터 처리를 실행하는 기계.			
쓰레기는 봉지에 담아 버려 주세요.	ضع النفايات في كيس وارمها من فضلك.	(명) 종이나 비닐로 만든 주머니나 작은 자루.	كيس مصنوع من الورق أو البلاستيك أو حافظة ورقية.	봉지	كيس
나수는 매점에서 소주 한 병과 땅콩을 비닐 봉지에 넣어 들고 나왔다.	وضع ناسو زجاجة سوجو من الكافيتريا وفول سوداني في كيس بلاستيكي وحمله وخرج.	(명) 비닐로 만든 봉지.	كيس مصنوع من البلاستيك.	비닐봉지	كيس بلاستيكي
요즈음 어떻게 지내십니까?	كيف حالك هذه الأيام؟	(형) 의견, 성질, 형편, 상태 따위가 어찌 되어 있다.	يصبح رأياً أو خاصية أو ظرف أو حالة ما.	어떻다	كيف
아저씨, 저는 어떡하면 좋겠어요?	أيها العم, ما الذي يجب عليّ فعله؟	'어떠하게 하다'가 줄어든 말.	اختصار كلمة كيف أتصرف	어떡하다	كيف أتصرف
1-컴퓨터를 사용할 줄 아십니까? 2-동생은 아직 어려서 자기 이름 정도만 쓸 줄 안다.	1 هل تجيد استخدام الحاسوب؟ 2 أخي الصغير يعرف كيفيه كتابة اسمه فقط لأنه مازال صغيرا.	(명) 1-어떤 일을 하는 방법. 2-어떤 현상 또는 사실	1 طريقة عمل شئ ما. 2 حقيقة أو ظاهرة ما.	줄	كيفيّة ، طريقة
1-여기 소고기 1 킬로 주세요. 2-서울에서 수원까지 약 40 킬로야.	1أعطني كيلو من لحم البقر. 2- المسافة بين سيول و سو وون حوالي 40 كيلو	(명) 1-1000 그램의 무게를 나타내는 단위. 2-1000 미터의 길이를 나타내는 단위.	1وحدة لقياس الحجم تساوي 1000 جرام. 2- وحدة لقياس المسافة تساوي 1000 متر.	킬로	كيلو
수미는 체중이 45 킬로그램이다.	وزن سومي 45 كيلو جرام.	(명) 1000 그램의 무게를 나타내는 단위.	وحدة لقياس الحجم تساوي 1000جرام.	킬로그램	كيلو جرام
수미는 40 킬로미터나 쉬지 않고 달렸다.	جرت سومي 40 كيلو متر دون أن تستريح.	(명) 1000 미터의 길이를 나타내는 단위.	وحدة لقياس المسافة تساوي 1000 متر.	밀리미터	كيلو متر
김밥을 싸다.	يقوم بلف الكيمباب.	(명)여러 가지 야채, 고기, 계란 등을 길게 자른 것과 함께 밥을 김으로 말아 싼 음식.	طعام مكون من الأرز مع عدة خضراوات مقطعة بشكل طويل،اللحم،البيض وغيرهم ملفوف بشرائح الكيم(العشب البحري).	김밥	كيمباب (طعام كوري)
김치가 맵습니까?	هل الكيمتشي حار؟	(명) 배추, 무 등의 채소를 소금에 절여 고춧가루, 파, 마늘, 젓갈 등의 양념으로 버무려 발효시켜서 만든 음식.	طعام مكون من الملفوف و الفجل الأبيض وغيره من الخضراوات، ويتم خلطه بالملح،بودرة الفلفل الأحمر،البصل،الثوم والمأكولات البحرية المملحة وغيرها من التوابل ويتم حفظه لفترة.	김치	كيمتشي (طعام مخلل كوري)
저는 경상도 출신입니다.	مسقط رأسي هو كيونج سان دو.	(명)경상남도와 경상북도를 함께 이르는 말.	تطلق على منطقتي كيونج سان الجنوبية والشمالية.	경상도	كيونج سان دو
서울과 경기도를 합쳐서 수도권이라 고 부른다.	تسمى منطقة سوول وكيونجي دو معاً بالعاصمة.	(명)서울을 둘러싼 행정구역.	منطقة إدارية تحيط بسوول.	경기도	كيونجي دو
1-(가): 이번 주 토요일이 시험이니? (나): 아니, 금요일이야. 2-아니, 무엇이 잘못 되었습니까?	1هل الأمتحان يوم السبت من هذا الأسبوع. لا. يوم الجمعة. 2- ما الخطأ ؟	(감)1-(반) 그래- 응/ '그렇지 않다'는 뜻으로 대답하는 말. 2-놀라움, 의문, 감동을 나타낼 때 쓴다.	1كلمة تستخدم للجواب بالنفي. 2- كلمة تستخدم عند الإشارة إلي الدهشة أو الشك أو التأثر العاطفي.	아니	لا

제 생일은 3 월이 아니고 4 월이에요.	عيد ميلادي في شهر 4 ليس في شهر3 .	(형) '(무엇이) 그렇지 않다'의 뜻을 나타낸다.	كلمة تدل نفي شئ ما.	아니다	لا
(가): 부모님 편지에 답장을 썼어요? (나): 아니요, 아직 못 썼어요.	هل قمت بالرد علي رسالة والديك؟ لا ليس بعد.	(감) 묻는 말에 ' 그렇지 않다'는 뜻으로 대답하는 말.	كلمة تسخدم للإجابة علي السؤال بالنفي.	아니요	لا
먹지 않다	لم يأكل.	(보) (어떤 행동을) 아니하다	لا يفعل تصرف ما	않다	لا
몸도 아프니까 오늘은 회사에 가지 말고 쉬어.	جسدك يؤلمك أيضاً فلا تذهب للشركة اليوم واسترح.	(동) 어떤 행동을 하지 않다. 그만두다. 금지의 뜻을 나타낸다.	عدم فعل شيء ما أو التوقف عن فعله. تحمل معنى المنع.	말다	لا تفعل
그는 아무도 못 말린다.	لا يستطيع أحد إيقافه.	(부)행동을 할 수 없거나 말리는 따위의 부정하는 뜻을 나타냄.	تُظهر معنى سلبي بعدم القدرة على فعل عمل ما أو إيقاف / منع القيام به.	못	لا يستطيع
배가 아파 밥을 먹지 못하다.	لا يستطيع تناول الطعام لأن بطنه يُألمه.	(동) 어떤 일을 일정한 수준에 못 미치게 하거나, 그 일을 할 능력이 없다.	عدم القدرة على الوصول لمستوى محدد في عمل ما،أو عدم امتلاك القدرة على القيام بالعمل.	못하다	لا يستطيع
고향을 떠난 아들의 소식을 아무도 모른다.	لا يعرف أحد أخبار عن الولد الذي غادر بلدته.	(동) 알지 못하다.	(عكس) يعرف/ لا يعرف	모르다	لا يعرف/ يجهل
1-축구 선수. 2-민지는 주차하는 건 선수야.	1_لاعب كرة قدم. 2_مين جي محترف في ركن السيارات.	(명) 1-운동을 직업으로 하는 사람이나 대회에 나가기 위해 여럿 중에서 뽑힌 사람. 2-어떤 일을 능숙하게 잘 하는 사람.	1_الشخص الذي يمارس الرياضة كوظيفة أو الشخص المختار من عدة أشخاص في مسابقة. 2_الشخص الذي يتقن شئ ما.	선수	لاعب. محترف
1-간판의 글씨가 온통 영어로 되어 있다. 2-무함마드 살라는 이집트 간판 선수이다.	1_اللافتات مكتوبة باللغة الإنجليزية في كل مكان.2_ اللاعب محمد صلاح يعد واجهه لمصر.	(명) 기업체, 관청, 가게 따위의 이름이나 영업 종목 같은 것을 적어서 여러 사람의 눈에 잘 뜨이는 곳에 걸거니 세우는 물건.	هي عبارة عن شئ يُضع أو يُعلق في مكان يراها الناس جيداً، ومكتوب عليه اسم أو نوع العمل للشركات،والمباني الحكومية،والمحلات و غيرها.	간판	لافتة / لوحة إعلانات
다행히 자동차만 부서지고 사람은 다치지 않았습니다.	لحسن الحظ تحطمت السيارة فقط ولم يصاب الناس.	(부) (걱정이 되었지만) 생각과 다르게 일이 잘 되어. 운이 좋게.	أن يكون محظوظا لأن الأمور سارت علي مايرام بشكل غير متوقَّع	다행히	لحسن الحظ
잠을 자는 순간조차 그대가 그립다.	أفتقدها حتى في لحظات النوم.	(명)/아주 짧은 동안.	مدة قصيرة جداً.	순간	لحظة
잠깐 있다가	بعد قليل	(명) 얼마 되지 않는 매우 짧은 동안.	في وقت قصير جداً.	잠깐	لحظة
고기를 태우다.	يحرق اللحم.	(명)음식으로 먹는 짐승의 살.	لحم الحيوانات الذي يؤكل.	고기	لحم
1-살을 빼려고 매일 조깅을 합니다. 2-어제 먹은 고기는 살도 연하고 참 맛있었다.	1_اقوم بالركض يوميا لأفقد وزن. 2_اللحم الذي أكلته أمس كان مليئ بالدهون وكان لذيذا.	(명) 1-사람이나 동물의 몸에서 뼈를 둘러싸고 있는 부분. 2-동물의 고기에서 기름이나 힘줄이 아닌 부분.	1_الجزء الذي يحيط بالعظام في جسم الانسان أو الحيوان. 2_لحم الحيوان وليس الدهون أو الأوتار.	살	لحم
소고기 두 근만 사 오세요.	اشتري واحضر معك 2 (كين) من لحم البقر.	(명) 음식의 재료로 쓰는 소의 고기.	لحم البقر يستخدم من ضمن مقادير الطعام.	소고기	لحم البقر

슈퍼마켓에서 소고기 한 근과 돼지고기 반 근을 샀다.	اشتريت رطل من لحم البقر ونصف رطل من لحم الخنزير من السوبر ماركت.	(명) 음식으로 먹는 돼지의 살.	لحم الخنزير الذي يؤكل.	돼지고기	لحم الخنزير
저는 소고기보다 닭고기를 더 좋아해요.	أفضل لحم الدجاج أكثر من لحم البقر.	(명) 닭의 고기	لحم الدجاج	닭고기	لحم الدجاج
결혼식이 있으니 수염을 깎아야겠다.	يجب أن أحلق ذقني لأن عندي عُرس.	(명) 입가나 턱, 또는 뺨에 나는 털.	الشعر الذي ينمو على الخد ،أو الذقن أو حول الفم.	수염	لحية
1-날씨는 덥고 할 일은 많고, 그래서 자꾸 짜증이 난다. 2-우선 친구에게 전화부터 하세요. 그래서 잘못했다고 먼저 말을 하세요. 3-그럼, 오랜만에 친구를 만나겠네. 그래서?	1_الجو حار ولدي الكثير من العمل لذلك أغضب بسرعة . 2- في البداية اتصل بصديقك وبعد ذلك قل أولا أنك اخطائت. 3- حسنا سوف اقابل صديقي و بالتالي.	(부) 1-그렇기 때문에. 그러한 이유에서.(=) 따라서, 2-그렇게 해서. 그렇게 한 다음에. 3-다음 이야기를 더 계속해 달라고 하는 말.	1_لهذا السبب. 2- أن تفعل شئ بعد شئ آخر. 3- كلمة تطلب استمرار الحديث التالي أكثر .	그래서	لذلك
사람들은 모두 죽는다. 그러므로 죽음을 너무 두려워할 필요는 없다.	الجميع سيموت لذلك لا داعي للخوف من الموت.	(부) 그렇기 때문에. 그러한 까닭으로. 그러한 이유로.	بسبب ذلك . لهذا السبب.	그러므로	لذلك
1-버스는 복잡할 거예요. 그러니까 택시를 타고 갑시다. 2-아들이 다섯이고 딸이 둘, 그러니까 모두 5 남 2 녀입니다. 3-저, 그러니까, 제가 한 말씀 드리겠습니다	1_ الأتوبيس سيكون مزدحم لذلك لنركب تاكسي. 2- خمسة ابناء و ابنتان أي خمسة ذكور وانثتان. 3- حسنا سأخبركم بشئ.	(부) 1-그런 까닭에 그러한 이유로. 2-다시 말해서 바꿔 말하자면. 3-말을 시작하면.	1_لذلك السبب. 2- بعبارة أخري 3- عند بدأ الكلام.	그러니까	لذلك / أي
사과가 참 맛있군요.	التفاح لذيذ جداً.	(형) 음식의 맛이 좋다.	طعم الأكل جيد.	맛있다	لذيذ
의사 환자에게 혀를 내밀어 보라고 했다. 오늘 혀가 꼬부라질 때까지 실컷 마십시다.	قال الطبيب للمريض "أخرج لسانك". لنشرب اليوم كثيراً. هناك فتيات تقوم عمداً بالحديث بكلام قصير (يشبه الأطفال).	(명)/ 맛을 느끼거나 말할 때 움직이는 입 안의 한 부분.	جزء موجود داخل الفم يتحرك عند الكلام أو تذوق الأطعمة.	혀	لسان
1-여행 간 사이에 집에 도둑이 들었어요. 2-어젯밤에 보석과 돈을 모두 도둑 맞았다.	دحل اللص البيت أثناء السفر. 2- تم سرقة جميع الأموال والمجوهرات ليلة امس.	(명)1-남의 물건을 훔치는 사람. 2-남의 물건을 훔치는 일.	شخص يسرق أشياء الناس. 2- الاستيلاء علي أشياء الناس.	도둑	لص / سرقة.
주인 아저씨가 친절해서 가게에 손님이 많아요.	زبائن المحل كثيرون لأنه صاحبه لطيف.	(형) (반) 불친절하다/ (남을 대하는 태도가) 다정하고 좋다.	السلوك مع الآخرين جيد وودّي.	친절하다	لطيف
영민이는 착하고 공부도 잘 해요.	إن يونغ مين جيد ويدرس جيدا.	(형) 마음씨나 행동이 바르고 곱고 좋다.	القلب والسلوك مستقيم ولطيف وجيد.	착하다	لطيف. متواضع
카드 게임	لعبة البطاقات	(명) 여러 사람이 함께 하는 놀이나 운동 경기.	لعبة يمارسها أكثر من شخص أو رياضة أو مباراة.	게임	لعبة
장난감 기차	قطار لعبة	(명) 아이들이 가지고 노는 여러 가지 물건.	عدة أشياء يلعب بها الأطفال.	장난감	لعبة

1-아이들이 그 놀이를 좋아하지요? 2-여러분 나라의 민속 놀이와 전통 의상을 소개해 보세요.	1هل تروق هذه اللعبة للطفل؟ 2فلتعرفونا علي لعبة شعبية خاصة ببلدكم.	(명) 1-즐겁게 노는 일. 2-명절, 특별한 행사에서 여러 사람 함께 즐기려고 일정한 규칙을 따라 하는 오락, 민속 공연.	1اللعب بمرح. 2عرض شعبي وللمتعة يسير حسب قواعد معينة ويتم عمله في الأعياد أو الأحداث الخاصة.	놀이	لعبة.اللعب
우리말로 번역하다.	يترجم إلي اللغة الكورية.	(명) 우리나라 사람의 말.	لغة بلدي. اللغة الكورية.	우리말	لغة البلد (اللغة الكورية)
외국어를 쉽게 배울 수 있는 방법이 뭘까요?	ماهي الطريقة التي يمكن أن أتعلم بها لغة أجنبية بسهولة.	(명) 다른 나라의 말.	لغة دولة آخري.	외국어	لغة أجنبية
한국말을 배운 지 얼마나 되셨어요?	منذ متي وأنت تتعلم اللغة الكورية؟	(명) 한국에서 쓰는 말.	اللغة المستخدمة في كوريا.	한국말	لغة كورية
저는 한국어를 배우고 싶어요	أريد أن أدرس اللغة الكورية	(명) 한민족이 쓰는 언어 대한민국 국민이 사용하는 언어. .	اللغة المستخدمة في كوريا.	한국어	لغة كورية
우리 반에 나와 성이 같은 사람이 열 명이나 된다.	لقد أصبحنا 10 أشخاص من نفس اللقب في الفصل.	(명) 조상으로부터 물려 받은 이름.	الاسم الموروث من الأجداد.	성	لقب
택시비가 모자랄까 봐 걱정했는데 오히려 500 원이 남았다.	كنت قلقاً أن تكون أجرة التاكسي غير كافية لكن تبقي 500 وون.	(부) 1- (=) 도리어/ 기대하는 것과는 반대로.	عكس ماكان مُنتظر.	오히려	لكن
웅태는 여자 친구가 있다. 하지만 결혼할 생각은 없다.	أون تيه لدي صديقة لكنه لايفكر في الزواج.	(부) 내용이 서로 반대인 두 개의 문장을 이어 줄 때 쓰는 말.	كلام يُستخدم في ربط جملتين موضوعهما مختلف	하지만	لكن
1-마이클 씨는 택시를 잡으려고 했습니다. 그러나 20 분을 기다려도 빈 택시가 오지 않았습니다. 2-나는 피곤했다. 그러나 더워서 잠을 잘 수가 없었다.	1_كان يريد مايكل أن يركب تاكسي لكنه انتظر 20 دقيقة ولم يأتي تاكسي فارغ . 2-علي الرغم من أني متعب لم أستطع النوم لأن الجو حار.	(부) 1-앞에서 설명하거나 기대한 것과는 다르게. 2-그럼에도 불구하고. 그렇기는 하여도. (=) 그렇지만/	1_ عكس مع المتوقع أو الموصوف مسبقاً. -2 بالرغم من ذلك	그러나	لكن / بالرغم من ذلك.
1-노래를 듣는 것은 좋아해요. 그렇지만 노래하기는 싫어합니다. 2-존댓말을 쓰기는 하지요. 그렇지만 아직 습관이 안 돼서 좀 어색해요.	1_أحب سماع الموسيقي لكن أكره الغناء . 2 اتكلم بصيغة الاحترام فعلاً لكني لم اتعود عليها بعد.	(부) 1-앞에 말한 것이 사실이지만 그와 다르게. 2-앞에 말한 것이 사실이라고 해도. 그럼에도 불고하다.	1_اختلاف مع ماتم ذكره من حقيقة مسبقا. 2-بالرغم من الحقيقة التي قيلت مسبقا. علي الرغم من.	그렇지만	لكن / بالرغم من ذلك.
1-공원에 가서 사진 찍으려고 했어요. 그런데 비가 와서 못 갔어요. 2-어제 식단에 갔습니다. 그런데, 그곳에서 민지를 만났습니다. 3-그런데 말이야? 너 언제 한국에 왔다고 했지?	1نويت الذهاب للحديقة لالتقاط صور لكن السماء أمطرت ولم أستطع الذهاب. 2-ذهبت أمس إلي مطعم وهناك قابلت مين جي. 3-بالمناسبة متي جئت إلي كوريا؟ .	(부) 1-(형편이나 상태나 현상이) 그와 같은데. 2-그것에 덧붙여서 말하자면. 3-대화를 이어가는 데에 쓴다.	1مثل ظاهرة أو حالة أو موقف ولكن -2 عند إضافة المزيد من الكلام إلي الحديث. -3 تستخدم للاستمرار في المحادثة.	그런데	لكن/بالمناسبة .
자, 자전거가 나갑니다.	انتبهوا العجلة تخرج.	(감) 말이나 행동을 할 때 남의 주의를 불러일으키기 위하여 하는 말	تستخدم لجذب انتباه الأخرين عند التحدث أو القيام بفعل ما.	자	للتنبيه

겨울을 왜 좋아하세요?	لماذا تحب الشتاء؟	(=) 어째서/ 어째서, 무슨 이유로.	بأيّ سببٌ.	왜	لماذا
그 사람에 관해 아무것도 몰라요.	لا نعرف شئ عن هذا الشخص.	(동) 무엇을 대상으로 하다.	يتبع شئ معين .	관하다	له علاقة ب
만약 내일까지도 일을 다 끝내지 못하면 큰일날 거야.	إذا لم أنتهي من العمل حتى الغد أيضاً فسأكون في ورطة.	(부) 잘 모르거나 그럴 수도 있는 일을 가정하여 혹시.	تخمين شيء يمكن حدوثه.	만약	لو
1-이 돈은 만일에 대비하여 가지고 있어라. 2-만일 선생님이 저라면 어떻게 하시겠어요?	1- خذ هذا المال فى حال أحتجت إليه؟ 2-لو كنت مكاني ماذا كنت لتفعل يا أستاذ؟	1-(명) 혹시 그런 일이 있을지도 모르는 뜻밖의 경우. 2-(부) '-면'과 함께 쓰여, 앞 내용이 가정된 일이나 상황, 또는 조건이며 뒤 내용이 그에 따른 결과나 반응을 말할 때 쓰여 앞뒤 문장을 이어주는 말.	في حالة حدوث أمر ما.	만일	لو
장군은 군사들을 이끌고 싸움터로 나아갔다.	قاد اللواء الجنود متوجهاً إلى أرض المعركة.	(명) 군의 우두머리로 군을 지휘하고 통솔하는 무관.	قائد الجيش.	장군	لواء
게시판에는 영화 포스터가 붙어 있다.	الملصق الإعلاني للفيلم ملصوق على لوحة الإعلانات.	(명)글, 그림, 사진 등을 많은 사람들이 두루 보게 하는 판.	لوحة تعلق على الحائط ليرى الآخرون من خلالها كتابات وصور ورسومات.	게시판	لوحة الإعلانات
색이 연하다/ 색이 진하다.	لون فاتح/ لون قاتم (غامق).	(명) 물체가 나타내는 빛깔.	لون الشئ.	색	لون
민지 씨는 무슨 색깔을 좋아해요?	ماهو لونك المفضل يا أستاذ مين جي؟	(명) 빛깔.	لون.	색깔	لون
하얀색 드레스	فستان أبيض	(명) (=) 하양, 흰색/ 내리는 눈, 우유와 같은 색깔.	لون اللبن والثلج الساقط.	하얀색	لون أبيض
까만 색 머리	شعر أسود غامق.	(명) 매우 검은 색.	لون أسود غامق	까만색	لون أسود قاتم
노란색 셔츠.	تيشرت أصفر اللون.	(명) 개나리꽃이나 바나나의 색깔과 같은 색깔.	لون زهرة الكناري والموز وغيرهم.	노란색	لون أصفر
보라색 제비꽃이 활짝 피었다.	تفتحت أزهار البنفسج ذات اللون البنفسجي.	(명) 빨강과 파랑을 섞은 색깔.	لون ينتج عن مزج الأحمر والأزرق.	보라색	لون بنفسجي
그녀는 머리를 갈색으로 염색했다.	لقد صبغت شعرها لوناً بنياً.	(명) 검은 빛을 띤 주황색.	لون برتقالي ممزوج بقليل من الأسود.	갈색	لون بني
문은 어두운 회색으로 칠해졌다	لُون الباب باللون الرمادي الغامق.	(명)/ 1-재의 빛깔과 같이 흰빛을 띤 검정. 2-정치적・사상적 경향이 뚜렷하지 아니한 상태를 비유적으로 이르는 말.	1- لون غامق ناتج من اللون الرمادي المصبوغ بالأبيض. 2_لها معنى مجازي ألا وهو وصف إتجاه أيديولوجي أو سياسي غير واضح .	회색	لون رمادي
분홍색 치마	تنورة وردية.	(명)진달래꽃의 빛깔과 같이 옅게 붉은 색깔.	لون أحمر خفيف مثل لون زهور الأزاليا.	분홍색	لون وردي

밤 10 시	العاشرة مساءاً.	(명) 해가 져서 어두워진 때부터 다음 날 해가 뜨기 전까지의 캄캄한 동안. 밤중.	الفترة المظلمة من بعد غروب الشمس إلى ما قبل الشروق.	밤	ليل
아기가 밤낮이 바뀌어서 요즘 통 잠을 못 자요.	تغيرت ساعة الطفل البيولوجية فلا يتسطيع النوم أبداً هذه الأيام.	(명) 밤과 낮.	الليل والنهار	밤낮	ليل ونهار
어젯밤에는 잠이 안 와서 꼬박 밤을 새웠다.	سهرت ليلة أمس لأنني لم أشعر بالنعاس.	(명) 어제의 밤.	ليلة الأمس.	어젯밤	ليلة البارحة.
1-약이 써서 아이가 먹으려고 하지 않았다. 2-감기에 걸려서 그런지 입맛이 쓰네요.	1لا يرغب الطفل في تناول الدواء لأنه مر. 2- أشعر بفقدان الشهية لأنني مصاب بالبرد.	(형) 1-(어떤 것의 맛이) 약의 맛과 같다. 2-몸이 좋지 않아서 입맛이 없다.	1مذاق شئ ما يشبه مذاق الدواء. 2- فقدان الشهية لان الجسد في حالة سيئة.	쓰다	مُرّ
시청자가 직접 참여할 수 있는 프로그램이 좋은 반응을 점차 얻고 있다.	تجد/تلقى البرامج التي يستطيع فيها المشاهد أن يشارك بنفسه ردة فعل جيدة تدريجيا.	(명) 텔레비전의 방송 프로그램을 보고 듣는 사람.	الشخص الذي يُشاهد العرض/البث التلفزيوني.	시청자	مُشاهد
이야기를 듣고 보니 노인의 처지가 너무 안타까웠다.	بعد الاستماع لحكايتهم فإن ظروف كبار السن مثيرة جدا للشفقة.	(형) (무엇이 마음대로 되지 않거나 보기에 불쌍해 보여서) 마음이 답답하고 아프다.	يشعر شخص ما بالألم والضيق لعدم إنجاز شئ ما حسب رغبته فيبدو عليه البؤس.	안타깝다	مُؤسِف / مثير للشفقة.
미국에는 총을 가진 사람들이 많다.	هناك الكثير من الأشخاص الذين يحملون مسدس في أمريكا.	(명) 화약의 힘으로 총알을 발사하는 비교적 작은 무기.	سلاح صغير يقوم بإطلاق الرصاص.	총	مِدْفع. بندقية. مسدس
물 없이는 아무도 살 수 없다.	لا يستطيع أحد العيش بلا مياه.	(명)/비로 내려 강, 호수, 바다 따위를 이루며 땅에서 솟기도 하여 생물이 살아가는 데 꼭 필요한 액체.	سائل يجب وجوده لإستمرار الحياة،يخرج من الأرض أو يهطل على شكل أمطار ويكون الأنهار،والبحار ، والبحيرات	물	ماء
학교에 다닐 때 수학 과목을 잘했어요.	عندما كنت أذهب للمدرسة كنت جيد في مادة الريضيات.	(명) 학교에서 가르칠 내용에 따라 일정하게 나눈 것.	تقسيم محدد وفقا للمحتوي الذي سيتم تدريسه في المدرسة	과목	مادّة مقرّرة
1-이름이 무엇입니까? 2_그가 무엇 때문에 그렇게 고민을 하는지 궁금하다	1_ ما هو أسمك؟ 2_ اشعر بالفضول حول معرفة السبب في حيرته هكذا.	(대) 이름을 모르거나,작정하지 못한 일이나 물건 따위를 가리키는 말.	كلمة تشير إلى شيء أو عمل لم يُخطط له،أو عدم معرفة اسم.	무엇	ماذا
뭐, 누구한테서 편지가 왔다고? 내가 할 수 있는 일이면 뭐든 할 생각이다.	ماذا! من من جاءت الرسالة؟ سأفعل أي شيء مهما كان طالما بإستطاعتي فعله.	(감) (친구나 아랫사람이 불러 대답하거나 맞서 대응해야 할 때, 왜 그...)'의 준말.	ماذا!(عند الرد على صديق أو شخص أصغر مني سنأ،أو عند ضرورة الرد عليه وجهاً لوجه، لما ذاك ...) تصغير للكلمة.	뭐	ماذا (رد) أو (سؤال)
그는 여전히 성실하다.	مازال مخلصاً.	(부) 전과 같이.	كما في السابق.	여전히	مازال
1-영화가 시작하려면 아직 20 분이나 남았어요. 2-아직도 그 사람과 계속 만나요?	1مازال متبقي 20 دقيقة علي بداية الفلم. 2- أمازلت تقابل ذلك الشخص؟	(부) 1-어떤 일이 이루어지거나, 어떤 때가 될 때까지 시간이 더 지나야 하는 것을 나타내는 말. 2-어떤 일, 상태가 끝나지 않고 계속 지금까지.	1كلمة تشير إلي الحاجة إلي وقت أكثر لإتمام عمل ما أو الوصول إلي حالة معينة. 2- عدم انتهاء عمل أو ظاهرة ما واستمراره حتي الأن.	아직	مازال، بَعْدُ

과거에 있었던 일을 떠올려 보세요.	فكر فيما حدث في الماضي.	(명) /(=) 지난날/지나간 시간.	وقت مضي.	과거	ماضي
그 외에는 다른 방법이 없었다.	لم يكن هناك طريقة آخري سوي تلك.	(명) 일정한 범위나 한계를 벗어남을 나타내는 말.	كلمة تستعمل عند تجاوز حدود أو نطاق معين	~ 외	ماعدا / سوي
1-그녀의 주름살은 화장으로도 감출 수 없었다. 2-시신을 화장하다. 3-새로 맞춘 한복의 화장이 너무 길었다.	إن صدر الهانبوك الذي فصلته طويل للغاية. لا تستطع الفتاة أن تُخفي تجاعيد وجهها حتى بالماكياج. يحرق الجثة.	(명)/1-화장품을 얼굴에 바르고 곱게 꾸밈. 2_죽은 사람에 살라 장사를 지냄. 3_소매의 길이	1- طول المعطف (جوجوري) من الياقة وحتى الكم. 2_وضع المكياج أو فركه لتزيين الوجه. 3_الشخص المسؤول عن إعداد الطعام على المركب.	화장	ماكياج / حرق الجثة
1-엄마, 돈 좀 주세요. 사야 할 게 있어요. 2-건강이 돈보다 중요하다.	أمي أعطيني مال فهناك شئ أريد شرائه. 2- الصحة أهم من الثروة.	(명) 1-무엇을 사고 팔 때 그 값으로 주고받는 동전이나 지폐. 2-재산	العملة الورقية أو المعدنية التي يتم تبادلها كثمن شئ عند بيعه أو شرائه. 2- الثروة.	돈	مال.
1-보통 한국 음식은 맵고 짭니다. 2-예산을 짜다. 3-옷감을 짜다.	عادة يكون الطعام الكوري مالح و حار.	(형) (반) 싱겁다/ 1-무엇의 맛이 소금이나 간장의 맛과 같다. 2-(어떤 일을) 구상하여 세우다. 3-실이나 끈 따위를 씨와 날로 얽어서 만들다.	يكون طعم شئ ما مالح أو كطعم صوص الصويا.	짜다	مالح
여기 만두 1 인분 주세요.	أريد ماندو لفرد واحد من فضلك.	(명) 밀가루를 반죽하여 얇게 밀어, 그 속에 고기나 야채를 넣어 만든 음식.	طعام يحضر من عجينة الطحين حيث تفرد العجينة ويوضع بداخلها اللحم أو الخضراوات.	만두	ماندو
오늘은 웬일로 길이 한산하죠?	مالذي يجعل الشوارع هادئة اليوم؟	(대) 어찌 된 일. 무슨 까닭.	سبب ما.	웬일	ماهية
실내 경기는 날씨와 상관없이 할 수 있다.	يمكن أن نقيم المباراة في الداخل بغض النظر عن الطقس.	(명)운동 등에서 규칙을 정해 두고 누가 더 잘하는지 겨루는 일.	منافسة رياضية أو غيرها لها قواعد معينة.	경기	مباراة
119 를 누르면 소방서로 직접 연결이 됩니다.	إذا ضغطت 119 ستكون علي اتصال مباشر بمركز الإطفاء.	(부) 사이에 남이나 다른 사물이 끼어 들지 않게 바로.	علاقة تُنجز حالا بدون تدل إنسان أو شئ آخر.	직접	مباشرة
초보 단계.	مرحلة المبتدئين.	(명) 학문이나 기술 따위를 익힐 때의 그 처음 단계나 수준.	المستوي أو المرحلة الأولي في تعلم أو مهارة.	초보	مبتدئ
옷이 땀에 젖다. / 신혼의 단꿈에 흠뻑 젖어 있다.	الملابس مبلولة بالعرق	(동) 1_물이 배어 축축하게 되다. 2_깊이 빠지다. 3-영향을 받아 익숙해지다.	يبل بالماء.	젖다	مبلول
우리 사무실을 여의도 63 빌딩 25 층에 있습니다.	يوجد مكتبنا في منطقة يوييدو في الطابق 25 من المبنى 63.	(명) 여러 층으로 되어 있는 서양식의 높은 건물.	مبنى مرتفع به عدة طوابق على الطريقة الغربية.	빌딩	مبنى
내 사무실은 바로 우리 집 건너편 건물 2 층에 있었다.	مكتبي في الدور الثاني من العمارة التي تقع على الجانب المقابللمنزل.	(명)사람이 살거나 일하거나 물건을 넣어두기 위해 지은 집을 모두 이르는 말.	مبني للسكن أو للعمل أو لتخزين الأشياء.	건물	مبنى / عمارة
1-혼자서 집안 대청소를 했더니 너무 힘들어. 2-기다린다는 게 이렇게 힘든 줄 몰랐다. 3-요즘 나라 경제가 힘들고	لم أعلم أن الانتظار صعب هكذا.	(형)/1-(일이) 힘이 많이 쓰이는 데가 있다. 2-마음이 많이 쓰이거나 수고스럽다.	عدم وجود قوة كبيرة سواء كانت نفسية أو جسدية بسبب صعوبة عمل شيء ما.	힘들다	مُتعَب/مُتعِب.

어려워졌다. 4-카이로 거리가 어찌나 깨끗한지 먼지 하나 찾기 힘들었다.		3-(형편이나 상황이) 어렵거나 곤란하다. 4-(어떤 일이) 이루어질 가능성이 적다.			
그는 확실하지도 않은 말을 하고 다닌다.	إنه يتفوه بكلام ليس متأكد منه.	(형) 틀림 없이 그러하다.	هكذا بالفعل،بدون أخطاء.	확실하다	متأكد.
어머니 생신에 드릴 선물을 사러 백화점에 갔습니다.	ذهبت لشراء هدية عيد ميلاد أمي من المتجر.	(명) 한 건물 안에 온갖 상품을 종류 별로 나누어 파는 큰 상점.	متجر كبير في مبنى واحد فيه تقسم البضائع حسب نوعها وتباع.	백화점	متجر
학교 앞에는 작은 상점들이 줄지어 늘어서 있었다	أمام المدرسة كانت تصطف المتاجر الصغيرة.	(명) 물건을 파는 가게. /=가게	محل بيع الأشياء.	상점	متجر صغير
민속 박물관	متحف فولكلوري	(명) 유물을 수집, 보관, 전시하여, 사람들이 보거나 연구할 수 있게 한 시설.	مرفق لجمع وحفظ وعرض الآثار حتى يقوم الناس بمشاهدتها أو بحثها.	박물관	متحف
미터보다 작은 단위는 무엇이니?	ماهي الوحدة الأقل من المتر؟	(명)미터법에 따른 길이의 기본 단위. 기호는 m 이다.	وحدة قياس فى النظام المترى ويرمز لها ب م.	미터	متر
마음에 들면 사지 뭘 망설이세요?	إذا كان يعجبك فاشتريه, ما الذي تتردد بشأنه؟	(동) 마음이나 태도를 정하지 못하고 머뭇거리다.	لا يمكنه تحديد رغبته أو تقرير تصرفاته, متردد.	망설이다	متردد
요즘은 버스 요금이 지하철 요금보다 조금 쌉니다.	هذه الأيام تكلفة الحافلات أرخص من المترو.	(명) 도시에서 땅속에 굴을 파서 놓은 철도, 또는 거기로 다니는 기차.	سكة حديد تم بناؤها بالحفر داخل الأرض وتسير عربات القطار هناك.	지하철	مترو
이 학생은 모든 과목의 성적이 고르다.	درجات هذا الطالب متساوية في جميع المواد.	(형)가지런하다. 한결같다.	متساوي ومتطابق.	고르다	متساوي
김 선생님이 무척 피곤해 보여요.	يبدو أن المعلم كيم مجهدا للغاية	(형) (몸이나 마음이) 지쳐서 기운이 없다.	لايوجد طاقة لأن الجسم أوالعقل مجهد	피곤하다	متعب / مجهد
1-민지는 너무 놀라서 얼굴이 하얗게 되었다. 2-아이의 성적이 놀랄 만큼 향상되었다.	1لقد تفاجأ مين جي كثيرا فأصبح وجهه شاحباً. 2تحسنت درجات الصبي لدرجة مدهشة.	(동) 1-갑자기 뜻밖의 일 때문에 정신이 번쩍 들거나 두려운 마음이 생기다. 2-신기하거나 훌륭한 것을 보고 감동하거나 감탄하다.	1الذعر بسبب أمر مفاجئ و غير متوقع. 2التأثر عند رؤية أمر مدهش أو غريب.	놀라다	متفاجئ.مندهش
아빠와 딸이 어쩌면 저렇게 똑같을까요?	هل يمكن أن تشبه الفتاة أبيها هكذا؟	(형) 조금도 서로 다른 데가 없다.	لا يوجد اختلاف بينهم ولو قليلاً.	똑같다	متماثلين
여행은 우리에게 짧은 시간에 다양한 경험을 할 수 있게 해 준다.	منحنا السفر خبرات متنوعة خلال وقت قصيرة	(형) 모양, 빛깔, 형태, 양식 따위가 여러 가지로 많다.	متنوّع ومتعدّد في الألوان أو الأشكال أو الأنواع أو المحتويات أو غيرها.	다양하다	متنوع
시험 날짜가 다가와서 불안하다. 요즘 나라 분위기가 불안하다.	أقترب موعد الأمتحان لذلك أنا متوتر. الأجواء فى البلاد متوترة هذه الأيام.	(형)마음이 놓이지 않고 걱정스럽다. 초조하여 편안하지 않다.	قلق غير مطمئن.	불안하다	متوتر, مضطرب
1-중간에 앉다. 2-영화가 하도 재미없어서 중간에 그냥 나왔어요. 3-바지를 중간 치수로 보여 주세요.	1 يجلس في المنتصف. 2 كان فيلم غير مسلي فخرجت في منتصفه. 3 أريني بنطال بحجم متوسط.	(명) 1-'=가운데/ 두 사물의 사이. 어떤 사물의 가운데 부분. 2-'=도중/ 어떤 일이	1 بين شيئين. الجزء الوسط في شئ ما. 2 عند عدم الانتهاء من شئ ما. 3 الدرجة المتوسطة من حجم أو كمية أو وقت.	중간	متوسّط. وسط

		아직 끝나지 않은 때. 3-크기나 양, 시간에 있어 가운데.			
보고서를 언제까지 제출해야 합니까?	ماهو آخر ميعاد لتسليم التقرير؟	(부) 잘 모르는 때를 물을 때 쓰는 말.	تستخدم للسؤال عن وقت غير معروف.	언제	متى
이 세상에 단점 하나 없이 완벽한 사람은 없을 것이다.	بدون عيب واحد في هذا العالم لن يصبح هناك انسان مثالي.	(형) 모자라는 것이 없이 모든 것이 다 훌륭히 갖추어져 있다.	كل شئ مجهز بشكل ممتاز دون نقصان أي شئ.	완벽하다	مثالي
그는 한국의 대표적 단편 소설가이다.	هو كاتب رئيس في مجال القصة القصيرة.	(명) 어떤 분야나 집단의 성질을 전형적으로 드러내는 것.	مميز ونموذجي لتمثيل شئ في جماعة أو مجال ما . أو الشئ نفسه.	대표적	مثالي/ نموذجي/ رئيس
1-느낀 때로 말하면 돼요. 2-내가 가는 대로 뒤에서 따라 오세요. 3-편할 대로 하세요. 4-선생님은 화가 날 대로 나셨다. 5- 힘닿는 대로 도와드릴게요.	1يمكنك التحدث كما تشعر. 2- اتبعني أينما أذهب. 3- أفعل كما يحلو لك. 4- المعلم غضب جدا. 5- سأسعاعدك بقدر ما أستطيع.	(명) 1-어떤 일을 했던 것과 같이. 2-어떤 일을 하는 것과 같이. 또는 그 상태와 같이. 3-그 모양이나 상태와 같이. 4-상태가 매우 심하게. 5-그 상태에서, 그 정도로. 그만큼.	1_مثل شئ فعلته. 2- مثل شئ تفعله أو مثل حالة معينة. 3- مثل ذلك الشكل أو الحالة. 4- الدرجة القصوي للحالة. 5- في تلك الحالة, بهذا القدر.	대로	مثل
그는 화가 난 듯 아무 말을 안 했다.	بدا وكأنه غاضباً ولم يلفظ بكلمة.	(명) '어떤 것 같이', '~것처럼'의 뜻을 나타낸다.	تظهر معنى مثل أو يبدو كأنه.	듯	مثل
아저씨는 소년을 보고 귀엽다는 듯이 조용히 웃었다.	نظر الرجل إلى الولد و ابتسم ابتسامة هادئة كما لو شعر أنه لطيفاً.	(명) '~것 같이', '~것처럼', '것과 비슷하게'의 뜻을 나타낸다.	تأتي بمعنى مثل أو يبدو كأنه أو يطابق كذا.	듯이	مثل
그는 발음이 마치 한국 사람처럼 자연스러워요.	نطقه طبيعي تماماً كشخص كوري.	(부) 진짜인 것처럼.	مثل الحقيقة.	마치	مثل
우리 주위에는 이런 예가 많이 있다.	يوجد كثير من تلك الأمثلة حولنا.	(명) (=) 보기 / 어떤 사실을 설명하거나 증명하기 위해 보여 주는 것.	مثال يشرح أو يثبت حقيقة ما.	예(들다)	مثل
종이를 세모로 접어 고깔모자를 만들었다	لقد ثنست الورقة علي شكل مثلث وصنعت قبعة مخروطية.	(명) 세 개의 선분으로 둘러싸인 평면 도형	شكل هندسي مكون (محاط) بثلاثة أضلاع.	세모	مثلث
1-제가 하는 말을 그대로 따라서 해 보세요. 2-저는 괜찮으니까 그대로 가세요.	1_أتبع كلامي كما هو. 2- أذهب ولا تهتم فأنا بخير.	(부) 1-고치거나 변하지 않고 본래 있던 모양이나 상태와 같이. 있는 대로. 2- 상관하지 않고. (=) 그냥.	1_مثل الصورة أو الحالة التي كانت في الأصل بدون تغيير/ كما هي. 2- لاتهتم.	그대로	مثله / كما هو.
그 음식점은 생일날 가면 케이크를 공짜로 준다.	يقدم هذا المطعم مجاناً كعْكة لعيد الميلاد.	(명) 대가 없이 그냥 얻는 것.	شئ يتم الحصول عليه بدون ثمن مقابل.	공짜	مجاني
경력을 쌓을 수만 있다면 무료로라도 일을 하고 싶다.	أريد أن أعمل ولو مجاناً من أجل فقط أن أكون خبرات عملية.	(명) 1-값이나 삯이 필요 없음. 2-급료를 지급하거나 받거나 하지 않음.	بدون مقابل.	무료	مجاني
1-사회 문제. 2-최근 한국 사회의 결혼 문화가 지나치게 사치스럽다는 비판이 일고 있다.	1_مشكلة اجتماعية. 2_يقول النقاد أن ثقافة الزواج انتشرت مؤخرا في المجتمع الكوري.	(명) 1-여러 사람들이 어울려 조직적으로 공동 생활을 하는 사람들의 집간이나 세계. 2-일정한 계층, 직업, 신분, 자격에 따라 이룬 사람들의 집단.	1_المحيط الذي ينظمه مجموعه من الناس ويعيشون فيه. 2_تجمع مجموعة من الناس يعيشون وفقا للطيقات الاجتماعية والوظائف والمؤهلات.	사회	مجتمع

여성 잡지	مجلة نساء.	(명) 일정한 이름을 가지고 호를 거듭하며 정기적으로 간행하는 출판물.	يتم إصدارها بشكل دوري ويكون لها اسماً.	잡지	مجلة
그 사람과 좀 더 솔직한 대화를 나눠 보세요.	تبادل حديث أكثر صراحة مع ذلك الشخص.	(명) 서로 말을 주고받는 것, 또는 그런 이야기.	تبادل الكلام بين شخصين أو الحديث ذاته.	대화	محادثة/ حوار
강의를 듣다.	يسمع محاضرة.	(명) 학문이나 기술의 일정한 내용을 체계적으로 설명하여 가르침.	شرح وتدريس المعارف والمهارات والتقنيات بشكل ممنهج.	강의	محاضرة
충청도에서 살고 있어요	أعيش في محافظة تشونغ تشنغ.	(명) 충청남도와 충청북도	مقاطعتان من تشونغ تشنغ ، واحدة شمالية والأخرى جنوبية	충청도	محافظة تشونغ تشنغ
1-내용이 좋다. / 내용이 나쁘다. 2-비디오를 보고 나서 그 내용을 요약하십시오	1المحتوي جيد/المحتوي سئ . 2أرجو منك تلخيص محتوي الفيديو بعد مشاهدته.	(명) 1-겉에 드러난 형식 속에 들어 있는 실질적인 뜻. 2-말, 글, 영화, 연극, 미술, 음악 등에 담겨 있는 줄거리나 사상.	1المضمون داخل شئ سطحي. 2الفكرة الموجودة في الكلام،التحرير ،فيلم،مسرحية،الفنون أو الموسيقي وغيرها.	내용	محتوي
역에 가다.	يذهب إلي المحطة.	(명) 열차가 발착하는 곳.	مكان إنطلاق ووصول القطار.	역	محطة
이제 두 정거장 남았다.	الأن باقي محطتين.	(명) 버스나 열차가 일정하게 머무르도록 정하여진 장소. 승객이 타고 내리거나 화물을 싣거나 내리는 곳이다.	مكان محدد لوقوف الحافلة أو السيارة. مكان ركوب و نزول الركاب أو تحميل وتفريغ البضائع.	정거장	محطة
버스 정류장	محطة الحافلة	(명) 버스나 택시 따위가 사람을 태우거나 내려 주기 위하여 머무르는 일정한 장소.	مكان محدد لوقوف حافلة أو سيارة أجرة لنقل الركاب أو إنزالهم.	정류장	محطة
고속 버스 터미널은 사람이 많고 복잡했어요.	يوجد الكثير من الناس في محطة الأتوبيس السريع.	(명) (열차, 버스 등이) 출발하거나 도착하는 역, 또는 그 건물.	محطة وصول أو إقلاع القطار أو الأتوبيس وغيره أو البناء نفسه.	터미널	محطة
제 지갑 속에는 동전밖에 없어요.	لا يوجد في محفظني غير العملات المعدنية.	(명) 돈, 명함, 카드 등을 넣어 주머니에 넣고 다닐 수 있게, 가죽이나 헝겊으로 만든 것.	شيء مصنوع من الجلد أو القماش تُحفظ فيه النقود، البطاقات، بطاقة الاسم وغيره.	지갑	محفظة
어제 옷 가게에 가서 원피스를 샀다.	ذهبت بالأمس إالى محل الملابس واشتريت فستاناً.	(명) 물건을 차려 놓고 파는 집	مكان لعرض الأشياء وبيعها.	가게	محل
학교에서 오는 길에 책방에 갔어요.	لقد ذهب إلي محل الكتب في طريق عودتي من المدرسة.	(명) 책을 파는 가게.	محل لبيع الكتب.	책방	محلّ كتب
우리 동네 편의점에는 안 파는 물건이 없다.	محل البقالة في حينا يوجد به كل شئ.	(명) 식료품, 잡화, 술, 담배, 인스턴트 식품 등을 파는 가게로 24 시간 문을 여는 곳.	مكان مفتوح 24 ساعة يبيع أطعمة فورية وسجائر وخمر و مواد غذائية.	편의점	محل بقالة
서점에 들러 소설책 한 권을 샀다.	لقد اشتريت رواية من متجر الكتب.	= 책방/ (명) 책을 파는 가게.	محل بيع الكتب.	서점	محل بيع الكتب
노력을 들이다.	يقوم بمجهود.	(명)어떤 일을 이루기 위해 힘을 들이고 애를 쓰는 것.	بذل قوة وجهد للقيام بعمل ما.	노력	مجهود

1-갑자기 주위가 조용해졌다. 2-우리 주위에는 따뜻한 이웃이 많아요.	1أصبح الحي هادئا فجأة. 2 يوجد في المحيط الذي نعيش فيه العديد من الجيران الطيبين.	(명) 1-사물이나 장소의 둘레. 2-어떤 사람의 가까이에 있는 사람들./ =주변/	1 البيئة المحيطة بمكان ما أو شئ ما. 2الأشخاص القريبين من شخص ما.	주위	محيط. بيئة. حي
그 아이들은 쌍둥이지만 아주 달라요.	هذان الطفلان توأمان لكن مختلفان جدا.	(형) (어떤 것과) 같지 않다. 차이가 있다.	لا يشابه شئ ما. وجود فرق.	다르다	مختلف
딴 사람들은 몰라도 너까지 내 생일을 잊다니.	حتى ولو نسي الآخرون يوم ميلادي لا يجب أن تنساه انت...	(관) 다른.	مختلف.	딴	مختلف
베개가 좀 높아요.	الوسادة عالية شيء ما.	(명) 잠잘 때 머리 밑에 놓아 머리를 받치는 물건.	توضع تحت الرأس أثناء النوم وتحمله.	베개	مخدة
남은 물건들을 창고에 보관해 둡시다.	لنضع ونحتفظ بالأشياء المتبقية في المخزن.	(명) 물건을 저장하거나 보관하는 건물.	مبني بتم فيه حفظ وتجميع الأشياء.	창고	مخزن
너 나랑 헤어지자는 말이 진심이야?	هل كلامك بإنك ستنفصل عني حقيقي؟	(명) 거짓이 없는 참된 마음.	قلب مخلص غير كاذب.	진심	مخلص. صادق. حقيقي
1-어제부터 가슴이 답답하고 기침이 많이 나요. 2-마음이 답답할 때 산에 올라가 보세요. 3- 너 하는 것 보면 답답해 죽겠어. 4-지하철에 사람이 많아서 아주 답답했어요.	1_منذ أمس أشعر بضيق في التنفس و وأسْعُل كثيرا.2- عند شعورك بالضيق حاول الصعود إلي الجبل. 3- أشعر بالضيق عند مشاهدة ما تفعله.4- شعرت بالضيق لكثرة الناس بمترو الأنفاق.	(형) 1-(숨이) 막힐 것 같이 숨쉬기가 어렵다. 2-(걱정으로) 마음이 시원하지 못하다. 3-(행동이나 모습이) 시원스럽지 못하다. 4-(공간이) 좁아서 시원한 느낌이 없다.	1_صعوبة التنفس. 2- إحساس بالضيق بسبب القلق. 3- شكل أو تصرفات غير مريحة. 4_عدم الشعور بالراحة بسبب ضيق المكان.	답답하다	مخنوق / يشعر بالضيق
아주 오랫동안 사귀어서 우리는 친형제나 다름없어요.	نحن متشابهون مثل الأخوة لأننا مقربون خلال مدة طويلة	(명) 매우 긴 시간 동안 계속.	باستمرار خلال مدة طويلة جدا.	오랫동안	مدّة طويلة
에세이를 잘 써서 선생님께 칭찬을 받았다	أثني المعلم علي لأنني كتبت مقال بشكل جيد.	(명) (반) 꾸중. 벌 / 좋은 점이나 잘한 일 등을 매우 훌륭하게 여기는 마음을 말로 나타냄. 또는 그런 말.	تعبير بالكلام عن قلبٍ يعترف بأن ميزة شيء أو عمل حسن أو غيرهما رائع جدا	칭찬	مدح
저희 선생님께서는 어디 계십니까?	أين معلمكم؟	(명) 선생을 높여서 부르는 말.	كلمة لمناداة المعلم باحترام.	선생님	مدرس. معلم
1-민수는 학교에 가고 집에 없는데요. 2-주일 학교	1مينسو ذهبت للمدرسة. 2- مدارس الأحد	(명) 1-학생을 가르치는 공식적인 교육 기관. 2-주제를 정해 놓고 짧은 기간 동안 가르치는 기관.	1_مؤسسة تعليمية رسمية تُعلِّم الطلاب 2- مؤسسة تُعلِّم خلال فترة قصيرة وتحدد المنهج.	학교	مدرسة
막내아이는 초등학교에 다니고 있어요.	إن أصغر أطفالي يذهب إلي المدرسة الابتدائية.	(명) 만 6 세~ 11 세의 어린이들이 다니는 학교.	مدرسة يلتحق بها الأطفال من 6 سنوات إلي 11 سنة.	초등학교	مدرسة ابتدائية
제 동생은 중학교에 다닙니다.	يلتحق أخي الصغير بالمدرسة بالمدرسة الإعدادية.	(명) 초등학교를 졸업하고 고등학교에 들어가기 전에 다니는 학교.	مدرسة يلتحق بها الطالب بعد التخرج من الابتدائية وقبل الالتحاق بالثانوية.	중학교	مدرسة إعدادية
고등학교 친구	صديق المدرسة الثانوية.	(명) 15-17 세의 학생을 교육시키는 학교.	مدرسة لتعليم الطلاب من عمر 15- 17.	고등학교	مدرسة ثانوية

도시에 비하면 농촌은 공기가 좋아요.	مقارنة بالمدينة هواء القرية أفضل	(명) 정치, 경제, 문화에 관한 활동의 중심이 되며, 사람들이 많이 살고 여러 가지 시설이 모여 있는 곳.	مكان به الكثير من المرافق ويعيش فيه كثير من الناس ويُعد مركزا سياسيا و إقتصاديا وثقافيا.	도시	مدينة
우리 시에 자전거 전용 도로가 더 많이 필요합니다.	نحتاج في مدينتنا إلى المزيد من الطرق المخصصة للدراجات	(명) 도시를 중심으로 하는 지방 행정구역 단위. 중앙 정부에 딸린 특별시,직할시 및 도에 딸린 일반시가 있다.	هي وحدة إدارية محلية تقوم اعتماداً على المدينة. كما يوجد المدن التي تخضع للحكم المباشر للحكومة والحاضرة(مدينة كبيرة)التي تتبع الحكومة المركزية، بالإضافة إلى المدن العادية.	시	مدينة
울산의 자동차 공장에 가 봤어요.	لقد ذهبت إلي مصنع سيارات أولسان.	(명) 경상남도 동쪽에 있는 도시. 자동차 산업 등의 중공업으로 유명하다.	مدينة كبيرة تقع شرق كيونغسانغ الجنوبيّة. وتشتهر بصناعة السيارات وغيرها من الصناعات الثقيلة.	울산	مدينة ألسان (أولسان)
우리 삼촌이 대전에서 살아요.	عمي يعيش في مدينة ديجون.	(명) 한국의 중앙부에 있는 광역시. 충청북도와 충청남도 경계에 있으며, 전에는 충청남도의 도청이 있었다.	مدينة كبيرة تقع في وسط كوريا. تقع علي حدود تشونغ تشيونغ الشمالية و تشونغ تشيونغ الجنوبية. في الماضي كانت ولاية في محافظة تشونغ تشيونغ الجنوبية.	대전	مدينة ديجون
햅쌀로 밥을 하니 밥맛이 좋다.	أعددت الطعام بأرز طازج لذا مذاقه شهي.	(명) 밥에서 나는 맛.	طعم الأكل.	밥맛	مذاق الطعام
지수는 단맛을 내기 위해 떡볶이에 백설탕을 더 넣었다	وضعت جي سو مزيد من السكر الأبيض من أجل تحلية الطوك بوكي.	(명) 설탕이나 꿀을 먹었을 때 느껴지는 달콤한 맛.	مذاق حلو يمكن الشعور به عند أكل السكر أو العسل	단맛	مذاق حلو
회의가 끝나고 나오니 전화가 왔었다는 메모가 적혀 있었다.	بعد نهاية الإجتماع والخروج منه كانت هناك مذكرة مكتوبة بأن هناك إتصال قد جاء.	(명)다른 사람에게 말을 전하거나 자신의 기억을 돕기 위하여 짤막하게 글로 남김	كلام يُكتب بشكل قصير ليساعد الشخص نفسه على التذكر أو لنقل الكلام لشخص آخر.	메모	مذكرة / ملاحظة
노트 두 권이랑 연필 한 자루 주세요.	أعطني قلم و مذكرتين من فضلك.	(명) 무엇을 쓰거나 그릴 수 있도록 매어 놓은 백지묶음.	كراس بها عدة صفحات بيضاء أو فارغة للكتابة فيها.	노트	مذكرة. كراس صغير
1-처음 한국에 왔을 때 아나운서 말이 빨라서 하나도 못 알아들었어요. 2-역의 아나운서가 기차 도착을 알리는 방송을 하였다.	1عندما جئت لكوريا لأول مرة لم أفهم كلمة واحدة من كلام المذيعين لأنهم يتحدثون بسرعة. 2- أعلن مذيع المحطة عن وصول القطار.	(명)1-(텔레비전이나 라디오에서) 사회를 보거나 보도를 전문적으로 도맡아 하는 사람. 2-(경기장, 극장, 역 등에서) 시간, 기록 등을 방송으로 알리는 사람.	1في الراديو و التلفزيون, شخص يقوم بالنقل والتقديم بشكل محترف. 2- في الاستاد والمسرح والمحطة وغيره, شخص يعلن النتائج علي الهواء.	아나운서	مذيع
지난번에 만난 사람을 기억하십니까?	هل تتذكر الشخص الذي قابلته المرة السابقة؟	(명) '= 저번/ 지금보다 앞선 시간이나 차례.	دورة أو وقت قبل الوقت الذي نتكلم فيه.	지난번	مرّة سابقة
1-성격 한번 호탕하다. 2-한번 물어보다. 3- 한번 만나 보다.	هو شهم حقاً. 2- أسال مرة واحدة حتي. 3- لنلتقي ولومرة واحدة.	(부) 1-어떤 행동이나 상태 등을 강조함을 나타내는 말. 2-어떤 일을 시험 삼아 시도함을 나타내는 말. 3-기회가 있는 어떤 때.	كلمة تدلّ على تأكيد حركة أو حال ما أو غيره. 2- ظرف يستخدم للإشارة إلى أن المتكلم يحاول أمرا ما. 3- وقت معين فيه فرصة.	한번	مرّة واحدة
예습, 복습 모두 중요하지만 복습을 하면 더 기억에 오래 남아요.	التحضير والمراجعة كلاهما مهمان ولكن المراجعة تبقي المعلومات في ذاكرتك لوقت أطول.	(명) 배운 것을 다시 공부하여 익히는 것.	دراسة ما تم تعلمه مرة أخري.	복습	مراجعة

그곳은 국내 최고의 시설을 갖추었다.	يمتلك هذا المكان أفضل المرافق داخل المدينة.	(명) 도구, 기계, 장치 따위를 베풀어 설비함. 또한 그런 구조물.	منشآت،مرافق مُنشأة لخدمة الغير.	시설	مرافق
거울을 오래 보면 미치겠다는 이집트 관용어가 있다.	هناك مقولة شعبية مصرية تقول أنك إذا نظرت في المرآة لفترة طويلة ستُصاب بالجنون.	(명) 물체의 형상을 비추어 볼 수 있게 유리 따위로 만든 물건.	شيء مصنوع من الزجاج يوضح / يعكس شكل الأشياء حتى يمكن رؤيتها.	거울	مرآة
옛날 사람들은 하늘은 둥글고 땅은 네모라는 생각을 가지고 있었다.	كان اعتقاد الناس قديماً أن الأرض مربعة والسماء دائرية.	(명) 네 개의 모. 네 개의 꼭지점이 있고 네 개의 선분으로 둘러싸인 평면 도형	شكل له أربعة أضلاع متساوية في الطول.	네모	مربع
친구가 오늘 우리 집에 세 번이나 전화를 했어요.	اتصل صديق بالمنزل اليوم ثلاث مرات أو اكثر.	(명) 차례나 횟수의 뜻.	الترتيب أو عدد المرات.	번	مرة
앞에서 세 번째 사람이 제 친구입니다.	ثالث شخص من الأمام هو صديقي.	(명) 차례나 횟수의 나타내는 말.	يعبر عن الترتيب أو عدد المرات.	번째	مرة
1-다시 한 번 잘 들어 보세요 .2-다른 방법으로 다시 만들어 보자. 3-내일 다시 이야기하도록 하자. 4-나중에 다시 만납시다. 5-먼지가 그대로 있네. 청소를 다시 해라. 6-운동을 그만두자마자 다시 살이 찌기 시작했다	1استمع جيداً مرة أخري. 2- حاول مجددا بطريقة أخري. 3- لنستكمل الحديث مرة أخري غدا. 4- لنتقابل مرة أخري مستقبلا. 5- قم بالتنظيف مجددا فالتراب موجود كما هو. 6- بذأ وزنك في الزيادة مرة أخري بمجرد توقفك عن ممارسة الرياضة.	(부) 1-또 되풀이해서. 반복해서. 2-방법, 방향을 바꿔서 새로. 3-하다가 멈춘 것을 또 이어서. 4-뒤에 또. 나중에 또. 5-새로. 6-이전 상태로 또. 도로.	1يتكرر مرة أخري. 2- مجددا بعد تغير الطريقة والاتجاه. 3- يستمر في القيام بأمر قد توقّف عنه. 4- مرة أخري مستقبلا. 5- مجددا.6- مرة أخري كالحالة السابقة.	다시	مرة أخري
그는 나를 보자마자 문을 닫고 도로 들어가 버렸다.	أغلق الباب بمجرد رؤيتي و دخل مرة أخري (عاد من حيث أتي).	(부) 본래의 상태대로.	كالحالة الأصلية.	도로	مرة أخري
취미 생활의 재미	متعة ممارسة الهوايات	(명) 아기자기하게 즐거운 기분이나 느낌.	شعور الإستمتاع.	재미	مرح
장난을 치다.	يمزح.	(명) 주로 어린아이들이 재미로 하는 짓. 또는 심심풀이 삼아 하는 짓.	غالباً يكون فعل يقوم به الأطفال بهدف المتعة أو للتخلص من الملل.	장난	مرح,دعابة
저는 결과보다는 일을 하는 과정이 중요하다고 생각합니다.	أعتقد أن سير العمل أهم من النتيجة.	(명) 어떤 일이나 현상이 진행되는 동안 및 사이에 일어난 일들.	مدة يستغرقها أمر أو عمل أو ظاهرة أو مدة يحدث خلالها أمر ما.	과정	مرحلة / عملية
병을 고치다.	يعالج المرض.	(명) 사람, 동물, 식물의 건강이 나빠진 상태.	حالة تراجع في صحة الإنسان أو الحيوان أو النبات.	병	مرض
밖에 나갔다 들어오면 손발을 깨끗이 씻는 것도 감기 예방의 한 방법이다.	غسيل اليدين عند العودة من الخارج أحد طرق الوقاية من نزلات البرد.	(명) 추위에 상하여, 흔히 열이 나고 코가 막히며 머리가 아픈 병.	مرض شائع بأعراض ارتفاع درجة الحرارة،وانسداد الأنف،وآلام الرأس(الصداع) وذلك نتيجة لبرودة الجو.	감기	مرض البرد
반에서 3 등까지만 상을 줍니다.	الثلاث مراكز الأولى على الصف يحصلون على جوائز.	(명) 앞 숫자가 나타내는 높고 낮음의 차례.	المركز أو المرتبة منخفضة كانت أم مرتفعة.	등	مركز
선풍기가 돌아가고 있었지만 뜨거운 바람만 나오고 있었다.	بالرغم من أن المروحة كانت تعمل لكن كان الهواء الساخن يهب.	(명) 전기의 힘으로 바람을 일으켜 더위를 쫓는 기구.	آلة للتخلص من الحرارة تحرك الهواء وتعمل بالكهرباء.	선풍기	مروحة

1-민준이와 친구들은 기차를 타고 유럽 여러 나라의 국경 통과를 하며 여행을 했다. 2-민준이의 대학 입학 시험 통과를 축하해 주기 위해 친척들이 모였다. 3-예산안의 통과.	1سافر مين جون لي وأصدقائه بالقطار وعبروا من خلال حدود دول كثيرة. 2- اجتمع أقارب مين جون لي من أجل تهنئته بنجاحه في امتحان دخول الجامعة. 3- الموافقة علي مشروع الموازنة.	(명) 1-어떤 장소나 때를 거쳐서 지나감. 2-검사, 시험, 심의 등에서 해당 기준이나 조건에 맞아 인정되거나 합격함. 3-신청서나 안건 등이 심사를 거쳐 승인 됨.	1_فعل المرور عبر مكان أو وقت معين. 2- اعتراف أو نجاح في فحص، امتحان،تفتيش إلخ بسبب مطابق لمعيار أو شرط. 3- موافقة على الطلب أو المشروع وغيره من خلال التقييم.	통과	مرور/ نجاح / قبول
일을 끝내고 집에 돌아가면 마음이 편안하다.	أشعر بالراحة عندما أنهي العمل وأعود إلي البيت.	(형) 몸이나 마음이 편하고 좋다.	يكون الجسم أو البال مريحا وحسنا	편안하다	مريح
1-이 구두를 신으면 발이 편해요. 2-이 휴대 전화는 작아서 가지고 다니기가 편합니다.	1إذا ارتديت هذا الحذاء لا يؤلمني قدمي. 2- من السهل حمل الهاتف المحمول لأنه صغير.	(형) 1-(=) 편안하다 / (반) 불편하다. / 몸이나 마음이 괴롭지 않고 좋다. 2-쉽고 간편하다.	1_يكون الجسم أو البال غير مؤلم وحسنا. 2- سهل وبسيط.	편하다	مريح/ سهل
머리가 아파서 잠이 안 와요.	لا أستطيع النوم لأن رأسي تؤلمني.	(형) (몸, 마음이) 아주 편하지 않다.	الجسد والبال بحالة غير جيدة.	아프다	مريض
환자를 치료하다.	يعالج المرضى.	(동) 다치거나 병이 들어 앓는 사람. (=)병인,병자.	الشخص الذي يعاني من مرض أو إصابة.	환자	مريض
다른 안주는 더 안 시키세요?	ألا تريد أي مزّة آخري؟	(명) 술을 마실 때 함께 먹는 음식.	طعام يتم تناوله عند شرب الخمر.	안주	مزّة الخمر
분위기가 좋다.	الجو العام جيد.	(명)어떤 곳에서 느껴지는 독특한 기운이나 기분.	الطاقة المميزة أو المزاج العام المحسوس في مكان ما.	분위기	مزاج عام
재미있는 농담.	مزحة ممتعة (مسلية).	(명) 장난으로 하는 말. / (반)진담	كلام يقال للمرح.	농담	مزحة
텔레비전이 너무 시끄러우니 좀 소리를 낮추어 주시오.	من فضلك قم بخفض صوت التلفاز قليلاً لأن صوته مزعج.	(형)/1-듣기 싫게 떠들썩하다. 2_마음에 들지 아니하거나 귀찮고 성가시다.	صاخب لدرجة كره سماعه. 2_مزعج ومرهق أو لا يعجبني.	시끄럽다	مزعج
집안 일 중에서 빨래가 제일 귀찮아요.	غسيل الملابس هو أكثر شئ مزعج من بين الأعمال المنزلية.	(형) 어떤 일을 하는 것이 재미없고 싫게 느껴지다.	يشعر بالكراهية و الملل من ممارسة عمل ما.	귀찮다	مزعج.
스케이트를 처음 타 보는 아이가 얼음판 위에서 넘어지고 말았다.	الطفل الذي يمتطي المزلاج لأول مرة انزلج (سقط) على الأرضية الجليدية.	(명)/구두 바닥에 대어 붙이고 얼음 위를 지치는 쇠로 만든 기구.	أداة مصنوعة من الحديد توضع على الأرض للتزلج فوق الجليد .	스케이트	مزلاج
그는 스키를 타다 다리가 크게 다쳤다.	لقد أصيبت رجله بشدة أثناء ركوبه المزلاج.	(명)/눈 위에 지치고 다니는 좁고 긴 판상 기구.	أداة مصنوعة من الخشب للتزلج فوق الثلج.	스키	مزلاج
방에 침대를 놓을 공간이 없어요.	لا توجد مساحة لوضع سرير بالغرفة.	(명)비어 있는 장소.	مكان فارغ.	공간	مساحة
다른 사람 도움 없이 혼자 해 보고 싶어요.	أريد أن احاول بمفردي دون مساعدة الآخريين.	(명) 남을 돕는 것.	مساعدة الآخريين.	도움	مساعدة

1_여기서 거기까지 거리가 얼마냐? 2_앞으로는 서로 거리를 두지 말고 지냅시다.	1 ماهي مقدار المسافة من هنا لهناك؟ 2_دعنا لا نضع مسافة بيننا في المستقبل.	(명) 1-둘 사이가 공간적으로 떨어져 있는 정도. 2-둘 사이에 그 성격이나 본질 따위가 서로 일치하지 않는 정도.	مقدار البعد بين شيئين.	거리	مسافة
산에 오를 때는 지형과 기상 정보를 미리 알아두어야 한다.	عند صعود الجبال يجب جمع معلومات عن طبيعة الأرض و الجو.	(부)어떠한 일이 아직 생기기 전에 앞서서.	مسبقاً قبل حدوث شيءً ما.	미리	مسبقا ً/ مقدماً
이 화장품은 수분 함유량이 낮다.	يحتوى هذا المُستحضر على نسبة ترطيب منخفضة.	(명)/화장하는 데 쓰는 물건.	المستحضرات التي تُستخدم في وضع الماكياج.	화장품	مستحضرات/م ساحيق تجميل
길이 밀려서 약속 시간에 도착하는 것이 불가능할 것 같다.	يبدو الوصول في الميعاد مستحيلاً بسبب ازدحام الطريق.	(형) 가능하지 않다.	غير ممكن.	불가능하다	مستحيل
신용 카드 사용자	مستخدمو بطاقات الائتمان.	(명) 물건을 쓰는 사람	الشخص مستخدم الأشياء.	사용자	مستخدم
김 선생님께서 병원에 입원하셨다.	دخل المعلم كيم المستشفى.	(명) 아픈 사람을 진찰하고 치료하는 곳.	مكان فحص وعلاج المرضي.	병원	مستشفى
청소년의 미래가 곧 나라의 미래이다.	مستقبل الشباب هو مستقبل وطنهم.	(명)앞으로 올 날이나 때.	الوقت القادم.	미래	مستقبل
저기 사거리에서 똑바로 가 주세요.	اذهب من فضلك مستقيماً من ذلك التقاطع.	(부) 어느 쪽으로도 기울지 않고 곧게.	مستقيم بلا انحناء لأي جهة.	똑바로	مستقيم
자꾸 실수하다	يستمر بالخطأ	(부) 여러 번 반복하거나 끊임없이 계속하여.	يكرر عدة مرات بلا توقف وباستمرار.	자꾸	مستمراً
여권을 신청하자면 여러 가지 서류를 갖춰야 해요.	يجب أن يكون لديك عدة مستندات إذا أردت استخراج جواز سفر.	(명) 사무에 관련된 문서.	تقارير لها علاقة بالعمل.	서류	مستندات
고급 제품	منتج عالي الجودة.	(명)값이 비싸고 품질이 좋은 것.	شيء غالي و ذو جودة عالية.	고급	مستوى عالي
급이 낮다./ 급이 높다.	مستوي منخفض. مستوي عالي.	(명)계급이나 등급.	درجة أو مرتبة	급	مستوي
하수구가 막혀서 물이 내려가지 않는다.	المياه لا تتصرف بسبب إنسداد ماسورة الصرف.	(동) 구멍, 문, 길 등이 통할 수 없게 되다. 막아지다.	انسداد ثقب أو باب أو طريق. يصبح مسدوداً.	막히다	مسدود
가수가 무대에 올라가자마자 사람들이 박수 치기를 시작했다.	بدأ الناس في التصفيق فور صعود المغني على المسرح.	(명)노래,춤,연극 따위를 하기 위하여 마련된 곳.	مكان مُجهز من أجل العروض المسرحية،الرقص،الغناء وغيرها.	무대	مسرح (خشبة المسرح) / منصة
극장에 전화해서 표를 예약해 놓으세요.	رجاء اتصل بالمسرح واحجز لنا التذاكر.	(명)연극이나 무용을 공연하거나 영화를 상영할 수 있는 시설을 갖춘 큰 건물.	مبني كبير يحوي مرافق لعرض افلام أو مسرحيات	극장	مسرح.سينما
1-연극을 관람하다. 2-그의 어설픈 연극에 사람들은 이제 더 이상 속지 않는다.	1مشاهدة مسرحية. 2- لم يعد الناس ينخدعون بمسرحياته غير البارعة.	(명) 1-배우가 무대 위에서 말과 행동을 관객에게 보여 주는 예술. 2- 거짓을 사실인 것처럼 꾸며내는 것.	1فن يقوم فيه الممثل بعرض كلامه وتصرفاته أمام الجمهور علي المسرح. 2- جعل الكذب مثل الحقيقة.	연극	مسرحية

반가운 소식	أخبار سارة.	(형) 보고 싶던 사람을 만나거나 바라던 일이 이루어져서 마음이 즐겁고 기쁘다.	الشعور بالسرور والسعادة لمقابلة شخص ما أو تحقيق أمنية.	반갑다	مسرور
저희들은 즐겁게 노래를 불렀습니다.	لقد غنيتم الأغنية بكل سرور.	(형) (반) 괴롭다/ 무엇이 마음에 들어서 흐뭇하고 기쁘다. 기분이 좋다.	يشعر بالرضا عند الإعجاب بشئ ما. مزاجه جيد.	즐겁다	مسرور
고향에 두고 온 가족이 너무 보고 싶다.	أشتاق كثيراً إلى عائلتي التي تركتها في بلدي.	(명)태어난 곳.	محل الميلاد.	고향	مسقط رأس
나는 자라서 고아원 선생님이 되어, 불쌍한 아이들을 돌볼 거야.	سأكبر وأصبح معلم في دار الأيتام وأرعى الأطفال المساكين.	(형)보기에 가엾고 딱하다.	يبدو مثير للشفقة.	불쌍하다	مسكين
아침부터 이상한 소리가 들려서 잠이 깼습니다.	أسمع صوتاً غريباً منذ الصباح فقلقت من نومي.	(동) 소리가 들리다. 청각 기관으로 지각 되다.	أن يكون الصوت مسموع.	들리다	مسموع
1-사회적 책임. 2-이번 사태에 대한 책임.	1 مسؤولية المجتمع. 2 مسؤولية حول هذه الحالة.	(명) 1-꼭 하기로 하고 맡은 일. 2-자기가 관계된 일에서 어떤 바람직하지 않은 결과에 대한 의무.	1 أمر يجب فعله أو توليه. 2 إلزام أو واجب بتحمل النتيجة الغير مرغوب فيها بأمر متعلق بالذات.	책임	مسؤولية
부부 싸움.	المشاجرة بين الزوجين.	(명) 싸우는 일.	المشاجرة.	싸움	مشاجرة- قتال
어머님은 슬픈 감정을 참지 못하고 눈물을 흘리셨다.	لم تستطع الأم تحمل مشاعرها الحزينة وأذرفت الدموع.	(명) 어떤 현상이나 일에 대하여 일어나는 마음이나 느끼는 기분.	شعور حول شئ ما.	감정	مشاعر
야구 구경.	مشاهدة البيسبول.	(명) 어떤 것을 재미로 보는 일.	مشاهدة شئ ما بمتعة.	구경	مشاهدة
자녀 교육은 부부 공동의 책임이다.	إن تعليم الأبناء مسؤولية مشتركة بين الزوجين.	(명) 어떤 일을 여러 사람이 함께 하거나 함께 관계가 되는 것.	شيء يقوم به عدة أشخاص معاً أو يربط بينهم.	공동	مشترك
오늘 밤 달은 유난히 밝네요.	قمر الليلة ساطع بشكل استثنائي.	(형) (무엇이 내는 빛이) 환하다.	مشرق / منير.	밝다	مشرق
극장 안에서는 음료수를 마시지 마세요.	من فضلك لا تشرب أي مشروب داخل السينما.	(명) 물, 차, 주스 등의 마실 것을 구체적으로 이르는 말.	كلمة تقال على المياه، الشاي أو العصائر أو أي شئ يشرب.	음료수	مشروب
요즘은 공부하느라고 바쁘다.	مشغول هذه الأيام بسبب المذاكرة.	(형) 많거나 서둘러서 해야 할 일 때문에 딴 겨를이 없다.	لا يمتلك وقت فراغ بسبب كثرة الأشياء التي يجب عليه فعلها أو عجلته منها.	바쁘다	مشغول
문제점을 정확히 파악하여 해결 방안을 찾도록 하시오.	أدرك المشلكة وأعمل على إيجاد طريقة لحلها.	(명) 어떤 사물이나 현상에서 해결해야 하거나 개설해야 할 점.	نقطة يدور حولها الخلاف أو المشكلة.	문제점	مشكلة / عائق / نقطة خلاف
1-토픽 시험에는 문제를 풀 시간이 모자라 빨리 풀도록 연습을 많이 해야 한다. 2_유럽 지도자를 정상 회담을 가져 대하는 경제 문제에 대해 의논했다. 3_문제를 일으키다.	1- يجب التدرب كثيراً على حل الأسئلة بسرعة؛لأن الوقت المخصص لحل الأسئلة في إمتحان التوبيك(إمتحان تحديد مستوى القدرات في اللغة الكورية) غير كافي. 2_عقد القادة الأوروبيون إجتماع قمة وناقشوا فيه المشكلة (المسألة)الإقتصادية التي تواجههم. 3_يتسبب في مشكلة.	(명)1-대답을 얻으려고 낸 물음. 2_의논의 목적물이 되거나 해결을 요하는 일 .3_귀찮은 일이나 말썽.	1- سؤال تم طرحه للحصول على إجابة أو حل. 2_عمل يتطلب حل،أو أن يصبح موضوع مناقشة ما. 3_مشكلة،أو عمل مزعج.	문제	مشكلة / مسألة / (سؤال في امتحان أو ماشابه)

제주도는 신혼 여행지로 유명하다.	تشتهر جزيرة جيجو بإنها موقع شهر عسل.	(형) 널리 알려져 있다.	معروف بشكل واسع.	유명하다	مشهور
악수를 나누다	يتصافح	(명) 인사하는 뜻으로 서로 손을 내밀어 마주잡는 것.	ما مدّ يدَه مواجهًا شخصًا آخر ويمسك على يده في تعبير على التحية.	악수	مصافحة
민지 씨는 한 달 용돈이 얼마나 돼요?	كم يبلغ مصروف مين جي في الشهر؟	(명) 개인이 여러 가지에 적게 사용하는 돈.	مبلغ مالي ينفق بشكل حرّ لقضاء أغراض متعددة خاصة بالشخص.	용돈	مصروف يد. مصروف جيب
갑자기 엘리베이터가 멎었다.	توقف المصعد فجأة.	(명) 동력을 사용하여 사람이나 화물을 아래위로 나르는 장치.	جهاز يحمل شخص أو شيء من أسفل لأعلى باستخدام الطاقة الكهربائية.	엘리베이터	مصعد
공장을 세우다.	يبني (يُشيد) مصنع.	(명) 원료나 재료를 가공하여 상품을 만들어 내는 곳.	تصنيع المواد الخام أو المواد وإخراج منتج.	공장	مصنع
1-네 말이 옳았어. 2-그런 남자랑 결혼할 바에는 차라리 혼자 사는 게 옳다.	كلامي كان صحيح. 2- العيش وحيدا أفضل من تزوج ذلك الرجل.	(형) 1- 틀리지 않다. 사리에 맞다. 2- 차라리 더 낫다.	ليس خطأ. يتوافق مع المنطق. 2- يكون أحسن منه.	옳다	مضبوط / عادل.
1-같은 한자를 쓰더라도 한국 한자와 일본 한자의 의미가 다를 때가 있다. 2-의미가 있다. 3-백일을 기념하는 것은 아기가 백일까지 무사히 자란 것을 감사히 여기는 의미가 담겨 있다.	1 هناك حالات يختلف فيها معني الرموز الصينية في اللغة الكورية عن اليابانية حتي إذا استخدمت نفس الرمز. 2 يوجد فائدة. 3 إن المغزي من الاحتفال بالمائة يوم هو الشكر هلي كبر الأطفال مائة يوم بأمان.	(명) 1-말, 글, 기호가 나타내는 뜻. 2-어떤 일, 행동 또는 사물의 가치나 중요성. 3-말, 행동, 현상 등에 담겨 있는 속뜻.	1معنى يدلّ عليه كلامٌ أو كتابة أو علامة أو غيرها. 2 أهمية أو فائدة شئ أو تصرف أو أمر ما. 3 المعني الداخلي الموجود في كلام أو تصرف أو ظاهرة.	의미	مضمون. أهمية. معني
출발 두 시간 전까지 공항에 나가세요.	أذهب إلي المطار قبل ساعتين من إقلاع الطائرة.	(명) 비행기가 내리고 뜨기 위한 시설을 갖춘 장소. / (=) 비행장	مكان مُعد بالمرافق من أجل إقلاع وهبوط الطائرات.	공항	مطار
어머니께서는 부엌에서 찌개를 끓이고 계셨습니다.	كانت أمي تطهي الحساء في المطبخ.	(명) 집에서 음식을 만드는 곳.	مكان إعداد الطعام في المنزل.	부엌	مطبخ
비가 내리다.	ينزل المطر.	(명) 높은 하늘에 구름이 되어 떠돌던 수증기가 뭉쳐서 물방울들이 되어 땅으로 떨어지는 것.	قطرات المياه التي تتكون من تجمع بخار المياه في السحب ثم تتساقط علي الأرض.	비	مطر
1-학생들의 요구에 부응하여 학교 식당을 크게 개선했다. 2-내 친구는 저녁에 식당에서 아르바이트를 한다.	تم تطوير مطعم المدرسة بشكل كبير إستجابة لطلبات الطلاب. يعمل صديقي بدوام جزئي في المطعم.	(명) 1-관청, 회사, 학교, 가정 따위에서 식사를 위하여 특별히 설비한 방. 2-음식을 만들어 파는 상점.	مكان(غرفة) يتم إعدادها مخصوص لتناول الوجبات في المنزل،والمدرسة،والشركة والمكتب. أو هو محل لطهي الطعام وبيعه.	식당	مطعم
음식점에 예약을 할까요?	هل نحجز في مطعم ما؟	(명)음식을 만들어 파는 가게.	محل يبيع و يقدم الطعام للزبائن بعد إعداده.	음식점	مطعم
절대 자유	الحرية المطلقة	(명) 1 대립되거나 비교될만한 것이 없을 만큼 뛰어남. 2_아무런 조건이나 제약이 붙지 않은 상태. 2_어떤 일이 있더라도	بدون شروط أو حدود.	절대	مطلقاً

버스에 우산을 놓고 내렸어요.	لقد تركت مظلتي في الحافلة ونزلت.	(명) 비가 올 때 펴서 머리 위를 가려 몸이 비를 맞지 않게 하는 기구.	أداة تحمل فوق الرأس عند نزول المطر لحماية الجسم من المطر.	우산	مظلة
어두운 밤길	طريق ليل مظلم	(형) 빛이 없어 밝지 아니하다.	ليس مشرقاً لعدم وجود ضوء.	어둡다	مظلم
1-그에게는 아직도 어릴 때 모습이 조금 남아 있었다.2_우리 나라의 발전된 모습을 보니 참 뿌듯하다.	1- مازال لديه جزءً من ملامحه وهو صغير. 2_لقد شعرت بالفخر برؤية صورة/شكل/مظهر تقدم بلدنا.	(명) 1-사람의 생김새.2_사물의 드러난 모양. (=)용모	1- المظهر الخارجي للإنسان. 2_الشكل الظاهر للشيء.	모습	مظهر
요즘은 온 식구가 다 같이 둘러앉아 저녁을 먹는 일도 힘들다.	هذه الأيام من الصعب أن يجتمع كل أفراد الأسرة على مائدة غداء معاً.	(부) 여럿이 서로 더불어. / (=) 함께	معاً/ سوياً.	같이	معاً
다음 달에 가족과 함께 여행을 떠나려고 합니다.	أنوى السفر مع عائلتي سوياً الشهر القادم.	(부)/서로 더불어/(=) 같이.	مع بعضنا البعض.	함께	معاً
처음 한국에 왔을 때는 말이 안 통해서 고생이 많았어요.	عندما ذهبت إلى كوريا لأول مرة عانيت بسبب عدم قدرتي على التواصل باللغة.	(명)힘들게 수고하는 것.	أمر يتطلب بذل جهد مرهق.	고생	معاناة
절을 세우다	يبني معبد.	(명) (불교) 승려가 불상을 모시고 불도를 수행하며 교법을 펴는 장소.	مكان به تمثال بوذا لتطوير البوذية ونشر شرائعها.	절	معبد
영어 사전.	قاموس الانجليزية.	(명) 어휘를 모아 일정한 순서에 따라 늘어놓고, 그 발음, 맞춤법, 뜻, 어원, 용법 등을 설명한 책.	كتاب يجمع الكلمات حسب ترتيب معين ويشرح النطق وطريقة الهجاء والمعني والاستخدام وغيره.	사전	معجم. قاموس
고추장이 너무 매워요.	معجون الفلفل الأحمر حار جداً.	(명)고춧가루로 만든 빨간색의 매운 장.	معجون أحمر اللون مصنوع من مطحون الفلفل الأحمر.	고추장	معجون الفلفل الأحمر
내가 쓰는 치약에는 잇몸 질환을 예방하는 성분이 함유되어 있다.	يحتوي معجون الأسنان الذي استخدمه علي عنصر واقي ضد أمراض اللثة.	(명) 이를 닦을 때 칫솔에 묻혀 쓰는 약.	دواء يوضع علي فرشان الأسنان عند غسيل الأسنان.	치약	معجون أسنان
된장을 풀어 국을 끓였다.	أذبت معجون فول الصويا ثم غليت الحساء.	(명) 소금물에 메주를 섞어 다시 발효시킨 장.	طعام يخلط فيه فول الصويا المخمر بالماء المالح ثم يخمر مرة أخرى.	된장	معجون فول الصويا
1-월 평균. 2-우리 반의 총 평균 점수는 90 점 이상이다.	معدل شهري	(명) 1-여러 사물의 각각 다른 질이나 양을 고르게 한 것. 2-수나 양의 중간 값을 갖는 수.	عدد ذو قيمة متوسطة في عدد أو كمية أو درجة	평균	معدّل
건강에 대한 지식을 쌓고 싶다.	أريد أن اكتسب معرفة حول الصحة.	(명) 연구하거나 교육 받고 경험해서 알게 된 내용.	مضمون يعرفه من خلال الخبرة أو يتلقاه خلال التعليم أو البحث.	지식	معرفة، علم
그는 밖에 나가지 않고 하루의 대부분을 집에서 보낸다.	هو يقضي معظم اليوم في البيت ولا يخرج.	(명) 반이 훨씬 너머 전체에 가까운 수 또는 양.	عدد أو كمية تزيد عن النصف بكثير	대부분	معظم
복잡하게 얽히다.	الأمر معقد.	(형) 여럿이 겹치고 뒤섞여 있다.	تداخل واختلاط عدة أشياء.	복잡하다	معقد, مزدحم

그는 밥숟가락을 내려놓고 자리에서 일어났다.	لقد وضع معلقة الطعام ونهض من مكانه.	(명) 밥이나 국물 따위를 떠먹는 기구. 우묵하고 타원형으로 된 바닥에 자루가 달려 있다. 흔히 은, 놋쇠 따위로 만든다.	أداة تُستخدم لتناول الطعام أو الحساء.مصنوعة على شكل أجوف وبيضاوي بنهايتها مقبض.تُصنع عادةً من الفضة أو النحاس.	숟가락	معلقة
형은 고등학교 영어 교사입니다.	أخي معلم لغة إنجليزية في مدرسة ثانوية.	(명) 유치원, 초등학교, 중학교, 고등학교 등에서 학생을 가르치거나 돌보는 사람. / (=) 선생	شخص يعتني بالطلاب في رياض الأطفال و المدرسة الابتدائية والإعدادية والثانوية وغيرها ويعلمهم.	교사	معلم / مدرس
개인 정보	معلومات شخصية	(명) 관찰이나 측정을 통하여 수집한 자료를 실제 문제에 도움이 될 수 있도록 정리한 지식. 또는 그 자료.	معلومات يتم جمعها من خلال المراقبة أو القياس وتنظيمها لتساعد في حل مشكلة حقيقية.	정보	معلومات
그 단어의 뜻을 가르쳐 주세요.	علمني ماذا تعني هذه الكلمة من فضلك.	(명) 말, 글, 행동 등의 속에 있는 본래의 내용.	المحتوى الأصلي لكلام أو كتابة أو فعل ما.	뜻	معنى
외국어 학원.	معهد اللغات الأجنبية.	(명) 학교 공부, 직업 교육, 미술, 음악 등을 배우기 위해 다니는 교육 기관.	مؤسسة تعليمية يتم الذهاب إليها من أجل تعلم الموسيقي أوالفنون أوالتعليم المهني أوأعمال مدرسية وغيره.	학원	معهد
퇴근 시간	وقت مغادرة العمل	(명) (반) 출근/ (하루의 일을 마치고) 일하는 곳에서 나가는 것.	الخروج من مكان العمل بعد انتهاء يوم العمل	퇴근	مغادرة العمل
나는 따뜻한 목소리를 가지는 가수를 좋아한다.	أحب المغني الذي يمتلك صوت دافئ.	(명) 노래를 부르는 것을 직업으로 삼는 사람.	الشخص الذي يتخذ الغناء وظيفة.	가수	مغني
1-오전에는 구름이 조금 끼고 흐리겠습니다. 2-색이 너무 흐린 것 같군요.	سيكون هناك سحب وغيام قبل الظهر. اللون باهت جداً.	(형)/1`-(구름, 안개 때문에 해가 나오지 않아서 날씨가)좀 어둡다. 2_(색,빛이) 진하지 않고 희미하다.	1- أن يكون الجو مّظلم قليلاً لعدم ظهور الشمس بسبب السحاب أو الضباب. 2_لون أو ضوء شاحب ليس داكن.	흐리다	مغيم
1-어린 나이에 그런 생각을 하다니 참으로 놀라운 일입니다. 2-자연은 놀라운 힘을 가지고 있다.	1 أمر مفاجئ جدا بالنسبة لطفل أن يفكر هذا التفكير. 2لدي الطبيعة قوة مذهلة.	(형) 1-정신이 번쩍 들만큼 훌륭하거나 감탄할 만하다. 2-어떠한 일이 뜻밖이어서 신기하고 이상하거나 충격적이다.	1مدهش لدرجة تفاجئ العقل. 2أمر مفاجئ غير متوقع يصيب بالدهشة او الاستغراب.	놀랍다	مفاجئ / مدهش / مذهل
1- 열쇠가 없어서 집에 못 들어가고 있어요. 2- 문제를 해결하는 열쇠는 바로 대화이다.	لا أستطيع دخول المنزل لعدم وجود المفتاح. 2- مفتاح حل المشكلة هو الحوار.	(명) 1- 자물쇠에 넣고 돌려서 잠그거나 열 수 있게 하는 도구. 2- 어떤 문제나 사건을 해결하는 데에 도움을 주는 중요한 정보나 사물.	أداة تغلق أو تفتح بعد وضعها في القفل وتدويرها. 2- معلومة أو شئ هام تساعد علي حل مشكلة أو حادثة ما.	열쇠	مفتاح
한국에 오기 전에 저 혼자서 한국말을 조금 공부했어요.	لقد درست اللغة الكورية قليلً بمفردي قبل المجيء لكوريا.	(명)/1-다른 사람 없이 한 사람. 2_다른 사람의 도움이 없이 스스로.	1- شخص واحد بمفرده دون أشخاص آخرين. 2_بنفسه دون مساعدة من أحد.	혼자	مفرده/بمفرده
1-오늘은 한국 대 일본의 농구 시합이 있습니다. 2- 한국은 미국과 축구 경기에서 1 대 1 로 비겼다.	1_اليوم مباراة كرة السلة كوريا ضد اليابان. 2_ تعادلت كوريا وأمريكا في مباراة كرة القدم بهدف لكل منها.	(명) 1-두 사람이나 물건이 서로 상대할 때 쓰는 말. 2-두 대상 사이의 어떤 관계의 비율을 나타내는 말.	1_كلمة يتم استخدامها عندما يتقابل شخصين أو شيئين. 2- كلمة تدلّ على مدى علاقة ما بين طرفين.	대	مقابل / ضد

만남을 주선하다.	يرتب لقاء.	(명) 만나는 일.	الإلتقاء.	만남	مقابلة
비서실 직원은 사장이 직접 면접을 통해 뽑는다.	يتم اختيار موظفي السكرتارية عن طريق مقابلة مباشرة مع المدير.	(명) 수험자를 직접 대면하여 그 인품, 언행 따위를 시험하는 절차.	مقابلة وجهاً لوجه.	면접	مقابلة (انترفيو)
비교 대상	هدف المقارنة.	(명) 차이를 알아내려고 여럿을 서로 견주어 보는 것.	مقارنة عدة أشياء ببعضها لمعرفة الفرق.	비교	مقارنة
강원도가 남한과 북한으로 나뉘어 있다.	مقاطعة كانجوون مقسمة مابين كوريا الجنوبية وكوريا الشمالية.	(명) 한국 남한의 중동부에 있는 도.	هي مقاطعة تابعة لكوريا الجنوبية،تقع في المنطقة الوسطى والشرقية لكوريا.	강원도	مقاطعة في كوريا الجنوبية
무슨 글을 쓰고 계세요?	ما المقالة التي تكتبها؟	(명) 이야기나 생각을 여러 낱말과 문장을 이어서 나타낸 것.	كتابة كلام أو افكار مكونة من عدة كلمات أو جمل.	글	مقالة
오늘 신문에 어떤 기사가 나왔어요?	ما هي مقالات الجريدة اليوم؟	(명) 신문이나 잡지에서 어떤 사실에 대하여 알리는 글.	إنشاء يتحدث عن حقيقة معينة في مجلة أو جريدة.	기사	مقالة
손잡이를 당겨서 여세요.	اسحب المقبض وافتح.	(명) 어떤 물건을 손으로 잡기 쉽게 만들어 붙인 부분.	الجزء الذي يمكن إمساكه باليد.	손잡이	مقبض
종이 위의 그림을 가위로 오렸다.	لقد قصصت الرسمة من الورقة بالمقص.	(명) 얇은 종이나 옷감 따위 잘라 베는 연장.	أداة لقص الورق الرقيق أو الملابس وغيرها.	가위	مقص
주말이라 열차에 빈 좌석이 없었다.	لم أجد أي مقعد شاغر في العربة لأنها كانت نهاية الأسبوع.	(명) 미리 정하여 있는, 앉는 자리.	مكان محدد مسبقا للجلوس عليه.	좌석	مقعد
의자에 앉다.	يجلس علي المقعد.	(명) 엉덩이를 대고 앉는 데 쓰는 가구.	أداة تستخدم في جلوس الشخص ويضع عليها الردف.	의자	مقعد. كرسي
심사 기준	معايير الفحص.	(명)종류를 나누거나 비교하는 정도를 구별하기 위하여 따르는 일정한 것.	مقياس يتم اتباعه في تمييز الدرجات، تقسيم ومقارنة الفئات.	기준	مقياس / معيار
전화를 걸다	يهاتف	(명) 전화기를 이용하여 말을 주고받음.	تبادل الحديث باستخدام الهاتف.	전화	مكالمة
제가 서울에서 처음 가본 곳은 남산이었다.	أول مكان ذهبت إليه في سوول هو جبل نام سان.	(명)장소나 자리.	مكان	곳	مكان
자리가 남다. 그 건물은 교통이 편한 자리를 차지하고 있다.	مكان عام	(명) 사람이나 물체가 차지하고 있는 일정한 넓이의 공간이나 장소.	الحيز من مكان الذى يشغله شخص أو شيء ما	자리	مكان
문제의 해결을 위하여 대화의 장이 마련되었다.	تم تجهيز مكان المحادثات من أجل حل المشكلة.	(명) (시장) 어떤 일이 행하여지는 곳.	مكان للقيام بأمر ما.	장	مكان
장소를 변경하다.	يغير المكان	(명) 어떤 일이 이루어지거나 일어나는 곳.	مكان لفعل شيء ما.	장소	مكان
1-지금 가는 데가 어디요? 2-광고를 전국 신문에 내는 데 800 만 원이나 들었다.	1_أين المكان الذي ساذهب إليه الأن. 2-تكلف نشر الإعلان في كل الصحف أكثر من 8 مليون وون.	(명) 1-곳, 부분, 요소를 나타내는 말. 2-어떤 일의 범위, 경우, 상황을 나타내는 말.	1_كلمة تشير إلي مكان أو جزء أو سبب. 2- كلمة تشير إلي وضع وحالة و حدود شئ ما.	데	مكان

남편이 직장을 잃어서 경제적으로 힘들다.	حالتنا الاقتصادية صعبة بعد أن فقد زوجي وظيفته.	(명)'=일자리, 일터 / 돈을 받으며 고정적으로 일을 하는 곳.	مكان ثابت للعمل مقابل المال.	직장	مكان العمل
소포를 부치려면 우체국에 가야 합니다.	يجب أن أذهب إلي مكتب البريد لإرسال الطرد.	(명) 편지, 소포, 전보 등을 보내는 일을 맡는 공공 기관.	هيئة عامة تعمل في إرسال الرسائل أو الطرد أو إدارة المدخرات وغيرها.	우체국	مكتب البريد
사장님께서는 사무실에 언제나 일찍 나오십니다.	يخرج رئيس الشركة دائما مبكرا من المكتب.	(명) 직장에서 서류를 처리하거나 일을 하는 방	غرفة العمل وترتيب المستندات.	사무실	مكتب العمل
민수는 책상 앞에 앉아 친구에게 편지를 썼다.	لقد جلس مين سو أمام المكتب وكتب طاب لصديقه.	(명) 공부를 하거나 사무를 볼 때 필요한 물건들을 올려놓고 쓰는 가구.	أثاث يستخدم للمذاكرة أو القيام بالأعمال المكتبية أو وضع الأشياء المهمة عليه.	책상	مكتب. طاولة.
대학 도서관.	مكتبة الجامعة	(명) 책과 자료를 모아 두고 사람들이 보거나 빌려 갈 수 있도록 시설을 갖춘 곳.	مكان مجهز بمرافق تم جمع كتب ومراجع به يمكن للناس قرأتها أو استعارتها .	도서관	مكتبة
나는 세상에서 거짓말하는 사람이 가장 밉다.	أكثر ما أكرهه في (العالم/حياتي)الشخص الكذاب.	(형)생김새나 언동 따위가 마음에 들지 않고 비위에 거슬려 싫다.	عدم الإعجاب بشكل أو طريقة كلام وتصرفات شخص،و التملك والإهانة.	밉다	مكروه
음식 재료	مكونات الطعام	(명) 물건을 만드는 데 들어가는 감.	الأشياء التي تدخل في صنع شيء ما.	재료	مكونات
에어컨을 켜니 금세 방 안이 시원해졌다.	فتحت مكيف الهواء فأصبحت الغرفة باردة.	(명) 여름에 실내 공기의 온도, 습도를 조절하는 장치.	جهاز يتحكم بدرجة حرارة الغرفة و الرطوبة في فصل الصيف.	에어컨	مكيف الهواء
잠옷으로 갈아입다.	يرتدي ملابس النوم.	(명) 잠잘 때 입는 옷.	الملابس التي يتم ارتدائها أثناء النوم.	잠옷	ملابس النوم
목욕을 하고 속옷을 갈아입었다.	لقد استحممت وبدلت ملابسي الداخلية.	= 내의/ (반) 겉옷/ (명) 겉옷 속에 입는 옷.	ملابس يتم ارتدائها تحت الملابس الخارجية.	속옷	ملابس داخلية
나는 집에 오면 편한 옷으로 갈아입는다.	عندما أذهب إلي البيت أبدل ملابسي إلي ملابس مريحة.	(명) 사람의 몸을 가리고 추위를 막거나 멋을 내기 위하여 입는 것.	ما يُلبس ليغطي جسم الإنسان ويحميه من البرد ويزيّنه	옷	ملابس رياضية
운동복 바지를 좀 보여주시겠습니까?	هل من الممكن أن تريني البناطيل الرياضية؟	(명) 운동할 때 입는 옷.	الملابس التي يتم ارتداؤها عند القيام بالرياضة.	운동복	ملابس رياضية
주차에 적당한 공간	مساحة مناسبة للركن.	(형) 정도에 알맞다.	مناسب للحد.	적당하다	ملائم
이 노트북은 가벼워서 들고 다니기에 편리하다.	من السهل حمل هذا اللاب توب لأنه خفيف	(형) (어떤 일을 하는 데에) 편하고 이로우며 이용하기 쉽다.	سهل الاستخدام.	편리하다	ملائم، مريح
소금을 뿌리다.	يرش ملح.	(명) 음식에 짠 맛을 내는 하얀 가루.	طحين أبيض طعمه مالح ويتم وضعه في الطعام.	소금	ملح
학교 운동장.	ملعب المدرسة.	(명) 주로 체육, 운동 경기를 하기 위해 만든 큰 마당.	ساحة واسعة للقيام بممارسة الرياضة أو الألعاب البدنية.	운동장	ملعب. استاد.
1-파일을 정리하다. 2-전자 우편에 파일이 첨부되어 있네요.	يرتب الملفات. 2- الملف مرفق علي البريد الإلكتروني.	(명) 1-여러 가지 서류를 묶기 위한 플라스틱이나 비닐, 종이로 된 도구, 또는	أداة من ورق أو فينيل أو البلاستيك من أجل ربط مستندات كثيرة. أو مجموعة	파일	ملف

		그런 묶음. 2-컴퓨터의 자료를 저장한 단위.	المستندات نفسها. 2- وحدة تخزين بيانات الحاسب الآلي.		
1-슬기로운 왕. 2- 우리 집에서는 어린 조카가 왕이에요.	ملك عاقل. 2- في بيتنا ابن أخي الصغير هو الملك.	(명) 1- (=) 임금/ 군주/ 국가에서 가장 높은 지위와 가장 큰 권력을 가진 사람. 2- (=) 대장/ 비슷한 여럿 가운데에서 힘 가치가 가장 뛰어난 것.	شخص يملك السلطة و أعلي منصب في الدولة. 2- الشخص الأكثر قوة وقيمة بين كثير من البشر المتشابهين.	왕	ملك
민수야, 이거 네 책이니?	يا مين سو هل هذا كتابي؟	인칭대명사 '너'에 관형격 조사 '의'가 붙어서 준말. 너의	ي الملكية.	네	ملكي
오늘 오후에는 시간당 30 밀리미터의 비가 내린다고 한다.	يقال أن بعد ظهر اليوم يتساقط 30 مم من الأمطار فى الساعة.	(명) 미터법에서 길이의 단위. 1 미터의 1,000 분의 1 에 해당하는 길이. mm.	وحدة فى النظام المترى. واحدة من 1000 جزء فى المتر . ويشار إليه ب مم.	밀리미터	ملليمتر
매출은 1 조에 달했다.	بلغت المبيعات 1 مليار.	(명) (숫자) 억의 만 배가 되는 수.	عشرة آلاف ضعف المليون.	조	مليار
이 공사 몇 억 들었어요?	كم كلف هذا البناء من ملايين؟	(수) 만의 만 배가 되는 수.	أن تضاعف العشرة آلاف عشرة آلاف مرة.	억	مليون
그 친구는 문제를 해결하는 능력이 뛰어나요.	هذا الصديق بارع في حل المشاكل.	(형) 능력이 남보다 아주 좋다.	قدراته أفضل من الآخرين.	뛰어나다	ممتاز
그 학생은 성적이 우수합니다.	إن تقديرات هذا الطالب ممتازة.	(형) 여럿 가운데서 아주 뛰어나다.	امتياز شئ عن غيره من الأشياء.	우수하다	ممتاز
그 영화는 참 재미있다.	هذا الفيلم ممتع جداً.	(형) 아기자기하게 즐겁고 유쾌한 기분이나 느낌이 있다.	يوجد شعور بالإستمتاع أو السعادة.	재미있다	ممتع
바구니에 포도가 가득 담겨 있다.	السلة ممتلأة بالعنب.	(부) 빈 데가 없을 만큼 사람이나 물건 따위가 많은 모양.	وجود أشخاص،أو أشياء،أو غيرها بشكل كبير لحد عدم وجود فراغ.	가득	ممتليء / زاخر / مزدحم
회사 대표.	ممثل الشركة.	(명) 조직이나 집단을 대신하여 일을 하거나 생각을 드러냄. 또는 그 사람.	شخص يدير ويتحمل المسئولية بدلا من جماعة أومنظمة ما و يعرض رأي تلك الجماعة أو المنظمة في الخارج	대표	ممثّل. نائب
영화 배우	ممثل أفلام.	(명) 영화, 연극에서 역할을 맡아 연기하는 사람.	الشخص الذي يمثل دور في فيلم أو مسرحية.	배우	ممثل
그 탤런트는 드라마 3 개에 출연하고 있대요.	يُقال أن الممثل يصور ثلاثة مسلسلات.	(명) 텔레비전 드라마에 나와서 연기를 하는 직업을 가진 사람.	ممثل ظهر في دراما تليفزيونية.	탤런트	ممثل تلفزيون
이번에 누구를 반장으로 뽑을까요?	من علينا أن نختار هذه المرة ليكون ممثل الصف؟	(명) 반을 대표하는 사람.	الشخص الذي يمثل الصف.	반장	ممثل الصف
1-잘못 쓴 부분만 지우개로 지우고 고쳐 쓰세요. 2-분필 가루가 너무 많이 묻어 있으니까 지우개 좀 털어다 주시겠어요?	1 امسح الجزء الخاطئ فقط بالممحته وصححه. 2 لقد التصق بي الكثير من رماد الطباشير هل من الممكن أن تزيله عني بالممسحه؟	(명) 1-연필로 쓴 글씨나 그림을 지울 때 쓰는 고무로 된 작은 물건. 2-분필 등으로 쓴 글자나 그림을 지울 때 쓰는 도구.	1 شئ صغير مصنوع من المطاط يستخدم لمسح خط أو رسم بالرصاص. 2 أداة لمسح الرسم أو الكلام المتكوب بالطباشير وغيرة.	지우개	ممحاة. ممسحة

복도에서 뛰면 안 돼요.	لا يمكنك أن تجري في الممرات.	(명) 건물 안의 긴 통로.	ممر طويل داخل مبنى.	복도	ممر
간호사에게 주사를 맞다.	تلقيت الحقنة من الممرضة.	(명) 법정 자격을 가지고 의사를 도우며 환자의 간호에 종사하는 사람.	شخص لديه مؤهلات قانونية يساعد الطبيب ويقدم الرعاية للمريض.	간호사	ممرض/ة
한 달이면 이 일의 완성이 가능합니다.	من الممكن إتمام هذا العمل خلال شهراً.	(형) 할 수 있거나 될 수 있다.	استطاعة القيام بالفعل أو حدوث الفعل نفسه.	가능하다	ممكن
조선 시대	عصر مملكة جوسون.	(명) (시대) 1392 년 이성계가 고려를 무너뜨리고 세운 나라.	الدولة التي أسسها لي سونجيه عام 1932 على إثر إسقاطه لمملكة كوريو.	조선	مملكة جوسون
감기가 들어서 약을 먹어 보았지만 별 효과가 없었다.	أصبت بالبرد وتناولت الدواء ولكن ليس له تأثير يذكر.	(관) 보통과 달라 특별한.	مميز عن المعتاد/ الطبيعي.	별	مميز
누구를 기다리세요?	من تنتظر؟	(대) 의문문에서 정체를 알고자 하는 사람을 가리키는 말로 어떤 사람.	كلمة تستخدم عند السؤال أو الرغبة في معرفة شخص ما.	누구	من
조금만 참고 견디면 틀림없이 좋은 결과가 있을 거예요.	بالتأكيد ستكون النتائج جيدة إذا صبرت وتحملت.	(부) 분명히. 반드시.	بوضوح. بالتأكيد	틀림없이	من غير ريب، من غير شكّ، بالتأكيد
연필 좀 빌려주세요.	أعرني القلم من فضلك.	(부) 부탁이나 동의를 구할 때 말을 부드럽게 하기 위하여 삽입하는 말.	تقال عن الطلب بلطف.	좀	من فضلك
비가 올 확률은 50% 내지 60%이다.	إن احتمالية هطول الامطار تقريبا بين 50% إلي 60%.	(부) '얼마에서 얼마까지'의 뜻을 나타내는 말. (=부터)	كلمة للتعبير عن مقدار الكمية من و إلي.	내지	من و إلي
한국의 기후는 사계절의 구분이 뚜렷하다.	ينقسم مناخ كوريا تقسيماً واضحاً إلي أربعة فصول.	(명)한 지역의 평균적인 날씨.	الجو الطبيعي لمنطقة ما.	기후	مناخ
1=휴지를 아무 데나 버리지 마시오. 2-손수건이나 휴지를 항상 가지고 다닙니다.	1- من فضلك لا ترمي الورق في أي مكان. 2-أحمل معي دائماً المناديل أو فوطة اليد.	(명)/1-못 쓰게 되어 버리는 종이. 2_코를 풀거나 더러운 곳을 닦을 때 쓰고서 버릴 종이.	1- ورق يُرمى لعدم صلاحيته للإستخدام. 2_ورق يُستخدم عند تنظيف الأنف،أو مسح الأماكن القذرة ويُرمى بعد ذلك.	휴지	مناديل /قمامة (ورق)
1-학생은 학생 신분에 알맞은 옷을 입어야 합니다. 2-나들이 하기에 알맞은 날씨로군요. 3-바람이 알맞게 부네요.	يجب علي الطالب ارتداء ملابس مناسبة لمقام الطالب. 2- أنه جو مناسلب للتجول. 3- تهب الرياح بشكل مناسب.	(형) 1-어떤 조건, 기준에 잘 맞아 넘치거나 모자라지 않은 상태에 있다. 2-(어떤 일을 하기에) 적합하다. 3-지나치거나 모자라는 것이 없이 적당하다.	1_لا يتجاوز ولا ينقص عمّا يطابق معيارًا ما أو شرطًا ما. 2- مناسب مع فعل عمل ما. 3-مناسب دون نقص أو إفراط.	알맞다	مناسب
경쟁을 벌이다.	يبدأ المنافسة.	(명) 서로 이기거나 앞서려고 다투거나 싸우는 것.	الجدال أو الصراع على الفوز أو التقدم.	경쟁	منافسة
우리는 자유로운 토론을 통해 의견을 나누고 입장 차이를 좁혔다.	تبادينا وجهات النظر من خلال مناقشة حرة وضيقنا الخلاف في وجهات النظر.	(명) (=) 토의 / 어떤 문제에 대하여 여러 사람이 모여서 자신의 의견을 서로 이야기 하는 것.	تبادل وجهات النظر حول قضية ما لأشخاص مجتمعين.	토론	مناقشة

서울은 거의 한반도의 가운데 자리하고 있다.	تقع سول تقريباً في منتصف شبه الجزيرة الكورية.	(명) 일정한 평면이나 선 따위에서 어느 한쪽으로든지치우치지 않는 부분.	الجزء الذي لايتحيز أو يميل لإتجاه ما في مستوى،أو خط معين أو غيره.	가운데	منتصف / من بين
보통 봄방학은 2 월 중순에서 말 사이에요.	عادة تكون عطلة الربيع في أواخر منتصف شهر فبراير.	(명) 한 달 가운데 11 일부터 20 일 사이의 10 일 동안..	الفترة من يوم 11 حتي يوم 20 كل شهر.	매월 중순	منتصف الشهر. (الأيام العشرة الثانية من الشهر)
어머니는 큰 형이 장학금으로만 대학을 다녔다고 자랑하신다.	تتفاخر أمي بدخول أخي الكبير الجامعة بمنحة.	(명) 주로 성적은 우수하지만 경제적인 이유로 학업에 어려움을 겪는 학생에게 보조해 주는 돈.	عادة تكون أموالاً يتم تأمنيها للطالب الذي تكون درجاته ممتازة ولكنه يواجه صعوبات مادية في الدراسة.	장학금	منحة
책상 높이가 너무 낮습니다.	إن المكتب منخفض جداً.	(형) 아래에서 위까지 길이가 짧다.	قصر المسافة بين الأعلي والأسفل.	낮다	منخفض
10 년 만에 초등학교 때 친구를 만났어요.	قابلت صديق المدرسة الإبتدائية الذي لم أره منذ عشر سنوات.	(명) 시간이 얼마 동안 지난 다음의 뜻을 나타낸다.	بعد مرور بعض الوقت.	만	منذ
영어를 공부한 지 얼마나 되었어요?	منذ متي وأنت تدرس الانجليزية؟	(명) '어떤 때로부터'의 뜻.	معناها " منذ زمن معين"	지	منذ
1-한국 오신 지 오래되셨지요? 2-간판이 오래되어서 글씨가 다 지워졌어요.	1- هل مر على قدومك إلى كوريا فترة طويلة؟ 2- مر فترة طويلة على اللوحة الإرشادية فانمحت الحروف.	(형) 1- (어떤 일) 시작되거나 일어나 많은 시간이 지난 상태이다. 2- (어떤 사물이) 오랜 시간 전에 만들어져 낡아 있다.	1- عندما يمر زمنا طويلا على بدء شيء ما أو حصوله. 2- عند مرور فترة طويلة على صنع شيء ما فيصبح قديما.	오래되다	منذ فترة طويلة
1-가정은 애정과 신뢰로 이루어져야 한다. 2-이것은 어디까지나 하나의 가정에 불과하다.	1_ لابد أن تُنشأ الأسرة علي الحب والثقة المتبادلة. 2_ هذا مجرد افتراض.	(명) 1-부부를 중심으로 그 부모나 자녀를 포함한 집단과 그들이 살아가는 물리적 공간인 집을 포함한 생활 공동체를 통틀어 이르는 말. 2-사실이 아니거나 아직은 사실인지 아닌지 분명하지 아니한 것을 임시로 사실인 것처럼 정함.	1_ كلمة تطلق علي الأسرة المكونة من الأبوين والأبناء يعيشون سوياً. 2_افتراض.	가정	منزل. افتراض
1-내일은 집에서 쉽니다. 2-집에 모슨 일이 있어요?	1 سأرتاح غدا في المنزل. 2 ماذا يحدث في بيت العائلة.	(명) 1-사람이 살기 위하여 지은 건물. 2-한 집에 모여 사는 부모와 자손들이 이루는 집단.	1 مبني يتم بناؤه ليعيش فيه الناس. 2 تجمع الأباء والأبناء في منزل واحد.	집	منزل. بيت. عائلة
수건으로 닦다.	ينظف بالقطعة القماش.	(명) 몸, 얼굴, 손의 물기를 닦는 데 쓰는 네모난 헝겊 조각.	قطعة قماش خاصة لتنظيف الجسم أو الوجه أو اليد	수건	منشفة قماش
1-테이블 위에 무엇이 있습니까? 2-자리가 없어서 한 아저씨가 민지 씨 테이블에 같이 앉았습니다.	ماذا يوجد فوق المنضدة؟ 2- جلس العم و السيد مين جي علي نفس المقعد لأنه لايوجد مقاعد.	(명) (=) 탁자/ 1-위가 평평하여 여러 가지 물건을 올려놓을 수 있게 만든 가구. 2-(식당 등에서) 손님들이 앉을 수 있게 만들어 놓은 자리.	1_أثاث سطحه مسطح مصنوع حتي يتم وضع عليه العديد من الأشياء. -2 مكان مصنوع يمكن أن يجلس عليه الضيوف.	테이블	منضدة
1-남부 지방은 가뭄 피해가 심하다고 합니다. 2-이 학생 집은 지방입니다.	1 لقد قيل أن المنطقة الجنوبية تعرضت لأضرار الجفاف الحادة. 2 إن منزل هذا الطالب في الحي.	(명) 1-자연적 특징이나 행정적 기준에 따라 나눈 지역. 2-한 나라의 수도권을	1 منطقة يتم تقسيمها حسب التقسيم الإداري أو خاصية معيّنة. 2 جميع مناطق دولة إلآ عاصمتها.	지방	منطقة

		제외한 지역.			
지역에 따라 날씨가 다릅니다.	يختلف الجو باختلاف المنطقة.	(명) 어떤 목적을 위하여 범위를 정한 공간.	مساحة محددة النطاق حسب هدف معين.	지역	منطقة
경치가 좋다.	المنظر جميل.	(명)자연의 아름다운 모습.	منظر طبيعي جميل.	경치	منظر
1-시골 풍경이 아름답습니다. 2-지금은 예전에 시장에서 보던 풍경들이 많이 사라졌습니다.	منظر القرية رائع. 2- الآن أختفي كثيرا المشهد الذي كنا نراه في السوق قديما.	(명) (=) 경치/ 1-자연이나 사물의 경치. 2-어떤 상황의 모습.	صورة الطبيعة أو شئ. 2- شكل موقف ما	풍경	منظر
새해에는 꼭 금연을 하겠다고 결심했다.	لقد عزمت علي ترك التدخين بحلول العام الجديد.	(명)담배를 끊는 것.	التوقف عن التدخين	금연	منع التدخين
1-시원한 바람. 2_김치 국물이 시원하다. 3_그소식을 들으니 마음이 시원하다.	1- هواء منعش. 2_حساء الكيمتشي بارد(منعش). 3_أشعر بالإرتياح بعد سماعي لهذا الخبر.	(형) 1-알맞게 선선하다. 2_음식의 국물이 차고 산뜻하다. 3_답답한 마음이 풀리어 흐뭇하고 가뿐하다.	1- بارداً بما فيه الكفاية. 2_أن يكون حساء الطعام منعش وبارد. 3_أن يشعر بالرضا و الارتياح بعد التخلص من الضيق والإحباط.	시원하다	منعش
기숙사비로 매달 8 만 원을 내고 있다.	أدفع كل شهر 800,000 وون تكاليف المنامة.	(명) 학교, 회사, 공장 같은 기관에 있는 학생이나, 직원들이 함께 자고 먹고 사는 집.	مكان للعيش ينام ويأكل فيه الموظفون أو الطلاب التابعون لمؤسسة ما كالمدرسة أو شركة أو مصنعسويا.	기숙사	مهجع. منامة.المدينة الجامعية
이번 토요일부터 일주일 동안 우리 학교에서 축제를 합니다.	هناك مهرجان في مدرستنا بدءا من السبت لمدة أسبوع.	(명) 어떤 대상이나 분야를 주제로 하여 벌이는 대대적인 행사. 정해진 날이나 기간을 축하하기 위해 흥겹게 벌이는 의식이나 행사.	حدث يتم فيه دعوة العديد من الزوار لتقديم التهاني.	축제	مهرجان, احتفال
우리 부모님은 나에게 정말 소중한 분들이다.	إن والداي هم أعز أشخاص عندي.	(형) 매우 귀중하다.	نفيس (عزيز) جدا.	소중하다	مهم. غالٍ. نفيس
미안합니다만 아무래도 오늘 축구 시합 구경은 못 가겠어요.	معذرة لكن اليوم مهما حاولت لن أستطيع مشاهدة مبارة كرة القدم.	(부) 아무리 생각해 보아도. 또는 아무리 이리저리 해 보아도.	مهما يفكّر في شيء ما، أو مهما يحاول فيه بعدّة طرق	아무래도	مهما .
졸업 후에 어떤 직업을 택해야 할 지 모르겠어요.	لا أعرف إذا كنت سأحصل علي وظيفة بعد التخرج أم لا.	(명) 보수를 받으면서 하는 고정적인 일.	وظيفة ثابتة ويؤخذ فيها أجر.	직업	مهنة
어떤 교재로 공부하고 계세요?	أي كتاب مدرسي تقوم بدراسته ؟	(명)교육을 하는 데 필요한 내용을 담고 있어 가르치거나 학습하는 데 쓰이는 여러가지 재료.	المادة أو الكتاب المدرسي الضروري للتعليم.	교재	مواد للتعليم (الكتاب المدرسي)
출퇴근 시간에는 교통이 복잡합니다.	خلال ساعة الذروة تكون حركة المرور معقدة.	(명) 자동차, 배, 비행기 등이 오고 가는 일. 또는 그것을 이용하여 사람이나 짐이 움직이는 일.	ذهاب وإياب الطائرات والسفن والسيارات وغيرهم . أوحركة الناس أو الأمتعة باستخدام تلك الوسائل.	교통	مواصلات/ حركة المرور
경제 발전을 위하여 국민 모두가 노력합니다.	يبذل جميع المواطنين جهد من أجل التقدم الاقتصادي.	(명) 국가를 구성한 사람. 또는 그 나라의 국적을 가지고 있는 사람.	شخص ينتمي لدولة أو شخص يمتلك جنسية تلك الدولة.	국민	مواطن

청중들은 큰 박수로 찬성의 뜻을 표현했다.	لقد عبر المستمعون عن موافقتهم بالتصفيق الحار.	(명) 다른 사람의 생각이 좋다고 판단하고 뜻을 같이하는 것. /= 동의/ (반) 반대	اعتراف برأي أو فكرة شخص آخر والموافقة عليه.	찬성	موافقة
수업 시간에 휴대전화를 쓰면 안됩니다.	ممنوع إستخدام الموبايل وقت المحاضرة.	(명)/몸에 지니고 다니면서 사용할 수 있는 소형 무선 전화기. 핸드폰.	تليفون محمول، لا سلكي،صغير الحجم من الممكن إستخدامه أثناء التجول حاملين إياه.	휴대전화	موبايل
공연이 시작하기 전에 핸드폰을 꺼 놓으세요.	من فضلك اغلق هاتفك قبل بدأ العرض.	(명)/손에 들거나 몸에 지니고 다니면서 걸고 받을 수 있는 소형 무선 전화기	هو تليفون لاسلكي،صغير الحجم يتم حمله في اليد أو الجسم ،يمكن اجراء أو استقبال مكالمات منه.	핸드폰	موبايل محمول
파도가 세다	موجة قوية	(명) 바다에서 생기는 큰 물결.	موج كبير يتشكّل في البحر	파도	موج
바나나는 내가 가장 좋아하는 과일이다.	الموز هي أكثر فاكهة أحبها.	(명)'바나나'에서 나는 열매. 초승달 모양의 긴 타원형으로 노란색.	ثمرة الموز. على شكل هلال لونها أصفر.	바나나	موز
곰은 겨울철을 맞아 긴 동면에 들어갔다.	استقبل الدب الشتاء بالدخول في بيات طويل.	(명) 네 계절중 겨울인 때.	عندما يحين فصل الشتاء.	겨울철	موسم الشتاء
장마가 들다.	يبدأ موسم المطر.	(명) 여름철에 여러 날을 계속해서 비가 내리는 현상이나 날씨. 또는 그 비.	ظاهرة نزول المطر عدة مرات متتابعة في الصيف أو هذا المطر نفسه.	장마	موسم المطر
음악을 연주하다.	يعزف الموسيقي.	(명) 목소리나 악기의 소리로 듣기 좋은 소리를 만드는 예술.	فن يصنع من صوت البشر أو الالآت وجيد للسمع.	음악	موسيقي
1-이 식당은 위치가 좋아서 손님이 많을 것 같아요. 2- 그는 회사에서 중요한 위치에 있다.	1 يقبل الكثير من الناس علي هذا المطعم بسبب موقعه الجيد. 2 هذا الشخص له مكانة مهمة في الشركة.	(명)1-사물이 차지하거나 놓여진 일정한 자리. 2-다른 사람들과의 관계에서 차지하고 있는 지위나 주어진 역할.	1 المكان الذي يشغله الشئ أو مكان وضعه. 2 الدور أو المكانة الذي يحتلها في العلاقة مع الأشخاص الأخرين.	위치	موضع. مكان. مكانة
이번 토론의 주제가 뭐예요?	ما هو موضوع تلك المناقشة.	(명) 생각이나 활동의 중심이 되는 문제나 내용.	محتوي أو قضية رئيسية في نشاط أو فكر ما.	주제	موضوع
아버지께서는 공무원이십니다.	أبي موظف حكومي.	(명)국가 기관에서 일하는 사람.	الشخص الذي يعمل في مؤسسة حكومية.	공무원	موظف
우리 회사의 종업원은 모두 합치면 천 명이 넘지요.	إذا جمعنا كل موظفي شركتنا يتخطون الألف.	(명) 어떤 업무에 종사하는 사람.	شخص يعمل.	종업원	موظف
영수는 학교를 졸업하고 작은 회사의 직원으로 들어갔다.	تخرج يونج سو والتحق بشركة صغيرة كموظف.	(명) 직장에 다니며 일을 하는 사람.	شخص يعمل في مكان عمل معين.	직원	موظف. عامل
불이 나거나 위급한 상황일 때는 119 로 전화하십시오.	اتصل ب 119 في حالة اندلاع حريق أو الطوارئ.	(명) 어떤 일이 되어 가는 형편이나 모양.	شكل أو حالة أمر ما.	상황	موقف
주차장이 좁아서 불편합니다.	إن موقف السيارات ضيق وغير مريح.	(명) 차를 세워 두도록 마련해 놓은 장소.	مكان مخصص ومعين لركن السيارة.	주차장	موقف السيارات
1-오늘 서울역 앞에서는 전국 여성 노동자 대화가 열렸다. 2- 이번 외국인	1تم عقد اليوم مؤتمر العاملات من كل أنحاء الدولة أمام محطة قطار سول. 2-أحرز	(명) 1-많은 사람이 모여서 하는 행사. 2-실력이나 재주 따위를 겨루는 큰 모임.	1حدث يجتمع فيه العديد من الناس. 2- تجمع كبير يتنافس الناس فيه علي المهارة أو القدرة.	대회	مؤتمر / مسابقة

글짓기 대회에서 우리 반의 쿠미코 씨가 대상을 받았어요.	زميلنا مايكل جائزة في مسابقة الخط للأجانب.				
간호사가 엉덩이에 주사를 놓았다.	حقنت الممرضة الإبرة في المؤخرة.	(명) 뒤쪽 허리 아래 허벅다리 위 좌우 쪽으로 살이 두두룩한 부분	أعلى الأرداف.	엉덩이	مؤخرة
1-이 새 옷은 아까워서 동생에게도 빌려 주지 않는다. 2-아들이 대학을 그만둔다고 하자 나는 그 동안 낸 등록금이 너무 아까웠다.	1هذه الملابس غالية ولن أعيرها لأخي الصغير. 2- من المؤسف المصروفات التي تم دفعها خلال تلك الفترة فلقد غادر ابني الجامعة.	(형) 1-(무엇이 아주 좋거나 값이 높아서) 가볍게 쓰거나 남에게 주기 싫다. 2-(소중한 것을 잃거나 제대로 쓰지 못해) 아쉽고 섭섭하다.	1يكره إعطاء شئ للآخريين أو استخدامه بسهولة لأنه غالي الثمن وجيد للغاية. 2- يشعر بالأسف لعدم قدرته علي اشتخدام شئ مهم بشكل طبيعه أو لفقدانه ذلك الشئ.	아깝다	مؤسف
마음이 괴로워서 술이라도 한잔 하고 싶다.	أريد أن أتناول لو حتي كوب واحد من الخمر لأني حزين.	(형) 아프거나 좋지 않은 일이 있어 몸이나 마음이 편하지 않다.	أن يشعر القلب أو الجسد بعدم الارتياج لوجود شئ غير جيد أو مؤلم.	괴롭다	مؤلم / موجِع / محزن
교원 자격	مؤهل معلم.	(명) 일정한 신분이나 지위.	مرتبة أو مكانة معينة.	자격	مؤهل
장점이 많다.	المميزات كثيرة	(명) 좋거나 잘하거나 긍정적인 점.	نقطة إيجابية أو جيدة.	장점	ميزة
특징 인물.	شخصية مميزة	(명) 다른 것과 비교하여 눈에 띄거나 두드러진 점.	نقطة بارزة مقارنة بشئ آخر	특징	ميزة
마이크를 들다.	يحمل المايكروفون.	(명) 소리가 크게 들리게 하는 전기 장치. '마이크로폰'의 준말.	جهاز كهربائي مكبر للصوت.	마이크	ميكرفون
수억 명.	مئات ملايين الأشخاص.	(관)억의 여러 배 혹은 아주 많은.	أضعاف متعدّدة من مائة مليون.	수억	مئات الملايين
오십에 오십을 더하면 백이 된다.	عند إضافة خمسين إلى خمسين تصبح مئة.	(수) 숫자 100.	الرقم 100.	백	مئة
이 문서는 이제 소용 가치가 없어졌다.	لقد فقد هذا التقرير فائدته الآن.	(명) 이익이나 쓸모가 있는 것.	فوائد أو أشياء نافعة.	소용	نَفْع
불을 때다.	إشعال النار.	(명)물질이 높은 온도에서 열과 빛을 내며 타는 현상.	ظاهرة الاحتراق التي تنتج ضوء وحرارة والتي تنشأ عن مواد ذات حرارة مرتفعة.	불	نار
아기의 피부는 아주 부드러워요.	بشرة الأطفال ناعمة جداً.	(형) 피부에 닿는 느낌이 거칠거나 딱딱하지 않고 푹신푹신하거나 무르고 매끈매끈하다.	يكون ملمس الجلد ناعم وأملس و رطب وليس جاف أو جامد.	부드럽다	ناعم
열린 창문으로 시원한 바람이 들어왔다.	دخل الهواء المنعش من النافذة المفتوحة.	(명) 공기나 빛이 통하도록 벽이나 지붕에 만들어 놓은 작은 문.	باب في الحائط أو السقف ليمر من خلاله الهواء أو النور.	창문	نافذة. شباك
우리 몸은 수분이 부족하게 되면 갈증이 납니다.	عندما تقل المياه في أجسادنا نشعر بالعطش.	(형) 무엇의 양이나 기준이 모자라거나 충분하지 않다.	كمية ناقصة أو غير كافية.	부족하다	ناقص, غير كاف

1-그 화가는 돈이나 출세를 목적으로 하지 않는 순수한 예술가이다. 2-이 개는 순수한 혈통을 이어받은 진짜 진돗개입니다.	هذا الرسام فنان نقي ليست غايته المال ولا الرفعة.	(형) 1-전혀 다른 것의 섞임이 없음. 2-사사로운 욕심이나 못된 생각이 없음.	ليس مختلط بشيء آخر على الإطلاق. لا أفكار شريرة أو رغبات شخصية._	순수하다	ناقي/صافي
이 식물은 추위를 잘 견딘다.	يستطيع هذا النبات تحمل البرودة.	(명) 생물계의 두 갈래 가운데 동물과 구분하는 한 부문.	هي مجموعة مُصنفة كواحدة من ممالك الكائنات الحية بجانب مملكة الحيوانات. بشكلٍ عامٍ، لا تمتللك تقريباً شعور وإحساس ولا ردة فعل،ولا تقدر على الحركة بحُرية ولكن لديها غشاء خلوي.تقوم بامتصاص المياه ويعمل الكلوروفيل هو الآخر بامتصاص ثاني أكسيد الكربون ويمد النبات بالعناصر الغذائية، ويُخرج الأكسجين.كما أن النباتات تحتوي على أعضاء تناسلية مثل الكيس البوغي (عضو تكاثر في النبات)،و الزهرة. ومن المتعارف عليه أنها تمتلك جذر وساق وورق.	식물	نبات
조금만 참고 견디면 틀림없이 좋은 결과가 있을 거예요.	اذا صبرت وتحملت قليلاً بالتأكيد ستكون هناك نتيجة جيدة.	(명) 어떤 원인 때문에 생긴 일.	أمراً يحدث لسبب ما.	결과	نتيجة
버스에서 사람들이 날 밀치는 바람에 거의 넘어질 뻔 했다.	كنت على وشك السقوط بسبب دفع الآخرين لي في الأتوبيس.	(명) 용언의 관형사형, (-ㄴ)/(은),(-는) 다음에 쓰이어 원인이나 근거 등을 나타내는 말.	تأتي بعد التصريفات التالية للأفعال وتُعبر عن سبب،أو أساس و غيرها.	바람	نتيجة/أثر/تأثير (سبب)
성공을 빌다.	يطلب النجاح.	(명) 목적하던 것을 이루는 것.	تحقيق الهدف.	성공	نجاح
합격을 축하합니다.	مبارك النجاح.	(명)/1-뽑아 취하는 데 자격을 얻음. 2_격식에 맞음.	1- الحصول على المؤهلات في شيء (إختبار) يتم اختياره وخوضه. 2_ رسمي.	합격	نجاح
인기 스타에게 사인을 받다.	أخذت توقيع من نجم مشهور.	(명)/대중들로부터 높은 인기를 얻는 연예인이나 운동선수를 이르는 말.	شخص مشهور.	스타	نجم/نجمة (ممثل/ فنان ..)
별이 반짝이다.	تلمع النجوم.	(명) 밤하늘에 반짝거리는 천체.	أجرام سماوية لامعة في سماء الليل.	별	نجمة
저희 선생님은 참 자상하세요.	معلمنا مهتم جداً.	(대) 우리의 낮춤말.	اللفظة الأقل في المستوى لكلمة نحن.	저희	نحن
1- 왜 우리를 모른 척하고 그냥 가죠? 2- 우리 먼저 간다. 내일 보자.	1 لماذا نتظاهر بعدم معرفة بعضنا البعض ونمضي؟ 2 هيا نمشي أولا ونتقابل غدا.	(대) 1-화자가 자기와 자기편의 사람들을 함께 가리키는 말. 2-화자가 청자를 제외한 자기편 사람들을 함께 가리키는 말.	1 كلمة تستخدم في إشارة المتحدّث إلى نفسه والمستمع معا. 2كلمة تشير إلي المتحدث وأشخاص اخرون معادا المستمع.	우리	نحن. نا
사람들이 출구를 찾기 못해 헤맸다.	كان الناس غير قادرين علي إيجاد المخرج.	(명) (반) 입구/ 어떤 장소의 안에서 밖으로 나가는 곳.	نقطة خروج من داخل مكان ما.	출구	نخرج. فرار. تصدير
최선을 다 했으므로 후회는 없어요	ليس هناك ندم لأني قُمت بأفضل ماعندي..	(명)/자기가 한 것과 다르게 했으면 더 좋았을 것이라는 생각.	التفكير حول أنه كان من الأفضل أن يفعل شيء مختلف عما فعله.	후회	ندم

날씨 때문에 소풍을 망쳤어요.	لقد فقدت النزهة بسبب حالة الجو.	(명) 멀지 않은 곳으로 경치나 놀이를 즐기기 위하여 가는 것.	الخروج إلي مكان غير بعيد للاستمتاع بالمنظر واللعب .	소풍	نزهة
올해는 예년에 비해서 비교적 단풍이 일찍 들었군요.	ظهرت أوراق الشجر البرتقالية والصفراء مبكراً نسبياً هذا العالم مقارنة بالعام الماضي.	(부) 다른 것보다 꽤. 상당히.	أكثر بنسبة معقولة من شيء آخر.	비교적	نسبياً
중요한 서류니까 복사를 따로 해 두는 것이 좋겠어요.	من الأفضل أن تحتفظ بنسخ منفصلة لهذا المستند لأهميته.	(명) 사진이나 문서 등을 똑같게 베끼거나 인쇄하는 것.	نسخ أوطباعة صورة أو مستند أوغيرها.	복사	نسخ
휴화산이 활동을 다시 시작하였다.	بدأ البركان الخامد/النائم نشاطه مرة أخرى.	(명)/1-기운차게 움직임. 2_무슨 일의 성과를 거두려고 운동함.	1- يتحرك بنشاط. 2_يتحرك من أجل حصد نجاح ما.	활동	نشاط/عمل
사과를 반으로 갈랐다.	قطعت التفاحة إلى نصفين.	(명) 전체를 똑같이 둘로 나눈 것 중의 하나.	واحد من نصفين متماثلين لشيء كامل.	반	نصف
절반으로 나누다	يقسمه إلى نصفين	(명) 하나를 반으로 가름. 또는 그렇게 가른 반.(1/2)	تقسيم شيء إلى نصفين أو ذلك النصف.	절반	نصف
발음이 정확하다.	نطقه صحيح.	(명) 입으로 말의 소리를 내는 일. 또는 그 소리.	إخراج صوت الكلام بالفم أو ذلك الصوت.	발음	نطق
남자는 손수건으로 안경을 닦았다.	نظف الرجل النظارة باستخدام منديل.	(명) 실력을 알맞게 높여 주거나 눈을 보호하기 위해, 유리나 플라스틱 알을 놓아서, 눈에 대고 보는 기구.	أداة لحماية العين أو رفع قدرة الإبصار يتم صناعة عدستها من الزجاج أو البلاستك.	안경	نظارة
규칙을 잘 지킬 때 질서 있는 사회가 이루어진다.	سيكون لدينا مجتمع منظم إذا اتبعنا القوانين جيدا.	(명) 사물이나 사회가 혼란스럽지 않도록 차례를 지키게 하는 규칙.	قواعد يتم الحفاظ عليها حتي لا تزدحم الأشياء أو المجتمع.	질서	نظام
건물을 새로 지어서 무척 깨끗하군요.	هذا المبني نظيف جدا لأنه بُني حديثاً.	(형) 때나 먼지가 없어서 더럽지 않다. / (반)더럽다	عدم وجود تراب أو قاذورات.	깨끗하다	نظيف
1-(가): 전화 좀 써도 돼요? (나): 그럼요. 2-그럼 둘이 서로 아는 사이인가요?	هل يمكن استخدام التليفون ؟_ بالطبع._	(감) 응, 물론, 아무렴. 앞 내용이 뒤 내용의 조건이 됨을 나타낼 때 쓰여 앞뒤 문장을 이어주는 말.	نعم / بالتأكيد / بالطبع.	그럼	نعم
1-(가): 여름 방학 때 미국에 갈 거예요? (나): 예, 잠깐 다녀올거에요. 2- 예? 뭐라고요? 3- 좀 도와 주세요, 예?	هل ستذهب إلي الولايات المتحدة الأمريكية في إجازة الصيف؟ نعم سأعود بعد فترة قليلة. 2- عفواً, ماذا قلت. 3- من فضلك ساعدني.	(감) 1- (=) 네/ (반) 아니요/ (어른이) 묻는 말에 대하여. 공손하게 그렇다고 하는 뜻으로 하는 말. 2- (=) 네/ (어른에게, 또는 공손하게) 놀라서 다시 묻거나 상대의 말을 못 알아들었을 대 다시 말해 달라는 뜻으로 하는 말. 3-(=)네/무엇을 요구 하거나 확인하는 존대의 말.	كلمة تستخدم للرد بشكل مهذب علي سؤال شخص كبير. 2- كلمة تستخدم بشكل مهذب لطلب إعادة الكلام أو السؤال لأنه لم يتم فهم كلام الطرف الآخر. 3- كلمة مهذبة لطلب أو تأكيد شئ.	예(대답)	نعم / عفواً

1-가: 점심, 먹었어? 나: 응, 먹었어. 2-가: 어제 뭐 했어! 나: 응? 뭐라고 했어? 3- 도대체 그게 무슨 소리니? 응?	1 أ: هل تناولت غدائك؟ ب: نعم تناولته. 2 أ: ماذا فعلت البارحة؟ ب: نعم؟ ماذا فعلت؟! 3 ماهذا بحق الجحيم؟ ها؟	(감) 1-나이가 비슷한 사람이나 아랫사람에게 대답하는 말. 2-잘 알아듣지 못하거나 몰라서 묻는 소리. 3-뭔가가 마음에 들지 않아 불만을 나타내는 말	1 كلمة تسخدم لتلبية نداء شخص في نفس العمر أو أصغر مني. 2 صوت للسؤال عند عن المعرفة أو عدم السمع جيدا. 3 كلمة تستخدم للشكوي أو عندما لا يعجبه شئ ما.	응	نعم. نعم؟
(가): 배고픈데 밥 먹을까? (나): 그래, 밥 먹으러 가자.	أنا جائع ما رأيك أن نأكل ؟ حسنا هيا نذهب لنتناول الطعام.	(감) "그렇게 하겠다" "그렇다" "알았다" 등과 같이 상대방의 말에 동의하거나 긍정적인 뜻으로 대답하는 말.	إجابة تحمل معني إيجابي أو موافقة علي كلام الطرف الآخر.	그래	نعم/ حسنا.
숨을 들여 마시다.	يشهق.س	(명)/(=)호흡/사람이나 동물이 코 또는 입으로 공기를 들여 마시고 내쉬는 기운. 또는 그렇게 하는 일.	الطاقة/القوة التي تجعل الإنسان أو الحيوان يستنشق الهواء أو يزفره عبر الأنف. أو هذه العملية.	숨	نفس
자기 집, 자기 위주	منزلي	(명) 당사자 자신을 이르는 말. / (유)자신, 본인	النفس.	자기	نفس
자신을 돌보다.	يعتني بنفسه	(명)1_자기 또는 자기의 몸. 일부 대명사나 사람 명사의 뒤에서 '~자신'의 구성으로 쓰여, 바로 앞에 가리킨 그 사람임을 강조하여 이르는 말. 2_어떤 일을 해낼 수 있거나 꼭 이루리라고 스스로 굳게 믿음.	شخص الجسم أو الشخص نفسه.	자신	نفس
한숨을 쉬다.	يتنهد	(명) (걱정이 있거나 답답할 때) 길고 크게 쉬는 숨.	نفس طويل عند الشعور بالقلق أو الضيق.	한숨	نفس /تنهيدة
민지 씨도 존슨 씨와 마찬가지로 음식 때문에 고생을 많이 했어요.	لقد عانت مينجي أيضاً مثلما عانى جونسن بسبب الطعام.	(명) 서로 비교되는 여럿이 별로 차이가 없이 거의 같은 것.	مقارنة عدة أشياء ببعضها وتطابقها تقريباً بلا اختلاف يذكر بينها.	마찬가지	نفس الشيء
내 초등학교 친구는 대학교에서 나와 같은 과 학생이다	صديقي من المدرسة الإبتدائية طالب في نفس قسمي بالكلية.	(형) 서로 한 모양이나 한 성질로 되어 있다.	أن يكون الشيئين / الأشياء مماثلة في االشكل أو الخصائص.	같다	نفسه
저 터널을 지나면 더 빨리 갈 수 있어요.	لو سلكت هذا النفق ستصل أسرع.	(명) 산, 바다, 강의 밑을 뚫어서 만든 사람이나 차가 다닐 수 있게 만든 길.	طريق يسمح بعبور السيارات والأشخاص أسفل الجبل أو البحر أو النهر.	터널	نفق
신랄한 비판	نقد حاد.	(명) 행동, 생각, 사물을 자세히 따져서 그 옳고 그름, 좋고 나쁨에 대하여 자기의 생각을 밝히는 것. 주로 남의 잘못된 점을 지적하는 것.	تحليل تصرفات أو أفكار أو أمور بدقة و تحديد صحتها أو خطأها أو ما إن كانت جيدة أم سيئة. غالباً الإشارة إلى أخطاء الأخرين.	비판	نقد
점으로 표시하다	يعلم بنقطة	(명) 작고 둥글게 찍은 표.	علامة صغيرة ودائرية.	점	نقطة
약점을 드러내다	يظهر نقاط الضعف.	(명) 모자라서 남에게 뒤떨어지거나 떳떳하지 못한 점.	شيء ينقصك فتتخلف عن الآخرين أو شيء لا تعتز به.	약점	نقطة ضعف

길이 복잡할 때는 오히려 지하철 같은 대중교통을 이용하는 것이 더 빨라요.	استخدام وسائل النقل العام مثل المترو أسرع عند ازدحام الطريق.	(명) 여러 사람이 이용하는 교통. 버스, 지하철 등의 교통 수단.	وسائل مواصلات يستخدمها العديد من الناس مثل الأتوبيس والمترو وغيرهما.	대중교통	نقل عام.
맑은 물	ماء صافٍ	(형) 더러운 것이 섞이지 않아 깨끗하다.	نظيف لا يشوبه شائبة.	맑다	نقي
호랑이도 제 말 하면 온다.	مثل كوري يشابه (جبنا في سيرة القط جيه ينُط).	(명) 누런 바탕에 검은 줄무늬가 있는 사나운 큰 짐승.	حيوان كبير متوحش جلده أصفر عليه خطوط سوداء.	호랑이	نمر
그 물고기는 둥근 무늬가 있다.	هنالك أسماك بأشكال دائرية.	(명)물건의 표면에 어룽져 나타난 모양.	شكل مرسوم(منقوش/مُزخرف)على المظهر الخارجي للشيء.	무늬	نمط/تصميم/رسم /شكل
계단은 복도 끝에 있다	السلم موجود في نهاية الممر.	(명) 길고 가느다란 물건의 마지막 부분. /=마지막/(반)시작	الجزء الأخير من شئ طويل ورفيع.	끝	نهاية
작년 말	نهاية العام الماضي	(명) 어떤 기간의 끝. 끝 무렵.	نهاية فترة معينة, فترة النهاية.	말	نهاية
연말이 되니까 거리에 사람들이 정말 많군요.	يوجد الكثير من الأشخاص في الشارع لأننا في نهاية العام.	(명)한 해의 끝 무렵.	في نهاية السنة.	연말	نهاية السنة
낮'과 '낯'의 받침 'ㅈ,ㅊ'은 발음이 같다.	نهاية كلمتي 'ﻟﻴﻞ' و 'ﻭﺟﻪ' تنطق مثل 'ㅈ,ㅊ'	(명) 한글에서 한 음절의 끝소리가 되는 자음.	الحرف الساكن في نهاية المقطع.	받침	نهاية المقطع
나일강은 세계에서 제일 긴 강이다	نهر النيل هو أطول نهر في العالم.	(명) 넓고 길게 흐르는 큰 물줄기	غدير متدفق بشكل كبير وطويل.	강	نهر
한강에는 다리가 많이 있다.	يوجد الكثير من الكباري على نهر الهان	(명) 서울의 한 가운데를 흐르는 강. 서울을 중심으로 대한민국의 중부를 지나 황해로 흐르는 강.	نهر يجري وسط سيول	한강	نهر الهان
여러 종류의 책	كتب بأنواع متعددة.	(명) 사물의 부문을 나누는 갈래	جزء يقسم شيء.	종류	نوع
내가 언어 대학교에 입학한 이유가 여러 가지 있다.	لدي العديد من الأسباب لإلتحاقي بكلية اللغات.	(명) 사물의 성질이나 특징에 따라 따로따로 구별되는 낱낱을 단위로 일컫는 말.	تُعتبر وحدة عد للأجزاء المقسمة على حدة وفقاً لطبيعة وخصائص الشئ.	가지	نوع (وحدة عد)
가스레인지 위에서 찌개가 맛있게 끓고 있었다.	لقد أعددت حساء التشي جيه اللذيذ على البوتجاز.	(명) 국보다 국물을 약간 적게 하여 김치, 해물, 채소 등을 넣고 된장이나 고추장, 소금 등으로 간을 맞추어 끓인 반찬.	طبق جانبي أصغر من الحساء بقليل ومكون من الكيمتشي و المأكولات البحرية و الخضراوات ويوضع به ملح و معجون الفلفل الأحمر.	찌개	نوع من الحساء
잠이 많다.	كثير النوم	(명) 눈이 감긴 채 의식 활동이 쉬는 상태.	دخول العقل في حالة راحة و العينين مغمضتين.	잠	نوم
그녀는 신혼부부에게 전화기 한 대를 선물했다.	أهدت الفتاة هاتفاً إلى الزوجين الحديثين.	(명) 말소리를 전파나 전류로 바꾸었다가 다시 말소리로 환원시켜 공간적으로 떨어져 있는 사람이 서로 이야기할 수 있게 만든 기계.	آلة تقوم بتحويل الكلام إلى موجات أو تيار كهربائي ثم تعيدها مرة أخرى إلى كلام بحيث تستطيع من خلالها أن تتحدث إلى شخص بعيد عنك.	전화기	هاتف

아무도 없는 듯 집이 조용하다.	البيت هادئ كما لو كان فارغاً من البشر.	(형) 아무런 소리도 들리지 않고 고요하다.	هادئ لا يسمع صوته.	조용하다	هادىء
건강이 돈보다 중요해요.	الصحة أهم من الأموال.	(형) (무엇이) 소중하고 가치가 있다.	يكون ضروري و له فائدة (قيمة).	중요하다	هام
옛날에는 한국 사람들이 모두 한복을 입었습니다.	قديما كان يرتدي الكوريون الهانبوك.	(명) 한국의 전통적인 옷.	الملابس التقليدية الكورية	한복	هانبوك
사업의 규모가 엄청나다.	حجم العمل ضخم.	(형) 짐작이나 생각보다 정도가 아주 심하다.	مستوى أعلى من التوقعات أو الأفكار بكثير.	엄청나다	هائل
갑작스러운 적의 공격을 받아 병사 여러 명이 죽었다.	هاجمنا العدو فجأة وتوفى عدد من الجنود.	(명)전쟁에서 적을 치는 것.	مهاجمة العدو في الحرب.	공격	هجوم
하나의 목적을 이루기 위하여 여러 개의 목표를 정할 수 있다.	من الممكن اختيار العديد من الأهداف لتحقيق غاية واحدة.	(명)목적을 이루기 위하여 실제적인 대상으로 삼는 것.	كل مايُعتبر حقيقي لتحقيق الغاية.	목표	هدف
생일 선물/ 선물을 주다.	هدية عيد ميلاد/ يعطي هدية.	(명) 고마운 뜻을 표현하거나 축하하기 위해서 주는 물건.	شئ يعطي للاحتفال أو التعبير عن الشكر.	선물	هدية
1-이것은 홍차가 아니고, 녹차 입니다. .2- 자, 오늘 수업은 이것으로 마치겠어요.	1 إنه شاي أخضر ليس شاي أسود. 2 حسنا، سأنهي المحاضرة عند هذا الجزء.	(대)(작) 요것/ (준) 이거/ 1- 화자가 자기 가까이에 있는 물건을 가리키는 말.2- 방금 앞에서 말한 것, 서로 알고 있는 사실이나 물건을 가리키는 말.	1 كلمة تشير إلي شئ قريب من المتحدث 2 كلمة تشير إلي حقيقة أو شئ تم ذكره قبل قليل أو يعرفه الأثنان.	이것	هذا
동대문이요? 그 쪽으로 가면 길이 많이 막혀요.	دونجديمون؟ اذا سرت في الاتجاه ستجد الطريق متكدس(مزدحم)	(대) 앞에서 말한 장소나, 청자에게 가까운 쪽이나 화자,청자 모두에게 먼 쪽을 가리키는 말.	تشير الي مكان في الأمام أو قريب من المستمع أو ناحية تبعد عن الأثنين.	그쪽	هذا الأتجاه
그분은 잘 생겼을 뿐만 아니라 성격도 좋습니다	هذا الشخص ليس وسيم فقط بل لديه شخصية رائعة أيضا	(대) 그 사람을 높여서 가리키는 말	يشار بها الي الشخص المرتفع قدره	그분	هذا الشخص
얘가 어디 갔지?	أين ذهب هذا الطفل؟	(명) '이 아이'가 줄어든 말.	اختصار كلمة هذا الطفل.	얘	هذا الطفل
난 저런 사람이 좋아.	أحب ذلك النوع من الأشخاص.	(관) 상태, 모양, 성질 따위가 저러한.	يكون من ذلك النوع أو الشكل أو الحالة.	저런	هذا النوع
1-우리 아들이 이처럼 똑똑한지 몰랐는데.2- 이 책은 내 것이다.	1 لم أكن أعرف أن ابننا سيصبح ذكي مثله. 2 هذا الكتاب ملكي.	(대) 1- 화자에게 가까이 있거나 화자와 청자가 함께 알고 있는 것을 가리키는 말. 2- 바로 앞에서 말한 것을 다시 가리키는 말.	1 كلمة تشير إلي شئ قريب من المتحدث و المستمع أو شئ يعرفه الاثنان. 2 كلمة تشير إلى شيء ذكره في السابق قبل قليل.	이	هذا. هذه
오늘날, 지구촌의 환경 문제는 심각하다.	هذه الأيام مشاكل البيئة في الكرة الأرضية خطيرة.	(명) 지금 현재. 요즘.	الحاضر. هذه الأيام.	오늘날	هذه الأيام
요즘 왜 통 연락이 없어요?	لماذا لا تتصل بي هذه الأيام؟	(명) 아주 가까운 과거에서 지금까지	الفترة بين الماضي القريب والحاضر.	요즘	هذه الأيام

1-(가): 설렁탕을 먹을까요? (나): 네, 그러죠. 2-(가): 오늘은 제가 시내를 안내해 드리겠습니다. (나): 아이고, 바쁘실 텐데 그러지 않으셔도 됩니다. 3-참 빨리 가라니까 그러네.	1_ما رأيك أن نأكل سوليونج تانج ؟ هيا لنأكله. 2- (أ) اليوم سوف أقوم بإرشادك . (ب) حقاً, يبدو أنك مشغول لا مشكلة أن لم تفعل. 3- لقد قلت لك أن تسرع بالذهاب.	(동) 1-(앞에서 말한 위의 내용을 가리켜서) 그렇게 한다. 2-(다른 사람이 하는 행동이나 상태를 가리켜서) 이렇게 한다. 3-앞 문장의 뜻을 상대편에게 강조하는 말.	1_يفعل كما أشار في محتوي تم ذكره مسبقا. 2- يفعل كما أشار لحالة أو فعل مارسه شخص آخر. 3- كلمة لتأكيد معني جملة سابقة لشخص آخر.	그러다	هكذا
저렇게 많은 사람들 중에 나와 이야기를 나눌 사람이 없다니.	من بين كل هؤلاء الأشخاص لا يوجد من أتشارك معه الحديث.	(형) 성질, 모양, 상태 따위가 저와 같다.	الخصائص أو الشكل أو الحالة وغيرها مثل ذلك.	저렇다	هكذا
햄버거로는 버거킹이 제일이다.	برجر كينج هو أفضل نوع همبرجر.	(명)/햄버그스테이크와 야채 따위를 둥근 빵에 끼운 음식.	طعام عبارة عن شريحة لحم همبرجر موضوعة داخل خبز مدور (كيذر) مع الخضار وغيرها.	햄버거	همبرجر
여기가 바로 내 고향이다.	هنا مسقط رأسي.	(대명사) 말하는 이에게 가까운 곳을 가리키는 지시 대명사.	ضمير توضيحي للإشارة إلى مكان قريب من المتكلم.	여기	هنا
책상 위에 서류들이 여기저기 흩어져 있었다.	كانت المستندات مبعثرة هنا وهناك فوق المكتب.	(명) 여러 장소를 통틀어 이르는 말.	كلمة جامعة لعدة أماكن.	여기저기	هنا و هناك
이곳은 금연 장소니까 담배를 피우지 마세요.	من فضلك لا تدخن السجائر هنا حيث أنه مكان يمنع به التدخين.	(대) 말하고 있는 바로 그 장소.	المكان الموجود أمام المتحدث مباشرة.	이곳	هنا. هذا المكان
1_우리 남산 갈까? 아니야 거긴 시내가 가까워서 싫어. 2_그들은 산 위로 올라가 거기에 진을 쳤다.	ما رأيك أن نذهب إلى نمسان؟ لا أريد الذهاب هناك لأنه قريب من وسط المدينة/ وسط البلد. _لقد صعدوا فوق الجبل وهناك نصبوا الخيمة.	(명) 1_듣는 이에게 가까운 곳을 가리키는 지시 대명사. 2_앞에서 이미 이야기한 곳을 가리키는 지시 대명사. 3_앞에서 이미 이야기한 대상을 가리키는 지시 대명사. / (=) 그 곳	ذاك المكان. 1_اسم إشارة يشير إلى مكان قريب من المستمع. 1_اسم إشارة يشير إألى مكان تم الحديث عنه مسبقاً. 3_اسم إشارة يشير عن شئ معياً تم الحديث عنه مسبقاً.	거기	هناك
저기 보세요.	أنظر هناك.	(명) 말하는 이나 듣는 이로부터 멀리 있는 곳을 가리키는 지시 대명사.	اسم اشارة للمكان البعيدة.	저기	هناك
저리 가 있어라.	اذهب وابقى هناك.	(부) 저곳으로. 또는 저쪽으로.	إلى ذلك المكان أو ذلك الإتجاه.	저리	هناك
제가 그리 갈까요?	هل أسير في هذا الاتجاه؟	(부) 그 쪽으로	في هذا الاتجاه	그리	هناك. في هذا الاتجاه
화가가 되는 게 걔 소원이다.	حلمه أن يصبح رسام. _حلمها أ، تصبح رسامة.	(그 애→걔) / '그 아이'가 줄어든 말	هو/هي أو إختصار لكلمة ذلك الطفل.	걔	هو / هي
쟤가 누구더라?	من هذا الطفل؟	(명) '저 아이'가 줄어든 말.	اختصار لفظة ذلك الطفل.	쟤	هو,هي
자동차가 많아지면서 공기도 오염되고 있습니다.	يتلوث الهواء أيضاً مع زيادة عدد السيارات.	(명)지구를 둘러 싸고 있는 기체.	الغاز الذي يحيط بالأرض.	공기	هواء

풍선이 바람에 날려서 공중으로 날아갔다.	طيرت الرياح البالون فطار في الهواء.	(명)하늘과 땅 사이에 빈 곳.	الفراغ بين السماء والأرض.	공중	هواء
1-제 취미는 우표 수집입니다. 2-그는 그림에 취미가 있다.	هوايتي جمع طوابع البريد. 2- يهوي الرسم.	(명) 1-좋아하여 재미로 즐겁게 하는 일. 2-직업이나 의무에 관계 없이 마음이 끌리고 재미가 있는 것.	شيء يحبه ويستمتع به من أجل المتعة. 2- شئ ما ممتع ويجذبه ليس له علاقة بالوظيفة أو الواجبات.	취미	هواية.
서울, 경기, 그리고 강원도 지역에 비가 내리겠습니다.	ستتساقط الأمطار في سيول، جيونجي و جزيرة جانج وون	(부) 또한. 이에 더하여	بالاضافة إلي	그리고	و. ثم
선생님께서 학생들에게 방학 과제를 주셨다.	أعطي المعلم واجب إلي الطلاب خلال الإجازة.	(명) /(=) 숙제/ 교사가 학생들에게 내주는 학습이나 연구의 문제.	مادة الدراسة أو التعلم التي يعطيها المعلم للطلاب.	과제	واجب
운동에 관심이 아주 없어서가 아니라, 학교의 숙제 때문에 스포츠를 즐길 시간적 여유를 갖지 못하였던 것이다.	لم يكن لدي فراغ من الوقت للإستمتاع بممارسة الرياضة بسبب واجبات المدرسة/الفروض المدرسية وليس لأنني ليس لدي إهتمام بالرياضة.	(명)/1. 복습이나 예습을 위하여 집에서 풀어 오게 하는 문제. 2. 두고 생각해 보거나 해결해야 할 문제.	1_مسألة يتم حلها في المنزل بهدف المراجعة أو التحضير. 2_ القضايا التي يجب النظر فيها وحلها.	숙제	واجب
우리 회사는 근무 조건이 좋다.	ان شروط عمل شركتنا جيدة.	(명)직장에서 자기가 맡은 일을 하는 것.	القيام بواجبه في اداء عمله	근무	واجب.عمل
1-어제 책을 하나 샀어요. 2-불고기는 외국인이 좋아하는 음식 중 하나이다.	أشتريت أمس كتاب واحد. 2- اللحم المشوي هو واحد من الأطعمة التي يحبها الأجانب.	(수) 1-숫자 1. 물건을 셀 때 가장 작은 수. 2-여러 가지 중의 한 예.	العدد 1. أصغر عدد عند عد شئ ما. 2- شئ واحد من بين عدة أشياء. 3	하나	واحد
1-자동차 한 대. 2-우리는 한 곳에 모여 출발하기로 했다. 3-어제 집에 손님이 한 스물 명쯤 왔다. 4-아저씨, 한 손님께서 뵙기를 원하십니다.	سيارة واحدة. 2- تجمعنا في نفس المكان ثم انطلقنا. 3- جاء إلي بيتنا أمس حوالي 20 ضيف. 4- ياعمي أحد الضيوف يريد رؤيتك.	(관) 1-하나의. 2- 같은. 3-대략. 4-어떤. 어느	1_واحد. 2- نفس. 3- حوالي. 4- أحد.	한	واحد
학생들은 수업이 끝나자 교실에 한둘만 남고 모두 밖으로 나갔다.	خرج جميع الطلاب من الفصل بعد إنتهاء المحاضرة وتبقي واحد أواثنان فقط.	(수) 하나나 둘. 아주 적은 수.	واحد أواثنان. عدد قليل جدا.	한둘	واحد أواثنان.
1-대학교 캠퍼스가 넓고 아름답군요. 2-바다같이 넓은 마음으로 용서해 주세요.	1إن حرم الجامعة واسع وجميل. 2أرجو أن تسامحني بقلب كبير كالبحر.	(형) 1-어디의 면적이 크다. 2-마음이 너그럽다. / (반)좁다	1 مساحة كبيرة. 2 قلب متفهم،متسامح	넓다	واسع
한국은 사계절이 분명하다.	الفصول الأربعة تكون واضحة في كوريا.	(형) 모습이나 소리가 흐르지 않고 또렷하다.	الصوت أو الشكل واضح وليس مشوشاً.	분명하다	واضح
1-아버님은 건강하게 잘 계시지요? 2-아버님, 점심 드세요.	هل والدك بخير؟ 2- تناول الغداء يا والدي.	(명) 1-'아버지'를 높여 이르는 말. 2-(반) 어머님/ '시아버지' 나 '장인' 을 이르는 말.	1_كلمة أكثر احتراما تطلق علي الأب. 2- كلمة تطلق علي والد الزوج أو والد الزوجة.	아버님	والد
시아버지는 모시기가 어렵다.	التعامل مع والد الزوج صعب	(명)/남편의 아버지를 이르는 말.	كلمة تطلق علي والد الزوج.	시아버지	والد الزوج
출산한 며느리의 몸이 약해서 시어머니는 그것이 늘 걱정이었다.	دائماً مايسبب ضعف جسد زوجة ابنها الحامل القلق إليها.	(명)남편의 어머니를 이르는 말.	كلمة تطلق علي والدة الزوج.	시어머니	والدة الزوج

이걸 어머님께 갖다 드려라.	أعطي هذا لوالدتي.	(명) '어머니'의 높임말. 주로 돌아가신 어머니를 이르거나 편지 글 따위에서 쓴다.	كلمة اكثر احتراماً لـ"أمي". تستخدم عادة للحديث عن الأم المتوفية أو عند كتابة الرسائل.	어머님	والدتي
그녀는 시부모와 같이 살게 될 것이다.	سوف تعيش الفتاة مع والدي زوجها .	(명)/시아버지와 시어머니.	والدي الزوج	시부모	والدي الزوج
좋은 부모가 되기란 무척 어려운 일이다.	أن تكونا والدين جيدين هو أمر صعب جداً.	(명) 아버지와 어머니.	الأب والأم.	부모	والدين
어버이날에는 부모님께 감사의 편지를 씁니다.	أكتب رسالة شكر إلى والدي في يوم الآباء.	(명) 부모를 높여 이르는 말.	كلمة أكثر إحتراماً للوالدين.	부모님	والدين
1- 와, 신난다. 2- 갑자기 응원석에서 오 ' 와' 하는 함성이 들렸다.	واه, أنا سعيد. 2- فجأة سمعت صيحة 'واه' من المدرجات.	(감) 1- 놀랍거나 기쁜 일이 생겼을 때 내는 소리. 2- 여럿이 함께 내는 소리.	صوت يصدر عن حدوث أمر سعيد أو مفاجئ. 2- صوت يصدره أشخاص كثيرون.	와	واه
제가 경험한 일을 기록으로 남기고 싶습니다.	أرغب في تدوين خبراتي.	(명)주로 기억하거나 남겨둘 목적으로 생각이나 사실을 적는 것.	كتابة حقيقة ما أو أفكار معينة بهدف تذكرها و إبقاءها حاضرة.	기록	وثيقة، تسجيل، تدوين
식구들이 모여 아침 식사를 했다.	اجتمع أفراد العائلة وتناولوا وجبة الإفطار.	(명)/아침이나 점심, 저녁과 같이 일정한 시간에 음식을 먹음.	وجبة الطعام.	식사	وجبة
저녁 식사를 하기 전 그들은 간식으로 삶은 고구마를 먹었다.	لقد تناولوا البطاطا المسلوقة كوجبة خفيفة قبل تناول العشاء.	(명) 끼니 사니에 음식을 간단히 먹음. 또는그 음식. / (=) 군음식. 샛밥.	وجبة خفيفة/ طعام خفيف (بين الوجبات).	간식	وجبة خفيفة
그녀는 얼굴에 로션을 발랐다.	دهنت الفتاة اللوشن على وجهها.	(명) 눈, 코, 입이 있는 머리의 앞면.	الجهة الأمامية من الرأس والتي توجد بها العينين و الأنف والفم.	얼굴	وجه
우리들은 서로 얼굴을 마주 보고 웃었습니다.	تقابلت وجوهنا وابتسمنا.	(부) 서로 상대방의 얼굴을 향해서 곧바로 정면으로.	يقابل وجه الطرف الآخر مباشرةً.	마주	وجهاً لوجه
숙모는 상자 겉에 다가가 이름표를 붙였다.	اقترب سوجمو من الصندوق وألصق اسمه عليه من الخارج.	(명)밖으로 드러난 쪽이나 면.	الجهة أو الجانب الذي يظهر للخارج.	겉	وجهة
강원도에는 국립 공원이 여러 군데 있다.	يوجد العديد من الحدائق الوطنية في كانج وون دو.	(명) 장소의 수를 세는 말.	وحدة لعدّ الأماكن	군데	وحدة
고등어 한 마리에 얼마예요?	كل سعر سمكة الماكريل؟	(명) 짐승, 물고기, 벌레를 세는 말.	وحدة عد الحيوانات والأسماك والحشرات.	마리	وحدة عد الحيوان
잡지 한 부	مجلة واحدة.	(명) 서류, 신문, 잡지 등의 수를 세는 단위.	وحدة عد الصحف والمجلات والمستندات.	부	وحدة عد المستندات
자동차 스무 대	عشرون سيارة	(명) 차, 자전거 등의 기계를 세는 단위.	وحدة لعدّ السيارات أو العجل أو الآلات وغيرهم.	대	وحدة لعدّ الآلات

1-내가 다니던 고등학교에는 교실이 있는 건물이 세 동 있었다. 2-그 애는 우리 아파트 3 동에 산대요.	1_في مدرستي كان هناك ثلاثة مباني تحتوي علي فصول. 2- يقول الطفل أنه يعيش معنا في المبني في الشقة رقم3.	(명)1-건물의 수룰 세는 말. 2-여러 아파타 건물 하나하나에 차례로 매긴 번호.	وحدة لعدّ المباني. 2- رقم ترتيبي لعدد من الشقق.	동	وحدة لعدّ المباني والشقق.
1-그는 왕의 명으로 겨우 목숨을 건졌다. 2-우리 학과에 학생 30 명이 있다.	يوجد في قسمنا 30 طالب.	(명) 1-윗사람이 아랫사람에게 무엇을 하도록 시킴. 2-숫자 아래에 붙어서 사람의 수효를 나타내는 말.	تُضع بعد الرقم لتبين عدد الأشخاص.	명	وحدة لعد الأشخاص(شخص-شخصين..)
아침에 사과 다섯 개나 먹었다.	أكلت في الصباح خمس تفاحات.	(명) (물건) 낱으로 된 물건의 수효를 세는 단위 .	كلمة لعد الأشياء المقسمة لقطع / عناصر / أجزاء.	개	وحدة لعد الأشياء
1-고향을 떠나 있으면 외롭지요? 2-하늘에는 외로운 별 하나가 떠있었다.	1هل تشعر بالوحدة عند تركك موطنك؟ 2 كان هناك نجمة وحيدة تطفو في السماء.	(형) 1 혼자가 되거나 의지할 데가 없어 쓸쓸하다. 2 따로 떨어져 쓸쓸하다.	1يصبح وحيدا أو يشعر بالوحدة لعدم وجود من يعتمد عليه. 2يشعر بالوحدة والتشتت.	외롭다	وحيد
은행 예금.	وديعة بنكية	(명) 은행에 돈을 맡기는 일. 또는 그 돈.	إيداع مال في البنك، أو المال نفسه	예금	وديعة
이 꽃 누구한테서 받았어요?	من أعطاك تلك الزهرة؟	(명) 한동안 좋은 빛깔과 향기가 있다가 시들어 떨어지는 식물의 부분.	جزء من النبات له لون ورائحة جيدة يتفتح لفترة ثم يذبل ويسقط.	꽃	وردة.زهرة
나는 낙엽 한 잎을 주워서 책장 사이에 끼웠다.	لقد التقطت ورقة شجر جافة ووضعتها في ثنايا الدفتر.	(명) 주로 가을에 나무에서 잎이 떨어지는 것.	الأوراق المتساقطة من الشجر في فصل الخريف.	낙엽	ورق الشجر الجاف
잎이 나다.	يظهر الورق	(명) 줄기의 끝이나 둘레에 붙어 호흡 작용과 탄소 동화 작용을 하는 식물의 한 부분.	يكون في آخر الجذع أو حول محيط الشجرة ويقوم بوظيفة التنفس واستنشاق الكربون.	잎	ورق النبات
화장지로 코를 풀다.	ينظف أنفه بورق التواليت.	(명) 화장할 때 쓰는 부드러운 종이.	الورق الذي يُستخدم عند وضع الماكياج أو عند استخدام الحمام.	화장지	ورق تواليت
종이 한 장	ورقة واحدة.	(명) 식물성 섬유를 원료로 하여 만든 얇은 물건. 주로 글을 쓰거나 그림을 그리거나 인쇄를 하는 데 쓴다.	شيء رفيع مصنوع من الألياف النباتية يتم تحويله إلى مادة خام. يستخدم عادة في الكتابة أو الرسم أو الطباعة.	종이	ورقة
A4 용지 5 장	5 صفحات من ورق A4	(명) 종이나 유리 따위의 얇고 넓적한 물건을 세는 단위.	وحدة عد الورق أو الزجاج وغيرها من الأشياء الرفيعة الواسعة والمسطحة.	장	ورقة
나뭇잎이 무성하다.	أوراق الشجر ناضجة (كثيفة).	(명) 나무의 줄기나 가지에 달린 잎.	ورقة تنبت من جذع أو فرع الشجرة.	나뭇잎	ورقة شجر
1-장수거북 중에는 무게가 일 톤이나 되는 것도 있다. 2-부모님께서 돌아가시자 장남이라는 책임감이 그 무게를 더해 갔다.	1_يوجد سلحفاة معمرة يصل وزنها الى طن بين السلحفات المعمرة. 2_لقد وضع إحساسه بالمسئولية بصفته الإبن الأكبر حجم أكبر من المسئولية على عاتقه بعد وفاة والديه.	(명)1-물건의 무겁고 가벼운 정도. 2-대상이 어떤 분야에서 차지하고 있는 중요성의 정도.	درجة أو نسبة ما إذا كان الشيء ثقيل أو خفيف.	무게	وزن

운동을 했더니 몸무게가 예전보다 적게 나간다.	نقص وزن جسمي مقارنةً بالسابق؛بسبب ممارسة الرياضة.	(명) 몸의 무게.	وزن الجسم.	몸무게	وزن الجسم
체중 조절을 위해 운동을 하고 있습니다.	أنا أقوم بالرياضة لتنظيم وزن جسمي.	(명) 몸 무게.	وزن الجسم.	체중	وزن الجسم
허리를 굽히다. 허리가 잘록하다.	يحنى ظهره. وسط صغير	(명) 사람, 짐승의 갈비뼈 아래에서 엉덩이 뼈까지의 부분.	الجزء من تحت الضلع حتى عظمة المؤخرة للإنسان أو الحيوان.	허리	وسط
그의 사무실은 시내에 있으면서도 참 조용했다.	مكتبه هادىء على الرغم من أنه في وسط المدينة.	(명)/1. 도시의 안. 또는 시의 구역 안. 2-골짜기나 평지에서 흐르는 조그만 내..	داخل المدينة/مركز المدينة.	시내	وسط المدينة/داخل المدينة
1-백화점은 보통 시내 중심에 있다. 2-중심에 서다	1 عادة يكون المركز التجاري في وسط المدينة. 2 يقف في المركز.	(명) 1-'= 가운데. 중앙/ 한가운데나 복판. 2-가장 중요하고 기본이 되는 부분.	1 قلب أو مركز الشئ. 2 الجزء الأكثر أهميه أو الأساس.	중심	وسط. مركز. قلب
어떻게든 좋은 수가 생기겠지?	كيف عثرت علي هذه الوسيلة الجيدة؟	(명) 어떤 일을 하는 방법.	طريقة عمل شئ معين.	수	وسيلة
잘생긴 청년	شاب وسيم	(형) 사람의 얼굴이나 풍채가 훤하여 훌륭하다.	أن يكون وجه شخص أو مظهره مشرقاً ورائعاً.	잘생기다	وسيم
비행기 도착 시간이 10 분이나 지났는데 왜 소식이 없지요?	مر علي موعد وصول الطائرة 10 دقائق ألا يوجد أخبار.	(명) 목적한 곳에 다다르는 것.	بلوغ المكان المقصود	도착	وصول
바른 자세. 정신 자세	الوضعية الصحيحة.	(명) 1_몸을 움직이거나 가누는 모양. 2_사물이나 현상에 대해 가지는 마음가짐이나 태도.	شكل حركة أو توازن الجسم.	자세	وضع
약속 시간	وقت الموعد	(명) 다른 사람과 앞으로의 일을 어떻게 할 것인가를 미리 정하여 둠. 또는 그렇게 정한 내용.	أن تحدد مع شخص آخر كيف ستفعل أمراً ما في المستقبل. أو الشيء الذي تحدده.	약속	وعد
장마 때	موسم المطر.	(명) 어떤 일이 생기는 시간.	وقت حدوث شيء ما.	때	وقت
영화를 보면서 시간을 보낸다.	اقضي الوقت أثناء مشاهدتي للفيلم.	(명)/어떤 시각에서 어떤 시각까지의 사이.	المدى / المساحة الزمنية من ساعة لساعة أخرى.	시간	وقت
점심때가 다 지났다.	انتهى وقت الغداء	(명) 점심밥을 먹는 때.	وقت تناول الغداء.	점심때	وقت الغداء
그는 점심시간을 이용하여 친구를 만났다.	استغل وقت الغداء لمقابلة أصدقائها.	(명) 점심을 먹기로 정하여 둔 시간. 보통 낮 열두 시부터 한 시 사이이다.	وقت محدد لتناول الغداء. غالباً من الثانية عشر ظهراً حتى الساعة الواحدة.	점심시간	وقت الغداء
여자가 남자에 비해서 오래 삽니다.	تعيش البنت طويلاً مقارنة بالولد.	(명) 남자의 성을 지닌 사람. 여자에게 아이를 배게 할 수 있는 몸의 구조를 가진 사람.	شخص لديه عضو في جسمه وبإمكانه جعل المرأة تنجب أطفالاً.	남자	ولد

10 원짜리 동전 있어요?	هل لديك 10 وون عملات معدينة؟	(명) 현재 쓰고 있는 한국의 돈의 단위.	العملة المستخدمة في كوريا الجنوبية حاليا.	원	وون (العملة الكورية)
문이 잠기다.	الباب يقفل	(동) (문이) 여닫는 물건을 열지 못하도록 자물쇠가 채워지거나 빗장이 걸리다. 열리지 않는 상태가 되다.	أن يضع قفل أو غلق مزلاج حتى لا ينفتح شيء مغلق.	잠기다	يُقفل
바람이 불자 꽃잎이 땅바닥에 우수수 떨어졌습니다.	تساقطت أوراق الزهور على الأرض عندما هبت الرياح.	(동) (물체가 붙어있던 곳에서) 따로 떼어지게 되다. 높은 곳에서 아래로 내려오게 되다.	النزول من الأعلى للأسفل عبر الفراغ.	떨어지다	يَسقُط
화재 신고를 하려면 119 에 전화해라.	إذا اردت الإبلاغ عن حريق،قم بالإتصال على 119.	(동) 국민이 법령의 규정에 따라 행정 관청에 일정한 사실을 진술하여 보고하다.	قيام المواطن بإبداء شهادة ،أوذكر حقيقة معينة للمكاتب الإدارية(السلطات) وفقاً للوائح القانون.	신고하다	يُبلغ(الشرطة....)
이 컴퓨터는 인터넷에 연결되지 않아서 이메일을 확인할 수 없다.	لم أستطع التأكد من البريد الإلكتروني لأن الحاسوب غير متصل بالانترنت	(동) 둘 이상의 사물이나 현상 등이 서로 이어지거나 관계가 맺어지다.	اتصال شيئان أو ظاهرتان ببعضهما وإنشاء علاقة ما بينهما	연결되다	يُتصل
그는 자신의 재산을 형의 재산과 합치기로 했다.	لقد قرر أن يضم ممتلكاته مع ممتلكات أخيه الأكبر.	(동/ '합하다'를 강조하여 이르는 말. 여럿이 한데 모이다. 또는 여럿을 한데 모으다.	تجمع عدد من الأشخاص في مكان واحد،أو جمعهم في مكان واحد.	합치다	يُجمع/يضم
공부를 잘하다.	يذاكر جيداً	(동) 옳고 바르게 하다.	أن يقوم بأمر ما بطريقة صحيحة.	잘하다	يُجيد
할아버지께서는 주머니에서 돈을 꺼내시더니 내게 주셨어요.	أخرج جدي النقود من الحافظة ودفع.	(동) 속에 있던 무엇을 밖으로 나오게 하다.	إخراج الشئ من الداخل إلي الخارج.	꺼내다	يُخرِج. يسحب
1-아버지께서는 밖에 화분을 내놓으셨다. 2-이 제품은 우리 회사에서 자신 있게 내놓은 신제품입니다. 3-일이 계획대로 되지 않자 남수는 사장 자리를 내놓았다.	1لقد أخرج والدي أصيص الزرع . 2هذا المنتج هو المنتج الذي اصدرته حديثاً . 3 لم يسر هذا الأمر كما شاء وتخلي نام سو عن منصب الرئاسة.	(동) 1-물건을 밖으로 꺼내어 놓다. 2-상품, 작품 등을 발표하다. 3-가지고 있던 것을 다른 사람에게 내주다.	1إخراج أو وضع شئ في الخارج. 2يصدر منتج أو سلعة معينة. 3إعطاء شئ ملكي إلي شخص أخر.	내놓다	يُخرِج.يُصدر. يعلن.
1-따뜻한 차를 마시고 땀을 내면 감기에 효과가 있다. 2-내년에 이곳에 큰길을 낸다고 한다. 3-힘을 내세요. 4-아기가 자니까 소리 내지 마세요. 5-모양을 내는 데만 신경을 써서는 안 된다. 6-토끼는 꾀를 내서 도망쳤다.	1إن شرب شاي دافئ والتعرق له تأثير جيد في البرد. 2لقد تم تصريح أن الطريق الجديد سيفتح من العام المقبل. 3 تشجع (تقوي)! 4 لا تصدر أي صوت لأن الطفل نائم. 5 لا يجب عليك تركيز أعصابك علي مظهرك فقط. 6هرب الأرنب بدهاء.	(동) 1-무엇을 안에서 밖으로 나오게 하다. 2-없던 것을 새로 만들다.3-힘, 속도 등을 더하다. 4- 냄새나 소리 등을 밖으로 느끼게 하다. 5-생각 등을 떠올리다.	1-إخراج شئ إلي الخارج. 2-صنع شئ جديد غير موجود 3-زيادة القوة وغيرها. 4 -ظهور صوت أو رائحة إلي الخارج. 5-يستجمع أفكاره.	내다	يُخرِج.يخترع. يكتسب (طاقة). يظهر

어른들을 길에서 만나면 반드시 인사드리고 말할 때도 실수하지 않도록 해라.	ألق التحية على كبار السن إذا قابلتهم في الطريق وأحرص على ألا ترتكب أخطاء عند الحديث إليهم.	(동) 조심하지 아니하여 잘못하다.	يرتكب خطأ بسبب عدم الحذر.	실수하다	يُخطأ
내 짝은 나쁜 선배들에게 돈을 빼앗겼다.	استولى الطلبة الكبار السيئين على نقود صديقي.	(동) 제 것을 남이 빼앗아서 잃어버리다.	أن يستولي الآخرين على أشيائك فتفقدها.	빼앗기다	يُخطف/ يؤخذ
1-답이 틀리다. 2-아이가 국어에서 세 문제를 틀렸다.	الإجابة خاطئة. أخطأ الولد في ثلاثة أسئلة في اللغة الكورية	(자) 1-(반) 맞다/ (무엇이) 정확하게 맞지 않다. 2-(반) 맞다. (무엇을) 제대로 맞게 하지 못하다.	1_شئ ما غير صحيح 2- يجعل شئ ما غير صحيح.	틀리다	يُخطئ
1-나는 훌라후프를 돌리고 동생은 옆에서 줄넘기를 했다. 2-선생님은 지각한 학생들에게 운동장 세 바퀴를 돌게 했다. 3-빨래가 많아 세탁기를 여러 번 돌려야 해요. 4-그는 자기에게 불리한 이야기가 나오자 화제를 돌렸다. 5-아무도 남수의 마음을 돌릴 수가 없었다. 6-우리 학생들이 직접 만든 잡지를 친구들에게 돌렸다. 7-미수는 이번 일의 책임을 모두 다른 사람에게 돌렸다.	1_لعبت الهولا هوب وأخي لعب نط الحبل. 2-جعل المعلم الطلاب المتاخرين يدورن ثلاث دورات في الملعب. 3- يجب تشغيل الغسالة عدة مرات لأن الغسيل كثير. 4- غيرت موضوع الحديث لأنه يوجه لي كلام غير مفيد. 5- لا يستطيع أحد تغيير رغبة نام سو. 6- وزع طلاب قسمنا علي اصدقائهم المجلة التي كتبوها.7- ألقت مي سو بمسئولية هذا العمل كله عل أشخاص آخريين. 8	(동) 1-(무엇을 한 점이나 선을 중심으로 하여) 한 방향으로 계속 움직이게 하다. 2-(무엇을 중심으로 하여 누구에게) 동그라미를 그리며 움직이게 하다. 3-(기계를)제대로 움직이게 하다. 4-하던 말이나 이야기를 중간에 그만두고 다른 말이나 이야기로 바꾸다. 5-(화난 감정이나 정해진 생각을) 바꾸다. 6-(무엇을 다른 사람에게) 전하거나 나누어주다. 7-(책임이나 권리를 남에게) 넘기다.	1_يجعل شئ ما يدور في دائرة في اتجاه واحد متمركزا حول نقطة أو خط. 2- يجعل شئ ما يتحرك في شكل دائرة حول مركز ما بنسبة لشخص ما. 3- يجعل آلة تعمل بشكل جيد. 4- يتوقف عن الكلام في وسطه ويتحول إلي كلام وحديث أخر 5- يغير مشاعر غاضبة أو فكرة ثابتة. 6-ينقل أو يوزع شئ ما علي الآخرين. 7- يلقي بالمسئولية أو الإدارة علي الآخريين.	돌리다	يُدير / يُشغل
나는 지금 초등학교에서 어린아이들을 가르치고 있다.	أدرس حاليا للأطفال في المدرسة الإبتدائية.	(동) 지식이나 기술 따위를 알려 주다.	نقل المعرفة أو المهارات وغيرها.	가르치다	يُدرس
이 분야에 대해서 더 알고 싶으면 어떤 책을 참고하면 좋을까요?	ما هو الكتاب المناسب لأراجع و أعرف أكثر عن هذا المجال؟	(동) 어떤 일을 하는 데에 도움이 될 만한 자료로 삼다.	يراجع محتويات أمر ما بالحصول علي المساعدة.	참고하다	يُراجِع
좋은 우산 하나 보여주십시오.	أرني مظلة جيدة من فضلك.	(동) 보게 하다.	يجعله يرى.	보이다	يُري
방을 좀 예쁘게 꾸몄으면 좋겠다.	سيكون من الجيد تزيين الغرفة بشكل جميل.	(동) 모양을 보기 좋게 하다.	جعل مظهر الشئ حسن.	꾸미다	يُزين. يزخرف
행사 이익금 전부가 불우이웃 돕기 사업에 사용되었다.	لقد أستخدمت جميع أرباح الحدث في مساعدة المحتاجين.	(동) 물건이나 방법 등이 필요한 일에 쓰여지다.	استخدام شئ أو طريقة معينة.	사용되다	يُستخدَم
1-아이가 엄마에게 달려왔다. 2-어떤 차가 갑자기 내 쪽으로 달려왔다.	1_أسرع الطفل تجاه أمه. 2-اسرعت السيارى باتجاهي فجأة	(동)1-(사람이나 동물이) 뛰어서 빠르게 이동하다. 2-(차, 버스 등이) 화자가 있는 방향으로 빠르게 움직이다.	1_ينتقل مسرعا. 2-تتحرك سيارة أو غيرها مسرعة باتجاه المستمع.	달려오다	يُسرع/ ينطلق إلى مسارعاً
남수는 실수로 그릇을 바닥에 떨어뜨렸다.	أسقط نامسو الأطباق على الأرض بالخطأ.	(동) 위에 있던 것을 아래로 떨어지게 하다.	إسقاط شيء من الأعلى إلى الأسفل.	떨어뜨리다	يُسقِط

기술 발전으로 인해 세상은 좀 더 가까워졌다.	أصبح العالم قرية صغيرة نتيجة للتطور التكنولوجي.	(동) 떨어져있던 거리가 점점 줄어들게 되다. / (반)멀어지다	اقتراب المسافة شيئاً فشيء.	가까워지다	يُصبح قريباً(يقرب)
1-남수만큼 사람들을 잘 웃기는 아이는 없어요. 2-이 추운 겨울에 반팔을 입고 나오다니 그 애 정말 웃긴다.	1 لا يوجد أحد يُضحِّك الناس مثل نام سو. 2 لقد كان هذا الطفل مضحك جدا عندما خرج مرتديا نص كم في هذا الشتاء البارد.	(동) 1-(반) 울리다/ 다른 사람을 웃음이 나오도록 하다. 2-'= 우습다/ 어떤 일, 행동이 웃음이 나올 만큼 못나거나 어이가 없다.	1يجعل الآخرين يضحكون. 2 ينصدم لدرجة الضحك من أمر أو فعل معين.	웃기다	يُضحِّك
엄마가 아기에게 약을 먹였다.	أعطت الأم الدواء لإبنتها.	(동) 먹게 하다. 삼키어 뱃속으로 들여보내게 하다.	يُطعم	먹이다	يُطعم
이제 그만 촛불을 끄세요.	توقف الآن وأطفئ الشموع.	(동)타는 불을 타지 못하게 하다.	إطفاء(النور) النار المشتعلة	끄다	يُطفئ
지난 주에 빌린 책을 오늘 친구에게 돌려주기로 했다.	قررت أن أعيد الكتاب الذي استعرته الأسبوع الماضي إلي صديقي اليوم.	(동) 빌렸거나 받은 것을 원래 주인에게 다시 주다.	يردّ شيئًا إلي مالكه الأصلي قد استعاره أو تلقاه مسبقا	돌려주다	يُعِيد
사실이 알려지다.	تُعرف الحقيقة.	(동) 어떤 일이나 사실 등이 드러나다.	يظهر أمرٌ ما أو حقيقة ما... إلخ	알려지다	يُعرف
죄송하지만 컵을 좀 빌려주시겠습니까?	عذراً هلا أعرتني كوباً من فضلك؟	(동) 나중에 돌려 받기로 하고 남에게 자기 것을 주어 쓰게 하다.	أن تعطي أشيائك للآخرين بحيث يستعملونها ثم يعيدونها إليك فيما بعد.	빌려주다	يُعير
1-어머니는 아이에게 이불을 덮어 주었다. 2-항아리에 뚜껑을 덮다. 3-먹구름이 하늘을 덮다. 4-여러분, 책을 덮고 이야기를 들어 보세요. 5-학교에서는 그 문제를 그냥 덮어 두려고 하였다.	1غطت الأم ابنها بالبطانية. 2- يضع غطاء علي البرطمان. 3- السحابة السوداء تغطي السماء. 4- أغلقوا الكتاب وانصتوا لي. 5- في المدرسة أردوا إخفاء تلك المشكلة.	(동) 1-(무엇을 밖으로 드러나지 않게 가리기 위하여 그 위에 무엇을) 씌우거나 펴 놓다. 2-위가 열려 있는 물건에 뚜껑이나 덮개를 씌우다. 3-골고루 있어서 (무엇을) 가리다. 4-펴 있는 책을 접다. 5-어떤 내용이나 사실이 알려지지 않게 그대로 두거나 숨기다.	1يضع شئ فوق شئ من أجل إخفائه 2- يضع غطاء علي شئ مفتوح. 3- يختار شئ دون تميز. 4- يطوي كتاب مفتوح. 5- يُخفي حقيقة أو محتوي ما.	덮다	يُغطي / يطوي / يختار / يُخفي
1-창문이 잘 닫혔어요? 2-그의 닫힌 마음을 열 수 있는 사람은 오직 당산뿐이다.	1_هل تم إغلاق النافذة بإحكام؟ 2- أنت فقط من تسطيع فتح قلبه المغلق.	(동) 1-열린 문이나 뚜껑, 서랍 등이 다시 제자리로 가게 되다. 2-(마음, 시야 등이) 좁아지거나 막히다.	1_ عودة الباب المفتوح أو الغطاء المفتوح أو الدُرج المفتوح إلى موضعه الأصليّ. 2- انسداد أو ضيق القلب و الرؤية وغيرهما.	닫히다	يُغلَق.
1-우리 집 문은 항상 열려 있었다. 2-지난주 토요일 우리 학교에서 외국인 글짓기 대회가 열렸다. 3-인터넷에 의해 모든 분야에서 새로운 시대가 열렸다.	1كان باب منزلنا مفتوح دائما. 2- بدأت مسابقة كتابة المقال للأجانب في الجامعة السبت الماضي. 3- بدأ عصر جديد في كل المجالات بسبب الانترنت.	(동) 1-(닫히거나 덮인 것이) 열어지다. 2-(어떤 일이) 개최되다. 시작되다. 3-새롭게 시작되다.	1يتم فتح شئ مُغلق أو مُغطي. 2- يتم بدأ أو افتتاح عما ما. 3- شئ ما يبدأ حديثاً.	열리다	يُفتح / يبدأ
1-그는 술잔을 입에만 대고 마시지는 않았다. 2-종이 뒤에 먹지를 대다. 3-서울로 유학을 온 후 지금까지	1_قرب كأس الخمر من فمه لكنه لو يشرب. 2- يضع ورقة كربون خلف الورقة. 3- يتحمل والدي تكاليف معيشتي منذ قدومي لسول للدراسة حتي الآن. 4- ركن مين سو	(동) 1-(어디에 무엇을) 닿게 하거나 가까이 있게 하다. 2-(무엇을) 밑에 놓거나 뒤에 받치다. 3-(어디에 무엇을) 계속	1_يجعل شئ قريب من مكان ما أو يجعله يتلامس. 2-يضع شئ ما في الأسفل أو الخلف. 3- يُجهز شئ باستمرار دون توقف. 4- يركن أويصفّ سيارة أو مركب	대다	يُقرب/ يضع/يصفّ/ يقارن

부모님이 생활비를 대 주신다. 4-남수는 차를 길가에 대고 식당으로 들어갔다. 5-나는 그와 키를 대어 보고 싶지 않았다.. 6-사람들은 자신의 잘못에 대해서 핑계를 댄다.	سيارته و دخل المطعم. 5- لا أريد أنا أقارن طولي معه. 6- يبرر الناس أخطائهم.	마련해 주어서 없어지지 않게 하다. 4-(어디에 차나 배를) 세우거나 머물게 하다. 5-(무엇을 무엇에) 비교하다. 6-(상대방의 질문에) (대답이나 변명을) 하다.	في مكان ما. 5- يقارن شئ بشئ. 6- يجاوب أو يبرر سؤال الطرف الآخر.		
흙이 묻은 바지.	بنطلون ملطخ بالطين.	(동)가루,액체,끈끈한 것 따위가 그보다 큰 물체에 들러 붙다.	التصاق مسحوق،سائل،مادة لزجة أو غيرها على شيء أكبر منها.	묻다	يُلطخ ب /يبقع ب
도둑이 잡혔다.	أمسك بالحرامي.	(동) '잡다'의 피동사.	الفعل المبني للمجهول من يمسك.	잡히다	يُمسك به
이분이 저를 구해 준 분이다	هذا هو الشخص الذي انقذني.	(동) 위험한 상황에서 벗어나게 해 주다.	يجعل شخص ما يخرج من وضع خطر	구하다	يُنقذ
형광등 하나가 지하실을 밝히고 있었다.	كانت هناك لمبة تضيء القبو.	(동) 어두운 곳을 밝게 하다.	إنارة مكان مظلم.	밝히다	يُنير
땅을 너무 놀리면 농사를 짓기에 좋지 않았다.	إن الزراعة في هذه الأرض المهملة غير جيدة.	(동) `기계, 기구, 땅 등을 쓰지 않고 그냥 놓아 두다.	ترك وعدم استخدام أرض،عدة أو آله وإهمالها.	놀리다	يُهمل.يُترك
여러분의 합격을 축하합니다.	مبراك لكم النجاح.	(동) 남의 좋은 일에 대해 기쁜 마음으로 인사하다.	يقدّم تهنئة بكلّ سرور على أمر طيب لشخص آخر.	축하하다	يُهنئ. يبارك
이번 일은 내 마음에 들지 않는다.	لا يعجبني هذا الأمر.	(대) 나의.	ملكي.	내	ي الملكية
어머, 눈이 오네!	يا إلهي, يهطل الثلج!	(감탄사) 주로 여자들이 예상하지 못한 일로 깜짝 놀라거나 끔찍한 느낌이 들었을 때 내는 소리.	صوت تصدره النساء غالباً عندما يتفاجئن بأمر لم يتوقعنه أو يشعرن بالشفقة.	어머	يا إلهي
1-식사가 끝나는 대로 3 층 회의실로 오십시오. 2-새로 오신 부장님은 어떤 분이에요? 3-내 차례가 오려면 아직 한참 더 기다려야 한다. 4-오후에 커피를 마시면 밤에 잠이 안 온다. 5-그를 처음 봤는데도 친숙한 느낌이 왔다. 6-언제 이 동네로 이사를 오셨어요? 7-오늘 오후부터 눈이 오겠습니다.	1يرجى الحضور إلى قاعة المؤتمرات في الطابق الثالث بمجرد الانتهاء من تناول الطعام. 2- ما شخصية المدير الجديد؟ 3- يجب أن أنتظر مدة طويلة لأني دوري لم يحن. 5- لا أستطبع أن أنام ليلا لأني شربت قهوة بعد الظهر. 6- متي غادرن إلي هذا الحي؟ 7- سيسقط المطر من ظهر اليوم.	(동) 1- (다른 것에서 이 곳으로) 움직이다. 2- (기관, 단체에서) 어떤 자리를 가지게 되다. 3- (차례, 기회, 때, 계절이) 되다. 4-(졸음, 잠이) 몸에 들거나 들기 시작하다. 5-(어떠한 느낌이) 생기다. 6-어떤 일을 하려고 있던 곳을 떠나 이곳으로 움직이다. 7-(눈,비 등이) 하늘에서 내리다.	1يتحرك من مكان إلي آخر. 2- ينتمي إلي جماعة أو منظمة. 3- يأتي دور أو فرصة أو وقت أو فصل. 4- بدء النوم أو النعاس. 5- الإحساس بشعور ما. 6- مغادرة المكان الذي توجد به إلي مكان آخر من أجل فعل شئ ما. 7- سقوط المطر أو الثلج من السماء.	오다	يأتي
1-식사 시간이 되자 아들이 이층에서 내려왔다. 2-방학이 되면 고향에 좀 내려와. 3-추석은 옛날부터 내려오는 명절입니다. 4-차에서 짐을 내려올게.	1نزل ابني من الدور الثاني عند ميعاد الغداء. 2فلتأت إلي مدينتك في العطلة 3إن عيد الشكر (تشو سوك) هو عيد متوارث من قديم الزمان. 4سسأنزل البضاعة من السيارة.	(동) 1-위쪽에서 아래쪽으로 옮겨 오다. 2-중앙에서 지방으로, 또는 북쪽에서 남쪽으로 오다. 3-'=이어지다/옛날부터 전해져 이어오다. 4-무엇을 위에서 아래로 옮겨오다.	.1يأتي من الأعلي إلي الأسفل 2يأتي من المركز إلي المناطق المجاورة أو من الشمال إلي الجنوب. 3يستمر علي ما نُقل من الزمن القديم. 4تحرك شئ من الأعلي إلي الأسفل.	내려오다	يأتي إلي الأسفل

지각할까봐 학교에 뛰어왔더니 숨이 차다.	خفت أن أتأخر فأتيت إلى المدرسة جرياً لذا ألهث.	(동) 뛰어서 빨리 오다.	يأتي جرياً.	뛰어오다	يأتي جرياً
저는 학교에 걸어왔어요.	لقد أتيتُ إلى المدرسة سيراً على الأقدام.	(동) 어디로 탈것을 이용하지 않고 발로 걸어서 오다.	يأتي سيراً على الأقدام دون استخدام مواصلات.	걸어오다	يأتي سيراً
길을 건너오다	يعبر الطريق.	(동) 건너서 이쪽으로 오다.	يعبُر ويأتي إلى مكان آخر.	건너오다	يأتي عبر
선생님께서 교실에 들어오시자 학생들이 모두 자리에 앉았어요.	جلس جميع الطلاب في أماكنهم فور دخول المعلم.	(동) 밖에서 안으로 오다. .	يأتي من الخارج إلى الداخل.	들어오다	يأتي للداخل
1-도움이 필요하면 언제든지 나를 찾아와. 2-이 식당은 음식도 싸고 맛있어서 손님들이 많이 찾아와요. 3-드디어 봄이 찾아왔다.	1 إذا احتجت أي شئ تعال في أي وقت. 2 يأتي العديد من الناس إلي هذا المطعم بسبب طعامة الجيد والرخيص. 3 لقد أتي الربيع أخيرا.	(동) 1-누구를 만나기 위해 오다. 2-어떤 목적을 가지고 어떤 곳에 오다. 3-일, 감정 등이 일어나다.	1 يأتي للقاء شخص ما. 2 يأتي من مكان لعثوره علي هدف ما. [3 حدوث أمر أو شعور معين.	찾아오다	يأتي. يسترد
일이 아직 많이 남았으니 약속 시간을 두 시간 뒤로 미루자.	دعنا نُأجل موعدنا ساعتين لأنه مازال متبقي الكثير من العمل.	(동) 일을 나중으로 넘기다.	ترك العمل لوقت لاحق.	미루다	يأجل
생일날 장미 꽃다발을 받았어요.	تلقيت باقة ورد يوم ميلادي.	(동) (주거나 보내온 물건을) 자기의 것으로 가지다.	أخذ شيء معطى أو مرسل إليه.	받다	يأخذ
1-이 책을 도서관으로 가져가야 한다. 2-경찰서로 끌고 가다.	1_يجب أخذ هذا الكتاب إلى المكتبة. 2_ يُجر إلى قسم الشرطة.	(동) 무엇을 한 지점에서 다른 지점으로 옮겨 가다.	ينقل شئ معه من مكان لآخر.	가져가다	يأخذ معه
식기 전에 어서 드세요.	أسرع وتناوله قبل أن يبرد.	(동) (먹다) 음식을 먹거나 마시다.	تناول الطعام أو الشراب.	들다	يأكل
1-밥을 먹다.2_일등을 먹다.3_우리 팀은 거푸 두 골이나 먹었다.4_기름 먹은 종이.5_이번학기에는 열심히 공부하기로 마음을 먹었다.	1_يأكل الطعام. 2_يحصل على 100 درجة / المركز الأول. 3_أصابنى هدفين على التوالي. 4_ورقة مبللة بالزيت. 5_عزمت على الأستذكار بجد هذا العام.	(동) 1-음식 따위를 입을 통하여 배 속에 들여보내다. 2_등급이나 점수를 따다. 3_경기에서 점수를 잃다. 4_액체를 빨아들이다. 5_어떤 생각이나 감정을 품다.	1- إرسال أو تمرير الطعام أو غيره عبر الفم إلى المعدة. 2_يحصل على درجات أو مركز. 3_يفقد نقاط أهداف في مباراة. 4_يمتص السوائل. 5_يحمل مشاعر أو فكرة ما.	먹다	يأكل
음식을 잡수시다.	يتناول الطعام.	(동) '먹다'의 높임말.	اللفظة الأكثر احتراماً لفعل يأكل.	잡수시다	يأكل
1-저를 대신할 사람이 없어요. 2-그는 눈짓으로 인사를 대신하고 사무실로 올라갔다.	1لا بديل لي. 2- غمز بدلا من إلقاء التحية وصعد إلي المكتب.	(동) 1-남의 구설이나 책임을 맡아서 하다. 2-(무엇을 다른 것과 바꾸어) 그 역할을 하게 하다.	1_يتولّى مسئولية ودور الآخريين. 2- يلعب ذلك الدور .	대신하다	يبادل
오늘은 배추가 다 팔렸어요.	تم بيع كل الكرنب.	(동) 값을 받고 물건이나 권리가 다른 사람에게 넘겨지거나 노력 등이 제공되다.	يتمّ تسليم شيء أو حقّ أو يتم تقديم جهد وغيره لشخص آخر بعد تلقي ثمنه	팔리다	يباع

1-두통약을 구하려고 했지만 기숙사에는 가지고 있는 사람이 없었다. 2-제 문제에 대해서 선생님께 도움을 구하고 싶습니다.	1_ كنت أبحث عن دواء الصداع لكن لم أجده مع أي شخص في المدينة الجامعية. 2- أرغب في طلب مساعدة معلمي في المشكلة الخاصة بي.	(동) 1-(필요한 것을) 얻으려고 하다. 2-(비)(요청하다). 2-(다른 사람의 이해나 도움을) 얻으려고 하다.	1_يحاول الحصول علي شئ مهم. 2-يحاول الحصول علي فهم أو مساعدة من شخص آخر.	구하다	يبحث / يطلب
1-방을 샅샅이 찾았으나 지갑은 없었다. 2-약속 장소를 금방 찾았습니까? 3-사람들은 주말에 산이나 바다를 찾는다. 4-김 선생님이 널 찾으시던데. 5-그는 외국에 가서도 된장 찌개를 찾았다. 6-하루 빨리 마음의 안정을 찾으시길 바랍니다. 7-은행 문이 닫혀서 돈을 못 찾았어요.	1 لقد بحثت في كل أرجاء الغرفة ولم أجد المحفظة. 2 هل وجدت مكان المعياد؟ 3 يذهب الناس في عطلة نهاية الأسبوع إلي الجبل أو البحر. 4 إن المعلم كيم ينادي عليك. 5 بالرغم من سفره إلي الخارج فإنه وجد أيضا حساء الدينجانج. 6 آمل أن يستقر قلبك في أسرع وقت ممكن. 7 لم أستطع سحب النقود لأن باب البنك كان مغلق.	(동) 1-무엇을 얻으려고 여기저기 살피다. 2-무엇을 살펴서 얻다. 3-어떤 장소나 사람에게 가서 만나다. 4-다른 사람과 만나거나 이야기하려고 부르다. 5-무엇을 구하거나 즐기다. 6-처음의 상태를 다시 가지다. 7-맡긴 것을 다시 받다.	1 ينظر هنا وهناك من أجل الحصول علي شئ. 2 يحصل علي شئ بعد البحث عنه. 3 يذهب إلي مكان أو شخص ليلتقي به. 4 يدعو شخص ليقابله ويتحدث معه. 5 يبحث عن شئ ما. 6 يستعيد الحالة الأصلية مرة أخري. 7 يستلم الشئ الذي أودعه من جديد.	찾다	يبحث عن. يجد. يسترجع. ينادي. يدعو. يسترد. يطلب. يزور
한국 문화를 연구하려면 한국말을 배워야 해요.	يجب عليك تعلم اللغة الكورية إذا كنت ترغب في البحث عن الثقافى الكورية.	(동) 자세하고 깊이 살피고 조사하다.	يبحث ويدرس شئ ما بعمق وبالتفصي.	연구하다	يبحث.
1-저는 직장을 그만두고 다른 일을 찾아보려고 합니다. 2-이제는 외국의 슈퍼마켓에서도 김치를 찾아보기가 그리 어렵지 않다. 3-남수는 지방에 살고 있는 친척을 찾아보고, 오늘 아침 일찍 다시 서울로 왔다.	1 لقد تركت وظيفتي و سأبحث عن عمل آخر. 2 إن العثور علي الكيمتشي في متاجر في البلاد الأجنبية أصبح غير صعب. 3 زار نام سو أقاربه الذين يعيشون في المنطقة وعاد إلي سيول اليوم في الصباح الباكر.	(동) 1-원하는 것을 구하거나 알기 위하여 살피다. 2-보게 되다. 3-가서 만나다.	1 يبحث عن شئ يريده أو يدرس للمعرفة. 2 يعثر. 3 يذهي ويلتقي.	찾아보다	يبحث. يلتقي. يزور
휴가철이 시작되면서 산과 바다를 찾는 사람들이 많아졌다.	مع بدأ موسم الأجازات ذادت أعداد الناس الذين يقصدون البحر والجبل.	(동)/1-어떤 일이나 행동의 처음 단계가 이루어지다. 2-어떤 일이나 행동이 어떤 사건이나 장소에서 처음으로 발생되다.	1- تُحقق أول مرحلة من عمل ما. 2_ أمر يحدث لأول مرة.	시작되다	يبدأ (العمل أو الشيء يبدأ)
첫 수업은 9 시에 시작한다.	تبدأ أول محاضرة الساعة 9.	(동)/어떤 일이나 행동의 처음 단계를 이루거나 그렇게 하게 하다.	يُحقق أول مرحلة من عمل ما.	시작하다	يبدأ (يبدأ عملاً ما)
기차에서 내려 버스로 갈아타다	نزلت من القطار وركبت بالأتوبيس.	(동) 타고 가던 것에서 내려 다른 것으로 바꾸어 타다.	ينزل من الشء الذي كان يركبه ليركب شئ آخر.	갈아타다	يبدل (وسيلة مواصلات بأخرى)
집으로 돌아와 잠옷으로 갈아입고 침대에 누웠다.	عُت إلى المنزل وأرتديت ملابس النوم ثم استلقيت على السرير.	(동) 입고 있는 옷을 벗고 다른 옷으로 바꾸어 입다.	يخلع الثياب التي يرتديها ويغيرها بملابس أخرى.	갈아입다	يبدل ثيابه
어머니께서 주무시는 듯해서 전화를 걸지 않았어요.	يبدو أن أمي نائمة لذا لم تتصل.	(형) 추측하기에 '~것 같다', '~것으로 추측된다'의 뜻을 나타낸다.	تأتي بمعنى التخمين "مثل" " يبدو كـ"	듯하다	يبدو مثل

속담은 한 민족의 생활 양식이나 사고 방식을 나타낸다.	إن الأمثال تُظهِر طريقة تفكير وشكل حياة الشعوب.	(동) 무엇을 겉으로 드러내다.	عرض شء ما علي السطح.	나타내다	يبرز. يُظهر
문밖으로 얼굴을 내밀다.	يمد وجهه خارج الباب.	(동) 물건이나 몸의 한 부분을 앞쪽으로 나가도록 뻗치다.	إبراز أو مد شئ أو جزء من الجسم إلي الامام	내밀다	يبرز. ينبسط. يتمدد
1-나뭇가지가 모두 하늘을 찌를 듯이 뻗어 있다. 2-한강을 따라서 넓은 도로가 동서로 길게 뻗어 있다. 3-여러분의 사랑이 세계로 뻗어 나가길 바랍니다. 4-깡패들에게 얻어맞은 그는 길에 길게 뻗어 버렸다. 5-편하게 다리를 뻗고 앉으세요. 6-팔을 최대한 위로 뻗어 보세요.	1_تمتد فروع الشجرة عبر السماء. 2_ يمتد طريق طويل من الشرق إلي الغرب عبر نهر الهان. 3_أتمني أن تنشروا حبكم للعالم. 4_لقد تعرض للضرب من قبل عصابة وتركوه مستلقي في الطريق. 5_افرد رجلك بكل راحة واجلس. 6_حاول أن تمد ذراعيك بأعلي قدر ممكن.	(동) 1-나뭇가지, 덩굴, 뿌리가 길게 자라다. 2-길, 흐름이 어떤 방향으로 길게 이어지다. 3-힘이 어디에 미치다. 4-지치거나 힘이 없어 길게 눕다. 5-구부리고 있던 몸의 일부를 곧게 펴다. 6- 무엇을 잡으려고 팔을 펴고 손을 내밀다.	1_نمو الأغصان و الأوراقوجذورالشجر. 2_امتداد طريق في اتجاه معين . 3_بسط القوة في كل مكان. 4_الاستلقاء من التعب وفقدان القوة. 5_فرد أو تمديد جزء من الجسم. 6- يمد يده ليمسك بشئ معين.	뻗다	يبسط؛ يفرد؛ يمد
1-정류장에 머물렀던 차가 다시 떠났다. 2_시골에 가서 사흘을 머물렀다.	1- السيارة التي توقفت في المحطة غادرت مرة أخرى. 2_ذهبت إلى الريف وأمضيت ثلاثة أيام هناك.	(동)/(=)머물다/(움직이는 기차나 시선, 목소리 따위가 어디에) 멈추어 더 이상 움직이거나 계속되지 않게 되다.	يتوقف قليلاً عن الحركة أو التقدم/يقضي فترة معينة في مكانٍ ما.	머무르다	يبقى أو يمكث (فترة قصيرة)
1-내가 방에 들어가자마자 전화가 울렸어요. 2-그가 소리를 지르자 방안이 쩌렁쩌렁 울렸다. 3-밤중에 이렇게 초인종을 울려 대는 사람이 누구야? 4-남수가 민지를 울려요. 5-남을 위해 열심히 봉사하는 사람들의 이야기가 나의 가슴을 울린다.	1 لقد رن هاتفي بمجرد دخولي الغرفة. 2 لقد اهتزت الغرفة عندما صرخ عاليا. 3 من الذي كان يرن جرس الباب هكذا في منتصف الليل؟ 4 لقد جعل نام سو مين جي تبكي. 5 إن قصص اللذين يتبرعون بجد من أجل الآخرين تثيؤ مشاعري.	(동) 1- 소리가 나거나 들리다. 2- 소리 때문에 어디가 흔들리다. 3- 소리를 내다. 4- 누구를 울게 하다. 5-감동을 일으키다.	1 يهتز أو صدور صوت. 2 يهتز شئ بسبب الصوت. 3 يصدر الصوت. 4 يجعل شخص يبكي. 5يثير المشاعر.	울리다	يبكّى. يهتز. يرن
1-영화가 너무 슬퍼서 울고 말았어요. 2-병아리가 삐약삐약 웁니다.	1 لقد كان الفيلم محزن جدا فبكيت. 2 يقوم الكتكوت (الفرخ الصغير) بالصراخ.	(동) 1- (반) 웃다/ 기쁘거나 슬프거나 아파서 눈물을 흘리거나 소리를 내다. 2- 짐승이 소리를 내다.	1 يصدر صوت أو يسيل الدمع عند الفرح أو الحزن أو التعب. 2 يصدر الحيوان صوتا.	울다	يبكي
1-그는 나에게 합격 소식을 알렸다. 2-그는 외국인에게 한국 문화를 알리는 일에 관심이 많다. 3-열차의 출발을 알리는 안내 방송이 나왔다	أبلغني بخبر نجاحي. 2- هو مهتم كثيرا بتقديم الثقافة الكورية للأجانب. 3- أعلن الإرشاد الصوتي عن إقلاع القطار.	(동) 1-모르던 것, 잊었던 것을 깨닫거나 알게 하다. 2-(다른 사람에게 어떤 것에 대한 지식 등을) 소개하여 알게 하다. 3-어떠한 사실을 알게 하다.	1_يجعله يعرف أو يدرك شيئا نسيه أو لم يكن يعرفه. 2- يقدّم معرفة حول شئ ما إلي شخص آخر. 3- يجعل حقيقة ما معروفة.	알리다	يبلغ /يقدّم إلى/ يعلن
우산을 안 가지고 나가서 비를 맞았다.	خرجت من دون أن أجلب مظلتي فبللني المطر.	(동) 비, 눈, 바람 등을 몸에 그대로 받다.	تلقي المطر أو الثلج أو الرياح بالجسم.	맞다	يبلله المطر

1-유미는 키가 커 보이게 하려고 몸을 꼿꼿이 세웠다. 2-우리가 세운 규칙이니 잘 지킵시다. 3-그가 기계를 세우자 조용해졌다. 4-아버지는 늘 가장으로서의 위엄을 세우고자 하셨다. 5-그는 수영에서 세계 기록을 여러 번 세웠다. 6-이번 휴가 계획을 세웠어요?	1_ يقف يومي ويشد جسمه ليظهر طويلا. 2_نحن نحتفظ علي التعلميات التي وضعناها. 3_ بمجرد ما أطفأ الماكينة أصبح الجو هادئا. 4_حافظ أبي علي مكانته كمعيل للأسرة دائما. 5_لقد حقق تسجيلات عالمية في السباحة. 6_هل وضعت خطة لهذة العطلة؟	(동) 1-누워 있거나 쓰러져 있는 것을 곧게 일으키다. 2-건물, 법, 나라 등을 만들다. 3-가거나 움직이는 것을 멈추게 하다. 4-체면, 위신 따위를 지키다. 5-기록 따위를 더 좋게 만들다. 6-생각이나 계획을 분명하게 정하다.	1_يعدل شيئاً مائلاً 2_ ينشئ مبني أو قانون أو دولة وغيرها. 3_يوقف شئ متحرك أو يسير. 4_ يحافظ علي السمعة و الشرف. 5_ يحقق تسجيلات جيدة. 6_ يقرر ويفكر ويخطط بوضوح.	세우다	يبني. ينشئ. يؤسس. يوّقف. يضع (خطة)
나는 사람들에게 내가 만든 빵을 팔았다.	بعت للناس الخبز الذي صنعته.	(동) (=) 판매하다/ (반) 사다/돈을 받고 물건을 다른 사람에게 주다.	يعطي شئ ما إلي شخص آخر مقابل المال.	팔다	يبيع
나는 그 소식을 듣고 크게 감동했다.	لقد تأثرت كثيراً بعد سماعي لذلك الخبر.	(동) 크게 느끼어 마음이 움직임.	يشعر بشعور عميق يحرك القلب.	감동하다	يتأثر
수민은 약속 시간에 10 분씩 늦는 것이 버릇이다.	عادة سومين أن تتأخر عن الموعد عشر دقائق.	(동) 일정한 시간 안에 이르지 못하다.	عدم الوصول خلال وقت محدد.	늦다	يتأخر
그는 회사에 지각하는 일이 없었다.	إنه لا يتأخر مطلقا عن العمل في الشركة.	(동) 정해진 시간보다 늦게 도착하다.	يصل متأخرا عن الوقت المحدد.	지각하다	يتأخر
포장재를 열어서 먹기 전에는 유통 기간을 확인해야 한다.	يجب التأكد من فترة الصلاحية قبل فتح المعلبات وتناولها.	(동) 틀림없이 그러한가를 알아보거나 인정하다.	معرفة أو الاعتراف بشيء ما .	확인하다	يتأكد
여러 가지 의견을 교환해 봅시다.	لنتبادل العديد من وجهات النظر.	(동)무엇을 서로 바꾸거나, 주고받다.	يتبادل أو يستبدل أشياء ومعلومات وغيره.	교환하다	يتبادل
업적을 자랑하다.	يفتخر بإنجازاته.	(동) 업적을 자랑하다. 남에게 뽐내다.	يتفاخر بإنجازاته.	자랑하다	يتباهى
저 사람을 따라가세요.	سيرشدك هذا الشخص إلى الطريق فاتبعه.	(동) 앞에 가는 것을 뒤에서 쫓아가다.	أن يذهب تابعاً لمن يسير في الامام.	따라가다	يتبع
어젯밤에 이상한 남자가 내 뒤를 따라왔어요.	اقتفى أثري رجل غريب ليلة أمس.	(동) 앞에 가는 것을 뒤에서 쫓아오다.	أن يأتي من الخلف تابعاً لمن يسير في الأمام.	따라오다	يتبع
마유미는 어머니를 따라 슈퍼마켓에 갔습니다.	تبعت مايومي أمها إلى السوق.	(동) 앞에 가는 것을 좇다.	اتباع من يسير في الأمام.	따르다	يتبع
1-한국의 기후는 사계절의 구분이 뚜렷한 온대에 속한다. 2-미국에 사는 동포도 우리 민족에 속합니다.	1_ يتضمن انقسام فصول السنة لمناخ كوريا بدرجة حرارة المنطقة. 2_ إن الكوريين الذين يعيشون في أمريكا ينتمون إلي شعبنا.	(동) 1-'=포함되다/ 어떠한 범위 안에 들다. 2-어떤 집단의 구성원이 되다.	1_ ينتمي إلي شئ. 2_ يصبح عضو في مجموعة.	속하다	يتبع ل . يتضمن
돈을 쓰고 삼천 원 남았다.	لقد استخدمت النقود وتبقي ثلاثة آلاف وون.	(동) 수량이 필요한 것보다 더 있다.	وجود أكثر من الكمية المطلوبة.	남다	يتبقي
돈 좀 있다고 사람 무시하지 마라.	لا تزدري الناس لأنك تملك بعض المال.	(동) 존재나 있는 값어치를 알아주지 아니함. 사람을 깔보거나 업신여김.	لايدرك قيمة وجود الشيء/يحتقر أو يزدري شخص.	무시하다	يتجاهل/يستخف ب/يزدري

1-이번 장마로 강물이 넘을지도 모르겠다. 2-저분은 나이가 환갑이 넘으셨다. 3-편지를 보낸 지 한 달이 넘었다.	1لا أعلم إذا كان النهر سيفيض أم لا بسبب هذه الأمطار الغزيرة. 2لقد تخطي هذا العجوز عمر ال 60. 3لقد مر علي إرسالي الخطاب شهر.	(동) 1-무엇이 어디에 가득 차고 그 나머지가 밖으로 나오다. 2-일정한 수준이나 정도보다 많아지다. 3-어떤 시간이 지나다.	1امتلاء مكان ما وخروج الباقي إلي الخارج. 2يزداد عن درجة أو مقياس معين. 3مرور الوقت.	넘다	يتجاوز.يتخطي. يجتاز
강물이 얼어서 썰매를 탔다.	مياه النهر متجمدة لذا ركبت الزلاجة.	(동) 액체나 물기가 있는 물체가 찬 기운 때문에 고체 상태로 굳어지다.	تحول المادة السائلة أو الرطبة إلى الحالة الصلبة بسبب البرودة.	얼다	يتجمد
1-우리는 내일 약속 장소에 모이기로 했다. 2-단어가 모여 문장이 되고, 문장이 모여 단락이 되며, 단락이 모여서 한 편의 완성된 글이 된다.	1- أتفقنا على أن نتجمع فى المكان المحدد غدا. 2- الكلمات تجتمع لتكون جملة،والجمل تجتمع لتكون فقرة،والفقرات تجتمع فتكون قطعة كاملة.	(동)1-(사람이 장소나 단체에) 다른 곳으로부터 몰려들어 오거나 가입하다. 2-(흩어져 있는 것들이) 가까이 있게 되거나 합쳐지다. 3_돈이 들어와 쌓이다.	1- يتجمّع/أن يأتي عدة أشخاص لمكان واحد. 2_أن يكثر المال.	모이다	يتجمع/يجتمع
1-우리는 나무 밑에서 비를 피하고 있었다. 2-그는 항상 힘든 일을 피하려고 한다. 3-그는 계속 나를 피해 다녔다. 4-저를 만나러 올 때 월요일은 피해 주세요.	1تجنبا المطر تحت الشجرة. 2-يرغب دائما في تجنب الأمور الصعبة. 3- يتجنبني باستمرار. 4- تجنب يوم الأثنين عند مجئيك لمقابلتي.	(동) 1-(무엇에 부딪치거나 맞지 않도록 몸을) 옮겨 비키다. 2-(어떤 일을) 멀리하거나 싫어하다. 3-(잡히거나 만나지 않으려고 몸을) 숨기다. 4-(어떤 것을) 선택하지 않다.	1_يحرك الجسم لكي لا يصدم بشئ ما. 2- يكره أويتجنب شئ ما. 3- يخفي الجسم لكي لا يقابل أحد أو يتم الإمساك به. 4- لا يختار شئ ماا.	피하다	يتجنب
1-밖에서 떠드는데도 선생님은 계속 수업을 진행했어요. 2-철로 위를 진행하는 기차일지라도 갈림길을 만나게 된다.	1 أكمل المعلم المحاضرة بالرغم من الضجيج في الخارج. 2 القطار المتجه علي القضيب الحديدي سيقابل مفترق طرق.	(동) 1-어떤 일을 치러 나가다. 2-앞으로 나아가다.	1 يكمل فعل شئ. 2 يتقدم إلي الأمام.	진행하다	يتجه. يتقدم. يواصل. ينفذ
나는 동생을 찾으러 온 동네를 돌아다녔다.	تجوّلت في الحي لأبحث عن أخي الصغير.	(동) (여러 곳을 어떤 목적을 가지고) 여기저기 살피며 다니다.	يشاهد ويزور العديد من الأماكن هنا وهناك.	돌아다니다	يتجوّل
1-차가 서서히 움직이기 시작했다. 2-아들의 말을 듣고 아버지는 마음이 움직였다. 3-그는 다른 사람의 마음을 움직이는 재주가 있다.	1 بدأت السيارة بالتحرك تدريجيا. 2غير الوالد رأيه عندما استمع إلي كلام ابنه. 3 عنده مهارة جعل الآخرين يغيروا رأيهم.	(동) 1- 가만히 있지 않다. 또는 무엇을 옮기거나 흔들다. 2- 마음이 바뀌다. 3-남의 마음을 바꾸게 하다.	1 غير ثابت. أو يحرك أو يرج شئ. 2 يغير رأيه. 3 يجعل الآخرين يغيروا رأيهم.	움직이다	يتحرّك. يغير. يتحول
1-배가 너무 아파서 참을 수 없어요. 2-조금만 참고 견디면 틀림없이 좋은 결과가 있을 거예요.	1 لا أستطيع التعمل فبطني تؤلمني كثيرا. 2 إذا تحملت و صبرت قليلا ستحصل علي نتائج مرضية بدون أخطاء.	(동) 1-아픔이나 감정을 잘 누르고 이기다. 2-힘들고 어려운 일을 잘 이겨 내다.	1 يكبح مشاعر أو وجع ما ويتغلب عليه. 2 يتغلب جيدا علي الصعاب.	참다	يتحمّل
아이들을 위해서 고생을 참고 견뎠다.	تحملت وصبرت على المعاناة من أجل الأطفال.	(동)어려움을 참아 내다.	يصبر على المصاعب.	견디다	يتحمل
오빠는 언제 군대에 갈지 고민하고 있다.	أنا قلقة بشأن ميعاد دخول أخي الكبير للجيش.	(동) 걱정이 있어서 괴로워하고 답답해하다.	ينزعج ويحبط لأن أمراً ما يقلقه.	고민하다	يتحير

그는 이 학교에서 졸업했다.	تخرج من هذه المدرسة.	(동) 학생이 규정에 따라 소정의 교과 과정을 마치다.	أن ينهي الطالب مرحلة دراسة مواد تبعاً للنظام.	졸업하다	يتخرج
1-공을 네트 위로 넘겨라. 2-등록 기한을 이틀 넘겼는데 괜찮아요? 3-한국 경제가 어렵지만, 이번 고비만 잘 넘기면 된다고 생각한다. 4-키작은 남수가 영민이를 한 번에 넘겨버렸다. 5-나는 사전을 천천히 넘겨보았다. 6-나를 무시한 일이니까 가볍게 넘길 수가 없어요. 7-다 썼으면 우리에게 넘겨라. 8-아이는 알약을 잘 넘기지 못했다.	1لنحاول جعل الكرة تتخطي الشبكة. 2هل هناك مشكلة إذا جاوزت فترة التسجيل يومين؟ 3إن وضع الاقتصاد الكوري صعب ولكن أظن أننا قادرين علي تخطي هذه الأزمة. 4لقد أوقع نام سو الطويل يونج مين ذات مرة. 5أنا أقلب صفحات القاموس بحرص 6لا أستطيع تخطي هذا الأمر بسهولة لأنه تجاهلني. 7مرره لنا إذا انتهيت من كتابته. 8 لم يكن الأطفال قادرين علي بلع أقراص الدواء.	(동) 1-무엇을 넘어가게 하다. 2-일정한 시간, 기한을 지나치다. 3-위험한 일을 벗어나다. 4-사람, 물건을 넘어지게 하다. 5-종이, 책의 면을 한 장씩 젖히다. 6-일, 문제를 중요하지 않게 생각하고 그냥 지나치다. 7-가지고 있던 것을 남에게 주다. 8-음식물이 목구멍을 넘어가게 하다.	1_يتخطي شئ ما. 2_يزيد عن فترة أو توقيت محدد. 3_تخطي أمر خطير. 4_يوقع شخص أو شئ ما. 5_يقلب صفحات كتاب أو ورق. 6_يتغاضي عن عمل شئ غير هام. 7_إعطاء شئ ملكي إلي شخص أخر. 8_ يبلع المأكولات والمشروبات.	넘기다	يتخطي.يمر.ينتقل. يمرر
유학 생활은 내가 상상했던 것과는 너무 달랐다.	إن الدراسة بالخارج تختلف كثيرا عما تخيلتها.	(동) 실제로는 없거나 보이지 않는 것을 마음 속에 꾸며서 생각하다.	يفكر في شئ غير واضح أو غير موجود في الحقيقة.	상상하다	يتخيل
대화 중에 불쑥 끼어들다.	لقد قاطعنا فجأة خلال الحديث.	(동) 자기 순서나 자리가 아닌 곳에 억지로 들어가다.	تدخل الشخص قسراً في غير دوره أو مكانه.	끼어들다	يتدخل
영어 회화를 같이 연습할 친구가 없어요.	لايوجد صديق أتدرب معه علي المحادثة باللغة الانجليزية.	(동) (학문, 기술 등을) 잘 하려고 반복하여 익히다	يتدرّب ويقوم بالعمل مرارا ليكون متقنا علم أو تكنولوجيا ما.	연습하다	يتدرب
1-나도 모르게 눈물이 흘렀습니다. 2_서울에는 한강 흐릅니다. 3_정말 세월이 빠르게 흐르는군요. 4_수도꼭지에서 물이 계속 흐릅니다. 5_방 안에는 한참 동안 어색한 분위기가 흘렀다.	1- سالت دموعي من حيث لا أدري. 2_نهر الهان يمر في سيوول. 3_الوقت فعلاً يمر سريعاً. 4_المياه تتسرب باستمرار من الصنبور. 5_ساد شعور غريب داخل الغرفة للحظات.	(동)/(액체가) 1-한 방향으로 이어서 움직이다. 2-(강,시냇물이) 지나가다. 3_(시간이) 지나가다. 4_작은 구멍을 통해 밖으로 새다.	1- تحرك السوائل لإتجاه ما. 2_مرور نهر أو نُهير. 3_مرور الوقت. 4_يُسرب للخارج عبر فتحة صغيرة.	흐르다	يتدفق/يمر/يسيل
이렇게 날마다 술을 마시다가는 건강이 나빠질 것 같아요.	ستتدهور صحتك إذا استمريت علي شرب الخمر كل يوم هكذا.	(동) 나쁘게 되다. / (반) 좋아지다	يصبح سيئاً.	나빠지다	يتدهور
그 사람의 이름을 기억이 나지 않는다.	لا أستطيع تذكر اسم هذا الشخص.	(동)이전의 인상이나 경험이 의식 속에서 떠오르다.	تذكر انطباعات أو خبرات سابقة.	기억나다	يتذكر
그는 오늘이 우리가 처음 만난 날 이라는 것을 기억하고 있다.	أنا أتذكر أن اليوم هو أول يوم التقينا به.	(동)어떤 일이나 사실, 모습 등을 잊지 않고 있다가 다시 생각을 떠올리다.	استعادة أفكار وعدم نسيان حقائق أو مسألة ما.	기억하다	يتذكر
1-좋은 방법이 생각났다. 2-공항으로 가는 도중에 호텔에 가방을 놓고 온	1_راودتني طريقة رائعة. 2_لقد تذكرت أني تركت حقائبي في الفندق	(동) 1-머릿속에 생각이 떠오른다. 2-'=기억나다/ 지난 일이 기억되다.	1_تتراود الأفكار إلي الذهن. 2_يتذكر شئ ماضي. 3_يشتاق إلي شئ.	생각나다	يتذكر

것이 생각났다. 3-내가 보고 싶거나 생각나면 언제든지 연락해.	عند ذهابي إلي المطار. 3_اتصل بي عند اشتياقك لي.	3-무엇이 그리워지거나 하고 싶어지다.			
편지를 써 두다.	يكتب خطاب ويتركه.	(동) 어떤 동작의 결과를 그대로 계속되게 하다.	ترك نتيجة فعل ما مستمرة.	두다	يترك
음식을 남기지 맙시다.	عنا لا نترك أية طعام.	(동) 무엇을 다 없애지 않고 두다.	عدم الانتهاء من الشئ وترك جزء منه.	남기다	يترك.يضع جانباً
1-새로 온 선생님에게 3 학년 담임을 맡겼다. 2_빨래할 옷을 세탁소에 맡겼다.	تم إسناد مسئولية الصف الثالث إلى المدرس الجديد.2_تركت الملابس التي سوف تُغسل في المغسلة.	(동) 1-물건 같은 것을 남에게 간수하게 하다.2_일을 남에게 하도록 하다.	1- يحفظ شئ عند شخص ما أو يعطيه إليه. 2_يكلف شخص بعمل.	맡기다	يترك،يكلف مسألة ما لشخص. /ين(شخص لمسألة ما)
동생은 외국 사람과 결혼했다.	تزوج أخي الصغير من أجنبية.	(동)남자와 여자가 정식으로 부부가 되다.	يصبح الرجل والمرأة زوجين رسمياً.	결혼하다	يتزوج
어쩔 줄을 모르다.	لا أعرف كيف أتصرف.	(동) '어찌하다 (어떠한 방법으로 하다)'의 준말.	اختصار لكلمة أن يفعل شيئاً بطريقة ما.	어쩌다	يتصرف
저, 말씀 중에 잠시 실례하겠습니다.	لاتؤاخذني سأقاطعك للحظة.	(동)/말이나 행동이 예의에 벗어나다. 상대의 양해를 구하는 인사로 쓰는 경우가 많다.	أن تخرق التصرفات أو الكلمات أو الآداب. _تُستخدم في حالات كثير كتحية لإلتماس العذر من الشخص الأخر.	실례하다	يتصرف بوقاحة
1_인터넷을 통하여 한국에 있는 친구와도 연락할 수 있다. 2_네가 연락하면 나도 곧 갈게.	1- استطيع أن أتواصل مع صديقي في كوريا عبر الإنترنت. 2- سأتحرك عندما تتصل بى.	(동) 1-어떤 일의 정황을 알리다. 2-소식 따위가 오가도록 관계하다. 3-(어떤 사실을) 전하여 알게 하다.	يعطي صورة عن حالة شئ ما.	연락하다	يتصل ب
교재비를 포함해서 한 달 수강료는 십만 원입니다.	تكلفة الدرس لشهر 100 ألف وون متضمة مصاريف الكتب.	(동) 어떤 무리나 범위에 함께 들어가게 하거나 함께 넣다.	يُدخل أو يتضمّن مجموعة ما أو نطاق ما معا	포함하다	يتضمّن، يحتوي
합격자 명단에 그의 이름은 포함되어 있지 않았다.	لم تتصمن قائمة الناجحين علي اسمه.	(동) 어떤 무리나 범위에 함께 들어가거나 함께 넣어지다.	يتم إدراج أو تضمُّن مجموعة ما أو نطاق ما معا.	포함되다	يتضمّن، يشتمل
그는 민지를 못 본 척했다	لقد تظاهر بإنه لم يرّ مين جي.	(동) 겉으로 보이는 태도를 거짓으로 꾸미다.	تداعي السلوك الواضح من الكظهر الخارجي.	척하다	يتظاهر
며칠 쉬었더니 감기가 다 나았다.	لقد تعافيت من البرد تماماً بعد راحة لبضع أيام.	(동) 몸의 상처나 병이 없어지다.	اختفاء الجرح أو المرض من الجسم.	낫다	يتعاف
1-요즘 아이들은 다루기가 힘들어요. 2-이 기계는 고장 나기 쉬우니까 조심해서 다루십시오.	1من الصعب معاملة الأطفال هذه الأيام. 2- تعامل بحذر مع هذه الألة لأنها من السهل أن تتعطل.	(동) 1-(사람이나 짐승을) 부리거나 다스리거나 상대하다. 2-(무엇을) 알맞은 방법으로 다루거나 사용하다.	1_يتعامل مع أو يسيطر علي أو يهتم بإنسان أو حيوان. 2- يستخدم شئ ما بطريقة مناسبة .	다루다	يتعامل

예진 씨, 음식 준비하느라고 수고하셨어요.	يي جين، لقد بذلت مجهودا في تحضير الطعام.	(동) 어떤 일에 하는 데 힘을 들이고 애를 쓰다.	يسعي إلي شئ ويبذل مجهودا لتحقيقه.	수고하다	يتعب. يبذل مجهود
1-누구나 일에 지쳤을 때는 쉬었으면 하고 생각해요. 2-영민이는 복잡한 도시 생활에 지쳤다.	1 أعتقد أن أي أحد يتعب من العمل يجب عليه عليه الاستراحة. 2 لقد كره يونج مين اي المدينة المعقدة عيشتها.	(동) 1-힘든 일을 하거나 무엇에 시달려 힘이 빠지다. 2-어떤 일에 시달려 싫증이 나다.	1 يفقد قوته أو يُنهك من أمر ما. 2 يكره شئ غير مرغوب فيه.	지치다	يتعب. ينزلق
민지가 마이클과 사귄대.	لقد تعرف مين جي علي مايكل.	(동) 서로 알게 되어 사이 좋게 지내다.	التعرف علي بعضنا البعض ونصبح أصدقاء.	사귀다	يتعرف. يتقابل
1-어렸을 때 사탕을 많이 먹어 이가 다 썩었어요. 2-몸에 맞지 않는 옷이 옷장에서 썩고 있다. 3-사회 지도층이 썩으면 그 사회는 더 이상 발전할 수 없다.	1تسوست كل أسناني لأنني كنت أكل الكثير من الحلوي عندما كنت صغير. 2- تظل الملابس التي لا تناسب جسمي في الدولاب دون استخدام. 3- لا يستطيع المجتمع التقدم أكثر إذا فسدت الطبقة الحاكمة للمجتمع.	(동) 1-상하거나 나쁘게 변하다. 2-(물건, 사람의 재능 등이) 오랫동안 제대로 이용되지 못하다. 3-(사상, 사회, 제도, 사람의 생각이) 도덕적으로 나쁜 상태가 되다.	1_يصبح فاسد أوسئ. 2- لا يتم استخدام شئ أو موهبة إنسان لفترة طويلة. تفسد أيدلوجية أو مجتمع أو نظام أو فكر إنسان أخلاقياً.	썩다	يتعفّن / يفسد
그 사람들은 이번 사건에 관련되지 않았습니다.	هؤلاء الأشخاص لم يكن لهم علاقة بهذه الحادثة.	(동) 서로 어떤 영향을 주고받을 수 있게 이어져 있다. / (=)연관되다.	يرتبط شخصان أو شيئان في علاقة تأثير وتأثر	관련되다	يتعلق ب
저는 한국어를 배우고 싶어요.	أريد أن أتعلم اللغة الكورية.	(동) 지식, 기술을 얻거나 익히다.	إكتساب معرفة أو مهارة أو إتقانها.	배우다	يتعلم
설악산은 계절마다 경치가 변한다.	يتغير مشهد جبل سوراك كل فصل.	(동) 무엇이 어떤 상태, 모양으로 바뀌다. 달라지다.	تغير الشيء إلى حالة معينة أو شكل معين.	변하다	يتغير
사회가 점점 빠르게 변화하고 있다.	يتغير المجتمع بسرعة.	(동) 무엇이 성질이나 모양이 달라지다.	تغير شكل أو صفة الشيء.	변화하다	يتغير
1-가을에는 무슨 꽃이 핍니까? 2-살림이 피다. 3-검버섯이 피다.	1أي ورد يتفتح في الخريف؟ 2-تتحسن الحالة المعيشية. 3- تظهر بقعة سوداء	(동) 1-(반) 지다/ (꽃잎이나 잎 등이) 벌어지다. 2-(무엇이) 그 전보다 좋아지다. 3-(곰팡이 등이) 생기다.	1_تتفتّح الزهر أو الورق إلخ. 2- شئ ما يتحسن عن السابق. 3- يحدث عفن.	피다	يتفتح / يتحسن/ يظهر
1_우리는 외국 문화의 좋은 점을 받아들여야 한다. 2_그녀는 자신이 꾼 꿈을 하나의 계시로 받아들였다.	لابد أن نتقبل الجوانب الجيدة في الثقافات الأجنبية.	(동) 1_밖에서 오는 것을 들여와서 자기 것으로 하다. 2_(어떤 사람이 다른 사람의 말이나 의견을 어떠한 뜻으로)여기거나 이해하다.	1_أخذ شيء آتٍ من الخارج واعتباره لك. 2_ تفهم اراء أو كلام الاخرين.	받아들이다	يتقبل
아무리 경제가 발전한다 해도 자유가 없으면 무슨 의미가 있겠어요?	مهما كان الإقتصاد متقدما فما فائدته بلا حرية؟	(동) 더 좋은 상태로 변하여 나아가다.	يتغير لحالة أفضل و يتقدم.	발전하다	يتقدم
해가 점점 짧아지고 있다	تصبح الأيام أقصر بالتدريج.	(동) (물건이나 시간 따위의 길이가) 짧게 되다.	يصبح قصيرا.	짧아지다	يتقصر
선생님께 드릴 말씀이 있어요.	لدي ما أقوله لمعلمي.	(동) 아랫사람이 윗사람에게 어떠하다고 자신의 생각이나 느낌을 말하다.	التحدث إلى شخص كبير في العمر أو القدر.	말씀드리다	يتكلم

제 말씀은 문제를 다시 한 번 생각해 주십사 하는 것입니다.	ما أقوله هو أنني أرجو أن تفكر مرة أخرى في المشكلة.	(동) (어떤 사람이 다른 사람에게) 생각이나 느낌을 말로 나타내다.	الكلام الذي توجهه لشخص كبير في العمر أو القدر.	말씀하다	يتكلم
하고 싶은 말이 있으면 나한테 말해라.	إذا كان لديك ما تقوله فأخبرني أنا به.	(동) 생각이나 느낌을 말로 나타내다.	إظهار الأفكار او المشاعر بالكلام.	말하다	يتكلم
1-눈이 지붕 위에 쌓였다. 2- 이제 컴퓨터에 대한 기초가 어느 정도 쌓였어요. 3-요즘 회사 일로 스트레스가 쌓여요.	1تكدس الثلج علي السطح. 2- اكتسبت قليلا من أساسيات الحاسب الآلي. 3- تعرضت للضغط العصبي نتيجة للعمل هذه الأيام.	(동) 1-(여럿이) 겹쳐서 놓이다. 2- (기술, 경험, 지식이) 모이다. 3-(감정, 느낌이) 계속되어 모이다.	1_يتم تكديس أشياء كثيرة. 2- يتم اكتساب التقنية أو الخبرة أو المعرفة. 3- يتجمّع المشاعر أو الإحساس.	쌓이다	يتكوّم/ يتكدّس/ يتجمّع
내 공책이 친구의 공책과 바뀌었다.	تبدل كشكولي مع كشكول صديقي.	(동) 내용이나 성격, 상태 따위가 달라지게 되다.	يتغير	바뀌다	يتم تغييره (يتبدل)
그 선수는 진로가 결정되지 않아 고민하고 있다.	يشعر هذا اللاعب بالقلق حيال عدم توظيفه.	(동)무슨 일을 어떻게 하기로 정해지다.	أن يتم تحديد كيفية فعل أمر ما.	결정되다	يتم تقرير
이 신제품은 수많은 시행착오 끝에 만들어졌다.	تم صنع هذا المنتج الجديد بعد عدد من التجارب والأخطاء.	(동) 재료나 소재 따위에 노력이나 기술이 들여져 이루어지다.	صناعة شيء بادخال التقنية على المواد أو المكونات.	만들어지다	يتم صنع
1-휴가를 즐기러 사람들은 바다를 찾아갑니다. 2-겨울에는 스키를 즐길 수 있어요. 3-저는 커피를 그리 즐기는 편은 아니에요.	1 يبحث الناس عن البحر للاستمتاع بالعطلة. 2 يمكنك التمتع بالتزلج في فصل الشتاء. 3 لست من الذين يتمتعون بشرب القهوة.	(동) 1-(사람이 어떤 대상이) 마음에 들어 흐뭇하고 기쁘다. 2-어떤 일을 좋아하여 자주 하거나, 그 일에서 재미를 느끼다. 3-먹을 것을 좋아하여 자주 먹거나 마시다.	1 يفرح ويستمتع عندما يقضي وقت ما. 2 يحب شئ ما فيفعله أحيانا أو يستمتع بهذا الشئ. 3 يأكل أو يشرب شئ يحب أكله.	즐기다	يتمتع ب.يتولع ب
1-비가 내리는데도 밖에서 운동하는 사람들이 많군요. 2-우리는 만주에서 조국의 독립을 위하여 운동하다가 희생당한 분들을 영원히 잊지 말아야 한다.	1 بالرغم من هطول الأمطار بالخارج إلا أن عديد من الناس يقومون بالرياضة. 2 يجب ألا ننسي أبدا ضحايا منشوريا خلال حركة استقلال البلاد.	(동) 1-몸을 단련하거나 건강을 지키기 위하여 몸을 움직이다. 2-어떤 목적을 이루려고 조직적이고 적극적으로 활동을 벌이다.	1 يمرّن جسده أو يحرّك جسمه من أجل صحّته. 2 البدء بنشاط يتم تنظيمه لتحقيق هدف معين.	운동하다	يتمرن علي. ينشط. يقوم بالرياضة.
아내는 유모차에 아기를 태우고 공원을 산책하였다	لقد تمشت زوجتي في الحديقة بالطفل في العربة.	(동) 휴식을 취하거나 건강을 위해서 천천히 걷다.	يتمشي ببطء من أجل تحسين الصحة أو الاسترخاء.	산책하다	يتمشي. يتسكع
시험에 합격하기를 바란다.	يتمنى النجاح في الإمتحان.	(동)어떻게 되었으면 하고 생각하다.	يأمل حدوث شيء.	바라다	يتمنى
노약자에게 자리를 양보하다	أفسح مكانه لشخص من ذوي الإحتياجات الخاصة.	(동) 길이나 자리, 물건 따위를 사양하여 남에게 미루어 주다.	يفسح للآخرين مكان أو طريق أو يتنازل عن شيء ليعطيه لهم.	양보하다	يتنازل عن, يفسح
어려운 일이 생기면 여러분은 누구와 논의합니까?	إذا حدث شئ صعب أتشاور مع من فيكم؟	(동) 어떤 일, 문제를 해결하려고 말하고 듣다.	يسمع ويتكلم لحل مشكلة أو أمر ما.	의논하다	يتناقش. يتشاور
나는 집에 들어가자마자 곧장 저녁 식사를 했다	لقد تناولت وجبة العشاء فور دخولي المنزل.	(동)/(사람이) 아침이나 점심, 저녁과 같이 일정한 시간에 음식을 먹다.	يأكل وجبة الطعام.	식사하다	يتناول وجبة

가쁜 숨을 쉬다. 한숨을 쉬다.	يلهث (يتنفس بصعوبة).	(동)/(사람이나 동물이 숨을) 입이나 코로 공기를 들여 마셨다 내보냈다 하다. 숨쉬다.	يقوم باستنشاق الهواء وزفيره.	쉬다	يتنفس
친구들과 어울려 담배를 피우고 술도 마셨다.	دخنت السجائر وشربت الخمر لأتماشى مع أصدقائي.	(형) 함께 사귀어 잘 지내거나 일정한 분위기에 끼어 들어 같이 휩싸이다.	ندخل في جو ما معاً أو نتواعد ونقضي وقتاً جيداً معاً.	어울리다	يتوافق
너무 긴장해서 몸이 제대로 움직이지 않았다.	جسدي لا يتحرك طبيعياً بسبب التوتر الحاد.	(동)위험해질 것을 미리 알고 몸의 근육이나 신경이 수축하거나 흥분하다.	الشعور بالأشياء الخطيرة مسبقا فتتقلص أو تهيج الأعصاب أو العضلات.	긴장하다	يتوتر. يُجهد
두 사람은 일을 마치고 술집으로 향했다.	لقد أنها العمل وذهبا للحانة.	(동)/어떤 곳으로 방향을 잡다.	الإتجاه إلى مكان ما.	향하다	يتوجه إلى
남수가 회사에 취직하더니 멋있어 졌네.	أصبحت نام سو أنيقة بعد أن حصلت علي عمل في شركة.	(동)(직장에) 일자리를 얻다.	يحصل علي عمل.	취직하다	يتوظّف
우리 모두 네가 이기기를 기대하고 있어.	جميعنا نتوقع أن تكسب.	(동) 어떤 일이 이루어지기를 바라고 기다리다.	تمني وانتظار حدوث شئ ما.	기대하다	يتوقع
민준이는 이번 국어 시험에서 예상하지 못한 점수를 받았다.	حصل مين حون لي علي درجات غير متوقعة في هذا الامتحان للغة الكورية.	(동) (앞으로 있을 어떤 일, 상황을) 여러 가지 점으로 미루어 짐작하다.	يخمن شئ ما سيحدث في المستقبل.	예상하다	يتوقع
오늘은 그만하고 내일 해요.	يكفي اليوم وأفعلها غدا.	(동) 하던 일을 계속하지 않고 멈추다	عدم الاستمرار والتوقف عن الشئ الذي اقوم به	그만하다	يتوقف
우산을 사려고 했는데 마침 비가 그쳤습니다.	قررت اشتري مظلة ولكن في النهاية توقف المطر.	(동) 계속되던 일, 움직임, 현상 등이 멈추다. /=멈추다, 멎다	توقف عمل مستمر أو حركة أو ظاهرة أو غيرها	그치다	يتوقف
1-소나기가 멈췄다. 2_지금까지 잘 돌아가던 기계가 갑자기 멈췄다.	1_توقف المطر المفاجيء. 2-الماكينة التى كانت تعمل بشكل جيد توقفت فجأة.	(동)/(=)멎다/1-오던 비가 그치다. 2_하던 일이나 동작이 잠깐 그치게 되다.	1- أن يتوقف المطر الذي كان يتساقط. 2_توقف عمل أو حركة كنت أقوم بها.	멈추다	يتوقف
여러분, 교실에서는 떠들지 마세요.	لا تثرثروا في الصف.	(동) 시끄럽게 큰 소리로 말하다.	التحدث بصوت عالٍ مزعج.	떠들다	يثرثر
1-요즘 우리 아이들은 너무 자주 다퉈서 걱정이에요. 2-우리 고등학교 농구팀이 작년 우승팀과 우승을 다투고 있다.	1_أنا قلق لأن أطفالنا يتشاجرون كثيرا هذه الأيام. 2- يتنافس فريق سلة مدرستنا الثانوية مع الفريق الذي حقق المركز الأول العام السابق علي المركز الأول.	(동)1-(누구와) 잘못을 따지며 싸우다. 2-(무엇을 얻거나 이루기 위해서 다른 사람과) 싸우거나 겨루다.	1_يتشاجر مع شخص ما بشأن خطأ. 2- يتنافس أو يتشاجر مع شخص أخر من أجل تحقيق شئ ما.	다투다	يجادل/ يتشاجر / ينافس
질문을 잘 듣고 대답해 보세요.	أسمع السؤال جيدا وجاوب.	(동) 질문이나 요구 등에 대하여 말을 하다.	يرد علي طلب أو سؤال.	대답하다	يجيب
1-손잡이를 당겨서 문을 여세요. 2-약속 시간을 30 분만 당길 거예요. 3-고기 굽는 냄새가 내 입맛을 당겼어요.	1- اجذب المقبض ثم افتح الباب. 2- سوف يتم تقديم الميعاد 30 دقيقة فقط. 3- أثارت رائحة شوي اللحم شهيتي.	(동) 1-(무엇을) 끌어서 가까이 오게 하다. 2-(날짜나 일을) 앞으로 옮기다. 3-(입맛이나 관심 등이 자극을 받아서) 하고 싶어지거나 먹고 싶어지다.	1_يجذب شئ ويقربه منه. 2-يُقدِّم عملا أو موعد 3- يرغب في فعل شئ ما أو تناول شئ ما بسبب رغبتة أو شهية	당기다	يجذب/ يشتهي/ يُقدِّم.

외국에서 살면 많은 것을 경험하게 될 것입니다.	ستجرب الكثير من الأشياء إذا أقمت بالخارج.	(동)어떤 일을 직접 해 보다.	أن تقوم بأمر ما مباشرة.	경험하다	يجرب
1-결승선이 보이자 선수는 전속력으로 달렸다. 2-고속도로에서는 차들이 씽씽 달린다. 3-내 마음은 벌써 엄마가 있는 곳으로 달리고 있었다. 4-그가 일등을 달리고 있습니다.	1_جري اللاعب بكامل سرعته بمجرد رؤيته لخط النهاية. 2- تجري السيارات بسرعة شديدة علي الطريق السريع.3- كان عقلي منشغل بالمكان الذي توجد به والدتي. 4- ينافس علي المركز الأول.	(동) 1-(사람이나 동물이) 아주 빨리 움직여 가거나 오다. 2-(차가) 빠르게 움직여서 가거나 오다. 3-(생각이나 마음) 어떤 대상으로 가다. 4-(경쟁에서 어떤 지위를) 계속 유지하다.	1_يذهب أويأتي سريعا جدا سواء كان إنسان أو حيوان. 2- تحرك سيارة بسرعة جدا. 3- اتجاه الأفكار أو المشاعر نحو هدف ما. 4-يحافظ علي مركز ما في منافسة بشكل مستمر.	달리다	يجري
우리 반에서 누가 가장 빨리 뛰지?	من الأسرع جرياً في صفنا؟	(동) 빠른 걸음으로 달리다.	الجري بسرعة.	뛰다	يجري
1-전화를 걸다. 2_벽에 액자를 걸다. 3_귀걸이를 걸다. 4_말을 걸다/ 싸움을 걸다. 5_연애를 걸다.	1_يجري مكالمة.2_يعلق البرواز على الحائط.3_يرتدي حلق. 4_يفتح حديث/ يفتعل شجار مع شخص. 5_يقيم علاقة حب مع شخص.	(동) 1-전화를 하다. 2_걸쳐 있게 하거나 드리워지게 하다. 3_얼굴 부분에 달거나 우거나 하다. 4_남에게 말이나 행동을 하여 나서다. 5_연애 등의 관계를 맺다.	1_يتصل 2_يعلق أو يظهر 3_يعلق في الوجه أو يلبس شيئاً. 4_يبدي فعل أو يتحث مع شخص. 5_يقيم علاقة حب.	걸다	يجري مكالمة
1-할머니께서 한복을 손수 지어 주셨다. 2-그는 애인에게 줄 시를 짓고 있었다. 3-의사의 처방이 없으면 약을 지을 수 없어요. 4-친구 어머니께서는 미소를 지으시면서 많이 먹으라고 하셨다. 5-그놈들은 죄를 짓고도 부끄러운 줄 몰라. 6-우리 조상들은 농사를 지으며 살아 왔다. 7-경찰은 이번 사건을 이전의 사건과 연관을 짓고 있었다. 8-벌들이 떼를 지어 주셨다. 9-그는 구두 끈의 매듭을 단단히 지었다. 10-아이들은 용돈을 받으려고 거짓말을 지어 내기도 합니다. 11-빨리 회의를 마무리를 짓도록 합시다. 12-친구들이 내 별명을 지어 주었다.	1 لقد صنعت جدتي الهانبوك بنفسها و أعطته لي. 2 لقد كتب شعر للأحباء. 3 لا يستطيع الطبيب صنع الدواء إذا لم تكن الوصفة الطبية موجودة. 4 ابتسمت والدة صديقي وأمرتني بان آكل كثيرا. 5 إنهم لا يشعرون بالحرج بعد أن فعلوا تلك الجريمة. 6 لقد عاش أجدادنا علي القيام بالزراعة. 7 قامت الشرطة بالتحقيق والربط بين هذا الحادث وحادث المرة السابقة. 8 لقد كون النحل قطيعا. 9 لقد ربط رباط الحذاء بإحكام. 10 يكذب الأطفال أحيانا ليحصلوا علي المصروف. 11هيا ننهي هذا الاجتماع سريعا. 12 لقد وضع لي أصدقائي لقب.	(동) 1-무엇을 재료로 써서 만들다. 2-어떤 내용의 글이나 노래를 꾸며 만들다. 3-여러 가지 재료를 섞어 약을 만들다. 4-어떠한 표정이나 모양을 겉으로 드러내다. 5-죄를 저지르다. 6-농사를 하다. 7-관계, 구분, 결정 따위를 이루다. 8-줄이나 무리를 이루다. 9-매듭이나 고리 등을 돌려서 만들다. 10-거짓으로 꾸미다. 11-결말이나 결정 따위를 내다. 12-이름 등을 정하다.	1 يصنع أو يعد شئ بمكوناته. 2 يعد أغنية من كلمات أو محتوي معين. 3 يصنع دواء بواسطة خلط العديد من المكونات. 4 يعبر عن موقف معين بالمظهر الخارجي. 5 يرتكب جريمة. 6 يقوم بالزراعة. 7 يحقق قرار أو علاقة أو انفصال. 8 يعد صف أو تجمع. 9 يلف ويصنع عقدة أو حلقة. 10 يقوم بالكذب. 11 يقرر قرار أو نهاية. 12 يحدد الاسم.	짓다	يجعل. ينشئ. يزرع.يكذب. يسمي. يستنتج
땀이 다 말랐다.	جف العرق بالكامل.	(동) 젖은 것에서 물기가 없어지다.	اختفاء الماء من الشيء المبلل.	마르다	يجف
1-여기 앉아서 잠깐 기다리세요. 2-그는 교사가 된 지 40년 만에 교장의	1اجلس هنا و أنتظر قليلا. 2- لقد كان مدرس لمدة 40 عام وأصبح مدير المدرسة. 3- التراب متراكم علي إطار النافذة.	(동) 1-(반)서다/ 엉덩이를 바닥에 붙이고 윗몸을 세우다. 2-(어떤 지위를) 차지하다.	1_يضع مؤخرته علي الأرض و يقيم الجزء العلوي من الجسم. 2- يحتل منصب ما. 3- شئ ما يتراكم في مكان ما.	앉다	يجلس / يتراكم

자리에 앉게 되었다. 3-먼지가 창틀에 내려 앉았다.		3-(=)쌓이다/ (일정한 자리에) 생기거나 내려 쌓이다.			
1-두 손을 모아 빈다.2_회장이 직원들을 모아서 회사의 경제 상황을 서술했다. 3_우표를 모으는 취미가 있다. 4_발표를 할 때 사람의 시선을 모아야 잘할 수 있다.	1- ضم يديه ودعا. 2_جمع رئيس الشركة الموظفين ووصف لهم الوضع الإقتصادي للشركة. 3_لدي هواية جمع طوابع البريد. 4_عندما تقوم بعمل بريزينتيشن يجب عليك أن تجذب انتباه الناس حتى تستطيع أن تقوم به على نحوٍ جيدٍ	(동)1-(나뉘거나 흩어져 있는 것들을) 한 곳에 합치다. 2_사람들을 한 곳에 오게 하다. 3_자료나 물건 등을 구하여 들이다. 4_관심이나 흥미를 끌다.	1- دمج الأشياء المقسمة أو المتناثرة في مكان واحد. 2_دعوة الأشخاص لمكان واحد. 3_يجمع البيانات أو المواد أو الأشياء. 4_يستقطب اهتمام.	모으다	يجمع
돈을 벌려거든 열심히 일하세요.	اعمل بجد لتجني المال.	(동) 일을 하여 돈, 재물을 자기의 것으로 만들다.	الحصول على مال أو ممتلكات نظير عمل.	벌다	يجني المال
학비를 마련하기 위해서 아르바이트를 합니다.	أعمل بدوام جزئي من أجل توفير مصاريف الدراسة.	(동) 필요한 것을 미리 갖추다.	تحضير الأشياء الضرورية مسبقاً.	마련하다	يجهز
나는 시간이 없어 아침을 굶고 출근했다.	ذهبت إلي العمل بدون تناول وجبة الإفطار بسبب ضيق الوقت.	(동) 밥을 먹지 못하거나 먹지 않다.	لا يتناول الطعام أو عدم القدرة علي تناول الطعام.	굶다	يجوع
100 달러를 한국 돈으로 계산하면 얼마죠?	كم قيمة 100 دولار بالنقود الكورية؟	(동)수를 더하고 빼서 셈하다.	الحساب بجمع وطرح الأرقام.	계산하다	يحاسب
두 사람아 대화하는 모습이 보였다.	بدا أنهما يتحاوران.	(동) 서로 말을 주고받다.	يتبادل أطراف الحديث مع طرف آخر.	대화하다	يحاور
우리는 문제를 해결하기 위해 여러 가지 방법을 시도해 보았으나 모두 헛일이었다.	لقد حاولنا العديد من الطرق لحل المشكلة ولكن بلا فائدة.	(동)/어떤 것을 이루어 보려고 계획하거나 행동하다.	يتحرك أو يُخطط محاولاً تحقيق شيئاً ما.	시도하다	يحاول
1-나는 야구를 좋아한다. 2-매운 음식만 빼고 다 좋아하는 편이야. 3-그 여자가 너를 좋아하게 될까? 4-아이는 바다를 보자 너무 좋아했다.	1 أنا أحب البيسبول. 2 أحب كل شئ ماعدا الطعام الحار. 3 هل أصبحت تلك البنت تحبني؟ 4 أحب الأطفال البحر كثيرا عندما رأوه.	(동) (반) 싫어하다/ 1-무엇을 좋게 여기거나 사랑하다. 2-즐기어 먹고 싶어하다. 3-누구를 사랑하거나 친하게 여기다. 4-기뻐하다. 즐거워하다.	1يحب أو يعجب بشئ ما. 2- يحب ويريد أكل شئ ما. 3 يحب شخص أو يتقرب منه. 4يسعد. يفرح.	좋아하다	يحبّ. يفضّل
1-저는 아내를 진심으로 사랑합니다. 2-나라를 사랑한다.	1_أنا أحب زوجتي من كل قلبي. 2_يحب بلده.	(동) 1-서로가 서로를 매우 좋아하고 그리워하다. 2-무엇을 귀중히 여기고 정성을 다하다.	1_شخصان يعجبان ببعضهما البعض و ويشتاقا لبعضهم. 2_الاعتزاز بشئ ما في القلب.	사랑하다	يحب. يغرم ب
지금 살고 있는 집이 적당한데 더 큰 집을 원하세요.	أن المنزل الذي أعيش فيه مناسب ولكني أريد منزل أكبر.	(동) 무엇을 바라거나 청하다.	يأمل أو يلتمس شئ ما.	원하다	يحتاج. يريد
아버지를 존경하다.	يحترم أباه.	(동) 남의 인격, 사상, 행위 따위를 받들어 공경하다.	تقبل واحترام شخصة وأفكار وتصرفات الآخرين.	존경하다	يحترم
호텔은 지난주에 예약해 두었습니다.	حجزت الفندق الأسبوع الماضي.	(명) (호텔, 식당, 비행기를 이용하기 위해서) 준비해줄 것을 미리 약속하다.	حجز فندق أومطعم أو طائرة مسبقاً من أجل استخدامه.	예약하다	يحجز

김 선생은 나를 쳐다보지도 않았다.	لم ينظر إلي المعلم كيم حتي.	(동) 얼굴을 들고 올려다보다.	يرفع وجهه وينظر إلي الأعلي.	쳐다보다	يحدّد بصره في
도읍을 서울로 정하다.	يحدد سول كعاصمة	(동) 여럿 가운데 선택하거나 판단하여 결정하다.	الإختيار من متعدد.	정하다	يحدد
건강에 조심하다.	ينتبه لصحته.	(동) 잘못이나 실수가 없도록 말이나 행동에 마음을 쓰다.	يبذل جهداً ليكون كلامه أو تصرفاته بلا أخطاء.	조심하다	يحذر
정답을 맞히다.	يحزر الإجابة.	(동) 물음에 옳은 답을 하다.	يقول الإجابة الصحيحة للسؤال.	맞히다	يحزر
너무 슬퍼하지 마. 내가 옆에 있잖아.	لا تحزن،فأنا بجانبك.	(동) (어떤 일, 사실 따위를) 슬프게 여기다.	يشعر بالحزن.	슬퍼하다	يحزن
부러워하지 말고 너도 열심히 해 봐.	لا تحسد بل اجتهد أنت أيضاً.	(동) 무엇을 보고 샘이 나서 가지고 싶거나 그렇게 되고 싶은 마음이 생기다.	الشعور بالغيرة عند رؤية شيء فترغب في الحصول عليه.	부러워하다	يحسد, يغبط
운동을 잘하는 남수가 부러워요.	أحسد نامسو الذي يجيد الرياضة.	(형) 남이 가진 것이 좋아 보여서 샘이 나고 가지고 싶다.	الإعجاببما لدى الأخرين والشعور بالغيرة والرغبة في امتلاكه.	부럽다	يحسد, يغبط
아들은 책가방을 옆구리에 끼고 서 있었다.	لقد علق ابني حقيبة الظهر علي كتفه ووقف.	(동) 무엇에 걸려 있도록 꿰거나 꽂다	يحشر شئ ما ويجعله معلقاً علي شئ أخر.	끼다	يحشر
거실에 놓을 의자 하나를 이웃집에서 얻었다.	واحد من الكراسي التي سأضعها في غرفة المعيشة حصلت عليه من بيت الجيران.	(동) 거저 주는 것을 받아 가지다.	أن يأخذ ما أعطي له مجاناً.	얻다	يحصل على
1-내일 내가 빌려준 책을 가져오세요.. 2-이 대회가 나에게 큰 변화를 가져왔다.	1_من فضلك غداً أحضر معك الكتاب الذي أعرته لك.2_لقد أثرت علي هذه المسابقة/ لقد طرأت علي العديد من التغيرات بسبب هذه المسابقة.	(동) 무엇을 한 지점에서 다른 지점으로 옮겨 오다.	يحضر شئ معه من مكان لأخر.	가져오다	يحضر مع
못으로 벽을 뚫었다.	ثقب الجدار بواسطة مسمار.	(동) 구멍이 나게 하다.	إحداث ثقب.	뚫다	يحفر
1-민수는 삽으로 땅을 팠다. 2-나무 도장을 하나 파 주세요.	1حفرت مين سو باستخدام المجرفة. 2-أنحتي لي ختم شجرة واحد.	(동) 1 (흙이나 돌을 치우고) 구덩이나 굴을 만들다. 2-그림이나 글씨를 새기다.	1يحفر الثقب أو الحفرة. 2- يرسم أو يكتب علي سطح صلب.	파다	يحفر / ينحت
나는 일기장을 책상 속의 보관하고 있다.	أحفظ دفتر مذكراتي في مكتبي.	(동) 남의 물건을 맡아 관리하다.	يعتني بأغراض الأخرين.	보관하다	يحفظ
1-저는 그 사람을 믿을 만한 사람으로 판단했다. 2-사람을 겉모습으로 판단하면 안 된다.	1حكمت علي ذلك الشخص بأنه محل ثقة. 2- لا يمكن الحكم علي الناس من مظهرهم الخارجي.	(동) 1-어떤 일이나 상황에 대해서 자기 생각을 정하다. 2-어떤 것의 가치를 정하다.	1_يحدد رأيه حول وضع أو أمر ما. 2- يحدد قيمة شئ ما.	판단하다	يحكم، يقرر
이 문제를 어떻게 해결해야 할 지 잘 모르겠어요.	لا أدرك كيف يمكنني حل هذه المشكلة.	(동) 제기된 문제를 해명하거나 얽힌 일을 잘 처리하다.	القيام بشرح أو توضيح مسألة مطروحة،أو يعالج شيء ما معقد جيداً.	해결하다	يحل
1-책을 펴다. 2-어머니는 다리미로 셔츠의 주름을 펴고 계셨다. 3-다리를	1يفتح كتاب. 2- بسطت أمي طيات القميص. 3- يمدد قدمه. 4- يفصح عن حلمه. 5- وضع الأطفال أوراق الجرائد	(동) 1-접히거나 말려 있는 것을 젖혀서 벌리다. 2-구김이나 주름 등을 없애서	1_ينشر شيئا مطويا أو ملفوفا عن طريق انعطف إلى الظهر. 2- يبسّط بالمساواة عن طريق إزالة جعدة أو تجاعيد أو	펴다	يحلّ / يفكّ/ يسطّح/ يبسّط/

펴다. 4-꿈을 펴다. 5-아이들은 바닥에 신문지를 펴고 앉아서 도시락을 먹었다. 6-전략을 펴다.	علي الأرض ثم جلسوا وتناولوا صناديق الطعام. 6- ينفّذ استراتيجية.	반듯하게 하다. 3-굽은 것을 곧게 하다. 또는 움츠리거나 오므라든 것을 벌리다. 4-생각이나 의견, 감정 등을 자유롭게 표현하거나 주장하다. 5-무엇을 넓게 깔거나 골고루 늘어놓다. 6-세력이나 작전, 정책 등을 벌이다.	غيره. 3- يجعل شيئا منحنيا يصبح على نحو مستقيم. أو يوسع شيئا منسحبا أو متقلّصا. 4- يعبّر بحرية أو يجادل عن الفكرة أو الرأي أو الشعور وغيره. 5- ينشر شيئا على نطاق واسع، أو يضع مجموعة متنوعة من الأشياء جنبا إلى جنب. 6- ينفّذ القوات أو خطّة أو السياسة وغيرها.		يمتدّ/ يعبّر / ينتشر /ينفّذ.
1-그는 문제를 금방 풀었다. 2-목욕을 하면서 피로를 풉니다. 3-그는 호텔에 도착해서 짐을 풀었다. 4-그들은 강아지를 풀어 주기로 하였다. 5-국에 된장을 약간 풀면 다 맛있습니다.	1حل السؤال فورا. 2- يزيل الإعياء أثناء الاستحمام. 3- حل الأمتعة بعدما وصل إلي الفندق. 4- قرروا أن يطلقوا سراح الكلب الصغير. 5- تكون الشوربة لذيذة أكثر إذا مزجت بها قليلا من الدينجانج.	(동) 1- (=) 해결하다/ (문제의 답을) 알아내다. 2-(반) 쌓이다/ (불편했던 마음이나 기분을) 편안하게 만들다. 3-(반) 감다. 매다. 묶다. 싸다/ (매이거나 묶이거나 잠긴 것을) 다시 원래의 상태로 만들다. 4-(반) 가두다. / (붙잡아 놓았던 것을) 자유롭게 하다. 5-(무엇을 물 들에) 섞어서 녹이거나 잘 섞다.	1_يعرف إجابة سؤال ما. 2- يغير المزاج السئ إلي مزاج جيد. 3-يُرجِع شيئا مربوطا أو محزوما إلى حالته الأولي. 4- يحرر شئ ممسوك. 5- يمزج شيء بالماء أو شيء ما يذوب بسبب المزج.	풀다	يحلّ/ يفكّ/ يحرر/ يمزج
요즘은 이상하게 잠만 들면 나쁜 꿈을 꿔요.	تراودني أحلام سيئة هذه الأيام عند نومي.	(동) 자는 동안에 꿈을 경험하다.	رؤية الحلم اثناء النوم.	꾸다	يحلم
짐을 들고 한 시간이나 서 있었어요.	كنت واقفاً لساعة أو أكثر وأنا أحمل الحقائب.	(동) 무엇을 손에 가지다. 손에 잡다.	التقاط او إمساك شيء باليد.	들다	يحمل
1-어깨에 배낭을 메다.2_벅찬 일을 메게 되었다.	1_يحمل شنطة ظهر على كتفيه. 2_توليتُ عمل شاق.	(형) 1-물건을 어깨에 걸치거나 올려놓다.2_어떠한 책임을 지거나 임무를 맡다.	1- يرتدي شيئاً أو يضعه على كتفيه. 2_يتولى مهمة أو يتحمل مسئولية ما.	메다	يحمل على ظهره
1-그는 짐을 등에 지고 나왔다. 2-이번 일로 김 사장님께 빚을 진 셈이지요. 3-자기가 맡은 일은 책임을 져야 하는 법이다.	1 لقد حمل الأمتعة وخرج. 2 أنا مدين للمدير كيم في هذا الأمر. 3 إن الاعتماد علي النفس هي طريقة تحمل المسئولية.	(동) 1-'=짊어지다/ 나르기 위해 물건을 등에 얹다. 2-빚을 얻거나 은혜를 입다. 3-'=짊어지다/ 책임을 맡다.	1 يحمل شئ ما لنقله. 2 يحمل دين أو فضل لأحد. 3 يتحمل المسئولية.	지다	يحمل. يتحمل
환경을 보호하기 위해서는 쓰레기를 줄여야 합니다.	لابد أن نقلل النفايات لحماية البيئة.	(동) 위험, 파괴, 곤란을 당하지 않게 지키고 보살피다.	الحماية والإنتباه لعدم وقوع خطر أو دمار أو مشاكل.	보호하다	يحمي
1-예전에는 집을 지키게 하기 위해 개를 키웠다. 2-각국 정부가 지구 환경을 지키기 위한 노력을 시작하였다. 3-각자 자기 위치를 지키면서 대기하시기 바랍니다. 4-	1 لقد كنا نربي كلب ليحمي المنزل في الماضي. 2 بدأت حكومات كل دولة ببذل جهودات للحفاظ علي البيئة. 3 أرجو من كل فرد البقاء في مكانه والانتظار. 4 حتي وان كنت لطيف يجب أن تحافظ علي الآداب.	(동) 1-무엇을 잃어버리거나 상하지 않게 조심하며 보호하다. 2-상하지 않게 있는 그대로 보호하다. 3-어디를 떠나지 않고 있다. 4-무엇을 잊거나 바꾸지 않고 있는 그대로 하다.	1 يحافظ أو يحرص علي الشئ من أن يتلف أو يضيع. 2 يحافظ علي الشئ كما هو ولا يتلف. 3 يبقي في المكان ولا يتركه. 4 يحافظ علي شئ ولا يغيره أو ينساه.	지키다	يحمي. يحرس. يبقي. يحافظ. يلتزم ب. يتمسك ب

아무리 친하더라도 예의는 지켜야 해요.					
1-고개를 숙이지 말고 일어나!! 2-더위가 기세를 숙였다.	ارفع رأسك ولا تحنيها.	(동)/1-(사람이 고개나 머리, 허리를) 아래로 내리게 하다. 2-(사람이나 자연 현상 따위가 기운이나 기세를) 줄어들게 하다.	يحني/ يخفض رأسه	숙이다	يحني/ يخفض رأسه
유리병을 솜으로 둘러싸다.	يلف الحاوية الزجاجية بخيط قطني.	(동) 무엇의 둘레를 싸다.	يلف محيط شيء.	둘러싸다	يحيط
편지를 친구에게 전하다	يسلم الرسالة إلى صديق	(동) 어떤 것을 상대에게 옮기어 주다.	نقل شيء للطرف الآخر.	전하다	يخبر
잘 듣고 맞는 답을 고르세요.	استمع جيداً واختر الإجابة الصحيحة.	(동)여럿 중에서 어떤 것을 가려내다. 뽑다.	يختار أو يلتقط شيئاً من بين عدة أشياء.	고르다	يختار
배우자는 선택하는 데 가장 중요한 점은 무엇이라고 생각합니까?	ما هو أهم شئ في رأيك لاختيار شريك؟	= 고르다/ (동) 여럿 가운데에서 어떤 기준이나 필요에 따라 골라서 정하다.	يختار أو يقرر من ضمن عدة أشياء وفقا لأساس معين أو لأهمية الشئ.	선택하다	يختار
음식을 보자 먹고 싶은 마음이 싹 사라져 버렸다.	عندما رأيت التفاح اختفت رغبتي في الأكل فجأة.	(동) 모양, 자취, 감정 등이 없어지다.	اختفاء شكل أو عنصر أو مشاعر وغيرها.	사라지다	يختفي
내가 읽으려던 책이 없어졌다.	اختفى الكتاب الذي كنت اقرأه.	(동) 어떤 일이나 현상이나 증상 따위가 나타나지 않게 되다.	أن لا يظهر شيء ما أو ظاهرة او عرض.	없어지다	يختفي
계약에 따라 약관이 달라지다	تختلف الشروط بناء علي العقد.	(동) 변하여 전과는 다르게 되다.	يصبح مختلف عن الوضع السابق	달라지다	يختلف
1-남을 잘 속이는 사람은 남을 잘 믿지도 않는다. 2-아무래도 네가 나한테 무엇을 속이고 있는 것 같다.	1_ إن الشخص الذي يخدع الناس لا يستطيع تصديق أي أحد. 2_ أعتقد أنك تحاول خداعي في شئ ما.	(동) 1-거짓말이나 거짓 행동을 진짜라고 믿게 하다. 2-남에게 어떤 사실을 거짓으로 말하다.	1_ يجعل الناس تصدق الكلام أو الأفعال الكاذبة علي أنها حقيقية. 2 _يزيف الحقائق للناس.	속이다	يخدع. يغش
자녀들을 위하는 부모의 마음이 참 대단하군요.	إنه من الجيد أن تكون قلوب الآباء من أجل (معتزّة) بالأبناء.	(동) 소중히 여겨 돌보거나 받들다.	احترام أو العناية باعتزاز.	위하다	يخدم. يعتزّ ب
가: 모두들 어디 갔어요? 나: 밥 먹으러 나갔어요.	أ: أين ذهب الجميع؟ ب: لقد خرجوا لتناول الطعام	(동) 안을 떠나 밖으로 가다. /(반) 들어오다.	ترك الداخل والسير إلي الخارج.	나가다	يخرج
외출하기에는 날씨가 너무 춥죠?	هل الجو قارس البرودة عند الخروج؟	(동) 볼일이 있어서 집 밖으로 나가다.	يخرج من المنزل ليفعل شئ ما.	외출하다	يخرج
어머니께서는 언제 퇴원하세요?	متي ستغادر أمي المستشفي؟	(동) 병원에 입원해 지내다가 병원에서 나오다	يخرج من المستشفي بعد دخولها.	퇴원하다	يخرج من المستشفي.
한국 축구가 브라질에 2 대 1 로 졌다.	خسر نادي كوريا لكرة القدم أمام نظيره النادي البرازيلي 1:2.	(동) 경기나 싸움에서, 다른 사람이나 팀에게 이기지 못하다.	لا يستطيع أن يهزم خصمَه في مباراة أو مشاجرة.	지다	يخسر

엄마, 오빠가 내 과자 다 빼앗아 먹었어.	أمي، أخذ أخي الكبير الحلوى خاصتي وأكلها كلها.	(동) 남이 가진 것을 강제로 자기 것으로 하다.	أن تستولي على أشياء الأخرين.	빼앗다	يخطف, يأخذ
셈을 잘못하여 손해를 보다.	يخطيء في الحساب فيتضرر	(동) 틀리거나 그릇되게 하다.	يخطيء أو يقوم بأمر ما بشكل خاطيء.	잘못하다	يخطيء
이미 다 알고 있는 일을 그에게 숨기고 싶지 않다.	لا أريد أن أخفي عنه شيئاً أعرفه بالفعل.	(동)/남이 모르게 보이지 아니하는 곳에 두다. 남이 알지 못하게 하다.	يضع (الشيء) في مكان لا يراه الناس.أو يخفي عن أحد شيئاً.	숨기다	يخفي
나에게는 아무것도 감추지 말고 솔직하게 털어놓아라.	لا تخبأ أي شئ عني وأفصح عما بداخلك بصراحة.	(동) 드러나지 아니하게 숨기어 두다. / (=) 숨기다.	يجعله غير ظاهر.	감추다	يخفي / يخبي
커튼으로 창문을 가렸다.	غطيت الشباك بالستارة.	(동) 보이거나 통하지 못하게 사이에 물건을 놓거나 드리우거나 하여 막다.	وضع الشئ أو إلقاءه في مكان غير مرئي أو يصعب الوصول إليه.	가리다	يخفي / يغطي
그는 산속으로 숨어 버렸다.	لقد اختبأ داخل الجبل.	(동)/(남에게) 보이지 않게 몸을 감추다.	يضع نفسه في مكان لايراه الناس.	숨다	يخفي نفسه/ يختبئ
아이가 열이 나면 옷을 벗기고 몸을 찬물로 씻겨 주세요.	إذا ارتفعت حراة الطفل انزع ملابسه و اغسل جسمه بالماء البارد.	(동) 옷을 몸에서 떨어지게 하다.	نزع الملابس من علي الجسم.	벗기다	يخلّع
1- 커피와 우유를 섞으면 맛있는 커피 우유가 돼요. 2- 그는 농담을 섞어 가며 재미있게 이야기했다.	1_عندما تخلط القهوة مع الحليب تصبح قهوة بالحليب. 2_لقد تحدث بطريقة ممتعة حيث كان يمزجه بالنكات.	(동) 1-무엇에 무엇을 끼우거나 넣다. 2-말하거나 행동할 때 다른 말이나 행동을 함께 하여 나타내다.	1_يضع شئ في شئ. 2_يمزج كلام أو حركات.	섞다	يخلط. يمزج
집에 돌아오면 먼저 옷부터 벗습니다.	عندما أعود للمنزل أقوم بنزع ملابسي أولاً.	(동) 입거나 쓰거나 걸치거나 신은 것 등을 몸에서 떼어 내다.	نزع ما يلبس على الجسم أو الرأس أو في القدم.	벗다	يخلع
나는 그가 교장선생님일 것이라고 추측했다.	لقد خمنت أنه مدير المدرسة.	(동)어떤 사실이나 보이는 것을 통해서 다른 무엇을 미루어 짐작하다	يخمن شئ من خلال حقيقة ما أو شئ يراه.	추측하다	يخمن
정답을 맞히다.	يصيب الإجابة الصحيحة.	(동) 문제에 대한 답이 틀리지 아니하다. 옳게 답을 하다.	لا يُخطئ في الإجابة عن مسألة أو مشكلة معينة.	맞히다	يخمن/ يُصيب
날씨가 추워 손발이 시리다.	تجمدت يداي ورجلي بسبب برودة الجو.	(명) 손과 발을 아울러 이르는 말.	كلمة تستخدم لتعني اليد والقدم معا.	손발	يد وقدم
1-식사 전에는 반드시 손을 씻자. 2-어떻게 해야 그 남자의 손에서 벗어날 수 있을까? 3-우리가 나서서 우리의 손으로 해결할 수 있다.	1_ يجب أن نغسل أيدينا جيدا قبل الأكل. 2_ ماذا سأفعل بدون مساعدة هذا الولد؟ 3_ نحن نستطيع التقدم ونحل الأمر بأنفسنا.	(명) 1-몸의 일부분으로 팔 끝에 있으며 무엇을 만지거나 잡을 때 쓰는 몸의 일부분. 2-힘이나 능력이 닿는 범위. 3-어떤 일을 하기 위한 사람의 능력. 4-소유권 상태.	1_جزء من الجسم يوجد في آخر المعصم ويتم استخدامه للمس شيء ما أو الإمساك به. 2_مقدار القوة أو النفوذ. 3_ قدرة الشخص للقيام بشئ ما. 4_حالة الامتلاك (الحيازة).	손	يد. قدرة. يد المساعدة
저는 오늘 하루 종일 공부했는데요.	لقد درست طوال اليوم.	(동)어떤 과목, 학문, 기술을 배우고 익혀 그에 관한 지식을 얻다.	يتعلم ويفهم مادة أو دراسة أو تقنية ويكتسب معرفة عنها.	공부하다	يدرس

나는 생일날 친구들을 초대했다.	لقد دعوت أصدقائي ليوم عيد مولدي.	(동) 손님을 어떤 모임, 행사, 파티 등에 오라고 부르다.	يدعو الزوار ويطلب منك القدوم في تجمع أو حدث أو حفلة وغيرها.	초대하다	يدعو
나는 네가 참 자랑스럽다.	أنا أفتخر بك جداً.	(형) (스스로 느낄 때) 남에게 드러내어 뽐낼 만하다.	يتسحق إظهاره إلى الآخرين.	자랑스럽다	يدعو للفخر
열심히 공부했는데도 합격 못할까 봐 걱정된다.	يقلقني خوفي من ألا أنجح رغم مزاكرتي بجد.	(자동)잘못될까 불안해서 속이 타게 되다.	حيرة وتكدير ناتجة عن خوف من ألا يتم الشئ كما هو مرجو.	걱정되다	يدعو للقلق
선수가 다른 팀의 선수를 밀었다.	دفع اللاعب لاعب الفريق الخصم.	(동)일정한 방향으로 움직이도록 반대쪽에서 힘을 가하다.	استخدام القوة من الطرف الأخر لتحريك شيء في إتجاه معين.	밀다	يدفع
1-태풍이 비를 몰고 왔다. 2_차를 천천히 몰다.	1_دفع الإعصار المطر وأتى به. 2_يقود السيارة ببطء.	(동)1-앞이나 옆에 세우고 일정한 방향으로 나가게 하다.2_탈것을 부리거나 운전하여 어떤 방향으로 나가게 하다.	1- يوقف شيء على الجانب أو أمامه ويجعله يتحرك في إتجاه محدد. 2_يقود عربة ويجعلها تسير في إتجاه محدد.	몰다	يدفع/يقود
1-방 안에는 선풍기가 돌아가고 있다. 2-이제야 일이 어떻게 돌아가고 있는지 알 것 같아요. 3-교실에는 히터가 돌아가고 있었지만 여전히 추웠다. 4-한 사람씩 돌아가며 자신의 생각을 말했다. 5-이 길을 돌아가면 기숙사가 나옵니다. 6-경찰들은 그 아가씨에게 친절하게 설명까지 해주고 돌아갔다. 7-싸움은 결국 누나의 승리로 돌아갔다. 8-넥타이가 오른쪽으로 살짝 돌아갔다.	1كانت المروحة تدور داخل الغرفة. 2- أعتقد أنني أخيرا أعرف كيف يسير الأمر. 3- كانت المدفئة تعمل داخل الفصل لكن ظل الجو بارد. 4- تحدث الواحد تلو الأخر عن أفكاره .5- أذا رجعت من هذا الشارع ستجد المدينة الجامعية. 6- أعطي رجال الشرطة التعليمات للسيدة ورحلوا. 7- انتهت المبارة في النهاية بفوز أختي. 8- انحرفت رابطة العنق قليلا جهة اليمين.	(동) 1-(무엇을 중심으로 하여) 원을 그리며 계속 움직이다. 2-(일아나 형편이) 어떤 상태로 되어 가다. 3-(기계가) 제대로 움직이다. 4-차례를 바꾸어 하다. 차례대로 하다. 5-(어디를) 둘러서 가거나 거쳐서 가다. 6-(처음 있던 자리나 상태로) 다시 가다. 되돌아서 가다. 7-(일이 어떤 결말로) 끝나다. 8-원래의 상태에서 한쪽으로 움직여서 틀어지다.	1_يتحرك باستمرا في شكل دائري حول شئ ما. 2- يصل الأمر أو الوضع إلى حالة معينة. 3- تعمل الآلة بشكل طبيعي. 4- يتم التبديل بالدور. 5- يدور حول مكان ما أو يعبر من خلاله. 6- يعود إلي الحالة أو المكان الأول. 7- ينتهي عمل مانهائياً. 8- يتحرك من الحالة الأصلية إلي اتجاه آخر.	돌아가다	يدور/ يعمل/ يعود
1-방 안에는 선풍기가 돌고 있었다. 2-공장 안에서 기계가 힘차게 돌고 있었다. 3-하루 종일 아무것도 먹지 못했더니 머리가 핑핑 돈다. 4-저 사람이 돌았나 봐, 행동이 이상해 5-좋은 일이 생겼는지 남수의 얼굴에는 생기가 돌았다. 6-고기 굽는 냄새에 군침이 돌았다.	1كانت المروحة تدور داخل الغرفة. 2- كانت الآلة تعمل بقوة داخل المصنع. 3- شعرت بالدوار لأنني لم أكل شئ طوال اليوم. 4- هذا الشخص يبدو أنه فقد صوابه, حركاته غريبة. 5- ظهرت الحيوية علي وجه مين سو لان شئ جيد حدث. 6- سال لعابي بسبب رائحة شوي اللحم.	(동) 1-(무엇을 중심으로 하여) 동그라미를 그리며 움직이다. 2-(기계가) 제대로 움직이다. 3-(정신이)어지러워지다. 4-(정신이) 이상해지다. 모른다. 5-(마음속의 감정이나 기운이) 겉으로 드러나다. 6-(눈물이나 침이) 생기다.	1_يتحرك في شكل دائرة حول مركز ما. 2- تعمل آلة بشكل جيد. 3- يشعر بالدوار. 4- يفقد صوابه.5- تظهر طاقة أومشاعر القلب علي السطح الخارجي. 6- تتكون دموع أو لعاب. ..	돌다	يدور/ يعمل/ ينتشر
만원 버스 안에서는 잘못해서 다른 사람의 발을 밟는 수가 있어요.	في حافلة مزدحمة يمكن أن تدوس قدم غيرك بالخطأ.	(동) 발로 디디고 누르다.	يخطو أو يضغط بقدمه.	밟다	يدوس قدم
매일 학교에 간다.	أذهب إلى المدرسة كل يوم.	(동) 이곳에서 다른 곳으로 움직이다.	الإنتقال من مكان لمكان آخر.	가다	يذهب

오늘은 회사에 처음 출근한 날이다.	إنه أول يوم لذهابي إلي الشركة.	(동) 직장에 일하러 나가다.	يخرج إلي مكان العمل ليعمل.	출근하다	يذهب إلي العمل
아이는 엄마에게 뛰어가서 안겼다.	ذهب الطفل جرياً إلى أمه وارتمى في أحضانها.	(동) 뛰어서 가다.	الذهاب جرياً.	뛰어가다	يذهب جرياً
다리가 아파서 집에까지 도저히 못 걸어가겠다.	يبدو أنني لن أستطيع أبداً الذهاب إلى المنزل سيراً لأن قدمي تؤلمني.	(동)차를 타지 않고 발로 걸어서 가다.	يذهب سيراً على الأقدام دون ركوب السيارة.	걸어가다	يذهب سيراً
길을 건너가다.	يعبر الطريق ذاهباً إلى مكان.	(동) 건너서 저쪽으로 가다. 자리를 옮겨서 가다.	يعبُر ويذهب إلى جانب آخر.	건너가다	يذهب عبر
잔디밭에 들어가도 돼요?	هل يمكن أن أدخل إلى العشب؟	(동) 밖에서 안으로 움직여 가거나 자리를 옮기다.	يتحرك من مكانه في الخارج ويذهب للداخل أو ينقل مكانه.	들어가다	يذهب للداخل
복도에서 뛰어다니지 말아.	لا تجري في الممر.	(동) 뛰면서 이리저리 왔다 갔다 하다.	الذهاب والإياب جرياً هنا وهناك.	뛰어다니다	يذهب ويأتي جرياً
1-우리 형은 졸업하고 은행에 다녀요. 2-요즘 몸이 아파서 병원에 다녀요. 3-남수는 늘 영민이랑 같이 다니네. 4-친구와 함께 시내 구경을 다녔어요. 5-민수는 아버지를 따라서 할머니 댁에 다니러 왔다	1_أخي تخرج ويعمل في بنك. 2- أنا مريض هذه الأيام لذلك أذهب إلي المستشفي. 3- ذهبت أنا وصديقي لزيارة وسط المدينة. 4- ذهبت مين سو برفقة أبيها لزيارة جدتها.5- هذا الطريق مخصص لسير العجل.	(동) 1-(일을 하거나 공부를 하러 어떤 곳에) 규칙적으로 가다. 2- (일이 있어서 어떤 곳에) 반복하여 가다. 3-여기저기 오고 가고 하다. 4-(어떠한 일을 할 목적으로) 왔다 갔다 하다. 5-(어떠한 곳에) 들르다. 6- 오고 가다.	1_يذهب بانتظام إلي مكان ما لغرض الدراسة أو العمل. 2- يذهب باستمرار إلي مكان ما لوجود عمل ما . 3- يتجول هنا وهناك. 4- الذهاب والإياب بهدف عمل شئ ما. 5- يزور مكان ما لفترة قصيرة. 6- يأتي ويذهب.	다니다	يذهب/ يعمل/
1-햇볕이 따뜻해서 어제 내린 눈이 다 녹아 버렸다. 2-물이 차가워서 커피가 잘 녹지 않아요.	1ذاب الثلج الذي سقط البارحة بسبب أشعة الشمس الدافئة. 2لا يذوب القهوة جيدا لأن الماء بارد.	(동) 1-열, 습기 때문에 굳은 물질이 딱딱하지 않게 되거나 액체가 되다. 2- 물질이 물이나 다른 액체에 섞여 풀리다.	1تحول الأجسام الصلبة إلي سائل ووتصبح غير صلبة بسبب الحرارة أو الرطوبة. 2إذابة المواد في الماء أو في سائل آخر.	녹다	يذوب.ينصهر
나는 방과 후 집에 와서 오늘 배운 내용을 복습했다.	ذهبت بعد الصف إلى البيت وراجعت ما تعلمته اليوم.	(동) 배운 것을 다시 공부하여 익히다.	أن يدرس مرة أخرى ما تعلمه.	복습하다	يراجع
저는 밤마다 하루 생활을 반성하는 시간을 갖습니다.	أستقطع وقتاً لمراجعة ما فعلته خلال اليوم في الليل.	(동)자기 말, 행동, 생각에 잘못이 없는가를 깊이 생각하다.	التفكير بعمق فيما إن كان الكلام والتصرفات والأفكار الشخصية بها خطأ ما.	반성하다	يراجع نفسه
운동 선수는 자기 몸을 잘 관리해야 한다.	يجب علي الرياضين الاعتناء بجسدهم جيداً.	(동) 어떤 일이나 물건을 책임지고 보살피며 다루다	يتحمل مسئولية عمل أو شئ ما و يعتني به .	관리하다	يراعي
아버지께서 할머니를 댁까지 모셔다 드리라고 하셨다.	طلب أبي مني أن الجدة الضيفة إلى منزلها.	(동)윗사람을 받들어 어떤 곳으로 함께 가거나 오다.	يبجل شخص كبير (عمر أو مكانة) و يصطحبه ذاهباً أو آتياً معه إلى مكان ما.	모시다	يرافق،يخدم (شخص كبير في العمر أو المكانة)
1-아이가 강아지를 키우고 싶어한다. 2-아버지께서는 나를 기술자로 키우셨다. 3-어릴 적 꿈을 계속 키워 주는 게 좋다. 4-잘 안 보이는데 글씨를 좀 키워 주세요.	1يريد الطفل تربية كلب صغير. 2- رباني والدي كفني. 3- كبر خطك لأنه غير واضح.	(동) 1-자라게 하다. 2-(사람을 특별한 일을 할 수 있도록) 가르치다. 3-(어떤 기운이나 힘을) 커지게 하다. 4-크게 하다.	1يجعله ينمو. 2- يعلم الإنسان من أجل أن يقوم بعمل خاص. 3- يجعل طاقة ما أو قوة ما أكبر. 2- يجعل شئ ما كبيراً.	키우다	يربّي / يكبر

진수는 신발끈을 단단히 묶었다.	ربط جينسو رباط حزاءه بإحكام.	(동)1-따로 떨어지거나 흐트러지지 않도록 감아 매다. 2-법령 따위로 금지하거나 제한한다. 3-여럿을 한군데로 모으거나 합하다.	1_جمع مجموعة من الحشائش أو القش معا في مجموعة واحدة. 2_ حظر أو تقييد شئ ما عن طريق مرسوم. 3_ جمع أو توحيد عدة أشياء معا.	묶다	يربط
어릴 때 저는 개 한 마리를 길렀습니다.	لقد ربيت كلب في صغري.	(동)식물, 동물, 아이를 보살펴서 자라게 하다.	الاعتناء ورعاية الأطفال أو الحيوانات أو النباتات.	기르다	يربي
나는 그의 말을 의심하자 않았다.	أنا لم أشك في كلامه.	(명) 무엇을 믿지 못하거나 이상하게 생각하다.	التفكير في شئ إنه غريب ولا يصدق.	의심하다	يرتاب. يشك
1-결승전이 끝나고 다음 대회까지 훈련을 쉬었다. 2-농부들이 나무 그늘에서 쉬고 있었다.	أخذت راحة من التمرين حتى البطولة القادمة بعد انتهاء النهائيات.	(동)/(사람이) 하던 일이나 움직임을 잠시 그치거나 멈추고 몸을 편안한 상태가 되게 하다.	يتوقف عن عمل كان يقوم به أو حركة للحظات.	쉬다	يرتاح
집안을 정리하다.	يرتب المنزل	(동) 흐트러지거나 혼란스러운 상태에 있는 것을 한데 모으거나 치워서 질서 있는 상태가 되게 하다.	أن يجمع ويرتب الأشياء التي في حالة فوضى لتصبح منظمة.	정리하다	يرتب
갑자기 비상벨이 울려 당황했어요.	ارتبكت لأن انذار الطوارئ رن فجأة.	(동) (기대하지 않은 일에 놀라서) 어떻게 해야 할 지 모르다.	لا يعرف ماذا يفعل لأنّه مندهش بسبب شئ غير متوقع.	당황하다	يرتبك.
1-이 코트에 까만 모자를 쓰면 어울리겠어요. 2-두 사람은 우산을 같이 썼다. 3-사람들은 모두 가면을 쓰고 있었다. 4-저는 책을 읽을 때만 안경을 써요.	1سيكون مناسب إذا ارتديت القبعة السوداء مع هذا المعطف. 2- استخدم شخصان الشمسية معا. 3- ارتدي جميع الأشخاص أقنعة. 4- ارتدي النظارة فقط عند قراءة الكتب.	(동) (반) 벗다/ 1-(모자를) 머리에 올리다. 2-(=) 받다/ (우산을) 머리에 펴서 들다. 3-(반) 벗다/ (무엇을) 이용하여 얼굴을 보이지 않게 가리거나 덮다. 4- (안경을) 얼굴에 붙어 있게 걸다.	1_يضع قبعة علي الرأس. 2- يفتح شمسية فوق الرأس. 3- يستر أو يغطي الوجه باستخدام شئ ما. 4- يضع النظارة علي الوجه.	쓰다	يرتدي
1-양말을 신다. 2-구두를 신다.	1- يرتدى الجوارب. 2- يرتدى الحذاء.	(타동)/신이나 버선 따위를 발에 꿰다.	يرتدي في قدمه حذاء،أو البوسون(جوارب كورية تقليدية) وغيره..	신다	يرتدي(حذاء)
오래간만에 서울 하늘에 무지개가 떠오른 것을 봤다.	رأيت قوس قزح لأول مرة منذ زمن بعيد يحلق في سماء سوول.	(동) 공기 중에서 위를 향해 떠서 올라가다.	يطفو للأعلى في الفراغ.	떠오르다	يرتفع
1-제가 얼른 선생님 댁에 다녀올게요. 2-저는 경주로 여행을 다녀왔습니다.	1سأعود فورا إلي بيت المعلم. 2- قد عدت من رحلتي إلي كيون جو.	(동) 1-(어디에) 갔다가 오다. 2-어떤 일을 하려고 갔다가 오다.	1_يذهب ويعود إلي مكان ما. 2- يذهب ويعود لفعل شئ ما.	다녀오다	يرجع
이 곳에 오신 여러분을 환영합니다.	مرحباً بالحضور.(نرحب بالحضور الذين جاؤوا لهذا المكان).	(자)/오는 사람을 기쁜 마음으로 반갑게 맞다.	يستقبل الشخص القادم بسرور وبقلب فرح.	환영하다	يرحب
나는 친구한테 편지를 보냈다.	أرسلت خطاباً إلى صديقي.	(동) 무엇을 어디에 가게 하다.	جعل شيء يذهب إلى مكان ما.	보내다	يرسل
나는 그림 그리는 것을 좋아합니다.	أنا أحب الرسم.	(동) 선, 색깔 등으로 어떤 모습을 종이 등에 나타내다	نقش شكل معين علي ورقة او غيرها باستخدام الألوان والخطوط	그리다	يرسم.يلون

1-비가 뿌리기 시작하니 어서 집으로 돌아가자. 2-한여름에는 길에 물을 뿌리면 조금 시원하지요. 3-아이들은 학교 화단에 봉숭아 씨앗을 뿌렸다. 4-돈을 뿌리는 선거 풍토는 반드시 고쳐져야 된다.	1_لقد بدأ تناثر المطر دعونا نعود إلي المنزل. 2_يكون الجو منعشا عندما نرش المياه في الشارع في فصل الصيف. 3_قام الأطفال برش بذور زهرة البلسم في مشتل أزهار المدرسة. 4_يجب إصلاح المناخ الانتخابي الذي يصرف الأموال ببزخ.	(동) 1-눈이나 빗방울이 날려 떨어지다. 2-무엇을 골고루 흩어지도록 끼얹거나 던지다. 3-씨앗을 흩어지도록 던져서 심다. 4-돈이나 물건을 마구 쓰다.	1_تساقط أو تناثر قطرات المياه أو المطر. 2_توزيع أو رمي شئ بالتساوي. 3_رمي البذور وغرزها. 4_التبذير أو استخدام النقود بشكل عشوائي.	뿌리다	يرش. يصب. يبذر
1-제가 여러분에게 호텔, 버스 예약에 관한 모든 것을 친절하게 안내해 드리겠습니다. 2-예진이가 친구들을 인사동으로 안내했다.	1سوف أعلمكم بكل شئ حول حجز الفندق والباص. 2- أرشدت يجين صديقتها إلي انسادونغ.	(동) 1-(어떤 장소나 행사 등에 대하여) 알려 주다. 2-어떤 장소에 데려다 주다.	1_يُعلم عن مكان أوحدث ما. 2- يقود شخص ما إلي مكان ما.	안내하다	يرشد
농사를 잘 지으려면 날씨 변화를 잘 관찰해야 합니다.	إذا أردت أن تزرع جيداً يجب عليك رصد تغير الطقس.	(동) 무엇을 주의하여 살펴보다.	يراقب بشئ بانتباه.	관찰하다	يرصد / يراقب
1-우리를 돌봐주는 선생님이십니다. 2-대통령이 나랏일을 잘 돌봐야 국민들이 편하게 살 수 있다.	1هذا الشخص هو الأستاذ المسئول عنا. 2- يجب علي رئيس الدولة أن يدير أمور الدولة جيداً حتي يعيش المواطنون بسلام.	(동) 1-(누구를) 과심을 가지고 보살피다. 2-(어떤 일을) 맡아 관리하다.	1_يعتني ويهتم بشخص ما. 2- يدير عمل ما.	돌보다	يرعي/ يعتني ب
1-주말에 시내를 구경하고 싶습니다. 2-길이 막히겠다 싶어서 전철을 타고 왔습니다. 3-첫눈이 왔으면 싶다	1أرغب في زيارة وسط المدينة في عطلة نهاية الأسبوع. 2- كنت أظن أن الطريق مزدحم فجئت عن طريق المترو. 3- اتمني سقوط أول ثلج.	(형) 1-(무엇을) 하려고 하는 마음이 있다. 2-(무슨) 생각이 들다. 3-(무엇을) 바라는 마음이 있다.	1_لديه نية لفعل شئ ما. 2- لديه فكرة ما. 3- لديه رغبة لشئ ما.	싶다	يرغب أن
1-바닥을 조금 높여서 집을 지었다. 2-경쟁에 이기기 위해서는 경쟁력을 높여야 한다. 3-그들은 만났다 하면 으레 언성을 높이고 싸워요.	1لقد رفعت الأرض قليلا وبنيت المنزل. 2يجب أن ترفع روح المنافسة لتفوز . 3في كل مرة يلتقوا بها يرفعوا اصواتهم ويتعاركوا.	(동) 1-바닥에서 꼭대기까지의 거리를 길게 하다. 2-가치, 수준, 정도 등을 보통보다 크게 하다. 3-소리를 가늘고 날카롭게 하다.	1يرفع مسافة كبيرة من الأرض حتي القمة. 2يزيد من المعدل أو الدرجة الطبيعية. 3يرفع صوته.	높이다	يرفع
1- 이 가방 좀 짐칸에 올려 주세요. 2-상큼한 봄나물을 상에 올려 보세요. 3-선생님은 남수와 민지를 반장 후보에 올리셨다. 4-다음에는 좋은 소식을 담아서 편지를 올리겠어요. 5-아주머니가 하숙비를 올렸다.	1من فضلك أرفع هذه الحقيبة إلي مقصورة الشحن. 2- ضع خضروات الربيع الطازجة علي المائدة. 3- وضع المعلم نام سو ومين جي في قائمة مرشحي رئاسة الفصل. 4- مستقبلاً سأقدم رسائل تحتوي علي أخبار سعيدة. 5- رفعت السيدة من تكاليف البنسيون.	(동) 1- (반) 내리다/ (무엇을 위쪽으로) 올라 있게 하다. 2- (=) 차리다/ (음식을 상에) 차려 놓다. 3- (이름, 내용, 사건을 어디에) 써 넣다. 등록하다. 4- (무엇을 윗사람에게) 주거나 제시하다. 5- (수치나 결과가) 높아지거나 많아지게 하다.	1_يجعل شئ يرتفع لأعلي. 2-يجعل طعاما يوضع على مائدة. 3- يكتب اسم أو محتوي أو حادثة في مكان ما. 4- يقدم شئ لشخص أكبر منه. 5- يجعل عدد أو نتيجة مرتفعة أو متزايدة.	올리다	يرفع/ يضع / يضع
우리는 어제 즐겁게 노래도 부르고 춤도 추었습니다.	لقد غنينا بسعادة ورقصننا البارحة.	(동) 음악에 맞추거나 흥이 나서 몸을 움직이다.	يحرك جسمه ويوفق حركاته مع الموسيقي أو عند ظهور صوت.	추다	يرقص

1-그는 차 문을 열더니 내 옆자리에 탔다. 2-차를 타다. 3-그네를 타다. 4-그 사람은 산을 잘 탑니다. 5-낙엽을 태우는 냄새가 바람을 타고 집안까지 들어왔다. 6-우리 가게도 방송을 탔으니까 손님이 늘겠지요. 7-그 회사는 아파트 건축 붐을 타서 성공할 수 있었다.	1فتح شباك السيارة ثم صعد وجلس في المقعد المجاور لي. 2- يركب سيارة. 3- يركب الأرجوحة. 4- رائحة حرق أوراق الشجرة المتساقطة دخلت إلي البيت بواسطة الرياح. 6- سيزداد زبائننا لأن محلنا قد ظهر عبر البث التلفزيوني. 7- تلك الشركة ممكن ان تنجح إذا استغلت طفرة العمارات السكنية.	(동) 1-(어디에) 올라서 자리를 잡다. 2-(교통수단을) 이용하여 이동하다. 3-(기구를 이용해서) 움직여 가다. 4-(어디를 지나서) 옮겨가다. 5-(파도나 바람을) 이용하여 움직이다. 6-신문이나 방송 등을 통해 사람들의 입에 오르내리다. 7-(어떤 때나 기회를) 이용하다.	1_يصعد ثم يحتل مكان ما. 2- ينتقل باستخدام وسيلة مواصلات. 3- يتحرك باستخدام أداة. 4- ينتقل مروا بمكان ما. 5- يتحرك مستخدما الرياح اوالموج. 6- شئ ما يصبح حديث العامة من خلال الجرائد أو البث التلفزيوني 7- يستغل فرصة ما.	타다	يركب
1-민지는 공원에서 공을 차고 놀았다. 2-네가 날 차면 행복할 줄 알아?	1 لعب مين جي في الحديقة وركل الكرة. 2 هل ستكوني سعيدة إذا افترقت عني؟	(동) 1-무엇을 발로 힘껏 치다. 2-사귀던 남녀 중 하나가 상대를 거절하여 관계를 끊다.	1 يركل شيئا بقدمه بكامل قوته. 2 يقطع طرفُ واحد بين رجل وامرأة علاقةً عاطفيةً بشكل أحادي.	차다	يركل. يضرب بالقدم. يفرق
휴지를 아무데나 버리지 맙시다.	لا ترمي المناديل في أي مكان.	(동) 필요가 없어진 것을 내던지거나 쏟다.	التخلص من الشيء غير الضروري.	버리다	يرمي
자동차가 매년 늘어난다.	تزداد السيارات كل عام.	(동) 다른 것이 더해져서 수나 양 등이 많아지다.	تصبح كمية أو عدد ما كبيرة.	늘어나다	يزداد
1-아버지께서 정원에 나무를 심으셨다. 2-그는 어린이들에게 희망과 용기를 심어 주었다.	1زرع أبي شجرة في الحديقة. 2- غرست الأمل والشجاعة في نفوس الأطفال.	(동) 1-(가꾸고 키우려고 식물의 뿌리나 씨를) 땅 속에 묻다. 2-(어떤 생각을 마음 속에) 자리잡게 하다.	1_يضع جذر أو بذرة نبات في الأرض من أجل تربيتها ورعايتها. 2- يجعل فكرة ما تستقر في القلب.	심다	يزرع / يغرس
건강을 위해서는 일하는 시간을 줄이고 휴식 시간을 늘려야 한다.	لتحصل علي صحة أفضل يجب أن تقلل ساعات العمل وتزود ساعات الراحة.	(동) 다른 것이 더해져서 수나 양 등을 머 많거나 크거나 세거나 길어지게 하다.	يكثر أو يزود من عد أو كمية علي شئ ما.	늘리다	يزود
지난 여름에 나는 부산에 있는 송 선생댁을 방문했다.	زرت منزل المعلم سونج في بوسان الصيف الماضي.	(동) 누구 또는 어디를 찾아가다.	يذهب لشخص أو مكان ما.	방문하다	يزور
1-언제쯤 찾아가면 됩니까? 2-수미는 어릴 때 살던 동네를 한번 찾아가 보기로 했다. 3-이미 부인께서 돈을 찾아가셨습니다.	1 متي أستطيع زيارتك تقريبا؟ 2 ذهب سو مي مرة إلي الحي الذي كان يسكن به في الطفولة. 3 لقد ذهبت زوجتي بالفعل لتسحب القود.	(동) 1-누구를 만나기 위해 가다. 2-어떤 목적을 가지고 어떤 곳에 가다. 3-잃어버리거나 맡긴 것을 받아 가지고 가다.	1 يذهب للقاء شخص ما. 2 يذهب إلي مكان ليحصل علي هدف معين. 3 يذهب ليسترد شيئا مفقودا أو تم إيداعه.	찾아가다	يزور. يذهب بحثا
전보다 담배가 좀 늘었어요.	لقد أكثرت من السجائر عن السنة الماضية.	(동) 다른 것이 더해져 수나 양 등이 많아지다. / (반) 줄다	زيادة عدد أو كمية علي شئ أخر.	늘다	يزيد
도와 드릴까요, 손님?	هل أساعدك يا سيدي؟	(동) '남을 위하여 애써 주다'를 높여서 하는 말.	صيغة احترام تعني بذل مجهود من أجل الأخريين	도와드리다	يساعد
여러 가지로 도와주셔서 고맙습니다.	شكرا لمساعدتي مرات عدة.	(동) 남을 위하여 애써 주다.	يبذل مجهود من أجل الآخريين.	도와주다	يساعد
1-유미야, 놀지마 말고 엄마 좀 도와라. 2-그는 오랜만에 불쌍한	1يومي, توقفي عن اللعب وساعدي والدتك. 2- ساعد جيرانه الفقراء مدة طويلة. 3-التفاح فاكهة تساعد علي الهضم.	(동) 1-(남의 일을) 거들거나, 그 일이 잘 이루어지게 하다. 2-(위험하거나 어려운	1_يُساعد في أعمال الآخريين أو يجعل ذلك العمل يتحقق. 2- يرعي الشخص ذو الأوضاع الصعبة والخطيرة خاصة	돕다	يساعد

이웃을 도왔다. 3-사과는 소화에 돕는 과일이다.		상황에 있는 누구를 주로 경제적으로) 보살피다. 3-(어떤 현상이나 작용을) 활발하게 이루어지도록 만들다.	إقتصاديا. 3- يُحدث ظاهرة أو أثر ما بنشاط.		
기차를 타고 유럽을 여행하다	يركب القطار ويسافر حول أوروبا.	(동) 일이나 유람을 목적으로 다른 고장이나 외국에 가다.	أن يذهب إلى منطقة أخرى أو دولة أجنبية بغرض العمل أو السياحة.	여행하다	يسافر
모르는 게 있으면 저에게 언제든지 물어보세요.	اسألني في أي وقت عما لا تعرفه.	(동)남에게 대답이나 설명을 구하다.	يبحث عن إجابة أو شرح من شخص.	묻다	يسأل
동생은 나에게 어디 가느냐고 물어보았다.	سألني أخي الصغير أين أذهب	(동)무엇을 밝히거나 알아내기 위하여 상대편에게 묻다.	يستفسر من الطرف الأخر حتى يعرف أو يوضح شيء ما.	물어보다	يسأل
나는 선생님에게 그 나무의 이름이 무엇이냐고 질문했다.	لقد سألت المعلم عن اسم هذه الشجرة.	(동) '=묻다/ 모르는 것이나 알고 싶은 것을 묻다.	يسأل عن شئ لا يعرفه أو يود معرفته.	질문하다	يسأل.يستفسر
일부 상품은 세일 대상에서 제외된다.	تستثنى بعض المنتجات من التخفيضات.	(동) 따로 떼어 한데 놓지 않다.	أن يستبعد ولا يحتسب.	제외하다	يستثني
따뜻한 물로 샤워했다.	لقد استحممت بالماء الدافئ.	(동)물을 비처럼 쏟아지게 하여 간단히 하는 목욕하다.	يغتسل بماء ينزل كمياه المطر.	샤워하다	يستحم
땀이 나면 이 손수건을 사용하세요.	رجاء استخدام المناديل عند التعرق الكثير.	(동) 물건 등을 필요한 데에 쓰다.	يستخدم شئ في مكانه الضروري.	사용하다	يستخدم
1-죄송합니다만, 전화 좀 써도 될까요? 2-아이가 대학에 가면 돈을 많이 쓰게 됩니다. 3-선배인 줄 알고 존댓말을 썼는데 알고 보니 같은 나이였어요. 4-일하는 사람을 몇 명 더 써야겠어요. 5-그는 교통사고로 다리 한 쪽을 못 쓰게 되었다. 6-발음에 신경을 쓰는데도 잘 안 고쳐지네요.	1معذرة, هل يمكن استخدام التليفون؟ 2- ينفق الابن الكثير من المال عند الذهاب إلي الجامعة. 3- كنت أظن أنه أكبر مني في السن لكن بعد استخدام صيغة الحترام في الكلام عرفت أنه في نفس سني . 4-أحتاج أن استأجر المزيد من العمال. 5- لا يسنطيع تحريك قدمه في جهة ما بسبب الحادث المروري. 6- بالرغم من إنشغالي بالنطق لكن لم أحسنه.	(동) 1-(무엇을) 사용하다. 2-(어떤 일을 하는 데에 돈, 물자를) 들이다. 3-(어떤 말을) 사용하다. 4-(누구에게) 어떤 일을 하게 하다. 5-(몸의 일부를) 움직이거나 사용하다. 6-(어떤 일에 마음, 힘을) 들이다.	1_تستخدم شئ ما. 2- ينفق شئ أو مال في فعل شئ ما. 3- يستخدم كلام ما. 4- يفعل عمل ما لشخص ما. 5- يستخدم أو يحرك جزء من الجسم. 6- يستثمر قوة في شئ ما.	쓰다	يستخدم/ ينفق
여가를 자기 계발에 잘 활용하는 사람만이 성공할 수 있다.	الشخص الذى يستطيع أستخدام وقت فراغه فى تطوير نفسه هو فقط يستطيع النجاح	(동)/이리저리 잘 이용하거나 응용함.	يُطبق أو يستخدم جسدا هذا وذالك.	활용하다	يستخدم/ينتفع
1-잠시만 돌아서 주시겠어요? 2-이번 일로 모든 친구들이 그에게서 돌아섰다. 3-민호는 솔곧 반대하다가 갑자기 찬성으로 돌아섰다. 4-한번 돌아선 마음을 되돌리는 건 어렵다. 5-어제부터 주가가 다시 오름세로 돌아섰다.	1هل يمكنك أن تستدير للحظة؟ 2- قاطعه جميع أصدقائة بسبب هذا العمل. 3- مين هو كان معارض طوال الوقت لكنه فجأة وافق. 4- من الصعب استعادة مزاجه الذي تغير مرة واحدة. 5- ارتفعت أسعار الأسهم تصاعديا مرة أخري منذ الأمس. .	(동)1-몸을 다른 쪽으로 방향을 바꾸어 서다. 2-관계를 끊고 서로 멀리하다. 3-(건해나 태도가) 바꾸다. 4-마음이 바뀌거나 남을 배신하다. 5-(병세나 기세가) 점점 나아가거나 회복되다.	1_تغيير اتجاه الجسم لاتجاه آخر عند القيام. 2- يبتعدان عن بعضهما البعض ويفطعان العلاقات بينهما. 3- تغير السلوك أو وجهة نظر. 4- يخون الاخر أو يتغير مزاجه. 5- تتحسن حالة المرض تدريجياً أو يستعيد النشاط والحيوية.	돌아서다	يستدير / يقطع علاقة/ يمر من خلال/ يتحسن

1-저는 하루에 두세 개씩 단어를 외우고 있어요. 2-나는 그 시를 외우고 있다.	1أنا أستذكر كلمتين أو ثلاثة يوميا. 2 أنا أحفظ تلك القصيدة.	(동) 1-말, 글을 머릿속에 기억하다. 2-머리에 기억하고 있는 것을 틀리지 않게 그대로 말하다. /=암기하다.	1 يتذكر كلام أو مقالة داخل الدماغ. 2 يتذكّر كلاما أو مقالا ويقولهما دون أي خطأ.	외우다	يستذكر. يحفظ
높은 환율로 인해 나는 해외여행 계획을 포기할 수밖에 없었다.	بسسب أسعار الصرف المرتفعة ليس لدي خيار سوي التخلي عن فكرة السفر للخارج.	(타) (어떤 일을) 끝까지 다 하지 못하고 중간에 그만두다.	لا يكمل عمل ما حتي النهاية ويتخلي عنه في	포기하다	يستسلم
부모님께 여쭈워 보고 결정하겠습니다.	سأستشير والدي ثم أقرر.	(동) 여쭈다(웃어른에게 말씀을 올리다).	يتحدث إلى شخص كبير سناً أو مقاماً.	여쭙다	يستشير
학교 도서관에서 책 2 권을 빌렸다.	استعرت كتابين من مكتبة المدرسة.	(동) 남의 것을 돌려 주기로 하고 얻어 쓰다.	أن تأخذ أشياء الآخرين لتستعملها لوقت قصير ثم تعيدها إليهم.	빌리다	يستعير
1-할아버지 댁까지 기차로 3 시간이나 걸렸다. 2-시험 중에 부정행위를 하다가 선생님에게 걸렸다.	يستغرق الذهاب إلى بيت الجد حوالي 3 ساعات بالقطار.	(동)1-(일에 날짜나 시간이) 필요하거나 소요되다. 2-(어떤 사람이) 숨기려던 일이나 물건 따위를 들키게 되다.	فعل" يحتاج وقت".	걸리다	يستغرق
1-너무 피곤해서 자리에 눕자마자 잠이 들었어요. 2-어머니는 오랫동안 병석에 누워 계셨다.	1بمجرد أن استلقيت نمت من شدة التعب. 2ظلت أمي في فراش المرض لفترة طويلة.	(동) 1- 몸을 바닥에 길게 놓다. 2- 누워서 병을 앓다.	1يستلقي علي الأرض. 2يتمدد من المرض.	눕다	يستلقي
그는 방바닥에 엎드려 책을 읽고 있었다.	كان مستلقياً على بطنه على أرضية الغرفة يقرأ كتاباً.	(동) 배를 바닥에 붙이거나 팔다리를 짚고 몸 전체를 길게 뻗다.	أن يستلقي ببطنه على الأرض و يمد ذراعيه ورجليه.	엎드리다	يستلقي على بطنه
1-음식 맛을 감상하다. 2-음악을 감상하다.	1_يستمتع بمذاق الطعام. 2_ يستمتع بالموسيقي.	(동) 예술 작품 따위의 아름다움을 즐기며 평가함.	يستمتع بعمل فني أو غيره و يقيمه.	감상하다	يستمتع / يقدر (فن)
하던 일을 계속하세요.	استمر فيما كنت تفعله.	(동)무엇을 끊지 않고 이어서 하다.	لا يتوقف عن أمر ما ويواصل فعله.	계속하다	يستمر
저는 심심할 때는 음악을 듣기도 하고 운동을 하기도 합니다.	عندما أشعر بالملل أستمع للموسيقى و أمارس الرياضة.	(동) 소리를 귀로 알아차리다.	التعرف على الصوت من خلال الأذن.	듣다	يستمع
아기가 깨면 우유를 먹이세요.	إذا استيقظ الطفل اطعميه الحليب	(동) 잠, 술기운에서 벗어나 원래의 정신을 되찾다.	استعادة الوعي أو ازالة أثار الخمر أو النوم.	깨다	يستيقظ
그는 수첩에 그때그때 떠오르는 생각들을 기록해 두었다.	لقد سجل ذكرياته في المفكرة لحظة بلحظة.	(동) 어떤 일이나 사실을 글로 적다.	كتابة حقيقة أو أمر ما.	기록하다	يسجل، تدوين
고장 난 자동차가 길을 막았다.	سدت السيارة المعطلة الطريق.	(동) 이 쪽과 저 쪽을 통하지 못하게 하다.	سد جهتين بحيث لا يمر عبرهما شيئاً.	막다	يسد
집에 도둑이 들어서 돈을 훔쳐 갔다.	دخل لص المنزل وسرق المال.	(동) 주인이 모르게 남의 것을 가지고 가다. 도둑질하다.	يقوم بأخذ حاجة الغير دون علم صاحبها.	훔치다	يسرق

사람들이 모두 그의 성공을 기뻐해 주었다.	لقد فرح كل الناس لنجاحه.	(동)무엇을 보고 신나고 기분 좋은 느낌이 들거나, 그런 느낌을 겉으로 보여주다. /(반)슬퍼하다	الاحساس بشعور رائع ومذهل عند رؤية شئ ما، ويكون هذا الشعور ظاهريا.	기뻐하다	يسعد. يفرح
민수의 자동차가 사고가 나서 강물에 빠졌다. 텔레비전 플러그가 빠져 있군요.	اصطدمت سيارة مينسو في حادث وسقطت في مياه النهر. فيشة التلفاز غير موصلة بالكهرباء.	(동) 1-물 속에 잠기거나 어떤 깊은 곳에 떨어진다. 2- 박혀 있거나 속에 들어 있던 것이 밖으로 나오다.	يغمر ف يخرج من داخل شيء.ي الماء أو يسقط في مكان عميق.	빠지다	يسقط
1-아버지가 쓰러져서 병원에 입원하셨다. 2-바람이 많이 불어서 집 앞에 있는 나무가 쓰러졌어요. 3-회사가 부도로 쓰러지면서 저도 직장을 잃었습니다.	1دخل أبي المستشفي لأنه سقط. 2- سقطت الشجرة الموجودة أمام المنزل بسبب كثرة هبوب الرياح. 3- سقطت الشركة نتيجة للإفلاس وفقدت أنا وظيفتي.	(동) 1-(누가) 몹시 지치거나 부상을 입거나 병으로 중심을 잃고 넘어지다. 2-(서 있거나 쌓여 있던 것이) 한 쪽으로 쏠리어 넘어지다. 3- (집안이나 회사가) 제 구실을 하지 못하게 되다.	1_يسقط ويفقد توازنه بسبب مرض أو جرح أو الإجهاد الشديد. 2- يسقط شيءُ ما واقف بسبب ميله إلى اتجاه واحد. 3- عدم قدرة الشركة أو الدولة علي أداء دورها.	쓰러지다	يسقط
엄마, 계란 좀 삶아 주세요.	أمي، هل من الممكن أن تسلقي لي بعض البيض.	(동) 무엇을 물에 넣고 끓이다. 물에 끓여 익히다.	يضع شئ في الماء ويغليه. يطهي في الماء المغلي.	삶다	يسلق
보고서를 교수에게 제출하다.	يسلم التقرير إلى المعلم.	(동) 문안이나 의견, 법안 따위를 내다.	يقدم طلب أو رأي أو وثيقة وغيرها.	제출하다	يسلم
1-민지가 요즘 너무 살이 쪘다. 2-어머니께서는 만두를 찌셨다.	زاد وزن مين جي حيث أنه يأكل كثيرا هذه الأيام	(동) 1-몸에 살이 올라 뚱뚱해지다. 2-(음식을) 뜨거운 김으로 익히거나 데우다.	يزيد في الوزن من خلال زيادة اللحم في الجسم.	찌다	يسمن
1-음식이 상하지 않게 냉장고에 넣어 두었습니다. 2-그는 오랫동안 힘든 일을 해서 몸이 많이 상했다. 3-얼굴이 많이 상했네요. 무슨 걱정이라도 있었어요?	1_وضعت الطعام في الثلاجة حتي لا يفسد. 2_لقد ضعف بدنه لانه قام بالعمل الشاق لفترة طويلة. 3_مالذي يقلقك؟ وجهك شاحب جدا.	(동) 1-온전하지 못하다. 음식이 썩다. 나쁘게 변질되다. 2-몸에 상처가 생기거나 기능을 제대로 하지 못하게 되다. 3-걱정으로 얼굴이나 몸이 야위다.	1_غير طبيعي. يفسد الطعام. تسوء حالته. 2_تعرض الجسم لإصابة ما أو عدم قدرته علي التحرك بشكل عادي. 3_يصبح الوجه أو الجسم شاحبا بسبب القلق.	상하다	يسوء. يفسد. يُجرح
수술이 잘못되다.	تفشل العملية الجراحية.	(동) 어떤 일이 그릇되거나 실패로 돌아가다.	أن يصبح أمر ما خطأ أو يبوء بالفشل.	잘못되다	يسير بشكل خاطيء
공부가 잘되다.	المذاكرة تسير جيداً.	(동) 일, 현상, 물건 따위가 썩 좋게 이루어지다.	أن يتحقق عمل أو ظاهرة أو شيء جيداً.	잘되다	يسير جيداً
민지는 마라톤 대회에 처음 참가합니다.	إنها المرة الأولي لمين جي ليشارك في مسابقة الماراثون.	(동) 어떤 단체, 경기, 행사 등에 나가서 함께 하다.	يحضر اجتماعا أو مباراة أو مناسبة، أو غير ذلك.	참가하다	يشارك
우리는 꽃 시장에 가서 여러 가지 꽃을 구경했습니다.	ذهبنا إلي سوق الورود وشاهدنا أنواع عديدة من الزهور.	(동) 재미로 어떤 것을 보다.	يشاهد شئ ما بمتعة.	구경하다	يشاهد
아들이 할아버지를 닮았어요?	هل يشبه الولد جده؟	(동) (둘 이상) 사람 또는 사물의 모양이나 성질이 서로 비슷하다.	يتشابه الشكل او الصفة لشيئين أو شخصين فأكثر.	닮다	يشبه.

어머니는 과일 가게에서 딸기를 샀다.	لقد ابتاعت أمي فراولة من محل الفاكهة.	(동) 어떤 물건을 돈을 주고 자기 것으로 만들다. / =구매하다.	دفع النقود لأخذ شئ ما ويصبح ملكنا.	사다	يشتري
1-마당 앞에서 나뭇가지들이 타고 있었다. 2-머리카락이 촛불에 탔어요. 3-바닷가에 갔다왔더니 팔다리가 새까맣게 탔어요. 4-전화를 받는 사이 생선이 다 탔어요. 5-목이 타는데 시원한 음료수라도 한 잔 마십시다.	1كانت الأشجار أمام الساحة تحترق. 2- احترق شعري في الشمعة. 3- أسودت أطرافي بسسب الذهاب للبحر. 4- احترق السمك بينما أتلقي هاتف. 5- شربت كوب من العصير البارد لأن حلقي كان جاف.	(동) 1-(불길이) 일어나다. 2-불이 붙어서 재와 숯이 되다. 3-(피부가) 햇볕을 많이 받아 검게 되다. 4-음식이 지나치게 열을 받아서 까맣게 되다. 5-(목이나 입술이) 바짝 마르다.	1_يشعل النار. 2- يصبح متفحم بسسب إشعال النار. 3- تسود البشرة بسسب تعرضها للشمس كثيرا. 4- يحترق الطعام حتى يصبح مسودا نتيجة لتسخينه لدرجة حرارة عالية. 5- يجف الحلق أو الشفة.	타다	يشتعل/ يحترق
거지가 어디서 밥을 빌어 왔다. (구걸하다).	توسل الشحاذ للحصول على الطعام وأتى.	(동) 남의 것을 공짜로 달라고 청하여 얻다.	أن تطلب أشياء الآخرين وتحصل عليها بدون مقابل.	빌다	يشحذ
옆 교실에서 의자를 끄는 소리가 시끄럽다.	إن صوت جر الكرسي في الفصل المجاور مزعجة.	(동) 무엇을 바닥에 댄 체로 자리를 다른 데로 잡아당기다.	جر شئ علي الأرض إلي مكان آخر.	끌다	يشد.يجذب.يجر
기분이 나빠서 술을 많이 마셨어요.	كان مزاجي سيئاً فشربت الكثير من الخمر.	(동) 물, 음료 같은 액체를 먹다.	تناول السوائل مثل الماء أو المشروبات.	마시다	يشرب
학교에서 여러분의 집까지 가는 길을 친구에게 설명하여 봅시다.	لتشرحوا لزميلكم طريق الذهاب من المدرسة حتي المنزل.	(동) 어떤 사실을 남이 잘 이해할 수 있도록 말하다.	شخص يتحدث عن حقيقة ما ليتم فهمها جيدا.	설명하다	يشرح. يوصف
저는 이 일을 하면서 큰 보람을 느꼈습니다.	وأنا أفعل هذا الأمر شعرت بالندم.	(동) 어떤 감정을 마음속에 갖거나 알게 되다.	امتلاك مشاعر ما داخل القلب.	느끼다	يشعر
수업 시간에 조는 사람이 있다.	يوجد شخص يشعر بالنعاس وقت الدرس.	(동) 잠을 자려고 하지 않으나 저절로 잠이 드는 상태로 자꾸 접어들다.	الدخول في حالة النوم بدون رغبة في ذلك.	졸다	يشعر بالنعاس
졸리고 피곤하다.	نعسان وتعبان.	(동) 자고 싶은 느낌이 들다.	الشعور بالرغبة في النوم.	졸리다	يشعر بالنعاس
1-그는 생일 케이크에 촛불을 켰다. 2-방이 어두우니까 불 좀 켜 주십시오. 3-라디오를 켜다.	أشعل الشمع علي كيكة عيد الميلاد. 2- أشعل النور من فضلك لأن الغرفة مظلمة. 2- يشغل الراديو.	(동) (반) 끄다/ 1-(불을) 등이나 초 따위에 붙게 하다. 2-(전기 등을 이용하여) 환하게 밝히다. 3-(전기 기구를) 작동하게 하다.	يشعّل النار باستخدام عود ثقاب. 2- يضئ باستخدام الكهرباء. 3- يشغل الأجهزة الكهربائية.	켜다	يشعل / يشغل.
1-뒷마당에서 쓰레기를 불에 태웠다. 2-고기를 구울 때는 너무 태우지 않는 것이 좋다. 3-피부를 너무 오래 태우면 화상을 입을 수도 있다.	1أحرقت القمامة في الساحة الخلفية. 2- من الجيد عند شوي اللحم ألا تتركها علي النار طويلا. 3 -إذا عرضت بشرتك للشمس لفترة طويلة يمكن أن يحدث حرق لسحط الجلد.	(동) 1-(불을 붙여 무엇을) 타게 하다. 2-음식을 검게 변할 정도로 지나치게 익히다. 3- (몸을 햇볕에) 타게 하다.	1يشعل شيئا بالنار. 2- يترك الطعام على النار حتى يصبح مسودا بشكل مفرط. 3- يجعل الجسم يتعرض لأشعة الشمس	태우다	يشعل/ يحرق
1-저는 날씨가 아주 덥지 않으면 선풍기를 안 틀어요. 2-설거지를 할 때에 수도꼭지를 계속 틀어 놓지 마세요. 3-앞에 가던 차가 갑자기 방향을 틀어요.	1لم أشغل المروحة لأن الجو ليس حار. 2- لا تدير الصنبور باستمرار أثناء غسل الأطباق. 3-غيرت السيارة التي تسير في الأمام اتجاهها فجأة.	(동) 1-(=)켜다/(반)끄다/(기계를) 움직이게 하다. 2-(무엇을) 한 방향으로 돌리다. 3-갑자기 방향을 바꾸다.	1_يشغل آلة. 2- يُدِير شئ لاتجاه ما. 3- يغير الاتجاه فجأة.	틀다	يشغل /يُدير / يغير

나는 친구에게 도와준 것에 감사했다.	شكرت صديقي على مساعدته لي.	(동) (=) 고맙다.	التعبير عن الشكر.	감사하다	يشكر
고마운 마음	شعور بالامتنان	(형)남이 자기에게 좋은 일을 해주어서 기쁘고 보답하고 싶은 마음이 있다.	الشعور بالسرور والرغبة في مكافأة الآخرين لأنهم أسدوا لك أمراً جيداً.	고맙다	يشكر
1-겨울 밤에는 밤이나 고구마를 구워 먹었습니다. 2-이곳은 벽돌을 굽는 곳입니다.	1شويت في ليالي الشتاء البطاطا و أبو فروة وأكلتهما. 2- هذا الشئ طوب محروق.	(동) 1-(사람이 고기나 김을) 직접 열을 가해익히다. 2-(사람이 흙으로 빚은 것을) 열을 가해 굳게 하다.	1_يطهي علي شئ ساخن أو نار. 2- صنع الطوب أو الفحار بوضعهما في الفرن وحرقهما.	굽다	يشوي و يحرق
경제 전문가들이 내년에 높은 경제 성장률의 예상이 있다고 가리킨다.	يشير خبراء الإقتصاد إلى وجود توقعات بزيادة معدل النمو الإقتصادي العام القادم.	(동) 어느 것인가, 어느 쪽인가, 무엇인가 따위를 집어서 보이거나 말하거나 알리다.	عرف،أو أظهر،أو تحدث عن شئ،إتجاه أو غيرها .	가리키다	يشير
그는 종이컵에다 커피를 넣고는 뜨거운 물을 부었다.	وضع القهوة في كوب من الورق ثم سكب الماء الساخن.	(동) 액체나 가루를 그릇에 쏟아 넣다.	سكب سائل أو بودرة في صحن.	붓다	يصب
장사가 잘 됩니까?	هل يسير البيع بشكل جيد؟	(동) 무엇이 바라는 대로 이루어지거나 바뀌다.	يصبح أو يتغير كما تريد.	되다	يصبح
1-그는 유람선 갑판에서 멀어져 가는 섬을 바라보았다. 2_오늘 경기에 패하여서 우리 팀은 우승권에서 멀어졌다. 3_사소한 의견 차이로 친구 사이가 멀어졌다.	1_لقد وقف على ظهر السفينة وأخذ ينظر إلى الجزيرة التي تتباعد. 2_هُزمنا في مباراة اليوم وأصبحنا بعيدين عن تحقيق البطولة/أصبحنا خارج السباق. 3_بعدت صداقتهما بسبب إختلاف رأي تافه.	(동) 1-거리가 많이 떨어지게 되다.2_어떤 기준점에 모자라게 되다.3_서로의 사이가 다정하거나 가깝지 않고 서먹서먹하게 되다.	1_أن تُصبح المسافة أبعد. 2_يُصبح غير كافي/ناقص بالنسبة لمعايير معينة. 3_أن تصبح العلاقة بينهم غير مألوفة وبعيدة.	멀어지다	يصبح أبعد
1-남주의 건강은 많이 좋아져 있었다. 2-나도 한국 음식이 좋아졌어요.	1 تحسنت صحة نام جو كثيرا. 2 أنا أيضا أصبحت أحب الطعام الكوري.	(동)1-좋게 되다. 2- 좋아하게 되다	1 يصبح جيدا. 2 أصبح يحب.	좋아지다	يصبح جيدا
노동의 생산성이 높아지면서 소득이 향상되고 있다.	يتحسن الإنتاج عندما ترتفع إنتاجية العمالة.	(동) 어떤 것의 정도, 수준이 변하여 더 높은 정도나 수준에 이르다.	يغير مقياس أو درجة ويصل إلي درجة أعلي.	높아지다	يصبح عالياً.يرتفع
사람들은 우주에 생물체가 살 것이라고 믿고 있다.	يؤمن/يعتقد الناس أن الكائنات الحية سوف تعيش في الفضاء.	(동)생각하는 것을 꼭 그렇다고 여기다.	يؤمن بأن الذي يُفكر فيه سيحدث بالتأكيد.	믿다	يصدق
그들은 선거법 개정을 주장했다.	أصر هؤلاء علي إعادة قانون الانتخابات.	(동) 의견, 생각, 권리를 강하게 내세우다.	يتمسك بحقه أو فكره أو رأيه بشدة.	주장하다	**يصرّ**
나는 친구 집에 동생을 데려갔다.	أصطحبت أخي إلي بيت صديقي.	(동) (주로 아랫사람이나 동물을 자기와) 함께 가게 하다.	يُرافق شخص أقل منزلة أو حيوان.	데려가다	يصطحب
민지가 자기 딸을 모임에 데려왔다.	أصطحبت مين جي ابنتها إلي الإجتماع.	(동) (주로 아랫사람이나 동물을 자기와) 함께 오게 하다.	يُحضر شخص أقل منزلة أو حيوان.	데려오다	يصطحب
비가 와서 아이를 데리러 학교에 갔어요.	أصطحبت طفلي إلي المدرسة لأن السماء كانت تمطر.	(동) (주로 나이가 더 어리거나 비슷한 사람을) 자기와 함께 있게 하다. 자기를 따라오게 하다.	يرافق شخص في نفس العمر أو أصغر.	데리다	يصطحب

복도를 지나가다가 뛰어오는 남학생과 부딪쳐서 다친 일이 있었다.	اصطدمت بطالب يجري في الممر فتأذيت.	(동) 무엇이 어디에 세게 마주 닿다.	اصطدام شيء بمكان ما بقوة.	부딪치다	يصطدم
1-산에 올라갈 때는 등산화를 신으세요. 2- 이제 방학이 끝나가니 서울에 올라가야겠네. 3- 내 이름이 합격자 명단에 올라갔어. 4-물가가 올라가다.	1أرتدي حذاء تسلق الجبال عند صعود الجبل. 2- انتهت الإجازة الآن يجب عيلنا الذهب لسيول. 3- نُشر اسمي في قائمة الناجحين. 4- ترتفع أسعار السلع. 5.	(동) 1-(높은 쪽으로) 움직여 가다. 2-(지방에서 서울 등의 중앙으로) 가다. 3- (내용, 이름, 사실 등이 어디에) 적히거나 실리다. 4- (=) 인상되다/ (값이) 비싸지다.	1_يذهب إلي مكان مرتفع. 2- يذهب من منطقة مجاورة إلي منطقة مركزية مثل سيول. 3- يُكتب أو يُنشر محتوي أو اسم أو حقيقة في مكان ما. 4- ارتفاع الأسعار. 5.	올라가다	يصعد
1-우리는 일출을 보려고 아침 일찍 산에 올랐다. 2-아저씨는 인사를 하면서 버스에 오르셨다. 3-아이가 열이 올라서 얼마나 걱정을 했다고요. 4-뇌물 혐의로 명단에 오르는 정치인들을 보면 한심합니다. 5-그는 취기가 올라 기분이 좋아졌다. 6-어떤 음식들 상에 올리나요?	1صعدنا الجبل مبكراً لمشاهدة شروق الشمس. 2- ركب عمي الأتوبيس بينما يلقي التحية. 3- كنت قلقاً كثيراً لإرتفاع درجة حرارة الطفل. 4- أنه شئ مثير للشفقة عندما رأيت سياسين في قائمة الاتهام بتلقي رشاوي. 5- تحسن مزاجه عندما أصبح في حالة سكْر. 6- ما الطعام الموجود علي المائدة؟	(동) 1- (낮은 데에서 높은 곳으로) 움직여 가다. 2- (탈것에) 타다. 3- 지위나 정도나 수량이 이전보다 높아지거나 많아지다. 4-(어떤 내용이 어디에) 포함된다. 또 기록되다. 5- 몸에 어떤 기운이 퍼지다. 6- (음식이 상에) 차려지다.	1_يتحرك من مكان منخفض إلي مكان مرتفع. 2- يركب مركبة.3- تزداد كمية او ترتفع مكانة أو درجة أكثر مما سبق. 4-يتضمن مكان ما محتوي ما أو يتم تسجيله. 5- ينتشر أثر ما في الجسد. 6- يتم وضع الطعام علي المائدة.	오르다	يصعد / يركب / تزداد/ ينتشر/ يوضع
1-이층으로 올라오세요. 2-4 급에 올라오니까 외워야 할 단어가 많아졌어요. 3-오늘 시골에서 부모님이 올라오십니다. 4- 감기약을 먹었더니 약 기운이 올라와서 졸려요. 5-이번에 본사로 올라오게 되었어요. 6-제주도부터 태풍이 오고 있대요.	1اصعد إلي الطابق الثاني. 2- ازدادت الكلمات التي يجب حفظها عندما انتقلت إلي الصف الرابع. 3- اليوم جاء والدي من القرية. 4- شعرت بالنعاس بعد تناولي دواء البرد بسبب تأثيره. 5- أنتقلت هذه المرة إلي مقر الشركة الرئيسي. 6- قِيل أن الإعصار سيبدأ من جزيرة جيجو.	(동) 1-(반) 내려오다/ (위쪽에) 이르다. 2-(반) 내려오다/ (높은 수준, 정도에) 이르게 되다. 3- (반) 내려오다/ (지방에서 서울로) 오다. 4- (어떤 기운이) 생기다. 5-(반) 내려오다/ (상급 기관, 학교로) 옮겨오다. 6-(무엇이) 아래에서 위쪽을 향하여 움직여 오다.	1_يصل إلي أعلي. 2- يصل إلي مكانة أو مستوي مرتفع. 3- يأتي إلي سيول من منطقة مجاورة. 4- حدوث تأثير ما. 5- ينتقل إلي مدرسة أو مؤسسة أعلي. 6- شئ ما يتحرك من أسفل لأعلي. 7- شئ ما يتحرك لأعلي	올라오다	يصعد.
작년에 입던 작아진 옷을 기부하다.	يتبرع بالملابس التي كان يرتديها العام الماضي وصغرت عليه.	(동) 작은 상태로 되다.	يصبح أصغر.	작아지다	يصغر
1-집에 도착하는 대로 전화를 하겠습니다. 2-어제 보낸 편지가 벌써 집에 도착하였다고 한다.	بمجرد وصولي إلي البيت سأتصل بك.	(동) 1-(사람이나 차가 목적한 곳에) 이르러 닿다. 2-(우편물이) 다른 곳에서 이곳으로 전해지다.	يبلغ المكان المقصود.	도착하다	يصل
이 다리는 서울을 부산으로 연결하는 다리이다.	هذه الكوبري يصل بين سيول وبوسان	(동) 둘 이상의 사물이나 현상 등이 서로 이어지거나 관계를 맺다.	إنشاء علاقة ما بين ظاهرتين أو شيئين ووصلهما ببعضهما البعض	연결하다	يصل
컴퓨터가 고장 났는데 좀 고쳐 주시겠어요?	لقد تعطل الحاسب الآلي, هلّا أصلحته من فضلك؟	(동)헐거나 못쓰게 된 것을 손질하여 쓸 수 있게 하다.	تصليح شيء مهترئ أو غير صالح للإستخدام.	고치다	يصلح
저는 도자기 만드는 것을 배우고 싶습니다.	أريد أن أتعلم صناعة الفخار.	(동) 없던 것을 힘과 기술을 들여 새로 생기게 하다.	استخدام القوة أو التقنية لصنع شيء ما.	만들다	يصنع

너무 무서워서 나도 모르게 소리를 질렀어요.	لقد صرخت أنا أيضا من الخوف الشديد.	(동) 목청을 높이어 소리를 크게 내다.	يعلي من أحباله الصوتية ويصرخ بقوة.	지르다	يصيح. يصرخ
간을 맞추다.	يضبط ملوحة الطعام.	(동) 무엇을 어떤 기준에 맞게 하다.	ضبط شيء على مستوى ما.	맞추다	يضبط
어머니는 우리를 보고 빙긋 웃으셨다.	لقد ضحكن أمي بمجرد أن رأتنا.	(동) 기쁘거나 재미있어 하는 마음을 얼굴에 나타내거나 목소리로 나타내다.	تظهر بهجة علي الوجه أو صوت عند الاستمتاع أو السرور.	웃다	يضحك
누가 영수를 때렸니?	من ضرب يونجسو؟	(동) 손이나 물건으로 무엇을 세게 치다.	ضرب شيء ما بقوة بواسطة اليد أو شيء آخر.	때리다	يضرب
1-김 과장은 화가 나서 주먹으로 책상을 쳤다. 2-민수는 화가 나서 친구의 뺨을 세게 쳤다. 3-오토바이가 할머니를 치고 달아났습니다. 4-혜정이 피아노를 잘 쳤다. 5-사람들이 공원에서 배드민턴을 치고 있었다. 6-비서는 자판을 치는 속도가 상당히 빠르다. 7-지금 컴퓨터로 고스톱을 치고 있어요. 8-그는 생선을 만들 때 토막 쳐서 냉동실에 넣었다. 9-입학시험을 잘 쳤어요? 10-그는 할아버지가 위독하다고 아들에게 전보를 했다. 11-주인을 본 강아지는 반갑게 꼬리 쳤다. 12-수업 시간에 장난을 치면 안 됩니다.	1ضرب رئيس القسم المكتب بقبضة يده لأنه غاضب. 2- صفعت مينسو صديقتها لأنها غاضبة.3- صدمت السيارة السيدة الكبيرة وفرت. 4- تجيد هي جونج العزف علي البيانو. 5- لعب الناس لعبة كرة الريشة في الحديقة. 6- السكرتير سريع جدا في الكتابة علي الكيبورد. 7- الآن ألعب لعبة جو ستوب علي الكومبيوتر. 8- عند طهي السمك أقوم بتقطيعه لقطع ثم وضعه في الفريزر. 9- هل أديت بشكل جيد في امتحان القبول؟ 10- أرسل إلي ابنه ان جده في حالة خطرة. 11- هز الكلب الذي رأي صاحبه ذيله بسرور. 12- غير مسموح باللعب أثناء المحاضرة.	(동) 1-(무엇을) 세게 두드리다. 2-(누구를) 때리다. 3-(누구를) 차로 부딪치다. 4-(악기를) 연주해서 소리를 내다. 5-(공을) 때리면서 놀이나 경기를 하다. 6-(타자로) 글자로 찍다. 7-(카드 등으로) 게임을 하면서 놀다. 8-(무엇을)베거나 자르다. 9-(시험을) 보다. 10-전기를 이용하한 통신으로 신호를 보내다. 11-세게 흔들다. 12-(좋지 못한 행동을) 벌이거나 저지르다.	1_يضرب شئ بقوة. 2- يضرب شخص. 3- يصدم شخص بالسيارة. 4- يصدر صوت بالعزف علي الآلات الموسيقية. 5- يتسابق أويلعب من خلال ضرب الكرة. 6- يطبع حروف باستخدام آلة كاتبة. 7- يلعب بالأوراق. 8- يقطع شئ. 9- يمتحن. 10- يرسل إشارة بواسطة اتصالات تستخدم الكهرباء. 11- يهزّ بقوة. 12- يقوم بتصرف غير جيد.	치다	يضرب / يصدم
1-과일을 접시에 담아라. 2-다음에는 좋은 소식을 담아서 편지 올리겠습니다.	1_انقع الفاكهة في الطبق. 2- مستقبلا أرسل جوابا يحتوي علي أخبار جيدة.	(동) 1-(무엇을 그릇 속에) 넣다. 2-(내용이나 생각을 글이나 그림 등에) 나타내다. 들어 있게 하다.	1_يضع شئ في طبق. 2-يُضمن الرسم أو الكتابة علي مضمون أو فكرة ما.	담다	يضع
1-우리는 그 기사를 신문 사회면에 싣기로 결정했다. 2-트럭에 이삿짐을 싣다.	لقد قررنا نشر هذا المقال في صفحة(قسم) الأخبار العامة بالجريدة.	(동)/1-글, 그림, 사진 따위를 책이나 신문 따위의 출판물에 내다. 2-(다른 사람이나 물건을) 옮겨 놓다.	1- نشر الكتابات،والرسومات،والصور في الكتب أو الصحف أو غيرها من وسائل النشر. 2_ تحميل ونقل الأشياء والأشخاص.	싣다	يضع / يشحن / ينشرفي صحيفة
1-그녀가 곱게 화장하여 얼굴을 꾸몄다. 2-시신을 화장하다.	1- قامت الفتاة بتجميل وجهها. 2- يحرق الجثة.	(동)/1-화장품을 바르거나 문질러 얼굴을 곱게 꾸미다. 2_시체를 불에 살라 장사 지내다.	1- تزيين الوجه بوضع مساحيق التجميل. 2_ حرق الجثة في النار وعقد طقوس الجنازة.	화장하다	يضع الماكياج / يحرق الجثة
1-학생이 지갑을 교실에 놔두고 갔다.	1ترك الطالب محفظته في الفصل.	(동) 1-들었던 것을 내려서 어떤 곳에 두다. 2-제 마음대로 하도록 맡겨두다.	1يضع شيئا علي الأرض. 2يترك شيئا كما يشاء .	놔두다	يضع أرضاً

아이를 몇 명쯤 낳고 싶어요?	كم طفل تقريباً ترغبي في وضعه؟	(동) 사람이나 동물이 배었던 아기나 새끼나 알을 때 되어 몸 밖으로 내보내다.	وضع الطفل أو الفرخ أو البيض الذي كان موجود في جسم الانسان أو الحيوان.	낳다	يضع طفل. يولد.
1-오른쪽 구석에 놓으세요. 2-이 에어컨을 어디에 놓을까요? 3-언니는 잡고 있던 동생의 손을 놓았다. 4-일이 잘 되고 있으니까 마음을 놓아도 됩니다. 5-오늘 또 차에 우산을 놓고 내렸다.	1ضعه علي الجانب الأيمن. 2أين أركب هذا المبرد (المكيف)؟ 3لقد تركت أختي يد أخي الصغير. 4تسير الأمور علي ما يرام لذلك لا أشعر بالقلق. 5بقد نسيت مظلتي في السيارة ونزلت مرة أخري.	(동) 1-물건을 어디에 있게 두다 일정한 자리에 있게 두다. 2-기계 ,도구 등을 설치하다. 3-손으로 잡고 있던 것을 손에서 떨어지게 하다. 4-마음의 긴장을 풀다. 5-잊고 빠뜨리다.	1يضع شئ علي مكان ما. 2يركب آلة أو أداة. 3يترك شئ كان في اليد. 4يزيل توتر القلب. 5ينسي.	놓다	يضع علي
1-설렁탕에 소금을 넣어 드세요. 2-다음 빈칸에 알맞은 말은 넣어 보세요. 3-나머지는 은행에 넣기로 했다. 4-손수건에 꽃무늬를 넣어 주세요.	1ضع قليلا من الملح علي السولانج تانج. 2ضع الكلمة المناسبة في المكان الفارغ. 3قررت وضع الباقي في البنك. 4ضع لي نقشة وردة علي المنديل.	(동) 1-속으로 들여보내거나 들어가 있게 하다. 2-무엇을 어디에 들어가게 하다. 3-은행에 돈을 입금하다. 4-무늬, 글씨, 등을 일정한 공간 속에 그리거나 박다.	1يدخل أو يرسل شئ إلي الداخل. 2يدخل شئ إلي الداخل. 3يودع أموال في البنك. 4رسم أو وضع كلام أو نقوش في مكان محدد.	넣다	يضع في.
바닥이 차니까 방석을 깔고 앉으세요.	ضع وسادة واجلس لأن الأرض باردة.	(동) 무엇을 바닥에 펴 놓다.	فرش (وضع) شئ ما علي الأرض.	깔다	يضع.يفرش.ينشر
그 애는 상처에 소독약을 발랐다.	لقد وضع المُطهر على جرحه.	(동) (사람이 어디에 풀이나 물, 화장품 따위를) 표면에 고루 묻히다.	شئ يدهن على السطح (كنوع من السوائل أو الاعشاب أو مواد التجميل)	바르다	يضع/يدهن(دواء)
1-필요하신 것이 있으시면 이 버튼을 누르세요. 2-일본 축구가 사우디 아라비아를 눌렀어요. 3-예진이는 화를 누르지 못하고 눈물을 흘렸다.	1إذا احتجت أي شئ اضغط علي هذا الزر. 2تغلب فريق اليابان لكرة القدم علي السعودية. 3لم تستطع ياجين التحكم بمشاعرها وبكت.	(동) 1-무엇을 위에서 아래로, 또는 밖에서 안으로 힘을 주어 밀다. 2- 이기다. 3-감정을 조절하다.	1ضغط شئ من الأعلي إلي الأسفل أو من الخارج إلي الداخل. 2ينتصر. 3يتحكم في مشاعره.	누르다	يضغط.يغلب
1-빨간색이 파란색을 더하면 보라색이 돼요. 2-찬구의 따뜻한 말 한 마디는 나에게 힘을 더해줬어요. 3-배우들의 화려한 춤과 노래에 극장 안은 점점 열기가 더해 갔다.	1عند خلط اللون الاحمر والأزرق ينتج اللون البنفسجي. 2- زادت كلمة صديقي الدافئة من قوتي. 3- ازداد الحماس داخل المسرح تدرجيا بسبب الرقص والغناء الرائع للممثلين.	(동) (=) 보태다. 합치다/ 1- 더 많게 하다. 합하다. 2-더 많아지게 되다. 3- 심하게 되다.	1_ يُزيد. 2- ازداد 3- ازداد حدة.	더하다	يضيف
요즘 무슨 신문 봐요?	أي جريدة تقرأ هذه الأيام؟	(동) 잡지나 신문 따위를 정기적으로 받아서 읽다.	تلقي وقراءة المجلات او الصحف بشكل دوري.	보다	يطالع
1-갈비 요리할 줄 알아요? 2-사장은 부하 직원들을 마음대로 요리했다.	1 هل تستطيع طبخ الضلع (كالبي)؟ 2 لقد طبخ الرئيس للعمال كما يشاء.	(동) 1- 요리를 만들다. 2-어떤 일, 사람을 솜씨 있게 다루어 처리하다.	1 يعد الطعام. 2 يتعامل مع أمر ما أو شخص معين بطريقة معينة.	요리하다	يطبخ
10 에서 2 를 빼면 8 이다.	عند طرح 2 من 10 تصبح 8.	(동) 여럿 가운데서 얼마를 덜어내다.	تنقيص عدد ما من مجموعة.	빼다	يطرح, يستبعد
밖에서 문을 두드리는 소리가 들렸다.	سمعت صوت طرق الباب من الخارج.	(동) 어떠한 것을 소리가 나도록 여러 번 치다.	الطرق عدة مرات على شيء حتى يصدر صوت.	두드리다	يطرق

기름은 물에 뜬다.	يطفو الزيت على الماء.	(동) 액체의 표면에 머물러 있다. 물에 뜨다.	البقاء على سطح السائل.	뜨다	يطفو
시내에 나가려고 하는데 뭐 부탁할 일 없으세요?	سأذهب إلى وسط المدينة هل لديك طلب ما؟	(동) 누구에게 어떤 일을 해 달라고 청하고 맡기다.	يطلب من شخص آخر القيام بأمر ما.	부탁하다	يطلب
1- 그 사람은 내게 치료 비로 백만 원을 요구하였다. 2- 제게만 희생을 요구하지 미십시오. 3- 마라톤은 인내심을 요구하는 운동입니다.	1 لقد طلب هذا الرجل مليون وون للعلاج. 2 لا تطلب تضحيتي. 3 الماراثون هي رياضة تتطلب الصبر.	(동) 1- 무엇을 달라고 하다. 2- 어떤 행동을 하라고 또는 해 달라고 하다. 3- 어떤 특성을 필요로 하다.	1 -يطلب شئ ما. 2 يطلب بفعل أمر ما أو حدث ما. 3 يتطلب خصائص معينة.	요구하다	يطلب
1-음식을 주문하다. 2-아파트에서 방을 거실로 바꾸겠다고 주문하는 사람이 많다.	1 يطلب الطعام. 2 إن كثير من الأشخاص طلبوا تحويل الغرفة إلي الصالة في الشقة.	(동) 1-가게, 식당 등에서 사거나 먹을 것을 달라고 주인에게 말하다. 2-무엇을 해 달라고 요구하여 말하다.	1 يطلب من مالك المحل أو المطعم شئ للشراء أو الأكل.2 يطلب شئ ما .	주문하다	يطلب
1-한식에 가서 떡볶이를 시켰다. 2-선생님은 지각한 학생에게 청소를 시켰다.	ذهبت إلى مطعم كوري وطلبت التكبوكي. طلبت(أمرت) المُدرسة من الطلاب المتأخرين أن يقوموا بالتنظيف.	(동)/1-어떤 일이나 행동을 하게 하다. 2_음식 따위를 주문하다.	1- يجعل شيء ما يحدث. 2_يطلب طعام أو غيره. 3_توضع بعد الفعل وتعني "أن يأمر شخص بفعل شيء/أو يجعل هذا الشيء يحدث"	시키다	يطلب/يجعل شخص يفعل شيئاً ما.
1-총을 쏘다. 2-화가 난 아내는 따끔한 말로 남편을 톡 쏘아 주었다. 3-양파의 매운 냄새가 코를 쏘았다.	1يطلق رصاصة. 2- وبخت الزوجة الغاضبة زوجها بكلام حاد. 3-رائحة البصل الحار أثارت أنفي	(동) 1-(=)발사하다/ (총,활로) 총알, 화살이 세게 날아가게 하다. 2-감정이 상하도록 (듣는 사람에게) 날카롭게 말하다. 3-(맛, 냄새가) 찌르는 것처럼 사람의 입 안이나 코를 자극하다.	1_يجعل رصاصة أو سهم يطير بقوة باستخدام المسدس أوالقوس. 2- يتحدث بحدة إلي المستمع من أجل جرح مشاعره. 3- الطعم والرائحة تثير أنف وفم الإنسان.	쏘다	يطلق / يجرح مشاعر/يوبخ / يثير
안심하세요. 여기는 안전합니다.	اطمئن فالمكان هنا آمن.	(동) 걱정이 없이 마음을 편안하게 가지다.	يشعر أن باله مستريح دون قلق.	안심하다	يطمئن
선진국이란 정치와 경제가 발달한 나라입니다.	الدولة المتقدمة هي الدولة التي تملك سياسة و إقتصاد متقدمين.	(동) 무엇이 이전보다 더 좋게, 크게 또는 복잡하게 변하다.	يتغير أمر ما ليصبح أفضل أو أكبر أو أكثر تعقيداًمن قبل.	발달하다	يطور
1-이야기가 길어지다. 2-피노키오는 거짓말을 할 때마다 코가 길어진다.	طال الكلام.	(동) 1-(일이나 기간이) 한 시점에서 다른 시점까지의 동안이 늘어나다. 2-(물체가) 이어져 있는 두 끝 사이가 보통보다 멀어지다.	يصبح طويلاً.	길어지다	يطول
색종이를 접다.	يطوي الورق الملون.	(동) 천이나 종이 따위를 꺾어서 겹치다.	تطبيق قماش أو ورق وغيرها.	접다	يطوي
나비가 몇 마리 날아간다.	تطير العديد من الفراشات.	(동) 공중으로 날아서 움직여 가다.	الذهاب عن طريق والطيران في الهواء.	날아가다	يطير
저기 높은 하늘을 나는 새들을 봐라.	انظر للسماء هناك لتري الطيور المحلقة.	(동) 새, 곤충, 비행기 등이 공중에 떠서, 또는 공중을 통하여 움직이다.	تحرك أو تحليق الطيور و الحشرات والطائرات وغيرها في الهواء.	날다	يطير(يذهب طائراً)
이 비누는 거품이 많이 난다.	تخرج الكثير من الفقاعات من هذا الصابون.	(동) 없던 것이 생기다.	ظهور الشئ الذي كان غير موجود.	나다	يظهر

열심히 노력하면 곧 좋은 결과가 나타날 것이다.	ستحصل علي (ستطهر) نتيجة جيدة إذا بذلت جهد.	(동) 없던 것이 생기다. / (반) 사라지다	ظهور الشئ الذي كان غير موجود.	나타나다	يظهر
화내지 마시고 제 얘기를 들어 보세요.	لا تفرغ غضبك واستمع من فضلك إلى كلامي.	(동)/ (사람이) 못마땅하거나 언짢아서 노엽고 답답한 감정을 드러내다.	اظهار غضبه الشديد لاستياءه.	화내다	يظهر غضبه
1-넘어져서 무릎에 상처가 생겼다. 2-돈을 벌면 벌수록 욕심이 생겨요. 3-아르바이트 자리가 생기면 한턱 낼게요. 4-급한 일이 생겨서 대사관에 가려고 합니다. 5-위에 염증이 생겨 매운 음식은 못 먹는다. 6-결혼하자마자 아이가 생겼다.	1_لقد أصبت ركبتي عندما وقعت. 2_كلما حصلت علي الأموال زادت رغبتي في الحصول علي المزيد. 3_سأشتري لك طعاماً إذا حصلت علي وظيفة العمل الجزئي. 4_ لقد حدث أمر طارئ لذا سأذهب إلي المكتبة. 5_ لا أستطيع تناول الطعام الحار حيث أعاني تلوث في المعدة.	(동) 1-없던 것이 새로 있게 되다. 2-(반) 사라지다/ 어떠한 마음이 들다. 3-어떤 것이 자기 것이 되다. 4-사고, 일, 문제 등이 일어나다. 5-병이 발생하다. 6-아이가 태어나다. 7-생김새가 어떤 모양이다.	1_ظهور شئ جديد كان غير موجود من قبل. 2_الشعور بالرغبة في شئ ما. 3_يصبح شئ ما ملكي. 4_حدوث حادث أو أمر ما أو مشكله. 5_يصاب بالمرض. 6_يولد الطفل.	생기다	يظهر. يتشكل
친구가 출구로 나왔다.	لقد خرج صديقي من المخرج.	(동)안에서 밖으로, 또는 뒤에 앞으로 오다. /(반) 들어가다	يأتي إلي الخارج من الداخل أو من الخلف إلي الأمام.	나오다	يظهر.يخرج
지금은 이 방법에 찬성하는 사람도 있고 반대하는 사람도 있습니다.	هناك الآن من يوافق على هذه الطريقة وهناك أيضاً من يعترض.	(동) 의견, 생각, 제안 등에 찬성하거나 따르지 않고 맞서다.	عدم الموافقة أو اتباع رأي أو فكر أو اقتراح والإعتراض.	반대하다	يعارض
병을 치료하는 것보다 예방하는 것이 중요하다.	الوقاية خير من العلاج.	(타동) (병이나 상처 등을) 낫게 하다.	يشفي من مرض أو جرح وغيره.	치료하다	يعالج
1-소녀가 가을꽃을 안고 있었다. 2-나는 통증이 심해서 배를 안고 뒹굴었다. 3-바람을 안고 달리면 더 힘들다. 4-우리는 통일이라는 소망을 안고 살아간다. 5-지금 대학 입학 시험 제도는 문제를 안고 있다.	1عانقت الفتاة أزهار الخريف. 2- كنت أتقلب ممسكنا بطني لأن الألم كان شديد. 3- الجري أثناء الرياح متعب أكثر. 4- نعيش علي أمل التوحيد. 5- توجد الآن مشكلة في نظام امتحان القبول بالجامعة.	(동) 1-두 팔로 끌어 당겨 가슴에 품다. 2-(배나 가슴을) 팔로 감싸 잡다. 3-(바람, 비, 빛 등이) 정면으로 다가오는 것을 몸으로 마주 받다. 4-(생각, 감정을) 품다. 5-(특성, 문제점 등을) 지니다.	1_يفتح ذراعيه ويضمه إلي صدره. 2- يمسك صدره أو بطنه بالذراعين. 3- يتعرض إلي الرياح أو المطر أو أشعة الشمس. 4- يمتلك فكرة أومشاعر. 5- لديه خاصية أو مشكلة.	안다	يعانق/ يتعرّض/ يمتلك
겨울에는 감기로 고생하는 사람이 많아요.	يعاني الكثير من الأشخاص من البرد في الشتاء.	(동)어떤 일로 인하여 애를 쓰거나 괴로움을 겪다.	يبذل جهد ويمر بمشكلات بسبب أمر ما.	고생하다	يعاني
1-무시를 당하다. 2-민수는 친구에게 억울하게 당했지만 부모님이나 선생님께 말하지 못했다. 3-아버지의 고집은 당할 장사가 없다. 4-혼자서 이 일을 모두 당해 낼 수는 없다.	1_يتم تجاهله/ يعاني من التجاهل. 2- تعرض مين سو للظلم من اصدقائه لكنه لم يخبر والديه أو المعلم. 3-لا يوجد رجل قوي يتصدي لعناد والدي. 4- لا استطيع تحمل مسئولية هذا العمل كله بمفردي.	(동) 1-(이롭지 않거나 원하지 않는 일을) 겪게 되다. 2-(누구에게서) 고통을 받거나 해를 입다. 3-맞서서 이기다. 4-(어떤 일이나 책임 등을) 맡아 처리하다.	1_يمر بأمور لا يريديها وليست مفيدة. 2- يتلقي ضرر أويعاني بسبب شخص ما. 3- يتصدي لشئ ويفوز. 4- يتحمل مسئولية.	당하다	يعاني/ يواجه
제 마음을 표시하고 싶어서 선물을 준비했다.	جهزت هدية لأني أريد أن أعبر عن مشاعري.	(동) 생각이나 느낌을 겉으로 나타내다.	يظهر الرأي أو العاطفة، وما إلى ذلك خارجيّا	표시하다	يعبّر

차도를 함부로 건너서는 안 된다.	لا يمكن أن تعبر طريق السيارات بإستهتار / دون تفكير.	(동) 무엇을 사이에 두고 한 편에서 맞은편으로 가다	يعبّر من جانب لجانب آخر.	건너다	يعبر
지금의 행복한 심정을 말로 다 표현할 수가 없다.	لا أستطيع التعبير عن شعوري بالسعادة الآن بالكلمات.	(동) (생각이나 느낌이) 겉으로 나타내다.	يُظهر الأفكار والمشاعر خارجياً.	표현하다	يعبر
1-저 고개를 넘어가면 마을이 보일 거예요. 2-아이들은 울타리를 넘어가기 시작했다. 3-국경을 넘다. 4-마이클은 내 말을 듣지 못한 척 넘어갔다. 5-그 서류는 이미 다른 여행사로 넘어갔어요. 6-회사가 다른 사람 손에 넘어가게 생겼다. 7-야! 문제가 이렇게 심각한데 지금 밥이 넘어가게 생겼나? 8-어느새 해가 서산으로 넘어가고 있다.	1إذا عبرت تلك التلة ستري القرية. 2لقد تخطي الأولاد السياج. 3عبر الحدود. 4لقد تظاهر مايكل بعدم سماعي. 5لقد ذهبت تلك الوثيقة إلي وكالة السفر بالفعل. 6ستنتقل سلطة الشركة إلي شخص أخر. 7يا أبله! هل لديك شهية للغداء والمشكلة بهذه الخطورة. 8تتجه الشمس تجاه جبل الغربي.	(동) 1-높은 부분의 위를 지나서 가다. 2-담 등을 타고 넘다. 3-어떠한 경계를 넘다. 4-어떠한 문제를 처리하고 다음으로 가다. 5-무엇이 다른 곳으로 옮아가다. 6-책임, 재산 등이 다른 사람에게 옮겨가다. 7-음식, 침 등이 목구멍으로 지나가다. 8-해, 달이 지다.	1يمر من فوق جزء عالٍ. 2يقفز أعلي حاجز أو حائط. 3تخطي حافة أو حدود. 4العناية بأي مشكلة وتخطيها. 5تحريك شئ من مكانه إلي مكان آخر. 6يسلم المسئوليات والأملاك إلي الأشخاص. 7بلع الطعام وغيره خلال الحلق. 8اختفاء الشمس و القمر.	넘어가다	يعبر. ينتقل من مالك إلي آخر.
1-터널을 통과하다. 2-예산안이 국회를 통과했다. 3-그는 졸업 시험을 어렵게 통과했다.	1يعبر من خلال النفق. 2- وافق مجلس النواب علي مشروع الموازنة. 3- نجح بصعوبة في امتحان التخرج.	(동) 1- 일정한 장소를 통하여 지나가다. 2-어떤 안건이 회의나 심사를 통해 인정을 받다. 3-검사나 시험 등에서 합격하다.	1_يمر عبر مكان محدد. 2- مشروع ما يتلقي الموافقة من خلال لجنة أو تقييم. 3- تنجح في فحص أو امتحان.	통과하다	يعبر / يسمح / ينجح
네 잘못에 대해 누나에게 사과해.	لقد اعتذرت عن خطأي لاختي.	(동) 자기의 잘못을 인정하고 용서를 빌다.	الاعتراف بالخطأ وطلب المسامحة.	사과하다	يعتذر
돈을 세다.	يعد النقود.	(동) 개수를 헤아리다.	يعد الأرقام.	세다	يعد
삼촌은 어린 조카와 대공원에 놀러 갈 것을 약속하였다.	وعد العم ابن أخاه أن يذهبا للعب في الحديقة.	(동) 다른 사람과 앞으로의 일을 어떻게 할 것인가를 미리 정하여 두다.	أن تحدد مع شخص آخر كيف ستفعل أمراً ما في المستقبل.	약속하다	يعد
선물을 준비하다.	يجهز الهدية.	(동) 어떤 일을 하는 데에 있어 필요한 것을 미리 마련하다.	يجهز لشئ ما مهم مسبقا.	준비하다	يعد. يجهز
1-한국 문화를 아세요? 2-저도 그분을 알아요. 3-그는 자기만 알고 남을 배려하는 마음이 조금도 없어요. 4-그건 내가 알 바 아니에요. 5-모든 일은 네가 알아서 해. 6 아이는 술을 물로 알고 마셔 버렸다.	1هل تعرف الثقافة الكورية؟ 2- أنا أيضاً أعرف ذلك الشخص.3- يهتم فقط بنفسه ولا يعتني بالآخريين. 4- 5- أفعل كل شئ بنفسك. 6- أعتبر الطفل الخمر ماء وشربه.	(동) 1-교육이나 경험 등을 통해서 사물이나 상황에 대한 정보나 지식을 갖추다. 2-(누구를) 보거나 만난 적이 있다. 3-(무엇을) 아주 소중히 여기다. 4-(어떤 일에) 상관하다. 5-(스스로) 판단하다. 6-(무엇을 어떻게) 여기거나 이해하다.	1_يمتلك معرفة أو معلومات حول موقف أو شئ من خلال الخبرة أو التعليم. 2- قابلت شخص ما مسبقاً أو رايته. 3- يعتبر شئ ما مهما جدا. 4- ذا صلة بعمل ما. 5- يقرّر بنفسه. 6- كيف يفهم أو يعتبر شئ ما.	알다	يعرف / يعلم/ يعتقد
그는 밥을 먹다 혀를 잘못 물었다.	قمت بعض لساني أثناء تناول الطعام.	(동)윗니와 아랫니 사이에 끼운 상태로 상처가 날 만큼 세게 누르다. 빈대, 모기	يضغط بقوة عبر الأسنان العلوية والسفلية لدرجة حدوث جرح. قيام حشرات مثل الناموس وبق الفراش بوخز الجلد بفمهم.	물다	يعض/يلدغ

		따위의 벌레가 주둥이 끝으로 살을 찌르다.			
1-형은 항상 필요한 물품들을 내 집으로 가져다 주었다. 2-부지런한 노력만이 내일의 번영을 가져다 줄 것이다.	1_أخي الأكبر دائماً ما كان يجلب معه لوازم المنزل إلى بيتي. 2_ بالعمل الجاد فقط سنحقق الرخاء.	(동) 무엇을 옮겨다가 가지게 하다. / (=) 갖다 주다.	ينقل شيئاً ما ويعطيه إلى أحد ما.	가져다주다	يعطي شخصاً شيئاً
1-너한테 주려고 꽃을 샀어. 2-그는 악수를 하는 손에 힘을 주었다. 3-그 회사 월급 많이 주니? 4-물 한 잔 주세요. 5-화분에 물을 너무 많이 주었더니 잎이 썩었어요. 6-저에게 이야기를 할 기회를 주세요. 7-이번 일은 수미에게 깊은 상처를 주었을 거야. 8-그분은 내게 많은 도움을 주었어요. 9-아이는 저에게 무한한 기쁨을 줍니다. 10-담배는 뇌의 활동에 지장을 준다. 11-형이 동생에게 주의를 주었다. 12-10 분 후에 다시 전화 주세요. 13-시험을 잘 본 학생에게 사전을 상을 주었다. 14-시간을 주시면 저희도 이 문제를 해결한 방법을 한번 찾아보도록 하겠습니다. 15-선생님이 문제 학생에게 눈길을 주었다. 16-그는 살고 있던 아파트를 세를 주고 이사 갔다.	1لقد اشتريت الزهور لأعطيها لك. 2 لقد أمدني بالقوة بيده التي صافحتني. 3 هل تعطي هذه الشركة الكثير من المرتبات؟ 4 أعطني كوب ماء. 5 وضعت في إناء الزرع الكثير من المياه ففسدت الأوراق. 6 أعطني فرصة لأتحدث. 7 هذا الأمر سيسبب لسومي جرح عميق. 8 لقد ساعدني كثيرا هذا الشخص. 9 لقد أسعدني هذا الطفل سعادة غير محدودة. 10 إن السجائر تسبب عرقلة في نشاط المخ. 11 لقد أعطي الأخ الكبير نصيحة لأخيه الصغير. 12 اتصل بي بعد حوالي 10 دقائق. 13أعطيت للطلاب الناجحين في الأمتحان جائزة قاموس. 14 أعطوني الوقت لأستطيع العثور علي طريقة لحل هذه المشكلة. 15 لقد لفت المعلم انتباه الطلاب للمشكلة. 16 لقد عرض الشقة اللتي كان يعيش فيها للإيجار وانتقل.	(동) 1-(반) 받다/ 남에게 어떤 것을 가지게 하다. 2- 어디에 힘, 충격을 받게 하다. 3-(반) 받다/ 남에게 돈을 지불하다. 4-남에게 먹을 것을 공급하다. 5-식물에 영양을 공급하다. 6-권리나 지위를 가지게 하다. 7-남에게 고통, 피해, 창피를 겪거나 당하게 하다. 8-(반) 입다/남에게 이익이 되는 어떠한 것을 건네다. 9-(반) 받다/ 남에게 어떠한 감정을 느끼게 하다. 10-(반) 받다/ 어떠한 영향을 가하다. 11-(반) 받다/ 남에게 소식이나 인사를 보내다. 12-(반) 받다/ 남에게 어떠한 말 등을 하다. 13-남에게 상이나 벌을 받게 하다. 14-남에게 행동할 수 있는 조건을 마련하다. 15-눈길 등을 일정한 방향으로 돌리다. 16-남에게 빌려주다.	1 يجعل الآخرين يمتلكوا شئ معين. 2 يجعله يكتسب قوة أو صدمة في مكان ما. 3يدفع النقود للآخرين. 4يمد الآخرين بشئ يؤكل. 5 يمد النبات بالمواد الغذائية. 6 يعطي لأحد حقوق أو منصب. 7يجعل الآخرين يتألمون أو يسبب لهم الألم أو الضرر أو الاحراج. 8 يعطي شئ مفيد للآخرين. 9 يجل الآخرين يشعرون بشعور معين. 10 يترك تأثير معين. 11 يرسل التحية أو الأخبار للآخرين. 12 يتحدث أو يتكلم مع الآخرين. 13 يعطي مكافأة أو عقاب للآخرين. 14يجهز الشروط للقيام بالأنشطة للآخرين. 15 يركز انتباهه علي اتجاه معين. 16 يعير الآخرين شئ ما.	주다	يعطي. يسبب
1-아버지께서는 양복에 단추를 달았다. 2-선생님은 설명하신 다음 분명히 "예외" 라고 토를 달았었다. 3-그들은 강당에 선풍기를 달았다.	1_ثبت أبي الزر في البدلة. 2-علق الأستاذ بوضوح علي ما سيتم شرحه بأنه " استثناء للقاعدة" . 3- قاموا بتركيب المروحة في القاعة	(동) 1-(무엇을 어디에) 걸거나 꽂거나 매어서 붙어 있게 하다. 2-(글이나 말에) 설명이나 조건 등 다른 말을 더하다. 3-(물건이나 장치를) 시설하거나 설치하다.	1_يعلق الشيء أو يضعه على الحائط أو مستنداً إلى شيء آخر أو مرصوص. 2- إضافة شرح أو شرط آخر إلي كتابة أو كلام. 3- يركّب ماكينة أو آلة.	달다	يعلّق / يركب
1-가방에 예쁜 인형이 달려 있다. 2-감나무에 잘 익은 감들이 달려 있었다. 3-성공은 노력에 달려 있다 4-이 교과서 뒤에는 부록이 많이	1_الدمية الجميلة معلقة علي الحقيبة. 2-ثمرات الكاكا الناضجة علي شجرة الكاكا. 3-يعتمد النجاح علي المجهود. .4-الكثير من الملحقات موجودة بعد الكتاب المدرسي. 5-يوجد حمام في الغرفة الكبيرة بمنزلنا.	(동) 1-(어디에 무엇이) 붙어 있다. 2-(열매가 어디에) 열려 있다. 3-(무엇에) 따라서 정해지다. 4-(글이나 말에) 설명이나 조건과 같은 말이 붙어 있다. 5- (무엇이 어디에) 있다.	1- شئ متمسك بشئ ما. 2- الثمار متفتحة. 3- يتحدد وفقا لشئ ما. 4-شرح أو شرط موجود في كلام أو كتابة . 5- شئ موجود في مكان.	달리다	يعلق / يعتمد

달려 있어요. 5-우리 집은 큰 방에 화장실이 달려 있어요.					
다음 주에 심사 결과를 발표한다고 합니다.	يقال أن نتيجة مناقشة البحث الأسبوع القادم.	(동) 사실, 생각, 일의 결과 등을 공식적으로 널리 알리다.	يخبر عدد من الأشخاص بحقيقة أو فكرة أو نتيجة شيء ما على نطاق واسع وبشكل رسمي.	발표하다	يعلن
어느 과에서 근무하십니까?	في أي قسم تعمل؟	(동)일정한 직장에서 일을 하다.	يقوم بأداء عمله في الوظيفة	근무하다	يعمل
1-언제 한국에 돌아 오세요? 2-우리 팀에게 텔레비전 한 대가 우승 상품으로 돌아왔다. 3-열심히 운동을 하다 보면 건강이 돌아오게 될 겁니다. 4-다시 시험 기간이 돌아왔다. 5-나는 문 밖에서 차례가 돌아오기를 기다렸다.	1متي ستعود إلي كوريا؟ 2- تم منح فريقنا تلفزيون كهدية المركز الأول. 3- ستستعيد صحتك إذا مارست الرياضة بجدية. 4- عادت فترة الامتحانات مرة آخري. 5- أنتظرت مجي دوري خارج الباب.	(동) 1-(떠났다가 본래의 자라로) 다시 오다. 2-(무엇이) 몫으로 주어지다. 3-(잃었던 것이 본래의 상태로) 회복되다. 4-시간이 지나 일정한 때가 되다. 5-(무엇을 할) 차례 되다.	1- يعود مرة أخري إلي المكان الأصلي الذي رحل منه. 2- شئ يتم منحه كنصيب أو حصة. 3- يتم إستعادة شئ مفقود كحالته الأصلية. 4- مجئ وقت محدد بعد مرور وقت ما. 5- مجئ دور لتفعل شئ ما.	돌아오다	يعود
겨울이 가까워지자 철새가 날아왔다.	عادت الطيور المهاجرة مع اقتراب فصل الشتاء.	(동) 날아서 움직여 오다.	الرجوع عن طريق الطيران في الهواء.	날아오다	يعود طائراً
친구가 4 년 만에 미국에서 귀국했습니다.	عاد صديقي من أمريكا منذ 4 سنوات فقط.	(동) 자기 나라에 돌아가거나 돌아오다.	يعود إلي الوطن.	귀국하다	يعود للوطن
1-요즘은 여자가 남자보다 오래 산다. 2-나는 커피 없이는 하루도 못 산다. 3-어렸을 때 제가 살던 곳에 지금은 빌딩이 들어섰습니다. 4-이 마을에는 아직도 옛 전통이 살아 있구나.	1تعيش البنت فترة أطول من الولد هذه الأيام. 2لا استطيع العيش بدون القهوة. 3المكان الذي كنت أعيش فيه عندما كنت صغيرا أصبح مبني عال. 4لا تزال التقاليد القديمة حية في هذه القرية.	(동) 1-생물이 목숨을 이어가다. 2-사람이 생활하다. 3-누가 어디에 거주하다. 4-어떤 느낌이나 기운이 생생하게 남아 있다.	1استمرار حياة الكائن الحي. 2يعيش الإنسان حياته. 3 يقيم شخص في مكان ما. 4ابقاء روح أو شعور معين علي قيد الحياة.	살다	يعيش. يحيي
요즘은 물가가 너무 올라서 생활하기 힘들어요.	أصبحت المعيشة صعبة هذه الأيام مع ارتفاع أسعار السلع.	(동) 1-삶을 영위하다. 2-생계를 꾸리어 살아나가다. 3-활동하며 지내다.	يعيش ويقوم بنشاط ما.	생활하다	يعيش. يحيي
브라운 씨 가족이 지난 일요일에 미국으로 떠났어요.	غادرت عائلة براون الاحد الماضي إلى أمريكا.	(동) 있던 곳에서 다른 것으로 옮겨가다. 멀어지다.	الإنتقال من مكان لآخر أو الذهاب بعيداً.	떠나다	يغادر
피곤해 보이는데 일찍 퇴근하세요	غادر مبكراً تبدو متعب	(동) (하루 일을 마치고) 일하는 곳에서 돌아가다.	يخرج من مكان العمل بعد انتهاء يوم العمل.	퇴근하다	يغادر العمل
우리 어머니께서는 목욕하는 것을 유난히 좋아하신다.	تحب أمنا الأستحمام كثيرا.	(동)온몸을 씻다.	يغسل شعره وجسمه كله.	목욕하다	يغتسل
해가 지기 전에 집에 돌아왔다.	لقد عدت المنزل قبل غروب الشمس.	(동) (반) 뜨다/(해, 달이) 서쪽으로 넘어가다.	تختفي الشمس أو القمر في مغربه.	지다	يغرب
이 옷은 세탁기에 넣지 말고 손으로 빠세요.	لا تضع هذه الثياب في الغسالة بل اغسلها يدوياً.	(동) 옷이나 양말 등을 물에 넣고 주물러서 더러운 것을 없애다.	وضع الملابس أو الجوارب وغيرها في الماء ودعكها لإزالة الأوساخ.	빨다	يغسل

1-과일은 흐르는 물에 씻으세요. 2-그는 억울한 누명을 씻고 자유의 몸이 되었다.	1اغسل الفاكهة بماء جاري. 2- أزال التهمة الغير عادلة و أصبح حر.	(동) 1-(때나 더러운 것을) 물로 닦아 깨끗하게 하다. 2-(누명, 죄 같은 나쁜 것을) 완전히 없애다.	1يجعل الشئ المتسخ نظيفا باستخدام المياه. 2- يزيل شئ سئ مثل ذنب أو تهمة كاذبة تماما.	씻다	يغسل
더운물에 머리를 감아 빗었다.	غسلت شعري بماء دافئ ثم صففته.	(동) 몸이나 머리를 물에 잠그고 씻다.	يغرق جسده أو شعره في الماء ويغسله جيداً.	감다	يغسل (شعره)
선생님께서 화난 표정으로 교실에 들어오셨다.	دخل المُعلم الفصل وعلى وجهه ملامح الغضب.	(동)/ (사람이) 못마땅하거나 언짢아서 노엽고 답답한 감정이 생기다.	يتعقر صفوه لاستياءه الشديد من شيء ما.	화나다	يغضب
선물을 포장하다.	يغلف الهدية.	(동)물건을 싸거나 꾸리다.	يغلّف أو يعبّئ شيئا	포장하다	يغلّف
추우니까 창문을 닫자.	الجو بارد أغلق الشباك.	(동) 열린 문짝, 뚜껑, 서랍 따위를 도로 제자리로 가게 하여 막다.	يُوصد شيء مفتوح مثل الباب، الغطاء، الدُرج من خلال ارجاعه إلى موضعه الأصليّ.	닫다	يغلق
그는 눈을 꼭 감고는 무슨 생각에 잠겨 있었다.	لقد أغلق عيناه وأخذ يغرق في التفكير.	(동) 위아래 눈시울을 맞닿게 붙이다.	بمعنى إلتصاق جفني العين.	감다	يغلق (عينيه)
1-아내는 냉장고에 과일을 가득 채워 놓는다. 2-그는 모자라는 돈을 채워 은행에 입금시켰다. 3-그는 임기를 다 못 채우고 쫓겨났다. 4-당신은 언제나 자기 욕심만 채우는군요. 5-경찰이 와서 그의 팔목에 수갑을 채웠다. 6-단추를 다 채우니까 목이 좀 답답하네요.	1 لقد ملأت الثلاجة بالفاكهة. 2 لقد أكملت النقود الناقصة ووضعتها بالبنك. 3 لقد أكمل مدته وتم طرده. 4 أنت دائما ما تحقق رغبتك. 5 لقد جاءت الشرطة ووضعت الأصفاد في معصمه. 6 لقد زررت كل الزراير فأشعر أن رقبتي مخنوقة.	(동) 1-무엇을 안에 넣어 차게 하다. 2- 어떠한 수에 모자라는 양을 더하다. 3-일정한 수량이나 시간이 되게 하다. 4-바라는 것을 이루게 하다. 5-몸의 한 부분에 매거나 끼워서 지니게 하다. 6-'= 잠그다/ (반) 풀다/ 단추 등을 풀어지지 않게 하다.	1 يملأ المكان بوضع شئ ما. 2 يزود من كمية أو حجم عدد ما. 3 يكمل كمية معينة أو وقت معين. 4 يحقق شئ يتمناه. 5 يسحب ويقيد جزء من الجزء أو يشده. 6 يجعله لا يُفكّ من خلال إدخال الزر في الثقب ونحوه.	채우다	يغلق. يزرّر. يملأ. يُرضِي. يقيّد
먼저 냄비에 물을 넣고 끓이세요.	أولاً ضع المياه في الوعاء ثم اغليها.	(동)액체를 뜨겁게 해서 끓게 하다.	غلي وتسخين السوائل.	끓이다	يغلي.يسلق
배가 물에 잠기다.	تغوص السفينة في الماء.	(동) 1_물체가 물속에 가라앉다. 2_열중하거나 깊이 파묻히다. 2_(목이) 잠기다. 목이 붓거나 쉬거나 하여 제대로 나오지 않다.	يغمر جسده في الماء أو يغوص.	잠기다	يغوص
내일은 중요한 것을 공부하니까 결석하지 마세요.	سندرس غداً شيئاً مهماً فلا تتغيبوا.	(동)학교나 모임에 나오지 않다.	أن لا تذهب إلى المدرسة أو التجمعات.	결석하다	يغيب
은행에 가서 헌 돈을 새 돈으로 바꾸었다.	ذهبت إالى البنك وغيرت الأموال القديمة(البالية) بأموال جديدة.	(동)어떤 물건을 주고 그 대신 딴 물건을 받다.	يُعطي شئ ما ويأخذ بدلا منه شيء آخر.	바꾸다	يغير
1-개나리가 노란 꽃을 피웠다. 2-우리는 모닥불을 피우고 밤새 이야기를 나눴다.	فتّحت الفرسيتيّة ورد أصفر. 2- أشعلنا المشعل وتحدثنا طوال الليل.	(동) 1-(꽃이) 피게 하다. 꽃이 나다. 2-(불이) 일어나게 하다.	1- تتفتّح الزهرة أو الورق إلخ. 2- يشعل نارا	피우다	يفتّح /يشعل

1-창문을 여니까 시원합니다. 2- 비밀 금고를 여는 순간 돈이 쏟아져 나왔다. 3-그가 가방을 열자 책이 쏟아졌다. 4-상대방에게 마음을 여는 것이 성공적인 대화의 시작이다. 5-김 선생님께서 전시회를 여신다니 한번 가 보자. 6-영수는 의대를 졸업하고 병원을 열었다.	1الجو منعش لأنني فتحت الشباك. 2- تدفق المال بمجرد فتح الخزانة السرية. 3- بمجرد فتح الحقيبة خرج الكتاب. 4- أن تفتح قلبك لمن تتحدث معه هو بداية حوار ناجح. 5- فتح المعلم كيم المعرض لنذهب لنراه. 6- فتحت يونج سو مستشفي بعد تخرجها من كلية الطب.	(동) 1-(반) 닫다- 잠그다/ (닫히거나 잠겨 있던 것을) 틈이 벌어지게 하다. 2-(잠겨 있던 자물쇠 등을) 벗기거나 풀다. 3-(닫혀 있거나 덮여 있던 것을) 속이 보이도록 벌리다. 4-(마음을) 서로 통하게 하다. 자기의 마음을 다른 사람에게 터놓거나 다른 사람의 마음을 받아들이다. 5- (어떤 일을) 개최하다. 시작하거나 진행하다. 6-(가게를) 운영하기 시작하다.	1- يفتح شئ مغلق أو يخلع شئ مغطي. 2- يفتح قفل كان مغلق. 3- يفتح شئ مغلق أو مغطي من أجل إظهار ما في داخله. 4-يفتح وجدانه أو قلبه للآخرين ويفهمهم بالقلب. 5- يَعقِد أو يبدأ عمل ما. 6- يبدأ إدارة محل علي سبيل المثال.	열다	يفتح
잠을 자다가 시계 소리에 눈을 떴다.	غفوت ثم فتحت عيني على صوت المنبه.	(동) 감은 눈을 열다. 눈을 뜨다.	يفتح عينيه المغمضتين.	뜨다	يفتح عينه
검사를 하면 결과는 언제 나옵니까?	اذا قمت بالفحص متى تظهر النتيجة؟	(동)사람의 몸이나 일의 상태, 사물의 상태가 일정한 기준과 비교하여 어떤 정도인지를 자세히 알아보다.	أن تقارن حالة جسم الإنسان أو حالة أمر أو شيء ما بمقياس محدد وتعرف تفصيلاً إلى أي حد تصل.	검사하다	يفحص
사고 원인을 조사하다.	يحقق في سبب الحادث.	(동) 사물의 내용을 명확히 알기 위하여 자세히 살펴보거나 찾아보다.	أن يراقب ويبحث بدقة من أجل معرفة محتوى شيء ما.	조사하다	يفحص
1-그는 방 안의 여기저기를 살펴보기 시작했습니다. 2-동양 역사를 좀 살펴보고자 합니다.	1_لقد بدأ يفحص الغرفة هنا وهناك. 2_دعني أفكر قليلا في التاريخ الشرقي.	(동) 1-자세히 조심하여 보다. 2-자세히 따져서 생각하다.	1_ينظر بدقة وتأني. 2_يفكر بعناية.	살펴보다	يفحص. ينظر بتأني
민지는 엄마에 얼굴에 볼을 비비기 시작했다.	أخذت مينجي تفرك خد أمها.	(동) 두 물체를 맞대고 문지르다.	ملامسة شيئين وفركهما ببعض.	비비다	يفرك
그는 실패했지만 실망하지 않았다.	لقد فشل ولكنه لم ييأس.	(자동)/어떤 일에 원하던 결과를 얻지 못하거나 완성하지 못하다.	لا يستطيع أن يحصل على النتيجة التي كان يريدها أو يكملها.	실패하다	يفشل
언니는 괜히 나한테 신경질을 부린다.	أختي الكبيرة تتعصب علي كثيراً.	(동) (바람직하지 못한 행동을) 멈추지 않고 계속하다. 일부러 자꾸 나타내다.	يستمر في الفعل الغير جيد.	부리다	يفعل
1-저는 주말에 빨래를 해요. 2-동생에게 선물을 하고 싶어요. 3-외국 회사에서 일하려면 영어를 할 줄 알아야 한다. 4-여기를 회의 장소로 하자. 5-그는 대학교에서 강사를 하고 있다. 6-우리 엄마는 생선찌개를 맛있게 해요. 7-이런 모습을 하고	أغسل الملابس في عطلة نهاية الأسبوع. 2- أريد أن أعطي هدية لأخي الصغير. 3- يجب ان تجيد اللغة الإنجليزية إذا كنت ترغب في العمل بشركة أجنبية. 4- لنتخذ من هذا المكان مكان للاجتماع. 5-هو محاضر في الجامعة 6- تعد امي يخنة السمك بشكل لذيذ. 7- هل يمكن ان أذهب للحفل بهذا الشكل؟ 8- أرسلت له جوابا. 9- أقام حفلة من أجل الطفل. 10-خرج الولد	(동) 1-(어떤 동작, 행동을) 행하다. 2-(어떤 동작이나 행동을) 다른 사람에게 행하다. 3-(말, 소리로) 생각을 나타내다. 4-무엇으로 정하다. 5-어떤 직업을 가지거나 어떤 분야에서 일하다. 6-(음식,	1- يقوم بسلوك أو حركة ما. 2- يقوم بسلوك أو حركة ما لشخص آخر. 3- يعبر عن الأفكار بالكلام أوالصوت. 4- يحدد شئ ما. 5- يعمل في مجال ما أو يمتلك وظيفة. 6- يصنع ملابس أوطعام. 7- يمتلك تعبيرات وجه أوشكل. 8- يتحدث إلي شخص آخر عن طريق تليفون أورسالة. 9- يعقد اجتماع أوتجمع. 10- يضع شئ علي الجسم.	하다	يفعل

어떻게 파티에 갈 수 있겠어요. 8-나는 그에게 편지를 하였다. 9-그는 아이를 위해 잔치를 했다. 10-아이는 마스크를 하고 나갔다. 11-내 짝이 학교에서 1 등을 했다. 12-그는 얼굴을 이쪽으로 하고 앉았다. 13-요즘은 과자가 한 봉지에 천 원이나 한다. 14-어려서부터 바이올린을 했다.	وهو يرتدي قناع. 11- حصل/ حصلت زوجي/ زوجتي علي المركز الأول في المدرسة. 12- جلس و أدار وجهه إلي هذه الناحية. 13-هذه الأيام وصل سعر كيس الفاكهة لأكثر من ألف وون. 14- أعزف الكمان منذ الصغر. ؟	옷 등을) 만들다. 7-(어떤 표정, 모습을) 가지다. 8-(다른 사람에게) 전화나 편지 등으로 이야기하다. 9-(모임, 회의 등을) 열다. 10-무엇을 몸에 걸다. 11-(시험, 경쟁을 해서) 어떤 순서를 가지게 되다. 12-(몸의 일부를) 어느 쪽으로 향하다. 13-값이 나가다. 14-(무엇을) 배워서 다루다.	11- تاخذ ترتيب ما في امتحان أومنافسة. 12- يتجه في اتجاه ما بجزء من الجسم. 13- يرتفع السعر. 14- يتعلم شئ ما ويمارسه ..		
위험이 있을 때는 재빨리 행동해야 한다.	يجب أن نتصرف بسرعة عند الخطر.	(동) 몸을 움직여서 어떤 일을 하다.	القيام بشء عن طريق تحريك الجسم.	행동하다	يفعل
저 사람은 왜 자꾸 저러느냐.지금은 안 가겠다고 저러지만 나중엔 말이 바뀔걸	لماذا يستمر في فعل ذلك؟ يقول الأن أنه لن يذهب ولكن قد يتغير كلامه فيما بعد.	(동) 1_저리하다 (저렇게 하다)의 준말. 2_저렇게 말하다.	اختصار للفظة يفعل هكذا. يقول هكذا.	저러다	يفعل أو يقول هكذا
두 아이를 교통사고로 잃은 그녀는 결국 미쳐서 정신 병원에 입원했다	بعدما فقدت الأم ولديها في حادثة سير،فقدت عقلها هو الآخر ودخلت المستشفى.	(동)1-정신에 탈이 나서 말과 행동이 이상하게 되다. 2-하는 것이 정상적인 상태에서 벗어나다. 3-어떤일에 지나칠 정도로 골몰하다.	1- يُصبح مريضاً عقلياً ويصبح كلامه وتصرفاته غريبة.ألا تكون تصرفاته في حالة طبيعية. 2- أن يكون مغمور بشيء بشكل مفرط (زائد عن الحد).	미치다	يفقد عقله
1-인간은 생각하는 능력을 가졌다. 2-친구들을 생각할 때마다 고향이 그립습니다. 3-새 집으로 이사 갈 것을 생각하니 무척 기뻤다. 4-선생님의 말씀을 듣고 보니 제가 잘못 생각했던 것 같습니다.	1_الأشخاص لديهم القدرة علي التفكير. 2_أشتاق إلي مسقط رأسي عندما أفكر في أصدقائي. 3_أشعر بفرحة عارمة عندما أفكر أنني سأنتقل إلي منزل جديد. 4_أعتقد أن تفكيري كان خاطئا بعدما سمعت كلام المعلم.	(동) 1-어떤 사실이나 이치를 헤아리고 따지다. 2-어떤 사실, 대상을 떠올리다. 3-무엇을 머리에 떠올려 상상하거나 어떤 것이 그러할 것이라고 예상하다. 4-어떤 대상을 일정한 방식으로 판단하거나 여기다.	1_يحسب و يقيم حقيقة ما أو سبب ما. 2_يتذكر شئ أو حقيقة ما. 3_يتخيل أو يتصور شئ في رأسه. 4_يحكم علي أمر ما بطريقة معينة.	생각하다	يفكر
1-나는 선생님의 말씀을 잘 알아듣지 못했다. 2-민지가 친구 목소리를 알아듣고 급히 밖으로 나갔다.	1لم أفهم كلام المعلم . 2- خرجت مين جي للخارج مسرعة بعدما عرفت صوت صديقتها.	(동) 1-다른 사람의 말을 듣고 그 뜻을 알거나 깨닫다. 2-(어떤 소리를 듣고) 누구의 또는 무엇의 소리인가를 분간하거나 가려 듣다.	1- يسمع كلام الآخرين ويدرك ويفهم هذا الكلام. 2- يسمع صوت ما فيميزه إذا كان صوت شخص أو صوت شئ.	알아듣다	يفهم
1-계곡의 눈이 다 녹아서 시냇물이 넘치기 시작했다. 2-극는 자신감이 넘치는 목소리로 빠르게 말했다.	1بدأ فيضان في القرية(الوادي) بع ذوبان الثلج. 2لقد تحدث بسرعة وبصوت تملأه الثقة.	(동) 1-가득 차서 밖으로 흘러나오다. 2-감정이 매우 거세게 일어나다. 3-어떤 정도에 지나치다.	1يفيض إلي الخارج عند امتلاء المكان. 2تتدفق المشاعر بقوة. 3 يجتاز درجة معينة.	넘치다	يفيض
주말에는 친구를 만나거나 영화를 봅니다.	في عطلة الأسبوع أقابل صديقاً أو أشاهد فيلماً.	(동) 마주 대하다.	يقابله وجهاً لوجه.	만나다	يقابل

교수님을 뵈러 연구실에 가는 길이에요.	أنا في طريقي لغرفة البحث لأقابل الأستاذ.	(동) 웃어른을 만나다.	مقابلة شخص كبير.	뵙다	يقابل, يرى
두 기름을 서로 비교하여 이야기하시오.	تحدث مقارناً الزيتين.	(동) 차이를 알아내려고 여럿을 서로 견주어 보다.	يقارن عدة أشياء ببعضها لمعرفة الفرق.	비교하다	يقارن
1_학교 운동장에서 입학식이 열렸다. 2_방바닥이 벌어져 연탄가스가 샌다. 3_나는 친구와 사이가 벌어져 서로 말도 안 한다. 4_그 남자는 어깨가 딱 벌어졌다.	أقيم حفل استقبال للطلبة الجدد في ملعب المدرسة.	(동) 1-일어나거나 진행되다. 2_갈라져서 틈이 생기다. 3_(사이가) 서먹서먹하거나 나빠지게 되다. 4_(몸이나 가슴이) 가로퍼진 상태가 되다.	1_يحدث. 2_ينقسم وتظهر فجوة. 3_ تسوء العلاقة بين شخصين. 4_ يكتسب وزنا زائدا.	벌어지다	يقام
1-그는 주먹을 꽉 쥐었다. 2-그는 화가 나서 상대방의 멱살을 쥐고 흔들었다. 3-우리 집의 경제권은 아버지가 쥐고 계신다.	1 لقد قبض قبضته بإحكام. 2 عندما غضب أمسك عنق نظيره وأصبح يهزه. 3 يمتلك أبي الحق الاقتصادي في منزلنا.	(동) 1-손가락을 힘껏 구부려 주먹을 만들다. 2-손가락과 손바닥으로 무엇을 잡다. 3-재물이나 권력을 가지다.	1 يجمع أصابع يده ويضمها ليصنع قبضة. 2 يمسك شئ بالأصابع وكف اليد. 3 يمتلك ممتلكات أو قوة.	쥐다	يقبض.يمسك
1-경찰관이 차 옆으로 다가와서 면허증을 보여 달라고 했다. 2-찬 바람과 함께 겨울이 한 걸음 한 걸음 다가오고 있다.	1أقترب رجل الشرطة من السيارة وطلب إظهار رخصة القيادة. 2- يقترب الشتاء والرياح الباردة معاً خطوة بخطوة .	(동) 1-(무엇 쪽으로) 가까이 오다. 2-(친해지려고 누구에게) 가까이 오다. 3-(어떠한 일이나 때가) 가까이 오다.	1_يتحرك بالقرب من شئ في اتجاه معين. 2-يقترب من شخص بغرض الصداقة. 3_اقتراب وقت أو حدث.	다가오다	يقترب
1-고양이가 쥐를 죽였어요. 2-어머니가 소리를 죽이고 울고 계셨다. 3-성질을 죽이다.	1 لقد قتلت القطة الفأر. 2 لقد بكت أمي بعد أن ضعف صوتها.	(동) 1-(사람이 생물의) 목숨을 끊어지게 하다. 2-(사람이 숨소리나 하품 따위를) 누그러지게 하거나 없애다. 3-(기운이나 생기 따위를) 누그러지게 하거나 없애다.	1 ينهي حياة كائن حي. 2 يضعف شئ ما لدرجة معينة.	죽이다	يقتل. يطفأ. يوقف
무엇을 도와 드릴까요?	كيف أقدم لك المساعدة؟	(동) 윗사람을 위해 어떤 일을 하다.	فعل شيء من أجل شخص كبير السن أو المقام.	드리다	يقدم
1-그러면 저희 가족을 소개하겠습니다. 2- 우리의 문화를 외국인 관광객에게 소개하려면 어떻게 해야 할까?	1_ سوف أعرفكم علي عائلتي. 2_ ماذا نفعل إذا اردنا تقديم ثقافتنا للسياح الأجانب؟	(동) 1-서로 알지 못하는 두 사람을 인사시켜 서로 알게 해 주다. 2-누구에게 모르던 사실이나 내용을 알게 해 주다.	1_ يتعرف شخصان علي بعضهما ويلقيان التحية. 2_ تعريف محتوي أو حقيقة لشخص لا يعرفها.	소개하다	يقدم. يعرف
학교에 장학금을 신청했다.	قدمت على منحة في المدرسة.	(동) (어떤 사람이나 단체가 다른 단체나 기관에 일이나 물건을) 신고하여 청구하다.	يقدم/يطلب	신청하다	يقدم/يطلب
참가 여부를 빨리 결정해 주세요.	من فضلك قرر سريعاً المشاركة من عدمها.	(동)무엇을 하기로 확실히 정하다.	تحديد أكيد لفعل أمر ما .	결정하다	يقرر
엄마께서 사과를 반으로 나누어 주셨다.	لقد قسمت أمي التفاحة الي نصفين واعطها لنا.	(동) 무엇을 여러 부분이나 갈래로 가르다.	تقسيم شئ إلي عدة أجزاء.	나누다	يقسم. يوزع

머리를 짧게 자르다.	يقص شعره	(동) (물체를) 베어 동강을 내거나 끊다.	أن يجعله قطعاً أو يقطعه.	자르다	يقص
과일을 깎아 접시에 담았다.	الفاكهة كانت مقطعة و موضوعة في الطبق.	(동) 무엇의 겉을 얇게 베어내다. /=자르다	تقطيع شئ من الخارج بشكل رفيع.	깎다	يقص.يجز.يحد
범죄를 없애기 위해서는 모든 국민이 노력해야 한다.	لابد أن يجتهد جميع المواطنين من أجل القضاء على الجريمة.	(동) '지우다. 없다'의 사동사.	يزيل. تعدية لفعل "غير موجود"	없애다	يقضي على
1-매일매일 즐겁게 지내세요. 2-나는 어제 가깝게 지내는 한국 친구를 만났다. 3-휴가 잘 지내고 오세요. 4-그 집은 대대로 장관을 지냈던 집안이다. 5-제사 지내는 법을 아세요?	1 اقض حياتك كل يوم بسعادة . 2 لقد قابلت صديقي الكوري المقرب البارحة. 3 اقض عطلة سعيدة. 4 هذا المنزل الذي يعيش فيه أسرة الوزير. 5 هل تعرف طريقه قضاء المراسيم (الطقوس)؟	(동) 1-어떤 정도나 상태로 생활하거나 살아가다. 2-누구와 어떤 관계를 유지하면서 살아가다. 3-일정한 기간을 보내다. 4-어떤 중요한 지위를 맡아 일하다. 5-제사 등의 행사나 의식을 치르다.	1 يمضي حياته في مستوي وظروف معينة. 2 يعيش حياته محافظا علي علاقته مع شخص ما. 3 يقضي فترة ما. 4 يتقلد منصبا هاما. 5 يقيم مناسبة خاصة أو مراسيم.	지내다	يقضي. يتولي.يمضي
민지는 딸기밭에서 딸기를 땄다.	قطفت مينجي الفراولة من الحقل.	(동) 열매나 잎처럼 달려 있거나 붙어 있는 것을 뜯거나 떼다.	قطف أو نزع الأشياء المعلقة مثل الثمار وأوراق الشجر.	따다	يقطف
뛰어가다가 넘어질 뻔했어요.	لقد سقطت عنما كنت أعدو (أجري).	(동) 서 있다가 쓰러지다.	وقوع شخص كان واقفاً.	넘어지다	يقع. يسقط
1-버스에 사람이 많아서 한 시간 동안 서서 갔어요. 2-잠깐, 거기 서세요. 3-우리 마을에는 닷새마다 한 번씩 장이 선다. 4-아무래도 확신이 서지 않는지 머뭇거리며 물었다. 5-내가 주례를 서겠네.	1_ الحافلة كانت مليئة بالناس لذلك وقفت لمدة ساعة. 2_ لحظة اقف هناك من فضلك. 3_ تقيم قريتنا معرض كل خمسة أيام. 4_سألته بتردد عما إذا كان غير متأكد. 5 سأكون بجانبك.	(동) 1-다리를 펴고 몸을 위로 곧게 하여 있다. 2-=멈추다/ 움직이다가 멈추다. 3-=열리다/ 장, 행사 등이 벌어지다. 4-결심이나 계획 등의 마음이 생기다. 5-어떤 역할을 맡아서 하다.	1_يفرد رجله ويقيم جسمه علي نحو مستقيم. 2_ يوقف حركة. 3_ يفتتح معرض أو حدث. 4_ يعزم علي خطة أو قرار. 5_ يتولي دورا ما ليقوم به	서다	يقف. يستقيم.
문을 잠그다.	يقفل الباب	(동) 여닫는 물건을 열지 못하도록 자물쇠를 채우거나 빗장을 걸거나 하다.	وضع قفل أو غلق مزلاج حتى لا ينفتح شيء مغلق.	잠그다	يقفل
수입이 적어지다.	يقل الإستيراد.	(동) 적게 되다.	يصبح قليلاً.	적어지다	يقل
이 바지 길이를 좀 줄여 주세요.	قصر لي طول هذا السروال من فضلك.	(동) (반) 늘이다/ 무엇의 양이나 크기, 길이를 줄게 하다.	يجعل كمية أو حجم أو طول شئ ما أصغر.	줄이다	يقلّل، يصغّر.يقصر
수지는 아무것도 없다는 것을 보이려고 주머니 속을 뒤집어 보였다.	قلبت سوجي جيوبها لتظهر أنها لا تملك شيئاً.	(동) 무엇의 속을 겉으로 나오게 하고 겉을 속으로 들어가게 하다.	إخراج الداخل وإدخال الخارج.	뒤집다	يقلب
설탕을 넣고 커피를 저어 마시다.	يضع السكر ثم يقلب القهوة ويشربها.	(동) 액체나 가루 따위가 고르게 섞이도록 손이나 기구 따위를 내용물에 넣고 이리저리 돌리다.	استخدام اليد أو أداة لتقليب دقيق أو سوائل وغيرها.	젓다	يقلب
어머니께서는 아들이 위험한 일에 말려들지나 않을 까 항상 걱정하신다.	تقلق الأم دائما على إبنها خوفاً من أن يكون أصابه مكروه ما.	(동)잘못될까 불안해하며 속을 태우다.	يشعر بالحيرة وعدم الاستقرار نتيجة خوف من ألا يتم الشئ كما هو مرجو.	걱정하다	يقلق

제가 도와 드릴 테니까 그 일은 염려하지 마세요.	سوف أساعدك لا تقلق بخصوص هذا الأمر.	(동) 어떤 일에 대하여 걱정하다.	يقلق بسبب أمر ما.	염려하다	يقلق
1-형, 네 짐을 좀 덜어봐. 2-부모님 부담을 덜어 주고 싶었다.	أخي خفف من أمتعتك قليلا. 2- أردت أن اخفف الأعباء علي والدي.	(동) 1-(전체에서 일부를) 떼어 줄이든가 적게 하다. 2-(아픔이나 어려움을) 줄이다.	1- يقلل أو ينزع جزء من كل. 2- يخفف ألم أوصعوبة.	덜다	يقلل
술 마시고 운전하면 안 됩니다.	ممنوع القيادة عند شرب الخمر.	(동) 주로 자동차나 오토바이 등의 기계를 움직이고 조정하다.	تحريك أو التحكم في السيارة أو الموتوسيكل وغيرها من الماكينات.	운전하다	يقود
선생님, 수술을 할 시간입니다.	أيها الطبيب، إنه وقت العملية الجراحية.	(동) 의사가 수술을 시행하다.	يقوم بعملية جراحية.	수술하다	يقوم بعملية جراحية
1-그 가수는 앞으로 일본과 중국에서 활동할 예정이다. 2-그는 지금 미국에서 변호사로 활동하고 있다.	1- سيعمل هذا المطرب في المستقبل في اليابان والصين. 2_يعمل في أمريكا كمحامي.	(동)1-몸을 움직여 행동하다. 2.어떤 일의 성과를 거두기 위하여 힘쓰다. 3-동물이나 식물이 생명 현상을 유지하기 위하여 행동이나 작용을 활발히 하다.	1- بيقوم بنشاط ما بتحريك جسده. 2_يستخدم قواه لحصد نجاح ما. 3_نشاط الحيوانات أو النباتات من أجل الحفاظ على الظواهر الحيوية.	활동하다	يقوم بنشاط ما / يعمل
뉴스에 의하면 오늘밤에 태풍이 온대요.	وفقا للأخبار فهناك إعصار قادم الليلة.	(동) 주로 '~에 의해, ~에 의한, ~에 의하면' 으로 쓴다.	عادة تأتي في الأشكال تلك. ←	의하다	يقوم علي أساس . وفقا
너비를 재다.	يقيس العرض.	(동) 자, 저울 따위의 계기를 이용하여 길이, 너비, 높이, 깊이, 무게, 온도, 속도 따위의 정도를 알아보다.	أن يعرف حدود الطول أو العرض أو العمق أو الوزن أو درجة الحرارة او السرعة وغيرها باستخدام المتر أو الميزان وغيرها من الألات.	재다	يقيس
1-어렸을 때 동생하고 많이 싸웠다. 2-한국 축구 대표팀이 브라질팀을 맞아 잘 싸웠다.	تشاجرت كثيرا مع أخي عندما كنت صغير. 2- واجه المنتخب الكوري الجنوبي لكرة القدم المنتخب البرازيلي.	(동) 1-(말, 힘으로 이기려고) 다투다. 2-(운동 경기 등에서) 이기려고 경기를 하다.	1- يكافح من أجل الفوز باستخدام الكلام أوالقوة. 2- يتسابق في مبارة رياضية من أجل الفوز.	싸우다	يكافح- يتنافس- يواجه- يتشاجر
사람들은 성공하기 위해 노력한다.	يبذل الناس مجهود لتحقيق النجاح.	(동)어떤 일을 이루기 위해 힘을 쓰다.	يبذل قوة للقيام بعمل ما.	노력하다	يكافح. يبذل مجهود
학생들이 집중하지 않자 선생님의 목소리가 커졌다.	ارتفع صوت المعلم لأن الطلاب ليسوا منتبهين.	(동) 크게 되다.	يصبح كبيرا	커지다	يكبر
답안지에 답을 적다.	يكتب الإجابة في ورقة الإجابة.	(동) 어떤 내용을 글로 쓰다.	كتابة محتوى ما.	적다	يكتب
1-선생님은 먼저 칠판에 이름을 쓰셨다. 2-저는 소설을 써 보고 싶어요.	كتب المعلم أولا اسمه علي الصبورة. 2- أرغب في كتابة رواية.	(동) 1-(=) 적다/ (펜, 연필로 글자를) 적다. 2-(=) 짓다/ (글, 소설을) 짓다.	1- يدوّن الحروف باستخدام القلم الحبر أو القلم الرصاص. 2- يكتب مقال أو رواية.	쓰다	يكتب.
이 연구를 통해 새로운 사실을 발견했습니다.	اكتشفت حقيقة جديدة من خلال هذا البحث.	(동) 이제까지 찾아내지 못했거나 알지 못했던 것을 처음으로 찾아내거나 알아내다.	يعرف أو يكتشف شيء لم يكن مكتشف أو معروف من قبللأول مرة.	발견하다	يكتشف
강에 물고기가 많아졌다.	لقد زادت الأسماك في النهر.	(동) 많게 되다.	يصبح كثيراً	많아지다	يكثر

이해를 못하는 것 같아 반복해서 설명을 해 주었어요.	بدى كأنه لم يفهم فأعدت له الشرح.	(동) 같은 말을 여러 번 하다.	يكرر الكلام.	반복하다	يكرر
그 사람은 성격이 좋아 미워하려야 미워할 수 없다.	هذا الشخص شخصيته جيدة فلا تستطيع أن تكرهه مهما حاولت ذلك.	(동)미워하는 마음을 가지다. 밉게 여기다.	يمتلك قلب كاره/بغيض.	미워하다	يكره
1-선생님은 약속을 지키지 않는 사람을 제일 싫어해. 2-아이들은 양치질을 싫어해요.	يكره المعلم الشخص الذي لا يحافظ علي موعده جدا. 2- لايريد الأطفال تنظيف أسنانهم.	(동) 1-(무엇을) 마음에 안 들어 하다. 2-(어떤 일을) 하고 싶지 않아 하다.	1- لا يعجبه شئ ما. 2- لا يريد فعل شئ ما.	싫어하다	يكره
동생이 넘어지면서 안경을 깼다.	انكسرت نظارة أخي الصغير عندما وقع.	(동)단단한 물체를 쳐서 조각이 나게 하다.	تحطيم جسم صلب إلي أجزاء.	깨다	يكسر
1-설거지를 하다가 그릇을 깨뜨리고 말았다. 2-인습은 타파해야 하지만 전통은 깨뜨려서는 안된다.	عندما كنت أغسل الأطباق انكسر الطبق.	(동) 1-(사람이 단단한 물체를) 조각이 나게 부수다. 2-(사람이 기존의 금기나 관습 따위를) 부인하여 그 유효성이나 영향력이 없어지도록 만들다.	يكسر الشئ	깨뜨리다	يكسر.يحطم.يدمر
요즘은 물가가 비싸서 여행할 때 돈이 많이 들 텐데..	قد يكلف السفر الكثير من المال هذه الايام بسبب ارتفاع أسعار السلع.	(동) 어떤 일에 힘, 비용, 노력 등이 필요하게 되다. 돈이 들다.	أن يحتاج أمراً إلى طاقة أو مال أو جهد.	들다	يكلف
1-선생님은 언제나 책을 책상 위에 잔뜩 쌓아 두고 계신다. 2-옛날에는 적을 막기 위하여 마을 주위에 성을 쌓았다. 3- 아르바이트를 하면 여러 가지 경험을 쌓을 수 있어요. 4-남북이 서로 신뢰를 쌓아야 할 것 같아.	كوّم المعلم الكثير من الكتب علي المكتب. 2- قديما كان يتم بناء قلعة حول القرية من أجل صد الأعداء. 3-من الممكن أن اكتسب الكثير من الخبرة إذا عملت بدوام جزئي. 4- اعتقد أنه يجب بناء ثقة متبادلة بين الكوريتين.	(동) 1-(여럿을) 함께 겹치거나 올려놓다. 2-(돌을 겹치게 해서 어떤 높은 물건을) 만들다. 3-(오랜 기간 동안 기술, 경험, 지식을) 많이 얻어 가지다. 4-(기초를) 튼튼하게 마련하다.	1- يكدس أو يضع كثيرا من الأشياء معا. 2- يصنع شئ ما مرتفع من خلال تكويم الحجارة. 3- يكسب كثير من التقنية أو الخبرة أوالمعرفة لمدة طويلة. 4- يشيد قاعد بشكل قوي.	쌓다	يكوّم/يكدّس/يبني/يكسب
벽에 붙어 있는 사진이 가족 사진이에요.	الصورة المعلقة على الحائط هي صورة العائلة.	(동) 무엇에 닿아서 떨어지지 않다.	يلتصقبشيء ولا يسقط عنه.	붙다	يلتصق
1-나는 뒤를 돌아보지도 않고 문안으로 돌아갔다. 2-이사 갈 집을 돌아보고 왔다. 3-새해는 지난날을 돌아보며 새로운 결심을 하게 된다.	دخلت الباب دون الالتفات خلفي. 2-القي نظرة علي البيت الذي سينتقل إليه وعاد. 3- في العام الجديد أتخذت قرارات بعد إعادة النظر في ما فعلته بالماضي..	(동) 1-(고개를 돌려서) 보다. 2-(어디를) 여기저기 다니며 살피다. 3-(지난 일을) 다시 생각하여 보다.	1- يدير رأسه وينظر. 2-ينظر ويتجول هنا وهناك. 3- يُعيد التفكير في الماضي.	돌아보다	يلتفت
1-바닥에 떨어진 연필 좀 주워 주실래요? 2-교실 문 앞에서 수첩을 주웠습니다.	1 هل من الممكن أن تحضر لي القلم الذي وقع علي الأرض؟ 2 لقد التقطت (وجدت) مذكرتي أمام الفصل.	(동) 1-바닥에 있는 것을 집에 들다. 2-남이 잃은 물건을 집어 가지다.	1 يأخذ شيئا متروكا علي الأرض. 2 يأخذ شيئا فقده شخص آخر.	줍다	يلتقط
우리 가족은 어제 공원에 가서 사진을 찍었다.	ذهبت عائلتنا البارحة إلي الحديقة والتقطنا الصور.	(동) 카메라로 사물의 모양을 필름 등에 그대로 옮기다.	ينعكس شكل شئ ما في الفيلم بواسطة الكاميرا.	찍다	يلتقط

편지 봉투에 우표를 붙였어요?	هل لصقت طابع بريدي على الظرف؟	(동) 무엇을 어디에 닿아서 떨어지지 않게 대다.	يلصق شئ ما بحيث لا يسقط.	붙이다	يلصق
1-날씨가 좋아서 그런지 놀러 가는 사람이 많아요. 2-형은 요즘 하는 일 없이 놀고 있다.	1خرج الكثير من الناس للمرح بسبب الجو المعتدل. 2أخي بدون عمل ويمرح فقط .	(동) 1-일을 하지 않고 즐겁게 시간을 보내다. 2-직업 없이 일을 하지 않고 지내다. /(반) 일하다	1لا يعمل ويقضي وقت ممتع. 2يعيش بدون عمل.	놀다	يلعب. يمرح
일이 많아서 오늘 약속을 취소 하겠습니다.	سألغي مواعيد اليوم لأنني مشغول.	(타동) 이미 발표한 것을 거두어들이거나 약속한 것 또는 예정된 일을 없애다.	يسحب ما كان قد أعلن، أو يُلغِي ما كان قد وعد أو الأمر المخطَّط	취소하다	يلغي
실/줄을 감다	يلف خيط / حبل	(동) 실이나 끈 따위를 다른 물체에 빙 두르다.	أن يبرم خيط أو رباط أو غيره على شئ آخر.	감다	يلف (خيط)
1-나는 선물을 예쁜 포장지로 쌌다. 2- 사람들이 분수를 싸고 둘러서 있다. 3- 짐을 싸다. 4- 도시락을 싸다.	قمت بتغليف الهدية بغلاف جميل. 2- يحيط الناس بالنافورة. 3- يجهز الأمتعة. 4- يجهز صندوف الطعام.	(동) 1-(넓고 얇은 천, 종이로 무엇을) 말거나 두르다. 2-(무엇이 어떤 물체의 주위를) 둘러서 가리거나 막다. 3-(어디에 가지고 가거나 옮기기 위하여) 물건을 가방, 상자 등에 넣어서 정리하다. 4-(어디에 가지고 가기 위하여) 음식을 만들어서 준비하다.	1- يلفّ شئ باستخدام ورقة أو نسيج رقيق وواسع.2- شئ ما يخفي أويحجب شئ ما من خلال الإحاطة به. 3- تضع شئ في صندوق اوحقيبة من أجل نقله إلي مكان ما. 4- تجهز طعام من أجل نقله إلي مكان ما	싸다	يلف / يحيط / يجهز
한라산에서 내려다보니 정말 아름다웠다.	لقد نظرت إلي الأسفل من أعلي جبل هانلا وكان المنظر رائعا	(동)위에서 아래를 향하여 보다. / (반)올려다보다	يوجه نظره إلي الأسفل من الأعلي.	내려다보다	يلقي نظرة للأسفل
1-서류를 놓치는 바람에 종이가 바닥에 다 떨어졌다. 2- 아침에 늦잠을 자는 바람에 비행기를 놓쳤습니다. 3-좋은 기회를 놓치다.	1أوقعت الرياح كل المستندات علي الأرض. 2لقد فقدت الطيارة بسبب نومي المتأخر في الصباح. 3 يضيع فرصة جيدة.	(동) 1-가지고 있거나 잡고 있던 것을 잘못하여 놓아 버리다. 2-타려고 하던 탈것을 타지 못하게 되다. 3-어떠한 기회를 그냥 보내다.	1يلقي شئ كان في يده عن طريق الخطأ. 2يفوت شئ كان سيركبه. 3يفقد فرصة.	놓치다	يلقي. يفقد.يضيع
1-그는 아무 말 없이 강물에 돈을 던지고 있었다. 2-메나가 사라에게 미소를 던졌다. 3-다른 사람을 위해서 자기 생명을 던지는 사람도 있다.	القي المال في النهر دون أن يقول أي شئ. 2- تبادلت منه و سارة الابتسامة. 3- يوجد من يضحي بحياته من أجل الآخريين.	(동) 1- (반) 받다/ (손에 잡아 무엇을 어디에) 멀리 날려 보내다. 2-(누구에게 웃음, 말, 눈길, 질문 등을) 보내거나 주다. 3-(목적을 이루기 위해 어떤 일에 목숨이나 재물을) 아낌없이 바치다.	1- يلقي شئ ممسكه بيده إلي مكان بعيد. 2- يتبادل الابتسامة والكلام والنظرات والأسئلة مع شخص آخر. 3- يضحي بحياته وثروته من أجل تحقيق هدف.	던지다	يلقي/ يتبادل/ يضحي
이 작품 만져 봐도 돼요?	هل يمككني لمس هذا العمل الفني؟	(동) 무엇을 손으로 대어 더듬거나 주무르다.	يلمس شيء بيده.	만지다	يلمس
1-손이 천장에 닿았다. 2- 버스는 점심 때를 조금 넘기자 서울에 닿았다.	لمست يدي السقف. 2- وصل الأتوبيس سول بعد الظهر بقليل.	(동) 1- (어떤 것이 다른 것에) 가까이 가서 붙다. 2- (목적지에) 이르다. 도착하다.	1_شئ ما يقترب من شئ آخر ويلتصق به. 2- يصل إلي وُجهة.	닿다	يلمس / يصل

제가 사는 곳의 날씨는 한국 날씨와 비슷합니다.	يتشابه الطقس في المكان الذي أعيش فيه مع الطقس في كوريا.	(형) 무엇과 거의 같다. 별로 차이가 없다.	يشبه شيء ما أو لا يوجد فرق كبير.	비슷하다	يماثل
1-백화점이 사람들로 꽉 차 있습니다. 2-방안에 습기가 차서 냄새가 납니다. 3-남수는 자신감에 차 있었다. 4-예약이 다 찼으니 내일 다시 연락해 주세요.	1 إن المركز تجاري مكتظ بالناس جدا. 2 ظهرت رائحة داخل الغرفة حيث الرطوبة. 3 لقد امتلأ نام سو بالثقة بالنفس. 4 رجاء اتصل بنا غدا لأن الحجز اليوم انتهي.	(동) 1-물건이 가득하게 되다. 2-'=배다/ 물기, 습기 등이 가득하게 되다. 3-감정이나 기운 등이 가득하게 되다. 4-정해진 한계에 이르다.	1 يمتلئ بشئ معين. 2 يُنقع بالماء أو الرطوبة. 3 يمتلئ بالشعور أو الأحساس. 4 يصل إلي حد معين.	차다	يمتلئ
1-학생, 칠판 좀 지워 주세요. 2-남수는 마음 속에서 어머니에 대한 생각을 지워 버릴 수 없었다.	1 أيها الطالب، امسح السبورة من فضلك. 2 لم يستطع نام سو أن يزيل ذكريات عن أمه من قلبه.	(동) 1-쓰거나 그린 것을 문지르거나 물질을 발라 안 보이게 없애다. 2-생각, 기억을 의식적으로 없애거나 잊다.	1 يزيل مكتوبا أو مرسوما أو أثره لكي لا يظهر. 2 يزيل فكرة أو ذاكرة أو ينساها.	지우다	يمحو. يزيل
1-차린 건 없지만 많이 드세요. 2-가게를 차리다. 3-운전할 때는 정신을 바짝 차려야 됩니다. 4-남수는 면접을 보려고 양복을 차려 입었다. 5-나는 체면을 차리느라 많이 먹지 못했다.	1 لا يوجد شئ أقدمه لك ولكن تناول الكثير. 2 يبني محل. 3 يجب أن تستعيد وعيك عند القيادة. 4 لقد ارتدي مين سو البدلة وذهب إلي مقابلة العمل. 5 لا أتناول الطعام كثيرا لأني أحافظ علي لياقتي البدنية.	(동) 1-음식이나 음식상을 잘 벌려 놓다. 2-무엇을 새로 갖추어 시작하다. 3-기운이나 정신을 제대로 잘 가다듬다. 4-옷을 잘 갖추다. 5-해야 할 방식을 갖추어 지키다.	1 يضع الطعام بشكل جيد ومنظم. 2 ينشئ ويبدأ شئ جديد. 3 يستعيد الطاقة أو الوعي. 4 يرتدي جيدا. 5 يلتزم بطريقة القيام بأمر ما.	차리다	يمدّ المائدة. يهيئ. يعد.يحس. يدرك. يستعد
아버지께서는 어머니를 도와 드린 누나를 칭찬하셨습니다.	مدح أبي أحتي التي ساعدت أمي.	(동) 좋은 점이나 잘한 일 등을 매우 훌륭하게 여기는 마음을 말로 나타내다.	يعبّر بالكلام عن قلبٍ يعترف بأن ميزة شيء أو عمل حسن أو غيرهما رائعه جدا	칭찬하다	يمدح
1-이 곳을 지나치면 기름 넣을 곳이 없어. 2-그녀가 내 변명을 듣지도 않고 지나쳐 버려 화가 났다.	لا يوجد مكان لتضع البنزين إذا مررت بهذا المكان.	(동) 1-어디를 머무르거나 들르지 않고 그냥 지나다. 2-어떤 일에 관심을 가지지 않고 그냥 넘기거나 가볍게 생각하다.	1 يمرّ بمكان وهو لا يدخل إليه أو يقيم فيه. 2 لا يضع الأهمية في أمر معين ويتجاوزه أو يفكر فيه ببساطة.	지나치다	يمرّ ب
1-그 차는 좁은 곳을 쉽게 지나간다. 2-10 년이 하루처럼 빨리 지나갔어요. 3-다 지나간 일을 가지고 우리가 왜 이러지? 4-그는 피곤하다고 일기 쓰기를 빠뜨리고 지나가는 법이 없다. 5-우리 집 앞으로 도로가 지나간다. 6-지나가는 말이니 너무 신경 쓰지 말아라. 7-선생님의 얼굴에 싸늘한 미소가 지나갔다.	1 هذه السيارة تستطيع المرور من الأماكن الضيقة بسهولة. 2 لقد مرت 10 سنوات بسرعة كاليوم. 3 لماذا نحن هكذا نحمل الأمور التي مضت؟ 4 لا يوجد طريقه تمنعه من كتابه مذكراته حتي وهو مجهد. 5 الطريق يمر من أمام منزلنا. 6 لا تأخذ الكلام التافه علي أعصابك. 7 ظهرت ابتسامه مزيفة علي وجه المعلم.	(동) 1-'= 지나다/ (어떤 사람이나 탈 것 따위가 다른 사람이나 장소 주위로) 지나쳐 가다. 2-(일정한 시간이) 흘러서 경과하다. 3-(어떠한 일이) 일어났다가 사라져 과거의 일이 되다. 4-무슨 일을 하지 않았지만 상관하지 않고 다른 일로 옮겨가다. 5-어떤 곳을 통과하는 길이 나 있다. 6-어떤 말이 별로 중요하지 않다. 7- 무엇이 잠시 생겼다가 사라지다.	1 يمر من خلال مكان دون الوقوع في أي أخطاء أو التوقف. 2 يمر زمن معين. يصبح ماضي. 3 يحدث أمر ما ثم يختفي. 4 عدم الأهتمام بأمر ما وتركه والانتقال لغيره. 5 يعبر من خلال طريق ما. 6 عدم الاكتراث لكلام معين. 7 يظهر شئ لفترة ثم يختفي.	지나가다	يمرّ ب. يمر علي. يجتاز
지금 시장에 들러 집으로 가는 중이야.	مررت بالسوق وأنا في طريقي للمنزل الآن.	(동) 지나가면서 어디에 잠시 거치다.	التوقف بمكان ما بينما أنت تمر.	들르다	يمر بـ
대구를 거쳐 부산으로 가다.	يمر عبر ديجو ذاهباً إلى بوسان.	(동) 오거나 가는 길에 스쳐 지나가다. 잠깐 들르다.	يمر عبر مكان ما في طريقه.	거치다	يمر عبر

1-벌써 12 시가 지났다. 2-횡단 보도를 지나면 바로 주유소가 있어요. 3-그건 변명에 지나지 않는다.	1 لقد تجاوزت الساعة 12 بالفعل. 2 ستجد محطة بنزين عندما تعبر طريق المشاه مباشرةً.	(동) 1-어떤 때가 넘어 흐르다. 2-(주로 '지난'의 꼴로 쓰여) (일정한 시간이나 일 따위가) 과거가 되다. 3-'~에 지나지 않다'의 구성으로 쓰여, '바로 그거에 불과하다'는 뜻을 나타내는 말.	1 يمر وقت معين. 2 يقوم بالذهاب والإياب مرورًا بمكان ما.	지나다	يمر. يخرج. يتجاوز
1-바람이 통하도록 문을 열어 주세요. 2-우리 집은 부엌이 거실과 통해 있어요. 3-그 친구와 마음이 통합니다.	افتح الشباك من أجل دخول الرياح. 2- 3- أمتلك نفس مشاعر صديقي.	(동) 1-(무엇이) 자유롭게 움직이거나 지나다닐 수 있다. 2-장소가 어디로 이어지다. 3-같은 생각이나 마음을 가지다.	1- شئ ما يمكنه التحرك بحرية. 2- مكان ما يؤدي إلي مكان ما. 3- يمتلك نفس الأفكار والمشاعر.	통하다	يمر / يتحرك / يؤدي إلي
어머니께서는 병들어 누워 계셨다.	مرضت أمي و رقدت في سريرها.	(동) 병이 생기다.	الإصابة بمرض.	병들다	يمرض
1-그는 지난주 내내 감기를 앓았다. 2-그는 짝사랑의 열병을 앓고 있다.	1كان لديه برد طوال الأسبوع الماضي. 2- يعاني من حمي الحب من طرف واحد.	(동) 1-(병으로) 괴로워하거나 아파하다. 2-(어떤 일, 걱정 때문에) 괴로워하거나 답답해하다.	1- يشعر بالألم من مرض ما ويعاني منه. 2- يعاني ويشعر بالضيق بسسب أمر أو قلق ما.	앓다	يمرض
공을 잡다.	يمسك بالكرة.	(동) 손으로 움키고 놓지 않다.	أن يلتقط شيء بيده ولا يفلته.	잡다	يمسك
영민이는 돌멩이 하나를 집어서 들었다.	لقد أمسك يونج مين اي بحصاة واحدة في المنزل.	(동) 손이나 도구를 이용해서 물건을 잡아서 들다.	يمسك ويرفع الأشياء بيده أو باستخدام أداة.	집다	يمسك. يلتقط
매일 학교에 걸어서 간다.	أذهب كل يوم إلى المدرسة سيراً على الأقدام.	(동) 양쪽 다리를 번갈아 떼어 내딛으며 몸을 옮겨 나아가다.	يحرك رجليه ويتقدم إلي الأمام أو يتراجع إلي الخلف.	걷다	يمشي
껌을 씹다.	يمضغ العلكة.	(동) (음식을) 입에 넣고 이를 사용하여 작게 자르거나 부드럽게 갈다.	يطحن الطعام في الفم بنعومة أو يقطعه بشكل صغير باستخدام الأسنان.	씹다	يمضغ
좋은 성격을 가져야 어디 가든 사람들의 사랑을 받을 수 있다.	يجب أن تمتلك شخصية جيدة حتى تحصل على محبة الناس أينما تذهب.	(동) 손이나 몸 따위에 있게 하거나 자기 것으로 하다.	يجعل الشئ ملكاً له أو يستحوذ عليه في يده، أو جسده وهكذا.	가지다	يملك
올해부터 정부는 공공 시설에서의 흡연을 금지하고 있다.	تحظر الحكومة التدخين في المرافق العامة بدءاً من هذا العام.	(동)법이나 명령으로 무엇을 하지 못 하게 하다.	منع فعل شئ وفقا لقانون أو أمر ما.	금지하다	يمنع. يحظر
이번 상가의 화재로 13 명이 사망했다고 경찰이 밝혔다.	لقد صرحت الشرطة أن عدد ضحايا الحريق 13 شخص.	(동) 사람이 죽다.	يموت الشخص.	사망하다	يموت
1-민지는 죽은 강아지를 뒷산에 묻어 주었다. 2-지금은 형편이 안 좋지만 야망이 죽은 것은 아니다. 3-아이구 나 죽겠다. 4-라디오가 죽다.	1 لقد دفن مين جي الكلب الميت في الجبل الخلفي. 2 إن الظروف ليست جيدة حاليا ولكن لم يضعف شغفي. 3 يا إلهي سأموت. 4 ينطفئ الراديو (المذياع).	(동) 1-(반) 살다/ 생물이 생명을 잃다. 목숨이 끊어지다. 2-(반) 살다/ 정신이나 기운이 없어지거나 누그러지다. 3-매우 힘이 들거나 어려운 상황을 나타낸다. 4-기계나 컴퓨터 프로그램이 작동을 멈추다.	1يفقد كائن ما حيّ حياته. تنتهي حياته. 2 تختفي قوة أو روح ما. 3 يظهر وضع صعب أو يتطلب قوة كبيرة. 4 توقف آلة أو برنامج في الحاسب الآلي تلقائيا.	죽다	يموت. يفقد. يختفي.يطفئ

어떤 사람은 푸른색과 붉은색을 구별하지 못한다.	بعض الناس لا يستطيعون التميز بين الأزرق والأحمر.	(동) 성질이나 종류에 따라 갈라놓다..	يفرز الأشياء وفقًا لخصائصها وأنواعها.	구별하다	يميّز
1-먼지를 털다. 2-동생은 저금통을 털어서 언니 선물을 샀다. 3-명절이면 빈 집을 터는 도둑이 많다.	نَفَض الغبار. 2- أنفق الأخ كل أموال ليشتري هدية لأخته الكبرى. 3- لصوص البيوت كثر في الأعياد.	(동) 1-(무엇을) 치거나 흔들어서 붙어 있는 것을 떨어지게 하다. 2-(가지고 있는 돈을) 무도 쓰다. 3-돈이나 물건을 몽땅 빼앗거나 훔치다.	يجعل شيء ملصق يسقط لأنه قام بهزه بشدة. 2- ينفقق كل الأموال التي يمتلكها. 3- يسرق كل المال أو الشئ.	털다	ينَفَض/ ينفق/ يسرق
엔으로 혜택을 보내다.	يرسل الفوائد بالين الياباني.	(명) 일본의 화폐 단위. 기호는 ￥.	عملة اليابان. ورمزها ￥.	엔	ين
나는 아버지가 부르는 소리를 들었으면서도 못 들은 척 가만히 있었다.	سمعت صوت نداء أبي ولكن تظاهرت بأنني لم أسمع وبقيت في مكاني.	(동) 누구에게 오라고 말하거나 큰 소리로 외치다.	تتحدث إلى شخص ما أو تصيح بصوت عالي.	부르다	ينادي
푹 자다.	ينام بعمق.	(동) 생리적인 요구에 따라 눈이 감기면서 한동안 의식 활동이 쉬는 상태가 되다. 몸과 정신이 활동을 멈추고 한동안 쉬다.	إغلاق العين ودخول العقل في حالة من الراحة تبعاً لطلب فسيولوجي.	자다	ينام
깊이 잠들다.	ينام بعمق.	(동) 잠을 자는 상태가 되다.	أن يدخل في حالة النوم.	잠들다	ينام
늦도록 잠자다.	ينام متأخراً.	(동) 자는 상태에 있다.	أن يكون في حالة النوم.	잠자다	ينام
할아버지께서 주무십니다.	إن جدي نائم.	(동) '자다'의 높임말.	صيغة الاحترام من الفعل ينام.	주무시다	ينام
날씨가 추워졌으니 감기에 걸리지 않도록 주의하세요.	لقد أصبح الجو باردا فاحذر أن تلتقط برد.	(동) 무엇을 특별히 신경 써서 조심하다.	يحذر أو يقلق خصيصا من شئ ما.	주의하다	ينتبه. يحذر
독약을 마시고 자살하다.	تناول السم وانتحر.	(동) 스스로 자기의 목숨을 끊다.	أن ينهي حياته بنفسه.	자살하다	ينتحر
1-정원에 난 풀을 같이 좀 뽑자. 2-민지는 비서를 뽑는다는 광고를 보고 회사에 인터뷰를 하러 갔습니다. 3-분위기도 좋은데 노래 한 곡 뽑아 보세요. 4-뿌리를 뽑다. 5-옛날에는 집에서 실을 직접 뽑아 천을 짜서 옷을 지어 입었었다. 6-그는 자판기에서 커피를 뽑으려고 동전을 찾고 있었다.	1_هيا نقتلع الحشائش من الحديقة. 2_لقد ذهبت مين جي إلي الشركة لإجراء مقابلة عمل كسكرتيرة وجدته في الإعلان. 3_الجو العام حميل فحاول اختيار أغنية. 4_يقتلع الجذر. 5_في الماضي كنا نختار القماش من المنزل ونفصل الملابس ونرتديها. 6_لقد وضع العملات المعدنية ليختار القهوة من آلة البيع..	(동) 1-안에 있는 것을 잡아당겨서 나오게 하다. 2-여럿 가운데서 누구를 가려서 정하다. 3-노래를 부르다. 4-필요하지 않거나 나쁜 것을 없애다. 5-안에 있는 것을 누르거나 짜서 길게 생긴 물건은 나오게 하다. 6-안에 있는 음식물을 밖으로 나오게 하다	1_الإمساك بشئ وإخراجه من الداخل. 2_اختيار شخص من ضمن عدة أشخاص. 3_يغني أغنية. 4_التخلص من شئ غير مهم أو سئ. 6/5_ الضغط علي الأشياء لاستخراج ما بداخلها.	뽑다	ينتزع. يقتلع. يسحب
1-소문이 온 동네에 다 퍼졌다. 2-요즘 어린이들 사이에 눈병이 퍼지고 있다. 3-우리 친척들은 여러 곳에 퍼져 살고 있다.	انتشرت الإشاعة في كل الحي. 2- تنتشر أمراض العيون بين الشباب هذه الأيام. 3- تشتت أقاربنا في أماكن متعددة.	(동)1-한쪽에서 이곳저곳으로 전해지다. 2-(=)전염되다/ (병이) 몸의 다른 부분이나 다른 사람에게 옮겨지다. 3-골고루 흩어져 있다.	1- ما يتم تناقله هنا وهناك. 2- انتقالي مرض ما إلي شخص آخر أو جزء آخر في الجسم. 3- يتشتت بالتساوي.	퍼지다	ينتشر

1-요즘은 짧은 치마가 유행하고 있다. 2-요즘 유행하는 감기에 걸린 것 같다.	1 تنتشر موضة التنورة القصيرة هذه الأيام. 2 اعتقد أنني التقطت عدوي البرد هذه الأيام.	(동)1- 어떤 새로운 방식이 한동안 사회에 널리 퍼지다. 2- 전염병 등이 퍼지다.	1 تنتشر طريقة جديدة بتوسع في المجتمع في فترة معينه. 2 ينتشر الوباء أو غيره بشكل واسع.	유행하다	ينتشر. يَروج
1-한국이 이탈리아에 이겼다. 2-그 어머니는 수많은 고통을 이기고 자식들을 훌륭히 키워냈다.	1 لقد انتصرت كوريا علي ايطاليا. 2 لقد تغلب هذه الأم علي الكثير من الألم وربت أبناءها جيدا.	(동) 1-(반) 지다/ '=승리하다/ 싸움, 경기에서 서로 싸우거나 겨루어서 상대를 누르다. 2- 어려움을 잘 견뎌 내다.	1 يكسب نظيره في مباراة أو عراك أو منافسة. 2يتغلب علي الصعوبات.	이기다	ينتصر. يكسب. يتغلب
눈이 빠지게 기다리다.	ينتظر كثيراً.	(동)사람, 일 등 때가 오거나 이루어지기를 바라다.	تمني مجئ شخص او حدوث شئ ما.	기다리다	ينتظر
시험이 끝났다.	انتهي الاختبار.	(동) 어떤 일이 마지막에 이르다.	الوصول لنهاية أمر ما.	끝나다	ينتهي
1-실패를 극복하고 성공한 사람들의 이야기는 정말 감동적이다. 2-친구 중에는 사업가로 성공한 사람도 많았다.	1_لقد تأثرت بقصص الأشخاص الناجحين الذين تغلبوا علي الفشل. 2_لدي أصدقاء رجال أعمال كثيرون من ضمن أصدقائي.	(동) 1-목적하던 것을 이루다. 2-부나 명예, 사회적 지위를 얻다.	1_يحقق شئ يهدف إليه. 2_يحصل علي مكانة اجتماعية أو ثروة أو شهرة.	성공하다	ينجح
원하는 대학교에 입학하려면 열심히 공부해야 해요.	يجب عليك أن تذاكر بجد لو أردت الالتحاق بالكلية التي تتمناها.	(동)/시험, 검사, 심사 따위에서 일정한 조건을 갖추어 어떠한 자격이나 지위 따위를 얻다.	يحصل على منصب أو مؤهل ما أو غيره وذلك لحصوله على شروط معينة خاصة بمناقشة،أو امتحان،أو فحص ما.	합격하다	ينجح /يمر
1-교통사고로 사람들이 많이 다쳤어요. 2-다른 사람의 자존심을 다치게 해서는 안 된다.	1_أصيب الكثير من الناس نتيجة لحادث المرور. لايجب عليك أن تجرح كرامة الآخرين.2_	(동) 1-맞거나 부딪치거나 하여 몸의 일부 또는 전체에 상처를 입다. 2-(기분이 좋지 않은 일 때문에 마음이) 상하다.	1يصاب بجرح في الجسد أو جزء منه نتيجة تصادم أو ضرب. 2- جرح في المشاعر.	다치다	ينجرح/ يُصاب.
나는 몸을 기울여 바닥에 떨어진 동전을 주웠다.	لقد انحنيت والتقطت العملة التي سقطت علي الأرض.	(동)무엇을 한 쪽으로 비스듬히 하거나 굽히다.	انحدار شئ ما الي جانب معين.	기울이다	ينحدر. يميل.ينحني
1-3 번 문제가 잘 풀리지 않아요. 2-스트레스가 풀리다. 3-요즘 경기가 나빠서 사업이 잘 안 풀립니다. 4-날씨가 풀리다. 5-허리띠가 풀려서 바지가 흘러내렸다	1لا أتذكر . 2-يتلاشي الضغط العصبي. 3- أعمالي التجارية راكدة لأني صحتي ليست علي مايرام هذه الأيام. 4- يدفأ الجو. 5- انحل الحزام وسقط البنطلون.	(동) 1-(문제의 답이) 생각나다. 2-(피로나 독기 등이 없어져 몸이 정상적인 상태가 되다. 3-(일이) 잘 되다. 좋아지다. 4-(날씨가) 따뜻해지다. 5-(반) 조이다/ (매이거나 묶이거나 잠긴 것이) 처음의 상태로 돌아가다.	1- يتذكر حل سؤال ما. 2- يتلاشى تعب أو غاز سامّ ويصبح جسمه في حالة سويّة 3- أمر ما يسير جيدا. 4- الطقس يصبح دافئ. 5- يعود شئ مربوط أو ملفوف إلي حالته الأولي.	풀리다	ينحلّ/ يتحسّن / ينحل/ يدفأ
가을이 되면서 낮 기온이 점점 낮아지고 있다.	تنخفض درجة الحرارة تدريجياً مع دخول الخريف.	(동) (높이, 지위, 상태가) 일정한 기준이나 다른 것보다 적게 되거나 아래에 있게 되다.	انخفاض وضع او مكانة او ارتفاع.	낮아지다	ينخفض. يصبح منخفض
제가 그때 거짓말을 한 것을 후회하고 있습니다.	أندم على كذبي آنذاك.	(동)/자기가 한 일에 대하여 잘못했다고 생각하다.	إعتقاد الشخص بأنه مُخطيء بسبب فعل ما قد قام به.	후회하다	يندم
옷에 묻은 밥을 떼어 냈습니다.	انتزعت الطعام الذي أخفاه في ملابسه.	(동) 붙어 있는 것을 떨어지게 하다.	نزع شيء ملصق.	떼다	ينزع

1-땀을 많이 흘려서 샤워를 해야겠다. 2_커피를 흘려서 옷이 더러워졌다. 3_지갑을 어디서 흘렸는지 생각이 안 나요.	1- لقد عرقت كثيراً لذلك يجب أن استحم. 2_سُكِبَت القهوة على الملابس فاتسخت. 3_لا أتذكر أين فقدت محفظتي.	(동)/1-눈물, 땀, 피 등을 나오게 하다. 2_잘못해서 무엇을 떨어뜨리거나 옷에 묻게 하다. 3_물건을 잘 가지고 있지 않고 잃어버리다.	1- يُخرج،يزرف دموع،عرق،دم. 2_يُسقط شيء أو يترك أثر في الملابس بالخطأ. 3_لا يعني بالشيء جيداً ويفقده.	흘리다	ينزف/يفقد
민수는 지하철에서 내려 약속 장소로 뛰어갔다.	نزل مين سو من المترو و ذهب اللي المكان المتفق عليه.	(동) 기차, 지하철, 버스 등에서 땅이나 바닥으로 옮겨 서다.	ينزل من قطار أو مترو أو حافلة وغيرهم.	내리다	ينزل
1-계단을 내려가다가 넘어졌어요. 2-종호 씨는 방학인데 고향에 안 내려갔어요? 3-밤에는 기온이 영하 10 도로 내려갔다.	1لقد وقعت عنما كنت أنزل من علي السلم. 2سيد تشونج انها العطلة ألم تذهب إلي مدينتك؟ 3لقد شهد الليل هبوط في درجات الحرارة إلي 10 درجة مئوية.	(동) 1-위에서 아래로 옮겨 가다. 2-중앙에서 지방으로, 또는 북쪽에서 남쪽으로 가다. 3-수치로 나타낼 수 있는 것의 수치가 낮아지다. /(반) 올라가다	1الانتقال من الأعلي إلي الأسفل. 2السير من المركز إلي المناطق الجاورة او من الشمال الي الجنوب. 3 هبوط معدل شئ ما.	내려가다	ينزل إلي الأسفل
호랑이가 나무에서 미끄러져 떨어졌다	انزلق النمر من فوق الشجرة وسقط.	(동) 비탈지거나 미끄러운 곳에서 한쪽으로 밀리어 나가거나 넘어지다. 도로나 철길, 뱃길을 따라 자동차, 기차, 배 따위가 거침없이 나아가다.	سقوط الشيء أو إندفاعه في إتجاه واحد من مكان منحدر أو مكان زلق.أن تسير السيارات،والقطارات،والمراكب بدون قيود أو توقف وفقاً لطرق السيارات والسكة الحديد،والطرق البحرية.	미끄러지다	ينزلق
이 서류는 한 장밖에 없으니까 복사해 두어야 할겁니다.	لا أملك سوى نسخة واحدة من هذا المستند لذا سأقوم بتصويره.	(동) 사진이나 문서 등을 똑같게 베끼거나 인쇄하다.	نسخ أو طباعة صورة أو مستند أوغيرها.	복사하다	ينسخ
바람이 세게 불어서 촛불이 꺼졌다.	لقد هبت الرياح بشدة فانطفأت الشموع.	(동) (불이) 더 이상 타거나 비추지 않게 되다. (사람이) 원래 있던 곳에서 사라져 다른 곳으로 가다.	انطفاء الشموع.	꺼지다	ينطفئ
이 단어를 발음해 보세요.	جرب أن تنطق هذه الكلمة.	(동) 입으로 말의 소리를 내다.	يخرج صوت الكلام من الفم.	발음하다	ينطق
대문 밖으로 나서는 어머니의 뒷모습이 초라했다.	مظهر أمي الخلفي المنطلقة من البوابة رث.	(동) 일정한 장소를 벗어나거나 떠나다.	يخرج أو يترك مكان محدد.	나서다	ينطلق
학교를 출발하기 전에 전화해 주세요.	اعطني رقم هاتفك قبل مغادرتك للمدرسة.	(동) (반)도착하다/ 어떤 목적지를 향하여 길을 떠나다.	يغادر ذاهبا إلي مهدف معين.	출발하다	ينطلق
1- 남수는 일이 끝나자마자 바로 여자 친구한테 달려갔다. 2-버스가 1(일)차선으로 달려간다.	1_ذهب نام سو مسرعا للقاء حبيبته بمجرد انتهاء العمل. 2- ينطلق الأتوبيس في الخط الأول.	(동)1-(사람이나 동물이) 뛰어서 빠르게 어디로 가다. 2-(차가) 빠르게 나아가다.	1_يذهب بسرعة إلي مكان ما. 2- تنطلق سيارة بسرعة.	달려가다	ينطلق
지난 일요일에 집 마당을 청소했어요.	لقد نظفت فناء المنزل الأحد السابق.	(동) 빗자루, 청소기, 걸레를 이용하여 어떤 곳을 깨끗하게 정리하다.	يرتب ويجعل المكان نظيفا باستخدام المكنسة أو آلة التنظيف أو المِمْسحَة.	청소하다	ينظّف
경험은 세상을 바라보는 눈을 넓혀 준다.	الخبرة تفتح العين التي ترى العالم.	(동)바로 향하여 보다.	الإتجاه إلى شيء والنظر إليه مباشرة.	바라보다	ينظر
유리창 안을 들여다보다.	ينظر من النافذة على الداخل.	(동) 밖에서 안에 있는 것을 보다.	ينظر من الخارج على شيء في الداخل.	들여다보다	ينظر بالداخل

이상한 소리가 나서 잠시 걸음을 멈추고 주위를 둘러봤습니다.	سمعت صوتاً غريباً فتوقفت عن السير للحظات و نظرت حولي.	(동) 주위를 이리저리 두루 보다.	ينظر حوله جيداً بالجوار هنا وهناك.	둘러보다	ينظر حوله
1-엄마는 바닥에 흩어져 있는 쓰레기를 치웠다. 2-여기 두었던 약 어디다 치웠어?	تخلصت أمي من القمامة التي كانت متناثرة علي الأرض.	(동) 1-(지저분한 것을) 버리거나 깨끗하게 하다. 2-(물건을 다른 곳으로) 옮기다.	1- يجعل شئ ما نظيف أو يتخلص من قاذورات. 2- ينقل شئ إلي مكان آخر.	치우다	ينظف / ينقل
1-창문의 먼지는 걸레로 닦으세요. 2-길을 잘 닦아 놓아 고향 가기가 훨씬 편해졌다. 3-무슨 일이든지 기초를 잘 닦는 것이 중요하다. 4-학생이라면 학문을 닦는 데에 신경을 써야 한다.	امسح الغبار عن النافذة باستخدام المِمْسَحَة. 2- أصبح الذهاب إلي البيت أسهل بكثير بعد إنشاء الطريق.3- من المهم تشييد الأساس جيدا لأي عمل. 4- كونك طالب يجب أن تهتم بالدراسة .	(동)1-(묻어 있는 것을) 문질러서 없애거나 깨끗하게 만들다. 2-(바닥을 고르고 다져서 길이나 터를) 만들다. 3-(어떠한 일을 할 기초나 바탕을) 만들다. 4-(학문이나 도를) 배우고 익히다.	1- يمسح أو يزيل أو ينظف. 2- ينشأ طريق أو يجهز مكان للبناء من خلال تسوية الأرض. 3- ينشأ قاعدة أو أساس من أجل عمل ما. 4- يدرس أو يتعلّم العلوم أو غيره.	닦다	ينظف/ ينشأ/يتعلّم.
1-선생님하고 점심 식사를 함께 하고 조금 전에 헤어졌어요. 2-애인과 헤어져 지금 너무 힘들어요.	تناولت وجبة الغداء مع الأستاذ ذهب كلنا منا إلى طريقه منذ قليل(ومن ثم انفصلنا منذ قليل). يشعر بالتعب حالياً بسبب انفصاله عن حبيبه/حبيبته.	(동)/1-같이 있던 사람과 떨어져 다른 곳으로 움직이다. 2_친하게 지냈던 사람과 맺고 있던 관계를 끊다.	الإنتقال لمكان ما بعد مفارقة شخص كنت معه. قطع العلاقة التي كانت تجمعني مع شخص مقرب لي.	헤어지다	ينفصل
사회가 잘되기 위해서는, 신문이 항상 사회의 잘잘못을 비판하고 감시해야 한다.	ليصبح المجتمع جيداً لابد أن تنتقد الصحف دائماً الأخطاء المجتمعية وتراقبها.	(동) 잘못된 것과 잘된 것을 따져 자신의 견해를 밝히다.	أن تبدي رأيك بشأن الصحيح والخاطيء.	비판하다	ينقد
1-의사가 죽어 가는 사람을 살렸다. 2-여러분의 경험을 살려 글을 써 보러 보세요.	1_لقد أنقذ الطبيب حياة الشخص الذي كان يحتضر. 2_اكتبوا مقالات عن الخبرات االتي استفدتم منها.	(동) 1-목숨을 구하다. 2-제 구실을 하게 하다.	1_ينقذ حياة شخص. 2_يجعل شخص يقوم بواجبه أو دوره.	살리다	ينقذ. يحيي. ينعش
가방에 물건을 너무 많이 넣어서 끈이 끊어졌어요.	لقد وضعت العديد من الأشياء في الحقيبة فانقطعت يد الحقيبة.	(동) 실, 줄, 끈이 잘라져 따로 떨어지게 되다.	تمزق حبل،خيط أو قماش و تفككه.	끊어지다	ينقطع.يتمزق
1-어머니는 아버지께서 사 오신 수박을 통째로 찬물에 담갔다. 2-김치를 담그다	1_نقعت أمي البطيخة التي اشتراها والدي كلها في الماء البارد. 2- يخلل / يجهز الكيمتشي.	(동) 1-(무엇을 액체 속에) 넣어 두다. 2-(김치, 술, 장 등의) 음식을 익히려고 재료들을 뒤섞어 그릇에 담아 두다.	1_يضع شئ في سائل. 2- يخلط مكونات الطعام ثم يضعها في طبق من أجل تخمير الطعام مثل الكيمتشي و الخمر و الغانغ وغيرهم.	담그다	ينقع
1-짐을 옮기려고 하는데 도와 주시겠어요까? 2-약속 시간을 내일로 옮겨도 돼요? 3-한국 문학 작품을 외국어로 옮기는 작업은 매우 중요하다. 4-너무 많은 생각을 하면, 생각을 행동으로 옮기가 힘들어요.	هل يمكن أن تساعدني في نقل الحقائب؟ 2- هل من الممكن أن نأجل الموعد للغد؟ 3- نرجمة الأعمال الأدبية الكورية للغات أجنبية أمر هام. 4- إذا كنت تفكر كثيرا فمن الصعب تحويل الأفكار إلي أفعال.	(동) 1-(물건을) 다른 곳으로 가져다 놓다. 2-다른 것이나 다른 곳으로 바꾸다. 3-어떤 언어를 다른 언어로 번역하다. 4-(하려고 생각하는 것을 정말 행동으로) 나타나게 하다.	1- ينقل شئ إلي مكان آخر 2- يغير إلي مكان آخر أو شئ ’خر. 3- يترجم لغة إلي لغة آخري. 4- يحول فكرة أو شئ يرغب في فعله إلي نصرف.	옮기다	ينقل / يترجم / يحول
1-술에 취한 친구를 택시에 태워 보냈다. 2-아빠는 공원에서 아이에게 시소를 태워 주었다.	أركبت صديقي الثمل تاكسي. 2- أركب الأب ابنه الأرجوحة.	(동) 1-(사람을 차나 동물 등에) 타게 하다. 2-(놀이 기구 등을) 타게 하다.	يجعل شخص يركب سيارة أو حيوان. 2- يجعل شخص يركب ملاهي.	태우다	ينقل شخص بسيارة

거울이 바닥에 떨어져서 깨졌어요.	سقطت المرآة علي الأرض وتحطمت.	(동) 단단한 물건이 부딪쳐서 여러 조각이 되거나 금이 가다.	تحطم الشئ الصلب إلي أجزاء أو تشققه.	깨지다	ينكسر
날아온 돌에 유리창이 부서졌어요.	طار الحجر وكسر النافذة الزجاجية.	(동) 단단한 것이 깨어져 조그만 조각들이 되다.	ينكسر شيء صلب فيتحول إلى قطع صغيرة.	부서지다	ينكسر
김치 소비량이 전보다 훨씬 줄어 들었다.	انخفض استهلاك الكيمتشي عن ما قبل.	(동) (수효나 분량이) 더 낮은 수치로 되다.	يصبح الحجم أو العدد أو الدرجة أصغر من الأصل بشكل تدريجي.	줄어들다	ينكمش
바지를 물에 빨았더니 줄었나 봐요.	أعتقد أن البنطال انكمش عندما وضع في الماء.	(동) 수나 양이 원래보다 작아지거나 적어지다. /(반)늘다.	تقل أو تصغر كمية أو عدد عما كان في الأصل.	줄다	ينكمش. ينخفض
키가 자라다.	ينمو طوله	(동) 생물체가 세포의 증식으로 부분적으로 또는 전체적으로 점점 커지다.	نمو الكائنات الحية شيئاً فشيئاً بشكل جزئي أو كلي من خلال زيادة الخلايا.	자라다	ينمو
하루 종일 걸었더니 몸이 무너질 듯하다.	مشيت طول اليوم فأشعر بأن جسمي سينهار.	(동)높은 데 있는 것이나 쌓여 있는 것이 내려앉거나 떨어져 흩어지다.	سقوط الشيء الموجود في مكان عالي وتفرقه.	무너지다	ينهار / يتساقط
1-둑이 터지다. 2-화산이 터지다. 3-분노가 터지다. 4-시간이 터지다.	ينهدّ السد 2- ينفجر البركان. 3- انفجر الغضب. 4- تحدث حادثة.	(동) 1-(막혀 있던 것이) 찢어지거나 뚫어지다. 2-(화산 등이) 갑자기 폭발하다. 3-갑자기 쏟아지다. 4-(크거나 중요한 일이) 갑자기 일어나다.	1- يُفتح طريق مسدود. 2- ينفجر البركان فجأة. 3- يتدفق فجأة. 4- يحدث أمر هام وكبير فجأة.	터지다	ينهدّ/ يتدمّر / ينفجر / يحدث
자, 이것으로 수업을 모두 끝내겠습니다.	حسناً، سننهي المحاضرة بهذا الموضوع.	(동) 어떤 일을 더 이상 하지 않고 마무리하다.	انهاء عمل وعدم إكماله أكثر من ذلك.	끝내다	ينهي
저는 작년에 대학을 마쳤습니다.	أنهيت دراستي الجامعية العام الماضي.	(동) 하던 일이나 과정을 끝내다.	إنهاء أمر كنت تقوم به أو مرحلة ما.	마치다	ينهي
회사에 전화하다	يتصل بالشركة	(동) 전화기를 이용하여 말을 주고받다.	أن يتبادل الحديث باستخدام الهاتف.	전화하다	يهاتف
어젯밤에 미국이 이라크를 공격했대요.	يقال أن أمريكا هاجمتالعراق بالأمس.	(동)전쟁에서 적을 치다.	يهاجم العدو في الحرب.	공격하다	يهاجم
감기에 걸려서 춥고 몸이 떨려요.	أشعر بالبرودة وجسدي يرتجف لأنني أصبت بالبرد.	(동) 물체나 몸의 일부가 작은 폭으로 빠르게 되풀이하여 흔들리다.	اهتزاز شيء أو أجزاء الجسم في نطاق صغير وبسرعة.	떨리다	يهتز
1-나뭇가지가 바람에 흔들렸다. 2_담배 광고를 보고 금연하기로 한 결심이 흔들렸다. 3_집안의 어른으로 존경받던 노인들의 위치가 크게 흔들리고 있다.	1- اهتز فرع الشجر مع الرياح. 2_لقد ضعف عزمه على الإقلاع عن التدخين بعد رؤيته لإعلان السجائر. 3_تهتز مكانة كبار السن الذين طالما ما تم إحترامهم داخل العائلة.	(동) 1-위아래나 옆으로 계속 움직이다. 2_마음, 결심이 약해지다. 3_기존의 질서 등이 흐트러져 불안하고 혼란스럽게 되다.	1- يحرك الشيء بإستمرار للجانب أو للأعلى والأسفل. 2_ضعف القلب أو العزم. 3_يُصيبه القلق والتوتر....	흔들리다	يهتز.
나는 제임스에게 한국에 대한 책을 선물했다.	لقد هاديت جيمس كتاب عن كوريا.	(동) 고마운 뜻을 표현하거나 축하하기 위해서 물건을 주다.	يعطي شئ للاحتفال أو التعبير عن الشكر.	선물하다	يهدي. يهادي
도둑이 경찰 몰래 도망갔어요.	هرب اللص خفية من الشرطة.	(동) (잡히지 않으려고) 달아나거나 숨다.	يختبأ او يفرّ من أجل عدم الإمساك به.	도망가다	يهرب / يفرّ

그는 서울로 도망쳤다고 합니다.	يقال أنه هرب إلي سول.	(동) 아주 빨리 달아나다.	يفر سريعا من أجل عدم الإمساك به.	도망치다	يهرب / يفرّ
1-도둑은 쫓아오는 경찰을 피해 산으로 달아났다. 2-이런 지겨운 생활에서 달아나고 싶어요. 3-물을 한 잔 마시니 어느새 배고픈 생각이 달아났다.	هرب اللص إلي الجبل تجنبا الشرطة التي تطارده. 2- أريد أن أهرب من تلك الحياة المملة. 3-اختفي شعوري بالجوع عندما شربت كوب ماء.	(동) 1-(쫓아오는 것으로부터 잡히지 않게) 빨리 멀리 움직이다. 2-(어떤 것으로부터) 벗어나다. 3-(어떠한 의욕이나 생각 등이) 없어지다.	1_يتحرك بعيدا سريعا حتي لا يتم القبض عليه. 2_ يخرج أو يهرب من مكان ما. 3- تختفي فكرة أو نية ما.	달아나다	يهرب / يفر
눈 내리는 밤, 밖에서 30 분 동안 떨어 본 적이 있어?	هل سبق لك أن ارتجفت لمدة ثلاثين دقيقة في الخارج في ليلة مثلجة؟	(동) 추위나 어떤 감정 때문에 빠르게 되풀이하여 몸을 흔들다.	هز الجسم السريع بسبب البرودة أو شعور ما.	떨다	يهز
1-한국 팀이 이기자 사람들이 모두 태극기를 흔들었다. 2_문을 열고 들어서자 강아지가 꼬리를 흔들었다.	1- لقد لوح الجميع بأعلامهم بعد فوز الفريق الكوري. 2_فتحت الباب ودخلت فقام الجرو بهز ذيلي بعد رؤيتي.	(동)/1-무엇을 위아래나 옆으로 계속 움직이게 하다. 2_몸의 일부를 위아래나 옆으로 계속 움직이다.	1- جعل الشيء يتحرك باستمرار للجانب أو للأعلى والأسفل. 2_حركة جزء من الجسم للجانب أو للأعلى والأسفل.	흔들다	يهز
이번 회의 결과에 찬성할 수 없어요.	لا أستطيع الموافقة علي نتائج هذا الاجتماع.	(동) (반) 반대하다/ 다른 사람의 생각이 옳거나 좋다고 판단하여 뜻을 같이하다.	يعترف برأي أو فكرة شخص آخر ويوافق عليه.	찬성하다	يوافق
이번 시험에서 선생님께서는 사전 사용을 허용하셨다.	سمحت لنا المدرسة باستخدام القاموس في هذا الإمتحان.	(타)/어떤 행동을 하도록 허락하여 받아들이다.	الإذن بالقيام بفعل ما.	허용하다	يوافق/يسمح
10 위안 주세요.	أعطني عشرة يوان.	중국의 화폐 단위	عملة الصين.	위안	يوان
1-아버지와 어머니께서는 부산에 계십니다. 2-내 집이다 생각하고 편히 계세요.	أبي وأمي يقيمان في بوسان.	(동) 1-(윗사람이 어떤 장소에) 자리를 차지하고 머물다. 2-(주로 계세요의 꼴로 쓰여) (윗 사람이 어떠하게) 그 상태를 계속 유지하다.	يوجد, يقيم.	계시다	يوجد
책상 사이를 조금만 더 벌려 주세요.	من فضلك وسع المسافة بين المكاتب أكثر قليلاً.	(동) 서로 가까이 있는 둘 사이를 떼어서 넓히다.	توسيع المسافة بين شيئين قريبين.	벌리다	يوسع
오늘처럼 비가 오면 빨리 배달을 하기가 어렵습니다.	يكون التوصيل صعباً في الأيام الممطرة كاليوم.	(동) 우편물이나 물건 등을 가져다 전해 주다.	يوصل بريد أو أشياء وغيرها.	배달하다	يوصل
물건을 주인에게 전달하였다.	وصل الشيء إلى صاحبه.	(동) 지시, 명령, 물품 따위를 다른 사람이나 기관에 전하여 이르게 하다.	أن يوصل تعليمات أو أوامر أو شيء ما وغيرها إلى شخص أو مؤسسة.	전달하다	يوصل
1-시간을 아끼다. 2-이 옷은 내가 가장 아끼는 옷이다.	يوفر الوقت. هذه الملابس أكثر ملابس أقدرها.	(동) 1-(=)절약하다/ (반) 낭비하다/ (무엇을) 아깝게 여겨서 함부로 다루거나 쓰지 않다. 2-(=) 위하다- 보호하다/ (무엇을) 소중하게 여기거나 다루다.	1- لا يستخدم شئ ما أو يتناوله دون حرص. 2- يعتبر شئ ما مهما.	아끼다	يوفّر
학교에 늦지 않게 내일 아침 일찍 좀 깨워 주세요.	من فضلك أيقظني غدا في الصباح الباكر حتي لا أتأخر عن المدرسة.	동)잠에서 깨어 일어나게 하다.	يوقظ شخص من النوم.	깨우다	يوقظ

남편이 직장을 그만둔다고 해서 걱정이에요.	اشعر بالقلق حيث يقول زوجي أنه سيستقيل عن العمل .	(동) 하고 있는 일을 중간에 그치다	التوقف عن عمل شئ اقوم به	그만두다	يوقف / يستقيل
이곳에 차를 주차해서는 안 된다.	لا يسمح بوقوف السيارات في هذا المكان.	(동) 차를 일정한 곳에 세워 두다.	يوقف السيارة في المكان المحدد.	주차하다	يوقف السيارة
저는 1960 년 서울에서 태어났습니다.	ولدت في سيول عام 1960م.	(동) (=) 탄생하다/ (사람이나 동물이) 어머니의 뱃속으로부터 세상에 나오다	خروج الإنسان أو الحيوان إلي العالم من بطنه أمه.	태어나다	يولد
어느 날 갑자기 그가 죽었다는 전화가 왔다.	لقد جاءني خبر وفاته في يوم من الأيام فجأة.	(명) 지구가 돌면서 밤과 낮을 이루는 24 시간.	الأربع وعشرون ساعة المتكونة من الليل والنهار عن دوران الكرة الأرضية.	날	يوم
언니가 드디어 결혼 날짜를 잡았어요.	لقد قررت أختي الكبري أخيراً يوم زفافها.	(명) 무엇을 하려고 정한 날.	يوم محدد لفعل شئ ما.	날짜	يوم
하루에 몇 시간쯤 공부해요?	كم ساعة تذاكر في اليوم؟	(명) 밤 12 시부터 다음날 밤 12 시까지의 시간 동안. 1 일. 24 시간.	الفترة من الساعة 12 مساء حتي 12 مساء اليوم التالي.	하루	يوم
무슨 요일을 좋아해요?	ماهو يومك المفضل؟	(명) 일주일을 이루는 7 일의 하나.	يوم من أيام الأسبوع السبعة.	요일	يوم (من الأسبوع)
월요일이든지 화요일이든지 저는 아무 때나 괜찮아요.	سواء يوم الأثنين أو الثلاثاء أنا بخير في أي وقت.	(명) 달력에서 한 주의 둘째 날. 일요일의 다음날.	اليوم الثاني في أيام الأسبوع في التقويم القمري. اليوم التالي ليوم الأحد.	월요일	يوم الأثنين
우리 수업 시간표는 토요일부터 수요일까지이다.	جدول مواعيد حصصنا من يوم السبت إلى الأربعاء.	(명)월요일을 기준으로 한 주의 셋째 날.	اليوم الثالث من أيام الإسبوع.	수요일	يوم الأربعاء
나는 화요일에 수업이 많아서 빨리 지났으면 좋겠다는 날이다.	يوم الثلاثاء هو يوم أتمنى أن يمر سريعاً لأن لدى الكثير من الدروس فيه.	(명)/ 월요일을 기준으로 하여 세었을 때 주의 두 번째 날. 월요일의 다음날이고 수요일의 전날.	اليوم الثالث في الأسبوع.	화요일	يوم الثلاثاء.
이번 금요일 오후에 시간이 어떠세요?	هل لديك وقت يوم الجمعة بعد الظهيرة؟	(명)달력에서 한 주의 여섯째 날.	اليوم الخامس من ايام الاسبوع.	금요일	يوم الجمعة
목요일은 이집트의 주말 전날이라서 가족이 모이고 밤새워 얘기를 한다.	يوم الخميس هو اليوم السابق لعطلة نهاية الأسبوع في مصر لذلك تتجمع فيه الأسرة فتسهر طوال الليل يتبادلون الحديث.	(명)월요일을 기준으로 세었을 때 주의 네 번째 날. 수요일의 다음날이고 금요일의 전날이다. .	يوم من أيام الأسبوع.	목요일	يوم الخميس
월요일부터 토요일까지 쉴 틈이 없었다.	لم يكن وقت فراغ من يوم الأثنين وحتي يوم السبت	(명) (달력에서) 한 주의 일곱째 날. 금요일의 다음날.	اليوم السابع في الأسبوع. اليوم الذي يلي يوم الجمعة	토요일	يوم السبت
휴일에는 극장에 가는 사람이 많다.	كان هناك كثير من الناس في السينما لأنه يوم أجازة.	(명)/직장, 학교에 나가지 않고 쉬는 날. / (반) 평일	يوم أجازة من المدرسة أو العمل.	휴일	يوم أجازة
요즘은 평일이나 주말이나 늘 길이 막힌다.	الطريق مزدحم هذه الأيام سواء يوم عطلة أو يوم عادي.	(명) (반) 휴일. / 휴일이 아닌 보통의 날.	يوم عادي وليس يوم عطلة.	평일	يوم عادي
생일 파티.	حفل عيد الميلاد.	(명) 사람이 태어난 날.	يوم ميلاد أي شخص.	생일	يوم ميلاد

생신 선물.	هدية عيد ميلاد.	(명) 생일'을 높여 이르는 말.	يوم ميلاد شخص كبير.	생신	يوم ميلاد شخص كبير
언젠가 통일이 되는 그 날이 오겠지.	لابد وأن يحصل التوحيد يوماً ما.	(부) 미래의 어느 때에 가서는.	عندما يأتي وقتاً ما في المستقبل.	언젠가	يوماً ما
내 말을 이해했다는 듯 소녀가 가만히 머리를 끄덕였다.	أومأت الفتاه برأسها علي أنها فهمت معني كلامي.	(동) 고개를 위 아래로 가볍게 움직이다.	تحريك الرأس بخفة إلي الأعلي والأسفل.	끄덕이다	يومئ برأسه
약속을 연기하다.	يؤجل موعد.	(동) 정해진 시기를 뒤로 미루다.	يؤجل الموعد المحدد	연기하다	يؤجل